1682
J.B.METZLER

A. A. Long / D. N. Sedley

Die hellenistischen Philosophen

Texte und Kommentare

Übersetzt von Karlheinz Hülser

Sonderausgabe

Verlag J. B. Metzler
Stuttgart · Weimar

Titel der Originalpublikation: A. A. Long / D. N. Sedley, The Hellenistic
Philosophers. Volume I: Translations of the principal sources and philosophical
commentary
© Cambridge University Press 1987

Bibliografische Information der Deutschen Bibliothek
Die Deutsche Bibliothek verzeichnet diese Publikation in der Deutschen
Nationalbibliographie; detaillierte bibliographische Daten sind im Internet über
⟨http://dnb.ddb.de⟩ abrufbar.

ISBN 978-3-476-02174-8   ISBN 978-3-476-00214-3 (eBook)
DOI 10.1007/978-3-476-00214-3

Inhaltsverzeichnis

Einleitung

Texte und Kommentare

Der frühe Pyrrhonismus

Der Epikureismus

Naturphilosophie

Epistemologie: Stoiker und Akademiker

Naturphilosophie

Ethik

Die Akademiker

Das Wiederaufleben des Pyrrhonismus

Indizes

Bibliographische Hinweise   621

Vorwort des Übersetzers

Die Philosophie der hellenistischen Zeit hat triefgreifende Spuren hinterlassen, und sie fasziniert immer wieder neu. Von ihrer reichhaltigen schriftlichen Produktion ist jedoch kaum etwas erhalten. Wenn wir uns ihr also zuwenden wollen, müssen wir uns mühevoll mit einer äußerst bruchstückhaften Überlieferung auseinandersetzen. Das Faszinierende der hellenistischen Denkweisen wird durch diesen Umstand freilich eher verdeckt, und er erschwert den Zugang zu ihnen um so mehr, als die Übersetzungsprobleme durch ihn vervielfältigt werden.

Was A.A. Long und D.N. Sedley in ihrem Werk *The Hellenistic philosophers* (2 Bde., Cambridge 1987) unternommen haben, läßt sich vor diesem Hintergrund kurz so charakterisieren: Die Hauptrichtungen der hellenistischen Philosophie sind eine verzweigte skeptische Tradition, der Epikureismus und der Stoizismus. Für jede dieser Richtungen haben Long und Sedley umfangreiche Gebiete der jeweiligen Philosophie erschlossen. Sie haben zu ihnen die wichtigsten Quellentexte ausgewählt und diese nach philosophisch-systematischen Gesichtspunkten arrangiert; außerdem haben sie die Texte ins Englische übersetzt (gegebenenfalls ziemlich terminologisch) und sie mit einem Kommentar versehen, dem es vor allem um das philosophische Argument geht; was zu den Texten sonst noch zu bemerken ist, bildet den Stoff entsprechender Einzelanmerkungen. Eine solche Arbeit auch nur für eine der drei philosophischen Richtungen vorzulegen hätte das Werk schon sehr verdienstvoll gemacht. Long und Sedley haben sie aber für alle drei Hauptrichtungen getan; und sie begnügen sich darüber hinaus nicht damit, die Einheit der hellenistischen Philosophie nur darin zu sehen, daß die dokumentierten Philosophen alle in der Zeit des Hellenismus (323–30 v.Chr.) tätig waren. Vielmehr machen sie auch eine weitergehende Einheit der hellenistischen Philosophie sichtbar und führen vor, daß die drei Richtungen miteinander auf hohem Niveau eine intensive Diskussion geführt und ihre jeweilige Identität eben auch durch diese Debatten entwickelt haben. So verstanden spiegelt die Einheit des von Long und Sedley vorgelegten Werks die Dynamik jener philosophischen Diskussionen.

Zu diesen Vorzügen kommt noch einer hinzu, der in der Form der Präsentation liegt. Die Autoren haben ihr Werk in zwei Bände aufgeteilt — in einer Weise, die sie in ihrem eigenen Vorwort und nochmals kurz in der Einleitung (S. 10) erläutert haben. Der erste Band ist von den besonderen Schwierigkeiten der alten Texte und Sprachen weitestgehend entlastet und für sich allein verwendbar; er macht den Leser möglichst unmittelbar mit dem philosophischen Gehalt der einzelnen Texte und Paragraphen bekannt.

Inzwischen ist *The Hellenistic philosophers* ein Standardwerk geworden, und davon eine deutsche Ausgabe zu erarbeiten, ist unter jedem der angesprochenen Gesichtspunkte ehrenvoll. Im deutschen Sprachraum sind systematisch interessierte Sammlungen von Quellentexten zur hellenistischen Philosophie nämlich seit langem ein Desiderat, zumal dann, wenn sie auch mit einem instruktiven Kommentar ausgestattet sind. Zweitens wirkt bei uns die große Interpretationsleistung von Max Pohlenz, *Die Stoa. Geschichte einer geistigen Bewegung* (2 Bde., Göttingen 1948/49, ⁵1978/80), immer noch spürbar nach. Trotzdem haben Interpretationsbemühungen, die entschiedener als zum Beispiel Pohlenz über den Horizont einer einzelnen hellenistischen Schule hinausgreifen, inzwischen auch hier stärker Fuß gefaßt. Um so willkommener wird eine Studie sein, die ein Stück weit nachzeichnet, wie die hellenistischen Philosophen(schulen) ihr Profil *aneinander* gewonnen haben. Schließlich ist es wegen der Bandaufteilung des Werks so, daß der zweite Band vorwiegend Originaltexte enthält und keiner Übersetzung bedarf. Um den Beitrag des zweibändigem Werks zur Erforschung der hellenistischen Philosophie bei uns gebührend zur Geltung zu bringen, genügt es vielmehr, den ersten ins Deutsche zu übertragen. Als Übersetzer kann man den hellenistischen Philosophen also mit einem überschaubaren Aufwand neue Freunde werben.

Das Ergebnis dieses Aufwands ist der vorliegende Band. Er stellt, wie gesagt, die deutsche Ausgabe des *ersten* Bands des Werks von Long & Sedley dar. Zum *zweiten* Band hat er dementsprechend dasselbe Verhältnis wie der erste Band der englischen Originalausgabe. Das bedeutet nicht nur, daß die Paragraphenzählung und das System der Textnumerierung hier unverändert übernommen werden und man also den zweiten Band ebenso leicht beiziehen kann wie in der englischen Ausgabe. Sondern es bedeutet vor allem, daß die Quellentexte nicht aus dem Englischen übersetzt wurden, sondern (unter Beachtung der englischen Übersetzung) aus dem Griechischen und Lateinischen. Der maßgebliche Originaltext war dabei immer der Text, den Long und Sedley in ihrem zweiten Band erarbeitet und publiziert haben; und die Übersetzungen folgen ähnlichen Prinzipien wie bei Long und Sedley selbst, indem sie möglichst terminologisch sind und im Interesse sachlicher Klarheit beispielsweise darauf verzichten, gegebenenfalls Versmaße einzuhalten (vgl. auch unten S. 9f.). Die Kommentare des ersten Bands wurden natürlich aus dem Englischen übertragen. Im übrigen haben die Autoren sich die deutsche Übersetzung ihres Buchs angeschaut und waren davon recht angetan. Bei den Übersetzungen der Quellentexte haben sie einige Verbesserungsvorschläge eingebracht, die auf einem vertieften Verständnis der betreffenden Textstellen beruhen und die sie bei nächster Gelegenheit auch in ihre englische Übersetzung einarbeiten wollen. Für diese Unterstützung möchte ich ihnen an dieser Stelle herzlich danken.

Nachdem der vorliegende Band der englischen Vorlage insoweit entspricht, unterscheidet er sich davon in zwei Punkten. Erstens schien es ratsam, die Quellentexte mit kurzen Angaben über den ursprünglichen Textzusammenhang zu versehen. Diese Angaben stammen zum weitaus größten Teil aus dem zweiten Band von *The Hellenistic philosophers*, finden sich in einem kurzen Apparat jeweils unten auf der Seite und mögen helfen, sich in den verhältnismäßig schwer zu überblickenden Quellen zu orientieren. Zweitens wurden in den Titelzeilen der Quellentexte die Verweise auf andere Quellensammlungen deutlich vermehrt, vor allem bei den Texten zur Stoa; infolgedessen erschien es auch angebracht, die Register um eine Konkordanz zu erweitern. Wie aus dem Vorwort der Autoren zu ersehen ist, geht das über ihr ursprüngliches Konzept hinaus. Angesichts verbreiteter Zitiergewohnheiten erscheint es jedoch gerechtfertigt. Wer also auf bestimmte Texte bevorzugt durch die Nummern der *Stoicorum veterum fragmente* oder der *Fragmente zur Dialektik der Stoiker* Bezug nimmt, sollte die Texte hier auch über diese Nummern finden können und nicht lange Umwege gehen müssen.

Einen besonderen Fall bilden die bibliographischen Angaben. Long und Sedley haben ihr Werk mit einer sehr differenzierten Bibliographie ausgestattet; sie befindet sich im zweiten Band und erfordert keine Übersetzung; aber es sei darauf eigens verwiesen. Nun ist sie inzwischen einige Jahre alt und verdient es, fortgeschrieben zu werden. Das könnte man im Rahmen einer Übersetzung machen, es käme den Lesern der englischen Ausgabe dann aber kaum zugute; deshalb sei es den Autoren selbst überlassen. Indes haben sie in ihrer Einleitung einige Vorschläge zur weiteren Lektüre gemacht (siehe unten S. 8f.). Da läßt sich anknüpfen. Am Ende dieses Bandes gebe ich ein paar zusätzliche Literaturhinweise, vorwiegend deutschsprachige Titel. Zum Teil machen sie darüber hinaus deutlich, daß die neueren, an schulübergreifenden Sachfragen interessierten Bemühungen um die hellenistische Philosophie auch im deutschen Sprachraum zahlreiche Freunde haben. Durch meine Übersetzung hoffe ich dazu beizutragen, daß dieser Freundeskreis größer wird und daß überhaupt das Verständnis für eine bedeutende Epoche unserer Geschichte wächst.

Konstanz, im September 1999   *Karlheinz Hülser*

Vorwort der Autoren

Dieses Werk ist eine Sammlung und eine Diskussion der Primärquellen für die hellenistische Philosophie. Indem wir das Material sowohl in den Originalsprachen als auch in einer Übersetzung vorstellen, möchten wir den Philosophen und allen, die sich mit der Antike befassen, einen unmittelbaren Zugang zu den noch erhaltenen Zeugnisses über die Stoiker, Epikureer, Pyrrhoneer und Akademiker vermitteln, deren Denkweise die Philosophie in den drei Jahrhunderten nach dem Tod des Aristoteles im Jahr 322 v.Chr. beherrscht hat. In den letzten Jahrzehnten gab es einen bemerkenswerten Aufschwung des Interesses an diesen Philosophien. Aber die Originaltexte sind bis jetzt noch nirgends in einem einzigen Buch mit der Vollständigkeit und so detailliert zusammengetragen worden, wie wir das hier anstreben.

In Skopus und Absicht ähnelt unser Buch sehr dem Werk von G.S. Kirk, J.E. Raven und M. Schofield, *The Presocratic Philosophers* (^{2}1983) [bzw. deutsch: *Die vorsokratischen Philosophen* (1994)]. Allerdings verteilen wir das Material auf zwei Bände. Band 1 ist ganz in englisch [bzw. nunmehr deutsch] gehalten und bietet Übersetzungen von Quellentexten sowie einen begleitenden philosophischen Kommentar. Er wird in einer Art vorgelegt, von der wir hoffen, daß sie ihn für diejenigen brauchbar macht, die in der antiken Welt keinen historischen Hintergrund haben. Mit seinem Glossar und einer Reihe von Indizes ist der Band so gestaltet, daß er ganz für sich verwendbar ist. Wir nehmen aber an, daß unsere im Altertum bewanderten Leser den Band in Verbindung mit Band 2 benutzen werden. Dieser bringt die in Band 1 übersetzten Texte (gelegentlich etwas umfangreicher exzerpiert) in der Originalsprache und zusammen mit einem kritischen Apparat, ferner mit Informationen über ihren ursprünglichen Zusammenhang sowie mit ergänzendem Kommentar zu technischen Fragen und Einzelpunkten und außerdem mit einigen zusätzlichen Texten.

Was uns an Berichten über die hellenistische Philosophie erhalten ist, ist zwar extensiv, variiert aber stark in der Qualität und in der Verläßlichkeit. Nur ein kleiner Bruchteil davon überliefert den originalen Wortlaut der Philosophen selbst (siehe die Einleitung, Abschnitt 3). Mit Blick auf den großen Rest hängen wir teils von eigenartigen Sätzen ab, die oft ohne Kontext zitiert werden, teils von den Schriften späterer Skeptiker, Stoiker und Epikureer und von den wohlwollenden oder vielmehr − der häufigere Fall − von den feindseligen Zusammenfassungen, die von zahlreichen anderen Autoren verfaßt worden sind. Bei der Auswahl aus all diesem Material waren unsere leitenden Gesichtspunkte die historische Authentizität und das philosophische Interesse. Was wir an Textzeugnissen zu jedem Thema vorlegen, ist also das, wovon wir meinen, daß es von dem erhaltenen Quellenmaterial das beste ist. Bei einigen Themen, z.B. bei der stoischen Ontologie, war die Auswahl relativ einfach, weil der verfügbare Textbestand dürftig ist. In anderen Fällen, z.B. bei der stoischen Ethik, sind die erhaltenen Zeugnisse erheblich reichhaltiger und besser zugänglich. Hier sollte unsere Auswahl dem Leser helfen, aus vielen anderen Texten, die wir weglassen, die entscheidenden Lehren herauszufiltern.

Der Aufbau des Werks ist so klar, wie wir ihn nur irgend machen konnten, ohne die authentische Natur des Materials zu beeinträchtigen. Auch so freilich erkennen wir an, daß das Buch an einen sorgfältigen Leser gewisse Anforderungen stellen wird. Gerade in Band 1 wird es notwendig sein, zwischen den Texten und dem Kommentar jedes einzelnen Paragraphen ständig hin und her zu schauen; und es ist nachdrücklich zu empfehlen, den Querverweisen nachzugehen, die im Kommentar gegeben werden. Wir sehen sie als einen entscheidenden Zug des Werks an, weil der eine Teil einer Philosophie häufig durch Hinweis auf einen anderen oder durch einen Vergleich mit der rivalisierenden Lehre einer anderen Schule beleuchtet wird. Gleichzeitig möchten wir aber betonen, daß dies ein *Quellen*werk ist. Der Kommentar soll gegenüber den Texten eine strikt untergeordnete Rolle spielen, und wir würden es vollkommen respektieren, wenn ein Leser oder ein Dozent sich entscheiden würde, allein mit den Texten zu arbeiten und unseren Kommentar völlig zu übergehen. Was dieser anbietet, ist Orientierung und Darlegung, besonders bei dem Material, wo so etwas nötiger ist; und wir schließen in unsere Ausführungen eigene Hinweise und Interpretationen ein, ohne damit den Anspruch zu verbinden, daß dies orthodoxe Vorschläge seien. Vielmehr hoffen wir, daß unsere Bemerkungen die zentralen philosophischen Punkte selbst da zu klären helfen, wo die von uns eingenommene Position ungewöhnlich oder kontrovers ist. Einige Abschnitte des Buchs schienen kürzere Kommentare als andere zu erfordern, weil die Texte dort weitgehend für sich selbst sprechen. Die Länge unseres Kommentars sollte deshalb nicht als ein Maß für unser Interesse an dem Thema angesehen werden.

Während der Vorbereitungen zu diesem Buch mußten wir uns ständig der praktischen Restriktionen des Umfangs erinnern − einerseits gegen unseren Wunsch, zahllosen Persönlichkeiten gerecht zu werden, antiken ebenso wie modernen, und andererseits gegen unsere Absicht, der Fülle der von den hellenistischen Philosophen studierten Themen Genüge zu tun. Die Entscheidung, Schule für Schule vorzugehen und z.B. nicht Thema für Thema oder Philosoph für Philosoph, ist eine, die wir früh getroffen und nie bereut haben. Gelegentlich hat sie uns allerdings dazu gebracht, die Einheit der Lehren einer Schule, besonders der stoischen, zu betonen, wo es guten Grund gibt, zwei oder mehr verschiedene Stränge innerhalb eines offenkundigen Grundkonsenses zu differenzieren. Die Leser werden keine separaten Erörterungen zu Ariston, Kleanthes, Panaitios oder Poseidonios finden und noch nicht einmal zu Chrysipp. Immerhin bespricht unser Kommentar häufig deren Abweichungen; und − was

XIV

wichtiger ist – wer daran interessiert ist, das Werk eines einzelnen Philosophen aufzuarbeiten, kann dies sehr gut tun, indem er den *Philosophen-Index* am Ende des 1. Bandes konsultiert.

Weiterhin mußten wir gegenüber den ›Non Standard‹-Philosophen des Hellenismus rücksichtlos selektiv verfahren. Idealerweise hätten wir viel Platz auf die Kyniker, Kyrenaiker, Megariker, Dialektiker und andere verwenden müssen, die einen prägenden Einfluß auf die hellenistische Philosophie ausübten, ferner auf den hellenistischen Peripatos, auf individualistische Akademiker wie Philon von Larissa und Antiochos sowie auf nach-hellenistische Philosophen wie Epiktet und Sextus Empiricus, die einflußreiche Anhänger hellenistischer Schulen waren. Wie die Dinge stehen, mußten wir uns damit begnügen, all diese Philosophen, wenn überhaupt, dann nur da einzubringen, wo man sehen kann, wie sie zu den Diskussionen beitrugen, in denen sich die hauptsächlichen Schulen engagierten, oder wo sie als verläßliche Sprecher für sie auftreten.

Der Skeptizismus trägt viel dazu bei, der hellenistischen Philosophie ihre charakteristische Färbung zu verleihen; und wir haben versucht, ihm das gebührende Gewicht zu geben. Dementsprechend ist die Periode so gestaltet, daß sie mit dem *Frühen Pyrrhonismus* beginnt und mit dem *Wiederaufleben des Pyrrhonismus* endet. Ursprünglich hatten wir geplant, am Schluß die skeptische Philosophie des Sextus Empiricus trotz seiner post-hellenistischen Datierung umfassend darzustellen. Doch am Ende führten Platzprobleme in Verbindung mit einigen historischen Bedenken uns dazu, den Begründer dieser Philosophie, Änesidem, praktisch als den einzigen Sprecher für den späten hellenistischen Pyrrhonismus zu behandeln. Änesidem ist eine beeindruckende Gestalt, deren Werk man nicht leicht würdigen kann, ohne es von dem seiner späteren Anhänger zu isolieren. Was die maßgeblichen akademischen Skeptiker betrifft, kommen sie besser zur Darstellung, als ein flüchtiger Blick auf das Inhaltsverzeichnis es vielleicht vermuten läßt. Ergänzend zu unserer Präsentation ihrer eigenen philosophischen Positionen in den Paragraphen 68–70 werden ihre Einzelkritiken in vielen der Stoiker-Paragraphen zum Thema, wo sie in der Tat oft am besten zu Hause sind; siehe besonders die Paragraphen 28, 37, 39–41 und 64.

Wie bei den Einzelpersönlichkeiten, so mußten wir unsere Ausführungen auch bei den Schulen häufig auf solche Themen beschränken, bei denen Punkte aufgeworfen werden, die für die Philosophiegeschichte zentral sind. Um die Wissenschaft geht es in unserem Buch nur in Form der Philosophie der Wissenschaft oder in Gestalt der Kosmologie, die ein integraler Bestandteil der allgemeinen Weltsicht einer Schule ist. Astronomie, Physiologie, Rhetorik, Grammatik und Ästhetik sind Gebiete, zu denen hellenistische Philosophen, besonders Stoiker, Bedeutendes beigetragen haben. Wir haben nicht versucht, uns damit mehr als nur beiläufig zu befassen; auf diesen Feldern bleibt noch viel grundlegende Arbeit zu tun.

Aus der reichhaltigen Gelehrtenarbeit, die der hellenistischen Philosophie in den letzten hundert und vor allem in den letzten zwanzig Jahren gewidmet worden ist, haben wir enormen Gewinn gezogen – und fanden trotzdem, jede ernsthafte Erörterung dieser Studien im Rahmen des 1. Bandes lasse diesen derart anschwellen, daß er vom Umfang her nicht mehr akzeptabel wäre. Solche Erörterungen haben wir daher mit Bedauern auf die Anmerkungen des 2. Bandes und die dort mögliche Besprechung von Einzelpunkten beschränkt. Was wir stattdessen anbieten, ist eine kommentierte Bibliographie am Ende von Band 2; sie ist thematisch geordnet und wird den Lesern helfen, die Tendenz unseres Kommentars und sein Verhältnis zu anderen Studien zu beurteilen. (Als Modell dafür diente, wie wir dankbar anerkennen, J. Barnes, M. Schofield und R. Sorabji, *Articles on Aristotle*, London 1973–77.)

Dieses Quellenwerk ist das Erzeugnis einer gemeinschaftlichen, nicht einer parallelen Autorschaft. Natürlich war jeder Paragraph anfangs das Werk des einen oder des anderen von uns; aber wir haben jeder in der Sektion des anderen massiv interveniert und machmal Teile neu geschrieben. Ob es sich um die Interpretation oder um Richtungsfragen handelte, – jeder Punkt wurde von uns diskutiert und zwischen uns geklärt. Somit übernehmen wir die Verantwortung für das ganze Buch gemeinsam. Trotzdem mag es Leser geben, denen daran liegt, die verschiedenen Stränge zu unterscheiden; mit Blick auf sie sei die *ursprüngliche* Autorschaft für die einzelnen Paragraphen vermerkt. Sie war folgendermaßen:

A.A.L.: 1–3, 21–22, 26, 31, 33–34, 39–41, 43–49, 51–53, 56–61, 63–69.
D.N.S.: 4–20, 23–25, 27–30, 32, 35–38, 42, 50, 54–55, 62, 70–72.

Obwohl die Planung dieser Bände auf die Mitte der 70er Jahre zurückgeht, dauerte die systematische Arbeit daran von 1979 bis 1986. Während dieser Zeit haben wir vielerlei Hilfen erfahren, für die wir nun danken können. Die folgenden verdienen besondere Erwähnung: Wir waren in der glücklichen Lage, die großartige Unterstützung unserer Forschungen durch Hayden Ausland, Dirk Obbrink, Allan Silverman und Steve White in Anspruch nehmen zu dürfen, die alle – zusätzlich zu ihrer rastlosen Beschäftigung mit ziemlichen Routinearbeiten – uns damit zur Seite standen, Kritikpunkte zu suchen und unschätzbare Vorschläge zu machen. Einzelne Paragraphen wurden gelesen und mit Bemerkungen versehen von Jonathan Barnes, Myles Burnyeat, Fernanda Decleva Caizzi, Richard Davies, Michael Frede, Brad Inwoood, Jim Lennox, Geoffrey Lloyd, Malcolm Schofield, Richard Sorabji und Robert Wardy; und wir haben ihren Rat sehr zu schätzen gewußt. Andere, die wir in Einzelpunkten mit Gewinn um Expertenrat gebeten haben, sind nicht zuletzt Catherine Atherton, Francesca Longo Auricchio, Nicholas Denyer, Tiziano Dorandi, Adele Tepedino Guerra, Jim Hankinson, Michael Inwood, E.J. Kenney, A.C. Lloyd und Margie Miles. Bei der Planung des Buchs wurden wir mit Ideen von David Furley, Pauline Hir, Ian Kidd, Susan Moore und vor allem Jeremy Mynott unterstützt, dessen geistiges Kind das ganze Projekt ist. Wertvolle Hilfe bei der Vorbereitung des Manuskripts erhielten wir von Sandra Bargh, Yvonne Cassidy, Sylvia Sylvester und Andrea Shankman. Außerdem möchten wir Candace Smith herzlich für die Zeichnung auf S. 4 danken – für ihren diesbezüglichen Rat ebenso wie für die schließliche Ausführung.

XVI

Dann ist hier noch von einer weiteren Dankesschuld zu berichten. Karlheinz Hülser hat eine großartige Sammlung erarbeitet, *Die Fragmente zur Dialektik der Stoiker* (= *FDS*), und war so freundlich, uns Entwürfe zur Verfügung zu stellen, die der Publikation seiner Sammlung vorausgingen. Bei der Vorbereitung dieses Quellenwerks fanden wir seine Arbeit äußerst hilfreich und bedauern, daß unsere Devise, nur sehr begrenzt Querverweise auf Fragmentsammlungen zu geben, es verhindert hat, die *FDS*-Nummern in Band 1 bei denjenigen Texten anzugeben, die auch in seiner Sammlung zu finden sind (ein paar dieser Nummern sind allerdings in Band 2 vermerkt).

Für Forschungsmittel danken wir dem Institute for Advanced Study in Princeton, dessen großzügige Bewilligung einer Mitgliedschaft (A.A.L. im Jahr 1979, D.N.S. 1982) ideale Bedingungen bot, um das Projekt voranzubringen, weiter der Universität von Liverpool, der Universität von Californien in Berkeley und der Universität von Cambridge sowie Christ's College in Cambridge für ihre Forschungsunterstützung. Außerdem möchten wir dem Robinson College in Cambridge und der Universität von Californien in Berkeley dafür danken, daß sie den Fortgang der Arbeiten durch ein Bye-Fellowship für A.A.L. im Jahr 1982 beziehungsweise durch eine Gastprofessur für D.N.S. im Jahr 1984 gefördert haben. All dies zusammen ermöglichte uns den seltenen Luxus einer ausgedehnten Zusammenarbeit an demselben geographischen Ort ohne unsere übliche Abhängigkeit von Post und Telefon.

Gewidmet sind die zwei Bände David Furley, der uns beide so viel über griechische Philosophie gelehrt hat und dessen eigene Publikationen in Klarheit und Prägnanz ein Vorbild sind, das sich, wie wir fürchten, im folgenden nur schwach widerspiegelt.

Berkeley, April 1986

David Sedley
Tony Long

Editorischer Hinweis

[ ] Was in *eckigen Klammern* steht, wurde in der Übersetzung gegenüber dem
     übersetzten Text ergänzt.
⟨ ⟩ Was in *spitzen Klammern* steht, wurde (von Long und Sedley) bereits im
     übersetzten Text gegenüber der überlieferten Textfassung ergänzt. Von
     solchen Stellen gibt es im zweiten Band mehr, als im vorliegenden Band
     ausgewiesen sind. Aber die hier ausgewiesenen sind auf jeden Fall sinn-
     relevant.
† † Was zwischen *cruces* steht, ist in verderbter Form überliefert und in der
     Textherstellung unsicher.

Zu dem, was in den Kopfzeilen vieler Quellentexte kleingedruckt ist, vgl. die
Hinweise zur Konkordanz auf S. 598.

XVIII

Einleitung

Die Schulen

Wenn Aristoteles die Möglichkeit gehabt hätte, im Jahr 272 v.Chr. anläßlich seines fünfzigsten Todestags nach Athen zurückzukehren, hätte er in der Stadt kaum das intellektuelle Milieu wiedererkannt, in dem er selbst lange Zeit seines Lebens gelehrt und geforscht hatte. Er hätte dort neue Philosophien vorgefunden, die weitaus unterschiedlicher und in selbstbewußterer Weise systematisch waren als die, welche zu seiner Zeit angeboten wurden. Einige der zentralen Themen und vieles von der technischen Terminologie, in der sie diskutiert wurden, wären ihm unvertraut erschienen.

Wie war es zu dieser Veränderung gekommen? Vielleicht hätte Aristoteles sie ja als einen Aspekt des radikalen Wandels wahrgenommen, der durch die Eroberungen seines pflichtvergessenen Schülers Alexanders des Großen in weiten Teilen der damals bekannten Welt herbeigeführt worden war. Alexanders Hellenisierung des östlichen Mittelmeerraums und noch darüber hinaus hatte ein neues Interesse an der griechische Kultur bei Leuten geweckt, die ursprünglich einen nicht-griechischen Hintergrund hatten. Für die, die insbesondere von der griechischen Philosophie angezogen wurden, war Athen das natürliche Mekka. Dort hatten nämlich immer noch die Schulen ihren Sitz, die von Platon und Aristoteles gegründet worden waren; und außerdem verliehen solche literarischen Meisterwerke wie Platons sokratische Dialoge – sie werden vielen den ersten Geschmack an der Sache vermittelt haben – der Stadt einen unvergänglichen Glanz, die wahre Heimstatt philosophischer Aufklärung zu sein. Die Philosophie blühte daher in dem neuen hellenistischen Zeitalter in Athen mehr als jemals zuvor. Und von der neuen Philosophengeneration der Stadt stammten viele aus dem östlichen Mittelmeerraum.

Die Stadt Alexandria, von Alexander in Ägypten gegründet, wurde zwischenzeitlich ein rivalisierendes kulturelles Zentrum, weitgehend dank der großzügigen Förderung seiner Regenten, der Ptolemäer. Unter solcher Schirmherrschaft konnte zwar die Philosophie selbst nicht aufblühen, und Athen blieb als das philosophische Zentrum der griechischen Welt unübertroffen. Aber die Abwanderung anderer Intellektueller nach Alexandria hatte einen heiklen Effekt. Die Akademie Platons und die Schule des Aristoteles im Lykeion waren im breitesten Sinne des Wortes Forschungszentren gewesen. Zu Platons Kollegen und Schülern gehörten viele der führenden Mathematiker der Zeit; und das Lykeion beherbergte außer der Philosophie im modernen Sinne Gelehrten- und Wissenschaftsforschung zu praktisch jedem erdenklichen Gegenstand. Nur wenige Leser werden beispielsweise eine Erinnerung an Aristoteles' eigene fruchtbare Beiträge zur Zoologie, zur politischen Geschichte und zur Literaturtheorie brauchen. Diese Disziplinen fanden nun in Alexandria eine neue Heimat. Die Folge war, daß die Philosophie zum ersten Mal auf etwas zurückgestutzt wurde, was der Spezialistendisziplin ähnelte, die sie heute ist.

Ob Platon und Aristoteles überhaupt daran gedacht hatten, philosophische *Systeme* zu schaffen, ist alles andere als klar. In der neuen Ära jedoch war eine Philosophie vor allem ein geschlossenes System für das vollständige Verständnis der grundlegenden Weltstrukturen und des Platzes, den der Mensch darin hat. Von der Wahl der philosophischen Bindung, die jemand traf, nahm man an, daß sie seine Perspektive auf das Leben von Grund auf beeinflussen würde.

Wenn der Geist des Aristoteles im Jahr 272 dem Lykeion einen nostalgischen Besuch abgestattet hätte, unmittelbar außerhalb der östlichen Stadtmauer (siehe die topographische Skizze auf S. 4), dann hätten die Wirkungen dieser philosophischen Revolution ihn mit besonderer Schärfe getroffen. Sein alter Gefährte und Nachfolger in der Leitung der peripatetischen Schule, Theophrast, war seit fünfzehn Jahren tot. Mit ihm war der letzte Vertreter von Aristoteles' eigener enzyklopädischer Philosophie-Auffassung gestorben. Viele Anhänger der Schule waren nach Alexandria abgewandert, und selbst seine Bibliothek war durch den Erben Theophrasts ins Ausland verschifft worden. Das höchst technische eigene philosophische Werk des Aristoteles (die Schultexte, durch die wir ihn heute kennen) waren, wie es scheint, relativ wenig in Umlauf oder kaum in der Diskussion. Was den Nachfolger Theophrasts in der Schulleitung angeht, Straton, so war er ein höchst origineller Naturtheoretiker, aber selbst nach den Standards der damaligen Zeit ein schmalspuriger Spezialist auf seinem Gebiet. Bis zum Ende der hellenistischen Periode, das offiziell auf das Jahr 31 v.Chr. datiert wird, bewahrte die peripatetische Schule sich kaum ein Profil, zumindest in der Philosophie nicht, wenngleich die anschließende Ära der römischen Kaiserzeit in weitem Ausmaß von einer Aristoteles-Renaissance dominiert werden sollte.

Wenn wir uns vorstellen, wie Aristoteles seine Tour fortsetzt, dann hätte er an der zentralen Agora, gerade einen Kilometer von seiner eigenen Schule entfernt, eine ganz andere Szene gefunden. Hier stand die Stoa Poikilē, die »Bemalte Kolonnaden-Halle«, in der sich eine blühende philosophische Gruppe täglich traf, um zu diskutieren und zu lehren. Im Volk waren diese Leute als die Stoiker bekannt, als »Die Männer von der Stoa«, und ihr System, der Stoizismus, war bereits die vorherrschende Philosophie der Zeit. Zum Teil dank des immensen intellektuellen Prestiges, das der Stoizismus erlangt hatte, war er inzwischen die Quelle für viel technische Terminologie und für die begriffliche Ausstattung geworden; sie bildeten den Rahmen für Auseinandersetzungen über Lehrfragen. Der Gründer der Gruppe, Zenon von Kition, nun 62 Jahre alt, war als junger Mann von Zypern, seinem Geburtsland, her nach Athen gekommen; frisch für den Hellenismus gewonnen war er erpicht darauf, Philosophie in den öffentlichen Gymnasien, Promenaden und Kolonnaden zu lernen, in denen einst Sokrates selbst ein und aus ging. In Athen war Philosophie immer eine höchst öffentliche Angelegenheit, und indem die Stoiker ihre Aktivitäten auf die Agora konzentrierten, waren sie gleich im Zentrum der Öffentlichkeit.

Zenons treuester Kollege und schließlicher Nachfolger, als er 262 starb, war Kleanthes; dessen eigene Beiträge zum Stoizismus liegen besonders im Bereich der Theologie und Kosmologie. Freilich waren nicht alle Mitglieder der Schule orthodox, und die ethische Heterodoxie des Stoikers Ariston wird in unserem Buch besondere Aufmerksamkeit finden. Der bedeutendste aller Stoiker, Chrysipp, war zu dieser Zeit ein 18 Jahre alter junger Mann in Soloi an der Ostküste des Mittelmeers. Ungefähr in den Jahren von 232 bis 206 sollte er die Leitung der Schule innehaben und alle Aspekte der stoischen Theorie mit solcher Begabung, Präzision und Reichhaltigkeit entwickeln, daß »Altstoizismus« für uns tatsächlich die Philosophie Chrysipps bedeutet. Über die individuellen Beiträge dieser und anderer Stoiker kann man sich anhand des *Philosophen-Index* am Ende dieses Bandes kundig machen (siehe insbesondere Sphairos, Diogenes von Babylon, Antipater, Panaitios, Poseidonios).

Ein Monopol hatten die Stoiker auf der Agora und in ihrer Umgebung nicht. Es war dies einer der Bereiche, wohin sich erwartbar jeder Philosoph hingezogen fühlte, der sich in Athen aufhielt. Der Geist des Aristoteles hätte dort einige merkwürdig vertraute Typen und vielleicht auch einige merkwürdig unvertraute treffen können. Eine allgegenwärtige Gestalt seit der Mitte des vierten Jahrhunderts war die des umherziehenden Kynikers gewesen, dessen Hauptlehren die absolute Selbstgenügsamkeit der Tugend und die völlige Belanglosigkeit aller sozialen Normen, des physischen Komforts und der Gunst des Glücks war. Der größte Triumph des Kynismus war in gewisser Weise sein prägender Einfluß auf das Werk Zenons, der seinen ersten philosophischen Unterricht bei dem Kyniker Krates erhalten hatte. Der orthodoxe Stoizismus modifizierte dann auf subtile Weise den ethischen Extremismus der Kyniker, so daß er eine integrale Rolle für die konventionellen Werte festhielt, welche der Kynismus rundheraus abgelehnt hatte (siehe **58–59** und **67A–H** für einige kynische Elemente in der frühstoischen politischen Theorie).

Unter den anderen, die der Geist des Aristoteles dort vielleicht beobachtet hat, waren Kyrenaiker, Dialektiker und Megariker − Schulen, von deren Beiträgen zur hellenistischen Philosophie man sich durch unseren *Philosophen-Index* einen Eindruck verschaffen kann −, weiter Timon von Phlius, der Hauptpropagandist für den skeptischen Guru Pyrrhon, dessen Philosophie unser Buch sowohl eröffnet als auch abschließt.

Die nostalgische Tour könnte mit einem Ausflug durch das Dipylon-Tor nach Nordwesten abgerundet worden sein, um die Akademie zu besuchen, wo knapp hundert Jahre vorher der junge Aristoteles selbst zu Füßen Platons ge-

Die philosophischen Schulen des hellenistischen Athen: Orte und Entfernungen
© Candace H. Smith 1987

sessen hatte. Auf dem Weg dorthin könnte sein Geist jetzt einen umfriedeten Garten gesehen haben – *den* Garten, wie man ihn nannte. Er war das Eigentum Epikurs, dessen Philosophie in unserem Buch einen großen Raum einnimmt. Unter den philosophischen Schulen war die seine gewiß die, welche am meisten nach innen schaute; von allen politischen Verwicklungen hielt sie sich erklärtermaßen fern und konzentrierte sich darauf, daß die eigene philosophische Gemeinschaft innerhalb des Gartens und ähnliche Bewegungen an anderen Stellen angemessen funktionierten. Trotz dieser Zurückhaltung ist es kein Zufall, daß Epikur die Hauptniederlassung seiner Schule in Athen errichtet hatte, dem Mittelpunkt aller philosophischen Aktivität. Ursprünglich hatte er sich als Anhänger des frühen Atomisten Demokrit präsentiert und an zwei Stellen in der Ost-Ägäis Zweigniederlassungen seiner Schule gegründet. Aber im Jahr 306 zog er endgültig nach Athen um, wo er das aufbaute, was das Hauptquartier seiner Schule werden und bleiben sollte. Die Stoa und die Akademie waren in leicht erreichbarer Entfernung (siehe die topographsiche Skizze auf S. 4), und wir dürfen sicher sein, daß Epikur ebenso erpicht war wie seine Rivalen, seinen Finger am philosophischen Puls Athens zu haben. Wie unser Buch herauszubringen sucht, scheinen Stoizismus und Epikureismus sich in polarer Opposition zueinander entwickelt zu haben.

Als er schließlich in der Akademie selbst ankam, könnte Aristoteles seinen schwersten Schock erlitten haben. Der kürzlich ernannte Leiter der Schule war zugegebenermaßen ein engagierter Platonist. Aber sein Platonismus war vor allem nach dem gestaltet, was wir als die frühen Dialoge Platons kennen, als die Dialoge, in denen Sokrates als einer porträtiert wird, der ständig die Überzeugungen und Annahmen derer in Frage stellt, die dogmatischer sind als er selbst, und der immer damit beschäftigt ist, die Brüchigkeit und Inkonsistenz dieser Ansichten herauszustellen. Ein lehrhafter Platonismus war von Platons späterem Werk ausgegangen und hatte sich nach Platons Tod lange Jahre am Leben erhalten. Eine Version davon hatte in den letzten Jahren des vierten Jahrhunderts sogar noch der junge Zenon bei Polemon studiert, dem damaligen Leiter der Akademie; und das war zugleich die Hauptschiene, auf der platonische Lehre in der hellenistischen Philosophie Fuß fassen sollte. In der Akademie selbst dagegen hatte sie nur noch wenig Gewicht, und es war Arkesilaos' Rückkehr zur kritischen Dialektik von Platons Frühwerk, die jetzt endlich eine Verjüngung der Schule bewirkte. Unter seiner Leitung erreichte die »Neue Akademie« den Status, die wichtigste Schule der Skepsis zu sein; und das ganze hellenistische Zeitalter hindurch wurde von ihr jede neue Stoikergeneration einer äußerst durchdringenden Kritik unterzogen. Karneades, der größte Kopf der Neuen Akademie, sollte in der Mitte des zweiten Jahrhunderts v.Chr. die philosophische Szene dominieren. Er war nicht nur ein einflußreicher Kritiker des chrysippeischen Stoizismus, sondern auch ein auf brilliante Weise ursprünglicher Philosoph eigenen Rechts. Erst im ersten Jahrhundert v.Chr. begann ein neuer Niedergang der Akademie und verfiel sie lehrmäßig in Unordnung (siehe 68, 71).

Was war eine »Schule«? Es war durchweg keine förmlich etablierte Institution, sondern eine Gruppe gleichgesinnter Philosophen mit einem Leiter, auf den man sich verständigt hatte, und mit einem ständigen Treffpunkt, manchmal unter privaten Bedingungen, aber normalerweise in der Öffentlichkeit. Schul-Loyalität bedeutete Loyalität zum *Gründer* der Gemeinschaft – Zenon für die Stoa, Epikur für den Garten, Sokrates und Platon für die Akademie –. In diesem Licht muß man den Grad der intellektuellen Unabhängigkeit innerhalb der einzelnen Schulen beurteilen. Neue Ideen wurden nicht als Kritiken an den Ansichten des Gründers vorgetragen; sondern man hielt es durchweg für angebrachter, sie als Interpretationen oder Weiterentwicklungen daran zu präsentieren. Für die Stoiker war es daher ein großer Vorteil, daß Zenon viele Punkte ungeklärt oder unerledigt gelassen hatte; und die Akademiker konnten den Umstand nutzen, daß Platons Dialoge für eine Vielfalt von Interpretationen offen standen. Epikur andererseits hatte sein System selbst mit immenser Gründlichkeit ausgearbeitet und seinen Nachfolgern nur relativ wenige Punkte für eine wirklich offene Diskussion übriggelassen (z.B. **21A4; 22O**). Die eigentlich nicht in Frage gestellte Autorität des Gründers innerhalb der einzelnen Schulen gab den Anhängern eine Identität als Mitglieder einer »Sekte« *(hairesis)*, die an ihren Benennungen auch leicht zu erkennen war: »Stoiker«, »Epikureer«, »Akademiker« oder »Pyrrhoneer«.

Die Systeme

Es macht wenig Sinn, hier auch noch mit einer Zusammenfassung der akademischen und der pyrrhonischen Skepsis aufwarten zu wollen. Die beiden Schulen hätten noch nicht einmal die Zuschreibung eines »Systems« begrüßt. Die Natur ihrer philosophischen Bemühungen wird sich wirksamer aus einem Studium der Texte selbst ergeben (besonders **1–3, 39–41, 64, 68–72**). Im Fall des Epikureismus und des Stoizismus hingegen ist das Material so umfang- und facettenreich, daß der eine oder andere Leser den folgenden sehr kurzen Überblick hilfreich finden wird.

Die epikureische Philosophie besteht aus drei Hauptteilen: der Naturphilosophie (**4–15**), der Epistemologie oder »Kanonik« (**16–19**) und der Ethik (**20–25**).

Die naturphilosophische Theorie wird aus Grundprinzipien entwickelt, die intuitiv primär sind. Alles, was eine unabhängige Existenz hat, ist körperlich. Vom Körperlichen wird gezeigt, daß es aus unendlich vielen atomaren Partikeln und einem unbegrenzten Raum besteht, von dem viel leer ist. Sekundäre Eigenschaften existieren ebenfalls, aber in einer zu den Atomen und dem leeren Raum parasitären Weise. Wie buchstäblich zahllose andere Welten, so ist auch unsere Welt das zufällige und vergängliche Produkt komplexer atomarer Kollisionen, ohne einen zweckvollen Ursprung oder eine zweckhafte Struktur und ohne eine Gottheit, die darüber wachen würde. Und die Seele, selbst ein komplexes atomares Konglomerat, geht zusammen mit dem Körper unter. Mit Hilfe dieser Schlußfolgerungen ist die Physik in der Lage, die psychologisch lähmende Befürchtung einer göttlichen Intervention in diesem Leben und einer Vergeltung im nächsten zu eliminieren.

Kognitive Sicherheit ist durch die Sinne erreichbar, kombiniert mit einer Reihe natürlicher Begriffe und Intuitionen. Durch Anwendung dieser Werkzeuge können wir mit variierenden Sicherheitsgraden die verborgene Natur der Dinge erschließen. Die formalen dialektischen Techniken Platons und seiner Nachfolger sind für das Unternehmen unnötig.

Ungeachtet unserer letztlich atomaren Konstitution sind wir genuin autonom Handelnde und fähig, unser Leben in Übereinstimmung mit dem einen natürlichen Gut zu strukturieren, der Lust. Die epikureischen Mittel, uns die Maximierung der Erfreulichkeit des Lebens zu lehren, schließen die Eliminierung von Furcht vor Unbekanntem ein, weiter die Einsicht, daß wechselseitige Wohltaten und Nicht-Aggression nützlich sind, und eine Ausarbeitung der natürlichen Grenzen der Lust, die zu überschreiten jeder Versuch bloß kontraproduktiv ist. Die Seelenruhe infolge epikureischer Aufklärung, vervollständigt um einige wenige einfache Freuden und unterstrichen durch die Freundschaft mit anderen, die derselben Überzeugung anhängen, können sogar mit der paradigmatischen Glückseligkeit der Gottheiten Schritt halten, die wir verehren.

Anders als der Epikureismus ist das stoische System keine lineare Entwicklung aus ersten Prinzipien, sondern ein selbsttragendes Gebäude, in dem kein Bauteil einem anderen unzweideutig vorausgeht (vgl. 26). Unsere Einzelanordnung des Materials in 26–67 erhebt keine besonderen Authentizitätsansprüche. Aufs ganze gesehen entspricht sie im wesentlichen der offiziellen stoischen Dreiteilung in Logik (27–42), Physik (43–55) und Ethik (56–67); was wir allerdings »Ontologie« nennen (27–30), kombiniert wahrscheinlich Material aus der Naturphilosophie und der Logik.

Zu existieren heißt, ein Körper zu sein. Aber alle Materie ist total durchtränkt mit einer intelligenten Kraft, die variierend »Gott« oder »Vernunft« genannt wird und auf einer anderen Analyseebene auch »Atemstrom« heißt. Unsere Welt, ein einziger, begrenzter und ewig wiederkehrender Organismus, ist daher selbst mit Gott koextensiv und *ist* in gewisser Weise Gott. Ihre Rationalität manifestiert sich in ihrer moralischen Vollkommenheit als ein geeinter Organismus, wobei der Anschein von Unvollkommenheit nur dann aufkommt, wenn die Teile isoliert gesehen werden. Jedes Detail ist durch einen Kausalnexus vorherbestimmt, den man als »Fatum« bezeichnet, so daß die moralische Verantwortlichkeit des Menschen so verstanden werden muß, daß sie keine genuin freie Wahl zu handeln einschließt. Individuelles Gutsein und Glück besteht in dem vollkommenen Zusammenklang des weisen Mannes mit dem vorherbestimmten Schema der Dinge. Alle anderen Ziele und Zustände, die man konventionell preist, wie zum Beispiel Reichtum und Gesundheit, sind moralisch »indifferent«. Allgemein gesprochen sollten wir sie anstreben, aber nicht als letzte Ziele, sondern nur eben als natürliche Leitlinien für unser voll entwickeltes Ziel, »in Übereinstimmung mit der Natur zu leben«. Die Hoffnung auf solche moralische Besserung beruht insbesondere auf der primär intellektuellen Natur unserer moralisch schlechten Zustände oder der »Leidenschaften«: als falsche *Urteile* lassen sie sich durch die Vernunft modifizieren. Selbst so setzten die Stoiker für ihren idealisierten Weisen oft derart hohe Standards, daß der Eindruck zurückbleibt, individuelles Gutsein sei kaum erreichbar.

Das für moralische Tugend erforderliche Verständnis der Welt verlangt eine rigorose philosophische Methodologie. Der wahre Dialektiker ist ein Experte im Einteilen und Definieren sowie in der komplexen logischen Analyse von Argumenten. Außerdem kann er den erkenntnistheoretischen Status seiner Voraussetzungen bewerten, da er auch ein Fachmann für alle »Vorstellungen« von der Seinsweise der Dinge ist. Es gibt davon viele Grade; aber nur *eine* Art von Vorstellungen bietet diejenige kognitive Gewißheit, auf die einen Beweis aufzubauen sicher ist.

Leser, die das Bedürfnis nach einem ausführlicheren allgemeinen Überblick spüren, könnten folgende Bücher konsultieren:

A.A. Long, *Hellenistic philosophy*, London 1974; 2. Aufl. London, Berkeley, Los Angeles 1986;

F.H. Sandbach, *The Stoics*, London 1975;

dazu Übersetzungen von Ciceros philosophischen Schriften (besonders von *De finibus, Academica, De natura deorum, De fato*) und von Lukrez – entweder die englischen Übersetzungen in der Reihe der *Loeb Classical Library* oder die an verschiedenen Stellen erschienenen deutschen Übersetzungen.

Bücher, die sich mit speziellen Themen befassen und für den Nicht-Fachmann brauchbar sind, sind unter anderem:

D.J. Furley, *Two studies in the Greek atomists*, Princeton, 1967;

A.A. Long (ed.), *The Stoics*, Berkeley, Los Angeles, London 1978;

J. Barnes, M. Burnyeat, M. Schofield (eds.), *Doubt and dogmatism*, Oxford 1980;

M. Burnyeat (ed.), *The skeptical tradition*, Berkeley, Los Angeles, London 1983;

J. Annas, J. Barnes, *The modes of scepticism*, Cambridge 1985;

M. Schofield, G. Striker (eds.), *The norms of nature*, Cambridge, Paris 1986.

Eine ausführliche Bibliographie ist dem – keiner Übersetzung ins Deutsche bedürftigen – zweiten Band des vorliegenden Werks beigegeben (Cambridge 1987).

Was die wichtigsten Texte der Vorläufer zur hellenistischen Philosophie angeht, empfehlen wir:

G.S. Kirk, J.E. Raven, M. Schofield, *The Presocratic philosophers*, 2. Aufl. Cambridge 1983; deutsch von K. Hülser unter dem Titel *Die vorsokratischen Philosophen. Einführung, Texte und Kommentare*, Stuttgart, Weimar 1994;

Platon, *Protagoras, Gorgias, Menon, Phaidon, Politeia, Euthydemos, Phaidros, Timaios, Theaitetos, Sophistes, Philebos, Gesetze* Buch 10;

Aristoteles, *Nikomachische Ethik*, *Physik* Buch 2, 4 und 6, *Über Werden und Vergehen*, *Metaphysik* Buch 12, *Über den Himmel*, *Analytica posteriora*, *De interpretatione*, *Topik*, *Über die Seele*.

Die Textzeugnisse

Was Epikur und Chrysipp geschrieben haben, macht, wenn man das Werk von beiden zusammenrechnet, insgesamt mehr als tausend Bücher aus (d.h. Papyrus-Rollen). Der literarische Ausstoß der hellenistischen Philosophie insgesamt muß sich also auf viele tausend Bücher belaufen haben. Alles, was davon in intakter Form erhalten geblieben ist, sind drei Auszüge und eine Reihe von Maximen von Epikur und ein Hymnus von Kleanthes. Außerdem sind wir in der glücklichen Lage, ein brillantes epikureisches Gedicht des römischen Schriftstellers Lukrez zu besitzen, ferner eine Anzahl lateinischer Werke von Cicero, welche die hauptsächlichen hellenistischen Philosophien im Umriß darstellen, und die Schriften einiger nach-hellenistischer Philosophen, die Anhänger hellenistischer Schulen waren. Alle anderen Textzeugnisse, die wir haben, sind in höherem oder niedrigerem Grad fragmentarisch. In ihnen werden die Ansichten von Philosophen zusammengefaßt oder zitiert, und zwar normalerweise ohne Kontextangaben und von späteren Schriftstellern, die ebenso oft erklärte wie nicht erklärte Gegner der jeweils dargestellten Philosophen waren. (Einige Informationen darüber kann man in unserem *Quellen-Index* finden.)

Infolgedessen ist die hellenistische Philosophie ein Puzzle. Unser erstes Ziel war, wenn nicht alle Teile, dann doch wenigstens ein große Menge davon zusammenzufügen. Unser Kommentar erläutert, wie manche präzise Verbindungen hergestellt werden könnten, und fügt warnend hinzu, daß die Paßgenauigkeit möglicherweise nicht immer exakt ist. Weil die Rekonstruktion eines Teils des Puzzles häufig von der anderer Teile abhängt, sind die Leser dringend gebeten, den Querverweisen zu folgen, die der Kommentar ergänzend anbietet, und regelmäßig auf die zusätzliche Information zurückzugreifen, die in den Indizes zu finden ist.

Die ausgewählten griechischen und lateinischen Quellen repräsentieren in beiden Sprachen ein breites Spektrum literarischer Gattungen. Wenn der Stil der Übersetzung einigen dieser Gattungen nur ungenügend gerecht wird, dann ist das deshalb so, weil der Absicht des Buches mit technischer Klarheit doch wohl besser zu dienen ist als mit literarischer Feinabstimmung. Beispielsweise sind viele Passagen, die ursprünglich in Versen geschrieben sind, jetzt kaum noch von Prosatexten zu unterscheiden. Und wo ein lateinischer Autor die griechische philosophische Terminologie latinisiert, haben wir uns gelegentlich die Freiheit genommen, die Übersetzung weniger direkt auf seine Worte als vielmehr auf die griechischen Termini zu gründen, die er offenbar wiedergibt. Diese Strategie dient dem Interesse terminologischer Konsistenz und sollte in Verbindung mit dem Glossar am Ende dieses Bandes die Aufgabe des Lesers handhabbarer machen, mit dem technischen Vokabular jener Zeit umzugehen.

Die Texte sind innerhalb jedes Paragraphen durch Großbuchstaben **A**, **B** usw. markiert. In Band 2 sind am Ende des entsprechenden Paragraphen gelegentlich ein oder zwei Zusatztexte beigegeben, die dann durch Kleinbuchstaben gekennzeichnet sind. Auch gehen die Textpassagen in Band 2 manchmal über die übersetzten Stücke des vorliegenden Bandes hinaus; was in Band 2 zusätzlich steht, ist dort in Kleindruck gesetzt.

Innerhalb der Übersetzung schließen eckige Klammern, [ ], eigene glossierende Zusätze der Herausgeber oder der Übersetzer ein. Spitze Klammern, 〈 〉, enthalten Worte, die im griechischen oder lateinischen Originaltext offenbar ausgefallen sind. Die durchnumerierten Untereinteilungen vieler Texte stammen allemal von den Herausgebern.

Nach welchem System auf die Quellentexte jeweils Bezug genommen wird, wird am Ende dieses Bandes im *Quellen-Index* erklärt. Außerdem sind die Stellenangaben bei vielen Texten im Apparat durch die entsprechenden Nummern in bestimmten Standard-Fragmentsammlungen ergänzt; diese Sammlungen sind am Ende dieses Index ebenfalls zusammengestellt. Die Ergänzungen werden aber nicht ganz durchgehend oder systematisch gemacht. Die Hauptabsicht war vielmehr, es den Lesern leichter zu machen, die dieses Buch in Verbindung mit anderen Untersuchungen gebrauchen, welche auf diese Fragmentsammlungen Bezug nehmen. Deshalb wurden nur diejenigen Referenzen ergänzt, die in dieser Hinsicht irgendwie hilfreich sein dürften; und sie wurden häufig weggelassen, wenn die beiden entsprechenden Passagen lediglich partiell übereinstimmen. Das Fehlen eines solchen Querverweises sollte also nicht immer als ein Hinweis gewertet werden, daß die fragliche Passage in der betreffenden Sammlung fehlt.

Texte und Kommentare

Der frühe Pyrrhonismus

1 Skeptizismus

A   Diogenes Laërtius 9.61–62   (Caizzi 1A, 6, 7, 9)

(1) Pyrrhon von Elis war der Sohn des Pleistarchos, wie auch Diokles berichtet. Wie Apollodor in seinen *Chroniken* sagt, war er zuerst Maler; und er hörte, wie Alexander in seinen *Philosophenfolgen* sagt, Bryson, den Sohn [oder Schüler?] Stilpons. Später hörte er Anacharchos und begleitete ihn überall hin, so daß er sogar mit den Nackten Philosophen in Indien sowie mit den Magiern in Verbindung kam. (2) Von daher, so scheint es, praktizierte er die Philosophie auf eine äußerst treffliche Weise und führte diejenige Form von ihr ein, welche in Nicht-Erkenntnis und in Urteilsenthaltung besteht . . . (3) Er erklärte nämlich, daß nichts anständig und nichts niederträchtig sei, nichts gerecht und nichts ungerecht, und daß ganz entsprechend in allen Fällen nichts wirklich existiere, vielmehr Konvention und Gewohnheit die Grundlage alles dessen seien, was die Menschen tun; denn jedes beliebige Ding sei um nichts mehr dieses als jenes. (4) Diesen Ansichten folgte er auch in seiner Lebensführung, indem er vor nichts auswich und keine Vorsichtsmaßregeln traf und alles so auf sich zukommen ließ, wie es sich gerade traf, Wagen, Abhänge und Hunde, und indem er keinerlei Vertrauen in die Macht seiner Sinneswahrnehmungen setzte. Beschützt wurde er freilich, wie Antigonos von Karystos berichtet, von seinen Schülern, die ihn begleiteten. Änesidem indes sagt, daß er zwar in der Philosophie dem Grundsatz der Urteilsenthaltung gefolgt sei, daß er jedoch im alltäglichen Leben keineswegs ohne alle Vorsicht gehandelt habe. Er wurde etwa neunzig Jahre alt.

B   Diogenes Laërtius 9.63–64   (teilw. Caizzi 10, 28)

(1) Er [Pyrrhon] pflegte sich abzusondern, lebte wie ein Einsiedler und zeigte sich nur selten in seinem Haushalt. So verhielt er sich deshalb, weil er einen

---

A Der Text bildet den Anfang von Diogenes' Lebensbeschreibung Pyrrhons. Seine Darstellung ist aus mehrerlei Quellen zusammengeflickt, die auch der Zeit nach sehr variieren; sie fangen an mit Antigonos (4) und Eratosthenes (D.L. 9.66), fast noch Zeitgenossen, und reichen herunter zumindest bis zu Änesidem (4), also bis ins 1. Jh. v.Chr.   B Kontext: Fast unmittelbar anschließend an 1A.

Inder Schmähungen gegen Anaxarchos hatte ausstoßen hören, daß dieser keinen anderen durch Belehrung zu bessern wisse, jedoch selber den Königen den Hof mache. Immer war er in derselben Gemütsverfassung, so daß, wenn jemand ihn mitten in seinen Ausführungen verließ, er selbst dann seine Rede für sich selbst zu Ende führte. ... (2) Als man ihn einmal dabei überraschte, wie er zu sich selbst sprach, und ihn nach dem Grund dafür fragte, sagte er, er mache Übungen darin, ein rechtschaffener Mensch zu sein. In den wissenschaftlichen Auseinandersetzungen unterschätzte ihn niemand, da er ebenso in der Lage war, lange Ausführungen zu machen, wie auf (Ja/Nein-)Fragen zu antworten. Dies erklärt, warum sogar Nausiphanes als junger Mann von ihm fasziniert war. Jedenfalls pflegte er zu sagen, es seien Pyrrhons Charakter, den man annehmen müsse, und die Lehren von ihm selbst. Außerdem erklärte er oft, auch Epikur habe Pyrrhons Lebensstil bewundert und ihn immer wieder nach Pyrrhon gefragt.

C   Diogenes Laërtius 9.66–67   (teilw. Caizzi 15A, 16, 20)

(1) Einmal sprang ein Hund so auf ihn [Pyrrhon] los, daß er aus der Fassung kam; als er deswegen zur Rede gestellt wurde, erklärte er, es sei schwierig, das Menschsein vollständig abzulegen. Sich mit den Umständen auseinanderzusetzen indes sei zunächst durch Taten möglich, wenn das aber nicht erfolgreich sei, durch vernünftige Erwägung. Als er eine Verletzung hatte und die Wunde mit Desinfektionsmitteln, Schneiden und Brennen behandelt wurde, da habe er, so wird berichtet, noch nicht einmal die Stirne gerunzelt. ... (2) Aber auch Philon von Athen, der sein Anhänger wurde, pflegte zu sagen, daß er vor allem auf Demokrit Bezug nahm und nächstdem auf Homer, den er bewunderte und ständig mit dem Vers zitierte: »Wie es mit der Entstehung von Blättern ist, so auch mit der der Menschen« [*Ilias* 6.146]; ... außerdem zitierte er gern die Verse ... und alle Stellen, die sich auf die Unbeständigkeit der Menschen, auf ihr eitles Bemühen und ihr kindisches Gebahren beziehen.

D   Sextus Empiricus, *Adv. Math.* 7.87–88

Nicht wenige waren es, ... die sagten, daß auch Metrodor, Anaxarchos und Monimos das Kriterium aufgehoben hätten, nämlich Metrodor deshalb, weil er sagte: »Wir wissen nichts; wir wissen noch nicht einmal dies, daß wir nichts wissen«, und Anaxarchos und Monimos deshalb, weil sie die existierenden Gegenstände der Bühnenmalerei verglichen und annahmen, sie seien dem ähnlich, was einem im Traum und im Wahn widerfährt.

C Kontext: Die Lebensbeschreibung Pyrrhons   D Kontext: Geschichte des Wahrheitskritieriums

E   Diogenes Laërtius 9.60

Wegen seiner Unerschütterlichkeit und der Genügsamkeit seiner Lebensführung wurde er [Anaxarchos] der ›Glücksmann‹ genannt; in der Tat war er im-
stande, auf die leichtest mögliche Weise Mäßigung herbeizuführen.

F   Aristokles bei Eusebius, *Praep. evang.* 14.18.1–5   (Caizzi 53)

(1) Vor allem ist es notwendig zu untersuchen, wie es um unser eigenes Ver-
mögen steht, etwas zu wissen. Denn wenn wir unserer Konstitution nach kein
Wissen haben (können), brauchen wir auch nicht mit der Erforschung anderer
Dinge fortzufahren. Auch unter den Alten gab es einige, die sich in diesem
Sinne äußerten und denen dann Aristoteles widersprach. (2) Auch Pyrrhon von
Elis war ein mächtiger Verfechter einer solchen Auffassung. Allerdings hat er
selbst nichts Schriftliches hinterlassen; sein Schüler Timon jedoch sagt, daß
jeder, der glücklich sein möchte, auf die folgenden drei Punkte schauen müsse:
erstens darauf, wie die Dinge von Natur aus sind; zweitens darauf, welche
Einstellung wir ihnen gegenüber einnehmen müssen; und schließlich darauf,
was für diejenigen herauskommt, die eine solche Einstellung haben. (3) Wie
Timon sagt, erklärt Pyrrhon die Dinge für gleichermaßen indifferent, unmeß-
bar und unbeurteilbar. (4) Aus diesem Grund sagten uns weder unsere Sinneswahrnehmungen noch unsere Meinungen etwas Wahres oder etwas Falsches.
Daher sollten wir nicht das mindeste Vertrauen in sie setzen. Vielmehr sollten
wir uns keinerlei Meinungen bilden, nicht schwanken und unerschütterlich sein
und von jedem einzelnen Gegenstand sagen, daß er um nichts mehr ist als nicht
ist oder sowohl ist als auch nicht ist oder weder ist noch nicht ist. (5) Für die,
welche sich eine solche Einstellung zu eigen machen, kommt, wie Timon sagt,
zuerst Sprachlosigkeit heraus und dann Unerschütterlichkeit (Freiheit von Verwirrung), und − sagt Änesidem − Annehmlichkeit (Vergnügen). (6) Dies also
sind die Hauptpunkte dessen, was sie sagen.

G   Diogenes Laërtius 9.76   (teilw. Caizzi 54)

Wie Timon in seinem *Python* sagt, bedeutet der Ausdruck [*scil.* der Ausdruck
›nicht mehr‹]: »nichts determinieren und zu nichts seine Zustimmung geben«.

H   Diogenes Laërtius 9.104–105   (enthält Caizzi 55, 63A)

(1) In bezug auf das, was erscheint, verhalten wir [spätere Pyrrhoneer] uns
nämlich affirmativ, ohne damit auch zu behaupten, daß es von solcher Art *ist*.

E Kontext: Lebensbeschreibung des Anaxarchos   F Der reichhaltigste Einzeltext zu
Pyrrhons Philosophie.   H Kontext: Diogenes berichtet, was spätere Pyrrhoneer auf die
Einwände dogmatischer Philosophen antworteten, daß die Skepsis es unmöglich mache zu
leben; vgl. Sextus Empiricus, *Pyrrh. hyp.* 1.13, 19–24, 92. Die Fortsetzung des Texts unten in
71A.

Auch wir bemerken [*scil.* wie die dogmatischen Philosophen], daß das Feuer brennt; ob es aber eine brennbare Natur hat, darüber enthalten wir uns des Urteils. . . . Unser Widerstand richtet sich also, sagen sie, allein gegen die nicht-offenkundigen Begleit-Gebilde zu den Erscheinungen. Denn wenn wir sagen, das Bild habe sich heraushebende Stellen, so erläutern wir die Erscheinung; wenn wir dagegen sagen, es habe keine sich heraushebenden Stellen, dann sagen wir nicht mehr, was erscheint, sondern etwas anderes. (2) Das ist auch der Grund, warum Timon in seinem *Python* sagt, er sei von der gewohnten Praxis nicht abgewichen. Und in seinen *Bildern* erklärt er in ähnlicher Weise: »Aber was erscheint, hat überall den Vorrang, wo man auch geht.« (3) Und in seinen Ausführungen »Über Sinneswahrnehmungen« sagt er: »Vom Honig behaupte ich nicht, daß er süß ist; doch daß er süß erscheint, dem pflichte ich bei.«

I   Sextus Empiricus, *Adv. Math.* 11.40   (Timon Frg. 844; Caizzi 64)

. . . es gibt nichts, das von Natur aus gut oder schlecht wäre; »vielmehr werden diese Dinge von Seiten der Menschen durch Konvention entschieden«, wie Timon sagt.

J   Cicero, *Tuscul.* 5.85   (Caizzi 69L)

Dies [*scil.* die Ansichten der Stoiker, Epikurs u.a.] sind diejenigen Auffassungen, die eine solide Grundlage haben; denn die Auffassungen Aristons, Pyrrhons, des Herillos und einiger anderer sind verklungen.

K   Seneca, *Nat. quaest.* 7.32.2   (Caizzi 71)

So viele Philosophenschulen verschwinden also ohne einen Nachfolger. Die Akademiker, die alten ebenso wie die jüngeren, haben keine repräsentative Gestalt hinterlassen. Wen gibt es, der die Lehren Pyrrhons weiterreichen würde?

☐ Pyrrhon nimmt für die hellenistischen Philosophen eine Stelle ein, die in vielerlei Hinsicht der Stelle vergleichbar ist, die Sokrates in Beziehung auf die Philosophie des 4. Jhs. v.Chr. innehat. Alt genug, um am Zug Alexanders des Großen nach Indien teilzunehmen (**A1**), war Pyrrhon bereits eine anerkannte Gestalt, als Epikur, Zenon und der Akademiker Arkesilaos ihre jeweilige philosophische Identität entwickelten. Pyrrhons Lebensstil wurde, wie es heißt, von Epikur bewundert (**B2**); seine ethische Position verglich man mit der Lehre des Frühstoikers Ariston (**2F–H**); und Zeitgenossen bezeichneten ihn als einen Vorläufer der Akademischen Skepsis (**68E2, F**).

I Kontext: Sextus entwickelt ein Argument, daß Bemühungen, das Gute zu tun und das Schlechte zu meiden, geistige Verwirrung verursachen, und zitiert Timons Pentameter-Vers, um die Nicht-Natürlichkeit von irgendwelchem Guten oder Schlechten zu untermauern. Vermutlich stammt der Vers aus Timons *Indalmoi*, dem einzigen seiner Werke, von dem man weiß, daß es elegisch ist.   **J** Kontext: Doxographie über das *bonum*.
K Kontext: Der Niedergang der Philosophie als ein Zeichen allgemeinen Niedergangs.

16

Als im 1. Jh. v.Chr. Änesidem, beunruhigt über die dogmatischen Tendenzen der Akademie, sich von dieser abspaltete, stellte er seine unabhängige philosophische Schulrichtung so dar, als handle es sich um eine Wiederbelebung des Pyrrhonismus (siehe **71–72**). Das Leben und das Denken von Sokrates war in der philosophischen Vielfalt, die es anregte, ähnlich umfassend, und es wirkte auf ähnliche Art. Wenn sich der Einzelgänger Pyrrhon (**B1**) auch scharf von dem geselligen und redefreudigen Sokrates unterschied, ging doch bei beiden Männern der beherrschende Eindruck eher von ihrer Persönlichkeit und ihrem Lebenstil aus als vom Bücherschreiben oder von der Konstruktion systematischer Lehren; die theoretische Grundlage ihres jeweiligen Lebensstils zu entwickeln und zu systematisieren, überließen sie ihren Nachfolgern.

Wenn man in Richtung auf ein historisches Porträt Pyrrhons fragt, ist diesen Mann aufzuspüren noch schwerer, als es bei Sokrates ist. Wegen der Leichtgläubigkeit und der Ausschmückung hellenistischer Lebensbeschreibungen jedoch sollten Zeugnisse wie **A4** und **C1** als Anzeigen dafür behandelt werden, daß Pyrrhon derart gleichmütig war, daß der Beobachter es als wahrhaft außerordentlich ansah. (Der etwas umsichtigere Pyrrhon Änesidems – **A4** zweite Hälfte – ist vielleicht ungebührlich abgemildert; siehe **71** Kommentar.) Die Selbstbeherrschung unter allen Umständen ist ein Paradigma des Glücks, und als Charakteristikum des Weisen bildete sie in den hellenistischen Schulen ein Konzept allerersten Ranges. Diogenes der Kyniker, selbst einer der letzten Vertreter der sokratischen Denkweise, war in dieser Hinsicht ein Vorläufer Pyrrhons; und Timons Polemik gegen die Anmaßung anderer Philosophen (siehe **3**) knüpfte an kynischen Stil und kynische Sprache an.

Das Charakteristische und Fruchtbare an Pyrrhons Rezept fürs Glück ist, daß es ausgeht von einer vollkommen negativen Position hinsichtlich objektiver Werte und der Zugänglichkeit der Wahrheit (**A3**). Der Schlüsseltext zu diesem ›Skeptizismus‹ ist **F**. Obwohl aus dritter Hand, erhalten wir dort von Pyrrhons Hauptschüler und Sprecher Timon einen Bericht über die Grundlagen von Pyrrhons Philosophie. Eingeleitet wird der Bericht durch eine Feststellung des Aristokles, der Quelle des Berichts, daß Pyrrhon zu einer Reihe früherer Philosophen gehörte, die die Fähigkeit der Menschen, etwas zu wissen, in Abrede stellten. Wenn wir dann weitergehen zu den referierten Bemerkungen Timons (**F3–5**), sehen wir, daß dieses Unvermögen zur Erkenntnis nicht, wie beispielsweise bei Demokrit (KRS 552–554), einer Schwäche in unseren Fähigkeiten als solchen angelastet, sondern darauf zurückgeführt wird, »wie die Dinge von Natur aus sind«. Der Grund, warum »uns weder unsere Sinneswahrnehmungen noch unsere Meinungen etwas Wahres oder etwas Falsches [mitteilen]« (**F4**), scheint ganz unabhängig von uns selbst in der »indifferenten, unmeßbaren und unbeurteilbaren« Natur der Dinge zu liegen. Nach diesem Zeugnis bestreitet Pyrrhon einen Zugang zur Wahrheit oder Falschheit infolge einer Behauptung, daß der Welt selbst überhaupt kein bestimmbarer Charakter eigen sei: entweder es gibt keine Fakten; oder falls es sie gibt, handelt es sich nicht um Gegenstände von solcher Art, daß sie der Erkenntnis wenigstens im Prinzip zugänglich wären.

Man beachte, daß Pyrrhon nicht die Aussage zugeschrieben wird, Sinneswahrnehmungen und Meinungen könnten wohl wahr oder falsch sein, den Wahrheitswert zu kennen seien wir aber nicht in der Lage. Anders als spätere Skeptiker warnt Pyrrhon uns nicht, daß ein anerkanntes Wahrheitskriterium unerreichbar sei. Die spätere Strategie ist völlig vereinbar und in der Regel auch durchaus verknüpft mit der Annahme, daß einiges von unserer Erfahrung – wenn wir nur wüßten, was – einen Anspruch auf objektive Realität erhebt (vgl. **70A**; **69D**). Demgegenüber ist die Schlußfolgerung Pyrrhons aus der Unbestimmbarkeit der Welt viel stärker, indem sie *jeder* Sinneswahrnehmung oder Meinung *alle* Wahrheit oder Falschheit abstreitet. Wir haben das so zu verstehen, daß die Undeterminierbarkeit wirklich die Natur der Dinge ist und daß eben diese Feststellung – anders als jedes sonstige Urteil, das wir uns über die Welt bilden – vom Ausschluß von Wahrheit und Falschheit ausgenommen ist (vgl. im Unterschied dazu Änesidem in **71C6-8**). Diese Ausnahme legt also den Grund zu der modalen Aussage (**F4**)), daß wir uns bei der Charakterisierung von Dingen nicht auf Sinneswahrnehmungen oder Meinungen berufen sollten; vielmehr sollten wir uns stattdessen bei allem einer äußerst unverbindlichen und unparteiischen Sprache bedienen: ›Es ist um nichts mehr als es nicht ist, oder es ist und ist nicht, oder es ist weder noch ist es nicht‹. Anders als eine ausbalancierte Waage, die sich zur einen oder anderen Seite neigt, sobald sie benutzt wird, um etwas zu wiegen, ist die Einstellung des Pyrrhoneers zu allem, worauf sie trifft, eine Einstellung der »Sprachlosigkeit« oder des Gegengewichts; und dieses gleichgewichtige Gegengewicht konstituiert »Freiheit von Verwirrung« oder »Unerschütterlichkeit« (**F5**).

Daß uns jedes Wort dieses Berichts zu Pyrrhon oder auch nur zu Timon zurückbringt, kann man kaum annehmen. Nichtsdestoweniger sieht der Bericht so aus, als hätten die Jahrhunderte dazwischenliegender Philosophie ihn bemerkenswert wenig kontaminiert und als sei er vom späteren Pyrrhonismus hinreichend verschieden, um als der Standpunkt von Pyrrhon und Timon selbst gelten zu können. Nach dieser Rekonstruktion war Pyrrhons Skepsis nicht einfach das Ergebnis gleichgewichtiger und unentscheidbarer Meinungsverschiedenheiten zwischen den Philosophen (wie das von Änesidem nahegelegt wird, **71A1**), sondern das Gegenstück zu einer metaphysischen These über die Natur der Dinge. Wie er eine solche Auffassung verteidigte, ist nicht überliefert (und läßt sich allenfalls vermuten; siehe die Anmerkung zu **F** in Bd. 2). Von Anaxarchos, seinem Lehrer, und ebenso von dem skeptischen Kyniker Monimos heißt es, sie hätten die Gegenstände der Wirklichkeit mit der »Bühnenmalerei« vergleichen, d.h. mit Trugbildern (**D**). Anaxarchos war einer jener Atomisten des 4. Jhs., die die Vorbehalte Demokrits bezüglich der kognitiven Verläßlichkeit der Sinne zu einer Art allgemeiner Skepsis ausgedehnt haben. Das bekannteste Diktum dieser späteren Atomisten, der Ausspruch Metrodors, eines Vorgängers von Anaxarchos, antizipiert Arkesilaos, insofern es unsere eigene Unwissenheit in das einschließt, was wir nicht wissen (**D**, vgl. **68A3**). Metrodor und vermutlich ebenso Anaxarchos wollten den Atomismus jedoch als erläuternde Hypothese verwenden. Pyrrhon dagegen befaßte sich nach dem Zeugnis Timons (**2C**) klarerweise überhaupt nicht mit irgendeiner Form von Spekulation.

Durch Anaxarchos wird Pyrrhon auch mit der »Unerschütterlichkeit« (»Freiheit von Verwirrung«) und der Genügsamkeit vertraut gewesen sein, die im Zentrum der demokritischen Ethik steht; und Anaxarchos selbst war wegen eben dieser Eigenschaften berühmt (**E**). Obgleich Pyrrhons philosophische Vorgänger also nicht ausreichen, um seine eigenen Gründe für die Undeterminierbarkeit der Welt zu rekonstruieren, zeigen sie doch charakteristische Einflüsse auf seine Position und auf deren Ergebnis im Bereich der Ethik. (Man beachte Timons wohlmeinende Beschreibung Demokrits, **3J**.) Bei denen, die einen entscheidenden Beitrag leisteten, sollten wir freilich auch die faszinierenden indischen Weisen nicht vergessen (**A1**). Das indische Denken scheint zu dieser Zeit eine Art von Skepsis über die Phänomene entwickelt zu haben, die in Beziehung dazu stand, daß eine ausgeglichene Gemütsverfassung wünschbar sei.

Was **F** bezüglich der Einstellung empfiehlt, die gegenüber einer unbestimmbaren Welt angebracht ist, kann auch als ›Urteilsenthaltung‹ beschrieben werden (**A2, G**). Timon besteht darauf, daß dies den Pyrrhoneer nicht dazu verpflichte, in seinen Antworten auf das, »was erscheint«, von den Gepflogenheiten abzuweichen (H2, vgl. A3, I). Hier bekommen wir anscheinend erstmals zu sehen, wie die Tendenz begann, das, ›was erscheint‹, zu einem praktischen Führer für das Leben zu machen (siehe für Änesidems Spezifikation dieses Kriteriums 71A, B, D2 und den zugehörigen Kommentar). Timons Einverständnis, daß Honig süß erscheint (H3), nimmt die Beteuerung des Pyrrhoneers auf, daß eine vollkommene Indifferenz gegenüber der Natur der Dinge völlig vereinbar damit ist, normale Sinneserfahrungen zu haben. Worüber er sich des Urteils enthält, ist das »Nicht-Offenkundige«, wie spätere Pyrrhoneer es nennen (H1).

Warum den Erscheinungen zu folgen Gemütsruhe herbeiführen soll, ist eine Frage für unseren nächsten Paragraphen. Was die Skepsis Pyrrhons angeht, sind die auf kritische Untersuchung hindeutenden Konnotationen des griechischen Terminus ebenso unangebracht wie der moderne Begriff vernünftigen Zweifels. Anders als ein späterer Pyrrhoneer, der Meinungsverschiedenheiten ausnutzt, indem er die eine Meinung gegen die andere ausspielt oder seine eigenen Gegenargumente gegen sie vorbringt, scheint Pyrrhon selbst keine Rückversicherung gebraucht zu haben, daß seine negative These über Wahrheit und Erkenntnis Bestand hat. Gleichzeitig macht er den Eindruck, erkannt zu haben, daß es einer Willensanstrengung und argumentativer Bekräftigungen bedarf, um konsistent zu handeln, ohne sich an die objektive Güte oder Schlechtigkeit irgendeiner Situation zu halten, der er sich gegenübersah (vgl. C1).

Um die allgemeine Tendenz dieses Skeptizismus zu würdigen, sollte noch das Bestreben beachtet werden, objektive Werte zu ächten (A3, I). Wir hören nichts von irgendeinem Interesse an den epistemologischen Standardpuzzles zwischen den Akademikern und Stoikern (vgl. 40) wie etwa an dem Problem, zwischen identisch aussehenden Eiern zu unterscheiden, oder an dem Problem des geraden Stocks, der im Wasser geknickt aussieht.

Pyrrhon wurde zwar durch Timon bekannt gemacht. Trotzdem wurde er weder zu Lebzeiten noch bald danach zum Begründer einer Schule. Für Cicero, einen Zeitgenossen Änesidems, ist er bloß eine Gestalt der Vergangenheit (J). Zur Zeit Senecas war das Wiederaufleben des Pyrrhonismus durchaus im Gange (siehe 71–2, aber in Rom offensichtlich nicht weit und breit bekannt (siehe K).

2 Gelassenheit und Tugend

A Aristokles bei Eusebius, *Praep. evang.* 14.18.17 (Timon Frg. 782; teilw. Caizzi 57)

[Timon sagt:] In der Tat, kein anderer Sterblicher könnte mit Pyrrhon konkurrieren.

A Kontext: Aristokles stellt die Pyrrhoneer vor ein Dilemma: Ihre Argumente *(logoi)* dienten entweder der Absicht, uns zu bessern, und seien dann nicht skeptisch; oder sie seien nutzlos, und es habe für Timon keinen Sinn, Pyrrhon zur Bewunderung zu empfehlen. – Timons Vers parodiert einen Vers Homers: *Il.* 3.223.

B   Aristokles bei Eusebius, *Praep. evang.* 14.18.19 (Timon Frg. 783; teilw. Caizzi 58)

Was Timon ebenfalls über Pyrrhon sagt, ist: »Solcher Art nun ist der Mann, den ich sah, ohne Dünkel und unbezwinglich durch all das, was namenlose und namhafte Leute gleichermaßen niederdrückt, unbeständige Scharen von Völkern, wie von Gewichten bald auf dieser Seite, bald auf jener heruntergezogen – von Leidenschaften, Meinung und unüberlegter Gesetzgebung.«

C   Diogenes Laërtius 9.64 (Timon Frg. 822; Caizzi 60)

Darüber hinaus hatte Pyrrhon viele, die ihm darin nacheiferten, nicht in irgendwelche Angelegenheiten verwickelt zu sein. Daher sagt denn auch Timon in seinem *Python* und in den *Sillen* über ihn: »O Greis, o Pyrrhon, wie und wodurch fandest du das Schlupfloch aus der Knechtschaft der Meinungen und der leeren Theoretisiererei der Sophisten? Wie gelang es dir, die Fesseln aller Täuschung und Überredung zu lösen? Es lag dir nichts daran, zu erforschen, welche Winde in Griechenland vorherrschen, woraus die Dinge alle entstehn und zu was sie vergehn.«

D   Diogenes Laërtius 9.65; Sextus Empiricus, *Adv. Math.* 11.1, 1.305 (Timon
       Frg. 841; teilw. Caizzi 61A-D)

[Timon sagt:] Dies, Pyrrhon, verlangt mein Herz von dir zu vernehmen, wie um alles in der Welt du, wiewohl ein Mann, so leicht und mit Ruhe handelst, immer unbekümmert und beständig ohne Verwirrung, ohne jemals den wirbelnden Bewegungen der süß redenden Weisheit Beachtung zu schenken. Du allein weist den Menschen den Weg – wie ein Gott, der um die ganze Erde zieht und wiederkehrt und von seiner wohlgerundeten Kugel die lodernde Scheibe zeigt.

E   Sextus Empiricus, *Adv. Math.* 11.19–20 (Timon Frg. 842; Caizzi 62)

Denn in Bezug auf die Natur und Existenz dessen, was gut, was schlecht und was keins von beiden ist, haben wir schon genug Gefechte mit den dogmatischen Philosophen. Mit Blick auf die Erscheinung dieser Dinge jedoch haben wir die Gewohnheit, jedes gut oder schlecht oder indifferent zu nennen, worauf auch Timon in seinen *Indalmoi* hinzudeuten scheint, wenn er sagt: »Denn

---

B Kontext: Vgl. zu 2A; Fortsetzung von Aristokles' Kritik des Pyrrhonismus.   **C** Kontext:
Die Lebensbeschreibung Pyrrhons.   **D** Von den sieben Versen zitiert Diogenes die Verse
1, 2 und 5 und Sextus an der ersten Stelle die Verse 2–4, an der zweiten die Verse 5–7.
E Das Zitat aus Timon wird man als Pyrrhons Antwort auf Timons Frage in D anzusehen
haben; es erklärt Pyrrhons außerordentliche Ausgeglichenheit. Für das nähere Verständnis
entscheidend ist, ob »Die Natur . . . besteht immer« bereits ein vollständiger Satz ist oder erst
durch das weitere dazu wird, wie dies M.F. Burnyeat in *Classical Quarterly* N.S. 30, 1980,
86ff., vorgeschlagen hat und auch Long & Sedley es annehmen.

fürwahr, ich will so, wie mir scheint, daß es ist, ein Wort der Wahrheit sagen, da ich einen korrekten Maßstab habe: Die Natur des Göttlichen und des Guten besteht immer in dem, woraus einem Manne das ausgeglichenste Leben erwächst.«

F Cicero, *Academica* 2.130 (Caizzi 69A)

... Ariston, der, nachdem er Schüler Zenons war, das in der Praxis unter Beweis stellte, was jener mit Worten bewies, nämlich daß nichts gut ist außer der Tugend und nichts schlecht außer dem, was zur Tugend im Gegensatz steht; die mittleren Dinge weisen seiner Ansicht nach nicht die Wertunterschiede auf, die Zenon wollte. Das höchste Gut besteht für Ariston darin, in diesen Dingen zu keiner Seite hin bewegt zu werden, was er ›Indifferenz‹ nennt. Pyrrhon indes war der Ansicht, daß der Weise sie noch nicht einmal bemerke; das wird als ›Leidenschaftslosigkeit‹ bezeichnet.

G Cicero, *De fin.* 2.43 (teilw. Caizzi 69B)

Weil Ariston und Pyrrhon der Ansicht waren, daß diese Dinge [gemeint sind »die ersten Dinge nach Maßgabe der Natur«, siehe **58**] vollkommen nichtig seien, so daß sie sogar erklärten, daß zwischen bester Gesundheit und schlimmster Krankheit überhaupt kein Unterschied bestehe, deshalb hat man es schon früh aufgegeben, gegen sie zu disputieren. Während sie nämlich dem Wunsch nachhingen, die Tugend allein möge alles in sich befassen, und dabei so weit gingen, daß sie ihr jede Möglichkeit abstritten, zwischen den Dingen zu wählen, und ihr nichts zubilligten, woraus sie hervorgehen oder worauf sie sich stützen könnte, haben sie die Tugend selbst aufgehoben, die sie umklammerten.

H Cicero, *De fin.* 4.43 (teilw. Caizzi 69C)

Meiner Meinung nach irrten deshalb alle die, die erklärten, das höchste Gut sei, rechtschaffen zu leben; allerdings irrten die einen mehr, die anderen weniger, und zwar in höchstem Maße gewiß Pyrrhon, der, nachdem er die Tugend etabliert hat, überhaupt nichts übrig läßt, was noch erstrebenswert wäre, an zweiter Stelle Ariston ...

F Kontext: Cicero als Sprecher weist die Verteidigung zurück, die Lucullus für die Ethik der Stoiker bzw. des Antiochos vorgetragen hat. Dabei weist Cicero auf die Meinungsverschiedenheiten zwischen den Schulen hin.   G Kontext: Überblick über Endzwecke.
H Kontext: Ciceros an Antiochos orientierte Kritik der stoischen Ethik.

I   Athenaeus 337A   (Timon Frg. 845; Caizzi 65)

Glänzend formulierte auch Timon: »Verlangen ist mit Abstand das erste aller Übel.«

J   Sextus Empiricus, *Adv. Math.* 11.164   (Timon Frg. 846; teilw. Caizzi 66)

[Timon sagt vom Pyrrhoneer:] Nichts wird er je abwenden und nichts wählen.

☐   In diesen Texten kommt ganz klar heraus, wie sehr Timon Pyrrhon kanonisiert hat (A–E). Falls E ›Pyrrhons‹ Antwort auf ›Timons‹ Frage in D ist, stimmen alle fünf Texte darin überein, daß sie Pyrrhon als einzigartiges Beispiel und idealen Führer für das beste menschliche Leben porträtieren. In seinen *Sillen*, ›Spottgedichten‹, bestand die Hauptabsicht Timons darin, dogmatische Philosophen zur Karikatur zu machen (siehe 3). In einem Teil dieser Dichtung wurden sie als Leute dargestellt, die in einem Trojanischen Krieg mit Worten gegeneinander fechten. A, eine Parodie von Odysseus (*Ilias* 3.223), impliziert, daß Pyrrhons verblüffende Ruhe ihn über und jenseits aller philosophischen Kontroversen erhebt. Dann wird seine Unerschütterlichkeit unter einem moralischen Gesichtspunkt illustriert (B) und weiter im Zusammenhang wissenschaftlicher Spekulation beleuchtet (C); in D werden die beiden Themen kombiniert.

Was Pyrrhon von der großen Menge der Menschen abhebt, ist seine äußerst beständige Unempfänglichkeit für Meinungen aller Art. Diese unerschütterliche Freiheit von Verwirrung (vgl. **1F5**) ermöglicht es ihm, gegen »Leidenschaften, Meinung und unüberlegte Gesetzgebung« ganz indifferent zu sein, welche die dem Meinen verfallenen Masse »niederdrücken«, in welchem Zustand sie sich auch befinden mag, und sie veranlassen, sich infolge ihrer unbegründeten Urteile über die Welt hin und her zu wenden (B; vgl. **1C2**). Die Sprache und das Denken Timons spiegeln hier das moralisierende Auftreten der Kyniker, die gegen den ›Quatsch‹ der griechischen Volksmoral und der zeitgenössischen Institutionen anpredigten. Diese Art Angriff gegen den ›Dünkel‹ der Intellektuellen war ein charakteristischer Zug in Timons *Sillen*; zwischen der kynischen Verachtung für ›leere Meinung‹ und der Weigerung Pyrrhons, irgendeine natürliche Grundlage für die charakteristischen Werte und Überzeugungen seiner Zeit zuzugestehen, sah er vermutlich eine große Ähnlichkeit. Weder Pyrrhon noch Timon konnte allerdings der kynischen Lehre beipflichten, daß es ein natürliches Leben gebe, das sich durch vernünftige Überlegung ermitteln lasse. Was die vernünftige Überlegung erschließt, ist für Pyrrhon, daß es keinerlei Grund gibt zu sagen: »Eher dies als das«. Nachdem der Pyrrhoneer die Grundlagen aller Präferenzen untergraben hat, wird er also »nichts je abwenden und nichts wählen« (J). Dieses Resultat seiner Skepsis könnte auch als ein Lebensstil beschrieben werden, der so gleichförmig ist, daß er gänzlich ohne Verlangen ist. So ist es keine Überraschung, daß Timon das Verlangen, welches mit Bestimmtheit festgehaltene Werturteile voraussetzt, als »mit Abstand das erste aller Übel« einstufte (I).

I Kontext: Vermutlich fand Athenaeus die Stelle in einem Gnomologium. Ursprünglich könnte sie aus Timons *Indalmoi* stammen, ebenso wie der Halbvers in J. Die begrifflichen Zusammenhänge zwischen E, I und J diskutiert M.F. Burnyeat in *Classical Quarterly* N.S. 30, 1980, 89–92.   **J Kontext:** Sextus referiert den Einwand gegen den Pyrrhonismus, daß die Urteilsenthaltung unverträglich mit der sicheren Wahl sei, die das Opfer eines Tyrannen treffen würde.

Ein Kritiker freilich könnte Timon nötigen, seine Gründe klarzulegen, weshalb er alles schlecht nennt (vgl. 1I); dieselbe Frage stellt sich auch in Bezug auf »die Natur des Göttlichen und des Guten« (E), von der es nach der plausibelsten Lesart für einen schwierigen Text heißt: sie »besteht immer in dem, woraus einem Manne das ausgeglichenste Leben erwächst«. Haben wir dies ähnlich wie die Bemerkung über die Unbestimmbarkeit der Welt (1F3) als dogmatische Äußerungen zu verstehen, die vom Ausschluß von Wahrheit und Falschheit ausgenommen sind? Vermutlich dachte Pyrrhon, die Beziehung zwischen Tugend und Unerschütterlichkeit gehe über die Unbeurteilbarkeit jedweden Gegenstandes hinaus — unter der gegebenen Voraussetzung, daß es vernünftig ist, einer derartigen Welt mit einer solchen Disposition zu begegnen. Angesichts der negativen Charakterisierung jeden Zugangs zu objektiven Unterscheidungen scheint es aber besser, E und I als Beschreibungen dessen zu nehmen, was dem Pyrrhoneer ›erscheint‹. In E ist Timon darauf bedacht, den (das heißt wohl: ›Pyrrhons‹?) »korrekten Maßstab« — die Gleichsetzung von Göttlichem und Gutem mit den Konstituenten von Gleichmut — mit der Vorbemerkung einzuleiten, er wolle »*so, wie mir scheint,* daß es ist, ein Wort der Wahrheit sagen«. Der Pyrrhoneer ist ebenso berechtigt wie jeder andere sonst, uns zu erzählen, wie ihm die Dinge erscheinen (vgl. 1H), und dementsprechend sein Leben zu führen. Er ist ebenfalls berechtigt, diejenigen, welche seine unbestimmbare Welt akzeptieren, einzuladen, daraus dieselben praktischen Schlußfolgerungen wie er zu ziehen und den daraus resultierenden geistigen Zustand in der konventionellen Sprache der Billigung zu beschreiben (vgl. die Bemerkung des Sextus Empricus zu Timons Zeilen in E). Wenn er die unerschütterliche Gelassenheit erreicht hat, sieht er sich als jemand, der all dem höchsten Wert zuerkennt, was ihn in die Lage versetzt, diesen Zustand zu bewahren. Was seine speziellen Handlungen angeht, kann er allen Konventionen folgen, die ihm damit verträglich erscheinen, sich nicht auf ihre Wahrheit oder ihren Wert festzulegen. Nicht eine Meinung oder eine Vorliebe, sondern Unerschütterlichkeit ist der Maßstab, den er beständig anlegt.

Bei Cicero (F–H) wird Pyrrhon in bezug auf die ›Tugend‹ eine Position zugeschrieben, die fast identisch ist mit der des abweichlerischen Stoikers Ariston. Anders als sein Lehrer Zenon gestand Ariston keinerlei objektive Wertunterschiede zwischen irgendetwas zu außer Tugend und Laster. Insbesondere wies er entschieden die Auffassung zurück, daß beispielsweise die Gesundheit der Krankheit natürlicherweise ›vorzuziehen‹ sei (siehe 58F), und erklärte vom Ziel, es bestehe in der vollständigen Indifferenz gegen alles Mittlere zwischen Tugend und Laster (58G). Das allgemein-stoische Konzept vom ›Indifferenten‹ wurde gelegentlich mit der ›nicht mehr als‹-Formel erläutert, die von den frühen und späteren Pyrrhoneern geschätzt wurde (vgl. F4, G): »Reichtum und Gesundheit nutzen nicht mehr, als sie schaden« (58A5). Offenkundig gibt es also eine Überlappung mit dem Pyrrhoneischen Bereich der Indifferenz. Aber selbst Aristons strengerer Gebrauch des Terminus rechtfertigt es nicht, Ariston dem Pyrrhon anzugleichen. Für Ariston sind Tugend und Laster bestimmte moralische Dispositionen, die sich auf die Vollkommenheit oder Unvollkommenheit der Vernunft in ihrer Übereinstimmung oder mangelnden Übereinstimmung mit der Natur gründen. Sofern der Gleichmut Pyrrhons als eine Tugend beschreibbar ist, leitet er seinen *subjektiven* Wert von seiner Skepsis her und nicht von irgendeiner Theorie über die menschliche Natur und über das, was vernünftig ist.

In Wirklichkeit hat Cicero nichts zu Pyrrhons Skepsis zu sagen, was sein Textzeugnis jedoch nicht komplett entwertet. Es dokumentiert die Erkenntnis, daß Pyrrhon vor dem Wiederaufleben des Pyrrhonismus im 1. Jh. v.Chr. hauptsächlich als ein strenger Moralist in Erinnerung war. Falls auch das eine Verdrehung ist, kommt ihr zumindest das Verdienst zu, die Aufmerksamkeit auf den Kern von Pyrrhons Bedeutung zu lenken, soweit wir davon noch etwas Sicheres ermitteln können. Die ›Leidenschaftslosigkeit‹ eines pyrrhonischen Weisen (**F**) und noch mehr der Lebensstil Pyrrhons selbst konnten späteren Skeptikern von Nutzen sein, wenn sie die Möglichkeit eines Lebens ohne Glaubensannahmen verteidigten (siehe **71**).

Und er konnte nicht nur Skeptikern von Nutzen sein. Epikur, einer von Pyrrhons Bewunderern (**1B2**), verheißt ebenfalls Freiheit von Verwirrung (vgl. **21B1**; **25B**) und identifiziert als prinzipielle Bedrohungen für deren Verwirklichung die ›leeren Begierden‹, die ihren Ursprung in ›leerer Meinung‹ haben (siehe **21B1**; **E3**, **G4**, **W**, **X**). Der stoische Weise pflegt wie ein Pyrrhoneer keine Meinungen (vgl. **40D1**; **41C1–5**, **D2**, **G**); und die Leidenschaften, von denen er vollkommen frei ist, sind nach der Analyse Chrysipps falsche Meinungen oder irrige Urteile (**65B–D**, **K**, **L**). Gleichwohl haben stoische und epikureische Überprüfungen unbegründeter Meinungen nichts mit Skepsis zu tun. Anders als der Pyrrhoneer setzen Epikureer und Stoiker »Kriterien der Wahrheit« an, die ihrem Weisen einen kognitiven Zugang zur wahren Natur der Dinge verschaffen (siehe **17**; **40**). Der Vorrang der Epistemologie in diesen Philosophien und ihre Grundlegung in der Sinneswahrnehmung kann als ein Versuch angesehen werden, der dazu bestimmt war, gerade solche skeptischen Herausforderungen wie die paralysierende Pyrrhonische These zurückzuweisen, »weder unsere Sinneswahrnehmungen noch unsere Meinungen sagen uns etwas Wahres oder etwas Falsches« (**1F4**).

3 Timons Polemik

A   Diogenes Laërtius 9.111–112   (Timon Frg. 775)

Die *Sillen* umfassen drei Bücher, in denen Timon vom Standpunkt eines Skeptikers aus jedermann beschimpft und die dogmatischen Philosophen in der Form einer Parodie verspottet. Im ersten Buch ist er selbst der Erzähler, während das zweite und dritte Buch dialogisch gestaltet sind. Da tritt er nämlich im Gespräch mit Xenophanes von Kolophon auf, den er über jeden Philosophen befragt und der ihm ausführlich Auskunft gibt, und zwar im zweiten Buch über die älteren und im dritten Buch über die späteren Philosophen. . . . Das erste Buch behandelt dieselben Sachen, außer daß das Gedicht die Form eines Monologs hat. Sein Anfang lautet folgendermaßen: »Nun sagt mir, all ihr hochgeschäftigen Sophisten.«

B   Aristokles bei Eusebius, *Praep. evang.* 14.18.28   (Timon Frg. 785)

Menschliche Windbeutel, vollgestopft mit leeren Meinungen.

A Kontext: Die Lebensbeschreibung Pyrrhons.   B Kontext: Eine polemische Darstellung von Pyrrhon und Timon.

C Sextus Empiricus, *Adv. Math.* 9.57 (Timon Frg. 779)

⟨Zuvörderst von allen frühen⟩ und späteren Sophisten dem, der weder der
Klarheit der Sprache entbehrt noch der Umsicht noch der Gewandtheit, Protagoras. Einen Scheiterhaufen wollte man aus seinen Schriften machen, weil er
von den Göttern niederschrieb, daß er weder wisse noch beobachten könne,
welche Eigenschaften sie hätten und ob es sie gebe, obwohl er sich der Billig-
keit seiner Einschätzung in jeder Hinsicht vergewissere.

D Diogenes Laërtius 2.107 (Timon Frg. 802)

An diesen Schwätzern jedoch liegt mir nichts. Denn keiner gilt mir irgend
etwas, wer es auch sei, Phaidon nicht und noch nicht einmal Eukleides, der den
Megarern die Leidenschaft der Streitsucht einpflanzte.

E Diogenes Laërtius 4.42 (Timon Frg. 808)

Nachdem er so gesprochen hatte, tauchte er [*scil.* Arkesilaos] ein in die Menge
der Umstehenden. Und die – wie Finken um eine Eule herum – staunten ihn
an; da er um den Beifall der Masse buhlte, zeigten sie so seine Hohlheit auf. Das
ist keine große Sache, du armer Wicht. Was machst du dich selber breit, so wie
ein Dummkopf?

F Diogenes Laërtius 7.15 (Timon Frg. 812)

Auch eine Phönizierin sah ich, eine verhätschelte alte Fischerin in schattigem
Dunst, die begierig nach allem verlangte; aber ihr Weidenkorb, klein wie er
war, schwamm ihr davon, und sie hatte weniger Verstand als ein Banjo(ton)
Bedeutung.

G Diogenes Laërtius 5.11 (Timon Frg. 810)

Auch [kümmert mich?] nicht des Aristoteles schmerzhafte Eitelkeit.

H Diogenes Laërtius 9.23 (Timon Frg. 818)

Auch den gewaltigen Parmenides [sah ich], hohen Sinnes und den gängigen
Meinungen nicht gewogen, der das Denken aus der Vorstellung und ihrem
Trug herausführte.

C Sextus zitiert aus dem 2. Buch der *Sillen.*   D Kontext: Diogenes' Leben des Eukleides.
E Kontext: Diogenes' Lebensbeschreibung des Arkesilaos.   F Kontext: Diogenes' Lebensbeschreibung des Gründers der Stoa. Die Übersetzung von *kindapsoio* am Textende versucht, einerseits die Wortbedeutung ›Banjo‹ aufzunehmen und andererseits zu berücksich-
tigen, daß das Wort bei den Stoikern als Paradebeispiel eines Unsinnsworts diente.
G Kontext: Diogenes' Aristoteles-Biographie.   H Kontext: Die Lebensbeschreibung des
Parmenides.

I   Diogenes Laërtius 9.25   (Timon Frg. 819)

[Weiter sah ich] Zenon [von Elea] mit der gewaltigen Stärke seiner zwei-
schneidigen Zunge, der alle fing, und Melissos, über viele Phantasmen erhaben
und überwältigt nur von wenigen.

J   Diogenes Laërtius 9.40   (Timon Frg. 820)

So war Demokrit, der umsichtige Hirt der Reden, der bedächtige Sprecher,
unter den ersten erkannte ich ihn.

K   Diogenes Laërtius 10.2   (Timon Frg. 825)

Der letzte wiederum der Naturphilosophen [*scil.* Epikur] und der schamloseste,
aus Samos kommend, des Schulmeisters Sohn, am wenigsten gebildet von allem, was lebt.

☐   Timon von Phlius war Pyrrhons wichtigster Schüler. Sein Bericht vom Leben und
Denken des Meisters war vermutlich die Hauptquelle der hellenistischen Biographen
und die literarische Grundlage für die von Änesidem initiierte Erneuerung des Pyrrhonismus (siehe **71**). Aufgrund biographischer Darstellungen (siehe Diogenes Laërtius
9.109–15) und aufgrund seiner eigenen Schriften erweist sich Timon – anders als
Pyrrhon selbst – als ein führendes Mitglied der hellenistischen Intelligenz. In Athen,
wo er sein späteres Leben verbrachte, war er mit Lakydes bekannt, dem Nachfolger
des Arkesilaos in der Führung der skeptischen Akademie (siehe **68C2**). Seine Schriften
offenbaren selbst in ihrem hoch fragmentarischen Zustand eine detaillierte Kenntnis
der meisten führenden Philosophen der Vergangenheit und der Gegenwart; und die
Brillianz seiner Parodien zeugt für seine literarische Könnerschaft. Da es von Pyrrhon
keine Bücher gab, stellte Timon dessen Art zu leben dar, theoretisierte über die
Grundlagen von Pyrrhons Philosophie und benutzte satirische Verse, um die Haupt-
tradition der griechischen Philosophie als eine vollkommene Verirrung gegenüber der
von Pyrrhon repräsentierten Aufklärung zu porträtieren.
   Dieser letzte Punkt war das Thema der *Sillen* (siehe **A**), aus denen **B–K** direkte
Zitate erhalten haben. Ihre literarische Form war eine Homerische Parodie, eine Erfindung der Kyniker. Timon scheint insbesondere die ersten Bücher der *Ilias* herangezogen zu haben, außerdem das elfte Buch der *Odyssee*, wo Odysseus die Schatten
seiner toten Kameraden heraufbeschwört. Die *Ilias* stellte einen umfassenden Rahmen
bereit, um philosophische Debatten als Schlachten ins Bild zu setzen, während die
Nekyia (*Odyssee* XI) sich dazu eigneten, Philosophen der Vergangenheit zu beschreiben. Betont wurde die Anmaßung der Philosophen im allgemeinen (vgl. **B**), und
unsere Auswahl enthält beißende Bemerkungen über Aristoteles (**G**), über sokratische,
besonders megarische Philosophen (**D**), über Arkesilaos (**E**), den Stoiker Zenon (**F**)

I Kontext: Die Lebensbeschreibung Zenons von Elea.   **J** Kontext: Die Lebensbeschreibung Demokrits.   **K** Kontext: Von Diogenes zitiert, um die Nachricht des Hermippos zu
bekräftigen, daß Epikur ein Schullehrer gewesen sei, bevor er mit Demokrits Schriften
bekannt wurde und sich der Philosophie zuwandte. In anderem Zusammenhang wird das
Zitat von Athenaeus überliefert; vgl. die Kontextangaben zu **25F**.

26

und Epikur (**K**). Der aufstrebende Skeptizismus der Akademie wurde demnach um nichts entgegenkommender behandelt als die Führer der anderen hellenistischen Schulen – wohl deshalb, weil Timon wenig Gemeinsames sah zwischen der akademischen Basis der Urteilsenthaltung, nämlich der akademischen Praxis einer *contra*-Argumentation *gegen* jedwede These (siehe 68), und Pyrrhons ruhiger Indifferenz (vgl. aber 68E2).

Wenn auch kein Sterblicher mit Pyrrhon konkurrieren könnte (**2A**), so werden in den *Sillen* doch einige Philosophen der Vergangenheit beglückwünscht, weil sie Pyrrhons Skepsis antizipiert hätten. Auf den demokritischen Hintergrund des Pyrrhonismus sind wir bereits eingegangen (in 1). Die vorteilhafte Einschätzung Timons von der eleatischen Tradition (**H, I**) und von Demokrit selbst (**J**) stimmt mit der modernen Ansicht überein, daß der Atomismus sich als eine konstruktive Erwiderung auf Parmenides entwickelte, der den ›Erscheinungen‹ jeden kognitiven Gehalt abgesprochen hatte. Parmenides seinerseits wurde traditionell als Nachfolger des Xenophanes angesehen, dem Erfinder von *Sillen*, denen Timon bei seiner Wiederbelebung dieses Genres eine besondere Rolle zumaß (siehe **A**). Schließlich trug die bekannte Skepsis des Protagoras bezüglich der Götter ihm eine ehrenvolle Erwähnung ein (**C**). So stattete Timon Pyrrhon mit einer philosophischen Ahnenreihe aus, die seine Stellung in der hauptsächlich dogmatischen Tradition beleuchten mochte.

Über irgendwelche Beiträge Timons zu philosophischen Debatten ist wenig bekannt. Man vergleiche aber, was in Bd. 2 am Ende von § 3 zu den Textstellen Sextus Empiricus, *Adv. Math.* 3.1–2 und Sextus Empiricus, *Adv. Math.* 10.197; 6.66 steht, wo Timon im Zusammenhang bestimmter philosophischer Diskussionen erwähnt wird.

Der Epikureismus

Naturphilosophie

4 Die Prinzipien der Erhaltung

A   Epikur, *Brief an Herodot* 38–39

(1) Wenn wir uns das klar gemacht haben, gilt es nun mit Bezug auf das Nicht-Offenkundige, sich als erstes vor Augen zu führen, daß nichts aus etwas Nicht-Seiendem entsteht. Andernfalls entstünde nämlich alles aus allem, ohne daß dabei Samen hinzukommen müßte. (2) Ferner, wenn das, was verschwindet, zu Nicht-Seiendem vergehen würde, dann wären längst alle Dinge vergangen, da es nichts gäbe, in das sie sich auflösen könnten. (3) Des weiteren war die Gesamtheit der Dinge immer so, wie sie jetzt ist und wie sie immer sein wird. (4) Es gibt nämlich nichts, in das sie sich verändern könnte. (5) Und außerhalb der Gesamtheit ist nichts, was in sie eindringen und dadurch die Veränderung bewirken könnte.

B   Lukrez 1.159–173

(1) Wenn die Dinge nämlich aus dem Nichts entstehen würden, könnte jede Art aus jeder hervorgehen und bedürfte nichts des Samens. (2) Aus dem Meer könnten, um damit zu beginnen, Menschen entspringen, aus dem Land das schuppige Geschlecht [der Fische], und aus dem Himmel könnten Vögel ausschlüpfen. Herden und anderes Vieh und Wild jeglicher Art, alles von ungewiß-zufälliger Abkunft, hielte kultiviertes Land ebenso besetzt wie wildes. Auch würden nicht regelmäßig dieselben Früchte an denselben Bäumen hängen, sondern sich ändern; alle Bäume könnten alles tragen. (3) Wo es nämlich nicht so wäre, daß jedes Gebilde seine eigenen Zeugungsstoffe hat, wie könnte es für die Sachen da eine bestimmte Mutter geben? (4) Weil aber nun in Wirklichkeit die einzelnen Gebilde alle durch wohlbestimmte Samen geschaffen werden, wird jedes von dort geboren und tritt von dort heraus in den Bereich des Lichts, worin eines jeden Stoff und Urkörper sind; (5) und daß nicht alles aus allem hervorgehen kann, ist deshalb so, weil die wohlbestimmten Dinge ihr je gesondertes Vermögen enthalten.

A Kontext: Unmittelbar im Anschluß an **17C**, die methodologischen Empfehlungen zu Beginn des Briefs.

C Lukrez 1.225–237

(1) Außerdem, was immer die Zeit durch sein Alter entfernt, wenn sie das völlig vernichtet und seinen gesamten Stoff verzehrt, von wo führt Venus dann das Geschlecht des Lebendigen nach seinen Arten zurück ans Licht des Lebens? Oder nachdem es zurückgeführt ist, woher ernährt die kunstgewandte Erde es und läßt es wachsen, indem sie jeder Art das eigene Futter bietet? Von wo her füllen die im Innern entspringenden Quellen und die draußen von weit her kommenden Flüsse das Meer? Woher nährt der Äther die Sterne? (2) Denn all das, was von sterblichem Körper ist, hätte die unendliche Zeit der Vergangenheit und hätten die Tage längst verzehren müssen. (3) Wenn es in diesem ausgedehnten Zeitraum der Vergangenheit jedoch etwas gab, woraus diese Summe von Dingen wiederhergestellt wurde, dann ist es – gewiß – mit einer unsterblichen Natur ausgestattet. (4) Es kann also nicht sein, daß die Dinge alle ins Nichts zurückkehren.

D Lukrez 1.670–671

Denn was immer sich ändert und aus seinen Grenzen heraustritt, – es ist zugleich der Tod des Gegenstandes, der es vorher war.

☐ Um seine Naturtheorie in Gang zu bringen, beginnt Epikur mit den drei in **A** dargestellten Prinzipien. In ihnen geht es darum, sicherzustellen, daß es einen Pool permanenter, unveränderlicher Konstitutenten für die Welt gibt.

Die beiden ersten Prinzipien, daß nichts aus nichts ins Sein tritt und daß nichts zu nichts vergeht, hatten im griechischen Denken eine lange Geschichte, die mit der Kanonisierung der Prinzipien durch Parmenides im frühen fünften Jahrhundert beginnt, und sie waren fundamental für den Atomismus Demokrits (vgl. **44D–E** für eine Anwendung der Prinzipien bei den Stoikern). Die Verteidigung des ersten Prinzips (**A**, **B**) erfolgt in der Form des *modus tollens* (›Wenn *p*, dann *q*; nun nicht *q*; also nicht *p*‹); die erste Prämisse besteht dabei in der Aussage: »Wenn etwas aus dem Nichtseienden ins Sein träte, dann würde alles aus allem entstehen.« Die Argumentation könnte als ein Fall von *non sequitur* erscheinen, solange man nicht sieht, daß der Ausdruck »aus . . . heraus« hier in zweierlei Sinn verwendet wird. Die Bedeutung muß sein: »Wenn Dinge von einem vorausgehenden Zustand absoluter Nicht-Existenz her ins Sein träten, dann könnten sie unter jeder beliebigen Bedingung ins Sein treten.« Von Lukrez (1.174–214) werden diese Bedingungen dann aufgelistet: Ort der Entstehung (siehe **B**), Zeit der Entstehung, Dauer der Entstehung, Ernährung, Grenze des Wachtums und Bodenvoraussetzungen für die Ernte. Die Hauptstoßrichtung des Arguments besteht in der Behauptung, daß eine Entstehung *ex nihilo* darauf hinauslaufen würde, das Prinzip vom zureichenden Grund bezüglich der Entstehung aufzugeben, und zwar mit Folgen, die nicht akzeptabel sind. (Vgl. Parmenides, KRS 296,9–10, vielleicht der einzige Teil von Parmenides' Argumenten gegen das Entstehen und Vergehen, den Epikur respektiert.)

D Kontext: Kritik der Heraklitischen These, das Feuer sei das einzige Element.

Das zweite Prinzip (A2, C) wird mit Gründen verteidigt, die in einem etwas direkteren Sinn empirisch sind: Wenn etwas zu nichts vergehen würde, dann wäre der Untergang etwas, was er augenscheinlich nicht ist, nämlich ein augenblicklicher und müheloser Vorgang (Lukrez 1.217–224, vgl. 238–249), und in der endlos langen vergangenen Zeit wäre die Materie schon längst ganz verschwunden (siehe A2, C); außerdem zeigt der natürliche Kreislauf des Lebens, daß der Tod von etwas zum Wachstum von etwas anderem beiträgt und deshalb nicht in einer buchstäblichen Auflösung zu Nichts bestehen kann (1.250–264).

In A4-5 werden zwei Beweise für den unwandelbaren Charakter der Gesamtheit der Dinge angeboten (wörtlich »des Alls«; gelegentlich ist »das Universum« eine angemessene Übersetzung). Entsprechend der allzu natürlichen Bedeutung des Griechischen (ebenso wie des Englischen und Deutschen) wurde der erste Beweis normalerweise so interpretiert, als bestreite er, daß es irgendetwas gibt, was das Universum noch *werden* könnte – irgendetwas, d.h. etwas, das es nicht schon geworden ist. Die offenkundige Symmetrie zwischen den beiden Beweisen legt allerdings die Vermutung nahe, daß das Wort »in« in A4 denselben Sinn wie in A5 haben sollte, wo es eine buchstäblich räumliche Bedeutung haben muß; und was Lukrez (2.304–308 = e in Bd. 2. und 14H1) anbietet, scheint dasselbe Argument in einer durchgehend buchstäblich örtlichen Begrifflichkeit zu sein. Es wird am besten sein, A4 so zu verstehen: »Es gibt nämlich nichts, in das die Gesamtheit der Dinge *hinüberziehen und somit* sich verändern könnte« – ein Sprachgebrauch, der im Griechischen möglich ist, der die Sprache aber zugegebenermaßen ein bißchen strapaziert.

Was ist das Wesen und der Skopus der hier vorgetragenen Behauptung? In einem anderen Kontext kann dasselbe Argument, sobald die Natur des Universums etabliert ist, von Lukrez eingesetzt werden, um zu zeigen, daß die Verhaltensmuster der Atome sich niemals ändern (e in Bd. 2); und die beiden Bedingungen für Veränderung, die in A4 und A5 ausgeschlossen wurden, können einerseits als zusätzlicher Raum für das Universum spezifiziert werden, um sich da hinein auszudehnen, und andererseits als externe Materie, die in es eindringen würde (14H1). Aber dessen ungeachtet muß der Punkt, auf den es Epikur auf dieser frühen Stufe seiner Darstellung ankommt, ein ganz allgemeiner sein. Er besteht natürlich nicht darin, daß das Universum keinerlei innerer Veränderung irgendwelcher Art ausgesetzt wäre; jedoch zu vermuten, daß Epikur die Unveränderlichkeit des Universums auf diesen oder jenen Aspekt beschränke, zum Beispiel auf seine Gestalt oder auf die Gesetze, die sein Verhalten regieren, könnte als unberechtigt erscheinen. Der entscheidende Hinweis steckt in der unmittelbar folgenden Ankündigung, daß die Gesamtheit der Dinge aus Körpern und Leerem besteht (5A). Dies impliziert, daß derjenige Aspekt an der Gesamtheit der Dinge, um den es in der Erörterung laufend geht, der ist, *woraus die Gesamtheit besteht*; und sie in einem solchen Zusammenhang unveränderlich zu nennen muß einfach soviel heißen wie zu sagen, daß aus den in A4 und A5 angegebenen Gründen keine Ingredienzien zu der Gesamtheit hinzugefügt oder aus ihr entfernt werden können. Dies ist jedenfalls die natürliche Implikation, wenn man sagt, daß die ›Gesamtheit‹ oder die ›Summe‹ der Dinge unveränderlich ist – eine Bedeutung, die von der etwas stilisierteren Übersetzung »Universum« maskiert wird. Nach dieser Interpretation präjudiziert A3-5 in keiner Weise die nächste Frage, woraus die Gesamtheit denn tatsächlich besteht. Der Text klärt insoweit nur die Grundlagen, indem er zeigt, daß die Antwort, wie immer sie ausfällt, für alle Zeit wahr ist.

Somit sind jetzt Veränderungen durch Entstehen und Vergehen, Entfernen und Hinzufügen ausgeschlossen worden. Man könnte einwenden, daß Epikur eine andere mögliche Quelle der Veränderung im Grundvorrat an Ingredienzien übersehen habe: Es könnte ein Ding ein anderes werden. Epikur würde – das ist so gut wie sicher – diesen Einwand beiseite schieben, da es sich um einen Fall handle, wo etwas Seiendes zum Nicht-Seienden vergeht: siehe D, ein von Lukrez geschätztes Diktum; auch vergleiche man die Worte des Eleaten Melissos aus dem fünften Jahrhundert (KRS 537 Ende): »Wenn es sich aber verändert, ist das Seiende zugrundegegangen und das Nichtseiende entstanden.« Freilich muß zugegeben werden, daß von den überlieferten epikureischen Argumenten zugunsten des Prinzips »Nichts vergeht zu nichts« kein einziges gegen ein ›Zugrundegehen‹ in diesem erweiterten Sinn gültig ist.

5 Die grundlegende Einteilung

A Epikur, *Brief an Herodot* 39–40

(1) Darüber hinaus ist auch die Gesamtheit der Dinge (eine Vielzahl von) Körper(n) und Leeres. (2) Denn daß es Körper gibt, bezeugt überall die Sinneswahrnehmung selbst, nach deren Maßgabe es, wie ich schon sagte, nötig ist, das Nicht-Offenkundige durch vernünftige Erwägung zu beurteilen. (3) Wenn nun der Ort nicht existieren würde, den wir ›Leeres‹, ›Raum‹ und ›nicht berührbare Substanz‹ nennen, dann hätten die Körper nichts, wo sie sein oder durch was hindurch sie sich in der Weise bewegen könnten, wie sie sich dem Augenschein als bewegt darstellen. (4) Über diese hinaus [nämlich über Körper und Leeres hinaus] ist es nicht möglich, weder auf vorstellende Art noch in Analogie zu den vorgestellten Dingen, irgendetwas auch nur zu denken, sofern es im Sinne ganzer substantieller Gegenstände aufgefaßt wird und nicht im Sinne von Akzidentien und Begleiterscheinungen an diesen.

B Lukrez 1.419–444

(1) Die Natur insgesamt besteht, soweit sie also *per se* existiert, in zwei Dingen; denn entweder handelt es sich um Körper oder um Leeres, worin diese gelegen sind und durch das sie sich in verschiedene Richtungen bewegen. (2) Denn daß es Körper gibt, tut die allgemeine Sinneswahrnehmung durch sich selbst kund; wenn das Vertrauen auf sie nicht von vornherein sicher gegründet ist, dann haben wir nichts, auf das wir uns berufen könnten, wenn wir mit einer Argumentation des Verstandes irgendetwas bestätigen wollen, was verborgene Dinge betrifft. (3) Wenn es dann des weiteren den Ort und den Raum, den wir ›Leeres‹ nennen, nicht geben würde, könnten die Körper niemals irgendwo gelegen sein und könnten auch überhaupt nichts haben, wohin sie sich in ihren verschiedenen Richtungen bewegen könnten, wie ich dir das schon kurz zuvor deutlich gemacht habe. (4) Außerdem gibt es nichts, was du anführen könntest, was von jedem Körper getrennt und vom Leeren geschieden wäre und was die

---

A Kontext: Unmittelbar im Anschluß an 4A, gefolgt von 8A.   B Kontext: Kurz nach 6A, gefolgt von 7A.

Stelle einer entdeckten dritten Substanz einnehmen könnte. (5) Denn was immer auch existiert, es muß, solange es existiert, etwas sein, was in sich selbst eine
Ausdehnung hat, eine große oder auch eine kleine. (6) Wenn ihm Berührbarkeit eignet, mag sie auch leicht und ganz schwach sein, wird es die Abmessungen eines Körpers zunehmen lassen und sich seiner Gesamtsumme einfügen. (7)
Wenn es dagegen unberührbar ist, wenn es keine Sache daran hindern kann,
sich an irgendeiner Stelle durch es hindurch zu bewegen, dann wird das ohne
Zweifel das Vakuum sein, welches wir ›das Leere‹ nennen. (8) Was des weiteren
überhaupt *per se* existiert, wird entweder Wirkungen auf etwas ausüben oder
seinerseits von anderen Dingen Wirkungen erleiden müssen oder von solcher
Art sein, daß Dinge in ihm existieren und sich darin ereignen können. (9) Doch
keinesfalls kann ein Sache ohne Körper Wirkungen ausüben und erleiden, und
es kann auch nichts einen Ort bieten als allein das, was leer und frei ist.

C   Aëtios 1.20.2   (Usener 271)

Epikur sagt, der Unterschied zwischen Leerem, Ort und Raum liege in den
Bezeichnungen.

D   Sextus Empiricus, *Adv. Math.* 10.2   (Usener 271)

Man muß daher festhalten, daß nach Epikur von der ›unberührbare Substanz‹,
wie er sie nennt, eine Art als das Leere bezeichnet wird, eine andere als der Ort
und wieder eine andere als der Raum, wobei die Bezeichnungen mit den
verschiedenen Sichtweisen darauf wechseln, insofern nämlich dieselbe Substanz, wenn sie von jedem Körper frei ist, als ›leer‹ angesprochen wird; wenn sie
dagegen von einem Körper eingenommen wird, heißt sie ›Ort‹, und wenn
Körper durch sie hindurch-›raumen‹, wird sie zum ›Raum‹. Allgemein als unberührbare Substanz indes bezeichnet man sie in der Schule Epikurs, weil die
Berührung mit Widerstand bei ihr fehlt.

☐ A macht in Epikurs Exposition in unmittelbarem Anschluß an **4A** gleich weiter; nun,
nachdem bewiesen ist, daß die Gesamtheit der Dinge unveränderlich ist, können ihre
Konstituenten identifiziert werden — als Körper und Leere. Die Darstellung des
Lukrez entspricht ihr sehr genau in **B1-4** und weitet sie in **B5-9** aus mit einer Argumentation dafür, daß die Körper/Leeres-Dichotomie erschöpfend ist.
　　Das erste Argument für diese weitergehende These, **B5-7**, verwendet als Prämisse,
daß nur das existiert, was räumlich ausgedehnt ist (**B5**). In diesem Zusammenhang ist
das zu verstehen im Sinne von »dreidimensional ausgedehnt«. In **B5-7** scheint Epikur
sich auf ein altes Argument Zenons von Elea zu stützen (KRS 316), daß etwas ohne
Ausdehnung nicht existieren könne; denn wenn *es* zu etwas anderem hinzugefügt
würde, würde zu diesem *nichts* hinzugefügt. Von dieser Prämisse aus fährt Epikur fort
mit einem Dilemma: Entweder ist dieses ausgedehnte Ding berührbar, oder es ist

---

C Kontext: Vergleich der stoischen und epikureischen Auffassungen vom Ort.　　D Kontext: Einleitung zum Begriff des Orts, unmittelbar gefolgt von **49B**.

unberührbar. Falls es berührbar ist (B6), wird es, wenn es zur Quantität eines Körpers hinzugefügt wird, ihn vergrößern (dieser Gedanke nutzt einmal mehr das eben erwähnte Argument Zenons von Elea aus). Die implizite Folgerung ist, daß das fragliche Ding dann selbst ein Körper sein muß; und dies folgt schlüssig, sofern wir als weitere Prämisse annehmen, daß, wenn die Quantität eines Körpers durch eine Hinzufügung vergrößert wird, das Hinzugefügte selbst ein Körper ist. Wenn andererseits, so fährt das Argument fort, das in Rede stehende vergrößerte Ding unberührbar ist, (B7), kann es in Bewegung befindlichen Körpern keinen Widerstand entgegensetzen und wird ihnen erlauben, sich durch es hindurch zu bewegen — genau die Funktion des Leeren.

Auf diese Weise werden Körper und Leeres zu ausdrücklichen Gegensätzen gemacht; das gelingt durch einen Rückgriff auf ihre gegensätzlichen Definitionsmerkmale, Berührbarkeit bzw. Unberührbarkeit (vgl. 7A3). Das zweite Argument B8–9 (vgl. 14A7) ist da wohl weniger erfolgreich, da es sich auf ein alternatives Paar von Definitionsmerkmalen stützt, die nicht in sich selbst Gegensätze sind: auf die Kraft zu interagieren und die Kraft, interagierende Dinge unterzubringen. Obwohl Epikur klarerweise auf die wechselseitige Ausschließung von Körper und Leerem verpflichtet ist, ist die Annahme verbreitet, daß er seine Position kompromittiere, indem er es versäumt, zwischen Leerem und Ort zu unterscheiden, d.h. den nicht besetzten Raum von dem Raum, der durch einen Körper besetzt ist. Der Vorwurf stützt sich auf Belege, die gut zu sein scheinen, z.B. A3, B1 und 3 und 10A5. Außerdem kann Epikur auch nicht einfach durch die Beobachtung einiger Gelehrter verteidigt werden, daß die Atome in ständiger Bewegung durch den Raum seien und die Dinge nur auf der Makroebene den Eindruck erweckten, in einem Ruhezustand zu sein, und daß es aus diesem Grund genau genommen gar keinen Raum gebe, der durch einen Körper besetzt wäre (siehe 11). Auf dieser frühen Stufe können die Gesetze der Atombewegung nicht angenommen werden; denn sie folgen selbst erst aus dem Beweis für die Existenz des Leeren; davon abgesehen macht die Sprache von A3 unzweifelhaft klar, daß Epikur wirklich sowohl besetzten als auch leeren Raum einschließt und daß die den Raum einnehmenden Körper, an die er denkt, phänomenale Körper sind und nicht Atome.

Aber wenn Epikur die Begriffe von Leerem und Raum zusammenwirft, welcher Fehler steckt darin? Zum Teil könnte man denken, daß der besetzte Raum sich schwerlich als ein zweiter, den Körpern, die ihn einnehmen, ebenbürtiger Konstituent des Alls betrachten läßt, während das bei den leeren Intervallen zwischen diesen Körpern offensichtlich möglich ist; zum Teil könnte man auch denken, daß Epikurs Aufgabe, die Existenz des Leeren zu beweisen, die seine Gegner bestritten (siehe 6), nicht mit der Aufgabe gleichgesetzt werden kann, die Existenz des besetzten Raums zu beweisen, die unkontrovers war.

Wie dem auch sei, es handelt sich hier keinesfalls um ein schlichtes Versehen, sondern um eine Lehre, die sorgfältig entwickelt wurde, um begriffliche Schwierigkeiten zu meistern, die schon Aristoteles aufgeworfen hatte (vgl. 11 für Epikurs Verwendung von Aristoteles, *Physik* IV, bei der Entwicklung seiner Lehre vom Leeren) und die in hellenistischer Zeit von den Skeptikern weiter im Spiel gehalten wurden. Wo Aristoteles in seiner *Physik*, Buch IV, gegen die Existenz des Leeren argumentiert, beobachtet er, daß das Leere von seinen Verfechtern als ein Raum gedacht wird, der manchmal leer und manchmal ausgefüllt ist, so daß ›Leeres‹, ›Volles‹ und ›Raum‹ alles Bezeichnungen für ein und dieselbe Sache sind, wenn auch unter verschiedenen Definitionen (IV.6 = e in Bd. 2). Später argumentiert er, daß, weil ein Würfel, der ins Leere eindringe, es nicht verdrängen könne, das Leere bleiben müsse und mit dem

Würfel koextensiv werde; und er arbeitet einige der begrifflichen Schwierigkeiten heraus, die dies aufwerfen würde (IV.8 = f in Bd. 2).

Epikurs Problem ist daher, zu erklären, was mit dem Leeren geschieht, wenn sich ihm ein Körper nähert. Er war vertraut mit Platons Gesetz, daß etwas, dem sich sein eigener Gegensatz nähert, entweder verschwinden oder untergehen muß (Platon, *Phaidon* 102dff.; dasselbe Prinzip wird von Lukrez an der Stelle 1.760–762 herangezogen). Im Fall des Leeren war aber keine der beiden Alternativen besonders verlockend. Es kann nicht verschwinden, weil ihm die – für Körper charakteristische – Kraft fehlt, Wirkungen auszuüben oder Einwirkungen zu erleiden (vgl. **B4, 14A7**). Und es kann nicht untergehen, weil das die Prinzipien der Erhaltung verletzen würde (4). Es muß also bleiben, und so kommt es darauf an, das von Aristoteles aufgeworfene Paradox irgendwie zu entschärfen. Wie **D** klar beweist, wurde dies erreicht, indem man für den Raum im breitestmöglichen Sinne des Wortes, ob er besetzt war oder nicht, die Bezeichnung ›unberührbare Substanz‹ erfand (wörtlich ›unberührbare Natur‹) und indem man erklärte, ›Leeres‹, ›Ort‹ und ›Raum‹ seien eigentlich bloß Ausdrücke, mit denen wir auf diese Substanz in spezifischen Kontexten Bezug nehmen: ›Leeres‹ heiße sie, wenn sie nicht besetzt ist, ›Ort‹, wenn sie besetzt ist, und ›Raum‹, wenn Körper sich durch sie hindurch bewegen (diese letzte Definition wird abgesichert durch eine etymologische Assoziation von *chōra*, ›Raum‹, zu *chōrein*, ›gehen‹, hier in **D** übersetzt mit ›raumen‹). Alle drei sind ausgedehnt, jedoch unberührbar und erweisen sich somit als ›unberührbare Substanz‹, der wahre Gegensatz zum ›berührbarem‹ Körper. Wenn Körper in sie hineingehen oder aus ihr herauskommen, affiziert sie das nur in bezug auf den Namen und sonst nicht (vgl. **C**). In **A3** scheint Epikur anzukündigen, er wolle die verschiedenen Namen dieser ›Substanz‹ unterschiedlos gebrauchen, wahrscheinlich um zu betonen, daß der Unterschied zwischen ihnen einer des Kontexts ist und das Wesen nicht betrifft. Getreu seinem Wort schwankt sein Sprachgebrauch an anderer Stelle zwischen ›Leeres‹ (z.B. **10A**), ›Ort‹ (*De natura* 34.14.9) und ›unberührbare Substanz‹ (**18C2**), ohne daß dazwischen ein Unterschied zu erkennen wäre, wenngleich die stärkste Betonung auf ›Leeres‹ liegt.

Wir können jetzt sehen, daß es von Epikur weise ist, nicht das Leere im strikten Sinn des unbesetzten Raums als den zweiten permanenten Konstituenten der Welt neben dem Körper auszusondern. Denn der unbesetzte Raum ist nicht permanent, sondern kann sich jederzeit in besetzten Raum verwandeln. Indem er stattdessen den Raum im breitesten Sinne wählt – ein Begriff, den er (wie sich argumentieren läßt) als erster Denker der Antike isoliert –, sichert er die Permanenz seines zweiten Elements. Durch seine Sammlung alternativer Bezeichnungen dafür betont er, daß wenigstens etwas davon besetzt und wenigstens etwas davon unbesetzt ist; und seine Beweise für die Existenz dieses zweiten Elements (**A3, B3**) bestätigen, daß es so ist.

Von daher ist seine Darstellung mit einem Paradox eigener Art behaftet: Obwohl Körper und Raum in gewisser Weise wechselseitig ausschließende Substanzen sind, sind manche Teile des Raums mit Körper besetzt. Körper und Raum sind demnach keine gleichgeordneten Ingredienzien des Universums, sozusagen seine Backsteine und der Mörtel. Epikur ist zum Beispiel sorgfältig darauf bedacht, den Raum niemals ein Element zu nennen (vgl. **18C2**). Er stattet Körper mit einem Platz aus, mit den Abständen zwischen ihnen und mit Raum für die Bewegung; aber er kann nicht selbst Teil eines zusammengesetzten Gegenstands sein. Die Anfangsbehauptung von **A1** bedeutet nur, daß Körper und Raum die beiden einzigen Größen der Wirklichkeit sind, die man benötigt, um über das Universum Rechenschaft zu geben. Alle anderen Kandidaten – Eigenschaften, Zeit, Tatsachen u.dgl. – können als parasitäre Eigenschaften des Körpers abgeschrieben werden (siehe 7A). Der Raum allein kann nicht abgeschrieben werden; denn er existiert selbst da, wo es keinen Körper gibt.

Dieser Diskussion liegen viele Begriffe und Prinzipien zugrunde, die in den stoischen Erörterungen über den Körper (45) und den Raum (49) wiederkehren.

6 Beweis für die Existenz des Leeren

A   Lukrez 1.334–390

(1) Also, es gibt − unberührbar − Ort, Leeres und Freies. Andernfalls gäbe es keine Möglichkeit, wie sich die Dinge bewegen könnten. Denn die Funktion, einen Widerstand zu bilden und zu stoßen, die ein Körper hat, sie würde sich zu allen Zeiten bei allem finden, so daß dann nichts in der Lage wäre, sich vorwärts zu bewegen, da nichts damit anfangen würde zurückzuweichen. Tatsächlich jedoch sehen wir vieles sich vor unseren Augen in vielerlei Weisen bewegen, im Meer, auf dem Land und in den Höhen des Himmels. Wenn es das Leere nicht gäbe, wäre all das nicht so sehr der rastlosen Bewegung beraubt als vielmehr überhaupt gar nicht erst entstanden, weil die Materie ja überall dichtgedrängt in Ruhe verharrt wäre. (2) Außerdem, wie fest man sich die Dinge auch denkt, man kann davon dennoch abnehmen, daß ihre Körper Poren haben. In Felsen und Höhlen zieht die flüssige Feuchtigkeit des Wassers herum und alles weint mit Tropfen in überreichlicher Zahl. Die Nahrung verbreitet sich selber in jedem Lebewesen. Die Bäume wachsen, und zur Reifezeit bringen sie ihre Früchte hervor, weil ihre Nahrung sich von den untersten Wurzeln aus aufwärts in ihnen durch Stämme und Zweige überall verbreitet hat. Stimmen durchdringen Mauern und durchfliegen die Abschließungen der Häuser. Bittere Kälte dringt durch bis auf die Knochen. Dies zu sehen wäre in keiner Weise möglich, wenn es das Leere nicht gäbe, das die einzelnen Körper durchqueren können. (3) Des weiteren, warum sehen wir, daß einige Körper andere an Gewicht überragen, obwohl sie der Gestalt nach überhaupt nicht größer sind? Wenn in einem Ballen Wolle nämlich ebensoviel Körper ist wie im Blei, dann sollten sie dasselbe Gewicht haben, da doch die Funktion des Körpers darin besteht, alles nach unten zu drücken; die Natur des Leeren bleibt im Gegensatz dazu aber ohne Gewicht. Was also größer ist und leichter erscheint, offenbart damit untrüglich, daß es mehr Leeres enthält; demgegenüber macht, was schwerer ist, deutlich, daß es mehr Körper in sich hat und viel weniger Leeres. Ersichtlich existiert also das, was wir mit scharfsinniger Argumentation suchen, den Dingen beigemischt, und wir nennen es Leeres. (4) In diesen Dingen bin ich allerdings gezwungen, dem zuvorzukommen, was manche Leute erdichten, damit es dich nicht von der Wahrheit ablenken kann. Sie sagen, das Wasser gebe dem Druck der schuppigen Fische nach und mache feuchte Wege frei, weil die Fische hinter sich Platz zurückließen, in den das Wasser,

---

A Kontext: Kurz nach dem Beweis, daß es mikroskopisch kleine Körper gibt (1.265–328).

welches zurückweiche, hineinströmen könne; auf diese Weise könnten sich auch andere Dinge im Verhältnis zueinander bewegen und ihren Platz tauschen, obwohl alles voll sei. Es ist klar, daß diese Konzeption insgesamt auf einer falschen Überlegung beruht. Denn wie sind die schuppigen Fische überhaupt in der Lage, sich vorwärts zu bewegen, ohne daß die Flüssigkeit Platz macht? Und wie kann das Wasser zurückweichen, wenn die Fische sich nicht bewegen können? Wir müssen also entweder die Bewegung allen Körpern abstreiten, oder wir müssen sagen, daß den Dingen das Leere beigemischt ist und daß von ihm her jedes Ding den ersten Anfang der Bewegung bekommt. (5) Schließlich, wenn zwei große Körper, die zusammengekommen sind, schnell auseinanderspringen, dann ist es natürlich nötig, daß Luft das ganze Leere einnimmt, welches zwischen den Körpern entsteht. Auch wenn die Luft von allen Seiten noch so schnell einströmt, kann sie doch nicht den ganzen Raum in einem einzigen Augenblick ausfüllen. Sie muß nämlich notwendig erst der Reihe nach jeden Platz einnehmen, bevor sie alles besetzt hat.

☐ Zumindest eine der drei folgenden Aussagen muß falsch sein: (a) Einige Dinge bewegen sich; (b) nichts kann sich bewegen ohne Leeres; (c) Leeres existiert nicht. Die eleatischen Philosophen des fünften Jahrhunderts, die diese Debatte angefangen haben, verwarfen (a). Die Mehrzahl der griechischen Philosophen, angefangen von Empedokles, verwarf (b) und verteidigte stattdessen die Theorie der *antiperistasis*, der ›reziproken Ersetzung‹, die Lukrez in A4 skizziert und verwirft. Die Atomisten sind praktisch die einzigen antiken Denker, die wir kennen, die (a) und (b) festgehalten und stattdessen (c) verworfen haben, wie das Lukrez ausdrücklich in A1 und Epikur oben in 5A3 tut. Begründet wird die Existenz des Leeren, bevor man auf die atomare Natur des Körperlichen zu sprechen kommt (siehe 8). Diese Reihenfolge ist notwendig, weil der Körper/Leeres-Dualismus eine Voraussetzung für den Beweis des Atomismus ist (8B1-2). Wenn es möglich gewesen wäre, die Ordnung umzukehren, hätte die unbefriedigende Widerlegung der *antiperistasis* in A4 weniger verwundbar aussehen können; denn diese Theorie neigte dazu, sich auf die Annahme zu stützen, daß die Materie unendlich teilbar und daher total flexibel sei. Eine Welt von Atomen ohne Leeres wäre in der Tat starr bis zum Punkt der Unbeweglichkeit.

Die ergänzenden empirischen Beweise in A2-3 stützen sich auf Durchdringungsphänomene und auf Erscheinungen relativen Gewichts. Sie könnten ebenfalls überzeugender aussehen, wenn der Atomismus bereits angenommen wäre. Denn die Durchdringung könnte man ohne diese Annahme der totalen Verschmelzung von Substanzen zuschreiben und das relative Gewicht den interaktiven Kräften der vier Elemente (was beides stoische Auffassungen sind; siehe 47–49).

Epikur (5A3) und Lukrez scheinen der Meinung zu sein, die Abhängigkeit der Bewegung vom Leeren sei begrifflich unbezweifelbar. (Ein späterer, in 18G5 reflektierter epikureischer Versuch, die Abhängigkeit mit einer direkten empirischen Grundlage auszustatten, leidet an der Schwäche, daß die ›leeren‹ Räume, die auf der phänomenologischen Ebene die Bewegung erlauben, im technischen Sinne ganz und gar nicht ›leer‹ sind.)

A5 wird von Lukrez irreführenderweise als ein mit A1-3 gleichrangiges Argument präsentiert. In Wirklichkeit liest man es am besten nicht als einen Beweis für die reguläre Beimischung von Leerem in zusammengesetzten Körpern, sondern als einen

Beweis für die *Möglichkeit* der Existenz von Leerem, vorgetragen gegen diejenige, die – angefangen von Melissos – argumentierten, daß das Leere ein logisch inkohärenter Begriff sei. So verstanden ist das Argument ein glänzender Erfolg.

Für weitere relevante Texte siehe **5B**3 und **18A**3–4, **F**3.

7 Sekundäre Attribute

A   Lukrez 1.445–482

(1) Außer dem Leeren und den Körpern kann also in der Gesamtheit der Dinge keine dritte *per se*-Substanz übrig bleiben, weder eine, die zu irgendeiner Zeit in den Bereich unserer Sinne fällt, noch eine, derer man mit der Argumentation des Verstandes habhaft werden könnte. (2) Denn worauf auch die Rede kommt, man wird es entweder als mit diesen beiden Sachen fest verknüpftes Attribut finden oder darin ein Akzidenz von ihnen sehen. (3) Ein fest verknüpftes Attribut ist eins, welches man nirgends ohne das Ergebnis einer vernichtenden Ablösung abtrennen und entfernen kann, z.B. das Gewicht bei den Steinen, die Hitze beim Feuer, das Flüssige beim Wasser, die Berührbarkeit bei allen Körpern und die Nicht-Berührbarkeit beim Leeren. (4) Sklaverei dagegen, Armut und Reichtum, Freiheit, Krieg, Eintracht und alles andere, bei dessen Hinzutreten und Verschwinden die Natur der Dinge unversehrt bleibt, all das nennen wir, wie es angemessen ist, gewöhnlich Akzidentien. (5) Ebenso existiert die Zeit nicht *per se*: Von den Dingen selbst ausgehend ergibt sich die Wahrnehmung, was sich in der Vergangenheit ereignet hat, dann was gegenwärtig ist und was weiter dem fernerhin folgt. Daß jemand die Zeit *per se* wahrnehmen würde, getrennt von der Bewegung der Dinge und ihrer stillen Ruhelage, sollten wir nicht zugestehen. (6) Schließlich, wenn man sagt, es sei so, daß die Tyndarostochter [Helena] geraubt wurde und die Geschlechter Trojas im Krieg unterworfen wurden, so müssen wir sehen, daß nicht etwa dies uns einzuräumen zwingt, es sei *per se*, da die nun schon unwiderruflich vergangene Zeit die Lebensspannen der Menschen dahingerafft hat, für die diese Dinge Attribute waren. Denn was immer geschah, es kann als Akzidenz bezeichnet werden, entweder als eins der Welt oder als eins bestimmter Gegenden. Wenn ferner es keine Materie für die Dinge gegeben hätte und auch nicht Ort und Raum, worin sich alles ereignet, dann hätte niemals durch Helenas Schönheit das tief im Herzen des Paris glimmende Feuer mit Liebe entfacht werden und die hellen Kämpfe des wilden Krieges entzünden können und hätte auch das hölzerne Pferd nicht durch die nächtliche Geburt seiner griechischen Nachkommenschaft den Trojanern heimlich Pergamons Feste in Brand setzen können. Du kannst also sehen, daß die historischen Tatsachen allesamt von Grund auf keineswegs so wie ein Körper existieren und auch nicht so bestehen oder in

---

A Kontext: Unmittelbar anschließend an **5B**.

derselben Weise thematisiert werden, wie das Leere existiert, sondern vielmehr so, daß man sie mit Recht Akzidentien des Körpers nennen kann und des Orts, worin sich alles ereignet.

B   Epikur, *Brief an Herodot* 68–73

(1) Was weiter die Gestalten, die Farben, die Größen, die Gewichte und alles das angeht, was man von einem Körper sonst noch als ständige Eigenschaften aussagt — die entweder zu allen Körpern gehören oder zu den sicht- und mittels der Sinneswahrnehmung †von sich aus† erkennbaren —, dürfen wir nicht meinen, daß sie *per se* Substanzen sind (denn das nachzuvollziehen ist nicht möglich), auch nicht, daß es sie überhaupt nicht gibt, und nicht, daß es sich um irgendwelche unkörperlichen Gebilde handelt, die an dem Körper zusätzlich auftreten; endlich dürfen wir auch nicht meinen, daß sie Teile des Körpers sind; genauer: daß der ganze Körper sein eigenes permanentes Wesen in der Weise hat, daß es *insgesamt* aus ihrer Gesamtsumme besteht, kann nicht sein, wenn sie in ihm so amalgamiert sind, wie wenn ein größeres Aggregat direkt aus den Partikeln selbst zusammengesetzt ist, entweder aus den primären Partikeln oder aus Größen, die kleiner als das betreffende Aggregat sind. Vielmehr ist anzunehmen, daß der ganze Körper sein eigenes permanentes Wesen nur in der Weise aus ihrer Gesamtsumme hat, wie ich es sage. (2) Außerdem haben diese Eigenschaften alle ihre eigenen Arten, erfaßt und unterschieden zu werden, wobei freilich der gesamte Komplex mit dabei und nirgends von ihnen abgetrennt ist, der Körper seine Bezeichnung vielmehr nach dem komplexen Verständnis erhält. (3) Nun fällt den Körpern oft etwas akzidentell bei und begleitet sie nicht permanent, was weder zum Bereich des Unsichtbaren gehört noch unkörperlich ist. Indem wir diese Bezeichnung daher nach dem vorherrschenden Gebrauch verwenden, machen wir klar, daß ›Akzidentien‹ weder die Natur des Ganzen haben, das wir durch den Komplex [von Attributen] kollektiv verstehen und Körper nennen, noch die Natur der permanenten Begleiterscheinungen, ohne die ein Körper sich unmöglich denken läßt. (4) Durch bestimmte Weisen, sie zu erfassen, kann man ihnen, im Zusammenhang mit dem Komplex, jeweils ihre eigenen Bezeichnungen geben, aber dies gerade dann, wenn sie als Attribute angesehen werden, da die Akzidentien keine permanenten Begleiter sind. (5) Auch sollte man diese evidente Sache nicht deshalb aus dem Bereich des Seienden verbannen, weil sie nicht die Natur des Ganzen besitzt, an dem sie als Attribut auftritt und wo wir bekanntlich von einem Körper sprechen, und weil sie auch nicht die Natur der ständigen Begleiterscheinungen hat. Ebenfalls sollten wir sie nicht als selbständige Entitäten ansehen; auch das läßt sich nicht ausdenken, weder bei diesen Attributen noch bei den permanenten. Vielmehr sollten wir von allen Akzidentien eben das denken, was sie auch dem Anschein nach sind, und sie nicht als ständige Begleit-

---

B Kontext: Kurz nach **14A**, gefolgt von **13C**.

erscheinungen ansehen oder meinen, sie hätten den Status von selbständigen Entitäten. Vielmehr werden sie in eben der Weise betrachtet, in der die Sinneswahrnehmung selbst ihre Besonderheit hervorbringt. (6) Was dann noch weiter unbedingt zusätzlich zu beherzigen ist, ist dies: Die Zeit dürfen wir nicht in der Weise erforschen, wie wir nach allen anderen Sachen fragen, nach denen wir in einem Gegenstand forschen und die wir dabei auf die bei uns selbst geschauten Vorbegriffe zurückbeziehen. Sondern wir müssen diejenige evidente Sache, aufgrund deren wir von viel oder wenig Zeit sprechen, mit einem einheitlichen Kreis umgeben und analog ausdeuten. Wir sollten dafür auch nicht zu vermeintlich besseren sprachlichen Ausdrücken wechseln, sondern uns der üblichen Sprechweise bedienen. Ferner darf man davon auch nicht irgendetwas anderes aussagen, weil es dasselbe Wesen wie diese besondere Sache habe — denn auch das tun manche —. Sondern wir müssen nur eben das ausarbeiten, was wir mit diesem besonderen Gegenstand verknüpfen und woran wir ihn messen. Es bedarf nämlich keines zusätzlichen Beweises, sondern nur einer Ausdeutung, daß wir mit den Tagen und Nächten und deren Unterteilungen, ebenso auch mit den Affekten und Affektlosigkeiten, mit Bewegungen und Zuständen ein gewisses besonderes Akzidenz verknüpfen und daß es umgekehrt zu diesen Dingen gehört, daß wir eben das dazudenken, was wir Zeit nennen.

C   Sextus Empiricus, *Adv. Math.* 10.219–227

(1) Wie Demetrios Lakon Epikur interpretiert, sagt dieser, die Zeit sei ein Akzidenz von Akzidentien, indem sie als Begleiterscheinung an Tagen, Nächten und Stunden auftritt, an Empfindungen und deren Abwesenheit, Bewegungen und Ruhelagen. Diese sind nämlich alle Akzidentien, die an beliebigen Dingen als Attribute auftreten; und da die Zeit an ihnen allen als Begleiterscheinung auftritt, könnte man sie passenderweise ein Akzidenz von Akzidentien nennen. (2) Um nämlich im Interesse der Verständlichkeit des gesagten ein bißchen weiter vorn anzufangen, gilt allgemein, daß das, was existiert, teils *per se* ist und anderenteils als zu den Dingen gehörig angesehen wird, die *per se* sind. *Per se* existieren beispielsweise Sachen wie die Substanzen (etwa der Körper und das Leere), und als zu den *per se* existierenden Dingen gehörig wird das angesehen, was sie ›Attribute‹ nennen. (3) Von diesen Attributen sind die einen von den Dingen, deren Attribute sie sind, nicht abtrennbar, während die anderen von der Art sind, daß sie davon abtrennbar sind. Nicht abtrennbar von den Dingen, deren Attribute sie sind, sind beispielsweise die Widerständigkeit des Körpers und das Weichen des Leeren. Denn es ist nicht möglich, einen Körper ohne die Widerständigkeit zu denken, und auch nicht, das Leere ohne das Weichen zu denken. Vielmehr handelt es sich um ein permanentes Attribut von jedem, vom ersteren das Widerstehen, vom letzteren das Weichen. (4) Nicht unabtrennbar von dem, dessen Attribute sie sind, sind etwa die Bewegung und die Ruhelage.

C Kontext: Gibt es Zeit?

Die zusammengesetzten Körper sind nämlich weder durchweg in unaufhörlicher Bewegung noch durchweg nicht in Bewegung, sondern haben bald das Attribut der Bewegung und bald das Attribut der Ruhelage (obgleich das Atom an sich in ewiger Bewegung ist. Es muß sich nämlich entweder zum Leeren hin bewegen oder zu einem Körper hin. Wenn es sich zum Leeren begibt, bewegt es sich durch es hindurch wegen dessen Weichen; wenn es dagegen zu einem Körper kommt, prallt es wegen der Widerständigkeit ab und bewegt sich von ihm weg. (5) Akzidenzien sind also diejenigen Attribute, an denen begleitenderweise Zeit auftritt, ich meine den Tag, die Nacht, die Stunde, ferner die Empfindungen und die Abwesenheit von Empfindungen, Bewegungen und Ruhelagen. Tag und Nacht sind nämlich Akzidentien der sie umgebenden Luft: der Tag wird zu ihrem Akzidenz durch die Beleuchtung von seiten der Sonne, und die Nacht bricht herein, weil die Beleuchtung von seiten der Sonne wegfällt. Die Stunde ist ein Teil entweder des Tages oder der Nacht und ebenfalls ein Akzidenz der Luft, gerade so wie der Tag und die Nacht. Koextensiv mit jedem Tag und jeder Nacht und Stunde ist die Zeit; aus diesem Grund wird ein Tag und eine Nacht lang oder kurz genannt: Wir bewegen uns durch die daran als Attribut auftretende Zeit hindurch. Was die Empfindungen und die Abwesenheit von Empfindungen angeht, so handelt es sich entweder um Schmerzen oder um Lustvolles, und deswegen sind sie nicht irgendwelche Substanzen, sondern Akzentien derer, die die lustvollen oder schmerzhaften Gefühle haben, – und keine zeitlosen Akzidentien. Zusätzlich hierzu gehört auch die Bewegung, desgleichen die Ruhelage zu den Akzidentien der Körper, wie wir das schon dargestellt haben, und sie sind nicht ohne Zeit; jedenfalls messen wir die Schnelligkeit und Langsamkeit der Bewegung ebenso mit der Zeit wie das größere und kleinere Quantum der Ruhelage.

D   Polystratos, *De contemptu* 23.26–26.23

(1) Oder denkst du, aufgrund der vorgetragenen Argumente, daß jemand das, was ich berichte, nicht als übel empfindet, sondern daß er es eher zur Überzeugung erhebt, daß das Schöne, das Schimpfliche und alle anderen Sachen, die man glaubt, fälschlicherweise geglaubt werden, und zwar deshalb fälschlicherweise, weil diese Sachen anders als Gold nicht überall dieselben sind? (2) Es muß doch jedem in die Augen springen, daß auch größer und kleiner nicht überall und in Beziehung auf alle Größen als dasselbe gesehen werden. . . . So ist es auch mit schwerer und leichter; und genauso verhält es sich auch bei ausnahmslos allen anderen Kräften. Denn es sind auch nicht für jedermann dieselben Sachen gesund oder nahrhaft oder tödlich, auch nicht die jeweiligen Gegenteile; sondern dieselben Sachen sind gesund und nahrhaft für die einen und haben auf andere die entgegengesetzte Wirkung. (3) Deshalb muß man entweder sagen, daß auch dies alles falsch sei, Dinge, deren Wirkungen jeder-

---

D Kontext: Eine Attacke gegen die Verwendung des moralischen Relativismus, um alle normalen Wertbegriffe aufzuheben.

mann völlig klar sieht; oder aber man verzichtet darauf, unverschämt zu sein und gegen evidente Sachen zu kämpfen, und darf dann auch nicht das Schöne und das Schimpfliche als fälschlicherweise geglaubt aufheben und als Grund dafür angeben, daß diese Dinge anders als Stein oder Gold oder sonst etwas von dieser Art nicht für alle dieselben seien. . . . (4) Die relativen Prädikate haben nicht denselben Status wie die Dinge, die in Übereinstimmung mit der eigenen Natur von etwas und nicht relativ gesagt werden; und es ist auch nicht so, als würden die einen wahrhaft existieren, die anderen aber nicht. Zu erwarten, daß sie dieselben Attribute haben oder daß die einen existieren und die anderen nicht, ist daher naiv. Und es macht keinen Unterschied, ob man von diesen ausgehend jene aufhebt oder von jenen ausgehend diese. Vielmehr wäre es ebenso naiv zu meinen, daß deshalb, weil das Größere und Schwerere, Weißere und Süßere größer als die eine Sache, aber kleiner als die andere ist, und schwerer und genauso bei den anderen Attributen, und weil nichts dasselbe Attribut *per se* hat wie in Beziehung auf etwas anderes, daß also deshalb genauso auch Stein, Gold und anderes dergleichen, wenn sie wirklich existieren würden, dieselben Affekte erzielen müßten, so daß etwas nicht mehr für alle und überall Stein wäre und etwas für den einen Gold wäre, für den anderen dagegen eine entgegengesetzte Natur besäße, und dann zu sagen, weil es sich nicht so verhalte, werde dies fälschlicherweise geglaubt und würde nicht wirklich existieren.

☐ A folgt unmittelbar auf **5B** und hat zum Ziel, außer Körper und Raum alle anderen Kandidaten für eine *per se*-Existenz auszuschließen. Mit Bezug auf permanente Attribute, Akzidenzien, Zeit und Tatsachen über die Vergangenheit wird deshalb argumentiert, sie seien parasitär zu Körper und Raum. In B sind der ursprüngliche Kontext und die Akzentsetzung anders: Epikur bemüht sich zu sagen, auf genau welche Weise die drei Gegenstände der Liste existieren; außerdem kommt die Passage bei ihm erst nach seinen Ausführungen über die atomare Struktur des Körperlichen und über den Unterschied zwischen primären und sekundären Qualitäten (12 unten), und sie setzt diese Ausführungen voraus. C ist im wesentlichen ein Kommentar zu **B**, der von dem Epikureer Demetrios Lakon aus dem 1. Jh. v.Chr. stammt.

(Über den Terminus »Attribute«, *symbebēkota*, hat es viel Konfusion gegeben. Aufgrund des Zeugnisses von Lukrez wird gewöhnlich angenommen, es handle sich dabei nur um permanente Attribute. Aber Demetrios, ein Fachmann in epikureischer Textexegese, macht in C ganz klar, daß ›Attribute‹ die Gattung sind, zu der ›Akzidentien‹ und ›permanente Attribute‹ oder ›permanente Begleiterscheinungen‹ die Arten sind; und Epikurs eigener Sprachgebrauch in **B** scheint damit vollkommen verträglich zu sein. Deshalb müssen, wenn Lukrez seine griechische Quelle nicht mißverstanden hat, seine *coniuncta*, hier in **A2-3** übersetzt als ›fest verknüpfte Attribute‹, seine Wiedergabe für Epikurs ›permanente Attribute‹ sein.)

Auf einer grundlegenden Ebene der Analyse sind die permanenten Attribute eines Körpers Berührbarkeit, Gestalt, Größe und Gewicht. Diese vier sind für ihn *qua* Körper wesentlich (vgl. die stoische Analyse, 45). Auf der makroskopischen Ebene können sie sekundäre Qualitäten einschließen, etwa die Temperatur oder Farbe eines Körpers, insofern diese für ihn unter einem phänomenalen Aspekt wesentlich sind (**A3, B1**). Hitze beispielsweise ist wesentlich für Feuer und Farbe für sichtbare Körper, obgleich keins davon ein Attribut der zugrundeliegenden Atome selbst ist (siehe **12**). In gewisser Weise ist ein Körper nichts anderes als ein ›Komplex‹ permanenter Attribute. Dies bedeutet nicht, daß sie seine materiellen Konstituenten wären (**B1**), sondern daß die Charakterisierung dessen, was er ist, durch die Summe seiner permantenten Attribute bestimmt wird − m.a.W., sie sind *begriffliche* Teile (**B2**, vgl. **B3**). Ein Körper ist ein Komplex von Berührbarkeit, Gewicht, Größe und Gestalt; ein Mensch ist ein Komplex von (vermutlich, vgl. **19F**) Lebewesen, vernunftbegabt, sterblich usw.

Akzidenzien, nicht-wesentliche Attribute (**A4**), existieren nur auf der phänomenalen Ebene, nicht auf der atomaren (**B3**), und sind wesentlich Beobachter-abhängig (**B4-5**). Aus diesen Gründen hatte Demokrit ihre Existenz bestritten (KRS 549), und ein Teil der Absicht Epikurs in **B5** besteht ohne Zweifel darin, gegen diese Schlußfolgerung anzugehen; siehe auch **12** und **16**. Ein Argument dafür stellt Polystratos zur Verfügung (**D**), ein Epikureer aus dem 3. Jh. v.Chr., der Beobachter-abhängige Attribute unter den breiteren Titel ›relativ‹ subsumiert (**D2-3**) und dann hervorragende Gründe aufzeigt, warum das Relative, obwohl dem Status nach von dem verschieden, was *per se* existiert, dennoch nicht in der Konsequenz irgendwie weniger real wäre (**D3-4**). In der Tat schreibt Epikur *einer* Klasse von Akzidenzien einen solchen Realitätsgrad zu, den mentalen Zuständen, denen er nämlich sogar ihre eigene unabhängige kausale Wirksamkeit zuzugestehen scheint: siehe **20**. Um so mehr hat er Grund zu betonen, wie er das in **B5** tut, daß sie keine abtrennbaren *per se*-Entitäten sind.

Die Zeit ist ein Sonderfall (**A5**, **B6**, **C1** und **5**). Sie läßt sich nicht an den Körpern selbst feststellen, sondern nur an bestimmten Akzidenzien von Körpern, typischerweise an Bewegung und Ruhe. Paradoxerweise ist sie etwas Evidentes und kann trotzdem nur durch »analoge Ausdeutung« verstanden werden, indem man sich zuerst direkt an die Erfahrung hält, um einen geeigneten Satz von Akzidenzien zusammenzutragen, und indem man dann die Zeit als das gemeinsame Maß von ihnen allen abstrahiert (**B6**). Da die Zeit in ihrer Existenz von den Körpern abhängt, deren Bewegung usw. sie mißt, kann sie gewiß nicht *per se* existieren. Der Versuch des Demetrios (**C1** und **5**), aus **B5** den präzisen metaphysischen Status der Zeit herauszuziehen, stützt sich auf Epikurs Beschreibung der Zeit als »ein gewisses besonderes Akzidenz«, das mit Tagen, Bewegungen etc. verbunden ist (nämlich als deren jeweilige Dauer), und dazu auf den Status von Tagen, Bewegungen etc., die selbst Akzidenzen von Körpern sind.

In **A6** ist Lukrez offensichtlich damit beschäftigt, auf den folgenden Einwand zu antworten, dessen Quelle wir nicht kennen: Alles was existiert, ist nach den Epikureern entweder eine *per se*-Entität oder das Attribut einer *per se*-Entität. Nun sind Tatsachen über die Vergangenheit sicher etwas, das existiert; es *ist* jedenfalls eine Tatsache, daß die Griechen die Trojaner besiegt haben. Diese Tatsachen können aber schwerlich als Attribute von *per se*-Entitäten existieren, da die in Rede stehenden *per se*-Entitäten (Agamemnon, Helena etc.) selbst nicht mehr existieren. Folglich müssen Tatsachen über die Vergangenheit selbst als *per se*-Entitäten existieren. Man muß diese Schlußfolgerung nicht als jemandes eigene philosophische Lehre verstehen. Eher handelt es sich um eine antiepikureische Folgerung, die für dialektische Zwecke aus epikureischen Prämissen gezogen wurde und auf die die Epikureer eine Antwort schuldig sind. Diese Antwort besteht darin, daß es wirklich noch etwas *per se*-Existentes gibt, woran solche Tatsachen als Attribut existieren (können), nämlich die Orte, an denen die Ereignisse stattfanden, und − spezifischer − der Körper und der Raum, die einst Paris, Helena, Troja usw. konstituierten.

8 Atome

A   Epikur, *Brief an Herodot* 40–41

(1) Des weiteren sind die Körper teils Zusammensetzungen und teils das, woraus solche Zusammensetzungen bestehen. (2) Diese Konstituenten sind atomar (›unzerschneidbar‹) und unveränderlich, wenn anders ausgeschlossen sein soll, daß alles zu Nichtseiendem vergeht, sie vielmehr stark genug sind, die Auflösungen der Zusammensetzungen zu überdauern, indem sie ihrer Natur nach ausgefüllt sind und an keinem Punkt und auf keine Weise irgendeine Möglichkeit zur Auflösung bieten. Die ursprünglichen Entitäten müssen also notwendig atomare Arten von Körpern sein.

B   Lukrez 1.503–598 (mit Auslassungen)

(1) Zunächst: Da wir eine ungeheure Verschiedenheit zwischen den Zwillingsnaturen der beiden Dinge gefunden haben, des Körpers und des Orts, worin sich alles ereignet, muß notwendigerweise jedes davon *per se* existieren und unvermischt sein. Denn wo immer es freien Raum gibt, den wir das Leere nennen, da ist kein Körper; wo immer hingegen sich ein Körper aufhält, da hat auf keinen Fall das freie Leere Bestand. Die ersten Körper sind also kompakt und ohne Leeres. ... (2) Diese können weder aufgelöst werden, wenn mit Schlägen von außen auf sie eingewirkt wird, noch durch innere Durchdringung zerlegt noch auf sonst eine Weise angegriffen und zerstört werden, wie ich dir schon ein wenig weiter oben bewiesen habe. Denn wie sich zeigt, kann ohne das Leere nichts zerstoßen oder zerbrochen oder durch einen Schnitt in zwei Teile gespalten werden und kann nichts Feuchtigkeit, schleichende Kälte oder durchdringendes Feuer aufnehmen, wodurch [doch] alles dahingerafft wird. Je mehr etwas innen an Leerem enthält, um so mehr kann es durch diese Sachen im Innern angegriffen und zerstört werden. Wenn die ersten Körper also kompakt und ohne Leeres sind, wie ich dargelegt habe, dann müssen sie notwendigerweise ewig sein. (3) Davon abgesehen, wenn die Materie nicht ewig gewesen wäre, dann wäre vor unserer Zeit alles völlig zu nichts vergangen und wäre dann alles, was wir heute sehen, aus nichts wiedererstanden. Aber da ich oben [4B–C] erklärt habe, daß nichts aus nichts geschaffen werden und daß von dem, was entstanden ist, nichts zu nichts reduziert werden kann, muß es Prinzipien von unvergänglicher Körperlichkeit geben, in die alles aufgelöst werden kann, wenn seine letzte Stunde kommt, und ebenso, damit Stoff für die Entstehung neuer Dinge zur Verfügung steht. Die Prinzipien sind also kompakt und nicht zusammengesetzt; auf keine andere Weise hätten sie Weltalter überstehen und bereits seit unendlicher Zeit die Dinge in der Erneuerung halten können. ... (4) Weiterhin ist den Dingen eine Grenze des Wachstums und der

---

A Kontext: Unmittelbar im Anschluß an **5A**, gefolgt von **10A**.   B Kontext: Kurz nach **7A**, gefolgt von **9C**.

Lebensspanne gesetzt, je nach ihrer Art; ebenso ist, was jedes kann und was es nicht kann, durch die Gesetze der Natur unverbrüchlich festgelegt; auch verändert sich nichts in seiner Art, sondern alles ist in so hohem Grad beständig, daß all die mannigfaltigen Vögel von Generation zu Generation zeigen, wie artspezifische Flecken auf ihrem Körper sind. Aufgrund dieser Befunde müssen die Dinge natürlich auch einen Körper aus unveränderlichem Stoff haben. Denn wenn die Prinzipien der Dinge sich ändern könnten, auf welche Weise sie auch besiegt seien, dann wäre jetzt auch ungewiß, was entstehen könnte und was nicht, ferner wieso die Fähigkeiten der einzelnen Dinge begrenzt sind und tief in ihnen ein Grenzstein sitzt, und es könnten auch nicht in jeder Spezies so lange Folgen von Generationen immer neu das Wesen, die Gewohnheiten, die Lebensweise und die Bewegungen ihrer Eltern ausprägen.

☐ Die Existenz von Atomen, d.h. von physikalisch unteilbaren Partikeln der Materie, folgt aus (**B1**) dem wechselseitigen Ausschluß von Körper und Leerem plus (**B2**) der Abhängigkeit der Teilbarkeit eines Körpers von leeren Zwischenräumen innerhalb von ihm. Man beachte, daß **B1** von Lukrez irreführend formuliert ist. Zu Beginn erweckt er den Eindruck, daß Körper und *Raum* sich wechselseitig ausschließen, was sie nicht in dem geforderten Sinne tun, weil alles Körperliche mit Räumlichem koextensiv ist (oben 5). Im Fortgang korrigiert Lukrez das Bild jedoch und stützt sich auf die eigentliche Prämisse, daß Körper und *leerer* Raum oder Leeres nicht koextensiv sein können.

Wie ergeben **B1** und **B2** zusammen den Atomismus? Der entscheidende Punkt ist der: In welchem Verhältnis auch immer Körper und Leeres gemischt sind, es kann nie auf eine vollkommene Durchdringung hinauslaufen. Ein Teilungsprozeß muß daher gegebenenfalls bei Portionen des Körperlichen ankommen, die keinerlei Leeres enthalten. (Wenn ein Opponent fragen wollte, ob dieser Teilungsprozeß nicht stattdessen dauernd ohne Endergebnis weitergehen könnte, könnte Epikur auf seine Theorie der Minima zurückgreifen — siehe unten 9.)

Die Existenz von Atomen wird gefordert (**A2**, **B3-4**), (a) um zu verhindern, daß Körper endlos fragmentiert und auf diese Weise unwiderruflich zu nichts gemacht werden können, was im Widerspruch zum zweiten Erhaltungsprinzip stünde (4); außerdem (b) soll sie sicherstellen, daß es auf der mikroskopischen Ebene etwas geben kann, was den augenfälligen Regelmäßigkeiten auf der makroskopischen Ebene entspricht und sie erklärt. Zu (b) vergleiche man Newton, *Opticks*, 260: »Solange die Partikeln ganz fortbestehen, können sich aus ihnen Körper ein und derselben Natur und Beschaffenheit zusammensetzen; sollten sie sich aber verlieren oder in Stücke brechen, so würde die Natur der Dinge verändert, die von ihnen abhängen.«

9 Kleinste Teile

A Epikur, *Brief an Herodot* 56–59

(1) Weiter dürfen wir nicht annehmen, daß in dem begrenzten Körper unbegrenzt viele Partikeln und daß die Partikeln von beliebig[klein]er Größe seien.

A Kontext: Unmittelbar im Anschluß an **12A**, gefolgt von **10C**.

(2) Daher müssen wir nicht nur die Zerteilung in kleinere und kleinere Teile bis ins Unendliche verneinen, damit wir nicht alles schwach machen und durch unser Verständnis der komplexen Gebilde gezwungen sind, das Seiende ins Nichtseiende hinauszudrücken und aufzubrauchen; (3) sondern wir dürfen auch nicht meinen, daß bei den begrenzten Körpern ein Übergang ins Unbegrenzte stattfinde, auch nicht durch kleinere und kleinere Teile. (4) Denn erstens ist unmöglich zu verstehen, wie [ein solcher Übergang stattfinden könnte], sobald man einmal gesagt hat, etwas enthalte unendlich viele Partikeln oder auch Partikeln von beliebig[klein]er Größe. (5) Wie könnte zweitens diese Größe noch begrenzt sein? Denn es ist klar, daß die unendlich vielen Partikeln auch selbst eine gewisse Größe haben; wie klein sie auch sein mögen, wäre die Größe allemal unendlich. (6) Weil drittens der begrenzte Körper ein identifizierbares Ende hat, wenn dieses auch nicht [als] *per se* [existierend] vorstellbar ist, deshalb muß man von dem, was ihm als nächstes folgt, unvermeidlich annehmen, daß es von derselben Art ist; und indem man so immer wieder zum nächsten voranschreitet, muß es, soweit es danach geht, möglich sein, in Gedanken das Unendliche zu erreichen.

(7) Was weiter das kleinste angeht, das in der Sinneswahrnehmung vorkommt, gilt es zu verstehen, daß es weder ebenso beschaffen ist wie das, was Veränderungen zuläßt, noch auch ganz verschieden davon ist. Vielmehr hat es eine gewisse Ähnlichkeit mit den veränderlichen Dingen, weist aber keine Unterscheidung von Teilen auf; sobald wir jedoch wegen der der Gemeinsamkeit eigenen Ähnlichkeit glauben, darin etwas unterscheiden zu sollen, den einen Teil auf diese, den anderen auf jene Seite, so muß es sich [in Wahrheit] um das Gleiche handeln, was uns [auf beiden Seiten] begegnet. (8) Wir sehen diese Minima der Reihe nach, beginnend beim ersten und nicht an derselben Stelle und auch nicht mit Teilen in Teilen einander berührend, sondern bloß auf die ihnen eigentümliche Weise Maße für die Größen bereitstellend, mehr für größere und weniger für kleinere Größen.

(9) Dieser Analogie folgt, so ist anzunehmen, auch das Kleinste im Atom; ersichtlich unterscheidet es sich nämlich von dem, was durch die Sinneswahrnehmung zu sehen ist; aber es hat dieselben Verhältnisse. Nach der Entsprechung zu den dortigen Verhältnissen haben wir ja schon die These entwickelt, daß das Atom eine Größe besitzt, indem wir nur etwas Kleines in einem großem Maßstab weiter verkleinert haben. (10) Ferner muß man an die kleinsten, unzusammengesetzten Grenzen denken, die − nach der von uns begründeten Konzeption zur Beurteilung des Unsichtbaren − aus ihnen selbst als den primären Einheiten heraus das Maß für die Länge größerer und kleinerer Größen bereitstellen. (11) Die Ähnlichkeit, die sie zu den veränderlichen Dingen haben, reicht nämlich aus, um soviel zu behaupten; (12) daß aus ihnen aber, weil sie eine Bewegung haben, eine Vereinigung hervorgeht, ist nicht möglich.

B   Lukrez 1.746–752

[Die Vertreter der Vier-Elemente-Lehre sind im Irrtum] (1) zweitens deshalb, weil das, was sie machen, dazu führt, daß das Zerschneiden von Körpern überhaupt kein Ende hat und die Fragmentierung nicht aufhört und (2) daß es in den Dingen überhaupt nichts Kleinstes gibt, wogegen wir doch jene äußerste Spitze jedes Dinges sehen, die für unsere Wahrnehmung allem Anschein nach ein Minimum ist, so daß du daraus entnehmen kannst, daß das Äußerste, welches die unsichtbaren Dinge haben, das Minimum in ihnen ist.

C   Lukrez 1.599–634

(1) Dann des weiteren, da es eine äußerste Spitze jenes Körpers gibt, den unsere Sinne nicht mehr wahrnehmen können, ist dieser Körper zweifellos ohne Teile und hat eine Minimum-Natur; zudem hat er nie abgelöst für sich existiert und wird das auch in Zukunft niemals können, weil seine Existenz eben darin liegt, Teil von etwas anderem zu sein: er ist *ein* Teil, der erste, an den anschließend der Reihe nach andere und wieder andere Teile in kompakter Formation die Natur des Körpers ausfüllen. Weil diese Teile nicht aus sich heraus bestehen können, hängen sie notwendigerweise zusammen und können aus diesem Verbund auf keine Weise herausgelöst werden. (2) Die primären Partikeln sind also kompakt und einfach und bestehen in einem Verbund ganz dicht gedrängter kleinster Teile; nicht durch deren Zusammentreffen sind sie vereint, sondern beziehen ihre Stärke vielmehr aus ihrer immerwährenden Einfachheit. Indem die Natur es also verhindert, daß irgendetwas aus ihnen herausgerissen wird und daß sie verkleinert werden, erhält sie diese Partikeln als den Samen für die Dinge. (3) Ferner, wenn es kein Minimum gäbe, würden die kleinsten Körper aus unendlich vielen Teilen bestehen. Denn wo der halbe Teil einer Hälfte immer eine Hälfte hat, gibt es nichts, was der Teilung eine Grenze setzen könnte. Was für ein Unterschied bestünde demnach zwischen dem Universum und dem kleinsten Ding? Es gäbe überhaupt keinen Unterschied. Denn wie total unendlich das Universum auch immer sein mag, es würden trotzdem die kleinsten Dinge gleichermaßen aus unendlich vielen Dingen bestehen. Da wahre Vernunft hier reklamiert und bestreitet, daß der Geist dies glauben könne, mußt du dich geschlagen geben und zugestehen, daß solche Dinge existieren, die nicht mehr mit Teilen versehen sind und deren Natur eine Minimum-Natur ist. Da es diese Dinge gibt, mußt du zugeben, daß auch jene [Atome] kompakt und immerwährend sind. (4) Schließlich, wenn die Natur als Schöpferin der Dinge normalerweise alles nötigen würde, sich in die kleinsten Teile aufzulösen, wäre sie jetzt nicht mehr in der Lage, aus diesen Teilen die Dinge wieder herzustellen, und zwar deshalb nicht, weil Dinge, die nicht durch irgendwelche

---

B Kontext: Kritik der Vier-Elemente-Lehre des Empedokles und seiner ihm ›unterlegenen‹ Nachfolger.   **C** Kontext: Unmittelbar anschließend an **8B**, Fortsetzung der Argumente zur atomaren Natur alles Körperlichen.

Teile vermehrt sind, nicht die Eigenschaften haben können, die zeugungsfähiger Stoff haben muß: vielfältige Verknüpfungen, Gewichte, Schläge, Zusammenstöße und Bewegungen, durch die es all das gibt, was sich ereignet.

☐ A ist der Haupttext zu Epikurs Lehre von den kleinsten Größeneinheiten. In **B** hat der Text ein kurzes Echo. **C** schließt bei Lukrez unmittelbar an **8B** an und gehört zu seinen Argumenten für die Existenz von Atomen. Seine Verwendung der Theorie der Minima für diesen Zweck ist methodologisch fragwürdig. Der Abschnitt bietet uns aber immer noch ein wertvolles Zeugnis über die Theorie selbst.

Der Atomismus des 5. Jahrhunderts v.Chr. entstand wenigstens zum Teil als Antwort auf bestimmte Paradoxe Zenons von Elea, der absurde Konsequenzen aus der Annahme zog, daß eine begrenzte Größe eine unbegrenzte Anzahl von Teilen enthält. Zenon folgerte, daß die ganze Größe als Summe unendlich vieler Teile unendlich groß sein müsse und daß Bewegung über irgendeine begrenzte Distanz unmöglich sei, weil sie es erfordert, jede einzelne der unendlich vielen Teilstrecken für sich zurückzulegen (KRS 316, 318). Leukipp und Demokrit hatten, das ist so gut wie sicher, die Absicht, mit ihrem Atomismus Zenons Prämisse einer unendlichen Teilbarkeit zurückzuweisen. Trotzdem ist zweifelhaft, ob ihre Atome unteilbar in irgendwie mehr als bloß einem physikalischen Sinne waren. Weil die Atome in Gestalt und Größe variierten, können sie kaum als ›theoretisch‹ unteilbar oder als teillos betrachtet worden sein. Sie waren einfach zu solide, um in ihre Teile zu *brechen*. Auch heute noch kann diese Art, Zenon zu antworten, bei denjenigen Sympathie finden, die spüren, daß Zenons Teilungsprozeß zwecklos wird, sobald Größen erreicht sind, die kleiner als ein Elektron sind. Die Antwort lädt aber zu der Entgegnung ein, daß solche Partikeln, selbst wenn sie physikalisch unteilbar sind, immer noch unendlich viele kleinere Größen unthalten und daher theoretisch oder dem Begriff nach in diese Größen teilbar sind. Selbst Aristoteles mit all seiner scharfsinnigen Kritik an den Atomisten ist in bezug auf diesen Unterschied kaum klarer, und es sind wahrscheinlich Epikurs Argumente in **A1-6**, die die erste klare Erkenntnis des Unterschieds darstellen (mit einem Echo in **B**).

Atome, wörtlich »Unschneidbare«, sind physikalisch unteilbar; und ein ›Zerschneiden‹ ins Unendliche wurde verneint aus Gründen, die mit der Erhaltung der Materie zu tun haben; so sagt Epikur es in **A2**, in direkter Wiederholung seines früheren Arguments von **8A**. Aber jetzt fügt er ein neues Prinzip hinzu. Eine endliche Größe *enthält* noch nicht einmal unendlich viele Teile (**A1**). Die Art von Teilbarkeit, die jetzt verneint wird, ist nicht wie in **A2** ein ›Zerschneiden‹ ins Unendliche (»Zerteilung«), sondern ein »Übergang« zum Unendlichen (**A3**): In einer begrenzten Größe könnte man noch nicht einmal eine unendliche Serie kleinerer Teilgrößen durchqueren. Wie dies im weiteren aufgefaßt wird, bedeutet es, daß es eine absolut kleinste Größeneinheit gibt, »das Kleinste im Atom« (**A9**). Alle größeren Größen einschließlich der Atome selbst bestehen aus einer endlichen Anzahl dieser Minima.

Daß die Existenz dieser Minima mit Argumenten zenonischer Natur begründet wird, ist offensichtlich. Wenn eine Größe eine unendliche Anzahl von Teilen enthalten würde, dann würde erstens jedweder Übergang unmöglich (**A4**), und zweitens wäre die Größe unendlich groß (**A5**). Das sind offenbar die beiden oben erwähnten Argumente Zenons. Wenn man drittens seinen Weg der Größe entlang erwägt, würde man — unmöglich — »in Gedanken das Unendliche erreichen« — eine unendliche Folge mentaler Operationen vollenden, bis ins Unendliche zählen. Zenons Dichotomie-Argument gegen die Bewegung in dieser Weise zu lesen war, ob historisch korrekt oder nicht, zur Zeit Epikurs gängig (siehe die pseudo-aristotelische Abhandlung

Über unteilbare Linien 968a18 ff.). Ein viertes Argument derselben Provenienz ist uns in C3 erhalten: Bei Annahme einer unendlichen Teilbarkeit könnte die Größe nicht eine Funktion der Anzahl von Teilen sein (eine Konsequenz, die von den Stoikern bereitwillig akzeptiert wurde, siehe 50C2-3).

A7-8 nutzt eine Analogie zwischen dem wirklichen Minimum und der kleinsten mit den Sinnen wahrnehmbaren Größe aus. Lukrez (B2) benutzt diese Analogie als einen unabhängigen Beweis für die *Existenz* wirklicher Minima, wofür es aber in Epikurs eigenem Konzept in A keinen Anhaltspunkt gibt. Die Formulierung am Anfang von A9 legt eher nahe, daß die Existenz der Minima bereits in A1-6 bewiesen wurde; und in A9-11 hat die Analogie ganz klar die Aufgabe, die Natur der Minima zu erklären und anzugeben, wie sie innerhalb größerer Größen mathematisch funktionieren. Diese Deutung ergibt für Epikurs methodologischen Vergleich in A9 zur Verwendung von Analogie bei der Behauptung, daß Atome eine Größe haben, den bestmöglichen Sinn: Die Existenz von Atomen (siehe 8) wird nicht durch Analogie bewiesen; aber sobald sie einmal bewiesen ist, wird die Analogie zum sinnlich Wahrnehmbaren benutzt, um die Eigenschaften der Atome auszuarbeiten (12).

In allen wesentlichen Punkten kann man die Analogie bei Hume (*Treatise of human nature*, II) wiederfinden. Es ist eine Analogie zwischen dem wirklichen Minimum (»dem Kleinsten im Atom«) und dem »Minimum in der Wahrnehmung«. Letzteres wird ein verschwindend kleiner Punkt sein, so plaziert, daß er aus jeder auch nur ein bißchen größeren Entfernung völlig unsichtbar wäre. Als ein solcher Punkt wird er gesehen als ausgedehnt und dennoch teillos (A7): Um überhaupt gesehen zu werden, muß er einen Bereich des Gesichtsfelds besetzen; ein *Teil* kann an ihm aber trotzdem nicht unterschieden werden, weil jeder Teil, der kleiner als das Ganze ist, die Schwelle der Wahrnehmung unterschreitet.

In A8 tritt die Genialität des Parallelismus zutage. Aristoteles hatte argumentiert (*Physik* VI.1 = **d** in Bd. 2) − und die Stoiker schlossen sich ihm an (50C6) −, daß eine Größe niemals aus teillosen Konstituenten zusammengesetzt werden könne, weil diese sich niemals in Kontakt miteinander befinden könnten. Kontakt, erklärt er, muß einer des Ganzen zum Ganzen, des Ganzen zum Teil oder des Teils zum Teil sein; jedoch würde ersteres die teillosen Entitäten vollkommen koextensiv machen, während der zweite und dritte Fall gerade wegen der Teillosigkeit ausscheiden. Die Analogie des wahrnehmbaren Minimums verschafft Epikur seine Antwort auf Aristoteles. Denn wahrnehmbare Minima werden *weder* als völlig koextensiv (»an derselben Stelle«) gesehen *noch* als einander von Teil zu Teil berührend − die Möglichkeit des Kontakts des Teils zum Ganzen wird angesichts der gleichen Größe der Minima nicht erwogen −; jedoch verbinden die Minima sich irgendwie so, daß sie größere Größen ergeben. Das heißt: Jede andere wahrgenommene Größe kann in eine exakte Anzahl wahrnehmbarer Minima analysiert werden, derart, daß, wenn man sein Auge der Größe entlang laufen läßt, man der Reihe nach ein Minimum nach dem anderen sieht. Das griechische Wort für den Ausdruck »das Maß . . . bereitstellen« in A8 und 10 impliziert, daß ein Minimum ein ganzzahliger Teiler jeder beliebigen größeren Größe ist, wie es das in der Tat sein muß: Wenn die Größe in Minima geteilt wird, könnte nicht der Bruchteil eines Minimums übrigbleiben. All dies gilt nicht nur eben für die sichtbaren Minima auf der makroskopischen Ebene, sondern *mutatis mutandis* auch für die wirklichen Minima auf der mikroskopischen Ebene (A9-11).

Die Analogie führt zu dem Ergebnis, daß Aristoteles' Liste der Weisen, auf die Größen sich verbinden können, nicht erschöpfend ist. Die wahrnehmbaren Minima verhelfen uns zu einer weiteren Art, »die ihnen eigentümliche Weise« (A8); und da wir diese Art der Verbindung wirklich wahrnehmen können, können wir sie uns vorstellen, würde Epikur sagen, und sie daher in Gedanken auch auf das Minimum im Atom übertragen. Zu dieser Schlußfolgerung ist Epikur scheinbar berechtigt, ob er nun damit fortfährt oder nicht, zu analysieren, worauf »die eigentümliche Weise« hinausläuft. Aber falls der Text solch eine Analyse enthält, könnte sie in dem Ausdruck »der Reihe nach« stecken (A8, vgl. A6, C1). Für Aristoteles ›berühren‹ sich zwei Gegenstände, wenn ihre Grenzen koinzidieren; sie können aber ›der Reihe nach‹ sein, sofern gesichert ist, daß nichts von derselben Art zwischen ihnen ist. Wenn Epikur sich nun hier entschließt, Aristoteles in seinen eigenen Termini zu antworten, dann könnte folgendes der Fall sein: Er *gesteht zu*, daß Minima sich niemals ›berühren‹ – weit davon entfernt, Grenzen zu haben, die koinzidieren könnten, werden sie, wie wir sehen werden, von ihm behandelt, als seien sie selber Grenzen –; zugleich insistiert er aber immer noch darauf, daß sie ›der Reihe nach‹ sein können. Das heißt: Zwei Minima können so plaziert sein, daß es kein drittes Minimum zwischen ihnen gibt. (Aristoteles, *Physik* VI.1, = d in Bd. 2, hatte dies bestritten, aber mit einem Argument, das nur für unausgedehnte Gegenstände ohne Teile funktioniert, etwa für Punkte und Augenblicke.) Weil zwischen ihnen natürlich keine Lücke sein könnte, die *kleiner* als ein Minimum wäre, werden sie vollkommen aneinander anliegen, ohne sich im technischen Sinne des Aristoteles zu ›berühren‹.

In A11 heißt es von sämtlichen Charakteristika des wahrnehmbaren Minimums, die soweit beschrieben wurden, sie seien *mutatis mutandis* auf wirkliche Minima übertragbar. Letztere hat man sich als verschwindend kleine Größenpunkte vorzustellen, in welche größere Größen, zum Beispiel Atome, begrifflich analysiert werden können. Man könnte vermuten, daß diese Punkte keine eigene Gestalt haben, ebenso wie auch wahrnehmbare Minima keine wahrnehmbare Gestalt haben könnten; denn es wäre schwer für sie, eine Gestalt zu haben, ohne dadurch auch unterscheidbare Teile zu besitzen. Man beachte jedoch auch, daß von den wirklichen Minima, damit sie Bestandteile von Atomen sein können, angenommen werden muß, daß sie in drei Dimensionen existieren, ein Merkmal, welches dem wahrnehmbaren Minimum nicht so offensichtlich zugeschrieben werden kann.

Die abschließende Behauptung von A12, die von Lukrez in C ausgewertet wird, ist die eine Hinsicht, in der es von der Analogie heißt, daß sie nicht gelte. Wirkliche Minima können nicht als separate Entitäten existieren, sich herumbewegen und Verbindungen miteinander eingehen. Wahrnehmbare Minima können das vermutlich, z.B. fallende Stäubchen, wenn sie aus einer geeigneten Distanz betrachtet werden. Der andere Punkt ist der, daß man sich die wirklichen Minima als die ›Grenzen‹ größerer Größen zu denken hat (A10, vgl. A6); das impliziert, daß sie von diesen Größen nicht abtrennbar sind (C1). Doch warum diese Restriktion einführen, anstatt zu erlauben, daß wenigstens einige Atome aus genau einem Minimum-Teil bestehen?

Wenn man nach den Motiven Epikurs fragt, lohnt es sich, die Betonung zu beachten, die in A12 auf der Unmöglichkeit von Minima mit ihrer eigenen Bewegung liegt. Aristoteles (*Physik* VI.10 = e in Bd. 2) hatte argumentiert, daß etwas, das keine Teile hat, nicht in Bewegung sein könne, ausgenommen zufällig infolge der Bewegung eines größeren Körpers. Es könnte selbst niemals irgendeine Grenze zwischen Körpern überqueren, weil es dazu einen Teil von sich auf der einen Seite der Grenze und den anderen auf der anderen Seite haben können müßte und weil eben das wegen seiner Teillosigkeit nicht möglich ist. Bewegung kann es nur abgeleiteterweise haben, dank der Bewegung eines größeren Körpers. Genau genommen ist es daher niemals wahr, daß ›der zentrale Punkt auf diesem Zug jetzt gerade von England nach Schottland fährt‹, weil dieser Punkt keine Teile hat und deshalb entweder ganz in England oder ganz in Schottland sein muß; nur dank der Tatsache, daß der ganze Zug jetzt von England nach Schottland fährt, kann dasselbe auch von jedem Punkt auf dem Zug gesagt werden. Dasselbe gilt für *Größen* ohne Teile, falls es so etwas gibt, wie Epikur das annimmt. Minima könnten sich niemals selbständig bewegen, sondern allein aufgrund einer Gefälligkeit der Bewegung, in der sich die Atome befinden, zu denen sie gehören. (Siehe des weiteren 11.)

Die Einführung atomarer Quanten von Größen findet sich nicht allein bei Epikur. Der Platoniker Xenokrates und Diodoros Kronos hatten beide bereits vergleichbare Theorien entwickelt; und Diodors Erkundungen, welche Konsequenzen sich daraus für die Bewegung ergeben, könnten Epikurs späteres Werk beeinflußt haben (siehe 11). Eine weitere Konsequenz sollte die Falschheit der üblichen Geometrie sein. Wenn beispielsweise das perfekte geometrische Quadrat existieren könnte, wären seine Seite und seine Diagonale inkommensurabel, was mit der Theorie der Minima nicht vereinbar ist, in der, wie wir gesehen haben, alle Größen einen gemeinsamen ganzzahligen Teiler haben. Es gibt gute historische Belege, daß Epikur diese Konsequenz akzeptierte (Cicero, *Academica* 2.106 und *De finibus* 1.20 = **f** und **g** in Bd. 2); es gibt aber kein Zeugnis, daß er eine alternative Geometrie detailliert ausgearbeitet hätte.

10 Unendlichkeit

A Epikur, *Brief an Herodot* 41–42

(1) Weiterhin ist die Gesamtheit der Dinge unbegrenzt. (2) Das Begrenzte hat nämlich etwas Äußerstes; und das Äußerste wird angesehen als in der Nachbarschaft von etwas anderem. Wenn die Gesamtheit der Dinge also nichts Äußerstes hat, hat sie keine Grenze; und wenn sie keine Grenze hat, ist sie unbegrenzt und nicht begrenzt. (3) Tatsächlich ist die Gesamtheit der Dinge sowohl der Menge der Körper nach unbegrenzt als auch nach der Größe des Leeren. (4) Wenn nämlich das Leere unbegrenzt, die Körper jedoch begrenzt wären, würden die Körper nirgendwo bleiben, sondern sich verstreut durch das unbegrenzte Leere bewegen, dies in Ermanglung von Körpern, die sie durch Stöße unterstützen und zum Stehen bringen. (5) Wenn andererseits das Leere begrenzt wäre, gäbe es für die unbegrenzten Körper kein Unterkommen.

B Lukrez 1.958–997

(1) Die Gesamtheit dessen, was ist, ist also in keiner Richtung begrenzt. (2) Sonst müßte es nämlich etwas Äußerstes haben. Etwas Äußerstes hinwiederum kann etwas, soweit wir sehen, nur dann haben, wenn jenseits davon etwas ist, was es begrenzt, so daß dasselbe auch da zu sehen ist, wo diese Art der Sin-

---

A Kontext: Unmittelbar im Anschluß an 8A, gefolgt von 12B.   B Kontext: Wie in A im Anschluß an die Beweise zur atomaren Natur alles Körperlichen (8B), wobei Lukrez zwischen die beiden Abschnitte allerdings noch etwas zur Kritik konkurrierender Theorien der Elemente eingeschoben hat (1.635–920).

neswahrnehmung nicht mehr hinreicht. Weil man nun aber zugeben muß, daß außerhalb der Gesamtheit des Seienden nichts ist, hat sie kein Äußerstes und entbehrt also einer Grenze und eines Endes. Es macht auch keinen Unterschied, in welchen Bereichen des Alls du dich aufhältst; das ist so wahr, daß, an welchen Ort sich einer auch stellt, er das Universum in alle Richtungen gleichermaßen unendlich läßt. (3) Ferner nehme man für den Augenblick an, die Gesamtheit des Raums sei begrenzt. Wenn dann einer bis an seinen äußersten Rand vorlaufen und einen fliegenden Speer schleudern würde, was bevorzugst du dann; möchtest du lieber, daß der Speer, nachdem er mit großer Kraft geschleudert wurde, in die Richtung geht und weit fliegt, in die er geschickt wurde, oder denkst du, daß etwas ihn hindern und ihm Widerstand leisten kann? Denn eine der beiden Antworten mußt du notwendigerweise zugestehen und wählen. Aber jede davon schneidet dir den Fluchtweg ab und zwingt dich anzuerkennen, daß das All sich grenzenlos erstreckt. Denn ob es etwas gibt, welches blockiert, den Speer hindert, in die beabsichtigte Richtung zu fliegen, und sich selbst als Grenze postiert, oder ob der Speer sich nach draußen bewegt, in keinem Fall ist er von der Grenze aus gestartet worden. Auf diese Weise folge ich dir, und wo immer du die äußersten Grenzen ansiedelst, werde ich fragen, was sich daraus für den Speer ergibt. Das Ergebnis wird sein, daß nirgendwo eine Grenze existieren kann und daß die Möglichkeit zur Flucht das Entkommen für immer verschiebt. (4) Wenn des weiteren der gesamte Raum des ganzen Alls von bestimmten Grenzen allseits eingeschlossen und begrenzt wäre, dann wäre längst die ganze Fülle der Materie durch ihr kompaktes Gewicht von allen Seiten am tiefsten Punkt zusammengeflossen und könnte sich unter dem Himmelsgewölbe nicht mehr ereignen; noch nicht einmal gäbe es überhaupt den Himmel und das Sonnenlicht, weil ja alle Materie auf einem Haufen läge, nachdem sie schon seit unendlicher Zeit gesunken ist. Aber in Wirklichkeit gibt es für die primären Körper keine Rast, weil es keinen untersten Boden gibt, wo sie sozusagen zusammenfließen und ihren Sitz nehmen könnten. Alle Dinge befinden sich zu allen Zeiten überall in ständiger Bewegung, und unten gibt es einen reichen Bestand von Partikeln der Materie, die vom Unendlichen her unterwegs sind.

C Epikur, *Brief an Herodot* 60

(1) Des weiteren darf man, wenn man beim Unbegrenzten von ›Oben‹ und ›Unten‹ spricht, dies nicht in dem Sinne aussagen, als ob es ein Oberstes oder Unterstes gäbe, muß es vielmehr in dem Sinne aussagen, daß, wo immer wir stehen, es möglich ist, die Linie über unseren Kopf hinaus ins Unbegrenzte weiterzuziehen, ohne daß uns dieses Oberste jemals zu Gesicht kommen könnte, oder entsprechend die Linie nach unterhalb von uns (bei der gedachten Linie ins Unendliche in Beziehung auf denselben Punkt zugleich aufwärts und ab-

---

C Kontext: Unmittelbar im Anschluß an 9A, gefolgt von 11E.

wärts). Jenes [Oberste und Unterste] zu denken ist nämlich nicht möglich. (2) Es ist daher möglich, als *eine* Bewegung die nach oben ins Unendliche gedachte Bewegung anzunehmen und ebenso als *eine* Bewegung die nach unten gedachte Bewegung ins Unendliche, selbst wenn zehntausendmal das, was sich von da, wo wir uns befinden, zu den Gegenden über unseren Kopf hin bewegt, bei den Füßen derer über uns ankommt oder das, was sich von uns aus abwärts bewegt, auf dem Kopf derer unter uns; (3) Denn jede der beiden einander entgegengesetzten Bewegungen ist als ganze nichtsdestoweniger als eine Bewegung gedacht, die sich ins Unendliche erstreckt.

☐ In **A** und **B** verteidigen die Epikureer die Unendlichkeit des Universums, die die Atomisten und andere Philosophen im 5. Jahrhundert proklamiert hatten, die aber von Platon und Aristoteles im 4. Jahrhundert aufgegeben worden war. Für die Auffassung der Stoiker siehe **49**. Für Epikurs Begriff des Raums siehe **5**. Für die unendliche Anzahl von Welten siehe **13A, D**. Für die Unendlichkeit der Zeit − in Erwiderung auf die offenkundige Behauptung Platons im *Timaios*, daß die Zeit erst mit der regelmäßigen Bewegung der Himmel begonnen habe − siehe **13G4**.

C (ein kontroverser Text, der auch auf andere Weise als oben konstruiert und übersetzt worden ist) ist wahrscheinlich ein Versuch, Epikurs Ansicht zu rechtfertigen, daß es selbst in einem unendlichen Universum eine einzige Richtung ›nach unten‹ gebe, in der alle Körper vermöge ihres eigenen Gewichts streben (siehe **11**). Oben und Unten müssen nicht unter Bezugnahme auf einen absoluten Hoch- oder Tiefpunkt festgelegt werden, die in einem unendlichen Universum beide gleichermaßen undenkbar sind (vgl. **A–B**, insbesondere **B4**). Eher hat man sie sich unter Bezugnahme auf unseren eigenen Standpunkt an einer beliebig gewählten einzelnen Stelle zu denken (»in Beziehung auf denselben Punkt«). Dabei ist ›Oben‹ die senkrechte Fallinie von unseren Füßen zum Kopf und darüber hinaus und ›Unten‹ die Fallinie von unserem Kopf zu den Füßen und darüber hinaus. Ihre unendliche Ausdehnung ist durch die Beliebigkeit des Anfangspunkts nicht gefährdet. Unsere ›Aufwärts‹-Linie beispielsweise könnte durchaus durch zahlreiche andere Anfangspunkte hindurchgehen, nämlich durch die Standpunkte der Bewohner anderer Welten vertikal über uns; aber keiner dieser Punkte bildet ihren Endpunkt, und sie muß immer noch als unendlich aufgefaßt werden (**C2-3**).

11 Atombewegung

A   Epikur, *Brief an Herodot* 43–44

(1) Ferner bewegen sich die Atome unaufhörlich die ganze Zeit hindurch, wobei die einen eine große Entfernung zwischen sich legen, während die anderen an Ort und Stelle in einer schwingenden Bewegung sind, wenn sie etwa durch ihre Verflechtung eingefangen oder umschlossen sind von Atomen, die sich verflechten. (2) Dies bewirkt nämlich einerseits die Natur des Leeren, die jedes einzelne Atom für sich abtrennt, da sie ihnen keinen Widerstand zu bieten

---

A Kontext: Unmittelbar im Anschluß an **12B**, gefolgt von **13A**.

vermag; (3) andererseits veranlaßt die den Atomen eigene Härte sie dazu, beim Zusammenstoß wieder so weit wegzuschwingen, wie ihre Verflechtung ihnen ein Zurücktreten aus dem Zusammenstoß gestattet. (4) Einen Anfang davon gibt es nicht, da die Atome und das Leere ewig sind.

B   Lukrez 2.80–124

(1) Falls du der Meinung bist, die primären Partikeln der Dinge könnten zum Stillstand kommen und aus dem Stillstand heraus neue Bewegungen der Dinge erzeugen, begibst du dich auf Wege, die von der wahren Argumentation weit weg führen. (2) Weil die Urkörper nämlich durch das Leere dahinziehen, müssen sie notwendigerweise alle entweder durch ihre Schwere vorwärtsbewegt werden oder gegebenenfalls durch den Stoß eines anderen Urkörpers. (3) Denn wenn sie oft mit großer Geschwindigkeit zusammenprallen, kommt es vor, daß sie plötzlich in entgegengesetzte Richtungen wegspringen, was ja auch nicht verwundert, wenn anders sie mit ihren kompakten Gewichten äußerst hart sind und ihnen nichts im Rücken den Weg versperrt. (4) Und um klarer zu sehen, daß alle Partikeln der Materie hin und her geschleudert werden, erinnere dich, daß es in der Gesamtheit des Alls keinen Boden gibt und daß die Urkörper nichts haben, wo sie zum Stillstand kommen könnten, weil der Raum keine Grenze und kein Ende hat und ich ausführlich gezeigt und mit zuverlässiger Argumentation bewiesen habe, daß er sich ohne Maß beliebig nach allen Seiten erstreckt. Nachdem dies feststeht, ist den Urkörpern in den Tiefen des Leeren wirklich keine Ruhe vergönnt. (5) Vielmehr getrieben in ununterbrochener und wechselnder Bewegung schnellen einige nach dem Zusammenprall um große Intervalle zurück, während andere von dem Stoß nur kurze Spannen geschleudert werden. (6) Diejenigen nun, welche sich in einem dichteren Aggregat befinden und durch die Stöße nur kleine Intervalle zurückschnellen, selber zurückgehalten durch die Verflechtungen ihrer Gestalten, die bilden die starken Wurzeln von Gestein, die wilde Masse von Eisen und dergleichen mehr. Diejenigen indes, die durch das Leere dahinziehen, wenige und mit großem Abstand zwischen sich, die in großen Intervallen weit wegspringen und weit zurückkehren, die stellen für uns die dünne Luft und das strahlende Sonnenlicht bereit. Darüber hinaus schwirren im großen Leeren viele umher, die von Zusammengesetztem zurückgestoßen wurden und denen es nirgendwo gelang, sich zusammenzuscharen und ihre Bewegungen zu harmonisieren. (7) Von diesem Umstand, wie ich ihn dargestellt habe, ist ständig ein Gleichnis und Abbild vor unseren Augen und findet dort statt. Denn betrachte, wie das Sonnenlicht in dunkle Häuser fällt und wie die Sonnenstrahlen sich dort verbreiten. Dann siehst du in eben diesen Lichtstrahlen viele feine Körperchen durch das Leere hin sich mischen und wie in einem ewigen Kampf geschwaderweise Schlachten und Gefechte veranstalten und keine Ruhe geben, getrieben von häufigen Zu-

---

B Kontext: Die ersten Abschnitte von Lukrez' Darstellung der Atombewegung.

sammenballungen und Trennungen, so daß du daraus entnehmen kannst, was es für die primären Partikeln ist, immer im großen Leeren herumgestoßen zu werden. In einem gewissen Grad kann eine kleine Sache ein Modell großer Dinge liefern und Spuren ihrer Vorbegriffe.

C Lukrez 2.142–164

(1) Hier nun, Memmius, ist eine kurze Darstellung, aus der du entnehmen kannst, welche Geschwindigkeit die Partikeln der Materie besitzen. (2) Erstens, wenn die Morgenröte über die Erde neues Licht verbreitet und wenn die bunte Vogelwelt in weicher Luft durch die unwegsamen Wälder fliegt und mit ihren klaren Stimmen die Plätze erfüllt, dann sehen wir es für jedermann klar und unabweisbar vor Augen stehen, wie plötzlich die Sonne nach ihrem Aufgang zu solcher Zeit alle Dinge zu durchfluten und in ihr Licht zu tauchen pflegt. Gleichwohl kommen die Wärme und das heitere Licht, die die Sonne schickt, nicht durch das freie Leere; dadurch sind sie gezwungen, sich langsamer zu bewegen, solange sie gleichsam die Wellen der Luft zerteilen. (3) Wenn unzusammengesetzte, kompakte, primäre Partikeln sich durch das freie Leere bewegen, nichts sie dabei von außen behindert und sie als Einheit aus ihren Teilen mit Nachdruck in der einen Richtung streben, in der sie ihre Bewegung begannen, dann müssen sie natürlich eine enorm große Geschwindigkeit haben, sich viel schneller bewegen als das Sonnenlicht und ein Vielfaches an Raum in derselben Zeit durcheilen, die die Strahlen der Sonne brauchen, um den Himmel zu durchqueren.

D Epikur, *Brief an Herodot* 46–47   (= 15A2)

(1) Da ihnen [*scil.* den Abdrücken] nun nichts begegnet, was sie durch Kollision hemmen könnte, überbrückt ihre Bewegung durch das Leere jede noch so große Distanz in unausdenklich kurzer Zeit. (2) Für Langsamkeit und Schnelligkeit sind nämlich Kollision und Nicht-Kollision maßgeblich. (3) Andererseits kommt der in Bewegung befindliche Körper selbst auch nicht bei mehreren Orten *gleichzeitig* an – im Sinne der mit der Vernunft erkennbaren Zeit; denn das ist undenkbar. (4) Und wenn dieser Körper in wahrnehmbarer Zeit mit anderen zusammen von dem einen oder dem anderen Punkt des Unbegrenzten her ankommt, wird die zurückgelegte Distanz nicht die Distanz von einem beliebigen Ort her sein, von dem her wir sie uns wohl vorstellen mögen. (5) Denn das wird [dem Fall] der Kollision ähnlich sein, selbst wenn wir wirklich eine derart große Geschwindigkeit der Bewegung einräumen, wie sie als Folge von Nicht-Kollision auftritt. (6) Auch dieses Prinzip festzuhalten ist nützlich.

C Kontext: Kurz hinter B.   D Kontext: Siehe Text **15A**.

E Epikur, *Brief an Herodot* 61–62

(1) Ferner müssen die Atome notwendigerweise die gleiche Geschwindigkeit haben, wenn sie sich durch das Leere bewegen und nichts mit ihnen kollidiert. (2) Denn weder werden sich die schweren Atome schneller als die kleinen leichten bewegen, wenigstens solange denen nichts in den Weg kommt, noch werden, da alle einen passenden Durchgang haben, die kleinen schneller als die großen sein, jedenfalls solange nichts mit diesen kollidiert. (3) Auch die durch Stöße verursachte Bewegung nach oben und die zur Seite [wird] nicht [schneller sein], ebensowenig die durch ihr eigenes Gewicht verursachte Bewegung der Atome nach unten. Denn bis zu welcher Entfernung es jede der beiden Bewegungsarten auch immer kriegt, bis zu der Distanz wird es sich so schnell wie ein Gedanke bewegen, bis es entweder durch äußere Einwirkung in Kollision gerät oder aufgrund der eigenen Schwere im Verhältnis zur Kraft des einwirkenden Körpers. (4) Nun wird man aber auch mit Bezug auf die Zusammensetzungen die einen Atome schneller als die anderen nennen, wo sie doch in Wirklichkeit dieselbe Geschwindigkeit haben, weil die Atome in den Komplexen sich in dieselbe Richtung bewegen und dies in der kürzesten zusammenhängenden Zeit, wenngleich das nicht in dem Sinne in einer einzigen Zeit geschieht, wie die zeitlichen Perioden mit dem Verstand angesehen werden; aber sie kollidieren tüchtig, bis das Kontinuierliche ihrer Bewegung für die Sinneswahrnehmung feststellbar wird.

F Simplikios, *In Arist. Phys.* 938,17–22 (Usener 277)

Wenn nämlich nicht jede Größe teilbar wäre, wäre es nicht möglich, daß das Langsamere sich in derselben Zeit immer um eine geringere Distanz bewegt als das Schnellere. Denn die atomare Größe und die, die keine Teile hat, werden vom Schnelleren und vom Langsameren in derselben Zeit durchmessen. Wenn das Langsamere nämlich mehr Zeit braucht, wird es in der gleichen Zeit eine Distanz durchmessen, die kleiner als das ist, was keine Teile hat. Aus diesem Grund ist man in der Schule Epikurs der Ansicht, daß sich alles mit gleicher Geschwindigkeit durch die teillosen Orte hindurchbewegt; andernfalls würden die Atome der Epikureer geteilt und wären nicht länger Atome.

G Simplikios, *In Arist. Phys.* 934,23–30 (teilw. Usener 278)

Daß dieses Hindernis, welches er [Aristoteles] formuliert hat, nicht völlig unglaubhaft ist, geht daraus hervor, daß, obwohl er es formulierte und auch auflöste, die Epikureer, die erst später kamen, trotzdem erklärten, daß die Bewe-

---

E Kontext: Unmittelbar im Anschluß an **10C**, gefolgt von **14A**.   F Kontext: Kommentar zu Aristoteles, *Physik* VI.2, 232aff. – Simplikios ignoriert die epikureische Unterscheidung zwischen einer kleinsten Entität ohne Teile und einem Atom.   G Kontext: Kommentar zu Aristoteles, *Physik* VI.1, 232a1–17.

gung sich gerade so abspiele. Sie sagen nämlich, daß die Bewegung, die Größe und die Zeit aus Konstituenten bestehen, die keine Teile haben, und daß das, was sich bewegt, sich über die ganze, aus teillosen Konstituenten bestehende Größe hin bewege, daß es sich aber mit Bezug auf jeden der darin enthaltenen teillosen Konstituenten nicht bewege, sondern bewegt *habe*; denn wenn behauptet würde, daß das, was sich über die ganze Größe bewege, sich auch über diese Distanzen bewege, dann würden diese sich als teilbar erweisen.

H   Lukrez 2.216–250

(1) Auch folgendes möchte ich, daß du in diesen Dingen weißt. Wenn die Körper infolge ihres eigenen Gewichts durch das Leere gerade nach unten stürzen, dann weichen sie zu ganz unbestimmter Zeit und an unbestimmten Stellen ein bißchen von ihrer Bahn ab, gerade genug, um von einer veränderten Bewegung sprechen zu können. (2) Wenn sie diese Tendenz zur Bahnabweichung nicht hätten, würde – wie die Regentropfen – alles nach unten durch das tiefe Leere stürzen; bei den Urkörpern wäre es dann nicht zu Zusammenstößen gekommen, und es wären keine Schläge entstanden; somit hätte die Natur niemals etwas geschaffen. (3) Aber wenn etwa jemand glaubt, weil schwerere Körper sich schneller geradeaus durch das Leere bewegen, könnten sie von oben auf die leichteren herabstürzen und auf diese Weise Stöße erzeugen, die in der Lage wären, kreative Bewegungen zu machen, so weicht er weit vom Weg der wahren Argumentation ab. Denn was immer durch Wasser und durch dünne Luft fällt, das muß den Fall notwendigerweise entsprechend seinem Gewicht beschleunigen, und zwar deshalb, weil der Körper des Wassers und die Natur der dünnen Luft nicht jede beliebige Sache in gleichem Maß aufhalten können, sondern von den schwereren Dingen schneller überwunden werden und ihnen schneller weichen. Im Gegensatz dazu kann aber das freie Leere nirgends und zu keiner Zeit irgendeiner Sache Widerstand leisten, sondern muß, wie es seine Natur verlangt, ständig Platz machen. Durch das ruhige Leere muß sich deshalb alles gleichmäßig getrieben bewegen, auch wenn die Gewichte ungleich sind. Daher können niemals schwerere Körper von oben auf leichtere herunterstürzen und durch sich selbst Stöße erzeugen, welche die Bewegungen vielfältig verändern, durch die die Natur dann ihr Werk tut. (4) Somit folgt einmal mehr, daß die Körper ein bißchen abweichen müssen – nicht mehr als um das Minimum, so daß wir nicht den Anschein erwecken, schräge Bewegungen zu erfinden, und die tatsächlichen Verhältnisse dies widerlegen. Denn das sehen wir deutlich vor Augen stehen und als evident an, daß Gewichte, wenn sie von oben herunterstürzen, nicht aus sich selbst heraus in der Lage sind, sich in einem sichtbar schrägen Winkel zu bewegen. Doch wer in aller Welt kann sehen, daß sie von ihrer geraden Route *überhaupt nicht* abweichen?

H Kontext: Die Gesetze der Atombewegung; gefolgt von **20F**.

☐ Eine der beiden Hauptursachen für die Bewegung eines Atoms ist sein eigenes Gewicht (E3, H), welches sich als eine natürliche Tendenz zur Bewegung nach unten manifestiert, ausgenommen insoweit, als das Atom durch Kollisionen abgelenkt wird. Daß es eine allgemeine Richtung ›unten‹ gibt, wird von Epikur als eine Gegebenheit der Erfahrung behandelt (vgl. 10C). Der rivalisierenden aristotelischen Theorie, daß fallende Gegenstände in Wirklichkeit zum Zentrum einer kugelförmig aufgefaßten Erde streben, war er sich bewußt, mußte sie aber zurückweisen, weil er nicht sehen konnte, wie in einem unbegrenzten und undifferenzierten Raum ein einzelner Punkt diesen besonderen Status der Zentralität besitzen könnte (Lukrez 1.1050–1113: für die stoische Rehabilitierung der Theorie siehe 49I).

Die andere Hauptursache der Bewegung eines Atoms ist der Stoß, der sich bei der Kollision mit anderen Atomen ergibt (A1, B, E3–4, H2–3) und der es in jede beliebige Richtung treiben kann. Was die Kollisionen nicht können, ist ein Atom völlig anzuhalten: Alle Atome sind zu allen Zeiten in Bewegung (A, B; 7C4), weil das sie umgebende Leere keinen Widerstand bieten kann und Kollisionen in nicht mehr als nur in einer geänderten Richtung resultieren. Daher besteht sogar ein in Ruhe befindlicher fester Körper aus sich bewegenden Atomen, wenngleich ihre Bewegung bloß in einer schnellen Vibration innerhalb einer eng ineinandergreifenden Formation besteht (A1, B6).

Daß das Leere keinen Widerstand bietet, hat zwei weitere Konsequenzen. Aristoteles hatte in der *Physik* (IV.8, 215a24–216a21) argumentiert, daß die Geschwindigkeit sich bewegender Gegenstände durch das Verhältnis ihres Gewichts zur Dichte des Mediums bestimmt wird; die Idee des Leeren als eines Mediums ist daher, so behauptete er, absurd, weil da, wo das Medium null Dichte hat, die Gegenstände sich mit einer Geschwindigkeit bewegen werden, die in keinem Verhältnis zu irgendeiner finiten Geschwindigkeit steht; außerdem wird sich alles mit gleicher Geschwindigkeit bewegen. Die Theorie Epikurs akzeptiert die aristotelische Prämisse, versucht aber, sich auf die daraus resultierenden Schwierigkeiten einzustellen. Erstens bewegen die Atome sich durch das Leere (das einzige, was ihnen zur Verfügung steht, um sich durch es hindurch zu bewegen), und sie tun dies mit einer Geschwindigkeit, die, obwohl sie natürlich nicht unendlich ist (D3), doch *unvorstellbar* ist im Verhältnis zu jeder phänomenalen Bewegung durch ein Widerstand bietendes Medium. Das heißt: Entweder ist die Entfernung vorstellbar, aber die Zeit für das Zurücklegen unvorstellbar kurz (D1; oder die Zeit ist lang genug, um sie zu beobachten, aber die zurückgelegte Entfernung ist unvorstellbar groß (D4). Das ist deshalb so, weil wir es uns nur in den Termini vertrauter phänomenaler Bewegungen vorstellen können, die durch Kollisionen mit dem Medium abgebremst sind (D5); die schnellste derartige Bewegung ist die des Sonnenlichts, aber die Atombewegung geht riesig über sie hinaus (C) – »so schnell wie ein Gedanke« (E3; vgl. 15A4).

Zweitens bewegen die Atome sich in der Tat alle mit derselben Geschwindigkeit, ungeachtet ihres Gewichts (C1–3, H3). Das ist aber nicht die Absurdität, die Aristoteles dachte, daß es sei: E4. Von phänomenalen Körpern wird nicht verlangt, sich mit derselben Geschwindigkeit wie die sie konstituierenden Atome zu bewegen, weil die Atome innerhalb von ihnen in komplexen Bewegungsmustern organisiert sind. Während einer Zeitspanne, die so kurz ist, daß man sie nicht wahrnehmen kann, werden die Atome sich alle mit gleichmäßig hoher Geschwindigkeit in verschiedene Richtungen bewegen; aber schon über die kürzeste beobachtbare Zeitspanne (dies scheint die beste Art zu sein, den Ausdruck »in der kürzesten zusammenhängenden Zeit« zu verstehen: E4, vgl. D3–4) wird ihre Gesamttendenz in nur eine einzige Richtung gehen. Diese Tendenz ergibt die korporative Bewegung des zusammengesetzten Körpers, dessen Geschwindigkeit variieren kann (**D2**; vgl. die variable Gesamtbewegung eines Insektenschwarms, in dem jedes Insekt mit einheitlicher Geschwindigkeit einen Zickzack-Kurs fliegt).

Einige weitere Merkmale der Bewegungstheorie Epikurs kommen in seinem *Brief an Herodot* nicht vor. Wahrscheinlich wurde der Brief vergleichsweise früh geschrieben, etwa um die Zeit von Epikurs Ankunft in Athen. Die zusätzlichen Merkmale könnten nachfolgende Entwicklungen in seinem Denken oder in dem seiner Kollegen spiegeln, beonders unter dem Einfluß von Diodoros Kronos, der in Athen tätig war und eine Theorie kleinster teilloser Größeneinheit hatte, die Epikurs eigener Theorie nicht unähnlich war (dazu siehe 9).

Aristoteles (*Physik* VI.10 = 9e in Bd. 2) hatte darauf hingewiesen, daß etwas, das keine Teile hat, selber niemals ›in Bewegung‹ sein könnte: Wenn es von *AB* nach *BC* gelangen soll, muß es entweder noch in *AB* sein oder schon in *BC*; da es keine Teile hat, kann es zu keiner Zeit teilweise in *AB* und teilweise in *BC* sein. Es bewegt sich also entweder nur beiläufig zur Bewegung eines größeren Körpers – wie Aristoteles selber gerne sagen würde, daß zum Beispiel ein ausdehnungsloser Punkt auf einem in Bewegung befindlichen Körper sich bewegt –, oder wir werden, unmöglich, sagen müssen, nicht, daß es ›in Bewegung‹ ist, sondern nur, daß es ›sich bewegt hat‹. Diese zweite Alternative, behauptet Aristoteles, würde bedeuten, daß die Zeit aus teillosen ›Jetzten‹ und die Bewegung aus ›Sprüngen‹ besteht. Daher könnte in jedem nachfolgenden ›Jetzt‹ eine Entität ohne Teile eine frische Position einnehmen, befände sich aber niemals im Übergang zwischen den beiden Positionen. Im *Brief an Herodot* gibt es keinerlei Anzeichen, daß Epikur darauf vorbereitet war, die Theorie der Stakkato-Bewegung für seine teillosen Minima zu akzeptieren (manche haben die nicht wahrnehmbar kurzen Zeiten in **D3** und **E4** als unteilbare ›Jetzte‹ angesehen; aber nichts in diesen Abschnitten macht eine solche Interpretation erforderlich); stattdessen scheint Epikur die erste aristotelische Alternative gewählt zu haben, daß das, was keine Teile hat, sich nur beiläufig zur Bewegung eines größeren Körpers bewegen kann, des Atoms (9A12 und Kommentar). Doch wenn G Glauben verdient, dann sind die Epikureer auf einer späteren Stufe dazu gekommen, zusätzlich die Theorie der Stakkato-Bewegung zu akzeptieren. Was war der Grund für diese Entwicklung? Ein erster Grund war vermutlich der Einfluß Diodors, der sich eben diese selbe Theorie als einen Teil seiner eigenen Lehre von kleinsten Einheiten angeeignet hatte (siehe i in Bd. 2). Zur Verteidigung argumentierte Diodor ausführlich, daß es logisch ganz korrekt sei, zu behaupten »Es hat sich bewegt« und gleichzeitig zu bestreiten, daß »Es befindet sich in Bewegung« oder »Es bewegt sich« jemals wahr gewesen sei; so ist die Aussage »Helena hatte drei Ehemänner« wahr, wie er beobachtete, aber die Aussage »Helena hat drei Ehemänner« war niemals wahr. Diese Unterstützung von seiten eines professionellen Logikers könnte die Epikureer ermutigt haben, Aristoteles' Verurteilung der Stakkato-These in Frage zu stellen. Darüber hinaus lenkte die Formulierung Diodors die Aufmerksamkeit darauf, daß es – und wäre es auch nur, um konsistent zu bleiben – nötig war, sowohl den Raum als auch den Körper in kleinste Einheiten zu teilen; und das zu begreifen hätte den Epikureern gezeigt, wie inadäquat ihre Lösung mit einer beiläufigen Bewegung war. Selbst ein Atom, das aus vielen Minima zusammengesetzt ist, müßte, als ganzes, in einer Zeit nicht weniger als ein Minimum zurücklegen. Daher wäre seine Bewegung unvermeidlich stakkatoartig. So befremdlich, wie diese Bewegungstheorie aussehen könnte, könnte sie doch als das kleinere von zwei Übeln erschienen sein für jemanden, den Zenons Frage beschäftigte, wie Bewegung durch ein unendlich teilbares Kontinuum hindurch möglich sei (vgl. **9a3-4**).

Darüber hinaus besaß eine solche Analyse zumindest *einen* unabhängigen Vorzug. Aus der Arbeit des Aristoteles in der *Physik* VI.2 hatte sich ergeben, daß Geschwindigkeitsunterschiede von der unendlichen Teilbarkeit von Zeit und Größe abhängen; daraus schien zu folgen, daß eine Theorie unteilbarer Größen von wirklichen Geschwindigkeitsunterschieden Abstand nehmen müsse. Zum Beispiel hätte in der Zeit, die ein sich bewegendes Objekt benötigt, um die kleinste Raumeinheit zu durchqueren, ein anderes Objekt, das sich langsamer bewegt, weniger als die kleinste Raumeinheit durchqueren müssen, was unmöglich wäre. Nach **F** beriefen die Epikureer sich auf genau diese Argumentation, um ihre These von der gleichen Geschwindigkeit in der Bewegung der Atome zu stützen. Daß die Diodoreische Analyse benutzt werden konnte, um eine bereits bewiesene These mit unabhängigen Gründen abzusichern (**E**), muß sie für die Epikureer geradezu unwiderstehlich gemacht haben.

Schließlich bezeugt **H** eine weitere Verfeinerung der Theorie der atomaren Bewegung, die im *Brief an Herodot* noch nicht vorkommt, von der aber häufig berichtet — und mit Spott erzählt — wird, es sei Epikurs eigene Lehre. Bei ihrer Durchquerung des Raums werden die Atome in erster Linie durch ihr eigenes Gewicht und durch den Effekt von Kollisionen vorwärts getrieben; aber außerdem sind sie zu einer ganz undeterminierten »Bahnabweichung« in der Lage. Alle Quellen stimmen darin überein, daß die Bahnabweichung eine Abweichung um genau ein Minimum ist (z.B. **H4**; **18G6**; **20E2**; zur Theorie der Minima siehe 9); und das sollte wohl folgendermaßen interpretiert werden: Die grundlegende Tendenz eines Atoms ist die, sich auf einer geraden Linie zu bewegen, bis es zur Kollision kommt. Die gerade Linie selbst hat eine Dicke von einem Minimum (etwas Dünneres ist nicht denkbar), und in ihrer Nachbarschaft verlaufen eine Anzahl anderer paralleler Linien. Zu jeder beliebigen Zeit oder an jeder beliebigen Stelle seiner Bewegung kann das Atom spontan zu einer dieser benachbarten Bahnen wechseln. Seine Gesamtbewegung bleibt voraussichtlich *praktisch* geradlinig, so daß sich daraus auf der makroskopischen Ebene kein Chaos ergeben sollte. Nichtsdestoweniger ist das System in diesem kleinstmöglichen Grad indeterministisch.

Das große heutige Interesse an dieser Theorie entsteht aus dem Umstand, daß sie, wie merkwürdig sie auch sein mag, in großem Umfang wahr ist. In der Quantenphysik ist man sich weithin einig, daß es einen Unbestimmtheitsgrad im Verhalten subatomarer Partikeln gibt. Die philosophischen Implikationen dieser Tatsache liegen vor allem in ihren möglichen Auswirkungen auf den freien Willen. Im gegenwärtigen Zusammenhang wird die Theorie der Bahnabweichung herangezogen, um ein Problem zu lösen, welches Epikur selbst aufgeworfen hatte: Wenn die Atome sich alle mit der gleichen Geschwindigkeit und alle nach unten bewegen, wie können dann die Kollisionen zwischen ihnen jemals begonnen haben (**H2-3**)? Man könnte verwundert fragen, ob dieses Problem in sich selbst schwerwiegend genug war, um eine derart drastische Lösung zu fordern, eine Lösung, die Epikurs Gegner dazu trieb, sie als »Bewegung ohne Ursache« zu verlachen (z.B. **20E2**). Als er jedenfalls seinen *Brief an Herodot* schrieb, war er noch mit der etwas ökonomischeren Antwort zufrieden, daß es unter der Voraussetzung, daß Atome und Leeres seit einer unendlichen Vergangenheit existieren, *keine* erste Kollision gegeben habe (**A4**). Dies weckt den Verdacht, daß es seine nachfolgende, gut bezeugte Sorge um die Autonomie verantwortlich handelnder Subjekte war, die ihn zu der Theorie führte, und daß diese dem bereits existierenden kosmologischen System dann nachträglich aufgepfropft wurde. Aus diesem Grund findet sich die Hauptdiskussion der Bahnabweichung in **20**, dem Abschnitt über den freien Willen.

12 Mikroskopische und makroskopische Eigenschaften

A   Epikur, *Brief an Herodot* 55–56

(1) Man darf freilich auch nicht meinen, bei den Atomen komme jede Größe vor; denn dagegen steht das Zeugnis der Sinnesdinge. (2) Wohl ist anzunehmen, daß es in der Größe gewisse Variationen gibt. Wenn das nämlich dazukommt, läßt sich besser erklären, was sich nach Ausweis unserer Empfindungen und Sinneswahrnehmungen ereignet. (3) Daß indes jede Größe vorkommt, ist im Hinblick auf die Unterschiede der Eigenschaften nicht von Nutzen; und es hätten dann auch sichtbare Atome bis zu uns kommen müssen. Daß das passiert, ist nicht zu beobachten, und es ist auch nicht auszudenken, wie es ein sichtbaren Atom geben könnte.

B   Epikur, *Brief an Herodot* 42–43

(1) Hinzukommt, daß diese unteilbaren und vollen Körper, aus denen die Zusammensetzungen hervorgehen und in die sie sich auflösen, unvorstellbar viele Gestaltunterschiede aufweisen. Denn es ist nicht möglich, daß aus denselben Gestalten, wenn deren Anzahl vorstellbar ist, so viele Unterschiede hervorgehen, wie es tatsächlich gibt. (2) Ebenfalls ist zu jeder Art von Gestalt die Anzahl der Atome der gleichen Sorte schlichtweg unbegrenzt; in der Anzahl ihrer Unterschiede sind sie jedoch nicht schlichtweg unbegrenzt, sondern bloß unvorstellbar viele, solange man sie nicht auch noch ihren Größen nach schlechthin ins Unbegrenzte ausdehnt.

C   Lukrez 2.478–531

(1) Nachdem ich das dargestellt habe, fahre ich fort und knüpfe daran etwas an, was für seinen Beweis davon abhängt: daß die Urkörper der Dinge in begrenztem Ausmaß verschiedene Gestalten haben. (2) Wenn das nicht zutreffen sollte, müssen wieder einige Samen eine unendliche körperliche Ausdehnung haben. Schon innerhalb ein und derselben kurzen Ausdehnung eines beliebigen gegebenen Körpers kann es nämlich keine große Vielfalt der Gestalten geben. Denn nimm beispielsweise an, die primären Körper bestünden aus drei Teilen oder auch aus wenig mehr. Dann ist klar: Wenn du alle diese Teile eines einzigen Körpers nimmst, sie oben und unten plazierst, rechts und links vertauschst und überhaupt auf alle Weisen ausprobierst, welche Gestalt des ganzen Körpers

---

A Kontext: Unmittelbar im Anschluß an **12D**, gefolgt von **9A**.   B Kontext: Unmittelbar im Anschluß an **10A**, gefolgt von **11A**.   C Kontext: Unmittelbar anschließend an die (den Text F enthaltenden) Ausführungen von 2.381–477, was die Gestalt der Atome alles zu erklären erlaubt. Allerdings war wohl beabsichtigt, dazwischen noch einen dem Text A entsprechenden Beweis zur begrenzten Größe von Atomen einzuschieben. Auf diesen ausgefallenen Beweis bezieht Lukrez sich in den Versen 478f., 481f., und 498f. Am Schluß des Texts bezieht er sich auf **10B**.

jede Anordnung ergibt, dann bleibt, wenn du die Gestalten variieren willst, nur übrig, daß weitere Teile hinzugefügt werden müssen. Auf der nächsten Stufe folgt daraus, daß das Arrangement in derselben Weise weitere Teile verlangt, falls du die Gestalten etwa noch weiter variieren willst. Aus der Hinzufügung neuer Formen resultiert demnach eine Vergrößerung des Körpers. Es ist daher nicht möglich, daß du annehmen könntest, die Samen hätten unendlich viele verschiedene Formen, es sei denn, du erzwingst, daß einige unermeßlich groß sind, wovon ich oben bereits erklärt habe, daß es nicht akzeptabel ist. (3) Ferner würdest du finden, daß exotische Kleidung und glänzender meliböischer Purpur, mit der Farbe thessalischer Schnecken gefärbt, sowie die goldenen, in lächelnden Charme getauchten Geschlechter der Pfauen sofort überstrahlt und am Boden liegen würden, wenn in den Dingen eine neue Farbe auftauchen würde; den Duft der Myrrhe würde man verachten, ebenso den Geschmack des Honigs; auch die Gesänge der Schwäne und die kunstvoll auf den Saiten gespielte Musik Apollons würden auf ganz ähnlich Weise in den Schatten gestellt und verstummen. Denn es würde allemal etwas aufkommen, was alles andere überragt. Ebenso könnte alles sich in umgekehrter Richtung zur schlechteren Seite hin so ändern, wie wir das zur besseren Seite hin dargestellt haben; denn in der entgegengesetzten Richtung wäre für die Nase, das Ohr, die Augen und den Geschmacksinn des Mundes ebenfalls eins häßlicher als das andere. Weil es in Wirklichkeit nicht so ist, weil den Dingen vielmehr in beiden Richtungen eine feste Grenze gesetzt ist, die die Gesamtheit der Dinge in Schach hält, mußt du zugeben, daß auch die Anzahl der Gestalten begrenzt ist, in denen sich die Materie unterscheidet. (4) Weiter, vom Feuer bis zum eiskalten Rauhreif des Winters ist es ein begrenzter Schritt, und in der umgekehrten Richtung ist der Abstand in gleicher Weise bemessen. Denn alle Hitze und Kälte und auch die milden mittleren Temperaturen, die der Reihe nach zusammen die gesamte Spanne bilden, liegen dazwischen. Sie sind also mit einer begrenzten Serie von Unterschieden geschaffen, da sie nach beiden Enden hin, hier wie dort, durch eine Spitze markiert sind, eingeengt an der einen Seite von Flammen und an der anderen von strengem Frost. (5) Nachdem ich das dargestellt habe, fahre ich fort und knüpfe daran etwas an, was für seinen Beweis davon abhängt: daß die Urkörper der Dinge, die innerhalb jeder Gestalt-Gruppe untereinander dieselbe Gestalt haben, als unbegrenzt viele bezeichnet werden müssen. Weil es nämlich eine begrenzte Anzahl verschiedener Gestalten gibt, müssen die Gestalten, welche gleich sind, unbegrenzt viele sein; oder aber die Gesamtheit der Materie muß begrenzt sein, wovon ich in meinen Versen freilich bewiesen habe, daß es nicht der Fall ist, als ich nämlich gezeigt habe, daß die Partikeln der Materie die Gesamtheit der Dinge aus dem Unendlichen heraus ständig von allen Seiten her mit einer kontinuierlichen Folge von Schlägen bewahrt.

D Epikur, *Brief an Herodot* 54–55

(1) Weiter ist anzunehmen, daß die Atome keine der Eigenschaften an sich tragen, die den sichtbaren Dingen zukommen, außer Gestalt, Schwere, Größe und dem, was mit der Gestalt notwendig verbunden ist. (2) Denn jede Eigenschaft verändert sich; die Atome indes verändern sich nicht, da bei den Auflösungen der Zusammensetzungen ja etwas Festes und Unauflösliches übrigbleiben muß, welches sicherstellt, daß die Veränderungen weder ins Nichtseiende hinein erfolgen noch aus dem Nichtseienden heraus, sondern sich in der Regel durch Umstellungen ergeben, zuweilen auch durch Zugänge und Abgänge bestimmter Dinge. (3) Es ist daher notwendig, daß die Dinge, die keine [internen] Umstellungen zulassen, unvergänglich sind und nicht die Natur des Veränderlichen besitzen, vielmehr müssen die ihnen eigenen Massen und Gestaltungen dauerhaft sein; denn das ist ebenfalls notwendig. (4) Es ist ja auch bei den Gegenständen in unserem Erfahrungsbereich so, daß man, wenn bei ihnen Umgestaltungen durch Wegnahme stattfinden, feststellt, daß die Gestalt erhalten bleibt, während die Eigenschaften in dem, was sich verändert, nicht so erhalten bleiben, wie die Gestalt übrigbleibt, sondern aus dem ganzen Körper verschwinden. (5) Das, was erhalten bleibt, reicht also aus, um die Unterschiede der Zusammensetzungen zustandezubringen, da es ja notwendig ist, daß irgendetwas erhalten bleibt und nicht zu Nichtseiendem vergeht.

E Lukrez 2.730–833 (mit Auslassungen)

(1) Komm nun, vernimm, was ich sage, die Frucht meiner angenehmen Mühen, damit du nicht etwa meinst, diese weißen Gegenstände, die du vor Augen hast, bestünden aus weißen primären Partikeln, oder das, was schwarz ist, sei aus schwarzem Samen hervorgegangen, oder damit du nicht glaubst, die Gegenstände, die in irgendeiner anderen Farbe gefärbt sind, zeigten diese Farbe deshalb, weil ihre Materiepartikeln mit derselben Farbe getränkt wären. Denn eine Farbe haben die Urkörper der Materie überhaupt nicht, weder eine, die den Dingen gleich, noch eine, die ihnen ungleich ist. (2) Wenn du etwa meinst, auf solche Körper könne sich der Geist nicht richten, dann liegst du völlig falsch. Denn angesichts des Umstands, daß die blind Geborenen, die das Sonnenlicht nie gesehen haben, die Körper dennoch vom Beginn ihres Lebens an mit dem Tastsinn und ohne Verbindung zu irgendeiner Farbe erkennen, kannst du sicher sein, daß auch unser Geist von den Körpern einen Vorbegriff zu bilden vermag, wenn sie mit keinerlei Farbe bestrichen sind. Zudem nehmen in blinder Dunkelheit wir selbst alles mit dem Tastsinn wahr und spüren keineswegs, daß sie in irgendeine Farbe getaucht wären. ... (3) Außerdem, wenn die Urkörper von farbloser Natur und mit verschiedenen Formen ausgestattet sind, aus denen sie

---

D Kontext: Unmittelbar im Anschluß an 15A, gefolgt von 12A.   E Kontext: Der Anfang des dritten Abschnitts von Buch 2, wo es darum geht, daß die Atome keine sekundären Eigenschaften haben.

jede Art Gegenstand hervorbringen und die Farben variieren lassen – denn es macht einen großen Unterschied, welche Samen mit welchen und in welcher Art Position verbunden sind und welche Bewegungen sie untereinander geben und nehmen –, dann kann man sofort ganz leicht erklären, warum Dinge, die kurz zuvor schwarz waren, plötzlich den weißen Schimmer von Marmor annehmen, so wie das Meer, wenn seine Oberfläche von starken Winden aufgewühlt wird, sich in Fluten verwandelt, deren weißgraue Färbung der des schimmernden Marmors gleicht. Man kann nämlich sagen, was wir in der Regel als schwarz sehen, verändert sich dann dahin, daß es schimmernd weiß erscheint, wenn die Anordnung seiner primären Partikeln verändert wird und sobald einige Partikeln hinzugefügt sowie einige entfernt werden. Wenn die Oberfläche des Meeres aber aus blauen Samen bestünde, könnten sie auf keine Weise weiß werden. Denn auf welche Art auch immer man das umordnet, was blau *ist*, es kann niemals in die Farbe von Marmor übergehen. . . . (4) Des weiteren, in um so winzigere Teile man etwas zerfetzt, um so mehr kannst du sehen, wie daraus die Farbe allmählich verschwindet und ausgelöscht wird, wie das etwa geschieht, wenn ein Purpurgewand in kleine Teile zerstückelt wird. Purpur und scharlachrote Farbe, bei weitem die leuchtendste, – wenn sie Faden für Faden aufgezogen ist, verschwindet sie ganz; so kannst du daraus ersehen, daß die Partikeln zuerst alle Farbe aushauchen, bevor sie zu den Samen der Dinge auseinandergehen.

F   Lukrez 2.381–407

(1) Es ist für uns ganz leicht, mit einer Überlegung unseres Geistes herauszuarbeiten, warum das Feuer des Blitzes viel durchdringender fließt als unseres, welches aus irdischen Fackeln hervorgeht. Man kann nämlich sagen, daß das Feuer des Blitzes am Himmel feiner ist und aus kleineren Gestalten besteht und daß es daher durch Öffnungen dringt, die unser Feuer, welches wir hier aus Holz entfachen und aus Fackeln erzeugen, nicht durchdringen kann. (2) Außerdem durchdringt das Licht Horn, während Regenwasser davon abgewiesen wird. Warum, wenn nicht deshalb, weil die Partikeln des Lichts kleiner als diejenigen sind, aus denen die labende Flüssigkeit des Wassers besteht? (3) Und wie plötzlich auch immer wir Wein durch einen Seiher fließen sehen, ist Olivenöl im Gegensatz dazu langsam und braucht seine Zeit. Der Grund ist natürlich entweder, daß es aus größeren Partikeln besteht, oder aus Partikeln, die mehr miteinander verhakt und enger verfilzt sind, mit der Konsequenz, daß die einzelnen Urkörper nicht so schnell von einander getrennt werden und jeweils einzeln durch die Öffnungen eines Gegenstandes hindurchfließen können. (4) Ein weiterer Punkt ist, daß die Flüssigkeiten von Honig und Milch im Mund mit einer für die Zunge angenehmen Empfindung behandelt werden, wogegen Wermuth und wildes Güldenkraut mit ihrer abscheulichen Natur uns den

---

F Kontext: Der Abschnitt über die große Vielfalt der Atomgestalten und -größen (2.333–477), an den sich dann C anschließt.

Mund wegen des scheußlichen Geschmacks verziehen lassen. Daraus kannst du leicht entnehmen, daß all das, was die Sinne angenehm zu berühren vermag, aus leichten runden Partikeln besteht und daß im Gegensatz dazu all das, was bitter und rauh erscheint, mit untereinander stärker verhakten Partikeln verbunden ist und durch sie gehalten wird; normalerweise reißt es deshalb die Wege in unsere Sinne hinein auf und zerrt durch seinen Eintritt unseren Körper.

☐ Wo Epikur die Serie von Eigenschaften bestimmt, die einem Atom zugeschrieben werden müssen, da ist sein Hauptkriterium, ob etwas nötig ist, um die phänomenalen Eigenschaften der Dinge zu erklären. Zwei weitere methodologische Erwägungen sind aber die Analogie mit dem Wahrnehmbaren und die Theorie der kleinsten Teile.

Atome müssen die primären physikalischen Eigenschaften der Gestalt, der Größe und des Gewichts haben, zusammen mit denjenigen weiteren Eigenschaften, die die Gestalt mit sich bringt (D1) – zum Beispiel die Eigenschaft, Teile zu haben? –. Daß diese Eigenschaften unabtrennbare Begleiterscheinungen jedes Körpers sind (7B1), erkennt man durch die Analogie wahrnehmbarer Körper (9A9).

Was die mögliche Größe von Atomen betrifft, hatte Demokrit keine obere Grenze gesetzt (KRS 561). Epikur weist das zurück (A), aber mit einem Argument, das problematisch ist. Denn es nimmt an, daß Atome, wenn sie groß genug wären, sichtbar wären – im Gegensatz zu seiner Theorie, daß das Sehen durch Ausflüsse von Atomen *von der Oberfläche des* wahrgenommenen Objekts verursacht wird (15A), und im Gegensatz zu seiner nachdrücklich vertretenen These, daß Atome farblos sind (E). Als ›sichtbar‹ könnte ein großes Atom sich im günstigsten Fall nur insoweit erweisen, als es alles wegblendet, was hinter ihm ist.

Diese Revision bei der Atomgröße hat zur Konsequenz, daß, obwohl es unendlich viele Atome gibt (10A3-4), die Anzahl der unterschiedlichen Gestalten von Atomen trotzdem begrenzt ist (B, C). Aus einer gegebenen Anzahl kleinster Teile (dazu siehe 9) läßt sich nur eine endliche Anzahl atomarer Gestalten konstruieren, weil ein Minimum einem anderen nur benachbart sein kann, indem es sich unmittelbar längsseits von ihm befindet; da es keine Teile hat, kann es nicht zur Hälfte oder zu einem Drittel der Strecke längs von ihm sein. Um die Konsequenzen zu würdigen, kann man die Aufgabe vergleichen, auf einem Blatt Millimeterpapier dadurch Muster zu entwerfen, daß man ganze Quadrate ausfüllt. Es wird nur eine endliche Anzahl von Mustern möglich sein, und um weitere Abwechslung zu erreichen, ist es gegebenenfalls nötig, ein größeres Blatt Millimeterpapier zu kaufen. In C2 haben wir ein im wesentlichen gleiches Argument, mit der Folge, daß es – unter Voraussetzung einer Obergrenze für die Atomgröße – nur eine begrenzte Serie von Gestalten geben kann.

Eine unbegrenzte Serie hätte die zusätzliche Konsequenz, daß die Grenzen aufgehoben würden, durch die, wie überall zu beobachten ist, alle Naturprozesse in Schranken gehalten werden; denn für jedes beliebige Prädikat *F*, wie *F* ein Gegenstand auch würde, bestünde dann immer die Möglichkeit, daß eine zusätzliche Atomart auftauchen und etwas hervorbringen würde, das noch *F*-er wäre (C3-4). Nichtsdestoweniger erfordert die riesige Vielfalt der zu erklärenden Phänomene nach demselben Kriterium der Erklärungsleistung, daß die Serie atomarer Vielfalt doch wenigstens »unvorstellbar« groß ist (B).

Obwohl die primären Eigenschaften von Gestalt, Größe und Gewicht zu den Atomen als Körpern gehören, fehlen ihnen sämtliche sekundären Eigenschaften. Diese, die phänomenalen Eigenschaften (oder Qualitäten, *poiotētes*, wie Epikur sie in D locker bezeichnet) der Farbe, des Geschmacks u.dgl. sind ›Akzidenzien‹, die nur auf der makroskopischen Ebene existieren (**7B3**). Die Unterscheidung zwischen primären und sekundären Eigenschaften hat Epikur von Demokrit übernommen, aber mit einem offensichtlichen Unterschied in der Motivation. Demokrit verbannte die sekundären Eigenschaften von seinen Atomen deshalb, weil sie unwirklich und nichts mehr als willkürliche und subjektive Konstruktionen waren, die durch die Sinnesorgane dem aufgesetzt werden, was in Wirklichkeit jeweils nichts anderes als nur ein Gemenge von Atomen und Leerem ist (KRS 549). Epikur dagegen — als Teil seines Rückzugsgefechts gegen Demokrits Skeptizismus — verteidigt die Realität der sekundären Eigenschaften (**7B1-5**, hält aber die Atome frei von ihnen, weil davon eine enorme explanatorische Kraft für das System ausgeht: **E3**. Weitere Argumente zugunsten der Farblosigkeit von Atomen — wie das Argument in **D4** und **E4** und der Appell an Unstreitigkeit (siehe **18**) in **E2** — können als Hilfsargumente zu dieser Erwägung betrachtet werden. **F** exemplifiziert andere Erklärungsfunktionen der Atomgestalt und der Atomgröße (vgl. auch **11B6**).

13 Kosmologie ohne Teleologie

A Epikur, *Brief an Herodot* 45

Weiter ist auch die Anzahl der Welten unbegrenzt, und zwar sowohl die Anzahl der Welten, die dieser ähnlich sind, als auch die Anzahl derer, die dieser unähnlich sind. Denn die Atome, deren Zahl, wie eben gezeigt wurde [10A], grenzenlos ist, bewegen sich auch in die entlegendste Ferne. Denn die Atome, die dazu geeignet sind, daß aus ihnen als Konstituenten eine Welt wird oder daß durch sie eine Welt geschaffen wird, verbrauchen sich weder auf eine einzige Welt noch auf eine begrenzte Anzahl von Welten und weder auf Welten wie diese noch auf Welten, die von dieser verschieden sind. Es gibt also nichts, was einer unbegrenzten Anzahl von Welten im Wege steht.

B Epikur, *Brief an Pythokles* 88

Eine Welt ist eine bestimmte Umhüllung eines Himmels, welche Gestirne, eine Erde und alle sichtbaren Dinge umfaßt; vom Unbegrenzten ist sie abgeschnitten, endet in einer Grenze, die entweder dünn oder dicht ist und bei deren Auflösung alles zusammenfällt, was in ihr ist. Sie hat ihre Grenze entweder in etwas, das sich dreht, oder in etwas, das sich in Ruhe befindet, und das rund oder dreieckig ist oder was auch immer für eine Peripherie hat. Denn alle Varianten sind möglich, da ihnen nichts von dem entgegensteht, was in unserer Welt offensichtlich ist; ein Endpunkt läßt sich in ihr nicht entdecken.

A Kontext: Kurz nach **11A**, gefolgt von **15A**.   B Kontext: Unmittelbar anschließend an die methodologische Explikation von **18C**.

C   Epikur, *Brief an Herodot* 73–74

(1) Zusätzlich zu dem früher gesagten müssen wir annehmen, daß die Welten und jedes begrenzte Konglomerat, das eine hohe Ähnlichkeit zu den Dingen aufweist, die wir sehen, aus dem Unbegrenzten heraus entstanden ist, indem sich daraus alle diese Dinge, die größeren ebenso wie die kleineren, als Ergebnisse jeweils eigentümlicher Atomwirbel abgesondert haben. (2) Und sie lösen sich auch alle wieder auf, die einen schneller, die anderen langsamer, und das widerfährt ihnen teils durch diese, teils durch jene Ursachen.

D   Lukrez 2.1052–1104 (mit Auslassungen)

(1) Nun ist es auf keine Weise als wahrscheinlich zu erachten, daß, wenn der freie Raum nach allen Seiten unbegrenzt ist und zahllose Samen in ständiger rastloser Bewegung in vielerlei Richtungen durch die Tiefe des Alls schwirren, daß dann dies die einzige Erde und der einzige Himmel sind, die geschaffen wurden, und daß all die vielen materiellen Partikeln außerhalb davon nichts tun. . . . (2) Hinzu kommt, daß im Universum nichts das einzige seiner Art ist, das einzige, was geboren wird, und das einzige, was wächst, ohne daß es zu einer Art gehörte und es viele Exemplare derselben Art gäbe. Richte deinen Geist zuerst auf die Tiere. Du wirst finden, daß die wilden Tiere im Gebirge einen solchen Ursprung haben, ebenso die Nachkommenschaft der Menschen, so auch endlich die stummen Schwärme beschuppter Fische und alle fliegenden Kreaturen. Aufgrund einer entsprechenden Überlegung ist deshalb anzuerkennen, daß Himmel und Erde, Sonne, Mond und Meer und alles, was es sonst gibt, nicht nur einmal, sondern eher in unzähliger Anzahl existieren. Denn der in der Tiefe befestigte Grenzstein des Lebens erwartet sie ebenso und sie verdanken ihre Existenz ebenso einer Geburt wie jedes Geschlecht hier in unserer Erfahrungswelt, das sich reichlich reproduziert. (3) Wenn du das gut erkannt hast und festhältst, so erscheint die Natur sogleich als befreit von überheblichen Oberherren und stellt sich als diejenige dar, die ohne Beteiligung der Götter selber alles frei von sich aus und spontan vollführt. Denn appellierend an die heiligen Herzen der Götter in ihrem ruhigen Frieden, die ihr Leben in stiller Heiterkeit führen, wer vermag die Gesamtheit des Maßlosen zu lenken, wer die mächtigen Zügel der Tiefe in seiner Hand zu halten und zu kontrollieren? Wer vermag alle diese Himmel zugleich zu drehen, alle die fruchtbaren Erden durch himmlisches Feuer mit Wärme zu versehen oder zu allen Zeiten an allen Orten gegenwärtig zu sein, um mit den Wolken Dunkelheit zu erzeugen, den heiteren Himmel mit Donner zu erschüttern, dann Blitze zu schicken, damit des öfteren seine eigenen Tempel zu zerstören, in die Wüste zu entweichen und dabei wütend seine Waffe zu schleudern, die häufig an den Schuldigen vorbeigeht und die auslöscht, die es nicht verdienen und schuldlos sind?

C Kontext: Unmittelbar anschließend an **7B**, gefolgt von **19A**.   D Kontext: Abschweifung im Anschluß an den Abschnitt, daß Atome keine sekundären Attribute haben (2.730–1022), der auch **12E** umfaßt.

E   Lukrez 4.823–857

(1) In diesem Zusammenhang solltest du, das möchte ich dir nachdrücklich ans Herz legen, den folgenden Fehler vermeiden und dich mit Umsicht vor diesem Irrtum hüten, der Annahme nämlich, daß die klaren Lichter der Augen geschaffen seien, damit wir sehen können, und daß zu dem Zweck, daß wir in der Lage sind, schlanken Schrittes zu laufen, die Knie und die Hüften, auf die Füße gegründet, gebeugt werden können, weiter daß die Arme deshalb mit den starken Oberarmmuskeln verbunden und beiderseits mit Händen als Dienern ausgestattet sind, damit wir all die Handlungen tun können, die zur Lebensführung erforderlich sind. Alle anderen Erklärungen dieser Art, die sie anzubieten suchen, sind verdreht und beruhen auf einer verkehrten Überlegung. (2) Denn nichts hat sich in unserem Körper gebildet, damit wir es benutzen können, sondern der Umstand, daß es sich gebildet hat, der schafft seinen Gebrauch. Das Sehen gab es nicht, bevor sich die Lichter der Augen gebildet hatten, auch nicht das Plädieren mit Worten früher, als die Zunge geschaffen wurde. Sondern eher ging die Entstehung der Zunge der Sprache weit voraus, wurden die Ohren viel früher als das Hören eines Lauts geschaffen und waren schließlich alle Glieder, wie ich meine, eher da als ihr Gebrauch. Sie konnten also nicht wachsen um ihres Gebrauches willen. (3) Im Gegenteil, mit der Hand Kämpfe auszutragen, die Glieder zu zerreißen und die Leiber mit Blut zu besudeln, das gab es lange, bevor glänzende Waffen zu fliegen begannen. Die Natur zwang viel früher dazu, Wunden zu vermeiden, als dank handwerklicher Kunst der linke Arm das Hemmnis eines Schildes bot. Dem erschöpften Körper Ruhe zu gönnen ist natürlich ebenfalls viel älter als die Matratzen weicher Betten, und den Durst zu löschen ist früher entstanden als die Becher. Es ist daher glaubhaft, daß diese Dinge, erfunden aufgrund von Lebenserfahrungen, um ihres Gebrauchs willen entdeckt wurden. (4) Ganz verschieden davon sind freilich all die Dinge, die zuerst entstanden sind und anschließend Anlaß gaben, sich einen Vorbegriff von ihrer Nützlichkeit zu bilden. Zu dieser Art gehören, wie wir sehen, insbesondere unsere Sinne und die Gliedmaßen. Daher nochmals: Es gibt keinen Weg dahin, daß du glauben könntest, etwas könne wegen seiner nützlichen Funktion geschaffen worden sein.

F   Lukrez 5.156–234

(1) Ferner, zu sagen, daß sie [die Götter] die Welt mit ihrer wunderbaren Natur um der Menschen willen schaffen wollten und daß das göttliche Werk es deshalb wert ist gepriesen zu werden, so daß es sich für uns geziemt, darauf Lobgesänge anzustimmen und zu glauben, es werde ewig währen und unvergänglich sein, und daß es nicht zulässig ist, das, was nach einem alten Plan der Götter für das Menschengeschlecht für ewig erbaut wurde, jemals durch irgendeine

---

E Kontext: Abschweifung in unmittelbarem Anschluß an **15D**.   **F** Kontext: Unmittelbar anschließend an **23L** über die zurückgezogene Existenzweise der Götter.

Kraft aus seinen Fundamenten lösen zu wollen oder es mit Worten zu bestürmen und das Unterste nach oben zu kehren, – solche Fiktionen zu entwickeln und noch anderes dieser Art hinzuzufügen, Memmius, das ist närrisch. (2) Denn welchen Vorteil könnte unsere Gunst unsterblichen und seligen Wesen verschaffen, so daß sie sich veranlaßt sähen, um unseretwillen irgend etwas zu unternehmen? Welche Neuigkeit könnte bislang ruhige Wesen nach so langer Zeit zu dem Wunsch verleiten, ihre bisherige Lebensweise zu ändern? Denn über neue Sachen sich freuen muß offenbar der, dem die alten Sachen hinderlich sind. Doch wem in der verflossenen Zeit nichts Schlimmes widerfuhr, da er sein Leben schön verbracht hat, was könnte bei so jemandem die Lust an der Neuerung entfachen? (3) Oder wäre es für uns ein Unglück gewesen, nicht geboren worden zu sein? Oder, meine ich, lag unser Leben etwa in Dunkelheit und Trauer, bis die Geburt der Welt heraufdämmerte? Zwar muß jeder, der geboren ist, im Leben bleiben wollen, solange die Verlockungen der Lust ihn dort halten. Wer aber niemals die Liebe zum Leben gekostet hat und nie ein Individuum war, welche Behinderung liegt für ihn darin, nicht geboren zu sein? (4) Des weiteren, woher bekamen die Götter das Modell für die hervorzubringenden Sachen und woher den Vorbegriff der Menschen, so daß sie hätten wissen und in ihrem Geist sehen können, was sie schaffen wollten? Oder woher hätten sie, wenn die Natur nicht selbst einen Entwurf der Schöpfung darbot, die Kraft der Urkörper gekannt und gewußt, zu was diese fähig sind, falls ihre Anordnung untereinander geändert wird? (5) Schon seit unendlicher Zeit sind nämlich so viele Urkörper der Dinge in so vielen verschiedenen Richtungen habituell durch Stöße und durch ihr eigenes Gewicht vorangetrieben in schneller Bewegung, waren auf jede erdenkliche Art verbunden und haben alles ausprobiert, was sie in Verbindung miteinander schaffen konnten, daß es nicht verwunderlich ist, wenn sie auch in solche Arrangements fielen und solche Bewegungsmuster erreichten wie die, welche die gegenwärtige Welt ständig neue vollführt. (6) Wenn ich aber überhaupt nicht wüßte, daß es Urkörper gibt, dann würde ich dennoch wagen, bereits aus den Verhältnissen am Himmel die Behauptung abzuleiten und anhand vieler anderer Dinge darzulegen, daß die Natur der Welt auf keinen Fall eine auf göttlicher Fügung beruhende Gunst für uns ist. So tief steht sie in der Schuld. Erstens: Von all dem, was der Himmel mit seinem weiten Ausgriff bedeckt, haben einen unmäßigen Teil die Berge und die vom Wild in Beschlag genommenen Wälder inne; es ist besetzt von Felsen und riesigen Sümpfen und vom Meer, welches die Küstenlinien der Länder weit auseinander hält. Fast zwei Drittel davon nehmen den Sterblichen dann sengende Hitze und der ständige Einbruch von Frost weg. Was an landwirtschaftlich nutzbarem Land übrig bleibt, da würde die Natur trotzdem ihre Kraft darauf verwenden, es mit Dornengestrüpp zu überziehen, wenn der Mensch mit seiner Kraft sich dem nicht widersetzen würde ... Außerdem das schreckenerregende Geschlecht der wilden Tiere, ein bitterer Feind der Menschen, – warum ernährt die Natur es und vermehrt es? Warum bringen die Jahreszeiten Krankheiten mit sich? Warum geht der viel zu frühe Tod überall um? (7) Dann das Kind: Wenn die Natur es durch die Wehen aus dem Schoß der Mutter erstmals in den Bereich des Lichts hinausgeschleudert hat, dann liegt es wie ein Schiffer, den tobende Wellen an Land geworfen haben, nackt am Boden, unfähig zu sprechen und jeder Hilfe zum Leben bedürftig; und mit seinem traurigen Gewimmer erfüllt es die Gegend, nicht zu Unrecht mit Blick auf die vielen Übel, die im Leben zu überstehen vor ihm liegt. Dagegen wachsen die verschiedenen Haustiere und die wilden Herden auf und haben weder Bedarf an Klappern, noch brauchen sie die zärtliche, gebrochene Ansprache einer Amme, noch verlangen sie je nach Wetterlage wechselnde Kleidung, und schließlich bedürfen sie auch keiner Waffen und keiner hohen Mauern zum Schutz ihres Besitzes, weil die Erde selbst und die schöpferische Natur allen alle Wünsche reichlich erfüllt.

G   Cicero, *De nat. deor.* 1.18–23

[Sprecher ist der Epikureer Velleius:] (1) Hört also keine nichtssagenden, fiktiven Lehren, keinen Schöpfer und Erbauer der Welt wie den Gott von Platons *Timaios*, keine das Schicksal verkündende alte Frau wie die stoische Vorsehung . . ., keine Welt, die selbst ein mit Geist und Sinnen begabter, kugelrunder, feuriger, ständig kreisender Gott ist. Das sind Phantastereien und Wundermärchen von Philosophen, die nicht argumentieren, sondern träumen. (2) Denn mit welcher Art geistigem Blick konnte euer Platon dieses gewaltig große Bauunternehmen sehen, durch das er die Welt von Gott errichtet und erbaut sein läßt? Welches waren die Bautechnik, die Werkzeuge, die Hebebäume, die Maschinen und die Arbeiter für eine so große Aufgabe? Wie waren Luft, Feuer, Wasser und Erde in der Lage, den Wünschen des Architekten nachzukommen und zu gehorchen? . . . Aber um dem die Krone aufzusetzen, sagte er, nachdem er eine Welt eingeführt hat, die nicht nur geboren, sondern auch fast handgemacht ist, sie sei ewig. Denkst du, daß dieser Mann, wie man sagt, gerade mal mit den Lippen am Becher der Naturphilosophie genippt hat, d.h. an der Vernunft der Natur, wenn er doch meint, etwas, das entstanden ist, könne ewig sein? Welche Zusammensetzung wäre nicht einer Auflösung fähig? Oder was gäbe es, das einen Anfang, aber kein Ende hat? (3) Und was eure [der Stoiker] Vorsehung angeht, Lucilius, wenn es sich dabei um dieselbe Sache handelt, frage ich wie kurz zuvor nach den Hilfskräften, den Maschinen, der ganzen Planung und Ausführung des gesamten Projekts. Wenn es sich aber um etwas anderes handelt, warum machte die Vorsehung die Welt sterblich und nicht ewig, wie das der Platonische Gott tat? (4) Von beiden von euch [von Platon und den Stoikern] möchte ich wissen, warum die Erbauer der Welt plötzlich auftraten, nachdem sie zahllose Jahrhunderte geschlafen hatten. Denn wenn es keine Welt gab, dann heißt das nicht, daß es keine Jahrhunderte gab. Mit ›Jahrhunderten‹ meine ich hier nicht die, die in jährlichen Umläufen durch die Anzahl der Tage und Nächte gebildet werden; denn daß die ohne eine Um-

G Kontext: Polemische Einleitung des Velleius in seine Rede zur Verteidigung der epikureischen Theologie.

drehung der Welt nicht zustande kommen konnten, erkenne ich an. Vielmehr gab es seit unendlicher Zeit eine bestimmte Ewigkeit, die durch keinerlei Zeitmaß erfaßt wurde, deren Ausmaß man aber trotzdem verstehen kann, weil man sich nicht denken kann, daß es eine Zeit gegeben haben soll, zu der es keine Zeit gab. ... (5) Oder war es, wie ihr [Stoiker] immer sagt, um der Menschen willen, daß dies alles von Gott zusammengefügt worden ist? Oder war es um der Weisen willen? Wegen einer Minderheit ist dann der gewaltige Aufwand des Weltenbaus veranstaltet worden. Oder war es etwa wegen der Dummen? Gott hatte aber erstens keinen Grund, sich um die Schlechten verdient zu machen. Und zweitens, was erreichte er damit, da die Dummen doch alle zweifellos sehr bedauernswert sind, vor allem, weil sie dumm sind (denn was könnten wir Bedauernswerteres als die Dummheit nennen?), dann aber auch, weil es im Leben so viele Unannehmlichkeiten gibt; während die Weisen diese Unannehmlichkeiten durch ausgleichende Annehmlichkeiten zu mildern wissen, können die Dummen weder Unannehmlichkeiten vermeiden, die noch kommen, noch diejenigen ertragen, die gegenwärtig sind.

H   Cicero, *De nat. deor.* 1.52–53

[Sprecher ist der Epikureer Velleius:] (1) Diesen unseren Gott können wir mit Recht glücklich nennen, während der eure [der Gott der Stoiker] völlig überarbeitet ist. Denn falls die Welt selbst Gott ist, was kann dann weniger Ruhe haben als etwas, das sich ohne die geringste Unterbrechung mit der bewundernswerten Schnelligkeit des Himmels ständig um eine Achse dreht? Aber glücklich ist dennoch nichts, wenn es nicht ruhig ist. Oder falls Gott jemand innerhalb der Welt ist, einer, der regiert, der steuert, der den Lauf der Gestirne, den Wechsel der Jahreszeiten, die Veränderungen und Regelmäßigkeiten der Dinge aufrechterhält, der über Land und Meer hinblickt und die Annehmlichkeiten und das Leben der Menschen beschützt, falls er so jemand ist, dann ist dieser Gott gewiß in beschwerliche und anstrengende Aufgaben verstrickt. Wir dagegen verstehen unter dem glücklichen Leben die (behagliche) Ruhe des Geistes und das Freisein von allen Aufgaben. (2) Der Mann, dem wir all unsere anderen Lehren verdanken, lehrte uns nämlich auch, daß die Welt durch die Natur hervorgebracht worden ist, daß es dazu überhaupt keiner kunstfertigen Herstellung bedurfte und daß die Sache, von der ihr sagt, sie könne ohne göttliches Genie überhaupt nicht zustandegebracht werden, in Wirklichkeit so leicht ist, daß die Natur unendlich viele Welten erzeugen wird, in der Gegenwart erzeugt und in der Vergangenheit erzeugt hat. Eben weil ihr nicht seht, auf welche Weise die Natur das ohne irgendwelchen Geist zustandebringen konnte, nehmt ihr, da ihr keine Lösung des Arguments darlegen könnt, wie die tragischen Dichter eure Zuflucht zu einem *deus ex machina*.

H Kontext: Exposition der epikureischen Theologie, deren positiver Teil nach dem Anfang in **23E** hier fortgeführt wird.

I   Lukrez 5.837–877

(1) Zu der Zeit [in ihrer Frühzeit] versuchte die Erde auch, viele Monster zu schaffen, mit seltsamem Aussehen und Bau der Glieder, Androgyne, zwischen den beiden Geschlechtern angesiedelt und zu keinem gehörig, von beiden weit entfernt, teilweise ohne Füße, andere ohne Hände, viele sogar ohne Mund oder ohne Augen und blind, manche zusammengebunden durch Verwachsung ihrer Glieder am ganzen Körper, so daß sie unfähig waren, etwas zu tun oder irgendwohin auszuweichen, etwas Übles zu meiden oder irgendetwas zu nehmen, was sie brauchten. Die Erde schuf noch andere Monster und Scheusale dieser Art, doch ganz umsonst, da die Natur eine Entwicklung dieser Wesen verhinderte. Sie waren nicht in der Lage, die ersehnte Reife zu erreichen, Nahrung zu finden oder zu koitieren. Denn vieles, sehen wir, muß für die Lebewesen zusammenkommen, damit sie Nachkommenschaft hervorbringen und verbreiten können. Erstens muß es Nahrung geben, zweitens in ihrem Körper einen Weg, wie die zeugungsfähigen Samen ausfließen können; drittens müssen Männliches und Weibliches, damit sie miteinander Verkehr haben können, beide eine Ausstattung haben, dank deren sie sich den untereinander geteilten Freuden hingeben können. Viele Arten von Lebewesen mußten damals untergehen und waren nicht in der Lage, Nachkommenschaft hervorzubringen und zu verbreiten. (2) Denn welche Wesen immer du siehst, wie sie die Luft des Lebens genießen, haben List oder Stärke oder Schnelligkeit die jeweilige Art vom Anfang des Lebens an geschützt und bewahrt. Es gibt auch viele, die aufgrund ihres Nutzens für uns überleben, indem sie unserer Obhut anvertraut sind. Erstens die feurige und schreckliche Art der Löwen — sie schützte ihre Stärke, die Füchse ihre List und die Hirsche ihre schnelle Flucht. Die Hunde andererseits, leicht-schlafend und mit treuem Gemüt, auch die ganze Vielfalt der Lasten tragenden Tiere, dann das Wolle tragende Vieh und das Rindvieh, sie alle kamen unter den Schutz des Menschen, Memmius. Aus eigenem Wunsch nämlich mieden sie die wilden Tiere, suchten Frieden und fanden ohne eigene Mühe reichlich Nahrung; damit belohnen wir sie ihrer Nützlichkeit wegen. (3) Diejenigen aber, die die Natur mit keinem dieser Vorzüge ausgestattet hat und die daher weder von sich aus leben noch uns irgendeinen Nutzen bieten konnten, auf den hin wir es ihrer Art gestatten würden, unter unserem Schutz zu weiden und sicher zu sein, — die freilich lagen da als Beute und Zugabe für andere, alle behindert durch ihre eigenen schicksalhaften Handikaps, bis die Natur ihre Art zur Auslöschung führte.

J   Simplikios, *In Arist. Phys.* 371,33–372,14   (teilw. Usener 278)

(1) So nämlich, sagt Empedokles, seien unter der Herrschaft der Liebe zufällig zuerst Glieder der Lebewesen entstanden, beispielsweise Köpfe, Hände und

---

I Kontext: Die Frühgeschichte der Welt.   J Kontext: Kommentar zu *Physik* II.8,
198a16–34.

Füße, und dann seien sie Kombinationen eingegangen; »Kuhgeschlechtliches mit menschlichem Gesicht tauchte auf und das umgekehrte« (nämlich »Menschengeschlechtliches mit Kuhgesicht«, d.h. Kombinationen aus Rindvieh und Mensch). Alle nun, die solche Kombinationen bildeten, welche sie in die Lage versetzten, sich zu erhalten, wurden Lebewesen und überlebten, weil sie untereinander die Bedürfnisse erfüllten, indem die Zähne die Nahrung zerbeißen und zerkleinern, der Magen sie verdaut und die Leber sie in Blut verwandelt. Und wo der menschliche Kopf mit dem menschlichen Körper zusammenkommt, führt er die Erhaltung des ganzen Gebildes herbei; wo er aber mit dem Körper eines Rindviehs zusammenkommt, paßt das nicht zusammen und geht unter. Es gingen nämlich alle unter, die nicht nach einem ihnen eigenen Prinzip zusammenkamen. Auch heute noch geschieht alles auf dieselbe Weise. (2) Von den alten Naturphilosophen teilen diese Lehre anscheinend alle diejenigen, die die stoffliche Notwendigkeit zur Ursache dessen erklären, was entsteht, und von den späteren Philosophen die Epikureer. Ihr Fehler entstand, wie Alexander sagt, daraus, daß sie annahmen, alles, was um irgendeines Ziels willen entsteht, entstehe aufgrund von Entschluß und Überlegung, dann aber beobachteten, daß die natürlichen Dinge nicht so entstehen.

☐ Epikureische Kosmologie ist der Aufgabe gewidmet, grundlose Ängste zu beseitigen (**25B**), namentlich Ängste vor dem Tod und vor dem Göttlichen. Diese Aufgabenstellung verlangt, für eine Reihe von Phänomenen Erklärungen in rein physikalischen Termini anzubieten, für Phänomene, angefangen vom Geist bis zum Magneten, die in kosmologischen Abhandlungen zu Standardthemen geworden waren. Leser, die daran interessiert sind, diesen Punkt zu verfolgen, täten gut daran, ausgiebig in dem Gedicht des Lukrez zu lesen. Hier freilich beschränken wir unsere Diskussion. Abgesehen von der Frage der Himmelsphänomene (**19**), dem Thema Gott (**23**) und der Problematik des Todes (**24**), die anderweitig behandelt werden, befassen wir uns in diesem Abschnitt hauptsächlich damit, daß die Epikureer trotz der Platonischen teleologischen Sicht, die in hellenistischer Zeit von den Stoikern aufgenommen wurde (**54**), eine mechanistische Weltauffassung verteidigten.

Zur mechanistischen Sicht der Weltentstehung siehe **C, F5, H2** und **11H**. Zu dem Gegensatz, der in dieser Frage zwischen den Epikureern auf der einen Seite und den Platonikern und Stoikern auf der anderen besteht, vgl. **G–H; 54L–M**. Von seiten der Epikureer wird viel Energie darauf verwendet, die den Platonikern und Stoikern gemeinsame Idee zu bekämpfen, daß die Welt durch eine göttliche Vorsehung regiert wird. Für den Dissens sind die folgenden Gründe zu bemerken:

(a) Das Argument aufgrund der These von der Unendlichkeit der Welt (**A, D, H2**). Diese Erbschaft von Epikurs atomistischen Vorläufern wird in den erhaltenen Texten nicht, wie man hätte erwarten können, dazu verwendet, die *anthropozentrische* Teleologie der Gegner in Frage zu stellen. Stattdessen wird es zur Grundlage für einen Zweifel gemacht, wieso selbst ein göttlicher Herrscher genug Macht haben könnte, um das ganze Universum zu kontrollieren (**D**).

(b) Gottes Natur. Gott, so behauptet Epikur, wird gedacht als ein unvergängliches Wesen, und das ist schlechthin unverträglich mit den Beanspruchungen und Anstrengungen der Weltverwaltung (**H1; 23B–E**). Man könnte hier eine Variation zu dem Thema des Aristoteles ausmachen, welches von seinem Nachfolger Theophrast weitergeführt wurde, daß Gottes Tätigkeit, weil sie die beste sein muß, kein Interesse an der sublunaren Welt einschließen kann.

(c) Warum sollte Gott sich entschlossen haben, die Welt zu schaffen (**F–G**)? Diese Frage zerfällt in mehrere spezieller Fragen. Warum früher eher als später (**G4**, vgl. **F2**)? Wie kann Gott durch Wohlwollen gegen nicht existente Wesen motiviert worden sein (**F2-3**)? Wie könnte er genügend Fähigkeiten gehabt haben (**G2**)? Woher nahm er den Vorbegriff der Dinge, die er sich zu schaffen anschickte (**F4**)? Diese letzte Kritik könnte verwunderlich klingen, sollte aber als eine Antwort auf Platons Geschichte im *Timaios* gelesen werden, daß ein göttlicher Meister die Welt und alles, was sie enthält, nach dem Vorbild der ewigen Formen schuf. Weil Epikur als Empirist die Formen selbstbewußt durch empirisch gewonnene ›Vorbegriffe‹ ersetzt (siehe **17**, Kommentar), hegt er einen begründeten Zweifel, wie denn die Idee eines Gegenstandes gegenüber dem Gegenstand selbst vor-existieren konnte (vgl. **19B4**).

(d) Die Natur der Lebewesen (**E**). Den funktionalen Charakter der Teile eines Lebewesens als Beleg für planvolle Gestaltung zu betrachten heißt, sich auf eine falsche Analogie mit Artefakten zu stützen. Artefakte sind konstruiert, um *zuvor existierende* Funktionen zu erfüllen (z.B. Tassen zum Trinken), mit denen die Natur das Modell bereits ausgestattet hat. Die Funktion natürlicher Organe selbst kann nicht in vergleichbarer Weise *im voraus* zur Existenz der Organe erfaßt worden sein.

(e) Die Existenz des Übels ist unverträglich mit anthropozentrischer Vorsehung (**D3**, **F6-7**). Für die stoische Seite dieser Debatte siehe **54O–U**.

Soviel zum negativen Aspekt von Epikurs Standpunkt. Aber wie hofft er, selber auf eine nicht-teleologische Weise die *prima facie*-Evidenz für planvolle Gestaltung in der Welt zu erklären? Hat er irgendeine Andeutung der modernen evolutionstheoretischen Alternative? So, wie seine Theorie ist, nimmt sie die Herausforderung auf drei Ebenen an: auf der Ebene der Welt, auf der Ebene der Natur der Lebewesen und auf der Ebene der menschlichen Institutionen.

Daß Welten, die in der Lage sind, Leben zu unterstützen, aus purem Zufall ins Dasein treten und verschwinden sollten, gilt als eine relativ einfache Angelegenheit. Die Stoiker bestanden darauf, daß solche Zufallstreffer lachhaft unwahrscheinlich seien (**54M**); aber dem widersprechen die Epikureer gehörig unter Berufung auf die Unendlichkeit des Universums: **F5**, vgl. **H2**. Was die Existenz von Regelmäßigkeit und fixierten Gesetzen in der Natur betrifft, eingeschlossen die Kontinuität der Arten, so werden sie durch die Existenz unveränderlicher Atome in einer begrenzten Reihe von Gestalten und Größen erklärt: **8B4**; **12C3**.

Die Evolution der Lebewesen ist ein heiklerer Punkt. Ursprünglich wurde, so erklärt Epikur, eine riesige Anzahl von Arten zufallsmäßig hochgespült, von denen nur die passendsten überlebten: **I**; vgl. **J** für die Anfänge dieser Idee im Werk des Empedokles, einem Naturphilosophen des 5. Jhs. v.Chr. Die verschiedenen Funktionen der Glieder und Organe dieser Lebewesen waren ihnen nicht wesentlich zueigen, sondern wurden durch die Praxis ausgearbeitet (**E**: Wer von dieser Behauptung nicht beeindruckt ist, könnte mit seiner Reflexion innehalten angesichts der erstaunlichen Geschicklichkeit, die Leute, welche ohne Arme geboren sind, mit den Füßen entwikkeln).

Doch wie sollen wir **E** mit seiner Behauptung, daß die einzelnen Teile eines Lebewesens *vor* ihrer Funktion existierten, vereinbaren mit dem Argument in **19B1-2** für den natürlichen Ursprung der Sprache, das sich auf die Prämisse stützt, daß junge Lebewesen sich bereits instinktmäßig der Kräfte ihrer verschiedenen Teile bewußt sind, noch bevor sie bereit sind, sie zu benutzen? Die Zeugnisse für solche Instinkte versorgen die teleologische Lobby mit einem ihrer besten Argumente (vgl. Galen, *De usu partium*; auch **57C**), und bei dem anti-teleologisch eingestellten Epikur könnte man erwartet haben, daß er sie als störend empfindet. Die wahrscheinlichste Erklärung ist, daß nach Auffassung Epikurs die Natur einer lebendigen Art durch die Lehren aus der Umgebung *verändert* werden kann: siehe **19A1**. Alles, was wir für Epikur voraussetzen müssen, um das plausibel zu machen, ist ein Glaube an die Erblichkeit erworbener Merkmale, ein Glaube, der in der Antike und noch lange danach weit verbreitet war. Epikur konnte dann behaupten, daß die ursprünglichen Vertreter einer Art (das Thema von **E**) ganz von vorn lernen mußten, ihre körperliche Ausstattung zu gebrauchen, daß aber das, was sie lernten, von ihren Nachkommen geerbt und so zu einem Teil der Natur jeder Art wurde. Der Mensch zum Beispiel war von Natur aus ursprünglich allein; aber weil der Gesichtspunkt dessen, was vorteilhaft ist, ihn in eine soziales Wesen verwandelte (**22J–K**), wurde der Drang zur Mitteilung für ihn instinktiv (**19B2**). Über die treue Natur der Hunde könnte man auf der Basis von **I2** eine ähnliche Geschichte entwickeln.

Solche menschlichen Einrichtungen wie die Sprache, die Gesetze und der Gebrauch von Feuer wurden häufig auch als göttliche Wohltaten angesehen (vgl. **19C**). Hier besteht die epikureische Antwort in der Hauptsache darin, in den Termini der Veranlassungen durch die Umstände sorgfältige naturalistische Darstellungen vom Ursprung der Institutionen zu geben (**E3**; **19A1**; vgl. **19A–C** für die Sprache, **22J–N** für die Gesetze).

Als Gegner der Epikureer in diesem Bereich haben wir die Platoniker und die Stoiker erwähnt. Aristoteles wird oft als ein weiterer Gegner angesehen. Aber das, wogegen die Epikureer angehen, ist ganz klar eine Schöpfungslehre, wie sie gewiß von den Stoikern und auch von Platon geschätzt wurde, zumindest nach Maßgabe einer wörtlichen Lektüre seines *Timaios*, wie sie aber von Aristoteles mit Nachdruck verneint wurde. Gewiß, Epikur konnte dem Glauben des Aristoteles an die Ewigkeit der Welt, an ihre hierarchische Struktur und an den ewigen Bestand der Arten nicht zustimmen. Aber diese Art Dissens sticht in den Texten nicht hervor, und über die meisten der dort mit Nachdruck erörterten Punkte konnten er und Aristoteles glücklicherweise einer Meinung sein, insbesondere darüber, daß Kunstfertigkeit etwas der Natur gegenüber Nachträgliches ist, und darüber, daß es in der Natur keinen absichtsvollen Plan gibt, auch wenn die einzelnen Arten von Lebewesen, zumindest wie sie heute konstituiert sind, von Geburt an in zielgeleiteter Weise funktionieren. Wenn Epikur den Beitrag des Aristoteles nicht einfach vernachlässigt hat (was immer eine Möglichkeit und offenbar das ist, was Alexander in **J2** argwöhnt), dann könnte es sicherer sein zu vermuten, daß er angesichts der Herausforderung von Platons Engros-Teleologie dazu neigte, Aristoteles als einen Bundesgenossen anzusehen.

14 Seele

A   Epikur, *Brief an Herodot* 63–67

(1) Besonders mit Blick auf die Sinneswahrnehmungen und auf die Empfindungen – denn so wird sich die sicherste Gewißheit ergeben – gilt es als nächstes zu begreifen, daß die Seele ein feinteiliger, dem ganzen Aggregat beigestreuter Körper ist, am ehesten zu vergleichen einem Wind mit einer bestimmten Beimischung von Warmem, in mancher Hinsicht dem Wind ähnlich, aber in anderer Hinsicht dem Warmen. Es gibt indes den Teil von ihr, der sich durch seine Feinteiligkeit auch von Wind und Wärme selbst sehr unterscheidet und der eben dadurch auch in höherem Maß mit dem übrigen Aggregat koaffiziert wird. (2) Es zeigen uns dies alles die Fähigkeiten der Seele, die Empfindungen, die Fälle leichter Beweglichkeit, die Denkprozesse und das, bei dessen Verlust wir sterben. (3) Außerdem müssen wir auch daran festhalten, daß die Seele die Hauptverantwortung für die Sinneswahrnehmung hat; sie hätte sie allerdings nicht, wenn sie von dem übrigen Aggregat nicht irgendwie umschlossen würde. Das übrige Aggregat aber, das der Seele diese Rolle einer Ursache für die Sinneswahrnehmung verschafft hat, hat auch selbst von ihr Anteil an dieser Art Eigenschaft erhalten, wenn freilich auch nicht an allem, was die Seele besitzt. (4) Daher hat es, wenn die Seele sich von ihm entfernt hat, keine Sinneswahrnehmung. Denn diese Fähigkeit besitzt es nicht in sich selbst, sondern beschafft sie für etwas anderes, welches gemeinsam mit ihm zusammen entstanden ist. Mittels der in ihm zur Vollendung gebrachten Fähigkeit als Ergebnis des Prozesses bildet dieses [andere, die Seele] sofort die akzidentelle Eigenschaft der Sinneswahrnehmung aus und stattet sich selbst damit aus und, wie ich schon sagte, auch das übrige Aggregat, entsprechend der Nachbarschaft und der Ko-Affektion. (5) Daher wird die Seele, solange sie in dem übrigen Aggregat ist, der Sinneswahrnehmung auch niemals verlustig gehen, wenn irgendein anderer Teil weggefallen ist. Was auch immer von der Seele selbst mit zugrundegeht, wenn sich die sie umschließende Hülle ganz oder zum Teil auflöst, – solange die Seele überhaupt bleibt, wird sie Sinneswahrnehmungen haben. Dagegen wird das übrige Aggregat, sowohl wenn es teilweise als auch wenn es als ganzes bleibt, keine Sinneswahrnehmung haben, wenn eine so große Menge von Atomen wegfällt, wie nun einmal erforderlich sind, um das Wesen der Seele zu bilden. (6) Wenn sich freilich das ganze Aggregat auflöst, dann zerstreut sich auch die Seele und hat nicht mehr dieselben Fähigkeiten, und sie bewegt sich auch nicht mehr, so daß sie auch keine Sinneswahrnehmung mehr hat. Denn es läßt sich von ihr unmöglich denken, sie habe Sinneswahrnehmungen, ohne in diesem Organismus zu sein, und führe diese Bewegungen aus, wenn das, was sie umgibt und einhüllt, nicht von derselben Art ist wie das, worin sie sich jetzt befindet und worin sie diese Bewegungen hat. (7) Ferner muß man aber auch noch dies bedenken, daß man nach dem vorherr-

---

A Kontext: Bald nach **11E**, gefolgt von **7B**.

schenden Sprachgebrauch von Unkörperlichem in bezug auf Gegenstände spricht, die *per se* gedacht werden können. *Per se* ist das Unkörperliche aber nicht zu denken außer als das Leere. Das Leere indes kann weder etwas tun noch erleiden, sondern ermöglicht es den Körpern nur, sich durch es hindurch zu bewegen. Die also sagen, die Seele sei unkörperlich, reden törichtes Zeug. Denn wenn sie das wäre, könnte sie keinesfalls irgendetwas tun oder irgendetwas erleiden; tatsächlich sind diese Eigenschaften jetzt aber beide offenkundig an der Seele festzustellen.

B   Lukrez 3.136–176

(1) Als nächstes stelle ich dar, daß Geist und Lebensprinzip miteinander fest verbunden sind und eine einzige Natur konstituieren, daß aber das beratende Element, welches wir Geist [*animus, mens*] nennen, gleichsam der Kopf ist und im ganzen Körper die Herrschaft ausübt. Es ist fest plaziert und befindet sich im mittleren Bereich der Brust. Hier nämlich springen Furcht und Schrecken auf, und in dieser Gegend ist es, wo uns die Freude liebkost. Hier also befindet sich der Geist. Der übrige Teil des Lebensprinzips [*anima*] verbreitet sich über den ganzen Körper, gehorcht dem Geist und bewegt sich nach dessen Geheiß und Willen. (2) Allein für sich hat der Geist durch sich selbst ein Wissen und freut sich für sich, wenn weder das Lebensprinzip noch der Körper von irgendetwas affiziert (›bewegt‹) werden. Und ebenso wie wenn unser Kopf oder das Auge durch einen Schmerz attackiert werden, wir nicht im ganzen Körper Qualen leiden, so wird gelegentlich auch der Geist selbst verletzt oder freut sich, während der übrige Teil des Lebensprinzips keinen neuen Bewegungsimpuls durch die Glieder und Gelenke hindurch erhält. Wenn der Geist jedoch durch eine stärkere Furcht affiziert (›bewegt‹) wird, sehen wir das ganze Lebensprinzip durch die Glieder hindurch mitfühlen; wir sehen, wie am ganzen Körper Schweiß und Blässe auftreten, wie die Zunge stockt und die Stimme ausfällt, wie es vor den Augen dunkel wird, die Ohren sausen und die Glieder weich werden; schließlich sehen wir sogar häufig, wie Menschen durch den Schrekken des Geistes zusammenbrechen. Mit Leichtigkeit kann daraus jeder entnehmen, daß das Lebensprinzip mit dem Geist verbunden ist: Wenn es durch die Kraft des Geistes durchdringend getroffen wird, dann treibt es sofort mit seiner eigenen Kraft den Körper an. (3) Diese selbe Überlegung lehrt, daß die Natur des Geists und des Lebensprinzips körperlich ist. Denn wenn sie ersichtlich die Glieder vorwärtstreibt, den Körper aus dem Schlaf reißt, den Gesichtsausdruck ändert und den ganzen Menschen lenkt und steuert – von alledem kann, wie wir sehen, nichts ohne eine Berührung stattfinden und eine Berührung nicht ohne einen Körper –, dann muß man ja wohl zugeben, daß der Geist und das Lebensprinzip eine körperliche Natur haben. Außerdem kannst du sehen, daß der Geist zusammen mit dem Körper affiziert wird und unsere körperlichen Wahrnehmungen teilt. Wenn die schreckliche Gewalt eines Speers, tief ins In-

---

B Kontext: Lukrez' eigene Darstellung über die Seele, Anfang.

nere getrieben, Knochen und Sehnen auseinanderzerrt, das Leben selbst aber nicht trifft, dann folgt dennoch sogleich ein Erschlaffen und ein sanftes Ertasten des Bodens und auf dem Boden ein Aufruhr des Geistes — der Aufruhr entsteht dort im Geist! —, bisweilen auch ein halbherziger Wille, als wolle der Getroffene aufstehen. Notwendigerweise muß die Natur des Geistes also körperlich sein, da er unter körperlichen Speeren und deren Stoß leidet.

C   Aëtios 4.3.11   (Usener 315)

Epikur [sagt, die Seele sei] eine Gemisch aus viererlei, wovon eins feuerartig, eins luftartig, eins windartig und das vierte etwas ist, was keinen eigenen Namen hat; dieses war für ihn dasjenige, was die Sinneswahrnehmung ermöglicht. Davon bewirkt der Wind Bewegung in uns, die Luft Ruhe, die Wärme die offensichtliche Wärme des Körpers und das nicht mit einem eigenen Namen versehene [Element] die Sinneswahrnehmung; Sinneswahrnehmung sei nämlich in keinem der benannten Elemente zu finden.

D   Lukrez 3.262–322

(1) Die primären Partikeln der Elemente durchdringen sich nämlich in ihren Bewegungen so, daß sich kein einzelnes Element unterscheiden läßt und daß auch kein Vermögen räumlich abgetrennt werden kann; sondern sie existieren gleichsam als viele Kräfte eines einzigen Körpers. So, wie es bekanntlich in jedem beliebigen tierischen Fleisch einen Geruch, eine bestimmte Hitze und einen Geschmack gibt und wie aus diesen allen dennoch ein einziger Körper gebildet ist, so schaffen auch Hitze, Luft und die ungesehene Kraft des Windes, wenn sie gemischt sind, eine einzige Natur, im Verein mit jener beweglichen Kraft, welche ihnen von sich selbst her den Beginn der Bewegung mitteilt, den Ursprung der die Sinne befördernden Bewegung durch das Fleisch hindurch. (2) Denn diese Substanz liegt ganz verborgen in der Tiefe und am Grund, tiefer als alles andere in unserem Körper, und ist überdies selbst das Lebensprinzip des ganzen Lebensprinzips. Ebenso wie die unseren Gliedern und dem ganzen Körper beigemischte Kraft des Geistes und Stärke des Lebensprinzips verborgen ist, weil sie aus feinen Körperchen besteht, die klein und nur wenige sind, so ist dir diese eines Namens ermangelnde Kraft verborgen, die aus winzigen Körperchen besteht und die überdies vom ganzen Lebensprinzip selbst das Lebensprinzip ist und über den ganzen Körper die Herrschaft ausübt. (3) Auf ähnliche Weise interagieren in ihrer Mischung durch die Glieder hin Wind, Luft und Hitze, wobei eins tiefer als die anderen liegt und eins herausragt, so daß zu sehen ist, wie sich aus ihnen allen etwas Einheitliches konstituiert, wenn anders Hitze, Wind und die Kraft der Luft nicht getrennt voneinander die Sinneswahrnehmung zerstören und auflösen. (4) Auch der Geist hat jene Hitze, die er

---

C Kontext: Doxographie naturphilosophischer Theorien der Seele.   D Kontext: Im Anschluß an eine Aufzählung der vier Elemente der Seele.

aufnimmt, wenn er in Zorn entbrennt und das Feuer scharf aus den Augen blitzt. Außerdem hat er viel kalten Wind, den Begleiter der Angst; er treibt den Schrecken in die Glieder und schüttelt die Gliedmaßen. Weiter hat er auch jenen Zustand der ruhigen Luft, der bei ruhigem Herzen und heiterem Gesicht herrscht. Mehr an Hitze jedoch haben diejenigen mit einem feurigen Herzen und einem hitzigen Sinn, die leicht im Zorn aufbrausen. Von dieser Art sind insbesondere die Löwen mit ihrer reißenden Kraft, die ständig mit ihrem Brüllen und Stöhnen ihre Brust zerreißen und die Ströme des Zorns in ihrer Brust nicht einschließen können. Mehr windartig ist andererseits der kühle Sinn der Hirsche; er treibt schneller kalte Windstöße durch ihren Leib, die die Glieder in ruhelos zittrige Bewegungen versetzen. Die Natur der Rinder dagegen ist mehr durch friedliche Luft gekennzeichnet. Weder durchschüttelt sie jemals allzu sehr die schwelend qualmende Brandfackel des Zorns und taucht sie in den Nebel blinder Dunkelheit; noch wird sie starr, durchbohrt von dem eisigen Geschoß der Angst. Sie steht zwischen beiden, zwischen den Hirschen und den furchtbaren Löwen. (5) Ebenso ist es mit dem Menschengeschlecht. Obwohl Unterweisung manche Menschen gleichmäßig ausgeglichen macht, läßt sie dennoch jene ersten Spuren der Natur eines jeden Geistes übrig. Und wir dürfen nicht glauben, Übel könnten mit der Wurzel entfernt werden, so daß es nicht mehr vorkäme, daß der eine allzu bereitwillig in bitteren Zorn fällt, ein anderer etwas zu schnell von Furcht erfaßt wird und der dritte manches zu nachsichtig mit Gleichmut hinnimmt. Es gibt auch noch viele andere Punkte, in denen die vielfältigen Naturen der Menschen und die daraus resultierenden Gewohnheiten sich unterscheiden müssen. Ich kann aber jetzt nicht ihre verborgenen Gründe darstellen und auch nicht genug Bezeichnungen für so viele Gestalten finden, wie die Atome haben, woraus diese Vielfalt der Dinge hervorgeht. Eins indes sehe ich in diesen Dingen, das ich mit Bestimmtheit feststellen kann: Die Spuren, die von unseren Naturen zurückbleiben und die die Vernunft nicht zu beseitigen vermag, sind so schwach, daß uns nichts daran hindert, ein den Göttern würdiges Leben zu führen.

E   Lukrez 4.877–891

(1) Jetzt werde ich dir sagen, wie es kommt, daß wir unsere Schritte vorwärts setzen können, wenn wir das wollen, und wie wir die Kraft haben, unsere Glieder zu bewegen, und was dasjenige ist, was habituell diese große Last, die unser Körper ist, vorwärts schiebt – und du achte auf das, was ich sage. (2) Ich sage also: Zuerst dringen auf unseren Geist Bilder vom Gehen ein und stoßen ihn an, wie ich das früher erklärt habe [15D7-8]. Davon ausgehend entwickelt sich der Wille. Denn niemand beginnt irgend etwas zu tun, bevor der Geist voraussieht, was er tun will. Das, was er voraussieht, – davon gibt es ein Bild. (3) Wenn der Geist sich also rührt, daß er den Willen hat, zu gehen und

---

E Kontext: Eine der vielen vitalen Funktionen, deren Funktionsweise in Buch 4 erklärt wird.

einherzuschreiten, dann stößt er sofort all die Kraft des Lebensprinzips an, die im ganzen Körper durch die Glieder und Gelenke hindurch verbreitet ist. Und das macht er mit Leichtigkeit, weil er damit fest verbunden ist. (4) Das Lebensprinzip stößt daraufhin seinerseits den Körper an, und so wird die ganze Masse allmählich vorwärts geschoben und bewegt sich.

F   Lukrez 3.417–462

(1) Nun komm, damit du leicht zu erkennen vermagst, daß der Geist und das Lebensprinzip eines jeden Lebewesens geboren wird und sterblich ist, will ich fortfahren, dir Verse niederzulegen, das Ergebnis langen Suchens, in angenehmer Mühe gefunden und würdig deines Stands im Leben. Sieh du zu, daß du beides unter einer einzigen Bezeichnung verknüpfst: daß du dann, wenn ich beispielsweise fortfahre, vom Lebensprinzip zu sprechen und dessen Sterblichkeit aufzuzeigen, verstehst, daß ich auch vom Geist spreche, insofern sie ja eine einzige, untereinander fest verbundene Sache bilden. (2) Erstens: Da ich bewiesen habe, daß das Lebensprinzip ein feines Gebilde aus winzigen Körperchen ist und aus viel kleineren primären Partikeln besteht als die fließende Flüssigkeit des Wassers, als Nebel oder als Rauch — sie überragt diese nämlich weit an Beweglichkeit und läßt sich durch den Stoß einer viel feineren Ursache in Bewegung versetzen, da sie ja schon durch die Bilder von Rauch und Nebel in Bewegung gerät, wenn wir etwa in Schlaf versunken sehen, wie Altäre ihre Hitze zum Himmel empor ausatmen und Rauch aufsteigen lassen; denn das sind fraglos Bilder, die zu uns hinkommen — nun also, wenn Krüge zerspringen und du die Flüssigkeit nach allen Seiten wegfließen und die Feuchtigkeit sich verbreiten siehst und wenn Nebel und Rauch sich in die Luft verflüchtigen, dann kannst und sollst du glauben, daß auch das Lebensprinzip zerfließt und viel rascher untergeht und sich schneller in die Urkörper auflöst, sobald es von den Gliedern des Menschen einmal getrennt ist und sich von ihnen entfernt. Denn wenn der Körper, der gleichsam das Gefäß des Lebensprinzips bildet, es nicht zusammenhalten kann, sobald er aufgrund von irgendetwas zerrüttet oder unter Blutverlust aus den Venen porös geworden ist, wie könntest du dann annehmen, daß dieses Lebensprinzip durch irgendwelche Luft zusammengehalten werden kann, die viel weniger Dichte als unser Körper hat und weniger dazu in der Lage ist, es zusammenzuhalten? (3) Zweitens beobachten wir, wie der Geist zusammen mit dem Körper geboren wird, zusammen mit ihm wächst und zusammen mit ihm altert. Denn ebenso, wie die Buben mit ihrem schwachen, zarten Körper unbeständig laufen, so ist auch die begleitende Meinungsbildung ihres Geistes dürftig. Wenn sie dann ein reiferes Alter robuster Kraft erreicht haben, ist auch ihr Urteilsvermögen größer und hat die Kraft ihres Geistes zugenommen. Später, wenn ihr Körper bereits von den starken Gewalten der Lebenszeit angegriffen ist und bei ermüdenden Kräften die Glieder zusam-

---

F Kontext: Der Anfang einer langen Serie von Argumenten für die Sterblichkeit der Seele.

mensinken, dann lahmt die Einsicht, faselt die Zunge, wankt der Geist; alles läßt uns im Stich und fehlt uns zu ein und derselben Zeit. Dazu paßt also auch, daß die gesamte Substanz des Lebensprinzips sich wie Rauch in die Höhen der Luft auflöst, da wir ja sehen, wie sie zusammen geboren werden, zusammen wachsen und, wie ich gezeigt habe, zugleich vom Alter ermattet verfallen. (4) Es kommt hinzu: Wir sehen, daß ebenso, wie der Körper selbst schreckliche Krankheiten und starke Schmerzen in sich aufnimmt, so auch der Geist schlimme Sorgen, Trauer und Furcht erlebt; daß er daher auch am Untergang teilhat, ist angemessen.

G   Lukrez 3.624–633

Außerdem, wenn die Natur des Lebensprinzips unsterblich ist und nach der Trennung von unserem Körper Wahrnehmungen haben kann, dann müssen wir es, denke ich, mit den fünf Sinnen ausstatten. Auf keine andere Weise können wir uns vor Augen stellen, wie die Seelen unten im Acheron wandern; und aus diesem Grund haben die Maler und Schriftsteller früherer Zeiten die Seelen so dargestellt, als wären sie mit Sinnen ausgestattet. Aber ein Lebensprinzip in Abtrennung vom Körper kann keine Augen und keine Nase haben und erst recht keine Hand, auch keine Zunge und keine Ohren. Also können Lebensprinzipien nicht für sich Sinneswahrnehmungen haben und auch nicht für sich existieren.

H   Lukrez 3.806–829

(1) Außerdem müssen alle Dinge, die ewig währen, notwendigerweise entweder, weil sie einen festen Körper haben, Stöße abwehren und dürfen nicht zulassen, daß irgendetwas sie durchdringt, was die dicht gefügten Teile von innen entzweien könnte, wie etwa die Partikeln der Materie, deren Natur wir früher aufgewiesen haben [8B]; oder sie müssen deshalb in der Lage sein, durch alle Zeit hindurch fortzudauern, weil sie von Schlägen nicht betroffen sind, wie es das Leere ist, welches unberührt bleibt und mit einem Stoß nicht das mindeste zu schaffen hat, oder aber deshalb, weil um sie herum überhaupt kein Platz ist, in den hinein die Dinge gleichsam entweichen und sich auflösen könnten, wie das bei der Gesamtheit der Gesamtheiten ist, welche ewig ist; weder gibt es außerhalb ihrer einen Ort, in den die Dinge ausweichen könnten, noch gibt es Körper, die dorthin entweichen und es mit einem kräftigen Stoß auflösen könnten. (2) Wenn der Grund, sie für unsterblich zu halten, aber eher darin liegt, daß sie permanent von Dingen beschützt wird, die für das Leben relevant sind – entweder weil Dinge, die dem Leben feindlich sind, überhaupt nicht an sie herankommen oder weil das, was an sie herankommt, auf irgendeine Weise zurückgestoßen wird, bevor wir seine schädlichen Wirkungen bemerken können – ⟨das widerspricht dem augenscheinlichen Befund.⟩ Denn

---

G Kontext: Das 15. Argument für die Sterblichkeit der Seele.   H Kontext: Der Abschluß einer langen Serie von Argumenten für die Sterblichkeit der Seele, gefolgt von **24E**.

ganz abgesehen davon, daß sie bei den Krankheiten des Körpers mitleidet, kommt häufig etwas bei ihr an, was sie mit Blick auf Zukünftiges quält, sie mit Furcht krank hält und sie mit Sorgen erschöpft; und sogar wenn Übeltaten vergangen sind, wird sie von ihren Sünden beunruhigt. Denke auch an den Wahnsinn, eine charakteristische Heimsuchung des Geistes, und an seine Vergeßlichkeit; und denke an sein Eintauchen in die schwarzen Fluten der Lethargie.

☐ ›Seele‹ *(psychē)* ist ein Terminus, dessen Bedeutungsbreite im griechischen Sprachgebrauch deutlich variiert. Wo sie am weitesten ist, besonders bei Aristoteles, umfaßt sie die ganze Reihe der Lebensfunktionen eines Lebewesens, der Pflanzen ebenso wie die Tiere. Wo sie am engsten ist, wie etwa in Platons *Phaidon*, ist es eine weitgehend intellektuelle Kraft, die in dem beseelten Körper eine Herberge hat, aber letztlich von allen körperlichen Funktionen und Wahrnehmungen abtrennbar ist. Epikurs Konzeption fällt etwa in die Mitte dieser beiden Extreme, ganz ähnlich wie die Seelenkonzeption der Stoiker (siehe **53**). Die Hauptfunktionen der Seele sind für ihn: Bewußtsein in all seinen Aspekten – besonders Sinneswahrnehmung, Denken und Gefühl (z.B. **A2–6, B1–2**) – und die Übertragung von Antrieben auf den Körper (**B3, E**). Von diesen Funktionen sind Denken und Gefühl im ›Geist‹ lokalisiert, der seinen Sitz, wie Epikur gemeinsam mit den meisten antiken Philosophen argumentiert, in der Brust hat, augenscheinlich dem Sitz des Gefühls (**B1**; vgl. **65H** für die Stoiker). Die anderen Funktionen der Seele gehören zum ›Lebensprinzip‹, das sich durch den Körper hindurch erstreckt und mit dem Geist eng interagiert, wobei der Geist aber genug Unabhängigkeit bewahrt, um als eine davon verschiedene Entität zu gelten (**B2**). Diese beiden Teile der Seele erfüllen also mehr oder weniger die Rollen, die die nachfolgende Psychologie dem Gehirn beziehungsweise dem Nervensystem zugewiesen hat. Epikur hat *prima facie* eine Identitätstheorie des Geistes – d.h.: er identifiziert ihn mit einer physikalischen Portion des Körpers –, wenngleich wir weiter unten in **20** hierzu eine wichtige Qualifikation kennenlernen werden.

Daß die Seele den Tod des Körpers nicht überleben kann, ist das einzige äußerst wichtige Ergebnis der Analyse. (**A6** und **F–H** exemplifizieren die epikureische Verteidigung dieser Schlußfolgerung, obwohl es ideal wäre, die 28 Argumente, die Lukrez, 3.417–829 zu diesem Zweck zusammenstellt, in ihrer Gesamtheit zu lesen. Für die ethischen Implikationen der Lehre siehe **24**.) Um zu diesem Endergebnis zu kommen, müssen zwei Hauptthesen aufgestellt werden.

Die erste ist die, daß die Seele körperlich ist. Platon betrachtete, wie seither viele, ihre Unkörperlichkeit als eine wesentliche Bedingung für ihre Abtrennbarkeit vom Körper. Der Hauptgrund, den die Epikureer für die Körperlichkeit der Seele anbieten, ist ihre Fähigkeit, mit dem Körper zu interagieren und mit ihm zusammen affiziert zu werden (**A7, B3**; vgl. **45C** für dasselbe Argument bei den Stoikern). Die Ausarbeitung der physikalischen Zusammensetzung der Seele kann man sich als eine dieser Erwägung untergeordnete Aufgabe denken, deren Bedeutung in der Hauptsache darin liegt, die *Möglichkeit* einer physikalistischen Analyse zu demonstrieren. Dies könnte erklären, warum Epikur selber in **A1–2** über die Details so zurückhaltend ist, wenn er auswählt, was er als die zentralen Merkmale der Theorie ansieht.

Für umfassendere Informationen müssen wir uns auf die Berichte in **C** und **D** stützen. Die Seele ist ein »Gemisch« aus vier Substanzen – aus Hitze, Luft und Wind sowie aus einer vierten Substanz, die aus ›immens feinen‹ Atomen besteht und »keinen eigenen Namen hat«, weil sie nicht die vorherrschende Komponente in irgendeiner phänomenalen Substanz ist, nach der sie benannt werden könnte. Die technische Implikation von ›Gemisch‹, die Lukrez sich in D1-3 abzudecken bemüht, scheint die zu sein, daß die Mischung nicht so sehr aus nebeneinandergelagerten Portionen von Hitze, Luft usw. besteht als vielmehr so geartet ist, daß die einzelnen Atome der vier Substanzen getrennt wurden und wieder zu einer ganz neuen Art Substanz zusammenkombiniert sind. Obwohl die Seele in diesem Sinne mehr als die Summe ihrer Teile ist, manifestiert sie bestimmte Kräfte ihrer einzelnen Ingredienzien. Hitze steht für die Körperwärme, charakteristisch für Leben (C), und wenn sie in der Seele vorherrscht, für ein heißes Temperament (D4-5). Wind mit seiner Beweglichkeit und Kühle treibt die Glieder vorwärts (C) und verursacht, wenn er im Übermaß vorhanden ist, Angst und Flucht (D4-5). (Epikurs Wort für Wind, *pneuma*, ist auch der Terminus, den die Stoiker für den warmen ›Hauch‹ verwenden, von dem sie erklären, es sei der Stoff der Seele — siehe 53.) Luft, d.h. windstille Luft, die aus denselben Atomen bestehen muß wie Wind, aber in abweichenden Verhaltensmuster, steht für körperliche Ruhe (C), und wenn sie in der Seele vorherrscht, für einen ruhigen Charakter (D4-5). Die »nicht mit einem eigenen Namen versehene« Ingredienz schließlich muß von so feiner Beschaffenheit und so beweglich sein, daß sie im Lebensprinzip als ganzem diejenigen Bewegungen initiieren kann, die die Sinneswahrnehmungen übertragen (D1-2); denn die anderen drei Ingredienzien haben diese Fähigkeit klarerweise nicht in sich (C).

Die zweite These, die dazu beiträgt, die Sterblichkeitsargumente zu untermauern, ist die von der äußersten funktionalen Interdependenz von Seele und Körper. Sinneswahrnehmung fällt in den Zuständigkeitsbereich der Seele; aber es ist der Körper, der ihr diese Verantwortung »verschafft hat«, d.h. einen geeigneten Ort für diese Aktivität bereitstellt (A3). Und sobald dies einmal geschehen ist, wie es eben im Vorgang der Geburt passiert (A4), wird die Sinneswahrnehmung eine *gemeinschaftliche* Tätigkeit beider, sowohl der Seele als auch des Körpers (A3-4), ungeachtet einer bedeutsamen Asymmetrie zwischen ihren jeweiligen Rollen (A5). Es sind beispielsweise weder bloß die Augen, die sehen, noch bloß die Seele, die durch die Augen sieht (vgl. Lukrez, 3.350-369 = j in Bd. 2). Beweise für die Sterblichkeit der Seele, wie sie in A6 und G geboten werden, stützen sich entscheidend auf diese These.

Eine physikalistische Analyse wie die von Epikur vorgeschlagene setzt sich leicht dem Vorwurf aus, den menschlichen Geist auf einen Mechanismus zu reduzieren. Zum Beispiel wurde die Darstellung des menschlichen Handelns in E von manchen Interpreten als der Tendenz nach deterministisch gelesen: Der Geist wird durch Bilder vom Laufen angestoßen (für den auch in F2 angeführten schwierigen Prozeß, durch den die Epikureer denken, daß eine Vorstellung Bilder verwendet, welche den Geist von außen erreichen, siehe 15D); die Bilder veranlassen ihn zu der Entscheidung zu laufen, woraufhin er die Tätigkeit des Laufens initiiert. Aber das ist eine Fehldeutung. Der Text ist rein mit den physikalischen Stufen des Prozesses beschäftigt, und diese schließen ganz richtig das Fokussieren des Geistes auf das Bild der in Rede stehenden Handlung als eine notwendige Vorbedingung unserer Einscheidung ein, ob wir sie ausführen (E2). Es findet sich keinerlei Andeutung, daß das Wollen selbst nichts mehr als bloß eine mechanische Stufe in dem Prozeß sei; und die Zurückhaltung des Lukrez in bezug auf jedwede physikalische Analyse des Wollens könnte etwas anderes nahelegen. Ähnlich in D5, wo Lukrez zugibt, daß der menschliche Charakter in weitem Ausmaß physikalisch determiniert ist: Er ist ängstlich besorgt, die Macht der Vernunft zu betonen, den Wirkungen unserer chemischen Ausstattung entgegenzuwirken. Wie die Epikureer hoffen konnten, Willen und Vernunft aus einem mechanistischen Determinismus auszunehmen, ist eine weitere Frage, die in 20 untersucht wird. Dort werden wir auch etwas davon zu sehen bekommen, wie Epikur sich gegen eine andere vertraute Kritik an der physikalischen Analyse des Geistes verteidigt, nämlich der Vorhaltung, daß diese Analyse nicht in der Lage sei, den subjektiven Aspekten des Bewußtseins Rechnung zu tragen.

15 Wahrnehmung, Einbildung, Gedächtnis

A   Epikur, *Brief an Herodot* 46–53

(1) Des weiteren gibt es Abdrücke, die in ihrer Gestalt die festen Körper repräsentieren, in der Feinheit des Stoffs die wahrnehmbaren Dinge aber weit überragen. Es ist nämlich weder unmöglich, daß derartige Emanationen in dem Raum um uns herum entstehen, noch daß sich Umstände einstellen, die für die Hervorbringung von Vertiefungen und Feinem geeignet sind, noch daß es zu Abflüssen kommt, welche eben die Abfolge und Stellung einhalten, die sie schon in den festen Körpern hatten. Diese Abdrücke bezeichnen wir als ›Bilder‹. (2) [= 11D] (3) Ferner spricht nichts Evidentes dagegen, daß die Bilder von unüberbietbarer Feinheit sind. Somit haben sie auch eine unübertroffene Geschwindigkeit, da jeder Durchgang für sie paßt − zusätzlich dazu, daß unzählige von ihnen keine Kollisionen oder nur wenige Kollisionen erleiden, während viele und sogar unendlich viele Atome sofort mit etwas kollidieren. (4) Weiter, daß die Entstehung der Bilder so schnell wie ein Gedanke vor sich geht. Denn von der Oberfläche der Körper gibt es einen kontinuierlichen Abfluß, der sich wegen der reziproken Auffüllung nicht in einer Verkleinerung ihrer Größe erweist; dieser Abfluß bewahrt lange Zeit hindurch die Lage und Ordnung, die im festen Körper die Atome hatten, auch wenn dieses Arrangement zuweilen durcheinander kommt. Zudem entstehen in dem, was uns umgibt, auch Formationen solcher Bilder − flüchtig, da sie keiner Ausfüllung in die Tiefe bedürfen. Und es gibt auch noch andere Weisen, auf die Dinge solcher Art zustandekommen können. (5) Nichts davon widerspricht nämlich den Sinneswahrnehmungen, wenn man bedenkt, auf welche Weise die evidenten Einsichten von den äußeren Dingen so zu uns zu übermitteln sind, daß sie auch Ko-Affektionen hervorrufen. (6) In der Tat ist es auch nötig anzunehmen, daß es etwas von außen in uns Eintretendes ist, auf das hin wir die Gestalten sehen und Gedanken von ihnen fassen. (7) Denn die Außendinge würden auf uns durch die Luft zwischen uns und ihnen niemals ihre eigene Natur, die ihrer Farbe und die ihrer Gestalt, abprägen, auch nicht durch Strahlen oder durch irgendwelche Ströme, die von uns zu ihnen gelangen, (8) bzw. sie nicht so abprägen, wie es im Ergebnis doch tatsächlich geschieht, wenn von den Gegenständen her gewisse Abdrücke in uns eindringen, die farb- und ge-

---

A Kontext: Unmittelbar im Anschluß an **13A**, gefolgt von **12D**.

staltgleich mit ihnen sind, eine für das Auge oder den Verstand passende Größe haben und sich mit großer Schnelligkeit bewegen, und wenn aus eben diesem Grund die Einheitlichkeit und der Zusammenhang eines Abdrucks die Vorstellung hervorbringt und den ganzen Weg vom Ausgangsgegenstand her die Ko-Affektion bewahrt − entsprechend dem festen Halt, der aus der Schwingung der Atome in der Tiefe des festen Körpers resultiert. (9) Und welche Vorstellung wir auch immer durch Fokussierung des Verstandes oder der Sinneswahrnehmungen fassen, sei es die Vorstellung einer Gestalt, sei es die von Eigenschaften, eben das ist die Gestalt des festen Körpers, wie sie aufgrund der kontinuierlichen Wiederholung oder der Nachwirkung des Bildes zustandekommt. (10) Das Falsche und das Irrige indes liegen immer in der von uns hinzugefügten Meinung. (11) Denn bei den im Traum oder den infolge anderer Betätigungen des Denkens oder sonstiger Urteilsfähigkeiten aufgenommenen Vorstellungen würde es die sozusagen portraitmäßige Ähnlichkeit mit dem, was wir als wirklich und wahr bezeichnen, niemals geben, wenn nicht auch die Dinge selbst etwas wären, womit wir in Kontakt kommen. (12) Und Irrtum würde es nicht geben, wenn wir nicht in uns selbst noch eine andere Bewegung erleben würden, die von der ersteren zwar bewirkt wird, von ihr aber doch verschieden ist; aufgrund dieser zusätzlichen Bewegung entsteht das Falsche dann, wenn es keine Zeugnisse für sie oder Zeugnisse gegen sie gibt, und das Wahre dann, wenn es Zeugnisse für sie oder keine Zeugnisse gegen sie gibt. (13) Auch diesen Lehrsatz entschieden festzuhalten ist also beonders nötig, damit erstens nicht die auf evidente Eindrücke gegründeten Kriterien hinfällig werden und damit zweitens auch nicht der Irrtum ebenso befestigt wird wie die Wahrheit und alles verwirrt. (14) Auch das Hören entsteht durch eine Art Strömung, die von einem Gegenstand ausgeht, der spricht oder tönt oder knallt oder auf eine beliebige andere Art eine Gehörsempfindung erzeugt. Diese Strömung zerteilt sich in gleich konstituierte Partikeln, (15) die zugleich untereinander eine bestimmte Ko-Affektion bewahren sowie eine für sie charakteristische Einheit, welche bis zur Schallquelle zurückreicht und welche in der Regel die dieser Quelle entsprechende Wahrnehmung hervorruft oder, falls sie das nicht tut, doch wenigstens die Anwesenheit von etwas Äußerem zur Evidenz bringt. (16) Ohne eine von dort her übertragene Ko-Affektion könnte eine solche Wahrnehmung nämlich nicht zustandekommen. (17) Man darf also nicht meinen, durch die ausgesandte Stimme oder auch durch die anderen mit der Stimme klassifizierten Dinge werde die Luft selbst gestaltet. Die Luft ist dazu nämlich viel zu wenig geeignet, wenn die Stimme in dieser Weise auf sie einwirkt. Vielmehr drückt der Schlag, der in uns entsteht, wenn wir die Stimme aussenden, sofort bestimmte Partikeln heraus, die eine hauchartige Strömung konstituieren, welche bei uns die Gehörsempfindung bewirkt. (18) Auch vom Geruch ist anzunehmen, daß er wie das Gehör niemals irgendeine Empfindung hervorrufen würde, wenn es nicht bestimmte Partikeln gäbe, die vom Gegenstand ausgesandt werden und die durch ihre Gestalt geeignet sind, dieses Sinnesorgan in Bewegung zu setzen, die einen in unharmonischer und befremdlicher Weise, die anderen in harmonischer und angenehmer Weise.

B   Lukrez 4.230–238

Außerdem wird eine gegebene Gestalt, mit der man sich im Dunkeln mit den Händen beschäftigt hat, als identisch mit derjenigen erkannt, die man bei hellem klarem Tageslicht sieht. Der Tast- und der Gesichtsinn werden deshalb notwendigerweise durch eine ähnliche Ursache bewegt. Wenn wir also in der Dunkelheit etwas Quadratisches befühlen und dieses uns bewegt, was anderes als dessen Bild kann dann dasjenige Quadratische sein, was im Licht auf unseren Gesichtssinn fällt? Man kann daher sehen, daß der Grund des Sehens in den Bildern liegt und daß man ohne diese nichts sehen kann.

C   Lukrez 4.256–268

(1) Eines darf man in diesen Dingen überhaupt nicht für verwunderlich halten, nämlich warum die Bilder, die die Augen treffen, nicht einzeln sichtbar sind und trotzdem die Gegenstände selbst wahrgenommen werden. (2) Denn auch wenn Wind uns portionsweise peitscht und bittere Kälte an uns herankriecht, spüren wir gewöhnlich nicht jede einzelne Partikel des Winds und der Kälte, sondern eher ihren Verbund, und von daher sehen wir dann, wie auf unseren Körper Schläge so einwirken, als ob irgendein Gegenstand uns schlagen und uns eine Wahrnehmung seines Körpers von außen verschaffen würde. (3) Ferner, wenn wir mit dem Finger an einen Stein klopfen, dann ist seine äußerste und oberste Farbe das, was wir berühren; aber was wir mit der Berührung wahrnehmen, ist nicht die Farbe, sondern eher die wirkliche Härte tief unten im Innern des Steins.

D   Lukrez 4.722–822

(1) Nun komm, vernimm, welche Dinge den Geist bewegen, und höre kurz, woher das kommt, was in den Geist eintritt. (2) Als erstes stelle ich fest: Viele Bilder der Dinge ziehen auf vielerlei Weisen in alle Richtungen. Es sind zarte Bilder, die sich in der Luft, wenn sie zusammentreffen, leicht verbinden, wie Spinnengewebe oder Goldblättchen. Sie sind nämlich wirklich viel zarter gewoben als die, welche die Augen erfüllen und den Gesichtsinn anreizen; denn sie dringen durch diese Körperöffnungen hindurch, regen im Innern die zarte Natur des Geistes an und reizen seine Wahrnehmung an. (3) Das ist der Grund, warum wir Kentauren und Glieder wie die der Skylla sehen, die Hundefratzen des Zerberus und die Bilder derer, die verstorben sind und deren Gebeine die Erde umfängt; denn allerorten ziehen alle Arten Bilder umher, die sich teils spontan in der Luft selbst bilden, während andere Bilder solche sind, die von verschiedenen Dingen ausgehen, und solche, die aus der Kombination der Ge-

---

B Kontext: Ein Teil des Arguments von 4.217–268; es ist unvollständig erhalten und entspricht A.   C Kontext: Wie bei B.   D Kontext: Unmittelbar im Anschluß an die Erklärung der Sinneswahrnehmung, gefolgt von **13E**.

stalten dieser Dinge hervorgehen. Denn das Bild eines Kentauren entsteht bestimmt nicht von einem lebenden Kentauren her — ein solches Lebewesen hat es nie gegeben —; sondern wo das Bild eines Pferds und das eines Menschen zufällig zusammentreffen, bleiben sie leicht sofort aneinander hängen, wie ich das zuvor dargestellt habe, wegen der feinen Natur und des zarten Gewebes. Andere Bilder dieser Art werden auf dieselbe Weise gebildet. (4) Denn da sie, wie ich früher gezeigt habe, infolge ihrer außerordentlich großen Leichtigkeit so mobil dahinziehen, ist es für jedes beliebige einzelne feine Bild leicht, mit einem einzigen Stoß unseren Geist in Bewegung zu versetzen; der Geist ist ja zart und selbst außerordentlich beweglich. (5) Daß es sich so abspielt, wie ich sage, kannst du folgendermaßen leicht erkennen. Insofern das, was wir mit dem Geist sehen, dem ähnlich ist, was wir mit den Augen sehen, muß es notwendig auf eine ähnliche Weise zustandekommen. Nun habe ich gezeigt, daß ich jeweils durch die Bilder, die meine Augen anstoßen, das sehe, wovon sie Bilder sind, z.B. einen Löwen. Daher kannst du nun sagen, daß der Geist auf ähnliche Weise durch Bilder von Löwen bewegt wird und ebenso durch das andere, was er sieht, und zwar um nichts weniger als die Augen, außer daß das, was er sieht, feiner ist. (6) Und wenn der Schlaf die Glieder dahinstreckt, bleibt auf geradewegs dieselbe Weise der Sinn des Geistes wach, außer daß dieselben Bilder, die unseren Geist anregen, während wir wach sind, dies jetzt sogar in dem Maße tun, daß wir ohne allen Zweifel einen zu sehen scheinen, der aus dem Leben geschieden, tot und beerdigt ist. Der Grund, warum die Natur solch ein Geschehen erzwingt, ist der, daß alle körperlichen Sinne unterdrückt sind und überall in den Gliedern ruhen und das Falsche nicht mit den wahren Tatsachen besiegen können. Außerdem liegt das Gedächtnis darnieder und ist durch den Schlaf untätig und protestiert nicht, daß derjenige schon längst dahingerafft und tot ist, den der Geist lebendig zu sehen glaubt. (7) Viele Fragen stellen sich in diesen Dingen, und wir müssen vieles klären, wenn wir die Sachen klar auseinandersetzen wollen. Als erstes fragt sich, warum der Geist sofort eben das selbst denkt, woran zu denken ihm das Verlangen gekommen ist. Beobachten die Bilder etwa unseren Willen, und begegnet uns in dem Augenblick, in dem wir etwas wollen, ein Bild, ob unser Verlangen dahin geht, an Meer, an Erde oder an Himmel zu denken? Die Versammlungen der Menschen, Gepränge, Gastmähler und Schlachten — schafft die Natur das etwa alles aufs Wort und stellt es bereit? Und tut sie das ungeachtet der Tatsache, daß alles, was der Geist anderer Leute an derselben Stelle denkt, ganz verschieden ist? Was ist des weiteren davon zu halten, wenn wir im Traum sehen, wie die Bilder rhythmisch vorwärts gehen und ihre weichen Glieder bewegen, wenn sie ihre weichen Arme abwechselnd elegant schwingen und vor unseren Augen die Geste mit abgestimmten Fußbewegungen wiederholen? Offenbar triefen die Bilder von Kunstfertigkeit und haben im Schreiten Unterricht genommen, um zu nächtlicher Zeit vergnügliche Spiele veranstalten zu können! (8) Oder kommt folgendes der Wahrheit näher? Weil in einer einzigen, mit den Sinnen wahrnehmbaren Zeiteinheit — das heißt: in der Zeit, die es erfordert, einen einzigen Laut zu äußern — viele verborgene Zeitspannen enthalten sind, deren Existenz von der Vernunft erschlossen wird, deshalb ist es so, daß zu jeder beliebigen Zeit an jedem beliebigen Ort jedes beliebige Bild auf der Stelle bereit ist: so groß ist die Beweglichkeit und so groß die Fülle der Dinge. Und weil sie fein sind, vermag der Geist nur die von ihnen scharf zu sehen, die zu sehen er sich anstrengt; deshalb vergeht alles Vergangene mit Ausnahme dessen, worauf der Geist sich eingestellt hat. Er stellt sich ferner ein, indem er zu sehen hofft, was in Zukunft auf jede Sache folgt; es tritt also ein. Siehst du denn nicht, wie auch die Augen sich anstrengen und einstellen, wenn sie etwas zu sehen anfangen, was fein ist, und wie es ohne das nicht dazu kommen kann, daß wir die Gegenstände scharf sehen? Doch auch im Bereich der offenkundigen Dinge kannst du feststellen, daß die Gegenstände, wenn du den Geist nicht darauf richtest, zu etwas werden, das von einem durch alle Zeit getrennt und weit entfernt ist. Warum also verwundert es, wenn der Geist alles verliert bis auf die Dinge, denen er sich selbst widmet? (9) Was den andern Punkt betrifft, überrascht es nicht, daß die Bilder sich bewegen und im Rhythmus ihre Arme und die anderen Gliedmaßen bewegen. Denn die Bilder tun dies ersichtlich im Schlaf, nämlich deshalb, weil, wenn das erste Bild vergeht und ein zweites in einer davon abweichenden Stellung entsteht, es so aussieht, als habe das frühere Bild seine Pose geändert. Natürlich darf man annehmen, daß das schnell geschieht; so groß ist die Beweglichkeit und die Menge der Dinge, und in einer einzigen wahrnehmbaren Zeiteinheit steht eine so große Menge von Partikeln zur Verfügung, daß sie sie stets ergänzen kann. Auf der Grundlage kleiner Anzeichen fügen wir dann Meinungen über riesengroße Sachen hinzu und stürzen uns selbst in die Betrügereien der Täuschung. Gelegentlich kommt es auch vor, daß nicht ein Bild derselben Art ergänzt wird, sondern, was vorher eine Frau war, scheint sich in einen Mann in unseren Armen verwandelt zu haben, und es folgt ein Gesicht dem anderen und ein Alter dem anderen. Daß uns das nicht verwundert, besorgen der Schlaf und das Vergessen.

E   Diogenes von Oinoanda, Neues Frgm. 5.3.3–14

Was vom Gesichtssinn gesehen wird, übernimmt die Seele. Nach dem ersten Aufprall der Originalbilder *(eidōla)* werden in uns Durchgänge geöffnet, und zwar in der Weise, daß unser Verstand, auch wenn die Gegenstände, die wir ursprünglich sahen, nicht mehr anwesend sind, doch Gleichnisse von den Originalgegenständen aufnimmt.

F   Diogenes Laërtius 10.32   (= **16B11**)

Außerdem entstehen alle Begriffe aus den Sinneswahrnehmungen — durch Gegenüberstellung, Analogie, Ähnlichkeit und Zusammensetzung, wobei auch die Überlegung einen gewissen Beitrag leistet.

E Kontext: Diogenes' naturphilosophische Abhandlung; Abschnitt entsprechend Lukrez 4.
F Kontext: Siehe **16B**.

☐ Obwohl jeder der fünf Sinne seinen eigenen Mechanismus hat, wird der Gesichtssinn zum paradigmatischen Fall erhoben und bekommt fast die gesamte Aufmerksamkeit (A1-9). Analog wird im Fall der Einbildung, der Epikur dieselben Grundmechanismen zuschreibt wie der Wahrnehmung, die visuelle Einbildung als der paradigmatische Fall benutzt (A6-9, D, E). Zu erklären ist (A5), daß wir Vorstellungen externer Gegenstände empfangen, welche (a) deren Eigenschaften anschaulich vermitteln und (b) sich augenblicklich verändern, um Veränderungen in den Gegenständen selbst Genüge zu tun (die mutmaßliche Bedeutung von ›Mit-Empfindung‹; vgl. A8 und für den Fall des Hörens auch A16). Die Erklärung (A1-4 und 8–11) erfolgt in den Termini von »Bildern« – Oberflächenschichten, ein Atom dick; mit ungeheurer Geschwindigkeit und in schneller Folge werden sie von festen Körpern infolge von deren interner atomarer Vibration (siehe 11) weggeschleudert und sind so fein strukturiert, daß sie einem ernsthaften Verschleiß oder einer Verlangsamung durch Kollisionen während ihrer Reise normalerweise entkommen; somit treffen sie beim Auge oder Geist nahezu augenblicklich als akurate ›Abdrücke‹ von der Gestalt und Farbe der Oberfläche des Gegenstands ein. Der kumulative kinematographische Effekt einer gleichförmigen Folge dieser Bilder resultiert in einer »Vorstellung« des Gegenstands (A8-9; im Fall einer Einbildung könnte ein einziges Bild genügen, D4). Ohne diese Vermittlung durch Bilder wäre es unmöglich, die regelmäßige Korrespondenz zwischen unseren Vorstellungen und den wirklichen Oberflächeneigenschaften externer Gegenstände zu erklären (A11, B).

Ein Skeptiker könnte dieses letzte Argument als zirkulär kritisieren: Wie können wir wissen, daß unsere Sinnesvorstellungen normalerweise die Eigenschaften externer Gegenstände spiegeln? Es ist freilich Epikurs Methode, in seiner naturphilosophischen Abhandlung durchweg eine positivistische Einstellung zur Sinnesevidenz einzunehmen (vgl. 17C) und sich die förmliche Zurückweisung der Alternative, des Skeptizismus, als eine unabhängige Übung aufzusparen, welche sich auf keine naturphilosophische Prämisse zu berufen braucht – siehe 16A mit Kommentar. Zur Stützung seiner Voraussetzung, daß Sinnesvorstellungen normalerweise ihren Gegenständen entsprechen, könnte Epikur entweder geltend machen, die Wahrheit der Sinnesvorstellungen anzunehmen sei pragmatisch brauchbar (vgl. 16A10), oder er könnte auf die Tendenz unterschiedlicher Sinnesvorstellungen verweisen, sich gegenseitig zu stützen, zum Beispiel auf die Tendenz des Tastsinns, die Mitteilungen des Auges über Gestalt und Struktur zu bekräftigen. Diese letztere Argumentationslinie scheint in B legitimiert zu werden, ungeachtet des Umstands, daß Epikur die umgekehrte Möglichkeit zurückweist, daß ein Sinn den anderen widerlegt: siehe 16A6-7, B4-7 und den Kommentar dazu.

Obwohl Bilder die unmittelbare Ursache des Sehens sind, sind das, was wir wirklich ›sehen‹, nach regulärem epikureischen Sprachgebrauch normalerweise nicht die Bilder, sondern die äußeren Gegenstände selbst oder zumindest ihre Eigenschaften. Was in C zugrundeliegt, ist, wie C1 zeigt, diese Unterscheidung und nicht, wie das sonst gleichermaßen möglich erschienen sein könnte, die Unterscheidung, daß wir nicht individuelle Bilder, sondern lediglich vielfältige Serien von Bildern sehen. Das Hauptanliegen von C ist freilich, die Theorie der Bilder gegen den empirischen Einwand zu verteidigen, daß, falls es solche Dinge gebe, wir sie sehen würden. C3 läßt sich folgendermaßen interpretieren: Um den Einwand zu stützen, könnte behauptet werden, einzelne Schichten von Atomen würden in der Regel wirklich unterschieden, nämlich durch den Tastsinn, so daß, falls es da Bilder gäbe, auch sie wahrgenommen würden. Die Antwort hierauf ist, daß wir durch den Tastsinn niemals eine einzelne Schicht von Atomen *für sich selbst* fühlen können. Wir fühlen lediglich die kumulative Härte der vielfältigen Schichten, die die eine Schicht tragen; entferne sie, und die Oberflächenschicht wäre selbst für den Tastsinn nicht mehr wahrnehmbar.

Weil die gewöhnliche Ähnlichkeit der Vorstellungen mit äußeren Objekten sich auch auf Vorstellungen der Einbildung erstreckt, sogar auf Traumvorstellungen, müssen auch diese durch die Einwirkung von Bildern verursacht werden, und zwar von außerordentlich feinen Bildern, die in der Lage sind, von außerhalb unseres Körpers zum Geist durchzudringen (A11, D2, 4–5; 14F2). Sowohl das Gedächtnis (vgl. E) als auch die besonderen Merkmale von Träumen (D7 und 9) können durch eine solche Theorie erklärt werden. Aber warum wählte Epikur eine so befrachtete Darstellung? Eine Erklärung hierfür könnte sein, daß, wenn er zugelassen hätte, daß die Einbildung ohne äußere Ursache funktionieren kann, er außerstande gewesen wäre, die Möglichkeit auszuschließen, daß die Sinneswahrnehmung selbst gelegentlich eine gleichermaßen interne Phantasie der Sinnesorgane sein könnte. Daher attackiert der Epikureer Diogenes von Oinoanda die Auffassung der Stoiker, daß Träume »leere Schattengemälde des Geistes« seien (Frg. 7 und das neue Frg. 1, = g in Bd. 2; vgl. 39B5), und Epikur bestreitet, daß die Sinneswahrnehmung jemals »selbstbewegt« (16B2) sein kann. Ein anderer Faktor ist der, daß »die Fokussierung des Denkens in eine Vorstellung«, der in D7-8 beschriebene und erklärte Prozeß der Bildung einer visuellen Einbildung (vgl. 14E2), ein Vorgang war, dem Epikur in seiner Epistemologie eine recht bedeutende Rolle zumaß, wahrscheinlich wegen der Verwendung, die diese Fokussierung bei unserer Erinnerung und bei der mentalen Einschätzung empirischer Daten findet (siehe weiter 17); auch dies zu rechtfertigen könnte schwerer gefallen sein, wenn es keinerlei Versicherung gäbe, daß eine solche visuelle Einbildung uns in genuiner Weise in Berührung mit der äußeren Wirklichkeit setzt. Beiden Motivationen unterliegend könnte außerdem auch noch die im griechischen Denken so verbreitete, nachklingende platonische Überzeugung eine Rolle gespielt haben, daß, wenn ich erfolgreich x denke, x für mich objektiv existieren muß, damit ich daran denken kann.

Bizarre flüchtige Bilder in der Einbildung und im Traum entstehen aufgrund der Einwirkung isolierter verrückter Bilder, die mitten in der Luft entweder spontan oder durch Zufallsverknüpfungen von Bildern entstehen, z.B. durch Verknüpfungen von Menschen- und Pferdebildern zum Bild des Kentauren (D2-4; vgl. A4). Aber wie die umfangreichere stoische Darstellung in 39D zeigt, sind die in F beschriebenen Weisen der Begriffsformierung *interne* mentale Vorgänge, bei denen wir unsere Vorstellungen bewußt kombinieren oder auf andere Weise modifizieren. Nach dieser Darstellung könnten wir den Begriff eines Kentauren bewußt dadurch schaffen, daß wir auf Mensch und Pferd fokussieren – d.h. indem wir Bilderströme von jedem von ihnen aufnehmen – und die resultierenden Vorstellungen intern zusammensetzen. Ob die Epikureer dieses volle Schema von den Stoikern übernahmen oder umgekehrt, ist unklar; aber daß Epikur selbst in seiner Theologie einen beachtlichen Gebrauch von einem Teil davon machte, scheint einleuchtend zu sein: siehe 23F.

Weitere mechanische Fragen zur Sinneswahrnehmung, z.B. die Rolle des Lichts beim Sehen und wie das Bild es schafft, ins Auge zu gelangen, müssen hier übergangen werden. Natürlich muß die Theorie sich in jedem Fall in bestimmten Einzelheiten als krude und unbefriedigend erweisen. Aber die Vermittlung von Bildern beim Sehen ist der Vermittlung von Lichtwellen in der modernen Darstellung hinreichend vergleichbar, um der referierten epistemologischen These ein lebendiges philosophisches Interesse zu widmen. Das werden wir in der nächsten Sektion verfolgen. Für A12 siehe auch unten 18.

Epistemologie

16 Die Wahrheit aller Sinneseindrücke

A   Lukrez 4.469–521

(1) Wenn schließlich jemand meint, daß man von nichts ein Wissen habe, dann weiß er nicht, ob man eben davon ein Wissen haben kann, da er ja zugibt, daß es kein Wissen gebe. Ich nehme deshalb davon Abstand, meine Sache gegen diesen Mann durchzufechten, der sich auf seinem eigenen Kopf in die eigene Fußspur gestellt hat. (2) Um dennoch einzuräumen, daß er eben davon ein Wissen habe, frage ich ihn dann doch weiter noch dies: Wenn er zuvor nichts Wahres in der Welt gesehen hat, woher weiß er dann, was das Wissen und das Nichtwissen wechselweise sind? Was schuf seinen Vorbegriff von Wahrem und Falschem, und was bewies ihm, daß Zweifelhaftes sich von Sicherem unterscheidet? (3) Du wirst finden, daß der Vorbegriff des Wahren seinen Ursprung in den Sinnen hat und daß die Sinne nicht zurückgewiesen werden können. (4) Denn es muß etwas mit größerer Verläßlichkeit gefunden werden, etwas, das aus eigenem Vermögen das Falsche mit Wahrem besiegen kann. Wovon also soll angenommen werden, daß es gegenüber den Sinnen von größerer Verläßlichkeit ist? (5) Wird etwa das von einer falschen Sinneswahrnehmung herrührende Denken die Kraft haben, den Sinnen zu widersprechen, wenn es doch insgesamt von den Sinnen herrührt? Wenn diese nicht wahr sind, wird auch jedes Denken falsch. (6) Oder können etwa die Ohren die Augen zurechtweisen? Oder der Tastsinn die Ohren? Oder wird diesen Tastsinn wiederum der Geschmack des Mundes überführen? Oder wird ihn etwa der Geruchsinn widerlegen? Oder weisen ihn die Augen in die Schranken? So, meine ich, ist es nicht. Denn jeder Sinn hat sein eigenes Vermögen und seine eigene Kraft. Notwendigerweise ist es daher ein separater Vorgang wahrzunehmen, was weich und was kalt oder heiß ist, und ein anderer separater Vorgang, die verschiedenen Farben der Dinge wahrzunehmen und zu sehen, welche Eigenschaften mit den Farben einhergehen. Ebenso hat der Geschmacksinn eine separate Kraft und ist es ein jeweils separater Vorgang, mit dem Geruchsinn zu erkennen oder mit dem Gehör. Daraus folgt zwingend, daß die Sinne sich nicht gegenseitig widerlegen können. (7) Ferner können sie sich auch nicht selber zurechtweisen, weil man immer annehmen muß, daß sie von gleicher Verläßlichkeit sind. (8) Welchen Eindruck die Sinne zu welcher Zeit auch immer haben, er ist wahr. (9) Selbst wenn die Vernunft nicht in der Lage ist, den Grund aufzuklären, warum das, was aus der Nähe quadratisch war, aus der Ferne rund gesehen wurde, ist es trotzdem besser, in Ermanglung einer adäquaten Erklärung die Gründe für die beiden Gestalten fehlerhaft anzugeben, als das, was manifest ist, seinen Händen irgendwohin entgleiten zu lassen und so die ursprüngliche Ver-

---

A Kontext: Im Anschluß an Lukrez' Darstellung des Sehens und der optischen Täuschungen.

läßlichkeit zu verletzen und alle Grundlagen total zu erschüttern, auf die das Leben und das Wohlergehen aufbaut. (10) Denn es würde nicht nur alle Vernunft einstürzen, auch das Leben selbst würde sofort zusammenfallen, wenn du es nicht wagst, deinen Sinnen zu glauben, es nicht wagst, Stellen, wo man abstürzen kann, ebenso zu vermeiden wie alles andere dieser Art, was man fliehen muß, und es nicht wagst, Dinge anzustreben, die dem entgegengesetzt sind. (11) Das ganze Heer der Worte, die man gegen die Sinne aufgeboten hat und anmarschieren ließ, erweist sich dir demnach als nichtig. (12) Wie schließlich beim Bau, wenn der Maßstab von vornherein schief ist, wenn das Winkelmaß trügt und die geraden Linien verläßt, wenn die Waage an irgendeiner Stelle ein ganz klein bißchen schwankt, das ganze Haus unvermeidlich fehlerhaft und schief wird, krumm und verdreht, vorwärts und rückwärts geneigt und nicht stimmig gedeckt, so daß einige Teile schon einzustürzen drohen und in der Tat einstürzen, alle verraten durch die falschen Maßstäbe am Anfang, genau so also ergibt sich dir, daß alles, was die Vernunft über die Welt zustande bringt, notwendig schief und falsch ist, wenn es auf falsche Sinneswahrnehmungen gegründet ist.

B   Diogenes Laërtius 10.31–32

(1) Denn jede Wahrnehmung, sagt er [Epikur], ist vernunftlos und nicht fähig, sich auf irgendeine Erinnerung einzustellen. (2) Sie wird nämlich weder von sich selbst bewegt, noch vermag sie, wenn sie von etwas anderem bewegt wird, irgendetwas hinzuzufügen oder wegzunehmen. (3) Es gibt auch nichts, was die Wahrnehmungen zurückweisen könnte. (4) Denn weder kann eine gleichartige Sinneswahrnehmung eine von gleicher Art zurückweisen – wegen der gleichen Gültigkeit (›Schwäche‹), (5) noch eine andersartige Sinneswahrnehmung eine von anderer Art, da sie ja nicht über dieselben Sachen entscheiden, (6) noch kann das die Vernunft, da alle Vernunft von den Sinnen abhängt. (7) Auch kann nicht eine einzelne Sinneswahrnehmung die andere zurückweisen, weil sie unsere Aufmerksamkeit alle verlangen. (8) Außerdem bekräftigt die Tatsache, daß es Sinneserkenntnisse gibt, die Wahrheit der Sinneswahrnehmungen. (9) Und unser Sehen und Hören sind ebenso Tatsachen, wie daß wir Schmerzen haben. (10) Zeichenschlüsse auf Nicht-Offenkundiges müssen daher von Ersichtlichem her gezogen werden. (11) [= **15F**] (12) Die Einbildungen der Wahnsinnigen und die Traumvorstellungen sind wahr. Denn sie verursachen Bewegung, während doch das, was nicht existiert, keine Bewegung auslöst.

B Kontext: Doxographie der epikureischen Kanonik, gefolgt von **17E**.

C   Anonyme epikureische Abhandlung über die Sinne, (Pap. Hercul. 19/698), col. 17, 18, 22, 23, 25, 26, frg. 21

(1) Wir sind der Ansicht, daß der Gesichtssinn Sichtbares und der Tastsinn Betastbares erfaßt, ersterer Farbe und letzterer Körperlichkeit, und daß in keiner Weise der eine sich in den Unterscheidungsbereich des anderen einmischt. Denn wenn es so wäre, daß der Gesichtssinn die Größe und Gestalt eines Körpers erfassen würde, denn würde er viel eher den Körper selbst erfassen ... (2) ⟨Die Gestalt zu sehen heißt nur, den⟩ Umriß ⟨der Farbe zu erfassen,⟩ und oft noch nicht einmal das. Wenn also die sichtbare Gestalt nichts anderes ist als die äußerste Plazierung der Farbe und die sichtbare Größe nichts anderes als die Plazierung der Mehrzahl der Farben in bezug auf das, was außerhalb liegt, so ist es vielleicht für das, dessen Funktion es ist, die Farben selbst zu registrieren, möglich, die äußerste Plazierung der Farben zu erfassen ... (3) Somit beruht es auf Analogie, daß die Gestalt und die Größe gemeinsame Unterscheidungsbereiche dieser Sinne sind: wie sich Gestalt und Größe zur Farbe verhalten, genauso verhalten sich Gestalt und Größe des Körpers zum Körper, und wie sich die Farbe zur Erfassung durch den Gesichtssinn verhält, so verhält sich der Körper zu der durch den Tastsinn ... (4) ... Gehörs. Abgesehen von den sehr weit angelegten und höchst allgemeinen Hinsichten, die wir oben erörtert haben, sind wir nicht der Ansicht, daß es auf die direkte Art einen gemeinsamen Unterscheidungsbereich gibt. Auf die indirekte Art indes, die eine solche Gemeinsamkeit erbringt, daß sie leicht Analogie genannt werden könnte, könnten wir sagen, daß die Gestalt ihr gemeinsamer Unterscheidungsbereich sei ... (5) Daher wollen wir in Erinnerung rufen, welche Besonderheit jeder der Sinne aufweist, abgesehen von der sinnlichen Wahrnehmung der Gegenstände seines Unterscheidungsbereichs. Der Gesichtssinn also hat als größte Eigentümlichkeit gegenüber den anderen Sinnen, außer der Unterscheidung der Farben und der dazu in Beziehung stehenden Dinge, daß er die Gestalten in einer Entfernung erfaßt und dabei zusätzlich auch das Intervall zwischen sich und ihnen wahrnimmt. ... (6) Der Tastsinn, soweit es um seine Eigenart geht, registriert keinerlei Eigenschaft. Soweit es um seine allgemeine Funktion geht, den qualitativen Zustand des Fleischs zu registrieren – eine Funktion, die begleitenderweise auch bei den anderen Sinnen auftritt, hat er als seine größte Besonderheit die, daß er Qualitäten verschiedener Art registriert; denn ebenso wie er Hartes und Weiches unterscheidet, erfaßt er auch Warmes und Kaltes, und zwar sowohl in sich selbst als auch an sich angrenzend ... (7) Obwohl der Gesichtssinn die Härte nicht unterscheidet, täuschen sich manche Leute, indem sie meinen, daß er hier etwas unterscheide; denn sie nehmen an, daß, wenn wir Felsen sehen, der Gesichtssinn durch einfache Anwendung ihre Härte mitteile.

C Kontext: Ein Werk über die Sinne von einem Epikureer, möglicherweise von Philodem.

D Epikur, *RS* 23

Wenn du gegen alle Sinneswahrnehmungen ankämpfst, wirst du noch nicht einmal etwas haben, worauf du dich beziehen könntest, um diejenigen von ihnen zu beurteilen, von denen du sagst, sie seien falsch.

E Sextus Empiricus, *Adv. Math.* 7.206–210 (teilw. Usener 247)

(1) Der Unterschied der Vorstellungen, die von demselben Wahrnehmungsobjekt herzustammen scheinen, täuscht manche Leute, wenn die Vorstellungen zum Beispiel von etwas Sichtbarem herrühren und sich so unterscheiden, daß der Gegenstand von unterschiedlicher Farbe oder unterschiedlicher Gestalt oder in irgendeiner anderen Weise verändert erscheint. Bestimmte Leute nahmen nämlich an, daß von den Vorstellungen, die sich so unterscheiden und miteinander unverträglich sind, die eine Vorstellung wahr und die entgegengesetzte falsch sein müsse. Das ist einfältig und charakteristisch für Leute, die keinen Einblick in die wirkliche Natur der Dinge haben. (2) Um nämlich das Beispiel der sichtbaren Dinge zu nehmen, – es ist nicht der ganze feste Körper, der gesehen wird; gesehen wird vielmehr die Farbe des festen Körpers. Von der Farbe ist nun die eine direkt auf dem festen Körper, so etwa bei den Gegenständen, die man aus der Nähe oder aus einer mittleren Entfernung sieht. Im andern Fall befindet die Farbe sich außerhalb des festen Körpers und hat ihren Platz objektiv in dem an ihn angrenzenden Raum um ihn herum, so etwa bei den Gegenständen, die man aus großer Ferne sieht. Diese Farbe wird in dem Raum dazwischen verändert und nimmt eine besondere Gestalt an. Aber die Vorstellung, die sie hervorruft, entspricht dem, wie sie in Wahrheit auch selbst existiert. (3) Wie daher nicht der Laut gehört wird, der innerhalb des angeschlagenen Kessels ertönt, und auch nicht der Laut im Mund dessen, der schreit, sondern der Laut, der unseren Sinn erreicht, und wie niemand sagt, daß derjenige, der aus der Ferne einen leisen Laut hört, deshalb falsch höre, weil er ihn, wenn er näher herangeht, als stärker registriert, (4) so würde ich auch nicht sagen, der Gesichtssinn werde getäuscht, weil er den Turm aus großer Entfernung klein und rund, aus der Nähe dagegen größer und viereckig sieht. Sondern ich würde eher sagen, daß der Gesichtssinn die Wahrheit sagt. Denn wenn das Sinnesobjekt ihm klein und von dieser Gestalt erscheint, dann ist es wirklich klein und von dieser Gestalt, da die Ecken der Bilder infolge ihrer Bewegung durch die Luft verschleißen; und wenn es ihm andererseits groß und von jener Gestalt erscheint, dann ist es stattdessen ganz entsprechend groß und von jener Gestalt. Dabei ist beides aber nicht dasselbe. Denn als Aufgabe der verdrehten Meinung bleibt übrig anzunehmen, daß das, was aus der Nähe, und das, was aus der Ferne gesehen wird, dasselbe ist. (5) Das Spezifische der Sinneswahrnehmung besteht nur darin, das aufzufassen, was ihr gegenwärtig ist und sie bewegt,

E Kontext: Im Rahmen einer kurzen Geschichte von Lehren über das Wahrheitskriterium der Anfang des Abschnits über Epikur, gefolgt von **18A**.

zum Beispiel eine Farbe, nicht aber darin, die Unterscheidung zu treffen, daß der Gegenstand hier ein anderer ist als der Gegenstand dort. (6) Aus diesem Grund sind also alle Vorstellungen wahr. Die Meinungen indes sind nicht alle wahr, sondern lassen einen Unterschied zu. Von ihnen sind nämlich die einen wahr und die anderen falsch, weil es sich dabei um Urteile handelt, die wir auf der Grundlage unserer Vorstellungen fällen; und wir beurteilen einiges korrekt, aber anderes unkorrekt, dies dadurch, daß wir entweder etwas zu unseren Vorstellungen hinzufügen und es ihnen anhängen oder etwas von ihnen wegnehmen, und ganz allgemein dadurch, daß wir die vernunftlose Sinneswahrnehmung falsch machen.

F Sextus Empiricus, *Adv. Math.* 8.63 (Usener 253)

(1) Epikur pflegte zu sagen, daß alles mit den Sinnen Wahrnehmbare wahr ist und daß jede Vorstellung von etwas Bestehendem erzeugt wird und dieselbe Beschaffenheit hat wie das, was den Sinn bewegt, (2) daß andererseits diejenigen im Irrtum sind, die sagen, daß die Vorstellungen teils wahr und teils falsch seien, da sie nicht in der Lage sind, die Meinung von der Evidenz zu trennen. (3) Im Fall des Orest jedenfalls, als er die Erinnyen zu sehen schien, da war die von den Bildern veranlaßte Sinneswahrnehmung wahr (denn die Bilder existierten ja); aber indem der Geist dachte, Erinnyen seien feste Körper, hegte er eine falsche Meinung.

G Lukrez 4.353–363

(1) Wenn wir von weitem die quadratischen Türme einer Stadt sehen, dann hat der Umstand, daß sie häufig rund erscheinen, darin seinen Grund, daß jeder Winkel von weitem stumpf gesehen wird oder vielmehr überhaupt nicht gesehen wird und daß sein Schlag untergeht und sein Stoß gar nicht bis zu unseren Augen durchdringt, weil, während die Bilder viele Luftmassen durchqueren, die Luft durch häufige Zusammenstöße den Winkel stumpf zu werden zwingt. Wenn daher all die Winkel gleichzeitig unserer Wahrnehmung entgehen, dann wird es, als ob die Strukturen von Steinen an einer Drehbank abgeglättet werden. (2) Gleichwohl sind sie nicht wie die Dinge, die aus der Nähe betrachtet wirklich rund sind, sondern scheinen ihnen auf eine schattenhafte Art ein wenig zu gleichen.

H Lukrez 4.379–386

Hier [bei den Schattenbildern] geben wir jedoch nicht zu, daß die Augen im mindesten getäuscht werden. Denn ihre Aufgabe besteht darin, zu sehen, an welcher Stelle Licht und an welcher Schatten ist. Aber ob es dasselbe Licht ist

---

F Kontext: »Gibt es etwas Wahres?«   **G** Kontext: Optische Täuschungen.   **H** Kontext: Im Anschluß an **G**, davon nur durch einige Bemerkungen über den Schatten getrennt.

oder nicht und ob der Schatten, der hier war, derselbe ist wie der, der jetzt dort einherläuft, oder ob es vielmehr in der Art vor sich geht, wie wir das kurz zuvor gesagt haben, das zu entscheiden obliegt schließlich der Überlegung des Geistes. Die Augen können nicht die Natur der Dinge erkennen. Hänge also, was ein Fehler des Geistes ist, nicht den Augen an.

I   Plutarch, *Adv. Colotem* 1109C–E   (teilw. Usener 250)

Was die berühmten ›passenden Maße‹ und ›Harmonien‹ der Kanäle angeht, die zu den Sinnesorganen gehören, und was die ›vielteiligen Mischungen‹ der Samen betrifft, von denen sie [die Epikureer] sagen, sie seien über alle Geschmäcker, Gerüche und Farben verteilt und riefen bei den einen Menschen diese und bei den anderen jene Qualitätsempfindungen hervor, treiben diese Gebilde die Dinge nicht nach ihrer eigenen Auffassung zusammen, und zwar geradewegs in die ›nicht mehr dieses als jenes‹-Klasse? Um nämlich diejenigen zu trösten, die der Meinung sind, die Sinneswahrnehmung täusche, weil sie sehen, wie die, die davon Gebrauch machen, von denselben Dingen gegensätzlich affiziert werden, – um die also zu trösten, lehren sie, daß, weil alle Dinge miteinander vermengt und vermischt sind und die einen Dinge sich von Natur aus dem einen und die anderen sich von Natur aus dem anderen einpassen, es nicht dieselbe Eigenschaft ist, die berührt und erfaßt wird, und der Gegenstand auch nicht mit allen seinen Teilen alle in derselben Weise bewegt. Vielmehr treffen alle Menschen jeweils nur die Gegenstände, für deren Größe ihre Sinneswahrnehmung passend ist; deshalb tut man nicht recht daran, darüber zu streiten, ob die Sache gut oder schlecht oder weiß oder nicht weiß ist, wobei sie ihre eigenen Wahrnehmungen dadurch zu befestigen glauben, daß sie die der anderen aufheben. Man sollte nicht eine einzelne Wahrnehmung bekämpfen, weil sie alle mit etwas in Berührung stehen, indem jede aus der vielteiligen Mischung wie aus ein Quelle nimmt, was passend und zuträglich ist. Mit Teilen einen Kontakt herstellend sollte man über das Ganze keine Behauptungen aufstellen, und man sollte auch nicht glauben, daß allen dasselbe widerfahren müsse, wo doch die einen von dieser und die anderen von jener Eigenschaft und Kraft affiziert werden.

☐ Epikur scheint drei Möglichkeiten ins Auge zu fassen: (a) alle Sinneswahrnehmungen sind falsch; (b) manche Sinneswahrnehmungen sind wahr und manche falsch; (c) alle Sinneswahrnehmungen sind wahr. Von daher stellt sich ihm die zweiteilige Aufgabe, (c) zu etablieren, indem er (a) und (b) eliminiert, und zu erklären, auf welche genaue Weise (c) der Fall sein kann. Für die letztere Absicht macht er Gebrauch von seiner physikalischen Analyse der Sinneswahrnehmung (siehe **15**). Für die erste Aufgabe, mit der wir beginnen, konnte der diese Analyse nicht verwenden, ohne in einen Zirkel zu verfallen; denn die physikalische Analyse muß unter ihre Prämissen selber die Genau-

---

I Kontext: Antwort auf die Kritik der Epikureers Kolotes an Demokrit, weil er die skeptische Formel vertreten habe, die Dinge seien um nichts mehr dieses als jenes.

igkeit der Sinneswahrnehmung aufnehmen. Seine Methode ist daher zu zeigen, daß (a) sich wesentlich selbst aufhebt und daß (b) sich begrifflich nicht verteidigen läßt.

These (a), daß alle Sinneswahrnehmungen falsch sind, wird in **A** behandelt, als komme sie dem Skeptizismus gleich. Die Zweifel, die Demokrit hinsichtlich der Gültigkeit der Sinneswahrnehmung hegte, waren durch seine Nachfolger im 4. Jh. v.Chr., etwa durch Metrodoros von Chios und durch Anaxarchos (siehe **1D**), zu einem vollen Skeptizismus entwickelt worden; diesen Trend in der atomistischen Philosophie umzukehren war eins der grundsätzlichen Ziele Epikurs (siehe auch **7**, **12** und **20**; die pyrrhonische Skepsis, die den Sinneswahrnehmungen sowohl die Wahrheit als auch die Falschheit abspricht, **1F4**, ist in den erhaltenen Argumenten vielleicht nicht direkt angesprochen). Nach **A1** widerlegt die Skepsis sich selbst. Die Beschreibung, die der Text von der Verrenkung des Skeptikers gibt, ist eine malerische Wiedergabe von Epikurs technischem Terminus für Selbstwiderlegung, *perikatōtropē*, der wörtlich soviel bedeutet wie »Drehung herum und abwärts« (vgl. **20C5**). Der Skeptizismus wird nicht exakt als eine selbstwidersprüchliche These behandelt, sondern als eine These, auf die sich niemand konsistent *verpflichten* könnte (vgl. Aristoteles, *Metaphysik* III.5). Zweitens (**A2**), selbst um seine These kohärent zu behaupten, nimmt der Skeptiker unvermeidlich eine Unterscheidung zwischen ›Wissen‹ und ›Nicht-Wissen‹ in Anspruch und daher eine zwischen ›wahr‹ und ›falsch‹ sowie zwischen ›gewiß‹ und ›zweifelhaft‹; denn ›wahr‹ und ›gewiß‹ müssen in jeder Definition von ›wissen‹ vorkommen. Dennoch kann der Skeptiker nicht zugestehen, daß er diese Unterscheidungen kenne. Drittens (**A4, D**), jedes totale Beiseitetun der Sinne muß sich auf irgendein übergeordnetes Kriterium der Wahrheit stützen; es gibt aber kein solches Kriterium, welches von den Sinnen unabhängig wäre – noch nicht einmal die Vernunft, die selbst ein Produkt der Sinne ist (**A5, B6**). Diese letzte Behauptung wird nicht ausdrücklich verteidigt; vermutlich wurde von der Vernunft aber angenommen, daß sie aus allgemeinen Begriffen konstituiert wird, welche ihrerseits das Ergebnis wiederholter Sinneserfahrung sind (siehe **17E** für diese ›Vorbegriffe‹ und vergleiche **39E** die stoische Darstellung). Viertens – ein antiskeptisches Standardargument (vgl. **40N**) – das skeptische Leben ist in der Praxis nicht lebbar (**A10–11**; **69A6**).

Diese Zurückweisung von (a) läßt die weithin akzeptierte These (b) noch intakt, daß *manche* Sinneswahrnehmungen falsch sind. Das wäre aber nur dann eine verteidigbare Position, wenn für die Unterscheidung der wahren von den falschen Vorstellungen ein Kriterium angegeben würde; und wir haben bereits gesehen, daß es ein solches, von den Sinnen verschiedenes Kriterium nicht gibt (**A4, D**). Kann Sinneswahrnehmung Sinneswahrnehmung widerlegen?

Erstens, wenn zwei Vorstellungen eines einzelnen Sinns nicht übereinstimmen (ob es gleichzeitige Vorstellungen von zwei Personen sind, die wahrnehmen, oder aufeinander folgende Vorstellungen nur eines Beobachters, spielt keine Rolle), dann sind sie beide »von gleicher Verläßlichkeit« und haben wir keinen Grund, zwischen ihnen eine Wahl zu treffen (**A7, B4**). Nach Lage der Dinge ist dies bloß eine formale Pose, die aus dem regulären Waffenbestand des Skeptikers übernommen ist (vgl. **72E**). Nach der Erwartung des Skeptikers muß die Schlußfolgerung die sein, daß keins von beidem als wahr akzeptiert wird. Epikur indes, der die skeptische These (a) zurückgewiesen hat, kommt stattdessen zu der Schlußfolgerung, daß beides als wahr akzeptiert werden muß. Wie das sein kann, werden wir erst später erfahren.

Zweitens könnte man vorschlagen, daß der eine Sinn die Evidenz bereitstelle, um den anderen zurückzuweisen (**A6, B5**; vgl. **72D**), z.B. daß der Tastsinn die Falschheit einer visuellen Vorstellung offenbare, daß ein Ruder im Wasser gebrochen sei. Hier lautet die Antwort, daß die fünf Sinne strikt inkommensurabel sind, weil jeder Sinn einen anderen Gegenstandstyp meldet. Der Gesichtssinn unterscheidet Farbe, der Geruchssinn Gerüche, der Gehörsinn Töne, der Geschmackssinn Geschmäcker. Die Position für den Tastsinn ist komplexer. Das Objekt, welches im strikten Sinn zu ihm gehört, ist der Körper *per se* im Unterschied zu jeder beliebigen Eigenschaft eines Körpers (C1 und 6; daß diese Einschränkung nötig ist, kann aus 5B5-7 abgeleitet werden, wo der Gegensatz von ›berührbar‹ und ›nicht berührbar‹ benutzt wird, um zu beweisen, daß die Dichotomie von Körper und Leerem erschöpfend ist). Natürlich unterscheidet der Tastsinn bei äußeren Gegenständen auch Eigenschaften wie Härte und Hitze, was aber direkter als die Unterscheidung von Wechseln analysiert wird (C6), die im qualitativen Zustand des eigenen Fleischs desjenigen eintreten, der die Wahrnehmung hat. Nun spricht man im Hellenismus von ›innerer Berührung‹ als dem ›gemeinsamen‹ Wahrnehmungsprozeß, durch den der Handelnde auf die Veränderungen in ihm selbst aufmerksam wird, einschließlich der Veränderungen, die mit den Operationen seiner einzelnen Sinne verknüpft sind; und die Auffassung der Epikureer scheint die zu sein, daß der Tastsinn nur durch eine Auswertung dieser Funktion Zugang zu externen Eigenschaften bekommt. Obwohl dies die Erfassung von Eigenschaften technisch unter eine allgemeine, nicht eine eigentümliche Funktion des Tastsinns subsumiert, steht der Tastsinn einzigartig da im Registrieren ›verschiedener Arten‹ von Eigenschaften − vielleicht verschieden von seinem eigenen spezifischen Gegenstand (dem Körper), oder, einfacher, verschieden untereinander. Davon glaubt man dann offenbar, unter bestimmten Bedingungen berechtige es dazu, von Struktur und Temperatur als eigentümlichen Gegenständen des Tastsinns zu sprechen (A6, C6).

Die Liste der eigentümlichen Gegenstände der Sinne kann verlängert werden − vgl. C5. Aber gibt es denn *keine* gemeinsamen Gegenstände, mit Bezug auf die der eine Sinn den anderen zurückweisen könnte? Die Gestalt zum Beispiel? Selbst hier sind die Daten des Tast- und die des Gesichtssinns strikt inkommensurabel: C1-4. Der Tastsinn unterscheidet Körperlichkeit und daher abgeleiterweise die Gestalt von Körperlichem. Der Gesichtssinn unterscheidet Farbe und daher abgeleiterweise die Gestalt von Farbe, oder alternativ »die Gestalt in einer Entfernung« (C5). Die Konvention, daß die Gestalt ein gemeinsamer Gegenstand des Tast- und des Gesichtssinns sei, läuft daher auf nicht mehr hinaus als auf eine Analogie zwischen zwei ganz verschiedenen Sinnesfunktionen und ihren Objekten (C3-4). So wird auch allgemein kein Konflikt zwischen den Sinneseindrückem entstehen, vorausgesetzt, man erwartet nicht, daß irgendein einzelner Sinn seine wirkliche kognitive Fähigkeit übersteigt (vgl. C7, E2).

Die fünf Sinne können einander also nicht förmlich widersprechen. Daraus folgt, daß sie auch nicht einer des anderen Daten bestätigen können. Dennoch ist es nicht falsch oder inkonsistent von Epikur, ein gewisses Maß an wechselseitiger Unterstützung zwischen, sagen wir, Tast- und Gesichtssinn zu zuzugestehen, wie seine Argumente in 15A11 und 15B das zu erfordern schienen (siehe den Kommentar zur Stelle). Denn ein regelmäßiges Korrelationsmuster zwischen berührbarer Gestalt und sichtbarer Gestalt wird mit Sicherheit äußerst *leicht* durch eine Theorie erklärt, die beide von der tatsächlichen Gestalt des Gegenstandes abgeleitet sein läßt. (In diesem Licht muß 15A9 gelesen werden.)

Durch die Eliminierung von (a) und (b) ist also (c) etabliert: Alle Sinneswahrnehmungen sind wahr. Eine häufig berichtete alternative Formulierung ist die, daß alle ›Vorstellungen‹ wahr seien. Dieser weitere Terminus weicht dadurch ab, daß er nicht-sinnliche Vorstellungen einschließt, etwa Einbildungen und Traumvorstellungen. Solche Vorstellungen stellen sich, wie wir sehen werden, in der Tat als ›wahr‹ dar, obgleich dies unter dem Gesichtspunkt des Wissens von der äußeren Welt manchmal bloß trivialerweise so sein kann. Daher gilt die engere Formel, die von den beiden allein dazu taugt, ›Kriterien‹ der Wahrheit bereitzustellen (siehe 17), allgemein als die interessantere.

Worauf läuft der Slogan hinaus? Das griechische Wort für ›wahr‹ kann auch ›wirklich‹ bedeuten. Idealerweise sollte die These aber in einem strengeren Sinn interpretiert werden als »Alle Sinneswahrnehmungen sind wirkliche Ereignisse«, wenn sie irgendeine substantielle Alternative zur Skepsis liefern soll; Erläuterungen des von **B9** und 12 angebotenen Typs liefern uns bestenfalls einen einzelnen Strang der vollen Theorie. Andererseits kann die Wahrheit, um die es geht, auch nicht genau die sein, die für Aussagen angemessen ist, da Epikur anders als die Stoiker (siehe 39) darauf insistiert, daß Sinneswahrnehmungen ganz vernunftlose Ereignisse sind, die überhupt keine Interpretation einschließen (**B1, E5-6**, vgl. **H**). Die vielversprechendste Spur bietet **F1** an: Die Sinneswahrnehmung ist wahr, weil sie immer (1) durch etwas Äußeres verursacht wird und (2) diesen äußeren Gegenstand genau abbildet. Der äußere Gegenstand wird zumindest im Fall des Gesichtssinns nicht der wahrgenommene feste Gegenstand selbst sein, sondern es handelt sich um die ›Bilder‹, die von ihm ankommen (siehe zu 15). Der Punkt kommt am besten durch die Analogie einer Fotografie heraus. Eine Fotografie wird passenderweise als Fotografie eines äußeren Gegenstands angesehen, nicht von Lichtwellen; dennoch gilt sie nicht insofern als wahr, als sie Gestalt und Farbe des Gegenstands selbst akkurat abbildet — das tut sie möglicherweise gar nicht, z.B. wegen der Perspektive und des Gebrauchs eines Schwarzweißfilms nicht —, sondern insofern, als sie (um ein bißchen zu vereinfachen) exakt die Muster der bei der Linse ankommenden Lichtwellen meldet und somit eine *bona fide*-Evidenz über den äußeren Gegenstand vermittelt, der das Licht reflektiert. Ähnlich wird eine visuelle Vorstellung passenderweise als Vorstellung eines äußeren Gegenstands aufgefaßt, nicht als eine der vermittelnden Bilder; ›wahr‹ indes ist sie nicht deshalb, weil sie akkurat die Gestalt und Farbe des Gegenstands selbst abbildet — das tut sie möglicherweise gar nicht, z.B. wegen der Verzerrung nicht, der die Bilder auf ihrer Route unterzogen wurden (**C3-5, E2-4, G; 15A4**), und deshalb nicht, weil das Sinnesorgan für manche Grade von Partikeln in ihnen unempfindlich sein könnte (**I**) —, sondern deshalb, weil sie akkurat den Zustand der Bilder meldet, die ins Auge eintreten, und somit eine *bona fide*-Evidenz über den äußeren Gegenstand vermittelt, der die Bilder aussendet. Des weiteren empfinden wir keinen Konflikt zwischen einer Fotografie von Sokrates, auf der er klein und verschwommen aussieht, und einer Fotografie, wo er groß und klar erscheint. Wir erwarten, daß sie von einander abweichen, weil ihre Gegenstände verschieden sind, indem die eine eine Fotografie von Sokrates aus der Ferne und die andere eine aus der Nähe ist. Ebenso: Weil die Domäne des Gesichtssinns nicht die ist, die tatsächliche körperliche Gestalt zu melden, sondern die »Gestalt in einer Entfernung« (**C5**), deshalb empfinden wir auch keinen Konflikt zwischen den Weit-weg- und Nahe-bei-Ansichten desselben viereckigen Turms (**E4, G**): natürlicherweise erwarten wir, daß ein Turm weit weg anders aussieht als ein Turm nahe bei, da sie verschiedene Gegenstände der Wahrnehmung bilden (**E4**). Diese Erwartung können wir legitimerweise aufrechterhalten, ob die von uns gewählte physikalische Erklärung des optischen Unterschieds nun korrekt ist oder nicht; was zählt, ist, daß der Unterschied *irgendeine* physikalische Grundlage hat (**A9**). Und allgemein gilt, daß das, was es der Kamera unmöglich macht zu lügen und was ganz entsprechend die Meldungen des Auges wahr macht, eben genau ihr rein mechanischer Charakter ist, ihre Unfähigkeit, etwas auszuschmücken oder zu interpretieren (**B1, E5-6, H**). Der Kamera vertrauen wir solange, wie wir glauben, daß sie akkurat meldet, was an Mustern von Lichtwellen bei ihr von außen ankommt. Wir würden ihr mißtrauen, wenn von ihr gezeigt würde, daß sie (a) sie verzerrt, (b) ihnen etwas hinzufügt, (c) Teile von ihnen tilgt oder (d) Bilder durch einen rein inneren Prozeß herstellt. Analog sollten wir unserem Gesichtssinn solange vertrauen, wie von ihm nicht gezeigt wird, daß er (a) die Bilder bei der Aufnahme verzerrt, (b) etwas zu ihnen hinzufügt, (c) etwas von ihnen entfernt oder (d) ohne die Vermittlung von Bildern »selbst-bewegt« ist: siehe besonders B2. Aller Irrtum liegt in der Interpretation, die diese Sinneseindrücke durch eine Meinung erfahren (E6, F, H; 15A10–12, D9); und es wird mit Nachdruck hervorgehoben, daß eine Meinung, obwohl sie von dem irrationalen und mechanischen Prozeß der Sinneswahrnehmung kausal abhängt, dennoch selbst ein rationaler und nicht-mechanischer Prozeß ist (15A12: er findet »in uns selbst« statt und ist »verschieden«; vgl. für diese schwierigen und wichtigen Begriffe 20B5 mit Kommentar).

Gegenüber der standardmäßigen skeptischen Berufung auf optische Illusionen (vgl. 72E–F) scheint die Theorie eine vielversprechende Antwort anzubieten. Die visuelle Vorstellung, daß ein Ruder im Wasser gebrochen ist, ist vollkommen wahr – nicht als eine Vorstellung von der eigentlichen körperlichen Gestalt des Ruders, über die Auskunft zu geben der Gesichtssinn nicht qualifiziert ist, sondern, so könnten wir sagen, als eine Vorstellung von der Gestalt seiner Farbe durch ein aus Wasser und Luft gemischtes Medium hindurch. Offensichtlich hat die Theorie allerdings auch mit Fällen völliger Verblendung zurechtzukommen (F, vgl. B12). Kann sie ihnen Wahrheit zuschreiben, ohne ganz trivial zu werden? Das Beispiel in F3 ist Orest, der im Wahn Furien sah, furchterregend gräßliche Frauen mit Schlangen anstelle von Haaren. Vermutlich stieß er auf einige monströse Bilder dieser Art, die durch die Zufallsverknüpfung getrennter Frauen- und Schlangenbilder erzeugt wurden (15D2–3), und in seinem verwirrten Zustand versäumte er es, sie als bloß flüchtige Vorstellungen zu erkennen, die keinen festen Körper als Quelle hatten (vgl. 15D6 über ähnliche Versäumnisse, in Träumen zu urteilen). Nach Epikur war Orests Wahrnehmung wahr, weil die Bilder existierten; falsch war jedoch sein Urteil, daß es körperlich-feste Furien gebe. Zur partiellen Unterstützung dieser Analyse könnten wir unsere Wahrnehmung eines Regenbogens vergleichen, die ›wahr‹ zu nennen wir durchaus bereit sind – weil es eine akkurate Meldung der Lichtwellen ist, die uns erreichen. Trügerisch würden wir sie nun dann nennen, wenn sie mit dem Fehlurteil verknüpft wäre, daß der Regenbogen ein fester Körper sei. Der Fehler läge dann im strikten Sinne in dem Urteil.

Wenn die Bereiche der Sinne so eng umschrieben sind, wie wir gesehen haben, daß sie es sind, wie informativ können sie dann über die Natur des äußeren Gegenstands sein? Natürlich sind sie kein untrüglicher Führer. Aber wie Fotografien stellen Sinnesvorstellungen doch genuine Zeugnisse dar, die uns bei sachgemäßer Handhabung zu wahren Urteilen über die äußere Wirklichkeit führen können. Hinsichtlich der Gestalt eines entfernten Turms brauchen wir keinen Fehler zu machen, (a) weil der Gesichtssinn die Entfernung seiner Gegenstände unterscheidet (C5) und uns somit warnt, über ihre Gestalt vorschnell zu urteilen, (b) weil zwischen der scheinbaren Rundheit eines entfernten viereckigen Turms und der aufscheinenden Rundheit eines runden Turms in der Nähe ein Unterschied besteht (G2) und (c) weil wir warten können und auch warten sollten, bis ein Blick aus der Nähe möglich ist (vgl. 18A2), bei dem die Verzerrung minimalisiert wird und die Daten des Gesichtssinns eine regelmäßige und ermutigende Korrelation zu denen des Tastsinns zeigen. Entscheidend ist, bei der Einschätzung von Sinnesdaten zu einem zutreffenden Urteil zu gelangen.

Epikurs Verteidigung der Wahrheit der Sinneswahrnehmung impliziert, die Realität wahrnehmbarer Eigenschaften gegen Demokrit geltend zu machen, der sie geleugnet hatte. Für die theoretischen Konsequenzen davon siehe besonders **7** und **20**.

17 Die Kriterien der Wahrheit

A   Diogenes Laërtius 10.31

(1) Im *Kanon* (›Maßstab‹) erklärt Epikur also, Kriterien der Wahrheit seien die Sinneswahrnehmungen, die Vorbegriffe und die Gefühle; (2) die Epikureer fügen außerdem die Fokussierungen des Denkens zu Vorstellungen hinzu.

B   Epikur, *RS* 24

(1) Wenn du irgendeine Sinneswahrnehmung schlechthin verwirfst und Meinungen, die sich auf erst noch erwartete Evidenz stützen, nicht von dem unterscheidest, was durch die Sinneswahrnehmung, durch die Gefühle und durch jede Fokussierung von Gedanken in eine Vorstellung schon gegenwärtig ist, dann wirst du auch alle deine anderen Sinneswahrnehmungen mit leerer Meinung vermengen, so daß du das Kriterium insgesamt verwirfst. (2) Und wenn du jede erst noch erwartete Evidenz in deinen vermutungsweise gebildeten Begriffen und das, was keine Bestätigung ⟨gefunden hat⟩, als sicher behandelst, dann wirst du das Trügerische nicht ausschließen, so daß du jede Auseinandersetzung und jede Entscheidung über richtig und unrichtig beseitigt hast.

C   Epikur, *Brief an Herodot* 37–38

(1) Zuerst also, lieber Herodot, müssen wir die Dinge begreifen, die den Worten zugrundeliegen, um sie als Referenzpunkt zu haben, in bezug auf den wir dann die Gegenstände der Meinung, der Untersuchung oder der Verwirrung beurteilen können, und damit wir nicht für uns selbst alles durcheinander haben und endlose Ketten von Beweisen entwickeln oder es mit leeren Worten zu tun haben. Denn notwendig muß das ursprüngliche Konzept zu jedem Wort in den Blick kommen, und ein zusätzlicher Beweis darf nicht nötig sein, wenn anders wir etwas haben wollen, auf das wir den Gegenstand der Untersuchung, der Verwirrung oder der Meinung zurückbeziehen können. (2) Anschließend müssen wir alles im Licht unserer Sinneswahrnehmungen betrachten und überhaupt nach Maßgabe unserer gegenwärtigen Fokussierungen, sei es des Verstandes, sei es sonst eines unserer Unterscheidungskriterien, und ähnlich auch nach Maßgabe der begleitenden Affekte in uns, um Anhaltspunkte zu haben, anhand deren wir Zeichenschlüsse auf das ziehen können, was wir erst erwarten, und auf das, was nicht offensichtlich ist.

A Kontext: Doxographie der epikureischen Kanonik, unmittelbar anschließend an **19I**.
C Kontext: Die methodologischen Empfehlungen zu Beginn des Briefs.

D   Epikur, *Brief an Herodot* 82

Deshalb muß man achtgeben auf die Empfindungen, die gegenwärtig sind, und auf die Sinneswahrnehmungen, auf die allgemeinen für allgemeine Sachen und auf die besonderen für besondere Sachen, und überhaupt auf jede Evidenz, die im Sinne jedes unserer Unterscheidungsvermögen gegenwärtig ist.

E   Diogenes Laërtius 10.33

(1) Der Vorbegriff ist, so sagen sie [die Epikureer], sozusagen ein Ergreifen oder eine richtige Meinung oder ein Begriff oder ein allgemeines ›gespeichertes Begreifen‹ − d.h. eine Erinnerung − dessen, was uns häufig mit Evidenz von außen begegnet ist, wie z.B. »Diese und diese Art Gegenstand ist ein Mensch«. (2) Denn sobald das Wort ›Mensch‹ geäußert wird, kommt sofort mittels eines Vorbegriffs auch sein Umriß in unseren Geist, weil die Sinne die Führung haben. (3) Was jeder Bezeichnung also ursprünglich zugrundeliegt, ist etwas Evidentes. (4) Und wir würden über das, worüber wir Untersuchungen anstellen, keine Untersuchungen anstellen, wenn wir davon kein Vorwissen hätten, so z.B. im Fall der Frage: »Ist das, was da drüben steht, ein Pferd oder ein Rind?« Denn irgendwann vorher muß man mittels eines Vorbegriffs die Form eines Pferds und die eines Rinds kennengelernt haben. (5) Auch hätten wir für nichts eine Bezeichnung entwickelt, wenn wir nicht zuvor mittels eines Vorbegriffs seinen Umriß gelernt hätten. (6) Die Vorbegriffe sind also evident. (7) Auch was wir bloß meinen, hängt von etwas vorgängigem Evidentem ab, auf das wir Bezug nehmen, wenn wir − zum Beispiel − sagen: »Woher wissen wir, ob dies ein Mensch ist?«

☐   Epikurs Bezeichnung für die Epistemologie und Erkenntnislehre ist ›Kanonik‹, und sein Handbuch zu diesem Thema nannte man ›*Kanōn*‹ (A1). Ein *kanōn* war ein Maßstab oder ein Lineal und wurde benutzt, um die Geradheit von etwas zu bestimmen, oder für Meßzwecke. Der Ausdruck beleuchtet außerdem einen anderen Ausdruck, den Term ›Kriterium‹, der im Sprachgebrauch der hellenistischen Epistemologie mit *kanōn* praktisch austauschbar war (A1, B1; 15A13, 16A; das griechische Wort *kritērion* wird von Epikur an den Stellen C2, D und 15A11 auch für ein kognitives »Unterscheidungsvermögen« benutzt, was allerdings ein leicht abweichender Sinn ist). Im Gefolge Epikurs wird es für jeden dogmatischen Philosophen der hellenistischen Zeit so gut wie obligatorisch, ein oder mehrere ›Kriterien der Wahrheit‹ zu benennen (vgl. 40) − oder etwas buchstäblicher ›Mittel zur Unterscheidung‹ − und daher Maßstäbe oder oberste Schiedsrichter der Wahrheit, die selber keiner höheren Autorität unterliegen; vgl. 16A4: »etwas, das aus eigenem Vermögen das Falsche mit Wahrem besiegen kann«. Daher wird von einem solchen Kriterium häufig gesagt, es sei evident oder offensichtlich (vgl. D, E3, 7; 15A13). Eine Meinung wird dadurch als wahr oder falsch beurteilt, daß man sie an einem oder mehreren Kriterien mißt.

D Kontext: Angeschlossen an **23C** die Notwendigkeit, naturphilosophische Fragen zum Zweck der Seelenruhe zu verfolgen.   E Kontext: Doxographie der epikureischen Kanonik, unmittelbar anschließend an **16B**, gefolgt von **18B**.

Sinneswahrnehmungen sind das erste der drei Kriterien Epikurs (A1, B1, D; vgl. 7B5; 14A1; 15A9). D unterteilt die Sinneswahrnehmungen in ›allgemeine‹ und ›besondere‹. Allgemeine Sinneswahrnehmungen werden nicht allgemeine Urteile sein, die sich auf Sinneswahrnehmung(en) stützen; eine Meinung kann sich nämlich als falsch erweisen (siehe 16) und kommt als Kriterium deshalb nicht in Frage. Vielmehr wird es sich um Ansammlungen ähnlicher Sinneswahrnehmungen handeln, die im Gedächtnis als sichere Kriterien für induktive Urteile abgelegt sind. Die »allgemeine Sinneswahrnehmung«, die in 5B2 das Zeugnis liefert, daß es Körper gibt, ist identisch mit der Sinneswahrnehmung, die in 5A2 ihr Zeugnis für die Existenz von Körpern »allgemein« oder »überall« ablegt, wörtlich »in allen Fällen«. Auf welche Weise genau empirische und wissenschaftliche Verallgemeinerungen anhand dieses Kriteriums einer allgemeinen Sinneswahrnehmung überprüft werden, wird in 18 erörtert.

Die Prüfung besonderer Meinungen gegen besondere Sinneswahrnehmungen wird plausibel durch das in 18A2 verwendete Beispiel illustriert. Von einer entfernten Gestalt urteilt man provisorisch, es sei Platon. Das Urteil wird die Erwartung einschließen, daß er aus der Nähe angeschaut so und so ein Aussehen haben wird. Wenn die Gestalt nahe genug kommt, wird diese Erwartung gegen die Züge der neuen Vorstellung getestet und das Urteil dementsprechend akzeptiert oder verworfen. Falls ein Irrtum vorkommt, wird er in der Meinung liegen, die man formt, nicht in der Sinnesvorstellung.

›Vorbegriff‹ *(prolēpsis)*, ein Schlüsselbegriff in der hellenistischen Epistemologie (vgl. 40), dessen Einführung zuverlässig Epikur zugeschrieben wird, bildet das zweite Kriterium. E ist dazu das Hauptzeugnis; aber es ist allgemein anerkannt, daß es um dieses Thema auch in C1 geht (vgl. besonders E3); daß der Ausdruck selbst in C vermieden wird, wird lediglich das Bestreben Epikurs spiegeln, sich bei den Eröffnungszügen seiner naturphilosophischen Darstellung auf die allgemeinstmöglichen Erwägungen zu berufen und die schwerer mit Theorie beladenen Termini zu gegebener Zeit auftauchen zu lassen. Ein Vorbegriff ist ein generischer Begriff irgendeiner Art von Erfahrungsgegenstand, wobei der Begriff durch den Namen des Gegenstands natürlicherweise aufgerufen wird, wie dies in E1-2 erklärt wird. Normalerweise wird er aus wiederholten Erfahrungen von etwas Äußerem zusammengesetzt (E1). Beispiele sind Körper (12E2), Mensch (13F4), Nützlichkeit (13E4, 19B4, und vgl. 22B2), Wahrheit (16A2-3) und alle Eigenschaften von Körpern (7B6). Im übrigen kann er Daten von Introspektion einschließen – unsere eigene Verantwortlichkeit oder Tätigkeit (20C4, 8) und die Erwünschtheit von Lust (21A4) – und vielleicht sogar auf eine sekundäre Weise Begriffe des Mikroskopischen umfassen, die empirisch abgeleitet sind (11B7).

Der Vorbegriff Gottes ist zwischen diesen Kategorien schwer zu verorten (siehe 23B–E und den Kommentar). Nichtsdestoweniger bildet die Theologie eine nützliche Illustration für die Funktion des Vorbegriffs als Kriterium in der hellenistischen Diskussion. Von Theorien über die Götter erwartet man, daß sie den Anforderungen Genüge tun, die unser Vorbegriff von Gott stellt. Die Stoiker und andere werden behaupten, daß wir Gott als vorsehend vorbegreifen (54K). Die Epikureer dagegen bestreiten, daß dies ein wirklicher Vorbegriff ist (23B, und geben als Gründe an, (a) daß es mit einem sichereren oder fundamentaleren Vorbegriff unverträglich ist, nämlich mit dem Vorbegriff von Gott als glücklichem Wesen (vgl. 23C), und (b) daß der falsche Quasi-Vorbegriff als das Ergebnis einer fehlerhaften Schlußfolgerung wegerklärt werden kann (23A3-6).

Während der empirische oder natürliche Ursprung eines Vorbegriffs die letzte Rechtfertigung dafür liefert, ihn als Wahrheitskriterium zu benutzen, ist der in C1 angebotene allgemeinere Grund seine Unentbehrlichkeit als Anfangspunkt in der Philosophie. Ohne daß etwas als gegeben angenommen wird, werden unsere Untersuchungen in einen fehlerhaften Regreß von Beweisen gezogen. Die Gefahr eines solchen Regresses ist evident und bekannt (vgl. Aristoteles, *Analytika posteriora* I.3). Aber warum werden Vorbegriffe in ihrer Aufmachung als die Bedeutungen, die den Worten zugrundeliegen, als dasjenige Kriterium ausgewählt, welches in der Lage ist, den Regreß zu stoppen? Im Sinne einer Tatsachenfeststellung war es von Epikur an ein philosophischer Gemeinplatz, daß Vorbegriffe dasjenige sind, was Untersuchungen möglich macht (vgl. **40T**). Um zu sehen, warum man dies glaubte, müssen wir **E4** mit Platons Konzeption der Dialektik vergleichen, wie er sie im *Menon* und *Phaidon* entwickelt hatte. Ausgehend von Menons gefeiertem Paradox, daß man keinerlei Untersuchungen über irgendetwas anstellen könnte, wenn man nicht *bereits* wüßte, was es ist, entwickelte Platon die Ansicht, daß wenn wir etwas untersuchen, wir in gewisser Weise durchaus bereits wissen, was es ist, dank der halb vergessenen vorgeburtlichen Erfahrung unserer Seele − spezieller (im *Phaidon*) dank ihrer vorgeburtlichen Vertrautheit mit den transzendenten Formen des in Rede stehenden Gegenstands. **E4** deutet unabweisbar darauf hin, daß Epikur seinen ›Vorbegriff‹ als eine alternative Antwort auf Menons Paradox ansah, indem er jene Art vorgängiger Vertrautheit gewährleistet (daher »*Vor*-Begriff«), die als Grundlage von Untersuchungen erforderlich ist, indem er das aber ohne so unakzeptable Nebenprodukte wie abgetrennte Universalien und eine vorgeburtliche Existenz tut (für eine andere Weise, wie Vorbegriffe dazu dienen, Platons Formen zu ersetzen, vgl. **13F4**). Infolgedessen liegt die Bedeutung des Vorbegriffs als eines Kriteriums insbesondere darin, daß er es uns garantiert, daß wir wissen, was die Dinge, über die wir diskutieren, wirklich sind. Unsere Vermutungen über sie können an diesem Wissen unmittelbar getestet werden, und so vermeiden wir end- und ergebnislose Argumente über bloß »leere Worte« (**C1**; vgl. auch **19I–J**; **20C8**).

Gefühle sind das dritte Kriterium der Wahrheit (**A1**, **B1**, **C2**, **D**). Das griechische Wort *pathos* schwankt zwischen objektiver ›Affektion‹ − Einwirkungen erleiden oder affiziert werden − und subjektivem ›Gefühl‹. Das zusammengesetzte Wort *sympatheia* beispielsweise, übersetzt mit ›Ko-Affektion‹ in **14A1**, 4 (vgl. **14B3**) und **15A5**, 8, und mit ›Interaktion‹ in Kontexten wie **45C**, tendiert zu der ersteren Bedeutung, aber mit einem Anflug der letzteren. Im vorliegenden Zusammenhang scheint ›Gefühl‹ die passendere Übersetzung zu sein. Die primären Gefühle sind, so heißt es, Lust und Schmerz (Vorspann zu **16E** in Bd. 2; vgl. **7C5**), und sie sind es, die das einzige *ethische* Kriterium der Epikureer konstituieren, den Standard für jedes Wählen und Vermeiden (**21B2**; Diogenes Laërtius 10.34; Cicero, *De fin.* 1.22–23). Die spätere Skepsis macht zwar einen scharfen Unterschied zwischen Wahrheitskriterien, die sie verwirft, und Handlungskriterien, die sie in gewissem Sinn anerkennt. Es ist aber trotzdem zweifelhaft, ob Epikur beides getrennt hat. Zumindest würde er die Sache so auffassen, daß Annahmen über den moralischen Wert der Dinge ebensoviel objektive Wahrheit haben können wie Annahmen über ihre physikalische Natur (vgl. **7D**; **16I**; S. 171) und daß Gefühle die Schiedsrichter über diese Wahrheit sind. Klar ist in jedem Fall, daß Gefühle auch in der Naturphilosophie eine kritische Rolle spielen (**C2** und **D** stammen aus Epikurs naturphilosophischer Abhandlung), nämlich als unsere Quelle für introspektive Daten, um die Natur der Seele zu ermitteln (**14A1-2**, vgl. **14B**). Es kann gut sein, daß alle derartigen Gefühle unter die Obertitel ›Lust‹ und ›Schmerz‹ subsumiert würden (vgl. **7C5**).

Wie es in **A2** heißt, fügten Epikurs Nachfolger zu der Liste ein viertes Kriterium hinzu, die Fokussierung von Gedanken in Vorstellungen. Epikur behandelt jeden bewußten geistigen Akt als ›Fokussierung‹ *(epibolē)*. Aber die Art von Fokussierung, um die es hier geht, ist die, welche eine sinneswahrnehmungsähnliche geistige Vorstellung einschließt, nämlich den in **15D7-8** erklärten Vorgang, sich etwas Äußeres dadurch vorzustellen, daß man sein ›Bild‹ ergreift. Daß Epikur selbst diesen Vorgang für erkenntnismäßig wichtig hielt, ergibt sich klar aus **B1**, **C2** und **D** (wo in den »Vermögen« das Denken inbegriffen ist, vgl. **15A11**); außerdem wissen wir, daß solche Vorstellungen sich technisch als ›wahr‹ herausstellen (siehe **16**). In der Tat, daß es dringend nötig ist, über empirische Daten akkurat zu *denken*, liegt klar genug zutage, besonders bei ›allgemeinen Sinneswahrnehmungen‹, vielleicht aber auch bei der Bestimmung dessen, was im Prinzip vorstellbar ist und was nicht, ein Standard, auf den Epikur sich häufig stützt (vgl. **5A4**; **7B5**; **10C1**; **14A6-7, G**).

Wenn die Epikureer dachten, solches ›Fokussieren‹ sei eins von Epikurs Wahrheitskriterien, dann hatten sie in seinen Schriften Anhaltspunkte, die sie zu diesem Glauben ermunterten. Aber daß Epikur selbst davon absah, es so zu nennen, verwundert nicht: Es wäre ein seltsamer Vorschlag gewesen, daß wir eine Theorie über äußere Gegenstände *allein* dadurch prüfen können, daß wir unsere Augen schließen und uns die Gegenstände vorstellen. Dieser Prozeß der Einbildung muß im strengen Sinne eine Hilfsgröße zum Kriterium direkter sinnlicher Vertrautheit sein. (Für eine mögliche Ausnahme im besonderen Fall der Götter siehe **23**, besonders S. 169–171.)

18 Wissenschaftliche Methodologie

A   Sextus Empiricus, *Adv. Math.* 7.211–216   (teilw. Usener 247)

(1) Von den Meinungen sind nach Epikur also die einen wahr und die anderen falsch. Wahr sind die, die durch die Evidenz bestätigt werden, und die, die durch sie ein Nicht-Gegenzeugnis erhalten. Falsch sind dagegen die Meinungen, die durch die Evidenz ein Gegenzeugnis, und die, die durch sie eine Nicht-Bestätigung erhalten. (2) Eine Bestätigung ist die Erkenntnis durch eine evidente Vorstellung von der Tatsache, daß das, was man meint, gerade so ist, wie man meinte, daß es sei. Zum Beispiel: Wenn Platon aus der Ferne herankommt, schätze ich zunächst und bilde mir die Meinung, daß es Platon ist; wenn er dann nähergekommen ist, gibt es zusätzliche Anhaltspunkte, daß es Platon ist; und wenn die Entfernung ganz zusammengeschrumpft ist, wird es auch durch die Evidenz selbst bestätigt. (3) Ein Nicht-Gegenzeugnis [durch die Evidenz] ist eine Folgerung aus dem Evidenten auf das Nicht-Evidente, welches angesetzt wird und den Gegenstand der Meinung bildet. Zum Beispiel: Wenn Epikur erklärt, daß es das Leere gibt, welches ja nicht-evident ist, dann begründet er dies mit einer evidenten Tatsache, der Bewegung; wenn es das Leere nämlich nicht gäbe, könnte es auch keine Bewegung geben, weil der in Bewegung befindliche Körper keinen Ort hätte, in den er überwechseln könnte, da alles voll und fest ist. Demnach stellt das, was evident ist — die Bewegung existiert ja —, dem Nicht-Evidenten, welches Gegenstand der Meinung ist, ein

---

A Kontext: Unmittelbar anschließend an **16E**.

Nicht-Gegenzeugnis aus. (4) Das Gegenzeugnis andererseits ist etwas, das mit dem Nicht-Gegenzeugnis unverträglich ist; denn dabei handelt es sich um die Aufhebung des Evidenten durch das angesetzte Nicht-Evidente. Zum Beispiel: Der Stoiker sagt, das Leere gebe es nicht, und behauptet dabei etwas Nicht-Evidentes. Aber nachdem dies so angesetzt ist, muß das Evidente, ich meine die Bewegung, [mit dem Leeren zusammen] mitaufgehoben werden; denn wenn es das Leere nicht gibt, findet nach der von uns schon vorher dargelegten Methode auch keine Bewegung statt. (5) Genauso steht auch die Nicht-Bestätigung der Bestätigung entgegen. Dabei handelt es sich um eine Konfrontation durch die Evidenz der Tatsache, daß das Gemeinte in Wirklichkeit nicht so ist, wie man meinte, daß es sei. Zum Beispiel: Wenn von weitem jemand herankommt und wir schätzen aus der Entfernung, daß es Platon ist; aber wenn die Entfernung überbrückt ist, erkennen wir durch Evidenz, daß es nicht Platon ist. Von dieser Art ist die Nicht-Bestätigung; denn das Gemeinte wurde durch das Evidente nicht bestätigt. (6) Somit sind Bestätigung und Nicht-Gegenzeugnis das Kriterium dafür, daß etwas wahr ist, die Nicht-Bestätigung und das Gegenzeugnis hingegen das Kriterium dafür, daß etwas falsch ist. Und die Evidenz ist das Fundament und die Basis von allem.

B   Diogenes Laërtius 10.34

(1) Die Meinung bezeichnen sie auch als ›Annahme‹, und sie sagen, daß sie wahr und falsch sei; wenn sie nämlich das Zeugnis der Sinne für sich oder nicht gegen sich habe, sei sie wahr, und wenn sie es nicht für sich oder gegen sich habe, sei sie falsch. (2) Daher führten sie den Terminus ›das, was erwartet wird‹ ein, z.B. zu warten und in die Nähe des Turms zu gelangen und zu erfahren, wie er aus der Nähe aussieht.

C   Epikur, *Brief an Pythokles* 85–88

(1) Erstens also sollten wir nicht denken, daß das Wissen um die Himmelserscheinungen (mögen sie in einem größerem Zusammenhang oder isoliert für sich besprochen werden) irgendeinem anderen Ziel diene als der Unerschütterlichkeit (Freiheit von Verwirrung) und der festen Zuversicht − genauso wie in allen übrigen Bereichen der Erörterung. (2) Weiter soll man nicht das Unmögliche herbeizwingen. Und man soll auch nicht für alles die gleiche Betrachtungsweise wie für die Fragen der Lebensführung beibehalten oder wie für die Lösung der anderen naturphilosohischen Probleme wie z.B., daß das All ein Körper und eine nicht berührbare Substanz ist oder daß es unteilbare Elemente gibt, und alle solche Thesen, die mit den Phänomenen außerordentlich konsistent zusammenstimmen. Das trifft nicht zu im Fall der Himmelserscheinungen. Vielmehr lassen diese mehrerlei Ursachen für ihre Entstehung und mehrerlei

---

B Kontext: Unmittelbar anschließend an **17E**.   C Kontext: Methodologische Einleitung des Briefs.

Erklärungen ihres Wesens zu, die mit den Sinneswahrnehmungen alle konsistent sind. (3) Naturtheorie soll man nämlich nicht mit leeren Urteilen und gehaltlosen Festsetzungen treiben, sondern so, wie offensichtliche Dinge dies erfordern. Denn unser Leben bedarf nicht privater Theoretisiererei und leerer Meinung, sondern der ungestörten Existenz. (4) Was also all die Dinge angeht, die sich auf mehrerlei Weise konsistent mit den Phänomenen erklären lassen, so geht dort alles ohne Erschütterung vonstatten, sobald man das, was über sie plausibel entwickelt worden ist, in der gehörigen Weise stehen läßt. Wenn einer jedoch die eine Erklärung zugesteht und die andere verwirft, obwohl sie mit dem Phänomenenbestand ebenso konsistent ist, verläßt er offensichtlich ganz den Bereich der Naturerklärung und verfällt dem Mythos. (5) Zeichen, die auf das hindeuten, was am Himmel geschieht, finden sich bei bestimmten Phänomenen des uns vertrauten Erfahrungsbereichs, bei denen wir beobachten können, wie sie sich vollziehen, und nicht bei den Phänomenen am Himmel; die nämlich lassen mehrerlei Entstehungsweise zu. (6) Bei jedem einzelnen von ihnen müssen wir freilich unsere Vorstellung davon genau beobachten und sie von den Begebenheiten unterscheiden, die damit verbunden sind und bei denen der Umstand, daß sie sich auf mehrerlei Weise ereignen, nicht dem widerspricht, was in unserem Erfahrungsbereich geschieht.

D   Lukrez 5.509–533

(1) Laßt uns nun singen, was die Ursache für die Bewegungen der Gestirne ist. (2) Erstens: Wenn sich der mächtige Himmelskreis dreht, müssen wir sagen, daß die Luft auf ihren Pol von beiden Enden her Druck ausübt, ihn von außen hält und ihn von beiden Seiten her einschließt und daß dann andere Luft oberhalb davon fließt und sich in eben der Richtung bewegt, in der die schimmernden Sterne des fixierten Himmels rotieren; (3) oder aber es fließt unten ein anderer Luftstrom und nötigt den Himmelskreis in der entgegengesetzten Richtung, so wie wir Flüsse die Schöpfräder drehen sehen (4) Eine weitere Möglichkeit ist die, daß der Himmel als ganzer steht, während sich die leuchtenden Himmelskörper bewegen, (5) sei dies nun deshalb, weil schnelle Ätherströmungen, die innen eingeschlossen sind, auf der Suche nach einem Ausgang herumgehen und in der Nacht-Zone des Himmels überall die Feuer in Drehung versetzen, (6) oder sei es deshalb, weil ein Luftstrom von woanders her fließt, von außerhalb der Welt her, und die Feuer nötigt, sich zu drehen, (7) oder sei es deshalb, weil sie selbst in der Lage sind, dahin zu kriechen, wohin die Nahrung einen jeden ruft und wohin sie, ihre feurigen Körper überall am Himmel weidend, die einlädt, die gehen. (8) Denn es ist schwierig, mit Sicherheit festzustellen, welche dieser Möglichkeiten in unserer Welt die zutreffende ist. Vielmehr, was möglich ist und in all den verschiedenen Welten geschieht, die im ganzen Weltall verteilt auf unterschiedliche Weise geschaffen sind, das stelle ich dar und ver-

---

D Kontext: Im Anschluß an Lukrez' Darstellung der Kosmogonie. Der entsprechende Text bei Epikur steht im *Brief an Pythokles* 92.

fahre dabei so, daß ich eine Mehrzahl von Gründen auseinandersetze, die im ganzen Universum als Ursachen für die Bewegungen der Gestirne in Frage kommen. Von ihnen muß dann einer auch der Grund sein, der hier in unserer Welt die Himmelskörper mit Bewegung belebt. Aber welcher von ihnen das ist, das festzulegen ist nicht die Sache dessen, der mit Vorsicht voranschreitet.

E Lukrez 6.703–711

Es gibt auch eine Reihe von Dingen, bei denen nur eine einzige Ursache anzugeben nicht genug ist, sondern mehrere Ursachen, von denen aber nur eine die aktuelle ist, so wie es, wenn du in der Ferne den leblosen Körper eines Menschen liegen siehst, angemessen sein kann, alle Todesursachen anzuführen, damit darunter die spezielle Ursache für jenen Tod genannt wird. Denn du könntest nicht behaupten, daß er durch ein Schwert oder durch Kälte gestorben ist oder durch Krankheit oder etwa durch Gift. Sondern wir wissen, daß es von dieser Art Gründe etwas Bestimmtes war, was ihm zugestoßen ist. Dasselbe haben wir ebenso in vielen anderen Dingen zu sagen.

F Philodemus, *De signis* 11.32–12.31 *(FDS 1034)*

(1) Denn gesetzt, »Wenn das Erste, dann das Zweite« sei immer dann wahr, wenn »Wenn nicht das Zweite, dann auch nicht das Erste« wahr ist, dann folgt daraus doch nicht, daß allein die Eliminationsmethode zwingend ist. (2) Denn »Wenn nicht das Zweite, dann auch nicht das Erste« erweist sich *zuweilen* dadurch als wahr, daß, wenn das Zweite hypothetisch aufgehoben wird, aufgrund von dessen bloßer Aufhebung auch das Erste aufgehoben wird – (3) wie das ja auch bei [der Aussage] »Wenn es eine Bewegung gibt, gibt es das Leere« der Fall ist; denn wenn das Leere hypothetisch aufgehoben wird, wird durch seine bloße Aufhebung auch die Bewegung aufgehoben, so daß dieser Fall zur Eliminationsklasse gehört. – (4) *Zuweilen* aber erweist sich [die Aufhebung des Ersten] nicht auf diese Weise als wahr, sondern dadurch, daß man sich unmöglich denken kann, daß wohl das Erste existiert oder eine solche Beschaffenheit hat, daß aber das Zweite nicht existiert oder keine solche Beschaffenheit hat; (5) zum Beispiel: »Wenn Platon ein Mensch ist, ist auch Sokrates ein Mensch«. Wenn dies nämlich wahr ist, dann ist auch die Aussage wahr: »Wenn Sokrates kein Mensch ist, ist auch Platon kein Mensch«, aber nicht deshalb, weil durch die Aufhebung von Sokrates (im Wege der Elimination) zugleich auch Platon aufgehoben würde, sondern deshalb, weil man sich unmöglich denken kann, daß Sokrates kein Mensch ist, aber Platon wohl ein Mensch ist; und diese Schlußweise gehört klarerweise zur Ähnlichkeitsmethode.

E Kontext: Mitten in einer Reihe von Erklärungen zu Naturphänomenen, Vorbereitung auf vier alternative Erklärungen der Überschwemmungen des Nils in 712–737. F Kontext: Antwort auf die beiden ersten Argumente des Stoikers Dionysios gegen die epikureische Ähnlichkeitsmethode.

G   Philodemus, *De signis* 34.29–36.17

(1) Den Kritikern des Zeichenschlusses aufgrund der Ähnlichkeit entgeht der Unterschied zwischen den genannten [Bedeutungen von »insofern als«] und der Art, wie wir die »insofern als«-Prämisse aufstellen, so wie beispielsweise »Der Mensch, insofern er Mensch ist, ist sterblich«. ... (2) Denn daß dieses mit jenem notwendig verknüpft ist, nehmen wir aufgrund eben der Tatsache an, daß es in allen Fällen, die uns untergekommen sind, als dessen Begleiterscheinung zu beobachten war, zumal da wir eine bunte Schar von Tieren derselben Art getroffen haben, die voneinander in allen anderen Hinsichten abwichen, aber diese und diese gemeinsamen Eigenschaften teilen. (3) Daher sagen wir auch, daß der Mensch, insofern er Mensch ist und als Mensch, sterblich ist, weil wir eine große Vielfalt von Menschen getroffen haben, ohne je irgendeine Art von Variation in bezug auf dieses akzidentelle Attribut zu entdecken und ohne je auf etwas zu stoßen, das uns zu der gegenteiligen Ansicht hingezogen hätte. (4) Nach dieser Methode also wird die Prämisse in diesen Fällen und in allen anderen gebildet, bei denen wir die »insofern als«- und die »inwiefern«-Konstruktion anwenden — die eigentümliche Verknüpfung, welche durch die Tatsache angezeigt wird, daß die eine Sache der untrennbare und notwendige Begleiter der anderen ist. (5) Dasselbe trifft nicht auch in den Fällen zu, wo etwas nur durch Eliminierung des Zeichens etabliert wird. Aber selbst in diesen Fällen ist das, was die Festigkeit verschafft, die Tatsache, daß alle Instanzen, die wir getroffen haben, dies als ihren Begleiter haben. Denn weil all das, was sich in unserem Erfahrungsbereich bewegt, sich zwar in allen anderen Hinsichten unterscheidet, aber dies eine gemeinsam hat, daß die Bewegung durch leere Räume hindurch erfolgt, deshalb schließen wir, daß dasselbe auch im Bereich der nicht offenkundigen Dinge ohne Ausnahme gilt. Und um zu behaupten, daß, wenn es kein Feuer gibt oder gegeben hat, wir den Rauch eliminieren können, ist unser Grund der, daß in allen Fällen und ausnahmslos Rauch als Absonderung von Feuer beobachtet wurde. (6) Einen Fehler machen sie aber auch insofern, als sie nicht zur Kenntnis nehmen, wie wir zu der Annahme kommen, daß durch die offensichtlichen Dinge kein Hindernis entsteht. Denn um die minimalen Bahnabweichungen der Atome anzuerkennen, sind das Zufällige und das, was in unserer Macht steht, nicht ausreichend; vielmehr muß man zusätzlich zeigen, daß von den evidenten Sachen auch nicht eine einzige dieser These widerstreitet.

☐   Sinneserfahrung ist ein garantierter oder »evidenter« Standard, anhand dessen die Wahrheit oder Falschheit einer Meinung beurteilt werden kann (A1; vgl. **17**). Ausführlicher heißt es von Meinungen über Tatsachen, welche möglicherweise in den Bereich unserer direkten Erfahrung fallen, sie würden verifiziert, wenn sie durch evidente Dinge »bestätigt« werden, und falsifiziert, wenn sie durch sie »nicht-bestätigt

---

G Kontext: Bericht Philodems von einem mündlichen Beitrag zu derselben epikureisch-stoischen Debatte wie in F; ein ungenannter Epikureer antwortet auf den stoischen Vorschlag von **42G4**.

werden«; dementsprechend werden wissenschaftliche Theorien über das Nicht-Offenkundige verifiziert, wenn sie durch evidente Dinge »keinen Widerspruch erhalten«, und falsifiziert, wenn sie durch sie »Widerspruch erhalten«. Diese Unterscheidungen werden nirgendwo mit voller Präzision formuliert, scheinen aber A zugrundezuliegen (vgl. B; 15A12) und entsprechen dem, was die Epikureer wirklich praktizieren (vgl. 12A1; 15A1–5; 22B2).

Das Beispiel für Bestätigung in A2 sieht unkompliziert aus: siehe weiter 17, Kommentar. Andererseits bietet A5 Anlaß, sich zu wundern, warum die direkte Beobachtung, daß eine Meinung falsch ist, zu der schwachen Charakterisierung kommt, eine »Nicht-Bestätigung« zu sein. Warum ist der Gegensatz zur Bestätigung nicht die positive Bestreitung? Eine mögliche Antwort ist, daß Bestätigung und Nicht-Bestätigung in erster Linie als wissenschaftliche Methoden und daher als Mittel aufgefaßt wurden, empirische Verallgemeinerungen zu überprüfen, wie z.B. in 22B, daß so und so ein Typ von Verhalten sozial förderlich ist. In solchen Fällen wird die Nicht-Bestätigung – die fehlende Feststellung bestätigender Instanzen – normalerweise ein hinreichender und vielleicht auch der einzig mögliche Grund sein, die Hypothese zu verwerfen.

Konsequenterweise könnte man A eine gewisse Oberflächlichkeit in der Wahl von Beispielen vorwerfen. Der Text gilt allgemein als unser Haupttext zur epikureischen Methodologie; aber wie er sich ausweist, das ist in der Tat ziemlich suspekt. Die Quelle, auf die Sextus sich bei der Abfassung stützte, war so gut wie sicher eine Geschichte der Erkenntnislehre, die Antiochos von Askalon im 1. Jh. v.Chr. verfaßt hatte, von dessen übrigen Berichten über frühere Philosophen einige alarmierend unhistorisch waren. In der Tat werden wir am Ende dieses Paragraphen argumentieren, daß seine Darstellung von Nicht-Gegenzeugnis und Gegenzeugnis in A3–4 auf einem schweren Irrtum beruht. Einstweilen wird sein Zeugnis mit Vorsicht behandelt.

A3 nimmt an, daß eine Meinung über das Nicht-Evidente nur dann »ein Nicht-Gegenzeugnis« durch etwas Evidentes erhält, wenn es aus diesem *folgt*. Im gewählten Beispiel ist das Evidente die Tatsache der Bewegung, während das Nicht-Evidente, von dem es heißt, es folge daraus, ihr *explanans* ist, die Existenz des Leeren. Aber während Epikur von letzterem sicher annahm, daß es aus ersterem folge (5A3; 6A), besteht wenig Grund zu denken, daß er dies als ein Beispiel von bloßem »Nicht-Gegenzeugnis« durch die Phänomene ansah. Dieser Ausdruck (*ouk antimartyrēsis*) impliziert offensichtlich nichts strenger als *Konsistenz* mit den Phänomenen; und wenn Epikur sich auf dieses Prinzip stützt, sind die geltend gemachten Phänomene nicht wie in A3 das *explanandum* selbst, sondern *analoge* Phänomene innerhalb unserer direkten Erfahrung. In seinem *Brief an Pythokles* über Himmelserscheinungen wird dies zu wiederholten Malen betont (vgl. C5–6): Die Erklärung einer Himmelserscheinung ist akzeptabel dann und nur dann, wenn innerhalb unseres direkten Erfahrungsbereichs vergleichbare Kausalprozesse beobachtet werden (vgl. D3). Ähnlich wird die unerhörte Feinheit, die den ›Bildern‹ zugeschrieben wird, welche Sinnesvorstellungen und Einbildungen erklären, in 15A3 dadurch gerechtfertigt, daß »nichts Evidentes dagegen spricht«, und die reichhaltigeren Argumente, die Lukrez beistellt (4.110–128), sind von eben der Art, die diese Ausdrucksweise uns erwarten läßt, so zum Beispiel die Analogie kaum sichtbarer Insekten, deren einzelne Organe weit unterhalb der Schwelle unserer Wahrnehmung sein müssen. Was durch das Aufgebot solcher Analogien etabliert wird, ist natürlich in erster Linie, daß die in Rede stehende wissenschaftliche Theorie möglich ist. Irgendwie indes nimmt man von diesem Nicht-Gegenzeugnis-Test an, daß er auch *Wahrheit* verbürgt: A1, B1; 15A12.

Dieser überraschende Anspruch wird auf drei Weisen untermauert. Erstens beachte man, daß die zu testende Hypothese nicht zufällig ausgewählt wird, sondern wegen ihres explanatorischen Werts im Rahmen einer wohlbestimmten wissenschaftlichen Untersuchung: z.B. **G6** (im Vergleich mit **11H4**; **20**); **12E2-3**; **15A5**. In solch einem Zusammenhang kann sich oft heraustellen, daß von mehreren möglichen Hypothesen zur Erklärung nur eine den Test auf Konsistenz mit den Phänomenen übersteht. Und glücklicherweise ist von den Grundpositionen des epikureischen Atomismus anzunehmen, daß sie zu dieser Klasse gehören: **C2**. Solche Theorien sollten daher unzweideutig als wahr akzeptiert werden.

Zweitens könnte es so sein, daß eine These sich aus theoretischen Gründen als die einzige erweist, die überhaupt in Frage kommen kann. Selbst dann erfordert sie noch, um akzeptiert zu werden, ein Nicht-Gegenzeugnis in Gestalt einer Analogie, welche die These als möglich erweisen und vielleicht ein Modell für unser Verständnis der These bereitstellen kann. Hinlängliche Beispiele hierfür sind zu finden in **9A9**; **11B7**; **12D4, E4**.

Bei einer dritten Sorte von Fällen, namentlich bei der Erklärung von Himmelsphänomenen (aber nicht allein davon: vgl. **15A4-5**), kann sich bei mehreren alternativen Thesen herausstellen, daß sie gleichermaßen nützlich und mit den Phänomenen in unserem direkten Erfahrungsbereich gleichermaßen konsistent sind: **C**. Wenn dieser Fall eintritt, ist es angebracht, *alle* diese Thesen zu akzeptieren, und zwar nicht nur eben als möglich, sondern auch in gewisser Weise als wahr. Denn in einem unendlichen Universum könnte es bei nichts, das seinem Wesen nach möglich ist, ausbleiben, daß es irgendwo verwirklicht wird: **D8**. Gelegentlich könnte sogar in unserer eigenen Welt mehr als nur eine der Thesen konkurrierenderweise am Werk sein. Häufiger wird eine These hier und werden andere in anderen Welten gelten; aber selbst dann ist die einzig angemessene wissenschaftliche Vorgehensweise die, alle die Erklärungen anzunehmen und zwischen ihnen keine willkürliche Wahl zu versuchen: **C4, D8, E**. Die Kraft des Nicht-Gegenzeugnisses, ›Wahrheit‹ zu etablieren, ist daher selbst in Fällen wie diesen technisch gesichert.

Das Nicht-Gegenzeugnis erweist sich also als ein Verifikationsprinzip, das am besten im Zusammenhang der epikureischen Wissenschaft verstanden wird. Charakteristischerweise nutzt es die Analogie direkt beobachteter Tatsachen und Prozesse aus, um Hypothesen zu bestätigen, die während der Ausarbeitung einer umfassenden wissenschaftlichen Theorie gebildet werden. Aber ob all die vielen Analogien, die in der naturtheoretischen Argumentation der Epikureer bemüht werden, zu einem dieser drei Typen von Nicht-Gegenzeugnis gehören, darüber läßt sich streiten.

Spätere Epikureer unter der Führung Zenons von Sidon (ca. 100 v.Chr.) setzten die Diskussion dieser Themen fort. Sie taten dies im Widerstand gegen neuere stoische Theorien des ›Zeichens‹ (vgl. **42G–H**), und einer von ihnen, Philodem, schrieb ein Buch *Über Zeichen*. In den davon erhaltenen Fragmenten erfahren wir einige der Veränderungen. Diese Epikureer berichten zwar genau von der wesentlich bestätigenden Rolle des Nicht-Gegenzeugnisses (siehe **G6**); ihr eigenes Interesse haben sie aber auf die Analyse verschoben, auf welche Arten genau etwas Verborgenes aus seinem phänomenalen ›Zeichen‹ ›folgen‹ oder erschließbar sein kann. Die Stoiker ihrer Zeit waren der Ansicht, daß die einzige gültige Verknüpfung dieser Art die des strikten logischen Folgerungszusammenhangs sei (der übliche stoische Ausdruck dafür ist »Zusammenhang« − siehe **35B**). Gewißheit über solche Verknüpfungen verschafft man sich durch die Eliminationsmethode (vgl. **F2-3**): q folgt aus p dann und nur dann, wenn, falls q ›eliminiert‹ wird, p eben *dadurch* ›mit-eliminiert‹ wird. Das akzeptieren auch die Epikureer als ein gültiges Schlußprinzip. Sie fügen aber ein zweites Prinzip hinzu, die Ähnlichkeitsmethode. Der Unterschied ist folgender: Die Ähnlichkeitsmethode begründet Schlußfolgerungen der Form »Wenn (oder ›weil‹) x ist F, dann (oder ›deshalb‹) y ist F«, wobei angenommen wird, daß die Ähnlichkeit von y zu x es »undenkbar« macht, daß ein wesentliches Prädikat von x y fehlen sollte (vgl. **F4-5**). Solch eine Ähnlichkeit kann eine direkte sein, wie bei dem Induktionsschluß von der Sterblichkeit der Menschen in unserem Erfahrungsbereich auf die Sterblichkeit aller Menschen (vgl. **G3**), oder eine analoge, wie bei bestimmten grundlegenden Ableitungen der Eigenschaften von Atomen aus den Eigenschaften wahrnehmbarer Körper. Die Eliminationsmethode wird von den Epikureern für Fälle reserviert, wo keine derartige Ähnlichkeit besteht, namentlich für Schlüsse aus einem phänomenalen *explanandum* auf sein verborgenes *explanans*, etwa den Schluß von der Bewegung auf das Leere (vgl. **F2-3**, **G5**, wo das parallel gelagerte ›Rauch‹-Beispiel ihre Neigung illustriert, logische und empirische Verknüpfung miteinander zu vermengen). Aber obwohl die Schlüsse der letzteren Art formal durch die Eliminationsmethode gedeckt sind, bestehen die Epikureer darauf, daß diese Methode nicht aus sich selbst heraus einen wahren ›Zeichenschluß‹ konstituiert, vermutlich deshalb nicht, weil sie nicht in der Lage ist, aus sich selbst heraus irgendetwas aufzudecken. Die ganze Last der ›Bestätigung‹ trägt auf einer logisch vorgeordneten Stufe die Ähnlichkeitsmethode: Sie zieht daraus, daß die Bewegung im Bereich unserer Erfahrung ausnahmslos vom leeren Raum abhängt, den Schluß, daß Bewegung überhaupt ohne leeren Raum unmöglich ist (**G5**). Die Eliminationsmethode wird dann bloß herangezogen, um den formalen und relativ trivialen Schritt zu tun, der dies rechtfertigt, wenn man auf der nicht-evidenten Ebene von der Atombewegung ausgeht und, wiederum auf der nicht-evidenten Ebene, auf den wahrhaft leeren Raum schließt, d.h. auf das Leere. Die Stoiker, so wird behauptet, überschätzen die deduktive Eliminationsmethode, weil sie nicht zur Kenntnis nehmen, daß diese Methode vollständig von empirischen Voraussetzungen abhängt, die durch die Ähnlichkeitsmethode induktiv gesichert werden.

Wir sind nun in der Lage, den Irrtum des Antiochos zu diagnostizieren, die mutmaßliche Quelle der Auslegung des epikureischen ›Nicht-Gegenzeugnisses‹ in **A3**. Auf der Suche nach einer Illustration der Methode griff er in ein zeitgenössisches epikureisches Handbuch, möglicherweise gerade in die Schrift *Über Zeichen*. Als er in derart relevanten Passagen wie **G6** den genauen Terminus nicht fand, assoziierte er ihn fälschlich mit einer geläufigen epikureischen Thematik, der Eliminationsmethode. Ohne den Kontext gelesen ergeben dann Abschnitte wie **F2-3** gerade die in **A3** gebotene Illustration, daß die Existenz des Leeren aus der der Bewegung folge, weil (wie **A4** erklärt), wenn das Leere »eliminiert« wird, dadurch die Bewegung »mit-eliminiert« wird. Aber die angenommene Äquivalenz dieses Prinzips mit dem des Nicht-Gegenzeugnisses, ferner die Implikation, daß es aus sich selbst heraus ausreiche, die Existenz des Leeren zu »bestätigen«, und schließlich der Anachronismus, die mit diesem Prinzip verbundene Terminologie Epikur zuzuschreiben, all das offenbart die Unangemessenheit dieses Berichts.

19 Sprache

A Epikur, *Brief an Herodot* 75–76

(1) Ferner müssen wir anerkennen, daß sogar die Natur von den Umständen selbst in vielfacher und vielerlei Hinsicht belehrt und gezwungen worden ist und daß ihre Lektionen dann später vom Verstand genauer ausgearbeitet und mit neuen Entdeckungen erweitert worden sind, bei den einen Leuten schneller, bei anderen langsamer, und in manchen Epochen und Zeiten aufgrund der ⟨jeweils eigentümlichen Bedürfnisse in größeren Sprüngen,⟩ in anderen in kleineren Sprüngen. (2) Daher sind auch die Bezeichnungen ursprünglich nicht durch Satzung entstanden. Sondern in jedem Volk erlebte die menschliche Natur selbst eigene Empfindungen und nahm eigene Vorstellungen auf und sandte daher auf jeweils eigene Weise den von den einzelnen Empfindungen und Vorstellungen verursachten Luftstrom aus, so wie die Völker sich eben von Ort zu Ort unterscheiden. (3) Später wurden dann in den einzelnen Völkern gemeinschaftlich besondere Lautprägungen festgelegt, damit die wechselseitigen Bekundungen weniger mehrdeutig würden und sich kürzer ausdrücken ließen. (4) Außerdem führten die Leute, die im Besitz von Wissen waren, verschiedene Dinge ein, die man nicht sehen kann, und brachten dafür auch Worte in Umlauf. (5) Die Menschen gaben Äußerungen ⟨also teils⟩ gezwungen von sich, und andernteils wählten sie sie durch vernünftige Erwägung aus, und das sind im Prinzip die Ursachen dafür, daß sie zu einer eigenen Ausdrucksweise fanden.

B Lukrez 5.1028–1090

(1) Die Natur indes zwang sie dazu, die verschiedenen Töne der Zunge auszusenden, und die Nützlichkeit gestaltete die Töne aus zu Bezeichnungen für die Dinge. (2) Das geschah auf ungefähr die Weise, auf die das Unvermögen der Zunge die Kinder dazu anzutreiben scheint, Gesten zu verwenden, wenn es sie veranlaßt, mit dem Finger zu zeigen, welche Gegenstände gegenwärtig sind. Denn jeder hat ein Gespür dafür, in welchem Ausmaß er seine Kräfte verwenden kann: Wenn dem Kalb die Hörner zu wachsen beginnen, noch bevor sie ihm aus der Stirn herausstehen, greift es zornig mit ihnen an und macht damit feindliche Attacken. Die jungen Panther und Löwen wehren sich schon mit Krallen, Tatzen und Beißen, wenn die Krallen und die Zähne ihnen noch kaum gewachsen sind. Auch sehen wir, wie alle Vögel ihren Flügeln vertrauen und ihren flatternden Beistand suchen. (3) Es ist daher verrückt, anzunehmen, daß damals jemand den Dingen Namen zugeteilt hätte und daß die Menschen von da aus die ersten Wörter gelernt hätten. Warum hätte er in der Lage sein sollen, alles mit Lauten zu bezeichnen und die verschiedenen Laute der Zunge zu

---

A Kontext: Nach dem Abschnitt über die Bildung der Welt(en), aus dem **13C** stammt, gefolgt von **23C**.　　　B Kontext: Unmittelbar anschließend an **22K**, wo von vorsprachlichen Kommunikationsmitteln beim Aufbau sozialer Gruppen die Rede ist.

äußern, während von den anderen angenommen wird, daß sie zu der Zeit nicht in der Lage waren, dergleichen zu tun? (4) Außerdem, wenn andere die Laute noch nicht untereinander verwendet hatten, wie bekam er dann den Vorbegriff von deren Nützlichkeit eingepflanzt, und woher erhielt er die erste Fähigkeit, zu wissen und mit dem Geist zu sehen, was er tun wollte? (5) Ferner war ein einzelner unmöglich in der Lage, viele zusammenzuscharen und die Besiegten dahingehend zu nötigen, daß sie die Bezeichnungen der Dinge hätten lernen wollen. Auch ist es nicht leicht, ein Verfahren zu finden, mit dem man eine taube Zuhörerschaft unterrichten und überzeugen kann, was zu tun nötig ist; sie würden nämlich die Geduld verlieren und es auf keinerlei Weise dulden, daß die ungewohnten Laute seiner Stimme ihnen weiterhin vergeblich in den Ohren dröhnen. (6) Schließlich: Was ist so verwunderlich daran, wenn das Menschengeschlecht, mit Stimme und Zunge begabt, auf die Dinge hindeutete mit wechselnden Lauten, die wechselnden Wahrnehmungen entsprochen haben sollen? Wo doch stummes Hausvieh und selbst die wilden Tiere normalerweise wohlunterscheidbare vielfältige Laute erzeugen, wenn sie Angst oder Schmerzen haben und wenn gar Freude sie überkommt! Denn das ist ja doch aus offensichtlichen Tatsachen zu ersehen. Wenn die riesigen Rachen der Molosserhunde mit ihren weichen Lefzen einerseits gereizt die harten Zähne entblößen und zu knurren beginnen, dann ist ihre Wut gefesselt und drohen sie mit einem völlig anderen Ton, als wenn sie schon toben und alles mit ihrem Gebell erfüllen. Wenn sie andererseits ihre Jungen mit schmeichelnder Stimme zu lekken versuchen oder sie mit ihren Füßen stoßen oder wenn sie, fähig zu mächtigem Biß, ihre Zähne zurückhalten und freundliches Schnappen spielen, dann locken sie sie mit einem Jaulton in der Stimme, der ganz verschieden davon ist, wenn sie im Haus zurückgelassen heulen oder winselnd mit am Boden geducktem Körper Schlägen ausweichen. ... (7) Wenn also verschiedenartige Wahrnehmungen die Tiere nötigen, obwohl sie stumm sind, dennoch verschiedenartige Stimmlaute auszusenden, wieviel angemessener ist es dann, daß sterbliche Menschen damals auf unterschiedliche Sachen mit jeweils anderer Stimme hindeuten konnten.

C Diogenes von Oinoanda 10.2.11–5.15

Was die Worte betrifft – ich meine die Nomina und die Verben –, deren erste Äußerungen die aus der Erde hervorkommenden Menschen taten, wollen wir nicht Hermes als unseren Lehrmeister annehmen, wie das einige sagen – denn das ist offensichtlicher Unsinn; und wir wollen auch nicht den Philosophen glauben, die sagen, die Bezeichnungen seien den Dingen durch eine Festsetzung und Unterweisung zugewiesen worden, damit die Menschen Zeichen für die Dinge hätten und ihre Verständigung untereinander erleichtert würde.

C Kontext: Die Frühgeschichte der Menschheit. Diesem Zusammenhang im Werk des Diogenes entspricht bei Epikur Buch XIII von *De natura* (im *Brief an Herodot* repräsentiert durch **A**) und bei Lukrez die zweite Hälfte des 5. Buchs.

Denn es ist lächerlich, lächerlicher als jede sonstige Lächerlichkeit, und − nicht zu vergessen − es ist auch ganz unmöglich, daß irgendein einzelner solche Menschenmassen versammelte (denn damals gab es keine Herrscher und auch keine Buchstaben, wo es doch noch nicht einmal die Worte gab − auf die nämlich ⟨bezog sich ihre Versammlung, so daß es nicht⟩ eine Verordnung war, durch die ihre Versammlung zustande kam) und daß er, nachdem er sie versammelt hatte, sie wie ein Schulmeister unterrichtete, mit einer Rute in der Hand, daß er jeden Gegenstand berührte und daß er dazu sagte: »Dies soll ›Stein‹ genannt werden, dies ›Holz‹, dies ›Mensch‹ oder ›Hund‹ . . .«

D   Epikur, *De natura* XXVIII, 31.10.2−12

Wenn wir damals etwas dachten und sagten, was in der seinerzeit verwendeten Terminologie der Aussage äquivalent ist, daß jedweder Irrtum der Menschen ausschließlich von der Form ist, die im Hinblick auf die Vorbegriffe und die Erscheinungen aufgrund der vielfältigen Gepflogenheiten der Sprache entsteht . . . [der Text bricht ab]

E   Epikur, *De natura* XXVIII, 31.13.23−14.12

Aber vielleicht ist dies nicht der rechte Zeitpunkt, die Diskussion durch Anführung dieser Fälle in die Länge zu ziehen? Ganz richtig, Metrodor. Ich nehme nämlich an, daß du aus deinen eigenen früheren Beobachtungen viele Fälle zitieren könntest, wie bestimmte Leute Wörter auf lächerliche Weisen und eher in jeder anderen Bedeutung benutzen als in ihrem tatsächlich üblichen Sinn, während wir uns in unserem eigenen Sprachgebrauch nicht außerhalb der sprachlichen Konventionen bewegen und auch nicht Bezeichnungen mit Bezug auf evidente Dinge ändern.

F   Anonymer Kommentar zu Platons *Theaitetos*, 22.39−47

Epikur sagt, die Namen seien deutlicher als die Definitionen und es sei ja wohl lächerlich, wenn jemand anstelle von »Hallo, Sokrates« sagen wollte: »Hallo, vernunftbegabtes sterbliches Lebewesen«.

D Kontext: Erörterung von Epikurs eigenen früheren Ansichten über die Sprache. Buch XXVIII wurde i.J. 296/95 v.Chr. geschrieben.   E Kontext: Kritik der Sprachauffassung, die Epikur selbst und die sein Schüler Metrodor früher hatte. Metrodor vertrat offenbar eine extrem konventionalistische Bedeutungstheorie ähnlich der des Hermogenes in Platons *Kratylos*.   F Kontext: Kommentar zu der Bemerkung *Theait.* 147b, daß man die Bezeichnung eines Gegenstands nicht verstehe, wenn man nicht wisse, was der Gegenstand ist.

G   Erotianos 34,10–20   (Usener 258)

Denn wenn wir uns anschicken, die jedermann bekannten Wörter zu erklären, werden wir sie entweder alle erklären müssen oder einige. Aber alle zu erklären ist unmöglich, und einige zu erklären witzlos. Denn wir werden sie entweder mit vertrauten Ausdrücken erklären oder mit nicht vertrauten. Die unvertrauten indes scheinen für diesen Zweck ungeeignet zu sein, da es anerkanntes Prinzip ist, das weniger Bekannte durch das besser Bekannte zu erklären; die vertrauten Ausdrücke dagegen stehen mit ihnen auf einer Stufe und werden für die Aufklärung der Sprache nicht erhellend sein, wie Epikur sagt. Denn die Informativität der Sprache wird in charakteristischer Weise zerstört, sobald sie durch eine erklärende Darstellung wie durch eine homöopathische Droge verzaubert wird.

H   Cicero, *De fin.* 1.22   (teilw. Usener 259)

Im zweiten Teilgebiet der Philosophie, das sich mit Untersuchen und Argumentieren befaßt, der Logik, ist euer Meister [Epikur], wie mir scheint, völlig unbewaffnet und nackt. Er schafft die Definitionen ab; er lehrt nichts über Einteilung und Aufteilung; er vermittelt nicht, auf welche Weise man ein schlüssiges Argument bildet; und er zeigt nicht, wie Trugschlüsse aufzulösen und mehrdeutige Ausdrücke zu differenzieren sind.

I   Diogenes Laërtius 10.31   (Usener 257)

Die Dialektik verwerfen sie [die Epikureer] als überflüssig; es genüge nämlich, wenn die Naturphilosophen nach Maßgabe der Laute (Worte) vorgingen, die den Dingen selbst eigen seien.

J   Diogenes Laërtius 10.34   (Usener 257)

[Die Epikureer sagen,] von den Untersuchungen bezögen sich die einen auf die Sachen und die anderen auf die bloße Äußerung.

K   Plutarch, *Adv. Colotem* 1119F   (teilw. Usener 259; teilw. *FDS* 699a)

Wer befindet sich mehr im Irrtum über die Sprache als ihr [Epikureer]? Ihr hebt

---

G Kontext: Vorwort zu einem Lexikon mit einer Erörterung darüber, welche Klassen von Wörtern der Erklärung bedürfen und mit welchen Mitteln die Erklärung zu geben ist.
H Kontext: Ciceros eigene Kritik an Epikur.   I Kontext: Doxographie der epikureischen Kanonik, gefolgt von **17A**.   J Kontext: Doxographie der epikureischen Kanonik.
K Kontext: Attacke gegen die epikureische Theologie; sie entehre die Götter nicht sprachlich, wohl aber in der Wirklichkeit. Wenn sprachliche Entehrung jedoch ebenfalls zähle, dann seien die Epikureer auch in diesem Punkt schuldig, wie Plutarch hier in stoischer Terminologie erklärt.

ganz und gar die Klasse des Sagbaren (der Lekta) auf, die der Rede doch ihre Existenz verleiht, laßt nur die stimmlichen Äußerungen und die Namentträger übrig und bestreitet die Existenz der dazwischen befindlichen bezeichneten Sachverhalte, mittels deren es zum Lernen und Lehren, zu Vorbegriffen und Gedanken, Antrieben und Zustimmungen kommt.

☐ Die in höchstem Maß innovative Theorie Epikurs über den natürlichen Ursprung der Sprache (A–C) kontrastiert mit der in **B**3–5 und **C** verspotteten antiken Standardauffassung, daß die Sprache von einem oder mehreren menschlichen oder göttlichen Individuen künstlich geschaffen worden sei. Zum Teil ist Epikur hier vielleicht durch das Ziel motiviert, alle göttliche Intervention aus seiner Weltsicht zu eliminieren. Hierüber mehr in **13**. Die Theorie ist aber auch von großem Einfluß auf seine Auffassung von der Rolle der Sprache in der Philosophie.

Auf der früheren der beiden Stufen (**A**2, **B**) äußerten die primitiven Menschen instinktiv verschiedene Laute in Reaktion auf verschiedene Gefühle und Eindrücke, gerade so, wie das die meisten Tiere tun (**B**6–7). Weil sie außerdem begannen, soziale Verträge zu entwickeln und somit eine rudimentäre Form der Kommunikation zu verwenden (**22K**2), wurde es für sie natürlich, die Laute als Bezeichnungen für diejenigen Dinge zu verwenden, die zu ihnen Anlaß gaben. Auf dieser Ebene können wir uns eine Sprache vorstellen, die aus unflektierten Nomina, Adjektiven und Verben besteht, welche den unmittelbaren Gehalt von Gefühlen (»Angst«, »kalt«) und unmittelbare Gegenstände von Sinneseindrücken beschreiben (»Pferd«, »blau«, »laufen«). Von **C**'s Bezugnahme auf die frühen Worte als »die Nomina und die Verben« wird dies sogar bestätigt, weil man unter den »Nomina« in der antiken Grammatik auch die Adjektive verstand. Auf der späteren Stufe, die nur in **A**3–4 beschrieben wird, wurden im Interesse von Klarheit und Prägnanz künstlich Verfeinerungen eingeführt; wir können hier an grammatische Flexionen, an Konjunktionen und an Pronomina denken, die dem ersten Ziel dienen, die Pronomina auch dem zweiten. Nach **A**4 wurde schließlich das Vokabular künstlich erweitert oder zumindest erhielten vorhandene Wörter zusätzliche Bedeutungen – durch Intellektuelle, die ihre Aufmerksamkeit auf abstruse oder theoretische Dinge lenkten.

Vor Epikur bedeutete die Lehre, daß ›die Bezeichnungen natürlich‹ sind, nicht, daß sie ohne Kunstfertigkeit entstanden seien, sondern daß sie irgendwie die Natur dessen spiegeln, was sie bezeichnen (so die These, die Platon im *Kratylos* prüft). In Epikurs Theorie werden die beiden Auffassungen kombiniert. Namen entstehen nicht nur ohne Kunstfertigkeit, sondern auch auf eine Weise, die eine gewisse Eins-zu-eins-Korrespondenz zwischen Worten und Gegenstandstypen gewährleistete. Und während frühere ›Naturalisten‹ von der Tatsache verwirrt wurden oder hätten werden sollen, daß die Sprachen sich von Ort zu Ort unterscheiden, gerät Epikur auch dadurch nicht in Verlegenheit. Nach **A**2 zu urteilen war dieser Befund vielmehr insgesamt Teil des natürlichen Prozesses: Weil die Umgebung und die menschliche Natur von Stamm zu Stamm differierten, war es natürlich, daß die Gefühle und die erlebten Eindrücke ebenso wie die daraus resultierenden Laute dementsprechend variierten.

Das Ergebnis ist eine Theorie, die uns dazu führt, in jeder einzelnen Sprache oder auch in jedem Dialekt einfache Nomina und Verben zu erwarten, die jeweils eine einzige ›natürliche‹ Bedeutung haben, wenn diese auch auf der zweiten Stufe mit metaphorischen Neu-Applikationen, mit der Hinzufügung von Präfixen und mit dergleichen mehr überlagert worden sein kann. Epikurs Rat an den Philosophen in **17C**1, bei den Dingen zu beginnen, »die den Worten zugrundeliegen«, kann sich durchaus auf diese einzige natürliche Bedeutung beziehen. Folgendes ist ein auf Konjektur beruhendes Beispiel: Der naturphilosophische Terminus »leer« bedeutete ursprünglich soviel wie »unbesetzt«, wurde von den Philosophen aber dahin erweitert, daß er ein absolutes Vakuum bezeichnet. Um ihn also im eigentlichen Sinne zu gebrauchen, sollten die Philosophen den vertrauten Begriff von ›unbesetzt‹ im Sinn behalten, der die Unbesetztheit oder Leere beispielsweise in unlösbarem Zusammenhang mit der Möglichkeit der Bewegung sieht (vgl. **5A3**).

Ein anderer Aspekt der naturalistischen Theorie ist, daß sie Gelegenheitsausflüge in die Etymologie rechtfertigt: vgl. **5D**; **23D3**. (Für die Einstellung der Stoiker zur Etymologie siehe **32** Kommentar.)

»Die Dinge« in **17C**, »die den Worten zugrundeliegen«, sind so gut wie sicher das, was Epikur auch »Vorbegriffe« nennt (vgl. **17E3**) — empirisch gebildete allgemeine Begriffe von Dingen. Wenn man also davon ausgehen kann, daß diese in der Theorie Epikurs als die Bedeutungen von Wörtern dienen, dann ist Plutarchs Kritik in **K** schlecht begründet (sie sieht stoisch inspiriert aus: vgl. für ihre Terminologie **33**). Vgl. auch **D**, ein nicht abschließend deutbares Fragment eines Buchs, das Epikur in der Mitte seiner Karriere geschrieben hat; es bezieht sich zurück auf frühere Arbeiten, in denen er Vorbegriffe offenbar schon mit Wortbedeutungen in Verbindung gebracht hatte.

Epikur scheint in seiner Theorie den folgenden Reiz zu sehen: Nach der von Platon begründeten und von den Stoikern (siehe **32**) aufgenommenen Tradition sollte jeder Terminus, den ein Philosoph gebraucht, durch den dialektischen Prozeß erläutert werden, der in einer Definition mündet. Epikur ist offensichtlich besorgt, daß so etwas eine ausschließlich linguistische, von ihren wirklichen Gegenständen isolierte Übung wird: **I–J**. Nicht nur präsentiert die Dialektik die Kette eines unendlichen Regresses von Beweisen (**17C1**); sondern — was wichtiger ist — die Definition eines Gegenstands sagt über ihn relativ wenig: **F–G**. Es kann so aussehen, als biete Epikur selbst gelegentlich Definitionen an, etwa in **13B** und **23B1**; diese sind aber eher »Umrisse« (an der zweiten Stelle sogar ausdrücklich) — ein aristotelischer Begriff, den sich auch die Stoiker zueigen gemacht haben (**32C3**). Ein »Umriß« *(hypographē)* ist für Epikur nicht das Endprodukt einer dialektischen Untersuchung, wie eine Definition das sein sollte. Vielmehr handelt es sich um eine Anfangsaufstellung der Inhalte des relevanten Vorbegriffs. Für die dialektische Technik der »Einteilung«, die von Epikur ebenfalls nicht favorisiert wird (**H**), siehe **32**. Interessanterweise scheinen spätere Epikureer wie Demetrios Lakon sie wieder in ihr Amt eingesetzt zu haben (vgl. **7C**).

Epikurs Zurückweisung all solcher dialektischer Techniken (**H**) ist nicht eine Zurückweisung von Argumentation. Sondern als linguistischer ›Naturalist‹ insistiert er darauf, daß es für die sorgfältige Beachtung des ursprünglichen Begriffs, der jedem Wort zugrundeliegt, keinerlei Ersatz gibt; und im Zusammenhang damit muß die Zurückweisung verstanden werden.

Die entgegenstehende ›konventionalistische‹ Ansicht, nach der die Wortbedeutung eine Frage bloßer Konvention ist und ganz willkürlich durch den Sprachbenutzer festgelegt werden kann, war in den Tagen Epikurs von Diodoros Kronos zu einer extremen Form entwickelt worden (**37N–O**). Es ist wahrscheinlich die Theorie Diodors, die in **E** brüsk zurückgewiesen wird.

Ethik

20 Willensfreiheit

A   Epikur, *Brief an Pythokles* 133–134

(1) Von wem bist du demnach der Ansicht, er sei demjenigen überlegen, der . . .
das ⟨Schicksal⟩ verlachen würde, welches von einigen als unumschränkter
Herrscher über alles eingeführt wird, ⟨der vielmehr sieht, daß einiges infolge
einer Notwendigkeit besteht,⟩ anderes dagegen infolge von Zufall, und daß
wieder anderes von uns abhängt, da die Notwendigkeit niemandem Rechenschaft abzulegen hat und der Zufall als unbeständig anzusehen ist, während das,
was in unserer Macht steht, keinerlei unumschränkten Herrscher über sich hat,
indem damit von Hause aus sowohl die Möglichkeit eines Tadels als auch des
Gegenteils verknüpft ist? (2) Denn besser wäre es, dem Mythos von den Göttern zu folgen als ein Sklave des Schicksals [in der Konzeption] der Naturphilosophen. Denn der Mythos verschreibt wenigstens die (leere) Hoffnung, die
Götter ließen sich durch Verehrung erbitten, wogegen das Schicksal eine uner-
bittliche Notwendigkeit hat.

B   Epikur, *De natura* 34.21–22

(1) Aber viele [Lebewesen], die ihrer Natur nach in der Lage sind, dieses und
jenes zustande zu bringen, bringen es ihrer selbst wegen nicht zustande, nicht
deshalb nicht, weil die Atome und sie selbst dieselbe Ursache hätten. (2) Mit
ihnen vor allem streiten wir und maßregeln sie und hassen sie wegen einer
Disposition, die aus ihrer angeboren unruhigen Natur resultiert, wie wir das bei
dem ganzen Geschlecht der Tiere machen. (3) Denn nichts hat die Natur ihrer
Atome zu manchen ihrer Verhaltensweisen beigetragen sowie zu den Abstufungen ihrer Verhaltensweisen und Charaktere; sondern es sind ihre Entwicklungen, die die gesamte oder die meiste Verantwortung für bestimmte Dinge
tragen. (4) Aufgrund dieser Natur bewegen einige ihrer Atome sich in ungeordneten Bewegungen; aber es sind nicht die Atome, denen alle ⟨Verantwortung
für ihr Verhalten aufgebürdet werden sollte . . .⟩ (5) Wenn daher eine Entwicklung stattfindet, die eine Verschiedenheit gegenüber den Atomen auf eine differenzierende Weise aufnimmt − nicht so wie wenn man aus einer anderen
Entfernung schaut −, so verlangt er nach der Verantwortlichkeit, die aus ihm
selbst stammt; (6) dann überträgt er sie geradewegs auf seine primären Substanzen und macht sie insgesamt zu einer Richtschnur. (7) Das ist der Grund,
warum die, welche solche Unterscheidungen nicht gehörig zu treffen vermö-

A Kontext: Kurz nach **21B**, zu Beginn von Epikurs Zusammenfassung seiner ethischen
Vorschriften.   B Kontext: Aus einer Darstellung des *aitiologikos tropos* psychologischer
Erklärung. Der unmittelbare Kontext ist verloren. Auch aus welchem Buch der Abschnitt
stammt, ist nicht bekannt.

gen, sich bezüglich der Zuschreibung von Verantwortlichkeiten selbst in Verwirrung bringen.

C Epikur, *De natura* 34.26–30

(1) Von allem Anfang an haben wir immer Samen, die uns teils zu diesem, teils zu jenem, teils zu diesem *und* jenem hinlenken, zu Handlungen und Gedanken und Charakteren, in größerer und in kleinerer Anzahl. Infolgedessen steht das, was wir zustande bringen, Eigentümlichkeiten dieser oder jener Art, erstens schlechthin in unserer Macht; und die Dinge, die aus unserer Umgebung durch unsere Poren notwendigerweise in uns hineinfließen, stehen zu irgendeinem Zeitpunkt in unserer Macht und hängen von unseren Meinungen ab, die wir selbst gebildet haben. . . . (2) ⟨Und wir können uns gegen das Argument, unsere eventuelle Wahl zwischen diesen Alternativen müsse entweder durch unsere Anfangsausstattung oder durch diese Umwelteinflüsse physikalisch verursacht sein,⟩ deren Einwirkung auf uns niemals aufhört, auf die Tatsache ⟨berufen⟩, daß wir uns gegenseitig ermahnen, bekämpfen und umstimmen, so als ob die Verantwortung auch in uns selbst liegt und nicht nur in unserer Anfangsausstattung und in der zufälligen Notwendigkeit dessen, was uns umgibt und in uns eindringt. (3) Denn wenn jemand eben dem Ermahnen und Ermahntwerden die zufällige Notwendigkeit immer dessen zuschreiben sollte, was für ihn selbst jeweils Gegenwart ist, so fürchte ich, daß er auf diese Weise niemals verstehen kann ⟨wie er sich bei der Fortsetzung der Debatte verhält . . .⟩ (4) ⟨Er mag sich einfach dafür entscheiden, seine These zu behaupten, aber in der Praxis fortzufahren zu⟩ tadeln oder zu loben. Aber wenn er auf diese Weise handeln sollte, dann wird er wohl genau das Verhalten aufrecht erhalten, welches, soweit es um uns selbst geht, den Vorbegriff der Verantwortlichkeit erzeugt; und darin würde er in einem Punkt seine Theorie ändern, in einem anderen ⟨. . .⟩ (5) ⟨. . .⟩ solchen Irrtums. Diese Art Darstellung widerlegt sich nämlich selbst und kann niemals begründen, daß alles von solcher Art ist wie das, was man ›notwendig‹ nennt. Eben darüber streitet er aber mit jemanden so, als rede dieser aus sich selbst heraus Unsinn. (6) Selbst wenn er bis ins Unendliche und immer unter Berufung auf Argumente sagen sollte, daß er die jeweilige Handlung wiederum aus Notwendigkeit tue, argumentiert er nicht passend, solange er sich selbst die Verantwortung dafür zurechnet, korrekt argumentiert, und seinem Gegner die Verantwortung dafür, unkorrekt argumentiert zu haben. (7) Aber außer wenn er aufhören würde, das, was er tut, sich selbst zuzurechnen, und es stattdessen der Notwendigkeit anlasten würde, wäre er noch nicht einmal ⟨konstistent . . .⟩ (8) ⟨Andererseits,⟩ wenn das, was wir unser eigenes Handeln nennen, von ihm mit dem Namen ›Notwendigkeit‹ belegt wird, verändert er lediglich eine Bezeichnung und würde nicht beweisen, daß wir einen falsch zugeschnittenen Vorbegriff haben, wenn wir unser

---

C Kontext: Möglicherweise der Abschluß von Epikurs Erörterung über Verantwortlichkeit. Aus welchem Buch der Abschnitt stammt, ist nicht bekannt.

eigenes Handeln verantwortlich nennen; weder sein eigenes ⟨Verhalten noch das von anderen wird betroffen sein . . .⟩ (9) ⟨. . .⟩ sondern als Resultat dessen, was ihr sagt, sogar den Ausdruck ›aus Notwendigkeit‹ leer zu nennen. Wenn jemand dies aber nicht erklären will und auch kein Hilfselement und keinen Antrieb in uns hat, das bzw. den er von den Handlungen abbringen könnte, die wir tun und von denen wir sagen, die Verantwortung dafür liege bei uns selbst, wenn er vielmehr all das, was wir jetzt zu tun beanspruchen, indem wir sagen, unser eigenes Handeln sei dafür verantwortlich, nach der törichten Notwendigkeit bezeichnet, so wird er nur einen Namen ändern; (10) er wird aber keine einzige Handlung so verändern, wie in manchen Fällen derjenige, der überblickt, welche Handlungen aufgrund von Notwendigkeit erfolgen, diejenigen von ihrem Vorhaben abzubringen pflegt, die etwas angesichts von Zwang zu tun beabsichtigen. (11) Der Verstand wird herauszufinden suchen, von welcher Art Handlung man also annehmen muß, daß wir sie irgendwie aus uns selbst heraus tun, aber ohne die Absicht, sie zu tun. Denn er hat keine andere Möglichkeit als zu sagen, welche Art Handlung aufgrund von Notwendigkeit erfolgt ⟨und welche nicht . . .⟩ (12) ⟨. . .⟩ äußerst unbegreiflich. Aber außer wenn jemand dies absurderweise behauptet oder die Sache klar darlegt, die er zurückweist oder die er einführt, wird nur dem Wort nach eine Veränderung vorgenommen, wie ich seit eh und je sage.

(13) Die erstmals eine befriedigende Darstellung der Ursachen gaben − sie waren nicht nur viel größer als ihre Vorgänger, sondern übertrafen in vielfach höherem Maß auch ihre Nachfolger −, diese Männer waren, obwohl sie in vielen Dingen große Erleichterungen gebracht haben, für sich selbst blind, als sie für alles die Notwendigkeit und den Zufall verantwortlich machten. (14) In der Tat ging die Darstellung selbst, die über diese Ansicht unterrichtet, zu Bruch und machte den großen Mann blind dafür, wie er in seinen Handlungen mit seiner Theorie zusammenstieß: dafür, daß, außer wenn ihn beim Handeln eine gewisse Blindheit für die Theorie befallen hätte, er sich ständig selbst verwirren würde, und dafür, daß, wo immer die Theorie in Geltung wäre, er in verzweifelte Ausweglosigkeiten geraten würde, wo sie dagegen nicht in Geltung wäre, er wegen des Widerspruchs zwischen den Handlungen und der Theorie von einem Konflikt erfüllt wäre.

(15) Weil dies so ist, deshalb ist es auch nötig, das zu erklären, worüber ich sprach, als ich mich anfangs zu diesem Exkurs anschickte, wenn nicht ein ähnliches Übel ⟨über uns hereinbricht.⟩

D Epikur, *Sent. Vat.* 40

Wer erklärt, alles geschehe aufgrund von Notwendigkeit, hat keinen Grund, demjenigen Vorhaltungen zu machen, der erklärt, es geschehe nicht alles aufgrund von Notwendigkeit; denn wie er sagt, geschieht eben das aufgrund von Notwendigkeit.

E   Cicero, *De fato* 21–25   (teilw./enthält *FDS* 884, 885)

(1) Hier am Anfang — wenn ich darauf eingestellt wäre, Epikur zuzustimmen und zu bestreiten, daß jede Aussage entweder wahr oder falsch sei, dann möchte ich lieber diesen Schlag hinnehmen als zugeben, daß alles durch das Fatum geschieht; denn über die erste These läßt sich immerhin diskutieren, die zweite dagegen ist schlichtweg untragbar. Chrysipp konzentriert deshalb alle Kräfte darauf, überzeugend nachzuweisen, daß jede Aussage entweder wahr oder falsch ist. Denn genauso wie Epikur fürchtet, er müsse, wenn er diese These zugesteht, einräumen, daß alles, was geschieht, durch das Fatum geschieht — wenn nämlich eine der beiden Alternativen von Ewigkeit her wahr sei, dann sei sie auch gewiß, und wenn gewiß, dann auch notwendig; und das reiche, so glaubt er, schon aus, um sowohl die Notwendigkeit als auch das Fatum zu beweisen —, so befürchtet Chrysipp, er könne, wenn er nicht daran festhalte, daß jede Aussage wahr oder falsch ist, nicht die These halten, alles geschehe durch das Fatum und aufgrund ewiger Ursachen. (2) Epikur glaubt aber, die Notwendigkeit werde durch eine Bahnabweichung der Atome vermieden. Nach Gewicht und Stoß taucht deshalb noch eine dritte Art der Bewegung auf, wenn das Atom von seiner Bahn um das kleinstmögliche Intervall (Epikur nennt es *elachiston*) abweicht; daß sich diese Abweichung ohne Ursache ereignet, das anzuerkennen ist er, wenn es weniger in Worten geschieht, durch die Sache gezwungen. Ein Atom weicht von seiner Bahn nämlich nicht durch den Stoß eines anderen Atoms ab. Denn wie könnte eins vom anderen gestoßen werden, wenn die einzelnen Körper sich durch ihre Schwere auf geraden Bahnen in senkrechter Richtung bewegen, wie Epikur lehrt? Hieraus folgt nämlich, daß niemals ein Atom das andere von seiner Bahn abbringt, wenn noch nicht einmal eins das andere berührt. Daraus ergibt sich, daß ein Atom — selbst wenn man annimmt, daß es ein Atom gibt und daß es von seiner Bahn abweicht — ohne Ursache von seiner Bahn abweicht. (3) Diese Theorie führte Epikur deshalb ein, weil er fürchtete, daß wir, falls die Atome sich immer durch ihr natürliches und notwendiges Gewicht bewegen, keinerlei Freiheit haben, da der Geist dann so bewegt würde, wie er durch die Bewegung der Atome sich zu bewegen gezwungen würde. Demokrit, der Autor der Atomtheorie, nahm lieber an, daß alles durch Notwendigkeit geschieht, als daß er den atomaren Körpern ihre natürlichen Bewegungen genommen hätte.

(4) Eine scharfsinnigere Argumentationslinie wählte Karneades, indem er zeigte, daß die Epikureer ihre Sache ohne diese fiktive Bahnabweichung verteidigen könnten. Denn weil sie lehrten, es könne so etwas wie eine willentliche Bewegung der Seele geben, wäre es besser gewesen, dies zu verteidigen, als die Bahnabweichung einzuführen, vor allem, weil sie dafür überhaupt keinen Grund anzugeben vermochten. Wenn sie stattdessen die willentlichen Seelenbewegungen verteidigt hätten, hätten sie Chrysipp leicht entgegentreten

---

E Kontext: Unmittelbar anschließend an **38G**, gefolgt von **70G**. Vergleich zwischen Chrysipp und Epikur in bezug auf den Determinismus.

können. (5) Denn wenn sie dann zugestanden hätten, daß keine Bewegung ohne Ursache ist, hätten sie deswegen keineswegs zugestehen müssen, daß alles, was geschieht, aufgrund vorausgehender Ursachen geschieht; denn unser Wille hat keine externen, ihm vorausgehenden Ursachen. Wenn wir deshalb sagen, ohne Ursache wolle jemand etwas oder wolle etwas nicht, dann nutzen wir einen allgemeinen Sprachgebrauch aus; mit »ohne Ursache« meinen wir nämlich ›ohne externe, vorausgehende Ursache‹, und nicht ›ohne jedwede Art Ursache‹. Gerade so, wie wir, wenn wir sagen, ein Gefäß sei leer, nicht in der Art der Naturphilosophen reden, nach deren Auffassung das Leere schlechthin nichts ist, sondern so reden, daß wir sagen, das Gefäß sei z.B. ohne Wasser, ohne Wein oder ohne Öl, so meinen wir auch, wenn wir sagen, der Geist bewege sich ohne Ursache, daß er sich ohne vorausgehende, externe Ursache bewegt, und nicht, daß er sich überhaupt ohne Ursache bewegt. (6) Über das Atom selbst läßt sich sagen, daß, wenn es sich dank seiner Schwere und seines Gewichts durch das Leere hindurch bewegt, es sich ohne Ursache bewegt, insofern keine externe Ursache hinzutritt. Aber damit wir uns nicht alle dem Gelächter der Naturphilosophen aussetzen, wenn wir sagen, es gesche etwas ohne Ursache, müssen wir wiederum eine Unterscheidung treffen und sagen, es sei dies die Natur des Atoms selbst, daß es sich dank seines Gewichts und seiner Schwere bewegt, und daß diese Natur selbst die Ursache ist, warum es sich so bewegt. (7) Ähnlich besteht bei den willentlichen Bewegungen des Geistes kein Anlaß, nach einer externen Ursache zu suchen. Die willentliche Bewegung selbst hat nämlich eine Natur in sich von der Art, daß diese Bewegung in unserer Macht liegt und uns gehorcht, und diese Tatsche ist nicht ohne Ursache; denn die Ursache dafür ist die eigene Natur dieser Sache.

F   Lukrez 2.251–293

(1) Weiterhin: Wenn jede Bewegung immer in Verbindung erfolgt und eine neue Bewegung aus einer alten nach einer festgelegten Ordnung hervorgeht und wenn es nicht so ist, daß die Atome durch eine Abweichung irgendeinen Anfang der Bewegung machen, der die Fesseln des Schicksals durchbricht, so daß nicht aus dem Unendlichen her Ursache auf Ursache folgt, woher gibt es dann dieses freie Wollen für die Lebewesen überall auf der Welt? Woher, frage ich, kommt dieser dem Schicksal entwundene Wille, dank dessen wir vorwärts gehen, wohin einen jeden sein Genuß führt, dank dessen wir auch von unseren Bewegungsrichtungen abweichen, ohne daß die Zeit oder der Bereich im Raum dafür festgelegt wäre, vielmehr wohin der Geist selbst uns trägt? (2) Ohne Zweifel ist es nämlich der Wille, der diesen Dingen jeweils ihren Anfang gab und von dem her den Gliedern Bewegung zuteil wird. Siehst du nicht, wie auch bei den Rennpferden, wenn nach dem Startzeichen die Schranken geöffnet werden, die gespannte Kraft dennoch nicht so plötzlich hervorbrechen

---

F Kontext: Die Ursachen der Atombewegung; unmittelbar anschließend an 11H.

kann, wie der Geist selbst das wünscht? Denn die ganze Masse der Matrie muß durch den gesamten Körper hindurch aufgerührt werden, so daß sie, durch sämtliche Glieder hindurch aufgerührt, dem Begehren des Geistes mit versammelter Kraft folgt. So kannst du sehen, wie der Anfang der Bewegung vom Herzen her erzeugt wird, zu Beginn aus dem Wollen des Geistes hervorgeht und von da aus durch den ganzen Körper und die Gliedmaßen hindurch weitergegeben wird. (3) Dem keineswegs ähnlich ist es, wenn wir, von einem Schlag getroffen, Schritte nach vorn machen, durch die großen Kräfte und den beträchtlichen Zwang eines anderen. Dann ist nämlich klar, daß die ganze Masse unseres gesamten Körpers sich gegen unseren Willen bewegt und fortgerissen wird, bis der Wille ihn durch die Glieder hindurch wieder zurückhält. Siehst du also nun, daß, obwohl äußere Gewalt viele nötigt und sie gegen ihren Willen häufig zwingt, vorwärts zu gehen und sich kopfüber fortreißen zu lassen, trotzdem etwas in unserer Brust ist, was dagegen ankämpfen und Widerstand leisten kann? Auf dessen Entscheidung hin wird auch zuweilen die Masse der Materie gezwungen, sich durch die Glieder und Gelenke hindurch zu biegen, wird sie, wenn nach vorn geschleudert, wieder zurückgehalten und setzt sie sich wieder. (4) Du mußt daher anerkennen, daß dasselbe notwendig auch in den Samen der Fall ist, daß die Bewegungen außer Stößen und Gewichten noch eine andere Ursache haben, von woher wir diese angeborene Fähigkeit besitzen, da wir ja sehen, daß nichts aus dem Nichts entstehen kann. Denn das Gewicht verhindert, daß alles allein durch Stöße geschieht, sozusagen durch äußere Gewalt. Aber daß der Geist nicht selbst eine innere Notwendigkeit in allen Dingen hat, die er betreibt, daß er nicht besiegt und nicht sozusagen gezwunden wird, zu ertragen und Einwirkungen zu erleiden, das bewirkt eine ganz kleine Abweichung der Atome, ohne daß die Zeit oder der Bereich im Raum dafür festgelegt wäre.

G Diogenes von Oinoanda 32.1.14–3.14

Wenn die Wahrsagekunst also aufgehoben ist, wie kann es dann noch irgendein anderes Zeichen für ein Fatum geben? Wenn jemand sich nämlich der Darstellung Demokrits bedienen und sagen sollte, wegen ihrer Zusammenstöße untereinander hätten die Atome keine freie Bewegung und daher erfolge jede Bewegung offenbar aufgrund von Notwendigkeit, so werden wir ihm antworten: »Weißt du denn nicht, wer immer du bist, daß es auch bei den Atomen eine freie Bewegung gibt, die zwar Demokrit nicht entdeckt, die aber Epikur ans Licht gebracht hat und die in einer Abweichung besteht, wie er auf der Grundlage evidente Sachverhalte ausgehend zeigt?« Der Hauptpunkt ist aber dieser: Wenn man an das Fatum glaubt, dann ist dies das Ende von aller Ermahnung und allem Strafen, und selbst die Ruchlosen ⟨kann man nicht rügen.⟩

G Kontext: Die ethische Abhandlung des Diogenes.

H Cicero, *De fato* 37 (teilw. *FDS* 886)

(1) Denn notwendig ist bei zwei gegensätzlichen Sachen (als ›Gegensätze‹ bezeichne ich an dieser Stelle Aussagenpaare, von denen die eine Aussage eben das behauptet, was die andere bestreitet), – es ist also bei solchen Aussagen notwendig die eine wahr und die andere falsch, auch wenn Epikur das nicht will; beispielsweise war die Aussage »Philoktet wird verwundet werden« schon während aller vorangehenden Jahrunderte wahr und die Aussage »Er wird nicht verwundet werden« falsch – (2) es sei denn, wir wollten der Auffassung der Epikureer folgen, die behaupten, derartige Aussagen seien weder wahr noch falsch, (3) oder die, wenn sie sich dessen schämen, gleichwohl etwas behaupten, was noch schamloser ist, daß nämlich die aus gegensätzlichen Aussagen gebildeten Disjunktionen wahr seien, daß aber keine der in ihnen enthaltenen zwei Teilaussagen wahr sei.

I Cicero, *Academica* 2.97 (Usener 376)

Denn von Epikur, der die gesamte Dialektik verachtet und verlacht, bekommen sie zwar nicht das Zugeständnis, daß etwa die Aussage »Hermarchus wird morgen entweder am Leben sein oder nicht am Leben sein« wahr sei, obgleich die Dialektiker festlegen, daß jede Disjunktion der Form »Entweder p oder nicht-p« nicht nur wahr, sondern auch notwendig wahr ist; beachte aber trotzdem, wie vorsichtig dieser Mann ist, den eure Stoiker für langsam halten. »Denn wenn ich zugestehe«, so sagt er, »daß eins von beidem notwendig ist, so wird es notwendig sein, daß Hermarchus morgen lebt oder daß er morgen nicht lebt; aber eine solche Notwendigkeit gibt es in der Natur der Dinge nicht.«

☐ Epikurs Problem ist folgendes: Wenn es schon immer notwendig war, daß wir so handeln sollten, wie wir in der Tat handeln, dann kann dies nicht in unserer Macht stehen – mit der Folge, daß wir für unsere Handlungen moralisch überhaupt nicht verantwortlich wären (besonders **A**, **E3**, **F1**, **G**). Indem er also das Problem des Determinismus stellt, wird er, wie sich argumentieren ließe, der erste Philosoph, der erkennt, wie philosophisch zentral das ist, was wir als die Frage des freien Willens kennen. Sein streng auf Freiheit bedachter Zugang zu dem Problem läßt sich in nützlicher Weise mit der Position der Stoiker vergleichen, die den Determinismus akzeptierten (siehe 62).

Mit Sicherheit schätzte Epikur den Atomismus Demokrits, den er von ihm geerbt hatte, so ein, daß eine solche Kritik ihn treffen würde; dieser Atomismus machte nämlich alle Phänomene, einschließlich des menschlichen Verhaltens, vollständig in den Termini rigider physikalischer Gesetze der Atombewegung darstellbar und machte sie daher notwendig: siehe **A2**, **C13–14**, **E3**, **G**. Was von Epikur am meisten bekannt ist, ist vermutlich die Tatsache, daß er aus diesem Grund das deterministische System

---

H Kontext: Verteidigung der von Karneades getroffenen Unterscheidung zwischen logischem und kausalursächlichem Determinismus.   **I** Kontext: In seiner Rede zugunsten der Neuen Akademie zitiert Cicero gegen das von den Stoikern vertretene Bivalenzprinzip Epikur.

Demokrits modifizierte, und zwar dadurch, daß er in die Atombewegung ein kleines Stück Undeterminiertheit einführte, die »Bahnabweichung«: **E2-3, F, G** (siehe zur Bahnabweichung auch **11H** mit Kommentar). Isoliert genommen ist eine solche Lösung jedoch unbefriedigend. Um uns von rigider Notwendigkeit zu befreien, verspricht sie nur, einen alternativen menschlichen Mechanismus an deren Stelle zu setzen, vielleicht unzuverlässiger und exzentrischer, aber kaum autonomer. Demgegenüber lassen Epikurs Bemerkungen in **A1**, wo er »das, was in unserer Macht steht«, dem *unstabilen* Zufall ebenso gegenüberstellt wie der Notwendigkeit, vermuten, daß er diese Falle zu vermeiden meinte. Um zu sehen, wie, mußten wir die Diskussion der Bahnabweichung für jetzt aufsparen.

In den erhaltenen Papyrusfragmenten von Epikurs Buch zum Thema der Verantwortung, aus denen die Texte **B** und **C** entnommen sind, wird die Bahnabweichung noch nicht einmal erwähnt. Dennoch wirft das Buch noch ein grelles Licht auf die Frage. In **C** führt Epikur eine laufende Debatte mit einem demokritischen Deterministen. Demokrit selbst, so hören wir, versäumte es einfach, die Implikationen seines Determinismus für das menschliche Handeln zu sehen (**C13-14**). Andererseits hat Epikur in **C2-12** als Hauptgegner jemanden, der ganz bewußt einen mechanistischen Determinismus auf alles menschliche Verhalten anwendet, einschließlich seines eigenen Verhaltens. Dabei hat Epikur wahrscheinlich solche Demokriteer des vierten Jahrhunderts im Sinn wie seinen eigenen verunglimpften Lehrer Nausiphanes, die in **C13** und implizit wohl auch in **G** verhöhnten Erben Demokrits. (Gelegentlich hat man die frühen Stoiker als seine Zielscheibe identifiziert, vgl. aber **62** mit Kommentar; jedenfalls würde »Naturphilosophen«, **A2**, normalerweise nicht von Stoikern gesagt.)

In **C1** argumentiert Epikur, daß wir mit einem breiten Spektrum von Anlagen (»Samen«) zur Charakterentwicklung starten und daß deshalb unsere tatsächliche Entwicklungsrichtung nicht physikalisch prädeterminiert ist, sondern »in unserer Macht« steht. Zwar gibt es natürliche Einflüsse; aber die können wir kontrollieren (vgl. **15D7-8**). Wenn in Wirklichkeit sie uns kontrollieren würden, würden unsere moralischen und kritischen Einstellungen zueinander keinen Sinn machen (**C2**). Dies führt ihn zu seinem anti-deterministischen Exkurs, der bis zu dessen ausdrücklichem Abschluß in **C15** dauert. Der Determinist mag diese Stellungnahmen als ihrerseits von der Notwendigkeit erzwungen betrachten (**C3**). Dies bewahrt ihn jedoch nicht vor dem Vorwurf, er widerlege sich selbst (**C5**, vielleicht auch schon in dem hoch fragmentarischen Abschnitt **C4**): Seine kritische Einstellung gerade in dieser Debatte impliziert noch, was er bestreiten möchte, nämlich daß die verschiedenen Parteien in der Debatte für ihre eigenen Auffassungen verantwortlich sind. Der Determinist wird seine Zuflucht in einer Verteidigung suchen, daß er diesen Weg einzuschlagen *gezwungen* sei; wenn er dann nochmals zur Rede gestellt wird, weil er zu argumentieren fortfahre, wird er die Verteidigung wiederholen − und so weiter *ad infinitum*. Epikurs Einwand gegen diesen unendlichen Regreß (**C6**) ist nicht, daß er in sich selbst fehlerhaft sei, sondern vielmehr, daß er die Inkonsistenz unberührt lasse: auf *jeder* Stufe des Regresses widerspricht das Verhalten des Deterministen, seine Sache weiterhin argumentativ zu vertreten, so als hätte er es mit einem verantwortlichen Handlungssubjekt zu tun, seiner These, daß alles, einschließlich unserer Anschauungen, durch mechanische Notwendigkeit erzwungen sei.

Im zweiten Teil des Exkurses, **C8-12**, legt Epikur nahe, daß der Determinismus nicht auf eine wirkliche These über die Welt hinauslaufen kann und daß seine Anwendung des Ausdrucks »Notwendigkeit« auf menschliches Handeln sich als nichts weiter als bloß ein Wechsel in der Terminologie erweisen wird. Als erstes (**C8**) appelliert er an den ›Vorbegriff‹ (siehe darüber als Kriterium oben 17). Wir alle teilen einen Vorbegriff von unserer eigenen Tätigkeit als dem, was für unser Verhalten verantwortlich ist: um die Beweiskraft davon zu zerstreuen, müßte der Determinist zeigen, wie der behauptete Vorbegriff dazu kam, einen falschen »Umriß« (vgl. **17E2**, 5) der Tatsachen zu verkörpern. (Vergleiche unten **23B–C** Epikurs eigene Gründe, den vorgeblichen Vorbegriff von den Göttern als fürsorglichen Wesen zu verabschieden.) Wenn der Determinist dazu nicht in der Lage ist, bleibt der Vorbegriff gültig und besteht der Beitrag des Deterministen lediglich darin, einen neuen Namen dafür zu vergeben. Zweitens (**C9**) ist seine These pragmatisch leer. Weil er uns eine innere Quelle zur Selbstbestimmung bestreitet (»ein Hilfselement und einen Antrieb in uns«), kann er niemals erwarten, daß sein Argument uns von unserer Handlung abbringt. Darin stellt Epikur ihn jemandem gegenüber, der von dem Unterschied zwischen dem aus Notwendigkeit und dem nicht aus Notwendigkeit Geschehenden ein angemessenes Verständnis hat (wie es in **A1** empfohlen wird) und der infolgedessen erwarten kann, uns von Handlungen abzubringen, die einen Widerstand gegen die Notwendigkeit einschließen würden (**C10**) – uns z.B. vielleicht von dem leeren Verlangen abzubringen, der Unausweichlichkeit des Todes zu entgehen, weil er anders als der Determinist richtig einzuschätzen vermag, daß, während der Tod notwendig ist, unsere Wünsche in unserer Macht stehen. Drittens (**C11**) begibt der Determinist sich aller Mittel für eine Analyse »gemischter« Handlungen (wie Aristoteles sie nennt, *Nikomachische Ethik* III.1), nämlich solcher Handlungen, die frei, aber widerstrebend zur Vermeidung eines größeren Übels vollzogen werden; der Determinist ist nämlich nicht in der Lage, in diesen Handlungen das, was freiwillig ist, von den Elementen zu unterscheiden, die durch Notwendigkeit erzwungen werden.

Der letzte Teil des Arguments, **C13–14**, ist pragmatisch und verweist auf die schlimmen praktischen Konsequenzen, die sich ergeben hätten, wenn Demokrit daran gedacht hätte, seine These universaler Notwendigkeit auf sich selbst anzuwenden. Das wird zwar nicht weiter illustriert. Aber daß es überflüssig wäre, Entscheidungen zu treffen, wäre ein leicht greifbares Beispiel (vgl. **55S**).

Bemerkenswert ist, wie eng die innere Struktur dieses anti-deterministischen Arguments der des anti-skeptischen Arguments von **16A** entspricht. Es handelt sich um die Sequenz eines Vorwurfs der Selbstwiderlegung (**C3-7**, vgl. **16a1**), eines Appells an Vorbegriff und Wortbedeutung (**C8-12**, vgl. **16A2-3**) und eines pragmatischen Arguments (**C13–14**, vgl. **16A9-10**). So entspricht auch die Funktion des Arguments als Diskurs, der spät im Buch eingefügt wird, um die vorausgehende positive Darstellung psychologischer Verursachung zu rechtfertigen, der Rolle von **16A** in Beziehung zu Lukrezens vorausgehender positiver Darstellung der Sinneswahrnehmung. Wahrscheinlich ist keine dieser Parallelen bloßer Zufall. Denn der Skeptizismus und die Art von mechanistischem Determinismus, die hier ins Auge gefaßt wird, galten als miteinander zusammenhängende Konsequenzen aus dem *reduktionistischen* Atomismus Demokrits. Wenn phänomenale Eigenschaften auf bloße Konfigurationen von Atomen und Leeres reduzierbar waren, dann schien daraus zu folgen, daß allein die Atome und das Leere Wirklichkeit besaßen, während die wahrnehmbaren Eigenschaften willkürliche, von unseren Erkenntnisorganen aufgepfropfte Konstruktionen waren. Die Folge davon war Skepsis in bezug auf die wahrnehmbare Welt, und das wurde zur charakteristischen Haltung der meisten Demokriteer des vierten Jahrhunderts (siehe des weiteren 1 und 16). Ähnlich, wenn das ›Selbst‹ und sein Wollen auf bloße Folgen von Atombewegungen in der Seele reduzierbar wären, erschiene das menschliche Handeln unversehens als mechanistisch, als vollständig erklärbar in den Termini elementarer physikalischer Gesetze, ohne daß dabei eine zusätzliche erklärende oder beschreibende Rolle für solche psychischen Gebilde wie Meinungen und das Wollen übrigbliebe. Und das ist genau die Art von Theorie, die in C attackiert wird (vgl. besonders **C2, 9**).

Angesichts dieses Ausmaßes von Parallelen zwischen Skeptizismus und Determinismus sowie zwischen Epikurs jeweiligen Widerlegungen könnten wir erwarten, daß seine eigenen positiven Alternativen dazu ähnlich vergleichbar sind. Das sind sie in der Tat. Gerade so, wie seine Antwort auf den Skeptizismus darin besteht, die Wirklichkeit phänomenaler Eigenschaften und die Wahrheit der Sinneseindrücke von ihnen zu bekräftigen (siehe zu **7** und **16**), so besteht auch auf den Mechanismus seine Antwort darin, die Wirklichkeit und kausale Wirksamkeit des Selbsts und seines Wollens zusätzlich zu den zugrundeliegenden Mustern der Atombewegung zu bekräftigen. Dies ergibt sich ganz klar aus **B**, ungeachtet des fehlenden Kontexts und bestimmter Interpretationsschwierigkeiten. Epikur spricht von einem sich selbst bestimmenden Lebewesen. (Willensmäßige Autonomie ist nicht auf menschliche Wesen beschränkt, vgl. **F1-2**; an anderer Stelle im Buch, **j** in Bd. 2, scheinen wilde Tiere allerdings ausgeschlossen zu sein, da ihnen Selbstbestimmung fehle und sie von moralischer Kritik daher ausgenommen seien, wiewohl nicht vom Haß.) Von ihrem Fehlverhalten heißt es ausdrücklich (**B1-4**), daß es nicht ihren Atomen zugeschrieben werden könne, sondern ihrem jeweiligen Selbst und ihren »Entwicklungen«. Der letztere Terminus, der für die ganze Diskussion des Buchs entscheidend ist, wird in **B5** erklärt. Die Art von »Entwicklung«, welche psychologische Autonomie beisteuert, ist eine, die von den zugrundeliegenden Atomen auf eine »differenzierende« Weise verschieden ist (»transzendent«, »übersinnlich« wäre eine verlockende Übersetzung des griechischen Worts), auf eine radikalere Weise als »wie wenn man aus einer anderen Entfernung schaut«. Der entscheidende Punkt ist offenbar der: Alle Körper haben zusätzlich zu den sie konstituierenden Atomen bestimmte Eigenschaften, z.B. eine Farbe; der Hauptunterschied ist da aber einer des Grades, nicht einer zwischen makroskopischer und mikroskopischer Analyse; demgegenüber unterscheiden sich die »Entwicklungen«, welche Autonomie beistellen, auf eine sehr viel fundamentalere Weise. Der fragmentarische Zustand des Texts läßt uns über die Natur dieses Unterschieds rätseln. Dennoch ist kaum daran zu zweifeln, daß er die intentionalen Eigenschaften einschließt, die mit dem Bewußtsein einhergehen. Wie verhalten diese psychologischen Entitäten sich metaphysisch und ursächlich zu den Atomen des Geistes? Technisch gesprochen können sie nur »akzidentelle Attribute« solcher Atome sein (vgl. **7**). Sie sind jedoch nicht bloße Epiphänomene, die an Atombewegungen zusätzlich auftreten und von ihnen ursächlich determiniert sind. Denn ganz explizit schreibt Epikur ihnen eine kausale Wirksamkeit zu, die von der der Atome verschieden ist. Obwohl daher die atomare Ausstattung für ungeordnete Bewegungen der Geist-Atome verantwortlich sein kann (**B4**), folgt nicht, daß wir keine Entscheidungen treffen könnten, die sich über diese Bewegungen hinwegsetzen, und nach **B6** wirkt psychologische Verursachung tatsächlich auf die uns konstituierenden Atome ein. Dies wirft ein unmittelbares Licht auf **14D5**, wo Lukrez darauf insistiert, daß wir, obwohl die atomare Zusammensetzung der Seele unser natürliches Temperament bestimmt, trotzdem durch den Einsatz der Vernunft lernen können, dieses Temperament zu überwinden. Vielleicht kann beispielsweise jemand, der von Natur ein Feigling ist, durch vernünftige Reflexion couragiertes Auftreten lernen. Seine ungeordneten Bewegungen von Seelenatomen können dann stabilisiert werden, so daß er aufhört, sogar an den natürlichen Wahrnehmungen von Angst zu leiden.

Das vertraute Etikett, ein ›Materialist‹ zu sein, beginnt mittlerweile, weniger gut auf Epikur zu passen. Obwohl er auf den ersten Blick eine Identitätstheorie des Geistes vertritt (siehe **14**), betrachtet er mentale Zustände nicht so, als wären sie geradewegs einer physikalischen Analyse zugänglich; denn wenn sie auch Eigenschaften des körperlichen Geistes sind, sind sie nicht bloße physikalische Zustände von ihm. Demnach haben wir hier einen interaktionistischen Dualismus des Geistigen und des Physischen. Es gibt jedoch keinen Hinweis auf einen Cartesischen Dualismus. Ein besserer Vergleich wäre der moderne Emergenzbegriff. Nach Auffassung Epikurs kann Materie in bestimmten komplexen Zuständen nicht-physikalische Eigenschaften annehmen, die umgekehrt ganz neue Kausalgesetze zur Anwendung bringen.

B7 betont, daß die Unterscheidung zwischen physikalischer und psychologischer Verursachung entscheidend ist, um Verantwortlichkeit zu verstehen. Und mit Sicherheit bildet diese Unterscheidung wenigstens den Anfang für eine Antwort auf den Determinismus. Das ›Selbst‹, welches für unser Handeln verantwortlich ist, ist, so will Epikur sagen, mehr als ein bloßes Bündel von Atomen und daher nicht auf ein Glied in einer natürlichen Kausalkette reduzierbar. Als Karneades für seine eigenen dialektischen Zwecke das Eintreten Epikurs für die Freiheit verteidigte (siehe **70G** und Kommentar), schlug er in der Tat vor, daß dies schon eine ausreichende Antwort auf den Determinismus sei: **E4-7**. Aber wie *kann*, so wird man fragen, diese emergente Eigenschaft des körperlichen Geistes eine derart effektive Kontrolle über die Seele gewinnen und durch sie über den Körper, daß sie deren Atome auf Weisen bewegt, auf die sie sich allein nach den Gesetzen der Physik wohl nicht bewegt hätten? Wenn die Gesetze der Natur ausreichend sind, um die präzise Bahn jedes Atoms in uns zu determinieren, wie kann dann das Selbst irgendetwas mehr sein als ein hilfloser Zuschauer der körperlichen Aktivitäten?

Zumindest hier springt für die Bahnabweichung eine signifikante Rolle in die Augen. Denn wie sich aus Cicero in **E3** ergibt, wurde die Bahnabweichung eingeführt, um eben diese Frage zu beantworten. Die offensichtliche Kraft des Selbst und seines Wollens, in den physikalischen Prozeß von Seele und Körper einzugreifen, wäre unerklärlich, wenn physikalische Gesetze allein ausreichen würden, die präzise Bahn jedes Atoms zu determinieren. Es gibt einen minimalen Grad an physikalischem Indeterminismus – die Bahnabweichung. Ein Atom, das in seiner Bewegung nicht behindert wird, kann zu jedem beliebigen Zeitpunkt seine gegenwärtige Bahn fortsetzen, kann aber ebensogut ›abweichen‹ zu einer der benachbarten parallelen Bahnen (siehe den Kommentar zu **11H**).

Unter physikalischen Gesichtspunkten gibt es schlechthin gar keinen Grund, warum es eher dieser als jener Bahn folgen sollte. Normalerweise wird also in diesem minimalen Grad Zufall herrschen. Im besonderen Fall des Geistes jedoch gibt es eine nicht-physikalische Ursache, das Wollen, die das Atom, dessen Eigenschaft sie ist, beeinflussen kann. Dies tut sie, so können wir spekulieren, nicht dadurch, daß sie sich über die physikalischen Gesetze hinwegsetzt, sondern dadurch, daß sie zwischen den alternativen Möglichkeiten wählt, die die Gesetze der Physik offen lassen. Auf diese Weise könnte eine große Gruppe von Seelenatomen gleichzeitig in ein neues Bewegungsmuster umgelenkt werden und infolgedessen die Bewegung des Körpers radikal neu ausrichten. Solch ein Ereignis, das in der Tat eine Koinzidenz zahlloser Bahnabweichungen erfordert, wäre statistisch nach den Gesetzen der Physik allein äußerst unwahrscheinlich. Aber nach der Theorie der Bahnabweichung ist es immer noch ein wirklich mögliches Ereignis, das herbeizuführen man daher von einem Wollen annehmen könnte. Für eine sehr ähnliche Theorie, die den freien Willen auf den Indeterminismus der modernen Quantentheorie bezieht, siehe A.S. Eddington, *The nature of the physical world* (1928). (Man könnte einwenden, daß Bahnabweichungen als ganz unverursacht konzipiert seien; aber wie E2 zeigt, war das nur ein Schluß, den Epikurs Kritiker zogen und der dadurch plausibel gemacht wurde, daß man sich auf die kosmogonische Funktion der Bahnabweichung konzentrierte; vgl. **11H**, wo sie nämlich in der Tat zufällig und ohne die Einwirkung eines Wollens auftreten muß.)

Das Zeugnis des Lukrez in **F** vermerkt die Beziehung der Bahnabweichung zum Wollen nicht ausdrücklich, wenn auch zahllose Versuche unternommen wurden, sie dort zu entdecken. Aber wenn die obige Darstellung von Epikurs Theorie durch die anderen Belege gerechtfertigt ist, wird klar, daß **F** damit zumindest völlig vereinbar ist. Denn das beherrschende Thema von **F1-3** ist genau die offenkundige Kraft des Wollens, die körperliche Masse ungeachtet ihres rein mechanischen Bewegungsmusters neu auszurichten. Davon wird in **F1** und **4** gesagt, es sei nur erklärbar, wenn es eine undeterminierte Bahnabweichung von Atomen gibt; denn wenn Stoß und Gewicht die einzigen Ursachen der Atombewegung wären, wäre das Verhalten des Geistes streng mechanistisch. Manche haben in **F1** auch die weitere Implikation gesehen, daß bei jedem neuen Handlungsverlauf seine Initiierung die Bahnabweichung direkt einschließt. All dies paßt hervorragend zu der obigen Darstellung. Was natürlich fehlt, ist eine Erklärung des nicht-physikalischen Charakters psychologischer Verursachung. Das überrascht freilich nicht, wenn man bedenkt, daß das Gedicht des Lukrez von der Natur handelt und daß es ihm in diesem Zusammenhang allein darauf ankommt, seine Darstellung der Gesetze der Atombewegung zu vervollständigen (vgl. **11**).

Aus **E1**, **H** und **I** ergibt sich noch eine weitere Dimension für die Debatte. Epikur sah eine universale Notwendigkeit nicht nur in unaufbrechbaren Ketten physikalischer Verursachung drohen, sondern auch in dem logischen Prinzip der Bivalenz, nach dem jede Aussage entweder wahr oder aber falsch ist, auch die Aussage über die Zukunft. Seine Lösung, das Prinzip zu bestreiten, soweit es bestimmte Zukunftsaussagen betrifft (in der Version von **I** wird die Bestreitung leicht entstellt; »eins von beidem notwendig« sollte dort im Sinne von »eins von beidem wahr« gelesen werden), – diese Lösung war im Kern die Lösung des Aristoteles, nach dem überkommenen Verständnis von dessen berühmter Diskussion der zukünftigen Seeschlacht in *De interpretatione* 9. Epikur sah aber wie die Stoiker, mit denen er in **E1** kontrastiert wird (siehe weiter **38G**), den physikalischen und den logischen Determinismus als zwei Aspekte einer einzigen These an. Es schien sich also um zwei Formulierungen eines einzigen Determinismus zu handeln, die dann untereinander auch austauschbar wären. Tendentiell wurden sie auch durchaus so behandelt – ebenso wie die zugehörigen Lösungen, die Bahnabweichung und die Bestreitung der Bivalenz (vgl. Cicero, *De fato* 18–19, und vielleicht **E1-3**). Diese Vermischung zweier Determinismen scheint darauf zu beruhen, daß man »im voraus wahr« und »durch vorausgehende Ursachen determiniert« für äquivalent hielt; vgl. auch die vielsagende Bemerkung am Ende von **I**.

Die oben vorgelegte Interpretation zur Theorie der Bahnabweichung mag zu erklären helfen, wie es dazu gekommen sein *könnte*, daß man meinte, diese Theorie sei mit der Bestreitung der Bivalenz austauschbar. Während viele von der Bahnabweichung meinten, sie sei involviert, wenn man die Natur des Wollens selbst analysiert, geht darin doch in Wirklichkeit keine der beiden Lehren ein. Ihre gemeinsame Aufgabe ist, die *Wirksamkeit* des Wollens zu gewährleisten, und zwar dadurch, daß sie alternative Möglichkeiten wirklich offen halten.

21 Lust

A   Cicero, *De fin.* 1.29–32, 37–39 (mit Auslassungen)

(1) Unsere Frage ist also, welches das äußerste und letzte Gut ist, welches nach Auffassung sämtlicher Philosophen [vgl. **63A**] von der Art sein muß, daß sich notwendig alles auf es als Ziel bezieht, es selbst aber nicht Mittel zu irgendetwas ist. Epikur siedelt es in der Lust an; sie soll seiner Ansicht nach dieses höchste Gut und der Schmerz das größte Übel sein. Für diese These entwickelte er die folgende Argumentation: (2) Jedes Lebewesen strebt, sobald es geboren ist, nach Lust und freut sich daran als an dem höchsten Gut, und es verschmäht andererseits Schmerz als das größte Übel und weist ihn von sich, soweit es dazu in der Lage ist; dies tut es [bereits], wenn es noch nicht verdorben ist, nach dem unverfälschten und integren Urteil der Natur. Deshalb bestreitet Epikur, daß man eigens begründen und diskutieren müsse, weshalb die Lust anzustreben und der Schmerz zu meiden sei. Er ist der Meinung, daß man diese Dinge ebenso merkt, wie daß Feuer heiß, Schnee weiß und Honig süß ist; nichts davon muß man mit ausgewählten Argumenten begründen, sondern es genügt, darauf hinzuweisen. . . . (3) Weil nämlich nichts mehr übrig ist, wenn man vom Menschen die Sinne abzieht, muß notwendig von der Natur selbst beurteilt werden, was ihr gemäß und was wider die Natur ist. Was also *sie* wahrnimmt oder was *sie* beurteilt als dasjenige, was anzustreben oder zu meiden ist, was wäre das anderes als Lust oder Schmerz? (4) In unserer Schule gibt es aber einige, die dies gründlicher überliefern wollen und die bestreiten, daß es genug sei, durch Sinneswahrnehmung zu entscheiden, was gut und was schlecht sei; vielmehr lasse sich auch mit Geist und Verstand einsehen, daß die Lust um ihrer selbst willen zu erstreben und der Schmerz um seiner selbst willen zu meiden sei. Sie sagen daher, daß unsere Wahrnehmung, daß das eine anzustreben und das andere zu meiden sei, ein gleichsam natürlicher und angeborener Vorbegriff in unserem Geist sei. . . . Damit ihr aber klar seht, woher der ganze Irrtum derer kommt, die die Lust anklagen und den Schmerz rühmen, will ich die ganze Sache von Grund auf präsentieren und darlegen, was von jenem Entdecker der Wahrheit, sozusagen vom Architekten des glücklichen Lebens, gesagt worden ist. (5) Denn niemand verschmäht, haßt oder meidet Lust selbst deshalb, weil sie Lust ist, sondern weil daraus große Schmerzen für diejenigen resultieren, die der Lust nicht vernünftig nachzugehen wissen; ebenso gibt es niemanden, der den Schmerz selbst deshalb liebt, anstrebt oder erreichen will, weil er eben Schmerz ist, sondern nur deshalb, weil es gelegentlich Umstände gibt, unter denen man durch Mühe und Schmerz eine große Lust erlangen kann. . . . (6) Die Lust, der wir nachgehen, ist nämlich gar nicht bloß die, die durch irgendeine Annehmlichkeit unsere Natur unmittelbar bewegt und deren sinnliche Wahrnehmung

---

A Kontext: Beginn der Darstellung des Torquatus von der epikureischen Ethik. Die zwischen den Abschnitten (5) und (6) ausgelassenen Paragraphen 1.32–36 arbeiten die These von Abschnitt (5) weiter aus.

von einem gewissen Wohlbehagen begleitet ist. Als die größte Lust sehen wir vielmehr diejenige an, die wahrgenommen wird, wenn einmal aller Schmerz verschwunden ist. Da wir nämlich, wenn wir von Schmerz befreit werden, uns eben über die Befreiung und Freiheit von aller Beschwernis freuen und da alles das, worüber wir uns freuen, Lust ist – ebenso wie alles das Schmerz ist, was uns wehtut –, deshalb wird zu Recht jede Befreiung von Schmerz als Lust bezeichnet. Denn wenn beispielsweise Hunger und Durst durch Speise und Trank beseitigt sind, bringt der Wegfall der Beschwernis als Folge eine Lust mit sich; ebenso hat ganz allgemein die Entfernung von Schmerz Lust zur unmittelbaren Folge. (7) Deshalb akzeptierte Epikur nicht die These, daß es zwischen Schmerz und Lust etwas Mittleres gebe; denn was einigen Leuten als etwas Mittleres erschien – die Abwesenheit von jederlei Schmerz –, eben das ist nicht nur eine Lust, sondern sogar die größte Lust. Wer nämlich spürt, wie er affiziert ist, muß sich notwendig in einem Zustand der Lust oder des Schmerzes befinden. Wenn aber überhaupt jeder Schmerz wegfällt, dann wird dadurch, meint Epikur, die Grenze der höchsten Lust markiert, so daß die Lust danach zwar variiert und unterschieden, aber nicht vermehrt und erweitert werden kann. (8) In Athen . . . gibt es auf dem Kerameikos eine Statue Chrysipps. Er sitzt da mit ausgestreckter Hand, und diese Hand bedeutet, daß er an folgendem kleinen Syllogismus seine Freude hatte: »Gibt es irgendetwas, wonach deine Hand in dem Zustand verlangt, in dem sie sich gegenwärtig befindet?« – »Nein, bestimmt nicht.« – »Wenn nun aber die Lust ein Gut wäre, dann würde die Hand nach etwas verlangen.« – »Das denke ich.« – »Also ist die Lust kein Gut.« . . . Gegen die Kyrenaiker ist dieser Schluß ganz bündig; aber Epikur berührt er nicht.

B   Epikur, *Brief an Menoikeus* 127–132

(1) Wir müssen in Betracht ziehen, daß die Begierden teils natürlich sind und teils leer. Weiter sind von den natürlichen die einen notwendig und die anderen nur natürlich. Von den notwendigen wiederum sind die einen notwendig zum Glück, andere notwendig zur störungsfreien Funktion des Körpers und die dritten notwendig für das Leben selbst. Denn eine unbeirrt stabile Betrachtung dieser Dinge weiß jedes Wählen und Meiden auf die körperliche Gesundheit und die seelische Freiheit von Verwirrung zurückzubeziehen, weil dies das zum glückseligen Leben gehörige Ziel ist. Um dessentwillen nämlich tun wir alles, um weder Schmerzen zu erleiden noch Verwirrung zu empfinden. (2) Sobald dies einmal bei uns eingetreten ist, löst sich der ganze Sturm der Seele auf, weil das Lebewesen sich dann nicht mehr aufmachen kann, als ob es etwas brauchen würde, und nichts anderes mehr suchen kann, wodurch sich das für die Seele und den Körper Gute vervollständigen ließe. Dann nämlich haben wir ein Verlangen nach Lust, wenn wir aufgrund der Abwesenheit von Lust Schmerz empfinden; 〈wenn wir indes keinen Schmerz empfinden,〉 bedürfen wir auch

---

B Kontext: Nach wenigen Zwischenzeilen anschließend an **24A**, gefolgt von **20A**.

nicht mehr der Lust. Eben deswegen sagen wir, die Lust ist der Anfang und das Ende des glückseligen Lebens. Sie nämlich erkennen wir als das erste, uns verwandte Gut, von ihr ausgehend beginnen wir jedes Wählen und Meiden, und wir kehren auch zu ihr zurück, indem wir bei jedem Gut, um es zu beurteilen, die Empfindung als Richtmaß benutzen. (3) Gerade weil dies das erste, uns verwandte Gut ist, deshalb wählen wir auch nicht jede Lust, sondern übergehen gelegentlich viele Lüste, wenn sich aus ihnen mehr Unangenehmes für uns ergibt; auch halten wir viele Schmerzen für besser als Lüste, wenn sich daraus nämlich, wenn wir die Schmerzen ertragen haben, für uns eine größere, lange währende Lust ergibt. Da sie eine uns verwandte Natur hat, ist also jede Lust gut; aber nicht jede ist zu wählen; ganz entsprechend ist auch jeder Schmerz ein Übel, aber nicht jeder ist seiner Natur nach immer zu meiden. Was jedenfalls ansteht, ist, dies alles durch vergleichende Kalkulation und durch Beachtung des Zuträglichen und Abträglichen zu beurteilen. Zu bestimmten Zeiten behandeln wir nämlich das Gute als etwas Schlechtes und das Schlechte umgekehrt als etwas Gutes. (4) Auch die Selbstgenügsamkeit halten wir für ein großes Gut, nicht um uns immer mit wenigem zu begnügen, sondern damit wir uns dann mit wenigem begnügen können, wenn wir nicht das Viele haben, in der echten Überzeugung, daß am Luxus diejenigen das größte Vergnügen haben, die ihn am wenigsten nötig haben, und daß alles Natürliche leicht, das Nichtige dagegen schwer zu beschaffen ist. Speisen mit schlichtem Geschmack bringen ebensoviel Lust mit sich wie eine aufwendige Lebensweise, sobald aller aus dem Mangel resultierende Schmerz beseitigt ist; Brot und Wasser verschaffen das größte Vergnügen, wenn jemand sie zu sich nimmt, der ihrer bedarf. Die Gewöhnung in der einfachen und nicht aufwendigen Lebensweise mehrt also die Gesundheit, macht den Menschen im Hinblick auf die notwendigen Anforderungen des täglichen Lebens unverdrossen tatkräftig, stärkt unseren Charakter, wenn wir uns von Zeit zu Zeit in den Umkreis aufwendiger Lebensweisen begeben, und macht uns furchtlos gegenüber den Wechselfällen des Zufalls. (5) Wenn wir also sagen, daß die Lust das Ziel sei, dann meinen wir nicht die Lüste derer, die ausschweifend leben, auch nicht die Lüste, welche auf dem Genuß beruhen, wie das einige aus Unkenntnis und deshalb meinen, weil sie nicht beipflichten oder uns falsch verstehen, sondern wir meinen damit, körperlich keine Schmerzen zu haben und seelisch nicht in Unruhe zu sein. Denn was das lustvolle Leben hervorbringt, sind nicht Trinken und Gelage, nicht der Genuß von Knaben und von Frauen und auch nicht der Genuß von Fisch und von all den anderen Sachen, die einen reich gedeckten Tisch ergeben, sondern es ist die nüchterne Überlegung, welche die Ursachen jeden Wählens und Meidens aufspürt und die Meinungen ausmerzt, deretwegen größte Verwirrung die Seelen ergreift. (6) Der Anfang für all dies und das größte Gute ist die Klugheit. Klugheit ist deshalb sogar wertvoller als Philosophie; aus ihr gehen alle übrigen Tugenden hervor: Sie lehrt, daß es kein lustvolles Leben gibt, ohne klug, gut und gerecht zu leben, ⟨und kein kluges, gutes und gerechtes Leben,⟩ ohne lustvoll zu leben. Die Tugenden sind nämlich von Natur aus mit dem lustvollen Leben verbunden, und lustvoll zu leben läßt sich von ihnen nicht trennen.

C Epikur, *RS* 3–4

(1) [3] Die Beseitigung alles dessen, was schmerzt, ist die Grenze für die Größe der Lustempfindungen. Wo immer das anwesend ist, was Lust erzeugt, da sind, solange es anwesend ist, nichts Schmerzendes und nichts Betrübendes und keine Kombination davon. (2) [4] Was schmerzt, dauert im Fleisch nicht kontinuierlich an. Sondern wenn der Schmerz äußerst akut ist, ist er nur ganz kurze Zeit da; wenn er das, was im Fleisch Vergnügen macht, nur überwiegt, dauert er nicht viele Tage; und chronische Krankheiten haben im Fleisch mehr, was Vergnügen macht, als was schmerzt.

D Epikur, *RS* 8–10

(1) [8] Keine Lust ist etwas Schlechtes *per se*; sondern was bestimmte Genüsse erzeugt, bringt Beschwerden mit sich, die viele Male größer sind als die Lustempfindungen. (2) [9] Wenn jede Lust nach Ort und Dauer verdichtet würde und über das ganze Gefüge oder die wichtigsten Teile unserer Natur verteilt wäre, dann würden sich die Lustempfindungen niemals unterscheiden. (3) [10] Wenn das, was die Genüsse der Ausschweifenden erzeugt, die Ängste des Denkens vor den Himmelserscheinungen, vor dem Tod und vor Schmerzen beseitigen und wenn es außerdem über die Grenze der Begierden belehren würde, dann hätten wir niemals einen Grund, sie [die Ausschweifenden] zu tadeln, da sie sich von überall her mit Lustgefühlen befriedigen würden und niemals etwas Schmerzendes oder Betrübendes hätten, worin eben das Schlechte besteht.

E Epikur, *RS* 18, 25, 30

(1) [18] Die Lust im Fleisch steigert sich nicht mehr, sobald einmal der auf Mangel beruhende Schmerz beseitigt ist, sondern sie variiert nur. Die Grenze der Lust im Denken dagegen wird erreicht, indem man eben die Dinge, die dem Verstand die größten Ängste bereiteten, und all das aufklärt, was mit diesen Dingen verwandt ist. (2) [25] Wenn du es versäumst, jede deiner Handlungen bei jeder Gelegenheit auf das Endziel der Natur zu beziehen, sondern vorher abbiegst, indem du dein Meiden oder Streben auf etwas anderes ausrichtest, so werden deine Handlungen nicht konsequent zu deinen Worten passen. (3) [30] Von den natürlichen Begierden haben diejenigen ihren Ursprung in leerer Meinung, die, wenn sie nicht erfüllt werden, nicht zu Schmerzen führen, bei denen die angespannte Leidenschaft dann aber trotzdem bestehen bleibt; und daß sie sich nicht auflösen, hat seinen Grund nicht in ihrer Natur, sondern in der leeren Meinung des betreffenden Menschen.

C *RS* 3 entspricht der dritten und *RS* 4 der vierten Maxime des vierfachen Heilmittels (**25J**).

F Epikur, *Sent. Vat.* 17, 21, 25

(1) [17] Nicht der Jüngling ist selig zu preisen, sondern der Greis, der rechtschaffen gelebt hat. Denn der Jüngling wechselt unter dem Einfluß des Zufalls häufig seine Gedanken und wird hin und her getrieben; aber der Greis ist ins Alter so wie ein Schiff in den Hafen eingelaufen und hält mit sicherer Dankbarkeit die Güter fest umklammert, auf die er früher kaum zu hoffen wagte. (2) [21] Der Natur darf man keine Gewalt antun, sondern muß sie überreden; und wir werden sie überreden, indem wir die notwendigen Begierden erfüllen, ebenso die natürlichen, wenn sie nicht schaden, aber die schädlichen scharf zurechtweisen. (3) [25] Armut, wenn sie ihr Maß am Endziel der Natur hat, ist großer Reichtum; Reichtum indes, wenn er keine Grenze hat, ist große Armut.

G Epikur, *Sent. Vat.* 33, 42, 51, 59

(1) [33] Die Stimme des Fleisches ruft: Nicht hungern, nicht dürsten, nicht frieren. Denn wer in diesen Zuständen ist und hofft, darin zu bleiben, könnte an Glückseligkeit sogar mit Zeus konkurrieren. (2) [42] Es braucht dieselbe Zeit für das größte Gut, zu entstehen und genossen zu werden. (3) [51] [Aus einem Brief von Metrodoros an Pythokles:] Du sagst mir, daß die Bewegung des Fleisches bei dir allzu heftig nach dem Genuß der Liebe drängt. Solange du nicht die Gesetze brichst, nicht die gute anerkannte Sitte verletzt, keinen deiner Nachbarn betrübst, nicht dein Fleisch ruinierst und nicht das zum Leben Notwendige vergeudest, folge deiner Neigung, wie du das willst. Es ist allerdings undenkbar, daß du mit keine einzige dieser Schwierigkeiten zu tun bekommst. Denn Liebesdinge sind niemals von Nutzen; man muß zufrieden sein, wenn sie nicht schaden. (4) [59] Unersättlich ist nicht der Bauch, wie das die Leute sagen, sondern die falsche Meinung über das unbegrenzte Anfüllen des Bauchs.

H Epikur, *Sent. Vat.* 63, 71, 73, 81

(1) [63] Auch in schlichten Lebensverhältnissen gibt es Vornehmheit. Wer sie nicht beachtet, erleidet ähnliches wie der, der in die Irre geht, weil er Grenzen ignoriert. (2) [71] An alle Begierden ist diese Frage zu stellen: Was wird mir geschehen, wenn das erfüllt wird, worauf die Begierde aus ist, und was, wenn es nicht erfüllt wird? (3) [73] Selbst daß gewisse körperliche Schmerzen entstehen, ist von Nutzen, [nämlich] um sich in ähnlichen Fällen zu schützen. (4) [81] Was die Unruhe der Seele auflöst oder eine nennenswerte Freude erzeugt, ist weder der Besitz des größten Reichtums noch die Ehre und das Ansehen in der Öffentlichkeit noch sonst etwas, was auf unbegrenzten Ursachen beruht.

I   Scholion zu Epikur, *RS* 29

Als natürlich und notwendig betrachtet Epikur diejenigen [Begierden], die eine
Entlastung von Schmerz bringen wie z.B. das Trinken bei Durst. Als natürlich
und nicht notwendig gelten diejenigen, die lediglich Abwechslung in die Lust
bringen, aber keinen Schmerz wegnehmen, z.B. luxuriöses Essen. Weder natürlich noch notwendig sind Begierden wie die nach Ehrenkränzen und der
Errichtung von Statuen.

J   Porphyrios, *De abstinentia* 1.51.6–52.1 (teilw. Usener 464)

[Referat epikureischer Auffassungen:] (1) Was den Verzehr von Fleisch angeht,
lindert er weder irgendein Beschwernis unserer Natur noch stillt er ein Verlangen, dessen Nicht-Erfüllung Anlaß zu Schmerzen gäbe. Er schließt eine ge-
waltsame Befriedigung ein, die schnell mit ihrem Gegenteil vermischt wird. Er
trägt nämlich nicht zur Erhaltung des Lebens bei, sondern zur Variation der
Genüsse, gerade so wie Sex oder wie das Trinken exotischer Weine, was alles
unsere Natur auch ohne [den Verzehr von Fleisch] zu erleben vermag. . . . (2)
Weiterhin trägt Fleisch auch nicht zur Gesundheit bei, sondern ist für sie eher
ein Hindernis.

K   Diogenes Laërtius 10.121

Unter dem Glück versteht man, [sagen die Epikureer,] etwas Doppeltes, zum
einen das höchste Glück, wie das der Götter, welches keine Steigerung zuläßt,
zum anderen das Glück, welches einer Zu- und Abnahme der Lust fähig ist.

L   Cicero, *Tuscul.* 3.41–42 (Usener 67, 69)

[Epikur, *Über das Ziel*:] (1) »Ich für mein Teil kann nichts als das Gute begreifen,
wenn ich die Genüsse abziehe, die man durch den Geschmack wahrnimmt, die
abziehe, die durch das Liebesleben vermittelt werden, die abziehe, die durch das
Hören von Gesängen entstehen, und auch die wegtue, die sich beim Wahrnehmen von Gestalten als angenehme Bewegungen durch die Augen bilden,
oder auch alle die Genüsse, welche sonst noch von irgendeiner Sinneswahrnehmung im ganzen Menschen hervorgebracht werden. Man kann sicherlich
auch nicht sagen, daß die Freude des Geistes allein ein Gut sei. Denn froh ist ein
Geist, wie ich es verstehe, durch die Erwartung all der Dinge, die ich eben
erwähnt habe – daß sie ihrer Natur nach so sind, daß er, wenn er sie sich
aneignet, von Schmerz frei ist.« . . . (2) Ein wenig später fügt er hinzu: »Männer, die man weise nannte, habe ich oft gefragt, was sie an Gütern denn noch

---

J Kontext: Von Epikur abgeleitete Argumente für eine vegetarische Lebensform.   K Kontext: Kurz nach 22Q.   L Kontext: Cicero stellt die epikureische Lehre dar und zitiert zum
Beweis aus Epikurs Schrift *Über das Ziel*.

vorzuweisen hätten, wenn sie all jenes abzögen, außer sie wollten bloß leere Worte verbreiten. Ich habe nichts von ihnen erfahren können. Wenn sie weiter von Tugenden und Weisheiten schwatzen wollen, werden sie von nichts anderem reden als von dem Weg, auf dem eben die Genüsse hervorgebracht werden, von denen ich oben sprach.«

M Athenaeus 546F (Usener 409, 70)

Und Epikur sagt: »Die Lust des Magens ist der Anfang und die Freude alles Guten; und hierauf bezieht sich das zurück, was weise und was überreichlich ist.« Und in *Über das Ziel* sagt er wieder: »Das Schöne, die Tugenden und derlei Dinge müsse man in Ehren halten, wenn sie Lust bereiten; wenn sie jedoch keine bereiten, dann sollten wir sie verabschieden.«

N Plutarch, *Contra Epic. beat.* 1089D (teilw. Usener 68)

Denn der komfortable Zustand des Fleisches und die diesbezügliche zuversichtliche Erwartung enthalten [nach den Epikureern] die höchste und sicherste Freude für diejenigen, die vernünftig kalkulieren können.

O Cicero, *De fin.* 2.69

Vermutlich, sagte ich, wirst du [Torquatus, der Vertreter des Epikureismus] dich schämen wegen jenes Bildes, das Kleanthes mit ganz treffenden Worten auszumalen pflegte. Er forderte seine Zuhörer auf, sich ein Bild vorzustellen, das die Lust in äußerst schönem Gewand und mit Herrscherornat angetan zeigt; sie sitzt auf einem Thron und ist flankiert von den Tugenden als ihren kleinen Dienerinnen; diese haben nichts anderes zu tun und sehen ihre Aufgabe nur darin, der Lust zu Diensten zu sein und ihr die Warnung ins Ohr zu flüstern (wenn sich das einem Bild klar entnehmen ließe), vorsichtig zu sein und nur ja nicht irgendetwas unbedacht zu tun, was den Geist der Menschen verletzen oder woraus irgendein Schmerz hervorgehen könnte. »Wir sind ja doch die Tugenden, dazu geboren, dir zu dienen; eine andere Aufgabe haben wir nicht.«

P Diogenes von Oinoanda 26.1.2–3.8

Ich werde kurz über die Unklugheit sprechen, aber jetzt über die Tugenden und die Lust. Wenn nun, ihr Männer, das Problem, das zwischen diesen Leuten [den Stoikern] und uns verhandelt wird, eine Untersuchung über die Frage beinhalten würde: »Was ist das Mittel zur Glückseligkeit?«, und wenn sie sagen wollten, es seien die Tugenden, was in der Tat auch wahr ist, so brauchte man

---

N Kontext: Polemische Bemerkungen gegen Versuche der Epikureer, ihren Hedonismus durch Rückgriff auf schmerzloses Wohlergehen des Fleisches zu stabilisieren.   O Kontext: Ciceros Widerlegung des epikureischen Hedonismus.

nichts anderes zu tun als ihnen zuzustimmen und die Sache beiseitezulegen. Weil das Problem aber, wie ich sage, nicht darin besteht, welches das Mittel zur Glückseligkeit ist, sondern darin, worin das Glücklichsein besteht und wonach als letztem Ziel unsere Natur strebt, deswegen behaupte ich mit lautem Ruf jetzt und immer, daß das Ziel der besten Art zu leben für alle Griechen und Nichtgriechen die Lust ist, während die Tugenden, deretwegen sich diese Leuten jetzt unpassenderweise beunruhigen (sie verschieben sie nämlich von der Position des Mittels auf die des Ziels), niemals das Ziel sind, wohl aber das Mittel zum Ziel.

Q   Cicero, *De fin.* 2.9–10

(1) Cicero: »Verspürt denn, möchte ich fragen, der Dürstende beim Trinken Lust?« Torquatus [der Vertreter des Epikureismus]: »Wer könnte das bestreiten?« Cicero: »Ist es etwa dieselbe Lust wie die des gelöschten Dursts?« (2) Torquatus: »Nein, sie ist von anderer Art. Denn der gelöschte Durst bedeutet statische Lust, während die mit dem Durstlöschen selbst verbundene Lust kinetisch ist.« (3) Cicero: »Warum bezeichnest du dann derart verschiedene Sachen mit demselben Namen?« Torquatus: »Erinnerst du dich denn nicht an das, was ich kurz zuvor gesagt habe, nämlich daß, wenn aller Schmerz beseitigt ist, die Lust nur noch variiert, aber nicht mehr vermehrt wird?« ». . . Die Natur dieser ›Variation‹ verstehe ich nicht ganz. Du sagst: wenn wir keinerlei Schmerz haben, dann sind wir im Zustand der größten Lust; aber wenn wir die Dinge genießen, die den Sinnen eine angenehme Bewegung zutragen, dann handelt es sich um eine kinetische Lust, die eine Variation der Lüste bewirkt, ohne die Lust, keine Schmerzen zu haben, zu steigern . . .«

R   Diogenes Laërtius 10.136–137

(1) In der Auffassung über die Lust unterscheidet er [Epikur] sich von den Kyrenaikern. Diese erkennen nämlich keine statische Lust, sondern nur den kinetischen Typ an, während er beide Arten anerkennt, für die Seele ebenso wie für den Körper, wie er in dem Buch *Über Wählen und Meiden*, in dem Buch *Über das Ziel* und im ersten Buch *Über Lebensweisen* sagt . . . In dem Buch *Über Wahlen* formuliert Epikur folgendermaßen: »Freiheit von Verwirrung und Abwesenheit von Schmerz sind statische Lüste; Freude und Fröhlichkeit dagegen werden als kinetische Tätigkeiten betrachtet.« (2) Er unterscheidet sich von den Kyrenaikern noch in einem weiteren Punkt. Sie nämlich halten körperliche Schmerzen für schlimmer als seelische . . .; er dagegen hält die seelischen für schlimmer, weil das Fleisch nur in der Gegenwart durchgeschüttelt wird, die Seele aber in der Vergangenheit, der Gegenwart und der Zukunft.

Q Kontext: Ciceros Widerlegung des epikureischen Hedonismus.   R Kontext: Diogenes' Zusammenfassung der epikureischen Lehre.

S   Lukrez 4.622–632

Demnach, wenn die Körper des sich ausbreitenden Saftes glatt sind, berühren
sie angenehm und regen alle feuchten und schwitzenden Partien um die Zunge
herum angenehm an. Je mehr sie im Gegensatz dazu aber mit Rauheit versehen
sind, reizen und verletzen sie hervorstechend den Sinn. Danach kommt das
vom Saft ausgehende Vergnügen an der Grenze des Gaumens; wenn der Saft
jedoch durch die Kehle nach unten gestürzt ist, gibt es kein Vergnügen, während
er sich ganz in die Glieder hinein ausbreitet. Es ist auch nicht von Belang,
welche Nahrung den Körper nährt, solange du in der Lage bist, das, was du zu
dir nimmst, verdaut den Gliedern zuzuführen und im Magen die feuchte Verfassung
zu erhalten.

T   Cicero, *Tuscul.* 5.96   (teilw. Usener 439)

Der Körper freue sich, solange er eine gegenwärtige Lust verspüre. Der Geist
aber nehme die gegenwärtige Lust mit dem Körper zusammen wahr und sehe
außerdem die bevorstehende Lust kommen und gestatte der vergangenen nicht,
einfach davonzufließen. Der Weise wird daher stets dauerhafte und untereinander
verflochtene Lustempfindungen haben, weil die Erwartung erhoffter Genüsse
mit der Erinnerung an bereits erlebte Lust verbunden werde.

U   Cicero, *De fin.* 1.55

[Torquatus, der Vertreter des Epikureismus:] (1) Keinerlei Irrtum gibt es betreffs
des höchsten Guts und des höchsten Übels, d.h. betreffs Lust und Schmerz; die
Menschen machen in diesen Dingen aber deshalb Fehler, weil sie die Quellen
nicht kennen, aus denen Lust und Schmerz hervorgehen. (2) Was weiter die
Lüste und Schmerzen des Geistes betrifft, räumen wir ein, daß sie aus körperlichen
Lüsten und Schmerzen hervorgehen, . . . nehmen aber nicht an, daß dies
die Lüste und Schmerzen des Geistes daran hindern würde, um vieles größer zu
sein als die des Körpers.

V   Diogenes von Oinoanda 38.1.8–3.14

(1) Für die Mehrzahl der Menschen ist die Überlegenheit dieser seelischen
Gefühle [über die körperlichen] schwer zu kalkulieren. Weil es nämlich nicht
möglich ist, die Extreme von beidem zu ein und derselben Zeit in wechselseitigem
Vergleich zu erleiden . . . aufgrund des Umstands, daß dies selten geschieht
und daß es, wenn es geschieht, das Leben zerstört, (2) deshalb findet sich
kein Kriterium für die Überlegenheit dieser [Gefühle] über die anderen. Viel-

---

S Kontext: Erklärung des Tastens als unmittelbarer Kontakt mit der atomaren Struktur des
getasteten Gegenstandes.   T Kontext: Darstellung der epikureischen Lehre.   U Kontext: Torquatus' Darstellung der epikureischen Ethik.

mehr, wenn einer körperliche Schmerzen erlebt, sagt er, sie seien größer als die seelischen, wenn er dagegen ⟨seelische erlebt,⟩ sagt er, diese seien größer. Denn das ⟨Gegenwärtige⟩ ist immer überzeugender als das Abwesende, und es ist bei jedem offensichtlich, daß er entweder aus Notwendigkeit oder aus Lust demjenigen Gefühl die Überlegenheit zuerkennt, welches ihn beherrscht. (3) Ein weiser Mann indes kalkuliert mittels vieler anderer Überlegungen diesen Punkt aus, den die Mehrzahl der Menschen schwer zu kalkulieren findet.

W Lukrez 2.1–61

(1) Wenn auf dem großen Meer Stürme die Wasseroberfläche aufwühlen, ist es angenehm, vom Land aus die große Mühe zu beobachten, die ein anderer hat, – nicht weil es erheiternd und ein Vergnügen wäre, daß da einem übel mitgespielt wird, sondern weil es ein Vernügen ist zu sehen, welchen Übeln man selbst nicht ausgesetzt ist. Es ist ebenfalls ein Vergnügen, im Krieg gewaltige Schlachten zu betrachten, die sich in der Ebene abspielen, wenn du selbst an der Gefahr keinen Anteil hast. (2) Das größte aller Vergnügen ist jedoch, Herr jener ruhig-heiteren Bezirke zu sein, die durch die Unterweisung der Weisen gut befestigt sind. Von dort kannst du auf andere herabschauen und sie überall herumirren und den Weg eines sich zerstreuenden Lebens suchen sehen – wetteifernd im Talent, streitend über das soziale Ansehen, nachts und am Tag sich mit größter Anstrengung abmühend, zu höchstem Reichtum aufzusteigen und ein Vermögen zu besitzen. (3) O ihr bejammernswerten Geister der Menschen, o ihr blinden Herzen! Wie groß ist die Dunkelheit, und wie groß sind die Gefahren des Lebens, in denen dieser Abschnitt Zeit, wie groß er auch sei, verbracht wird! Seht ihr nicht, daß die Natur für sich nach nichts anderem ruft als danach, daß der Schmerz vom Körper geschieden und weg ist und daß der Geist die erfreuliche Wahrnehmung genießt, daß Sorge und Furcht weggefallen sind? (4) Wir sehen also, daß für unsere körperliche Natur überhaupt nur weniges nötig ist, was ihr den Schmerz zu nehmen im Stande ist und dies so, daß es gar von Zeit zu Zeit auch großzügig viele Genüsse verbreiten kann. Auch verlangt die Natur selbst es nicht, wenn in den Eingangshallen keine goldenen Jünglingsstatuen stehen, die brennende Lampen in ihrer rechten Hand halten, um nächtliche Bankette mit Licht zu versorgen, oder wenn das Haus nicht von Silber erglänzt und von Gold schimmert oder wenn nicht beim Spiel der Zither getäfelte, goldene Decken das Echo zurückwerfen, während die Menschen trotzdem im weichen Gras nahe beim fließenden Bach unter den Zweigen eines hohen Baums zusammenliegen und ihre Körper ohne großen Aufwand mit Freude pflegen, besonders bei strahlendem Wetter und wenn die Jahreszeit überall Blüten über das sprießende grüne Gras ausstreut. Auch verlassen die heißen Fieber den Körper nicht schneller, wenn du dich auf gestickten Teppichen und schimmerndem Purpur wälzt als wenn du auf einer durchschnitt-

---

W Vgl. mit D. Konstan zum ganzen, bes. zu den beiden ersten Sinneinheiten, Demokrit, Frg. 68b 191 DK (= KRS 594)

lichen Decke liegen mußt. (5) Weil deshalb bei unserem Körper die Schätze nichts nutzen, auch der Adel und der Ruhm eines Königreichs nichts, ist darüber hinaus anzunehmen, daß sie auch dem Geist nichts nutzen − es sei denn, daß du gerade siehst, wie deine Legionen in die weite Ebene ausschwärmen und Kriegsbilder erregen, ... und daß dir dadurch deine relgiösen Gefühle aufgeschreckt werden und in Angst und Schrecken aus dem Geist fliehen und daß die Todesängste dein Herz denn leer und von Besorgnis befreit zurücklassen. (6) Wenn wir nun aber sehen, daß dies absurd und lächerlich ist, und wenn die Befürchtungen der Menschen und die davon ausgehenden Sorgen in Wahrheit keine Angst vor Waffengeklirr und vor wilden Geschossen haben, sich vielmehr keck in der Gesellschaft von Königen und Leuten mit Vermögen bewegen und keinen Respekt vor dem Schimmer von Gold und dem brillianten Glanz purpurner Kleidung zeigen, was zweifelst du dann, daß alle diese Macht Macht der Vernunft ist, zumal wenn alles Leben sich in Dunkelheit abmüht. Denn gerade so wie die Kinder in blinder Dunkelheit durch alles erschreckt werden und alles fürchten, so haben wir gelegentlich bei Tageslicht Angst vor Dingen, die man um nichts mehr zu fürchten braucht als das, was Kinder in der Dunkelheit erzittern und sich ausmalen läßt, was passieren wird. (7) Diesen Schrecken und diese Dunkelheit des Geistes also müssen nicht der Sonnenschein und nicht die leuchtenden Strahlen des Tages zerschlagen, sondern die Anschauung der Natur und ihre Vernunft.

X Lukrez 6.1–28

(1) Es war Athen mit seinem berühmten Namen, das erstmals vor langer Zeit den leidenden Menschen den Ertrag von Getreide schenkte, den allgemeinen Lebensstil anhob und Gesetze aufstellte, das auch erstmals dem Leben lindernde Annehmlichkeiten schenkte, als es einen mit einem derart großen Herzen ausgestatteten Mann hervorbrachte, daß er vor langer Zeit alles mit wahrheitsträchtiger Sprache verkündete; obgleich er tot ist, verbreitete sich seit alters wegen seiner göttlichen Entdeckungen sein Ruhm und dringt nun bis zum Himmel. (2) Denn als dieser Mann sah, daß die Sterblichen schon fast mit allem ausgestattet waren, was die Notdurft zum Leben fordert, und daß ihr Leben soweit wie möglich sicher war, daß die Menschen durch Reichtum, Ehre und sozialen Status mächtiger waren als nötig und zusätzlich Stolz auf den guten Namen ihrer Söhne entwickelten, daß aber dennoch daheim jeder ein nicht weniger ängstliches Herz hatte und daß das Herz sie gegen die Absicht ihres Geistes ständig quälte und sie unter Druck setzte, mit aggressiven Beschwerden zu wüten, da erkannte er, daß *da* der Fehler steckte, daß das Gefäß selber ihn verursachte und daß davon alles in ihm befallen wurde, was auch immer von außen gesammelt in es hineinkam, einschließlich der wohltuenden Dinge. (3)

X Eine auffallend positive Bewertung der Zivilisationsgüter und der Mittel zur Befriedigung elementarer Lebensbedürfnisse. − Vgl. zu dem Gefäß-Vergleich zwei vorausgehende Platon-Texte: *Protag.* 314a und *Gorg.* 493a–494b.

Der Grund dafür waren, wie er sah, teils die Risse und Löcher, die es unmöglich machten, das Gefäß jemals ganz zu füllen; teils besudelte es innen, wie er bemerkte, alles mit einem widerwärtigen Beigeschmack, was es auch aufnahm. Daher reinigte er die Herzen der Menschen mit seinen wahrheitsträchtigen Worten; er setzte den Begierden und Ängsten eine Grenze, stellte heraus, was das höchste Gut ist, das wir alle anstreben, und wies den Weg, wie wir es auf schmalem Pfad in direktem Lauf erreichen können.

☐ Lust war in der griechischen Philosophie zur Zeit Epikurs zu einem der meistdiskutierten Themen geworden. Seine eigene Darstellung davon läßt erkennen, daß er mit den bei Platon und Aristoteles zusammengestellten Argumenten für und wider den Hedonismus bestens vertraut war; Lesern, die sich neu an dieses Thema machen, sei empfohlen, die folgenden Texte zu studieren: Platon, *Protagoras* 351b–358d; *Gorgias* 492d–507e; *Staat* IX.581a–587e; *Philebos*; und Aristoteles, *Nikomachische Ethik* VII.11–17, X.1–5; *Rhetorik* I.10–11. Ferner kann angenommen werden, daß Epikur die von Demokrit empfohlene Mischung aus mäßiger Freude, Ruhe und Selbstgenügsamkeit kannte und weiterentwickelte (siehe KRS 593–594) und daß er kritisch auf den Hedonismus Aristipps und der Kyrenaiker reagierte. Der gelegentlich defensive und verlockend schockierende Stil einer Reihe seiner Äußerungen über die Lust zeigt, daß er Widerstand und Mißverständnisse seitens rivalisierender Philosophen antizipierte; die Stoiker nahmen den Köder dann bereitwillig auf (A8, O). Zur Zeit unserer Sekundärquellen hatte das stoische Insistieren, daß Lust und Schmerz für das Glück indifferent seien (vgl. 58A4), die Moraltradition nachhaltig gefärbt, so daß sie den irrigen Eindruck erwecken kann, der epikureische Hedonismus sei der Mehrzahl seiner Zeitgenossen exotisch vorgekommen. Eine Lektüre des aristotelischen Materials wird die angemessene historische Perspektive vermitteln. Weder Platon noch Aristoteles hatten irgendeine Schwierigkeit damit, die Lust als einen Konstituenten von Glück anzusehen, auch wenn sie Epikurs Beschränkung des eigentlich Guten auf die Lust und seine Degradierung der Tugenden zu rein instrumentellen Gütern (L2, M, O, P) entschieden zurückgewiesen hätten. Darüber hinaus bestand Epikur selbst darauf, daß das lustvolle Leben kluges, rechtschaffenes und gerechtes Leben einschließt und darin auch seinerseits eingeschlossen ist (B6). Das Interesse seiner Ethik liegt zu einem großen Teil in seinem Bemühen, ein gutes Stück traditioneller moralischer Werte festzuhalten, ohne die Konsistenz seines Hedonismus zu kompromittieren.

Im Gegensatz zu dem, was oft behauptet wird, werden in Epikurs Ethik allem Anschein nach nicht die Einzelheiten seiner Atomtheorie vorausgesetzt. Lust und Angst werden mit Bewegungen von Atomen niemals *identifiziert*, auch wenn Lukrez die Unterschiede zwischen genußreichen und schmerzhaften Geschmäckern durch die Gestalten der »Körper« erklärt, die auf unseren Mund und Gaumen einwirken (S). Als »Akzidentien« derer, die sie wahrnehmen (7C5), haben Lust und Schmerz keine Existenz auf der atomaren Ebene (7A3), sondern nur auf der des Bewußtseins. Wenn man die Grundlagen von Epikurs Ethik erwägt, muß man also weniger den Atomismus im Sinn behalten als vielmehr Epikurs Zurückweisung der Teleologie (vgl. 13E, I, J)) und der göttlichen Verwaltung der Welt sowie seinen rigorosen Empirismus. Wenn er mit der pyrrhonischen These wetteifern sollte, daß »es nichts gibt, das von Natur aus gut oder schlecht wäre« (1I), dann mußte er das auf der Grundlage seiner eigenen Wahrheitskriterien tun — Sinneswahrnehmungen, Vorbegriffen und Gefühlen (17A). In A2-4 kann man sie alle drei am Werk sehen. Sinneswahrnehmung, so können wir es auffassen, bestätigt die Wahrheit des Allgemeinplatzes (siehe Aristoteles, *Nikomachische Ethik* VII.13, 1153b25 und X.2, wo er Eudoxos zitiert), daß alle lebendigen Kreaturen Lust anstreben und Schmerz vermeiden, und demonstriert dadurch, wie natürlich es ist, Lust als gut und Schmerz als schlecht zu beurteilen. Zweitens deuten jedermanns Gefühle auf die offensichtliche Erwünschtheit von Lust und Unerwünschtheit von Schmerz hin. Wie Cicero Epikur referiert (**A3**), lädt er uns auf eine etwas cartesische Art ein, uns selbst als ausschließlich wahrnehmende Wesen zu betrachten, mit Lust und Schmerz als den irreduziblen Zielen unseres Strebens und Vermeidens. Die ›Natürlichkeit‹ eines solchen Bewußtseins hat keinerlei teleologischen Sinn; Epikur sagt nicht, wie die Stoiker das taten (**57A**), daß unsere ersten Impulse *zum Zweck* unserer Selbsterhaltung bestimmt seien. Seine Behauptung besteht in nicht mehr und nicht weniger als nur darin, daß wir uns als so konstituiert erweisen, daß wir natürlicherweise (d.h. unvermeidlich) nach Lust streben und Schmerz zu vermeiden suchen. Ein teleologischer Aspekt tritt in seine Ethik in Gestalt der philosophischen Unterweisung ein, wie ein Lebensplan, der auf unsere natürlichen Bedürfnisse abgestimmt, durch sie aber nicht programmiert ist, um es einmal so auszudrücken (vgl. **B1, F2**). Schließlich können wir beobachten, daß die wesentliche Erwünschtheit von Lust und Unerwünschtheit von Schmerz von späteren Epikureern auch als ein »Vorbegriff« gerechtfertigt wurde (**A4**): als solcher ist sie begrifflich auf eine Weise bestätigt, die wie bei allen Vorbegriffen (siehe **17** Kommentar) ihre Grundlagen in unmittelbarer Erfahrung hat.

Jede Lust *qua* Lust ist gut und jeder Schmerz *qua* Schmerz schlecht (**A5, B3, D1**). Aber die »verwandte Natur« jeder Lust und das Umgekehrte bei jedem Schmerz sind keine Gründe, erstere ohne Rücksicht auf die Umstände zu erstreben und letzteren ohne solche Rücksicht zu vermeiden (**A5, B3**). Das heißt: Nicht jede Lust ist wählenswert. Die Gründe für diese Aussage führen uns zu dem auffälligsten und kennzeichnendsten Merkmal von Epikurs Hedonismus: »Die größte Lust ist der Wegfall von allem Schmerz« (**A6-8**, vgl. **B1-2, C1, E1**). Wenn die vollständige Abwesenheit körperlicher und seelisch-geistiger Schmerzen die größte Lust bildet, dann ist es nur vernünftig, alle Vergnügungen zu vermeiden, die dieses Ziel gefährden, oder beliebige Schmerzen zu akzeptieren, die helfen werden, es zu sichern. Dementsprechend entwickelt Epikur seinen hedonistischen Kalkül (**B3**, vgl. **D1, 3, H3**) und empfiehlt, alle Lustquellen zu vermeiden, die wahrscheinlich auf ein Übermaß an Schmerz hinauslaufen.

Die Bestreitung, »daß es zwischen Schmerz und Lust etwas Mittleres gebe« (**A7**), scheint auf den ersten Blick kontra-intuitiv zu sein. Platon hatte Wert darauf gelegt (*Staat* IX, 583c–584a) und argumentiert, es sei einfach eine Illusion, daß, wenn man Schmerzen hat, das Ende der Schmerzen wirklich Lust sein werde. Sein Argument hängt freilich von der Annahme ab, daß sowohl die Lust als auch der Schmerz Bewegungen sind und daß sich bei Abwesenheit beider ein Ruhezustand bildet. Die Kyrenaiker akzeptierten diese Annahme, nicht jedoch Epikur (**R1**). In seiner Theorie ist es wesentlich, zwischen »kinetischer« und »statischer« Lust zu unterscheiden. Was letztere umfaßt, wird in **N** und **Q** exemplifiziert: ein »komfortabler« körperlicher Zustand oder an keinem unbefriedigten Verlangen zu leiden. Daß solch ein Zustand angenehm und lustvoll genannt werden kann, ist vollkommen plausibel, wenn wir den Schmerz als eine Unterbrechung desjenigen Zustands betrachten, von dem wir finden, daß er unserer Natur entspricht – »Nicht hungern, nicht dürsten, nicht frieren« (**G1**). Ob Epikur die *Nikomachische Ethik* des Aristoteles kannte oder nicht, er hätte dort allgemeine Unterstützung für dieses Konzept »statischer« Lust gefunden, nämlich in der Behauptung des Aristoteles, daß Lust »die Tätigkeit des naturgemäßen Verhaltens«

sei (*Nikomachische Ethik* VII.12, 1153a14), und weiter in seiner Beobachtung, daß »es ... nicht nur eine Tätigkeit in der Bewegung [gibt], sondern auch in der Unbewegtheit, und die Lust ist mehr in der Ruhe als in der Bewegung« (VII.15, 1154b28). Weil Epikur eine vernünftige Grundlage für ein ganzes Leben schaffen möchte, in welchem die Lust gegenüber dem Schmerz die Oberhand hat, sollten wir uns nicht verwundern, wenn er sagt: »Dann nämlich haben wir ein Verlangen nach Lust, wenn wir aufgrund der Abwesenheit von Lust Schmerz empfinden« (B2). Jemand, der überströmt von »statischer« Lust – frei von allem körperlichen und seelisch-geistigen Schmerz und daher in der Lage, in allen seinen Fähigkeit voll tätig zu sein – hat alle Lust, die er zum Glück benötigt.

Epikur scheint »kinetische« Lust verwendet zu haben, um jedwede Erfahrung zu bezeichnen, die in der aktiven Stimulierung erfreulicher körperlicher Gefühle oder Gemütszustände besteht (vgl. die stoischen Güter »in Bewegung« in 60J1, wo der griechische Ausdruck für »in Bewegung« eben der ist, den wir für Epikur mit »kinetisch« übersetzen). Solange Schmerz abwesend ist, haben wir statische Lust; dagegen wird kinetische Lust nur solange wie die Tätigkeit dauern, die diese Lust auslöst. Obwohl notwendigerweise gut, ist sie daher nicht in der Lage, die statische Lust im Hinblick darauf herauszufordern, ein lange währender Vorzug zu sein, der den gesamten Organismus erfaßt und allen körperlichen und seelisch-geistigen Schmerz entfernt (vgl. den interessanten kontrafaktischen Satz von D2-3). In Q verbindet Cicero kinetische Lust sowohl mit dem Vorgang, Schmerz zu beseitigen (Durst löschen) als auch mit der »Variation« einer zuvor existierenden Lust, die in keinem Schmerz besteht (vermutlich Trinken, wenn man an keinem Durst leidet). Weil solche »Variationen« an statischer Lust zusätzlich auftreten, ohne sie zu steigern (A7, E1, vgl. I, J), nimmt man häufig an, Cicero irre sich, wenn er den Prozeß, Schmerz zu beseitigen, ebenfalls mit kinetischer Lust verbindet. Aber wenn es auch ein bißchen irreführend formuliert ist, ist sein Zeugnis doch so gut wie sicher korrekt. Offensichtlich erkannte Epikur, daß wir aus dem Vorgang, ein Verlangen zu stillen, d.h. Schmerzen zu beseitigen, Lust gewinnen. Was ihm wichtig ist zu bekämpfen, ist die kyrenaische These, daß ein wahrhaft lustvolles Leben in nichts anderem als in einer konstanten Abfolge solcher Erfreulichkeiten besteht. Platon hatte so etwas satirisch als ein Leben dargestellt, welches ständig darauf sinnt, ein leckendes Gefäß wieder aufzufüllen, ein Bild, das von Lukrez wiederholt wird (X2-3; 24F5). Deshalb ordnet Epikur die kinetische Lust der statischen mit Bestimmtheit unter und behandelt erstere entweder als eine Stufe auf dem Weg zum letzten Ziel der Abwesenheit von Schmerz oder als eine Variation dieses Zustands, wenn er erreicht ist.

Solch eine Unterordnung impliziert nicht, daß alle Begierden, welche kinetische Lust einschließen, beseitigt werden müßten oder daß bestimmte Lustempfindungen dieser Art für das Glück unwesentlich wären. Gewiß bestehen die Epikureer darauf, daß viele Quellen kinetischer Lust uns auf lange Sicht wahrscheinlich mehr schaden als Gutes tun, z.B. Sex (B5, G3) oder luxuriöses Essen und Trinken (B5, J); und sie insistieren darauf, daß ein genügsames Leben, welches auf ein Verständnis des kardinalen Unterschieds zwischen notwendigen, bloß natürlichen und leeren Begierden gegründet ist (B1-5, E3, G4, H), das beste Rezept für das Glück darstellt. Aber das ideale epikureische Leben, wie es von Lukrez beschrieben wird (W4), schließt Sinnesfreude ebenso ein wie Abwesenheit von Schmerz; und unter den Genüssen, die als unentbehrlich für das Verständnis beliebiger Güter beschrieben werden, sind auch solche, die kinetisch sein müssen: solche, »die man durch den Geschmack wahrnimmt, ... die durch das Hören von Gesängen entstehen, ... die sich beim Wahrnehmen von

Gestalten als angenehme Bewegungen durch die Augen bilden« (L1). Epikur nahm wahrscheinlich an, daß eine Situation, in der wir frei von körperlichem und seelisch-geistigem Schmerz sind, normalerweise auch gewisse kinetische Genüsse einschließt. Und er erkannte ausdrücklich an, daß die kinetische Lust der Freude (R) ihn in die Lage versetzte, die schwersten Leibschmerzen mit einem Gegengewicht auszugleichen (24D). Die epikureische Erwartung eines Lebens andauernder Lust ist ein erreichbareres Ziel, wenn die von kinetischen Lustempfindungen erzeugten Variationen ein unentbehrliches Merkmal sind; sie können uns helfen, Schmerzen zu vermeiden oder sie zumindest durch ein Gegengewicht ausgleichen, indem sie uns dazu veranlassen, auf Quellen der Lust zu achten, die tatsächlich erreichbar sind (z.B. Musik zu hören, wenn wir nicht unsere Freunde sehen können). Über die Abwesenheit von Schmerz hinaus werden kinetische Genüsse also das Glück nicht steigern; aber sie können Schmerz daran hindern, statische Lust zu unterbrechen. Außerdem besteht das epikureische Hauptmittel, körperlichem Schmerz entgegenzuwirken, darin, sich an Lustempfindungen zu erinnern und sie zu antizipieren (T), und um für diesen Zweck eine ausreichende Vielfalt bereitzustellen, werden diese Empfindungen kinetisch sein müssen. Dies, so schlagen wir vor, erklärt angemessen das unbestreitbare Gewicht, welches in L auf sinnlicher Stimulation liegt, einer Passage, die von Kritikern Epikurs wiederholt ohne ihren Kontext zitiert wurde (und weiterhin wird), da es dessen kruden Sensualismus bezeuge.

Obwohl die Stellen sich offenbar ausschließlich in solchen Texten über Lust und Schmerz des Fleisches konzentrieren (vgl. auch C2, G1, M, N), besteht Epikur nichtsdestoweniger darauf, daß »der Anfang und das größte Gut« für ein lustvolles Leben »Klugheit« ist (B6), die die anderen Tugenden hervorbringt; und sie stiftet »die nüchterne Überlegung, welche die Ursachen jeden Wählens und Meidens aufspürt und die Meinungen ausmerzt, deretwegen größte Verwirrung die Seelen ergreift« (B5). Wenn man entsprechend dem Wechsel der Kontexte Unterschiede in der Betonung zugesteht, scheint es korrekt zu vermuten, daß Epikur körperliche Lust im statischen Sinne (vgl. G1) als primär betrachtete und als primär für geistig-seelische Lust auch das Bewußtsein körperlichen Wohlergehens und die diesbezügliche Zuversicht anerkannte (vgl. E1, N, T, U2). Aber die Überlegenheit geistig-seelischer Lust gegenüber körperlicher Lust (V, vgl. U2) kann kaum auf die Fähigkeit des Geistes beschränkt werden, die Abwesenheit von Schmerz vom Körper in Erinnerung zu halten und zu antizipieren. Solch eine Restriktion trägt nicht der Genüsse Rechnung, die sich aus der Beseitigung von Angst vor dem Tod und vor den Göttern ergeben, berücksichtigt nicht Epikurs Fähigkeit, körperliche Schmerzen mit einer frohen Erinnerung an philosophische Konversationen zu beherrschen (24D) und übersieht vor allem das enorme Gewicht, welches auf der Lust liegt, die aus der Freundschaft resultiert (22E1, F1, 7 usw.).

Obwohl Freiheit von körperlichem Schmerz und Freiheit von geistiger Verwirrung zusammen das epikureische Gute bilden (B1, 5, W), macht der eben vermerkte höhere Rang geistiger Lust die Freiheit von geistiger Verwirrung *(ataraxia)* zum obersten Kennzeichen epikureischen Glücks. Es ist wohl kein Zufall, daß Unerschütterlichkeit (Freiheit von Verwirrung) von Pyrrhon als das Gute dargestellt wurde (1F5; 2E), dessen persönliches Beispiel in Lebensstil und Temperament Epikur tief bewunderte (1B2; vgl. 2 Kommentar).

Bei der Würdigung all dieses Materials ist es wesentlich zu erkennen, daß Epikur darauf besteht, daß lustvolles Glück sich dann ergeben wird, wenn man die Hindernisse beseitigt, die ihm im Weg liegen und die weitgehend auf falsche Ansichten über unwesentliche Güter und vermeidbare Schmerzen zurückzuführend sind (siehe **W**, **X**, **24C**). Die Quellen für diejenigen Genüsse, die das Glück erfordert, sind leicht erreichbar (**X2**), und Schmerz braucht solche Lustempfindungen niemals aufzuwiegen (**C2**). Ausgestattet mit wahren Ansichten über die Welt und über seine eigenen Bedürfnisse und in einer Disposition, seine Handlungen so zu organisieren, wie es den grundlegenden moralischen Normen entspricht, wird der Epikureer also nicht das unveränderliche Glück erreichen, das von den Göttern symbolisiert wird (vgl. **23**), sondern das zunehmende Glück (**K**), welches hinter der göttlichen Art in keiner Weise zurückbleibt (vgl. **G1**; **14D5**, **23J–K**).

22 Gesellschaft

A   Epikur, *RS* 31–35

(1) [31] Die Gerechtigkeit ist eine Übereinkunft über das Zuträgliche mit der Absicht, einander nicht zu schädigen und sich nicht schädigen zu lassen. (2) [32] Nichts ist gerecht und nichts ungerecht in bezug auf die Lebewesen, welche nicht in der Lage waren, Verträge darüber einzugehen, einander nicht zu schädigen und sich nicht schädigen zu lassen. Ebenso ist es auch bei den Völkern, die nicht in der Lage oder nicht willens waren, Verträge darüber einzugehen, sich nicht zu schädigen und sich nicht schädigen zu lassen. (3) [33] Gerechtigkeit war niemals etwas *per se*, sondern ist ein Vertrag, der in der Regel im Verkehr der Menschen untereinander an beliebigen Orten zustandekommt und zum Inhalt hat, sich nicht zu schädigen und sich nicht schädigen zu lassen. (4) [34] Die Ungerechtigkeit ist nicht *per se* ein Übel, sondern in der argwöhnischen Furcht, nicht der Aufmerksamkeit derer zu entgehen, die autorisiert sind, solche Dinge zu bestrafen. (5) [35] Niemand, der sich heimlich gegen den Vertrag vergeht, einander nicht zu schädigen und sich nicht schädigen zu lassen, kann sich darauf verlassen, unentdeckt zu bleiben, selbst wenn er dies im Augenblick tausendmal bleibt. Denn bis zu seinem Tod ist unklar, ob er wirklich unentdeckt bleibt.

B   Epikur, *RS* 36–37, 17

(1) [36] Allgemein genommen ist das Gerechte für alle dasselbe; denn es ist etwas Nützliches in den sozialen Beziehungen der Menschen. Aber wenn es nach der Besonderheit eines Landes und allen sonstigen Determinanten geht, ergibt sich nicht, daß dasselbe für alle gerecht ist. (2) [37] Von dem, was als gerecht angesehen wird, hat dasjenige seine Existenz im Bereich des Gerechten, wovon sich bestätigt, daß es in den Erfordernissen der sozialen Beziehungen zuträglich ist, ob es nun für alle dasselbe ist oder nicht. Falls aber jemand ein Gesetz erläßt und dieses nicht im Sinne dessen wirkt, was für die sozialen Beziehungen zuträglich ist, so hat es nicht länger die Natur der Gerechtigkeit. Und falls das, was im Sinne der Gerechtigkeit zuträglich ist, sich ändert, aber

doch eine Zeit lang zu dem Vorbegriff paßt, so war es eben zu dieser Zeit um nichts weniger gerecht für alle die, die sich nicht durch leere Worte selbst verwirren, sondern einfach auf die Tatsachen sehen. (3) [17] Das gerechte ⟨Leben⟩ ist am freiesten von Unruhe, aber das ungerechte ist von der größten Unruhe voll.

C   Epikur, *RS* 7, 40

(1) [7] Manche Leute wollten berühmt und angesehen werden, in der Meinung, sich auf diese Weise Sicherheit vor den Menschen verschaffen zu können. Wenn das Leben solcher Leute also sicher war, so haben sie das natürliche Gut erlangt; wenn es aber nicht sicher war, so sind sie nicht im Besitz dessen, wonach sie ursprünglich entsprechend der natürlichen Affinität strebten. (2) [40] Alle, die die Möglichkeit hatten, sämtliche Furcht vor den Nachbarn zu eliminieren, lebten dementsprechend auch miteinander auf die angenehmste Art, da sie die sicherste Bürgschaft hatten. Und nachdem sie die vollste Vertrautheit genossen haben, jammerten sie nicht über den vorzeitigen Tod von jemand, so als ob er Mitleid heischte.

D   Epikur, *Sent. Vat.* 58, 70, 79

(1) [58] Aus dem Gefängnis der Routinegeschäfte und der Politik muß man sich selbst befreien. (2) [70] Du solltest in deinem Leben nichts tun, was dir Angst machen wird, falls es deinem Nächsten bekannt werden sollte. (3) [79] Wer frei von Unruhe ist, verursacht weder sich noch einem anderen Beunruhigung.

E   Epikur, *RS* 27–28

(1) [27] Von dem, was die Weisheit für die Glückseligkeit des ganzen Lebens einbringt, ist bei weitem das Größte der Erwerb der Freundschaft. (2) [28] Die Zuversicht, daß nichts Schreckliches ewig oder auch nur von langer Dauer ist, wird durch dieselbe Einsicht hervorgerufen, die auch zu der Erkenntnis führt, daß die gerade in diesen Begrenzungen liegende Sicherheit der Freundschaft vollkommen vollendet ist.

F   Epikur, *Sent. Vat.* 23, 28, 34, 39, 52, 66, 78

(1) [23] Jede Freundschaft ist aus sich selbst heraus eine Tugend, aber ihren Ursprung nimmt sie vom Nutzen. (2) [28] Man sollte weder diejenigen akzeptieren, die voreilig zur Freundschaft bereit sind, noch die Bedenkenträger. Um der Freundschaft willen ist es aber auch notwendig, etwas zu wagen. (3) [34] Es ist nicht so sehr die Hilfe der Freunde, die wir brauchen, als vielmehr die Zuversicht, ihre Hilfe in Anspruch nehmen zu dürfen. (4) [39] Ein Freund ist weder der, der den Nutzen in allem sucht, noch der, der den Nutzen niemals mit der Freundschaft verbindet. Denn der eine verschachert sein Wohlwollen

gegen Entgelt, und der andere schneidet die zuversichtliche Erwartung im Hinblick auf die Zukunft ab. (5) [52] Die Freundschaft tanzt rund um die Welt und ruft uns allen zu, wir möchten aufwachen und uns gegenseitig beglückwünschen. (6) [66] Unser Mitgefühl wollen wir unseren Freunden nicht durch Klagen erweisen, sondern durch Fürsorge. (7) [78] Der Edle beschäftigt sich am meisten mit Weisheit und Freundschaft. Davon ist erstere ein sterbliches und letztere ein unsterbliches Gut.

G Plutarch, *Contra Epic. beat.* 1097A (teilw. Usener 544)

Sie selbst [die Epikureer] erklären tatsächlich, daß es lustvoller ist, etwas Gutes zu tun als zu empfangen.

H Plutarch, *Adv. Colotem* 1111B (Usener 546)

Obwohl er die Freundschaft um des Genusses willen wählt, sagt er [Epikur], daß er zugunsten der Freunde die größten Schmerzen auf sich nehme.

I Seneca, *Epist.* 19.10 (Usener 542)

Er [Epikur] sagt: »Du solltest mehr Umsicht darauf verwenden, mit wem du ißt und trinkst, als darauf, was du ißt und trinkst; denn Nahrungszufuhr ohne einen Freund ist das Leben eines Löwen und eines Wolfs.«

J Lukrez 5.925–938, 953–961

(1) Aber das Menschengeschlecht war auf dem Land zu der Zeit viel abgehärteter, wie sich das für Kreaturen der harten Erde gehörte. Von innen her auf größere und festere Knochen gegründet und über ihr ganzes Fleisch hin mit kräftigen Sehnen versehen waren die Menschen in einer Verfassung, daß ihnen weder Hitze noch Kälte leicht etwas anhaben konnte noch auch ungewohnte Nahrung und auch kein körperlicher Makel. (2) Und während vieler Perioden der Sonne am Himmel führten sie ihr Leben in der umherschweifenden Art wilder Tiere. Es gab noch keinen kräftigen Lenker der gekrümmten Pflugschar, und niemand wußte mit Eisen die Erde zu bearbeiten, junge Schößlinge in die Erde zu pflanzen oder von hohen Bäumen mit Hippen alte Äste abzuschneiden. Was die Sonne und der Regen gaben und was die Erde von sich aus wachsen ließ, dieses Geschenk reichte vollauf, um ihre Herzen zufriedenzustellen. . . . (3) Sie wußten noch nicht die Dinge mit Feuer zu bearbeiten und auch nicht, wie Felle zu gebrauchen sind und sie ihren Körper mit dem kleiden könnten, was sie von wilden Tieren erbeutet hatten. Vielmehr bewohnten sie Haine, Höhlen

---

G Kontext: Kritik des epikureischen Hedonismus.   H Kontext: Kritik an Epikur wegen angeblicher Inkonsistenzen.   I Kontext: Schluß eines Briefs, der Lucilius empfiehlt, sich mehr Muße zu gönnen.   J Kontext: Die Lebensweise der ersten Menschen.

im Gebirge und Wälder, und wenn sie gezwungen waren, peitschenden Winden und Regenfällen auszuweichen, bargen sie ihre rauhen Glieder unter Büschen. (4) Auch konnten sie das allgemeine Gut noch nicht im Blick haben und wußten im Umgang untereinander noch nicht, von Sitten und Gesetzen Gebrauch zu machen. Was das Glück einem jeden an Beute zutrug, das nahm er, jeder darin unterrichtet, auf eigene Rechnung für sich selbst seine Kraft einzusetzen und zu leben.

K Lukrez 5.1011–1027

(1) Nachdem sie dann Häuser, Felle und das Feuer hergerichtet hatten, die Frau, dem Mann vermählt, mit ihm eine Einehe einging und sie Nachwuchs sahen, der von ihnen selbst gezeugt war, da begann das Menschengeschlecht erstmals, weicher zu werden. Denn das Feuer sorgte dafür, daß ihre kühlen Körper nicht mehr unter dem Dach des Himmels so kalt werden konnten; Sex minderte ihre Kräfte, und die Kinder brachen mit ihrem Charme leicht das strenge Verhalten ihrer Eltern. (2) Dann begannen auch Nachbarn, Freundschaft zu schließen, darauf erpicht, einander weder zu schaden noch sich schädigen zu lassen; sie organisierten einen Schutz für die Kinder und für das weibliche Geschlecht, als sie mit babyhaften Stimmen und Gesten deutlich machten, daß es für alle angebracht sei, mit den Schwachen Erbarmen zu haben. (3) Dennoch konnte die Eintracht nicht ganz hergestellt werden. Aber ein guter und großer Teil hielt die Abmachungen rechtschaffen ein; andernfalls wäre das Menschengeschlecht bereits damals ganz zugrunde gegangen und hätte es nicht dazu kommen können, daß die Fortpflanzung die Generationen bis heute bewahrt.

L Lukrez 5.1105–1157

(1) Diejenigen, die einen hervorragenden Intellekt und ein tapferes Herz hatten, zeigten Tag für Tag mehr, wie die Ernährung und die frühere Lebensweise durch Erfindungen und durch Feuer zu verändern waren. Könige begannen, Städte zu gründen und eine Burg zu bauen, zum Schutz für sich selber und als Zufluchtsstätte; sie teilten Vieh und Ackerland zu und gaben jedem nach seinem Aussehen, seiner Kraft und Begabung; denn das gute Aussehen galt viel, und die Kräfte standen in hohem Ansehen. (2) Später wurde das Privatvermögen erfunden und entdeckte man Gold, welches den Starken und Schönen leicht ihren Ehrenstatus nahm; denn in der Regel folgen die Menschen der Partei des Reicheren, wie kräftig sie auch sein und welch ahnsehnlichen Körper sie von Geburt her auch haben mögen. Wenn aber jemand sein Leben mit wahrer Vernunft lenken sollte, ist es für den Menschen ein großer Reichtum,

---

K Kontext: Übergang zu den Anfängen zivilisierten Lebens, dargestellt am Leitfaden unterschiedlicher Weisen zu sterben. – Unmittelbar gefolgt von **19B**.   **L** Kontext: Die weitere Entwicklung der Zivilisation, im Anschluß an Darstellungen des Ursprungs der Sprache (= **19B**) und der Kunst, mit Feuer umzugehen.

ruhigen Geistes sparsam zu leben; denn am Wenigen herrscht niemals Knappheit. (3) Die Menschen wollten indes berühmt und mächtig sein, damit ihr Glück auf einem stabilen Fundament dauerhaft eingerichtet sei und sie als Reiche ein friedliches Leben führen könnten, – ganz umsonst. Denn im Wetteifer darum, zur höchsten Ehre aufzusteigen, machten sie ihren Reiseweg gefährlich; und sogar vom Gipfel stieß sie dennoch alsbald, wie ein Blitz, der Neid und schleuderte sie verächtlich in einen gräßlichen Abgrund. Denn der Neid läßt meist wie der Blitz die Gipfel und überhaupt alles rauchen, was sich deutlich über anderes erhebt. Viel besser ist es daher, zu gehorchen und ruhig zu sein, als Herrschergewalt haben und Königreiche besitzen zu wollen. (4) Laß sie sich deshalb vergeblich abmühen und ihr Blut ausschwitzen, wie sie sich da am schmalen Pfad der Ehrsucht plagen. Denn ihre Weisheit stammt aus fremdem Mund, und sie streben nach Dingen aufgrund vom Hörensagen eher als aufgrund eigener Wahrnehmung; das traf in der Vergangenheit in demselben Maße zu, wie es jetzt gilt und in Zukunft gelten wird. (5) Die Könige wurden also umgebracht; die altehrwürdige Majestät der Throne und die stolzen Szepter lagen umgestürzt am Boden; die berühmte Insignie des höchsten Haupts war mit Blut besudelt und betrauerte ihre große Ehrenstellung unter den Füßen des Mobs. Denn mit Leidenschaft wird zusammengestampft, was vorher extremen Terror erzeugte. Somit kehrte der Prozeß zum Bodensatz der Unordnung zurück, wo jeder für sich selbst nach der höchsten Macht strebt. (6) Daraufhin lehrten einige Leute, wie man einen Magistrat einrichtet und verfassungsmäßige Rechte etabliert mit der Perspektive, daß die Gesetze freiwillig befolgt werden. Denn erschöpft, ein Leben der Gewalt zu führen, war das Geschlecht der Menschen krank an Feindschaften. Um so bereitwilliger unterwarf es sich aus eigenem Antrieb Gesetzen und bindenden Rechten. Weil sich nämlich jeder rüstete, um sich aus Zorn bitterer zu rächen, als es jetzt nach unparteiischen Gesetzen erlaubt ist, deshalb wurde es den Menschen zum Ekel, ein Leben der Gewalt zu führen. (7) Seither befleckt die Furcht vor Strafen die Belohnungen des Lebens. Denn Gewalt und unrechtes Handeln fangen jeden ein und kehren in aller Regel zu dem zurück, von dem sie ausgegangen sind. Für den, der mit seinen Taten die gemeinsamen Friedensverträge verletzt, ist es nicht leicht, ein ruhiges und friedvolles Leben zu führen. Denn selbst wenn er der Aufmerksamkeit der Götter und der Menschen entgeht, muß er doch ständig mißtrauisch sein, ob es auch für immer verborgen bleibt.

M Porphyrios, *De abstinentia* 1.7.1–9.4

[Referat des Epikureers Hermarchos:] (1) Die Epikureer . . . sagen, daß die alten Gesetzgeber, nachdem sie das soziale Leben der Menschen und ihre Handlungen untereinander studiert hatten, die Ermordung eines Menschen zum Sakrileg erklärten und damit spezielle Strafen verbanden. Ein weiterer Faktor könnte

M Kontext: Teil eines Überblicks über Philosophen, die dem Vegetarismus ablehnend gegenüberstehen, den Porphyrios Pythagoras und Empedokles zuschreibt.

auch eine bestimmte natürliche Affinität gewesen sein, die von Mensch zu Mensch besteht, die auf der körperlichen und seelischen Ähnlichkeit beruht und die daran hindert, ein solches Lebewesen ebenso bereitwillig umzubringen wie eins von den anderen Lebewesen, bei denen das erlaubt ist. Ihr Hauptgrund jedoch, den Mord nicht zu tolerieren und ihn zum Sakrileg zu erklären, war die Annahme, daß er für die ganze Struktur des menschlichen Lebens nicht zuträglich ist. (2) Im Anschluß daran benötigten nämlich diejenigen, die den Nutzen der Bestimmung verstanden, keinen weiteren Grund mehr, um sie von dieser Handlung abzuhalten, während die anderen, die nicht in der Lage waren, dies zureichend zur Kenntnis zu nehmen, aus Furcht vor der Größe der Strafe davon Abstand nahmen, einander bereitwillig zu töten. Ersichtlich ist jeder dieser Hinderungsgründe auch heute noch am Werk. . . . (3) Ursprünglich wurde nämlich unter all den Gesetzen, die, ob geschrieben oder ungeschrieben, heute noch fortbestehen und natürlicherweise überliefert werden, keins mit Gewalt erlassen, sondern nur dadurch, daß die Benutzer selbst dem Gesetz zustimmten. Denn was die Männer, die solche Bestimmungen im Volk einführten, von der Masse unterschied, war die Klugheit ihrer Seele, nicht die Kraft ihres Körpers und totalitäre Gewalt. Bei denen, deren vorherige Wahrnehmung davon unvernünftig und häufig vergeßlich war, etablierten sie einen Nützlichkeitskalkül und beeindruckten die anderen mit der Größe der Strafen. Gegen die mangelnde Kenntnis des Nutzens ließ sich nämlich kein anderes Heilmittel einsetzen als die Furcht vor der gesetzlich fixierten Strafe. Auch heute hält diese allein die durchschnittlichen Menschen ab und hindert sie daran, gegen öffentliche oder private Interessen zu handeln. (4) Aber wenn alle in gleicher Weise das Nützliche zu beobachten und im Sinn zu behalten vermöchten, dann hätte es keinen weiteren Bedarf an Gesetzen gegeben, sondern sie würden aus eigener Wahl sich vor dem in acht nehmen, was verboten ist, und das tun, was vorgeschrieben ist. Denn die Beobachtung dessen, was nützlich und was schädlich ist, reicht aus, um die Vermeidung des einen und die Wahl des anderen herbeizuführen. Die Androhung von Strafe richtet sich gegen die, die es versäumen, das Nützliche im Auge zu behalten. Indem sie über ihnen hängt, zwingt sie sie nämlich, die Antriebe zu beherrschen, die sie zu unzuträglichen Handlungen verleiten würden, und hilft mit Gewalt, sie zu zwingen, das zu tun, was sie sollen. (5) Dies erklärt, warum die Gesetzgeber auch die unbeabsichtigte Tötung nicht von jeder Strafe freistellten. Sie wollten es vermeiden, denjenigen irgendeinen Vorwand zu bieten, die mit Absicht darauf aus sind, die Taten derer zu imitieren, die unabsichtlich handeln. Auch wollten sie sicherstellen, daß so etwas nicht durch Unachtsamkeit oder Gleichgültigkeit zustandekommt, was viele wahrhaft unbeabsichtigte Begebenheiten mit sich bringen würde. Denn auch die unbeabsichtigte Tötung war aus denselben Gründen nicht von Nutzen, aus denen es dem Nutzen widerspricht, einander mit Absicht umzubringen. (6) Weil von den unbeabsichtigten Handlungen also die einen aus Gründen geschehen, die undeterminiert sind und nicht der Kontrolle der menschlichen Natur unterliegen, während die anderen auf unsere eigene Gleichgültigkeit und Unaufmerksamkeit für das zurückgehen, worauf es ankommt, deshalb wollten

151

sie die Sorglosigkeit einschränken, die zum Schaden der Nachbarn gereicht, und stellten auch die unbeabsichtigte Handlung nicht frei von Strafe; mit der Furcht vor Strafe beseitigten sie vielmehr erfolgreich die Mehrzahl der Verfehlungen dieser Art. (7) Meiner Meinung nach ist darüber hinaus der Grund, warum Mörder, die vom Gesetz entschuldigt werden, sich anschließend doch durch Reinigungen der Entsühungspraxis unterziehen, nach der Absicht derer, die diese hervorragende Praxis erstmals eingeführt haben, kein anderer als der, die Menschen so weit wie möglich von der absichtlichen Handlung wegzuhalten. Denn überall brauchten die durchschnittlichen Menschen ein Hindernis gegen das bereitwillige Tun dessen, was dem Nutzen entgegensteht. (8) Die dies als erste verstanden haben, setzten daher nicht nur Strafen fest, sondern flößten auch noch eine andere, irrationale Furcht ein, indem sie verkündeten, daß diejenigen, die in irgendeiner Weise einen Menschen umgebracht haben, unrein seien, solange sie sich nicht den Reinigungen unterzogen hätten. Denn der unvernünftige Teil der Seele ist durch verschiedenerlei Erziehungsformen zu der gegenwärtig bestehenden Sanftmut gelangt, nämlich weil die, welche ursprünglich die Massen mit einer Ordnung ausstatteten, auf die unvernünftige Bewegung der Begierde zähmende Maßnahmen anwandten. Dazu gehört auch das Verbot, einander unterschiedslos zu töten.

N Porphyrios, *De abstinentia* 1.10.1–12.7

[Referat des Epikureers Hermarchos:] (1) Die erstmals festsetzten, was wir tun sollten und was nicht, hatten gute Gründe, die Tötung der anderen Lebewesen nicht mit irgendeinem Verbot zu belegen. In bezug auf diese resultierte der Nutzen nämlich aus der entgegengesetzten Handlung: Die Menschen hätten unmöglich überleben können, wenn sie nicht Schritte unternommen hätten, sich durch Formen sozialen Lebens gegen die Tiere zu verteidigen. (2) Von den fähigsten Leuten damals erinnerten sich einige, daß sie selbst vom Töten Abstand gewonnen hatten, weil das für ihr Überleben nützlich war; und sie erinnerten die übrigen an das, was sie dem sozialen Leben verdankten, daß sie, indem sie von ihresgleichen abließen, die Gemeinschaft bewahrten, die zur individuellen Erhaltung jedes einzelnen beitrug. Als eine separate Gemeinschaft zu existieren und nichts zu tun, was für die Mitglieder der Siedlung schädlich wäre, war aber nicht nur nützlich im Hinblick auf die Ausgrenzung von Lebewesen anderer Art, sondern auch als Schutz gegen Menschen, die zu schaden im Sinn haben. Aus diesem Grund ließen die Leute für eine Weile von ihresgleichen ab, bis letzterer in dieselbe Gemeinschaft zur Besorgung des Nötigen eintrat. . . . (3) Aber wie mehr Zeit verging, nahm die Bevölkerung zu; die Lebewesen anderer Art wurden vertrieben . . . und einige Leute stellten über den Nutzen in ihrem sozialen Leben eine vernünftige Kalkulation an, nicht nur bloß eine irrationale Erinnerung. (4) Infolgedessen versuchten sie, die in festere

---

N Kontext: Unmittelbar anschließend an **M**.

Schranken zu weisen, die schnell bereit waren, einander umzubringen, und die durch ihre Vergeßlichkeit für das Vergangene die innere Sicherheit schwächten. In ihrem Bestreben, dies zu tun, führten sie die Gesetzgebung ein, die noch heute in den Städten und Völkern gilt, und die Massen folgten diesen ihren Gesetzgebern bereitwillig, weil sie nun schon ein besseres Verständnis davon hatten, was der Vorteil in der sozialen Gruppierung war. Zur Furchtlosigkeit trug nämlich gleichermaßen die schonungslose Tötung alles Schädlichen und die Umsicht bei, mit der man sich um die Mittel zu seiner Vernichtung kümmerte. Aus gutem Grund war von den oben erwähnten [Tötungen] daher die eine verboten, die andere erlaubt. (5) Dagegen einzuwenden, daß das Gesetz uns manche Tiere zu töten erlaubt, die für die menschliche Natur nicht zerstörerisch sind und unser Leben auch nicht auf andere Weise schädigen, ist irrelevant. Denn praktisch keins der Tiere, die von Gesetzes wegen getötet werden dürfen, würde davon abstehen, für uns schädlich zu werden, wenn es ihm erlaubt wäre, sich übermäßig zu vermehren. In der jetzigen Anzahl gehalten tragen sie zum Leben jedoch etwas Nützliches bei. . . . Daher vernichten wir einige Tiere komplett [*scil.* Löwen, Wölfe usw.] und entfernen bei den anderen [*scil.* bei Schafen, Rindern usw.], was über das richtige Verhältnis hinausgeht. (6) Es ist anzunehmen, daß auch die Bestimmungen über den Verzehr belebter Wesen von denen, die ursprünglich diesbezügliche Gesetzesregelungen trafen, aus Gründen erfolgten, die den genannten Gründen ähnlich sind; und im Fall dessen, was nicht eßbar ist, war der Grund das Zuträgliche und Unzuträgliche. Wenn man daher sagt, daß alles Schöne und Gerechte im Bereich der Gesetzgebung aus individuellen Urteilen hervorgeht, so ist das ein Zeichen riesengroßer Naivität. Denn es verhält sich nicht so, sondern vielmehr genau wie bei anderen nützlichen Sachen, etwa bei Gesundheitsdingen und tausend anderen Arten . . . (7) Aber sie verfehlen in vielen Fällen das, was allgemein, ebenso wie das, was individuell ist. Denn einerseits sehen manche Leute nicht die Gesetze, die gleichermaßen für alle gelten, indem sie sie stattdessen teils in der Meinung ignorieren, sie seien indifferent, und teils die gegenteilige Auffassung von ihnen haben; und andererseits glauben manche von Sachen, die nicht allgemein nützlich sind, sie seien überall von Nutzen. Aus diesem Grund halten sie sich daher an unpassende Maßstäbe, selbst wenn sie in einigen Fällen das entdecken, was für sie selbst förderlich und was allgemein von Nutzen ist. (8) Hierzu gehören die Vorschriften über den Verzehr und die Tötung belebter Wesen; bei den meisten Völkern sind sie entsprechend der Eigenart des Landes formuliert, und es ist nicht nötig, daß *wir* bei ihnen verweilen, da wir nicht an derselben Stelle leben. (9) Wenn man also wie mit den Menschen auch mit den übrigen Lebewesen eine Art Vertrag darüber abschließen könnte, daß sie uns und wir sie nicht wahllos töten, wäre es gut gewesen, die Gerechtigkeit so weit voranzutreiben; denn das hätte unsere Sicherheit erhöht. (10) Weil es aber unmöglich war, an einem Gesetz Kreaturen zu beteiligen, denen die Vernunft abgeht, deshalb war es nicht möglich, den Nutzen im Hinblick auf unsere Sicherheit vor anderen lebenden Wesen mittels eines solchen Instruments irgendwie mehr zu besorgen als im Hinblick auf unsere Sicherheit vor Leblosem.

Nur aufgrund der Option, die wir jetzt haben, sie zu töten, ist es möglich, die Sicherheit zu gewährleisten.

O   Cicero, *De fin.* 1.66–70

[Torquatus, der Vertreter des Epikureismus:] (1) Soweit ich sehe, wurde die Freundschaft in unserer Schule auf drei Arten diskutiert. Die einen erklärten, Genüsse, die sich auf Freunde beziehen, seien nicht ebenso *per se* zu erstreben wie unsere eigenen Genüsse. Bestimmte Leute sind der Meinung, daß durch diese Position die Stabilität der Freundschaft ins Wanken komme. Meiner Ansicht nach wird die These aber trotzdem erfolgreich vertreten und verteidigen ihre Verfechter sich leicht. (2) Wie nämlich bei den Tugenden, von denen vorher die Rede war, so bestreiten sie auch bei der Freundschaft, daß sie von der Lust zu trennen sei. Denn weil ein Leben allein und ohne Freunde voll von Nachstellungen und Angst ist, gebietet schon die Vernunft, Freundschaften zu schließen; deren Besitz stärkt den Geist und stattet ihn mit der vollkommen gewissen Erwartung aus, Genüsse hervorzubringen. (3) Ferner: Wie Haß, Neid und Verachtung den Genüssen entgegenstehen, so sind Freundschaften nicht nur die zuverlässigsten Beschützer der Genüsse, sondern sie bringen sie sogar hervor, für die Freunde ebenso wie für sich selbst; und man erfreut sich der Genüsse nicht nur, weil sie gegenwärtig sind, sondern fühlt sich darüber hinaus erhoben durch die Hoffnung auf die nahe und fernere Zukunft. Außerdem können wir uns ohne Freundschaft niemals eine feste und dauerhafte Lebensfreude bewahren und können auch die Freundschaft selbst nur erhalten, wenn wir die Freunde ebenso lieben wie uns selbst. Es trifft daher sowohl zu, daß die Freundschaft dies hervorruft, als auch, daß die Freundschaft mit Lust verbunden ist. Denn über die Freude unserer Freunde freuen wir uns genauso wie über unsere eigene, und ihre Kümmernisse schmerzen uns in gleichem Maße. Der Weise wird daher bezüglich seiner Freunde dieselben Gefühle hegen wie in bezug auf sich selbst, und er wird dieselben Mühen, die er für den eigenen Genuß auf sich nimmt, auch für den Genuß eines Freundes auf sich nehmen. . . . (4) Manche Epikureer jedoch reagieren, obwohl scharfsinnig genug, auf die Kritiken von euch [Akademikern] etwas zaghafter; sie fürchten nämlich, die ganze Freundschaft erscheine sozusagen verkrüppelt, wenn wir glauben, die Freundschaft sei um unserer Lust willen erstrebenswert. Um der Lust willen entstehen also ihrer Ansicht nach die ersten Begegnungen und Vereinigungen und Wünsche, regelmäßigen geselligen Verkehr zu entwickeln; wenn der dauernde Umgang miteinander dann aber zu einer Intimität geführt hat, dann blüht die Liebe so sehr auf, daß eben Freunde dann um ihrer selbst willen geliebt werden, selbst wenn aus der Freundschaft kein Nutzen erwächst. Wenn wir schon bestimmte Gegenden, Tempel, Städte, Gymnasien, freie Flächen, Hunde, Pferde, Sport oder Jagd durch regelmäßigen Umgang liebzugewinnen

---

O Kontext: Torquatus' Darstellung der epikureischen Ethik, gegen Ende.

pflegen, um wieviel leichter und richtiger kann das dann im regelmäßigen Umgang der Menschen untereinander eintreten! (5) Schließlich gibt es noch einige, die sagen, die Weisen hätten so etwas wie einen Vertrag, die Freunde nicht weniger zu lieben als sich selbst. Wir sehen ein, daß das möglich ist, beobachten es auch häufig, und es ist deutlich, daß man zu einem Leben in Freude kein geeigneteres Mittel finden kann als eine solche Beziehung. (6) Aus alledem läßt sich entnehmen, daß es dem Begriff der Freundschaft nicht nur nicht entgegensteht, wenn wir das höchste Gut in die Lust setzen, sondern daß es ohne diese These überhaupt nicht möglich ist, irgendeine Basis für die Freundschaft zu finden.

P   Diogenes von Oinoanda 25.2.3–11

Denn in bezug auf jeden einzelnen Abschnitt der Erde haben verschiedene Menschen ein je verschiedenes Vaterland; aber in bezug auf den ganzen Umfang dieser Welt ist die ganze Erde ein einziges Vaterland für alle und die Welt ein einziges Haus.

Q   Diogenes Laërtius 10.117–120

[Die Ansichten Epikurs und seiner Nachfolger über den Weisen:] (1) Daß ein Mensch den anderen schädigt, resultiert aus Haß, aus Neid oder aus Verachtung – Motiven, die der Weise durch vernünftige Überlegung zu meistern weiß. (2) Wer aber einmal weise geworden ist, der nimmt nicht mehr den entgegengesetzten Charakter an und kann diesen auch nicht aus freien Stücken simulieren; durch Gefühle wird er eher heimgesucht, was aber seiner Weisheit nicht hinderlich ist. Freilich, nicht jede körperliche Vorgegebenheit und auch nicht jedes Volk macht es möglich, daß daraus ein Weiser hervorgeht. (3) Selbst wenn er gefoltert werden sollte, ist der Weise glücklich. . . . Wenn er auf der Folterbank ist, wird er dort allerdings stöhnen und jammern. (4) Der Weise wird nicht mit einer Frau Geschlechtsverkehr haben, mit der die Gesetze das verbieten . . . Auch wird er seine Sklaven nicht züchtigen; sondern sie werden ihm eher leid tun, und er wird denen mit einem gutem Charakter Verzeihung gewähren. (5) Daß der Weise sich verlieben werde, glauben die Epikureer nicht; auch wird er sich nicht um seine Bestattung Sorge machen . . . und keine schönen öffentlichen Reden halten . . . Indes wird der Weise heiraten und Kinder zeugen . . . und sich nicht politisch engagieren . . . und nicht wie ein Tyrann herrschen; er wird auch nicht als Kyniker leben . . . oder betteln. Vielmehr wird er, selbst wenn er des Augenlichts beraubt sein sollte, am Leben festhalten . . . Auch von Trauer werde der Weise heimgesucht werden . . . und er wird Prozesse anstrengen, auch Schriften hinterlassen, aber keine Festreden halten. Er wird sich um seinen Besitz und um die Zukunft kümmern, das Landleben genießen,

---

P Kontext: Erörterung, wer ein Fremder genannt wird, ohne es zu sein.   Q Kontext: Eine Darstellung, wie die Epikureer sich den Weisen denken.

gegen den Zufall gewappnet sein und niemals einen Freund im Stich lassen. (6) Auf guten Ruf wird er insoweit bedacht sein, daß er vor Verachtung bewahrt bleibt. Theaterereignisse werden ihm mehr Freude machen als anderen. Er wird Standbilder errichten, aber ob er selbst eins hat, ist ihm gleichgültig. Nur der Weise weiß über Musik und Dichtung richtig zu diskutieren, wird aber nicht wirklich Gedichte schreiben. Es ist nicht einer weiser als der andere. Wenn er in Not ist, wird er sich dem Gelderwerb zuwenden, aber nur mittels seiner Weisheit. Auch einem Monarchen wird er, wenn die Situation es verlangt, zu Diensten sein. Ferner wird er sich freuen, wenn bei jemand alles in Ordnung kommt. Er wird eine Schule gründen, wiewohl keine, die der Masse den Hof macht; und er wird öffentliche Vorlesungen halten, allerdings nicht auf eigenen Wunsch. Er wird feste Lehren pflegen und keine Aporien verbreiten. Auch im Schlaf wird er der gleiche sein und für einen Freund unter Umständen in den Tod gehen.

R   Plutarch, *Adv. Colotem* 1124D

Ziemlich am Ende des Buchs sagt er [Kolotes], daß »diejenigen, welche Gesetze und Gebräuche etabliert und monarchische und andere Regierungsformen für die Städte eingerichtet haben, das Leben in einen Zustand großer Sicherheit und Ruhe gebracht und Tumult beseitigt haben; und falls jemand diese Einrichtungen aufheben sollte, würden wir das Leben von Tieren führen, und wenn einer dem anderen begegne, würde er ihn beinahe fressen.«

S   Diogenes von Oinoanda, Neues Frgm. 21.1.4–14, 2.10–14

Dann wird wahrhaftig das Leben der Götter auf die Menschen übergehen. Denn alles wird voll von Gerechtigkeit und wechselseitiger Freundschaft sein, und es wird kein Bedarf an Stadtmauern oder Gesetzen entstehen und an all dem, was wir wegen des Umgangs miteinander herstellen. Und was die Notwendigkeiten betrifft, die sich aus der Landwirtschaft ergeben, . . . und bis zu dem Grad, den das Lebensnotwendige verlangt, werden solche Tätigkeiten das kontinuierliche Philosophieren unterbrechen. Denn die bestellten Äcker ⟨werden uns mit dem versorgen,⟩ was unsere Natur benötigt.

☐   Als Moralphilosoph ist Epikur hauptsächlich wegen seines Hedonismus bekannt. In Verbindung mit seinem berühmten Verbot, sich in der Politik zu engagieren (vgl. **D1**, **Q5**), zu der die Gemeinschaft seines Gartens häufig als das Alternativmodell angesehen wird, wurde die epikureische Lebensweise als in einem engen Sinn selbstsüchtig, als negativ und unverantwortlich in bezug auf die Bedürfnisse der Gesellschaft im allgemeinen kritisiert. Das hier zusammengestellte Material über Gerechtigkeit, Freundschaft und soziale Institutionen zeigt, daß solche Einschätzungen nicht die Auffassun-

---

R Kontext: Ein Zitat des Kolotes, um daran etwas gegen den epikureischen Hedonismus anzuknüpfen.

gen Epikurs darüber erfassen, wie die Menschen zueinander in Beziehung stehen oder stehen sollten. Wenn er die Anfangsaussage Benthams antizipiert: »Die Natur hat die Menschheit der Herrschaft zweier souveräner Mächte unterstellt, dem *Schmerz* und der *Lust*« (Anfang von *An introduction to the principles of morals and legislation*), läßt er auch Mill und Bentham schon insofern ahnen, als er sowohl für die Gemeinwesen als auch für die Individuen, aus denen sie sich zusammensetzen, Maßnahmen und soziale Praktiken unter Bezugnahme auf ihren Nutzen dafür rechtfertigt, Lust zu befördern und Schmerzen zu verkleinern (**A, B, M, N**). Unsere Präsentation seiner Lehre über Lust und Gesellschaft in verschiedenen Abschnitten ist lediglich eine passende Weise der Darstellung. Sie impliziert nicht, daß die zwei Textserien isoliert voneinander angemessen studiert werden können oder daß ein Epikureer sein Ziel eines ausgeglichenen Gemütszustands unabhängig von den sozialen Vorschriften und Theorien erreichen kann, die in diesem Abschnitt zusammengestellt sind.

Nachdem er in seiner Kosmologie alle Teleologie verabschiedet hat (13), entschied Epikur sich für eine evolutionistische oder experimentalistische Darstellung des Ursprungs und der Entwicklung menschlicher Institutionen (**J–N**). Die menschliche Natur hat sich gegenüber der primitiven Phase der Menschheit physisch und geistig drastisch verändert, indem sie auf − zum Teil vom Menschen gemachte − Veränderungen der äußeren Umgebung antwortete (**J, K, L**). Genauso wie die Sprache sich auf einer bestimmten Stufe der menschlichen Evolution natürlich entwickelte (19), reichen auch die Anfänge der Kooperation zurück in die Zeit, als »das Menschengeschlecht erstmals begann, weicher zu werden« (**K1**), unter dem Einfluß einer rudimentären Technologie und eines aufkommenden Familienlebens. Gerechtigkeit ist dann nicht etwas *per se* (**A3, 4**), sondern ein historisch bedingtes Phänomen, welches der Erkenntnis eine institutionelle Form verleiht, daß die Mitglieder einer sozialen Gruppe die Freiheit davon, geschädigt zu werden, am besten dadurch sichern können, daß sie eine wechselseitige Vereinbarung treffen, einander nicht zu schädigen. Die Existenz von Gerechtigkeit hängt (1) ganz von der Fähigkeit ab, derartige Verträge zu schließen (**A2**), und (2) davon, daß das beabsichtigte Resultat tatsächlich erreicht wird, davon, »was für die sozialen Beziehungen zuträglich ist« (**B2**). Ein kodifiziertes Gesetzessystem wird daher dann und nur dann gerecht sein, wenn es diesem Kriterium Genüge tut (**B2**). Unveränderliche Bedingungen der Gerechtigkeit indes spezifiziert das, »was für die sozialen Beziehungen zuträglich ist«, nur in der allerallgemeinsten Weise: Es verlangt nicht, daß jede gerechte Gesellschft die Einzelheiten ihres Vertrags identisch gestaltet (**B1**, vgl. **N8**), und schließt auch keine Auffassungen darüber, was der Vertrag enthalten sollte, davon aus, im Laufe der Zeit modifiziert zu werden (**B2**). Ein Epikureer könnte also sowohl die Ansicht vertreten, daß Apartheid, obwohl gesetzlich sanktioniert, ungerecht ist, als auch der Meinung sein, daß den Frauen vor der Einführung des Frauenstimmrechts kein Unrecht geschehen sei, obwohl es jetzt ungerecht wäre, ihnen das Recht wieder zu entziehen. Es sollte beachtet werden, daß die obige Bedingung (1) die Gerechtigkeit nicht strikt auf menschliche Wesen beschränkt (vgl. **A2** über »Lebewesen«); und man kann die wechselseitig vorteilhafte Beziehung zwischen Menschen und Haustieren (**13I2-3**) als eine Erweiterung des Prinzips interpretieren. Hermarchos allerdings, der Nachfolger Epikurs, beschränkt den Abschluß der erforderlichen Verträge auf vernunftbegabte Wesen (**N9-10**).

Epikurs Zugang zum Ursprung und zum objektiven Status der Gerechtigkeit ruft sophistische Diskussionen des fünften Jahrhunderts über den Anteil von Natur und Konvention an moralischen Werten in Erinnerung. Im Kern ist diese Konzeption allerdings neu und signifikant verschieden von dem Sozialvertrag, den Glaukon im II. Buch von Platons *Staat* skizziert und dem sie oft assimiliert wird. Nach Glaukon entstand der Vertrag, »weder Unrecht zu tun noch Unrecht zu leiden«, als ein Kompromiß. Die ihm zustimmten, taten dies, weil sie die Vorzüge des Unrechttuns durch die Nachteile, Unrecht ohne Wiedergutmachung zu erleiden, für mehr als ausgeglichen hielten. Nach dieser Auffassung stellt die Gerechtigkeit sich als das kleinere von zwei Übeln dar; aber wer die Macht hätte, ungestraft Unrecht zu tun, wäre nicht bei Sinnen, wenn er solch einen Vertrag eingehen würde. Wie wichtig dieser Punkt ist, wird dann durch die Geschichte von Gyges unterstrichen, dessen magischer Ring ihn unsichtbar machen konnte und ihm dadurch völlige Sicherheit vor einer Entdeckung verschaffte. Glaukon schließt, daß sogar ein gerechter Mann die Verbrechen des Gyges begehen würde, wenn er sicher sein könnte, mit ihnen davonzukommen.

Wie **A5** zeigt (vgl. **B3**, **C1**, **L7**), bestand Epikur darauf, daß kein Gyges jemals eine solche Zuversicht haben *könnte*; diesen Weg zur Gerechtigkeit gibt er als äußerst kontrafaktisch auf. Und seine Meinungsverschiedenheit mit Glaukon geht noch viel tiefer. Nach Darstellung Epikurs entstand der Sozialvertrag nicht als ein Kompromiß, sondern als »eine Übereinkunft über das Zuträgliche« (**A1**), die helfen wird, die Freiheit von Schmerz und Verwirrung zu sichern, die jedermanns natürliches Ziel sind (**C1**). Die Gründe, Unrecht zu tun, stammen ebenso wie die unangebrachten Ambitionen nach Macht und Ansehen, mit denen sie häufig verknüpft werden, aus einem Mißverständnis der Mittel, Sicherheit und Freiheit von Verwirrung zu gewinnen (**L**; vgl. **21W, X**; **24C3**).

Anstatt Natur und Konvention als ausschließliche Alternativen zu betrachten, zwischen denen der Sozialanthropologe zu wählen hat, räumt Epikur beiden Auffassungen explanatorische Kraft ein — mit dem Nutzen als dem Kausalfaktor, der sie miteinander verknüpft. Wie die Sprache instinktiv entstand, aber durch kunstvolle Bemühung verfeinert wurde (**19A, B**), so wurde bei naturwüchsigen Verhaltensmustern, von denen sich herausstellte, daß sie kollektiv nützlich seien, eben diese Eigenschaft festgestellt, und dadurch regten sie vernünftige und überlegte Bemühungen an, das zu institutionalisieren, was »für die ganze Struktur des menschlichen Lebens . . . zuträglich« war (**M1**). Dieses Prinzip wird von Hermarchos in seiner Darstellung der Gründe für das Verbot und die Bestrafung absichtlicher und zufälliger Tötung von Menschen ebenso rigoros und wiederholt angewendet wie das Fehlen solcher Gesichtspunkte in bezug auf die Tötung von Tieren (**M, N**). Wie Epikur (**19A4**) und Lukrez (**L1, 6**), so führt auch Hermarchos den Ursprung entscheidender Fortschritte in der menschlichen Kultur auf die Einsicht und Klugheit (**M1-2, N2**) außerordentlich intelligenter Individuen zurück. Der Leser kann selbst den Stufen folgen, die zu den formalen Institutionen von Strafen und Gesetzen führten (**M3-8, L5-7**). Punkte, die besondere Aufmerksamkeit verlangen, sind die Behauptung des Hermarchos, daß ein vernünftiger Nutzenkalkül, wenn er verallgemeinert würde, Gesetze überflüssig machen würde (**M4-5**), seine Behandlung der Zivilisation als eine gebildete Form der Zähmung unvernünftiger Begierde (**M8**; vgl. **14D5, 21F2**), seine Unterscheidung zwischen irrationalem Gedächtnis und rationaler Kalkulation (**M3, N3-4**), sein Angriff auf moralischen Subjektivismus (**N6**) und der Nachdruck, den er und Lukrez darauf legen, daß die Massen den Verordnungen ihrer Gesetzgeber freiwillig zustimmen (**L6, N4**).

Aus Epikurs eigener Feder ist der Ursprung der Sprache (**19A**) das einzige uns erhaltene Stück zur Kulturgeschichte. Mit den Methoden von Hermarchos und Lukrez stimmt es hinreichend gut überein, um zu vermuten, daß deren Zeugnis für den Gründer selbst allgemein gültig ist. Allerdings sollten wir den Kontrast zwischen dem nüchternen Ton des Hermarchos und der moralischen Empörung oder dem Pessimismus beachten, der bei Lukrez vorherrscht. Dieses Element bei Lukrez wurde wohl mit Sicherheit zum Teil durch die Erfahrung des Bürgerkriegs hervorgerufen, der die römische Republik während seines ganzen Lebens spaltete. Bestimmte Passagen bei Lukrez (z.B. 5.939–982, im Anschluß an J2) gaben gelegentlich Anlaß zu der Meinung, Epikur selbst sei ein Primitivist gewesen, der alle Merkmale der modernen Gesellschaft als den natürlichen Bedürfnissen des Menschen fremd angesehen habe. Solch ein Verständnis paßt in Wirklichkeit nicht zu Lukrez (vgl. J3, 21X1-2) und ist ganz ausgeschlossen für Epikur und seine zeitgenössischen Anhänger. Das vernachlässigte Zeugnis des Kolotes (R) über die Segnungen von Gesetzlichkeit und verfassungsmäßiger Regierung liegt ganz auf der Linie des Hermarchos, dessen Bemerkung zur theoretischen Entbehrlichkeit von Gesetzen (M4) keine Empfehlung ist, sie in der Gesellschaft der Gegenwart abzuschaffen. Nur in einer Welt, wo die Menschheit insgesamt epikureisch geworden ist, »voll von Gerechtigkeit und wechselseitiger Freundschaft«, werden Gesetze und andere Schutzeinrichtungen aufhören, nötig zu sein (S). Einen ähnlichen Tenor hat vielleicht die weitere Bemerkung des Diogenes von Oinoanda, in der er nationale und internationale Auffassungen davon unterscheidet, was jemandes Vaterland ausmacht (P). Wenn im epikureischen Millennium Einzelstaaten verschwunden sind, fährt die Welt, für die Epikur seine eigenen sozialen Vorschriften erfand, fort, die der griechischen Polis zu sein (siehe die Handlungen, die für den Weisen charakteristisch sind, Q).

Was Epikur (ebenso wie Lukrez in seinen ausgeglicheneren Momenten) untersagt, sind nicht alle Formen des üblichen sozialen Lebens, sondern eine aktive und »willentliche« (siehe Usener 554) Beteiligung an einer Konkurrenz um politische Ämter und öffentliches Ansehen. Der Grund, dies herabzusetzen, ist nicht, daß es aus sich heraus schlecht oder schädlich wäre, sondern daß es so gut wie überhaupt keine Aussicht bietet, diejenige Sicherheit zu erreichen, die jedermann natürlicherweise wünscht (C1, L3-4; 21W2-3). Der Nachdruck, den Lukrez auf den von Ansehen und Macht geweckten »Neid« legt, kombiniert mit Epikurs eindringlicher Ermahnung, man müsse vermeiden, daß sich bei den Nachbarn Neid breit mache (C2, D2-3, vgl. Q1), stellt die politische Richtung der Epikureer in soziale Realitäten hinein, die in der griechischen und römischen Rhetorik oder Bühnenkunst wieder und wieder illustriert werden. Auf den Vorwurf, seine Einstellung zur Politik sei unverantwortlich und selbstzufrieden, könnte Epiker antworten, daß seine Philosophie für die Organisation der Gesellschaft eine Alternative anbiete, welche diejenigen Institutionen festhalte, die für jedermanns Bedürfnisse wahrhaft nützlich seien − Gerechtigkeit, Freundschaft, ökonomische Zusammenarbeit (siehe S) −, welche aber alles eliminiere, was falsche Auffassungen von Wert begünstige und das Glück der Menschen gefährde. Wenn alle Zeugnisse gebührend erwogen werden, würde der Epikureismus besser als eine radikale, aber selektive Kritik der zeitgenössischen Politik angesehen; das war er eher als die apolitische Haltung, mit der er häufig identifiziert wird.

Diese Schlußfolgerung wird bestärkt durch die epikureische Behandlung der Freundschaft. Beim Sichten dieses Materials (E–O, O) ist es wesentlich, sich bewußt zu machen, daß bei Freundschaft im griechisch-römischen Bereich ein politischer Sinn mitschwingt, der dem modernen Begriff fehlt. Das griechische Wort *philia* deckt ebenso wie das lateinische *amicitia* familiäre und außerfamiliäre Beziehungen ab. Dementsprechend wurde die Freundschaft in der Regel als die Grundlage des sozialen Zusammenhalts aufgefaßt und war mit anderen Worten ein politischer Begriff (vgl. Aristoteles, *Nikomachische Ethik* VIII.1). In Ermanglung von irgend etwas, was dem

Wohlfahrtsstaat nahekommt, wurde von Freunden erwartet, daß einer dem anderen ein wechselseitiges Unterstützungssystem bot, welches einen halb-institutionalisierten Begriff reziproker Vorteile einschloß. Das war für das private wie für das öffentliche Leben von besonderer Wichtigkeit. Zugleich wurde die Freundschaft so verstanden, daß sie die wechselseitigen Affekte und Gefühle umfaßte, die für unser modernes Verständnis charakteristisch sind. Es überrascht daher nicht, daß Lukrez in seiner Darstellung des Ursprungs der Freundschaften zwischen Nachbarn Gefühls- und Klugheitserwägungen verbindet oder daß seine Darstellung der Motivation zur Freundschaft der Sozialvertrag ist, der die Gerechtigkeit definiert (**K2**). Wie Aristoteles deutlich macht (*loc. cit.*), wurde Freundschaft von Hause aus als eine Beziehung aufgefaßt, welche Freundschaft einschloß und transzendierte.

Daß Epikur die absolute Notwendigkeit der Freundschaft für das Glück einschärft (**E1**, **F7**, **O2-3**), liegt mit der griechischen Volksmoral auf einer Linie; aber sein Begriff von der Natur der Freundschaft ist von den allgemeinen Prinzipien seiner Ethik bestimmt. Wie die Gerechtigkeit, so ist auch die Freundschaft durch den Schutz und die Zuversicht, die sie bietet, ein Mittel zur Abwesenheit von Schmerzen oder zur Freiheit von Verwirrung (**F3-4**, vgl. I). In dieser Hinsicht ist ihr Nutzen grundlegend (vgl. **F1**, 4). Anders als die Gerechtigkeit erzeugt die Freundschaft aber auch Freude (**O3**, eine ›kinetische‹ Lust, siehe **21R1**) und läßt sich als »ein unsterbliches Gut« beschreiben über die (**F7**). Daß Freundschaft den Tod überdauert, kann aus der Empfehlung entnommen werden, daß wir fortfahren sollten, an unsere verlorenen Freunde zu denken, nicht sie zu beklagen (**F6**, vgl. **C2**). Spezielle Gründe, den Beitrag der Freundschaft zur Lust zu betonen, hatte Epikur im Licht der gewagten, wenn nicht unplausiblen, Behauptung, daß schwere Schmerzen kurz und langwierige Schmerzen leicht seien (**21C2**). Wenn man, wie er das tat, annimmt, daß die Mittel zur Befriedigung eines notwendigen Begehrens normalerweise erreichbar sein werden (vgl. **25J**), dann bot die Freundschaft sich selbst als eine sichere, beständige Quelle der Lust an, die ein Gegengewicht gegen unvermeidliche Schmerzen bilden konnte. Ihre Wirksamkeit in dieser Hinsicht wird von Epikur für ihn selbst unter Beweis gestellt (**24D**) und scheint der entscheidende Punkt an der dunklen Maxime **E2** zu sein, wo die Zuversicht in die Sicherheit der Freundschaft ausdrücklich mit dem vorübergehenden Charakter alles »Schrecklichen« verbunden wird. Beachte auch **O2-3**, wo die Freundschaft »mit der vollkommen gewissen Erwartung« verbunden wird, »Genüsse hervorzubringen«, und mit der Hoffnung auf Genüsse in naher und fernerer Zukunft.

Soweit läßt Epikur sich so verstehen, daß er zwei der von Aristoteles vermerkten drei Motive für Freundschaft kombiniert hat, Nutzen und Lust (*Nikomachische Ethik* VIII.3). Aristoteles selbst betrachtete diese beiden Motive als unangemessene Grundlagen für wahre Freundschaft, die nämlich darin besteht, »jemanden um seiner selbst willen zu lieben«: solche Freundschaft, argumentierte er, muß durch den ausgezeichneten Charakter der Freunde motiviert sein und ist nur zwischen sittlich guten Menschen möglich (ähnlich die Stoiker, **67P**). Man kann davon ausgehen, daß Aristoteles' Erörterungen zur Freundschaft Gesichtspunkte einschließen, die in Philosophenkreisen Allgemeingut waren. In jedem Fall haben wir Belege, daß einige Epikureer es für möglich hielten, dem dritten Motiv des Aristoteles Genüge zu tun.

In O werden drei Strategien zusammengefaßt, die, so wird argumentiert, einen Epikureer in die Lage versetzen zu beanspruchen, daß er seine Freunde ebenso sehr liebt wie sich selbst. Die zweite davon (**O4**), die ausdrücklich korrigierend ist und daher erst aus der Zeit nach Epikur stammt, gibt dem Einwand statt, daß eine Freundschaft, die durch Lust motiviert ist, keine Freundschaft sein wird, in der der Freund

»eben um seiner selbst willen« geliebt wird; dessen ungeachtet ist solch eine Freundschaft, ausgehend von der hedonistischen Motivation, infolge der Gefühle erreichbar, welche die freundschaftliche Verbindung erzeugt. Die erste Strategie (O2-3 macht dieses Zugeständnis nicht. Keine Freundschaft, behauptet sie, ist von Lust trennbar; aber um Freundschaften zu erreichen, die wahrhaft und dauerhaft lustvoll sind, müssen wir unsere Freunde ebensosehr lieben wie uns selbst und müssen ihre Lust genießen und ihren Schmerz empfinden, als wären es unsere eigene Empfindung. Die zweite Strategie scheint etwas anderes als der Lust einen echten Wert zuzuerkennen. Keine von Epikurs eigenen Bemerkungen, mit der möglichen Ausnahme von F1 (siehe unten), verlangt eine derartige Deutung. Auf der Grundlage der ersten Strategie kann er konsistent beanspruchen, daß es lustvoller ist, eine Wohltat zu erweisen als eine zu empfangen (G), kann er bereit sein, für Freunde Risiken auf sich zu nehmen (F2) oder große Schmerzen zu ertragen (H). Die Lustempfindungen der Freundschaft, so dürfen wir ihn verstehen, daß er dachte, können wie die Lust im allgemeinen jeden Schmerz aufwiegen, den die Beziehung einschließt. Selbst sein Leben für einen Freund zu geben (Q6) könnte durch die epikureische Sorte von Hedonismus einsichtig motiviert werden.

Es scheint also unwahrscheinlich, daß der Altruismus der zweiten Strategie auf Epikur selbst zurückgeht. Sollte Epikur auch die Autorschaft von F1 abtreten, da dieser Text der Freundschaft sowohl einen inneren als auch einen instrumentellen Wert zuerkennt? Genauer: die Freundschaft wird in der einen Handschrift, die dieses Fragment überliefert, als eine »Tugend aus sich selbst heraus« beschrieben. (Das Wort für Tugend wird allgemein in ›wählenswert‹ emendiert, aber aus unzureichenden Gründen.) Daß Epikur die Freundschaft auf diese Weise beschrieben haben könnte, scheint glaubhaft, auch wenn er die moralischen Standardtugenden als rein instrumentelle Güter behandelt (21L, M, O, P). Freundschaft, für das Glück so unerläßlich (E1, F5), wäre somit ein inhärent lustvoller Zustand des Geistes und nicht bloß ein Mittel zu diesem Zweck. Nach dieser Deutung impliziert F1 nichts, was so streng altruistisch wäre wie »einen Freund eben um seiner selbst willen lieben«.

Der *Brief an Menoikeus*, die einzige ethische Abhandlung Epikurs, die uns erhalten ist, enthält keinerlei explizite Erwähnung der Freundschaft. Im Licht des soeben diskutierten Materials ist es ein reizvoller Gedanke, daß die notwendige Verknüpfung zwischen lustvollem Leben und rechtschaffenem Leben (21B6) durch die Aktivitäten der Freundschaft am allerbesten illustriert wird. F7, zusammen mit den Dingen, die ein Epikureer für seinen Freund tun wird, deutet in diese Richtung. Rechtschaffen *(kalōs)* zu leben hat in der griechischen Alltagssprache einen kräftigen politischen Klang (vgl. Aristoteles, *Eudemische Ethik* I.5, 1216a25). Im Epikureismus wird diese Resonanz unter Bezugnahme auf das übliche öffentliche Leben zurückgewiesen, mit einer entsprechenden Steigerung des Werts der Freundschaft. So gesehen antizipierte die epikureische Garten-Gemeinschaft in einem Mikrokosmos die Zeit, wenn »alles voll von Gerechtigkeit und wechselseitiger Freundschaft sein wird« (S).

Wie die Stoiker, so listeten auch die Epikureer charakteristische Handlungen von jemand auf, der in ihrer Philosophie zur Vollkommenheit gelangt war. Einige der in Q angegebenen Handlungen legen nahe, daß bewußt versucht wurde, mit den Stoikern in Konkurrenz zu treten oder ihnen zu widersprechen, z.B. »durch Gefühle heimgesucht werden« (Q2), »Stöhnen auf der Folterbank« (Q3), »Mitleid mit seinen Sklaven haben« (Q4), »sich nicht politisch engagieren . . . auch nicht als Kyniker leben« (Q5); alle diese Maximen verneinen Lehren der Stoiker. Im Einklang mit ihnen sind »konstant weise sein« (Q2), »auf der Folterbank glücklich sein« (Q3), »nicht weiser sein als ein anderer Weiser« (Q6).

23 Gott

A Lukrez 5.1161–1225

(1) Jetzt ist es nicht besonders schwierig, in Worten zu erklären, welche Ursache die Autorität der Götter in der weiten Welt verbreitet hat, die Städte mit Altären füllte und zur Einrichtung heiliger Rituale führte, die nun in großen Staaten und Orten in Blüte sind, und woher der Schrecken kommt, der in den Sterblichen steckt und der auf dem ganzen Erdkreis neue Göttertempel erstehen läßt und dazu nötigt, an Festtagen Feierlichkeiten zu begehen. (2) Der Grund ist der, daß die Geschlechter der Sterblichen schon damals mit wachem Geist und noch mehr in ihren Träumen Göttergestalten von wunderbarem Aussehen und erstaunlicher Körpergröße sahen. Diesen Gestalten schrieben sie also eine Wahrnehmung zu, und zwar deshalb, weil man zu sehen meinte, wie sie ihre Glieder bewegten und erhabene Äußerungen von sich gaben und das in einer Weise, die zu ihrem großartigen Aussehen paßte und ihren enormen Kräften angemessen war. Sie statteten sie außerdem mit ewigem Leben aus, weil ihre Erscheinung sich immer ergänzte und die Form unverändert blieb und weil sie überhaupt glaubten, daß mit derart großen Kräften ausgestattete Wesen nicht leicht durch irgendeine Macht besiegt werden könnten. Man glaubte also, sie seien vom Glück außerordentlich stark begünstigt, weil die Todesangst keinen von ihnen jemals heimsuchen könne und weil man überdies im Traum sah, wie sie viele wunderbare Dinge ins Werk setzten, ohne deswegen selber irgendwelche Mühe zu haben. (3) Außerdem bemerkte man, wie die Bewegungsmuster der Gestirne und die verschiedenen Jahreszeiten in fester Ordnung wiederkehren, und sah sich nicht in der Lage zu erkennen, aus welchen Ursachen heraus dies geschehe. Daher suchte man seine Zuflucht in der gewohnten Praxis, alles den Göttern zuzuweisen und durch ihr Regiment alles kontrolliert sein zu lassen. Und sie verlegten die Wohnsitze und Tempel der Götter in den Himmel, weil es am Himmel ist, wo man die Nacht und den Mond sich drehen sieht − der Mond, der Tag, die Nacht und die gestrengen Zeichen der Nacht, die nachtwandernden Fackeln und fliegenden Flammen des Himmels, Wolken, Sonne, Regen, Schnee, Winde, Blitze, Hagel, auch schnelles Dröhnen und mächtig drohendes Grollen. (4) O unglückliches Menschengeschlecht, den Göttern solche Taten zuzuweisen und auch noch bittere Zornesausbrüche hinzuzutun! Wieviel Klagen hat es damals sich selbst und wieviel Wunden uns geschaffen, und wieviel Tränen denen, die nach uns kommen! Es ist auch überhaupt keine Frömmigkeit, gesehen zu werden, wie man sich mit verhüll-

---

A Kontext: Die Anfänge der Zivilisation, kurz nach **22L**. Der Abschnitt entspricht Epikur, *Nat.* XII,27.1 (= Usener 84).

tem Haupt wieder und wieder vor einem Stein verbeugt und zu allen Altären hinläuft, oder sich gestreckt auf den Boden zu werfen und vor den Götterschreinen die Hände auszubreiten oder Ältäre mit viel Blut von Tieren zu besprengen oder Gebet an Gebet zu reihen; sondern es ist eher Frömmigkeit, alles mit befriedetem Geist betrachten zu können. (5) Denn wenn wir nach oben zu den himmlischen Bezirken des großen Kosmos und zum Äther aufschauen, der mit funkelnden Sternen übersät ist, und wenn uns die Bahn der Sonne und des Mondes in den Sinn kommt, dann wird in unseren Herzen, die schon von anderen Übeln bedrängt sind, auch jene Sorge geweckt und beginnt ihr Haupt zu erheben, ob das, was uns da begegnet, nicht vielleicht die unermeßliche Macht von Göttern sei, die die leuchtenden Sterne auf ihren verschiedenen Bahnen dreht. Der Mangel an einer Erklärung veranlaßt den Geist nämlich, sich zu wundern, ob es wohl eine Entstehung der Welt gegeben hat, und entsprechend, ob es wohl ein Ende gibt, bis zu dem die Mauern der Welt diese Belastung der rastlosen Bewegung tagen können oder ob sie — auf göttliche Weise mit ewigem Wohlergehen begnadet — dem endlosen Zug der maßlosen Zeit entlanggleiten und die gewaltigen Kräfte der Zeit mißachten können. (6) Außerdem: Wem zieht sich der Geist nicht mit Furcht vor den Göttern und wem fahren die Glieder nicht mit Angst zusammen, wenn der Boden durch den fürchterlichen Einschlag eines Blitzes verbrannt und erschüttert wird und wenn Donnergrollen durch den großen Himmel läuft? Erzittern nicht Völker und Stämme, ziehen nicht stolze Könige ihre Glieder ein, erschüttert von Furcht vor den Göttern, ob nicht etwa wegen einer schändlichen Tat oder eines stolzen Worts die schwere Zeit der Sühne herangekommen sei?

B   Epikur, *Brief an Menoikeus* 123–124

(1) Erstens, halte Gott für ein unvergängliches, glückliches Lebewesen, wie das der allgemeine Begriff Gottes im Umriß vorsieht, und verbinde mit ihm nichts, was der Unvergänglichkeit fremd oder dem Glück unangemessen ist, sondern glaube in bezug auf ihn alles, was seine Verbindung von Glück und Unvergänglichkeit zu bewahren vermag. (2) Denn Götter gibt es. Das Wissen von ihnen ist evident. (3) Doch so, wie die Menge sich sie denkt, sind sie nicht. Denn so, wie die Menge sich sie denkt, bewahrt sie sie keineswegs. Gottlos ist nicht derjenige, der die Götter der Menge abschafft, sondern derjenige, der den Göttern die Meinungen der Menge über sie anhängt. Die Behauptungen der Menge über die Götter sind nämlich nicht Vorbegriffe, sondern falsche Vermutungen, und das ist der Grund, warum die größten Schädigungen — die, welche die Schlechten betreffen, — von Göttern ausgehen, ebenso auch die größten Wohltaten. (4) Da sie [die Menschen] zu ihren eigenen Tugenden nämlich eine vollkommene Affinität haben, sind sie für die empfänglich, die ihnen ähnlich sind, und halten all das für fremdartig, was nicht von dieser Art ist.

B Kontext: Außer einem Überleitungssatz unmittelbar anschließend an **25A**, gefolgt von **24A**.

C Epikur, *Brief an Herodot* 76–77

(1) Auch was die Himmelskörper betrifft, ihre Bewegung, Wendung, Verfinsterung, ihr Aufgang und Untergang und was damit zusammenhängt, darf man nicht meinen, daß dies unter der Leitung eines Lenkers geschieht, der sie ordnet oder ordnen wird und der in Verbindung mit Unvergänglichkeit zugleich im Besitz aller Glückseligkeit ist (denn Geschäftigkeiten, Sorgen, Zorn und Gunst stimmen nicht überein mit der Glückseligkeit, sondern haben ihren Ursprung in Schwäche, Furcht und Abhängigkeit vom Nächsten). (2) Ebenfalls darf man nicht meinen, daß Gebilde, die nur zusammengeballtes Feuer sind, zugleich alle Glückseligkeit besitzen und willentlich diese Bewegungen annehmen. (3) Vielmehr gilt es, die ganze Erhabenheit zu bewahren, die mit den Namen verbunden ist, welche wir auf diese Art Konzepte beziehen [*scil.* auf Konzepte wie Glückseligkeit und Unvergänglichkeit], wenn sie aus sich heraus zu keinerlei Glauben Anlaß geben, der im Konflikt zur Erhabenheit stünde; andernfalls wird dieser Konflikt selbst die größte Verwirrung in den Seelen hervorrufen.

D Lukrez 6.68–79

Wenn du diese Ideen nicht aus deinem Geist vertreibst und es nicht weit von dir weist, Dinge zu glauben, die der Götter unwürdig und ihrem Frieden fremd sind, dann werden die heiligen Mächte der Götter, von dir beeinträchtigt, dir häufig schaden, dies nicht, weil es möglich wäre, die Allmacht der Götter zu verletzen, so daß sie im Zorn danach dürsten würden, bittere Strafen zu verlangen, sondern deshalb, weil du selbst dir vorstellst, diese ruhigen und ganz friedvollen Wesen würden riesige Zornessalven gegen dich schleudern; deshalb wirst du die Heiligtümer der Götter nicht mit ruhigem Herzen betreten können und nicht in der Lage sein, die Bilder, die von dem heiligen Körper als Boten der göttlichen Gestalt zum Geist des Menschen hinkommen, mit dem Frieden eines ruhigen Geistes aufzunehmen. Welche Konsequenzen für dein Leben das hat, liegt auf der Hand.

E Cicero, *De nat. deor.* 1.43–49

[Sprecher ist der Epikureer Velleius:] (1) Jeder, der erwägt, wie töricht und unbegründet diese [nicht-epikureischen theologischen] Lehren sind, muß eigentlich Epikur verehren und ihn zu eben denen rechnen, um die es in dieser Untersuchung geht. (2) Denn er allein sah erstens, daß es Götter gibt, weil die Natur selbst deren Begriff in den Geist aller Menschen eingeprägt hat. Denn welche Nation oder welcher Menschenschlag hat nicht — ohne Unterweisung

C Kontext: Unmittelbar anschließend an **19A**, gefolgt von **17D**.　　　　D Kontext: Die Notwendigkeit, die Götter aus kosmologische Erklärungen herauszuhalten.　　　　E Kontext: Darstellung der epikureischen Theologie (im Anschluß an eine Kritik konkurrierender Konzeptionen; vgl. **54B**).

– von den Göttern einen Vorbegriff? Der Ausdruck Epikurs dafür ist *prolēpsis*, d.h. das, was wir den Umriß eines Dings nennen können, den der Geist vorgefaßt hat und ohne den man nichts verstehen, nichts erfragen und nichts erörtern kann. Die Bedeutung und den Nutzen dieser Lehre kennen wir aus jenem vom Himmel gesandten Buch Epikurs *Über die Regel und das Kriterium.* Ihr seht also klar niedergelegt, was die Grundlage dieser Untersuchung ist. Weil der Glaube [an Götter] nämlich weder durch irgendeine Konvention noch durch eine Sitte oder ein Gesetz eingeführt wurde und weil darüber ein fester einhelliger Konsens besteht, deshalb ist es notwendig einzusehen, daß es Götter gibt, da wir ein eingepflanztes oder vielmehr angeborenes Wissen von ihnen haben; worüber aber bei allen die Natur übereinstimmt, das ist notwendigerweise wahr; daß es Götter gibt, ist also anzuerkennen. (3) Nachdem dies von praktisch jedermann anerkannt wird, von den Ungebildeten ebenso wie von den Philosophen, sollten wir zugestehen, daß auch darüber Einverständnis besteht, daß dieser, wie ich ihn nannte, ›Vorbegriff‹ *(anticipatio)*, den wir von den Göttern haben, oder diese ›Vorkenntnis‹ *(praenotio)* von ihnen (neue Sachen erfordern nämlich neue Bezeichnungen, so wie Epikur selbst der *prolēpsis* diesen ihren Namen gab, die vorher niemand mit diesem Wort bezeichnet hatte) – daß also dieser Vorbegriff von solcher Art ist, daß wir die Götter als glücklich und unsterblich ansehen. Denn ebenso wie die Natur uns mit einem Umriß der Götter selbst ausstattete, so prägte sie in unseren Geist auch ein, daß wir sie für ewig und glücklich halten. (4) Wenn das richtig ist, erklärt Epikurs bekannte Maxime [= *RS* 1] ganz zutreffend: »Das, was glücklich und unvergänglich ist, kennt weder selbst Schwierigkeiten noch bereitet es solche jemand anderem und hat deshalb auch weder mit Zorn noch mit Gunst etwas zu schaffen; denn alles derartige ist ein Merkmal von Schwäche.« (5) Wenn es uns um nichts anderes ginge als nur darum, die Götter fromm zu verehren und uns vom Aberglauben zu befreien, dann würde das Gesagte ausreichen; denn die erhabene Natur der Götter würde dann, da sie ewig und glückselig ist, von den Menschen fromm verehrt – alles Herausragende wird ja gebührend verehrt –, und alle Furcht vor der Gewalt und dem Zorn der Götter wäre vertrieben. Denn es versteht sich, daß Zorn und Gunst mit einem glücklichen und unsterblichen Wesen nichts zu tun haben. Wenn sie also weg sind, bedroht uns keine Furcht vor höheren Wesen. Aber um diesen Glauben zu befestigen fragt der Geist nach der Gestalt, der Lebensweise, der geistigen Tätigkeit und der Aktivität Gottes. (6) Was die Gestalt betrifft, weist uns einesteils die Natur darauf hin, andernteils unterrichtet uns der Verstand. Denn die Natur stattet uns alle, gleich welchen Menschenschlags, mit nur einer einzigen Ansicht der Götter aus, daß die Götter nämlich eine menschliche Gestalt haben; denn welche andere Gestalt kommt irgend jemandem, wenn er wach ist oder schläft, je in den Sinn? Aber um uns nicht für alles nur auf die primären Begriffe zu berufen, kommen wir mit der Autorität des Verstandes zu demselben Schluß. Denn wenn es angemessen erscheint, daß eben diejenige Natur, die am meisten herausragt – sei es weil sie glücklich, sei es weil sie ewig ist –, auch die schönste ist, welcher Körperbau, welche Bildung der Gesichtszüge, welche Gestalt, welche

Erscheinung kann dann schöner sein als die des Menschen? Jedenfalls, Lucilius, habt ihr [Stoiker] es euch zur Angewohnheit gemacht (anders als mein Freund Cotta [von den Akademikern], der sich hierzu wechselnd äußert), wenn ihr die kunstvolle Kreativität der Gottheit ausmalt, zu beschreiben, wie gut alle Züge in der Gestalt des Menschen nicht nur zu nützlichem Gebrauch geeignet, sondern auch der Schönheit förderlich sind. Wenn die Gestalt des Menschen nun aber der Form aller anderen Lebewesen überlegen und Gott ein Lebewesen ist, dann ist dies gewiß diejenige Gestalt, die von allen die schönste ist. Weil nun feststeht, daß die Götter die glücklichsten Wesen sind, und weil niemand ohne Tugend glücklich sein kann, die Tugend aber nicht ohne Vernunft bestehen kann und Vernunft nur in der Gestalt des Menschen vorkommen kann, deshalb muß man zugeben, daß die Götter von menschlicher Gestalt sind. (7) Gleichwohl ist diese Gestalt kein Körper, sondern ein Quasi-Körper, und sie hat kein Blut, sondern Quasi-Blut. (Obgleich diese Entdeckungen Epikurs zu scharfsinnig und seine Ausführungen zu subtil sind, als daß jeder beliebige sie begreifen könnte, rede ich darüber im Vertrauen auf eure Einsicht kürzer, als es die Sache eigentlich erfordert.) Epikur indes sieht verborgene und tief dunkle Sachen nicht nur mit dem Geist, sondern behandelt sie sogar, als habe er sie in den Händen; und er lehrt, daß die Kraft und die Natur der Götter von der Art ist, daß sie nicht in erster Linie mit den Sinnen, sondern mit dem Geist erkannt wird und daß sie weder die Art von Festigkeit noch die numerische Verschiedenheit derjenigen Dinge aufweist, die er wegen ihrer Konkretheit *steremnia* nennt; vielmehr nehmen wir Bilder durch ihre Ähnlichkeit und durch einen Übergang auf; weil von den zahllosen Atomen eine endlose Folge äußerst ähnlicher Bilder ausgeht und zu den Göttern fließt, gewinnt unser Geist dadurch ein Verständnis dessen, was eine glückliche und ewige Natur ist, daß er sich mit Absicht auf die Bilder mit den größten Lustgefühlen konzentriert.

F   Sextus Empiricus, *Adv. Math.* 9.43–47

(1) Dasselbe kann man auch Epikur zur Antwort geben, der der Meinung ist, daß der Gedanke an Götter aufgrund von Traumvorstellungen von Bildern mit menschlicher Gestalt entstanden sei. Denn wieso hätten davon eher Gedanken an Götter als an überdimensionierte Menschen ausgehen sollen? Und allgemein kann man gegen alle dargestellten Meinungen sagen, daß die Menschen den Gottesgedanken nicht auf die bloße Größe eines Lebewesens mit menschlicher Gestalt gestützt haben, sondern daß der Gedanke auch einschließt, daß Gott glücklich und unvergänglich ist und die größte Kraft in der Welt entfaltet. Aus welcher Quelle oder auf welche Weise der Gedanke bei denen aufgetaucht ist, die erstmals einen Begriff Gottes gebildet haben, das erklären diejenigen nicht, die die Ursache dafür in Traumvorstellungen und in die wohlgeordnete Bewegung der Himmelskörper verlegen. (2) Auf diesen Einwand antworten sie,

---

F Kontext: Kritik von Theorien über den Ursprung des Gottesglaubens.

daß in den Traumerscheinungen wohl der Ursprung des Gedankens von der Existenz Gottes liege; aber daß Gott ewig und unvergänglich und vollkommen im Glück sei, das sei durch einen Übergang vom Menschen her aufgekommen. Denn so, wie wir durch eine Vergrößerung des durchschnittlichen Menschen in der Vorstellung den Gedanken an einen Kyklopen gewinnen . . ., so begannen wir mit der Vorstellung eines glücklichen und gesegneten und mit allen Gütern ausgestatteten Menschen; diese Züge haben wir dann intensiviert und erhielten als ihre höchstmögliche Ausprägung den Gottesgedanken. Und nochmals, die Alten stellten sich einen langlebigen Menschen vor und erweiterten die Zeitspanne ins Unendliche, indem sie mit der Gegenwart auch die Vergangenheit und die Zukunft verbanden; nachdem sie so zum Begriff des Ewigen gelangt waren, sagten sie, daß Gott auch ewig sei. (3) Die solches sagen, präsentieren gewiß eine glaubhafte Meinung. Aber sie fallen unversehens in den ausweglosesten aller Tropen, in den der Zirkularität. Denn um zuerst die Idee eines glücklichen Menschen und von da aus durch einen Übergang die Idee Gottes zu gewinnen, müssen wir eine Idee davon haben, was Glück ist, da die Idee des glücklichen Menschen die Idee von jemand ist, der am Glück Anteil hat. Aber das Glück *(eudaimonia)* war nach ihnen eine numinose *(daimonia)* und göttliche Natur, und als glücklich *(eudaimōn)* wurde derjenige bezeichnet, dessen *daimōn* (Gottheit) sich in guter Verfassung *(eu)* befindet. Um daher das menschliche Glück zu begreifen, müssen wir zuvor eine Idee Gottes und der Gottheit *(daimōn)* haben; um aber eine Idee Gottes zu haben, müssen wir zuvor einen Begriff des glücklichen Menschen haben. Jedes also setzt die vom anderen bereitzustellende Idee voraus und ist für uns deshalb undenkbar.

G Scholion zu Epikur, *RS* 1

In anderen Schriften sagt er [Epikur], daß die Götter durch die Vernunft gesehen werden, einige zahlenmäßig unterschieden, andere mit formaler Einheit, hervorgebracht durch das kontinuierliche Hinströmen ähnlicher Bilder zu demselben Ort, der Gestalt nach menschlich.

H Philodemus, *De pietate* 112.5–12 (Usener 87)

Ähnlich kritisiert er auch im zwölften Buch [von Epikurs *De natura*] Prodikos, Diagoras, Kritias und andere, nennt sie wahnsinnig und rasend und vergleicht sie mit Leuten in bacchischer Exstase.

G Der Text, auf den sich das Scholion bezieht, wird auch von Cicero zitiert: oben **23E4**.
H Kontext: Verteidigung Epikurs gegen den Vorwurf der Gottlosigkeit.

I Oxyrhynchus Papyrus 215, 1.4–24

... auch nicht, beim Zeus, wenn der eine oder der andere stattdessen so redet: »Ich fürchte alle Götter, die ich verehre, und ihnen möchte ich alle Brandopfer darbringen und Weihegaben aufstellen.« Denn obwohl so jemand gelegentlich vielleicht geistreicher als andere Individuen ist, so gibt es dennoch auch dadurch noch keine sichere Grundlage für die Frömmigkeit. Du aber, mein Freund, betrachte es als eine Sache höchsten Glücks, das hervorragendste schön aufgefaßt zu haben, was wir uns unter all dem, was existiert, denken können, staune über diese deine Auffassung davon und verehre es ohne Furcht.

J Epikur, *Brief an Pythokles* 135

Beschäftige dich also mit diesen Dingen [*scil.* mit Epikurs ethischen Lehren] und mit dem, was damit zusammenhängt, des Tags bei dir selbst und des Nachts mit deinesgleichen, und du wirst niemals, weder im Wachen noch im Traum, von Unruhe geplagt sein, sondern wirst unter den Menschen leben wie ein Gott. Denn ein Mensch, der unter unsterblichen Guten lebt, gleicht einem *sterblichen* Lebewesen in nichts.

K Plutarch, *Contra Epic. beat.* 1091B–C (teilw. Usener 419)

Welch große Freude diese Männer [die Epikureer] doch haben und welche Glückseligkeit sie gewinnen, wenn sie sich daran freuen, nichts Übles zu erleiden, nicht traurig zu sein und keine Schmerzen zu haben! Bestätigt das nicht ihr Denken und ihr tatsächliches Reden, wenn sie sich selbst als ›unvergänglich‹ und ›göttergleich‹ bezeichnen und wenn sie wegen ihres überaus großen Reichtums und der äußersten Steigerung an Gütern vor Freude in frenetisches Getöse ausbrechen, daß sie alle anderen verachten und allein jenes göttliche und große Gut entdeckt haben, die Abwesenheit von Übeln!

L Lukrez 5.146–155

Ebenso kannst du auf keinen Fall glauben, daß es in irgendwelchen Teilen der Welt heilige Wohnsitze der Götter gebe. Denn fein und weit von unseren Sinnen entfernt, wie die Natur der Götter ist, ist sie noch kaum mit unseren *geistigen* Mitteln zu sehen. Da sie sich einer Berührung und einem Anstoßen unserer Hände entzieht, kann sie mit nichts in Berührung kommen, was für uns berührbar ist. Denn was selbst nicht berührt werden kann, kann nicht berühren. Auch die Wohnsitze [der Götter] müssen daher unseren Wohnsitzen unähnlich sein, von ihrem Körper her fein. Ausführlich werde ich dir das später beweisen.

I Kontext: Fragmentarischer Traktat eines unbekannten Epikureers über Theologie. Der Papyrus stammt wahrscheinlich aus dem 1. Jh. v.Chr.   J Kontext: Abschluß des Briefs. K Kontext: Kritik der negativen Charakterisierung des Guten durch die Epikureer. L Kontext: Die Welt ist nicht göttlich. Gefolgt von **13F**.

☐ Die negative Seite von Epikurs Theologie wurde in **13** erörtert und ist relativ unkompliziert: jede angemessene Darstellung des Universums muß alle Versuche ausschließen, etwas unter Rückgriff auf göttliche Schöpferkraft zu erklären; Götter wirken in unsere Welt nicht hinein. Für die positive Seite ist die Quellenlage jedoch schwierig und kontrovers. So sei der Leser auch vorab gewarnt, daß die im folgenden unterbreitete Interpretation durchaus kontrovers ist. Wir selbst denken freilich, daß es die einzige philosophisch befriedigende Interpretation und daß es diejenige ist, die von den Zeugnissen am besten unterstützt wird.

Eine wichtige Vorbereitung zu diesem Abschnitt ist, den Abschnitt **15** über Bilder zu lesen, die dünnen Atomfilme, aus denen sich das Sehen, die Einbildung und das Träumen erklären. In dem atomistischen System, welches Epikur von Demokrit übernahm, waren die Götter einfach menschengestaltige Bilder, aber nichtsdestoweniger lebendig. Diese Bilder-Götter traten in den Geist der Menschen ein und erschienen ihnen in Träumen, entfalteten prophetische Kräfte und trugen Gutes oder Schlechtes bei. Eine überlieferte epikureische Kritik an dieser Theorie (Diogenes von Oinoanda, Neues Fragment 1 = **15g** in Bd. 2) besagt, daß Bilder keine Festigkeit besitzen und deshalb keine solche Lebenskraft entfalten könnten. Mit dieser Modifikation scheint Epikur die grundlegende Identifikation von Göttern mit Bildern allerdings festgehalten zu haben (vgl. **54J5**). Nach **E7**, unserem vielversprechendsten technischen Bericht über seine Theorie, sind die Götter im ursprünglichen Verständnis nicht numerisch verschiedene feste Körper. Sie sind einfach das Produkt von Bilderströmen mit menschlicher Gestalt, die in unseren Geist eintreten und in uns idealisierte Eindrücke von einer äußerst glücklichen Existenz hervorrufen. Von den Bildern heißt es, sie entstünden aus dem unerschöpflichen Vorrat von Atomen und flössen *zu* den Göttern, nicht von ihnen weg. Das heißt, indem sie in unserem Geist zusammenlaufen, *werden* sie unsere Götter.

Um das sinnvoll zu verstehen, ist es entscheidend zu sehen, daß es sich hier einfach um eine epikureische Standarddarstellung der Mechanik der Begriffsbildung handelt. *Jeder* Prozeß einer Einbildung kommt zustande, indem der Geist von den zahllosen verfügbaren Bildern in der umgebenden Luft solche bei sich einläßt (sozusagen »auf sich abstimmt«), die dem verlangten Eindruck entsprechen, wobei sie entweder von festen Körpern ausgehen, z.B. von Menschen, oder sich zufällig aus dem endlosen Vorrat von Atomen bilden (**15A1-4, D**). Die Kontinuität einer Vorstellung wird durch die »Ähnlichkeit« (**E7, G**) hergestellt, die die ausgewählten Bilder untereinander haben. Die Vorstellung kann dann durch Vergrößerung, Kombination etc. weiter angepaßt werden, wie das in **15F** kurz erklärt ist (vgl. die ausführlichere stoische Darstellung in **39D**). Sextus Empiricus (*Adv. Math.* 3.40) berichtet uns, daß die generische Bezeichnung für diese Anpassungsprozesse »Übergang« *(metabasis)* war, der Terminus, der in **E7** und **F2-3** benutzt wird. Um das Beispiel von **F2** zu nehmen, bilden wir den Begriff eines Riesen, indem wir zuerst auf eine Folge von Bildern von Menschen fokussieren und die resultierende geistige Vorstellung dann vergrößern.

Götter sind ebenso wie Riesen Gedankenkonstrukte. Auch dahin gelangen wir durch einen »Übergang«, nämlich von der Vorstellung extrem starker, langlebiger und glücklicher Menschen, indem wir ihre Langlebigkeit und ihr Glück noch weiter steigern (**F**, vgl. **A2**). Die resultierende Vorstellung ist etwas sehr Ähnliches wie die traditionellen antropomorphen Götter der griechischen Religion, deren wesentliche Züge im Verständnis Epikurs Glück und Unvergänglichkeit sind. Aber anders als im Fall des Riesen müssen wir keinerlei bewußte Anstrengung unternehmen, um diese Idee zu bilden. Die Idee solcher Wesen ist uns »angeboren« in dem Sinne, daß es Teil unserer Natur ist, sie zu fassen (E2-3, 6), so daß wir dies sogar – und vor allem – in unseren Träumen tun. Es ist ein natürlicher »Vorbegriff« (siehe 17), der allen Menschen gemeinsam ist.

Ein indirekter Schluß aus A2 (der Text selbst befaßt sich in erster Linie mit den ersten Regungen dieses Instinkts bei den Menschen der Urzeit) legt zwei Weisen nahe, auf die die Götter »unvergänglich« sind. Erstens sind sie als *Begriffe* ewig. Die naturphilosophische Erklärung dafür liegt in dem unerschöpflichen Nachschub ähnlicher Bilder (ein schwieriger doxographischer Bericht, **m** in Bd. 2, ergänzt die epikureische Liste unvergänglicher Dinge von **14H1** um »Götter« und »Ähnlichkeiten«), die epistemologische Erklärung in der Tatsache, daß Götter – ziemlich ähnlich wie platonische Formen – ewige paradigmatische Konzepte sind (siehe unten). Zweitens sind die Götter als vorgestellte *Lebewesen* unvergänglich, insofern sie nicht dem Verschleiß ausgesetzt sind, den wir aus unserem eigenen Leben nicht ganz verbannen können. Es liegt an *uns*, sie mit dieser Unvergänglichkeit auszustatten, sie zu »bewahren«, nämlich durch die Art, wie wir sie uns denken (**B1-3**).

Warum sollten diese Vorbegriffe von Gott dem Menschen natürlicherweise kommen? Dazu gibt es drei Anhaltspunkte. Erstens ist es eine wohlbekannte Tatsache, daß Epikurs Götter Vorbilder für das epikureische gute Leben sind. In ihrer epikureischen Ruhe und Losgelöstheit von weltlichen Angelegenheiten sind sie äußerst glücklich (**C**, **D**, **E4-5**, **J**; vgl. 21–22). Ihre Unvergänglichkeit paßt zu dieser Sicht nicht so offensichtlich, weil Epikur an anderer Stelle das leere menschliche Verlangen verurteilt, dem Tod zu entkommen (24); wie aber **J**, **K** und eine Reihe anderer Texte zeigen, dachte Epikur, es gebe einen Sinn, in dem ein epikureischer Weiser göttliche »Unvergänglichkeit« besitzen könne. Die Analogie der Unvergänglichkeit der Götter, wie sie oben erklärt wurde, läßt vermuten, daß er teils die Fähigkeit des epikureischen Weisen im Sinn hatte, durch das Beispiel, das er gab, ein ewiges ethisches Modell für künftige Generationen zu werden (siehe weiter unten), und daß er anderenteils an die Unverletzlichkeit des Weisen durch Schicksalsschläge dachte (**21B4, F**). Zweitens, daß unsere Tendenz, den Vorbegriff Gottes in dieser Weise zu bilden, »angeboren« ist, kann als ein Echo davon gelten, daß Epikur von unserer angeborenen Tendenz redete, Lust als das Gute anzustreben (**21A2**). Drittens schlugen die Epikureer aus guten etymologischen Gründen vor (**F3**), daß das »Glück« (*eudaimonia*, ein kaum übersetzbares Wort, welches auch einige der Konnotationen von »Seligkeit« teilt) nicht bloß eine »numinose und göttliche Natur« sei, sondern auch der Zustand, seinen eigenen Gott gehörig aussortiert zu haben.

Diese Anhaltspunkte erwecken den Eindruck, daß nach Auffassung Epikurs die Götter jedes Menschen Paradigmen seines eigenen ethischen Ziels sind – das ›Selbstverständnis‹, von dem er träumt (vgl. besonders **J**) – oder daß sie idealisierte Modelle dessen sind, was er in seinem Leben zu erreichen sucht. Wenn unsere Auffassungen vom Guten wechseln, dann ist das deshalb so, weil der Vorbegriff, mit dem die Natur uns alle ausgestattet hat (**E2-4**), obwohl er selber im Sinn einer genauen Darstellung unseres natürlichen Ziels ›wahr‹ ist, doch leicht zusammen mit allen Arten falscher Meinungen entstellt wird (**A–D, I**): daß die Götter Macht ausüben, daß sie von Zorn betroffen und von Günstlingswirtschaft erfaßt werden oder daß sie mißgünstig sind. Auf diese Weise ist die Auffassung eines Menschen von der Natur des Göttlichen sowohl ein Maß als auch eine Ursache seines eigenen moralischen Gesundheitszustands. Gute und Schlechte wählen ihre Götter gleichermaßen nach ihren eigenen privaten Ansichten davon, was moralisch hervorragend ist (**B4**). Die Schlechten denken sich die Götter als machtsüchtig und als sich einmischend wie sie selbst und perpetuieren dadurch in sich selbst einen entsprechenden Zustand der Unruhe (B3, C3, D). Die Guten halten den wahren Vorbegriff der Glückseligkeit Gottes fest, daß sie nämlich in einer äußersten Ruhe (Unerschütterlichkeit, Freiheit von Verwirrung) besteht, und gewinnen daraus eine unermeßliche Ruhe und moralische Erbauung (B4, E7*fin*, I). Diese letztere Einstellung findet ihren natürlichen Ausdruck im Kult, einer Praxis, die Epikur seinen Anhängern aus ganzem Herzen empfiehlt, vorausgesetzt nur, daß sie durch Ehrfurcht und nicht durch Furcht motiviert ist (A4, D, E5, I).

Die Vorstellung von Gott als jemand, dem der Mensch nacheifert und den er verehrt, war in den Werken Platons und Aristoteles' schon gut ausgearbeitet worden, und der Nachfolger des Aristoteles, Theophrast, war über seinen Lehrer darin sogar noch hinausgegangen, selbst die letzten Spuren von Gottes kausalem Einfluß auf die Welt in Frage zu stellen. Aber die charakteristische eigene Leistung Epikurs liegt weitgehend darin, daß er diese Merkmale mit der Vielfalt anthropomorpher Götter in der antiken Religion versöhnt hat. Unwillkommene Aspekte der traditionellen Religion, wie etwa ein göttliches Eingreifen in die Welt, werden als falsche Bereicherungen des Grundkonzepts erklärt, welche falsche moralische Einstellungen spiegeln – gerade so, wie in einem anderen Zusammenhang (24F) die Mythen über die Unterwelt als Projektionen der falschen moralischen Werte der Menschen erklärt wurden. Aber der harte Kern der Volkstheologie wird gerechtfertigt und in einen philosophischen Vorzug verwandelt. Epikurs schöpferischen Vorschlag, daß Gott eine Projektion des eigenen ethischen Ideals des Menschen ist, kann man zu den beeindruckendsten theologischen Theorien der Antike rechnen.

Wir kommen nun zu einem größeren Stolperstein. Wenn die obige Interpretation der epikureischen Götter als unsere eigenen instinktiven Gedankenkonstrukte korrekt ist, war Epikur dann nicht ein Atheist? Dieser Schluß wurde von seinen Kritikern in der Tat häufig gezogen (z.B. in 54J5). Aber sowohl Epikur selbst (B3) als auch seine Anhänger (z.B. E2) bestritten das vehement; und in H wird von Epikur selbst berichtet, daß er ausgesprochen rüde gegenüber dreien seiner Vorgänger war, die standardmäßig als ›Atheisten‹ angeführt wurden. Darüber hinaus hingen von den späteren Epikureern wohl einige der oben vorgetragenen Interpretation an (wie F zwingend nahelegt); aber viele andere stellten seine Götter als wirklich lebende Wesen dar. Die meisten modernen Gelehrten haben diese letztere Interpretation als zutreffend anerkannt.

Zur Beantwortung kann als erstes gesagt werden, daß nach Epikurs eigenen epistemologischen Prinzipien seine Behauptungen in B2, daß es Götter gibt und daß wir ein offenkundiges Wissen von ihnen haben, völlig konsistent damit sind, daß sie Gegenstände von Gedanken und keine festen Körper sind. Unser Vorbegriff von ihnen wird ein genuines *moralisches* Wissen sein, eine genaue intuitive Erkenntnis des natürlichen Guts des Menschen. Wie wir in 17 bemerkt haben, gilt epikureische ›Wahrheit‹ in der moralischen Sphäre ebenso sehr wie in der physikalischen; und wahre ›Vorbegriffe‹ können ebenso einen introspektiven Ursprung in unseren Gefühlen haben wie einen empirischen Ursprung in unserer Sinneserfahrung von der äußeren Welt. Unsere natürliche Erkenntnis von der Existenz der Götter ist demnach eng vergleichbar oder vielleicht sogar identisch mit unserer instinktiven Erkenntnis, daß es für uns ein natürliches ethisches Ziel gibt.

Wenn gefragt wurde, welche Art von Existenz die Götter haben, in den Termini des Atomismus, dann war Epikurs Antwort, daß sie nicht als feste Körper existierten, sondern als bloße Bilderströme. Nach den üblichen Prinzipien von Epikurs Epistemologie würde das nicht den Anspruch aufweichen, daß unsere Eindrücke von ihnen wahr sind. Nach **16F** ist sogar die Vorstellung von einer mythischen Kreatur »wahr«, da sie akkurat objektive Bilder meldet, die unser Geist empfängt. Falschheit entsteht nur, wenn wir den irrigen Glauben hinzufügen, daß das Objekt ein fester Körper oder ein *steremnion* sei. Ähnlich sind nach der in **E7** skizzierten Theorie unsere Vorstellungen von Göttern wahr; aber die Gegenstände dieser Vorstellungen sind keine *steremnia*, sondern eben nur Bilderströme. (Die Behauptung, daß sie nur »Quasi-Körper« haben, ist genau das, was man von idealisierten Gedankenkonstrukten sagen könnte, denen die Festigkeit eines Körpers fehlt – vgl. die ähnliche Formulierung in **30A**; sie wäre aber kaum verständlich, wenn sie auf einen wirklich lebenden Organsimus angewandt würde.) Solch eine Rechtfertigung der ›Existenz‹ der Götter muß nicht als ein bloße Täuschung oder Sophisterei abgeschrieben werden. Eher handelt es sich um einen Fall dessen, was wir im Kommentar von Abschnitt **15** als Epikurs nachklingende platonische Annahme beschrieben haben, daß jeder beliebige Gegenstand des Denkens irgendwie objektiv existieren müsse, damit man davon einen Gedanken fassen könne.

Ferner, wenn Epikur sich dafür entschied, mehr die Art herauszustellen, wie die Götter existieren, als die Art, wie sie nicht existieren, dann war das kaum überraschend in einer Gesellschaft, die notorisch intolerant gegen jede Andeutung von Atheismus war, und noch weniger überraschend für jemanden, der aus lauteren philosophischen Gründen diejenige Verehrung der Götter empfahl, die in dieser Gesellschaft anerkannt war. (Hätte Epikur trotz des gefeierten Syllogismus von Zenon in **54D** die Verehrung des Nicht-Existenten empfehlen können?) Man kann ihn mit vielen Fürsprechern der Religion im 19. Jahrhundert vergleichen (z.B. mit Feuerbach, George Eliot und Matthew Arnold), deren ausdrücklich bekannter Theismus sich bei genauer Untersuchung als eine in ihrem Wesen moralische Theorie erweist, die jeder Frage nach einer objektiven übermenschlichen Gottheit entweder ausweicht oder sie positiv ausschließt. Sogar in Epikurs eigener Gesellschaft war es für Intellektuelle eine normale Praxis, die Lehren der traditionellen Religion eher als symbolisch zu akzeptieren denn als buchstäbliche Wahrheiten anzuerkennen (vgl. **54A** für die Stoiker).

Weiterhin, obwohl die Götter *primär* (**E7**) Begriffe und nicht numerisch unterschiedene feste Körper sind, gibt es *auch* numerisch unterschiedene Götter (**G**). Epikur könnte damit gemeint haben, daß einzelne epikureische Weise ›Götter‹ werden können, indem sie die göttliche Rolle übernehmen, ständige ethische Vorbilder für künftige Generationen zu sein. Dies wäre im Ergebnis die Vergöttlichung, die er seinen Schülern anbot (**J**, **K**; vgl. **14D5**, **21G1**) und mit welcher seine späteren Nachfolger ihn selbst bedachten (z.B. **E1**; **21X**; große Männer zu Göttern zu machen war eine übliche hellenistische Praxis und wurde nicht als übertrieben oder als Sakrileg angesehen; vgl. **54B**).

Ist das alles? Oder meint Epikur in **G** auch zuzugestehen, daß irgendwo im Universum lebendige Wesen existieren könnten, die nicht nur glücklich, sondern auch biologisch unsterblich sind? Einerseits sagt er nichts, was eine solche Möglichkeit ausdrücklich ausschließt – selbst da nicht, wo man das am meisten erwartet haben könnte, in seinen Widerlegungen eines göttlichen Eingreifens in die Welt (**13**). Andererseits erfordert in seiner theologischen Theorie nichts auf irgendeine Weise die Existenz solcher Wesen, weil selbst dann, wenn sie existieren würden, sie in unserer geistigen Auffassung von Göttern keine ursächliche Rolle spielen würden (vgl. besonders **F**). Er kann sein System so konstruiert haben, daß diese periphere Frage offen bleiben konnte, um – wenn überhaupt – in den inneren Kreisen der Schule gelöst zu werden. Der harmlos aussehende Theismus seiner öffentlichen Äußerungen (wie etwa **B**) wird Freiheit von Verfolgung gesichert haben, ohne auf irgendeine Weise mit dem philosophischen System in Konflikt zu stehen. Wenn einige seiner Schüler diesen Theismus in seiner obeflächlichsten Lesart verstanden, war die daraus resultierende Neigung, an die traditionellen Götter als lebende Wesen zu glauben, ganz vereinbar damit, daß sie gute Epikureer wurden. Solche Götter, wenn es sie denn gab, würden ihr Glück nämlich wirklich durch vollkommene Nicht-Einmischung in die Welt sichern. Die epikureischen Argumente gegen göttliches Eingreifen in die Welt (C1, D; 13) erfordern nicht ausdrücklich atheistische Prämissen, sondern begnügen sich damit herauszustellen, daß niemand sowohl göttlich sein als auch sich einmischen kann.

Selbst so scheint es unwahrscheinlich, daß Epikur selbst sich letztlich zugunsten dieser biologisch unsterblichen Wesen geäußert hätte. Es ist extrem schwierig zu sehen, wie in einem epikureischen Universum irgendetwas Zusammengesetztes garantiertermaßen ewig dauern könnte; vgl. **14H1**. Aber was immer seine Ansicht zu dieser Frage gewesen sein könnte − wahrscheinlich sagte er in seinen veröffentlichten Werken wenig oder nichts, um das Problem zu lösen −, entscheidend ist zu sehen, daß es eine bloß marginale Bedeutung für seine zentrale theologische These hat, in der Gott ursprünglich eine Existenz als moralisches Konzept hat, nicht als eine besonders privilegierte, extraterrestrische Form von Leben.

Trotz alledem steht außer Zweifel, daß Epikureer und andere im 1. Jahrhundert v.Chr. die ›Götter‹ von Epikurs System als solch eine Form von Leben verstanden. Cicero scheint in *De natura deorum* I, woraus E stammt, anzunehmen, daß Epikurs Götter diskrete räumliche Entitäten seien. Sein epikureischer Sprecher Velleius kann offensichtlich nicht verstehen, wie Epikurs lehrbuchmäßige Darstellung der Götter als Bilder damit zusammenpassen soll − in seiner Parenthese in **E7** räumt er sein Unverständnis im Grunde ein −, und er bietet nur ganz unangemessene Gründe dafür an, daß diese Lebewesen buchstäblich unvergänglich seien (vgl. die Fortsetzung zu E in Bd. 2). Der bekannteste dieser Gründe ist die Idee, daß die Götter in den *intermundia* leben, den Räumen zwischen den Welten, wo sie weniger durch andere Materie herumgestoßen werden. Diese spezielle Lehre ist Ciceros Quellen wahrscheinlich noch nicht bekannt gewesen (die aus dem zweiten oder frühen ersten Jahrhundert v.Chr. stammen könnten), weil sie weder in der Darstellung des Velleius noch in der Antwort des Akademikers Cotta erwähnt wird. Sie war aber Cicero selbst bekannt, der darauf in seiner Einleitung anspielt (1.18), und wurde von seinen Zeitgenossen Philodemos und Lukrez akzeptiert. Letzterer überliefert ganz akkurat einen Teil der epikureischen Lehrbuchdarstellung in **A2** und nimmt an anderer Stelle nichtsdestoweniger an, daß die Götter in den *intermundia* leben (von wo ihre Bilder zu uns kommen: D). Sein Versprechen in L zu erklären, wie das sein kann, wird nirgends erfüllt, und wir können als Grund dafür vermuten, daß er zu diesem Punkt keine Hilfe in Epikurs Schriften fand. Philodemos versucht in zwei fragmentarisch erhaltenen Büchern, Einzelheiten vom Lebensstil der Götter zusammenzustellen (z.B.: Sprechen sie Griechisch?). Es scheint jedoch zweifelhaft, ob er dafür mehr Anknüpfungspunkte hatte als die Anweisung Epikurs, wie wir uns die Götter lebendig *vorzustellen* haben (vgl. **B1, C**), eine Anweisung, die auf den ersten Blick nahelegen kann, daß die Götter wirklich lebende Organismen sind, die aber tatsächlich um nichts weniger konsistent damit ist, daß sie bloße Gedankenobjekte sind.

Es ist nicht schwer zu sehen, wie Epikurs Zurückweisung des Atheismus manche seiner Anhänger täuschen konnte, ihn atheistisch zu lesen. Es scheint unmöglich, eine Interpretation zu finden, die sowohl mit diesen Auffasungen als auch mit Epikurs eigenen Äußerungen vereinbar wäre. Stattdessen begnügen wir uns mit der einzigen

Deutung, die uns zu denjenigen Zeugnissen zu passen scheint, die weithin als die authentischsten gelten, erklären die abweichenden Zeugnisse damit, daß sie durch eine sehr verständliche Fehldeutung der Intentionen Epikurs beeinflußt sind, und belassen diesem eine Theologie, die mit jeder seiner zentralen Theorien als subtil und originell gelten darf und für die erwartet werden konnte, daß sie sich mit der rivalisierenden stoischen Lehre (54) unter gleichen Bedingungen messen konnte.

24 Tod

A   Epikur, *Brief an Menoikeus* 124–127

(1) Mache dich vertraut mit dem Gedanken, daß der Tod für uns bedeutungslos ist. Alles Gute und Schlechte liegt nämlich in der Sinneswahrnehmung, und die Aufhebung der Sinneswahrnehmung ist der Tod. (2) Daher macht die richtige Einsicht, daß der Tod uns nichts angeht, die Sterblichkeit des Lebens zu etwas, das man genießen kann, indem sie ihr nicht eine unbegrenzte Zeit anfügt, sondern uns das Verlangen nach Unsterblichkeit wegnimmt. (3) Denn im Leben liegt nichts Beängstigendes für den, der wirklich begriffen hat, daß nichts Beängstigendes im nicht Leben liegt. (4) Töricht ist deshalb, wer sagt, er fürchte den Tod nicht deshalb, weil er schmerzen wird, wenn er da ist, sondern deshalb, weil er jetzt in der Erwartung schmerzt. Was nämlich nicht belästigt, wenn es da ist, das bereitet, wenn es erwartet wird, nur nichtige Qualen. (5) Das schauerlichste aller Übel also, der Tod, geht uns nichts an; denn solange wir sind, ist der Tod nicht da, und wenn der Tod da ist, sind wir nicht mehr. Somit geht er weder die Lebenden an noch die Toten, da erstere ihn nicht in ihrem Umkreis haben und letztere nicht mehr sind. (6) Die Menge dagegen flieht zuzeiten den Tod als das größte aller Übel und zuzeiten wählt sie ihn als eine Erholung ⟨von den Übeln⟩ im Leben. ⟨Der weise Mann indes lehnt es weder ab zu leben,⟩ noch fürchtet er, nicht zu leben. Denn ihm ist weder das Leben zuwider, noch meint er, nicht zu leben sei ein Übel. So wie er bei der Speise die angenehmste und nicht allemal die größte Menge wählt, so genießt er auch bei der Zeit nicht die ausgedehnteste, sondern die angenehmste. (7) Wer dem jungen Menschen rät, gut zu leben, und dem alten Menschen, gut zu sterben, ist nicht nur deshalb naiv, weil das Leben liebenswert ist, sondern auch deshalb, weil es dasselbe ist, sich um gutes Leben und sich um gutes Sterben zu kümmern. (8) Viel schlimmer indes steht es mit dem, der sagt: »Es ist eine feine Sache, niemals geboren zu sein, wenn man aber geboren ist, möglichst schnell die Tore des Hades zu durchschreiten.« Wenn er das nämlich mit Überzeugung sagt, warum verabschiedet er sich dann nicht aus dem Leben? Das bietet sich ihm doch uneingeschränkt an, wenn man davon ausgeht, daß seine Lösung feststehe. Wenn er freilich spottet, sind seine Worte eitel und werden nicht angenommen.

A Kontext: Unmittelbar anschließend an **23B**, gefolgt von **21B**.

B   Epikur, *Sent. Vat.* 31

Gegen alles andere ist es möglich, sich Sicherheit zu verschaffen; aber wenn es ans Sterben geht, leben wir Menschen alle in einer Stadt ohne Mauern.

C   Epikur, *RS* 19–21

(1) [19] Die unbegrenzte Zeit und die begrenzte Zeit enthalten gleich viel Lust, wenn man die Grenzen der Lust durch vernünftige Überlegung abmißt. (2) [20] Das Fleisch verlegt die Grenzen der Lust ins Unendliche, und es bedürfte einer unendlichen Zeit, sie herbeizuführen. Das Denken dagegen führt das vollkommene Leben herbei, indem es eine vernünftige Kalkulation von Ziel und Grenze des Fleischs anstellt und die Ängste hinsichtlich der Ewigkeit auflöst; und dann brauchen wir nicht länger die unendliche Zeit. Aber es meidet weder die Lust, noch nimmt es, wenn die Ereignisse den Ausgang aus dem Leben herbeiführen, an, daß es, wenn es abtritt, etwas vom besten Leben verpaßt habe. (3) [21] Wer die Grenzen des Lebens kennt, der weiß, wie leicht das zu beschaffen ist, was den auf Mangel beruhenden Schmerz beseitigt, und das, was das ganze Leben vollkommen macht. Daher hat er nicht weiter das Bedürfnis, sich in Dinge einzulassen, die Kämpfe mit sich bringen.

D   Diogenes Laërtius 10.22   (Usener 138)

Als er [Epikur] schon im Sterben lag, schrieb er an Idomeneus folgenden Brief: »Ich schrieb Dir dies an dem gesegneten Tag meines Lebens, der zugleich der letzte war. Harnzwang und Dysenterie haben eingesetzt mit Schmerzen, die jedes erdenkliche Maß überschreiten. Aber die Freude in meiner Seele bei der Erinnerung an die Gespräche, die zwischen uns stattgefunden haben, bildete gegen all dies ein ausreichendes Gegengewicht. An Dich habe ich eine Bitte, die der Gesellschaft geziemt, die Du mir und der Philosophie von Jugend auf geleistet hast: Sorge für die Kinder des Metrodoros.«

E   Lukrez 3.830–911

(1) Nichts also geht der Tod uns an, und er ist ohne jede Bedeutung, da sich die Natur des Geistes ja als sterblich erwiesen hat. (2) Gerade so, wie wir in der Vergangenheit nichts Schlimmes bemerkt haben, als die Karthager von allen Seiten her zum Angriff herbeieilten . . ., so kann auch in der Zukunft, wenn wir nicht mehr sind, weil eine Trennung von Körper und Seele eingetreten ist, aus denen beiden wir zu einer Einheit zusammengefügt sind, uns, die wir dann gar nicht sind, gewiß nichts zustoßen und die Wahrnehmung in Bewegung setzen, selbst nicht, wenn die Erde sich mit dem Meer und das Meer sich mit

---

D Kontext: Die Biographie Epikurs.   E Kontext: Unmittelbar anschließend an **14H**, Anfang von Lukrez' bekannter Streitrede gegen die Angst vor dem Tod.

dem Himmel vermischt. (3) Selbst wenn die Natur unseres Geistes und die Macht des Lebensprinzips nach der Trennung von unserem Körper noch etwas wahrnimmt, geht das uns dennoch nichts an, die wir ja aus Körper und Seele, zu einer Einheit verbunden, bestehen. (4) Und selbst wenn nach unserem Tod der Gang der Zeit unsere Materie wieder so zusammenbringen sollte, wie sie jetzt arrangiert ist, und auch das Licht des Lebens uns wiederhergestellt würde, so wäre das für uns dennoch ohne jede Bedeutung, nachdem unsere Selbst-Erinnerung einmal unterbrochen ist. Ebenfalls betrifft uns jetzt nichts von den Selbsten, die wir vorher einmal waren; wir fühlen ihretwegen keinerlei Beklemmung. Denn wenn du auf die ganze unermeßliche Zeit der Vergangenheit zurückblickst und dann bedenkst, wie vielfältig die Bewegungen der Materie sind, dann kannst du wohl leicht glauben, daß dieselben primären Partikeln, aus denen wir jetzt bestehen, sich vorher schon oft in derselben Anordnung befunden haben wie der, in der sie jetzt sind. Aber erinnern können wir uns daran nicht; denn dazwischen hat es eine Unterbrechung des Lebens gegeben und irrten alle Bewegungen zufällig herum, fern von aller Wahrnehmung. (5) Denn falls es etwa Unglück und Leiden geben sollte, muß die Person zu eben der Zeit existieren, damit das Übel sie überhaupt treffen kann. Da der Tod dies aufhebt und es unterbindet, daß der existiert, dem die Unannehmlichkeiten zustoßen könnten, kannst du mit Gewißheit sagen, daß für uns im Tod nichts ist, was zu fürchten wäre, daß der, der nicht ist, nicht unglücklich sein kann und daß, wenn der unsterbliche Tod ein sterbliches Leben dahinrafft, sich dies überhaupt nicht davon unterscheidet, niemals geboren worden zu sein. (6) Wenn du also siehst, wie ein Mensch über die Aussicht verstimmt ist, daß nach seinem Tod sein Leichnam beerdigt wird und verfault oder durch Feuer zerstört wird oder durch die Zähne wilder Tiere, dann darfst du sicher sein, daß dies nicht lauter klingt und daß unter seinem Herzen ein verborgener Stachel sitzt, wie sehr er es auch selbst bestreiten mag zu glauben, er werde im Tod irgendeine Wahrnehmung haben. Denn er steht, denke ich, weder für das ein, was er bekennt, noch für den Grund davon, und befreit sich auch nicht vollständig vom Leben; sondern er richtet es unbewußt so ein, daß ein Stückchen von ihm überlebt. Wenn jemand sich nämlich im Leben vorstellt, es drohe, daß Vögel und wilden Tiere im Tod seinen Körper zerfleischen, dann bedauert er sich selbst. Denn er setzt sich davon nicht unterscheidend ab und löst sich nicht hinreichend von dem preisgegebenen Körper: er identifiziert sich damit und infiziert ihn durch seine Anwesenheit mit seiner Wahrnehmung. So kommt es, daß er verstimmt ist, als ein Sterblicher geboren zu sein, und daß er nicht sieht, daß es im wirklichen Tod kein zweites Selbst geben wird, welches lebendig und in der Lage wäre, sein Ableben zu betrauern und dabeistehend mit Schmerzen zu erleben, wie er darniederliegend zerfleischt oder verbrannt wird. ... (7) »Ach, jetzt empfängt dich nicht mehr ein frohes Haus und eine gute Ehefrau. Auch rennen deine lieben Kinder nicht mehr herbei, um den ersten Kuß zu erhaschen, und bewegen nicht mehr dein Herz mit heimlich süßer Annehmlichkeit. Du wirst auch nicht mehr deine Angelegenheiten und die dir anvertrauten Menschen beschützen können. Du unglücklicher Mann«, sagen sie, »unglücklich nahm dir ein einziger feindlicher Tag so viele Belohnungen des Lebens.« Was sie hinzuzufügen versäumen, ist dies: »Auch ist in dir keinerlei Verlangen nach irgendeinem dieser Dinge mehr übriggeblieben.« Wenn sie das mit ihrem Geist klar sehen und es in ihren Worten befolgen würden, dann würden sie sich frei machen von großer geistiger Beklemmung und Furcht. (8) »Du freilich, wie du im Todesschlaf bist, so wirst du für alle Zeit frei sein von allem Schmerz und Leid. Wir aber standen bei dem schrecklichen Scheiterhaufen und haben dich, zu Asche verbrannt, untröstlich beweint. Unsere Trauer wird ewig dauern, und kein Tag wird kommen, der sie uns aus dem Herzen nimmt.« Wer das sagt, den muß man fragen, was daran, daß etwas zum Schlaf und zur Ruhe zurückkehrt, derart Bitteres sei, daß jemand in ewiger Trauer dahinsiechen könne.

F   Lukrez 3.966–1023

(1) Auch wird niemand in den dunklen Abgrund des Tartarus gestürzt. Jedermanns Materie wird gebraucht, damit künftige Geschlechter wachsen können. Alle jedoch werden dir folgen, sobald sie ihr Leben gelebt haben. Nicht weniger als du sind sie früher gefallen und werden sie fallen. Ohne Unterbrechung geht so ständig eins aus dem anderen hervor. Das Leben wird allen zur Pacht gegeben, keinem zum Besitz. . . . (2) Ganz gewiß haben wir all das im Leben, wovon es heißt, es befinde sich im tiefen Acheron. Und kein unglückseliger Tantalus hängt, wie die Sage geht, mitten in der Luft und fürchtet den großen Felsen, von leerer Angst erstarrt. Vielmehr ist es im Leben, daß eine nichtige Furcht vor den Göttern die Sterblichen umtreibt, und jeder hat Angst vor dem Fall, den das Los ihm verhängt. (3) Es trifft auch nicht zu, daß Tityos im Acheron liegt und Vögel in ihn eindringen oder daß sie, was sie unter seiner mächtigen Brust suchen, dort für ewige Zeit wahrhaftig finden können. Wie riesig die Ausdehnung seines Körpers auch sein möge, selbst wenn er mit ausgestreckten Gliedern nicht bloß neun Joch, sondern die ganze Erde bedecken sollte, so könnte er trotzdem nicht ewigen Schmerz ertragen und immer Futter von seinem eigenen Körper bieten. Sondern wir haben unseren eigenen Tityos; es ist derjenige, der, liebeskrank, von geflügelten Wesen zerfleischt wird, an dem beklemmende Furcht nagt oder den wegen irgendeiner anderen Begier die Sorgen zerreißen. (4) Auch Sisyphos steht uns im wirklichen Leben vor Augen. Es ist der, der danach dürstet, vom Volk die Bündel und furchtbaren Beile öffentlicher Ämter zu erbitten und der immer besiegt und enttäuscht zurückkehrt. Denn das nichtige und unerreichbare Ziel unumschränkter Macht zu verfogen und dabei ohne nachzulassen immer harte Plackerei zu ertragen, das ist der Kampf, einen Stein den Berg hinauf zu stoßen, der dann trotzdem von der höchsten Spitze wieder herunter rollt und eilends abwärts der flachen Ebene zustrebt. (5) Sodann, immer einer undankbaren Natur des Geistes freien Lauf zu lassen, sie mit guten Dingen zu füllen und doch niemals zufriedenzustellen, wie

---

F Kontext: Aus Lukrez' Streitrede gegen die Angst vor dem Tod; zwischen E und G.

das die Jahreszeiten für uns tun, wenn sie wiederkehren und uns Früchte und vielfältige Annehmlichkeiten bringen, und wir von den Wohltaten des Lebens trotzdem nie gestillt sind, – das, denke ich, ist die Geschichte von den Mädchen in der Blüte der Jugend, die Wasser in löchrige Krüge füllen, welche sich doch auf keine Weise voll machen lassen. (6) Was Zerberus und dann die Furien und die pechschwarze Dunkelheit des Tartaros angeht, der aus seinen Schlünden fürchterliche Hitze ausspeit, – es gibt sie nicht und kann sie wirklich nirgends geben. Aber was es im wirklichen Leben gibt, ist die Furcht vor Strafe für üble Taten – die Furcht ebenso hervorstechend wie die üblen Taten –, und es gibt für die Verbrechen Entsühnung: Kerker, der schreckliche Sturz vom Felsen hinab, Geißel, Henker, Folter, Pech, glühende Metallplatten, Brandfackeln. Selbst wenn sie abwesend sind, dann beachtet der Geist sie im Bewußtsein seiner Taten trotzdem mit vorausschauender Furcht, pflanzt sich Stachel ein und heitzt sich mit Geißeln ein. Und in der ganzen Zeit versäumt er es zu sehen, welche Grenze es für die Übel geben kann und was für die Strafen das Ende ist, und fürchtet all das um so mehr, als er sich sorgt, sie könnten im Tod noch schwerer werden. Das Leben der Toren hier auf der Erde wird schließlich zur Hölle.

G   Lukrez 3.1087–1094

Und dadurch, daß wir das Leben verlängern, vermindern wir um überhaupt nichts die Zeit des Todes und können davon gar nichts wegnehmen, so daß wir etwa die Phase unserer Vernichtung verkürzen könnten. Du magst deshalb so viele Generationen erleben, wie du willst, so wird dir doch um nichts weniger jener ewige Tod bleiben. Auch wird nicht weniger lang derjenige nicht existieren, der sein Leben heute beendet hat, als derjenige, der viele Monate oder gar Jahre vorher gestorben ist.

☐   Daß der Tod komplette Auslöschung ist, das ist die Botschaft, die durch die epikureische Analyse der Seele als temporäres Gemenge atomarer Partikeln nachdrücklich klargemacht wird: siehe die in **14F–H** exzerpierten Argumente. Das moralische Korollar, daß man es der Angst vor dem Tod nicht gestatten soll, sein Leben zu ruinieren, ist ein Hauptsatz der epikureischen Ethik (vgl. **25A2, B1, J**). Die Leser werden sich ihre eigenes Urteil über die in dieser Sektion unterbreiteten Argumente bilden wollen. Man beachte dabei die folgenden hervorstechenden Merkmale:

(a) Symmetrie von Vergangenheit und Zukunft: **E2, 5**. Tot zu sein ist nicht schlimmer als gar nicht geboren zu sein.

(b) Persönliche Identität: **E3–5**. Selbst unter der Annahme, daß es einen gewissen Grad des Überlebens gäbe, was würde das dafür bedeuten, als *persönliches* Überleben zu zählen?

(c) Die Irrationalität, den Tod zu fürchten oder zu beklagen: **A4, 6, E6-8; 22C2, F6**.

G Kontext: Abschluß von Lukrez' Streitrede gegen die Angst vor dem Tod.

(d) Eine Allegorie: **F**. Die Hölle, welche die Leute fürchten, ist in Wirklichkeit eine Projektion des moralischen Schreckens dieses Lebens.

(e) Das Leben eigentlich zu leben heißt, sich um den Tod zu kümmern: **A7**. Das ist eine effektvolle Wendung eines Themas aus Platons *Phaidon* (64aff.). Epikur selbst meint aber nicht, daß das Entweichen der Seele aus dem Körper ein positiver moralischer oder intellektueller Fortschritt sei, sondern nur, daß gut zu sterben der eigentliche Höhepunkt eines guten Lebens sei (vgl. **C2**). Sein eigener letzter Tag war, so versicherte er, ein wahrhaft glücklicher Tag: **D**. Obwohl der körperliche Schmerz intensiv war, war er nahe daran aufzuhören; und er hatte die Möglichkeit, alle seine philosophischen Genüsse noch einmal zu erleben und die Erinnerung an sie zu pflegen, vielleicht mehr Genüsse als an irgendeinem Tag zuvor.

(f) Ein mathematisches Argument: **G**. Keine Verlängerung des Lebens kann die Länge der Zeit reduzieren, die man tot ist.

(g) Eine unbegrenzte Lebenszeit, nach der die, die dem Tod entgehen möchten, sich implizit sehnen, wäre nicht lustvoller als eine begrenzte Lebenszeit: **C**; vgl. **A2, 6**; **21G1-2** (vergleiche auch **63I**). Anders als manche gedacht haben, sagt Epikur nicht, daß die Zeit *keinen* Einfluß auf die Größe der Lust habe, sondern nur, daß eine begrenzte Zeit ebenso lustvoll sei wie eine unbegrenzte, vorausgesetzt daß man ein vollkommenes Leben gelebt hat. Dieser aristotelisch klingende Begriff eines »vollkommenen« Lebens wird in den Texten nicht voll erklärt. Aber **C2** könnte vermuten lassen, daß das Leben eines Menschen vollkommen wird, sobald er das philosophische Verständnis erreicht hat, welches ihm Frieden mit sich selbst verschafft. Der Punkt, auf den es Epikur ankommt, ist vermutlich folgender: Ungeachtet unseres irrationalen Drangs, am Leben zu hängen, würde, sobald wir unsere menschliche Natur einmal erfüllt haben, die Qualität unseres täglichen Lebens durch die Gabe der Unsterblichkeit in keiner Weise mehr weiter gesteigert (wie uns das der Tithonos-Mythos in Erinnerung ruft). Die einzige offenkundige Lust der Unsterblichkeit liegt darin, daß sie die Furcht vor dem Tod beseitigen würde. Diese Furcht kann aber auch durch ein angemessenes vernünftiges Verständnis der relevanten philosophischen Ergebnisse beseitigt werden. Sobald wir dieses Verständis erreicht haben, gibt es kein hedonistisches Motiv mehr, nach einer unendlichen Lebenszeit zu fragen.

Eine mögliche Kritik der Haltung Epikurs ist die, daß, nachdem er also gezeigt hat, daß die *Sterblichkeit* kein Übel ist, er fälschlich annimmt gezeigt zu haben, daß der Tod ebenfalls kein Übel sei. Weil jedenfalls ein vorzeitiger Tod es verhindert, daß zum Beispiel 35 Jahre Lust auf 70 ausgedehnt werden, warum soll man da den Verlust des zusätzlichen Guts nicht zu vermeiden trachten? Epikur würde ohne Zweifel antworten, daß das Aufhören von Lust normalerweise ein Schmerz ist (siehe **21A7**) und daher als ein Übel zu vermeiden ist, daß dies aber unmöglich auf den Tod zutreffen kann, der (**A1**) das Aufhören von Lust *und* Schmerz ist, von Gut *und* Übel. Die Verlängerung von Gutem ist seinem Aufhören zweifellos noch vorzuziehen; daher rät Epikur uns davon ab, den Tod positiv zu suchen (**A6-8**; **22Q5**). Aber das Aufhören von Gutem ist nicht ebenso ein Übel, so daß man den Tod nicht zu fürchten braucht. Wenn man etwas anderes glaubt, könnte es sein, daß man seine Chancen, 70 anstatt nur 35 Jahre alt zu werden, marginal verbessert, daß aber die Furcht vor dem Tod diese Jahre weniger lustvoll macht. Und wir sollten ein Leben mehr nach seiner Qualität als nach der Quantität beurteilen (**A6**). Weil Vermeidungen nur gerechtfertigt sind, wenn sie auf einen zutreffenden hedonistischen Kalkül gegründet sind (**21B2-3**), hat Epikur sicher recht, daß eine Furcht unvernünftig wird, wenn sie durch ihre Gegenwart unsere Lust mehr vermindert als ihr Gegenstand es täte, wenn er Wirklichkeit würde.

25 Philosophie

A Epikur, *Brief an Menoikeus* 122

(1) Wer jung ist, soll das Philosophieren nicht hinausschieben, und wer alt ist, soll im Philosophieren nicht müde werden. Denn niemand ist zu jung oder zu alt für die Gesundheit der Seele. Wer sagt, die Zeit zu philosophieren sei noch nicht gekommen oder sie sei vorbei, ist wie einer, der sagt, um glücklich zu sein, sei noch nicht oder sei nicht mehr die rechte Zeit. (2) Philosophieren muß daher der junge ebenso wie der alte, der eine, damit er, wenn er altert, wegen der Freude an dem, was war, durch seine Güter jung bleibt, der andere, damit er wegen seiner Furchtlosigkeit vor dem, was kommt, gleichzeitig jung und alt sein kann. (3) Wir müssen uns also um die Sachen kümmern, die Glück schaffen; denn wenn es da ist, haben wir alles, und wenn es weg ist, tun wir alles, um es zu haben.

B Epikur, *RS* 11–13

(1) [11] Wenn wir nicht beunruhigt würden durch den Verdacht, die Himmelserscheinungen und der Tod könnten uns irgendetwas angehen, sowie durch den Umstand, daß wir die Grenzen der Schmerzen und der Begierden nicht einzuschätzen wissen, dann bedürften wir der Naturtheorie nicht. (2) [12] Es besteht keine Möglichkeit, die Befürchtungen hinsichtlich der wichtigsten Dinge aufzulösen, für jemanden, der die Natur des Alls nicht richtig einschätzt, sondern argwöhnt, daß an den Mythen doch etwas sei. Ohne Naturtheorie ist es daher nicht möglich, ungetrübte Lust zu erlangen. (3) [13] Sich Sicherheit in bezug auf die Menschen zu verschaffen nutzt nichts, wenn die Beunruhigung hinsichtlich der Dinge da droben, der Dinge unter der Erde und überhaupt der Dinge im Unbegrenzten bestehen bleibt.

C Porphyrios, *Ad Marcellam* 31 (Usener 221)

[Zitat aus Epikur:] »Leer ist die Rede jenes Philosophen, durch die kein einziges Leid eines Menschen geheilt wird. Denn wie die medizinische Kunst unnütz ist, wenn sie nicht die Krankheiten des Körpers heilt, so ist auch die Philosophie unnütz, wenn sie nicht das Leid der Seele beseitigt.«

D Epikur, *Sent. Vat.* 29, 54

(1) [29] Ich jedenfalls möchte lieber mit dem Freimut eines Naturtheoretikers sprechen und, selbst wenn mich niemand verstehen sollte, wie ein Orakel verkünden, was für alle Menschen zuträglich ist, als den gängigen Meinungen

---

A Kontext: Allgemeine Protreptik zur Einleitung in den Brief.   C Kontext: Höhepunkt einer langen Serie von ethischen Epikur-Zitaten.

zustimmen und den Beifall ernten, den die Menge reichlich spendiert. (2) [54] Man soll nicht vorgeben zu philosophieren, sondern wirklich philosophieren. Denn wessen wir bedürfen, ist nicht der Anschein von Gesundheit, sondern wirkliche Gesundheit.

E   Epikur, *Sent. Vat.* 45

Die Naturtheorie macht die Menschen nicht zu geschäftigen Prahlern und Großsprechern und auch nicht zu Schaustellern der bei der Menge so heiß begehrten Bildung, sondern zurückhaltend und selbstgenügsam und stolz auf ihre eigenen Güter, nicht auf den Wert der Dinge um sie herum.

F   Athenaeus 588A   (Usener 117)

[Epikur zitierend:] »Ich gratuliere dir, So und so [Apelles], daß du, noch von keinerlei Bildung verdorben, zur Philosophie gestoßen bist.«

G   Diogenes Laërtius 10.6   (teilw. Usener 163)

In seinem Brief an Pythokles schreibt er [Epikur]: »Vor jedweder Bildung, du Glücklicher, hisse die Segel und meide sie.«

H   Plutarch, *Contra Epic. beat.* 1095C   (Usener 20)

In seinen *Problemen* erklärt Epikur, daß der Weise ein Theaterliebhaber ist und aus Dionysischen Konzerten und Bühnenaufführungen mehr Freude als jeder andere zieht. Aber den Fragen der Musiktheorie und literaturkritischen Untersuchungen räumt er keinen Platz ein, noch nicht einmal bei Tisch.

I   Epikur, *Sent. Vat.* 27, 41

(1) [27] Bei anderen Unternehmungen kommt der Lohn am Ende und ist mühsam verdient. Aber bei der Philosophie läuft die Freude mit der Erkenntnis von Anfang an mit. Sie ist nicht Lernen gefolgt von Genuß, sondern Lernen *und* Genuß in einem. (2) [41] Man sollte lachen und philosophieren und seine Haushaltsangelegenheiten besorgen und den sonstigen persönlichen Dingen nachgehen, alles zur selben Zeit, und niemals aufhören, Äußerungen zu tun, die von der richtigen Philosophie herrühren.

F Kontext: Eine Liste berühmter Kurtisanen. Epikur wird da als ungebildeter Typ eingeführt. Das Portrait fährt mit dem Timon-Fragment fort, welches oben in **3K** nach Diogenes Laërtius zitiert wird. – Daß derjenige, den Epikur hier beglückwünscht, ein gewisser Apelles war, ergibt sich aus Plutarch, *Contra Epic. beat.* 1094D.   G Kontext: Die Biographie Epikurs.   H Kontext: Attacke auf die angebliche epikureische Bevorzugung schmutziger vor kulturellen Vergnügungen.

J   Philodemus, *Adv. sophistas* 4.7–14

... das vierfache Heilmittel *(tetrapharmakos):* »Gott bereitet keine Furcht und der Tod keinen Kummer; das Gute ist leicht zu erreichen und das Schlimme leicht zu ertragen.«

K   Sextus Empiricus, *Adv. Math.* 11.169   (Usener 219)

Epikur pflegte zu sagen, die Philosophie sei eine Tätigkeit, die durch Argumente und Diskussionen das glückliche Leben verschafft.

□   Das gefeierte »vierfache Heilmittel« (**J**) faßt die letzten Lektionen der epikureischen Philosophie zusammen, entsprechend den *Hauptlehrsätzen* 1–4 (1 = **23E4**; 2 nicht in unserem Buch, aber paraphrasiert in **24A1**; 3–4 = **21C**). Die medizinische Terminologie, welche diesem Ausdruck zugrunde liegt, ist bei Epikur beliebt (vgl. **A1, C, D2**), und in Verbindung mit Texten wie **B1** hat sie gelegentlich den Eindruck gefördert, Epikur habe der Philosophie einen rein negativen, instrumentalen Wert zugeschrieben, die Beseitigung seelischer Qualen. Solch eine Deutung kann angesichts der Worte in **I1** nicht aufrechterhalten werden. Gewiß betrachtet Epikur das Erreichen von Seelenruhe (Unerschütterlichkeit, Freiheit von Verwirrung) als das Hauptziel der Philosophie (**B–C**); aber auch den Prozeß, dorthin zu gelangen, betrachtet er als unermeßlich lustvoll. In seinem auf dem Sterbebett geschriebenen Brief (**24D**) versichert er, daß die Freude, vergangene philosophische Gespräche noch einmal durchzuleben, die größten körperlichen Schmerzen aufwiege. Solche philosophischen Genüsse werden Genüsse der »kinetischen« Art sein (siehe **21R1** für »Freude« als eine kinetische geistige Lust), die nicht in der Freiheit von geistigem Schmerz bestehen, sondern in dem wirklichen Prozeß der Befreiung davon. Die medizinische Analogie sollte daher vielleicht in dem Sinne gelesen werden, daß sie das philosophische Studium nicht so sehr einem operativen Eingriff oder der Einnahme von Medizin vergleichbar macht als vielmehr einer lebenslangen gesunden Tätigkeit (vgl. besonders **A1-2, K**).

Wahre Philosophie sieht Epikur als eine Antithese zur »Bildung« (*paideia*, **E–H**). Dieser Ausdruck steht für das im alten Griechenland viel gerühmte pädagogische Curriculum, welches u.a. die Rhetorik umfaßte, literarische und Musiktheorie sowie Mathematik. Diese Wissenschaften sieht er offenkundig als Scheinwissenschaften an; sie sind für ihn mehr eine Sache der Angeberei als eine Sache wahrer Aufklärung und gelten ihm daher als positive Hindernisse für das Streben nach wahren philosophischen Werten (**E**). **H** und **22Q6** zeigen, daß Epikurs Einstellung weit davon entfernt ist, schlichtes Banausentum zu sein. Was seine Gründe betrifft, die Geometrie als eine Wissenschaft zu verwerfen, siehe den Kommentar zu **9**.

J Kontext: unsicher.   **K** Kontext: Gibt es eine Kunst der Lebensführung?

Der Stoizismus

26 Das philosophische Curriculum

A   Aëtios 1. Prooem. 2   (*SVF* 2.35; *FDS* 15)

Die Stoiker sagten, die Weisheit sei das wissenschaftliche Wissen um Göttliches und Menschliches und die Philosophie sei die Ausübung von Kunst im Bereich des Nützlichen. Nützlich aber sei [an der Spitze einer Einteilung] als einziges und zuhöchst die Tugend, und die Tugenden seien den obersten Gattungen nach drei: die natürliche, die ethische und die logische Tugend. Aus diesem Grund ist auch die Philosophie dreiteilig; einer ihrer Teile ist der physikalische, ein zweiter der ethische, der dritte der logische Teil. Um Physik handelt es sich, wenn wir Forschungen über die Welt und die Dinge in der Welt anstellen; Ethik ist die Beschäftigung mit dem menschlichen Leben; und Logik ist die Beschäftigung mit der Rede; diesen Teil nennen sie auch Dialektik.

B   Diogenes Laërtius 7.39–41   (teilw./enthält *SVF* 1.45, 46, 482, 2.37, 38, 41, 43; teilw. *FDS* 1)

(1) Sie [die Stoiker] sagen, die philosophische Erörterung habe drei Teile; ein Teil von ihr sei nämlich der physikalische (naturphilosophische), der nächste der ethische und ein weiterer der logische Teil. Diese Einteilung nahm als erster Zenon v. Kition in seinem Buch *Über die Vernunft* vor, sodann auch Chrysipp im 1. Buch *Über die Vernunft* sowie im 1. Buch seiner *Physik*, . . . ferner Diogenes v. Babylon und Poseidonios. (2) Apollodor nennt diese Teile ›Topoi‹, Chrysipp und Eudromos sprechen von ›Arten‹, andere von ›Gattungen‹. (3) Sie vergleichen die Philosophie mit einem Lebewesen; dabei lassen sie die Logik den Knochen und Sehnen entsprechen, die Ethik den fleischigeren Partien und die Physik der Seele. Oder sie stellen einen Vergleich mit dem Ei her; dann gilt die Logik als das Äußere, die Ethik als das, was danach kommt, und die Physik als das Innerste; − oder einen Vergleich mit einem fruchtbaren Acker, wobei die Logik der Umzäunung entspricht, die Ethik der Frucht und die Physik dem Boden oder den Bäumen; − oder mit einer gut ummauerten und vernünftig verwalteten Stadt. (4) Wie einige von ihnen sagen, bekommt kein Teil Vorrang

B Kontext: Der Anfang des Abschnitts, in dem Diogenes die Lehrmeinungen der Stoiker darstellt.

vor dem anderen, sondern sie sind zusammengemischt. Man pflegte sie auch vermischt weiterzugeben. Andere Stoiker stellen die Logik an die erste, die Physik an die zweite und die Ethik an die dritte Stelle; zu ihnen gehören Zenon in seinem Buch *Über die Vernunft*, Chrysipp, Archedemos und Eudromos. Diogenes v. Ptolemais beginnt freilich mit der Ethik, und Apollodor setzt die Ethik an die zweite Stelle, während Panaitios und Poseidonios mit der Physik anfangen … Kleanthes indes spricht von sechs Teilen: Dialektik, Rhetorik, Ethik, Politik, Physik, Theologie. Andere, wie etwa Zenon v. Tarsos sagen, es handle sich nicht um Teile der [philosophischen] Erörterung, sondern um solche der Philosophie selbst.

C   Plutarch, *De Stoic. repugn.* 9, 1035A-B   (teilw. *SVF* 2.42; teilw. *FDS* 24)

[Chrysipp schreibt im vierten Buch *Über die Lebensweisen:*] »Zunächst also bin ich − in Übereinstimmung mit den richtigen Ausführungen der alten Denker − der Ansicht, daß die Theoreme des Philosophen sich in drei Gattungen aufgliedern, in logische, in ethische und in physikalische Theoreme. Sodann meine ich, daß von diesen Theoremen die logischen an die erste, die ethischen an die zweite und die physikalischen an die dritte Stelle zu setzen sind und daß unter den Studien zur Physik die Lehre von den Göttern an letzter Stelle kommen muß; daher hat man die Vermittlung dieser Lehre auch als *teletē* (Erfüllung) bezeichnet.«

D   Sextus Empiricus, *Adv. Math.* 7.19   (teilw. Poseidonios Frg. 88 E.-K.; teilw. *FDS* 20)

Weil die Teile der Philosophie sich nicht voneinander trennen lassen, während die Pflanzen als etwas durchaus anderes als die Früchte gelten und die Mauern von den Pflanzen getrennt sind, verglich Poseidonios die Philosophie lieber mit einem Lebewesen, und zwar die Physik mit dessen Blut und Fleisch, die Logik mit den Knochen und Nerven und die Ethik mit der Seele.

E   Ammonios, *In Arist. Anal. pr.* 8,20−22; 9,1−2   (teilw. *SVF* 2.49; teilw. *FDS* 28)

Die Stoiker lehnen es nicht nur ab, die Logik ein Instrument *(organon)* der Philosophie zu nennen, sondern auch, sie als ein beliebiges untergeordnetes Teilstück zu bezeichnen; vielmehr sei sie als ein [Haupt-]Teil zu bezeichnen. … Sie sagen, daß die Philosophie selbst die Logik ins Dasein setzt und daß diese deswegen wohl ein Teil von ihr sein muß.

C Kontext: Chrysipps Inkonsistenz, von der in C herausgestellten Ordnung in seinen Schriften abzuweichen. − Der Schluß des Textes versteht sich vor dem Hintergrund einer etymologischen Herleitung von *teletē* aus *teleutaios* (»letzter«, »höchster«).   D Kontext: Diskussion über die Einteilung der Philosophie.   E Kontext: Erörterung von Auffassungen, nach denen die Logik kein *organon* ist.

F   Seneca, *Epist.* 88.25–28   (teilw. Poseidonios Frg. 90 E.-K.; teilw. *FDS* 418)

(1) Vielerlei Dinge unterstützen uns und sind deswegen doch nicht Teile von uns; im Gegenteil: wenn sie Teile wären, würden sie uns nicht unterstützen. Die Nahrung ist eine Unterstützung für den Körper und gleichwohl nicht dessen Teil. Die Geometrie leistet uns einen bestimmten Dienst; sie ist für die Philosophie in derselben Weise notwendig wie der Techniker für sie selbst; aber weder ist dieser ein Teil der Geometrie noch die Geometrie ein Teil der Philosophie. (2) Außerdem haben beide Disziplinen ihre eigenen Ziele. Denn der Weise erforscht und kennt die Ursachen der Naturerscheinungen, während der Geometer deren Zahlen und Maße erhebt und berechnet. Aus welchem Grund die Himmelserscheinungen ihren Bestand haben, welche Kraft ihnen eigen ist und was ihre Natur ist, das weiß der Weise; der Mathematiker (Astronom) dagegen stellt die Regeln für ihre Läufe und Rückläufe zusammen sowie für die Erscheinungen, in deren Verlauf sie untergehen, aufgehen und zuweilen den Eindruck von Stillstand vermitteln … Der Weise kennt die Ursache, warum in einem Spiegel Reflexionsbilder entstehen; dagegen kann der Geometer dir sagen, wie weit der Körper von dem Reflexionsbild entfernt sein muß und welche Form des Spiegels welche Reflexionsbilder ergibt. (3) Daß die Sonne groß ist, wird der Philosoph beweisen, wie groß, der Mathematiker, der durch Erfahrung und Übung vorankommt. Aber damit er überhaupt vorankommt, muß er bestimmte Prinzipien gewährleistet haben; es gibt jedoch keine autonome Wissenschaft, deren Fundament ein Gnadenerweis ist. Die Philosophie verlangt nichts von anderer Seite und vollbringt ihr gesamtes Werk allein aus sich heraus. Die Mathematik steht sozusagen auf gepachtetem Land und baut auf fremdem Grund; sie übernimmt ihre ersten Prinzipien, mit deren wohltätiger Unterstützung sie zu weitergehenden Einsichten gelangen kann.

G   Seneca, *Epist.* 89.4–5   (*FDS* 2)

Als erstes will ich also, wenn du einverstanden bist, sagen, welcher Unterschied zwischen Weisheit und Philosophie besteht. Die Weisheit ist das zur Vollendung gebrachte Gut des menschlichen Geistes; die Philosophie ist die Liebe zur Weisheit und das Trachten nach ihr. Sie strebt dorthin, wo jene angekommen ist. … Einige bestimmten die Weisheit so, daß sie sagten, sie sei das Wissen um göttliche und menschliche Angelegenheiten. Andere definierten sie so: Weisheit heißt, um göttliche und menschliche Angelegenheiten sowie um deren Ursachen zu wissen.

F Kontext: Der Unterschied zwischen der Philosophie und den Artes liberales.   G Kontext: Ziel und Einteilung der Philosophie.

H Stobaeus 2.67,5–12 (*SVF* 3.294)

Die Liebe zur Musik, zur Literatur (Grammatik), zum Reiten und zur Jagd nennen sie [die Stoiker] sowohl ganz allgemein als auch mit Bezug auf die sogenannten enzyklischen Disziplinen [des üblichen Curriculums] Strebungen, nicht Wissenschaften. Sie schließen sie in die rechtschaffenen Habitus ein und sagen folgerichtig, nur der Weise sei ein Liebhaber der Musik und der Literatur (Grammatik) etc. Im Umriß charakterisieren sie die Strebungen so: eine Methode, die mittels einer Kunst oder des Teils einer Kunst zum Bereich der Tugend führt.

☐ Der Stoizismus erhebt von allen antiken Philosophien den höchsten Anspruch, äußerst systematisch zu sein. Die Stoiker erfanden, wie sich argumentieren ließe, den Begriff der Philosophie als ›System‹ (vgl. die Definition der *epistēmē*, **41H**), wenngleich die nach-platonische Akademie des Xenokrates ihnen hierin ein Vorläufer gewesen sein könnte. Xenokrates autorisierte wahrscheinlich erstmals die Einteilung der Philosophie in drei Teile − Logik, Physik, Ethik, wie in **A–D**. Von den meisten Stoikern wurden diese Teile systematisch in generische und spezifische Themenbereiche weiter unterteilt, wobei man sorgfältig auf die Ordnung der Themen achtete (vgl. für die Logik **39A**, für die Physik **43B**, für die Ethik **56** und darüber hinaus Chrysipps Bücher über Definitionen und Einteilungen, **32I**). Die Handbücher des Diogenes Laërtius und anderer, auf die wir uns für so viele unserer Zeugnisse stützen, halten mehr oder weniger genau an dieser Ordnung der Darstellung fest, und in dem vorliegenden Buch sind wir diesem Beispiel ebenfalls weitgehend gefolgt.

Was die − von dem Abweichler Ariston verworfene (**31N**) − Dreiteilung der Philosophie selbst angeht, folgen wir der Ordnung ›Logik, Physik, Ethik‹, die einer Reihe von führenden Stoikern zugeschrieben wird (**B4**). Einer von ihnen, Chrysipp, stellte allerdings nach seinen eigenen Worten die Physik hinter die Ethik (**C**); und diese Reihenfolge wird an anderer Stelle der Schule allgemein zugeschrieben (Sextus Empiricus, *Adv. Math.* 7.22). Zwei der Gleichnisse in **B3**, das Ei und das Lebewesen, entsprechen dieser Ordnung, während das dritte Gleichnis, das fruchtbare Feld, die Ethik (die Frucht) hinter die Physik (das Land oder die Bäume) stellt. An anderer Stelle wird allerdings die Ethik (nicht die Physik!) mit dem Eidotter verglichen (Sextus Empiricus, *Adv. Math.* 7.18). Solche Differenzen in unseren Quellen spiegeln ihren Versuch, den Beiträgen einzelner Stoiker eine übertriebene Einheit aufzubürden. Wenn wir B, C und D zusammennehmen, erhalten wir drei verschiedene Reihenfolgen: Logik, Physik, Ethik; Logik, Ethik, Physik (Chrysipp); Physik, Logik, Ethik (Poseidonios). Wie immer man solche Abweichungen bewertet, − die Unterscheidung zwischen Stoikern, die eine bevorzugte Reihenfolge festlegten, und solchen, die das nicht taten (**B4**), ist sicherlich zu scharf. Wir können uns gut vorstellen, daß Chrysipp sich in seinen Vorlesungen an die Reihenfolge von C hielt; aber die Ethik muß nach seinem eigenen Zeugnis auf Thesen der Physik gegründet werden (**60A**). Ebenso heißt es von der Logik, sie sei für die Ethik von allgemeiner Bedeutung (**31B–C**). Aussagen solchen Inhalts entspringen aus der ganzheitlichen Natur der stoischen Philosophie. Das ethische Ziel, ›in Übereinstimmung mit der Natur zu leben‹, verlangt einen Geist, der sowohl mit Gottes ursächlicher Rolle in der Welt als auch mit dem systematischen

---

H Kontext: Doxographie zur stoischen Ethik.

Verständnis der Argumentationsregeln, für das die Logik sorgt, völlig im Einklang steht. Man kann deshalb annehmen, daß die »Mischung« der Teile der Philosophie (B4) oder zumindest die sorgsame Beachtung der Implikationen, die ein Teil für den anderen mit sich bringt, von allen Schulhäuptern unterstützt wurde, besonders von Chrysipp, der den Hauptbeitrag zur Logik geliefert hat.

Gleichzeitig sollten wir davon ausgehen, daß einzelne Gestalten dem System ihr eigenes Kennzeichen aufprägten. Chrysipps Konzept von den theologischen Theoremen als Abschluß (C) ist ein Hinweis auf so etwas. Einen weiteren Hinweis bildet der Umstand, daß Poseidonios den Vergleich mit einem Lebewesen dem Vergleich mit einem Garten vorzog und als Grund dafür angab, daß letzterer nicht die unauflösliche organische Beziehung zwischen den Teilen herausbringe (D). Poseidonios begann mit der Physik (B4). Eine Wirkung oder die Absicht dieser Reihenfolge wird die volle Integration der Logik in das System gewesen sein. Wenn das, wie E behauptet, die Auffassung der Stoiker allgemein war, könnte Poseidonios gedacht haben, daß eine Reihenfolge der Teile, die mit der Logik begann, den Stoizismus noch nicht klar genug von der peripatetischen Konzeption abhob, nach der die Logik eher nur ein Instrument *(organon)* als ein wesentlicher Konstituent der Philosophie war. Indem er die Logik mit den Knochen und Sehnen eines Lebewesens verglich, optierte er für ein lebendigeres Bild dieses Teils, als es von der Schale eines Eis oder von der Einfriedung eines Gartens angeboten wurde, die den defensiven Charakter der Logik betonen.

Poseidonios ist vermutlich die unmittelbare Autorität für Senecas Unterscheidung zwischen den Teilen der Philosophie und für den rein instrumentalen Status der speziellen Wissenschaften (F). Letztere sind nicht Teil des philosophischen Curriculums des Stoikers; ihrer Entdeckungen wird er sich aber bedienen. Dieser Unterscheidung liegt der Unterschied zugrunde, den Platon (*Staat* 6.510) zwischen der völligen Abhängigkeit des Mathematikers von Hypothesen und der Suche des Philosophen nach nicht-hypothetischen ersten Prinzipien machte. Ein stoischer Weiser ist wie der platonische Dialektiker eher mit allgemeinen Prinzipien der Erklärung als mit der Anhäufung von Daten oder mit Antworten zu bestimmten Tatsachenfragen befaßt. Poseidonios, der an Platon besonderes Interesse hatte, könnte dafür verantwortlich sein, daß zur Definition der Weisheit als dem »Wissen um göttliche und menschliche Angelegenheiten« die »Ursachen« hinzugefügt wurden (G). Es gibt aber keinen Grund anzunehmen, daß diese Ergänzung die Substanz dessen änderte, was mit dem »wissenschaftlichen Wissen um göttliche und menschliche Angelegenheiten« gemeint war, oder daß Chrysipp der Lehre von F nicht zugestimmt hätte.

Anstatt verschiedene Arten von Philosophie zu unterscheiden, wie Aristoteles das getan hatte (theoretische, praktische und hervorbringende Philosophie), betonten die Stoiker den praktischen Nutzen der Philosophie in allen ihren Teilen (siehe A und den Kommentar zu 42). Zu jedem der Teile gehört Tugend; bei der Physik, die das »Wissen um die göttlichen Angelegenheiten« vermittelt, ist Tugend ein kardinales Erfordernis für »Weisheit« (A, G), und nicht weniger ist sie das bei der Logik (siehe **31B–C** für logische Tugend(en)). Was die Frage angeht, wozu die drei Teile in der Praxis nützlich und wofür sie konstitutiv sind, muß die stoische Antwort lauten: »um ein gut begründetes Leben zu führen«. Denn alle drei Teile sind Teile einer besonderen Sorte von *logos*: des philosophischen Diskurses (**B1**), wobei der Diskurs den Dialog des Geistes mit sich selbst oder seinen vernünftigen Charakter einschließt.

Die Philosophie als Kunst *(technē)* (siehe für diesen Terminus **42A**) oder als »Wissenschaft« unterscheidet sich von einer Könnerschaft in speziellen Fertigkeiten beziehungsweise davon, daß man sich speziellen Fertigkeiten widmet, etwa den Künsten oder dem Sport. Diese werden als »Strebungen« bezeichnet (**H**) und schließen auch die speziellen Wissenschaften von **F** ein, deren instrumenteller Wert **H** zufolge dadurch ausgedrückt wird, daß eine Strebung »zum Bereich der Tugend führt«. Weit davon entfernt, Strebungen vom weisen Mann fern zu halten, behandelten die Stoiker sie als »Güter« (**60J, L**) und hatten daraufhin die paradoxe Behauptung zu verteidigen, daß die Strebungen strikt auf den Weisen beschränkt sind (**H**). Selbst so wird ihr Unterschied zur Weisheit (philosophischen Tugend) dadurch markiert, daß sie den Status von »Habitus« und nicht den von »Charakteren« erhalten (**60L**; für diese Termini siehe **47S**). Als Experte in einer Fertigkeit oder als Liebhaber der Künste mag der eine Weise dem anderen überlegen sein. Aber alle Weisen sind gleichermaßen Experten in derjenigen Tugend, welche »die Kunst« konstituiert, »die sich auf das ganze Leben bezieht« (**61G2**). Vgl. auch **42** Kommentar.

Ontologie

27 Existenz und Subsistenz

A   Seneca, *Epist.* 58.13–15   (teilw. *SVF* 2.332; *FDS* 715)

Die Stoiker wollen über diese Gattung [dessen, ›was ist‹] noch eine andere, grundlegendere Gattung stellen. . . . Die erste Gattung ist nach Ansicht einiger Stoiker das ›Etwas‹, und ich will anfügen, wie sie zu dieser Auffassung kommen. In der Natur, so sagen sie, existieren einige Dinge, und andere existieren nicht. Die Natur umfaßt aber auch die Dinge, die nicht existieren, die in unseren Geist eintreten, wie z.B. die Kentauren, die Riesen und alles andere, was durch falsches Denken geformt irgendein Bild annimmt, obwohl es keine Substanz hat.

B   Alexander v. Aphr., *In Arist. Topic.* 301,19–25   (*SVF* 2.329; teilw. *FDS* 711)

Auf diese Weise kann man zeigen, daß die Stoiker nicht gut daran taten, das Etwas als Gattung zum Seienden anzusetzen. Denn wenn ein Etwas vorliegt, ist klar, daß es auch ein Seiendes ist; und wenn es ein Seiendes ist, muß es wohl auch die Definition des Seienden in sich aufnehmen. Aber nachdem die Stoiker für sich selbst dekretiert haben, daß von Seiendem nur in bezug auf Körper zu sprechen sei, könnten sie der Verlegenheit entkommen; denn das ist der Grund, weshalb sie sagen, daß Etwas sei eine höhere Gattung als das Seiende und werde nicht bloß von Körpern ausgesagt, sondern auch vom Unkörperlichen.

A Kontext: Grundlegendes zur Metaphysik.   **B** Kontext: Kommentar zu *Top.* IV.1, 121a10.

C Sextus Empiricus, *Adv. Math.* 1.17 (*SVF* 2.330; teilw. *FDS* 710)

Weiterhin, wenn etwas gelehrt wird, wird es entweder durch die Nicht-Etwasse gelehrt oder durch die Etwasse. Es kann nun aber nicht durch die Nicht-Etwasse gelehrt werden; denn diese haben für den Verstand keine Subsistenz, so nach den Stoikern.

D Sextus Empiricus, *Adv. Math.* 10.218 (teilw. *SVF* 2.331; *FDS* 720)

Sie [die Stoiker] sagen nämlich, daß von den Etwassen die einen Körper und die anderen unkörperlich sind, und von den unkörperlichen zählen sie vier Arten auf: das Sagbare (*lekton*), das Leere, den Ort und die Zeit.

E Sextus Empiricus, *Adv. Math.* 8.409 (teilw. *SVF* 2.85; teilw. *FDS* 272)

(1) Denn, so sagen sie, wie der Turnlehrer und Fechtmeister einerseits den Schüler zuweilen dadurch drillt und lehrt, bestimmte Bewegungen auszuführen, daß er ihn bei den Händen faßt, und andererseits sich ihm zuweilen als Modell präsentiert, indem er in einigem Abstand von ihm steht und sich in gedrillter Weise bewegt, (2) so erzeugen auch einige der vorgestellten Dinge ihren Eindruck im Führungsvermögen dadurch, daß sie es sozusagen berühren und Kontakt zu ihm aufnehmen – von dieser Art sind das Weiße, das Schwarze und überhaupt alles Körperliche –; bei anderen vorgestellten Dingen dagegen, die eine Natur wie die des unkörperlichen ›Sagbaren‹ (der *lekta*) haben, erzeugt das Führungsvermögen seine Vorstellungen *in Beziehung zu ihnen* und nicht *durch* sie.

F Simplikios, *In Arist. Categ.* 66,32–67,2 (teilw. *SVF* 2.369; teilw. *FDS* 832)

Die Stoiker allerdings halten es für richtig, die Anzahl der ersten Gattungen zu verkleinern, und nehmen bestimmte Gattungen in der verkürzten Liste verändert an. Denn sie nehmen ihre Aufspaltung in vier [erste Gattungen] vor, in Substrat, eigenschaftsmäßig Bestimmtes, Disponiertes und relativ Disponiertes.

G Galen, *De methodo medendi* 10.155,1–8 (teilw. *SVF* 2.322; *FDS* 717)

Denn die Kleinigkeitskrämerei bei den Bezeichnungen, von der manche Phi-

---

C Kontext: »Kann irgendetwas gelehrt werden?«   D Kontext: Eine kurze Doxographie von Theorien der Zeit.   E Kontext: Antwort der Stoiker auf ein Argument gegen den Begriff des Beweises, daß dieser als unkörperliches *Lekton* keine Wirkungen, also auch keine erkenntnistaugliche Vorstellung erzeugen könne.   F Kontext: Vergleich der aristotelischen Liste von zehn Kategorien (Gattungen) mit entsprechenden Aufstellungen anderer Philosophen.   G Kontext: Zurückweisung des Gedankens, daß Krankheit nicht wirklich ›existiere‹. Dabei bezieht Galen sich sicherlich auf die Stoiker, wenn auch nicht so klar ist, auf welche Weise genau.

losophen so feinsinnig sprachen, . . . möchte ich jetzt nicht erörtern; . . . nenne ich es Kleinigkeitskrämerei, mit der sie das Existierende und das Subsistierende gattungsmäßig unterscheiden.

☐ Das folgende Stemma stellt die ontologischen Unterscheidungen dar, die in **27–29** untersucht werden.

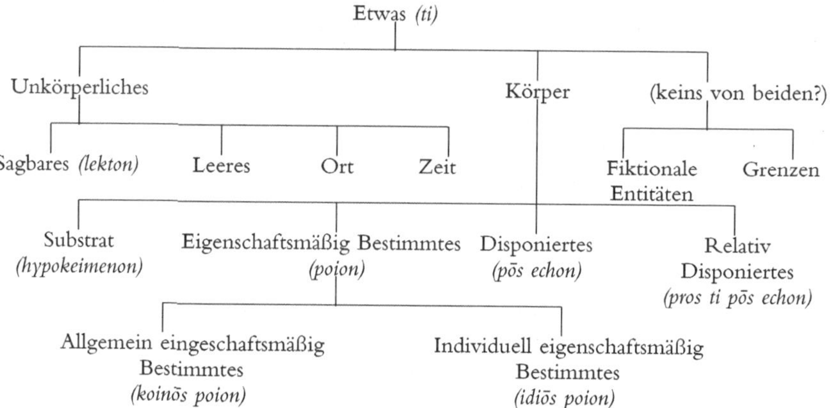

Das gewöhnliche griechische Verb *einai* (»sein«) kann im stoischen Gebrauch ebenso wie im epikureischen (vgl. 5) mit relativer Sicherheit durch »existieren« wiedergegeben werden, ungeachtet der verwirrenden früheren Geschichte des Wortes in der griechischen Philosophie. Diese Übersetzung wird durch einige der im folgenden erörterten begrifflichen Unterscheidungen der Stoiker weiter gerechtfertigt.

Platon und seine Nachfolger neigten dazu, dem Intelligiblen einen ontologischen Vorrang vor dem sinnlich Wahrnehmbaren zuzuschreiben. Indem sie die Körperlichkeit zum Kennzeichen von Existenz machen (B; **45A–D**), kehren die Stoiker in gewisser Weise zur Alltagsontologie zurück. Die philosophischen Gründe für diese Rückwendung werden in **45** erkundet und sind äußerst mächtig. Angeblich unkörperliche Gebilde wie etwa Tugend und Wissen üben einen offensichtlichen kausalen Einfluß auf Körper aus. Solch eine Interaktion, geben die Stoiker zu bedenken, ist schlechthin unverständlich, außer wenn sie zwischen Körpern stattfindet; deshalb müssen Tugend, Wissen und dergleichen als körperlich analysiert werden (vgl. auch **60S**). In **28–29** werden wir sehen, wie diese Analyse durchgeführt wird.

Wie freilich das obige Stemma erkennen läßt, beginnt das ontologische Schema der Stoiker nicht mit dem, was existiert, sondern mit dem vorgeordneten Begriff des Etwas (**A, D**). Sie vermeiden die übliche platonistische Annahme (die in B gegen sie ins Feld geführt wird; vgl. z.B. Platon, *Parmenides* 132b-c), daß etwas zu sein schon bedeutet, zu existieren. Etwas zu sein heißt, wie es scheint, eher, ein eigentümlicher Gegenstand des Denkens und der Unterredung zu sein. Die meisten Dinge dieser Art existieren auch, indem sie Körper sind. Aber ein unkörperlicher Gegenstand wie etwa eine Zeit oder ein fiktionales Objekt wie ein Kentauer sind keine Körper und existieren nicht. Weil allerdings Ausdrücke wie »Kentauer« und »heute« genuin Bedeutung haben, werden sie als Ausdrücke betrachtet, die *etwas* bezeichnen, selbst wenn dieses Etwas keine wirkliche oder keine unabhängige Existenz besitzt (im Fall der Zeit heißt das, unabhängig von der Bewegung der Welt, oder im Fall eines Kentauren, unabhängig von dem geistigem Bild, das jemand hat). Für solche Fälle negieren die Stoiker den Terminus »existieren«. Trotzdem nehmen sie Zuflucht zu dem breiteren Terminus, unter den er fällt, zu dem Terminus »subsistieren« (*hyphistasthai*: vgl. **G**; **49C**; **50D–E**; **51F**). Dieser zweite Terminus scheint im stoischen Sprachgebrauch diejenige Art von Sein einzufangen, die Meinong als »bestehen« bezeichnete und die Russell mit »subsistieren« wiedergab (in seinen Artikeln von 1904 in *Mind* 13 über Meinong). Ähnlichkeit oder beispielsweise Pegasus subsistieren für Meinong, existieren aber nicht. Mit existierenden Dingen teilen sie indes den Umstand, ein *Sosein* oder einen Charakter zu haben, gerade so, wie im Stoizismus sowohl ein wirkliches Pferd als auch ein Kentauer ›etwas‹ sind. Die stoische Unterscheidung zwischen ›existieren‹ und ›subsistieren‹ könnten wir dadurch wiedergeben, daß wir sagen: »Es gibt solch ein Ding wie einen Regenbogen und solch einen Charakter wie Micky Maus, aber wirklich *existieren* tun sie nicht«.

›Etwas‹ ist die oberste Gattung; sie schließt unkörperliche und fiktionale Gebilde ebenso ein wie Körper (siehe das obige Stemma). Obwohl das Etwas für einige Stoiker (wiewohl offenbar nicht für alle, vgl. **A** und **30C4**) die höchste Stelle einnimmt, ist von ihm *eine* Klasse von Gegenständen ausgeschlossen: die Allgemeinbegriffe (Universalien); oder diese gehören zu ihm nur in einem »Quasi«-Sinn; siehe weiter **30**. Daher ist der Mensch als Gattung, der generische Mensch noch nicht einmal ein subsistierendes ›Etwas‹: es gibt einfach nichts wie den generischen Menschen, noch nicht einmal in der Weise, in der es so einen Charakter wie Micky Maus gibt. Universalien werden als »Nicht-Etwasse« tituliert (**30E**). Da dieser Ausdruck — eher als der Ausdruck »überhaupt nichts« — für den normalen Gegensatz zu »Etwassen« sorgt (vgl. **C**), ist zu vermuten, daß ein Etwas zu sein vor allem bedeutet, etwas *Einzelnes* zu sein, ob dieses nun existiert oder nicht existiert. Die stoische Welt wird ausschließlich von Einzelgegenständen besetzt, und die Rede von Allgemeinbegriffen wie »Mensch« ist zwar legitim, muß aber, wie in **30** zu sehen sein wird, in dem Sinne verstanden werden, daß sie auf die Rede von Menschen als Einzelmenschen reduzierbar ist. Man könnte vermuten, daß solche unkörperlichen Gegenstände wie ›Sagbares‹ und ›Zeit‹ (**D**) einer ähnlichen Analyse unterworfen wurden.

Wir wenden uns nun dem linken Teil des Stemmas zu. Die besondere Bedeutung der in **D** aufgelisteten vier Klassen des Unkörperlichen liegt angesichts ihrer Verschiedenheit vielleicht darin, daß man bei ihnen, obwohl sie keine Körper sind, gespürt hat, daß sie ein nicht eliminierbarer Teil der objektiven Ausstattung der Welt sind. Andere herausragende Kandidaten für Unkörperlichkeit, wie z.B. Tugend und Wissen, werden auf ingeniöse Weise als Körper erklärt (**28–29**); aber diese vier sind einer solchen Analyse nicht zugänglich. Zur Unkörperlichkeit des ›Sagbaren‹ siehe **33** und **55**. Von diesen beiden Kontexten war es vermutlich in dem zweiten, im Kontext der Verursachung, daß ihre Unkörperlichkeit erstmals vorgeschlagen wurde: Eine ursächliche Wirkung ist ein unkörperliches Prädikat — und eben kein Körper, sondern das, was sich von einem Körper als wahr erweist oder was als Attribut zu ihm gehört, wenn ein anderer Körper auf ihn einwirkt. Obwohl Sagbares bzw. die Lekta daher in einem logischen Zusammenhang bis zu einem gewissen Grad gedankenabhängig sein können (**33**), gilt in einem kausalen Zusammenhang, daß sie objektiv subsistieren. Was das Leere und den Ort angeht, siehe **49**, was die Zeit betrifft, **51**.

Weil Interaktion ausschließlich Körpern eigen ist, können die Stoiker nicht zulassen, daß diese unkörperlichen Gebilde auf Körper einwirken oder daß von diesen auf sie eingewirkt wird. Auf welche Weise spielen sie in der Welt dann überhaupt eine

Rolle? Eine befriedigende Erörterung dieses Problems ist uns nicht überliefert. Aber E bezeugt, daß die Stoiker sich zumindest in *einer* Richtung um eine Antwort bemühten, nämlich im Zusammenhang der Frage, wie unsere körperlichen Seelen in der Lage sind, über Unkörperliches *Gedanken* zu fassen. Eine Antwort auf diese Frage lautet »Übergang« (**39D7**) und bezieht sich vielleicht auf einen Prozeß der Abstraktion von körperlichen Entitäten.

Daraufhin bleibt die Frage übrig, welchen Status man Gegenständen zuschrieb, die, obwohl ›Etwasse‹, doch reine Gedankenkonstrukte sind. Zwei prominente Beispiele sind die fiktionalen Geschöpfe, die in A als Etwasse erwähnt werden, und mathematische Grenzen wie Linien und Punkte (**50D–E**). Von diesen wird häufig angenommen, es handle sich um Unkörperliches. Aber als etwas Unkörperliches sind sie in den Quellen nicht verzeichnet (vgl. **D**), und es könnte richtiger sein, sie als weder körperlich noch unkörperlich einzustufen, wie wir das in unserem Stemma versuchsweise gemacht haben. (Solche Dreiteilungen sind charakteristisch stoisch: vgl. ›wahr, falsch und keins von beiden‹, **31A5**; ›gleich, ungleich und keines von beiden‹, **50C5**; ›gut, schlecht und keins von beiden‹, **58A**; ›dasselbe, verschieden und keines von beiden‹, **60G3**.) Wenn etwas ein rein geistiges Konstrukt ist — eine Erfindung oder eine Idealisierung —, könnte man meinen, daß die Frage nach seiner Körperlichkeit oder Unkörperlichkeit gar nicht auftaucht: Von Micky Maus zu sagen, daß er körperlich oder daß er unkörperlich ist, wäre sehr seltsam. (**30D** bildet die einzige Gegeninstanz zu dieser Interpretation und ist wahrscheinlich zu polemisch, um viel Gewicht zu haben.)

Schließlich kommen wir zur Einteilung der Körper in vier Arten. Die Liste von vier »Gattungen« des Seienden oder Existenten, die Simplikios in **F** vorlegt, wird von Plotin bestätigt (*SVF* 2.371 bzw. *FDS* 827). Plutarch (**28A6**) weiß ebenfalls von der Zahl vier und fügt die entscheidende Information hinzu, daß jede einzelne Entität zu allen vier Gattungen gehöre. Die antiken Kommentatoren (wie in **F**) vergleichen diese Gattungen häufig mit den zehn aristotelischen Gattungen, die als ›Kategorien‹ bekannt sind, und unter modernen Gelehrten ist es üblich geworden, die Bezeichnung ›Kategorien‹ auch für die stoischen Gattungen zu verwenden. Dessen ungeachtet werden sie in den antiken Quellen nicht nur niemals so genannt; sondern sie werden ausdrücklich als Gattungen behandelt, welche die grundlegendste kategoriale Einteilung durchkreuzt, die die Antike gepflegt hat, die Einteilung zwischen *per se* und relativ (**29C**: ›relativ‹ wird zwischen den Genera zwei und vier aufgeteilt). Wir werden uns deshalb an den weniger aufgeladenen Gattungsbegriff von **F** halten, obwohl es alles andere als sicher ist, daß es auch die Bezeichnung war, die die Stoiker selbst für sie verwendet haben.

Stoischer Praxis folgend werden die Gattungen hier als eine Klassifikation der metaphysischen Aspekte behandelt, unter denen sich ein Körper betrachten läßt. Daß man von dem Schema annahm, daß es auch auf Unkörperliches anwendbar sei (vgl. **28L**), ist möglich; aber wir haben zu wenig, um etwas Sicheres sagen zu können. Manche Interpreten verknüpfen das Schema mit der stoischen Grammatik (vgl. **33M**), indem sie z.B. »Substrat« auf die grammatische Klasse beziehen, die die Pronomina einschließt, »eigenschaftsmäßig Bestimmtes« auf die zwei Arten Nomina (im wesentlichen Appellative und Eigennamen), »Disponiertes« auf die intransitiven Verben und »relativ Disponiertes« auf die transitiven Verben. Wir haben aber zu wenig Belege gefunden, um das zu unterstützen; und alle uns erhaltenen Beispiele der vier Gattungen sind allein durch Nomina und Adjektive gekennzeichnet, z.B. »Materie«, »klug«, »Dion«, »Wissen«, »Vater«.

In **28–29** werden die folgenden Thesen entwickelt: (a) Das Schema von vier Gattungen geht aus von Chrysipp; (b) die ersten zwei Gattungen werden grundsätzlich durch die Notwendigkeit unterschieden, in Erwiderung auf akademische Angriffe eine kohärente metaphysische Darstellung von Veränderung und Identität zu geben; (c) die dritte und vierte Gattung finden eine Mehrzahl von Anwendungen, und zwar besonders, wenn es darum geht, angeblich abstakte Entitäten als Körper zu analysieren.

28 Die erste und die zweite Gattung

A Plutarch, *De comm. not.* 44, 1083A–1084A   (enthält *SVF* 2.762; *FDS* 843a)

(1) Das Argument vom Wachstum ist ein altes Argument; denn wie Chrysipp sagt, wurde es von Epicharm entwickelt. Doch wenn die Akademiker der Ansicht waren, die Aporie sei nicht gerade leicht und lasse sich keineswegs umstandslos handhaben, machten diese Leute [die Stoiker] ihnen viele Vorwürfe und wetterten gegen sie, da sie unsere Vorbegriffe zerstören und wider die allgemeinen Begriffe philosophieren würden. Sie selbst jedoch beachten nicht nur unsere Begriffe nicht, sondern verdrehen außerdem auch noch die Sinneswahrnehmung. (2) Das Argument ist nämlich einfach, und diese Leute erkennen seine Prämissen an: *a)* Alle Einzelsubstanzen sind in Fluß und in Bewegung, indem sie manche Teile von sich selbst weg aussenden und andere Teile aufnehmen, die von irgenwoher auf sie zukommen; ferner *b)* die Anzahlen oder Mengen, zu denen solche Teile hinzustoßen und von denen sie sich entfernen, bleiben nicht ständig dieselben, werden vielmehr andere, da die Substanz durch die besagten Zu- und Abgänge eine Wandlung erfährt; schließlich *c)* durch die Gewohnheit (des alltäglichen Sprachgebrauchs) ist es zu Unrecht allgemein üblich geworden, diese Veränderungen als Wachstum und Schrumpfen zu bezeichnen, da es angemessener wäre, sie als Werden und Vergegehen zu bezeichnen, weil sie etwas aus seinem bestehenden Zustand in einen anderen Zustand überzuwechseln zwingen, während das Wachsen und das Kleinerwerden Modifikationen einen Körpers sind, der dabei als Substrat fungiert und fortbesteht. (3) Wenn dies nun etwa so dargelegt und angesetzt wird, was behaupten daraufhin diese Advokaten der Deutlichkeit, diese Normen unserer Begriffe? Daß jeder von uns ein Zillingswesen sei, von zweifacher Natur und doppelt, – dies nicht in dem Sinne, in dem die Dichter das von den Molioniden [legendären siamesischen Zwillingen] meinen, welche in einigen Teilen vereinheitlicht und in anderen getrennt sind, sondern in dem Sinne, daß zwei Körper dieselbe Farbe, dieselbe Gestalt, dasselbe Gewicht und denselben Ort haben, ⟨aber dennoch gedoppelt sind, obwohl⟩ sie zuvor von niemandem je gesehen worden sind. (4) Vielmehr haben einzig diese Leute diese Zusammensetzung, diese Verdoppelung, diese Doppeldeutigkeit gesichtet, daß jeder von uns zwei Substrate ist, das eine eine Substanz und das andere ⟨eine individuell eigenschaftsmäßig bestimmte Person⟩, und daß das eine immer in Fluß und in Bewegung ist und dabei weder wächst noch kleiner wird noch überhaupt bleibt, wie es ist, während das andere bestehen bleibt, wächst und kleiner wird und in allen Hinsich-

ten in einer dem ersteren entgegengesetzten Weise affiziert wird und trotzdem der natürliche Partner des ersteren, mit ihm zusammengefügt und vermischt ist und der Sinneswahrnehmung nirgends eine Möglichkeit bietet, den Unterschied auch nur ansatzweise zu erfassen. (5) ... Aber diese Verschiedenheit und Differenz in uns hat niemand identifiziert und unterschieden, und wir haben nicht bemerkt, daß wir doppelt geboren wären und mit dem einen Teil immer in Fluß sind, mit dem anderen dagegen von der Geburt bis zum Tod durchweg dieselben bleiben. (6) Dabei vereinfache ich die Theorie, weil die Stoiker ja doch bei jedermann vier Substrate postulieren, oder besser: weil sie jeden einzelnen von uns zu vier machen; aber um die Absurdität herauszustellen, genügen schon die zwei. (7) Wenn wir Pentheus in der Tragödie sagen hören, er sehe zwei Sonnen und sehe Theben doppelt, und wir dazu erklären, daß er nicht sehe, sondern falsch-sehe und daß er in seinem Denkvermögen verwirrt und wahnsinnig sei, sollten wir dann nicht diesen Leuten Lebewohl sagen, weil sie uns mehr als zum Denken zum Falsch-Denken nötigen, indem sie nicht bloß eine einzige Stadt, sondern alle Menschen, alle Tiere und Bäume, Gerätschaften, Instrumente und Kleider als doppelt und von zweifacher Natur ansetzen? (8) In diesem Fall freilich kann man es ihnen vielleicht nachsehen, daß sie sich verschiedene Sorten von Substraten ausdenken; denn für Leute, die sich in den Kopf gesetzt haben, die Phänomene des Wachstums zu bewahren und zu beschützen, scheint kein anderer Kunstgriff möglich zu sein.

B Anonymer Kommentar zu Platons *Theaitetos*, 70.5–26 (teilw. *FDS* 843c)

Das Argument über das Wachsende wurde erstmals von Pythagoras vorgebracht [der als der Lehrer Epicharms galt, vgl. A1]; aber auch Platon hat es vorgebracht, wie wir in unserem Kommentar zum *Symposion* angemerkt haben [vgl. *Symp.* 207d]. Die Akademiker treten ebenfalls für das Argument ein. Sie versichern einerseits mit Nachdruck, sie seien der Ansicht, daß es Wachstumsvorgänge gibt. Weil die Stoiker das aber argumentativ begründen, obwohl es keines Beweises bedarf, belehren die Akademiker sie andererseits darüber, daß, wenn jemand das Evidente beweisen will, daraufhin jemand anders glaubhaftere Argumente für das Gegenteil reichlich zu Hand haben wird.

C Anonyme akademische Abhandlung, Oxyrhynchus Papyrus 3008 (*FDS* 843b)

... weil die Zweiheit, von der es heißt, daß sie zu jedem einzelnen Körper gehört, eine Differenzierung beinhaltet, die sich nicht durch Sinneswahrnehmung feststellen läßt. Denn wenn eine individuell eigenschaftsmäßig bestimmte Person wie z.B. Platon ein Körper ist und wenn die Substanz Platons ebenfalls ein Körper ist, wenn zwischen diesen aber kein Unterschied ersichtlich ist,

---

B Kontext: Kommentar zu der Bemerkung *Theait.* 152d–e, wo die Flußlehre praktisch allen alten Denkern zugeschrieben wird.

weder in der Form noch in der Farbe noch in der Größe noch in der Gestalt, wenn vielmehr beide dasselbe Gewicht und denselben Umriß haben, mittels welchen Begriffs und welchen Merkmals können wir dann eine Unterscheidung treffen und sagen, jetzt würden wir Platon selbst erfassen und jetzt die Substanz Platons? Denn wenn es tatsächlich einen Unterschied gibt, dann soll man ihn erklären und beweisen. Aber wenn es noch nicht einmal ⟨möglich ist⟩ zu sagen . . .

D   Stobaeus 1.177,21–179,17   (1–9 = Poseidonios Frg. 96 E.-K.; *FDS* 844)

(1) Poseidonios sagt, es gebe vier Sorten von Vergehen und Werden, die sich alle von Seiendem zu Seiendem vollziehen. (2) Denn sie erkannten, wie wir an früherer Stelle bereits gesagt haben, daß es kein Entstehen aus und kein Vergehen zu Nichtseiendem gibt. (3) Von den Umwandlungen andererseits, die sich zu Seiendem vollziehen, sagt er, ist eine die durch Trennung, eine andere die durch Veränderung, eine dritte die durch Vermischung und die letzte die Totalumwandlung, welche sie als die Umwandlung ›durch Auflösung‹ bezeichnen. (4) Von diesen [vier Umwandlungen] vollzieht die durch Veränderung sich an der Substanz, während die anderen drei zu den sogenannten ›eigenschaftsmäßig bestimmten Individuen‹ gehören, welche an der Substanz auftreten. Auch die Vorgänge des Werdens finden im Sinne dieser Darstellungen statt. (5) Die Substanz wächst weder noch wird sie kleiner durch eine Hinzufügung oder Subtraktion, sondern sie verändert sich nur, gerade so wie im Fall der Zahlen und Maße. (6) Und so ergibt sich, daß es die individuell eigenschaftsmäßig bestimmten Individuen sind, z.B. Dion und Theon, an denen Prozesse des Wachstums und des Kleinerwerdens stattfinden. (7) Deshalb hat auch die Eigenschaft eines jeden Individuums bleibenden Bestand — von seiner Entstehung bis zu seiner Zerstörung, wie im Fall der einer Zerstörung ausgesetzten Tiere, Pflanzen und dergleichen mehr. (8) Weiter, sagen sie, gibt es bei den individuell eigenschaftsmäßig bestimmten Gegenständen zwei aufnahmefähige Teile, von denen der eine zur Realität der Substanz und der andere zur Realität des eigenschaftsmäßig bestimmten Gegenstands gehört. Denn dieses letztere ist, wie wir mehrfach gesagt haben, dasjenige, welches das Wachstum und das Kleinerwerden aufnimmt.

(9) Der individuell eigenschaftsmäßig bestimmte Gegenstand ist aber keineswegs dasselbe wie die ihn konstituierende Substanz, freilich auch nicht etwas davon Verschiedenes, sondern lediglich nicht dasselbe, weil die Substanz sowohl ein Teil von ihm ist als auch denselben Ort einnimmt, während das, was als von etwas verschieden bezeichnet wird, sowohl dem Ort nach von ihm getrennt sein muß als auch noch nicht einmal als Teil von ihm betrachtet werden kann. (10) Daß aber das, was dem individuell eigenschaftsmäßig bestimmten Gegenstand entspricht, und das, was der Substanz entspricht, nicht dasselbe ist, das ist,

---

D Nach allgemeinem Urteil stammt der Abschnitt aus der *Epitome* des Areios Didymos.

wie Mnesarchos erklärt, klar; denn Dinge, die identisch sind, haben notwendigerweise dieselben Eigenschaften. (11) Wenn nämlich jemand, wie wir zum Zwecke des Arguments annehmen wollen, aus einer Knetmasse ein Pferd formt, wenn er es dann [wieder] zerquetscht und anschließend einen Hund macht, dann können wir, die wir das sehen, mit vollem Recht sagen, daß dieses [Gebilde] vorher nicht existierte, nun aber existiert; was mit Bezug auf das eigenschaftsmäßig bestimmte Ding gesagt wird, ist infolgedessen verschieden. (12) Aber auch mit Bezug auf die Substanz allgemein ist es allem Anschein nach nicht überzeugend, die Auffassung zu vertreten, wir seien dasselbe wie unsere Substanzen. Denn es kommt häufig vor, daß die Substanz vor der Entstehung [von etwas] existiert, [daß] beispielsweise [die Substanz] des Sokrates [bereits existiert], daß aber Sokrates noch nicht existiert, und daß nach der Zerstörung des Sokrates wohl seine Substanz bestehen bleibt, er [selbst] aber nicht mehr ist.

E Porphyrios bei Simplikios, *In Arist. Categ.* 48,11−16 (teilw. *FDS* 834)

(1) Das Substrat ist in zweierlei Sinn zu verstehen, und das nicht nur nach den Stoikern, sondern auch nach den älteren Philosophen. (2) Die erste Bedeutung von ›Substrat‹ ist nämlich die nicht eigenschaftsmäßig bestimmte Materie, die Aristoteles als potentiell bezeichnet; (3) und die zweite Bedeutung ist das, was als allgemein oder individuell eigenschaftsmäßig Bestimmtes subsistiert. Denn sowohl das Erz als auch Sokrates sind Substrat für alles das, was in sie eintritt oder von ihnen prädiziert wird.

F Iamblichos, *De anima*, bei Stobaeus 1.367,17−22 (*SVF* 2.826; *FDS* 836a)

Aber die Philosophen, die von Chrysipp und Zenon herkommen, und alle, die die Seele als Körper betrachten, ziehen die Vermögen der Seele als Eigenschaften im Zugrundeliegenden zusammen; die Seele dagegen setzen sie als die den Vermögen vorausliegendende Substanz an; und aus diesen beiden ungleichen Komponenten bringen sie eine zusammengesetzte Natur zusammen.

G Syrianos, *In Arist. Metaph.* 28,18−19 (*SVF* 2.398; teilw. *FDS* 849)

Selbst die Stoiker stellen die allgemein eigenschaftsmäßig bestimmten Gegenstände den individuell eigenschaftsmäßig bestimmten voran.

E Kontext: Schwierigkeiten bei der aristotelischen Unterscheidung zwischen ›in‹ und ›von etwas aussagen‹ (*Cat.* 2, 1a20ff.)   G Kontext: Angebliche peripatetische und stoische Unterstützung für eine Theorie immanenter Universalien.

H   Simplikios, *In Arist. Categ.* 222,30–33   (teilw. *SVF* 2.378; teilw. *FDS* 857)

Die Stoiker sagen, das Gemeinsame der Eigenschaft bei den Körpern sei, daß sie die Substanz differenziert, wobei die Differenzierung aber nicht als selbständige abtrennbar sei, sondern auf einen Begriff und eine Eigentümlichkeit hinauslaufe, sich ferner in ihrer Art nicht durch ihre Dauer oder Stärke ausbilde, sondern durch das auf ihr selbst beruhende Sosein, gemäß welchem es das Werden von etwas eigenschaftsmäßig Bestimmtem gibt.

I   Simplikios, *In Arist. De anima* 217,36–218,2   (*SVF* 2.395; *FDS* 846)

. . . wenn anders auch bei den zusammengesetzten Gegenständen die nicht weiter teilbare Form existiert, mit Bezug auf die bei den Stoikern von etwas individuell eigenschaftsmäßig Bestimmtem gesprochen wird, das auf einmal auftritt und sich wieder entfernt und das während des gesamten Lebens des Zusammengesetzten dasselbe bleibt, obwohl dessen Teile je und je neu entstehen und vergehen.

J   Dexippos, *In Arist. Categ.* 30,20–26   (*FDS* 847)

Aber wenn die Form dasjenige ist, was in der Kategorie des Wesens von einer Mehrzahl numerisch verschiedener Gegenstände prädiziert wird, worin unterscheidet sich dann das eine einzelne Individuum von dem anderen einzelnen Individuum? Denn numerisch Eines ist dieses wie jenes. Diejenigen nun, die diese Schwierigkeit durch das individuell eigenschaftsmäßig Bestimmte lösen – d.h. daß der eine etwa durch Krummnasigkeit oder Blondheit oder durch ein anderes Zusammentreffen von Eigenschaften bestimmt ist, der andere dagegen durch Stumpfnasigkeit oder Kahlköpfigkeit oder Braunäugigkeit und wieder ein anderer durch nochmals andere Eigenschaften –, diese Leute scheinen mir die Schwierigkeit nicht ordentlich zu lösen.

K   Simplikios, *In Arist. Categ.* 271,20–22   (*SVF* 2.383; *FDS* 841a)

Aber auch die Lehre der Stoiker, die nämlich sagen, daß selbst die Figuren genauso wie auch alles andere eigenschaftsmäßig Bestimmte Körper seien, stimmt nicht mit der Lehre des Aristoteles über die Figuren überein.

H Kontext: Die Bedeutung von *poiotēs* (Eigenschaft).   **I** Kontext: Die Individuation der Seelen.   **J** Kontext: Die Bedeutung von *atomon* (»Individuum«, »Ungeteiltes«)
K Kontext: Vergleich verschiedener metaphysischer Auffassungen über die Figur.

L   Simplikios, *In Arist. Categ.* 217,32–218,1   (*SVF* 2.389; teilw. *FDS* 858)

(1) Die Stoiker sagen, die Eigenschaften der Körper seien körperlich und die von Unkörperlichem unkörperlich. (2) Sie täuschen sich jedoch aufgrund ihrer Ansicht, daß die Ursachen mit dem, was von ihnen selbst bewirkt wird, wesensgleich seien, und deshalb, weil sie bei den Körpern und beim Unkörperlichen einen gemeinsamen Begriff der Ursache annehmen. (3) Aber wieso kann denn das Wesen der körperlichen Eigenschaften von der Art des Atemstroms sein, wenn der Atemstrom selbst zusammengesetzt ist . . .?

M   Simplikios, *In Arist. Categ.* 214,24–37   (teilw. *SVF* 2.391; teilw. *FDS* 853)

(1) Aber auch die Stoiker könnten aufgrund ihrer eigenen Annahmen dieselbe Problematik gegen die Erklärung entwickeln, die besagt, daß jeder eigenschaftsmäßig bestimmte Gegenstand unter Bezugnahme auf eine Eigenschaft ausgesagt wird. (2) Denn die Eigenschaften bezeichnen sie als das Habbare und lassen das Habbare nur bei den geeinten Dingen zu, (3) während es bei den auf einer Verknüpfung beruhenden Dingen wie etwa einem Schiff und bei den auf einer Trennung beruhenden Dingen wie etwa einem Heer nichts Habbares gebe und sich bei ihnen nichts Einheitliches finden lasse, das einen Atemstrom hat oder das eine einzige Ratio hat, so daß es zur Verwirklichung eines einzigen Habitus kommen könnte. (4) Dagegen wird das eigenschaftsmäßig Bestimmte auch in den Dingen gesehen, die aus verknüpften oder getrennten Teilen bestehen. Denn wie sich der eine Grammatiker infolge einer eigenschaftsmäßig bestimmten Aneignung und Übung dauernd differenziert verhält, so verhält sich auch der Chor infolge einer eigenschaftsmäßig bestimmten sorgfältigen Übung dauernd differenziert. Daher sind sie zwar vermöge der Anordnung und des Zusammenwirkens zu einem einheitlichen Werk eigenschaftsmäßig bestimmt; (5) sie sind aber eigenschaftsmäßig bestimmt, ohne eine Eigenschaft zu haben. Denn einen Habitus gibt es in diesen Dingen nicht; es gibt nämlich überhaupt in getrennten Substanzen, die jeder naturwüchsigen Einheit untereinander ermangeln, keine Eigenschaft und keinen Habitus.

N   Simplikios, *In Arist. Categ.* 212,12–213,1   (teilw. *SVF* 2.390; teilw. *FDS* 852)

(1) Doch einige Stoiker unterscheiden das eigenschaftsmäßig Bestimmte in dreifacher Weise und erklären, daß zwei Bedeutungen mehr als die Eigenschaft umfassen; dagegen gibt, wie sie sagen, die eine Bedeutung oder ein Teil der einen Bedeutung die Eigenschaft genau wieder. (2) Sie erklären nämlich, eigenschaftsmäßig bestimmt sei nach einer Bedeutung jedes Differenzierte, ob es

---

L Kontext: Aus den einleitenden Bemerkungen zum 8. Kapitel der Kategorienschrift.
M Kontext: Probleme aufgrund der Annahme, daß die Eigenschaft früher ist als das eigenschaftsmäßig bestimmte Individuum.   **N** Kontext: Aus den einleitenden Bemerkungen zum 8. Kapitel der Kategorienschrift.

sich nun bewegt oder verweilt und ob es nun schwer oder leicht zu zerstören ist; in diesem Sinne sind nicht nur der Besonnene und derjenige eigenschaftsmäßig bestimmt, der den Arm mit geballter Faust nach vorne hält, sondern auch der Rennende. (3) Nach einer zweiten Bedeutung, in die sie nicht mehr die Bewegungen mit einschließen, sondern nur die Zustände, sei das eigenschaftsmäßig bestimmt, was sie dann auch als ›das verweilend Differenzierte‹ definieren, z.B. der Besonnene und der, der etwas vor sich ausgestreckt hält. (4) Drittens führten sie eine unterste Art des eigenschaftsmäßig Bestimmten insofern ein, als sie in dieses nicht mehr die einschließen, welche nicht dauernd verweilen, und als nach ihnen auch der, der den Arm mit geballter Faust nach vorne hält, und der, der etwas vor sich ausgestreckt hält, nicht als eigenschaftsmäßig bestimmt gelten. (5) Selbst von diesen, die sich ›in einem dauernd differenzierten Zustand‹ befinden, sind die einen in diesem Zustand auf eine Weise, die zu dem sprachlichen Ausdruck für sie und zu ihrem Begriff rundum paßt, die anderen auf eine Weise, die nicht gut dazu paßt; und diese letzteren schlossen sie aus, während sie die rundum passenden und dauerhaft differenzierten als eigenschaftsmäßig bestimmt ansetzten. (6) Als zum sprachlichen Ausdruck rundum passend bezeichneten sie die, welche der betreffenden Eigenschaft vollkommen entsprechen, so z.B. den Grammatiker und den Besonnenen; im Vergleich zu der Eigenschaft weisen sie nämlich beide weder etwas Zusätzliches noch eine Unvollständigkeit auf; ähnlich ist es auch beim Freund des guten Essens und beim Weinfreund. Die Leute freilich, die diese Beschaffenheiten mit den entsprechenden Tätigkeiten kombinieren, wie etwa der Schlemmer und der Trunkenbold, werden dann so bezeichnet, wenn sie die Körperglieder, die ihnen den Genuß vermitteln, in geeigneten Bedingungen haben. Wenn daher jemand ein Schlemmer ist, ist er allemal auch ein Freund des guten Essens, wenn aber ein Freund des guten Essens, dann nicht allemal ein Schlemmer; wenn nämlich die Körperglieder fehlen, dank deren er schlemmt, so geht ihm die Schlemmerei wohl ab, doch den Habitus eines Freunds des guten Essens hat er damit nicht aufgegeben. (7) Da vom eigenschaftsmäßig Bestimmten also in dreierlei Bedeutung gesprochen wird, ist die Eigenschaft nur nach Maßgabe des eigenschaftsmäßig Bestimmten in letzten Sinne genau mit dem eigenschaftsmäßig Bestimmten gleich. Wenn sie deshalb die Eigenschaft auch als Zustand eines eigenschaftsmäßig Bestimmten definieren, ist die Definition so zu verstehen, als ob dabei das eigenschaftsmäßig Bestimmte im dritten Sinn herangezogen wird; denn von der Eigenschaft spricht man nach den Stoikern selbst nur in einem Sinn, aber vom eigenschaftsmäßig Bestimmten in dreierlei Sinn.

O   Plutarch, *De comm. not.* 36, 1077C-E   (enthält *SVF* 2.112, 396, 1064; enthält *FDS* 851)

(1) Weiter kann man sie [die Stoiker] hören und in vielen Schriften dabei antreffen, wie sie sich gegen die Akademiker absetzen und lauthals verkünden, daß letztere mit ihren ›ununterscheidbaren Ähnlichkeiten‹ alle Sachen vermi-

schen, indem sie ein einzelnes eigenschaftsmäßig bestimmes Ding zwingen wollen, daß es zwei Substanzen besetzt. (2) Und dennoch gibt es unter den Menschen niemanden, der das nicht denkt und der nicht meint, daß das Gegenteil ungewöhnlich und paradox ist, wenn im Verlauf der ganzen Zeit weder eine Taube von der Taube zu unterscheiden war noch eine Biene von der Biene noch ein Weizenkorn von einem Weizenkorn noch eine Feige von der sprichwörtlichen Feige. (3) Was in Wirklichkeit im Gegensatz zu unserem Begriff steht, ist das, was diese Männer behaupten und sich ausdenken, nämlich daß zwei eigenschaftsmäßig bestimmte Individuen eine einzige Substanz besetzen und daß dieselbe Substanz, die ein einziges eigenschaftsmäßig bestimmtes Individuum beherbergt, wenn ein zweites ankommt, es aufnimmt und beide gleichermaßen behält. Wenn nämlich zwei, dann werden es auch drei, vier, fünf und beliebig viele sein, die zu einer einzigen Substanz gehören; und damit meine ich nicht, daß sie in verschiedenen Teilen von ihr sind, sondern daß sie in ihrer unbegrenzten Zahl alle gleichermaßen zu der ganzen Substanz gehören. (4) Jedenfalls sagt Chrysipp, daß Zeus und die Welt dem Menschen und daß die Vorsehung seiner Seele gleicht. Wenn es also zum Weltbrand kommt, ziehe Zeus, der als einziger von den Göttern unvergänglich sei, sich in die Vorsehung zurück, woraufhin beide, nunmehr zusammengekommen, fortfahren, die eine Substanz des Äthers zu besetzen.

P   Philon, *De aetern. mundi* 48–49 (*SVF* 2.397; *FDS* 845)

(1) Jedenfalls entwickelt Chrysipp, der angesehenste unter ihnen, in seinen Untersuchungen *Über [das Argument vom] Wachsenden* folgenden abenteuerlichen Gedanken: (2) Nachdem er die These begründet hat, daß »an derselben Substanz auf keinen Fall zwei individuell eigenschaftsmäßig bestimmte Dinge zugleich bestehen können«, (3) sagt er: »Zur Erläuterung stelle man sich zwei Männer vor, von denen der eine im Besitz aller seiner Glieder ist, während dem anderen ein Fuß fehlt. Der unversehrte soll Dion heißen und der versehrte Theon; und dann stelle man sich vor, dem Dion werde einer seiner beiden Füße amputiert.« (4) Wenn nun gefragt wird, wer von beiden hier zugrunde gegangen ist, so sei es angemessener, »Theon« zu sagen. (5) Diese Auskunft stammt jedoch eher von jemandem, der paradox redet, als von jemandem, der die Wahrheit sagt. Denn wieso wurde der hinweggerafft, der an keinem Glied verstümmelt wurde, nämlich Theon, und wieso wurde nicht Dion zugrunde gerichtet, obwohl er den Fuß amputiert bekam? (6) »Notwendigerwiese [ist das so]«, erklärt Chrysipp; »denn Dion ging, als er seinen Fuß amputiert bekam, auf die unvollständige Substanz von Theon über; und an demselben Substrat kann es nicht zwei individuell eigennschaftsmäßig bestimmte Dinge geben. Notwendigerweise bleibt daher Dion erhalten und muß Theon zugrunde gerichtet worden sein.«

P Kontext: Kritik der stoischen Lehre vom Weltbrand (46).

☐ Wir wenden uns nun den beiden ersten der vier Gattungen zu, die oben am Ende von 27 erörtert wurden.

Einen Gegenstand der ersten Gattung, dem ›Substrat‹, zuzuweisen heißt, ihm Existenz zuzuschreiben, ohne seine Eigenschaften zu vermerken. Was zu dieser Gattung gehört, wird daher am allgemeinsten als ›Substanz‹ beschrieben (*ousia*, wörtlich »Seiendheit« oder »Existenz«). Diese wird ihrerseits im allgemeinen mit der ersten Materie gleichgesetzt (vgl. q in Bd. 2) und dabei im Wege einer Abstraktion als ›nicht eigenschaftsmäßig bestimmt‹ angesehen (siehe 44). Das ist das ›Substrat‹ im primären Sinne (E2). In einem sekundären Sinne kann – ganz wie bei Aristoteles – jeder beliebige eigenschaftsmäßig bestimmte Gegenstand den Status eines Substrats oder den von Materie haben, insofern er weiteren Eigenschaften zugrundeliegt und den Verlust dieser Eigenschaften überdauern kann (E3; vgl. A4, F), ähnlich wie die Knetmasse, die zu einem Pferd modelliert wird (D10–12).

Eine Eigenschaft ist selbst eine zweite körperliche Entität, welche die Materie erfüllt und dank ihrer Körperlichkeit in der Lage ist, ursächlich auf sie einzuwirken (K, L). Sie ist entweder der nicht ablösbare ›Gott‹ oder die nicht abzutrennende ›Vernunft‹ in der ersten Materie (siehe 44; 46) oder nach der für Chrysipp typischeren Analyse (siehe 47) der Atemstrom, der einen Körper durchzieht und ihn mit einer Form ausstattet. Die zweite Gattung ist nicht im strikten Sinne ›Eigenschaft‹, sondern das ›eigenschaftsmäßig Bestimmte‹. Das heißt: Normalerweise (für Ausnahmen siehe M, N5-6) handelt es sich um eine Substanz, die als bestimmte Eigenschaften ›habend‹ (als Teile enthaltend) angesehen wird (M; vgl. 33J). Klugheit ist eine Eigenschaft, aber das entsprechende eigenschaftsmäßig bestimmte Ding ist ein kluges Individuum. Gelegentlich sieht es freilich so aus, als werde diese Unterscheidung mißachtet (K, O, P; 29E; 33M). Ein weiteres allgemeines Merkmal des stoischen Sprachgebrauchs resultiert aus der Vorliebe der Stoiker für menschliche Beispiele und besteht darin, daß das ›eigenschaftsmäßig Bestimmte‹ im Griechischen durch die maskuline Form des Adjektivs bezeichnet wird, nicht durch das erwartete Neutrum. In der englischen Übersetzung der Quellen wird diesem Umstand durch den Ausdruck »qualified individual« Rechnung getragen. Im Deutschen ist eine vergleichbar elegante Lösung kaum möglich; zwar sprechen wir im allgemeinen von ›eigenschaftsmäßig bestimmten Individuen‹, müssen von diesem Sprachgebrauch aber stellenweise etwas abweichen.

Die kosmologische Theorie von einem aktiven und einem passiven Prinzip geht auf Zenon zurück. Es gibt aber kein Zeugnis, demzufolge Zenon oder Kleanthes die Theorie zur Stützung des metaphysischen Anspruchs benutzt hätten, daß ein Individuum in bestimmten Zusammenhängen angemessenerweise als ein ›Substrat‹ und in anderen als eine ›eigenschaftsmäßig bestimmte Entität‹ behandelt wird. Diese Unterscheidung scheint erst unter dem Druck akademischer Einwände aufgekommen zu sein, wobei die Schlüsselrolle in der Geschichte Chrysipp zufiel. Die Akademiker rückten das Argument vom Wachsenden (A1-2, B) sehr ins Zentrum, welches traditionell auf den komischen Dichter Epicharm aus dem frühen fünften Jahrhundert zurückgeführt wurde; man zitierte ihn mit einer Argumentation, daß, ebenso wie eine Zahl oder ein Maß, wenn etwas hinzugefügt oder abgezogen wird, eine andere Zahl bzw. ein anderes Maß wird, so auch eine Person, die wächst oder kleiner wird, eine andere Person wird (Epicharm Frg. 2). Dies bleibt als Kern des akademischen Arguments vom Wachsenden, auch wenn das Problem manchmal mit Bezug auf jeden beliebigen Zufluß oder Abfluß von Stoff formuliert wurde. Auf das Argument vom Wachsenden berief man sich daher im Zusammenhang mit dem Schiff des Theseus, von dem es hieß, es sei in Athen über Jahrhunderte erhalten worden, während welcher

Zeit das gesamte Holz daran verrottet und ersetzt worden war: War es also immer noch dasselbe Schiff (Plutarch, *Leben des Theseus* 23)? Wenn die antiken Diskussionen dazu neigen, sich auf Fälle zu konzentrieren, die – anders als dieser Fall – Wachstum und Schrumpfung einschließen, dann hatte das mindestens drei Gründe: (a) Diese letzteren Vorgänge bilden die klarsten Beispiele für das allgemeine Problem, unter das beide Typen gleichermaßen fallen, das Problem, wie etwas zwischen den Zeitpunkten t_1 und t_2 seine Identität bewahren kann, wenn das, woraus es zum Zeitpunkt t_2 besteht, verschieden ist von dem, woraus es zum Zeitpunkt t_1 bestand. (b) Wachstums- und Schrumpfungsprozesse eröffnen eine bessere Analogie zu dem parallel gelagerten Fall der Zahlen und Maße, auf den Epicharm sich berufen hatte (vgl. A2, D5). (c) Das offizielle Fazit des Arguments ist eine Zurückweisung der Begriffe von Wachstum und Schrumpfung mit der Begründung, daß »*x* wächst« nur verständlich ist, wenn *x* zu Beginn und am Ende des Prozesses existiert, und die Verneinung von Identität über die Zeit scheint das auszuschließen.

Daß die Akademiker das Argument vom Wachsenden entlang diesen Gedankengängen vortrugen, ergibt sich aus A1–2, und es scheint Chrysipp gewesen zu sein, der darauf – vermutlich in seinem Werk *Über [das Argument vom] Wachsenden* – mit der Unterscheidung zwischen Substanz und individuell eigenschaftsmäßig Bestimmtem antwortete, die von den Akademikern in A3–8 und C verspottet wurde. (Plutarchs *De communibus notitiis* scheint aus der Akademie des Karneades zu stammen, und Chrysipp ist durchweg das Hauptziel der Kritik; vgl. die explizite Erwähnung in A1.)

Die Theorie wird klarer, wenn wir mit der späteren Darstellung beginnen, die Poseidonios und Mnesarchos davon in D gaben. Diese beiden Stoiker waren im frühen ersten Jahrhundert v.Chr. tätig, und was sie hier sagen, ist selbst dann erhellend, wenn sie mit Chrysipp nicht völlig übereingestimmt haben sollten. In D1–4 listet Poseidonios zwar nicht alle Arten der Veränderung auf, aber doch diejenigen, durch die die Identität eines Gegenstands verloren gehen oder erworben werden kann, ›Vergehen‹ und ›Werden‹. Normalerweise (D3–4) ist, was einer solchen Veränderung unterliegt, ein eigenschaftsmäßig bestimmter Gegenstand, etwa ein Ei, das geteilt wird (in Eiweiß und Eigelb), oder es wird eingemischt (in einen Kuchen) oder aufgelöst (in seine Elemente: vgl. *SVF* 2.413). Für das, was die Stoiker eine Substanz nennen, d.h. für ein materielles Substrat, kann aber jede Veränderung einen Wechsel der Identität begründen (D4). Poseidonios akzeptiert Epicharms Analogie mit Zahlen und Maßen (D5) und tut das mit einiger Plausibilität. Denn wenn man zu einem nicht näher bestimmten Klumpen Materie etwas hinzufügt oder davon etwas wegnimmt, hört er dadurch – strikt verstanden – auf, derselbe Klumpen Materie zu sein. Von einer Substanz kann man daher – eine weitere Konsequenz – nicht sagen, sie wachse (D5), da sie durch den Prozeß hindurch keine Identität aufrechterhalten kann. Was allerdings andauert und ein angemessenes Subjekt des Wachstums bildet, ist das ›eigenschaftsmäßig bestimmte‹ Individuum, Theon, dessen ihn allein identifizierende Charakteristika für diesen Zweck lebenslang gelten müssen (D6–7), ungeachtet des beständigen Flusses ihres materiellen Substrats. Für dieses ganze Sichtweise entscheidend ist die Beobachtung (D9–12), daß Theon, obwohl durch seine Substanz oder Materie *konstituiert*, damit doch nicht *identisch* ist. Daher können wir aus der Vergänglichkeit der Substanz nicht auf die Vergänglichkeit Theons schließen.

Hier scheint D5–9 genau zu der Chrysippeischen Theorie zu passen, die von Plutarch in A4 verspottet wird; und in A6 stellt Plutarch zweifelsfrei klar, daß die metaphysische Unterscheidung zwischen den beiden ersten der vier stoischen Gattungen dasjenige ist, was zur Beantwortung des Arguments vom Wachsenden vorgeschlagen wird. Wir haben daher eine direkte kausale Verknüpfung zwischen der akademischen Entwicklung des Arguments vom Wachsenden und Chrysipps Entwicklung der Theorie der Gattungen.

Streng verstanden ist »individuell eigenschaftsmäßig bestimmt« nur die eine Hälfte der zweiten Gattung »eigenschaftsmäßig bestimmt«. Diese unterteilt sich (für die grammatische Grundlage siehe **33M**) in das »allgemein eigenschaftsmäßig Bestimmte« und in das »individuell eigenschaftsmäßig Bestimmte«, d.h. einerseits in all das, was durch ein Appellativ oder durch ein Adjektiv gekennzeichnet wird, und andererseits in qualitativ einzigartige Individuen, wie sie durch Eigennamen bezeichnet werden, etwa durch ›Sokrates‹. Erstere sind früher als letztere (**G**) − ohne Zweifel deshalb, weil ein Mensch oder weiß zu sein ein Teil dessen ist, was es heißt, Sokrates zu sein, und nicht umgekehrt. Was die Eigenschaft eines gegebenen Gegenstands determiniert, sind ein »Begriff« und eine »Eigentümlichkeit« (**H**). Diese sind so zu verstehen, daß sie eine allgemeine bzw. eine individuelle Eigenschaft determinieren. Diese letzteren werden wir der Reihe nach vornehmen.

Das »eingeschaftsmäßig Bestimmte« klassifiziert im weitesten Sinne (**N2**) alles, was irgendein inhärentes Unterscheidungsmerkmal besitzt; das Merkmal kann beliebig flüchtig sein, und es kann sich um eine absolute ebenso wie um eine relative Eigenschaft handeln, solange die relative Eigenschaft eine inhärente Differenzierung wie etwa süß und bitter ist und es sich nicht bloß um eine externe Beziehung wie »rechts« handelt (**29C**). Im genauesten Sinn (**N4-6**) dagegen ist das »eingeschaftsmäßig Bestimmte« beschränkt auf langfristige Wesenseigenschaften; und ein Punkt dabei könnte sein, einen Eigenschaftstyp auszusondern, der im Prinzip helfen könnte, die Identität eines Gegenstands über einige Zeit zu etablieren und so das Argument vom Wachsenden zu umgehen.

In physikalischen Termini ist eine allgemeine Eigenschaft ein Stück Atemstrom, zum Beispiel dasjenige Stück Atemstrom in Sokrates, welches ihn zu einem Menschen macht. Wenn weiter gefragt wird, aufgrund wovon dieser Atemstrom als die Eigenschaft ›Mensch‹ beschreibbar ist, lautet die Antwort (**H**), daß er mit dem Allgemeinbegriff ›Mensch‹ übereinstimmt. Dieser Begriff ist nichts, was in Sokrates anwesend wäre; er ist unser eigenes gedankliches Konstrukt, eine geeignete Fiktion: siehe **30**. Häufig wird eine allgemeine Eigenschaft auch als Habitus *(hexis)* bezeichnet − ein Ausdruck, der für jede Eigenschaft steht, die einen Körper eint (**M**, siehe ferner **47**).

Um nun zur individuellen Eigenschaft zu kommen, müssen wir beachten, daß streng genommen sie es ist und nicht die allgemeine Eigenschaft, die die Identität eines Gegenstands über die Zeit konstituiert (**D6-7, I**). In jedem Fall kann vielleicht der Gedanke aufgekommen sein, daß die individuelle Eigenschaft eines Gegenstands in einer einzigartigen Kombination dauerhafter allgemeiner Eigenschaften besteht (**J**, z.B. für Sokrates ›Mensch‹, ›Grieche‹, ›klug‹, ›stupsnasig‹ usw.). Viele andere nützliche Unterscheidungskriterien wie etwa ›Sohn des Sophroniskos‹ und ›Freund des Alkibiades‹ gehören zur vierten Gattung, dem »relativ eigenschaftsmäßig Bestimmten« (siehe **29C−F**), und können daher nicht Bestandteil einer individuellen Eigenschaft sein. Die individuelle Eigenschaft darf keine externe Relation, muß vielmehr eine inhärente Eigenschaft sein. Allein diese Annahme, in Verbindung mit der Lehre, daß keine zwei Individuen eigenschaftsmäßig identisch sind, erlaubt es der stoischen Epistemologie, das zu behaupten, was sie immer behauptet hat, nämlich daß theoretisch jedes Individuum durch Sinneswahrnehmung untrüglich erkannt werden kann (siehe **40**).

Im Licht dieser letzten These ist die anti-stoische Schmährede in O zu interpretieren. Um die Theorie anzugreifen, verwiesen die Akademiker auf angebliche Fälle, wo zwei Dinge qualitativ ununterscheidbar sind (siehe ferner **40H–J**). Die Stoiker antworteten darauf, daß, wenn es wirklich so wäre, ein einziges (individuell) eigenschaftsmäßig bestimmtes Ding absurderweise zwei Substanzen besetzen würde (**O1**). Wenn mit anderen Worten Dion einen vollkommenen Doppelgänger hätte, dann gäbe es zwei materiell getrennte Dione. (Dies wäre für die Stoiker besonders abschreckend, weil die der Ansicht waren, daß Dions Identität über die Zeit hinweg davon *abhing*, daß er eine einzigartig identifizierende Eigenschaft besaß.) Plutarchs akademischer Sprecher versucht nun, den Spieß umzukehren, indem er erklärt, daß die Stoiker, wenn sie Zeus und die Vorsehung während des Weltbrands (siehe **46**) zu gemeinsamen Inhabern des Äthers machen, absurderweise implizieren, daß *zwei* individuell eigenschaftsmäßig bestimmte Dinge *eine* Substanz besetzen könnten (**O3-4**). Worauf es ankommt, ist zu sehen, daß dies als unwillkommene *Konsequenz* der stoischen Kosmologie präsentiert wird und nicht als eine explizite Behauptung der Schule. Denn die Stoiker waren selbst rundum auf das Prinzip verpflichtet, daß zwei individuell eigenschaftsmäßig bestimmte Dinge nicht dieselbe Substanz innehaben können, wie **P** mit wünschenswerter Deutlichkeit bestätigt. Ihre Antwort auf die Kritik Plutarchs könnte gewesen sein, daß Zeus und die Vorsehung – nach der in **O4** zitierten Analogie – den Status zweier verschiedener Individuen nicht in höherem Grad haben als ein Mensch und seine eigene Seele ihn haben.

Eine weitere akademische Attacke auf Chrysipps Theorie findet sich in **A** und **C**. Sie präsentiert die Vorstellung zweier Entitäten, Dions und seiner Substanz, die denselben Ort innehaben, als absurd. Auf diesen Angriff antworten in **D9** die späteren Stoiker mit der sorgfältigen Unterscheidung, daß ein Teil – so verhält sich Dions Substanz zu Dion – nicht mit dem Ganzen identisch, von ihm aber auch nicht verschieden ist (vgl. **60G3** und Platon, *Parmenides* 146b).

Schließlich kommen wir zu **P**, dessen Zusammenhang eine vollständigere Version des anti-stoischen Arguments in **O3-4** ist. Das Argument kann sich nicht, wie dies häufig vermutet wird, auf zwei getrennte Individuen beziehen, die durch eine Operation qualitativ identisch gemacht werden; denn dann würde es von einer einzigen individuell eigenschaftsmäßig bestimmten Person handeln, die in die Lage kommt, zwei Substanzen innezuhaben, wie in **O1**. In Wirklichkeit spricht das Argument von zwei individuell eigenschaftsmäßig bestimmten Personen, die in die Lage kommen, eine einzige Substanz zu besetzen, wie in **O3**. Entscheidend ist, dies als Vorläufer eines Problems zu erkennen, welches in neueren Diskussionen über Ort und Identität eine zentrale Rolle gespielt hat. Man nehme eine Katze Tibbles und bezeichne mit dem Namen Tib den Teil von ihr, der nicht den Schwanz enthält. Tibbles ist eine Katze mit Schwanz, Tib eine Katze ohne Schwanz. Dann amputiere man den Schwanz – mit dem Ergebnis, daß Tibbles, nun schwanzlos, genau denselben Raum einnimmt wie Tib. Dennoch sind sie zwei verschiedene Katzen, weil ihre Geschichten verschieden sind. Die Schlußfolgerung ist nicht akzeptabel, und das philosophische Interesse liegt darin, den falschen Schritt genau zu bestimmen.

Daß Chrysipps Puzzle sich an ähnlichen Linien entlang bewegt, geht aus Philons späteren Kommentaren klar hervor; dort geht er davon aus, daß Theon sich zu Dion so verhält wie der Teil zum Ganzen. Dion entspricht Tibbles, Theon Tib und Dions Fuß Tibbles' Schwanz. Es gibt aber zwei Unterschiede. Erstens richtet die Problemstellung sich darauf, dieselbe Substanz einzunehmen, nicht darauf, denselben Ort zu besetzen. Zweitens nimmt Chrysipp *sowohl* an, daß die Eröffnungszüge des Arguments gültig sind, *als auch* die Wahrheit des Prinzips, daß zwei individuell eigenschaftsmäßig bestimmte Dinge nicht zu ein und derselben Zeit ein und dieselbe Substanz innehaben können. Deshalb zieht er den Schluß, daß einer der beiden untergegangen sein muß, und sein Problem besteht dann darin zu erkennen, warum das eher der eine als der andere gewesen sein soll. Philons elliptische Zusammenfassung läßt den Grund unklar, aus dem er für diese Ehre Theon auswählt (**P6**); aber wahrscheinlich ist der Grund der, daß wir auf die Frage, *wessen* Fuß amputiert wurde, nur antworten können: »Dions«. Theon kann keinen Fuß verloren haben, den er nie hatte.

Der Titel von Chrysipps Werk zeigt, daß diese Puzzleaufgabe im Zusammenhang mit dem Argument vom Wachsenden entwickelt wurde. Aber mit welchem Ziel? Das folgende ist eine Vermutung: Nach dem Argument vom Wachsenden ist Materie das einzige Individuationsprinzip, so daß ein Wechsel der Materie einen Wechsel der Identität konstituiert. Folglich ist Sokrates eine andere Person als dasselbe Individuum mit einer einzigen zusätzlichen Partikel Materie. Nun verhalten sich diese Individuen zueinander wie Teil und Ganzes – ganz so, wie Theon und Dion sich in dem Amputations-Paradox zueinander verhalten. Die Voraussetzung des Paradoxes, daß Dion und Theon von vornherein als verschiedene Individuen auftreten, ist daher keine Voraussetzung, der Chrysipp beipflichten muß; sondern es ist eine Voraussetzung, die für dialektische Zwecke den Gegnern von der Akademie zugeschrieben wird und die diese nicht bestreiten können, ohne das Argument vom Wachsenden preiszugeben. Sobald sie sie aber einmal akzeptiert haben, ist das Argument vom Wachsenden allemal dem Untergang geweiht. Denn während dieses Argument annimmt, daß jede materielle Verminderung einen Verlust der Identität begründe, konfrontiert Chrysipp die Akademiker mit einem auf ihre eigenen Prämissen gegründeten Fall, wo materielle Verminderung die *notwendige Voraussetzung* fortdauernder Identität ist: es ist der verminderte Dion, der überlebt, und der unverminderte Theon, der untergeht.

29 Die dritte und die vierte Gattung

A   Alexander v. Aphr., *De anima libri mantissa* 118,6–8   (*SVF* 2.823; *FDS* 445)

Wir müssen die [stoische?] These widerlegen, daß es nur ein einziges Vermögen der Seele gibt, in dem Sinne, daß dieselbe [Seele] bei wechselnden Gelegenheiten in bestimmter Weise disponiert ist und bald denkt, bald zürnt, bald begehrt.

B   Seneca, *Epist.* 113.2   (teilw. *SVF* 3.307)

Die Tugend ist aber nichts anderes als der Geist in einer bestimmten Disposition.

A Kontext: Argument für eine Vielfalt von Kräften der Seele.   B Kontext: Beweis des stoischen Paradoxes, daß die Tugenden Lebewesen sind.

C Simplikios, *In Arist. Categ.* 166,15–29 (teilw. *SVF* 2.403; teilw. *FDS* 833)

(1) Wenn es zur Verdeutlichung nötig ist, das Gesagte anders zu sagen, so erklären sie [die Stoiker], ›relativ‹ sei alles das, was in einer dem eigenen Charakter entsprechenden Art verfaßt ist und in irgendeiner Weise etwas anderem zuneigt; und ›relativ disponiert‹ sei alles, was von Natur aus in Verbindung mit dem Blick danach, was außerhalb ist, an irgendetwas auftritt und nicht auftritt, ohne daß an den Gegenständen irgendeine Veränderung und Wandlung stattfindet. Wenn daher etwas, das differenziert verfaßt ist, zu etwas anderem hinneigt, kann dies nur etwas Relatives sein, wie z.B. der Habitus, das Wissen und die Sinneswahrnehmung; wenn es hingegen nicht nach der inneren Differenzierung, sondern bloß nach dem Verhältnis zu etwas anderem betrachtet wird, dann wird es etwas sich relativ Disponiertes sein. (2) Denn der Sohn und der Rechte bedürfen zusätzlich zu ihrer Existenz bestimmter äußerer [Gegenstände]. Daher könnte, ohne daß im Hinblick auf sie irgendeine Veränderung stattfindet, jemand auch nicht mehr Vater sein, wenn der Sohn gestorben ist, und nicht mehr der Rechte, wenn der Nebenmann weggetreten ist. Dagegen könnten sich das Süße und Bittere nicht wandeln, wenn sich nicht zugleich auch das ihnen innewohnende Vermögen verändert. (3) Wenn sie sich somit, ohne selbst irgendetwas zu erleiden, doch aufgrund des Verhältnisses von anderem zu ihnen verändern, dann ist klar, daß sie ihr Sein allein in dem Verhältnis haben und nicht aufgrund irgendeiner Differenzierung.

D Plutarch, *De Stoic. repugn.* 44, 1054E–F (teilw. *SVF* 2.550)

[Chrysipp schreibt im zweiten Buch *Über Bewegung*:] »Die Welt ist ein vollkommener Körper, während die Teile der Welt nicht vollkommen sind, da sie auf bestimmte Weisen relativ zum Ganzen disponiert sind und nicht *per se* existieren.«

E Galen, *De plac. Hippocr. et Plat.* 7.1.12–15 (teilw. *SVF* 3.259; teilw. *FDS* 836b)

(1) Denn das meiste davon ist ja auch tatsächlich wahr, und zwar insbesondere was in dem erwähnten Buch steht, in dem er [Chrysipp] zeigt, daß die Tugenden eigenschaftsmäßig bestimmte Dinge sind. Zu den Ausführungen in diesem Buch ergibt sich aber für denjenigen ein Widerspruch, der annimmt, daß es in der Seele nur ein einziges Vermögen gibt, nämlich das sogenannte vernünftige und kritische, und der das Begehrungs- und das zornmütige Vermögen eliminiert, wie Chrysipp es eliminierte; deshalb könnte man ihm in diesem Punkt Vorwürfe machen. (2) Keine Vorwürfe freilich würde man ihm deshalb ma-

---

C Kontext: Einleitende Bemerkungen zur Kategorie der Relation.   D Kontext: wie zu 49I. Nachdem Plutarch dort die eine Seite des vorgeblichen Widerspruchs belegt hat, folgt hier der erste Text für die Gegenseite.   E Kontext: Ausgedehnte Kritik der Psychologie Chrysipps.

chen, weil die Schule Aristons durch die Darlegungen Chrysipps wahrhaft hinfällig gemacht wird. Ariston glaubt nämlich, die Tugend sei nur eine einzige Sache, die allerdings infolge ihrer relativen Disposition mit vielen Namen bezeichnet werde. (3) Chrysipp indes zeigt, daß die Vielzahl der Tugenden und Untugenden nicht in der relativen Disposition entsteht, sondern in den ihnen eigenen Substanzen, die sich in ihren Eigenschaften verändern, genau wie das die Theorie der Alten intendierte.

F Seneca, *Epist.* 121.10 (teilw. *SVF* 3.184)

»Die Konstitution«, sagt er, »ist euch [Stoikern] zufolge der leitende Seelenteil, der in einer bestimmten Weise relativ zum Körper disponiert ist.«

☐ **33P2** bietet einen typischen Gebrauch der dritten Gattung, des ›Disponierten‹ (oder des ›sich in bestimmter Weise Verhaltenden‹): die physikalistische Analyse einer doch vermutlich abstrakten Entität, des wissenschaftlichen Wissens *(epistēmē)* als »das in bestimmter Weise disponierte Führungsvermögen«, wobei das Führungsvermögen der Seele selbst ein körperlicher »Atemstrom« ist (siehe 53). Immerhin üben mentale Gegebenheiten einen kausalen Einfluß auf unseren Körper aus, und die Stoiker halten das nur dann für erklärbar, wenn von den mentalen Gegebenheiten selber angenommen wird, daß sie körperlich sind (45C). In den Quellen sind Beispiele für diese Gattung möglicherweise schwer zu erkennen; denn wenn eine Definition dort vollständig ausformuliert wird, wird der Ausdruck »in einer bestimmten Weise disponiert« durch eine spezifische Kennzeichnung ersetzt, z.B. »Der Winter ist die Luft über der Erde in einem durch die Entfernung der Sonne abgekühlten Zustand« (*SVF* 2.693); für weitere Beispiele vergleiche man **33H; 53H, K, L.**

Was diese Gattung von der des »eigenschaftsmäßig Bestimmten« (28) trennt, ist nicht leicht zu bestimmen. Es ist nicht der Umstand, daß sie akzidentelle im Unterschied zu wesentlichen Eigenschaften abdecken würde; denn akzidentell sind auch viele Eigenschaften im Sinne der zweiten Gattung (vgl. 28N). Der Punkt ist ferner nicht, daß die dritte Gattung auf relativ temporäre Eingeschaften beschränkt wäre; denn manche Eigenschaften im Sinne der zweiten Gattung sind kurzlebig (z.B. den Arm mit geballter Faust nach vorn halten, 28N, vgl. 28H), und umgekehrt sind manche »Dispositionen«, etwa das Verstehen, dauerhaft, sobald sie einmal erworben sind. Ein Teil der Antwort scheint zu sein, daß eine eigenschaftsmäßige Bestimmung die Differenzierung eines Substrats ist und eine Disposition eine weitere Differenzierung eines bereits eigenschaftsmäßig bestimmten Gegenstands sein muß. ›Faust‹ beispielsweise könnte außer in Termini von ›Hand‹ nicht definiert oder verstanden werden. Es ist aber klar, daß manche Dinge – z.B. ›verstehen‹, ›Tugend‹ und ›spazierengehen‹ – in beiden Gattungen gleichermaßen zu Hause sind (vergleiche A, B und 60G2 mit E, 28F und 28N). In diesen Fällen die zweite Gattung zu verwenden wird heißen, den Gegenstand direkt im Verhältnis zum Substrat des Individuums zu sehen, während die Verwendung der dritten Gattung heißen wird, ihn als einen Aspekt oder Teil seiner Seele zu analysieren, die selber bereits eine eigenschaftsmäßig bestimmte Entität ist. Eine Unverträglichkeit gibt es da nicht, weil es sich in jedem Fall bloß um ein Stück Atemstrom in ihm handelt.

F Kontext: Darstellung der stoischen *oikeiōsis*-Lehre; siehe **57B.**

Wir kommen nun zur vierten Gattung, dem »relativ Disponierten« (oder ›Sich in bestimmter Weise relativ Verhaltenden‹) (C–F). Diese Gattung schließt nicht alle relativen Begriffe ein. ›Süß‹ wird als relativ erkannt, insofern süß zu sein heißt, *auf einen Wahrnehmenden* diesen und diesen Effekt zu haben; ›süß‹ ist aber auch »differenziert«, insofern Süße einen Gegenstand intrinsisch differenziert (C), und das setzt sie in die Gattung des »eigenschaftsmäßig Bestimmten« (28M4, N2). Die Gattung des »relativ Disponierten« deckt Dinge ab, die durch eine *extrinsische* Relation charakterisiert werden, z.B. »der Rechte« (C); getestet wird dies daran, ob sie beginnen oder aufhören könnten, so gekennzeichnet zu werden, ohne dabei irgendeiner intrinsischen Veränderung ausgesetzt zu sein, wenn beispielsweise der Nachbar des betreffenden weggegangen ist (C2–3; vgl. Platon, *Theaitetos* 154b–155d). Es muß allerdings eingeräumt werden, daß ein oder zwei Quellen diesen Unterschied ignorieren und ›relativ disponiert‹ als synonym mit ›relativ‹ behandeln. Für mutmaßliche Beispiele siehe 57C3, G1, H1.

Wir wissen nicht, wie und warum die Stoiker dazu kamen, das bloß Relative vom relativ Disponierten zu unterscheiden. Eine Vermutung wäre aber, daß das ursprüngliche Motiv dafür ein epistemologisches war. Die griechischen Skeptiker argumentierten standardmäßig, ausgehend von der Relativität von Süß und Bitter, daß Süß und Bitter unwirklich seien: Wenn das, was für dich süß ist, für mich bitter sein kann, warum soll man dann annehmen, daß es überhaupt wirklich ist (vgl. 7D)? Die stoische Klassifizierung von Süß und Bitter (C2) als relativ und nicht als relativ disponiert behauptet, daß bei jeder Gelegenheit aufweisbare äußere Wirkungen nicht genug sind, um zu bestimmen, ob eine Sache süß oder bitter ist; Zucker bleibt seiner eigenen chemischen Natur nach sogar dann süß, wenn ich ihn infolge einer Krankheit als bitter empfinde. Umgekehrt sehen wir, wie Karneades die vierte stoische Gattung *zur Unterstützung einer skeptischen Epistemologie* ausbeutet, wenn er behauptet (69D2), daß sowohl der wirkliche als auch der augenscheinliche Wahrheitswert eines Sinneseindrucks relative Dispositionen und ganz durch Faktoren determiniert sind, die dem Eindruck selbst äußerlich sind.

In einer stoischen Welt, wo alles im großartigen Gesamtentwurf eine Rolle zu spielen hat, müßte die vollständige Darstellung jedes Gegenstands eine Beschreibung in der vierten Gattung einschließen. Dieser Punkt scheint den Worten Chrysipps in D zugrundezuliegen. Eine extrinsische Relation ist normalerweise symmetrisch: Wenn ich aufhören kann, der rechte Nebenmann zu sein, sobald mein Nachbar sich bewegt, kann mein Nachbar aufhören, der linke Nebenmann zu sein, sobald ich mich bewege. Diese Symmetrie gilt aber nicht, wenn es sich um eine Beziehung zwischen Teil und Ganzem handelt. Denn während sich bei einem Teil die Beschreibung ändern kann, bloß weil es an irgendeiner sonstigen Stelle im Ganzen eine externe Veränderung gibt (z.B. wird meine Hand zur Hand eines Invaliden, weil ich mein Bein breche), kann das Umgekehrte nicht passieren, weil jede intrinsische Veränderung in einem Teil gleichzeitig eine intrinsische Veränderung im Ganzen *ist*. Indem Chrysipp diese Einsicht auf die Welt und ihre Teile anwendet, kann er die in sich geschlossene Vollkommenheit der Welt selbst (vgl. 54H) mit der Unvollkommenheit ihrer Teile kontrastieren, die für ihre Charakterisierung alle in einem gewissen Grad von extrinsischen Beziehungen zur übrigen Welt abhängen.

Wie bei der dritten Gattung, so gehören aber auch bei der vierten viele Vorkommen in den Zusammenhang definitorischer Analysen: vgl. F. Am berühmtesten ist das Vorkommen in dem Disput zwischen Ariston und Chrysipp über die angemessene Gattung der Tugenden (E; 61B–C). Kleanthes und Ariston verstanden Zenon dahingehend, daß er die verschiedenen Tugenden als einen einzigen Zustand des Geistes in verschiedenen Beziehungen dargestellt habe (vgl. auch **41I** für eine ähnliche stoische Behandlung der Fehler); dagegen interpretierte Chrysipp ihn so, als mache er sie alle zu verschiedenen, aber koexistenten Eigenschaften. Eine vollständige Darstellung davon findet sich im Kommentar zu **61**.

Dieses letzte Beispiel führt uns zurück zu der Frage nach dem Ursprung der vier Gattungen. Da Chrysipp in seiner Erörterung ausdrücklich die erste, zweite und vierte Gattung einsetzt (**E3**), wäre es unvernünftig, daran zu zweifeln, daß zu seiner Zeit das vollständige Schema in Anwendung war. Nun waren aber drei Stoiker der ersten Generation in die Debatte involviert. Datiert dieser Umstand das Schema weiter zurück bis in ihre Zeit? Nein. Denn erstens konnte der Disput zwischen Chrysipp und Ariston nur dadurch ermöglicht werden, daß Zenon es versäumt hatte, den Tugenden ausdrücklich eine Gattung zuzuschreiben (vgl. **61B5**; die Erwähnung der vierten Gattung in **61C2** wird nicht Zenons eigene Worte wiedergeben, sondern spätere akademische Versuche, zwischen den Stoikern Widersprüche zu entdecken). Zweitens, obwohl Chrysipp die Definitionen Aristons nicht ohne Grund so verstand, als setzten sie die Tugenden in die vierte Gattung, läßt sich bezweifeln, daß Ariston diese Einstufung ausdrücklich autorisiert hat. Wie vielmehr **61B3** (Plutarchs weniger mißgünstiger Bericht) vermuten läßt, benutzte Ariston lediglich den allgemeinen kategorialen Terminus »relativ«. Und die unbefangene Analogie, die er zwischen seiner Auffassung von der Tugend als einem einzigen intellektuellen Zustand in verschiedenen Beziehungen und der Bezeichnung des Sehvermögens je nach der Farbe seines Objekts als ›weißsichtig‹, ›schwarz-sichtig‹ usw. herstellte (**61B3**), ergäbe ein sehr dürftiges Beispiel für die vierte Gattung, weil extrinsische Variationen der Farbe ihre Entsprechung ja standardmäßig in intrinsischen Veränderungen des Gesichtssinns selbst finden. Dies bestätigt den Eindruck (siehe **27** Kommentar), daß Chrysipp selbst der Autor der vier Gattungen ist.

30 Universalien

A   Stobaeus 1.136,21–137,6   (*SVF* 1.65; *FDS* 316)

Zenons Lehre: (1) Sie sagen, die Begriffe seien weder Etwasse noch hätten sie Eigenschaften; vielmehr seien sie als Quasi-Etwasse und mit Quasi-Eigenschaften Fiktionen der Seele; (2) diese würden von den alten Philosophen als Ideen bezeichnet. Denn die Ideen würden von denjenigen Dingen angesetzt, die unter den Begriffen klassifiziert werden, beispielsweise Menschen, Pferden und allgemeiner gesprochen alle Lebewesen und alles andere, wovon man sagt, daß

A Der Satz in (3) gilt als notorisch schwierig und ist je nach Deutung anders zu übersetzen. Die Interpretation von Long und Sedley und die hier vorgelegte Übersetzung ist bestimmt durch die folgenden drei Annahmen: a) »wir« greift das Beispiel »Menschen« aus dem vorangehenden Satz auf und bezieht sich allgemein auf Individuen als Mitglieder einer Art. b) Der in der *men . . . de*-Konstruktion (bzw. deutsch in der *während*-Konstruktion) ausgedrückte Kontrast soll die sehr verschiedenen Beziehungen unterscheiden, in denen Individuen einerseits zu Allgemeinbegriffen und andererseits zu allgemeinen Ausdrücken stehen. c) *ptōsis* (»Kasus«) dient als generischer Ausdruck für deklinierbare Ausdrücke, von denen hier die Appellative als eine Art erwähnt werden.

es davon Ideen gebe. (3) Von diesen sagen die stoischen Philosophen aber, daß es sie nicht gibt und daß das, woran wir ›teilhaben‹, eben die Begriffe sind, während das, was wir ›erlangen‹, die Kasus sind, die sie als Appellative bezeichnen.

B   Aëtios 1.10.5   (*SVF* 1.65; *FDS* 317)

Die Stoiker von Zenons Schule lehrten, die Ideen seien unsere eigenen Begriffe.

C   Diogenes Laërtius 7.60–61   (teilw. *SVF* 3. Diog. 25; teilw. *FDS* 621)

(1) Eine Gattung ist die Zusammenfassung einer Mehrzahl nicht voneinander abzusondernder Begriffe, beispielsweise ›Lebewesen‹; dies umfaßt nämlich all die einzelnen Lebewesen. (2) Ein Begriff ist ein Vorstellungsbild des Verstandes, welches weder ein Etwas ist noch eine Eigenschaft hat; sondern es ist ein Quasi-Etwas und hat Quasi-Eigenschaften in der Art, wie etwa der intentionale Gehalt des Eindrucks eines Pferdes auch dann entsteht, wenn kein Pferd anwesend ist. (3) Eine Art ist das, was in einer Gattung enthalten ist, wie etwa ›Mensch‹ in ›Lebewesen‹ enthalten ist. (4) Oberste Gattung ist das, was zwar eine Gattung ist, aber keine Gattung hat, etwa ›Seiendes‹. (5) Unterste Art ist das, was zwar eine Art ist, aber keine Art hat, zum Beispiel ›Sokrates‹.

D   Alexander v. Aphr., *In Arist. Topic.* 359,12–16   (*SVF* 2.329; *FDS* 709)

So kann man zeigen, daß noch nicht einmal das Etwas die Gattung für alles ist. Denn es muß dann auch die Gattung für das Eine sein, welches entweder äquivalent mit ihm ist oder sogar mehr als es umfaßt, wenn anders das Eine auch vom Begriff ausgesagt wird, während das Etwas nur von den Körpern und vom Unkörperlichen prädiziert wird, der Begriff aber nach denen, die über diese Dinge sprechen, keins von diesen beiden ist.

E   Simplikios, *In Arist. Categ.* 105,8–16   (teilw. *SVF* 2.278; teilw. *FDS* 1247)

(1) Denn auch Chrysipp ist bezüglich der Idee im Zweifel, ob sie ein bestimmtes Diesda genannt werden soll. (2) Mithinzuzuziehen ist aber auch die übliche Auffassung der Stoiker über die generisch eigenschaftsmäßig bestimmten Dinge, nämlich wie nach ihnen die Kasus geäußert werden, ferner wieso sie die allgemeinen Eigenschaften (Universalien) als Nicht-Etwasse bezeichnen und wie aus der Unkenntnis darüber, daß nicht jede Substanz ein bestimmtes Diesda bezeichnet, sogar das ›Niemand‹-Sophisma entsteht, das auf der Gestalt des

---

C Kontext: Erklärung stoischer Termini, die sich auf Definition und Einteilung beziehen; siehe 32C.   D Kontext: Kommentar zu *Top.* IV.6, 127a26.   E Kontext: Kommentar zu Arist., *Cat.* 5, 3b10ff.

sprachlichen Ausdrucks beruht, (3) z.B. »Wenn jemand in Athen ist, dann ist er nicht in Megara; ⟨nun ist (ein) Mensch in Athen; (ein) Mensch also ist nicht in Megara⟩« (4) ›Mensch‹ ist nämlich kein ›jemand‹, weil die allgemeine Eigenschaft [›Mensch‹] kein jemand ist; in dem Argument jedoch haben wir darunter einen jemand verstanden, und von daher hat das Argument auch seinen Namen erhalten: der ›Nicht-Jemand‹- (›Niemand‹-, *Outis-*)Schluß.

F   Sextus Empiricus, *Adv. Math.* 7.246   (teilw. *SVF* 2.65; teilw. *FDS* 273)

(1) Weder wahr noch falsch sind [nach den Stoikern] die generischen Vorstellungen. (2) Denn bei den Dingen, deren Arten von dieser oder jener Beschaffenheit sind, sind die Gattungen weder von dieser noch von jener Beschaffenheit. (3) Beispielsweise sind die Menschen teils Griechen, teils Barbaren; aber der generische Mensch ist nicht Grieche, weil dann alle einzelnen Menschen Griechen wären, und aus demselben Grund auch nicht Barbar.

G   Syrianos, *In Arist. Metaph.* 104,17–21   (*SVF* 2.361)

... aber auch nicht von den Einzeldingen, ob sie nun total im Fluß sind oder ob man sie auch Seiende nennt, wie das Aristoteles zu tun pflegte, oder ob man sogar sagt, daß allein sie existieren, wie das die Stoiker behaupten.

H   Syrianos, *In Arist. Metaph.* 105,21–25   (*SVF* 2.364; teilw. *FDS* 318a)

... die Formen (Ideen) wurden bei diesen göttergleichen Männern [Platon und seinen Vorläufern] weder für den Gebrauch der Bezeichnungskonventionen eingeführt, wie das später Chrysipp, Archedemos und die Mehrzahl der Stoiker glaubten (denn die *per se*-Formen unterscheiden sich von denen, die im Rahmen sprachlicher Konventionen geäußert werden, in vielerlei Punkten), noch ...

I   Sextus Empiricus, *Adv. Math.* 11.8–11   (*SVF* 2.224; *FDS* 629)

(1) Denn die Definition, sagen die Verfasser der Lehrbücher, unterscheidet sich vom allgemeinen Satz allein durch die Syntax und ist der Bedeutung nach mit ihm identisch. Das leuchtet ein. Wer nämlich sagt »Der Mensch ist ein vernunftbegabtes, sterbliches Lebewesen«, sagt im Vergleich zu dem, der sagt »Wenn etwas ein Mensch ist, dann ist es ein vernunftbegabtes, sterbliches Lebewesen«, der Bedeutung nach dasselbe, wiewohl dem sprachlichen Ausdruck

---

F Kontext: Unmittelbar anschließend an **39G** mit der stoischen Klassifikation der Vorstellungen.   **G** Kontext: Versuch, gegen das Zeugnis des Aristoteles zu bestreiten, daß Platons Formen (Ideen) der Lehre Heraklits in irgendeiner besonderen Weise verpflichtet wären. **H** Kontext: Kommentar zu *Metaph.* A.9, 992b7.   **I** Kontext: Logische Analyse der gegen Ende des Textes angeführten ethischen Einteilung.

nach etwas Verschiedenes. (2) Daß dies so ist, ist ganz klar, weil nicht nur der allgemeine Satz alle Einzelfälle umfaßt, sondern auch die Definition sich auf alle speziellen Instanzen der wiedergegebenen Sache erstreckt, beispielsweise die Definition des Menschen auf alle speziellen Menschen und die Definition des Pferds auf alle Pferde. Und wenn auch nur eine einzige falsche Instanz subsumiert wird, wird beides unkorrekt, der allgemeine Satz ebenso wie die Definition. (3) Wie nun diese im sprachlichen Ausdruck verschieden, doch der Bedeutung nach dasselbe sind, so hat, erklären sie, auch die vollständige Einteilung eine allgemeine Bedeutung, unterscheidet sich von der allgemeinen Aussage aber durch die Syntax. . . . Daher ist auch der Satz »Von Seienden ist das eine gut, das andere schlecht, und noch anderes steht zwischen diesen beiden« nach Chrysipp von der Bedeutung her ein allgemeiner Satz der Form: »Wenn etwas etwas Seiendes ist, dann ist es entweder gut oder schlecht oder indifferent«. Solch ein allgemeiner Satz ist freilich falsch, wenn irgendeine falsche Instanz unter ihn subsumiert wird.

☐ Die stoische Behandlung der Universalien ist höchst originell und antizipiert in fast allen wesentlichen Punkten den Konzeptualismus der britischen empiristischen Philosophen (vgl. zum Beispiel J. Locke, *An essay concerning human understanding* 3.3). Universalien sind ihren Instanzen gegenüber weder ontologisch früher, wie das die Formen (Ideen) für Platon sind, noch sind sie ihnen immanent; sondern sie sind »Begriffe« *(ennoēmata)*, bloße Einbildungen der vernunftbegabten Seele.

Mit ›universal‹ meinen wir hier nicht das, was durch irgendein allgemeines Nomen oder ein Adjektiv bezeichnet wird, wie es z.B. in »Sokrates ist ein *Mensch*« vorkommt. Sondern wir meinen diejenige Entität, die in Sätzen wie »Der Mensch ist ein vernunftbegabtes sterbliches Lebewesen« (vgl. I) die Stelle des Subjekts einnimmt, vielleicht auch in Sätzen wie »Der Mensch ist zum Mond geflogen« (vgl. E). Solche Universalien waren für Platon und Aristoteles zu einem zentralen Brennpunkt des Interesses geworden, weil sie der eigentliche Gegenstand jedweder Definition und wissenschaftlichen oder dialektischen Analyse zu sein schienen. Natürliche Arten wie ›Mensch‹ spielen in Platons Dialogen zugegebenermaßen keine besonders prominente Rolle als Formen (oder ›Ideen‹); aber in der gesamten nachfolgenden Debatte über seine Theorie der Formen übernehmen sie die zentrale Rolle (vgl. A).

Man warf Platon allgemein vor, solche Gebilde zu Individuen zu hypostasieren – in stoischer Redeweise zu ›Etwassen‹ (siehe 27). Von dieser Kritik ist zu erkennen, daß sie auch der eigenen Beschreibung der Stoiker von diesen Gebilden als ›Quasi-Etwassen‹ (A1, C2) und ihrem sehr interessanten Versuch zugrundeliegt, mit Hilfe des »Niemand«-Arguments zu zeigen, daß es unangemessen ist, den allgemeinen Menschen wie ein Individuum zu behandeln (E; vgl. **37B5** und die ähnliche Überlegung, die in **F** unterbreitet wird). In diesem Argument erweist der platonische allgemeine Mensch sich als ein Pseudo-Individuum, welches noch nicht einmal den elementaren Gesetzen der Logik Genüge tut. Ein erhellender Vergleich könnte der mit einem anderen Pseudo-Individuum sein, dem Durchschnittsmenschen, der, wenn er existieren würde, ziemlich genau 2,4 Kinder hätte.

Als ›Nicht-Etwasse‹ (A1, C2, D, E; vgl. 27C) finden die Universalien sich in einen metaphysischen Schwebezustand verbannt und werden in unserem Stemma in **27** ganz und gar außerhalb des ontologischen Schemas der Stoiker repräsentiert. Die stoische Metaphysik hat für Nicht-Individuen einfach keinen Platz (vgl. G). Indes verleiten diese Beschränkungen die Stoiker nicht dazu, den allgemeinen Menschen aus ihrer Philosophie ganz zu verbannen. Wie Platon und Aristoteles erkennen sie, daß er und seine Art, außer daß sie eine sprachliche Bequemlichkeit sind (**H**), die Gegenstände aller Definitionen und jeder Analyse durch Einteilung bilden, von Instrumenten, die für ihre Dialektik ebenso grundlegend sind wie für die Dialektik ihrer Vorläufer im vierten Jahrhundert (siehe **31–32**). Worauf es ankommt, ist, so sehen sie, zu wissen, *was* dasjenige ist, was man definiert oder einteilt: Aussagen über den Menschen sind nicht Aussagen über ein platonisches Super-Individuum, sondern willkommene Paraphrasen von Konditionalaussagen mit einem indefinitem Subjektsterm, der sich auf alle individuellen Menschen erstreckt. Das ist der Punkt, auf den es in **I** sowohl mit Bezug die Definition als auch mit Bezug auf die Einteilung ankommt. (Für Definitionen siehe auch **39C3**; daß die Gebilde, die in der in **I3** analysierten Mustereinteilung erwähnt werden, Universalien und nicht etwa Einzelgegenstände sind, ist nicht von vornherein eindeutig, wird aber klar, wenn man der Einteilung bis zu ihrer letzten Zeile folgt, ebenso bei **60J–M**; vgl. auch **32C**.)

Mit dieser wichtigen Klausel sind die Stoiker dazu vorbereitet, von Universalien in einer geradezu platonischen Manier zu sprechen und sogar Platons Rede nachzuahmen, daß die Individuen an den Universalien ›teilhaben‹ *(metechein)* (**A3**). Sie behandeln ihre allgemeinen Begriffe als mit Arten im Grunde äquivalent (**C**; der terminologische Hauptunterschied ist der, daß ›Arten‹ in ihrem Sprachgebrauch sogar Individuen einschließen können). Besagte ›Teilhabe‹ könnten wir deshalb als ihre Weise ansehen, Artzugehörigkeit zu bezeichnen.

Ungeachtet des nominalistischen Klangs von **H** wird die stoische Theorie besser als konzeptualistisch beschrieben, weil sie Universalien formal nicht als sprachliche Erfindungen analysiert, sondern als »Begriffe« (**A, B, C1-2**). Nun ist jemandes generischer Gedanke an (einen) Menschen in der Terminologie der Stoiker eine »Begreifung« *(ennoia)* (normalerweise einfach durch »Begriff« wiedergegeben). Indem dies ein psychologischer Zustand ist, ist es einfach ein Körper – die irgendwie disponierte (körperliche) Seele (siehe **29**). Der allgemeine Mensch ist mit dieser Begreifung allerdings nicht identisch. Sondern er ist dessen intentionales Objekt, dasjenige, *worüber* ich mich zu denken anschicke, wenn ich der Begreifung ›Mensch‹ nähertrete. Sprachlich wird dieser Unterschied durch einen Wechsel der grammatischen Endung zum Ausdruck gebracht. Der allgemeine Mensch ist nicht die Begreifung *(ennoia)* selbst, sondern der entsprechende Begriff *(ennoēma)*. Davon abgesehen ist er nicht deshalb das Objekt der Begreifung bzw. des Begriffs, weil er präexistent wäre und das Begreifen irgendwie verursachen würde, wie dies der Platonismus annimmt. Sondern er ist einfach nur eben das geistige Konstrukt, welches durch das Begreifen hervorgebracht wird.

Weil der Begriff keine Entsprechung in der Wirklichkeit hat, wird er als eine »Fiktion« des Denkens bezeichnet, ein Ausdruck, der an anderer Stelle durch die Vorstellungen von Träumern und Leuten im Wahn erläutert wird (**39A–B**). Das mag wie eine merkwürdig harte Behandlung der Gebilde klingen, die, wie die Stoiker selbst anerkennen, den Gegenstand der Dialektik bilden müssen. Es sollte aber vor allem als eine Warnung gelesen werden, daß wir nicht dem platonischen Weg folgen, hier zu hypostasieren. Es ist verführerisch, mit Platon zu glauben, daß ein Begreifen leer wäre, wenn der Begriff, den es darstellt, nicht objektiv existiert. Die stoische Antwort darauf wäre zweifellos die, daß ebenso, wie Aussagen über den allgemeinen Menschen auf Aussagen über Einzelmenschen reduzierbar sind (**I**), so auch unser Begreifen *des* Menschen im Grunde unser Verständnis der Natur *der* Menschen ist. Seine

Signifikanz verdankt es der objektiven Existenz individueller Menschen. Denn daß es in unserer natürlichen, ungekünstelten Erfahrung individueller Menschen gründet, – genau das macht es zu einem entscheidend informativen Kriterium der Wahrheit (siehe **39E, 40**).

Stoische »Begriffe« und »Begreifungen« haben wir bereits unterschieden. Im Sinne einer technischen Fußnote müssen wir nun hinzufügen, wie sie sich von zwei weiteren Größen unterscheiden, mit denen sie leicht verwechselt werden könnten. *Erstens,* allgemeine Termini wie etwa »Mensch«: In **A3** tauchen diese Termini unter der Bezeichnung »Appellative« auf, d.h. als allgemeine Nomina und Adjektive (siehe **33M**; Verben treten in den antiken Diskussionen selten als Universalien auf). Von den Individuen heißt es dort, daß sie an diesen nicht »teilhaben«, wie sie an Universalien teilhaben; sie »erlangen« oder »tragen« sie eben nur, d.h. sie werden durch sie genannt oder gerufen. (Zu dem in **A3** benutzten technischen Ausdruck »einen Kasus erlangen/tragen« siehe **33** Kommentar.) Appellative erzeugten keine besonderen metaphysischen Probleme, da sie Wörter und deshalb einfach Körper sind (**33B, H**) – im Fall es gesprochenen Worts Luft, die in bestimmter Weise vibriert.

Zweitens gibt es da dasjenige, was ein Appellativ bezeichnet. Dies kann eine allgemeine Eigenschaft (**33M**) oder ein allgemein eigenschaftsmäßig bestimmter Gegenstand sein. In jedem Fall ist es einfach ein anderer Körper: siehe **28**. Wenn dann gefragt wird, was dazu führt, daß jemandes allgemeine Eigenschaft als ›Mensch‹ zählt und nicht als ›Pferd‹, lautet die Antwort zweifelsohne, daß sie zu dem Allgemeinbegriff paßt, den man ›Mensch‹ nennt (vgl. **H**). Aber was an metaphysischen Problemen resultiert, sind allemal Probleme für Begriffe, nicht für allgemeine Eigenschaften selbst.

Logik und Semantik

31 Dialektik und Rhetorik

A Diogenes Laërtius 7.41–45 (enthält *SVF* 2.48, 295; teilw. *FDS* 33)

(1) Wie einige [stoische Philosophen] erklären, gliedert sich der logische Teil [der Philosophie] in zwei Wissenschaften, in Rhetorik und in Dialektik, nach manchen außerdem in die Definitionslehre sowie in die Lehre von den Regeln und Kriterien; einige indes streichen die Definitionslehre ganz heraus. (2) Die Lehre von den Regeln und Kriterien übernehmen sie im Hinblick auf die Wahrheitsfindung, da sie in ihr die Unterschiede zwischen den Vorstellungen entwickeln. (3) Ähnlich dient auch die Definitionslehre zur Ermittlung der Wahrheit; denn die Dinge werden durch die Begriffe erfaßt. (4) Die Rhetorik machen sie sich zu eigen, da sie die Wissenschaft vom guten Reden bei zusammenhängenden Ausführungen ist, (5) und die Dialektik, da sie die Wissenschaft vom richtigen Diskutieren bei Argumentationen in Form von (Ja/Nein-)Frage

---

A Kontext: Unmittelbar anschließend an **26B**, der Anfang von Diogenes' Darstellung der stoischen Logik.

und Antwort ist, weshalb sie sie auch als die Wissenschaft von dem definieren, was wahr, von dem, was falsch, und von dem, was keins von beiden ist. (6) Die Rhetorik selbst, sagen sie, hat drei Teile; ein Teil von ihr betreffe nämlich die Beratung [d.h. den politischen Bereich], ein anderer die Rechtsprechung und wieder ein anderer die Lobrede. Einteilen läßt sie sich in die [Argument-]Findung, den Ausdruck, die Anordnung und die Vortragsweise. Die rhetorische Darlegung gliedert sich in die Einleitung, die Darlegung, die Antworten auf die Opponenten und das Schlußwort. (7) Die Dialektik gliedert sich nach ihnen in das Gebiet ›Über das Bezeichnete‹ und das Gebiet ›Über die Stimme‹. Das Gebiet ›Über das Bezeichnete‹ gliedert sich einerseits in das Thema der Vorstellungen und andererseits in das Thema der Lekta (des Sagbaren), die in einer von den Vorstellungen abhängigen Weise subsistieren – Aussagen, vollständige sagbare Gebilde (Lekta), Prädikate und die darunter befindlichen aktiven und persönlich passiven Prädikate, Gattungen und Arten, weiter Argumente, Modusformeln und Syllogismen sowie die teils vom sprachlichen Ausdruck und teils von den Sachen abhängigen Sophismen. (8) [= 37C]. (9) Ein eigenes Gebiet der Dialektik bildet auch die bereits genannte Lehre von der Stimme selbst. Darin wird die in Schrift gefaßte Stimme behandelt und gezeigt, welches die Redeteile sind; außerdem geht es um Solözismus und Barbarismus, um dichterische Verse, um Mehrdeutigkeiten, sprachlichen Wohlklang, Musik und nach einigen Stoikern auch um Definitionen, Einteilungen und Stil.

B   Diogenes Laërtius 7.46–48   (teilw. *SVF* 2.130; teilw. *FDS* 33)

(1) Die Dialektik selbst ist nach ihrer [der Stoiker] Auffassung unentbehrlich und eine Tugend, die ihrerseits eine Reihe spezieller Tugenden umfaßt. (2) Die Freiheit von fehlerhafter Übereilung ist das Wissen darum, wann man einer Vorstellung zuzustimmen hat und wann nicht. (3) Die Vorsicht ist ein mächtiges Prinzip der Vernunft gegen das Plausible, so daß man ihm nicht beistimmt. (4) Unwiderleglichkeit ist Stärke in der Argumentation, so daß man sich davon nicht zum kontradiktorischen Gegensatz [der eigenen These] davontragen läßt. (5) Die Gewissenhaftigkeit ist ein Habitus, die Vorstellungen mit dem richtigen Vernunftprinzip in Verbindung zu bringen. (6) Und das Wissen selbst ist, wie sie sagen, entweder eine sichere Erkenntnis oder ein Habitus in der Aufnahme von Vorstellungen, der durch Raisonnement nicht verändert werden kann. (7) Ohne das Studium der Dialektik wird der Weise im Argument nicht unfehlbar sein; durch sie nämlich werden das Wahre und das Falsche genau auseinandergehalten sowie das Glaubhafte und das mehrdeutig Ausgedrückte aufgeschlüsselt; auch ist es ohne sie unmöglich, in methodischer Weise Fragen zu stellen und zu beantworten. (8) Die Voreiligkeit bei den Behauptungen wirkt sich auch auf das aus, was tatsächlich geschieht, so daß diejenigen, die ihre Vorstellungen nicht trainiert haben, in ungeordnete Zustände geraten und in Leichtsinn ver-

---

B Kontext: Unmittelbar anschließend an 40C.

fallen. Auf keine andere Weise kann der Weise sich als eindringlich, als scharfsinnig und ganz allgemein als jemand erweisen, der im Bereich der Argumentation außerordentlich stark ist. Denn der, dessen Aufgabe es ist, korrekt zu diskutieren und zu argumentieren, ist derselbe wie der, dessen Aufgabe es ist, zur Erörterung anstehende Themen zu diskutieren und auf Fragen, die ihm gestellt werden, zu antworten; dies aber sind Aufgaben eines in der Dialektik erfahrenen Mannes.

C   Diogenes Laërtius 7.83   (teilw. *SVF* 2.130; *FDS* 87)

(1) Die Stoiker vertreten also diese Ansichten in der Logik, um auf bestmögliche Weise ihre Behauptung zu rechtfertigen, daß der Weise immer ein Dialektiker ist. Denn alle Dinge würden durch ein in Diskursen betriebenes Studium betrachtet, mögen sie nun in das Gebiet der Physik oder auch in das der Ethik gehören. Was den Bereich der Logik betrifft, versteht sich das von selbst. (2) Über die ›Richtigkeit der Bezeichnungen‹, das Thema, wie die Üblichkeiten den Dingen die Bezeichnungen zugewiesen haben, habe der Weise nichts zu sagen. (3) Von den zwei linguistischen Gepflogenheiten, die in das Gebiet seiner Tüchtigkeit fallen, erforscht die eine, was jedes existierende Ding ist, und die andere, wie es genannt wird.

D   Alexander v. Aphr., *In Arist. Topic.* 1,8–14   (*SVF* 2.124; *FDS* 57)

Es ist gut für uns, uns vorab bewußt zu machen, daß die Philosophen mit dem Terminus »Dialektik« nicht alle dasselbe meinen. Vielmehr: Indem die Vertreter der Stoa die Dialektik als die Wissenschaft vom guten Reden bestimmen, dann vom guten Reden festsetzen, es bestehe darin, das Wahre und das Geziemende zu sagen, und indem sie dies als das unterscheidende Merkmal des Philosophen betrachten, beziehen sie den Terminus auf die höchste Ausprägung der Philosophie; aus diesem Grund ist nach ihnen auch allein der Weise ein Dialektiker.

E   Sextus Empiricus, *Adv. Math.* 2.7   (teilw. *SVF* 1.75; teilw. *FDS* 35)

Als daher Zenon von Kition gefragt wurde, wie sich die Dialektik von der Rhetorik unterscheide, da zog er die Hand zur Faust zusammen und öffnete sie wieder und sagte dazu: »Wie das.« Durch das Zusammenziehen der Hand charakterisierte er dabei den abgerundeten knappen Charakter der Dialektik und deutete durch das Öffnen und Ausstrecken der Finger die Breite des rhetorischen Metiers an.

C Kontext: Kurz nach 37D. Abschluß von Diogenes Darstellung der stoischem Logik.
D Kontext: Notwendige Präliminarien zum Studium der Dialektik. Nach den Stoikern kommt Alexander auf Platon und dann auf Aristoteles zu sprechen.   E Kontext: Überblick über Rhetorik-Konzepte der Philosophen.

F   Cicero, *Topica 6*   (*FDS* 75)

(1) Nachdem jede sorgfältige Argumentationslehre zwei Teile hat, von denen die eine die [Argument-]Findung erörtert und der andere die Beurteilung [der Gültigkeit von Argumenten] behandelt, war − jedenfalls meiner Meinung nach − Aristoteles der Begründer beider Disziplinen. (2) Die Stoiker hingegen haben sich nur auf einem Gebiet bemüht. In der Wissenschaft, die sie als Dialektik bezeichnen, haben sie nämlich sorgfältig die Methoden zur Beurteilung [der Gültigkeit von Argumenten] verfolgt; aber die Wissenschaft von der [Argument-]Findung, die sogenannte Topik, haben sie ganz vernachlässigt, obwohl deren praktische Bedeutung größer ist und sie auch nach der Ordnung der Natur sicherlich früher kommt.

G   Cicero, *De oratore* 2.157−158   (teilw. *FDS* 77)

Von den drei äußerst berühmten Philosophen, von denen du erzählst, daß sie Rom besucht haben, − erkennst du, daß davon Diogenes [von Babylon] derjenige war, der sagte, er lehre die Wissenschaft der guten Erörterung und der Entscheidung zwischen Wahrem und Falschem, welche Wissenschaft er mit dem griechischen Ausdruck *dialektikē* bezeichnete?

H   Plutarch, *De Stoic. repugn.* 28, 1047A-B   (*SVF* 2.297−298; *FDS* 51)

(1) Die Rhetorik definiert er [Chrysipp] als die Kunst in bezug auf Ordnung und Abfolge der Vortragsrede. Darüber hinaus hat er im ersten Buch sogar dies geschreiben: »Ich meine, man sollte seine Aufmerksamkeit nicht nur auf die zwang- und affektlose Ordnung richten, sondern außer auf die Sprache auch auf die passenden Deklamationsformen in bezug auf die geeigneten Stimmodulationen, den Gesichtsausdruck und die Gesten der Hände.« (2) Doch nachdem er an dieser Stelle so zu einem Eiferer für die Rede geworden ist, sagt er wieder in demselben Buch nach seinen Bemerkungen über den Hiat, daß wir uns an das zu halten haben, was besser ist, und deswegen nicht nur den Hiat zulassen müssen, sondern auch bestimmte Arten der Unkarheit, Ellipsen und − in Gottes Namen − Solözismen, deren sich nicht wenige andere Leute schämen würden.

I   Cicero, *De fin.* 4.9   (*SVF* 1.47; teilw. *FDS* 252)

Denn obgleich Chrysipp die Dialektik in höchstem Maße ausgearbeitet hat, hat sich doch Zenon um dieses Gebiet viel weniger als die vorausgehenden Philosophen bemüht.

F Kontext: Der Anfang der eigentlichen Sacherörterungen Ciceros zur ›Topik‹.   G Kontext: Die Philosophengesandtschaft von Athen nach Rom i.J. 156/55 v.Chr.   H Kontext: Ein Beispiel Plutarchs für flagrante Selbstwidersprüche Chrysipps.   I Kontext: Der Beitrag der Stoiker zur Logik.

J Epiktet, *Dissert.* 4.8.12 (enthält *SVF* 1.51; *FDS* 79)

Was also ist der Stoff, mit dem der Philosoph sich befaßt? Etwa die Kutte der schlichten Lebensweise? Nein, sondern es ist die Vernunft. Und was ist sein Ziel? Etwa eine schlichte Kutte zu tragen? Nein; sondern es besteht darin, seine Vernunft richtig zu halten. Welche Art Theoreme? Etwa die Theoreme darüber, wie ein Bart groß und das Haar lang wird? Nein, sondern eher, was Zenon sagt: die Elemente der Vernunft zu verstehen, welcher Art jedes von ihnen ist, wie sie sich zueinander fügen und was ihre Konsequenzen sind.

K Stobaeus 2.22,12–15 (*SVF* 1.49; *FDS* 206)

Zenon pflegte die Kunstfertigkeiten der Dialektiker mit den gerechten Maßen zu vergleichen, wenn man damit keinen Weizen oder irgendwelche anderen trefflichen Dinge mißt, sondern Spreu und Mist.

L Plutarch, *De Stoic. repugn.* 8, 1034E (*SVF* 1.78, 260, 50; teilw. *FDS* 40)

(1) Demjenigen, der sagte: »Sprich dein Urteil nicht, bevor du beide Seiten gehört hast«, widersprach Zenon mit einem Argument etwa dieser Art: (2) »Der zweite Sprecher ist sowohl dann nicht anzuhören, wenn der erste Sprecher seine Sache bewiesen hat, als auch dann nicht, wenn er sie nicht bewiesen hat; denn im ersten Fall hat die Untersuchung ihr Ende erreicht, und im zweiten Fall ist es gerade so, wie wenn er der Aufforderung nicht entsprochen hätte oder ihr zwar entsprochen, aber nur Unsinn geredet hätte. (3) Nun aber hat er seine Sache entweder bewiesen oder nicht bewiesen. (4) Also ist der zweite Sprecher nicht anzuhören.« (5) Aber nachdem Zenon dieses Argument entwikkelt hatte, fuhr er trotzdem fort, gegen Platons *Staat* zu schreiben, Sophismen aufzulösen und seine Schüler aufzufordern, sich die Dialektik anzueignen, da sie eben dies zu leisten vermöge.

M Diogenes Laërtius 7.25 (*SVF* 1.279; *FDS* 107)

Und als ein Dialektiker ihm [Zenon] in dem als der ›Erntende‹ bekannten Argument sieben dialektische Formen demonstriert hatte, soll Zenon ihn gefragt haben, wieviel Honorar er dafür verlange; als er hörte, 100 Drachmen, soll er ihm 200 gegeben haben. So weit ging er in seiner Liebe zu lernen.

J Kontext: Die Berufung des Philosophen.   **K** Kontext: Verschiedene Bemerkungen von Philosophen über die Dialektik.   **L** Kontext: Aufweis von Widersprüchen bei Zenon. – Der einleitend zitierte Hexameter ist vielfach überliefert, z.B. bei Pseudo-Phokylides 87. **M** Kontext: Lebensbeschreibung Zenons von Kition.

N Diogenes Laërtius 7.160–161 (teilw. *SVF* 1.351; *FDS* 211)

Das Gebiet der Physik und das der Logik schaffte er [Ariston von Chios] ab,
indem er erklärte, ersteres sei jenseits unseres Fassungsvermögens und letzteres
für uns ohne jeden Belang; nur die Ethik liege in unserem Interesse. Die dialektischen Argumente glichen den Spinnweben, die ihrem Aussehen nach zwar
eine gewisse Kunstfertigkeit in der Herstellung verraten, aber vollkommen
nutzlos sind.

O Diogenes Laërtius 7.182–184 (mit Auslassungen) (teilw. *SVF* 2.9, 1; teilw. *FDS*
154)

Als ein Dialektiker in einer Diskussion mit Kleanthes war und ihm Sophismen
vorzulegen versuchte, sagte er [Chrysipp] zu ihm: »Hör’ auf damit, den alten
Mann von wichtigeren Dingen abzuziehen, und tische solche Stückchen uns
jüngeren auf!« . . . Wie Sotion im achten Buch berichtet, schloß er [Chrysipp]
sich zu guter Letzt Arkesilaos und Lakydes an und philosophierte gemeinsam
mit ihnen in der Akademie. Dies erklärt, wieso er sowohl gegen die Alltagserfahrung als auch für sie argumentierte.

P Plutarch, *De Stoic. repugn.* 10, 1035F–1037B (mit Auslassungen) (*SVF* 2.127,
270, 129; teilw. *FDS* 351)

(1) Er [Chrysipp] sagt, daß er die Praxis, bei einer Frage zu den entgegengesetzten Positionen zu diskutieren, nicht rundweg ablehnt; er empfiehlt aber,
sich ihrer ebenso wie vor Gericht mit Vorsicht zu bedienen und mit diesem
Verfahren [die gegensätzlichen Argumente] nicht zu verteidigen, sondern ihre
Glaubhaftigkeit aufzulösen. (2) »Denn diese Praxis kommt«, so sagt er, »denen
zustatten, die in allen Dingen Urteilsenthaltung üben, und sie unterstützt ihre
Absicht. Im Gegensatz dazu sollten diejenigen, welche sich wissenschaftliches
Wissen erarbeiten, nach dem wir in Übereinstimmung leben können, ihre
Schüler in die Anfangsgründe einweisen und sie von Anfang bis Ende mit
festen Positionen ausrüsten; dabei sollten sie die Glaubhaftigkeit der Argumente
zu den entgegengesetzten Positionen da auflösen, wo es angebracht ist, sie
ebenfalls zu erwähnen, gerade so, wie man das auch vor Gericht tut.« . . . (3) Im
vierten Buch *Über die Lebensweisen* schreibt er: »Weder die entgegengesetzten
Argumente noch die Glaubhaftigkeit für entgegengesetzte Positionen dürfen
zufällig aufgewiesen werden; vielmehr müssen sie mit Bedacht demonstriert
werden, weil die Hörer von ihnen sonst abgelenkt werden und ihre Erkenntnisse aufgeben, da sie die Lösungen wohl nicht angemessen verstehen können

---

N Kontext: Die Biographie Aristons, unmittelbar anschließend an **58G**.   **O** Kontext:
Lebensbeschreibung Chrysipps.   **P** Kontext: Chrysipps Inkonsistenz beim Vortrag der
Lehre von **P**, wenn doch seine eigenen Argumente gegen das Alltagsverständnis strenger
waren als die dafür.

und ihrer Erkenntnis leicht verlustig gehen. Denn gerade die Leute, die ihre
Erkenntnisse auf die Alltagserfahrung, auf die sinnlich wahrnembaren Gegenstände und auf die anderen Dinge stützen, die von den Sinneswahrnehmungen
abhängen, geben diese leicht auf, wenn sie von den puzzligen Fragen der Megariker und von zahlreichen anderen Puzzles abgelenkt werden, die zwingender
sind.« . . . (4) In der Schrift *Über den Gebrauch der Vernunft* sagte er, daß man die
Kraft der Vernunft ebenso wenig wie Waffen nicht für ungeeignete Zwecke
verwenden dürfe, und fügte dann die Bemerkung an: »Man muß sie zur Auffindung des Wahren und dazu verwenden, dessen Verwandtschaft untereinander
aufzuweisen, nicht aber für die entgegengesetzten Zwecke, obgleich viele dies
tun« − wobei er mit »viele« vermutlich diejenigen meint, die die Urteilsenthaltung pflegen.

Q Diogenes Laërtius 7.180 (teilw. *SVF* 2.1; teilw. *FDS* 154)

In der Dialektik wurde er [Chrysipp] so berühmt, daß man allgemein der Meinung war, falls es bei den Göttern eine Dialektik gäbe, es keine andere wäre als
die Dialektik des Chrysipp.

R Epiktet, *Dissert.* 1.7.2–5, 10 (= 37J2)

(1) Wir untersuchen nämlich in jeder Materie, wie der tüchtige und gute Mann
das Verfahren und Verhalten herausfinden kann, welches bei ihr angebracht ist.
(2) Laßt sie also entweder sagen, daß der Rechtschaffene sich nicht auf Frage
und Antwort einlassen wird, oder sagen, daß er, wenn er sich eingelassen hat,
sich keine Sorge darum haben muß, sich in Frage und Antwort achtlos oder
zufällig zu verhalten. Oder − falls sie davon nichts akzeptieren − sie müssen
notwendig zugestehen, daß man einiges Studium auf diese Gegenstände verwenden muß, um die es bei Frage und Antwort hauptsächlich geht. (3) Denn
was wird im Bereich der Vernunft verbindlich in Aussicht gestellt? Wahres zu
etablieren, Falsches zu beseitigen, in bezug auf Unklares sein Urteil zurückzuhalten. Genügt es also, nur eben dies zu lernen? . . . Es genügt nicht. [Fortset-
zung in **37J3**]

S Epiktet, *Dissert.* 1.17.7–8

Wenn wir nicht zuerst begreifen, was ein Modios [= ca. 9 Liter] oder . . . was
eine Waage ist, wie werden wir dann je den nächsten Schritt tun und irgendetwas messen oder wiegen können? Was also die Logik betrifft, wenn wir das
Kriterium anderer Dinge und das, wodurch das andere gründlich gelernt wird,
− wenn wir das nicht gründlich gelernt haben und es nicht genau kennen,

---

Q Kontext: Lebensbeschreibung Chrysipps.   **R** Kontext: Siehe **37J**.   **S** Kontext:
Diskussion der Aussage, daß die Logik notwendig ist, und warum sie bei den Stoikern am
Anfang des Studiums steht.

werden wir dann in der Lage sein, irgendetwas anderes genau zu kennen und gründlich zu lernen?

T Epiktet, *Dissert*. 2.23.44–46

Was hindert einen, wie Demosthenes zu sprechen und dabei doch unglücklich zu sein? Und was hindert einen, Syllogismen wie Chrysipp zu analysieren und doch erbärmlich zu sein? ... Wenn ich diese Dinge manchen Leuten sage, glauben sie, ich brächte die Bemühung um die Rhetorik oder die um die Theoreme in Verruf. Ich indes bringe nicht diese Bemühung in Verruf, sondern den achtlosen Umgang mit diesen Dingen und die Neigung, darauf seine Hoffnungen zu setzen.

☐ Der »logische Teil« der stoischen Philosophie (siehe 26) deckt ein sehr viel größeres Themenspektrum ab, als dieser Ausdruck heute umfassen würde. Die Logik im modernen Sinn ist in den Themen der »Dialektik« enthalten (A7), wobei die Dialektik aber nur ein Teilgebiet des logischen Teils ist, wenn auch das bedeutendste. Ein anderes Teilgebiet ist die Rhetorik (A1); und einige Stoiker behandelten die »Regeln und Kriterien« sowie die »Definitionslehre« als zwei weitere Teilgebiete dieses Teils der Philosophie (A1–3). In histoischer Sicht freilich gibt es an der Vorgehensweise der Stoiker nichts Befremdliches. Nach ihrem Sprachgebrauch ist die Logik das Studium von allem, was mit vernünftigem Diskurs *(logos)* zu tun hat (vgl. C1); und das schließt die phonetischen und semantischen Aspekte der Sprache ein, weiter Phraseologie und Stilistik, die Analyse von Sätzen und Argumenten und auch die Epistemologie (»Regeln und Kriterien«), weil Denken und Urteil Modi des vernünftigen Diskuses sind (innere Sprache bzw. Rede, vgl. 53T–U). Falls eine derart systematische Auffassung vom logischen Teil der Philosophie noch nicht den frühen Stoizismus auszeichnete (vgl. 26B4, wonach Kleanthes Rhetorik und Dialektik als verschiedene »Teile« der Philosophie behandelte), so kann sie doch Chrysipp zugeschrieben werden, dem Hauptlogiker der Stoa; danach wurde sie kanonisch.

Wenn man es als gegeben annimmt, daß die Stoiker auf der Rationalität der Natur insistierten, im allgemeinen und im besonderen für den Menschen, mit dem göttlichen *logos* überall immanent, dann waren sie dazu disponiert, die Logik als einen integralen Teil ihrer Philosophie zu behandeln (26E) – und nicht als ein bloßes »Instrument« (so die Konzeption der Peripatetiker) oder als etwas, dessen Skopus so beschränkt ist wie derjenige der epikureischen »Kanonik« (siehe 17, 19). Dennoch müssen ihre Auffassung vom Gegenstand und die Entwicklung dieses Teils innerhalb der Schule in Beziehung zu den Interessen und Methoden anderer Philosophen der frühen hellenistischen Zeit gesehen werden.

Ihre Behandlung der Rhetorik ist ein Beispiel dafür. Der philosophische Status dieses Gegenstands war in der ersten Hälfte des 4. Jahrhunderts von Platon und Isokrates diskutiert worden. Gegen Isokrates und frühere Sophisten hatte Platon sich mit äußerster Schärfe dagegen verwahrt, Überredung, die sich auf das gründet, was ›wahrscheinlich‹ oder ›plausibel‹ ist, als eigentliches Ziel von Philosophie zu akzeptieren. In seinem *Phaidros* freilich erlaubt Platon seinem ›Sokrates‹, den überredenden Diskurs zu

---

T Kontext: Der angemessene Umgang mit der Fähigkeit zur Rhetorik.

verteidigen, vorausgesetzt, er wird von einem »Dialektiker« durchgeführt, der die »Wahrheit« über seinen Gegenstand kennt und weiß, wie er sie auf die Art Zuhörerschaft zu beziehen hat, mit der er es zu tun hat. Die Stoiker scheinen sich für eine ähnlich beschränkte Grundlegung der Rhetorik zu entscheiden. In Zenons Vergleich (E) unterscheiden Rhetorik und Dialektik sich in Stil und Vortragsweise; aber beide Diskursformen sind »Wissenschaften vom guten Reden« (A4, D). Für sie als »Wissenschaften« ist darüber hinaus erforderlich, daß derjenige, der sie ausübt, ein unfehlbarer und moralisch hervorragender Weiser ist. Man vergleiche im Gegensatz dazu Aristoteles, *Rhetorik* 1.1. Die Gegenüberstellung mit dieser *Rhetorik* zeigt weiter, daß die Stoiker es versäumen, »zu jedem Gegenstand die möglichen Überzeugungsgründe zu betrachten« (*Rhetorik* 1.2). Denselben Eindruck vermittelt Chrysipp, wenn er auf »zwang- und affektlose Ordnung« Wert legt und stilistischer Durchgestaltung gleichgültig gegenübersteht (H). (Spätere Stoiker, vor allem Diogenes von Babylon, könnten auf diesem Gebiet durchaus innovativer gewesen sein.) Die Beschwerde Ciceros (F), daß die Stoiker »die [Argument-]Findung« (d.h. Techniken der rhetorischen Argumentation) vernachlässigen, ist freilich übertrieben; viel von dem Material seiner eigenen Schrift *De inventione* macht von der Art von Argumenten und Trugschlüssen Gebrauch, die Chrysipp mit Vorliebe erforscht hat. Cicero scheint mit einer unstoischen Unterscheidung zwischen Dialektik und Argumentfindung zu arbeiten.

Ihren charakteristischen Beitrag leisteten die Stoiker indes im Bereich der Dialektik, nicht in dem der Rhetorik. (Man beachte dazu auch, wie konservativ ihre Einteilung der Rhetorik ist, A6). ›Dialektik‹ konnotierte zu Lebzeiten Zenons mindestens vier verschiedene, wenn auch überlappende Argumentationsweisen. Erstens bezeichnete der Ausdruck in der platonischen Gestalt der Dialektik das Prüfen von Hypothesen und die Suche nach letzten Prinzipien oder nach wahren Definitionen, was die wesentlichen Verfahrensweisen jedes Metaphysikers ausmacht. Wie Aristoteles den Ausdruck gebrauchte, verstand man unter Dialektik zweitens die Methode, einen überzeugenden Gedankengang zu entwickeln. – für oder gegen eine These (oder für oder gegen eine allgemein anerkannte ›Meinung‹) und durch logisch gültiges Argumentieren; die Schlußfolgerung eines dialektischen Arguments zählt nicht als ›Beweis‹; vielmehr unterstützt das Verfahren die Wissenschaften dadurch, daß es Theorien prüft, wenngleich es auch verwendet werden kann, um zu jedem beliebigen Gegenstand Argumente beizubringen, ungeachtet ihrer Wahrheit. »Dialektisch« wurde drittens die Schule um Diodoros Kronos genannt (siehe den Philosophen-Index); sie, die Dialektische Schule, hatte sich darauf spezialisiert, logische Probleme und Trugschlüsse zu erörtern. Was diese Leute machten, wurde gelegentlich als »eristisch« gebrandmarkt, d.h. als streitsüchtig oder als bloßes Exerzieren von Logik; es hatte auf die stoische Dialektik aber einen entscheidenden Einfluß. Viertens rechtfertigte die skeptische Akademie des Arkesilaos die »Urteilsenthaltung in bezug auf jedweden Gegenstand« durch ihre Versicherung, daß sie in der Lage sei, jeden Anspruch auf Wissen oder Überzeugung mit einem gleichgewichtigen Argument für die entgegengesetzte Auffassung zu beantworten.

All diesen Wortverwendungen gemeinsam ist die Vorstellung, daß Argumente Fragen sind, die einem Gesprächspartner gestellt werden, und daß ihre Prämissen dessen positive Antwort erfordern, damit die Argumente vorangehen können (siehe den Kommentar zu 36). Daher konnten alle Anwender von Dialektik, was auch immer ihre besonderen Ziele und Methoden gewesen sein mögen, zustimmen, daß Dialektik Argument durch Frage und Antwort ist (vgl. A5, B8, R2). Darüber hinaus kann man bei den Stoikern sehen, wie sie offenbar allen vier oben unterschiedenen Konzeptionen des Verfahrens Rechnung tragen.

Das gilt gewiß für Chrysipp und seine Nachfolger. Aber was ist mit Zenon und seinen Genossen? Zenons Vorliebe für die »Elemente der Vernunft« (J) kann man als gegeben ansehen; auch erfand er einige verblüffende, wenngleich unplausible theologische Syllogismen (54D, F, G). Aber für spätere Zeiten war die Rede von stoischer Dialektik praktisch gleichbedeutend mit dem Namen Chrysipps (I, Q). Nach dem Zeugnis von **L** und **M** war Zenon genuin an Dialektik in unserem dritten Sinn interessiert. Er selbst studierte bei den Dialektikern Diodor und Philon und erkannte, daß es für seine Anhänger nötig sei, »Sophismen aufzulösen« (**L**5). Angesichts von **K** sieht das allerdings nach einer defensiven Haltung aus (vgl. **O** zu Kleanthes). Überdies insistierte sein gegen Logik überaus empfindlicher Zeitgenosse Ariston auf der ethischen Irrelevanz »dialektischer Argumente« (**N**). Nichts deutet darauf hin, daß diese frühen Stoiker der Dialektik die konstruktive Funktion zuschrieben, die sie im ersten oder auch noch im zweiten Sinn unserer Liste hat (Platon bzw. Aristoteles). (Für die Logik als ihrem Wesen nach defensiv vgl. die Vergleiche mit der Eischale und der Mauer, **26B**3).

Unseres Erachtens war es Chrysipp, der die Definition propagierte, die Dialektik sei »die Wissenschaft von dem, was wahr, von dem, was falsch, und von dem, was keins von beiden ist« (**A**5, vgl. **D**). Damit präsentierte er sie als diejenige Kunst, welche auf die Unterscheidung wahrer und falscher Vorstellungen spezialisiert ist (vgl. **B**7, **G**; **37H**; **40I**2), und schloß sie so ganz mit der Epistemologie zusammen. Das paßt ebenso zu ihren kanonischen Inhalten (**A**7-8) wie zu den Ansprüchen, die hinsichtlich der heuristischen und moralischen Bedeutung des Faches erhoben wurden (**B**, **C**). Mit ihrem Bezug zu Wahrheit, Wissen, Definitionen usw. gewinnt die Dialektik daher im Stoizismus eine Bedeutung, die der platonischen Konzeption vollkommen vergleichbar ist. Indem sie Argumentationsanalyse und Argumentationstechnik beistellt, hält sie gleichzeitig ihren ursprünglichen Bezug zu kniffligen Argumenten und zur Übung gegen Opponenten aufrecht; und den, der ihrer kundig ist, stattet sie auch mit der Fähigkeit aus, Dialektik im aristotelischen Sinn zu praktizieren, nämlich für und gegen eine gegebene These zu argumentieren (vgl. Chrysipp in **O** und **P**). In **P** erkennen wir des weiteren Chrysipps Vertrautheit mit den dialektischen Methoden der skeptischen Akademie und sehen sein Bestreben, sich davon zu unterscheiden (unser vierter Sinn). Er will das »Argument für entgegengesetzte Positionen« als Erziehungsmittel benutzen und nicht, um Urteilsenthaltung herbeizuführen.

Als offizielle Version können wir es auffassen, daß Chrysipp von aller Dialektik meinte, sie sei für den Stoizismus in seiner Ganzheitlichkeit wesentlich. In der Praxis mußte es als zweifelhaft erscheinen, daß seine enormere Produktion im Bereich technischer Logik (vgl. **37B**) für den Stoizismus als Lebensform relevant ist. Daher verteidigt Epiktet die Notwendigkeit der Logik als eines Instruments der Urteilsbildung (**S**), warnt aber davor, Kompetenz in der Logik mit der Grundlegung von Glück zu verwechseln (**T**).

32 Definition und Einteilung

A   Diogenes Laërtius 8.48   (*FDS* 622)

Wie Favorinus sagt, benutzte er [Pythagoras] bei der Bearbeitung seines mathematischen Stoffs durchweg Definitionen; deren Gebrauch sei dann von Sokrates und seinen Freunden erweitert worden, und später von Aristoteles und den Stoikern.

B   Scholien zu Dionysios Thrax, 107,5–7   (teilw. *SVF* 2.226; teilw. *FDS* 627)

(1) Chrysipp hingegen sagt: »Eine Definition ist die Wiedergabe von Eigentümlichem«, d.h. diejenige Rede, welche das Eigentümliche wiedergibt. (2) Und der Stoiker Antipater erklärt: »Eine Definition ist eine Feststellung, die nach Maßgabe einer Notwendigkeit geäußert wird«, d.h. nach Maßgabe einer Umkehrung; denn die Definition soll reziprok sein.

C   Diogenes Laërtius 7.60–62   (teilw. *SVF* 2.226, 3. Ant. 23, Diog. 25; teilw. *FDS* 621)

(1) Eine Definition ist, wie Antipater im ersten Buch *Über Definitionen* sagt, »eine Feststellung nach Maßgabe einer Analyse, in vollkommen gleichsetzender Weise ausgedrückt«, (2) oder, wie Chrysipp in seinem Buch *Über Definitionen* erklärt, die Wiedergabe eines eigentümlichen Merkmals. (3) Ein Abriß ist eine Rede, die umrißhaft in die Sachen einführt oder die die Funktion einer Definition auf einfachere Weise als eine Definition ausübt. (4) [= **30C**] (5) Eine Einteilung ist die Zerlegung einer Gattung in die nächsten Arten; z.B.: »Von den Lebewesen sind die einen vernunftbegabt, die anderen vernunftlos.« (6) Eine Gegensatzeinteilung ist die Zerlegung einer Gattung in eine Art mit Bezug auf deren Gegenteil, etwa eine Zerlegung durch die Negation, beispielsweise: »Vom Seienden ist das eine gut, das andere nicht gut.« (7) Eine Untereinteilung ist eine Einteilung im Anschluß an eine Einteilung, zum Beispiel: »Vom Seienden ist das eine gut, das andere nicht gut; und von dem, was nicht gut ist, ist das eine schlecht, das andere indifferent.« (8) Eine Aufteilung ist die Klassifizierung eines Genus in Themen, wie Krinis sagt, beispielsweise »Von den Gütern gehören die einen zur Seele, die anderen zum Körper.«

A Kontext: Lebensbeschreibung des Pythagoras.   B Kontext: Prolegomena zur *technē* des Dionysios Thrax; bevor man nach der Definition der *technē* fragt, ist das Verständnis der Definition zu klären.   C Kontext: Überblick über die stoische Dialektik. Vgl. zu **33A**; hier: Erklärung stoischer Termini, die sich auf Definition und Einteilung beziehen; gefolgt von **37P**.

D Pseudo-Galen, *Definitiones medicae* 19.348,17–349,4 (teilw. *FDS* 624)

Einige [die Stoiker] aber definierten auch folgendermaßen: »Eine Definition ist eine Rede, welche nach Maßgabe einer Analyse eine vollkommene Gleichsetzung ausdrückt.« Oder »Eine Definition ist [eine Rede], welche uns durch eine kurze Erklärung zu einem Begriff der den Worten unterlegten Sachen führt.«

E Alexander v. Aphr., *In Arist. Topic.* 42,27–43,2 (teilw. *SVF* 2.228; teilw. *FDS* 628)

Aber diejenigen [*scil.* die Stoiker], die erklären, eine Definition sei eine Feststellung nach Maßgabe einer Analyse, in vollkommen gleichsetzender Weise ausgedrückt – dabei verstehen sie unter einer ›Analyse‹ die Entfaltung des Definiendums, und zwar prägnant nach den Hauptgesichtspunkten, und unter ›vollkommener Gleichsetzung‹, weder darüber hinauszugehen noch dahinter zurückzubleiben –, würden sagen, daß die Definition sich in nichts von der Wiedergabe des Eigentümlichen unterscheide.

F Augustinus, *De civ. Dei* 8.7 (teilw. *SVF* 2.106; teilw. *FDS* 347)

[Die Stoiker sagen, von den Sinnen her] empfange der Geist die von ihnen als *ennoiai* bezeichneten Begriffe dieser Dinge, die sie, heißt das, durch Definitionen erläutern; und von da nehme das gesamte System des Lehrens und Lernens seinen Ausgang und werde es zusammengehalten.

G Galen, *Adv. Lycum* 3.7 (teilw. *SVF* 2.230; teilw. *FDS* 399)

Denn in der Erkenntnis der Unterschiede eines jeden existierenden Gegenstands bestehen die Künste. Platon hat dies im *Philebos* gleich zu Beginn der Schrift sehr ausführlich erörtert; und seine Einsicht wurde von Aristoteles, Theophrast und Chrysipp beibehalten.

H Cicero, *Tuscul.* 4.53 (enthält *SVF* 1.628, 3.285)

(1) Sollen wir den Wahnsinn deshalb als nützlich bezeichnen? Betrachte die Definitionen der Tapferkeit, und du wirst sehen, daß es nicht nötig ist, sich aufzuregen. (2) Die Tapferkeit ist also »ein Habitus der Seele, die dem obersten Gesetze in Dingen gehorcht, die Ausdauer verlangen«, (3) oder »ein festes Bewahren des Urteils beim Aushalten und Zurückstoßen von Dingen, die gefährlich scheinen«, (4) oder »wissenschaftliches Wissen von gefährlichen Dingen,

---

E Kontext: Kommentar zur Definition der Definition in *Top.* I.5, 101b39.   F Kontext: Verurteilung der stoischen Philosophie, weil sie im Gegensatz zum Platonismus den Sinnen vertraut.   G Kontext: Kritik an Lykos wegen seiner Behauptung, daß sich nicht eine Hitze von der anderen unterscheide.   H Kontext: Verteidigung der stoischen Behandlung der Affekte.

von Dingen, die das Gegenteil von gefährlich sind, und von denen, die ganz außer acht zu lassen sind, welches Wissen das sichere Urteil über diese Dinge bewahrt«, (5) oder in Chrysipps kürzerer Formulierung (denn die vorangegangenen Definitionen stammten von Sphairos, einem Mann, der nach Ansicht der Stoiker ganz besonders gut definiert; sie sind einander alle ziemlich ähnlich, aber die eine bringt die allgemeinen Begriffe erfolgreicher zum Ausdruck als die andere), – (6) wie also definiert Chrysipp? »Tapferkeit ist wissenschaftliches Wissen von Dingen, die Ausdauer erfordern«, (7) oder »ein Habitus der Seele, die im Erdulden und Ertragen dem obersten Gesetze ohne Angst gehorcht«. (8) Wie sehr wir sie auch angreifen mögen, wie es Karneades zu tun pflegte, so fürchte ich doch, daß sie die einzigen wahren Philosophen sind. Denn welche dieser Definitionen enthüllt nicht jenen Begriff der Tapferkeit, den wir in verdeckter und verhüllter Form alle in uns haben? Und sobald er einmal enthüllt ist, wer wird dann für einen Krieger, einen Feldherrn oder einen Redner noch mehr verlangen und nicht der Meinung sein, daß sie ohne Raserei etwas Tapferes vollbringen können?

I Diogenes Laërtius 7.199–200 (teilw. *SVF* 2.16; teilw. *FDS* 194)

[Aus der Liste von Chrysipps Schriften zur Ethik:] (1) Ethische Theorie über die Artikulation der ethischen Begriffe. Gruppe 1: (2) *Grundriß einer Darstellung der Vernunft*, an Theoporos. 1 Buch; *Ethische Thesen.* 1 Buch; *Glaubhafte Voraussetzungen für die Lehrsätze*, an Philomathes. 3 Bücher; *Definitionen dessen, was zu einem höherwertigen Mann gehört*, an Metrodoros. 2 Bücher; *Definitionen dessen, was zu einem minderwertigen Mann gehört*, an Metrodoros. 2 Bücher; *Definitionen der mittleren Dinge*, an Metrodoros. 2 Bücher; *Definitionen, gerichtet an Metrodoros, nach dem Genus.* 7 Bücher; *Definitionen der Dinge, die sich auf die anderen Kunstfertigkeiten beziehen*, an Metrodoros. 2 Bücher. (3) Gruppe 2: *Über Ähnliches*, an Aristokles. 3 Bücher; *Über die Definitionen*, an Metrodor. 7 Bücher. (4) Gruppe 3: *Über die unkorrekten Einwände gegen die Definitionen*, an Laodamas. 7 Bücher; *Glaubhaftes Material für die Definitionen*, an Dioskurides. 2 Bücher; *Über Arten und Gattungen*, an Gorgippides. 2 Bücher; *Über Einteilungen.* 1 Buch; *Über konträre Gegensätze*, an Dionysios. 2 Bücher; *Glaubhaftes Material gegen die Einteilungen und die Gattungen und die Arten und betreffs der konträren Gegensätze.* 1 Buch. (5) Gruppe 4: *Über die etymologischen Materialien*, an Diokles. 7 Bücher; *Etymologisches*, an Diokles. 4 Bücher.

J Orignes, *Contra Celsum* 1.24 *SVF* 2.146; teilw. *FDS* 643)

In die vorgenannte Problematik fällt das tiefe und unergründliche Thema der Natur der Namen. Gibt es die Bezeichnungen aufgrund einer Konvention, wie

---

I Kontext: Aus dem Verzeichnis der Schriften Chrysipps. J Kontext: Kritik der Ansicht des Kelsos, daß es keinen Unterschied mache, ob Gott ›Zeus‹ oder mit sonst einer lokalen Bezeichnung für die höchste Gottheit genannt werde.

Aristotles glaubt? Oder sind sie, wie die Stoiker meinen, ein Produkt der Natur, indem die ersten Wörter die Dinge, für die sie die Bezeichnungen sind, nachahmen? Entsprechend dieser These führen die Stoiker auch einige Elemente der Etymologie ein.

☐ Definition und Einteilung sind für die stoische Dialektik fundamentale Methoden, und besonders offenkundig sind sie in ethischen Texten; vgl. auch die Liste verlorener ethischer Schriften in I. Als erstes wird ein Thema bestimmt durch »Aufteilung« (C8) eines generischen Themenbereichs in Unterpunkte. Das Thema ›Vorstellungen‹ erreicht man zum Beispiel (31A; für weitere Beispiele vgl. 43B; 56), indem man die Logik in Rhetorik und Dialektik aufteilt, letztere in das Gebiet der Bedeutungen und in das der Äußerungen – und das Gebiet der Bedeutungen dann in verschiedene weitere Sektoren, von denen einer die ›Vorstellungen‹ sind. Wichtig ist dabei, daß die Vorstellungen in der stoischen Theorie nicht selbst eine Unterart der Bedeutungen sind, hier vielmehr wegen ihrer unmittelbaren *Relevanz* für verschiedene Arten von Bedeutungen eingeordnet werden.

Die Aufteilung ist somit signifikant verschieden von der nächsten Stufe, der Einteilung (wenngleich es unvermeidlich manche Grenzfälle gibt, z.B. 26B1-2). Die Einteilung ist die Analyse einer Gattung in die sie konstituierenden Arten (zur Terminologie siehe 30C) und der Arten in die jeweiligen Unterarten. Manchmal wird jeder Zweig der Einteilung einer Untereinteilung unterworfen, und das Ziel ist eventuell eine vollständige Klassifikation der ursprünglichen Gattung. Wie die Stoiker alle Dinge ethisch einteilen, bildet dafür ein Beispiel: siehe C7 und 30I für zwei Versionen der Anfangseinteilung und 60J–M für nachgeordnete Einteilungsschritte. Manchmal indes ist das Ziel der Einteilung die präzise Abgrenzung genau einer Unterart, und in solchen Fällen ist es normal, auf jeder Ebene gerade nur die Art auszuwählen, die für die vorgesehene Untereinteilung die passende ist. Ein Beispiel hierfür findet sich in der Folge von Einteilungen, die dazu bestimmt sind, die ›erkenntnistaugliche‹ Vorstellung von anderen Vorstellungen abzugrenzen. Um die Gattung der Vorstellungen einzuteilen, stehen verschiedene Grundlagen zur Verfügung (vgl. 39A4-7), aber die eine, die im Hinblick auf die erkenntnistaugliche Vorstellung relevant ist, funktioniert durch »glaubhaft« etc., dann »wahr« etc., bis zu einer letzten Zeile, die aus »erkenntnistauglich« und »nicht erkenntnistauglich« besteht (39G; 40E). In diesen einseitig ausgerichteten Einteilungen kann es sogar vorkommen, daß eine Art, der nicht weiter nachgegangen wird, ohne einen spezifischen Namen gelassen wird und sich mit dem Gattungsnamen begnügen muß: vgl. 36A5-6; 39E3; 60J mit Kommentar.

Diese Methode, durch Einteilung zu analysieren, ist ein Vermächtnis Platons, das von seinen Schülern auf verschiedene Weisen weiter entwickelt wurde, besonders von Aristoteles (vgl. G). Von Hause aus ist sie sowohl eine allgemeine Technik wissenschaftlicher und begrifflicher Analyse als auch spezieller die eigentliche Methode zur Aufstellung einer Definition, nämlich der Definition, die aus der Gattung und den spezifischen Differenzen zusammengesetzt ist, die gebraucht werden, um das Definiendum von den anderen Arten abzugrenzen. Die Stoiker mögen formal auf denselben definitorischen Gebrauch der Einteilung verpflichtet bleiben. Daher beispielsweise ihre Musterdefinition »Der Mensch ist ein vernunftbegabtes, sterbliches Lebewesen« (30I); sie spiegelt die Doppeleinteilung der Gattung ›Lebewesen‹ in ›vernunftbegabt‹ und ›nicht vernunftbegabt‹ sowie in ›sterblich‹ und ›nicht sterblich‹. In der Praxis scheinen Einteilungen in stoischen Texten aber fast ausschließlich als eine Methode begrifflicher oder wissenschaftlicher Analyse verwendet worden zu sein (z.B. 27;

33F3; 36A; 59E, M; 65E–F), und ihre überall anzutreffenden Definitionen sehen normalerweise nicht wie die Endprodukte von Einteilungen aus. (Der einzige offensichtliche Fall einer Definition durch Einteilung in unseren Textauszügen findet sich in 36B, einem Text, dessen stoische Herkunft durchaus zur Diskussion gestellt werden kann.) Im Fall der erkenntnistauglichen Vorstellung (39G; 40E) ist es in der Tat so, daß sie zunächst durch eine Folge von Einteilungen aufwendig abgegrenzt, dann aber in einer Weise definiert wird, welche diese Einteilungen nur sehr lose oder überhaupt nicht wiederspiegelt. Für weitere Beispiele von Definitionen vgl. H; 26A, G; 31A4–5, B2-6, D, H; 33G, M; 34A; 35A, C; 42A (wo Chrysipp eine Definition von Kleanthes korrigiert); 50E; 51A, B, E; 55A; 59B1; 60G1; 61H; 63A2; 65D.

Zuzugestehen ist allerdings, daß es bei ein oder zwei offenkundigen Fällen von Definitionen, die nicht das Ergebnis einer Einteilung zu sein scheinen, so sein könnte, daß es sich in Wirklichkeit überhaupt nicht um Definitionen im strikten Sinn handelt, sondern um »Abrisse«. »Abriß« *(hypographē)* ist ein aristotelischer Ausdruck, den sich sowohl die Stoiker (C3; 26H) als auch die Epikureer (19 Kommentar) zu eigen gemacht haben. Es ist eine Formel, die für die vorläufige Abgrenzung eines Definiendums verwendet wird, welche der Erarbeitung einer wirklichen Definition vorausgeht. Der Abriß stellt klar, worum es in der Diskussion geht, aber er kann noch nicht das Wesen des Gegenstands ans Licht bringen.

Darin steht er im Gegensatz zu einer genuinen Definition (C2), welche das (oder ›ein‹) »Eigentümliche(s)« einer Art präsentiert. Ein Kritiker der Stoiker, Alexander von Aphrodisias (in der Fortsetzung von E), argumentierte, daß das Eigentümliche sich selbst als etwas erweisen könnte, was für das Wesen des Definiendums ganz unwesentlich ist, z.B. daß der Mensch nach stoischer Auffassung als das »Lebewesen mit einem Sinn für Humor« definiert werden könnte. Es gibt aber wohl keinen Zweifel (vgl. 31D; 58A5; 63D, M), daß das »Eigentümliche« *(idion)* ein Ausdruck ist, der von den Stoikern dazu gedacht war, nur auf Merkmale Anwendung zu finden, die bei dem fraglichen Gegenstand nicht bloß vorkommen, sondern die für ihn auch wesentlich sind. Alexander steht vielleicht mehr als angebracht unter dem Einfluß des flexibleren Aristotelischen Gebrauchs dieses Ausdrucks.

Der Vorwurf erscheint triftiger, wenn er gegen Antipaters alternative Definition in C1 gerichtet wird, eine Definition sei »eine Feststellung nach Maßgabe einer Analyse, in vollkommen gleichsetzender Weise ausgedrückt«, weil »in vollkommen gleichsetzender Weise«, wie E hilfreich erklärt, bloß bedeutet, daß die Definition mit dem Definiendum koextensiv ausfallen muß. Wir dürfen aber vermuten, daß »Analyse« – in E als »Entfaltung« des Definiendums glossiert (heißt das: seines Begriffs?) – einen großen Teil der Aufgabe übernimmt und man darunter die Artikulation der *wesentlichen* Eigenschaften des zu definierenden Gegenstands zu verstehen hat.

B2 kann den Eindruck erwecken, Antipater eine zweite Definition der Definition aufzubürden: »›eine Feststellung, die nach Maßgabe einer Notwendigkeit geäußert wird‹, d.h. nach Maßgabe einer Umkehrung«. Vermutlich ist das aber eher als ein *Zusatz*-Erfordernis für jede Auffassung von der Definition gedacht, nämlich daß die Definition nicht als eine Prädikation angesehen werden sollte, sondern als eine Identitätsaussage. Die Unterscheidung zwischen Identität und Prädikation ist in der griechischen Philosophie nicht sehr scharf und nicht eben vertraut; und Antipater denkt bei Identifikation wahrscheinlich einfach an reziproke, d.h. an in beiden Richtungen gültige Prädikationen. An dieser Stelle müssen wir uns von 30I her Chrysipps logische Diagnose in Erinnerung rufen, daß Definitionen für Konditionalaussagen mit indefinitem Subjektsterm stünden, z.B. für eine Aussage wie »Wenn etwas ein Mensch ist, dann ist es ein vernunftbegabtes sterbliches Lebewesen«. So formuliert stellt die Konditionalaussage die Definition in der Tat irreführend als eine gewöhnliche Prädikation dar. Um der Identitätsbeziehung Genüge zu tun, brauchte Chrysipp wirklich eine bikonditionale Formulierung: »Wenn etwas x ist, ist es y, und wenn etwas y ist, ist es x« (oder »Dann und nur dann, wenn etwas x ist, ist es y«). Vielleicht ist es das, was Antipater ihm zu sagen versucht. Unklar ist allerdings, warum er davon meint, es sei äquivalent damit, daß die Definition »nach Maßgabe einer Notwendigkeit geäußert« sei; das hätte man sonst dahin interpretieren können, daß es besagt, Definitionen würden keine kontingenten Wahrheiten ausdrücken, sondern *analytische* Wahrheiten.

Epistemologisch gesprochen gilt eine Definition als die sprachliche Artikulation eines generischen »Begriffs« *(ennoia)*: vgl. **D, F, H8, I1; 31A3; 40G2; 60G1**. Von daher ist klar, warum Definitionen als eine philosophisch fundamentale Angelegenheit angesehen werden. Denn Begriffe sind genau das Material der Vernunft (**39E3-4**) und bilden, soweit sie in uns natürlich verankert sind, ein ursprüngliches Wahrheitskriterium (**40**).

Ein wiederkehrender Zug der stoischen Methodologie, der sie mehr in die Nähe von Aristoteles' als von Platons Praxis bringt, ist die sorgfältige Unterscheidung zwischen verschiedenen Bedeutungen eines Wortes; siehe z.B. **28N; 41H; 44F; 47A6-9; 58B, D2-3; 67L**. Dies kann man mit der unplatonischen Sensibilität der Stoiker für Mehrdeutigkeit als eine Quelle von Trugschlüssen verknüpfen: **37B2, N–S**.

Ein letzter Punkt, in dem die Stoiker sich selbstbewußt in die Linie Platons stellen, ist die Etymologie. In seinem *Kratylos* prüft Platon eine Theorie der »Richtigkeit der Bezeichnungen« mit dem Ergebnis, daß die Bezeichnungen der Dinge kodierte Beschreibungen von ihnen sind, aus denen die wahre Natur der Dinge extrahiert werden kann, nämlich durch die angebliche Wissenschaft der Etymologie (wörtlich: ›Lehre von der wahren Wortbedeutung‹). Daraus zieht er den Schluß, daß Namen tatsächlich bis zu einem gewissen Grad Beschreibungen, aber doch zu ungenau sind, um einen Weg zum Wissen zu eröffnen; dieser muß, heißt das, eher von dialektischen Untersuchungen zum Wesen der Dinge selbst freigelegt werden. Das scheint genau die von den Stoikern eingenommene Position zu sein, besonders in **31C2-3**. Auf der einen Seite genehmigen sie sich wie Platon gelegentliche Ausflüge in die Etymologie (vgl. **J; 34J: 39B3; 54A; 59C; 63B1** mit Kommentar; siehe auch die Titel in **I5**). Andererseits bestreiten sie, daß etymologische Technik Teil der wirklichen Dialektik sei (**31C**).

Gelegentlich wird behauptet, die Stoiker seien recht bedeutende Vertreter der Etymologie gewesen und hätten sie in phantastischem Ausmaß verwendet. Das scheint übertrieben zu sein. Sie haben die Etymologie kaum häufiger verwendet und ihre Etymologien sind nicht mehr an den Haaren herbeigezogen, als das bei anderen griechischen Intellektuellen der Fall war, einschließlich der Philosophen.

Für Epikurs streng kontrastierende Auffassungen zu denselben Themen vgl. **19**, und für die Zweifel der Pyrrhoneer siehe Sextus Empricus, *Pyrrh. hyp.* 2.205–227. Für die metaphysische Frage, welches die Entitäten sind, die ein Dialektiker definiert und einteilt, siehe **30**.

33 Lekta (Sagbares)

A Diogenes Laërtius 7.57 (teilw. *SVF* 3. Diog. 20; *FDS* 476)

Stimme und Sprachlaut *(lexis)* unterscheiden sich, weil eine Stimme auch der bloße Laut, aber Sprachlaut nur das Artikulierte ist. Ferner unterscheidet sich ein Sprachlaut von einer Rede, weil eine Rede immer Bedeutung hat, ein Sprachlaut dagegen auch bedeutungslos sein kann, wie z.B. *blityri*, während eine Rede das niemals ist. Ferner unterscheidet sich das Reden (Sagen) vom Äußern; denn geäußert werden die stimmliche Äußerungen, geredet (gesagt) aber die Sachen, die eben das Sagbare (*Lekta*) sind.

B Sextus Empiricus, *Adv. Math.* 8.11–12 (teilw. *SVF* 2.166; *FDS* 67)

(1) Bei diesen Männern [*scil.* bei denen, die Untersuchungen über das Wahre angestellt haben] gab es aber auch noch eine andere Kontroverse, indem die einen das Wahre und Falsche in die Bedeutung setzten, während die anderen es mit der stimmlichen Äußerung verbanden und die dritten es in dem Prozeß ansiedelten, der den Gedanken konstituiert. (2) Die erste Auffassung verteidigten die Stoiker, indem sie sagten, es sei dreierlei miteinander verbunden: das Bezeichnete, das Bezeichnende und [das ›Erlangende‹ oder] der Namen-Träger. Dabei ist das Bezeichnende die stimmliche Äußerung, z.B. das Wort ›Dion‹; das Bezeichnete ist die Sache selbst, die durch die stimmliche Äußerung klar gemacht wird und die wir begreifen, da sie in Übereinstimmung mit unserem Denken subsistiert, die aber fremdsprachige Leute nicht verstehen, so sehr sie auch die stimmliche Äußerung hören; das [›Erlangende‹ oder] der Namen-Träger schließlich ist der äußere Gegenstand, z.B. etwa Dion selbst. (3) Zwei von diesen sind Körper, nämlich die stimmliche Äußerung und der Namen-Träger; eines hingegen ist unkörperlich, nämlich die bezeichnete Sache, und sagbar (ein *lekton*), welches eben wahr oder falsch ist.

C Sextus Empiricus, *Adv. Math.* 8.70 (teilw. *SVF* 2.187; *FDS* 699)

Sie [die Stoiker] sagen, daß ein ›Sagbares‹ (Lekton) dasjenige ist, was in Übereinstimmung mit einer vernünftigen Vorstellung subsistiert; und eine vernünftige Vorstellung ist diejenige, in der es möglich ist, den Inhalt der Vorstellung sprachlich zu präsentieren.

A Kontext: Doxographie der stoischen Dialektik, speziell des Abschnitts über die Stimme, möglicherweise über ein Handbuch des Diokles von Magnesia vermittelt (D.L. 7.48; vgl. 39A). Der hauptsächlich zitierte stoische Autor im Abschnitt über die Stimme ist Diogenes von Babylon, der ein Buch *Über die Stimme* verfaßt hat (Diogenes Laërtius 7.55, 57).
B Kontext: Doxographie zur Lehre von der Wahrheit.   **C** Kontext: Detaillierte Kritik der in **B** dargestellten Lehre.

D   Diogenes Laërtius 7.49   (= 39A2; teilw. *SVF* 2.52; teilw. *FDS* 255)

Zuerst kommt nämlich die Vorstellung, und dann drückt der Verstand, der die
Fähigkeit zur Äußerung hat, sprachlich eben das (aktiv) aus, was er unter der
Einwirkung der Vorstellung (passiv) erfahren hat.

E   Seneca, *Epist.* 117.13   (*FDS* 892)

(1) »Es gibt«, sagt er [der Stoiker], »die Dinge der Körperwelt; so ist z.B. dies ein
Mensch und das ein Pferd. Mit diesen Dingen gehen dann Bewegungen des
Verstandes einher, der über die Körper Aussagen machen kann. (2) Diese Bewegungen haben eine ihnen eigene Qualität, die den Körpern fremd ist. Zum
Beispiel sehe ich Cato, wie er spazierengeht. Die Sinneswahrnehmung hat es
mir gezeigt, und der Geist hat es geglaubt. Was ich sehe, ist ein Körper; und es
ist ein Körper, worauf ich die Augen und den Geist gerichtet habe. Dann sage
ich: ›Cato geht spazieren‹. Was ich da sage, das ist«, so sagt [der Stoiker], »kein
Körper, sondern eine bestimmte Aussage *(enuntiativum)* über einen Körper, welche die einen als *effatum* bezeichnen, andere als *enuntiatum* (ausgesagte Sache),
wieder andere als *dictum* (gesagte Sache). (3) Wenn wir also ›Weisheit‹ sagen,
verstehen wir darunter etwas Körperliches; und wenn wir sagen: ›Er ist weise‹,
sprechen wir über einen Körper. Es ist aber ein sehr großer Unterschied, ob
man etwas benennt oder über etwas spricht.«

F   Diogenes Laërtius 7.63   (enthält *SVF* 2.181; teilw. *FDS* 696)

(1) In dem Kapitel über die Sachen und das Bezeichnete stehen die Ausführungen über die Lekta, sowohl über die, welche vollständig und Aussagen und
Syllogismen sind, als auch über die, welche unvollständig sind, und aktive und
passive Prädikate. (2) Sie sagen, das *lekton* (Gesagte, Sagbare) sei dasjenige, was
in Übereinstimmung mit einer vernünftigen Vorstellung subsistiert. (3) Die
Lekta sind, wie die Stoiker sagen, teils vollständig und anderenteils unvollständig. Unvollständig sind nun diejenigen, deren sprachlicher Ausdruck unabge-
schlossen ist, z.B. »[Jemand] schreibt«; da fragen wir nämlich nach: »Wer?« Vollständig sind andererseits diejenigen, deren sprachlicher Ausdruck abgeschlossen
ist, z.B. »Sokrates schreibt«. Zu den unvollständigen Lekta gehören also die
Prädikate, zu den vollständigen dagegen die Aussagen, die Syllogismen, die
Entscheidungs- und die Bestimmungsfragen.

D Kontext: Siehe unten **39A**.   E Kontext: Die stoische Unterscheidung von Gütern wie
›Weisheit‹, die körperlich sind, und den unkörperlichen Sachen, die von den entsprechenden Prädikaten ausgedrückt werden.   F Kontext: Siehe oben zu **A**; gefolgt von **G**.

G Diogenes Laërtius 7.64 (teilw. *SVF* 2.183; teilw. *FDS* 696)

Das Prädikat ist das, was von etwas ausgesagt wird, oder eine Sache, die mit Bezug auf ein oder mehrere [Subjekte] konstruiert werden kann, wie Apollodor und seine Leute sagen, oder ein unvollständiges Lekton (Sagbares), welches mit einem Nominativ zusammengesetzt werden kann, so daß dabei eine Aussage entsteht.

H Diogenes Laërtius 7.55–56 (*SVF* 3. Diog. 17, 18; teilw. *FDS* 476)

Die Stimme (stimmliche Äußerung) des Tieres ist Luft, die von einem Trieb in Erschütterung versetzt ist, während die des Menschen artikuliert und vom Verstand her geäußert ist, wie Diogenes [von Babylon] sagt; ihre Vollendung erreicht sie mit dem vierzehnten Lebensjahr. Ferner ist die Stimme (stimmliche Äußerung) nach den Stoikern ein Körper. . . . Denn alles, was tätig ist, ist ein Körper; die Stimme (stimmliche Äußerung) aber ist tätig, wenn sie von denen, die sich äußern, zu denen hindringt, die sie hören.

I Stobaeus 2.88,2–6 (*SVF* 3.171) .

(1) Sie [die Stoiker] sagen, daß alle Antriebe Zustimmungshandlungen sind und daß die praktischen Antriebe auch motivierende Kraft einschließen. (2) Allerdings richten Zustimmungshandlungen und Antriebe sich auf verschiedene Objekte: Zustimmungshandlungen beziehen sich nämlich auf Aussagen, während Antriebe sich auf Prädikate richten, die in den Aussagen in gewissem Sinne enthalten sind.

J Stobaeus 2.97,15–98,6 (*SVF* 3.91)

(1) Sie [die Stoiker] sagen, daß der Unterschied zwischen ›wählenswert‹ und ›was gewählt werden sollte‹ genauso gilt für ›erstrebenswert‹ und ›was erstrebt werden sollte‹, ›wünschenswert‹ und ›was gewünscht werden sollte‹, ›akzeptabel‹ und ›was akzeptiert werden sollte‹. Denn wählenswert, erstrebenswert, wünschenswert ⟨und akzeptabel – das sind die Dinge, die gut sind. Die zuträglichen Dinge sind demgegenüber das, was gewählt werden sollte, was erstrebt werden sollte, was gewünscht werden sollte⟩ und was akzeptiert werden sollte; sie sind nämlich Prädikate und Korrelate zu den Dingen, die gut sind. (2) Denn wir wählen, was gewählt werden sollte, wünschen, was gewünscht werden sollte, und erstreben, was erstrebt werden sollte. Die Wahlen, Erstrebungen und Wünsche betreffen nämlich Prädikate, ebenso wie schon die Antriebe. (3) Freilich wählen, wünschen und entsprechend erstreben wir, die Güter zu *haben*, weshalb die Güter wählenswert, wünschenswert und erstrebenswert sind. Denn zu *haben*

G Kontext: Unmittelbar anschließend an **F**.   **H** Kontext: Siehe zu **A**.   **I** Kontext: Darstellung der stoischen *hormē*-Lehre (Lehre vom Antrieb). Gefolgt von **65A**

wählen wir die Klugheit und die Besonnenheit und, bei Gott, keineswegs das Klugsein und Besonnensein, die ja doch unkörperlich und Prädikate sind.

K Ammonios, *In Arist. De interpr.* 43,9–15 (teilw. *SVF* 2.164; teilw. *FDS* 776)

Darauf antworten die Stoiker: »Auch der Nominativ ist von etwas heruntergefallen, nämlich vom Gedanken in der Seele. Denn wenn wir den Gedanken an Sokrates in uns haben und ihn kundtun wollen, dann äußern wir das Nomen ›Sokrates‹ [*scil.* im Nominativ]. Wie also von einem Griffel, der von oben her fallen gelassen worden ist und senkrecht (gerade) *(orthos)* feststeckt, gesagt wird, er sei gefallen und habe den senkrechten (geraden) Fall gebildet, so behaupten wir, daß auf dieselbe Weise auch der Nominativ [wörtlich: der ›direkte Fall‹] vom Begriff heruntergefallen ist; und gerade *(orthē)* ist er deshalb, weil er der Archetyp der sprachlichen Äußerungen ist.«

L Scholien zu Dionysios Thrax, 230,24–28 (teilw. *FDS* 781)

Wenn der Nominativ aufrecht (gerade) ist, wieso ist er dann ein Kasus (Fall)? »Weil er vom Unkörperlichen und Gattungsmäßigen auf das Artmäßige (die Einzelfälle) heruntergefallen ist. Und als aufrecht (gerade) gilt er, weil er noch nicht in eine Schräge (einen obliquen Kasus) verändert worden ist oder weil er die Grundlage für die bei den Stoikern sogenannten geraden (persönlich aktiven) Verben ist, die sich auf Tätigkeiten beziehen; ein Beispiel dafür ist ›Sokrates schlägt‹«.

M Diogenes Laërtius 7.58 (teilw. *SVF* 3. Diog. 22; teilw. *FDS* 536)

Nach Diogenes [von Babylon] ist ein Appellativ ein Redeteil, der eine allgemeine Eigenschaft bezeichnet, z.B. »Mensch«, »Pferd«. Ein Eigenname ist ein Redeteil, der eine individuelle Eigenschaft ausdrückt, z.B. »Diogenes«, »Sokrates«. Verb ist ein Redeteil, der – nach Diogenes – ein unzusammengesetztes Prädikat bezeichnet, oder, wie einige sagen, ein kasusfreies Element der Rede, das etwas bezeichnet, was mit einem oder mehreren [Kasus, Subjekten] zusammengesetzt werden kann, z.B. »(ich) schreibe«, »(ich) rede«.

N Ammonios, *In Arist. De interpr.* 17,24–28 (*SVF* 2.168; teilw. *FDS* 702)

Aristoteles unterrichtet uns mit diesen Ausführungen [in 16a3ff.] darüber, was dasjenige ist, was durch die Nomina und Verba vorrangig und unmittelbar bezeichnet wird, daß dies nämlich die ›Gedanken‹ sind und vermittels dieser die

---

K Kontext: Die Uneinigkeit zwischen Stoikern und Peripatetikern, ob der Nominativ als Kasus (›Fall‹) gelten soll oder nicht.   L Kontext: Der Nominativ.   M Kontext: Siehe zu A.   N Kontext: Die aristotelische Symbolkette von *De interpr.* 16a3ff. und der Versuch des Ammonios, vor diesem Hintergrund die *lekta* der Stoiker zu bestimmen.

›Gegenstände‹, und daß es nicht nötig ist, zu diesen [Komponenten der Bedeutungstheorie] noch irgendein weiteres Element hinzuzudenken, welches zwischen dem Gedanken und dem Gegenstand zu vermitteln hätte; das nahmen die Vertreter der Stoa nämlich an, und sie hielten es für richtig, [das vermittelnde zusätzliche Element] als *lekton* (Gesagtes, Sagbares) zu bezeichnen.

O Clemens, *Stromateis* 8.9.26.5 (teilw. *FDS* 763)

Einverständnis besteht aber darüber, daß die Kasus unkörperlich sind. Deshalb wird auch der folgende Trugschluß in folgender Weise aufgelöst: »Was du sagst, geht durch deinen Mund.« Das ist wahr. »Nun aber sagst du: ein Haus. Also geht ein Haus durch einen Mund.« Das ist falsch. Denn wir sagen nicht das Haus, welches ein Körper ist, sondern den Kasus, der unkörperlich ist und den ein Haus trägt (›erlangt‹).

P Sextus Empiricus, *Pyrrh. hyp.* 2.81–83 (*FDS* 322)

(1) Vom Wahren wird [seitens der Stoiker] gesagt, daß es sich von der Wahrheit in drei Hinsichten unterscheide: in der Substanz, in der Struktur und in der Funktion. (2) In der Substanz unterscheidet es sich, weil das Wahre unkörperlich ist (denn es ist eine Aussage und ein Lekton); die Wahrheit dagegen ist ein Körper (denn sie ist Wissen, welches alles Wahre auszusagen vermag; und das Wissen ist das in bestimmter Weise disponierte Führungsvermögen gerade so, wie auch die Faust die in bestimmter Weise disponierte Hand ist; das Führungsvermögen aber ist ein Körper, da es nach ihrer Auffassung ja ein Atemstrom ist). (3) In der Struktur besteht ein Unterschied, weil das Wahre etwas Einfaches ist, wie z.B. die Aussage »Ich unterhalte mich«, während die Wahrheit in dem Wissen um vieles Wahre besteht. (4) In der Funktion unterscheiden sie sich, weil die Wahrheit zum Wissen gehört, das Wahre aber überhaupt nicht. Daher sagen sie, daß es die Wahrheit nur bei einem tugendhaften Menschen gibt, das Wahre aber auch bei einem schlechten Menschen; denn daß der schlechte etwas Wahres sagt, ist möglich.

☐ Die Grundlage der stoischen Logik ist eine Theorie über die Konstitution der Sprache in ihren phonetischen und semantischen Aspekten. Als »Rede« oder Sprache betrachtet sind Wörter und Sätze von bloßen Stimmlauten und von artikulierten Äußerungen dadurch unterschieden, daß sie etwas »bezeichnen«, »Bedeutung« haben (**A**). Was sie bezeichnen, oder m.a.W. ihre Bedeutung ist jedenfalls nicht auf den Laut reduzierbar, der erzeugt wird, wenn wir Wörter oder Sätze äußern. Jemand, der des Deutschen nicht kundig ist, hört, wenn die Äußerung »Sokrates schreibt« getan wird, dieselben Laute wie jemand, der Deutsch spricht. Bedeutung haben Wörter und Sätze nur für die, die die Sprache verstehen (**B2**). Außerdem ist die Bedeutung von »Sokrates

---

O Kontext: Zwei Zeilen hinter **55C**.   P Kontext: Zurückweisung der ›dogmatischen‹ Auffassungen über Wahrheit und Wahres.

schreibt« etwas, das von dem speziellen, in Bewegung befindlichen Körper verschieden ist, der in dieser Weise beschreibbar sein könnte. Unabhängig davon, ob Sokrates wirklich schreibt, hat der Satz »Sokrates schreibt« eine Bedeutung, die im einen Fall wahr und im anderen falsch sein wird.

Allerdings ist nicht jede mit Bedeutung versehene sprachliche Äußerung wahr oder falsch. Die Wahrheiten oder Falschheiten − oder die Aussagen (siehe 34) −, die wir äußern, sind nur eine, wenn auch die wichtigste Art dessen, was die Stoiker als *lekton* bezeichneten. Zu den *lekta* gehören nämlich auch Fragen, Eide, Aufforderungen und anderes mehr (Diogenes Laërtius 7.66–67). Erklärt werden die *lekta* auf verschiedene Weisen.

Wir beginnen mit einer terminologischen Verständigung. Das griechische Wort *lekton* ist ein Verbaladjektiv des Verbs *legein* (»sagen«). Es bezeichnet etwas Bewirktes oder häufiger etwas Bewirkbares und heißt daher »Gesagtes« oder »Sagbares«. Aussagen, Fragen, Aufforderungen etc. sind für die Stoiker also Sagbares. Den Terminus *lekton* in dieser Weise zu übersetzen und ihn im Englischen durch »sayable«, im Deutschen durch »Sagbares« und in anderen Sprachen entsprechend wiederzugeben, hat den Vorzug der größeren Anfangsverständlichkeit. Außerdem entspricht es der Situation der Stoiker insofern, als diese, um ihre Fachtermini zu prägen, ebenfalls nicht auf Fremdwörter zurückgegriffen haben. Trotzdem ist eine solche Übersetzung im Deutschen unpraktisch. Denn zu substantivierten Adjektiven und Partizipien im Neutrum können wir in unserer Sprache keinen echten Plural bilden. »Sagbares« wäre im Deutschen also kein wirklich *verwendbarer* Fachterminus. Aus diesem Grund verzichten wir auf eine Übersetzung und setzen für *lekton* in der Regel einfach ›Lekton‹, im Plural entsprechend ›Lekta‹. Was dadurch an Anfangsverständlichkeit des Wortes verloren geht, wird bei der Verständlichkeit der Sätze mehr als gewonnen.

Um nun zur Sacherklärung zu kommen, handelt es sich bei den Lekta linguistisch gesehen um die Bedeutungen »abgeschlossener« Sätze wie »Sokrates schreibt« (F3) oder um die Bedeutungen von Verben ohne ein spezifiziertes Subjekt (und/oder Objekt im Fall transitiver Verben), z.B. um die Bedeutung von »schreibt«, ohne daß angegeben wäre, wer. Der erste Typ Lekta wird »vollständig« und der zweite »unvollständig« genannt. Was ein Lekton vervollständigt, ist, daß es mit einem »Nominativ-Kasus« verknüpft wird (G) (oder bei unpersönlichen Verben mit einem Dativ der Person), und bei Verwendung transitiver Verben die weitere Hinzufügung eines obliquen Kasus (vgl. q in Bd. 2). »Kasus« *(ptōsis)* stellt auf die syntaktische Relation eines Nomens zu den anderen Konstituenten eines Satzes ab. Im »vollständigen Lekton« scheint diese syntaktische Relation als eine Komponente der Satzbedeutung angesehen worden zu sein.

Bevor die Unklarheiten im Zusammenhang mit der Rede von »Kasus« aufgeklärt werden, bedarf der Begriff des Lekton weiterer Analyse. Ontologisch wird das Lekton scharf vom »Bezeichnenden« (der artikulierten Äußerung) und von der körperlichen Entität, dem »Namenträger«, unterschieden, von der/dem das Lekton handelt: das Lekton ist im Gegensatz dazu »unkörperlich« (**B3, E, H**). Am klarsten wird die Unterscheidung in **E** auseinandergesetzt (vgl. **55B**). Cato oder Weisheit sind Körper, Fälle von Dingen, auf die durch die Subjekte oder Objekte zu Verben Bezug genommen werden kann, Namenträger in der Terminologie von **B**. Aber das Lekton, welches durch »Cato geht spazieren« ausgedrückt wird, ist nicht selbst ein Körper, sondern etwas, was *über* einen Körper gesagt werden kann. In ähnlicher Art waren die Stoiker der Ansicht, daß die Wirkung, die ein Körper in einem anderen hervorruft (z.B. die Wirkung »geschnitten zu werden«, verursacht von einem Messer am Fleisch), nicht ein

anderer Körper ist, sondern ein unkörperliches »Prädikat«, welches von dem fortbestehenden Körper, dem Fleisch, dann wahr wird (siehe **55B** und Kommentar). Nun
vertreten die Stoiker darüber hinaus mit Nachdruck die These, daß nur Körper existieren (siehe **27**; **44–45**). Unter Voraussetzung dieser These hat sich der unkörperliche
Status des Sagbaren und der Prädikate als eine Idee erwiesen, die schwer nachzuvollziehen ist. Warum werden die Lekta mit Ort, Leerem und Zeit zusammengruppiert
(**27D**), deren Unkörperlichkeit unproblematisch zu sein scheint?

Explizite Antworten auf diese Frage sind uns nicht erhalten. Doch lassen sich wenigstens zwei Gründe angeben, um die These der Stoiker zu rechtfertigen. Erstens
können, wie bereits festgestellt, Aussagesätze mit Bedeutung ebensogut falsch wie
wahr sein. Wenn Cato nicht spazierengeht, kann die Bedeutung der falschen Aussage,
daß er spazierengeht, keine körperliche Entität sein, der nicht-spazierende Cato.
Zweitens gliedern Aussagesätze sich in Subjekte und Prädikate. In der physikalischen
Welt, so könnte argumentiert werden, gibt es aber nichts, was dieser Unterscheidung
entspräche. In physikalischen Termini ist Catos Spaziergang der »in einer bestimmten
Weise disponierte« Körper Cato (vgl. **53L**). Es gibt nur einen Körper: den Menschen
Cato. Indem wir von Cato sagen: »geht spazieren«, abstrahieren wir von diesem Körper ein Merkmal, und diese Abstraktion oder unkörperliche Prädikation ist die einzige
Weise, auf die der *eine* Körper Cato in einem Satz mit Bedeutung beschrieben werden
kann. Lekta können demnach als Abstraktionen von Körpern angesehen werden und
daher als Dinge, die ›körper-los‹ sind (so die wörtliche Bedeutung von *asōmaton*, dem
griechischen Wort für ›unkörperlich‹); und dies könnte der Punkt sein, auf den es
ankommt, wenn gesagt wird, sie würden »aufgrund eines Übergangs« gedacht (**39D7**).

Obwohl die Lekta keine existierenden Gegenstände sind, ›subsistieren‹ sie doch wie
alles, was zur Klasse der ›Etwasse‹ gehört (**27A**). Was hier ›Subsistenz‹ heißt, muß im
wesentlichen aus C entnommen werden (ähnlich **F2**). Der Gedanke eines Menschen
ist ein besonderer psychologischer Zustand seines ›Führungsvermögens‹, welches von
den Stoikern als körperlich angesehen wurde. Zu sagen, daß Lekta »in Übereinstimmung mit einer vernünftigen Vorstellung subsistieren«, scheint ein Weg zu sein, um
auszudrücken, daß die Vernünftigkeit eines Gedankens − d.h. eines speziellen psychologischen Ereignisses − in einer (Erwägungs-, Behauptungs- etc.)Beziehung zu etwas
Sagbarem, einem Lekton besteht, das normalerweise eine Aussage sein wird. Die zitierte Formulierung so zu verstehen erklärt, warum die Stoiker auf der Verbindung
zwischen Denken und Sprache insistieren (C, D; vgl. **31A7** über die Einteilung der
Dialektik). Wenn ich an Cato denke, wie er spazierengeht, ist mein Führungsvermögen in einer bestimmten Weise disponiert: das ist mein Gedanke oder meine vernünftige Vorstellung. Die Aussage, daß Cato spazierengeht, ist das logische oder
sprachliche Korrelat meines Denkens, mein Denken als in einem Satz ausgedrücktes.
Nur *ich* kann *meine* Gedanken haben; aber »Cato geht spazieren« ist etwas, was zur
Vorstellung in jedermanns Geist passen könnte.

Für sich genommen bildet das Prädikat den Haupttyp der »unvollständigen Lekta«
(**F3**, **G**). Es besteht − mindestens − in der Bedeutung eines Verbs. Ein »vollständiges«
Lekton entsteht, indem man das Prädikat mit einem »Kasus« verknüpft (**G**; q in Bd. 2;
34K5-6). Weil »Kasus« als Subjekte zu Prädikaten fungieren und dazu dienen, Lekta
vollständig zu machen, erwartet man vielleicht, daß sie als die Bedeutungen von Nomina definiert oder erklärt werden; aber unsere besten Quellentexte unterstützen eine
solche Erwartung nicht. Von den Nomina heißt es, daß sie »Eigenschaften« bezeichnen
(**M**), und Eigenschaften existierender Gegenstände sind selbst Körper (**E3**; **28L**, **M**).
Ein Kasus ist nicht diese Art Eigenschaft, ist keine Charakterisierung eines äußeren

Gegenstands, sondern die spezifische flektierte Vorm eines Nomens, ist ein Nomen in der ihm eigenen syntaktischen Relation zum Verb eines Satzes. In den Standardbeispielen ist dies ein Nominativ, der als Subjekt zu einem Verb dient (vgl. G, L; 34K5-6).

Daß ein vollständiges Lekton ein (körperliches) Wort zum Subjekt haben und zugleich ein Prädikat enthalten sollte, welches die (unkörperliche) Bedeutung eines Verbs ist, kann Anlaß zur Verwunderung geben. Kasus und Prädikate werden jedoch niemals als gleiche oder gleichgeordnete Konstituenten vollständiger Lekta behandelt. Beispielsweise scheint ein ›Kasus‹ nicht den Status des Prädikats zu teilen, ein ›unvollständiges Lekton‹ zu sein. Die Position ist eher die folgende: In der Klasse der Bedeutungen sind die primären Elemente Prädikate. Prädikate spielen in der *Logik* aber nur dann eine Rolle, wenn sie durch eine sprachliche Äußerung in charakteristischer Weise angewendet werden (vgl. F3). Sie müssen — durch Nomina oder Pronomina in dem jeweils passenden Kasus — um ihre Subjekte ergänzt sein; und die einfachen Aussagen, die man so erhält, müssen selbst zu komplexeren Strukturen organisiert sein — durch die Verwendung weiterer Redeteile wie etwa Konjunktionen (35A). Somit sind Lekta mit der Sprache nicht bloß, wie oft beobachtet wurde, ›isomorph‹. Sie verhalten sich zu ihr vielmehr parasitär, und zwar derart stark, daß sie im wesentlichen in die Wörter analysierbar sind, die man verwendet, um sie auszudrücken. Dementsprechend werden die Nomina, Konjunktionen etc. gewöhnlich als *Teile* der vollständigen Lekta behandelt. Nimmt man hinzu, daß das vollständige Lekton wie sein unvollständiges Gegenstück selbst eine unkörperliche »Bedeutung« ist (B3, E), so folgt trotzdem nicht, daß jeder einzelne Bestandteil vollständiger Lekta für sich genommen eine unkörperliche Bedeutung sein müßte. In der stoischen Metaphysik (vgl. 27) einen Platz für unkörperliche Bedeutungen von Nomina oder Konjunktionen zu finden, wäre schwierig.

Nomina, Pronomina, Konjunktionen usw. sind zwar selbst Wörter. Aber wenn sie in einer Aussage oder sonst einem Lekton verwendet werden, erlangen sie dann vielleicht so etwas wie eine unkörperliche Funktion? Daß man so gedacht hat, ist attraktiv zu vermuten. Es läßt sich aber kaum belegen. O, das einzige Zeugnis in dieser Richtung, nennt einen Kasus unkörperlich und könnte stoische Theorie wiederspiegeln (vgl. 37R). Aber falls es so ist, steckt darin zumindest *eine* Schwierigkeit; denn der Text bezieht sich zweifellos auf den geäußerten Kasus, und der *ist* ein Körper (siehe H).

Ein warnendes Wort muß in bezug auf den Ausdruck ›Kasus‹ hinzugefügt werden. Nach der am meisten vertrauten modernen Bedeutung bezeichnet er die Flektion eines Nomens oder einer anderen substantivischen Form, z.B. einen Nominativ oder einen Genitiv. In der stoischen Verwendung bezeichnet der Terminus jedoch nicht die Flektion selbst, sondern das flektierte Wort. Ein ›Nominativ‹ ist ein Wort, das im Nominativ flektiert ist. Eine Konsequenz dieses Sprachgebrauchs ist, daß der Ausdruck ›ein Kasus‹, wenn der Kasus nicht weiter spezifiziert ist (z.B. als Nominativ), einfach soviel bedeutet wie ›ein Wort in einem Kasus‹ oder ›eine substantivische Form‹. Er ist dann ein Sammelausdruck für solche grammatischen Erscheinungen wie Nomina (O; 30A3; 37Q4), Pronomina und sogar nominale Satzteile (55C), die im Griechischen durch alle Fälle durchdekliniert werden können. Wenn die Subjekte als »Erlangende« bzw. als »Namen-Träger« bezeichnet werden (B), steht das dadurch übersetzte griechische Wort *tynchanonta* eigentlich für »Kasus-Träger« und zeigt an, daß die Subjekte diejenigen Gebilde sind, die standardmäßig durch Nomina und Pronomina bezeichnet werden.

Aristoteles hatte die Form des Nominativs aus den ›Kasus‹ des Nomens ausgeschlossen (*De interpretatione* 16a32ff.). In seinem Sprachgebrauch sind die Kasus immer

›oblique‹ oder ›schräg‹, also Flektionen der nominativischen Form. Die Stoiker dehnten den Terminus ›Kasus‹ (wörtlich ›Fall‹) auf den Nominativ aus, und man rechtfertigte diese Terminologie mit phantasievollen Erklärungen (K, L). Wahrscheinlich steckt die Idee dahinter, daß die Prädikation am grundlegendsten dadurch exemplifiziert wird, daß man einem Subjekt eine Tätigkeit zuschreibt, z.B. »Sokrates schreibt«.

Was Aristoteles allgemeiner betrifft, kann man die Stoiker so verstehen, daß sie eine Lücke in seiner viel gefeierten Bedeutungslehre schließen (N). Wenn »Bedeutungen« *schlechthin* mit Gedanken identifiziert werden, bleibt unklar, wie es möglich ist, daß die je verschiedenen Denkakte mehrerer Personen dieselbe Bedeutung *sind*. Indem die Stoiker zwischen vernünftigen Vorstellungen und Lekta unterschieden und zugleich beides durch den Begriff der Subsistenz verbunden haben, zeigten sie, daß die Bedeutung eines Gedankens etwas ist, was vermittels der Sprache von einem Geist zum andern übertragen werden kann. Nicht die physikalischen Modifikationen seines Geistes kann einer auf den anderen übertragen; aber er kann ihm sagen, woran er denkt.

So weit erscheinen die Lekta als Stücke einer semantischen Theorie, welche die Bedeutungen als ganz abhängig von den Gedanken einer Person ansieht. Dieses Bild bedarf einiger Modifikationen, die wir nun erwägen. In einer ihrer Arten, nämlich als wahre Aussagen (siehe 34) sind die Lekta äquivalent mit Tatsachen; und die Wirkungen von Ursachen sind auch Lekta (55B). Weder Tatsachen noch Wirkungen können plausibel als bloße Bedeutungen, als vom Geist abhängige Gegenstände verstanden werden. Ordentlich artikuliert sind die Lekta unsere Mittel, eine objektive Darstellung der Welt zu geben. Wir können sie nur fassen, indem wir uns Gedanken über etwas machen, und ausdrücken können wir sie nur durch Verwendung der Sprache. Aber als Tatsachen oder mutmaßliche Tatsachen stehen sie zu Gebote, um gedacht und ausgedrückt zu werden – unabhängig davon, ob jemand über sie nachdenkt oder nicht. Es würde zu diesem Punkt passen, wenn die Formulierung »subsistiert in Übereinstimmung mit einer vernünftigen Vorstellung« sowohl die Möglichkeit als auch die Wirklichkeit solcher Subsistenz umspannen kann. Es sollte auch nicht angenommen werden, daß vernünftige Vorstellungen, wie eine Lesart von C und D dies implizieren könnte, nichts mehr als die Gedanken der ihnen entsprechenden *lekta* sind. Dieselbe Aussage kann auf eine ganze Reihe von Weisen von ein und derselben Person oder von verschiedenen Personen gedacht werden. Die vernünftige Vorstellung, daß meine Katze hungrig ist, wird ein anderer Gedanke sein, wenn ich die Katze sehe oder sie höre oder es versäumt habe, sie heute morgen zu füttern. Dasjenige, dem die *lekta* entsprechen, wird der propositionale Gehalt einer vernünftigen Vorstellung sein, nicht alle ihre Umstände und ihre ganze Individualität.

Weil Prädikate unkörperlich sind, sind sie keine ›Dinge‹, die wir ›haben‹ können (vgl. 28M). Die Beziehung eines Prädikats zu einem Subjekt weist zwar Parallelen zu etwas Körperlichem auf, das etwas Körperliches *hat*; sie ist darauf aber nicht reduzierbar. Das scheint der entscheidende Punkt von J zu sein: Es ist vollkommen in Ordnung, von der Wahl zu sprechen, etwas Gutes zu ›haben‹, wo etwas Gutes sich auf einen Körper bezieht. Wir können aber nicht sagen »Ich wähle, klug Handeln zu *haben*«. Denn »klug handeln« ist kein Gegenstand, den man haben könnte; es ist ein Prädikat, nicht ein möglicher Besitz. Klugheit andererseits ist ein möglicher Besitz, aber kein Prädikat. Das Haben von Klugheit, einer körperlichen Qualität (vgl. 28), rechtfertigt die Zuschreibung des Prädikats »ist klug« zu einer Person, die Klugheit hat (vgl. 55A3). Prädikate sind ›Korrelate‹ von Dingen, eine andere Art, wie es scheint, ihre ›Subsistenz‹ zu beschreiben. Die Sprache kann die Welt also exakt spiegeln, indem sie die körperlichen Eigenschaften von Dingen in der unkörperlichen Form von Lekta ausdrückt. So sagt man auch von »Antrieben« vernünftigerweise, sie hätten als ihre Objekte »Prädikate« (I). Der Antrieb ist die Wirkursache einer Handlung (siehe **53A4**, **P**), ist der psychologische Zustand, der ausgelöst wird durch unsere Zustimmung zu einer Aussage der Form »Es ist für mich richtig, spazieren zu gehen«. ›Spazieren zu gehen‹ ist kein Körper, den ich zu fassen bekommen kann, sondern ein Prädikat, welches ich von mir wahr mache, indem ich spazieren gehe.

Der unkörperliche Status der Lekta erstreckt sich auch auf die einzelnen Wahrheiten oder Falschheiten, die sich bei denjenigen Lekta finden, die von propositionaler Form sind (**P2**). Dies scheint ein selbstverständlicher Punkt zu sein. Die Stoiker schlossen daraus allerdings nicht, daß ›Wahrheit‹ einfach der Name für alle einzelnen Wahrheiten sei. Mit dem Nomen »Wahrheit« nahmen sie nicht auf das Aggregat wahrer Aussagen Bezug; sondern sie benutzten es, um auf die geistige Disposition des weisen oder guten Mannes zu referieren, die ein Körper ist (**P2**). ›Wahrheit‹ wird so dem wissenschaftlichen Wissen assimiliert (siehe **41H**), und ihre Beziehung zur Feststellung einzelner Wahrheiten wird rein kontingent. Ein Weiser, der ›Wahrheit‹ hat, kann trotzdem etwas Falsches sagen, aus guten moralischen Gründen, und ein Ignorant sagt möglicherweise doch etwas Wahres (**P4**). Diese Unterscheidung zwischen ›Wahrheit‹ und ›Wahrem‹ folgt in der Hauptsache epistemologischen und ethischen Interessen. Die stoische Logik ist demgegenüber vorrangig mit den Bedingungen für die Feststellung einzelner Wahrheiten befaßt und nicht mit ›der Wahrheit‹ in dem speziellen Sinn, der in **P** umrissen wird.

34 Einfache Aussagen

A Diogenes Laërtius 7.65 (teilw. *SVF* 2.193; teilw. *FDS* 874)

Eine Aussage ist das, was wahr oder falsch ist; oder eine vollständige Sache, die behauptet werden kann, soweit dies an ihr selbst liegt, wie Chrysipp in seinen *Dialektischen Definitionen* sagt.

B Sextus Empiricus, *Adv. Math.* 8.74 (teilw. *SVF* 2.187; teilw. *FDS* 876)

Weil es nun also unter den ›Sagbaren‹ (Lekta) einen beträchtlichen Unterschied gibt, muß etwas, so erklären die Stoiker, damit es wahr oder falsch ist, vor allem etwas Sagbares (ein Lekton) sein, außerdem auch ein vollständiges und das dann nicht allgemein von beliebiger Art, sondern eine Aussage; denn wie gesagt: nur wenn wir die Aussage aussprechen, sagen wir entweder etwas Wahres oder etwas Falsches.

A Kontext: Doxographie der stoischen Dialektik; vgl. die Anm. zu **33A**. Unmittelbar anschließend an die ausgehobene Stelle wird der Text (immer noch zur Definition der Aussage) unsicher – und setzt dann fort mit E. B Kontext: Überblick über die Arten vollständiger Lekta.

C Cicero, *De fato* 38 (teilw. *SVF* 2.952; teilw. *FDS* 886)

Wie aber ist es möglich, daß das, was nicht wahr ist, nicht falsch ist? Oder wie ist es möglich, daß das, was nicht falsch ist, nicht wahr ist? Wir werden an dem festhalten, was Chrysipp verteidigt, nämlich daß jede Aussage entweder wahr ist oder aber falsch.

D Sextus Empiricus, *Adv. Math.* 8.85–86 (teilw. *FDS* 887)

(1) Sie [die Stoiker] sagen, wahr sei eine Aussage, die sowohl besteht als auch in kontradiktorischem Gegensatz zu etwas steht, falsch dagegen eine Aussage, die nicht besteht, aber zu etwas in kontradiktorischem Gegensatz steht. (2) Doch auf die Frage, was ›das, was besteht,‹ sei, sagen sie, es sei das, was die erkenntnistaugliche Vorstellung aktiviere. (3) Wenn sie daraufhin über die erkenntnistaugliche Vorstellung ausgefragt werden, kehren sie schleunigst wieder zurück zu ›das, was besteht‹, welches doch genauso unbekannt ist, und sagen: »Eine erkenntnistaugliche Vorstellung ist diejenige, welche von etwas Bestehendem her nach Maßgabe des Bestehenden selbst gebildet ist.«

E Diogenes Laërtius 7.65 (teilw. *SVF* 2.193; teilw. *FDS* 874)

Wer nämlich sagt: »Es ist Tag«, behauptet anscheinend mit Anspruch auf Geltung, daß es Tag sei. Wenn es nun wirklich Tag ist, so ist die vorgebrachte Aussage wahr, wenn aber nicht, dann wird sie falsch.

F Sextus Empiricus, *Adv. Math.* 8.103 (*FDS* 923)

Ferner, wenn sie [die Dialektiker] sagen, die Aussage »Es ist Tag« sei gegenwärtig wahr, aber die Aussage »Es ist Nacht« falsch, und außerdem sei die Aussage »Es ist nicht Tag« falsch, aber die Aussage »Es ist nicht Nacht« wahr, dann wird man sich wundern, wieso der Negator, der doch ein und derselbe ist, wenn er zu den wahren Aussagen hinzutritt, diese falsch macht, aber wenn er zu den falschen Aussagen hinzutritt, sie wahr macht.

G Sextus Empiricus, *Adv. Math.* 8.88–90 (teilw. *SVF* 2.214; *FDS* 887, 925)

(1) Aber den kontradiktorischen Gegensatz können sie [die Stoiker] uns sicherlich nicht nahebringen; und so werden auch das Wahre oder Falsche nicht bekannt sein. (2) Sie sagen nämlich: »Kontradiktorische Gegensätze sind Aussagen, von denen die eine um eine Verneinungspartikel (einen Negator) über

---

C Kontext: Verteidigung des stoischen Bivalenzprinzips gegen die Epikureer; vgl. **20H**.
D Kontext: Wie bei **B**.   E Kontext: Kurz nach **A**.   F Kontext: Zurückweisung der Lehre von den einfachen Aussagen.   G Kontext: Zurückweisung der in **D1** referierten Position.

die andere hinausgeht«, beispielsweise »Es ist Tag − Nicht: es ist Tag«. Denn die Aussage »Nicht: es ist Tag« geht um die Verneinungspartikel (den Negator) »nicht« über die Aussage »Es ist Tag« hinaus und ist deshalb der kontradiktorische Gegensatz zu ihr. (3) Aber wenn das der kontradiktorische Gegensatz ist, dann müssen auch die beiden folgenden Aussagen kontradiktorische Gegensätze sein: »Es ist Tag, ⟨und es ist hell« und »Es ist Tag,⟩ und nicht: es ist hell«; denn die Aussage »⟨Es ist Tag, und⟩ nicht: es ist hell« geht um eine Verneinungspartikel (einen Negator) über die Aussage »Es ist Tag, ⟨und es ist hell⟩« hinaus. (4) Aber diese Aussagen sind nach ihnen durchaus keine kontradiktorischen Gegensätze. Also sind kontradiktorische Gegensätze nicht Aussagen, ⟨von denen⟩ die eine um eine Verneinungspartikel (einen Negator) über die andere hinausgeht. (5) »Ja«, sagen sie, »aber sie bilden kontradiktorische Gegensätze unter der zusätzlichen Bedingung, daß die Verneinungspartikel (der Negator) vorangestellt ist vor die eine der beiden Aussagen; dann nämlich regiert sie tatsächlich die ganze Aussage, während sie im Fall von ›Es ist Tag, und nicht: es ist hell‹ ein Teil des Ganzen ist und deshalb die Gesamtaussage nicht so regiert, daß sie daraus eine Negation machen würde.«

H Sextus Empiricus, *Adv. Math.* 8.93–98 (teilw. *SVF* 2.205; teilw. *FDS* 915, 916)

(1) Als die nachgeradezu erste und wichtigste Unterscheidung der Aussagen proklamieren die Dialekitker diejenige, nach der die Aussagen einesteils einfach und anderenteils nicht einfach sind. (2) Einfach sind alle Aussagen, die weder aus einer einzigen Aussage konstruiert sind, welche zweimal verwendet wird, noch aus unterschiedlichen Aussagen und vermittels eines oder mehrerer Satzverknüpfer zusammgesetzt sind; Beispiele sind: »Es ist Tag«, »Es ist Nacht«, »Sokrates diskutiert« und jede Aussage von ähnlicher Form. . . . (3) Von den einfachen Aussagen sind manche definit, manche indefinit und manche mittlere Aussagen. (4) Definit sind die, die mit deiktischer Referenz geäußert werden, z.B. »Dieser geht spazieren«, »Dieser sitzt«; dabei referiere ich nämlich mit einer Zeigegeste auf einen bestimmten individuellen Menschen. (5) Indefinit sind nach ihnen die Aussagen, in denen eine indefinite Partikel regiert, z.B. »Jemand sitzt«. (6) Mittlere Aussagen sind solche wie »Ein Mensch sitzt« oder »Sokrates geht spazieren«. (7) Die Aussage »Jemand geht spazieren« ist also indefinit, weil sie nicht einen bestimmten individuellen Spaziergänger markiert; denn sie kann allgemein mit Bezug auf jeden von ihnen geäußert werden. (8) Andererseits ist die Aussage »Dieser sitzt« definit, weil sie die Person markiert, auf die gezeigt wird. (9) Dagegen ist »Sokrates sitzt« eine mittlere Aussage; sie ist nämlich weder indefinit (da sie ja das Individuum markiert) noch definit (da sie ja nicht in Verbindung mit einer Deixis geäußert wird); vielmehr steht sie allem Anschein nach in der Mitte zwischen beiden, zwischen der indefiniten und der definiten Aussage. (10) Weiter sagen sie, die indefinite Aussage, also »Jemand geht spa-

---

H Kontext: Die Darstellung der einfachen Aussagen durch die ›Dialektiker‹.

zieren« oder »Jemand sitzt«, werde wahr, wenn sich die [zugehörige] definite Aussage als wahr erweist, also »Dieser geht spazieren« bzw. »Dieser sitzt«. Denn wenn von den Einzelpersonen keine einzige sitzt, kann die indefinite Aussage »Jemand sitzt« nicht wahr sein.

I Sextus Empiricus, *Adv. Math.* 8.100 (teilw. *SVF* 2.205; teilw. *FDS* 916)

Von dieser definiten Aussage nun, also von »Dieser sitzt« oder »Dieser geht spazieren«, erklären sie [die Dialektiker], sie sei dann wahr, wenn das Prädikat, also zum Beispiel das Sitzen oder das Spazierengehen, dem Gegenstand zukommt, der unter die Deixis fällt.

J Galen, *De plac. Hippocr. et Plat.* 2.2.9–11 (teilw. *SVF* 2.895; teilw. *FDS* 560)

(1) Was Chrysipp im ersten Buch *Über die Seele* über das Wort *egō* (»Ich«) geschrieben hat, als er das Führungsvermögen erörterte, . . . (2) »In dieser Weise sagen wir aber auch *egō*, wenn wir dabei nämlich auf uns selbst zeigen, und zwar auf die Stelle, von der wir erklären, daß dort der Verstand sei, da die Zeigegeste sich natürlicher- und angemessenerweise auf diese Stelle richtet. (3) Aber wir sprechen das Wort *egō* auch ohne eine solche Zeigegeste mit der Hand aus und deuten dabei doch auf uns selbst hin, weil sich auch schon die lautliche Gestalt von *egō* unmittelbar in eine solche Beschreibung einfügt und seine Artikulation von der im folgenden beschriebenen Zeigegeste begleitet ist. (4) Das Wort *egō* äußern wir nämlich in der Weise, daß wir bei der ersten Silbe die untere Lippe so herunterziehen, daß wir auf uns selbst zeigen; und folgerichtig fügt die nächste Silbe sich mit der Bewegung des Kinns, mit einem Hindeuten auf die Brust und mit derselben Art Zeigegeste unmittelbar an, ohne dabei zusätzlich einen Abstand wie den zu bezeichnen, den man passenderweise bei [der zweiten Silbe von *ekeinos* (»jene Person«, »jener«) hat.«

K Diogenes Laërtius 7.69–70 *SVF* 2.204; teilw. *FDS* 914)

(1) Zur Klasse der einfachen Aussagen gehören die negative Aussage (›Negation‹), die bestreitende und die privative Aussage, außerdem die kategorische, die demonstrative und die indefinite Aussage. . . . (2) ⟨Von den einfachen Aussagen ist negativ diejenige, welche aus einem Negator⟩ und einer Aussage besteht, z.B. »Nicht: es ist Tag« (= »Es ist nicht Tag«). Eine Unterart davon ist die übernegative Aussage. Übernegativ ist die Neagtion einer Negation, z.B. »Nicht ⟨nicht⟩: es ist Tag« (= »Es ist nicht ⟨nicht⟩ Tag«). Sie behauptet »Es ist Tag«. (3) Eine bestreitende Aussage ist die, welche aus einer verneinenden Partikel und einem Prädikat besteht, z.B. »Nicht einer [= Niemand] geht spazieren«. (4)

I Kontext: Wie bei **F**.   J Kontext: Kritik an Chrysipp, weil er für seinen Beweis, daß das Führungsvermögen im Herzen sei, unangemessene Prämissen verwende.   K Kontext: Vgl. zu **33A**. Gefolgt von **35A**.

Privativ ist diejenige Aussage, die aus einer privativen Partikeln und einer potentiellen [nämlich anderweitig selbständig verwendbaren] Aussage besteht, z.B. »Unfreundlich ist dieser Mann«. (5) Kategorisch (prädizierend, assertorisch) ist eine Aussage, die aus einem Nominativ und einem Prädikat besteht, z.B. »Dion geht spazieren«. (6) Demonstrativ ist eine Aussage, die aus einem deiktischen Nominativ und einem Prädikat besteht, z.B. »Dieser geht spazieren«. (7) Indefinit ist eine Aussage, die aus einem oder mehreren indefiniten Partikeln ⟨und einem Prädikat⟩ besteht, z.B. »Jemand geht spazieren«, »Jener bewegt sich«.

☐ Wie in 33 klar zu sehen war, ist das Basismaterial der stoischen Logik das »vollständige Lekton« des von den Stoikern als *axiōma* bezeichneten Typs. Für diesen Terminus sind verschiedene lateinische (vgl. **33E2**) und (englische oder) deutsche Übersetzungen möglich; aber die Übersetzung »Aussage« ist wohl diejenige, die am wenigsten irreführt. Die stoischen *axiōmata* gleichen Aussagen, wie dieser Ausdruck gewöhnlich gebraucht wird, insofern sie (als Lekta) das intentionale Objekt bestimmter geistiger Akte sind und insofern sie das sind, was Ausdrücke der Form ›S ist P‹ bedeuten. Wahre Aussagen werden ebenso wie wahre *axiōmata* standardmäßig mit Tatsachen identifiziert, und beide sind abstrakte Entitäten. Man muß sich aber klarmachen, daß *axiōmata* von dem Akt, den der Sprecher tut, wenn er sie ausspricht, nicht ganz unabhängig sind, während Propositionen oder Aussagen im heutigen Verständnis das normalerweise durchaus sind. Ein *axiōma* ist eine Aussage als eine, die zu einer bestimmten Zeit und an einem bestimmten Ort behauptet wird. Anstatt daß sie als zeitlos wahr oder falsch betrachtet werden, können einige *axiōmata* ihren Wahrheitswert ändern (siehe **37A9, J, K**), ohne aufzuhören, dasselbe *axiōma* zu sein. Klar zu sehen ist das in **F**: »Es ist Tag« ist *gegenwärtig* wahr. Die Stoiker* sagen nicht, daß die Tatsache des Tagseins ›zur Zeit t‹ sich ändern kann. Sie halten das *axiōma*, welches sagt, daß es Tag ist, vielmehr deshalb für einer Wahrheitswertänderung fähig (vgl. **E**), weil das *axiōma* auch ausgedrückt werden kann, wenn es nicht länger Tag ist. Stoische *axiōmata* haben m.a.W. Tempora und schließen verwendungsreflexive Elemente ein (»dies«, »ich« u.dgl.m.), die ein moderner Logiker charakteristischerweise eher als Merkmale des sprachlichen Akts denn als Merkmale der Proposition oder Aussage selbst betrachten würde. Aber bei Beachtung dieser Klausel braucht keine ernsthafte Verwirrung zu entstehen, wenn man den Stoikern eine Aussagentheorie zuschreibt.

Die Eigenschaft, wahr oder falsch zu sein, ist dasjenige, was Aussagen von anderen Arten vollständiger Lekta unterscheidet (**A, B**). Anders als Epikur (**20H–I**) und Aristoteles (wie er in *De interpretatione* 9 normalerweise verstanden wird) verteidigten die Stoiker energisch das Bivalenzprinzip (**C**; vgl. **38G**), und zwar in dem Sinn, daß es in genau gleicher Weise für alle Sätze gilt, ob sie sich nun auf die Vergangenheit, die Gegenwart oder die Zukunft beziehen. (Siehe **38G** und den Kommentar.)

Eine wahre Aussage entspricht dem wirklichen Zustand des Gegenstands oder der Gegenstände in der Welt, worauf die Aussage referiert (**E**). Ein unverwechselbar richtiges Zeugnis über existierende Dinge verschaffen uns »erkenntnistaugliche Vorstel-

---

* Wie manche andere Zeugnisse von Sextus (**H, I**) bezieht auch **F** sich auf die „Dialektiker". Es ist unklar, ob Sextus mit diesem Ausdruck die Stoiker oder die Dialektische Schule um Diodoros Kronos zu bezeichnen beabsichtigte. Aber auch im letzteren Fall ist seine Nachricht ein gutes Zeugnis für die Stoiker, deren Logik unmittelbar aus der der Dialektischen Schule hervorgewachsen ist.

lungen«, und eine Aussage, welche dieses Zeugnis beschreibt, wird wahr sein (siehe 40). Die Stoiker drückten diese Korrespondenztheorie der Wahrheit dadurch aus, daß sie dasselbe Verb benutzten, um einerseits zwischen wahren und falschen Aussagen und andererseits zwischen existierenden und nicht existierenden Dingen zu differenzieren: *hyparchei / ouch hyparchei*, in D durch »bestehen / nicht bestehen« wiedergegeben. Weit davon entfernt, einen Zirkelschluß zu enthalten, wie Sextus Empiricus das in D behauptet, sollte »das, was besteht« als Hinweis auf die notwendige Korrespondenz zwischen einer wahren Aussage und dem wirklichen Gegenstand interpretiert werden, den sie beschreibt. Beide ›sind‹ sie; aber wie sie ›sind‹, wird durch die ontologische Differenz zwischen unkörperlichen Aussagen und wirklichen Gegenständen bestimmt: Das ›ist‹ einer wahren Aussage zeigt nicht ihre Existenz an, sondern ihre Wahrheit, ihr ›der Fall sein‹; aber in Bezug auf die Quellen erkenntnistauglicher Vorstellungen sagt ›ist‹ uns, daß solch ein Gegenstand ›existiert‹.

In Abhängigkeit also davon, ob sie (der Fall) sind oder nicht sind, korrespondieren Aussagen existierenden Merkmalen der Welt oder sie korrespondieren ihnen nicht. Die Definitionen wahrer und falscher Aussagen (D) enthalten allerdings auch den Ausdruck »in kontradiktorischem Gegensatz zu etwas stehend«, und im kontradiktorischem Gegensatz zu stehen ist nicht ein Merkmal der Welt, sondern eine rein formale Charakterisierung jeder Aussage, die sprachlich durch die Voranstellung einer Verneinungspartikel angezeigt wird G. Behauptbarkeit als ein Charakteristikum jeder Aussage (A) bedeutet demnach, einen Wahrheitswert zu haben; und das kann seinerseits analysiert werden als ›etwas über die Welt sagen‹ und es so sagen, daß es, soweit es darum geht, eine Aussage zu sein, negiert werden könnte.

Eine Aussage im Sinne der Stoiker muß, um wahr oder falsch zu sein, als Subjekt einen Ausdruck mit Referenz haben. Die Stoiker hätten wahrscheinlich denjenigen modernen Logikern zugestimmt, die sagen, zu den Bedeutungen von Sätzen wie »Der gegenwärtige König von Frankreich ist kahlköpfig« beziehungsweise zu Sätzen, die nichts aussondern, von dem etwas wahr oder falsch sein soll, gebe es keinen Wahrheitswert. Von einer stoischen Aussage, deren Subjekt seinen Referenten nicht identifiziert, sagt man, sie »gehe zugrunde«, was wohl heißt, daß die Aussage aufhört, die Bedingungen zu erfüllen, denen jedes vollständige Lekton genügen muß, um überhaupt eine Aussage zu sein (38F): Die Stoiker nehmen an, daß man auf eine tote Person nicht mit dem Demonstrativpronomen »dieser« zeigen kann, wobei das Pronomen ein Substitut z.B. für »Mann« wäre; wenn also Dion tot ist, ist »Dieser ist tot« nicht möglich als eine Aussage, die auf Dion referiert. Das Beispiel impliziert, daß alle Aussagen mit Hilfe von Subjekten formuliert werden müssen, welche die Referenzbedingungen erfüllen, die in der Welt gerade gelten. Sobald Dion tot ist, kann auf seinen Tod durch den Gebrauch des Eigennamens Bezug genommen werden, aber nicht durch das Demonstrativpronomen »dieser«.

Wieviel Gewicht die Stoiker diesem Punkt beimaßen, ergibt sich aus H, I und J. In der dreifachen Klassifikation einfacher affirmativer Aussagen (H) exemplifizieren »Dieser geht spazieren« und »Jemand geht spazieren« Aussagen mit »definiter« bzw. »indefiniter« Referenz, während Aussagen, deren Subjekt ein Appellativ oder ein Eigenname ist, als »mittlerer« Fall behandelt werden. Was der demonstrativen Referenz ihren Sonderstatus verleiht, ist ihre Direktheit oder Unmittelbarkeit, phantasievoll illustriert durch das unterstellte Nach-innen-Zeigen der beiden Silben von *egō*, der ersten Person Singular des Personalpronomens (J). Demonstrativpronomen und wahrscheinlich Personalpronomen der ersten und zweiten Person funktionieren für die Stoiker also ähnlich wie Bertrand Russells »logische Eigennamen«. Wir sagen »dieser«, wenn wir eines Gegenstands unmittelbar gewärtig sind; das Demonstrativpronomen ist das sprachliche Äquivalent zu einer Zeigegeste auf ein ›definites‹ Objekt, welches für eine Aussage, um darauf Bezug zu nehmen, sozusagen ›hier‹ ist. Wahrheit ist ein Begriff, der einerseits zur Logik und andererseits zur Epistemologie Bezug hat; und die Stoiker, so könnte man vermuten, hatten ähnlich wie Russell erkenntnistheoretische Gründe, auf demonstrative Referenz ein solches Gewicht zu legen: sie ist die unmittelbarste Weise, ohne es zu beschreiben, auf etwas hinzuweisen, von dem der Sprecher weiß oder glaubt, es existiere. Russell hielt normale Eigennamen, die keine Referenz besitzen, für verkappte Kennzeichnungen. Weil es bei jedem beliebigen Eigennamen so sein könnte, daß er keine Referenz hat, nahm er an, daß sie auf andere Weise referieren, als »dieser/e/es« das tut. Es ist interessant, daß auch die Stoiker Eigennamen nicht als Subjekte »definiter« Aussagen anerkennen (wenngleich sie anders als Russell »jener« als eine »indefinite« Form der Referenz ansahen (**J4**, **K7**)). Appellative und Eigennamen bezeichnen »allgemeine« bzw. »individuelle Eigenschaften« (**33M**; vgl. **28G**). Die ›Sokratizität‹ von Sokrates grenzt ein bestimmtes Individuum ab (**H9**); aber was sie abgrenzt, muß nicht jetzt notwendigerweise da sein, wie das bei »dieser/e/es« der Fall ist.

Abgesehen von kleineren terminologischen Differenzen entsprechen **K5-7** den drei Arten einfacher Aussagen, die in **H** vorgestellt werden. **K2-4** indes ergänzen **H**, indem sie als weitere Arten einfacher Aussagen drei Arten von Verneinungen klassifizieren. Der hauptsächlich interessante Punkt dabei ist die Einsicht, daß die Einführung einer verneinenden oder privativen Partikel eine Aussage nicht *eo ipso* komplex macht, wie das aus **G** klar hervorgeht. In kontradiktorischen Gegensätzen muß die Verneinungspartikel die ganze Aussage regieren (**G5**), und das wird weiter exemplifiziert in den »negativen« und »übernegativen« Aussagen von **K2**. (Eine Aussage der Form »Lust ist nicht gut« wurde als affirmative und nicht als negative Aussage angesehen: siehe zu **G** in Bd. 2.)

Weder in **H** noch in **K** wird behauptet, daß jede einfache Aussage in eine oder mehrere dieser »einfachen« Formen analysiert werden könne; aber wenn man mit möglichen Unklarheiten und Defekten in den uns erhaltenen Quellen rechnet, war wohl eben das die stoische Theorie. Die Stoiker betrachteten verallgemeinernde Sätze der Form »Der Mensch ist ein vernunftbegabtes, sterbliches Lebewesen« als der Bedeutung nach identisch mit Sätzen der Form »Wenn etwas ein Mensch ist, dann ist es ein vernunftbegabtes, sterbliches Lebewesen« (**30I**). Aussagen mit einem Subjekt »alle . . .« könnten daher in die Klasse der »indefiniten« Aussagen eingepaßt werden; und dasselbe Prinzip gilt vermutlich für Aussagen mit einem Subjekt »einige . . .«. Solches Material (vgl. **30I** Kommentar) legt unabweisbar nahe, daß die Klassifikation einfacher Aussagen so gedacht war, daß sie jede Form von Subjekt erfaßt, die mit einem Prädikat überhaupt verbunden werden und eine Aussage mit einem Wahrheitswert erzeugen kann.

Was die Wahrheitsbedingungen angeht, werden die der »indefiniten« Aussage explizit von denen der »definiten« Aussage abhängig gemacht (**H10**), und welches diese sind, wird erklärt in **I**: »Dieser geht spazieren« ist wahr, falls Spazieren zu dem Gegenstand gehört oder durch den Gegenstand instantiiert wird, den das Pronomen »dieser/e/es« identifiziert. Dieser Vorrang der Wahrheit der definiten über die der indefiniten Aussage hat mit der Konkretheit der ersteren zu tun, mit ihrer Referenz auf ein bestimmtes Individuum. Umgekehrt illustriert dies die grundlegende Wichtigkeit, die die Stoiker in ihrer Ontologie und Theorie des Wissens den Einzelgegenständen beimaßen. Sinneseindrücke, die erkenntnistauglich sind, offenbaren uns genau, was in der Welt außerhalb von uns ist (siehe 40); wahre Aussagen, die »definit« sind, sind unser Mittel, genau festzustellen, was da außerhalb von uns ist (vgl. D). Eine weitere Absicht bei dieser Lehre betrifft die Gültigkeit von Argumenten: siehe **36B9** und Kommentar.

35 Nicht-einfache Aussagen

A   Diogenes Laërtius 7.71–74   (teilw. *SVF* 2.207, 215, 3. Krin. 4; teilw. *FDS* 914)

(1) Von den nicht-einfachen Aussagen ist die Konditionalaussage (Implikation), wie Chrysipp in seinen *Dialektischen Abhandlungen* und Diogenes [von Babylon] in seinem *Lehrbuch der Dialektik* sagt, diejenige Aussage, welche vermittels des konditionalen (implikativen) Satzverknüpfers »wenn *(ei)*« zusammengesetzt ist. Dieser Satzverknüpfer erklärt, daß das Zweite aus dem Ersten folgt. Ein Beispiel ist: »Wenn es Tag ist, ist es hell«. (2) Subkonditional (subimplikativ) ist, wie Krinis in seinem *Lehrbuch der Dialektik* sagt, eine Aussage, die durch den Satzverknüpfer »da (weil) *(epei)*« subkonditional (subimplikativ) verknüpft ist, beginnend mit einem Vordersatz und endend mit einem Nachsatz, z.B. »Weil es Tag ist, ist es hell«. Dieser Satzverknüpfer erklärt, daß das Zweite aus dem Ersten folgt und daß außerdem das Erste der Fall ist. (3) Eine Konjunktion ist eine Aussage, die durch bestimmte konjunktive Satzverknüpfer konjunktiv verknüpft ist, z.B. »Sowohl es ist Tag, als auch es ist hell«. (4) Eine Disjunktion ist eine Aussage, die durch den diskunktiven Satzverknüpfer »entweder« gegliedert ist, z.B. »Entweder es ist Tag, oder es ist Nacht«. Dieser Satzverknüpfer erklärt, daß genau eine der Teilaussagen falsch ist. . . . (5) Ferner gehören zu den Aussagen solche, die im Hinblick auf Wahr und Falsch kontradiktorische Gegensätze voneinander sind, von denen die eine die Negation der anderen ist, z.B. die Aussagen »Es ist Tag« und »Nicht: es ist Tag«. (6) Demnach ist eine Implikation dann wahr, wenn der kontradiktorische Gegensatz ihres Nachsatzes mit dem Vordersatz unverträglich ist, z.B. »Wenn es Tag ist, ist es hell«. Dies ist wahr; denn »Nicht: es ist hell«, der kontradiktorische Gegensatz des Nachsatzes, ist unverträglich mit »Es ist Tag«. Eine falsche Implikation ist dagegen die, bei der der kontradiktorische Gegensatz des Nachsatzes mit dem Vordersatz nicht unverträglich ist, z.B. »Wenn es Tag ist, geht Dion spazieren«. Denn »Nicht: Dion geht spazieren« ist nicht unverträglich mit »Es ist Tag«. (7) Eine wahre subkonditionale Aussage ist eine, deren Vordersatz wahr ist und deren Nachsatz daraus folgt, z.B. »Da (weil) es Tag ist, steht die Sonne über der Erde«. Eine falsche subkonditionale Aussage dagegen ist eine, die entweder einen falschen Vordersatz hat oder deren Nachsatz nicht daraus folgt, z.B. »Da (weil) es Nacht ist, geht Dion spazieren«, wenn dies während des Tages gesagt wird.

A Kontext: Unmittelbar anschließend an **34K**.

B   Sextus Empiricus, *Pyrrh. hyp.* 2.110–113   (teilw. *FDS* 958)

(1) Aber um auch das beiseite zu lassen, – wir werden sehen, daß die korrekte Konditionalaussage unerkennbar ist. (2) Denn Philon sagt, eine korrekte Konditionalaussage sei diejenige, die nicht mit Wahrem beginnt und mit Falschen endet, also beispielsweise, wenn es wirklich Tag ist und ich tatsächlich diskutiere, die Konditionalaussage »Wenn es Tag ist, diskutiere ich«. (3) Diodor dagegen sagt, eine korrekte Konditionalaussage sei diejenige, bei der es weder möglich war noch möglich ist, daß sie, falls sie mit Wahrem beginnt, mit Falschem endet. Die zuvor genannte Konditionalaussage ist nach ihm anscheinend falsch, da sie, falls es wirklich Tag ist, ich aber in Schweigen verfallen bin, zwar mit Wahrem beginnt, aber mit Falschem endet. Doch die folgende Konditionalaussage ist nach ihm wahr: »Wenn es keine unteilbaren Elemente des Seienden gibt, dann gibt es unteilbare Elemente des Seienden.« Immer nämlich wird sie mit der falschen Aussage »Es gibt keine unteilbaren Elemente des Seienden« beginnen und mit der wahren Aussage »Es gibt unteilbare Elemente des Seienden« enden. (4) Indes erklären die, die den ›Zusammenhang‹ *(synartēsis)* einführen, eine Konditionalaussage sei dann korrekt, wenn der kontradiktorische Gegensatz des Nachsatzes in ihr mit ihrem Vordersatz unverträglich ist. Ihrer Auffassung nach werden die genannten Konditionalaussagen unkorrekt, sein, während die folgende Konditionalaussage wahr ist: »Wenn es Tag ist, ist es Tag«. (5) Jene schließlich, die die Konditionalaussage nach dem ›Verweisungszusammenhang‹ *(emphasis)* beurteilen, sagen, daß diejenige Konditionalaussage wahr ist, deren Nachsatz in ihrem Vordersatz potentiell enthalten ist. Nach ihnen ist »Wenn es Tag ist, ist es Tag« und jede durch Verdopplung einer Aussage gebildete Konditionalaussage vermutlich falsch. Denn es ist unmöglich, daß etwas in sich selbst enthalten ist. (6) Es wird nun vermutlich als unmöglich erscheinen, diese Kontroverse zu beurteilen.

C   Sextus Empiricus, *Pyrrh. hyp.* 2.104–106   (*FDS* 1030)

(1) Jedenfalls sagen diejenigen, die dafür gelten, über das Zeichen genaue Unterscheidungen vorgelegt zu haben, die Stoiker, wenn sie den Begriff des Zeichens vorstellen wollen, daß ein Zeichen die führende Aussage in einer korrekten Konditionalaussage sei und den Nachsatz enthülle. (2) Und zwar ist die Aussage, sagen sie, ein vollständiges Lekton, welches behauptet werden kann, soweit dies an ihm liegt. (3) Eine korrekte Konditionalaussage wiederum ist diejenige, die nicht mit Wahrem beginnt und mit Falschem endet. Die Konditionalaussage beginnt nämlich entweder mit Wahrem und endet mit Wahrem, so z.B. »Wenn es Tag ist, ist es hell«; oder sie beginnt mit Falschem und endet mit Falschem, so z.B. »Wenn die Erde fliegt, hat die Erde Flügel«; oder sie beginnt mit Wahrem und endet mit Falschem, so etwa »Wenn die Erde existiert,

---

B Kontext: Attacke auf die Zeichentheorie; vgl. C.   **C** Kontext: Kritik der Theorie des Zeichens.

fliegt die Erde«; oder sie beginnt mit Falschem und endet mit Wahrem, so etwa »Wenn die Erde fliegt, existiert die Erde«. Unkorrekt ist von diesen Fällen, wie sie sagen, nur derjenige, wo die Konditionalaussage mit Wahrem beginnt und mit Falschem endet; die anderen sind korrekt. (4) Als der ›führenden‹ Aussage meinen sie den Vordersatz in einer Konditionalaussage, die mit Wahrem beginnt und mit Wahrem endet. (5) Den Nachsatz zu enthüllen vermag sie deshalb, weil in der Konditionalaussage »Wenn diese Frau Milch hat, ist diese Frau schwanger gewesen« der Vordersatz »Diese Frau hat Milch« den Nachsatz »Diese Frau ist schwanger gewesen« anscheinend offenkundig zu machen vermag.

D   Gellius 16.8.10–11   (teilw. *SVF* 2.213; teilw. *FDS* 967)

Was den weiteren die Griechen [speziell die Stoiker] als *sympeplegmenon* (Konjunktion) und wir als *coniunctum* oder *copulatum* bezeichnen, das ist von folgender Art: »Publius Scipio, der Sohn des Paulus, war sowohl zweimal Konsul, als auch: er hat einen Triumphzug gehalten, als auch: er hat das Amt des Zensors innegehabt, als auch: er war im Amt des Zensors Kollege des Lucius Mummius«. Wenn aber in der ganzen Konjunktion ein einziges Konjunktionsglied falsch ist, dann sagt man von der ganzen Konjunktion, daß sie falsch ist, mögen auch die restlichen Glieder wahr sein.

E   Gellius 16.8.12–14   (enthält *SVF* 2.218; *FDS* 976)

(1) Dann gibt es auch noch eine weitere Art der Aussage, die die Griechen als *diezeugmenon axiōma* (disjunktive Aussage, Disjunktion) und die wir als *disiunctum* bezeichnen. Sie ist von folgender Art: »Die Lust ist entweder ein Übel, oder sie ist ein Gut, oder sie ist weder ein Gut noch ein Übel«. (2) Indes muß alles, was disjunktiv verknüpft ist, sich gegenseitig ausschließen, und außerdem müssen auch die kontradiktorischen Gegensätze (die Griechen sprechen da von *antikeimena*) der Disjunktionsglieder miteinander unverträglich sein. (3) Von allen Gliedern einer Disjunktion muß genau eines wahr sein und die übrigen falsch. (4) Denn wenn keins von allen Disjunktionsgliedern wahr ist oder wenn alle oder mehr als nur genau eins wahr sind oder wenn die Disjunktionsglieder sich nicht gegenseitig ausschließen oder wenn ihre kontradiktorischen Gegensätze untereinander nicht konträr sind, dann ist die Aussage als Disjunktion falsch und wird sie als *paradiezeugmenon* (Subdisjunktion) bezeichnet. (5) Das gilt beispielsweise für den folgenden Fall, wo die kontradiktorischen Gegensätze der Disjunktionsglieder keinen konträren Gegensatz bilden: »Entweder du läufst, oder du gehst spazieren, oder du stehst«. Denn hier sind die Disjunktionsglieder natürlich miteinander unverträglich; aber ihre kontradiktorischen Gegensätze schließen sich nicht gegenseitig aus. Denn »nicht spazierengehen«, »nicht stehen« und »nicht laufen« verhalten sich nicht konträr zueinander, da als konträr dasjenige bezeich-

---

D Kontext: Einleitende Informationen zur Logik, anknüpfend an stoische Handbücher.
E Kontext: Wie bei D; der Text schließt an D fast unmittelbar an.

net wird, was unmöglich zugleich wahr sein kann; und man kann ja durchaus zugleich und« zu derselben Zeit weder spazierengehen noch stehen noch laufen.

☐ Von den nicht einfachen Aussagen, deren Definitionen und Wahrheitsbedingungen in A aufgelistet werden, sind drei Typen von besonderem logischen Interesse, weil sie die maßgeblichen Prämissen für Syllogismen bereitstellen (siehe 36). Es sind dies die konditionalen, die disjunktiven und die konjunktiven Aussagen.

Diodor und Philon, die unmittelbaren Vorläufer der Stoiker in der Logik, hatten über die Konditionalaussage schon eine kontroverse Diskussion in Gang gebracht: Was heißt es für eine Aussage, aus einer anderen zu ›folgen‹? (Siehe **B**; dem Autor dieses Texts, dem Skeptiker Sextus, geht es darum, die führenden Lehrauffassungen einander gegenüberzustellen.) Philons Antwort ist im wesentlichen äquivalent mit der ›materialen Implikation‹ der modernen Aussagenlogik. Für ihn sind die einzigen Determinanten die Wahrheitswerte des Vorder- und des Nachsatzes zur Zeit der Äußerung, ungeachtet ihrer Relevanz oder Irrelevanz des einen für den andern: **B2**. Diodors Modifikation in **B3** bezweckt offenbar, die wahre Konditionalaussage in diejenige Art notwendiger Wahrheit zu überführen, welche wissenschaftliche oder dialektische Schlüsse begründen könnte. Viele Stoiker teilten zwar dieses Ziel, hielten sich aber sonderbarerweise weiterhin an das Kriterium Philons. **C** exemplifiziert diese Tendenz (vgl. auch **37K**); doch zeigen der Zusammenhang und die gewählten Beispiele, daß sie nichtsdestoweniger erwarteten, daß die wahre Konditionalaussage eine unphilonische Verknüpfung zwischen Vorder- und Nachsatz aufweise. Vermutlich akzeptierten sie also Philons Analyse der logischen Bedeutung des Satzverknüpfers »wenn«, konzentrierten dessen Gebrauch aber auf Fälle, wo »Wenn p, dann q« (z.B. »Wenn die Erde fliegt, hat die Erde Flügel«) ohne vorgängige Kenntnis der Wahrheitswerte von p und q gerechtfertigt werden konnte, beispielsweise durch Rückgriff auf eine unabhängige Prämisse (im Beispiel »Ohne Flügel zu fliegen ist unmöglich«).

Aber wie dem auch sei, das schließliche kanonische Kriterium der Stoiker ist der »Zusammenhang«: **B4**. Aller Wahrscheinlichkeit nach hatte dieses Kriterium die Billigung Chrysipps, und es rangiert unter den offiziellen Regeln in **A6**. Erfüllt ist es dann, wenn der kontradiktorische Gegensatz des Nachsatzes mit dem Vordersatz »unverträglich« ist; und obwohl keine präzise stoische Definition der »Unverträglichkeit« überliefert ist, geht aus **E** und anderen Zeugnissen einigermaßen klar hervor, daß eher eine begriffliche als eine empirische Unverträglichkeit intendiert ist. Eine stoische Darstellung des ›Folgens‹ aus der Zeit kurz nach Chrysipp (siehe **18F**; **42G, H, J** mit Kommentar) arbeitet diesen Punkt klarer heraus, indem sie verlangt, daß, wenn der Folgesatz hypothetisch aufgehoben wird, *dadurch* der Vordersatz »mit-aufgehoben« werden muß — eine Formulierung, die ersichtlich jede Erwägung ausgrenzt, die nicht aus unserem Verständnis des Vorder- und des Nachsatzes selbst gewonnen werden kann. (Das letzte Kriterium, welches in **B5** für die Gültigkeit einer Konditionalaussage angeführt wird, läßt sich nicht mit Sicherheit einer bestimmten Schule oder einem bestimmten Philosophen zuordnen; aber es kann sich nicht signifikant vom »Zusammenhang«: unterscheiden, und Spuren von ihm lassen sich sowohl in stoischen (vgl. **36G4**) als auch in medizinischen Quellen finden.)

Obwohl Chrysipp dem »wenn« diesen strengen Sinn zuschrieb, behielt er doch auch einen Gebrauch der Philonischen Konditionalaussage bei, um weniger feste Formen der Verknüpfung auszudrücken. Aber um Verwirrung zu vermeiden, formulierte er diese Konditionalaussage in eine negierte Konjunktion um, »Nicht sowohl p als auch *nicht-q*«: vgl. **36A11–14**, und siehe weiter **37D** und **38E6** mit Kommentar.

An dieser Stelle muß auf eine Rolle der Konditionalaussage hingewiesen werden, die von einigem Einfluß auf diese Debatte gewesen sein könnte. Die hellenistische Epistemologie mißt »Zeichen« eine besondere Wichtigkeit zu, d.h. offensichtlichen Tatsachen, die dazu dienen, weitere, nicht-offensichtliche Tatsachen zu »enthüllen« (siehe vor allem **51H** und **42** Kommentar). Diese Tatsachen werden aufeinander bezogen als der wahre Vorder- und als der Nachsatz in einer korrekten Konditionalaussage: C. Solch ein wahrer Vordersatz wird auch als die »vorangehende« Aussage bezeichnet, mit der Konnotation einer »führenden« Aussage. Eine mögliche Schwäche der konditionalen Formulierung des Zeichens ist, daß sie nicht selbst die Wahrheit des Vordersatzes anzeigen kann, und das könnte ein Grund gewesen sein, warum die oben erwähnten nach-chrysippeischen Stoiker es vorzogen, Zeichen mit dem »Subkonditional« auszudrücken: »Weil p, deshalb q«; für dessen Analyse siehe **A2** und **7**.

Daß die Stoiker sich schließlich von Philons wahrheitsfunktionaler Analyse der Konditionalaussage entfernen, dazu paßt, wie sie in der Regel die Disjunktion behandeln: **A4, E; 36C5**. Die Disjunktion wird nicht nur als ausschließende verstanden, so daß ein und nur ein Disjunkt wahr ist. Sondern die eigentliche Disjunktion ist eine, in der die einzelnen Disjunkte in Begriffen von Unverträglichkeit so aufeinander bezogen sind, daß das Resultat der wechselseitigen Ausschließung gewährleistet ist.

Was freilich die Konjunktionen betrifft, ist deren grundlegende Analyse wahrheitsfunktional (**D; 36B4**). Ebenso ist es bei der *negierten Konjunktion »Nicht sowohl p* als auch *nicht-q«*, der Form, in der die Konjunktion in der Syllogistik Bedeutung gewinnt. In den Quellen gibt es eine leichte Tendenz, die Konjunktion so zu behandeln, als erfordere sie − einmal mehr − eine Unverträglichkeitsbeziehung. Streng genommen ist die Position zwar die, daß die Wahrheitsbedingung für eine negierte Konjunktion nichts anderes als die Falschheit wenigstens eines Konjunkts ist. Aber wo die Wahrheitswerte der einzelnen Konjunkte vorerst unbestimmt bleiben müssen, wie z.B. in der ersten Prämisse eines Syllogismus wie in **36A14**, da mag der beste Grund, um die negierte Konjunktion rechtfertigen zu können, tatsächlich die wechselseitige Unverträglichkeit ihrer Konjunkte sein. Der einzig mögliche Grund ist das allerdings nicht: vgl. **36G7; 37D; 38E6** mit Kommentar; **42D2**.

36 Argumente

A   Diogenes Laërtius 7.76–81   (*SVF* 2.238, 241, 3. Krin. 5; teilw. *FDS* 1036)

(1) Ein Argument ist, wie man im Kreis des Krinis sagt, das, was aus einer Prämisse oder aus Prämissen sowie aus einer Zusatzprämisse und einer Konsequenz besteht, z.B. das folgende: »Wenn es Tag ist, ist es hell; nun ist es Tag; also ist es hell«. Hier ist nämlich »Wenn es Tag ist, ist es hell« die Prämisse, »Nun ist es Tag« die Zusatzprämisse und »Also ist es hell« die Konsequenz. (2) Eine Modusformel ist sozusagen das Schema eines Arguments, z.B. folgendes: »Wenn das Erste, dann das Zweite; nun aber das Erste; also das Zweite«. (3) Ein Modusargument ist das, was aus beidem zusammengesetzt ist, z.B.: »Wenn Platon lebt, dann atmet Platon; nun aber das Erste; also das Zweite«. Eingeführt

A Kontext: Kurz nach **38D**.

wurde das Modusargument, um in den ausgedehnteren Ketten von Argumenten die Zusatzprämisse, die dort ja lang ist, und die Konsequenz nicht mehr nennen zu müssen und stattdessen kurz schließen zu können: »Nun das Erste; also das Zweite«. (4) Von den Argumenten sind die einen ungültig, die anderen gültig. Ungültig sind diejenigen, bei denen der kontradiktorische Gegensatz der Konsequenz mit der aus den Prämissen gebildeten Konjunktion nicht unverträglich ist, z.B. Argumente wie das folgende: »Wenn es Tag ist, ist es hell; nun ist es Tag; also geht Dion spazieren«. (5) Von den gültigen Argumenten werden die einen mit demselben Ausdruck wie die Gattung als (im engeren Sinne) gültig bezeichnet und die anderen als syllogistisch. Syllogistisch sind diejenigen, die entweder unbeweisbar sind oder die nach einer oder mehreren der Grundregeln *(themata)* auf die unbeweisbaren zurückgeführt werden, z.B. Argumente wie: »Wenn Dion spazierengeht, ⟨bewegt Dion sich; nun geht Dion spazieren;⟩ also bewegt Dion sich«. (6) Gültig im engeren Sinn sind dagegen diejenigen [gültigen Argumente], die schlüssig sind, aber nicht auf syllogistische Art, z.B. Argumente wie: »Die Aussage ›Es ist Tag, und es ist Nacht‹ ist falsch; nun ist es Tag; also nicht: es ist Nacht«. (7) Unsyllogistisch sind dagegen diejenigen Argumente, die zwar auf glaubhafte Weise mit den syllogistischen verglichen werden können, die aber nicht schlüssig sind, z.B.: »Wenn Dion ein Pferd ist, ist Dion ein Lebewesen; nun ist Dion aber kein Pferd; also ist Dion kein Lebewesen«. (8) Weiterhin sind von den Argumenten die einen wahr, die anderen falsch. Wahr sind nun Argumente, die aus wahren Prämissen schlüssig folgern, z.B. »Wenn die Tugend nützt, schadet die Schlechtigkeit; ⟨nun nützt die Tugend; also schadet die Schlechtigkeit⟩«. (9) Falsch sind dagegen Argumente, die unter ihren Prämissen eine falsche haben oder die ungültig sind, z.B.: »Wenn es Tag ist, ist es hell; nun ist es Tag; also lebt Dion«. (10) Außerdem gibt es mögliche, unmögliche, notwendige und nicht notwendige Argumente. (11) Weiter gibt es auch bestimmte unbeweisbare Argumente, weil sie keines Beweises bedürfen. Die Liste dieser Argumente schwankt bei den verschiedenen Autoren; bei Chrysipp indes sind es fünf, aus denen jedes Argument konstruiert ist. Sie werden bei den gültigen Argumente, bei den Syllogismen und bei den Modusformeln herangezogen. (12) Das erste Unbeweisbare ist dasjenige, in dem jedes Argument aus einer Implikation und dem Vordersatz konstruiert wird, mit dem die Implikation beginnt, und der Nachsatz [der Implikation] die Konsequenz bildet, z.B.: »Wenn das Erste, dann das Zweite; nun aber das Erste; also das Zweite«. (13) Das zweite Unbeweisbare ist dasjenige, welches aufgrund einer Implikation und des kontradiktorischen Gegensatzes des Nachsatzes [als Prämissen] den kontradiktorischen Gegensatz des Vordersatzes als Schlußsatz hat, z.B.: »Wenn es Tag ist, ist es hell; ⟨nun aber ist es nicht hell; also ist es nicht Tag⟩«. Denn die Zusatzprämisse wird hier aus dem kontradiktorischen Gegensatz des Nachsatzes und die Konsequenz aus dem kontradiktorischen Gegenteil des Vordersatzes gebildet. (14) Das dritte Unbeweisbare ist dasjenige, welches aufgrund einer negativen Konjunktion und eines der Konjunktionsglieder [als Prämissen] den kontradiktorischen Gegensatz des anderen Teils der Konjunktion zur Konsequenz hat, z.B.: »Nicht: Platon ist tot, und Platon lebt; nun aber ist Platon tot; also nicht: Platon lebt«. (15) Das vierte Unbeweisbare ist dasjenige, welches aufgrund einer Diskunktion und eines der Disjunktionsglieder [als Prämissen] den kontradiktorischen Gegensatz des anderen Diskunktionsglieds als Schlußsatz hat, z.B.: »Entweder das Erste, oder aber das zweite; nun aber das Erste; also nicht das Zweite«. (16) Das fünfte Unbeweisbare ist dasjenige, in dem jedes Argument aus einer Disjunktion und dem kontradiktorischen Gegensatz eines der Disjunktionsglieder konstruiert wird und das andere Disjunktionsglied die Konsequenz bildet, z.B.: »Entweder es ist Tag, oder aber es ist Nacht; nun aber nicht: es ist Nacht; also: es ist Tag«.

B   Sextus Empiricus, *Pyrrh. hyp.* 2.135–143   (FDS 1038, 1058, 1064)

(1) Ein Beweis ist nun, wie sie sagen, ein Argument, welches aus einverständlich akzeptierten Prämissen vermittels einer schlüssigen Folgerung eine nicht-offenkundige Konsequenz enthüllt. Was sie meinen, wird deutlicher aus dem folgenden: (2) Ein Argument ist ein System aus Prämissen und Konsequenz. Dabei sind die Prämissen, wie es heißt, die zur Begründung des Schlußsatzes einhellig angenommenen Aussagen, und die Konsequenz oder der Schlußsatz ist die aufgrund der Prämissen begründete Aussage. Zum Beispiel ist in dem Argument »Wenn es Tag ist, ist es hell; nun aber ist es Tag; also ist es hell« die Aussage »Also ist es hell« der Schlußsatz, und das andere sind Prämissen. (3) Von den Argumenten sind die einen schlüssig, die anderen nicht-schlüssig. Schlüssig sind sie, wenn diejenige Konditionalaussage korrekt ist, die mit der aus den Prämissen des Arguments gebildeten Konjunktion beginnt und mit der Konsequenz des Arguments endet. Zum Beispiel ist das eben angeführte Argument schlüssig, weil in der Konditionalaussage »Wenn: es ist Tag, und wenn es Tag ist, ist es hell, dann: es ist hell« die Aussage »Es ist hell« aus der Konjunktion »Es ist Tag, und wenn es Tag ist, ist es hell« folgt. Nicht-schlüssig sind demgegenüber die Argumente, die nicht von dieser Art sind. (4) Von den schlüssigen Argumenten sind die einen wahr, die anderen nicht wahr. Sie sind wahr, wenn nicht nur, wie schon gesagt, die aus der Konjunktion der Prämissen und aus der Konsequenz gebildete Konditionalaussage korrekt ist, sondern wenn darüber hinaus auch der Schlußsatz und die Konjunktion der Prämissen (d.i. der Vordersatz der Konditionalaussage) wahr ist. Eine wahre Konjunktion ist diejenige, in der alle ihre Konjunkte wahr sind, z.B. die Konjunktion »Es ist Tag, und wenn es Tag ist, ist es hell«. (5) Nicht wahr sind diejenigen Argumente, die nicht von dieser Art sind. Denn ein Argument wie »Wenn es Nacht ist, ist es dunkel; nun aber ist es Nacht; also ist es dunkel« ist zwar schlüssig, weil die Konditionalaussage »Wenn: es ist Nacht, und wenn es Nacht ist, ist es dunkel, ⟨dann: es ist dunkel⟩« korrekt ist. Allerdings ist das Argument nicht wahr. Denn die den Vordersatz bildende Konjunktion »Es ist Nacht, und wenn es Nacht ist, ist es dunkel« ist falsch, da sie das falsche Konjunkt »Es ist Nacht« enthält; eine Konjunktion, die

---

B Kontext: Kritik des Beweisbegriffs.

etwas Falsches enthält, ist nämlich falsch. (6) Daher sagen sie auch, ein wahres Argument sei dasjenige, welches aus wahren Prämissen schlüssig einen wahren Schlußsatz folgert. (7) Hinwiederum sind von den wahren Argumenten die einen beweisend, die anderen nicht beweisend. Beweisend sind diejenigen, die aus Offensichtlichem etwas Nicht-Offensichtliches schlüssig folgern, und nicht beweisend diejenigen, die nicht von dieser Art sind. Nicht beweisend ist beispielsweise das Argument »Wenn es Tag ist, ist es hell; nun aber ist es Tag; also ist es hell«; denn daß es hell ist — der Schlußsatz des Arguments — ist offensichtlich. Beweisend ist aber ein Argument wie »Wenn Schweiß durch die Haut fließt, gibt es gedanklich erfaßbare Poren; nun aber fließt Schweiß durch die Haut; also gibt es gedanklich erfaßbare Poren«; denn es hat den nicht-offensichtlichen Schlußsatz »Also gibt es gedanklich erfaßbare Poren«. (8) Von den Argumenten, die etwas Nicht-Offensichtliches schlüssig folgern, führen uns die einen bloß voranschreitend vermittels der Prämissen zum Schlußsatz, die anderen dagegen zugleich voranschreitend und enthüllend. (9) Bloß voranschreitend tun das beispielsweise die Argumente, die von Vertrauen und Gedächtnis abzuhängen scheinen, etwa das Argument »Wenn dir ein Gott gesagt hat, daß dieser Mann reich sein wird, dann wird dieser Mann reich sein; nun hat dir dieser Gott« (dabei zeige ich z.B. auf den Zeus) »gesagt, daß dieser Mann reich sein wird; also wird dieser Mann reich sein«; dem Schlußsatz stimmen wir nämlich nicht so sehr deshalb zu, weil die Prämissen dazu zwingen, als vielmehr deshalb, weil wir der Auskunft des Gottes vertrauen. (10) Die anderen Argumente bringen uns nicht bloß voranschreitend zum Schlußsatz, sondern auch enthüllend, so z.B. das Argument: »Wenn Schweiß durch die Haut fließt, gibt es gedanklich erfaßbare Poren; nun aber das Erste; also das Zweite«. Denn daß der Schweiß fließt, enthüllt, daß es Poren gibt, da wir den Vorbegriff haben, daß etwas Flüssiges einen massiven Körper nicht durchdringen kann. (11) Ein Beweis muß demnach ein Argument sein, außerdem schlüssig und auch wahr, und er muß einen Schlußsatz haben, der nicht-offensichtlich ist und durch die Kraft der Prämissen enthüllt wird; und das ist der Grund, weswegen gesagt wird, der Beweis sei ein Argument, welches aus einverständlich akzeptierten Prämissen vermittels einer schlüssigen Folgerung eine nicht-offensichtliche Konsequenz enthüllt.

C   Sextus Empiricus, *Adv. Math.* 8.429–434, 440–443 (enthält *SVF* 2.240, 249;
      FDS 1110, 1053)

(1) Sie sagen also, das nicht-durchschlagende Argument entstehe auf viererlei Art, nämlich entweder aufgrund von Zusammenhanglosigkeit oder aufgrund von Überschuß oder dadurch, daß es in einem unrichtigen Schmea entwickelt ist, oder aufgrund von Auslassung. (2) Und zwar entsteht es durch Zusammen-hanglosigkeit, wenn die Prämissen sowohl untereinander als auch zur Konse-

---

C Kontext: Kritik des Beweisbegriffs.

quenz keinerlei Kohärenz und Zusammenhang aufweisen, wie das etwa bei dem folgenden Argument ist: »Wenn es Tag ist, ist es hell; nun aber wird auf dem Markt Weizen verkauft; also ist es hell«. Wir sehen nämlich, wie bei diesem Argument weder die Aussage »Wenn es Tag ist, ist es hell« zu der Aussage »Auf dem Markt wird Weizen verkauft« irgendeine Übereinstimmung und Verbindung aufweist noch jede dieser Aussagen zu der Aussage »Also ist es hell«; vielmehr steht jede der Aussagen zusammenhanglos neben den anderen. (3) Durch Überschuß wird das Argument nicht-durchschlagend, wenn zu den Prämissen etwas von außen und überflüssigerweise hinzugenommen wird, wie das etwa bei folgendem Argument ist: »Wenn es Tag ist, ist es hell; nun aber ist es Tag, und außerdem ist die Tugend nützlich; also ist es hell«. Denn daß die Tugend nützlich ist, wird hier zusammen mit den anderen Prämissen überflüssigerweise vorausgesetzt, weil es ja möglich ist, es zu tilgen und dann aus den verbleibenden Prämissen, also aus »Wenn es Tag ist, ist es hell« und »Nun aber ist es Tag« die Konsequenz »Also ist es hell« zu erschließen. (4) Nicht-durchschlagend dadurch, daß es in einem unrichtigen Schema entwickelt ist, wird das Argument dann, wenn es in irgendeinem der Schemata entwickelt ist, die als von den gültigen Schemata abweichend betrachtet werden. Während beispielsweise das Schema »Wenn das Erste, dann das Zweite; nun das Erste; also das Zweite« gültig ist und dies auch für das Schema »Wenn das Erste, dann das Zweite; nun aber nicht das Zweite; also nicht das Erste« gilt, sagen wir, daß ein Argument, welches in dem Schema »Wenn das Erste, dann das Zweite; nun aber nicht das Erste; also nicht das Zweite« entwickelt wird, nicht-durchschlagend ist. Wir sagen das nicht deshalb, weil es unmöglich wäre, in diesem Schema ein Argument zu entwickeln, welches aus wahren Prämissen etwas Wahres erschließt — das ist nämlich durchaus möglich, z.B. im Fall des Arguments »Wenn $3 = 4$, dann $6 = 8$; nun aber nicht $3 = 4$; also nicht $6 = 8$« —. Vielmehr sagen wir das deshalb, weil es möglich ist, in dem Schema einige unrichtige Argumente zu arrangieren, so etwa das Argument »Wenn es Tag ist, ist es hell; nun aber ist es nicht Tag; also ist es nicht hell«. (5) Durch Auslassung nicht-durchschlagend wir das Argument dann, wenn es etwas von den für eine schlüssige Folgerung erforderlichen Prämissen ausläßt, so z.B. das Argument »Entweder ist der Reichtum etwas Schlechtes, oder der Reichtum ist etwas Gutes; nun ist der Reichtum aber nichts Schlechtes; also ist der Reichtum etwas Gutes«. Denn in der Disjunktion läßt es den Fall aus, daß der Reichtum indifferent ist; demnach hätte die korrekte Argumentation eher so auszusehen: »Der Reichtum ist entweder gut oder schlecht oder indifferent; nun ist der Reichtum aber weder gut noch schlecht; also ist er indifferent«. . . . (6) Um darauf zu antworten, werden die Skeptiker sagen: Wenn aufgrund von Überschuß dasjenige Argument nicht-durchschlagend ist, bei dem die Konsequenz nach der Tilgung einer Prämisse aus den verbleibenden Prämissen [immer noch] schlüssig folgt, dann muß man sagen, daß auch das im ersten Modus entwickelte Argument nicht-durchschlagend ist, welches ja folgendermaßen aussieht: »Wenn es Tag ist, ist es hell; nun aber ist es Tag; also ist es hell«. Denn die modusbildende Prämisse »Wenn es Tag ist, ⟨ist es hell⟩« ist zur Begründung des Schlußsatzes überschüssig, und man kann allein aus der Aussage »Es ist Tag« die Aussage »Also ist es hell« schlüssig folgern. Diese Aussage wäre zwar schon von sich aus völlig evident; aber es ist möglich, sie außerdem aufgrund des Folgerungszusammenhangs aufzuweisen, in dem sie nach den Stoikern steht. Sie werden nämlich sagen, daß es hell ist, folge entweder daraus, daß es Tag ist, oder es folge nicht daraus. Wenn es nun daraus folgt, dann folgt schlüssig, sobald die Aussage »Es ist Tag« von sich aus als wahr zugestanden ist, daraus auch die Aussage »Es ist hell«, weil sie daraus notwendig folgt; und genau sie bildete den Schlußsatz. Wenn es indes nicht daraus folgt, dann kann es daraus auch nicht im Fall der Konditionalaussage folgen, und die Konditionalaussage muß daher falsch sein, weil in ihr der Nachsatz nicht aus dem Vordersatz folgt. Nach der zuvor dargestellten logischen Theorie zu urteilen, ergibt sich also folgende Alternative: Das im ersten Modus entwickelte Argument ist entweder nicht-durchschlagend, weil die modusbildende Konditionalaussage in ihm überschüssig ist; oder es ist völlig falsch, weil die modusbildende Konditionalaussage in ihm falsch ist. (7) Denn das zu sagen, was vermutlich manche Leute auf diesen Einwand als Erwiderung vorbringen werden, nämlich daß Chrysipp von Argumenten mit nur einer einzigen Prämisse nichts halte, ist vollkommen läppisch. Denn es ist weder notwendig, den Äußerungen Chrysipps so zu vertrauen, als handle es sich um Botschaften des Delphischen Orakels; noch kann man sich mit dem Ergebnis eines selbst auferlegten Verbots an das Zeugnis von Männern zu halten, gegen das ein Zeuge aus ihren eigenen Reihen steht. Denn Antipater, einer der berühmtesten Männer der stoischen Schule, erklärte, daß auch Argumente mit nur einer einzigen Prämisse zusammengestellt werden könnten.

D Ps.-Apuleius, *De interpretatione* 184,16–23 (teilw./enthält *SVF* 3. Ant. 26; *FDS* 1050)

... In dieser Definition [des Aristoteles] ... ist »vermittelst bestimmter zugestandener Aussagen« deshalb im Plural formuliert worden, weil aus nur einer einzigen Prämisse kein Syllogismus hervorgeht, mag auch der Stoiker Antipater im Gegensatz zur Auffassung aller anderen Philosophen der Meinung sein, »Du siehst; also lebst du« sei ein vollständiger Schluß, obwohl er doch erst in der folgenden Form vollständig ist: »Wenn du siehst, lebst du; nun aber siehst du; also lebst du«.

E Sextus Empiricus, *Pyrrh. hyp.* 1.69 (*FDS* 1154)

Nach Chrysipp, diesem Erzfeind der vernunftlosen Tiere, hat der Hund sogar an ihrer legendären Dialektik teil. Jedenfalls sagt dieser Mann, der Hund halte sich an ein mehrgliedriges fünftes Unbeweisbares, wenn er an eine dreigliedrige

---

D Kontext: Diskussion der Definition des Syllogismus bei Aristoteles, *Anal. pr.* I.1, 24b18–20.   E Kontext: Der erste skeptische Argumentationsmodus, ausführlich dargestellt in **72B**.

Weggabelung komme, dort nach den zwei Wegen schnüffle, die das Wild nicht entlanggelaufen ist, und dann den dritten Weg überhaupt nicht mehr schnüffle, sondern ihn sofort entlangstürme. Der Hund bilde nämlich, so sagt der alte Philosoph, potentiell folgenden Schluß: »Das Wild ist entweder hier oder da oder dort entlanggelaufen; nun aber nicht hier und nicht da; also dort«.

F Orignes, *Contra Celsum* 7.15 (teilw. *FDS* 1181)

Die Stoiker führen diesen Modus auch für einen Inhalt vor, indem sie folgendes sagen: »Wenn du weißt, daß du tot bist, ⟨dann bist du tot; wenn du weißt, daß du tot bist,⟩ dann bist du nicht tot.« Daraus folgt: »Du weißt also nicht, daß du tot bist«.

G Sextus Empiricus, *Adv. Math.* 8.229–237 (*FDS* 1107, 1178)

(1) Nicht einfach sind [nach der Logik der Stoiker] diejenigen [Argumente], die aus den einfachen Argumenten geflochten sind und noch einer Analyse in diese bedürfen, damit man einsieht, daß auch sie selbst schlüssig folgern. (2) Von diesen nicht einfachen Argumenten sind die einen aus Argumenten desselben Typs zusammengesetzt, die anderen aus Argumenten unterschiedlicher Art. Aus Argumenten desselben Typs zusammengesetzt sind zum Beispiel die Argumente, die aus zwei ersten oder aus zwei zweiten Unbeweisbaren geflochten sind. Aus Argumenten unterschiedlicher Art zusammengesetzt sind zum Beispiel die Argumente, die aus einem ersten ⟨und einem dritten⟩ oder aus einem zweiten und einem dritten Unbeweisbaren gebildet sind, und überhaupt die Argumente, die diesen ähnlich sind. (3) Aus Argumenten desselben Typs zusammengesetzt ist beispielsweise das folgende Argument: »Wenn es Tag ist, ⟨dann: wenn es Tag ist,⟩ ist es hell; nun aber ist es Tag; also ist es hell«. Es ist nämlich aus zwei ersten Unbeweisbaren geflochten, was wir bei seiner Analyse einsehen werden. (4) Wir müssen zur Kenntnis nehmen, daß es ein dialektisches Theorem gibt, das für die Analyse der Syllogismen überliefert wird und folgendermaßen lautet: »Wenn wir die Prämissen haben, aus denen sich schlüssig ein bestimmter Schlußsatz ergibt, dann haben wir in ihnen potentiell auch eben diesen Schlußsatz, selbst wenn er nicht ausdrücklich formuliert wird«. (5) Nun haben wir zwei Prämissen, nämlich a) die Konditionalaussage »Wenn es Tag ist, ⟨dann: wenn es Tag ist,⟩ ist es hell«, die die einfache Aussage »Es ist Tag« als Vordersatz und die nicht einfache Konditionalaussage »Wenn es Tag ist, ist es hell« als Nachsatz hat, und b) den in der Konditionalaussage enthaltenen Vordersatz, also die Aussage »Es ist Tag«. Deshalb können wir aus diesen Prämissen nach dem ersten Unbeweisbaren den in der Konditionalaussage enthaltenen Nachsatz erschließen: »Also wenn es Tag ist, ist es hell«. Dies also haben wir in dem

---

F Kontext: Kritik an Kelsos, weil er die Phrophetie anhand unangemessener Annahmen über Gott kritisiert.   G Kontext: Das Argument Änesidems gegen evidente Zeichen; Verteidigung des Arguments als nach stoischen Prinzipien syllogistisch korrekt.

Argument als potentielle Schlußfolgerung, die bei der Formulierung aber ausgelassen ist. Wenn wir sie nun mit der zweiten Prämisse des dargestellten Arguments, also mit »Es ist Tag« zusammenstellen, dann bekommen wir durch einen Schluß nach dem ersten Unbeweisbaren die Aussage »Es ist hell«, die gerade die Konsequenz des dargestellten Arguments bildete. Es handelt sich also um zwei erste Unbeweisbare. Davon lautet das eine: »Wenn es Tag ist, ⟨dann: wenn es Tag ist,⟩ ist es hell; ⟨nun aber ist es Tag: also wenn es Tag ist, ist es hell⟩«, und das andere: »Wenn es Tag ist, ist es hell; nun aber ist es Tag; also ist es hell«. (6) Solcherart ist also der Charakter der Argumente, die aus Argumenten desselben Typs zusammengesetzt sind. Es bleiben dann noch die aus Argumenten unterschiedlicher Art zusammengesetzten Argumente, so z.B. das von Änesidem entwickelte Argument über das Zeichen. Es lautet folgendermaßen: »Wenn die evidenten Dinge allen, die gleich disponiert sind, auf gleiche Weise erscheinen und wenn die Zeichen evidente Dinge sind, dann erscheinen die Zeichen allen, die gleich disponiert sind, auf gleiche Weise. Nun erscheinen die Zeichen aber keineswegs allen, die gleich disponiert sind, auf gleiche Weise; doch erscheinen die evidenten Dinge allen, die gleich disponiert sind, auf gleiche Weise. Also sind die Zeichen keine evidenten Dinge.« (7) Diese Art Argument ist aus einem zweiten und einem dritten Unbeweisbaren zusammengesetzt, wie man aus seiner Analyse lernen kann, die allerdings sehr viel deutlicher sein wird, wenn wir für unsere Darstellung die Modusformel verwenden. Sie lautet folgendermaßen: »Wenn das Erste und das Zweite, dann das Dritte; nun aber nicht das Dritte, aber wohl das Erste; also nicht das Zweite.« Hier haben wir nämlich eine Konditionalaussage, in der das Erste und das Zweite als Konjunktion den Vordersatz bilden und die als Nachsatz das Dritte hat; außerdem haben wir auch den kontradiktorischen Gegensatz des Nachsatzes, nämlich »nicht das Dritte«. Nach dem zweiten Unbeweisbaren können wir deshalb auch den kontradiktorischen Gegensatz des Vordersatzes deduzieren: »Also nicht: das Erste und das Zweite«. Aber eben diese Aussage liegt in dem Argument potentiell vor, da wir die Prämissen haben, aus denen sie schlüssig folgt, wenngleich sie der Formulierung nach ausgelassen ist. Wenn wir diese Aussage dann mit der verbleibenden Prämisse kombinieren, also mit dem Ersten, dann bekommen wir durch einen Schluß nach dem dritten Unbeweisbaren den Schlußsatz: »Also nicht das Zweite«. Demnach handelt es sich um zwei Unbeweisbare. Davon lautet das eine: »Wenn das Erste und das Zweite, dann das Dritte; nun aber nicht das Dritte; also nicht: das Erste und das Zweite«, was ein zweites Unbeweisbares ist. Das andere ist ein drittes Unbeweisbares und geht so: »Nicht: das Erste und das Zweite; nun aber das Erste; also nicht das Zweite«. So also sieht die Analyse für die Modusformel aus. Für das Argument verläuft sie ganz analog.

H Galen, *De plac. Hippocr. et Plat.* 2.3.18–19 (teilw. *SVF* 2.248; *FDS* 1160)

(1) Nun kann man aber viele Leute finden, die exzellent darin trainiert sind, wie die Syllogismen aufgrund zweier oder dreier modusbildender Aussagen und wie die indifferent folgernden Argumente oder manche andere Argumente dieser Art analysiert werden, bei denen die erste und zweite Grundregel heranzuziehen sind; ebenso findet man natürlich auch andere Leute, die in all den Syllogismen trainiert sind, die man mittels der dritten oder vierten Grundregel analysiert. (2) Die meisten dieser Syllogismen kann man jedoch auf andere Weise kürzer analysieren, wie Antipater schrieb; und darüber hinaus ist das gesamte Geflecht derartiger Syllogismen ein keineswegs kleiner Aufwand für eine reichlich nutzlose Sache, wie Chrysipp selbst durch seine Praxis bezeugt, da er jene Syllogismen in seinen eigenen Schriften nirgends für den Beweis eines Lehrsatzes benötigte.

I Ps.-Apuleius, *De interpretatione* 191,5–10 (teilw. *SVF* 2.239a; teilw. *FDS* 1161)

Es gibt noch einen zweiten Test [syllogistischer Modi], der allgemein ist und sogar für alle Unbeweisbaren gilt: er heißt ›[der Test] durch das Unmögliche‹ und wird von den Stoikern als erste *constitutio* oder erstes *expositum* bezeichnet [d.h. als das erste *thema*, die erste Grundregel]. Sie definieren diese Grundregel folgendermaßen: »Wenn aus zwei Aussagen eine dritte schlüssig folgt, dann folgt aus einer der beiden Aussagen zusammen mit dem kontradiktorischen Gegensatz der Konsequenz schlüssig der kontradiktorische Gegensatz der anderen Aussage.«

J Alexander v. Aphr., *In Arist. Anal. pr.* 278,11–14 (teilw. *SVF* 2.255; teilw. *FDS* 1167)

Dagegen ist der Inbegriff der sogenannten dritten Grundregel dieser: »Wenn aus zwei Prämissen etwas Drittes erschlossen wird und von außen für die eine von ihnen Prämissen herangezogen werden, die sie erschließen, dann wird aus der anderen Prämisse und aus den von außen die erste Prämisse erschließenden Prämissen dasselbe Dritte erschlossen«.

☐ Nach der kanonischen Definition ist ein Argument ein Komplex aus Prämissen und einem Schlußsatz (**B2**; vgl. **A1**). Die stoische Sicht des Arguments hatte einen dialektischen Hintergrund in der Art, daß jede Prämisse einem Gesprächspartner als Frage gestellt wurde und seine Zustimmung benötigte (vgl. **31A5, B8**). Ungeachtet der großen Formalität, die durch die logischen Handbücher kam, hat man diesen dialek-

---

H Kontext: Kritik des chrysippeischen Arguments von **38J**. Die Stoiker seien zu wissenschaftlichen Beweisen nicht in der Lage.   **I** Kontext: Die Rückführbarkeit von Argumenten auf die unbeweisbaren Syllogismen.   **J** Kontext: Kommentar zu *Anal. pr.* I.25, 42a8, mit einem Vergleich des dritten *thema* der Stoiker mit dem synthetischen Theorem, welches Alexander Aristoteles zuschreibt.

tischen Aspekt niemals aus den Augen verloren. Argumente werden standardmäßig »gefragt«, nicht einfach vorgesetzt; und obwohl die Texte die Prämissen nur selten in Frageform darstellen (vgl. 37L, S), wird vom Leser trotzdem erwartet (vgl. 37A5, 9, J), sie so aufzufassen. (Das griechische Wort für »(ein Argument) fragen« erscheint in unserer Übersetzung normalerweise als »(ein Argument) entwickeln«.)

Die stoische Logik konzentriert sich auf formal-syllogistische Argumente (A5-7) und des näheren auf Syllogismen, welche eher ganze Aussagen als Terme verknüpfen, wie das in der aristotelischen Logik geschieht. Für die Gültigkeit von Argumenten siehe A4ff., B3 (wo, ein wenig unüblich, »schlüssig« die Rolle von »gültig« übernimmt), C. Die Gültigkeit wird im wesentlichen durch das Konditionalisierungsprinzip etabliert, wie es in B3 erklärt wird (das relevante Kriterium für eine korrekte Konditionalaussage ist dabei, wie A4 zeigt, der »Zusammenhang«; siehe dazu 35B und Kommentar). Andere für die Gültigkeit von Argumenten maßgebliche Regeln können allenfalls indirekt erschlossen werden. Zum Beispiel wird bei dem gültigen Argument von B9 der »indefinite« Vordersatz in der Hauptprämisse durch einen entsprechenden »definiten« Vordersatz in der Zusatzprämisse gerechtfertigt. Die theoretische Rechtfertigung für die Verschiebung wird in diesem Fall ein Vergleich mit 34H10 liefern.

Das interessante Argument der Pyrrhoneer in C6 wendet das von den Stoikern selbst aufgestellte Redundanz-Kriterium der Ungültigkeit (C3) gegen den grundlegendsten ihrer eigenen syllogistischen Modi. Es ist verlockend zu vermuten, daß dieses Argument seinen Ursprung in der skeptischen Akademie hatte und ein Grund für Antipaters heterodoxe Einführung von Argumenten mit nur einer Prämisse war (C7, D).

Abgesehen von Gültigkeit und Wahrheit (A8-9, B4-6) bestimmen auch noch andere Anforderungen den Gebrauch von Argumenten, wenn es um streng wissenschaftliche Beweise geht: B7-11. Diese werden im Kommentar zu 42 erörtert.

Die Analyse von Argumenten zentriert sich um fünf erklärtermaßen grundlegende Typen von Syllogismen, die »unbeweisbaren« Argumente: A11-16. Sie sind gekennzeichnet durch ihren Gebrauch von drei Arten »hypothetischer« Prämissen, wörtlicher »Modus-Prämissen« *(tropikon)*: der Konditionalaussage, der Disjunktion und der Konjunktion. Für deren Wahrheitsbedingungen siehe 35. Bei den Schlüssen beachte man, daß die stoische Theorie auf die Analyse tatsächlicher Argumente abstellt, nicht auf deren formalisierte »Modusformeln« (siehe dazu A2), und daß letztere nur zur Erläuterung der tatsächlichen Argumente verwendet werden, wie das in G6-7 ist.

Um die Gültigkeit eines komplexeren Arguments zu beweisen, ist es notwendig, es auf ein oder mehrere unbeweisbare Argumente zurückzuführen (A5, G1). Das Argument in E beispielsweise, welches von einem standardmäßigen fünften Unbeweisbaren nur dadurch abweicht, daß in seiner Hauptprämisse drei anstelle von zwei Disjunkten vorkommen, könnte in zwei fünfte Unbeweisbare analysiert werden: »Entweder p oder (q oder r); aber nicht-p; daher (q oder r). Entweder q oder r; nun aber nicht-q; also r.« Eine Komplikation steckt dabei allerdings in dem Umstand, daß das in Klammern eingeschlossene Paar »(q oder r)« keine genuine Disjunktion bildet, sondern nur eine »Subdisjunktion« (siehe 35E und vgl. C5). Andere Beispiele werden in G geboten.

Zur Unterstützung dieser Analysen stellte Chrysipp mindestens vier »Grundregeln« *(themata)* zusammen: A5, H. In der neueren Forschung ist für die Rekonstruktion dieser Regeln viel getan worden. Was die erste Grundregel angeht, siehe I, wo sie mit dem Aristotelischen Beweis »durch das Unmögliche« gleichgesetzt wird. Die zweite, dritte und vierte Grundregel sollen zusammen dem Aristotelischen »synthetischen Theorem« entsprochen haben, welches Kettenschlüsse aus einfachen Syllogismen ableitete. Die in **J** zitierte dritte Grundregel paßt klar in den davon abgesteckten Rahmen. Die vierte Grundregel könnte dann etwa so gelautet haben: »Wenn aus zwei Aussagen eine dritte erschlossen wird und es zusätzliche Aussagen gibt, aus denen eine der beiden Prämissen syllogistisch folgt, und wenn es weitere zusätzliche Aussagen gibt, aus denen die andere der beiden ursprünglichen Prämissen syllogistisch folgt, dann erschließen alle zusätzlichen Aussagen zusammen denselben Schlußsatz.« Weil die dritte und die (mutmaßliche) vierte Grundregel mit »zusätzlichen« Prämissen zu tun haben, d.h. mit Prämissen, die mit denen des ursprünglichen Syllogismus nicht identisch sind, scheint eine weitere Grundregel für Fälle nötig zu sein, wo eine und dieselbe Prämisse zweimal oder noch öfter verwendet wird. Aus diesem und anderen Gründen könnte die zweite Grundregel etwa folgendermaßen gelautet haben: »Wenn aus einer Reihe von Aussagen ein Schlußsatz gefolgert wird und aus einer dieser selben Aussagen zusammen mit dem Schlußsatz ein weiterer Schlußsatz folgt, dann wird dieser weitere Schlußsatz aus der ursprünglichen Reihe von Aussagen erschlossen.«

G, unsere reichhaltigste Quelle in bezug auf die Analyse komplexer Syllogismen, benutzt nicht die einzelnen chrysippeischen Grundregeln, sondern ein einziges Theorem (**G4**), welches allem Anschein nach die zweite, dritte und vierte Grundregel umfaßt. Man hat vermutet, daß dieses Theorem die nachfolgenden Bemühungen um Vereinfachung repräsentiert, die in **H2** Antipater zugeschrieben werden. Wenn wir stattdessen die chrysippeischen Grundregeln heranziehen, zeigt sich, daß die Analyse des komplexen Arguments von **G3-5** die (oben vermutungsweise identifizierte) zweite Grundregel erfordert, während die Analyse des Arguments von **G6-7** die dritte verlangt.

Von anderen komplexen Syllogismen heißt es in **H1**, sie seien einer Rückführung mittels der Grundregeln zugänglich (der Leser ist eingeladen auszuarbeiten, wie). Von diesen Syllogismen ist der »mit zwei modusbildenden Prämissen« der Typ, der in **F** angeführt wird. Der Syllogismus »mit drei modusbildenden Prämissen« ist weniger sicher identifiziert; aber für ein mutmaßliches, wenn auch etwas informelles Beispiel siehe **38I**. Und »tautologisch gültige« (wörtlich: »indifferent folgernde«) Argumente sind solche mit einer Form wie etwa »Entweder *p* oder *q*; nun aber *p*; also *p*«; da ist der Schlußsatz mit einer der Prämissen identisch.

37 Trugschlüsse

A Sextus Empiricus, *Pyrrh. hyp.* 2.229–235 (*FDS* 1200)

(1) Es ist vielleicht nicht fehl am Platz, die Aufmerksamkeit auch kurz auf die Erörterung der Trugschlüsse zu richten, weil die Dialektik nach dem, was ihre Verehrer sagen, gerade auch zu deren Auflösung notwendig ist. Denn, so sagen sie, wenn diese Disziplin die wahren und falschen Argumente zu unterscheiden vermag und wenn gerade die Trugschlüsse falsche Argumente sind, dann muß sie wohl auch diese aussondern können, die mittels ihrer scheinbaren Glaubhaftigkeiten die Wahrheit malträtieren. In der Meinung, dem wankenden Le-

---

A Kontext: Kritik der Behandlung der Trugschlüsse durch die Dogmatiker.

ben zu Hilfe zu eilen, versuchen die Dialektiker daher mit Eifer, uns den Begriff, die Unterschiede und die Auflösungen der Trugschlüsse zu lehren, (2) indem sie erklären, ein Trugschluß sei ein glaubhaftes Argument, welches so hinterlistig entwickelt ist, daß es uns zur Annahme der Konsequenz veranlaßt, obwohl diese entweder falsch oder einer falschen Aussage ähnlich oder nicht-offensichtlich oder auf sonst eine Weise unannehmbar ist. (3) Beispiel für eine falsche Konsequenz ist etwa eine Konsequenz, wie sie der folgende Trugschluß hat: »Niemand gibt ein Prädikat zu trinken; nun ist ›Wermut trinken‹ ein Prädikat; also gibt niemand Wermut zu trinken«. (4) Des weiteren ist etwa bei folgendem Trugschluß die Konsequenz einer falschen Aussage ähnlich: »Was weder möglich war noch möglich ist, das ist nicht unsinnig; ›Der Arzt, insofern er Arzt ist, tötet‹ war weder möglich, noch ist es möglich; ⟨also ist ›Der Arzt, insofern er Arzt ist, tötet‹ nicht unsinnig⟩«. (5) Ferner nicht-offensichtlich ist die Konsequenz etwa in folgendem Fall: »Nicht: sowohl habe ich dir eine vorausgehende Frage gestellt, als auch die Zahl der Sterne ist nicht gerade; nun habe ich dir eine vorausgehende Frage gestellt; also ist die Zahl der Sterne gerade«. (6) Auf sonst eine Weise unannehmbar ist die Konsequenz schließlich etwa bei den sogenannten solözistischen Argumenten, z.B.: »Was du erblickst, existiert; nun erblickst du einen im Fieberwahn; also existiert einen im Fieberwahn«; »Was du siehst, existiert; nun siehst du auf eine entzündete Stelle; also existiert auf eine entzündete Stelle«. (7) Sodann machen sie sich aber auch daran, die Auflösungen der Trugschlüsse zu liefern, und sagen mit Blick auf den ersten Trugschluß, durch die Prämissen sei dort etwas anderes zugestanden worden als das, was als Konsequenz aus ihnen gezogen wurde. Zugestanden worden sei nämlich, daß ein Prädikat nicht getrunken werde und daß ›Wermut trinken‹ − nicht aber der Wermut selbst − ein Prädikat sei. Als Konsequenz hätte deshalb gezogen werden müssen: »Also trinkt niemand ›Wermut trinken‹«, was wahr ist, und nicht, was stattdessen gefolgert wurde, nämlich »Also trinkt niemand Wermut«, was falsch ist und aus den zugestandenen Prämissen nicht folgt. (8) Mit Blick auf den zweiten Trugschluß sagen sie, daß er zwar zu etwas Falschem zu verleiten scheint, so daß er die Unaufmerksamen zögern läßt, ihm zuzustimmen, daß er aber trotzdem etwas Wahres erschließt, nämlich die Aussage »Also ist ›Der Arzt, insofern er Arzt ist, tötet‹ nicht unsinnig«. Denn keine Aussage ist unsinnig, und »Der Arzt, insofern er Arzt ist, tötet« ist eine Aussage; daher ist auch das nicht unsinnig. (9) Was dann die Verleitung zum Nicht-Offensichtlichen angeht, sagen sie, daß sie zur Klasse der umschlagenden Argumente gehört. Denn wenn nach Voraussetzung keine vorausgehende Frage gestellt wurde, ist die Negation der Konjunktion wahr, weil die Konjunktion aufgrund des Umstandes falsch ist, daß sie ein falsches Konjunktionsglied enthält, nämlich die Aussage »Ich habe dir eine vorausgehende Frage gestellt«. Nachdem dann aber die Negation der Konjunktion angefragt ist, wird die Zusatzprämisse »Nun habe ich dir eine vorausgehende Frage gestellt« wahr, weil ja vor der Zusatzprämisse die Negation der Konjunktion angefragt wurde; weil also das falsche Konjunktionsglied wahr geworden ist, wird die Prämisse falsch, die in der Negation der Konjunktion besteht. Der Schlußsatz kann somit zu keiner Zeit schlüssig gefolgert werden, da die Negation der Konjunktion und die Zusatzprämisse nicht zugleich zutreffen. (10) Endlich die letzte Gruppe, die solözistischen Argumente; sie sind, sagen einige, unsinnige Schlußfolgerungen im Gegensatz zum korrekten Sprachgebrauch.

B Diogenes Laërtius 7.192–198 (mit Auslassungen) (teilw. *SVF* 2.14–16; teilw. *FDS* 194)

[Aus der Liste von Chrysipps Schriften zur Logik:] (1) *Über die Anomalie in den Ausdrücken*, an Dion. 4 Bücher; *Über Sorites-Argumente, die sich auf die Äußerung beziehen.* 3 Bücher; *Über Solözismen.* 1 Buch; *Über solözistische Argumente*, an Dionysios. 1 Buch; *Argumente, die vom allgemeinen Sprachgebrauch abhängen.* 1 Buch; . . . (2) *Gegen die, die keine Einteilungen vornehmen wollen.* 2 Bücher; *Über Mehrdeutigkeiten*, an Apollas. 4 Bücher; *Über die Modus-Mehrdeutigkeiten.* 1 Buch; *Über implikative Modus-Mehrdeutigkeit.* 2 Bücher; *Entgegnung auf Panthoides' Schrift ›Über Mehrdeutigkeiten‹.* 2 Bücher; *Über den Einführungskurs in die Mehrdeutigkeiten.* 5 Bücher; *Auszug aus dem Werk ›Mehrdeutigkeiten‹, adressiert an Epikrates.* 1 Buch; *Konditionale zur Einführung ins Studium der Mehrdeutigkeiten.* 2 Bücher; (3) . . . *Über den Einführungskurs in den ›Lügner‹*, an Aristokreon. 1 Buch; *Lügner-Argumente. Eine Einführung.* 1 Buch; *Über den ›Lügner‹*, an Aristokreon. 6 Bücher; . . . *Antwort an die Vertreter der Ansicht, es gebe Aussagen, die gleichzeitig wahr und falsch sind.* 1 Buch; *Entgegnung auf die, die das Lügner-Argument durch Schneiden lösen*, an Aristokreon. 2 Bücher; *Beweise, daß man die indefiniten Aussagen nicht schneiden sollte.* 1 Buch; *Entgegnung auf die Einwände auf Ausführungen gegen das Schneiden der indefiniten Aussagen*, an Pasylos. 3 Bücher; *Lösung im Sinne der Alten*, an Dioskurides. 1 Buch; *Über die Lösung des ›Lügners‹*, an Aristokreon. 3 Bücher; *Lösung der hypothetischen Argumente des Hedylos*, an Aristokreon und Apollas. 1 Buch; . . . *Gegen die, welche behaupten, das Lügner-Argument habe falsche Prämissen.* 1 Buch; (4) *Über das ›verneinende‹ Argument*, an Aristokreon. 2 Bücher; *›Verneinende‹ Argumente: Übungen.* 1 Buch; *Über das schrittchenweise vorgehende Argument*, an Stesagoras. 2 Bücher; *Über die Argumente, die die Suppositionen betreffen, und über ›zur Ruhe bringende‹ Argumente*, an Onetor. 2 Bücher; *Über den ›Verhüllten‹*, an Aristobulos. 2 Bücher; *Über den ›Verborgenen‹*, an Athenades. 1 Buch; (5) . . . *Über das ›Niemand‹-Argument*, an Menekrates. 8 Bücher; *Über die aus einer indefiniten und einer definiten Aussage gebildeten Argumente*, an Pasylos. 2 Bücher; *Über das ›Niemand‹-Argument*, an Epikrates. 1 Buch; (6) . . . *Über die Sophismen*, an Herakleides und Pollis. 2 Bücher; *Über die unlösbaren Argumente der Dialektiker*, an Dioskurides. 5 Bücher; *Entgegnung auf die Methode des Arkesilaos*, an Sphairos. 1 Buch.

B Kontext: Aus dem Verzeichnis der Schriften Chrysipps.

C Diogenes Laërtius 7.44 (= 31A8; *FDS* 1203)

Zu diesen [teils vom sprachlichen Ausdruck und teils von den Sachen abhängigen Sophismen] gehören die ›Lügner‹-Argumente, die ›die Wahrheit sagenden‹ und die ›bestreitenden‹ Argumente, Sorites-Argumente, und was ihnen an unvollständigen, unlösbaren und schlüssigen Argumenten ähnlich ist, schließlich ›Verhüllte‹ Argumente, ›Gehörnte‹ Argumente, die ›Niemand‹-Schlüsse und ›Erntende‹ Argumente.

D Diogenes Laërtius 7.82 (teilw. *SVF* 2.274; teilw. *FDS* 1207)

(1) Es gibt aber auch einige unlösbare (verwirrende) Argumente: ›Verhüllte‹, ›Verborgene‹, Sorites-Schlüsse, ›Gehörnte‹ und ›Niemand‹-Schlüsse. . . . (2) ⟨Ein Sorites-Schluß ist etwa folgender:⟩ »Nicht: 2 ist zwar wenig, nicht aber auch 3; und nicht: 3 ist zwar wenig, nicht aber auch 4; und so weiter bis 10; nun ist 2 wenig; also ist auch 10 wenig«.

E Galen, *De medicinali experientia* 16.1–17.3 (teilw. *FDS* 1236a, 1237)

(1) Nach dem, was das Argument fordert, darf es in der Welt nicht so etwas wie einen Haufen Weizenkörner geben, eine Menge oder einen Überfluß, auch keinen Berg, keine Liebesleidenschaft, keine Reihe, keinen Sturm, keine Stadt, noch sonst irgendetwas, was aufgrund seines Namens und seiner Idee (Form) dafür bekannt ist, daß es ein Maß für Ausdehnung oder Menge an sich hat wie etwa eine Woge, das offene Meer, eine Schaf- und eine Rinderherde, das Volk und die Menschenmenge. Auch führen der Zweifel und die Verwirrung, die durch das Argument herbeigeführt werden, zu einem Widerspruch zu den Fakten beim Übergang eines Menschen von einem Lebensabschnitt zum nächsten, beim Wechsel der Zeit und beim Wechsel der Jahreszeiten. Denn etwa im Fall des Knaben ist man unsicher und im Zweifel darüber, wenn der wirkliche Augenblick für seinen Übergang vom Knabenalter zum Jünglingsalter eintritt; und im Falle seiner Jugendlichkeit ist unsicher, wann er ins Mannesalter eintritt, und bei einem Mann in den besten Jahren, wann er anfängt, ein alter Mann zu sein. Ebenso steht es mit den Jahreszeiten, wann nämlich der Winter sich zu ändern beginnt und mit dem Frühling verschmilzt, der Frühling mit dem Sommer und der Sommer mit dem Herbst. Durch dieselbe Art Argumentation dringen [auch noch] in viele andere Dinge, die mit den Tätigkeiten der Menschen verbunden sind, Zweifel und Verwirrung ein, obwohl diese Dinge evidentermaßen und offenkundig gewußt sind. (2) Einige Dogmatiker und Logiker bezeichnen das Argument, welches diesen Zweifel ausdrückt, als Sorites (Haufen) und charakterisieren es nur deswegen so, weil das Problem sich aus

---

C Kontext: Siehe **31A**.   D Kontext: Kurz nach **36A**.   E Diese in Arabisch überlieferte Schrift Galens wurde von R. Walzer herausgegeben. Die hier vorgelegte Übersetzung beruht unmittelbar auf dem arabischen Text.

eben dieser Materie, ich meine: aus dem Haufen, erstmals ergeben hat. Andere bezeichnen es als das Schrittchen-für-Schrittchen-Argument. Sie haben ihm seinen Namen also lediglich aufgrund der Methode gegeben, mittels derer zu Zweifel und Verwirrung geführt wird. . . . (3) Ich sage also: Sag' mir, denkst du, daß ein einzelnes Weizenkorn ein Haufen ist? Daraufhin erklärst du: Nein. Dann sage ich: Was sagst du über 2 Körner? Es ist nämlich meine Absicht, dir sukzessiv Fragen zu stellen; und wenn du abstreitest, daß 2 Körner ein Haufen sind, dann werde ich dich über 3 Körner befragen. Anschließend werde ich dir die Frage zu 4 Körnern stellen, dann weiter zu 5, 6, 7 und 8 Körnern, und du wirst, denke ich, sagen, daß darunter nichts ist, was ein Haufen wäre. Auch 9, 10 und 11 Körner bilden keinen Haufen. Denn der Begriff des Haufens, der in der Seele gebildet und in der Vorstellung entwickelt wird, besteht darin, daß der Haufen etwas ist, was neben der Ansammlung [einzelner Körner/Partikeln] außerdem auch noch eine (stattliche) Anzahl umfaßt und eine beträchtliche Größe. . . . Ich werde dann so fortfahren; ich werde zu der Anzahl jeweils 1 hinzufügen und dir endlose Fragen nach dem Ausmaß jeder einzelnen dieser Anzahlen stellen, ob du zugestehst, daß es sich um einen Haufen handelt; dir indes wird es dabei unmöglich sein, für eine einzige jener Anzahlen zu erklären, sie ergebe einen Haufen. Der Grund dafür ist, was ich dir nun sage: Wenn du bei irgendeiner der Anzahlen wie z.B. bei der Zahl von 100 Weizenkörnern nicht sagst (verneinst), daß sie bereits ein Haufen (geworden) sei, und wenn du dann, sobald zu ihr ein einziges Korn hinzugefügt wird, sagst, sie sei ein Haufen geworden, so ist das eine Weizenkorn dasjenige, durch dessen Hinzufügung jene Weizenkörner zu einem Haufen werden und das durch sein Fehlen jene Weizenkörner so beschneidet, daß sie kein Haufen sind. Ich kenne nichts Abgeschmackteres und Absurderes als dies, daß nämlich die Existenz oder Nichtexistenz des Haufens durch ein einzelnes Weizenkorn bewirkt wird. Und um zu vermeiden, daß dir diese Abgeschmacktheit anhaftet, hörst du nicht auf − selbst wenn die Zahl der Weizenkörner durch Hinzufügung von immer wieder einem Korn ein Ausmaß ohne Ende erreicht − zu bestreiten und gibst du niemals zu, daß die Gesamtsumme davon ein Haufen sei. Aufgrund dieser Bestreiterei ist der Haufen also zu einem Nichts geworden, also aufgrund dieses hübschen Sophismas.

F Sextus Empiricus, *Adv. Math.* 7.416 (*SVF* 2.276; teilw. *FDS* 1242)

Denn im Fall des Sorites, wenn die letzte erkenntnistaugliche Vorstellung neben der ersten nicht erkenntnistauglichen liegt und von ihr fast nicht mehr zu unterschieden ist, sagt man im Kreise Chrysipps, daß der Weise bei den Vorstellungen, bei denen der Unterschied derart gering ist, halt machen und schweigen werde, während er bei den Vorstellungen, bei denen sich der Unterschied größer darstellt, der einen als der wahren Vorstellung zustimmen werde.

F Kontext: Kritik an der Konzeption der erkenntnistauglichen Vorstellung.

G Chrysipp, *Quaest. log.* III, 9.17–22 (teilw. *SVF* 2.298; teilw. *FDS* 698)

Und bis zu welchem Punkt man damit fortfahren muß, dieselbe Antwort zu geben, das wird im Bereich des schrittchenweise vorgehenden Arguments eine Pause zum Nachdenken verschaffen. Und ähnlich bei der Frage, ob es nötig ist, bei seiner Antwort einen Schnitt zu machen.

H Cicero, *Academica* 2.92–96 (enthält *SVF* 2.277, 282; teilw. *FDS* 1243, 1212)

[Sprecher ist Cicero zugunsten der Neuen Akademie:] (1) Da ihr aber so viel Wert auf diese Disziplin legt, so achtet darauf, daß sie sich nicht von ihrer Konzeption her als ganze gegen euch richtet. Zunächst macht sie Fortschritte und teilt munter die Elemente des Sprechens mit, die Einsicht in Mehrdeutigkeiten und die Theorie des Schließens; dann aber, nach wenigen Ergänzungen, kommt sie zu den Sorites-Argumenten, einem durchaus schlüpfrigen und gefährlichem Gebiet, von dem du früher erklärtest, es handle sich um eine fehlerhafte Art zu argumentieren. Was heißt das? Ist diese Fehlerhaftigkeit etwa unsere Schuld? (2) Von den Grenzen der Dinge hat die Natur uns keine Erkenntnis geliefert, so daß wir bei jeder beliebigen Sache genau festlegen könnten, wie weit sie reicht; wenn wir in kleinsten Abstufungen gefragt werden, ob die Prädikate »reich« oder »arm«, »berühmt« oder »unbedeutend«, »viel« oder »wenig«, »groß« oder »klein«, »lang« oder »kurz«, »breit« oder »schmal« zutreffen, dann wissen wir eben nicht bloß beim Weizen-›Haufen‹, woher der Sorites seinen Namen hat, sondern bei überhaupt jeder Sache nicht, wieviel addiert oder subtrahiert werden müßte, damit wir eine sichere Antwort geben könnten. »Aber die Sorites-Schlüsse sind fehlerhaft.« (3) Knackt sie also, wenn ihr könnt, damit sie euch nicht behindern; denn das tun sie, wenn ihr euch nicht davor schützt. »Die Schutzmaßnahme ist [längst] getroffen«, kommt zur Antwort; »denn Chrysipp hält dafür, daß man, wenn schrittchenweise gefragt wird, ob beispielsweise drei wenig oder nicht vielmehr viel ist, ein ziemliches Stück, bevor man bei ›viel‹ ankommt, ruhig wird (schweigt)« (dies ist eben das, was von ihnen griechisch *(hēsychazein)* genannt wird). »Meinetwegen«, sagte darauf Karneades, »magst du sogar schnarchen, nicht nur ruhen. Aber was nützt das? Denn anschließend kommt jemand, der dich aus deinem Schlaf aufschreckt und folgendermaßen fragt: ›Wenn ich zu eben der Zahl, bei der du verstummt bist, eins hinzufüge, ergibt das dann viel?‹ Dann gehst du wieder weiter bis zu dem Punkt, wo es dir gut dünkt.« Was gibt es mehr zu sagen?! Dies nämlich gestehst du ja ein, daß du in deinen Antworten weder den letzten Punkt dessen anzugeben vermagst, was wenig ist, noch den ersten Punkt dessen, was viel ist. Diese Art Irrtum erstreckt sich so weit, daß ich nicht sehe, wo er nicht auftreten könnte. »Das ficht mich überhaupt nicht an«, sagte er; »ich nämlich werde wie ein gewandter Wagenlenker, bevor ich den Endpunkt erreiche, die Pferde zü-

---

G Kontext: Eine Serie logischer Verlegenheiten.   H Kontext: Ciceros Eintreten für die Neue Akademie, hier gegen Antiochos und seinen Glauben an die stoische Dialektik.

geln, und das um so mehr dann, wenn der Ort, auf den sie zustreben, halsbrecherisch ist. Ebenso halte ich mich«, sagte er, »vorher zurück und antworte nicht länger auf trügerische Fragen.« Wenn du etwas weißt, was einleuchtet, und nicht antwortest, handelst du hochmütig; wenn du so etwas nicht weißt, hast du von der Sache sicherlich keine Erkenntnis. Wenn du die deshalb nicht hast, weil die Sache obskur ist, räume ich dies ein. Aber du bestreitest, daß du bis dahin vorgehen würdest, wo die Sache obskur wird. Du stoppst also bei lichtvollen Sachen. Wenn du das nur tust, um zu schweigen, erreichst du nichts; denn was macht es für den, der dich fangen will, ob er dich schweigend oder redend ins Netz kriegt? Wenn du nun aber beispielsweise bis neun ohne Zögern sagst, es sei wenig, und bei zehn stoppst, dann hältst du sogar bei sicheren und ziemlich klaren Sachen deine Zustimmung zurück; doch daß ich genau dasselbe im Bereich der obskuren Sachen tue, das gestattest du nicht. (4) Jene Wissenschaft bietet dir also keinerlei Hilfe gegen die Sorites-Schlüsse, da sie nicht darüber unterrichtet, was im Prozeß des Vermehrens oder Verminderns der erste oder der letzte Schritt sein soll. Was ist gar davon zu halten, daß jene Wissenschaft so, als zöge Penelope ihr Gewand wieder auf, am Ende ihre vorangegangenen Auskünfte aufhebt: Ist das eure oder unsere Schuld? (5) Es ist ja wohl Grundlage der Dialektik, daß alles, was ausgesagt wird (dies bezeichnen sie als *axiōma*, d.h. soviel wie ›Aussage‹), entweder wahr oder aber falsch ist. Ist demnach also folgendes wahr oder falsch: Wenn du sagst, daß du lügst, und das als etwas Wahres sagst, lügst du dann oder sagst du die Wahrheit? Ihr sagt natürlich, es handle sich hierbei um unlösbare Fälle. Das ist ärgerlicher als das, was unsere Schule ›nicht erkannt‹ und ›nicht wahrgenommen‹ nennt; aber das lasse ich beiseite, stelle vielmehr folgende Frage: Wenn die besagten Fälle nicht auflösbar sind und man für sie keinerlei Kriterium findet, auf das hin ihr die Frage beantworten könntet, ob sie wahr oder falsch sind, wo bleibt dann jene Definition, eine Aussage sei das, was entweder wahr oder aber falsch ist? (6) Zu meinen Prämissen füge ich hinzu, daß, wenn von ⟨Schlußfolgerungen desselben Typs eine korrekt ist, man die übrigen⟩ zu akzeptieren und andere, die von entgegengesetztem Typ sind, zu verwerfen hat. Wie beurteilst du also das folgende Schlußverfahren: »Wenn du sagst, daß es jetzt hell ist, und dabei die Wahrheit sagst, ⟨dann ist es hell; nun aber sagst du, daß es jetzt hell ist, und sagst dabei die Wahrheit;⟩ also ist es hell«? Zweifellos billigt ihr dies Art der Argumentation und sagt, es sei völlig richtig geschlossen worden; dementsprechend lehrt ihr in eurem Unterricht, es handle sich hier um den ersten Schlußmodus. Ihr werdet also entweder alles, was nach demselben Modus geschlossen wird, akzeptieren; oder aber jene Wissenschaft ist keine Wissenschaft. Sieh dir also folgende Konklusion daraufhin an, wo du sie billigen kannst: »Wenn du sagst, daß du lügst, und dabei die Wahrheit sagst, dann lügst du; nun aber sagst du, daß du lügst, und sagst dabei die Wahrheit: also lügst du«! Wie kannst du dieser Schlußfolgerung nicht zustimmen, nachdem du die vorige, die vom demselben Typ war, akzeptiert hast? Diese Art Argumente stammen von Chrysipp, konnten aber noch nicht einmal von ihm selbst aufgelöst werden.

I   Plutarch, *De comm. not.* 2, 1059D-E   (enthält *SVF* 2.250; *FDS* 1213)

Dieser Mann [Chrysipp] scheint mir all seine Sorgfalt und ungeheures Talent
darauf zu verwenden, die Alltagserfahrung auf den Kopf zu stellen und zu
zerstören, wie das in gewissem Umfang sogar selbst die Verehrer dieses Mannes
bezeugen, wenn sie mit ihm über den ›Lügner‹ streiten. Denn zu bestreiten, daß
eine Konjunktion aus einer indefiniten Aussage und ihrem kontradiktorischen
Gegensatz schlichtweg falsch ist, und wiederum andererseits zu behaupten, daß
einige Argumente, deren Prämissen wahr und deren Schlüsse gültig sind, trotzdem Schlußsätze haben, deren kontradiktorischer Gegensatz ebenfalls wahr ist,
das stellt ja wohl jeden Begriff eines Beweises auf den Kopf und zerstört doch
wohl jeden Vorbegriff zuverlässiger Beglaubigung. Man sagt, im Winter fresse
der Tintenfisch seine eigenen Arme an. Chrysipps Dialektik zerstört und amputiert aber ihre allerwichtigsten Teile und ihre Prinzipien. Welchen von all
unseren anderen Begriffen hat sie dann unverdächtig gelassen?

J   Epiktet, *Dissert.* 1.7.1, 10–21

Über den Gebrauch der umschlagenden und hypothetischen Argumente und
dergleichen: (1) Die meisten Leute merken nicht, daß die Beschäftigung mit
den umschlagenden und hypothetischen Argumenten, ferner mit Argumenten,
die dadurch gültig werden, daß sie entwickelt werden, und überhaupt mit allen
solchen Argumenten von Belang für die zukommende Funktion ist [siehe 42].
(2) [= **31R**] (3) Man muß lernen, wie etwas aus anderem folgt und wann *eines*
aus *einem* folgt und wann aus *mehrerem* in Verbindung miteinander. Auch dieses
also muß sich dann wohl derjenige aneignen, der sich im Argument einsichtig
verhalten will, selber jede Sache zu beweisen, wenn er sie darstellt, denen, die
einen Beweis führen, zu folgen, und sich von denjenigen nicht in die Irre
führen zu lassen, die bei ihren Beweisen Sophistereien verwenden. Das ist der
Grund, warum wir die schlüssigen Argumente und Modi studieren und uns
auch in diesem Gebiet üben; es hat sich als unentbehrlich erwiesen. (4) Es gibt
jedoch Fälle, in denen wir die Prämissen zutreffenderweise anerkannt haben
und aus ihnen dann das und das folgt und in denen sich nichtsdestoweniger
ergibt, daß es falsch ist. Was habe ich dann angemessenerweise zu tun? Das
Falsche zu akzeptieren? Wie sollte das gehen? Sagen, die Prämissen hätte ich
unzutreffenderweise anerkannt? Auch dieser Weg steht mir nicht offen. Und
sagen, daß die Schlußfolgerung sich nicht aus den zugestandenen Prämissen
ergibt? Aber auch dieser Weg ist versperrt. Was also ist in diesen Fällen zu tun?
Oder vielleicht, wie Geld geliehen zu haben nicht dafür genügt, es noch schuldig zu sein, sondern noch hinzukommen muß, daß man die Schuld behalten
und nicht zurückgezahlt hat, so genügt es dafür, daß man die Konsequenz
akzeptieren muß, nicht, die Prämissen zugestanden zu haben, sondern man muß

I Kontext: Vorbereitung einer Attacke auf Chrysipp wegen Verletzung der allgemeinen
Begriffe.

auch bei dem Zugeständnis von ihnen bleiben. Wenn sie nun bis zum Ende so bleiben, wie sie zugestanden wurden, dann ist es absolut notwendig, daß wir bei dem Zugeständnis bleiben und akzeptieren, was aus ihnen folgt. 〈Wenn sie aber nicht so bleiben, ist dies nicht mehr notwendig.〉 Diese Konsequenz ergibt sich für uns nämlich nicht mehr und auch nicht mit unserer Billigung, sobald wir von der Zustimmung zu den Prämissen Abstand genommen haben. Daher muß man auch Prämissen dieser Art erforschen und die Art untersuchen, in der sie sich verändern und umschlagen und die in der Frage selbst, in der Antwort, in der Schlußfolgerung oder an einer entsprechenden anderen Stelle dazu führt, daß die Prämissen (in ihrem Wahrheitswert) umschlagen und gedankenlosen Leuten, die nicht auf das achten, was aus ihnen folgt, Anlaß zur Verwirrung geben. Warum muß man das untersuchen? Damit wir uns auf diesem Gebiet nicht unangemessen, oder planlos oder verwirrt aufführen.

K Simplikios, *In Arist. Phys.* 1299,36–1300,10 (*SVF* 2.206; *FDS* 1025)

»Ausgehend von diesen Argumenten«, sagt Alexander [von Aphrodisias], »kann man nun zeigen, daß diejenigen Aussagen bei den Stoikern, die manchmal als ›unbestimmt umkippende‹ Aussagen bezeichnet werden, nicht von dieser Art sind. Es handelt sich um Aussagen der folgenden Art: ›Wenn Dion lebt, dann wird Dion [auch in Zukunft] leben‹. Denn auch wenn diese Konditionalaussage jetzt in der Tat mit dem wahren Vordersatz ›Dion lebt‹ beginnt und den wahren Nachsatz ›Dion wird [auch in Zukunft] leben‹ hat und infolgedessen wahr ist, so wird es trotzdem in Zukunft einen Zeitpunkt geben, zu dem die Zusatzprämisse ›Nun aber lebt Dion‹ wahr ist und die Konditionalaussage gleichwohl in eine falsche Konditionalaussage umkippen wird, dies deshalb, weil es eine Zeit geben wird, zu der zwar die Aussage ›Dion lebt‹ wahr ist, aber die Aussage ›Er wird auch [in Zukunft] leben‹ nicht wahr ist, zu der also, da diese Aussage nicht wahr ist, die ganze Konditionalaussage in eine falsche Konditionalaussage umkippen muß; denn wenn die Aussage ›Er lebt‹ wahr ist, ist nicht immer auch die Aussage ›Er wird [auch in Zukunft] leben‹ wahr, weil Dion dann unsterblich sein müßte. Andererseits wird es nicht möglich sein, mit genauer zeitlicher Abgrenzung zu sagen, [ab] wann zu seinen Lebzeiten die Aussage ›Er wird [auch in Zukunft] leben‹ nicht [mehr] wahr ist. Aus diesem Grund sagen sie, das Umkippen derartiger Aussagen erfolge zu einer unbestimmten und nicht [genauer] abgegrenzten, Zeit.«

K Kontext: Diskussion von Aristoteles' Analyse zum Augenblick der Veränderung. Das zitierte stoische Beispiel wird dahin entschieden, daß es *keinen* letzten Augenblick gibt, zu dem Dion noch lebt.

L   Lukian, *Vitarum auctio* 22   (teilw. *SVF* 2.287; teilw. *FDS* 1228)

Chrysipp: . . . Und was den ›Verhüllten‹ angeht, so sollst du ein ganz besonders wunderbares Argument zu hören bekommen. Denn sage mir: Kennst du deinen eigenen Vater? *Käufer:* Ja. *Chrysipp:* Was also? Wenn ich einen verhüllten Menschen vor dich hinstelle und dich frage, ob du den kennst, was wirst du dann sagen? *Käufer:* Natürlich, daß ich ihn nicht kenne. *Chrysipp:* Nun aber wäre dieser selbe eben dein Vater. Wenn du also diesen Menschen nicht kennst, dann kennst du ersichtlich deinen eigenen Vater nicht.

M   Diogenes Laërtius 7.75   (teilw. *SVF* 2.201; teilw. *FDS* 914)

Glaubhaft ist eine Ausage, die zur Zustimmung veranlaßt, z.B. »Wenn jemand etwas geboren *(tiktein)* hat, dann ist sie dessen Mutter«. Dies ist aber falsch. Denn die Henne ist [wenn sie ein Ei legt *(tiktein)*] nicht die Mutter des Eis.

N   Gellius 11.12.1–3   *SVF* 2.152; *FDS* 636; teilw. Diodoros Frg. 7 Giannantoni)

(1) Chrysipp sagt, jedes Wort sei von Natur aus mehrdeutig, da aus demselben Wort zweier- oder mehrerlei entnommen werden könne. (2) Hingegen sagte Diodoros, der den Beinamen ›Kronos‹ trägt: »Kein Wort ist mehrdeutig; weder spricht oder denkt jemand doppelt; noch sollte die Ansicht aufkommen, es werde etwas anderes gesagt als das, was der, der redet, meint, daß er selbst sagt. Falls aber«, so sagte er, »ich etwas anderes meine als du verstehst, so kann man eher zu der Ansicht kommen, es sei unklar gesprochen worden als daß mehrdeutig geredet worden wäre. Denn es müßte in der Natur des mehrdeutigen Wortes liegen, daß der, der es ausspricht, zweier- oder mehrerlei sagen würde. Niemand aber sagt zweier- oder mehrerlei, der der Meinung ist, er sage nur eines.«

O   Ammonios, *In Arist. De interpr.* 38,17–20   (teilw. Diodoros Frg. 7 Giannantoni)

Nicht akzeptieren werden wir die Ansicht des Dialektikers Diodor, daß jede Äußerung etwas zu bezeichnen vermöge; zum Beleg für diese These nannte er einen seiner eigenen Sklaven »Aberdoch« und benannte andere mit anderen Konjunktionen.

L Kontext: Chrysipp soll auf dem Sklavenmarkt verkauft werden und erklärt einem potentiellen Käufer seine Fähigkeiten.   M Kontext: Nach **35A** folgt eine Erklärung der Kausalaussage, dann, was hier steht, und anschließend **38D**.   N Kontext: Kommentar zur Bezeichnungstheorie des Aristoteles.   O Kontext: Kommentar zur Bezeichnungstheorie des Aristoteles.

P Diogenes Laërtius 7.62 (teilw. *SVF* 3. Diog. 23; teilw. *FDS* 621)

Eine Mehrdeutigkeit ist ein sprachliche Äußerung, die – ordnungsgemäß ausgesprochen und nach ein und demselben sprachlichen Idiom – zwei oder noch
mehr Sachen bedeutet, so daß aus eben dieser Äußerung die mehrerlei Sachen
gleichzeitig zu entnehmen sind.

Q Galen, *De captionibus* 4 (teilw. *SVF* 2.153; teilw. *FDS* 633)

(1) Aufzugreifen sind indes die Unterscheidungen, die sie zwischen den sogenannten ›Mehrdeutigkeiten‹ treffen. Die subtileren [Männer der Stoa] listen
acht Arten auf. (2) Die erste Art ist die Mehrdeutigkeit, welche sie als die dem
Unterteilten und dem Nicht-Unterteilten ›gemeinsame‹ bezeichnen. Von dieser
Art ist *aulē-tris pesousa* (Flötenspielerin, die hingestürzt ist / Halle, die dreimal
eingestürzt ist). Denn diese Mehrdeutigkeit ist dem einen Wort *aulētris* (Flötenspielerin) und dem unterteilten Ausdruck [*aulē tris* (Halle dreimal)] gemeinsam.
(3) Die zweite Art ist die Mehrdeutigkeit, die aus der Homonymie in den
Einzelwörtern hervorgeht, z.B. *andreios* (männlich: einem Mann gehörig /
mannhaft, tapfer); denn *andreios* ist [in jeweils anderem Sinn] entweder ein
Gewand oder ein Mensch. (4) Die dritte Art entsteht aus der Homonymie in
den Zusammensetzungen von Wörtern, z.B. *anthrōpos estin* (Mensch ist). Dieser
Satz ist nämlich mehrdeutig, indem er entweder bedeutet, daß die Substanz
[d.h. ein Mensch], oder daß der Kasus [d.h. das Nomen ›Mensch‹] existiert. (5)
Die vierte Art beruht auf der Auslassung, zum Beispiel »Von welchem bist du?«.
Hier ist nämlich das Mittelwort ausgelassen, beispielsweise von welchem »Chef«
oder »Vater«. (6) Die fünfte Art resultiert aus dem Pleonasmus, wie er etwa in
dem folgenden Fall vorliegt: »Er verbot ihm nicht zu segeln«. Denn das einge-
fügte »nicht« macht das ganze schillernd, ob er nämlich das Segeln verboten hat
oder verboten hat, nicht zu segeln. (7) Die sechste Art ist, wie sie sagen, diejenige, die nicht deutlich macht, welches nicht-bezeichnende Element eines
Ausdrucks in Verbindung womit konstruiert wird, wie das in *kai ny ken ē par-
elassen* [Homer, *Ilias* 23.382] der Fall ist. Denn hier könnte der Buchstabe *ē*
entweder das ⟨erste Element eines Worts sein [. . . *(h)ēpar elasse*: »und er hätte
eine Leber getrieben«] oder das letzte Element eines Worts [. . . *kenē* . . .: »und
sie hätte *leer* überholt«], oder⟩ es könnte sich dabei um die disjunktive Partikel
handeln [. . . *ē* . . .: »und nun hätte er ihn wohl *entweder* überholt oder . . .«]
handeln. (8) Die siebte Art ist die, welche es unterläßt klarzustellen, welcher
bedeutungsvolle Teil mit welchem konstruiert wird, zum Beispiel: »Fünfzig
Männer einhundert ließ der edle Achill zurück« [d.h. »50 von 100 Männern
. . .« oder »100 von 50 Männern . . .«] (9) Die achte Art ist die, welche es
unterläßt klarzustellen, was sich worauf bezieht, wie man das in »Dion ⟨ist

---

P Kontext: Unmittelbar anschließend an 32C.   **Q** Kontext: Galen verteidigt seine eigene
Klassifikation der sprachlich bedingten Trugschlüsse gegen die Klassifikation der Stoiker.

auch⟩ Theon« finden kann. Denn es ist unklar, ob sich das auf die Existenz beider bezieht [»Dion ist, auch Theon«] oder auf etwas wie »Dion ist Theon« oder umgekehrt.

R Diogenes Laërtius 7.187 (teilw. *SVF* 2.279; teilw. *FDS* 1205)

[Chrysipp stellte folgendes Rätsel:] »Wenn du etwas sagst, dann geht dies durch deinen Mund. Nun sagst du: ein Wagen. Also geht ein Wagen durch deinen Mund.«

S Simplikios, *In Arist. Categ.* 24,13–20 (teilw. *FDS* 1257)

Daher geben die Dialektiker auch die Anweisung, bei den auf einer Homonymie beruhenden Syllogismen zu schweigen, bis der Fragesteller mit dem Wort zu einer anderen Bedeutung übergeht. Wenn beispielsweise jemand fragt, ob das Gewand *andreios* (männlich: einem Mann gehörig/mannhaft, tapfer) ist [siehe **Q3**], können wir dies einräumen, falls es sich gerade um ein Männergewand handelt; und wenn dann weiter gefragt wird, ob, wer *andreios* ist, tapfer ist, können wir auch dies zugestehen, denn es ist wahr; wenn dann aber geschlossen wird, daß das Gewand folglich tapfer ist, so gilt es, hier die Homonymie des Wortes *andreios* herauszustellen und zu zeigen, daß es bei dem Gewand und bei dem, der die Mannhaftigkeit besitzt, auf jeweils andere Weise gesagt wird.

☐ Wie das Exzerpt in **B** aus der Liste der verlorenen Schriften Chrysipps beispielhaft belegt, ist das Studium kniffliger Argumente, der sogenannten Sophismen oder Trugschlüsse, für die stoische Logik sogar zentraler als für die anderen Bereiche stoischen Denkens (vgl. **28A–B; 30E; 38A**). Dieses Interesse haben die Stoiker von ihren Vorläufern in der Logik geerbt, von der Dialektischen Schule, von deren Werk in **A** vermutlich etwas dargestellt wird; und durch die Akademiker wurde dieses Interesse weiter begünstigt, die in ihren Angriffen auf die Stoiker beharrlich Gebrauch von kniffligen Argumenten machten (so in **H, I**). Vgl. **B6**. Der Titel eines solchen Arguments hat typischerweise die Form »das *x*-Argument«, wobei *x* sowohl auf das verwendete Beispiel hinweist als auch den Trugschluß selbst charakterisiert. So gilt für »das Gehörnte Argument« (»Hast du deine Hörner verloren?«, worauf »Ja« und »Nein« gleichermaßen kompromittierende Antworten zu sein schienen; vgl. **C**): Es handelt nicht bloß von einem Mann, der angeblich Hörner hat; sondern es ist selbst ein Dilemma. Die klassischen akademischen Waffen waren das Lügner-Argument und der Haufenschluß (Sorites). Für das viel gefeierte Lügner-Argument, das im vierten Jahrhundert von Eubulides ausgedacht worden war, siehe **B3, C, H5–6, I**. Wie die Akademiker durch die beiden letzten Texte wiedergegeben werden, pflegten sie dieses Argument zu benutzen, um den Glauben der Stoiker an das Bivalenzprinzip herauszufordern (**34C; 38G**); und in **I** interpretiert Plutarch Chrysipps Antwort so, als ge-

---

R Kontext: Von Chrysipp verwendete Sophismen.   **S** Kontext: Kommentar zur aristotelischen Definition der Homonyme in *Cat.* 1a1.

stehe er eine gewisse Restriktion des Prinzips zu: Er gab zu mancher negierten Konjunktion indefiniter kontradiktorisch entgegengesetzter Sätze (zu deren logischer Form siehe 38E6) lediglich eine bedingte Zustimmung, vermutlich »Nicht beides: etwas ist wahr, und es ist falsch«. Aber die Nebeneinanderreihung von Titeln in **B3** legt nahe, daß er zumindest einen Weg zurückwies, diese Restriktion der Bivalenz zu erreichen, nämlich das »Schneiden« indefiniter Aussagen. Wir könnten vermuten, daß es sich hierbei um die Analyse von »Etwas ist wahr« handelte, wenn das Etwas die Aussage »Ich lüge« ist, und zwar um die Analyse in Teilaussagen, eine wahre und eine falsche, z.B. »Ich lüge in der Regel« ist wahr, aber »Ich lüge jetzt« ist falsch. Was war dazu die alternative Strategie, durch die Chrysipp sich dem Vorwurf Plutarchs aussetzte, ohne — wie wir annehmen müssen — das Bivalenzprinzip wirklich aufzugeben? Eine Vermutung wäre, daß er »Ich lüge« dahingehend verstand, daß der Wahrheitswert dieser Aussage im Verlauf der Äußerung von falsch nach wahr *umschlägt*. Für das stoische Interesse an »umschlagenden« Argumenten, eine Konsequenz aus der Annahme von Wahrheit-zu-einer-Zeit (siehe zu **34F**), siehe **J**, **K**, und vgl. **A5, 9**.

Was den Sorites oder »Haufen«-Schluß angeht, siehe **C–H4**. Die Bezeichnung des Schlusses deckt eigentlich alle Schrittchen-für-Schrittchen Argumente ab, die es sich zunutze machen, wenn es zwischen entgegengesetzten Prädikaten keine scharfe Grenze gibt (vgl. **51G**; **70D–E**). Auch hier war »Schneiden« offenbar eine der vorgeschlagenen Lösungen, die von Chrysipp nicht ohne Zögern akzeptiert wurde (**G**). Vielleicht schloß das Schneiden in diesem Fall die sorgfältige nähere Bestimmung von jemandes Antwort ein. Zum Beispiel: Ist 10 der höchste Zahlenwert von »wenig«? Ja und Nein. Ja für eine Cricket-Mannschaft, Nein für ein Rugby-Team oder ein Quartett; usw.

Chrysipp selbst scheint zwei Empfehlungen gegeben zu haben. Die eine war in erster Linie prozedural: Höre auf zu antworten (»werde ruhig«), *bevor* du die schwierigen Fälle erreichst (**H3**; weniger sorgfältig berichtet in **F**; für die Terminologie vgl. **S**). Die andere Empfehlung wird in **D** exemplifiziert und ist im Wege eines Vergleichs mit **38E6** und **51G** vermutungsweise Chrysipp selbst zuzuschreiben. Sie besteht darin, jeden einzelnen Schritt nicht als Konditionalaussage zu formulieren, sondern als negierte Konjunktion, z.B. »Nicht: sowohl 4 ist wenig, als auch 5 ist nicht wenig.« Während die Formulierung als Konditionalaussage nach Ansicht Chrysipps (siehe **35A6** und Kommentar) auf die offensichtlich falsche Behauptung hinausgelaufen wäre, daß »4 ist wenig, aber 5 ist nicht wenig« ein *Widerspruch in sich selbst* ist, erlaubt die negierte Konjunktion die vernünftigere Interpretation, daß dank der Ähnlichkeit von 4 mit 5 von dieser Konjunktion *schwer zu glauben* ist, daß sie verneint zu werden verdient. Selbst der stoische Weise stimmt bloß »glaubhaften« Aussagen in solchen Fällen zu, wo Gewißheit nicht erreichbar ist (**42I–J**). Der Hauptvorteil ist erkennbar der, daß jetzt kein allgemeines begriffliches Prinzip angenommen wird, welches dazu führen würde, daß die Aussage »n ist wenig« für alle Werte von n die Aussage »$n+1$ ist wenig« nach sich zieht. Demnach kann es einen bestimmten Schritt geben, der falsch ist. Welcher Schritt das ist, ist für die Menschen vielleicht unaufhebbar dunkel, wie das in einem anderen Zusammenhang von der Antwort auf die Frage gesagt wurde, ob die Anzahl der Sterne gerade oder ungerade ist (vgl. **A5**; **68R3**). Die einzig angemessene Vorgehensweise wird daher sein, durch die »Schweige«-Taktik auf Sicherheit zu spielen. Aber der Glaube, daß es solch einen Abbruch-Punkt gibt, und sei er unentdeckbar, konnte ausreichend erscheinen, um den vom Sorites angerichteten Schaden weitestgehend zu beheben.

Andere Arten von Paradoxien können hier nur kurz vermerkt werden. Das Verhüllte Argument (**B4, L**) wirft unter modernen Gesichtspunkten Fragen über die Substitution in opaken Kontexten auf; aber welchen Platz es in der stoischen Diskussion genau einnahm, ist nicht bekannt. Für das »Niemand-Argument« (**B5**) siehe **30E**. Für das Erntende Argument (**C**) siehe **38I**, und vgl. **31M**.

Die in **A** unterbreitete Analyse von Sophismen repräsentiert möglicherweise die Dialektische Schule. Daß in dieser Analyse keine Mehrdeutigkeit geltend gemacht wird, liegt vielleicht daran, daß Diodor, der Leiter der Schule, jede Mehrdeutigkeit bestritt: **N**. Diodor kam zu dieser Bestreitung, indem er Bedeutung mit Sprecherbedeutung gleichsetzte (vermutlich die Grundlage der Geschichte in **O**); und in seiner Entgegnung sicherte Chrysipp die Mehrdeutigkeit dadurch, daß er auf dem lexikalischen Charakter der Bedeutung bestand (**N, P**). So gab er den Weg frei für die stoische Klassifikation von Mehrdeutigkeiten in **Q**, die eine Fülle von Material für die Auflösung von Trugschlüssen bereitstellt (vgl. **S**). Wir erfahren nicht, warum Chrysipp behauptete, daß *jedes* Wort mehrdeutig ist (**N1**); aber **Q4** würde einen angemessenen Grund anbieten, nämlich daß jedes Wort zusätzlich zu seiner regulären Bedeutung (oder zu der Mehrzahl regulärer Bedeutungen) auch sein eigener Name ist. Dieser Punkt, durch das Sophisma in **R** und **33O** scherzhaft illustriert, war in der Tat von entscheidender Wichtigkeit in einer Sprache, die den Kunstgriff der Anführungszeichen nicht kannte.

Das in diesem Abschnitt zusammengestellte Material erlaubt interessante Vergleiche mit Aristoteles, *Sophistici elenchi*.

38 Modalität

A   Epiktet, *Dissert.* 2.19.1—5   (teilw. Diodoros Frg. 24 Giannantoni; enthält *SVF* 1.489, 2.283, 3. Ant. 30; teilw. *FDS* 993)

(1) Das Meisterargument wurde anscheinend von etwa folgenden Ausgangspunkten aus entwickelt: (2) Es besteht eine allgemeine Unverträglichkeit zwischen den folgenden drei Aussagen untereinander: *(A)* »Jede wahre Vergangenheitsaussage ist notwendig«; *(B)* »Aus etwas Möglichem folgt nichts Unmögliches« und *(C)* »Es gibt etwas Mögliches, was weder wahr ist noch wahr sein wird«. (3) Diodor sah die Unverträglichkeit zwischen diesen Aussagen und benutzte daher die Glaubhaftigkeit der zwei ersten Aussagen, um die Schlußfolgerung zu etablieren: *(C′)* »Es gibt nichts Mögliches, was weder wahr ist noch wahr sein wird«. (4) Im übrigen kann man von den Zweierkombinationen folgende Aussagen festhalten: *(C)* »Es gibt etwas Mögliches, was weder wahr ist noch wahr sein wird« und *(B)* »Aus etwas Möglichem folgt nichts Unmögliches«; doch muß man dann behaupten: *(A′)* »Nicht jede wahre Vergangenheitsaussage ist notwendig«. In dieser Weise sind offenbar Kleanthes und seine Leute verfahren, denen dann Antipater weitgehend beipflichtete. (5) Andererseits kann man an der verbleibenden Zweierkombination festhalten: *(C)* »Es gibt etwas Mögliches, was weder wahr ist noch wahr sein wird« und *(A)* »Jede wahre Vergangenheitsaussage ist notwendig«, – muß dann aber behaupten: *(B′)* »Aus

etwas Möglichem folgt etwas Unmögliches«. (6) Es gibt indes keinen Weg, alle drei Aussagen festzuhalten, eben weil zwischen ihnen eine allgemeine Unverträglichkeit besteht. Wenn mich nun jemand fragt: »Und du, an welchen dieser Aussagen hältst du fest?«, so werde ich ihm antworten, daß ich das nicht weiß; doch ist mir folgende Darstellung überliefert: Diodor hielt an der ersten Zweierkombination fest, die Gruppe um Panthoides, wie ich glaube, und um Kleanthes an der zweiten und die Gruppe um Chrysipp an der dritten.

B Alexander v. Aphr., *In Arist. Anal. pr.* 183,34–184,10 (teilw. Diodoros Frg. 27 Giannantoni; *FDS* 992)

(1) Die Bemerkung [des Aristoteles in *Anal. pr.* I.15, 34a12–15] kann auch über die Möglichkeitsbegriffe sprechen, und zwar zunächst über das sogenannte Diodoreische Mögliche, d.h. über das, was entweder ist oder sein wird. Diodor setzte nämlich nur das als möglich an, was entweder ist oder auf jeden Fall sein wird. Nach ihm nämlich ist, daß ich mich in Korinth aufhalte, dann möglich, wenn ich tatsächlich in Korinth sein sollte oder wenn ich auf jeden Fall in Zukunft einmal dort sein sollte; falls ich aber niemals dorthin kommen sollte, ist es überhaupt nicht möglich. Und daß ein Kind sich zu einem Grammatiker entwickelt, ist dann möglich, wenn es auf jeden Fall einmal einer werden sollte. Zur Begründung dieses Möglichkeitsbegriffs wurde von Diodor auch das Meisterargument entwickelt. (2) Ähnlich [kann die Bemerkung des Aristoteles] auch über das Mögliche im Verständnis Philons [reden]. Danach wird als möglich dasjenige bezeichnet, was mit der bloßen Fähigkeit eines Dings zu etwas übereinstimmt, selbst wenn es durch irgendeinen zwingenden äußeren Umstand daran gehindert ist, Wirklichkeit zu werden. Auf dieser Grundlage erklärte Philon, es sei möglich, daß die in Atome aufgelöste Spreu brennt oder daß das Stroh auf dem Meeresgrund, während es sich dort befindet, verbrennt, obgleich das durch die Umstände mit Notwendigkeit verhindert werde.

C Boethius, *In Arist. De interpr.* 234,22–26 (teilw. Diodoros Frg. 28 Giannantoni; teilw. *FDS* 988)

Diodor legt fest: Möglich ist dasjenige, was entweder ist oder sein wird, unmöglich dasjenige, was falsch ist und deshalb nicht wahr sein wird, notwendig dasjenige, was wahr ist und deshalb nicht falsch sein wird, und nicht notwendig dasjenige, was entweder bereits falsch ist oder falsch sein wird.

B Kontext: Kommentar zu *Anal. pr.* I.15, 34a12ff., mit der Einschätzung, daß die Position des Aristoteles zwischen der Philons und der Diodors in der Mitte liegt.   **C** Kontext: Kommentar zu *De interpr.* 9, Vergleich der Modaltheorien von Philon, Diodor und den Stoikern.

D Diogenes Laërtius 7.75 (teilw. *SVF* 2.201; teilw. *FDS* 914)

Weiterhin sind die Aussagen teils möglich, teils unmöglich sowie teils notwendig, teils nicht notwendig. Möglich ist das, was wahr sein kann und was durch die äußeren Umstände nicht daran gehindert ist, wahr zu sein, z.B. »Diokles lebt«. Unmöglich ist das, was nicht wahr sein kann ⟨oder was dazu zwar in der Lage ist, aber durch die äußeren Umstände daran gehindert ist, wahr zu sein⟩, z.B. »Die Erde fliegt«. Notwendig ist das, was wahr ist und nicht falsch sein kann oder dies zwar sein kann, aber durch die äußeren Umstände daran gehindert ist, falsch zu sein, z.B. »Die Tugend nützt«. Nicht notwendig ist das, was sowohl wahr ist als auch falsch sein kann und daran durch die äußeren Umstände nicht gehindert ist, z.B. »Dion geht spazieren«.

E Cicero, *De fato* 12–15 (teilw. *SVF* 2.954; teilw. *FDS* 473)

(1) Nimm dich in acht, Chrysipp, daß du in deinem mit großem Einsatz geführten Kampf gegen den gewaltigen Dialektiker Diodor nicht aufgeben mußt! Wenn nämlich die Konditionalaussage »Wenn jemand beim Aufgang des Sirius geboren ist, wird er nicht im Meer sterben« wahr ist, dann ist auch die folgende Aussage wahr: »Wenn Fabius beim Aufgang des Sirius geboren ist, wird Fabius nicht im Meer sterben«. Folglich schließen sich die Aussagen »Fabius ist beim Aufgang des Sirius geboren« und »Fabius wir im Meer sterben« gegenseitig aus. Und da es bei Fabius als gewiß angesetzt wird, daß er beim Aufgang des Sirius geboren ist, schließen sich auch die Aussagen »Fabius existiert« und »Er wird im Meer sterben« gegenseitig aus. Daher besteht die Konjunktion »Sowohl existiert Fabius, als auch er wird im Meer sterben« aus einander ausschließenden Teilaussagen, weil sich das, wie festgestellt, gewiß nicht ereignen kann. Folglich gehört »Fabius wird im Meer sterben« zur Klasse des Unmöglichen. Demnach ist all das unmöglich, was von der Zukunft falsch ausgesagt wird. (2) Aber das willst du gerade nicht, Chrysipp! Und in deinem Streit mit Diodor ist eben das der zentrale Punkt. Jener behauptet nämlich, daß allein das möglich ist, was entweder wahr ist oder in Zukunft wahr sein wird, und daß alles, was künftig geschehen wird, notwendig eintritt; und er bestreitet, daß etwas, was künftig nicht eintritt, gleichwohl möglich wäre. (3) Du hingegen behauptest, daß auch das möglich ist, was künftig nicht eintritt, wie z.B. daß dieser Edelstein hier zerbricht, auch wenn dies niemals geschehen sollte, und daß es nicht notwendig war, daß Kypselos in Korinth regierte, selbst wenn das schon tausend Jahre vorher durch Apollons Orakel angekündigt worden wäre. (4) Wenn du nun aber derartige göttliche Weissagungen anerkennst, dann wirst du das, was bezüglich der Zukunft an Falschem prophezeit wird, zu dem rechnen, dessen Eintreten unmöglich ist, beispielsweise wenn es heißen sollte, Africanus werde in Karthago nicht die Gewalt ausüben; und wenn eine wahre Aussage über die Zukunft gemacht wird und es sich so zutragen wird, dann kannst du sagen, es

---

D Kontext: Unmittelbar anschließend an **37M**.   E Kontext: Kritik der Mantik.

sei notwendig. Und das ist genau die gegen euch [Stoiker] stehende Auffassung Diodors. (5) Wenn nämlich die Konditionalaussage »Wenn du beim Aufgang des Sirius geboren bist, wirst du nicht im Meer sterben« wahr ist und wenn in dieser Konditionalaussage der Vordersatz »Du bist beim Aufgang des Sirius geboren« notwendig ist — denn wie Chrysipp im Unterschied zu seinem Lehrer Kleanthes meint, sind alle wahren Aussagen über Vergangenes notwendig, weil Vergangenes unveränderlich ist und sich nicht aus Wahrem in Falsches verkehren kann —, wenn also der Vordersatz der Konditionalaussage notwendig ist, dann geschieht notwendig auch das, was daraus folgt, obgleich Chrysipp nicht der Meinung ist, daß dies in allen Fällen gilt; aber trotzdem ist es nicht möglich, daß Fabius im Meer stirbt, wenn es einen natürlichen Grund gibt, warum Fabius nicht im Meer sterben soll. (6) An dieser Stelle kommt Chrysipp ins Schwitzen und hofft, die Chaldäer und die übrigen Wahrsager ließen sich täuschen und sie würden die Aussageverknüpfungen in Zukunft so benutzen, daß sie ihre Theoreme nicht mehr in der Form ausdrücken: »Wenn jemand beim Aufgang des Sirius geboren ist, wird er nicht im Meer sterben«, — sondern lieber so formulieren: »Nicht: sowohl ist jemand beim Aufgang des Sirius geboren, als auch er wir im Meer sterben«. Welch lächerliche Frechheit! Um nicht selbst auf Diodor hereinzufallen, belehrt er die Chaldäer, wie sie ihre Einsichten gehörig zu formulieren hätten!

F Alexander v. Aphr., *In Arist. Anal. pr.* 177,25–178,1 (teilw. *SVF* 2.202a; teilw. *FDS* 994)

Dagegen behauptet Chrysipp, es stehe nichts der These im Wege, daß auch aus etwas Möglichem etwas Unmögliches folge(n könne). Wo er das sagt, argumentiert er allerdings nicht gegen den referierten Aufweis des Aristoteles. Vielmehr versucht er, durch einige nicht korrekt zusammengestellte Beispiele zu zeigen, daß es sich nicht so verhält [wie Aristoteles meint]. Er sagt nämlich, die Konditionalaussage »Wenn Dion gestorben ist, ist dieser gestorben« sei wahr, wenn [mit dem Demonstrativum »dieser«] auf Dion gezeigt wird; in dieser wahren Konditionalaussage sei der Vordersatz »Dion ist gestorben« möglich, weil es irgendwann wahr werden könne, daß Dion gestorben ist; aber der [Nachsatz] »Dieser ist gestorben« sei unmöglich. Denn wenn Dion gestorben ist, sei die Aussage »Dieser ist gestorben« zugrundegegangen, da das, worauf sich die Deixis bezieht, nicht mehr existiert; die Deixis sei nämlich angebracht bei Lebendigem und werde in bezug auf Lebendiges verwendet. Wenn also, sobald er gestorben ist, das »dieser« nicht länger möglich sei und auch Dion nicht wieder ins Dasein trete, so daß von ihm »Dieser ist gestorben« gesagt werden könnte, dann ist die Aussage »Dieser ist gestorben« unmöglich.

F Kontext: Kommentar zu der These von *Anal. pr.* I.15, 34a10ff., daß aus Möglichem nichts Unmögliches folgt.

G Cicero, *De fato* 20–21 (SVF 2.952; teilw. FDS 884)

Chrysipp schließt nämlich folgendermaßen: »Wenn es eine Bewegung ohne Ursache gibt, dann kann nicht jede Aussage (die Dialektiker nennen sie *axiōma*) entweder wahr oder falsch sein; denn was keine bewirkenden Ursachen hat, kann nicht wahr oder falsch sein. Nun ist aber jede Aussage entweder wahr oder falsch. Also gibt es keine Bewegung ohne Ursache. Wenn das so ist, geschieht alles, was geschieht, durch vorausgehende Ursachen; und wenn das stimmt, geschieht alles durch das Fatum. Somit folgt, daß alles, was geschieht, durch das Fatum geschieht.«

H Alexander v. Aphr., *De fato* 176,14–24 (SVF 2.959; teilw. FDS 1009)

Zu sagen, daß zwar alles aufgrund des Fatums geschieht, daß dadurch aber trotzdem das Mögliche und Kontingente deshalb nicht aufgehoben wird, weil dasjenige möglich ist einzutreten, was von nichts daran gehindert wird einzutreten, selbst wenn es nicht eintreten sollte, daß ferner das Gegenteil dessen, was jeweils aufgrund des Fatums geschieht, nicht daran gehindert ist einzutreten und daher selbst dann, wenn es nicht geschieht, doch gleichermaßen möglich ist, und dann dafür, daß es nicht daran gehindert ist einzutreten, als Beweis anzubringen, daß uns die ihm entgegenstehenden Hindernisse unbekannt sind, obgleich sie in Wirklichkeit durchaus existieren (was nämlich die Ursachen dafür sind, daß der jeweilige Gegensatz zu ihm aufgrund des Fatums geschieht, das sind auch die Ursachen dafür, daß es nicht geschieht, wenn anders es, wie sie sagen, unmöglich ist, daß unter denselben Umständen kontradiktorische Gegensätze beide eintreten; aber daß sie erklären, ihr Eintreten sei ungehindert, gründet sich darauf, daß uns bei manchen Dingen nicht bekannt ist, was sie sind), – solches zu sagen, ist ja wohl frivol in Argumenten, die keine Frivolität dulden.

I Ammonios, *In Arist. De interpr.* 131,24–32 (teilw. FDS 1252)

[Von den beiden Argumenten] wird das eher logische für irgendeine unserer Tätigkeiten entwickelt, z.B. für die des Erntens, und zwar auf folgende Weise: »Wenn du ernten wirst, dann« – so heißt es – »wirst du nicht vielleicht ernten und vielleicht nicht ernten, sondern auf jeden Fall ernten; und wenn du nicht ernten wirst, dann wirst du genauso nicht vielleicht ernten und vielleicht nicht ernten, sondern auf jeden Fall nicht ernten. Nun aber wirst du notwendigerweise entweder ernten oder aber nicht ernten. Also ist das ›vielleicht‹ aufgehoben; denn es findet weder in der Antithese des Ernten-werdens zum Nicht-

---

G Kontext: Vergleich zwischen Chrysipp und Epikur in bezug auf den Determinismus; gefolgt von 20E.   H Kontext: Argumentation gegen nicht genannte Gegner (klarerweise Stoiker), die eine allgemeine Notwendigkeit für mit der menschlichen Erfahrung vereinbar halten.   I Kontext: Kommentar zu *De interpr.* 9.

Ernten-werden einen Platz, da notwendigerweise eins davon in Erfüllung geht, noch in dem, was aus jeder‹ der beiden Annahmen folgt. Nun wäre aber das Wort ›vielleicht‹ dasjenige gewesen, welches das Kontingente einführen würde. Folglich verschwindet das Kontingente.«

☐ Bei der Modaltheorie der Stoiker finden wir einmal mehr Diodor und Philon als ihre herausragendsten Vorläufer. Das gefeierte Meisterargument Diodors, wörtlicher »das Herrschende Argument«, muß in der Hauptsache aus den drei Aussagen rekonstruiert werden, die in **A2** genannt sind: Aussage 1, daß jede wahre Vergangenheitsaussage notwendig ist, d.h. jede wahre Aussage über die Vergangenheit; Aussage 2, daß etwas Unmögliches nicht aus etwas Möglichem folgt (ein allgemein anerkanntes Gesetz der Modallogik); und Aussage 3, daß es etwas Mögliches gibt, was weder wahr ist noch wahr sein wird. Es sind viele Rekonstruktionsversuche unternommen worden; und die folgende kurze und informelle Skizze gibt auch nur eine von mehreren Möglichkeiten wieder. Der Titel des Arguments legt nahe (vgl. 37 Kommentar), daß das Argument mit dem Beispiel des Herrschens arbeitete (vgl. **E3**). Man nehme jemanden, der − *ex hypothesi* − nicht herrscht und niemals herrschen wird. Dann ist (i) »x herrscht« falsch; daraus folgt, ebenfalls falsch, (ii) »Es war immer der Fall, daß x herrschen wird«. Demgegenüber ist (iii) »Es war falsch, daß x herrschen wird« als Aussage über die Vergangenheit wahr und nach Aussage 1 notwendig. Daher ist (ii), was mit (iii) unverträglich ist, unmöglich. Nach Aussage 2 ist also (i), woraus (ii) folgt, ebenfalls unmöglich. Durch Verallgemeinerung von diesem Beispiel aus kann Diodor Aussage 3 eliminieren und seine Definition aufstellen, daß das Mögliche dasjenige ist, »was entweder ist oder sein wird«; die anderen drei Modaldefinitionen kann er daraus dann sofort ableiten: **C** (vgl. **B1**).

Von den Stoikern wurde die Position Diodors anscheinend als unakzeptabel deterministisch verstanden: **E** (und vgl. **I** und **31M**, das Erntende Argument, ein klar deterministisches Argument; es stammt aus Diodors Dialektischer Schule, wo man es offenbar als ein Begleitstück zum Meisterargument behandelte). Warum die Stoiker die Position so einschätzten, ist nicht auf den ersten Blick deutlich; denn Diodors Modaldefinitionen (**C**) trennen das Mögliche klar vom Notwendigen und lassen viele Möglichkeiten über das hinaus offen, was tatsächlich geschieht. Wenn ich zum Beispiel Bestechungsgelder annehme, dann war es für mich möglich, sie nicht anzunehmen, vorausgesetzt nur, daß es nicht bei einer späteren Gelegenheit der Fall sein wird, daß ich Bestechungsgelder annehme. So gesehen übertreibt der Satz »daß alles, was künftig geschehen wird, notwendig eintritt« in **E2** die Position Diodors. Aber der Satz »was künftig nicht eintritt, ist unmöglich« trifft die Sache annähernd richtig; er erfordert nur den Zusatz »Was *nicht ist und* künftig nicht eintritt . . .«.

Chrysipps erstes Beispiel in **E3** ist der Sache also angemessen. Man kann sich vorstellen, wie er folgendermaßen überlegte: Weil ich für mein Verhalten nur in solchen Fällen als verantwortlich gelten kann, in denen ich anders gehandelt haben könnte, kann ich nach der Ansicht Diodors keine Verantwortung dafür beanspruchen, daß ich diesen Edelstein nicht zertrümmere, den nicht zu zertrümmern ich mich entschieden habe. Denn *ex hypothesi* gilt es als Tatsache, daß er niemals zerbrechen wird; somit ist es für den Edelstein nach Diodors Ansicht unmöglich zu zerbrechen. Chrysipps zweites Beispiel sieht weniger treffend aus: Diodor würde mit ihm übereinstimmen, daß »Kypselos regiert« nicht notwendig war; denn es war zeitweilig falsch. Chrysipp konnte aber wenigstens argumentieren, daß die kontrafaktische Möglichkeit »Kypselos regiert nicht im Jahr 640 v.Chr.« durch Diodors Definition des Möglichen ausgeschlossen wird, weil es niemals wahr gewesen ist oder im Begriff stand, wahr zu werden, und daß hier deshalb auch eine *gewisse* (nicht-diodoreische) Art der Notwendigkeit eine Rolle zu spielen scheint.

Chrysipp verlangt daher eine Interpretation von »möglich«, die mit moralischer Verantwortlichkeit besser zu vereinbaren ist. Philons Vorschlag einer bloß intrinsischen »Fähigkeit« in **B2** hilft da, ungeachtet all seiner Verdienste, nicht weiter. Aber die stoische Definition in **D**, die dazu das Erfordernis günstiger Umstände hinzufügt, bietet genau das, was nötig ist. Denn was man mit ihrer Hilfe leicht etablieren konnte, ist im wesentlichen der Aspekt der *Gelegenheit*. Wenn ich Anerkennung dafür haben möchte, daß ich den Edelstein nicht zerstöre, muß ich insbesondere zeigen, daß ihn zu zerstören in dem Sinne für mich möglich war, daß ich die Gelegenheit dazu hatte. Ich muß zeigen, (a) daß der Edelstein zerbrechlich ist, und zwar wenn jemand mit meiner Kraft sich daran zu schaffen macht (intrinsische Eignung), und (b) daß die Umstände mich nicht daran gehindert haben − der Edelstein war nicht tausend Meilen weit weg oder im Safe einer Bank unter Verschluß. (In **H** scheint Alexander ein rein epistemisches stoisches Verständnis von »nicht gehindert« anzugreifen; es gibt aber keinen Beleg dafür, diese Auffassung mit Chrysipp selbst in Verbindung zu bringen.)

Falls ich die Gelegenheit hatte, den Edelstein zu zerstören, dann hilft das, den Schluß zu begründen, daß nichts anderes als mein eigener Charakter dafür verantwortlich ist, daß ich es nicht getan habe. Denn die Stoiker sind der Ansicht, daß in diesem Zusammenhang die Möglichkeit, anders zu handeln, charakterliche Fähigkeiten nicht *einschließt*: Niemand ist fähig, anders zu handeln, als er es tut, wenn das soviel heißen soll, wie gegen seinen eigenen moralischen Charakter zu handeln (**61M**; **62G, I**).

Die Auffassungen der Stoiker über Fatum und Verantwortlichkeit werden in **55** und **62** weiter untersucht. Fürs erste muß nur festgehalten werden, daß, obwohl einige kontrafaktische Zukunftsaussagen als »möglich« dargestellt werden, dies nur in einem sehr restriktiven Sinn gilt. Es ist, könnten wir sagen, *von ihnen her* möglich einzutreten; aber eine Möglichkeit, daß sie *wirklich* eintreten, besteht nicht. Chrysipps Glaube an die Bivalenz sogar für Zukunftsaussagen (vgl. im Gegensatz dazu Epikur, **20E1, H, I**) reichte nämlich aus, um ihn zu überzeugen, daß zukünftige Ereignisse kausal schon vollständig determiniert sind: **G**; vgl. **34C**. Um von so und so einem Ereignis *jetzt* wahr zu machen, daß es morgen eintreten wird, was könnte es da anderes geben als die Entsprechung des Ereignisses zu einer Reihe von Ursachen, die jetzt am Werk sind, das Ereignis hervorzubringen? Chrysipps Ziel war nur, den weiteren Schritt zu vermeiden, im Wege einer Elimination kontrafaktischer Möglichkeiten bei zukünftigen Ereignissen zu einem absoluten *Zwang* zu gelangen.

Zur Verteidigung dieser brüchigen These fühlte Chrysipp sich verpflichtet, dem Meisterargument Widerstand entgegenzusetzen. Kleanthes hatte sich schon an Panthoides von der Dialektischen Schule darin angeschlossen, Aussage 1 zu bestreiten: **A4, 6**. Die beiden mögen der Meinung gewesen sein, daß unser Unvermögen, eine vergangene Wahrheit zu beeinflussen, sich nur auf genuine vollendete Tatbestände erstrecke, nicht auf Vergangenheitsaussagen, deren Wahrheitswert noch von zukünftigen Ereignissen abhängt. Zum Beispiel wenn A gestern auf B geschossen hat, dann könnte B, indem er heute stirbt, es noch herbeiführen, daß A gestern einen fatalen Schuß abgegeben hat. Ähnlich kann ein Politiker, indem er ein Amt zurückweist, *machen*, daß es seit eh und je falsch war, daß er regieren sollte. Diese einfache Lösung war für Chrysipp versperrt; denn seine Korrespondenztheorie der Wahrheit (**G**; siehe den vorigen Absatz) machte *jede* wahre Vergangenheitsaussage von einer Reihe *bona fide* vergangener Tatsachen abhängig. Er verschob deshalb die Attacke auf Aussage 2 (A5-6) und erreichte das mit dem in F berichteten genialen Gegenbeispiel (siehe ferner 34 Kommentar).

Eine andere Strategie ist in E4-6 aufbewahrt. Von Aussage 2 des Meisterarguments ist direkt die Regel ableitbar, daß, was aus einer notwendigen Aussage folgt, selbst notwendig ist. Chrysipp könnte der Meinung gewesen sein, daß sein Gegenbeispiel zu Aussage 2 auch diese Regel außer Kraft setzt (E5, vorletzter Satz). Aber wenigstens zum Zweck des Arguments nahm er bei dieser Gelegenheit an, daß die Regel galt. Nun glaubte Chrysipp fest an die Mantik (siehe 42; 55) und folglich an Gesetze, die aus Wahrheiten über die Vergangenheit Wahrheiten über die Zukunft ableiten würden. Die Herausforderung besagte nun aber, daß (aufgrund von Aussage 1 des Meisterarguments) die Wahrheiten über die Vergangenheit notwendig sind und daß deshalb nach der oben erwähnten Regel diejenigen Wahrheiten über die Zukunft, die aus ihnen folgen, selber notwendig sein werden. In seiner Antwort darauf bemerkt Chrysipp richtig, daß eine transitive Eigenschaft wie die Notwendigkeit in einer Konditionalaussage, die eine logische Abhängigkeitsbeziehung behauptet, zwar tatsächlich von der einen Aussage auf die andere übertragen wird, daß sie aber in einer negierten Konjunktion, die keine unmittelbare logische Verbindung zwischen den verknüpften Aussagen behauptet, nicht übertragen wird. Für die Unterscheidung siehe 35A6, B4 und den Kommentar. Und weil Gesetze der Mantik eher empirische als logische Verbindungen zwischen vergangenen und zukünftigen Wahrheiten behaupten, ist die negierte Konjunktion in der Tat das geeignete Mittel, die Verbindungen zu formulieren. Demnach ist die Notwendigkeit zukünftiger Wahrheiten wenigstens keine Konsequenz der Mantik.

Epistemologie: Stoiker und Akademiker

39 Vorstellungen

A   Diogenes Laërtius 7.49–51 *(SVF 2.52, 55, 61; teilw. FDS 255)*

[Diokles von Magnesia sagt:] (1) Die Stoiker verfahren so, daß sie an den Anfang die Erörterung stellen, die sich mit Vorstellung [*phantasia*] und Sinneswahrnehmung befaßt, insofern das Kriterium, mit dem die Wahrheit der Sachen entschieden wird, der Gattung nach eine Vorstellung ist und insofern die Erörtung über Zustimmung, Erkenntnis und Denken, die den übrigen Ausführungen vorausgeht, [ihrerseits] nicht ohne Vorstellung zustandekommt. (2) Zuerst kommt nämlich die Vorstellung, und dann drückt der Verstand, der die Fähigkeit zur Äußerung hat, sprachlich eben das (aktiv) aus, was er unter der Einwirkung der Vorstellung (passiv) erfahren hat. (3) Es besteht ein Unterschied

A Kontext: Anfang der von Diogenes zitierten Darstellung des Diokles von Magnesia von der stoischen Dialektik. Wieweit das Diokles-Fragment genau reicht, wird diskutiert; mindestens bis 7.53 (vgl. auch die entsprechende Anmerkung weiter oben zu 33A). Bei Diogenes folgt auf den vorliegenden Text 40Q.

zwischen einer Vorstellung und einer Fiktion [*phantasma*]. Die Fiktion ist nämlich eine gedankliche Einbildung, wie sie etwa in den Träumen vorkommt. Die
Vorstellung dagegen ist ein Eindruck in der Seele, das heißt: eine Veränderung,
wie Chrysipp im zweiten Buch *Über die Seele* anmerkt; den Eindruck sollte man
nämlich nicht wie den Abdruck eines Siegelrings auffassen, weil es unmöglich
ist, daß an demselben Gegenstand zur selben Zeit viele solche Abdrücke entstehen. ... (4) Die Vorstellungen sind nach ihnen teils sinnlich, teils nicht
sinnlich. Sinnliche Vorstellungen sind die, welche man durch ein oder mehrere
Sinnesorgane bekommt, nicht sinnlich die, welche man durch das Denken bekommt wie zum Beispiel die Vorstellungen von den unkörperlichen Dingen
und die von den anderen mit der Vernunft erfaßten Sachen. (5) Von den sinnlichen Vorstellungen bilden sich einige von existierenden Gegenständen her
und sind davon begleitet, daß wir ihnen stattgeben und zustimmen. Unter den
Vorstellungen sind aber auch Illusionen, welche Quasi-Produkte von existierenden Gegenständen sind. (6) Des weiteren sind einige Vorstellungen vernünftig und andere unvernünftig. Vernünftig sind die Vorstellungen der vernunftbegabten Lebewesen und unvernünftig die Vorstellungen der vernunftlosen
Lebewesen. Vernünftige Vorstellungen sind Prozesse von gedanklicher Art,
während die unvernünftigen keinen Namen haben. (7) Auch sind einige Vorstellungen fachmännisch, und andere sind dies nicht. Ein Standbild wird ja von
einem Fachmann anders gesehen als von jemandem ohne Kunstverstand.

B   Aëtios 4.12.1–5   (teilw. *SVF* 2.54; teilw. *FDS* 268)

(1) Chrysipp sagt, daß diese vier [nämlich Vorstellung (*phantasia*), Vorgestelltes
(*phantaston*), Einbildung (*phantastikon*) und Fiktion (*phantasma*)] sich unterscheiden. (2) Und zwar ist die Vorstellung ein Affekt, der in der Seele entsteht und
der sowohl sich selbst als auch das aufweist, was ihn bewirkt hat. Wenn wir
beispielsweise durch den Gesichtssinn etwas Weißes betrachten, ist der Affekt
dasjenige, was durch das Sehen in der Seele zustandegekommen ist; und aufgrund dieses Affekts sind wir in der Lage zu sagen, daß in der Realität etwas
Weißes gibt, was uns aktiviert. Ähnlich ist es bei Wahrnehmungen durch den
Tast- und den Geruchssinn. (3) Das Wort *phantasia* (»Vorstellung«) hat man von
phōs (»Licht«) her gebildet; denn wie das Licht sich selbst und alles das zeigt, was
in ihm liegt, so zeigt auch die Vorstellung sich selbst und das, was sie bewirkt
hat. (4) Das Vorgestellte ist dasjenige, was die Vorstellung bewirkt, z.B. das
Weiße, das Kalte und alles, was die Seele aktivieren kann, – das ist das Vorgestellte. (5) Die Einbildung ist eine völlig leere Attraktion, ein Affekt in der
Seele, der von keinerlei Vorgestelltem her entstanden ist, wie wenn einer gegen
Schatten boxt und seine Hände gegen leere Gestalten erhebt. Die Vorstellung
hat nämlich das Vorgestellte zum Gegenstand; die Einbildung dagegen hat
nichts zum Gegenstand. (6) Die Fiktion ist dasjenige, wohin es uns in der
eingebildeten leeren Attraktion zieht; es kommt bei den Melancholikern vor
und bei den Leuten im Wahn.

C Cicero, *Academica* 2.21 (teilw. *FDS* 346)

[Sprecher ist Lucullus zugunsten der Stoiker:] (1) Aber die Beschaffenheiten, die zu den Dingen gehören, von denen wir sagen, sie würden durch die Sinne erkannt, müssen dann auch zu den Dingen gehören, von denen man sagt, sie würden nicht durch die Sinne direkt erkannt, sondern nur in gewisser Weise durch die Sinne, so z.B. die folgenden Sachen: »Jenes ist weiß, dieses süß, das melodisch, dies wohlriechend, das rauh«. Diese Erkenntnisse fassen wir nämlich bereits mit dem Geist und nicht (bloß) mit den Sinnen. (2) Dann: »Das ist ein Pferd, das ein Hund«. (3) Darauf folgt die restliche Reihe, die umfassendere Erkenntnisse verkettet, etwa die folgenden, die sozusagen die vollständige Erkenntnis der Dinge enthalten: »Wenn etwas ein Mensch ist, dann ist es ein sterbliches, der Vernunft teilhaftiges Lebewesen«. (4) Aus dieser Klasse von Erkenntnissen [d.h. den geistigen Erkenntnissen ganz allgemein] prägen sich uns die Begriffe ein, ohne die es nicht möglich ist, irgendetwas einzusehen, zu erforschen oder zu diskutieren.

D Diogenes Laërtius 7.53 (teilw. *SVF* 2.87; teilw. *FDS* 255)

(1) Aufgrund von Konfrontation kommen wir dazu, Gedanken von den sinnlich wahrnehmbaren Gegenständen zu fassen. (2) Aufgrund einer Ähnlichkeit entstehen Gedanken von etwas, die auf das gegründet sind, was damit in Beziehung steht, z.B. der Gedanke ›Sokrates‹ von einem Standbild her. (3) Aufgrund einer Analogie wird manchmal vergrößernd gedacht, z.B. im Fall von Tityos und Kyklops, manchmal verkleinernd, so z.B. im Fall des Pygmäen. Auch der Gedanke an den Mittelpunkt der Erde entstand von den kleineren Kugeln her nach einer Analogie. (4) Aufgrund einer Umstellung denkt man sich Dinge wie z.B. Augen auf der Brust, (5) aufgrund einer Zusammensetzung den Pferdekentauren (6) und aufgrund von Entgegensetzung den Tod. (7) Einiges wird auch aufgrund eines Übergangs gedacht, so etwa die Lekta und der Ort. (8) Auf natürliche Weise kommt man auf den Gedanken von etwas Gerechtem und Gutem, (9) und aufgrund einer Privation denkt man sich z.B. ein Wesen ohne Hand.

E Aëtios 4.11.1–4 (teilw. *SVF* 2.83; teilw. *FDS* 277)

(1) Die Stoiker sagen: Wenn der Mensch geboren wird, dann hat er den führenden Teil seiner Seele wie ein Blatt Papier, das bereit ist, darauf zu schreiben. Darauf trägt er sich jeden einzelnen seiner Begriffe ein. (2) Die erste Art der Eintragung ist die durch die Sinneswahrnehmungen. Denn wenn man beispielsweise etwas Weißes wahrnimmt, hat man, wenn es verschwunden ist, eine

---

C Kontext: Verteidigung der stoischen Epistemologie durch Lucullus, einen Anhänger des Antiochos von Askalon. Gefolgt von **40M**.   D Kontext: Siehe weiter oben zu **33A**.
E Kontext: Doxographie zu den Ursprüngen von Sinneswahrnehmung und Denken.

Erinnerung davon; und wenn viele gleichartige Erinnerungen vorgekommen sind, sagen wir, wir hätten eine Erfahrung; Erfahrung ist nämlich die Vielzahl der gleichartigen Vorstellungen. (3) Von den Begriffen entstehen die einen auf die dargestellten Arten natürlich und ohne absichtliche Gestaltung, die anderen dagegen durch unseren Unterricht und unsere Sorgfalt. Diese werden also nur ›Begriffe‹ genannt, erstere dagegen auch ›Vorbegriffe‹. (4) Von der Vernunft, deretwegen wir als vernunftbegabt bezeichnet werden, wird erklärt, daß sie von den Vorbegriffen während der ersten sieben Lebensjahre vervollständigt wird.

F Plutarch, *De comm. not.* 47, 1084F–1085A (teilw. *SVF* 2.847; teilw. *FDS* 281)

Denn der Begriff ist eine Art Vorstellung und die Vorstellung ein Eindruck in der Seele. . . . Begriffe definieren sie [die Stoiker] als eine Art konservierter Gedanken und Erinnerungen als bleibende und statische Einprägungen.

G Sextus Empiricus, *Adv. Math.* 7.242–246 (teilw. *SVF* 2.65; teilw. *FDS* 273)

[Die Stoiker sagen:] (1) Von den Vorstellungen sind die einen glaubhaft, die anderen nicht glaubhaft, wieder andere zugleich glaubhaft und nicht glaubhaft und noch andere weder glaubhaft noch nicht glaubhaft. (2) Glaubhaft sind nun diejenigen, die in der Seele eine sanfte Bewegung erzeugen, wie im Augenblick z.B. die Vorstellung, daß es Tag sei, daß ich mich unterhalte, und alles, was in ähnlichem Maße offensichtlich ist. (3) Nicht glaubhaft sind andererseits Vorstellungen, die nicht von dieser Art sind, die uns vielmehr davon abhalten zuzustimmen, z.B. »Wenn es Tag ist, steht die Sonne nicht über der Erde«, »Wenn es dunkel ist, ist es Tag«. (4) Zugleich glaubhaft und nicht glaubhaft sind Vorstellungen, die je nach ihrer relativen Disposition bald das eine und bald das andere sind, z.B. die Vorstellungen von unlösbaren Argumenten. (5) Weder glaubhaft noch nicht glaubhaft sind schließlich Vorstellungen wie die der folgenden Sachen: »Die Anzahl der Sterne ist gerade«, »Die Anzahl der Sterne ist ungerade«. (6) Von den glaubhaften (oder nicht glaubhaften) [ein irreführender Zusatz von Sextus oder einem Interpolator] Vorstellungen sind die einen wahr, andere falsch, andere wahr *und* falsch und nochmals andere weder wahr noch falsch. (7) Wahr sind diejenigen, von denen es möglich ist, eine wahre Prädikation zu bilden, wie beispielsweise zum gegenwärtigen Zeitpunkt »Es ist Tag« oder »Es ist hell«. (8) Falsch sind diejenigen, von denen es möglich ist, eine falsche Prädikation zu bilden, z.B. daß das Ruder unter Wasser gebrochen sei oder daß die Säulenhalle am Ende spitz zulaufe. (9) Wahr *und* falsch sind Vorstellungen wie die, die Orest im Wahn von Elektra hatte: insofern er dabei nämlich eine Vorstellung von etwas Bestehendem hatte, war sie wahr; Elektra existierte nämlich; insofern es aber die Vorstellung von einer Furie war, war sie

---

F Kontext: Die angebliche Unverträglichkeit des flüchtigen Materials der Seele mit den Erfordernissen stabiler Eindrücke und Vorstellungen.   G Kontext: Darstellung der stoischen Auffassungen von der Vorstellung, gefolgt von **30F**.

falsch; denn Elektra war keine Furie). Ebenfalls wahr *und* falsch ist die falsche und leere Attraktion eines Träumers, wenn seine Vorstellung von Dion, der lebt, eine von Dions tatsächlicher Anwesenheit ist. (10) Weder wahr noch falsch sind die generischen Vorstellungen. [Forts. in **30F**]

☐ Die Texte dieses Abschnitts sollten in Verbindung mit dem Material in **53** studiert werden, wo die »Vorstellung« in Beziehung auf die anderen Fähigkeiten der Seele erörtert wird. Im jetzigen Zusammenhang geht es uns um die geistigen Erfahrungen, von denen die Stoiker dachten, daß sie sich auf Vorstellungen gründen, um den Erkenntniswert dieser Erfahrungen und um die Beziehung zwischen durch die Sinne empfangenen Vorstellungen von der äußeren Welt und der Bildung von Begriffen. Die grundlegende kriteriale Rolle, die der »erkenntnistauglichen« Vorstellung zugeschrieben wird, wird in **40** gesondert behandelt.

Unsere Übersetzung von *phantasia* durch »Vorstellung« bemüht sich, der Erläuterung gerecht zu werden, die die Stoiker selber zu dem Terminus gaben (**A3**), und sie stellt ihn zugleich in die moderne, von den Stoikern beeinflußte Diskussion hinein. Die Idee eines *Eindrucks* bekommt im Sprachgebrauch der Stoiker ihren besonderen Sinn durch die Annahme, daß jeder solche »Affekt« als Ursache ein ihm korrespondierendes »Vorgestelltes« erfordert (**B4**). Durch die Vermittlung der Sinne drücken äußere Objekte ihre mit den Sinnen wahrnehmbaren Merkmale der Seele ein, und der sich daraus ergebende »Eindruck«, die »Vorstellung« »weist auf, was ihn/sie bewirkt« (**B2**), mit andern Worten das Objekt. Diese Darstellung erklärt freilich aus sich heraus nicht, wieso der Empfänger dieser Kundgabe sich ihrer bewußt wird. Auf diesen Punkt bezieht sich anscheinend die Auskunft (**B2-3**), daß die Vorstellung »sich selbst aufweist«, analog zum Licht. Der Vergleich legt nahe, daß die Vorstellungen sich in dem Sinne selbst offenbaren, daß sie ihren Empfänger auf die Begebenheit *aufmerksam* machen, d.h. aufmerksam auf die Gegenstände, die sie aufweisen. Mit dieser Deutung werden problematischere Annahmen entbehrlich. Die Texte implizieren nämlich nicht, daß Vorstellungen innere Gemälde oder Bilder sein müßten, so daß, was wir empfangen, Abbilder der Objekte wären. Ähnlich wie das Licht sind Vorstellungen eher die Beleuchtung (oder die Mittel für unsere Beobachtung) wirklicher Gegenstände. Und wie das Licht in seinen Beleuchtungseffekten variieren kann, so können Sinnesvorstellungen hinsichtlich der Klarheit und Deutlichkeit variieren, mit der sie ihre objektiven Ursachen repräsentieren. Daß jede Vorstellung ein ihr entsprechendes Vorgestelltes (›Beeindruckendes‹) hat, besagt nicht, daß jede Vorstellung eine gleichermaßen klare und deutliche Anzeige ihres Gegenstands wäre. Gleichwohl unterscheidet es die Vorstellungen als Klasse von der »Einbildung« von »Fiktionen«, die sich auf rein illusorische Zustände beziehen, erzeugt im Wahn, ohne etwas ›Beeindruckendes‹ (**A3**, **B5-6**).

Eine Vorstellung ist kein Glaube und keine Überzeugung (siehe **41**). Eine Vorstellung zu haben heißt einfach, sich mit einem Gedanken zu tragen, ohne daß man damit in irgendeiner Weise auf ihn verpflichtet wäre. Diesen Punkt können wir zum Ausdruck bringen, indem wir sagen, daß eine stoische Vorstellung nicht eine Vorstellung ist, *daß* etwas der Fall ist — was im heutigen (Englisch und) Deutsch einen gewissen Grad des Glaubens oder der Überzeugung einschließt —, sondern es ist nur eben eine Vorstellung, was es *von* etwas heißt, der Fall zu sein. (Im Kino bekommen wir die Vorstellung von John Wayne, wie er vor uns auf der Leinwand ist, aber natürlich nicht die Vorstellung, *daß* John Wayne vor uns auf der Leinwand ist.) Ein Glaube oder eine Überzeugung kommt durch die positive Reaktion des Geistes auf eine Vorstellung zustande und besteht in dessen »Zustimmung« dazu (siehe Zenons berühmten Handvergleich, **41A1-3**).

Die allgemeine Stoßrichtung von **A** und **B** ist die, die *normale* Verläßlichkeit von Vorstellungen zu bekräftigen, wobei die durch Sinneswahrnehmungen vermittelten Vorstellungen als paradigmatisch gelten (vgl. **41B3**) und wobei keine Fragen über Problemfälle oder über die Unterschiede aufgeworfen werden, die es zwischen den mit Sicherheit verläßlichen Vorstellungen und allen anderen Vorstellungen gibt. Zwar haben wir in **G** eine ausgearbeitete Klassifikation vor uns, die noch nicht einmal bis zur »erkenntnistauglichen Vorstellung« vordringt (siehe die Fortsetzung in **40E**) und die auch Beispiele hochkomplexer Vorstellungen enthält. Aber dessen ungeachtet nahmen die Stoiker wahrscheinlich von der großen Mehrzahl der Vorstellungen an, daß sie erkenntnistauglich sind (vgl. **A5**) und daß sie ganz grundlegend Vorstellungen von einfachen sinnlich wahrnehmbaren Objekten umfassen (vgl. **B2, 4**).

Gegenstände dieser Art liefern die Grundlage aller Begriffe (**E1-2**. Am elementarsten entstehen diese durch »Konfrontation« (**D1**). Wenn man die ›Priorität‹ der Vorstellungen gegenüber den Gedanken (**A2**) und der Sinneswahrnehmung gegenüber anderen Mitteln der Begriffsbildung interpretiert, dann sollte die Priorität sowohl in einem zeitlichen als auch in einem logischen Sinn aufgefaßt werden. Die ersten Vorstellungen eines Kindes sind ähnlich wie die anderer Lebewesen vorbegrifflich oder nicht-vernünftig und stellen als solche das Grundmaterial für diejenigen Begriffe bereit, die in der Entwicklung eines Menschen das Aufkommen der Vernunft ausmachen (**E2-4**). Abgesehen von dieser chronologischen Priorität scheint man von den sinnlichen Vorstellungen angenommen zu haben, daß sie den Operationen der Vernunft auch logisch vorausgehen (**A1-2**, vgl. **C**). Einsichtig ist das in dem Sinne, daß das Reagieren des Geistes auf seine sinnlichen Vorstellungen deren Vorkommen voraussetzt (**A1-2**, vgl. **C**). Im reifen Menschen jedoch sind alle Vorstellungen »vernünftig« oder »gedankliche Prozesse« (**A6**), und alle Begriffe sind selbst »eine Art Vorstellung« (**F**). Dies legt nahe, daß bei allen Vorstellungen erwachsener Menschen ein propositionaler Gehalt angenommen wird und daß wir Vorstellungen (z.B. **40B1**) dadurch zustimmen, daß wir ihren entsprechenden *lekta* oder Aussagen zustimmen, welche die eigentlichen Gegenstände der Zustimmung sind (siehe **33I**, und die Kritik des Arkesilaos in **41C8**). Man beachte auch, wie die Wahrheit und Falschheit von Vorstellungen definiert wird, nämlich in den Termini der Arten von Behauptungen, die man über sie aufstellen kann (**G7-8**). So verstanden ist in den vernünftigen Vorstellungen von der äußeren Welt keine Theorie enthalten, daß der Geist Rohdaten empfangen würde, die er hernach interpretiert. Eher sollten wir es so auffassen, daß vernünftige Vorstellungen selbst ihre Gegenstände auf Weisen repräsentieren, welche Sprache und Begriffe voraussetzen, im Minimalfall »Dies ist weiß« (**C1**). Die Vernünftigkeit aller Vorstellungen erwachsener Menschen setzt voraus, daß unmittelbar bei der Aufnahme eines Sinneseindrucks der Begriffsvorrat des Geistes sofort aktiviert wird mit dem Ergebnis, daß die Vorstellung ihren Gegenstand in konzeptualisierter Form präsentiert. Natürlich wird es bei den vernünftigen Vorstellungen einen Reichtum und eine Subjektivität geben – meine Art zu sehen, zu hören u.dgl. –, welche diese mentalen Ereignisse mit besonderen Merkmalen ausstatten, die in den entsprechenden Aussagen nicht vollständig reproduzierbar sind (siehe **33 Kommentar**). Auf eben diese Weise wird der Blick eines Fachmanns auf einen Gegenstand verschieden sein von der Vorstellung des Laien (**A7**).

Weil alle Bewußtseinszustände Vorstellungen einschließen (siehe **53 Kommentar**), schließen ihre Gegenstände – unter der Überschrift »nicht sinnliche Vorstellungen«

(A4) – sowohl körperliche Gegenstände ein, z.B. Gott (vgl. 40P), als auch unkörperliche Gebilde (siehe 27). Erstere bereiten den Stoikern keine besonderen Probleme, weil bei ihnen angenommen werden kann, daß sie über ihre Einwirkung auf die Welt einen kausalen Effekt auf den Geist haben; und wie besorgt die Stoiker sind, wenn irgend möglich eine in Begriffen des Körpers entwickelte Darstellung des Bewußtseins zur Geltung zu bringen, das zeigt sich in ihrer Behauptung, daß selbst die Tugenden Körper und wahrnehmbar sind (siehe 60R, R). Die unkörperlichen Gebilde sind mit einem solchen Konzept aber nicht behandelbar. Daß die Stoiker dies bemerkt haben, geht klar aus ihrem Versuch hervor, zur Lösung des Problems eine andere als die Kausalbeziehung zu finden (siehe 27E). Die dortige Behauptung, daß das Führungsvermögen seine Vorstellungen »in Beziehung zu den Lekta erzeugt« und nicht physisch »durch sie« ist zu mysteriös, um den Vorgang zu erklären. Vielleicht sollten wir ihn – um noch eine andere Spur zu verfolgen – mit dem »Übergang« in Verbindung bringen, einer Methode, von der es heißt, daß dadurch Unkörperliches begriffen werde (D7); dies bezieht sich, so vermuten wir, auf das Abstraktionsvermögen des Geistes, z.B. auf das Vermögen, ausgehend von einzelnen Körpern die Idee des Orts zu abstrahieren. (Für die philosophischen Kontexte, in denen diese unkörperlichen Gebilde isoliert wurden, siehe 27; 33; 49; 51; 55.)

In jedem Fall hilft der Übergang, zusammen mit den anderen in D zusammengestellten geistigen Prozessen, den Geist mit allen Gegenständen des Denkens auszustatten, die nicht einfach die einzelnen Erinnerungen (»bleibende und statische Einprägungen«, F) seiner Sinneseindrücke sind. Die natürliche Anhäufung der Erfahrung wahrnehmbarer Gegenstände durch »viele gleichartige Erinnerungen« resultiert in generischen Vorstellungen oder »Begriffen« von Mensch, Pferd, weiß usw. (E; vgl. C, 40N). Als universale »Begriffe« sind die Gegenstände dieser Vorstellungen »Fiktionen« des Denkens (30A1), zu denen es nichts »Vorgestelltes« in der äußeren Welt gibt, weil es keinen generischen Menschen o.dgl. gibt, wodurch die Sinne ›beeindruckt‹ werden könnten. Die Begriffe selbst freilich unterscheiden sich von der Einbildung und ihren Fiktionen (B5-6), indem sie die Art sind, wie vernunftbegabte Wesen ihre Erfahrung der Welt »natürlich und ohne absichtliche Gestaltung« (E3) interpretieren; und so behalten sie ihren Vorstellungsstatus durch ihre Grundlegung in der Sinneswahrnehmung (vgl. 40M, N; 41B3). Um auf diese Besonderheiten der grundlegenden Konzeptualisierung hinzuweisen, nannten die Stoiker die natürlich erworbenen generischen Vorstellungen »Vorbegriffe« und benutzten diesen Ausdruck zur Unterscheidung von Begriffen, die kulturell bestimmt oder vorsätzlich erworben sind (vgl. dazu die Epikureer, 17). Als der Stoff der Vernunft selbst (E4) haben Vorbegriffe eine grundlegende Rolle als Kriterien der Wahrheit (siehe 40).

Die den Vorstellungen zuerkannte Priorität (A1-2) paßt zu ihrer fundamentalen Rolle in der Philosophie ganz allgemein. Vernünftige Vorstellungen sind der Bezugspunkt zur Definition von Lekta (33C), und sie helfen, wissenschaftliches Wissen (31B6) und die dialektische Tugend der »Gewissenhaftigkeit« zu definieren (31B5). Als eine Gliederungseinheit der »Bezeichnungen« (31A7) werden die Vorstellungen zusammen mit der Sprache selbst als ein Weg anerkannt, Erfahrung zu *interpretieren*. Von daher sind sie sowohl für die stoische Analyse von Antrieb und Handlung grundlegend (vgl. 40H2-3; 53A4, P, Q, S) als auch für deren moralische Bewertung (vgl. 56C7; 65X, Y). Epiktets bevorzugte Weise, auf moralische Einsicht in Aktion Bezug zu nehmen (62K; 63E), ist die bedächtige Verwendung oder Untersuchung von Vorstellungen.

40 Die Kriterien der Wahrheit

A Diogenes Laërtius 7.54 (enthält *SVF* 2.105; teilw. *FDS* 255; Poseidonios Frg. 42 E.-K.)

(1) Kriterium der Wahrheit ist, so sagen sie [*scil.* die Stoiker], die erkenntnistaugliche Vorstellung, d.h. diejenige Vorstellung, welche von etwas Bestehendem stammt, wie Chrysipp im 2. Buch seiner *Physikalischen Erörterungen* sagt und wie auch Antipater und Apollodor erklären. (2) Denn Boethos läßt mehrere Kriterien gelten: Vernunft, Sinneswahrnehmung, Trieb und wissenschaftliches Wissen. (3) Chrysipp dagegen weicht von seinen eigenen Erklärungen ab und sagt im 1. Buch *Über die Vernunft*, Sinneswahrnehmung und Vorbegriff seien die Kriterien. Der Vorbegriff ist ein natürlicher Begriff der Universalien. (4) Einige andere ältere Stoiker erkennen die richtige Vernunft als Kriterium an, wie Poseidonios in seiner Schrift *Über das Kriterium* sagt.

B Cicero, *Academica* 1.40–41 (teilw. *SVF* 1.55, 61, 60; teilw. *FDS* 256)

[Sprecher ist Varro, in Verteidigung der stoischen Epistemologie:] (1) Die meisten Veränderungen aber nahm er [Zenon] im dritten Teil der Philosophie vor. An erster Stelle sagte er hier einiges Neue über die Sinneswahrnehmungen selbst. Seiner Auffassung nach schließen sie sich an eine Art ›Eindruck‹ an, der von außen kommt; … Aber mit diesen Vorstellungen, die wir durch die Sinne gleichsam entgegengenommen haben, verband Zenon außerdem die Zustimmung des Geistes, die – so will er es – in unserer Macht liegt und freiwillig erfolgt. (2) Verläßlichkeit schrieb er nicht allen Vorstellungen zu, sondern nur denen, die eine bestimmte, ihnen eigene Deutlichkeit der vorgestellten Dinge aufweisen; da diese Art Vorstellung aus sich selbst heraus als solche identifiziert wird, ist sie ›erkennbar‹ *(katalēpton)* … (3) Nachdem die Vorstellung nun aber empfangen worden ist und die Zustimmung erhalten hat, pflegte er sie als ›Erfassung‹ (Erkenntnis) zu bezeichnen, ähnlich den Dingen, die mit der Hand ergriffen werden.

C Diogenes Laërtius 7.46 (teilw. *SVF* 2.53; teilw. *FDS* 33)

(1) Von der Vorstellung ist die eine Art erkenntnistauglich, die andere nicht erkenntnistauglich. (2) Die erkenntnistaugliche Vorstellung ist, so sagen sie [die Stoiker], das Kriterium für die Sachen; sie bildet sich von etwas Existierendem her, hat sich in Übereinstimmung mit eben dieser Grundlage siegelartig in unserem Geist abgedrückt und ist ihm eingeprägt. (3) Die nicht-erkenntnistaugliche Vorstellung hingegen stammt entweder von etwas Nichtexistierendem

---

A Kontext: Bis auf einen Zwischensatz unmittelbar anschließend an **39D**.   B Kontext: Unmittelbar anschließend an **45A**, nach kurzen Erläuterungen, wie Zenon dazu kam, die Erkenntnis *katalēpsis* zu nennen, gefolgt von **41B**.   C Kontext: Unmittelbar vor **31B**.

her; oder sie stammt zwar von etwas Existierendem her, hat sich aber nicht in Übereinstimmung mit eben dieser Grundlage gebildet; sie ist nicht deutlich und auch kein klarer Abdruck.

D Cicero, *Academica* 2.77–78 (teilw./enthält *SVF* 1.59; *FDS* 337)

[Sprecher ist Cicero zugunsten der Neuen Akademie:] (1) Vielleicht stellte er [Arkesilaos] Zenon die Frage, was sich wohl ergeben würde, wenn der Weise nicht in der Lage wäre, etwas zu erkennen, und es doch ein Merkmal des Weisen wäre, sich keine Meinungen zu bilden. (2) Ich glaube, Zenon hätte darauf geantwortet, daß der Weise deshalb keine Meinungen entwickeln werde, weil es etwas gebe, was erkannt werden könne. (3) Was also wäre das? »Eine Vorstellung«, denke ich. (4) »Welche Art Vorstellung denn?« Daraufhin hätte Zenon sicherlich so definiert: diejenige Vorstellung, die von dem her, was existiert, und so, wie es existiert, [unserem Geist] eingeprägt, [in ihm] abgebildet und ausgestaltet ist. (5) Daraufhin ergäbe sich die Frage, ob dies etwa auch dann gelte, wenn es eine wahre Vorstellung von eben der Beschaffenheit geben sollte, die auch eine falsche Vorstellung aufweist. (6) An dieser Stelle hätte Zenon gewiß genau gesehen: Falls die Vorstellung von etwas Bestehendem her genau so beschaffen sein sollte, wie sie auch von etwas nicht Bestehendem her beschaffen sein könnte, dann gibt es keine erkenntnistaugliche Vorstellung. (7) Arkesilaos pflichtete bei, daß es richtig sei, die Definition um diesen Zusatz zu ergänzen; denn weder könne eine falsche Vorstellung erkannt werden noch eine wahre, wenn letztere so beschaffen wäre, wie auch ein falsche beschaffen sein könnte. (8) Aber er trieb diese Diskussion weiter, um zu zeigen, daß keine Vorstellung von etwas Wahrem so beschaffen ist, daß nicht auch eine Vorstellung von etwas Falschem von dieser Art sein könnte. (9) Dies ist die eine Kontroverse, die bis in die Gegenwart andauert.

E Sextus Empiricus, *Adv. Math.* 7.247–252 (teilw. *SVF* 2.65; teilw. *FDS* 273, 333)

(1) Von den wahren Vorstellungen sind die einen erkenntnistauglich, die anderen nicht. (2) Nicht-erkenntnistauglich sind die, die die Menschen in abnormen Zuständen erleben. Denn tausende, die an Fieber und Melancholie leiden, erleben eine Vorstellung, die zwar wahr, die aber nicht erkenntnistauglich ist, die ihnen vielmehr von außen und umständehalber zufällt, so daß sie darauf auch nicht positiv reagieren und ihr erst recht nicht zustimmen. (3) Erkenntnistauglich ist hingegen die Vorstellung, die von etwas Bestehendem her und nach Maßgabe des Bestehenden selbst sich [in unserem Geist] abgedrückt hat und [ihm] eingesiegelt ist, wie sie von etwas nicht Bestehendem her nicht entstehen könnte. Weil sie [die Stoiker] dafür einstehen, daß diese Vorstellung die realen

---

D Kontext: Unmittelbar anschließend an **68O**, gefolgt von **69H**.   E Kontext: Unmittelbar anschließend an die stoische Klassifikation der Vorstellungen in **39G** (und deren Fortsetzung in **30F**, gefolgt von **40K**.

Gegenstände scharf erfassen kann und deren Charakteristika allesamt mit artistischer Präzision wiedergibt, sagen sie, daß sie jeden der folgenden Vorzüge als Merkmal besitzt. (4) Der erste davon ist, daß sie von etwas Bestehendem ausgeht. Viele Vorstellungen kommen uns nämlich von etwas an, was nicht existiert, wie das etwa bei den Leuten im Wahn ist; und diese Vorstellungen sind nicht erkenntnistauglich. (5) Das zweite Merkmal ist, daß sie sowohl von etwas Bestehendem ausgeht als auch nach Maßgabe des Bestehenden selbst existiert. Denn wiederum gehen einige Vorstellungen zwar von etwas Bestehendem aus, repräsentieren aber nicht genau, was es ist, wie wir das wenig weiter oben bei Orest in seinem Wahn gezeigt haben [siehe **39G9**]. . . . (6) Überdies, daß sie sich auch [in unserem Geist] abgedrückt hat und [ihm] eingeprägt ist, damit die Charakteristika der vorgestellten Dinge allesamt mit artistischer Präzision dargestellt werden. . . . Denn wie die Siegelringe ihre Eigenarten immer alle exakt in das Wachs einprägen, so müssen auch diejenigen, die sich eine Erkenntnis der Dinge bilden, deren sämtliche Charakteristika bemerken. (7) Schließlich der Zusatz: »wie sie von etwas nicht Bestehendem her nicht entstehen könnte«. Ihn machten die Stoiker deshalb, weil die Akademiker — anders als die Stoiker — es nicht für unmöglich hielten, eine in jeder Hinsicht gleiche [aber falsche] Vorstellung zu finden. Denn die Stoiker sagen, daß, wer die erkenntnistaugliche Vorstellung hat, mit artistischer Präzision auf die zugrundeliegende Unterscheidung in den Sachen stößt, weil eine Vorstellung dieser Art eben ein solches Charakteristikum besitzt, das sie von allen anderen Vorstellungen unterscheidet, ebenso wie die Hörnerschlangen ein charakteristisches Merkmal besitzen, das sie von allen anderen Schlangen absetzt.

F   Diogenes Laërtius 7.177 & Athenaeus 354E   (teilw. *SVF* 1.625, 624; teilw. *FDS* 381, 380)

(1) Sphairos . . . reiste fort nach Alexandrien zu Ptolemaios Philopator. Als die Rede dort eines Tages darauf kam, ob der Weise bloße Meinungen haben könne, und Sphairos erklärte, daß dies nicht der Fall sei, wollte der König ihn widerlegen und ließ ihm Grantäpfel aus Wachs servieren. (2) Sphairos ließ sich täuschen, und der König rief triumphierend aus, daß er einer falschen Vorstellung seine Zustimmung gegeben habe. Darauf gab Sphairos ihm eine scharfsinnige Antwort und sagte, seine Zustimmung habe nicht [der Vorstellung] gegolten, daß dies Granatäpfel seien, sondern [der Vorstellung], daß es plausibel sei, daß dies Granatäpfel seien; (3) zwischen der erkenntnistauglichen und der plausiblen Vorstellung bestehe ein Unterschied. . . . Erstere sei nämlich untrüglich, während sich beim Plausiblen auch etwas anderes ergeben könne.

F Kontext: Diogenes' Lebensbeschreibung des Sphairos. Aus Athenaeus, der dieselbe Geschichte mit kleinen Abweichungen überliefert, ist die abschließende Erläuterung des Unterschieds der beiden Vorstellungen übernommen.

G   Plutarch, *De comm. not.* I, 1059B–C   (*SVF* 2.33; *FDS* 301)

(1) Dann sagte ein Stoiker, er glaube, daß Chrysipp nicht zufällig, sondern dank göttlicher Vorsehung *nach* Arkesilaos und *vor* Karneades aufgetreten sei, von denen ersterer den Stolz gegen die Alltagserfahrung und deren Übertretung initiierte, während letzterer die produktivste Gestalt unter den Akademikern war. (2) Indem Chrysipp jedenfalls in der Mitte kam, friedete er mit seinen Erwiderungen gegen Arkesilaos zugleich auch die Genialität des Karneades ein; denn er hinterließ der Sinneswahrnehmung viele Hilfen gegen die – man möchte sagen – Belagerung, und er beseitigte völlig die Verwirrung über die Vorbegriffe und die Begriffe, indem er jeden von ihnen deutlich formulierte und ihn an den ihm eigenen Platz stellte.

H   Sextus Empiricus, *Adv. Math.* 7.402–410   (enthält *SVF* 2.67; enthält *FDS* 334)

(1) [Mit Bezug auf die Definition der erkenntnistauglichen Vorstellung in E3] sagt man im Kreis des Karneades, man stimme den Stoikern zu, was den ersten Teil der Definition angeht; unannehmbar sei aber die Klausel »wie sie von etwas nicht Bestehendem her nicht entstehen könnte«. Denn von Nicht-Bestehendem her entstehen ebenso Vorstellungen wie von Bestehendem her. (2) Ihre Ununterscheidbarkeit wird belegt durch den Umstand, daß diese Vorstellungen für gleich evident und schlagend befunden werden; und daß sie für gleich evident und schlagend befunden werden, wird belegt durch den Umstand, daß [mit beiden] die Handlungen verknüpft sind, die sich daraus ergeben. Ebenso wie im wachen Zustand der Durstige Freude am Trinken hat und jemand, der vor einem wilden Tier oder vor sonst etwas Schrecklichem flieht, schreit und kreischt, so stillen die Menschen auch im Traum ihren Durst und meinen aus einer Quelle zu trinken, und mit der Angst vor schrecklichen Sachen ist es dasselbe. . . . Und in der Weise, in der wir in normalem Zustand zu ganz klaren Phänomenen Zutrauen haben und ihnen zustimmen, indem wir uns beispielsweise Dion gegenüber wie zu Dion und Theon gegenüber wie zu Theon verhalten, so machen manche Menschen dieselbe Erfahrung auch im Wahn. Als etwa Herakles im Wahnzustand war, bekam er eine Vorstellung von seinen eigenen Kindern, als ob es die des Eurystheus wären, und knüpfte an diese Vorstellung die daraus resultierende Handlung an; was daraus resultierte, war, die Kinder seines Feindes zu töten, und das tat er. (3) Wenn also bestimmte Vorstellungen erkenntnistauglich sind, insofern sie uns dazu veranlassen, ihnen zuzustimmen und die daraus resultierenden Handlungen an sie anzuschließen, dann ist zu sagen, daß auch falsche Vorstellungen von dieser Art sind und daß es deshalb nicht möglich ist, die erkenntnistauglichen Vorstellungen von denen zu unterscheiden, die nicht erkenntnistauglich sind. . . . (4) Nicht weniger effektiv

---

G Kontext: Der Unmut der Stoiker über die Sophisterei der älteren Akademiker.
H Kontext: Bericht über die Kritik des Karneades an der Konzeption der erkenntnistauglichen Vorstellung.

demonstrieren die Akademiker aber auch die Ununterscheidbarkeit in bezug auf Abdruck und Prägung. Sie konfrontieren die Stoiker mit den Phänomenen. Denn bei den Dingen, die von ähnlicher Gestalt, in Wirklichkeit aber verschieden sind, gelingt es unmöglich, die erkenntnistaugliche Vorstellung von der falschen und nicht erkenntnistauglichen zu unterscheiden. Zum Beispiel wenn zwei Eier einander äußerst ähnlich sind und ich dem Stoiker zuerst das eine, dann das andere zur Beurteilung gebe, wird dann der Weise, der sich darauf konzentriert, in der Lage sein, mit untrüglicher Sicherheit zu sagen, ob das Ei, das er gezeigt bekommt, immer ein und dasselbe oder jedesmal ein anderes ist? Dasselbe Argument zieht auch bei Zwillingen. Der Mann der Tugend wird nämlich eine falsche Vorstellung erhalten und nichtsdestoweniger eine Vorstellung haben, die von etwas Bestehendem her und nach Maßgabe des Bestehenden selbst sich [in seinem Geist] abgedrückt hat und [ihm] eingesiegelt ist, wenn die Vorstellung, die er bekommt, von Kastor ausgeht und [für ihn doch] eine Vorstellung von Polydeukes ist.

I   Cicero, *Academica* 2.57

[Sprecher ist Lucullus, ein Anhänger des Antiochos:] (1) Ich will sogar zugeben, daß der Weise selbst, um den es in diesem ganzen Gespräch geht, wenn ihm ähnliche Dinge begegnen, die er nicht auseinanderhalten kann, seine Zustimmung zurückhalten und daß er einer Vorstellung niemals zustimmen wird, wenn sie nicht von einer Beschaffenheit ist, wie eine falsche Vorstellung sie nicht haben kann. (2) Aber gerade so, wie er eine gewisse Kunst besitzt, dank deren er in bezug auf sonstige Dinge Wahres von Falschem zu unterscheiden vermag, so hat er auch in bezug auf diese Ähnlichkeiten, die du anführst, Übung anzuwenden: wie eine Mutter ihre Zwillinge am Habitus ihrer Augen zu unterscheiden weiß, so wirst du die Unterscheidungen treffen, wenn du Übung hast.

J   Cicero, *Academica* 2.83–85   (enthält *FDS* 850)

[Sprecher ist Cicero zugunsten der Neuen Akademie:] (1) Es gibt vier Haupttitel, um zu beweisen, daß es nichts gibt, was man wissen, erkennen oder begreifen könnte, worum es in dieser ganzen Diskussion ja geht. Der erste davon ist, daß es die eine oder andere falsche Vorstellung gibt, (2) der zweite, daß sie nicht erkenntnistauglich ist, (3) der dritte, daß Vorstellungen, zwischen denen kein Unterschied besteht, nicht so ausfallen können, daß einige davon erkenntnistauglich sind und andere nicht, (4) der vierte, daß keine wahre Vorstellung von einer Sinneswahrnehmung ausgeht, die nicht eine weitere Vorstellung neben sich hat, welche sich von der ersten nur dadurch unterscheidet,

---

I Kontext: Lucullus' Verteidigung der stoisch-antiocheischen Epistemologie gegen die Kritik der Neuen Akademie.   J Kontext: Ciceros Darstellung der Strategie, mit der die Akademie Erkenntnis zu unterminieren sucht.

daß sie nicht erkenntnistauglich ist. (5) Von diesen vier Haupttiteln akzeptiert jedermann den zweiten und den dritten. Den ersten akzeptiert Epikur nicht; aber ihr [Stoiker und eure Sympathisanten], um die es hier geht, gesteht ihn ebenfalls zu. Die ganze Auseinandersetzung dreht sich um den vierten. (6) Wenn also jemand den Publius Servilius Geminus sieht und dabei Quintus zu sehen glaubt, dann bekommt er eine Vorstellung, die nicht erkenntnistauglich ist, weil es kein Merkmal gibt, durch das die wahre von der falschen Vorstellung unterschieden würde. Welchen Anhaltspunkt, der nicht falsch sein könnte, könnte der betreffende dann haben, um Gaius Cotta zu erkennen, der mit Geminus zweimal Konsul war? (7) Daß in der Natur der Dinge eine derart große Ähnlichkeit zu finden sei, bestreitest du; ... wir gestehen es als sicher zu. Mit Gewißheit jedoch könnte sie den Anschein erwecken zu existieren und daher die Sinneswahrnehmung täuschen. Und wenn auch nur eine einzige Ähnlichkeit tatsächlich getäuscht hat, dann hat sie alles zweifelhaft gemacht. Denn wenn das Kriterium entfällt, auf das man sich für eine Erkenntnis stützen muß, dann wirst du, selbst wenn der Mann, den du siehst, wirklich der ist, den du zu sehen meinst, trotzdem nicht aufgrund jenes Merkmals urteilen, von dem du sagst, daß du dich darauf stützen müßtest, nämlich aufgrund eines Merkmals von solcher Art, wie ein falsches Merkmal niemals sein könnte. ... (8) Du sagst, jeder Gegenstand bilde eine Klasse für sich und nichts sei dasselbe wie etwas anderes. Das ist in der Tat eine stoische These, wiewohl keine sonderlich überzeugende, daß nämlich kein Haar und kein Sandkorn in allen Hinsichten genauso wie irgendein anderes beschaffen sei. (9) Diese Behauptungen lassen sich widerlegen; aber ich möchte kein Gefecht. Denn für das, worum es geht, ist es ohne Belang, ob ein sichtbarer Gegenstand in allen seinen Teilen keinen Unterschied aufweist oder ob er, selbst wenn es einen Unterschied gibt, dennoch nicht unterschieden werden kann.

K Sextus Empiricus, *Adv. Math.* 7.253–260 (teilw. *FDS* 333, 354)

(1) Aber während die älteren Stoiker sagen, eben diese erkenntnistaugliche Vorstellung sei das Kriterium der Wahrheit, setzten die jüngeren Stoiker die Worte hinzu: »und wenn sie kein Hindernis hat«. Gelegentlich erleben wir nämlich, daß uns zwar eine erkenntnistaugliche Vorstellung ankommt, die wegen der äußeren Umstände aber unglaubwürdig ist. (2) Als beispielsweise Herakles vor Admetos stand, wie er Alkestis von den Toten heraufgeführt hatte, da bekam Admetos zwar eine erkenntnistaugliche Vorstellung von Alkestis; aber er mißtraute ihr. ... Admetos argumentierte nämlich, daß Alkestis tot sei und daß, wer gestorben ist, nicht wieder aufersteht, daß aber bestimmte Gespenster gelegentlich herumgeistern; ... (3) Von daher ist die erkenntnistaugliche Vorstellung nicht schlechthin das Kriterium der Wahrheit, sondern nur dann, wenn sie kein Hindernis hat. *Diese* Vorstellung nämlich, die evident und schlagend ist,

---

K Kontext: Abgesehen von einer kurzen Zwischennotiz über die Akademiker unmittelbar anschließend an 40E.

packt uns, so sagen sie, geradezu bei den Haaren und drängt uns zur Zustimmung, und sie benötigt keinerlei Hilfe von irgendetwas anderem, um diesen Effekt zu erreichen oder um ihre Besonderheit gegenüber anderen Vorstellungen zur Geltung zu bringen. (4) Aus diesem Grund sieht man ja auch, wie jeder Mensch, der sich bemüht, etwas genau zu erkennen, einer derartigen Vorstellung von selbst nachjagt, so etwa im Fall der sichtbaren Dinge, wenn er eine verschwommene Vorstellung davon bekommt. Denn er strengt seine Augen an und geht ganz nahe an den betrachteten Gegenstand heran, wie um ihn nicht vollkommen zu verfehlen; er reibt sich die Augen und unternimmt überhaupt alles, bis er eine deutliche und schlagende Vorstellung des beurteilten Gegenstands erzielt, so als sei er der Ansicht, daß eben darauf die Verläßlichkeit der Erkenntnis beruhe. (5) Ferner ist es unmöglich, das Gegenteil zu behaupten. Wer von der Behauptung Abstand nimmt, daß eine Vorstellung das Kriterium sei, der befindet sich in dieser Situation aufgrund der Existenz einer anderen Vorstellung und bekräftigt dadurch notwendigerweise, daß eine Vorstellung das Kriterium ist. (6) Zur Erkenntnis der Wahrheit hat die Natur uns nämlich sozusagen mit einem Licht ausgestattet, mit dem Vermögen der Sinneswahrnehmung und mit der dadurch entstehenden Vorstellung. Es ist absurd, eine derart bedeutende Fähigkeit beiseitezustellen und sich gewissermaßen des eigenen Lichts zu berauben. (7) Denn gerade so, wie es der Gipfel der Absurdität ist, wenn jemand zwar Farben und deren Unterschiede zugesteht, aber den Gesichtssinn bestreitet, weil er nicht existiere oder unglaubwürdig sei, und wenn jemand einerseits erklärt, es gebe Laute, und andererseits die Existenz des Gehörs bestreitet – denn ohne Organe, durch die wir Farben und Laute in unseren Geist aufnehmen, wären wir auch nicht in der Lage, mit Farben und Lauten umzugehen –, so ist auch derjenige ganz vom Blitz getroffen, der zwar die Sachen anerkennt, aber die Sinneswahrnehmung, durch die wir die Sachen erfassen, und die daraus resultierende Vorstellung verächtlich macht; er stellt sich selbst auf eine Stufe mit den unbelebten Dingen.

L   Sextus Empiricus, *Adv. Math.* 7.424   (*SVF* 2.68; *FDS* 285)

Damit eine [erkenntnistaugliche] sinnliche Vorstellung zustande kommt, z.B. eine Vorstellung des Gesichtssinns, muß nach ihnen [den Stoikern] fünferlei zusammenkommen: das Sinnesorgan, der wahrnehmbare Gegenstand, der Ort, die Art und Weise und der Verstand; die Wahrnehmung kann deshalb, wie sie behaupten, nicht integer bleiben, wenn bei Anwesenheit der anderen Komponenten auch nur eine einzige fehlt (wenn z.B. der Verstand in einem anormalen Zustand ist). Von daher erklärten auch einige, die erkenntnistaugliche Vorstellung sei nicht durchweg das Kriterium [der Wahrheit], sondern nur, wenn sie kein Hindernis dieser Art hat.

L Kontext: Wenige Abschnitte nach einer (akademisch inspirierten?) Kritik an der Konzeption der erkenntnistauglichen Vorstellung.

M Cicero, *Academica* 2.22 (teilw. *FDS* 346)

[Sprecher ist Lucullus zugunsten der Stoiker:] (1) Denn wenn die Begriffe falsch
... oder wenn sie durch Vorstellungen eingeprägt worden wären, die von
falschen Vorstellungen nicht unterschieden werden könnten, wie könnten wir
von diesen Begriffen dann Gebrauch machen? (2) Und wie könnten wir überdies sehen, was mit einer jeder Sache im Einklang und was inkonsistent ist? (3)
Sicherlich bliebe überhaupt kein Platz für das Gedächtnis übrig, das doch die
einzige Hauptgrundlage nicht nur für die Philosophie bildet, sondern auch für
die Praxis des gesamten Lebens und für alle Künste. Denn ein Gedächtnis von
Falschem − was kann das sein, oder was kann irgend jemand im Gedächtnis
behalten, was er nicht mit seinem Geist erkennt und festhält?

N Cicero, *Academica* 2.30–31

[Sprecher ist Lucullus, ein Anhänger des Antiochos:] (1) Der Geist selbst, der
die Quelle der Sinne und sogar auch selbst ein Sinn ist, hat eine natürliche
Kraft, die er auf die Dinge richtet, durch die er bewegt wird. Deshalb ergreift er
manche Vorstellungen so, daß er von ihnen sofort Gebrauch macht, andere, aus
denen dann das Gedächtnis hervorgeht, speichert er sozusagen, und die übrigen
arrangiert er nach ihren Ähnlichkeiten, woraus dann die Begriffe der Dinge
resultieren, welche die Griechen gelegentlich *ennoiai* und sonst *prolēpseis* nennen. (2) Wenn dazu die Vernunft hinzukommt sowie formale Beweisführung
und eine Menge zahlloser Tatsachen, dann manifestiert die Erkenntnis all dieser
Dinge sich selbst und gelangt die Vernunft, über diese Stufen vervollkommnet,
zur Weisheit. (3) Weil der menschliche Geist also für das wissenschaftliche
Wissen um die Dinge und für die Beständigkeit der Lebensführung bestens
eingerichtet ist, erfaßt er vor allem die Erkenntnis und liebt diese eure *katalēpsis*
... sowohl um ihrer selbst willen als auch wegen ihres Nutzens. (4) Daher
macht er von den Sinnen Gebrauch, bringt sozusagen als zweite Sinne die
Künste hervor und stärkt die Philosophie selbst bis zu dem Punkt, wo sie die
Tugend zustande bringt, von der allein das ganze Leben abhängt. (5) Diejenigen
also, die bestreiten, daß man irgend etwas erkennen könne, zerstören eben diese
Werkzeuge oder Ausstattungsstücke des Lebens, oder vielmehr, sie ruinieren das
ganze Leben von Grund auf und nehmen dem Lebenwesen seine Seele, so daß
es schwierig ist, von ihrer Verwegenheit zur reden, wie der Fall das erfordert.

M Kontext: Unmittelbar anschließend an **39C**, gefolgt von **42B**.   N Kontext: Verteidigung der stoisch-antiocheischen Epistemologie durch einen Rückgriff auf die natürliche
Theologie. Gefolgt von **68R**.

O   Cicero, *Academica* 2.37–38

[Sprecher ist Lucullus, ein Anhänger des Antiochos:] (1) Denn als wir die Kraft erklärten, die in den Sinnen liegt, wurde zugleich klargemacht, daß durch die Sinne viele Dinge erfaßt und erkannt werden, was nicht ohne Zustimmung stattfinden kann. (2) Weil außerdem zwischen Unbelebtem und Lebewesen der Hauptunterschied der ist, daß ein Lebewesen etwas Aktives ist (denn ein Lebewesen, das überhaupt nichts tut, ist ganz undenkbar), deshalb muß entweder dem Lebewesen die Sinneswahrnehmung entzogen werden, oder es ist diejenige Zustimmung zu gewährleisten, die in unserer Macht steht. (3) Indes werden diejenigen, die nach ihrem Willen [*scil.* nach dem Willen der Skeptiker] weder Sinneswahrnehmungen haben noch zustimmen sollen, in gewisser Weise ihres Geistes beraubt. Wie nämlich die freie Waagschale notwendig sinken muß, wenn sie mit Gewichten beschwert wird, so muß der Geist dem stattgeben, was evident ist. Denn wie es für ein Lebewesen nicht möglich ist, das nicht anzustreben, was seiner Natur zu entsprechen scheint . . ., so ist es auch nicht in der Lage, einem Gegenstand, der sich ihm anbietet und der evident ist, nicht zuzustimmen.

P   Diogenes Laërtius 7.52   (*SVF* 2.84; teilw. *FDS* 255)

Es ist nach ihnen [den Stoikern] die Sinneswahrnehmung, durch die die Erkenntnis von weißen und schwarzen, rauhen und glatten Dingen entsteht, aber es ist die Vernunft, durch die die Erkenntnis von Dingen entsteht, die durch einen Beweis erschlossen werden, z.B. die Existenz und die Vorsorge der Götter.

Q   Diogenes Laërtius 7.52   (*SVF* 2.71; teilw. *FDS* 255)

Aisthēsis (›Sinneswahrnehmung‹) heißt bei den Stoikern erstens der Atemstrom vom Zentralorgan zu den Sinnen, zweitens die durch die Sinne vermittelte Erkenntnis und drittens die Ausstattung um die Sinnesorgane herum, hinsichtlich der einige Menschen verstümmelt sind. Außerdem wird viertens die Tätigkeit [des sinnlichen Wahrnehmens] als *aisthēsis* (›Sinneswahrnehmung‹) bezeichnet.

R   Plutarch, *De comm. not.* 3, 1060A   (*FDS* 314)

Ich will die Rache genießen, wenn ich sehe, wie diese Männer [die Stoiker] desselben Punktes überführt werden, nämlich daß sie wider die allgemeinen Begriffe und Vorbegriffe philosophieren, aus denen eben, so glauben sie, wie

---

O Kontext: Darstellung der Zustimmung, in Verteidigung der stoisch-antiocheischen Epistemologie.   P Kontext: Unmittelbar anschließend an Q.   Q Kontext: Unmittelbar anschließend an 39A, gefolgt von 40P.   R Kontext: Wenige Abschnitte nach G.

aus Samen die Lehre ihrer Schule hervorsproßt und kraft deren sie behaupten, ihre Lehre stimme einzigartig mit der Natur überein.

S   Epiktet, *Dissert.* 1.22.1–3, 9–10   (enthält *FDS* 313)

(1) Die Vorbegriffe sind allen Menschen gemeinsam; und kein Vorbegriff steht mit einem anderen in Widerstreit. Denn wer von uns nimmt nicht an, daß das Gute vorteilhaft und zu wählen ist und daß man es in jeder Situation suchen und aufspüren sollte? . . . Wann also entsteht der Streit? Er entsteht im Bereich der Anwendung der Vorbegriffe auf die Einzelfälle, wenn der eine sagt: »Das hat er großartig gemacht; er ist ein tapferer Mann«, und der andere erklärt: »Nein, er ist verrückt«. Daraus entsteht der Streit der Menschen untereinander. . . . (2) Worin besteht also die Erziehung? Darin, zu lernen, die natürlichen Vorbegriffe auf die Einzelgegenstände in Übereinstimmung mit der Natur anzuwenden und darüber hinaus die Unterscheidung zu treffen, daß das, was ist, teils in unserer Macht steht und anderenteils nicht in unserer Macht steht.

T   Sextus Empiricus, *Adv. Math.* 8.331a–332a

(1) Es besteht Einverständnis darüber, daß jedem Untersuchungsgegenstand ein Vorbegriff und ein Begriff vorausgehen muß. Denn wie kann jemand überhaupt Untersuchungen anstellen, ohne irgendeinen Begriff der untersuchten Sache zu haben? . . . (2) Dies geben wir also zu und sind so weit davon entfernt zu bestreiten, einen Begriff der untersuchten Sache zu haben, daß wir ganz im Gegenteil sogar behaupten, viele Begriffe und Vorbegriffe davon zu haben, und daß wir zur Urteilsenthaltung und Nicht-Entscheidung dank unserer Unfähigkeit kommen, diese vielen Begriffe und Vorbegriffe zu unterscheiden und den wichtigsten unter ihnen zu ermitteln.

☐ Während ihrer ganzen Geschichte rückten die Stoiker nicht von der — erstmals von Zenon umrissenen (**B**; **41B**) — These ab, daß ein untrügliches Wissen von der Welt möglich ist und daß alle normalen menschlichen Wesen eine natürliche Fähigkeit haben, zwischen feststellbaren Wahrheiten und Falschheiten eine sichere Unterscheidung zu treffen. Während der ersten zwei Jahrhunderte der Schulgeschichte war die skeptische Akademie genauso resolut darin, diesen Behauptungen Widerstand entgegenzusetzen und sie zu kritisieren. Als Antiochos von Askalon als Akademiker von der Skepsis zu einer positiven Interpretation der platonischen Tradition zurückkehrte (siehe **68** Kommentar), übernahm er die Hauptzüge der stoischen Epistemologie, wie man das aus **I, M–O** ersehen kann (die Berichte des Lucullus über seine Auffassungen, und vgl. **K**). Sextus Empiricus als Neu-Pyrrhoneer setzte die Attacken gegen die Stoiker mit Argumenten fort, die sich weitgehend aus der früheren, von Arkesilaos und Karneades geführten akademischen Konfrontation herleiteten. Diese epistemologische Debatte und die Anpassungen, die im Laufe der Zeit von beiden Seiten

---

S Kontext: Erörterung über die Vorbegriffe.   T Kontext: Beginn einer Zurückweisung
der Existenz des Beweises.

vorgenommen wurden (für die Akademiker siehe **68T, U; 69I**), sind einer der Höhepunkte der hellenistischen Philosophie. Die hier zusammengestellten Exzerpte sollten idealerweise ergänzt werden durch eine Lektüre von Ciceros *Academica 2* insgesamt und durch viel mehr von Sextus Empricus, *Adversus Mathematicos* 7 und 8, als hier zu präsentieren möglich ist. (Für einiges von seinem weiteren Material siehe **41** und **68–70**.) Unsere gegenwärtige Auswahl konzentriert sich auf Zeugnisse für die »erkenntnistaugliche Vorstellung«. Sie war die Bastion der stoischen Epistemologie und des Hauptziel der Kritik. Außerdem enthalten diese Texte etwas von den akademischen Einwänden und von den Entgegnungen darauf durch spätere Stoiker. Es ist wesentlich, die fortdauernde Dialektik zwischen den Schulen zu erkennen. Sie hat viel von dem hervorgetrieben, was in den Beiträgen beider Seiten zur Theorie des Wissens als das beste gelten darf.

Indem sie ausdrücklich »Kriterien der Wahrheit« benannten, folgten die frühesten Stoiker der von Epikur vorgegebenen Verfahrensweise (siehe **17**); und ihre eigene Darstellung des Gegenstands sollte vor diesem Hintergrund studiert werden. Epikur hatte die Wahrheit aller Sinneswahrnehmungen verteidigt (**J5**; vgl. **16**) und diese massive These dadurch gerechtfertigt, daß er scharf zwischen *Vorstellungen* als untrüglich genauen Berichten atomarer Bilder und (wahren oder falschen) *Urteilen* über Gegenstände unterschied, die wir auf der Grundlage der Vorstellungen fällen. In seiner Philosophie werden die Berichte der Sinne als ganz irrationale Ereignisse aufgefaßt; ihre Wahrheit ist ausschließlich eine Funktion des Mechanismus, der sie produziert, und bringt keinerlei Spuren eines Urteils über die Gegenstände ein, deren Vorstellungen sie sind. Die Stoiker machten sich, wie in **39** vermerkt wurde, die (für uns) vertrautere These zu eigen, daß die Vorstellungen selbst außer wahr auch falsch sein können (vgl. **J1, 5**). Diese These paßt zu ihrer Theorie, daß jede Vorstellung eines normalen Erwachsenen eine vernünftige Tätigkeit ist, welche den Gegenstand der Vorstellung in der Form eines putativen Urteils wiedergibt: »Dies (was ich sehe) ist weiß« etc. So konnten die Stoiker sagen, »Rein auf der Grundlage dessen, was ich jetzt sehe, würde ich behaupten, daß die Säulenreihe bei zunehmender Entfernung von meiner Position spitz zuläuft (vgl. **39G8**); aufgrund meiner Vertrautheit mit der Optik und weil Säulenreihen in Wirklichkeit rechtwinklig sind, weiß ich aber, daß dies eine falsche Vorstellung ist.« Im Stoizismus werden Vorstellungen vom Geist wie kompetente oder inkompetente Boten behandelt (vgl. den Gebrauch, den Karneades in **70A7** von diesem Vergleich macht), und das Vermögen zur Zustimmung hat die Funktion, den Wert ihrer Berichte einzuschätzen (siehe **B**).

Durch die »erkenntnistaugliche Vorstellung«, *phantasia katalēptikē*, wird diese Aufgabe, so wird angenommen, leicht gemacht und ist in den meisten Fällen sogar kausal-notwendig (siehe **K3, O3**). Eine wörtlichere Übersetzung für den Namen dieser Vorstellung wäre etwa »Vorstellung, die fähig ist, (ihren Gegenstand) zu begreifen«; und Zenon baute dieses Bild einer Berührung in seinem Handvergleich aus (**41A**) aus. Während Epikur argumentiert hatte, daß Sinneswahrnehmungen einander nicht zurückweisen können (**16A–B**), vertraten die Stoiker von Zenon an (**B**) die umgekehrte These, indem sie der Ansicht waren, es gebe eine Art von Vorstellung, die dem, der sie empfängt, eine absolute Garantie gibt, daß sie ihren Gegenstand mit vollständiger Genauigkeit und Klarheit wiedergibt. Als Wahrheitskriterium (**A1**) ist die erkenntnistaugliche Vorstellung das Naturgeschenk (**K3; 41B3**) eines Standards zur sicheren Bestimmung dessen, was wirklich der Fall ist. Mit der Entwicklung der Stoa wurden die Darstellungen der erkenntnistauglichen Vorstellung und ihrer kriterialen Rolle modifiziert – weitgehend unter dem Eindruck der Provokationen durch die Akademie. Um diese Geschichte sichtbar zu machen, sind unsere Texte von **B** bis **O** in ihrer annähernden chronologischen Ordnung arrangiert.

In ihrer frühesten zenonischen Form hat die erkenntnistaugliche Vorstellung zwei Attribute, die zusammen ihren Status als Wahrheitskriterium ausmachen: (a) sie hat einen realen Gegenstand als Ursache; (b) diesen Gegenstand repräsentiert sie mit vollständiger Genauigkeit und Klarheit (**C2**, **D4**; vgl. **39B2-4** für (a) als Charakteristikum von Vorstellungen allgemein). Eine Vorstellung, die das Attribut (a) hat, aber nicht (b), ist nicht erkenntnistauglich (**C3**; vgl. das Beispiel Orests, **39G9**). Die Klarheit und Deutlichkeit, welche das Kennzeichen von (b) bilden, sind Züge, die die erkenntnistaugliche Vorstellung von allen anderen Vorstellungsarten unterscheidet. In Zenons Terminologie (**B2**) haben erkenntnistaugliche Vorstellungen »eine ihnen eigene Deutlichkeit der vorgestellten Dinge«, d.h. sie lassen uns ihre Gegenstände in einer Weise erfassen, in der die nicht-erkenntnistauglichen Vorstellungen das nicht tun. Diese eigentümliche Kraft ist ein intrinsisches Merkmal erkenntnistauglicher Vorstellungen; sie versehen uns »aus sich selbst heraus« (**B2**) mit der Garantie, daß wir reale Gegenstände so wahrnehmen, wie sie wirklich sind. Das Wesentliche von Zenons Behauptung wird wohl durch die Bemerkung von **K4** eingefangen, daß es genügt, Dinge in bestimmter Weise zu sehen (»deutlich und schlagend«), um sicher zu sein, daß unsere Wahrnehmung verläßlich ist (vgl. Cicero, *Academica* 2.19).

Der Idee, daß die erkenntnistaugliche Vorstellung sich selbst als solche ausweist, liegen zwei Annahmen zugrunde. Erstens halten die Stoiker es für grundlegend im Plan der Natur, daß beseelte Wesen, und ganz besonders die, welche mit Vernunft begabt sind, die nötige mentale Ausstattung haben, um diejenigen Unterscheidungen genau zu treffen, die notwendig sind, um in Übereinstimmung mit der Natur zu leben (vgl. **K6-7**, **M–O**; **41B3**). Zweitens nehmen sie an, daß das Vermögen zuzustimmen von Natur aus dazu determiniert ist, solchen Vorstellungen seine Zustimmung zu geben (**O**; vgl. **K3**). Diese Vorstellungen bilden die Grundlagen der Vorbegriffe (**N1**, **S**; vgl. **39E**) und anderer allgemeiner Begriffe, die den Geist ausstatten und ihn befähigen, die Gegenstände, welche ihm durch irgendeine frische erkenntnistaugliche Vorstellung geboten werden, in Begriffe zu fassen und zu erkennen. Das Ergebnis der Zustimmung zu einer erkenntnistauglichen Vorstellung ist eine »Erkenntnis« (**B3**); davon wird in **41** die Rede sein.

Nach Annahme ist eine erkenntnistaugliche Vorstellung also einzigartig in der Genauigkeit und Klarheit, mit der sie ihren realen Gegenstand wiedergibt. Wenn sie freilich als der letzte Schiedsrichter in allen Fragen dienen soll, was wirklich der Fall ist, müssen die Stoiker zeigen, daß die genannte Besonderheit die erkenntnistaugliche Vorstellung von allen anderen Vorstellungen abheben kann und sie tatsächlich davon unterscheidet. In seiner Antwort auf die diesbezügliche Kritik des Arkesilaos (**D5**) fügte Zenon zur erkenntnistauglichen Vorstellung ein drittes Attribut hinzu: »so beschaffen, wie sie von etwas nicht Bestehendem her nicht beschaffen sein könnte« (**D6-7**; vgl. **E7**); dieses Attribut wurde in der Definition des Begriffs dann kanonisch. Im Ergegnis wird durch diesen Zusatz darauf bestanden, daß nur reale Gegenstände, so wie sie wirklich sind, die Klarheits- und Deutlichkeitsmerkmale einer erkenntnistauglichen Vorstellung hervorbringen *können*. Darauf entgegnete Arkesilaos, »daß keine Vorstellung von etwas Wahrem so beschaffen ist, daß nicht auch eine Vorstellung von etwas Falschem von dieser Art sein könnte« (**D8**). Die »vielen verschiedenen Überlegungen« (**41C8**), welche er beibrachte, enthielten vermutlich Täuschungsbeispiele bei Paaren ähnlich aussehender Gegenstände (**H4**, **J6-7**; **28O1-2**), und sie verwendeten den Sorites (siehe **37F, H**). Karneades setzte die Kritik in derselben Art fort. Zum Zweck des Arguments war er ganz darauf vorbereitet, die Existenz von Vorstellungen anzuerkennen, die von wirklichen Gegenständen her entstehen und sie exakt wiedergeben (die beiden ersten Attribute von **E3-6**; vgl. **H1**). Der fundamentale Punkt dabei war, wie Cicero beobachtet (**D9**), die Unterscheidbarkeit der erkenntnistauglichen Vorstellung von dem, was die Akademiker deren möglicherweise falsche und trügerische Verwandte nannten (vgl. **70A, B**).

Die Debatte scheint auf verschiedene Situationen abgestellt zu haben, in denen die erforderlichen Unterscheidungen trügerisch erscheinen: (a) Jemand, der sich wie Herakles verhält (**H2**), zeigt durch seine Handlungen, daß er seine Vorstellungen für erkenntnistaugliche Vorstellungen hielt; aber er täuschte sich. Seine Vorstellung führte seine Zustimmung herbei, aber sie »entstand von etwas Falschem her«. Also *zu der Zeit, zu der* jemand die Vorstellung empfängt, kann er eine falsche Vorstellung durch und durch »deutlich und schlagend« finden (vgl. den Versuch des Ptolemaios, Sphairos auszutricksen, **F**). (b) Nach Annahme stützt die erkenntnistaugliche Vorstellung sich auf die »Charakteristika« ihres Gegenstands (**E6**). Es kann jedoch Gegenstände geben, die einander so ähnlich sind, daß sie sich durch die Weisen, wie sie unsere Vorstellungen prägen, als ununterscheidbar erweisen; somit genügen sie nicht dem zweiten Attribut der Erkenntnis (**H4, J6-7**) und daher auch dem dritten nicht.

Zu (a) antworten die Stoiker, daß die Vorstellungen eines verrückt gewordenen Herakles nichts über das Fähigkeit eines normalen Geistes sagen, erkenntnistaugliche von nicht-erkenntnistauglichen Vorstellungen zu unterscheiden. Sie machen die erkenntnistaugliche Vorstellung als die Weise geltend, wie die Wahrheit sich einem gesunden Geist präsentiert (**E2**), und stellen heraus, daß die Art der Vorstellung, die die Akademiker als problematisch darstellen, Produkte abnormer Bedingungen sind (vgl. **39G8-9**). Außerdem haben spätere Stoiker zumindest nicht in Abrede gestellt, daß eine normale Person unter ungewöhnlichen Bedingungen, wie Admetos sie erlebte, erkenntnistaugliche und nicht-erkenntnistaugliche Vorstellungen verwechseln kann (**K1-2**). Der Geisteszustand des Wahrnehmenden und alle übrigen Wahrnehmungsbedingungen sind als Faktoren zugelassen, die eine erkenntnistaugliche Vorstellung daran hindern können, ihre kriteriale Funktion zu entfalten (**L**). Diese Einschränkung, gedacht als Verteidigung gegen Einwand (a), rief die überarbeitete These von **K1** hervor: die erkenntnistaugliche Vorstellung ist das Kriterium der Wahrheit, »wenn sie kein Hindernis hat«.

Was den Einwand (b) angeht, wiesen die Stoiker dessen Prämisse zurück. Nach ihrer Metaphysik (**J7-9**; vgl. **28**) schließt die Identität ununterscheidbarer Gegenstände die Möglichkeit aus, daß es Zwillingpaare oder Eier gibt, die tatsächlich ununterscheidbar sind. Denn wenn sie als diskrete Gegenstände existieren, muß jeder von ihnen als »individuell eigenschaftsmäßig bestimmter Gegenstand« existieren und unterscheidbare Eigenschaften haben, welche von Vorstellungen auseinander gehalten werden können, zumindest in der Theorie. Diese These impliziert nicht, daß eine normale Person erkenntnistaugliche Vorstellungen haben wird, um zu entscheiden, welches von zwei Eiern sie vor sich hat. Aber die Stoiker sind nicht auf die Position festgelegt (wie das in **H4** impliziert ist), daß die Menschen im allgemeinen oder gar der Weise erkenntnistaugliche Vorstellungen von jedem möglichen Gegenstand erwarten könnten. Urteilsenthaltung ist die Antwort des Weisen in all den Fällen, wo seine Vorstellungen nicht ausreichen, um Gegenstände mit der erforderlichen Klarheit und Deutlichkeit auseinanderzuhalten (**I**). Allerdings, wie so trefflich beobachtet wurde, versetzen Vertrautheit und Übung die Experten in die Lage, in vielen solchen Fällen äußerst genaue Unterscheidungen zu treffen (vgl. **39A7**), was besagt, daß selbst hier erkenntnistaugliche Vorstellungen möglich sind.

Im Gegensatz zu dem, was häufig behauptet wird, haben die Stoiker das bessere Argument. Um die erkenntnistaugliche Vorstellung als Wahrheitskriterium zu unterminieren, müssen die Akademiker beweisen, daß die wahren Vorstellungen, die wir unter normalen Bedingungen empfangen, immer der Gefahr ausgesetzt sind, mit ähnlichen, aber falschen Vorstellungen verwechselt zu werden. Anstatt die Problemfälle vorzubringen, die sie anzuführen pflegten, hätten sie besser daran getan, daran zu zweifeln, daß man erfolgreich Normalbedingungen spezifizieren kann (vgl. **72E**). Stoiker erkennen an, daß die Menschen häufig voreilig sind und ihre Zustimmung Vorstellungen geben, die nicht erkenntnistauglich sind; aber sie konnten dies so erklären, daß es auf geistige Schwäche und fehlende Erziehung zurückzuführen sei (**41D, G**). Auch schließt die Behauptung, daß es erkenntnistaugliche Vorstellungen gibt, nicht ein, daß ihr bloßes Vorkommen ausreicht, um ihren Empfänger von Irrtum zu befreien; denn der könnte zu der Art Personen gehören, die selbst dann nicht in der Lage sind, die Wahrheit zu erkennen, wenn sie sie sehen. Was die Akademiker zurückzuweisen versäumten, ist die These, daß bestimmte wahre Vorstellungen von einer solchen Art sind, daß sie ein voll funktionsfähiges vernünftiges Wesen dazu bringen, daß es Dinge so wahrnimmt, wie sie wirklich sind.

Im Zusammenhang mit ihrer Verteidigung der erkenntnistauglichen Vorstellung entwickelten spätere Stoiker und Antiochos eine ganze Batterie von Argumenten, welche direkt die Weigerung der Akademiker angriffen, die empirische Grundlegung des Wissens zuzugestehen (**K5-7, M–O**). Sie hielten ihren Kritikern logische Inkohärenz vor (**K5-7**) und außerdem eine flagrante Mißachtung von Psychologie (**53S**) und Ethik (**N5, O**). (Noch viel mehr von dieser Art ist in anderen Abschnitten von Ciceros *Academica* 2.17–39 zu finden.) Diese stoischen Strategien werfen ein Licht auf den Status der anderen Wahrheitskriterien Chrysipps und helfen, sie zu interpretieren (**A3**, vgl. Kommentar zum Epikureimus 17). Es gibt anderweitig (z.B. **48C5**) Belege dafür, daß Chrysipp »allgemeine Begriffe« (d.h. Begriffe, die mutmaßlich bei allen Leuten anerkannt sind) ebenso wie »Vorbegriffe« als Kriterien heranzog; und seine weitere Erwähnung der »Sinneswahrnehmung« (**A3**) ist ein Schlüssel zu dem, was sie mit sich bringen. Mit »Sinneswahrnehmung« *(aisthēsis)* muß Chrysipp unsere Erkenntnis einfacher wahrnehmbarer Gegenstände meinen (vgl. **P, Q**), wie sie durch die grundlegendsten erkenntnistauglichen Vorstellungen herbeigeführt wird. Sinneswahrnehmung ist freilich auch die Grundlage aller unserer Begriffe und Erkenntnisse (**N1**; vgl. **39C–E**), und alle unsere Begriffe sind Vorstellungen (**39F**). Wir brauchen daher nicht anzunehmen, daß Chrysipp sich selbst widersprochen hätte, als er in verschiedenen Zusammenhängen verschiedene Kriterien spezifizierte, wie das **A3** behauptet. In ihrer Allgemeinheit und Umfassendheit decken Vorbegriffe und allgemeine Begriffe Wahrheiten ab, welche erkenntnistaugliche Vorstellungen oder zumindest Sinnesvorstellungen nicht direkt übermitteln; man kann aber annehmen, daß Chrysipp diese Kriterien als komplementär zur Sinneswahrnehmung ansah und als in der erkenntnistauglichen Vorstellung gegründet, aus der diese besteht (vgl. **G, M; 39C**).

Die Existenz und die Vorsorge der Götter, in **P** als Beispiele für die Erkenntnis durch Argumente zitiert, sind Standardfälle für Themen, die die Stoiker auf Vorbegriffe und allgemeine Begriffe bezogen (vgl. **54K**). Es ist also deutlich, daß diese als Kriterien fungieren, Theorien zu bestätigen und die Wahrheit in Bereichen beurteilbar zu machen, wo einfache erkenntnistaugliche Sinneswahrnehmung nicht hilft. So behauptete Chrysipp, daß seine Theorie der Mischung »durch die allgemeinen Begriffe gerechtfertigt« werden könne (**48C5**) und daß Epikurs Bestreitung der göttlichen Vorsorge nicht vereinbar sei mit unseren Begriffen von den Göttern als wohltätig und menschenfreundlich (siehe **54K**).

Natürlich ist das ein bewußter Hieb gegen Epikurs Behauptung, daß seine eigene Nicht-Vorsorge-Theologie auf »Vorbegriffe« gegründet sei, welche sich von den »falschen Vermutungen« der großen Menge unterscheiden (**23B3**). Dabei deckt es zugleich auf, wie brüchig die Versuche beider Schulen waren, empirisch gestützte Kriterien über die Bereiche des Unkontroversen und Deutlichen hinaus zu erweitern. Kritiker fanden es allzu leicht, herauszustellen, daß der Stoizismus voll von Lehren sei, um nicht zu sagen von Paradoxien, die den allgemeinen Begriffen der Leute völlig fremd seien (**R**) und von denen es deshalb unangemessen sei zu verkünden, sie seien »natürlich«. Die Stoiker, das versteht sich, werden antworten, daß ihre Begriffe in gehöriger Weise (und daher natürlich) auf Erfahrung gegründet seien (**N**). Diese Antwort erreicht aber nichts, um den bewundernswerten Bemerkungen des Sextus Empiricus über das kriteriale Unvermögen der Begriffe und Vorbegriffe (**T**) ihre Kraft zu nehmen. Sextus kann mit den Stoikern übereinstimmen, daß Begriffe für alle Untersuchungen eine Vorbedingung sind (**39C4**, so auch Epikur **17C, E**). Das trägt aber überhaupt nichts dafür aus, den Anspruch zu rechtfertigen (**M**), daß der Gebrauch, den wir von den Begriffen machen, gut begründet sei, zumal da die Vorbegriffe des einen Philosophen mit denen des anderen in Konflikt stehen. Epiktet versuchte, die Gemeinsamkeit der Vorbegriffe festzuhalten, indem er den Grund des Streits in die Anwendungen verlegte (**S**). Damit dieser vielversprechende Zug funktioniert, müßte der Skopus und Inhalt der Vorbegriffe weit mehr beschränkt werden, als die Stoiker zugestehen wollten. Von den Skeptikern läßt sich sagen, daß sie mit diesem Aspekt der Debatte über Wahrheitskriterien die Diskussionsszene beherrschten.

Was die anderen in **A** erwähnten Kriterien angeht, ist der Bericht des Poseidonios über die Vernunft (**A4**) ein höchst verdächtiges Stück Geschichte; denn er paßt nicht zu einem Abschnitt, den Sextus Empiricus so gut wie sicher von Poseidonios übernommen hat: *Adv. Math.* 7.89–140 (näheres in Bd. 2 Anm. zur Stelle). Die erweiterte Liste des Boethos (**A2**) dagegen ist einzigartig und scheint sich auf einen breiteren Begriff des »Kriteriums« zu stützen, als der es war, an den andere Stoiker sich hielten.

41 Wissen und Meinung

A Cicero, *Academica* 2.145 (*SVF* 1.66; teilw. *FDS* 369)

[Sprecher ist Cicero zugunsten der Neuen Akademie:] (1) [Daß allein der Weise wissenschaftliches Wissen habe,] dies pflegte Zenon mit einer Geste zu unterstreichen. (2) Denn er hielt einem die Hand mit ausgestreckten Fingern entgegen und sagte: »Von dieser Art ist die Vorstellung«; (3) anschließend zog er die Finger ein wenig zusammen und erklärte: »Von dieser Art ist die Zustimmung«; (4) wenn er sie dann fest zusammengepreßt und eine Faust gemacht hatte, sagte er, dies sei die Erkenntnis (von dieser Illustration her er die Sache auch mit dem Namen *katalēpsis* betitelte, den es vorher nicht gab); (5) schließlich nahm er die

---

A Kontext: Die stoische Unterscheidung von Erkenntnis und wissenschaftlichem Wissen.

linke Hand dazu, umfaßte damit eng und kräftig die Faust und erklärte, solcherart sei das wissenschaftliche Wissen, über das niemand anderes als allein der Weise verfüge.

B   Cicero, *Academica* 1.41–42   (teilw. *SVF* 1.60; teilw. *FDS* 256)

[Sprecher ist Varro, ein Gefolgsmann des Antiochos:] (1) Was nun aber durch eine Sinneswahrnehmung erkannt ist, das nannte er auch selbst eine Sinneswahrnehmung; und wenn es so erkannt ist, daß es durch Raisonnement nicht ins Wanken gebracht werden kann, dann bezeichnete er es als wissenschaftliches Wissen, andernfalls als Nichtwissen, zu dem also auch die Meinung gehört, die nämlich etwas Schwaches und mit dem verwandt ist, was falsch und unerkannt ist. (2) Doch zwischen dem wissenschaftlichen Wissen und dem Nichtwissen siedelte er die Erkenntnis an, von der ich gesprochen habe, und rechnete sie weder zu dem, was gut, noch zu dem, was schlecht ist, sondern erklärte, daß man ihr ihrer selbst wegen Glauben schenken müsse. (3) Von daher schrieb er auch den Sinneswahrnehmungen Verläßlichkeit zu; denn die Erkenntnis kommt, wie ich oben gesagt habe, durch Sinneswahrnehmung zustande und galt ihm von dieser her auch als wahr und verläßlich, dies nicht deshalb, weil sie alles erkennen würde, was eine Sache an sich hat, sondern deshalb, weil sie nichts von dem übergeht, was zu ihrem Gegenstand werden kann, und weil die Natur sie gewissermaßen als Richtschnur des wissenschaftlichen Wissens und als natürliche Grundlage gewährt hat, von der aus anschließend die Begriffe der Dinge in den Geist eingeprägt werden; und aufgrund der Begriffe lassen sich nicht nur die Anfänge, sondern auch bestimmte breitere Wege zur Auffindung vernünftiger Einsicht ausfindig machen. (4) Den Irrtum hingegen, die Unbedachtsamkeit, die Unkenntnis, die Meinung, die Mutmaßung, mit einem Wort: alles, was der festen und beständigen Zustimmung fremd ist, das trennte er von der Tugend und von der Weisheit.

C   Sextus Empiricus, *Adv. Math.* 7.151–157   (enthält *SVF* 1.67–69, 2.90, 3.550; enthält *FDS* 370)

(1) Die Stoiker sagen nämlich, was da miteinander verbunden sei, sei dreierlei: (wissenschaftliches) Wissen *(epistēmē)*, Meinung *(doxa)* und die zwischen ihnen angesiedelte Erkenntnis *(katalēpsis)*. (2) Davon sei das (wissenschaftliche) Wissen die sichere, feste und durch Raisonnement nicht abänderbare Erkenntnis; (3) die Meinung sei die schwache und trügerische (falsche) Zustimmung; (4) und die Erkenntnis dazwischen sei die Zustimmung zu einer erkenntnistauglichen Vorstellung; und die erkenntnistaugliche Vorstellung ist nach diesen Leuten die Vorstellung, welche wahr und so beschaffen ist, wie eine falsche Vorstellung

---

B Kontext: Die stoische Unterscheidung zwischen Erkenntnis und Wissen. Nach kurzen Bemerkungen über den Ausdruck *katalēpsis* anschließend an **40B**.   **C** Kontext: Doxographie der Akademiker in bezug auf das Kriterium; gefolgt von **69B**.

nicht beschaffen sein könnte. (5) Von diesen, so sagen sie, ist das (wissenschaft-liche) Wissen allein bei den Weisen zu finden, die Meinung dagegen allein bei den Minderwertigen, und die erkenntnistaugliche Vorstellung ist beiden ge-meinsam, und sie ist das Kriterium der Wahrheit. (6) Arkesilaos widersprach diesen Aufstellungen der Stoiker, indem er zeigte, daß die Erkenntnis kein Kriterium zwischen Wissen und Meinung ist. (7) Denn das, was sie als Erkennt-nis und Zustimmung zu einer erkenntnistauglichen Vorstellung bezeichnen, tritt entweder in einem Weisen auf oder in einem Minderwertigen. Wenn es aber in einem Weisen auftritt, ist es Wissen, wenn in einem Minderwertigen, Meinung; und darüber hinaus gibt es nichts anderes außer einer bloß verbalen Variation. (8) Ferner, wenn Erkenntnis die Zustimmung zu einer erkenntnistauglichen Vorstellung ist, ist sie inexistent: erstens weil die Zustimmung nicht zu einer Vorstellung gehört, sondern zur Sprache (die Zustimmungen beziehen sich nämlich auf Aussagen); zweitens weil sich keine solche wahre Vorstellung fin-det, die sich nicht als falsch erweisen könnte, wie durch viele verschiedene Überlegungen dargelegt worden ist. (9) Wenn es aber keine erkenntnistaugliche Vorstellung gibt, wird es auch nicht zu einer Erkenntnis kommen, die ja die Zustimmung zu einer erkenntnistauglichen Vorstellung sein sollte. Und wenn es keine Erkenntnis gibt, ist alles unerkennbar. Wenn aber alles unerkennbar ist, ergibt sich auch nach den Stoikern die Folgerung, daß der Weise sein Urteil zurückhält. (10) Wir können das folgendermaßen betrachten: Wegen der Nicht-Existenz des stoischen Kriteriums ist alles unerkennbar. Wenn der Weise deshalb seine Zustimmung gibt, wird der Weise eine Meinung haben; denn wenn er — vorausgesetzt, daß nichts erkennbar ist — zu etwas zustimmt, wird er etwas Unerkennbarem zustimmen, und die Zustimmung zu etwas Unerkenn-barem ist eine Meinung. Wenn der Weise daher zu denen gehört, die ihre Zustimmung zu etwas geben, muß er zu denen gehören, die Meinungen haben. Nun gehört der Weise aber nicht zu denen, die Meinungen haben (denn das gehört nach ihnen [den Stoikern] zur Unbesonnenheit und wäre eine Ursache für Fehler). Also gehört der Weise nicht zu denen, die ihre Zustimmung zu etwas geben. Wenn aber das, so wird er bei allem keine Zustimmung geben. Keine Zustimmung zu geben ist aber nichts anderes als, sein Urteil zurückzu-halten. Der Weise wird also in allem sein Urteil zurückhalten.

D Anonymer stoischer Traktat (Papyrus Herculanensis 1020) col. 4, frg. 1, col. 1 (teilw. *SVF* 2.131; teilw. *FDS* 88)

(1) ... daß wir die Freiheit von fehlerhafter Übereilung und die Umsicht schätzen, aber wegen der Gegensätze dazu mit Recht getadelt werden. Es ist nun die Freiheit von fehlerhafter Übereilung eine Disposition, seine Zustim-mung nicht vor einer Erkenntnis zu geben, ...; sie besitzt Stärke in [der Hand-habung von] Vorstellungen und läßt sich nicht dazu hinreißen, Vorstellungen

---

D Der Zusammenhang und die Eigenart des Buches, aus dem diese Fragmente stammen, sind nicht bekannt.

stattzugeben, die nicht erkenntnistauglich sind. Denn wer von fehlerhafter Übereilung frei ist, den darf eine nicht erkenntnistaugliche Vorstellung nicht hinreißen können ... und er ist Herr seiner Zustimmungen ... (2) Wir sagen nun, daß sich daraus, daß der Weise keine Meinungen pflegt, noch mehr Charakteristika ergeben, nämlich: Erstens mutmaßt er nichts; denn das Mutmaßen ist eine nicht erkenntnistaugliche Meinung. ... (3) Daraus folgt überdies, daß die Weisen nicht getäuscht werden können und sich nicht irren werden und daß sie ihr Leben in angemessener Weise führen und in allem gut handeln. Daher verwenden sie auch größere Aufmerksamkeit darauf, sicherzustellen, daß ihre Zustimmungen nicht zufällig, sondern nur in Verbindung mit Erkenntnis erfolgen.

E   Plutarch, *De Stoic. repugn.* 47, 1056E–F   (teilw. *SVF* 2.993)

[Das Fatum] ... erzeugt in Fragen von größter Bedeutung oft Vorstellungen, die von einander abweichen und den Verstand in entgegengesetzte Richtungen zerren. Die Stoiker sagen dann, daß die, welche einer der Seiten beipflichten und ihr Urteil nicht suspendieren, einen Fehler machen, daß sie nämlich voreilig sind, falls sie unklaren Vorstellungen folgen, sich täuschen, falls sie falschen Vorstellungen anhängen, und Meinungen pflegen, falls sie ganz allgemein Vorstellungen zustimmen, die nicht erkenntnistauglich sind.

F   Plutarch, *De Stoic. repugn.* 47, 1057A–B   (teilw. *SVF* 3.177; teilw. *FDS* 363a)

Darüber hinaus erklärt Chrysipp, daß sowohl Gott als auch der Weise falsche Vorstellungen einpflanzen und dabei von uns nicht erwarten, ihnen zuzustimmen oder stattzugeben, sondern nur in Richtung auf das Vorgestellte zu handeln und einen Antrieb dahin zu entwickeln, daß dagegen wir, die wir schlecht sind, infolge unserer Schwäche derartigen Vorstellungen zustimmen.

G   Stobaeus 2.111,18–112,8   (teilw. *SVF* 3.548; teilw. *FDS* 89)

(1) Aber etwas Falsches, so sagen sie [die Stoiker], nimmt der Weise niemals an, und auf keinen Fall gibt er seine Zustimmung zu etwas Nicht-Erkanntem, da er auch keine Meinungen hat und nichts nicht-weiß. (2) Denn das Nicht-Wissen sei eine veränderbare und schwache Zustimmung. (3) Er nehme aber nichts schwach an, sondern vielmehr [alles nur] sicher und fest, weshalb der Weise eben auch keine Meinungen habe. (4) Die Meinungen seien nämlich von zweifacher Art: die eine Art sei eine Zustimmung zu etwas Nicht-Erkanntem, die andere eine schwache Annahme; doch [beide] seien sie der Disposition des Weisen fremd. (5) Sich der Erkenntnis gegenüber zu übereilen und bereits vor ihr zuzustimmen seien deshalb Eigenschaften des übereilten minderwertigen

---

E Kontext: Kritik der stoischen Fatumlehre.   F Kontext: Nicht viel nach 41E, Unmittelbar anschließend an 53S.   G Kontext: Doxographie zur stoischen Ethik.

Mannes, und sie befielen nicht den edlen, vollkommenen und rechtschaffenen
Mann.

H   Stobaeus 2.73,16–74,3   (teilw. *SVF* 3.112; *FDS* 385)

[Die Stoiker sagen:] (1) Wissenschaftliches Wissen *(epistēmē)* ist eine sichere und
durch Raisonnement nicht zu erschütternde Erkenntnis *(katalēpsis)*. (2) In einem
zweiten Sinn ist wissenschaftliches Wissen ein System solcher *epistēmai*, so wie
die vernünftige [Erkenntnis] von den Einzeltatbeständen, welches im rechtschaffenen Mann existiert. (3) In einem dritten Verständnis ist wissenschaftliches
Wissen ein System fachkundiger *epistēmai*, welches aus sich selbst heraus Stabilität besitzt, wie die Tugenden sie besitzen. (4) In einem vierten Sinn ist
wissenschaftliches Wissen der durch Raisonnement nicht zu erschütternde Habitus in der Aufnahme von Vorstellungen, von dem sie sagen, er bestehe in
Spannung und Kraft.

I   Stobaeus 2.68,18–23   (*SVF* 3.663)

Weiter sagen sie [die Stoiker], jeder minderwertige Mann sei geisteskrank, da er
Unkenntnis seiner selbst und seiner Belange besitze, was eben Geisteskrankheit
ist. Die Unkenntnis sei der Fehler, der den Gegensatz zur Besonnenheit bildet,
und das sei Geisteskrankheit, weil es in seinen relativen Dispositionen unsere
Antriebe unstet und flatterhaft macht. Daher umschreiben sie die Geisteskrankheit auch so: flatterhafte Unkenntnis.

☐   Der kognitive Zustand, der aus der Zustimmung zu einer erkenntnistauglichen Vorstellung resultiert, ist eine »Erkenntnis« *(katalēpsis,* **A4, C4**). Wie die geballte Faust, mit
der Zenon sie verglich (**A4**), so ist die Erkenntnis (oder »Erfassung«, »perceptio« in
Ciceros lateinischer Übersetzung) das ›Ergreifen‹ ihres Gegenstands, des Sachverhalts,
dessen Wahrheit durch die erkenntnistaugliche Vorstellung gewährleistet wird. Dadurch, daß man solchen Vorstellungen zustimmt, geben sie einem die Gewißheit, daß
man etwas Wahres wahrnimmt; und diese Erkenntnis nimmt die notwendige Verläßlichkeit und die kriteriale Kraft der erkenntnistauglichen Vorstellung selbst an (**B3,
C4-5**). Dementsprechend könnte es so aussehen, als sollten die Stoiker die Erkenntnis
mit Wissen identifizieren; als eins von dessen Kennzeichen gilt nämlich häufig ein zur
Gewißheit gewordener wahrer Glaube. In Wirklichkeit ist die Lehre der Stoiker aber
interessanter und komplexer. Es wäre möglich, *katalēpsis* in vielen Zusammenhängen
mit »Wissen« zu übersetzen, und *katalēpsis* ist mit Sicherheit die Grundlage von *epistēmē*, dem höchsten kognitiven Zustand, den wir mit »Wissenschaft« oder »wissenschaftlichem Wissen« wiedergeben (vgl. **A4-5, B3, H**). Doch obwohl die Erkenntnis
eine notwendige Bedingung dieses Zustands ist, genügt sie nicht, um ihn zu konstituieren. Um »wissenschaftliches Wissen« zu werden, muß die Erkenntnis für jedes
Raisonnement unüberwindlich werden, welches aufgeboten werden könnte, um ei-

---

H Kontext: Doxographie zur stoischen Ethik.   **I** Kontext: Doxographie zur stoischen
Ethik.

nen Sinneswandel herbeizureden (**B1**, **H1**, 4). Einer Erläuterung dieser zusätzlichen Bedingung kommen wir näher, wenn wir einen nachdrücklicheren Hinweis in Betracht ziehen, daß die Erkenntnis für sich genommen nicht genügt, um die höchste Form des Wissens zu sein: sie überspannt die grundlegende Dichotomie zwischen dem weisen und dem minderwertigen Menschen (**C5**, vgl. **B1-2**), und im letzteren Fall koexistiert sie mit »Nicht-Wissen«.

Indem es eine »veränderbare und schwache Zustimmung« (**G2**) ist, ist das »Nicht-Wissen« als der kontradiktorische Gegensatz zum »wissenschaftlichen Wissen« definiert (vgl. **H1**). Der unwissende »Minderwertige«, d.i. die große Mehrheit der Menschheit, wird nicht durch die Falschheit seiner Annahmen gekennzeichnet und auch nicht durch seinen Mangel an Wissen in gewöhnlichen Bedeutungen des griechischen Begriffs. Sondern »Nicht-Wissen« deckt alle diejenigen kognitiven Zustände ab, einschließlich von »Erkenntnissen« (bestätigten wahren Annahmen), die hinter der unüberwindlichen Stabilität und der systematischen Konsistenz zurückbleiben, die zum wissenschaftlichen Wissen des weisen Mannes gehören – die mit anderen Worten hinter der Hand um die Faust zurückbleiben (**A5**). Die absolute Disjunktion zwischen wissenschaftlichem Wissen und Nicht-Wissen ist ein wichtiges Beispiel für den rücksichtslosen Nachdruck, mit dem die Stoiker jede mentale Disposition ausschließen, die irgendwie in der Mitte zwischen herausragender Qualifikation und ihrem Gegenteil liegt (Tugend/Laster, Weisheit/Torheit, Gesundheit/Wahnsinn, vgl. **I** und siehe **61I**). Dies wird auch nicht durch das Zugeständnis durchbrochen, daß »Erkenntnis« beiden Menschenklassen gemeinsam ist (**C5**) oder daß sie »zwischen dem wissenschaftlichen Wissen und dem Nichtwissen« angesiedelt wird (**B2**). Denselben Quasi-Zwischenstatus haben in der Ethik die zukommenden Funktionen (**59B4**, **F1**). Minderwertige Menschen werden viele davon in typischer Weise vollziehen – nach ihrer Gesundheit sehen, sich um ihre Eltern kümmern etc. – und daher dieselbe moralische Domäne teilen wie der Weise. Weil ihnen allerdings seine virtuose und vollkommen konsistente Disposition fehlt, werden sogar ihre zukommenden Funktionen, obwohl sie objektiv richtig sind, als »falsches Handeln« (**59F3**) gewertet. Genauso ist es bei der Bewertung von Erkenntnissen. Neutral, wiewohl vertrauenswürdig in sich selbst (**B2**), gewinnen sie einen positiven oder negativen epistemischen Status von der Kraft oder Schwäche des Geistes her, zu dem sie gehören. Das Erfassen von Wahrheiten beim Weisen ist so sicher und systematisch, daß sein Führungsvermögen mit »Wahrheit« identisch ist (**33P2**, 4). Beim minderwertigen Menschen ist es im Gegensatz dazu so unsicher, daß selbst die Wahrheiten, von denen er eine Erkenntnis gewinnt, ihn nicht vor umfassendem Nichtwissen bewahren.

Im Bericht des Sextus Empiricus über die Kritik des Arkesilaos an der stoischen Epistemologie, die sich aus chronologischen Gründen auf deren zenonische Form beziehen muß (vgl. **B**), wird die äquivoke Mittelstellung der »Erkenntnis« ausgenutzt; sie wird dort Teil eines Argument gegen deren Existenz (**C1-7**). Wie berichtet argumentierte Arkesilaos, daß die ausschließende Disjunktion zwischen den beiden Menschenklassen und zwischen ihren mentalen Dispositionen die Erkenntnis entweder (a) auf wissenschaftliches Wissen im Weisen reduziert oder (b) auf die Meinung im minderwertigen Menschen. Zenons Lehre von **B1** rechtfertigt (a); aber (b) wird nur gültig sein, wenn die Stoiker die Erkenntnis des minderwertigen Menschen als »Meinung« einstuften. Das freilich wäre ein flagranter Widerspruch zu **E** (vgl. **D2**), wonach das allgemeine Merkmal von »Meinen« das ist, »Vorstellungen zuzustimmen, die nicht erkenntnistauglich sind«. Auch diese Behauptung ist durch die Autorität Zenons gedeckt (**40D**, und vgl. Cicero, *Academica* 2.60, »Meinen heißt, einer Sache zustimmen, die falsch oder nicht erkenntnistauglich ist«). Aber nach dem Zeugnis von **B1** konnte Zenon so verstanden werden, als habe er nicht klar »Nichtwissen«, welches die wahren Erkenntnisse des minderwertigen Menschen einschließt, vom Meinen unterschieden; und es sollte beachtet werden, daß Arkesilaos sagt: »etwas Unerkennbarem zustimmen ist Meinung« (**C10**), und nicht sagt: »Meinung ist, etwas Unerkennbarem zustimmen«; seine Formulierung läßt die Möglichkeit offen, daß manche Meinungen eine Zustimmung zu erkenntnistauglichen Vorstellungen einschließen. Daß der Skopus von »Meinung« durch Zenon womöglich in dieser Weise unentschieden gelassen wurde, könnte es Arkesilaos erlaubt haben, in seinem Argument »Meinung« für »Nichtwissen« zu substituieren, infolgedessen zu implizieren, daß die sogenannte Erkenntnis des Minderwertigen in Wirklichkeit eine Meinung im weiteren Sinne ist, und so innerhalb des »Nichtwissens« die Unterscheidung zwischen wahren Erkenntnissen und falschen oder unbestätigten Meinungen zu bestreiten. Das Argument des Arkesilaos läuft immer noch durch, wenn in **C1-7** für »Meinung« durchweg »Nichtwissen« eingesetzt wird. Aber das brauchte die späteren Stoiker nicht zu beunruhigen. Sie konnten die Schlußfolgerung akzeptieren, daß Erkenntnis beim Minderwertigen Nichtwissen ist, aber bestreiten, daß dies die Erkenntnis ihrer Bedeutung beraubt; denn Nichtwissen besteht aus Erkenntnissen und Meinungen, und nur letztere sind falsch oder als wahr nicht bestätigt.

Anders als von den meisten vorangehenden Philosophen (die klare Ausnahme ist Parmenides) wird die Existenz *wahrer* »Meinungen« von keinem Stoiker offiziell anerkannt. Wie die Stoiker den Ausdruck *doxa* normalerweise verwenden, bezieht er sich auf Annahmen, die aus einer Zustimmung zu dem hervorgehen, was nicht erkenntnistauglich ist (**E, G1**), wobei dieses Kriterium alles abdeckt, was nicht erfaßt werden kann, Falschheiten ebenso wie Sachverhalte, deren Wahrheit nicht klar oder deutlich gesichert ist (**40C**). (Diese pejorative Einschätzung des »Meinens« war ein Punkt, über den die Stoiker und die Skeptiker sich einig waren: siehe **40D; 69**.) Das stoische Äquivalent zur wahren oder korrekten Meinung, wie Platon diesen Ausdruck gebraucht, wäre die »Erkenntnis« des Minderwertigen, die hinter dem wissenschaftlichen Wissen zurückbleibt (vgl. Platon, *Menon* 98a, wo richtige Meinungen zu Wissen werden, »sobald man sie durch Ausarbeitung des Grundes bindet«). Ein entscheidender Unterschied zwischen weisen und minderwertigen Menschen ist ihre Disposition im Hinblick auf das Wissen, wann Urteilsenthaltung angebracht ist (vgl. **40I**). Der Weise hat über seine Zustimmung eine untrügliche Kontrolle und gibt sie nur Vorstellungen, deren erkenntnistauglicher Status ganz sicher ist (**D1**); dies ist ein Charakteristikum seines wissenschaftlichen Wissens (**H4**). In allen anderen Fällen hält er sein Urteil zurück, was Arkesilaos im zweiten Teil seines Arguments ausnutzt (**C9-10**): er schließt pfiffig, daß der weise Mann der Stoiker nach ihrem eigenen Zugeständnis sein Urteil über alles zurückhalten müßte, wenn die erkenntnistaugliche Vorstellung und die Erkenntnis nicht existieren (Urteilsenthaltung, der fundamentale Begriff in der akademischen Skepsis, war vermutlich in der Stoa zu Hause, bevor Arkesilaos sie gegen sie umdrehte – in Argumenten für den Skeptizismus, aber mit stoischen Prämissen). Im Gegensatz zum Weisen sind Minderwertige durch ihre »Voreiligkeit« charakterisiert (**E, G5**), oder durch die Disposition, »unklaren Vorstellungen« zuzustimmen, durch ihre »irrige« Zustimmung, wo Urteilsenthaltung geboten ist, und durch ihre »Selbsttäuschung, falls sie falschen Vorstellungen anhängen«. Alle diese Varianten werden als Typen von »Zustimmung zu Vorstellungen« dargestellt, »die nicht erkenntnistauglich sind«; damit genügen sie dem allgemeinen Kennzeichen von »Meinung« (**E**).

Aufgrund dieser und anderer Zeugnisse haben wir argumentiert, daß die wahren Erkenntnisse des Minderwertigen normalerweise nicht als Fälle des »Meinens« gelten. Sie müssen allerdings die »Veränderbarkeit und Schwachheit« teilen, die sein Nichtwissen ganz allgemein charakterisieren (G2). »Schwachheit« steht für die Unsicherheit, Instabilität und Inkonsistenz des mentalen Zustands des Minderwertigen und scheint die folgenden Fälle abzudecken: (a) erkenntnistauglichen Vorstellungen nicht fest zustimmen, (b) richtige Entscheidungen nicht durchführen, (c) nicht-erkenntnistauglichen Vorstellungen übereilt zustimmen, (d) etwas offenkundig Falschem zustimmen. (Für (a) vgl. **B1**, für (b) **65T**, für (c) **D1**, **G4-5**, für (d) **F** und **65C**.) Stobaeus behandelt »schwache Annahmen« als einen zweiten Typ von »Meinung« (G4); das liest sich im Zusammenhang wie eine Alternativbeschreibung von »Voreiligkeit«. Es ist aber möglich, daß er Spuren einer Zenonischen (?) Lehre aufbewahrt, in der die schwache Zustimmung des Minderwertigen zu erkenntnistauglichen Vorstellungen ebenso als eine »Meinung« angesehen wurde (vgl. **B1**, **C3**) wie seine Zustimmung zu dem, was falsch und nicht erkenntnistauglich ist.

Indem sie allen normalen Leuten zugestanden, gewisse Erkenntnisse zu haben, wenn wohl auch in den meisten Fällen schwach vertretene, schufen die Stoiker eine Basis für »Fortschritt« (siehe **59I**), die ihrer Lehre von den »zukommenden Funktionen« genau entsprach. Was diese vervollkommnet, ist nicht eine Veränderung in ihrem objektiven Inhalt, sondern das sachkundige Verständis, die Konsistenz und die moralische Integrität dessen, der sie ausübt. So ist es auch bei der Umwandlung von Erkenntnissen in wissenschaftliches Wissen. Die Quellen legen nicht nahe, daß der Weise mehr Tatsachen als andere Leute erfassen müsse. Seine wissenschaftliche Kunst ist eher eine Funktion dessen, was er weiß, und *wie* er weiß, was er weiß − systematisch, vollständig, sicher, so vernünftig gegründet, daß kein Grund entwickelt werden kann, der das Wissen möglicherweise umstößt (vgl. **H**). Daß er nichts nicht-weiß (**G1**), impliziert nicht buchstäbliche Allwissenheit, sondern bedeutet, daß sein Erkenntniszustand frei von jedem Zweifel ist und keinerlei Unsicherheit, Falschheit und Unbeständigkeit aufweist.

An diesem Punkt sollten wir uns erinnern, daß das Hauptmotiv der Stoiker zur Philosophie ein ethisches war. Was die Leute in der Hauptsache daran hindert, weise zu werden, ist nach Ansicht der Stoiker ihre Neigung zu emotionaler Unordnung; diese Ansicht spiegelt sich in der aufschreckenden Gleichsetzung von Nichtwissen mit Wahnsinn (**I**). Die »unsteten und flatterhaften Antriebe«, von denen es heißt, sie brächten das Nichtwissen hervor, das sind die Leidenschaften, welche falsche Urteile über das sind, was für den Menschen gut und schlecht ist (siehe **65A**, **G**, und beachte in dem letzteren Text die Rolle der Zustimmung). Wie sich damit herausstellt, ist wissenschaftliches Wissen im Stoizismus eine höchst praktische Disposition und etwas ganz anderes als aristotelische ›Kontemplation‹ *(theōria)*. Darin, daß es vorherrschend die Vermeidung von Irrtum und grundloser Meinung betont (vgl. **B4** und siehe die »dialektischen Tugenden«, **31B**), wird es am überzeugendsten als ein Versuch interpretiert, Grundlagen für die Art von Wissen zu schaffen, das zu erreichen Sokrates nicht gelungen war.

42 Wissenschaftliche Methodologie

A   Olympiodoros, *In Platonis Gorgiam* 12.1   (teilw./enthält *SVF* 1.73, 490; teilw. *FDS* 392)

(1) Nun sagt Kleanthes: »Kunst *(technē)* ist ein Habitus, der alles mit Methode zustandebringt.« (2) Diese Definition ist allerdings unvollständig; denn auch die Natur ist ein bestimmter Habitus, der alles mit Methode macht. (3) Daher setzte Chrysipp »unter Vorstellungen« hinzu und sagte: »Kunst *(technē)* ist ein Habitus, der mit Methode unter Vorstellungen vorwärtsschreitet.« . . . (4) Zenon sagt indes: »Kunst *(technē)* ist ein System aus Erkenntnissen, welche zu einem bestimmten, für die Menschen im alltäglichen Leben förderlichen Ziel gemeinsam eingeübt sind.«

B   Cicero, *Academica* 2.22   (teilw./enthält *FDS* 346)

[Sprecher ist Lucullus zugunsten der Stoiker:] (1) Und eine Kunst, – was kann die sein, wenn nicht eine, die nicht aus einer oder zwei, die vielmehr aus vielen Erkenntnissen des Geistes besteht? Und wenn du die Kunst abziehst, wie willst du dann den Fachkundigen vom Unwissenden unterscheiden? Denn wir werden doch nicht nach Zufallskriterien behaupten, dieser sei fachkundig, und das für jenen bestreiten, sondern wir tun das deshalb, weil wir sehen, wie der eine die Einsichten und Erkenntnisse festhält und wie das bei dem anderen nicht so ist! (2) Und wenn es denn einen Typ Kunst gibt, dessen Aufgabe es ist, den Gegenstand allein mit dem Geist zu untersuchen, und einen anderen Typ, der etwas ins Werk zu setzen und zu schaffen hat, wie kann dann der Geometer Dinge untersuchen, die entweder nichts sind oder die von Falschem nicht unterschieden werden können, oder wie kann ein Harfenist Rhythmen ausfüllen oder musikalische Linien schaffen?

C   Cicero, *De divinatione* 1.34

[Sprecher ist Quintus Cicero:] (1) Ich stimme also denen zu, die gesagt haben, es gebe zwei Arten von Wahrsagung; die eine schließe Kunstmäßigkeit ein, die andere nicht. Kunstmäßigkeit findet sich nämlich bei denjenigen Wahrsagern, die neuen Erscheinungen mit Hilfe von Vermutungen nachgehen, nachdem sie sich über die alten durch Beobachtung kundig gemacht haben. (2) Dagegen fehlt die Kunstmäßigkeit bei denjenigen, die das Zukünftige nicht mittels Vernunft oder Vermutung aufgrund empirisch beobachteter Zeichen vorausahnen,

---

A Kontext: Kommentar zu *Gorg.* 462b. Olympiodor vergleicht verschiedene *technē*-Definitionen, die von der Rhetorik erfüllt werden, mit der Definition Platons, die von ihr nicht erfüllt wird.   **B** Kontext: Die Unverzichtbarkeit kataleptisch aufgefaßter Erkenntnis. Unmittelbar anschließend an **40M**.   **C** Kontext: Verteidigung der stoischen Lehre von der Mantik durch Quintus Cicero. Zwischenergebnis nach einem langen Katalog mit historischen Beispielen wissenschaftlicher Prophezeiungen.

sondern indem sie ihren Geist entweder in bestimmter Weise stimulieren oder zu freier Bewegung entspannen, wie das häufig den Träumern und manchmal denen widerfahren ist, die im Zustand der Raserei prophezeien.

D Cicero, *De divinatione* 1.82–83 (*SVF* 2.1192; *FDS* 466)

[Sprecher ist Quintus Cicero:] (1) Daß die Mantik wirklich in der Realität begründet ist, wird durch das folgende Argument der Stoiker erschlossen: (2) »Wenn es Götter gibt und wenn es nicht zutrifft, daß sie den Menschen im voraus bekannt machen, was in Zukunft sein wird, dann gilt: entweder lieben sie die Menschen nicht; oder sie wissen nicht, was sich ereignen wird; oder sie sind der Meinung, es sei für die Menschen nicht von Interesse zu wissen, was in Zukunft sei; oder sie denken, es sei mit ihrer Würde nicht vereinbar, den Menschen im voraus zu bezeichnen, was in Zukunft ist; oder die Götter sind selbst unfähig, es zu bezeichnen. Nun aber trifft es weder zu, daß sie uns nicht lieben (denn sie sind Wohltäter und Freunde des Menschengeschlechts); noch trifft es zu, daß sie das nicht kennen, was von ihnen selbst beschlossen und bestimmt ist; auch trifft es nicht zu, daß wir kein Interesse daran haben zu wissen, was sich ereignen wird (denn wir können uns vorsichtiger verhalten, wenn wir es wissen); weiterhin trifft es nicht zu, daß sie es als unter ihrer Würde erachten (denn nichts ist vortrefflicher als Wohltätigkeit); endlich trifft es auch nicht zu, daß sie unfähig sind, die Zukunft im voraus zu erkennen. Also gilt nicht: es gibt Götter, und es trifft nicht zu, daß sie keine Zeichen zukünftiger Ereignisse geben. Nun aber gibt es Götter; also geben sie Zeichen zukünftiger Ereignisse. (3) Und es trifft nicht zu, daß, wenn sie Zeichen zukünftiger Ereignisse geben, sie uns keinerlei Mittel geben, von solchen Zeichen wissenschaftliches Wissen zu gewinnen (denn dann würden sie die Zeichen zukünftiger Ereignisse vergeblich geben); und es trifft nicht zu, daß, wenn sie uns Mittel zur Zeichenerkenntnis geben, es keine Mantik gibt. Also gibt es Mantik.« (4) Dieser Argumentation bedienen sich Chrysipp, Diogenes [von Babylon] und Antipater.

E Cicero, *De divinatione* 1.117–118 (enthält *SVF* 2.1210)

[Sprecher ist Quintus Cicero:] Wenn wir diese Thesen [zur göttlichen Vorsehung] akzeptieren – und ich für mein Teil sehe nicht, wie sie erschüttert werden könnten –, dann ist es notwendigerweise so, daß die Menschen von den Göttern in der Tat Zeichen zukünftiger Ereignisse bekommen. Aber wir müssen natürlich spezifizieren, wie. Die Stoiker lehren nämlich nicht, daß die Götter etwas mit den einzelnen Einschnitten in der Leber oder mit den einzelnen Gesängen der Vögel zu tun hätten; denn das wäre unpassend, der Götter unwürdig und ganz unmöglich. Ihre Auffassung ist vielmehr, daß die Welt von

---

D Kontext: Quintus Cicero verteidigt die stoische Lehre von der Mantik.   E Kontext: Quintus Cicero verteidigt die stoische Lehre von der Mantik. Wie wird Mantik möglich?

Anfang an so eingerichtet war, daß bestimmten Ereignissen bestimmte Zeichen vorausgehen, manche Zeichen in Eingeweiden, andere in Vögeln, andere in Blitzen, andere in Wunderzeichen, andere in Sternen, andere in Traumerscheinungen, andere in ekstatischen Äußerungen. Diejenigen, die sie gut erkennen, werden selten getäuscht. Die Falschheit schlechter Vermutungen und schlechter Interpretationen geht nicht auf einen Fehler in der Welt zurück, sondern auf die Unkenntnis der Interpreten.

F Cicero, *Academica* 2.36

[Sprecher ist Lucullus, ein Anhänger des Antiochos:] Aber was könnte absurder sein, als wenn sie [die Akademiker] sagen: »Dies ist ein Zeichen − oder ein Argument − für das, und deswegen schließe ich mich dem an; aber es kann der Fall eintreten, daß das, was bezeichnet wird, entweder falsch oder überhaupt nichts ist.«

G Philodemus, *De signis* 1.2–4.13 (teilw. *FDS* 1032, 1033)

[Philodem referiert stoische Einwände gegen die Epikureer:] (1) Tasächlich ist es aus keinem anderen Grund ein ›allgemeines‹ Zeichen als nur deshalb, weil es sowohl dann Bestand haben kann, wenn der verborgene Gegenstand existiert, als auch dann, wenn er nicht existiert. Wenn jemand glaubt, einer sei deshalb gut, weil er reich ist, dann erkären wir, daß er ein unkorrektes und allgemeines Zeichen benutzt, weil sich viele, die reich sind, als schlecht und viele als gut erweisen. Infolgedessen kann das besondere Zeichen, wenn es wirklich zwingend ist, unmöglich anders existieren als zusammen mit dem Gegenstand, der, wie wir sagen, notwendig zu ihm gehört, der nicht offenkundige Gegenstand, für den es das Zeichen ist; . . . Dies geschieht nach der Eliminationsmethode des Zeichenschlusses. (2) Ferner: Mit Bezug auf die Einzelfälle, die an den Orten im Umkreis unserer Erfahrung zu sehen sind, ist das Ähnlichkeitsverfahren allem Anschein nach nicht zwingend, wenn es zwar viele verschiedenartige Steine gibt, darunter aber eine Art ist, die Eisen anzieht und die man den Magnet- oder den Herakles-Stein nennt, wenn entsprechend allein Bernstein in der Lage ist, Spreu anzuziehen, und wenn unter den Quadratzahlen 4×4 die einzige ist, bei der[en geometrischer Darstellung] der Umfang [hinsichtlich der Anzahl der Einheiten] mit der Fläche identisch ist. Was versetzt uns daraufhin in die Lage zu behaupten, daß es keinen [extravaganten] Menschentyp gibt, der als einziger nicht stirbt, wenn das Herz durchstochen wird? Demnach kann man daraus, daß bei uns die Menschen sterben, wenn ihr Herz durchstochen wird, nicht mit Notwendigkeit schließen, daß das auch für alle Menschen gilt. Auch gibt es in unserem Erfahrungsbereich einiges Ungewöhnliche, z.B. den Mann

---

F Kontext: Kritik an der Philonischen Akademie, weil sie sich auf das *pithanon* verläßt.
G Kontext: Eine Liste stoischer Einwände gegen die epikureische Ähnlichkeitsmethode.

in Alexandria, der eine halbe Elle groß war, aber einen kolossalen Kopf hatte, auf den man mit einem Hammer schlagen konnte, und den die Einbalsamierer auszustellen pflegten, ferner die Person in Epidauros, die als Mädchen geheiratet hatte und dann ein Mann wurde, dann den Menschen in Kreta, der nach einem Zeichenschluß aus den Knochen, die man gefunden hat, 48 Ellen groß war, schließlich die Pygmäen, die man in Akoris zeigt und die sicherlich denen ähnlich sind, die Antonius kürzlich aus Uria mitbrachte. ... (3) Wenn wir behaupten: »Weil die Menschen in unserem Erfahrungsbereich sterblich sind, sind auch alle Menschen sterblich«, dann machen wir, wenn wir das Ähnlichkeitsverfahren wählen, von der Voraussetzung Gebrauch, daß die Menschen in den nicht wahrgenommenen Gegenden denen in unserem Erfahrungsbereich in allen Hinsichten ähnlich sind, also auch hinsichtlich der Sterblichkeit, unabhängig von unserem Argument. Wenn sie nämlich in jeder Hinsicht ähnlich sind, können wir das völlig korrekt auch hinsichtlich der Sterblichkeit schließen. Der Argumentationsmodus wird dann nämlich wohl folgender sein: »Wenn alle Menschen in unserem Erfahrungsbereich sterblich sind und wenn es irgendwo in anderen Gegenden Menschen gibt, die denen in unserem Erfahrungsbereich wie in jeder anderen Hinsicht auch hinsichtlich der Sterblichkeit ähnlich sind, dann müssen diese Menschen wohl sterblich sein.« Dies habt ihr nämlich in dem Zeichen zugestanden. Wodurch unterscheidet sich das von dem Zeichen, von dem aus wir selbst Zeichenschlüsse ziehen, wenn wir für jede der beiden Klassen die Sterblichkeit voraussetzen und etwa folgendes sagen: »Weil die Menschen in unserem Erfahrungsbereich sterblich sind und wenn Menschen sterblich sind, wo immer sie leben, sind sie sterblich«? Wenn wir dagegen nicht voraussetzen, daß diejenigen, betreffs deren wir den Zeichenschluß ziehen, auch insofern ähnlich sind, als sie sterblich sind, daß sie in dieser Hinsicht vielmehr anders sind und Unterschiede aufweisen, ... ist klar, daß der Zeichenschluß keine Notwendigkeit besitzt. Es kann dann also nicht notwendig sein, daß die Menschen in unbekannten Gegenden sterblich sind oder daß diejenigen anderen Menschen, die zwar in den anderen Hinsichten ähnlich, aber hinsichtlich der Sterblichkeit verschieden sind, auch in dieser Hinsicht den Menschen in unserem Erfahrungsbereich ähnlich sind. (4) Und allgemein: Wenn man behauptet: »Weil die Menschen bei uns sterblich sind, sind auch Menschen, wo immer es sie gibt, sterblich sind«, dann gilt: Wenn dies äquivalent mit folgendem ist: »Weil die Menschen bei uns als Menschen und insofern, als sie Menschen sind, sterblich sind, sind die Menschen allerorten ebenfalls sterblich«, dann behauptet man das mit Recht. Wenn das Sterblichsein den Menschen in unserem Erfahrungsbereich aber auf irgendeine andere akzidentelle Weise zukommt und man unter einer solchen Voraussetzung behauptet, daß die Menschen, weil sie bei uns sterblich sind, auch überall sterblich sind, dann ist diese Behauptung leer. Denn beim Zeus, wir werden doch auch nicht sagen, daß deshalb, weil die Menschen bei uns kurzlebig sind, die [sprichwörtlich langlebigen] Akrothoiten ebenfalls kurzlebig seien! Wenn wir daher die obige Schlußfolgerung als zwingend etablieren wollen, dann müssen wir zeigen, daß die Menschen, indem und insofern sie Menschen sind, sterblich sind. Da wir das aber durch Elimination zu zeigen vermögen, können wir die Ähnlichkeitsmethode ignorieren.

H Philodemus, *De signis* 6.1–14 (teilw. *FDS* 1033)

[Philodem referiert stoische Einwände gegen die Epikureer:] Sollen wir für einen Zeichenschluß [nach der Ähnlichkeitsmethode] das Ununterscheidbare zugrundelgen oder das Ähnliche oder welchen Grad von Ähnlichkeit? »Das Ununterscheidbare« zu sagen wäre lächerlich; denn wieso wäre dann das Offenkundige eher Zeichen für das Nicht-Offenkundige als umgekehrt? Auch kann, wenn Ununterscheidbarkeit herrscht, nicht länger das eine offenkundig und das andere verborgen sein. Wenn man jedoch »das Ähnliche« sagt, was versetzt uns dann in die Lage zu erklären, daß das Nicht-Offenkundige nicht kraft seines Unterschieds auch von eben dem Offenkundigen verschieden ist, von dem her wir den Zeichenschluß entwickeln?

I Cicero, *Academica* 2.99–100

[Sprecher ist Cicero zugunsten der Neuen Akademie:] Denn auch der Weise, den ihr [die stoisierende Schule des Antiochos] auf die Bühne bringt, folgt vielen Dingen, die glaubhaft, aber eben nicht erkannt oder erfaßt sind und denen er auch nicht zugestimmt hat, die vielmehr wahrscheinlich sind; und wenn er sie nicht akzeptieren würde, würde das ganze Leben zugrunde gerichtet. Dann wenn der Weise etwa ein Schiff besteigt, weiß er gewiß nicht und hat mit seinem Geist nicht erfaßt, ob die Reise erfolgreich sein wird. Wie könnte er? Aber wenn er nun von hier nach Putuoli aufbrechen würde, eine Reise von 30 Stadien mit einem bewährten Schiff, einem guten Steuermann und bei diesem ruhigen Wetter, dann wird er es wohl für glaubhaft halten, daß er dort wohlbehalten ankommt.

J Philodemus, *De signis* 7.26–38 (teilw. *FDS* 1033)

(1) Wenn des weiteren unsere Leute [die Epikureer] sagen, daß nach ihnen sogar die monströsen Dinge in gewissen Hinsichten Ähnlichkeiten aufweisen – es sei denn, wir wollten die Existenz der Dinge bestreiten, die ihnen in unserem Erfahrungsbereich ähnlich sind! –, (2) dann sagt er [Dionysios] erstens, daß diese Bestreitung mittels der Eliminationsmethode erfolgen würde, (3) daß es aber jedenfalls für uns genügt, bezüglich dieser Dinge und bezüglich dessen, was wir aus der Erfahrung lernen, unsere Überzeugung auf Plausibilität zu gründen, gerade so, wie wir, wenn wir im Sommer zur See fahren, überzeugt sind, sicher anzukommen.

H Kontext: Wie bei **G**.   I Kontext: Verteidigung der glaubhaften und nicht abgelenkten Vorstellung als angemessener Grundlage für die Lebensführung; vgl. **69E**.   J Kontext: Wie bei **G**.

☐ Vier elementare und für moderne Augen außerordentlich verschiedene stoische Beispiele für eine Kunst *(technē)* oder Wissenschaft *(epistēmē)* sind Medizin, Mantik, Dialektik und Tugend. Gemeinsam haben diese vier ihr Vertrauen auf ein System von Erkenntnissen oder richtiger von »Theoremen«, ihre methodische Vorgehensweise und die praktische Brauchbarkeit ihrer Resultate. Das sind auch die wesentlichen Merkmale, die in den beiden Definitionen der »Kunst« enthalten sind, die in A3-4 geboten werden. Ungeachtet von As Zuschreibung dieser Definitionen zu einzelnen Stoikern besteht guter Grund anzunehmen, daß beide Definitionen kanonisch und nicht als Alternativen gedacht waren. Die Definition in A4 ist die von *einer* Kunst, von einem objektiven Körper von Wissen wie etwa der Medizin. Die in A3 ist die einer Kunst als solcher, d.h. die Definition der mentalen Disposition eines Experten.

Offiziell besteht ein Unterschied zwischen »Wissenschaft« und bloßer Kunst. Aber auch hier müssen wir zwei Sinne unterscheiden. Eine bestimmte Wissenschaft (41H3) unterscheidet sich von einer bestimmten Kunst (A4) durch die absolute Unerschütterlichkeit ihrer Resultate. Aber Wissenschaft als solche (oder »wissenschaftliches Wissen«, wie wir auch übersetzen, vgl. 41A–C, H) unterscheidet sich von Kunst als solcher dadurch, daß Wissenschaft ein »Charakter« *(diathesis)* ist, der nach Definition (47S) keine Abstufungen oder Grade zuläßt, während Kunst ein Habitus *(hexis)* ist, der sehr wohl graduell zu- oder auch abnimmt. Der eine Arzt kann fachkundiger als ein anderer sein; aber es kann nicht ein rechtschaffener Mann rechtschaffener als ein anderer sein; denn Tugend ist als wissenschaftliches Wissen ein Zustand intellektueller Vollkommenheit (vgl. 61H–I).

Der Unterschied zwischen Wissenschaft und bloßer Kunst ist in manchen Zusammenhängen der Stoiker wichtig, besonders in ethischen Kontexten. In der folgenden Erörterung jedoch bleibt er unberücksichtigt, und wir werden da »Wissenschaft« in nicht-technischem Sinne für beides sagen. Außerdem werden wir uns auf Erkenntnis-Aspekte der Wissenschaft konzentrieren. Davon abgesehen braucht man die Unterscheidung zwischen hervorbringenden und erkennenden Wissenschaften als solche (B2) nicht allzu streng zu beachten. Die Medizin beispielsweise wurde ihrer Theorie wie ihrer Praxis nach weithin als eine erkennende Wissenschaft aufgefaßt, trotz ihrer äußerst hervorbringenden Funktion, für Gesundheit zu sorgen. Was die wissenschaftlichen Züge von Dialektik und Tugend betrifft, siehe 31 (besonders B) beziehungsweise 61. Es gibt dort oder anderwärts kein Zeugnis, daß irgendein Stoiker den Versuch unternommen hätte, zwischen reinen Wissenschaften auf der einen Seite und angewandten oder empirischen Wissenschaften auf der anderen Seite zu unterscheiden. Tatsächlich wird in G2 sogar mathematische Wahrheit als mit empirischer unmittelbar vergleichbar behandelt. Mit Ausnahme von Poseidonios waren die Stoiker mit der laufenden Arbeit in der Mathematik nicht besonders vertraut und boten deren verschiedene Bereiche daher auch nicht als paradigmatische Wissenschaften an, wie das Platon und Aristoteles taten.

Von den meisten, wenn nicht allen Wissenschaften kann man erwarten, daß sie sich mit empirischen Daten befassen. Die Mantik zum Beispiel erfordert zusätzlich zu einer theoretischen Erklärung für ihre Existenz und ihren *modus operandi* (D, E; 55O) eine Reihe detaillierter Theoreme, auf deren Grundlage sie sich entfaltet, und diese Theoreme scheinen empirisch abgeleitete Regeln zu sein. Ein Beispiel für ein Theorem ist das Gesetz, daß Menschen, die beim Aufgang des Sirius geboren sind, nicht im Meer sterben (38E). Weil beim Aufgang des Sirius geboren zu sein in keiner begrifflichen Beziehung dazu steht, nicht im Meer zu sterben, sondern ein durch göttliche Fügung eingerichtetes begleitendes »Zeichen« ist (E), gibt es keine Möglichkeit, ihre Ver-

314

knüpfung anders als durch induktive Schlüsse zu etablieren und sie auf die empirische Beobachtung individueller Lebensgeschichten zu gründen. Und so geht die wissenschaftliche Mantik in der Tat vor: C. Selbst bei »Erkenntnissen« (**A**, **B**), wie die Stoiker standardmäßig für »Theoreme« sagen, geht es um streng empirische Konditionalaussagen (vgl. **40**).

So wie in **C–E** werden die von den Wahrsagern interpretierten Vorzeichen häufig als »Zeichen« künftiger Ereignisse angesehen; aber angesichts ihres induktiven Charakters kann eine gewisse Unsicherheit aufkommen, ob das als eine technisch genaue Beschreibung gelten durfte. Ein Zeichen ist nach stoischer Lehre eine evidente Wahrheit, durch die eine weitere, nicht evidente Wahrheit aufgedeckt wird (**35C**). Dementsprechend liegt allen Diskussionen der Stoiker die Annahme zugrunde (vgl. auch **51H**; **53T**), daß das Zeichen und das, wofür es Zeichen ist, sich zueinander verhalten wie der wahre Vordersatz und der Nachsatz einer zutreffenden Konditionalaussage, wobei erstens der Vordersatz auch gern die »vorangehende« Aussage genannt wird, mit der Konnotation »führend«, und andererseits zweitens die späteren Stoiker in **G** die »subkonditionale« Konstruktion mit »weil« bevorzugen (siehe dazu auch **35A**). Wie wir in **35**, Kommentar, vermerkten, akzeptierten nun manche (vermutlich frühe) Stoiker die philonische Analyse der Konditionalaussage, die keine besondere begriffliche Beziehung zwischen dem Vorder- und dem Nachsatz verlangte. Diese Stoiker waren also anscheinend glücklich, Zeichenschlüsse anzuerkennen, deren Grundlage offensichtlich induktiv war, so z.B. »Wenn dieser Mann eine Herzverletzung davongetragen hat, wird dieser Mann sterben« (**51H**; siehe auch **35C**). Auf der anderen Seite akzeptierten spätere Stoiker Chrysipps »Zusammenhang«-Analyse der zutreffenden Konditionalaussage (siehe **35**), der zufolge die Negation des Nachsatzes mit dem Vordersatz *unverträglich* ist. Oder wie es die späten Stoiker des 2. Jahrhunderts v.Chr. ausdrücken, auf die sich der Bericht in **G–H** bezieht: indem man den Nachsatz aufhebt, hebt man *eo ipso* den Vordersatz mit auf (**18F**) – die sogenannte ›Eliminations‹-Methode (siehe den Kommentar zu **18**). Diese Analyse hat eine drastische Einengung des Spektrums möglicher Zeichen-Schlüsse zur Folge. Tatsächlich behandeln diese späteren Stoiker gerade das oben zitierte Beispiel von **51H** in **G2** als unzutreffend, zusammen mit der ganzen Klasse induktiver Schlüsse. Ihre epikureischen Gegner verteidigten das induktive Schließen als eine Anwendung ihrer »Ähnlichkeits«-Methode (**18F–G**); aber nach den Stoikern stehen induktive Zeichen in der Gefahr, »allgemeine« Zeichen zu sein, d.h. Zeichen, bei denen die Unterscheidung zwischen Wahr und Falsch nicht gewährleistet ist (**G1**, vgl. **F**).

Zur Verteidigung dieser Position entwickeln die Stoiker starke Einwände gegen die Induktion: Sie ist entweder ungültig (**G2**, **H**) oder bestenfalls trivialerweise wahr (**G3**). Darüber hinaus weisen sie aber einen Ausweg, wie die Induktion durch eine Schlußweise ersetzt werden könnte, die Gültigkeit mit Informativität verbindet. Dafür stützen sie sich auf ein essentialistisches Prinzip. Vorausgesetzt, durch empirische Studien läßt sich das *Wesen* einer Art feststellen; dann können wir wahre Konditionalaussagen konstruieren, in denen Wahrheiten über noch nicht untersuchte Mitglieder derselben Art aufgedeckt werden: **G4**. (Die Epikureer in **18G** akzeptieren diesen Vorschlag, bestehen aber darauf, daß zur Feststellung des Wesens einer Art Induktion benötigt wird.)

Wo kein Wesen involviert ist, werden diese späteren Stoiker den induktiven Schluß im Gegensatz zu dem, was »erkannt« ist, in den Status des bloß »Glaubhaften« verbannen: **I**, **J3**. Wie günstig auch immer die Wetterbedingungen sind, kann man, wenn man die Segel hißt, trotzdem nicht *wissen*, daß man nicht im Meer sterben wird. Auf der Grundlage vergangener Erfahrung ist es schwer, dies nicht zu glauben; aber aus den zugänglichen Daten folgt es nicht zwingend. Auch was die Mantik betrifft folgt eben dieser selbe Schluß, daß einer nicht auf See sterben wird, nicht zwingend aus den relevanten astrologischen »Zeichen«, z.B. nicht daraus, daß er beim Aufgang des Sirius geboren ist. Chrysipp spürte offensichtlich, daß deshalb, weil es hier keine begriffliche Beziehung zwischen dem Zeichen und der bezeichneten Wahrheit gibt, das fragliche Theorem überhaupt keine echte Konditionalaussage ist: 38E6. Das minderte nicht seinen Glauben in die Sorgfalt und Richtigkeit der Mantik. Aber es läßt Zweifel darüber aufkommen, ob der Terminus »Zeichen« in mantischen Zusammenhängen wie C–E in seinem vollen stoischen Sinn verwendet wird, der ja verlangt, daß die konditionale Beziehung zwischen Zeichen und Bezeichnetem gültig ist.

Die Art Zeichen, der die divinatorischen Zeichen am ehesten ähneln, ist das »erinnernde« Zeichen. Sextus Empiricus (*Pyrrh. hyp.* 2.97ff., *Adv. Math.* 8.141ff.) berichtet von der folgenden Unterscheidung, ohne genau anzugeben, wer sie getroffen hat. Manche nicht-offenkundige Dinge sind unaufhebbar verborgen, z.B. ob die Anzahl der Sterne gerade oder ungerade ist; manche sind durch Unzugänglichkeit zeitweise verborgen, und noch andere sind »natürlicherweise« verborgen, d.h. ihrer Natur nach der Beobachtung nicht unmittelbar zugänglich, aber vielleicht aus anderen evidenten Zeichen erschließbar. Während diese letzteren Dinge durch »aufweisende« Zeichen aufgedeckt werden, deren Definition fast genau der stoischen Definition des »Zeichens« entspricht (35C, werden die zeitweise verborgene Sachen durch »erinnernde« Zeichen aufgedeckt, die man im vorhinein in Verbindung mit bestimmten anderen Phänomenen beobachtet hat, z.B. eine Wunde am Herzen in Verbindung mit dem Tod, und die uns daher jedesmal, wenn sie vorkommen, daran *erinnern*, dieselben verknüpften Phänomene zu erwarten. Richtigerweise könnten wir divinatorische Zeichen dann »erinnernd« nennen. Viele Gelehrte haben die ganze ›anzeigend/erinnernd‹-Theorie als wirklich stoisch angesehen. Es gibt aber keinen klaren Beleg, um diese Zuschreibung zu bestätigen, und es gibt gute Gründe, diese Unterscheidung wie das meiste von der Debatte über Zeichen für vorwiegend medizinisch zu halten. *Wenn die Zuschreibung zu den Stoikern korrekt ist, ist es wohl das beste anzunehmen, daß die Stoiker von Chrysipp an erinnernde Zeichen nicht als Zeichen im strikten Sinne behandelt haben, die durch Konditionalaussagen ausdrückbar wären, sondern als »glaubhafte« Gründe für einen Schluß, die man durch negierte Konjunktionen wie in 38E6 ausdrücken kann.*

Obwohl nicht zu sehen ist, warum für einen Beweis ausgerechnet eine *konditionale* Prämisse verlangt werden müßte, sieht ein wissenschaftlicher »Beweis« in vielen Hinsichten wie die formale Artikulation eines Zeichens aus. Beweisend ist ein Argument nach **36B7-11** genau dann, wenn es wahr ist und evidente Prämissen sowie einen nicht-evidenten Schlußsatz hat, z.B. »Wenn Schweiß durch die Hautoberfläche fließt, dann gibt es gedanklich erfaßbare Poren. Nun fließt Schweiß durch die Hautoberfläche. Also gibt es gedanklich erfaßbare Poren.« Die erste Prämisse wird hier als eine Art begrifflich evidenter Wahrheit ausgegeben und die Zusatzprämisse ist natürlich empirisch evident. Aber einem nach formalen Kriterien »beweisenden« Argument kann trotzdem noch das fehlen, was dieses Argument hat, nämlich der Charakter eines echten »Beweises«. Der Grund für diese feine Unterscheidung ist ersichtlich nicht von logischer, sondern von epistemologischer Art: In einem echten Beweis muß der Schlußsatz »durch die Kraft der Prämissen aufgedeckt« werden. Im Fall eines bedingten oder gewohnheitsmäßigen Glaubens, z.B. der Annahme, daß eine Prophezeiung sich als wahr erweisen wird, könnte ein Argument, welches die Bedingungen für ein beweisendes Argument erfüllt, im Wege einer Rechtfertigung retrospektiv konstruiert werden; aber eine ›Aufdeckung‹ fände dabei nicht statt. Von echten wissenschaftlichen Beweise wird demnach verlangt, daß sie wirklich *erhellend* sind.

Für den Zeichen-Schluß als wesentliches Merkmal der menschlichen Rationalität siehe **53T**; für Zeichen in Beziehung zu den Tempora **51H**; für weitere Texte über Kunst und Wissenschaft *(technē)* **39A7**; **64**; und was den Beweis betrifft, siehe auch **40P**.

Naturphilosophie

43 Der Skopus der Physik

A   Diogenes Laërtius 7.148–149 (*SVF* 2.1022, 1132)

(1) Zenon sagt, daß die ganze Welt und der Himmel die Substanz Gottes sind; ebenso sagen es Chrysipp im 1. Buch *Über Götter* und Poseidonios im 1. Buch *Über Götter*. . . . (2) Mit ›Natur‹ meinen sie manchmal das, was die Welt zusammenhält, und manchmal das, was die Dinge auf der Erde wachsen läßt. Die Natur ist ein sich selbst bewegender Habitus, der seine Produkte in Übereinstimmung mit Samenprinzipien zu bestimmten Zeiten vervollständigt und zusammenhält und die Aktivitäten fortführt, durch die sie ans Licht kamen. Ferner zielt sie auf den Nutzen und auf Vergnügen, wie aus der Kunstfertigkeit des Menschen klar zu ersehen ist.

B   Diogenes Laërtius 7.132

Sie [die Stoiker] teilen die Physik in die folgenden Gebiete ein: (i) Körper, (ii) Prinzipien, (iii) Elemente, (iv) Götter, (v) Grenzen, Ort und Leeres. Dies ist eine Einteilung in Arten. Eine gattungsmäßige Einteilung der Physik nehmen sie in drei Gebiete vor: (i) die Welt, (ii) die Elemente, (iii) Lehre von den Ursachen.

☐ Um uns der stoischen Naturphilosophie oder Physik anzunähern, sollten wir uns in Erinnerung rufen, daß sie wesentlich mit der stoischen Philosophie als ganzer in Verbindung steht (**26B4, D**). Ob sie als das Fleisch und Blut der Philosophie (**26C**) oder als ihre Seele (**26B2**) betrachtet wird, in jedem Fall bietet die Physik, die wörtlich genommen im Studium der *Natur* besteht, ein systematisches Verständnis »der Welt und der Dinge in der Welt« (**26A**). Die Unentbehrlichkeit solchen Wissens für das ethische Ziel, »in Übereinstimmung mit der Natur zu leben« (**63A–C**), gründet sich auf das Prinzip, daß unsere individuellen menschlichen Naturen Teile der universalen Natur sind (**63C2**).

A Kontext: In der Doxographie der stoischen Physik unmittelbar nach der Deutung der Gottesnamen (**54A**).   B Kontext: Anfang von Diogenes Darstellung zur stoischen Physik.

Die Naturphilosophie versieht uns daher mit dem Verständnis davon, wer wir sind und wie wir uns in den allgemeinen Lauf der Welt einfügen. Weil die Welt die »Substanz« Gottes und Gott die »Natur« ist, die »die Welt zusammenhält und . . . die Dinge auf der Erde wachsen läßt« (A), ist die Physik in letzter Analyse Theologie (26C; vgl. 63E). Anders gesagt: Die Physik ist derjenige Teil der stoischen Philosophie, der die Termini und Theorien bereitstellt, die zu verstehen erlauben, daß die Welt nach den Gesetzen einer omnipräsenten göttlichen Natur funktioniert, einer Natur überdies, die durch und durch lebendig und schöpferisch ist und die alle ihre Geschöpfe nach einem vernünftigen Plan gestaltet. Die meisten Sektionen dieses Kapitels und vor allem die Sektionen 44, 46, 52–55 werden diese Punkte zu wiederholten Malen unterstreichen (speziell für die weitere Erörterung von A2 siehe den Kommentar zu 46A). Die stoische Physik enthält manche Theorien und Strategien, die für die Wissenschaftsgeschichte von einem großem Interesse eigenen Rechts sind. Aber um ihre begriffliche Bedeutung richtig einzuschätzen, sollten wir uns klar machen, daß die Stoiker sich überhaupt nicht mit quantitativer Analyse oder mit den kontrollierten Beobachtungen befassen, die beispielsweise für Galen und Ptolemaios charakteristisch sind. Was die Vorstellungskraft der Stoiker bei der Beobachtung der Welt anfeuerte, war, daß sie total auf die eben beschriebene rationalistische Theologie verpflichtet waren.

Um nun zur Einzelerörterung überzugehen, finden wir die Themen der Physik gerade so wie die der Logik (31A) und Ethik (56A) systematisch kategorisiert (B). (Für die technischen Feinheiten betreffs des Einteilungsverfahrens siehe 32C.) Diese Vorgehensweise wird gewiß auf Chrysipp zurückgegangen sein, wenngleich Diogenes Laërtius sich für seinen zusammenfassenden Bericht wahrscheinlich auf ein Handbuch stützte, das kurz nach der Zeit des Poseidonios verfaßt wurde. Daß die von Diogenes überlieferten Einteilungen allgemein akzeptiert waren, wird durch den Umstand nahegelegt, daß Diogenes' eigene Darstellung sich ziemlich eng an diese Ordnung der Themen anschließt. Man erkennt das, wenn man seine Kapitel und ihre Gegenstände der Reihe nach auflistet und sie den in B genannten Themen zuordnet:

1. *Spezifische Einteilung*
   D.L. 134   Prinzipien = (ii)
   D.L. 135   Körper und Grenzen = (i) und (v)
   D.L. 136   Gott = (iv)
   D.L. 137   Elemente = (iii)

2. *Generische Einteilung*
   D.L. 137–151 Welt (einschließlich Gott, Himmelskörper, Elemente) = (i) und (ii)
   D.L. 152–159 Meteorologie, Geographie, Psychologie = (iii)

Die beiden Einteilungen beruhen offenbar auf einer Unterscheidung zwischen Physik und Metaphysik (wie man das heute nennen würde), wobei die ›spezifische Einteilung‹ die Art Themen abdeckt, die Aristoteles als die Aufgabe der »ersten Philosophie« ansah. Die zweite Einteilung des Diogenes, die ›Generische Einteilung‹, nimmt die gegenwärtige Weltordnung zum Ausgangspunkt. Sie bietet eine Darstellung natürlicher Phänomene, in der in gewissem Umfang Bezug auf allgemeine Prinzipien genommen wird, in der sich aber nichts findet, was mit dem Skopus der ›spezifischen‹ Einteilung vergleichbar wäre. Der Gegenstandsbereich ist in letzterer nicht auf die Inhalte der gegenwärtigen Weltordnung beschränkt, die entsteht und irgendwann zu

existieren aufhört (siehe **46**; **52**). Die fünf Themen der »spezifischen« Einteilung scheinen eine erschöpfende Darstellung von den Arten wirklicher Dinge zu geben, ob diese
nun ewig währen und auf nichts anderes zurückführbar sind oder ob sie temporär sind
oder als unkörperliche Etwasse »subsistieren« (siehe **27**). Was wir vor uns haben, ist
demnach eine Einteilung in Körper (i)–(iv) und Unkörperliches (v), welches durch
»Grenzen, Ort und Leeres« exemplifiziert wird. Die ersten vier Arten decken anscheinend die körperlichen Konstituenten der Wirklichkeit in einer Reihenfolge aufsteigender Komplexität ab. Das heißt: (i) Die Stoiker waren der Ansicht, daß die
Wirklichkeit grundlegend, dauernd und irreduzibel aus »Körpern« besteht (**27B**); (ii)
die »Prinzipien« selbst sind »Körper« (**44B**); (iii) die »Elemente« sind temporäre Dispositionen des Körperlichen, verursacht durch und rückführbar auf die Interaktion der
»Prinzipien« (siehe **47**); (iv) die »Götter« sind Körper, welche entweder durch Bezugnahme auf die »Elemente« oder im Fall des Zeus auf das aktive »Prinzip« erklärt
werden können. Nimmt man (v) hinzu, die unkörperlichen Gebilde, dann gibt es in
der Natur der Dinge nichts, was diese Einteilung ausgelassen hätte.

Solche eine Interpretation von Diogenes' ›spezifischer‹ Einteilung kann nur vermutungsweise erfolgen. Sie paßt jedoch gut zu den Lehren der Stoiker, insbesondere
zu ihrem Begriff des »Etwas«, der alles Einzelne umfaßt, ob es nun körperlich ist oder
nicht (siehe **27**). So verstanden zählt die ›spezifische‹ Einteilung diejenigen Stücke auf,
die für jedes Verständnis der Welt im allgemeinen und ihrer Merkmale grundlegend
sind. Dessen ungeachtet gibt allerdings die Reihenfolge der Themen in einer Hinsicht
ein Problem auf. Diogenes nennt als den ersten Punkt »Körper«; aber der Punkt, den
er zuerst behandelt, ist der zweite, die »Prinzipien«. Weil die Prinzipien Körper sind,
kann diese Vorgehensweise, der wir uns anschließen werden, als eine Entscheidung zur
Darstellungsweise aufgefaßt werden, die keine Zweifel darüber zu begründen braucht,
daß die Körpern im metaphysischen Schema der Stoiker absolute Priorität haben.

44 Prinzipien

A Sextus Empiricus, *Adv. Math.* 9.332 (teilw. *SVF* 2.332)

Die stoischen Philosophen nehmen an, daß es zwischen dem Ganzen und dem
All einen Unterschied gibt; sie sagen nämlich, etwas Ganzes sei die Welt, während des Leere außerhalb zusammen mit der Welt das All sei; deswegen sei das
Ganze begrenzt (die Welt ist nämlich begrenzt), das All aber unbegrenzt (da das
Leere außerhalb so ist).

B Diogenes Laërtius 7.134 (teilw. *SVF* 2.300, 299; teilw. *FDS* 744)

(1) Sie [die Stoiker] sind der Ansicht, daß das Universum zwei Prinzipien habe,
das Tätige und das, worauf eingewirkt wird. (2) Dasjenige, worauf eingewirkt
wird, sei die nicht eigenschaftsmäßig bestimmte Substanz, d.h. die Materie; das
Tätige dagegen sei die Vernunft *(logos)* in ihr, d.h. Gott. Da sie nämlich ewig sei,

---

A Kontext: Doxographie von ›Ganzes‹ und ›Alles‹.   B Kontext: Kurz nach **43B**, gefolgt
von **45E**.

schaffe sie jeden einzelnen Gegenstand im gesamten Bereich der Materie. . . .
(3) Sie sagen, zwischen Prinzipien und Elementen bestehe ein Unterschied; erstere nämlich seien ungeworden und unvergänglich, während die Elemente beim Weltbrand zugrundegingen. Außerdem seien die Prinzipien auch Körper [›unkörperlich‹ nach dem parallelen Text der Suda] und hätten keine Form, während die Elemente mit einer Form ausgestattet seien.

C Sextus Empiricus, *Adv. Math.* 9.75–76 (*SVF* 2.311)

(1) Sie [die Stoiker] sagen, da die Substanz des Seienden aus sich selbst heraus keine Bewegung hat und ohne Gestalt ist, muß sie von irgendeiner Ursache bewegt und gestaltet werden. (2) Wie wir deshalb bei der Betrachtung einer wunderschönen Bronzestatue den Künstler wissen möchten, da das Material ja von sich aus in einem unbeweglichen Zustand ist, so könnten wir auch, wenn wir die Materie des Alls sehen, wie sie sich bewegt und Form und Struktur hat, mit gutem Grund nach der Ursache fragen, die sie bewegt und sie in vielfältigen Formen gestaltet. (3) Glaubhafterweise ist dies nichts anderes als eine Kraft, welche die Materie gerade so durchzieht, wie uns die Seele durchzieht. (4) Diese Kraft ist nun entweder selbstbeweglich oder wird von einer anderen Kraft bewegt. (5) Wenn sie von einer anderen Kraft bewegt wird, kann diese andere sich unmöglich bewegen, wenn sie nicht von einer wieder anderen bewegt wird, was absurd ist. Es existiert also eine Kraft, die in sich selbst selbstbeweglich ist, und die muß wohl göttlich und ewig sein. (6) Denn sie wird entweder von Ewigkeit her in Bewegung sein oder seit einer bestimmten Zeit. (7) Aber seit einer bestimmten Zeit wird sie nicht in Bewegung sein; denn es wird keine Ursache dafür geben, daß sie sich seit einer bestimmten Zeit bewegt. Die Kraft, die die Materie bewegt und sie in gehöriger Ordnung in Entstehungs- und Veränderungsprozesse führt, ist also ewig. Somit dürfte sie göttlich sein.

D Chalcidius, *In Platonis Timaeum* 292 (teilw. *SVF* 1.88)

(1) Zenon sagt, daß eben diese Substanz [*essentia* bzw. *ousia*] begrenzt ist und daß sie das eine gemeinsame Zugrundeliegende oder Substrat [*substantia* bzw. *hypokeimenon*] alles dessen ist, was existiert. (2) Außerdem ist sie teilbar und kontinuierlich veränderbar. (3) Ihre Teile unterliegen der Veränderung, gehen aber nicht so unter, als ob sie von etwas, das existiert, zu nichts vergehen würden. Wie es vielmehr mit den unzählbar vielen verschiedenen Gestalten von Wachs ist, so gibt es auch, meint er, keine Form und keine Gestalt und überhaupt keinerlei Eigenschaft, die der Materie eigen wäre und die die Grundlage aller Dinge bilden würde. Sondern die Materie ist immer mit der einen oder der anderen Eigenschaft verknüpft und hängt mit ihr untrennbar zusammen. (4) Und weil sie ebensowenig entsteht wie untergeht, da sie weder aus Nicht-Exi-

---

C Kontext: Doxographie über Gottesauffassungen.   D Kontext: Doxographie zum Thema ›Materie‹ im Zusammenhang einer Erörterung von Platon, *Tim.* 47e–48e; gefolgt von E.

stierendem hervorgeht noch auch zu nichts vergeht, fehlen ihr von Ewigkeit her nicht Atemstrom und Lebenskraft, die sie auf vernünftige Art in Bewegung setzen – manchmal in ihrer Gesamtheit und manchmal in bezug auf ihre Teile.

E   Chalcidius, *In Platonis Timaeum* 293

(1) Nach den Stoikern ist der allgemeine Körper also begrenzt; er ist einer und ganz und Substanz [*essentia* bzw. *ousia*]. (2) Er ist ganz, weil ihm nichts von seinen Teilen fehlt, und einer, weil seine Teile nicht abtrennbar sind und untereinander zusammenhängen; Substanz schließlich ist er, weil er die ursprüngliche Materie aller Körper ist, durch die, wie sie sagen, die vollständige allgemeine Vernunft hindurchgeht, gerade so wie Samen durch die Geschlechtsorgane. (3) Diese Vernunft soll nach ihnen ein echter Handwerker sein, während der zusammenhängende Körper ihnen zufolge ohne Eigenschaft ist, d.h. Materie oder Substanz, vollkommen passiv und der Veränderung unterworfen. (4) Doch wenn die Substanz sich auch ändert, geht sie trotzdem nicht unter, weder ganz noch durch ein Verschwinden ihrer Teile; denn es ist ein gemeinsamer Grundsatz aller Philosophen, daß weder etwas aus dem Nichts entsteht noch etwas zu nichts vergeht. Denn obwohl alle Körper sich durch irgendeine Begebenheit auflösen, existiert die Materie trotzdem immer und existiert der göttliche Handwerker, nämlich die Vernunft, durch die festgelegt ist, wann ein jeder Körper entsteht und wann er vergeht. (5) Seine Entstehung erfolgt deshalb aus existierenden Dingen heraus, und er verschwindet zu etwas, das existiert; denn er ist begrenzt durch Dinge, die als unsterbliche fortbestehen, durch das, wodurch das entsteht, was entsteht, und durch das, woraus es entsteht.

F   Diogenes Laërtius 7.137–138   (teilw. *SVF* 2.526)

Von der ›Welt‹ *(kosmos)* sprechen sie in dreierlei Sinn. Erstens verstehen sie darunter Gott selbst, das individuell eigenschaftsmäßig Bestimmte, welches aus aller Substanz besteht; in diesem Sinn ist die Welt unvergänglich und nicht fähig zu entstehen, da sie bzw. Gott der Schöpfer der Weltordnung ist und in bestimmten Zeitperioden die gesamte Substanz in sich hinein verschlingt und sie dann wieder aus sich selbst heraus erzeugt. Zweitens bezeichnen sie auch die Weltordnung selbst als Welt und drittens das, was aus beidem zusammengesetzt ist [d.h. Gott und die Weltordnung].

☐   Die stoische Naturtheorie geht von der Voraussetzung aus, daß es eine einzige einheitliche Weltordnung gibt. Wie ihre Vorgänger und ihre zeitgenössischen Rivalen fragten sie dann, was die Welt an Konstitutenten und Kausalprinzipien besitzen muß, die ihren Zustand zu allen Zeiten erklären können. Die Antwort der Stoiker wird in **B–E** gegeben: ein aktives Prinzip, welches als ›Vernunft‹ *(logos)*, als ›Gott‹ oder als

---

E Kontext: Unmittelbar anschließend an **D**.   F Kontext: Doxographie der stoischen Physik; unmittelbar anschließend an **47B**.

›Ursache‹ bezeichnet wurde (vgl. 55E), und ein passives Prinzip, welches man als ›nicht eigenschaftsmäßig bestimmte Substanz‹, als ›Materie‹ oder als ›Substrat‹ bezeichnete. Gott und Materie sind die Grundlagen der Welt, die aber nicht mit dem ›All‹ äquivalent ist (A), d.h. wörtlich »alles«. Die Welt ist ein »Ganzes«; aber sie ist umgeben von unbegrenztem Leeren (siehe 49A2). So werden die beiden Prinzipien nicht als eine erschöpfende Darstellung von schlechthin jedem vorgetragen, sondern als solche, die zusammen das »Ganze« der Welt beinhalten.

Das Vermögen, zu wirken oder Einwirkungen zu erleiden (B1), war als definierendes Kennzeichen dessen, was existiert, nichts Neues. Indem sie ihre Prinzipien so charakterisierten, konnten die Stoiker an die platonische und aristotelische Tradition appellieren (siehe **h** in Bd. 2). Trotzdem unterschieden sie sich von dieser Tradition radikal, indem sie darauf bestanden, daß nur Körper das Vermögen besitzen, zu wirken oder Einwirkungen zu erleiden (siehe 45). Daß empirische Entitäten Veränderungen überdauern, war schon in der Darstellung des Aristoteles über die primären Substanzen stark betont worden und liefert Gründe zur Unterscheidung zwischen der Materie eines Gegenstands und seiner Form oder Struktur (siehe 28D10–12). Daraufhin schlagen die Stoiker mit frappanter Ökonomie vor, sämtliche formalen oder identifizierenden Merkmale von Gegenständen dadurch zu erklären, daß man sie auf die Anwesenheit eines göttlichen Prinzips in ihrer Materie bezieht, welches sie aktiviert und formt.

Nach diesem Schema kann jeder Gegenstand, oder auch die Welt als ganze, als ein Kompositum aus Materie und Gott analysiert werden. Auf dieser allgemeinen Ebene jedoch stattet weder die Materie noch Gott aus sich selbst heraus einzelne Gegenstände mit irgendeiner bestimmten Kennzeichnung aus; anders als die vier Elemente (siehe 46–47), deren Form Erde, Wasser usw. ist, haben die Prinzipien, die die Elemente konstituieren, selber »keine Form« (B3). Die Materie ist das, was man bekommen würde, wenn man (*per impossibile*) alle Merkmale eines Gegenstandes entfernen könnte, die ihn zu etwas Besonderem machen. Gott steht als Erklärung für solche Merkmale, gestaltet aber nicht die Materie, die allem zugrundeliegen muß, was Merkmale hat. Die Materie braucht Gott, um eine bestimmte Entität zu sein, und Gott braucht die Materie, damit es eine Entität für ihn gibt, die er mit Merkmalen ausstatten kann.

Es ist wichtig zu beachten, daß die zwei Prinzipien so beschrieben werden, daß sie nicht von spezifischen Theorien über Körper oder über Elemente abhängen oder über sonstige Stücke des detaillierten Apparats, der die stoische Analyse einzelner Phänomene untermauert. In C–F freilich wird von uns erwartet, daß wir das passive Prinzip, Materie, als die Antwort der Stoiker auf die Frage akzeptieren: »Was ist die Substanz?«, und wir sollen zur Kenntnis nehmen, daß dieses Prinzip die Eigenschaften besitzt, die in solchen Passagen formuliert werden: die Materie ist eigenschaftslos, nicht in der Lage, eine Bewegung zu initiieren, begrenzt, für alle Körper gemeinsam, formbar, immerwährend, eine, ganz. Materie, so beschrieben, liegt der Grundlage für jeden einzelnen Gegenstand zugrunde oder stellt sie bereit und bildet somit die Grundlage für die differzierte Welt in ihrer Ganzheit (E2). Weil die Materie einförmig, begrenzt, immerwährend und eigenschaftslos ist, trägt sie zu einer Welt bei, die unbegrenzt fortzubestehen vermag und dennoch innerhalb ihrer ständige verschiedenartige Veränderungen unterstützt.

In C4-7 und D4 werden Gründe genannt, warum die Materie immerwährend vom aktiven Prinzip durchdrungen, bewegt und gestaltet wird. Und C zieht über Zwischenschritte, die an Platons *Phaidros* und an Aristoteles, *Physik* VIII erinnern, den Schluß, daß das aktive Prinzip als universale Wirkursache Gott ist. Weil Gott oder der *logos* immer *in* der Materie gegenwärtig ist (B2), ist diese immer »mit der einen oder

der anderen Eigenschaft verknüpft«. Die Wirkung dieser konstanten Kombination von Gott und Materie ist die, daß die Welt in gewissem Sinne mit Gott äquivalent ist (D3). Daher versteht sich die Kennzeichnung Gottes als »das individuell eigenschaftsmäßig Bestimmte, welches aus aller Substanz besteht« (F; vgl. **28D–J**; **43A1**). Unter der Leitung Gottes alterniert diese Substanz oder Materie ewig zwischen dem Zustand reinen Feuers (vgl. (**46G1**) und einem Zustand, der die differenzierte Welt ist.

Die philosophische Ökonomie der zwei Prinzipien ist bestechend. Sie beanspruchen, zumindest drei verschiedene Fragen über die Welt zu beantworten: (1) Materie und Gott zusammen umfassen vollständig die wirklichen Bestandteile und Konstituenten der Welt. (2) Materie und Gott zusammen stellen die zwei Begriffe bereit, die für Kausalerklärungen erforderlich sind; alles Einzelne, was existiert, wird nämlich von Gott aus Materie gestaltet (vgl. **55E**). (3) Materie und Gott zusammen bieten für jede beliebige Aussage über die Welt eine metaphysische Grundlage; denn von einem Gegenstand eine Eigenschaft auszusagen heißt, eine Eigenschaft oder Disposition Gottes in der Materie zu beschreiben.

Ihr historischer Ursprung ist komplex. Erwägungen, die auf Parmenides zurückgehen, helfen, einige ihrer Eigenschaften herzuleiten (D4, E4–5; vgl. **4A** mit Kommentar für den Gebrauch ähnlicher Gesetze bei Epikur); signifikanter sind aber die Echos von Platon und Aristoteles. Daß Gott als das aktive Prinzip ein »Handwerker« ist (E3–4), ruft die Kosmologie des *Timaios* in Erinnerung, mit ihrem aufnahmefähigen Grund, der äußerst formbar ist und als der Empfänger von Qualitäten fungiert. Jenseits der Kosmogonie besteht eine allgemeine Ähnlichkeit zur Form und Materie des Aristoteles. Gleichwohl sind die Prinzipien charakteristisch stoisch, nicht zuletzt, weil sie ein alles durchdringendes göttliches Agens einführen, das der Materie *immanent* ist. Was Einzelheiten ihrer spezifischen kosmologischen Funktionen angeht, siehe **45–48, 52, 54–55**.

45 Körper

A Cicero, *Academica* 1.39 (enthält *SVF* 1.90; enthält *FDS* 736)

[Sprecher ist Varro:] Auch dadurch wich er von ihnen [*scil.* Zenon von den Platonikern und Peripatetikern] ab, daß er die Ansicht vertrat, etwas, das körperlos ist (Xenokrates und seine Vorgänger hatten behauptet, daß auch der Geist zu dieser Gattung gehöre), könne auf keine Weise irgendetwas bewirken, und es sei überhaupt nicht möglich, daß etwas, was etwas bewirkt, oder etwas, was Wirkungen erleidet, kein Körper ist.

B Sextus Empiricus, *Adv. Math.* 8.263 (*SVF* 2.363; teilw. *FDS* 700)

Denn das Unkörperliche ist nach ihnen [den Stoikern] nicht von solcher Natur, daß es irgendetwas bewirken oder daß auf es eingewirkt werden könnte.

A Kontext: Varro, ein Gefolgsmann des Antiochos, stellt dar, wie dieser die Abweichungen Zenons von der akademisch-peripatetischen Tradition versteht. Gefolgt von **40B**.
B Kontext: Zurückweisung der stoischen Lekton-Theorie.

C Nemesios, *De natura hominis* 78,7–79,2 (teilw. *SVF* 1.518; teilw. *FDS* 427)

(1) Ferner sagt er [Kleanthes]: Nichts Unkörperliches interagiert mit einem Körper und kein Körper mit etwas Unkörperlichem; sondern es interagiert ein Körper mit einem Körper. (2) Nun interagiert die Seele mit dem Körper, wenn dieser krank ist und geschnitten wird, und der Körper mit der Seele; er wird ja rot, wenn sie sich schämt, und bleich, wenn sie sich fürchtet. (3) Also ist die Seele ein Körper.

D Nemesios, *De natura hominis* 81,6–10 (teilw. *SVF* 2.790; teilw. *FDS* 427)

(1) Chrysipp sagt: »Der Tod ist die Trennung der Seele vom Körper«. (2) Nun trennt sich aber von einem Körper nichts Unkörperliches. (3) Denn etwas Unkörperliches hat mit Körperlichem noch nicht einmal Kontakt. (4) Die Seele indes hat mit dem Körper Kontakt, und sie trennt sich von ihm. (5) Also ist die Seele ein Körper.

E Diogenes Laërtius 7.135 (teilw. *SVF* 3. Apoll. 6; teilw. *FDS* 748)

Wie Apollodor in seiner *Physik* sagt, ist ein Körper das dreifach Ausgedehnte, in die Länge, die Breite und die Tiefe; dies nennt man auch einen festen Körper.

F Ps.-Galen, *Quod qualitates incorporeae sint* 9 (p. 18 Westenberger; 19.483,13–16 Kühn) (teilw. *SVF* 2.381; teilw. *FDS* 746)

Warum . . . sagen sie [die Stoiker], daß die Definition ›das dreidimensional Ausgedehnte mit Widerständigkeit‹ nur die Definition des Körpers ist, und warum wenden sie diese Definition nicht auch auf die Farbe, den Geschmack, den Geruch und alle übrigen Attribute an?

G Aristokles bei Eusebius, *Praep. evang.* 15.14.1 (teilw. *SVF* 1.98)

Er [Zenon] sagt, daß ein Element dessen, was existiert, das Feuer ist, wie Heraklit, und daß das Feuer als Prinzipien Gott und die Materie hat, wie Platon. Jedoch sagt Zenon, daß sie beide Körper sind, sowohl das, was handelt, als auch das, worauf eingewirkt wird, während Platon erklärt, die erste aktive Ursache sei unkörperlich.

C Kontext: Überblick und Kritik der stoischen Psychologie; das zweite Argument des Kleanthes für die Körperlichkeit der Seele.   D Kontext: Kurz nach C.   E Kontext: Unmittelbar anschließend an **44B**, gefolgt von **50E**.   F Kontext: Teil eines Arguments gegen die Stoiker, weil sie die angeführte Definition nicht so ausdehnen, daß sie Eigenschaften wie Farbe und Geschmack einschließt.   G Kontext: Ein von Aristokles übernommenes Exzerpt aus Zenons Prinzipienlehre; gefolgt von **46G**.

H   Alexander v. Aphr., *De mixtione* 225,1–2   (teilw. *SVF* 2.310)

Sie [die Stoiker] sagen, daß Gott mit der Materie vermischt ist, sie insgesamt durchzieht und sie so gestaltet, sie strukturiert und die Welt aus ihr macht.

☐   Aus der These, daß die Welt durch Materie (passives Prinzip) und Gott (aktives Prinzip) konstituiert wird, folgt nicht unmittelbar, daß die Materie oder daß Gott selbst körperlich ist. Dessen ungeachtet wird in **G** die Körperlichkeit beider Prinzipien behauptet (vgl. **44B3**, und für die Materie **44E**), und einschlußweise folgt sie aus **A–C**. Wenn nur Körper in der Lage sind, zu wirken oder Wirkungen zu erleiden, dann müssen Gott und die Materie beide körperlich sein, weil sie am allergrundlegendsten das sind, was wirken bzw. was Wirkungen erleiden kann. Es ist wesentlich zu sehen, daß das Vermögen, zu wirken oder Wirkungen zu erleiden, obwohl es eine Besonderheit der Körper ist, dennoch nicht als ein definierendes Merkmal von Körpern als solchen vorgetragen wird. Als die Stoiker dieses Vermögen auf Körper beschränkten, gaben sie keine neue Definition des Körpers, sondern sie verwarfen radikal die von Platon (vgl. **A, G**) und Aristoteles akzeptierte These, daß Unkörperliches eine kausale Wirkung haben kann. Sie boten unabhängige Definitionen des Körpers an (**E, F**), und das erlaubte es den Stoikern zu behaupten, daß nur Entitäten, welche diese Definitionen erfüllen, das Vermögen haben, zu wirken oder Wirkungen zu erleiden. Was die Beschränkung von Existenz auf Körper angeht (siehe **27B**), verlangt diese These darüber hinaus die Körperlichkeit der Prinzipien, weil diese die vollständige Grundlage für die Existenz der ganzen Welt bilden.

E war schon lange vor den Stoikern eine ›mathematische‹ Standarddefinition des Körpers (vgl. Aristoteles, *Physik* III.5, 204b20, Euklid, *Elemente* 11, Def. 1, wo ›fest‹ definiert wird). Für ihre Naturtheorie waren sie darauf angewiesen, den Körper vom Ort oder vom leeren Raum zu unterscheiden (siehe **49**) und deshalb die Definition zu ergänzen, indem sie zu dem Merkmal des »drei-dimensional Ausgedehnten« das der »Widerständigkeit« hinzufügten (**F**). Das Wesentliche dieser Definition läßt sich zumindest bis zu Platon zurückverfolgen (*Theaitetos* 155e, *Gesetze* 10.896d). Die »Prinzipien« der Stoiker erfüllen offensichtlich die Definition, da sie in drei Dimensionen ausgehnt sind und untereinander in Kontakt stehen (**44E2**).

Der Begriff des »Kontakts« ist für den Körper- und Substanzbegriff der Stoiker zentral (vgl. Platon über die Materialisten, *Sophistes* 246a-b). Für die nachdrückliche Erklärung, daß zu wirken und Einwirkungen zu erleiden »ohne Kontakt« unmöglich ist, hatten sie aristotelische Vorgänger (*De gen. et corr.* 322b22–24), ebenso für die Annahme, daß Kontakt zwischen all denjenigen Gebilden notwendig ist, die durch Mischung zueinander in Beziehung gesetzt werden können (322b26–29). ›Mischung‹ ist die Beziehung, die zwischen den beiden stoischen »Prinzipien« besteht (**H**; siehe **48**); aber wenn sie durch aristotelische Darstellungen des Wirkens und Wirkungen Erleidens beeinflußt waren, dann sahen die Stoiker doch keinen Grund, Aristoteles auch darin zu folgen, die Himmelsphysik von körperlicher Mischung und vom Körperkontakt auszunehmen. Das Ergebnis von Kontakt zwischen zwei Körpern ist ›Interaktion‹ *(sympatheia)*, wie sie beispielhaft in der Beziehung zwischen Körper und Seele vorliegt (**C**). (Die Illustration weist gezielt die platonische und aristotelische Tradition zurück, wo die Seele etwas unkörperliches Wirkendes ist; vgl. **A**.) Solche

---

H Kontext: Teil eines Arguments gegen die Stoiker, weil sie Gott und die Materie zu Körpern machen, so daß Gott die Materie durchziehen kann.

Interaktion gilt nicht weniger für die Teile der Welt als ganzer und wird in Erklärungen für ihre globale Kohärenz angeführt (*SVF* 2.546, vgl. 49).

Daß die stoischen ›Prinzipien‹ Körper sind, ist überwältigend gut belegt, und die Argumentation, um das zu rechtfertigen, kann, wie wir gezeigt haben, leicht rekonstruiert werden. Dennoch ist die These nicht ohne Schwierigkeiten, und einige Gelehrte betrachten sie als eine falsche Darstellung der wahren Position. Die Hauptschwierigkeit kann folgendermaßen entwickelt werden: Jeder identifizierbare existierende Gegenstand ist ein Körper und ist als solcher durch *beide* ›Prinzipien‹ konstituiert, Gott, in Materie handelnd. Von den beiden Prinzipien ist aber festgelegt, daß sie untrennbar miteinander verbunden sind (**44D3**), so daß sie nicht getrennt voneinander als Körper existieren können. Daher sollten wir sagen, daß die Prinzipien selbst »unkörperlich« sind, d.h. daß sie nur begrifflich unterscheidbare Aspekte eines einzelnen Körpers sind.

Die Schlußfolgerung dieses Arguments findet eine zweifelhafte textliche Unterstützung in einer abweichenden Lesart zu **44B3**: Die Suda nennt die Prinzipien unkörperlich. Diese Lesart kann aber unmöglich richtig sein. Die Unkörperlichkeit der Prinzipien würde sie als unfähig erweisen, ihre jeweiligen Funktionen zu erfüllen, zu wirken und Wirkungen zu erleiden (**A–C**). Daher würden sich die beiden unterschiedlichen Funktionen von Gott und Materie, anstatt die Grundlage von allem und jedem zu sein, als eine bloße analytische Bequemlichkeit erweisen. In Wirklichkeit erfüllt aber jedes der beiden Prinzipien für sich die in **F** gegebene Definition des Körpers. Anders als identifizierbare physische Gegenstände sind Gott und Materie nicht in einem pluralischen Sinn fähig, *sowohl* zu wirken *als auch* Wirkungen zu erleiden. Sie bilden jeweils nur eine dieser ontologischen Funktionen. **A** indes behauptet, daß Wirken *oder* Wirkungen erleiden auf Körper beschränkt ist. Es scheint keine Schwierigkeit in der Annahme zu liegen, daß diese Disjunktion für die »Prinzipien« ausschließend gilt, einschließend dagegen für die einzelnen Körper, die sie zusammen konstituieren. Daraus folgt, daß Einzelkörper eine duale Natur haben − Zusammensetzungen sind aus Materie (Körper unter der Beschreibung »fähig, Einwirkungen zu erleiden«) und aus Gott (Körper unter der Beschreibung »fähig zu wirken«), wobei die Zusammensetzung ein »eigenschaftsmäßig bestimmter Körper« ist (siehe **28**). Die Körperlichkeit von Eigenschaften ist eine von vielen stoischen Thesen, die in der Körperlichkeit beider »Prinzipien« impliziert sind.

So verbinden die stoischen »Prinzipien« kunstvoll die harte materialistische Linie der Giganten in Platons *Sophistes* mit seinem alternativen Kennzeichen der Existenz, dem »Vermögen, zu wirken und Wirkungen zu erleiden«, das von Platon dazu bestimmt war, den Materialismus zu unterminieren (**44h** in Bd. 2). Wie zu sehen sein wird (**46–47**), bekommen Gott und Materie in der Weltordnung definite Beschreibungen, die ihre getrennte Identifikation erleichtern. Ihre körperliche Existenz als »Prinzipien« wird durch ihre korrelative und untrennbare Funktionsweise jedoch nicht ausgehöhlt. Sie wird ebenfalls in der Lehre vorausgesetzt, daß zwei Körper denselben Ort einnehmen können (**48F**).

46 Gott, Feuer, kosmischer Zyklus

A   Aëtios 1.7.33   (*SVF* 2.1027)

(1) Die Stoiker sagen von Gott, er sei intelligent, ein kunstverständiges Feuer, welches methodisch zur Entstehung der Welt voranschreitet und welches all die Samenprinzipien umfaßt, nach denen alles dem Schicksal entsprechend geschieht, (2) auch sei er ein Atemstrom, der durch die ganze Welt hindurchzieht und je nach der Materie, durch die er durchkommt, wechselnde Bezeichnungen annimmt.

B   Diogenes Laërtius 7.135–136   (teilw. *SVF* 1.102)

(1) Gott, Einsicht, Schicksal und Zeus sind alle ein einziges [Wesen], und man hat dafür auch noch viele andere Bezeichnungen. (2) Anfangs war er ganz für sich selbst und verwandelte mittels der Luft die gesamte Substanz in Wasser. Und gerade wie in der Samenflüssigkeit der Same enthalten ist, so steht Gott, der das Samenprinzip der Welt ist, als solches in [dieser hinter] der Feuchtigkeit und macht die Materie ihm selbst dienstbar – im Hinblick auf die anschließenden Stufen der Schöpfung. (3) Sodann schafft er als erstes die vier Elemente: Feuer, Wasser, Luft und Erde.

C   Diogenes Laërtius 7.142   (teilw. *SVF* 1.102)

(1) Die Welt entsteht, wenn die Substanz sich aus Feuer vermittels Luft in Feuchtigkeit umwandelt. Dann kondensieren die dickeren Teile davon und ergeben schließlich Erde. Die feineren Teile hingegen werden ganz dünn gemacht und ergeben, wenn sie noch weiter verdünnt worden sind, schließlich das Feuer. (2) Anschließend werden aus diesen durch Mischung Pflanzen und Tiere und alle anderen Arten Dinge.

D   Stobaeus 1.213,15–21   (teilw. *SVF* 1.120)

(1) Zenon sagt, die Sonne, der Mond und jedes der anderen Gestirne seien intelligent und klug und hätten die Feurigkeit kunstverständigen Feuers. (2) Es gebe nämlich zwei Arten Feuer: das eine sei unkünstlerisch und wandle den Brennstoff in sich selbst um; das andere sei kunstverständig und stifte Wachstum und Erhaltung, wie man es bei den Pflanzen und Tieren findet, wo es Natur beziehungsweise Seele ist. (3) Von dieser Art sei das Feuer, das die Substanz der Gestirne bildet.

A Kontext: Doxographie zum Gottesbegriff.   B Kontext: Unmittelbar anschließend an 50E.   C Eine Darstellung zur Genese der Elemente mit einem komplexen Hintergrund in der vorausgehenden Philosophiegeschichte.   D Kontext: Doxographie zur Astronomie.

E   Plutarch, *De Stoic. repugn.* 39, 1052C–D   (teilw. *SVF* 2.604)

(1) Im ersten Buch *Über die Vorsehung* sagt er [Chrysipp], daß Zeus wachse, bis er alles für sich selbst verbraucht habe: »Weil der Tod nämlich die Trennung der Seele vom Körper ist, die Seele des Kosmos aber nicht von ihm getrennt ist, sondern kontinuierlich wächst, bis sie seine Materie für sich aufgebraucht hat, deshalb kann man von der Welt nicht sagen, sie sterbe.« . . . (2) In demselben Buch hat er nämlich klar geschrieben: »Allein vom Kosmos sagt man, er sei selbstgenügsam, weil allein er alles in sich hat, was er braucht, und er bekommt seine Nahrung und sein Wachstum aus sich selbst, während seine verschiedenen Teile sich einer in den anderen umwandeln.«

F   Plutarch, *De Stoic. repugn.* 41, 1053B   (teilw. *SVF* 2.605)

(1) Und wenn der Weltbrand durch und durch eingetreten sei, dann, so sagt er, lebe ⟨der Kosmos durch und durch⟩ und sei ein Lebewesen, wenn er aber wieder verlösche und kondensiere, verwandle er sich in Wasser und Erde und die körperliche Natur. (2) Im ersten Buch *Über die Vorsehung* sagt er: »Wenn die Welt durch und durch feurig ist, ist sie direkt ihre Seele und ihr Führungsvermögen. Wenn sie sich aber in Feuchtigkeit und die darin verbleibende Seele verwandelt hat, dann hat sie sich in gewisser Weise in Körper und Seele verwandelt, aus denen sie dann sozusagen besteht, und hat ein anderes Prinzip bekommen.«

G   Aristokles bei Eusebius, *Praep. evang.* 15.14.2   (teilw. *SVF* 1.98; *FDS* 327a)

[Referat stoischer Lehre:] (1) Ferner verbrennt nach bestimmten, vom Schicksal festgelegten Zeiten der gesamte Kosmos, wird danach jedoch wieder neu durchgeordnet. (2) Das ursprüngliche Feuer indes ist sozusagen ein Same, der die Prinzipien *(logoi)* für überhaupt alles und die Gründe dessen enthält, was war, was ist, und was sein wird. Deren Verknüpfung und Abfolge ist das Fatum, das Wissen, die Wahrheit und ein Gesetz alles Seienden, das unvermeidlich und dem nicht zu entrinnen ist. (3) Auf diese Weise ist in der Welt alles ganz vortrefflich eingerichtet, wie in einem mit allerbesten Gesetzen ausgestatteten Staat.

E Kontext: Versuch, Chrysipp eine Inkonsistenz nachzuweisen, insofern er Zeus Wachstum zusspreche, obwohl er sich nach anderen Stellen nicht ernähre.   F Kontext: Plutarchs Versuch, Inkonsistenzen in Chrysipps Auffassungen über Erwärmung und Abkühlung in bezug auf die Seele aufzuweisen.   G Kontext: Unmittelbar anschließend an **45G**.

H Orignes, *Contra Celsum* 4.14 (teilw. *SVF* 2.1052)

Aber auch der Gott der Stoiker hat, insofern er körperlich ist, die ganze Substanz manchmal als sein Führungsvermögen, nämlich immer wenn der Weltbrand stattfindet; zu anderen Zeiten, wenn es eine Weltordnung gibt, existiert er in einem Teil von ihr.

I Alexander Lycopolis, *Contra Manichaeorum opiniones* 19,2–4

Das Argument Zenons von Kition . . ., welches feststellt, daß das All dem Weltbrand ausgesetzt sein wird: »Alles, was brennt und etwas zum Verbrennen hat, wird dieses ganz verbrennen. Nun ist die Sonne ein Feuer, und sie sollte das, was sie hat, nicht verbrennen?« Hieraus folgerte Zenon schlüssig, wie er glaubte: »Das All wird dem Weltbrand ausgesetzt sein«.

J Diogenes Laërtius 7.141 (teilw. *SVF* 2.589)

Sie [die Stoiker] nehmen auch an, daß die Welt vergänglich ist, da sie nach demselben Prinzip wie die wahrnehmbaren Gegenstände entstanden ist und weil etwas, dessen Teile vergänglich sind, auch als ganzes vergänglich ist. Nun sind die Teile der Welt vergänglich, da sie sich ineinander umwandeln; also ist die Welt vergänglich.

K Eusebius, *Praep. evang.* 15.18.2 (teilw. *SVF* 2.596)

Was nämlich die periodische Zerstörung der Welt in großen Intervallen angeht, wird der Ausdruck »Zerstörung« von denen, die die Auflösung des Alls in Feuer lehren, was sie als den ›Weltbrand‹ bezeichnen, nicht in der unspezifizierten Hauptbedeutung verwendet; vielmehr verwenden sie das Appellativ »Zerstörung« anstelle von ›naturgemäßer Veränderung‹.

L Plutarch, *De comm. not.* 31, 1075D (*SVF* 1.510)

Darüber hinaus sagt Kleanthes zur Verteidigung des Weltbrands, daß die Sonne ⟨als Führungsvermögen⟩ sich den Mond und die übrigen Gestirne alle assimiliere und in sich selbst umwandle.

H Kontext: Origenes vergleicht seinen Glauben an die Unveränderlichkeit Gottes mit epikureischen und stoischen Auffassungen. I Zurückweisung der Manichäischen Auffassung vom Bösen, mit der Zenons Lehre vom Weltbrand verknüpft wird. Alexander setzt fort mit der Bemerkung, der Weltbrand sei unplausibel, da nicht belegt sei, daß die Sonne schon etwas zerstört habe. J Kontext: Kurz vor C. K Kontext: Doxographie der stoischen Kosmologie. L Kontext: Kritik der Stoiker wegen Einführung vergänglicher Götter, nämlich der Himmelskörper, insofern sie im Weltbrand untergehen.

M Philon, *De aetern. mundi* 90 (teilw. *SVF* 1.511)

Beim Weltbrand ... muß die Welt sich entweder in eine Flamme oder in Licht verwandeln, in eine Flamme nach Meinung des Kleanthes, in Licht nach Ansicht Chrysipps.

N Plutarch, *De comm. not.* 17, 1067A (*SVF* 2.606)

Wenn immer sie [die Stoiker] die Welt dem Weltbrand aussetzen, bleibt überhaupt nichts Schlechtes übrig, sondern das Ganze ist dann klug und weise.

O Seneca, *Epist.* 9.16 (*SVF* 2.1065)

Doch was für eine Art Leben wird der Weise haben, wenn er ohne Freunde dastehen sollte und ins Gefängnis geworfen wird oder in irgendeinem fremden Land auf sich gestellt ist oder auf einer langen Seereise festgehalten oder an eine Küste in der Wüste vertrieben wird? Es wird ähnlich sein wie das Leben des Zeus zu dem Zeitpunkt, wenn die Welt aufgelöst ist und die Götter zu einem zusammengemischt sind, wenn die Natur für eine Weile zum Stillstand kommt; dann kommt er in sich selbst zur Ruhe, seinen Gedanken hingegeben. Etwas Derartiges tut der Weise: er zieht sich in sich selbst zurück, ist bei sich.

P Philon, *De aetern. mundi* 76–77

Boethos von Sidon und Panaitios jedenfalls ... gaben die Weltbrände und Wiederentstehungen auf und gingen zu der heiligeren Lehre von der Unvergänglichkeit der ganzen Welt über. Auch von Diogenes [von Babylon] wird berichtet, daß er als junger Mann die Lehre vom Weltbrand mitunterschrieben habe, daß er in der Reifezeit seines Lebens dann aber Zweifel bekommen und sich des Urteils enthalten habe.

☐ Als die Stoiker die Eigenschaften des aktiven Prinzips der Welt bestimmten, betonten sie seine Intelligenz oder Kunstfertigkeit sowie seine autonome Lebenskraft (**44B–F**). Es sind diese Erwägungen, die in erster Linie hinter ihrer Behauptung stehen, daß Gott ein »kunstverständiges Feuer« ist (**A1**), das als seinen vollständigen Plan für die Welt »all die Samenprinzipien« besitzt. Als ein wirklicher Konstituent der Welt ist der Gott der Stoiker kein abgesonderter Handwerker, wie ihn Platon beschrieben hatte; und es gibt auch keine metaphorische Konfusion in der Kombination von Technologie und Biologie zur Erklärung seiner Tätigkeit. »Samenprinzipien« beschreiben die Art der göttlichen Aktivität in der Materie und stehen für einen vernünftigen Plan schöpferischen Wachstums, das sowohl das Leben Gottes als auch die geordnete Entwicklung aller

---

M Kontext: Kritik der stoischen Lehre vom Weltbrand.   N Kontext: Ein Argument, um zu zeigen, daß die vollkommene Klugheit der Welt während des Weltbrands mit der stoischen Definition der Klugheit nicht zu vereinbaren sei.   O Kontext: Die Zufriedenheit des Weisen zu jeder Zeit.   P Kontext: Kritik der stoischen Lehre vom Weltbrand.

Einzeldinge ist (vgl. **43A2**). Die Idee ist nicht, daß Gott die Welt ›besamt‹ und ihre Reifung sich dann unabhängig entwickeln läßt. In seiner eigenen Identität ist er die Kausalkette des Fatums (**B1**, **G2**; siehe **55** und **62**). Seine eigene Lebensgeschichte ist koextensiv mit der der Welt, die er schafft.

Offensichtliche und beabsichtigte Verbindungen gibt es zwischen der stoischen Naturtheorie und den Lehren Heraklits. Von Heraklit holten die Stoiker sich Unterstützung für die Identität von Gott, *logos* und Feuer; und seine Darstellung der »Wendungen« des Feuers (KRS 218) hat in der stoischen Kosmogonie klare Spuren hinterlassen. Aber die »Feurigkeit« ihres aktiven Prinzips ist keine einfache Neuauflage Heraklits. Ihre streng biologischen und teleologischen Aspekte deuten auf platonische und aristotelische Vorbegriffe, die den Eindruck erwecken können, auf unbeholfene Weise mit einem feurigen aktiven Prinzip verbunden worden zu sein. Als kausal tätige Größe legt Feuer natürlicherweise eine mechanistische Art der Erklärung nahe, und die scheint gezwungenermaßen, wenn nicht überflüssigerweise, der vorausschauenden Einsicht und Kreativität angefügt worden zu sein, welche die Stoiker Gott zuschreiben. Standardzusammenfassungen der stoischen Kosmogonie (z.B. **C**) können den Eindruck erwecken, daß Transformationen des Feuers von selbst ausreichen, um den Ursprung und die gegenwärtige Ordnung der Dinge zu erklären. Wenn sie nicht ausreichen, welchen Grund haben wir dann, sie sogar für notwendig zu halten?

Daß der stoische Gott als Feuer beschrieben wird, ist ganz sicher authentisch. Aber die Zeugnisse für die beiden stoischen Prinzipien (siehe **44**) implizieren zwingend, daß die Beschreibung strikt als eine Bezugnahme auf die Tätigkeit Gottes *in der Materie* analysiert werden sollte. Abstrahiert von der Materie (eine Unmöglichkeit!) ist Gott nicht Feuer, sondern eine intelligente, Kraft verleihende Macht; dies ist ein Körper, aber nicht einer, der irgendeiner empirischen Eigenschaft entspricht. Wenn das richtig ist, wird es möglich, daran ohne Redundanz die Feurigkeit und vorausblickende Einsicht Gottes anzufügen. »Kunstverständiges Feuer«, welches vom Feuer der Alltagserfahrung unterschieden werden muß (**D2**), ist die notwendige Folge von Gottes konstanter Verbindung mit Materie. Er handelt *in der Form* von Feuer, aber Feuer für sich allein reicht nicht aus, um die Natur seiner Tätigkeit zu erklären. Daher die elaborierte Beschreibung von **A1**. »Atemstrom, der durch die ganze Welt hindurchzieht« (**A2**), ist Chrysipps bevorzugte Spezifikation der Tätigkeit Gottes (siehe **47I1**, **L1**, und für weitere komplexe Darstellungen Gottes **54A–B**).

Das »kunstverständige Feuer« ist das Lebensprinzip in lebendigen Dingen (**D2**); und zu seinen tragenden Kräften in der gesamten Natur, mit der es gewöhnlich identifiziert wird, argumentierte ausführlich Kleanthes (siehe **47C**). Weil Gott und Materie ewig und immer verbunden sind, hört das Universum niemals auf, Lebenswärme zu besitzen. Aber die frühen Stoiker behaupteten nicht, daß die *gegenwärtige* Weltordnung *(kosmos)* ungeworden und unvergänglich sei. Ihre Existenz ist wie die ihrer Teile begrenzt (**J**), und diese These wurde deutlich, wenn auch ungewohnt, durch Reflexionen darüber bekräftigt, welche Konsequenzen es hat, das Feuer zum Modus der Tätigkeit Gottes zu machen. Die gegenwärtige Weltordnung wird in einem vollständigen Weltbrand enden, der durch die Sonne in Gang gesetzt wird (**I**, **L**); doch dann wird sie wieder hergestellt, sobald der Weltbrand abflaut (**G1**). Nach dieser Auffassung (die durch einige spätere Stoiker in Frage gestellt oder verworfen wurde, **P**) ist das Universum ein zyklischer Prozeß, der bis in alle Ewigkeit zwischen einem geordneten System, dessen Teile wir selbst sind, und einem Zustand reinen Feuers alterniert oder einem Zustand des »Lichts«, wie die interessante Formulierung Chrysipps lautet (**M**).

Einzelheiten hinsichtlich der ewigen Wiederkehr der Welt werden später erörtert (siehe **52**). Zwei allgemeine Punkte dazu müssen jetzt festgehalten werden. Erstens liefert die ewige Wiederkehr eine subtile Antwort auf den häufig formulierten Einwand, daß eine vorausblickende Gottheit (von den Stoikern so stark betont, siehe **54**) die ausgezeichnete Welt, die sie geschaffen hat, niemals zerstören würde. Platon hatte im *Timaios* (41a-b) auf diesem Punkt bestanden; und Chrysipps gründliche Lektüre und Aneignung dieses Buchs ist aus **E2** klar zu ersehen (vgl. *Timaios* 33c), wo im weitesten Sinne von *kosmos* auf die Selbstgenügsamkeit der Welt Bezug genommen wird, d.h. im Sinne der unendlichen Folge begrenzter Weltordnungen und Weltbrände (vgl. **44F**). Daher wird das Ende der gegenwärtigen Welt keine »Zerstörung« im gewöhnlichen, unqualifizierten Sinne sein (**K**); in das Leben der Welt in ihrem weitesten Sinn trägt sie keine Diskontinuität hinein, sondern nur eine »naturgemäße Veränderung«. Die frühen Stoiker machen sich eine Option zueigen, die von Aristoteles erwogen und zurückgewiesen worden war (*De caelo* I.10); nach ihr gibt es nicht eine einzige ewige Weltordnung, sondern eine ewige Abfolge von Welten, die genau dieselbe Ordnung aufweisen. – Zweitens werden die Dauer jeder Weltordnung und die Weltbrände, die ihr jeweils vorausgehen und folgen, als Phasen des Lebens Gottes präsentiert. Der Weltbrand instantiiert vollständig Gottes Vorsehung (**O**; vgl. **28O4**), und was die gegenwärtige Weltordnung also zu einem Ende bringt, ist derjenige Zustand des Universums, der in seiner ganzen Gutheit und Weisheit (**N**) die Wiederherstellung der Weltordnung auf die bestmögliche Weise sicherstellt. Demnach suchten die frühen Stoiker zweierlei miteinander zu versöhnen, einerseits empirische Belege für die langfristige Zerstörbarkeit der gegenwärtigen Welt (siehe die Anmerkung zu **J** in Bd. 2) und andererseits eine Festlegung auf Gottes ewige Vorsehung.

Eine Weltordnung beginnt, wenn der allgemeine Weltbrand, ein Zustand reinen Feuers abflaut, indem er in heiße Luft übergeht und dann zu Feuchtigkeit kondensiert (**B2, C1**). Dieser feuchte Zustand der Dinge ist seinerseits Veränderungen ausgesetzt, welche schließlich zur Hervorbringung der vier verschiedenen Elemente führen (siehe **47A**). Von außen betrachtet erscheinen diese Prozesse mechanisch (wie sie in **C** präsentiert werden). Aber sie sind wirklich eine Selbsttransformation Gottes (**B2-3, F2, H**). Das Modell, welches uns zum Verständnis des Vorgangs angeboten wird, ist biologisch und insbesondere anthropomorph. Die Seele eines Menschen ist das vernünftige Führungsvermögen, welches seinen Körper durchzieht und leitet (siehe **53G–H**); Gott ist das vernünftige Führungsvermögen des Universums. Während des Weltbrands sind das Universum und seine göttliche Seele oder sein göttliches Führungsvermögen vollkommen koextensiv (**F2, H**); in diesem Zustand reinen Feuers hat das Universum nichts, was dem menschlichen Körper analog wäre. Aber beim Einsetzen der Kosmogonie zieht das göttliche Feuer sich zusammen, um feuriger »Samen« oder »Seele« (**B2, F2, G2**) in einem Universum zu werden, dessen Verflüssigung, die auf das Abklingen des Feuers folgt, dem Wachstum des Körpers eines Lebewesens entspricht. Wie das Universum zwischen Weltbrand und Weltordnung alterniert, so alterniert Gott: Er geht aus davon, daß er als Feuer mit dem ganzen Universum koextensiv ist, und wird dann eine Form des feurigen Elements einer Weltordnung, die in drei andere elementare Konstituenten differenziert ist (vgl. **H**).* Wenn der Weltbrand wiederkehrt,

---

* „Eine Form des feurigen Elements" sagen wir deshalb, weil die Natur Gottes nur in dem „kunstverständigen Feuer" (**A1, D**) voll instantiiert zu sein scheint. Bezüglich der Beziehung zwischen kunstverständigem Feuer und dem Element Feuer besteht ein Problem (siehe z.B. **B3**). Dies wird im nächsten Abschnitt aufgegriffen.

findet diese Differenzierung ein Ende; das Universum hört erneut auf, einen »Körper«
zu haben, was mit anderen Worten heißt, daß »Zeus sich in die Vorsehung zurückzieht« (vgl. O; 28O4). Indem er sich von der Weltordnung zurückzieht, bringt er sie
zu einem Ende und nimmt denjenigen Zustand von Voraussicht ein, der im Aufkei-
men der nächsten Weltordnung endet.

In der überlieferten Form scheinen diese Theorien in der Vorstellung strenger als in
der Präzision zu sein. Aber die Vorstellung ist kraftvoll, und in gewissem Sinn unwiderstehlich. Auf materialistischen Grundlagen bieten die Stoiker eine Theorie von
Ereignissen an, welche die verschiedenen explanatorischen Vorzüge einer optimisti-
schen Theologie, zielgeleiteter vernünftiger Prozesse, eines biologischen Modells der
Veränderung und eines rigorosen Kausalnexus zu vereinigen sucht.

47 Elemente, Atemstrom, Habitus, Spannung

A　　Stobaeus 1.129,2–130,13　(teilw. *SVF* 2.413)

(1) Chrysipp. Über die aus der Substanz gestalteten Elemente vertritt er die
folgenden Ansichten und folgt dabei Zenon, dem Führer der Schule. (2) Er
sagt, daß es vier Elemente gibt ⟨– Feuer, Luft, Wasser, Erde –, aus denen alles
zusammengesetzt ist (Tiere,⟩ Pflanzen, die ganze Weltordnung und ihr Inhalt)
und in die sich alles auflöst. (3) Das Element *par excellence* wird deshalb so
genannt, weil aus ihm als erstem alles andere durch Veränderung zusammengesetzt ist und weil letztlich in dieses alles zerstreut und aufgelöst wird, während
es seinerseits keine Zerstreuung oder Auflösung in etwas anderes zuläßt. . . . (4)
Auf der Grundlage dieses Gedankengangs wird das Feuer ein Element *sui generis*
genannt; denn es ist nicht mit einem anderen [Element]; nach der früheren
Darstellung [d.i. oben (1)] ist es aber mit anderen konstitutiv, weil die erste
Veränderung, die stattfindet, diejenige durch Kondensation von Feuer zu Luft
ist, die zweite dann die von Luft zu Wasser und die dritte nach demselben
Prinzip mit Wasser, das noch mehr komprimiert ist, zu Erde. Umgekehrt erfolgt
von der Auflösung und Zerstreuung der Erde aus die erste Zerstreuung in
Wasser, die zweite von Wasser in Luft und die dritte und letzte in Feuer. (5)
Alles, was eine feurige Form hat, wird Feuer genannt, was eine Luftform hat,
Luft, und entsprechend in den übrigen Fällen. (6) Von einem Element spricht
man nach Chrysipp also in dreierlei Sinn. (7) Erstens im Sinn von Feuer, weil
aus dem Feuer heraus durch Veränderung die übrigen Elemente gebildet werden und weil auch ihre Auflösung ins Feuer hinein erfolgt. (8) Zweitens meint
man mit ›Element‹ die vier Elemente, Feuer, Luft, Wasser und Erde. Denn alle
anderen Dinge bestehen aus einem oder mehreren dieser Elemente oder aus
ihnen allen, und zwar aus allen vieren etwa die Lebewesen und alle irdischen
Zusammensetzungen; was die Dinge angeht, die aus zwei Elementen bestehen,
so besteht z.B. der Mond aus Feuer und Luft; und aus einem Element besteht

---

A Kontext: Doxographie über ›Prinzipien‹ und ›Elemente‹.

beispielsweise die Sonne, nämlich allein aus Feuer; denn die Sonne ist reines Feuer. (9) In einem dritten Sinn sagt man, ein Element sei das, was ursprünglich so zusammengesetzt ist, daß es von sich selbst aus auf methodische Weise Entstehung bis zu einem Zielpunkt verursacht und von diesem nach dem gleichen Verfahren die Auflösung in sich selbst empfängt.

B   Diogenes Laërtius 7.136–137   (teilw. *SVF* 2.580)

Ein Element ist das, aus dem als erstem das, was entsteht, hervorgeht, und das letzte, in das es sich auflöst. . . . (1) Das Feuer ist nun das warme [Element], das Wasser ist das feuchte, die Luft das kalte und die Erde das trockene [Element]. . . . (2) Den obersten Platz hat das Feuer inne, das Äther genannt wird; in ihm wird zuerst die Sphäre der Fixsterne geschaffen, dann die der Planeten. Darauf folgt die Luft, dann das Wasser und schließlich als Unterlage von allem die Erde, die das Zentrum aller Dinge bildet.

C   Cicero, *De nat. deor.* 2.23–25, 28–30   (enthält *SVF* 1.513)

[Sprecher ist Balbus als Vertreter der Stoiker:] (1) Tatsache ist doch, daß alles, was sich nährt und wächst, in sich eine Wärmekraft hat, ohne die es sich nicht nähren und auch nicht wachsen könnte. Denn alles, was warm und feurig ist, wird durch seine eigene Bewegung angeregt und aktiviert. Was sich aber nährt und wächst, hat eine wohlbestimmte und regelmäßige Bewegung. Solange die in uns bleibt, so lange bleiben Sinneswahrnehmung und Leben; aber wenn die Wärme erkaltet und verlöscht, sterben und verlöschen wir selbst. (2) Wie groß die Wärmekraft in jedem Körper ist, legt Kleanthes auch mit folgenden Argumenten dar: Er sagt, es gebe keine Speise, die so schwer wäre, daß sie nicht im Verlauf einer Nacht und eines Tags verdaut würde; selbst in den Resten davon, die die Natur wieder ausgeschieden hat, ist noch Wärme vorhanden. Außerdem pulsieren die Venen und Arterien unaufhörlich in einer sozusagen feurigen Bewegung; und es wurde oft beobachtet, daß das Herz eines Lebewesens, wenn es aus dem Körper herausgerissen wird, so schnell schlägt, daß es der Schnelligkeit des Feuers ähnelt. Alles, was lebt, sei es Tier, sei es Pflanze, lebt also wegen der in ihm enthaltenen Wärme. Daraus ist zu entnehmen, daß die Wärme ihrer Natur nach eine Lebenskraft in sich hat, die die ganze Welt durchzieht. (3) Noch leichter werden wir dies erkennen, wenn diese alles durchdringende Feurigkeit insgesamt genauer erklärt ist. Alle Teile der Welt (ich werde nur die größten streifen) werden also von der Wärme unterstützt und erhalten. Das läßt sich erstens beim Element Erde feststellen . . . (4) Hieraus folgt, daß, weil alle Teile der Welt durch Wärme erhalten werden, auch die Welt selbst durch ein vergleichbares und gleiches Element in einer so langen Dauer erhalten wird – und das um so mehr, als man zu verstehen hat, daß dieses

---

B Kontext: Wenige Zeilen nach **46B**, gefolgt von **44F**.   **C** Kontext: Überblick über stoische Argumente zur Existenz und Natur Gottes.

warme und feurige Element in jedem Wesen in der Weise ausgebreitet ist, daß in ihm die Kraft zur Zeugung und die Ursache der Fortpflanzung liegt; die nämlich ist es, durch die alle Lebewesen, auch die [Pflanzen], deren Wurzeln von der Erde gehalten werden, entstehen und wachsen müssen. (5) Es gibt also ein Element, welches die ganze Welt trägt und sie beschützt, und es ist gewiß nicht ohne Sinneswahrnehmung und Vernunft. Jedes Wesen, das nicht isoliert und einfach, sondern mit etwas anderem verbunden und zusammengesetzt ist, hat nämlich notwendigerweise ein herrschendes Vermögen in sich, so beim Menschen die Vernunft und beim Tier etwas Ähnliches wie die Vernunft, aus dem das Verlangen nach Dingen entspringt; bei den Bäumen und allem, was aus der Erde hervorwächst, nimmt man an, daß das herrschende Vermögen seinen Sitz in den Wurzeln hat. . . . Somit muß auch dasjenige, worin das herrschende Vermögen der gesamten Natur liegt, das beste aller Dinge und am würdigsten sein, die Macht und die Herrschaft über alles zu besitzen. (6) Nun sehen wir, daß es in den Teilen der Welt (in aller Welt gibt es ja nichts, was nicht ein Teil der ganzen Welt wäre) Sinneswahrnehmung und Vernunft gibt. Diese müssen also notwendigerweise in dem Teil vorkommen, in dem das herrschende Vermögen der Welt seinen Sitz hat, und sicher müssen sie dort schärfer und größer sein. Somit muß die Welt weise sein; und dasjenige Element, welches alle Dinge umfängt und hält, muß vollkommen und herausragend vernünftig sein; daher muß die Welt Gott sein und alle Kraft der Welt auf einem göttlichen Element beruhen.

D Nemesios, *De natura hominis* 164,15–18 (*SVF* 2.418)

Die Stoiker sagen, daß von den Elementen die einen aktiv und die anderen passiv sind. Aktiv sind Luft und Feuer, passiv Erde und Wasser.

E Galen, *De nat. facult.* 106,13–17 (*SVF* 2.406)

Weil sie [die Stoiker] die Umwandlung der Elemente selbst ineinander auf bestimmte Expansionen und Kontraktionen zurückführen, war es für sie vernünftig, das Heiße und das Kalte zu aktiven Prinzipien zu machen.

F Galen, *De plenitudine* 7.525,9–14 (teilw. *SVF* 2.439)

Die Hauptvertreter der zusammenhaltenden Kraft, so wie die Stoiker, machen

---

D Kontext: Doxographie der Elemente.　　E Kontext: Galen diskutiert die Ansicht, das Heiße und das Kalte seien aktiv, das Trockene und das Feuchte passiv, und beobachtet, daß die Stoiker im Vergleich zu Aristoteles mehr Recht hatten, diese Theorie der Veränderung anzunehmen, weil sie die Umwandlung der Elemente durch Verdünnung und Verdichtung erklärten, während Aristoteles dazu auf die vier Qualitäten zurückgriff.　　F Kontext: Galen entwickelt eine These zur Struktur von Körpermasse und betont dabei die Notwendigkeit, daß nichts sich selbst aktivieren oder zusammenhalten kann. Um diese These zu stützen, zitiert er die stoische Unterscheidung zwischen *synechon* und *synechomenon*.

das Zusammenhaltende zu einer Sache und das Zusammengehaltene zu einer anderen. Die Atemstromsubstanz ist das, was zusammenhält, und die stoffliche Substanz das, was zusammengehalten wird. Von daher sagen sie, daß Luft und Feuer zusammenhalten, daß aber Erde und Wasser zusammengehalten werden.

G Plutarch, *De comm. not.* 49, 1085 C-D (teilw. *SVF* 2.444)

Sie [die Stoiker] sagen nämlich, daß Erde und Wasser weder sich selbst noch irgendetwas anderes zusammenhalten, sondern ihre Einheit dadurch bewahren, daß sie an einer Atemstrom- und feurigen Kraft teilhaben. Luft und Feuer dagegen können sich aufgrund ihrer Spannungshaftigkeit selbst zusammenhalten, und durch Mischung mit den beiden anderen statten sie diese mit Spannung, Stabilität und Substanzialität aus.

H Galen, *De plac. Hippocr. et Plat.* 5.3.8 (teilw. *SVF* 2.841; teilw. *FDS* 278)

Dieser Atemstrom [d.i. derjenige, der das Führungsvermögen der Seele konstituiert] besteht aus zwei Teilen, Elementen oder Zuständen, die durch und durch miteinander vermischt sind, aus dem Kalten und Warmen oder, wenn man sie mit anderen Namen und von ihren Substanzen her bezeichnen will, aus Luft und Feuer; und er nimmt aber auch eine gewisse Feuchtigkeit von den Körpern auf, in denen er waltet.

I Alexander v. Aphr., *De mixtione* 224,14–17, 23–26 (teilw. *SVF* 2.442)

[Gegen die Stoiker argumentierend:] (1) Ferner, wenn der Atemstrom aus Feuer und Luft besteht und alle Körper durchzieht, indem er mit ihnen allen gemischt ist, und wenn von ihm her mit jedem der Körper das Sein verknüpft wird, wie könnte es dann denn noch irgendeinen einfachen Körper geben? . . . (2) Worin besteht außerdem die gleichzeitige Bewegung des Atemstroms in entgegengesetzte Richtungen, aufgrund deren er alles zusammenhält, worin er anwesend ist, da er ja, wie sie sich ausdrücken, ein Atemstrom ist, der sich gleichzeitig aus sich selbst heraus und in sich selbst hinein bewegt? Und in welcher Art der Bewegung findet sie statt?

G Kontext: Plutarch versucht zu zeigen, daß die referierten Lehren nicht mit der stoischen Behauptung zu vereinbaren seien, daß Erde und Wasser Elemente sind.   H Kontext: Galen versucht zu argumentieren, daß Chrysipp die Gesundheit des Führungsvermögens wider Willen auf die Proportion der Konstituenten von dessen Atemstrom beziehen müsse. I Kontext: Einwände gegen die stoische Lehre vom *pneuma* (Atemstrom).

J   Nemesios, *De natura hominis* 70,6–71,4   (enthält *SVF* 2.451; enthält *FDS* 843)

(1) Wenn nun die Seele ein Körper irgendeiner Art ist, und sei es auch einer von dünnstmöglicher Konsistenz, was ist dann das, was sie zusammenhält? (2) Denn es wurde gezeigt, daß jeder Körper etwas braucht, was ihn zusammenhält; und das ist ein unendlicher Regreß, bis wir etwas Unkörperliches erreichen. (3) Wenn man aber sagt, wie das die Stoiker tun, es gebe im Bereich der Körper eine Art Spannungsbewegung, die sich zugleich nach innen und nach außen richtet, und die nach außen gerichtete Spannungsbewegung stifte die Größen und Eigenschaften, die nach innen gerichtete dagegen die Einheit und Substanz, dann muß man sie, weil jede Bewegung von einer Kraft ausgeht, fragen, was diese Kraft denn ist und in welcher Substanz sie besteht.

K   Galen, *De musculorum motu* 4.402,12–403,10   (teilw. *SVF* 2.450)

(1) Man stelle sich einen Vogel in der Luft vor, der an derselben Stelle zu bleiben scheint. Soll man sagen, er sei unbewegt, wie wenn er von oben gehalten würde, oder soll man sagen, daß er sich um so viel nach oben bewege, wie ihn sein Körpergewicht nach unten zieht? Letzteres scheint mir richtiger zu sein. Wenn man den Vogel töten oder ihm die Muskelspannung nehmen würde, würde man ihn sofort zur Erde herunterfallen sehen. Daraus ergibt sich klar, daß der Vogel zuvor die dank des Körpergewichts angeborene Tendenz nach unten durch die von der Spannung seiner Seele ausgehende Aufwärtsbewegung ausgeglichen hat. (2) Ob der Körper nun in allen solchen Fällen sich bald nach unten und bald nach oben bewegt und abwechselnd entgegengesetzte Bewegungen erlebt, wegen der Schnelligkeit und Plötzlichkeit der Veränderungen und wegen der äußerst kurzen Distanzen der Bewegungen aber an derselben Stelle zu bleiben scheint oder ob der Vogel während der ganzen Zeit wirklich einen einzigen Ort einnimmt, das zu erörtern ist jetzt nicht die rechte Zeit.

L   Alexander v. Aphr., *De mixtione* 223,25–36   (teilw. *SVF* 2.441)

[Gegen die Stoiker argumentierend:] (1) Nachdem es sich nun so verhält [daß sich nämlich Wasser mit Atemstrom, wie Alexander behauptet, unmöglich vollständig vermischen kann], wie könnte es dann noch wahr sein, daß das All durch einen Atemstrom geeint und zusammengehalten wird, der es ganz durchzieht? (2) Sodann wäre vernünftigerweise zu erwarten, daß der durch den Atemstrom hervorgerufene Zusammenhalt in allen Körpern ähnlich ist. Aber das ist nicht so. Denn die Körper sind teils kontinuierlich und teils diskret. Deshalb ist es einleuchtender zu sagen, daß jeder von ihnen durch seine eigene Form zusammengehalten und mit sich selbst geeint wird, vermöge des Wesens

---

J Kontext: Doxographie zur Seele.   K Kontext: Muß Muskeltätigkeit durch Spannungsbewegung erklärt werden?   L Kontext: Probleme, die das stoische Konzept des Atemstroms aufwirft.

einer jeder Sache, und daß ihre Interaktion untereinander eher als durch das Band des Atemstroms durch die Partizipation an der Materie und durch die Natur des göttlichen Körpers aufrechterhalten wird, der sie umgibt. (3) Was ist zudem die Spannung des Atemstroms, durch die die Körper so zusammengebunden werden, daß sie sowohl Kontinuität im Verhältnis zu ihrern eigenen Teilen haben als auch mit den Körpern verknüpft sind, die ihnen benachbart sind?

M Plutarch, *De Stoic. repugn.* 43, 1053F–1054B (*SVF* 2.449; enthält *FDS* 842)

(1) Ferner sagt er [Chrysipp] in den Büchern *Über Habitus*, die Habitus seien nichts anderes als Luftströme. »Von ihnen nämlich werden die Körper zusammengehalten. Und die zusammenhaltende Luft ist die Ursache dafür, wie jeder der Körper beschaffen ist, die durch einen Habitus zusammengehalten werden; in Eisen nennt man diese Beschaffenheit Härte, in Stein Dichte, in Silber Weiße.« . . . (2) Freilich behaupten sie, die Materie, die von sich selbst her untätig und unbeweglich sei, liege überall den Eigenschaften zugrunde und die Eigenschaften, die Atemströme und luftartige Spannungen seien, gäben den Teilen der Materie, in denen sie entstehen, Form und Gestalt.

N Galen, *Introductio sive medicus* 14.726,7–11 (teilw. *SVF* 2.716)

Es gibt zwei Arten angeborenen Atemstroms, die natürliche und die psychische Art. Es gibt aber Leute [die Stoiker], die noch eine dritte Art einführen, die habituelle. Der Atemstrom, welcher die Steine zusammenhält, ist von der habituellen Art; der welcher die Lebewesen und die Pflanzen nährt, ist der natürliche; und der psychische Atemstrom ist der, welcher in beseelten Wesen die Lebewesen zur Sinneswahrnehmung befähigt und es ihnen ermöglicht, sich auf jede Art zu bewegen.

O Diogenes Laërtius 7.138–139 (*SVF* 2.634)

(1) Die Welt wird geleitet durch Einsicht und Vorsehung . . ., weil die Einsicht jeden Teil der Welt durchzieht, wie das bei uns die Seele tut. (2) Allerdings durchzieht sie manche Teile in höherem und andere in geringerem Grad. Denn manches durchdringt sie als Habitus, z.B. die Knochen und die Sehnen, anderes dagegen als Einsicht, etwa das Zentralorgan. (3) So hat auch die ganze Welt, die ein Lebewesen, beseelt und vernünftig ist, den Äther als ihr Zentralorgan, wie Antipater von Tyros im 8. Buch *Über die Welt* sagt. (4) Indes sagen Chrysipp im 1. Buch *Über die Vorsehung* und Poseidonios in seinem Buch *Über Götter*, das Zentralorgan der Welt sei der Himmel, und Kleanthes sagt, die Sonne sei es. In

---

M Kontext: Die selbstwidersprüchlichen Natur von Chrysipps Auffassung über die Luft.
N Kontext: Die für Lebewesen konstitutiven Prinzipien. O Kontext: Wenige Zeilen nach **44F**.

demselben Buch gibt Chrysipp allerdings noch eine abweichende Darstellung: der reinste Teil des Äthers. Dieser durchzieht, wie sie sagen, da er auch der erste Gott ist, sozusagen wahrnehmbar die Dinge in der Luft sowie alle Tiere und Pflanzen — und die Erde selbst als Habitus.

P Philon, *Legum allegoriarum II* 22–23   (teilw. *SVF* 2.458)

(1) Der Intellekt *(nous)* . . . hat viele Fähigkeiten, die habituelle, die natürliche, die psychische, die vernünftige, die berechnende . . . (2) Den Habitus teilen auch die unbelebten Dinge, die Steine und Hölzer; und auch die Knochen in uns, die Steinen ähneln, haben daran teil. (3) Die Natur erstreckt sich auch auf die Pflanzen; in uns gibt es ebenfalls Dinge, die den Pflanzen gleichen, Nägel und Haare. Die Natur ist Habitus in aktueller Bewegung. (4) Die Seele ist eine Natur, die zusätzlich Vorstellung und Antrieb angenommen hat. An ihr haben auch die vernunftlosen Tiere teil.

Q Philon, *Quod deus sit immutabilis* 35–36   (teilw. *SVF* 2.458)

(1) Denn einige Körper band er [Gott] durch einen Habitus, andere durch eine Natur, dritte durch eine Seele und wieder andere durch eine vernunftbegabte Seele. (2) In Steinen und Hölzern nun, die von ihrer natürlich gewachsenen Verbindung abgetrennt sind, schuf er den Habitus, der das strengste Band ist. Es ist dies ein Atemstrom, der sich auf sich selbst zurückwendet. Denn ausgehend von der Mitte erstreckt er sich zu den Grenzen; und nachdem er die äußeren Oberflächen berührt hat, wendet er sich wieder zurück, bis er wieder an derselben Stelle ankommt, von wo er zuerst ausgegangen ist. (3) Dieser kontinuierliche Doppellauf ist unzerstörbar.

R Philon, *Quaestiones et solutiones in Genesim II* 4   (*SVF* 2.802)

(1) Warum ordnet Gott an, daß die Arche innen und außen geteert wird? . . . (2) Alles, was durch Klebstoff gehalten wird, wird sofort in eine natürliche Einheit genötigt. (3) Nun wird unser Körper, der aus vielen Teilen zusammengesetzt ist, äußerlich und innerlich geeint und hat durch den ihm eigenen Habitus festen Bestand. Der höhere Habitus der Verbindung dieser Teile ist die Seele: Während sie ihren Sitz im Zentrum hat, durchzieht sie alles, bis hin zur Oberfläche, und von der Oberfläche kehrt sie zum Zentrum zurück. Das Ergebnis ist, daß eine einzige belebte Natur mit einem doppelten Band umwickelt und somit zu einem festeren Habitus und einer festeren Einheit hergerichtet ist. (4) Diese Arche wird also aus dem genannten Grund innen und außen mit Teer bestrichen.

P Kontext: Interpretation der Nacktheit von Adam und Eva (*Genesis* 2,25) als Hinweis auf die Vermögen der nicht eingekörperten Seele.   Q Kontext: Interpretation von *Genesis* 6,6.   R Kontext: Kommentar zu *Genesis* 6,14.

S   Simplikios, *In Arist. Categ.* 237,25–238,20   (teilw. *SVF* 2.393; teilw. *FDS* 862)

(1) Es lohnt sich, auch den Sprachgebrauch der Stoiker hinsichtlich dieser Bezeichnungen zur Kenntnis zu nehmen. Denn nach Ansicht mancher Leute halten sie umgekehrt wie Aristoteles die Verfassung *(diathesis)* für beständiger als
den Habitus *(hexis)*. (2) Ihr Sprachgebrauch lädt zwar zu einer solchen Vermutung ein; aber in Wirklichkeit ist der Unterschied von Verfassung und Habitus bei den Stoikern nicht nach Maßgabe des Beständigen oder Unbeständi-
gen gefaßt, sondern basiert auf anderen Verfassungen. Sie sagen nämlich, daß
die Habitus sich verstärken und nachlassen können, während die Verfassungen
sich nicht steigern und nicht schwächer werden können. Infolgedessen erklären
sie sogar von der Geradheit der Rute, daß sie eine Verfassung sei, obwohl die
Rute sehr unbeständig ist und gebogen werden kann; die Geradheit könnte
nämlich nicht verstärkt oder abgeschwächt werden und besitze nicht das Mehr-
oder-Weniger und sei daher eine Verfassung. Aus demselben Grund seien auch
die Tugenden Verfassungen, und dies nicht wegen des Merkmals der Beständigkeit, sondern weil sie nicht gesteigert werden und kein Mehr annehmen
können; die Künste (Fertigkeiten, Wissenschaften) dagegen seien beweglich,
wiewohl nur schwer, und demnach keine Verfassungen. (3) M.a.W.: Es sieht so
aus, als konzipierten sie den Habitus in der Weite der Art (Spezies) und die
Verfassung in der Vollendung und in der stärksten Ausprägung der Art (Spezies),
unabhängig davon, ob die Art sich bewegen und verändern kann, wie das
Gerade der Rute, oder auch nicht. (4) Es wäre jedoch vordringlicher gewesen,
darüber Bescheid zu wissen, ob etwa der Zustand *(schesis)* im Sinne der Stoiker
dasselbe wie die Disposition (Verfassung) *(diathesis)* im Sinne des Aristoteles ist,
weil der Zustand nach Maßgabe leichterer und schwererer Auflösbarkeit gegen
den Habitus abgesetzt ist. Aber auch so stimmen die Stoiker nicht mit Aristoteles überein. Denn Aristoteles sagt, unzuverlässige Gesundheit sei eine Disposition (Verfassung), während die Stoiker nicht zugestehen, daß die Gesundheit, wie immer sie sich darstellt, ein Zustand sei; denn sie weise die Merkmale
des Habitus auf. Die Zustände würden nämlich durch die sekundär erworbenen
Beschaffenheiten charakterisiert, die Habitus dagegen durch die in ihnen selbst
begründeten Tätigkeiten. (5) Die Habitus spezifizieren sich daher nach den
Stoikern auch nicht durch zeitliche Dauer oder Intensität, sondern durch eine
bestimmte Eigenart und Prägung. Gerade so, wie das Eingewurzelte zwar mehr
oder weniger eingewurzelt ist, aber die eine gemeinsame Eigenart hat, sich an
der Erde festzuhalten, so wird auch der Habitus bei schwer und bei leicht
Veränderbarem als derselbe konzipiert. Denn überhaupt besitzt vieles, was der
Gattung nach etwas eigenschaftsmäßig Bestimmtes ist, die Eigenart, nach der es
sich spezifiziert, in nur matter Ausprägung, so z.B. saurer Wein, bittere Man-
deln, der Molosser-Hund und der Malteser-Schoßhund, die zwar alle an dem
zur Gattung gehörenden Charakter teilhaben, aber nur in geringem Grade und
schwach; doch soweit es an den im Habitus liegenden Begriffen selbst liegt,

---

S Kontext: Kommentar zu Arist., *Cat.* 8, 8b 26.

bleibt der Habitus bei einer einzigen Beschaffenheit; das Merkmal leichter Beweglichkeit besitzt er dagegen häufig aufgrund einer anderen Ursache.

T   Plutarch, *De primo frigido* 948D-E, 949B   (teilw. *SVF* 2.430)

[Bericht stoischer Lehre:] (1) Weil Feuer zugleich heiß und hell ist, muß die dem Feuer entgegengesetzte Natur kalt und dunkel sein. Denn wie der Gegensatz zum Hellen das Finstere ist, so ist der zum Heißen das Kalte; und wie das Dunkle den Gesichtssinn verwirrt, so das Kalte den Tastsinn. Andererseits erweitert Wärme die Sinneswahrnehmung dessen, der tastet, ebenso wie die Helligkeit die Sinneswahrnehmung dessen steigert, der sieht. Was daher in seiner Natur primär dunkel ist, ist auch primär kalt. Daß aber das, was primär dunkel ist, die Luft ist, ist auch den Dichtern nicht verborgen geblieben. . . . . (2) Außerdem ist die Erfrierung, die von allen Wirkungen, die die Kälte auf den Körper hat, die extremste und schmerzhafteste ist, ein Fall von Wasser, auf das eingewirkt wird, und von Luft, die darauf einwirkt. Denn von sich selbst her ist Wasser ganz flüssig und keineswegs steif oder fest; es wird aber dicht und kompakt, wenn es durch die Luft infolge ihrer Kälte zusammengedrückt wird.

☐   Wie schon zu sehen war (**46B2, C**), sind vier wohlunterschiedene Elemente keine dauerhaften Merkmale des stoischen Universums, wie sie das in der Kosmologie des Aristoteles sind. Vielmehr bilden sie während der ganzen Zeit, die jede zeitlich befristete Weltordnung dauert, die grundlegenden Bestimmungen der Materie (**A8**). Das Feuer nimmt unter den vier Elementen einen besonderen Platz ein (**A3-4, 7, 9**). Es ist das Element *par excellence* (**A3**; vgl. **45G**) und ein dauerhafter Zug des Universums. Seine eigenen Tranformationen, die mit den gestalterischen Aktivitäten Gottes oder der Vernunft koextensiv sind, führen die alternierenden Phasen des kosmischen Zyklus herbei und kontrollieren außerdem innerhalb der Weltordnung den Anfang und das Ende des wechselseitigen Übergangs der übrigen Elemente ineinander (**A4**). Die Stoiker beachteten, daß jedes ihrer vier Elemente ein breites Spektrum von Phänomenen umfaßte (**A5**). Die Elemente fungieren als Klassenbezeichnungen, die für generische Eigenschaften stehen, heiß, kalt usw. (**B1**), und die dabei kontinuierliche spezifische Variation zulassen. Dies impliziert, daß wir recht daran taten, die ganze Aktivität Gottes in der Weltordnung mit einer »Form des feurigen Elements« zu identifizieren (siehe **46 Kommentar**). Sowohl das »kunstverständige« als auch das »unkünstlerische« Feuer (**46D2**) sind Arten des »Heißen«, so daß es kein Problem damit gibt, Gott in dem Element Feuer instantiiert zu finden, vorausgesetzt, diesem Element ist es auch erlaubt, sich Manifestationen von Hitze anzupassen, die keine göttliche Schöpfungstätigkeit sind. Indem sie Gott so brauchten, daß er während der gesamten Weltordnung aktiv ist, folgten die Stoiker Aristoteles nicht darin, den Äther als ein fünftes, auf besondere Weise göttliches Element zu benennen. Sie übernahmen diesen Begriff aber zusammen mit seinen aristotelischen Konnotationen für das Himmelsfeuer und betrachteten es als diejenige Form der Materie, die Gottes Tätigkeit urbildlich zum Ausdruck bringt (**B2, O4**; vgl. **46D3** und **28O4**). Jedes Element hat einen Platz, der ihm in der Welt zugeschrieben ist (**B2**, siehe **49J**); durch Verdichtung und Verdünnung finden zwischen ihnen aber kontinuierlich Transformationen statt (**E**).

T Kontext: Die stoische Lehre vom *prōtos psychron*.

Auf den besonderen Status von »Lebenswärme« oder »kunstverständigem Feuer« weist ein langes Argument hin, welches im Kern auf Kleanthes zurückgeht (C). Es zeigt einmal mehr, welch mächtigen Einfluß die Biologie auf die stoische Naturphilosophie hatte. Ausgehend von der medizinischen Allerweltsbehauptung (C1), daß angeborene Hitze das Prinzip aller Formen von Leben ist, tat Kleanthes den sehr viel gewagteren Schritt, Belege für die allgegenwärtige »tragende Kraft« der Wärme in der ganzen Welt anzuführen (C2-3) und schloß daraus, daß die Welt selbst ihren Zusammenhalt dieser Lebenskraft verdankt. Der nächste Schritt des Arguments nutzt eine angenommene Verbindung zwischen den allgemeinen Lebensprinzipien beseelter Wesen und der Welt selbst aus (C5-6). Menschen oder Tiere haben Einsicht oder Quasi-Einsicht als ihr »Führungsvermögen« (für Darstellungen dieses Begriffs siehe 53). Sie sind aber *Teile* der Welt; und wir sollten davon ausgehen, daß die Welt selbst als ihr Führungsvermögen eine herausragende Intelligenz besitzt. Von diesem höchst zweifelhaften Schritt aus schließt Kleanthes, daß die Welt ein Lebewesen ist, das mit Gott identisch ist (oder genauer, daß sie Gott als ihr Führungsvermögen hat, vgl. **44F**; **46H**).

Die Hauptfehler in diesem Argument vom Mikrokosmos zum Makrokosmos waren vermutlich von Zenon inspiriert (siehe **54G9**). Von größerem Interesse sind seine allgemeinen Wirkungen für die stoische Naturphilosophie. Die Stoiker sahen, daß der Zusammenhang der Weltordnung eine Tatsache ist, die eine Erklärung verlangt. Die Erwägungen von C überzeugten sie, die Antwort in einer alles durchdringenden Kraft zu suchen; diese macht von ihrer eigenen Kohäsionskraft einen intelligenten Gebrauch, um allen Teilen der Welt Energie einzuflößen und sie zu erhalten. Das war eine weitgehend neue Ausweitung des biologischen Konzepts der »Lebenswärme«.

In dem Argument des Kleanthes wird außer dem Feuer keinem anderen Element eine lebenspendende oder »tragende« Kraft zugeschrieben. In der komplexeren Naturtheorie, die wir Chrysipp zuschreiben können, wurde diese Auffassung modifiziert. Chrysipps Vorgänger hatten die Seele oder das Lebensprinzip von Tieren schon mit dem *pneuma* identifiziert, dem »Atemstrom«, der heiße Luft ist (vgl. 53). Indem er ihrer analogen Argumentationsweise vom Mikro- zum Makrokosmos folgte, bevorzugte Chrysipp gegenüber der Hitze selbst eher den »Atemstrom« als das tragende Prinzip der Welt. Dies rief die Unterscheidung zwischen »aktiven« und »passiven« Elementen hervor (D; **55F**), die daraufhin eine willkommene Beschreibung der Wirkungsweisen von Gott und Materie, des »aktiven« und des »passiven« Prinzips in der Weltordnung lieferte (**44B**). Für die »Tätigkeit« von Heiß *und* Kalt sowie für die Identifikation von Trocken und Feucht mit »Materie« hatte Chrysipp bei Aristoteles einen Vorläufer (*De generatione et corruptione* 329b24); aber anders als die Elemente des Aristoteles sind die der Stoiker durch nur eine einzige grundlegende Eigenschaft charakterisiert, heiß für Feuer, kalt für Luft usw. (**B**), wenn dies auch kein Elment davon ausschließt, sekundäre, wahrnehmbare Merkmale zu haben, durch die es sich ebenfalls von den anderen Elementen unterscheidet (vgl. T).* Medizinische Theorie und aristotelische Biologie hatten an den »vitalen« Kräften des »Atemstroms« erheblichen Anteil; aber deren Ausdehnung auf die Welt selbst, wie sie bei der »Lebenswärme« des Kleanthes vorgenommen wurde, war eine stoische Neuerung.

* Theophrast war anderer Ansicht als Aristoteles und antizipierte die Stoiker, indem er die Kälte der Luft zuschrieb (*De igne* 25-26); außerdem behandelte er das Heiße und das Kalte als „Prinzipien" (*ebd.* 8). In der Naturphilosophie seines Nachfolgers Straton wird von Heiß und Kalt als den „Elementen" berichtet (Stobaeus 1.124,18).

Der »Atemstrom« besteht aus einer »Durch-und-durch-Mischung« seiner beiden konstitutiven Elemente (H). Dies bedeutet, daß jede beliebige Portion davon, ungeachtet ihrer Größe, durch Heiß und Kalt charakterisiert ist. Chrysipp leitete daraus ab, daß »Atemstrom« ein dynamisches Kontinuum ist, das sich teils aufgrund seiner Hitze (Feuer) ausdehnt und sich teils aufgrund seiner Kälte (Luft) zusammenzieht (E, T). Diese komplexe Bewegung wurde als »Spannung« oder »Spannungsbewegung« beschrieben (G, J, K, L3). Sie stützt sich auf die Idee der Elastizität, die durch das Verb *teinein*, »spannen«, zum Ausdruck kommt. Der besondere Charakter dieser Bewegung ist ihre *gleichzeitige* Wirksamkeit in entgegengesetzte Richtungen, nach außen und nach innen (I2, J); deswegen sollten wir von Feuer und Luft annehmen, daß sie in der Mischung, die sie bilden, sozusagen aneinander reißen. Philon bezieht sich vermutlich auf dieselbe Auffassung, nur stärker ausgearbeitet, wenn er von dem »Atemstrom« in Steinen und Hölzern und davon spricht, daß dieser sich vom Zentrum zu den Außenpartien hin und wieder zurück erstreckt (Q2, R3). Dies braucht nicht alternierende Bewegungen eher als gleichzeitige entgegengesetzte Bewegungen zu implizieren, wie sein Bild vom Doppellauf beim Wettrennen (Q3) nahelegen könnte. Vielmehr konnten diejenigen, die die stoische Theorie für ihre eigenen Zwecke einsetzen wollten, die »Spannungsbewegung« als ein sehr schnelles Hin und Herwechseln zwischen entgegengesetzten Bewegungen interpretieren (K).

Es mag sein, daß Galen in diesem Zeugnis die nähere Bestimmung der Gleichzeitigkeit durch die Stoiker modifiziert hat. Aber daß er »Spannung« als plausible Erklärung von Muskeltätigkeit verwendet, wirft Licht auf ihre wichtigste Funktion im Stoizismus. Galen will erklären, wie ein in der Luft schwebender Vogel so *erscheinen* kann, als sei er in Ruhe, und schlägt vor, daß der Vogel in Wirklichkeit seine durch das Körpergewicht bedingte Abwärtsbewegung durch eine alternierende Folge von Muskelbewegungen ausgleicht, die ihn nach oben bringen, so daß er sich unmerklich auf und ab bewegt, aber den Eindruck von Unbewegtheit erweckt. Somit erklärten die Stoiker die offenkundige Stabilität und die Eigenschaften von Gegenständen des Alltags durch die »Spannungsbewegung« der sie ausmachenden Elemente.[*] Obwohl in erster Linie ein Attribut von Feuer oder Luft und des zusammengesetzten Atemstroms, den diese bilden, ist die Spannungseigenschaft auf die passiven Elemente, Erde und Wasser, aufgrund des Umstands verteilt, daß sie von »Atemstrom« durchzogen sind (G). Die Stoiker drückten diese kausale Beziehung zwischen dem aktiven »Atemstrom« und der passiven »Materie« (Erde und Wasser) aus, indem sie sich Formen des Verbs *(syn)echein*, »(zusammen)haben« oder »(zusammen)halten«, zunutze machten; dieses Verb geben wir hier mit »zusammenhalten« wieder. Der Zusammenhang von Erde und Wasser, der Elemente, die ein absolutes Gewicht haben, geht zurück darauf, daß sie durch die gewichtslosen Elemente, Luft und Feuer, »zusammengehalten« werden (G, 49J). So werden Erde und Wasser zur stofflichen Basis oder zum Substrat der Gegenstände. Was etwas ist, seine Dauer, Dimensionen und Eigenschaften, – es sind alles Produkte der »zusammenhaltenden« Kräfte von »Atemstrom« (I1, J, M2; 55F, H).

Innerhalb dieses Schemas ist zu bemerken, daß Feuer bzw. Hitze ihren Primat als das aktivierende und gestaltende Prinzip behält. Die Quantitäten und Qualitäten eines

---

[*] Kleanthes machte vom Begriff der „Spannung" zwar Gebrauch. Aber die volle Entfaltung dieses Terminus geht ebenso wie die von „Atemstrom" vermutlich auf Chrysipp zurück. Beide konnten sich auf die Autoriät Heraklits berufen, der die Struktur eines Bogens oder einer Leier als Resultat einer „gegenspännigen" Harmonie erklärte (KRS 209).

Gegenstands gehen auf »die nach außen gerichtete Spannungsbewegung« zurück (J), und diese sollte sich auf den expansiven Charakter von Feuer beziehen, während Kaltes oder Luft für die stabilisierende Bewegung nach innen verantwortlich sind. Wenn Chrysipp manchmal von *Luft*strömen (M1) als den Ursachen für die Eigenschaften eines Dinges sprach, dann kann er schwerlich etwas von »Atemströmen« (M2) Verschiedenes gemeint haben, in denen Feuer ein annähernd gleicher Bestandteil ist. Wir sollten aber nicht annehmen, daß die entgegengesetzten Bewegungen von Luft und Feuer im »Atemstrom« zueinander immer gleich sind. Wenn es so wäre, könnten die Stoiker nicht, wie sie das taten, alle Eigenschaften und differenzierten Substanzen durch Bezugnahme auf einen »Atemstrom« erklären. Die stoische Konzeption der »Durch-und-durch-Mischung« (siehe **48**) setzt den relativen Mengen der Konstituenten einer solchen Mischung keinerlei Grenzen. Infolgedessen können wir mit gutem Grund vermuten, daß die Proportionen von Luft zu Feuer in »Atemstrom« im Verhältnis zu den verschiedenen Qualifikationen variieren, die sie in der Materie hervorrufen. Als eine weitere Variable muß außerdem die Materie selbst betrachtet werden, die durch Erde und Wasser konstituiert ist.

Die »zusammenhaltende« oder, wie sie mit gleichem Recht genannt werden kann, die definierende Eigenschaft eines differenzierten Körpers wurde mit dem Terminus »Habitus« bezeichnet. Im Griechischen handelt es sich um das zu dem Verb *echein* (»haben« oder »halten«) gehörige Nomen *hexis*. Der »Habitus« von etwas ist der für es konstitutive »Atemstrom«, z.B. die Härte von Eisen oder das Weiße von Silber (M1). Somit konstituiert der »Habitus« die definierenden Merkmale von Gegenstandklassen, deren Elemente dann spezifische Variationen zulassen (S3, 5): Wenn zwei Weine sich der Süße nach oder zwei Hunde sich ihrer Größe oder ihrer Trainierbarkeit nach unterscheiden, dann sind das keine Unterschiede des »Habitus«. Die spezifischen Unterschiede zwischen solchen Dingen und sogar alle ihre Eigenschaften gehen auf den »Atemstrom« zurück. Aber die Rede vom »Habitus« bezieht sich auf solche wesentlichen Merkmale, die etwas zu einem Wein, zu einem Hund usw. machen, und sie entspricht der stoischen Auffassng vom »allgemein eigenschaftsmäßig Bestimmten« (siehe **28**). Der »Habitus« unterscheidet sich vom »Charakter«, z.B. von Geradheit oder Tugend, indem er Dinge einbindet, die unvollkommene Exemplare ihrer Art sind oder die deren Merkmale in wechselndem Grad besitzen (S2-3, 5; siehe auch **60J** und Kommentar). Außerdem unterscheidet er sich vom »Zustand«, welcher erworbene Chrarakteristika betrifft, die für die Natur der Gegenstände, bei denen sie auftreten, nicht wesentlich sind; der »Zustand« ist auf diese Charakteristika strikt beschränkt (**54**) oder schließt sie zumindest ein (**60J2**).

In diesen Unterscheidungen steckt ohne Zweifel ein Stück sprachlicher Willkür; die Stoiker selbst verwenden den Terminus »Habitus« in dem oben angedeuteten erweiterten Sinn und außerdem in einem restriktiveren Sinn. Einerseits ist es der »Habitus«, der alle »geeinten« Dinge von denjenigen Körpern differenziert, die (wie ein Schiff) bloß aufgrund von Verknüpfung oder (wie eine Armee, siehe **28M**) bloß aufgrund von Trennung existieren. So bezieht »Habitus« sich auf den alles durchziehenden »Atemstrom«, der die einheitliche Existenz natürlicher Substanzen erklärt. »Habitus« wird aber auch innerhalb der Klasse der »geeinten« Dinge verwendet, um das »zusammenhaltende« Prinzip unbelebter Substanzen (Steine u.dgl.) von dem der Pflanzen und der beseelten Wesen abzuheben (**N, O2, Q**). Ein Text Philons (**P**) zeigt, wie die zwei Verwendungen von »Habitus« in Wirklichkeit nur Unterschiede des Kontexts sind. Der »Atemstrom«, welcher das Einheit stiftende Prinzip von Pflanzen bildet, wird

»Natur« *(physis)* genannt, die aber immer noch eine Art von »Habitus« ist, der sich von dem Habitus beispielsweise eines Steins dadurch unterscheidet, daß er der Pflanze ihr inhärentes Vermögen zu wachsen verschafft. Ähnlich ist bei beseelten Dingen »Seele« ihr Einheit stiftendes Prinzip. Die Körper dieser Dinge haben ihren eigenen »Habitus«; aber in letzter Analyse geht der »Habitus« der körperlichen Konstituenten eines jeden Lebewesens auf die alles durchdringende Seele zurück (**R**).

Welchen Grad die Spannung des Atemstroms auch haben mag, er ist in jedem Fall das Vehikel der göttlichen Einsicht (**O1**, **P1**). Einsicht teilt er aber nur bestimmten Materieportionen mit, nämlich denen, die er am meisten durchdringt (**O2**). Innerhalb der Weltordnung hat er zwei in Beziehung zueinander stehende Funktionen. Er ist das Prinzip innerer Kohärenz individueller Körper; und weil er alles ohne Unterbrechung durchzieht, macht er darüber hinaus die Welt als ganze zu einem einzigen zusammenhängenden Körper (**L**; vgl. **49J** über Luft und Feuer).

48 Mischung

A   Diogenes Laërtius 7.151   (*SVF* 2.479)

Wie Chrysipp im 3. Buch seiner *Physik* sagt, erfolgen auch die Mischungen durch und durch und nicht in der Art einer Anstückung und Nebeneinanderordnung. Denn wenn ein Tropfen Wein ins Meer fällt, wird er damit eine Weile koextensiv sein und sich dann darin auflösen.

B   Plutarch, *De comm. not.* 37, 1078E   (teilw. *SVF* 2.480)

Chrysipp sagt: »Nichts hält einen einzigen Tropfen Wein davon ab, sich ins Meer zu mischen«; und damit wir uns darüber nicht weiter wundern, sagt er, daß der Tropfen sich durch die Mischung über die ganze Welt ausdehnt.

C   Alexander v. Aphr., *De mixtione* 216,14–218,6   (*SVF* 2.473; teilw. *FDS* 310)

(1) Chrysipps Ansicht von der Mischung ist die folgende: Zunächst nimmt er an, daß die gesamte Substanz eine Einheit bilde, da sie insgesamt von einem Atemstrom durchzogen ist, durch welchen das All zusammengehalten wird, zusammenbleibt und mit sich selbst in Wechselwirkung steht. (2) Was dann die Körper angeht, die in dieser Substanz zusammengemischt sind, erklärt er, daß die einen Mischungen durch Nebeneinanderlagerung entstehen, indem zwei oder auch mehr Substanzen zu ein und demselben Gebilde zusammengefügt werden und sich ›nach Art einer Anstückung‹, wie er sagt, einander anlagern, wobei in einer derartigen Nebeneinanderlagerung entsprechend dem Oberflä-

---

A Kontext: Unmittelbar anschließend and **50B** in den Ausführungen zur unendlichen Teilbarkeit der Substanz.   B Kontext: Wenige Zeilen nach **E**.   C Kontext: Darstellung derer, die sagen, die Materie sei geeint.

chenkontakt jede von ihnen die ihr eigene Substanz und Eigenschaft bewahrt, wie das beispielsweise bei Bohnen und Weizenkörnern ist, wenn sie nebeneinander liegen. (3) Andere Mischungen entstehen durch totale Fusion der Substanzen selbst und der darin liegenden Eigenschaften, die dabei zugleich miteinander verschwinden, wie das, so sagt er, bei den Arzneimitteln ist, wo die gemischten Ingredienzien gemeinsam verschwinden und aus ihnen ein bestimmter anderer Körper erzeugt wird. (4) Von wiederum anderen Mischungen erklärt er, sie entstünden dadurch, daß bestimmte Substanzen und deren Eigenschaften total miteinander koextensiv werden unter gleichzeitiger Erhaltung der ursprünglichen Substanzen und Eigenschaften in einer derartigen Mischung, von der er sagt, unter den Mischungen sei sie eine Verschmelzung im eigentlichen Sinne. ... Ein Spezifikum ›verschmolzener‹ Ingredienzien ist nämlich, daß sie wieder voneinander getrennt werden können, was nur deshalb so ist, weil die verschmolzenen Ingredienzien in der Mischung ihre eigenen Naturen bewahren. (5) Daß es diese unterschiedlichen Arten der Mischung gibt, versucht er mittels der allgemeine Begriffe zu rechtfertigen und sagt, daß wir von der Natur insbesondere sie als Kriterien der Wahrheit bekommen. (6) Jedenfalls hätten wir eine jeweils andere Vorstellung von den Körpern, die nach einer Anstückung zusammengesetzt sind, von denen, die fusioniert und zusammen untergegangen sind, und von denen, die verscholzen und miteinander in der Weise total koextensiv geworden sind, daß jeder von ihnen seine eigene Natur bewahrt. Diesen Unterschied in den Vorstellungen hätten wir nicht, wenn alle wie auch immer gemischten Körper nach Art einer Anstückung einander angelagert wären. (7) Er nimmt an, daß eine solche Koextension der verschmelzenden Körper dadurch entsteht, daß die verschmelzenden Körper sich gegenseitig so durchdringen, daß es in ihnen keinen Teil (mehr) gibt, der nicht an allem teilhätte, was sich in einer derartigen Verschmelzungsmischung befindet. Wenn dies nämlich nicht so wäre, wäre das Resultat keine Verschmelzung mehr, sondern eine Nebeneinanderlagerung. (8) Für die Meinung, daß es sich gerade so verhält, führen die Verfechter dieser Lehre nun Plausibilitätsargumente an, und zwar erstens die Tatsache, daß viele Körper ihre eigenen Beschaffenheiten sowohl dann bewahren, wenn sie in deutlich kleineren, als auch dann, wenn sie in größeren Massen auftreten (wie man das etwa beim Weihrauch sehen kann, der beim Räuchern zwar in höchstmöglichem Grad an Konzentration verliert, aber seine eigene Beschaffenheit behält), und zweitens die Tatsache, daß es viele Körper gibt, die zwar nicht aus sich selbst heraus in der Lage sind, zu einer bestimmten Größe zu gelangen, die diese aber mit der Hilfe anderer Körper erreichen. Gold jedenfalls kann man durch Beimischung bestimmter Chemikalien bis zu einem außerordentlich hohen Grad verlaufen lassen und verdünnen, den es aus sich selbst heraus, wenn es einfach gehämmert wird, nicht erreichen könnte. ... (9) Da sich all dies so verhält, ist, so sagen sie, nichts Erstaunliches daran, daß darüber hinaus bestimmte Körper, wenn sie sich gegenseitig unterstützen, in der Weise total miteinander vereinigt werden, daß sie samt der ihnen eigentümlichen Beschaffenheiten bewahrt bleiben und dabei doch als ganze miteinander total koextensiv werden, selbst wenn einige von ihnen der Masse nach ziemlich klein sind und aus sich selbst heraus nicht in der Lage wären, sich in solch hohem Grade auszubreiten und zugleich die ihnen eigenen Beschaffenheiten zu bewahren. In dieser Weise werde nämlich auch ein Schöpfmaß Wein mit viel Wasser gemischt und ihm vom Wasser zu einer derart großen Ausdehnung verholfen. (10) Als evidentes Zeugnis dafür, daß es sich so verhält, bieten sie die Tatsache auf, daß die Seele, die ebenso eine eigene Existenz hat wie der Körper, der sie aufnimmt, sich durch den ganzen Körper zieht und in der Mischung mit ihm doch die ihr eigene Substanz bewahrt. Denn nichts von der Seele bleibt ohne Anteil an dem Körper, der die Seele hat. Genauso steht es auch mit der Natur der Pflanzen, aber auch mit dem Habitus in all dem, was durch seinen Habitus Zusammenhalt bekommt. (11) Zudem durchdringt auch das Feuer, so sagen sie, als ganzes das Eisen total, wobei beide ihre jeweils eigene Substanz bewahren. (12) Weiterhin erklären sie von den vier Elemente, daß die beiden Elemente, die feinteilig, leicht und spannungshaltig sind, nämlich das Feuer und die Luft, als ganze total die beiden anderen Elemente durchsetzen, die grobteilig, schwer und spannungslos sind, nämlich die Erde und das Wasser; dabei würden beide Paare die ihnen eigentümliche Natur und Kohärenz.

D   Stobaeus 1.155,5–11   (teilw. *SVF* 2.471)

[Referat stoischer Lehre:] Daß die Eigenschaften der gemischten Konstituenten in solchen Mischungen fortbestehen, ist ganz klar aus der Tatsache zu entnehmen, daß die Konstituenten oft mit künstlichen Mitteln voneinander getrennt werden. Wenn man jedenfalls einen geölten Schwamm in Wein taucht, der mit Wasser gemischt ist, dann wird er das Wasser vom Wein trennen, da das Wasser in den Schwamm hochläuft.

E   Plutarch, *De comm. not.* 37, 1078B–D   (teilw. *SVF* 2.465)

(1) Wenn die Mischung so vonstatten geht, wie sie [die Stoiker] das mit Nachdruck behaupten, dann müssen die gemischten Dinge notwendig dahin kommen, ineinander zu sein und muß dasselbe Ding sowohl eingehüllt sein, weil es in dem anderen ist, als auch einhüllen, weil es das andere aufnimmt. Davon ist aber andererseits nichts möglich, weil die Mischung beide Dinge zwingt, durcheinander hindurchzugehen und keinen Teil des einen oder anderen auszulassen, sondern jeden Teil mit allem auszufüllen. (2) Dies ist vermutlich der Punkt, an dem das in den Lehrveranstaltungen des Arkesilaos berühmt gewordene Bein daherkommt und auf ihren Absurditäten mit Gelächter herumtrampelt. Denn wenn die Mischungen durch und durch erfolgen, was hindert dann − wie Arkesilaos sagte − nicht nur die Armada des Antigonos, durch das Bein hindurch wegzusegeln, welches amputiert wurde, vermoderte, ins Meer geworfen

---

D Kontext: Doxographie zur Mischung.   E Kontext: Kritik der Stoiker, weil sie den einen Körper zum Ort des anderen machen und einen den anderen durchdringen lassen.

wurde und sich aufgelöst hat, sondern auch die 1200 Dreiruderer des Xerxes und in einem auch noch die 300 der Griechen, während sie in dem Bein ihre Seeschlacht austragen?

F   Themistios, *In Arist. Physic. paraphrasis* 104,9–19   (enthält *SVF* 2.468)

(1) Aber hab' acht, daß wir dem Ort keinen ungebührlich hehren Ort einräumen. Denn betrachte auch die entgegengesetzten Argumente, die nichts zu ihm hinzufügen und ihn sogar mit einem Mal aufheben. Denn, sagen sie, wenn du dich anschickst, . . . die Definition des Orts anzugeben, wird man dich herumkriegen zuzugeben, daß er nicht existiert. Denn erstens, welcher Gattung wirst du den Ort zurechnen? Ist das nicht klar, dem Körper? Der Ort erstreckt sich nämlich in drei Dimensionen. (2) Aber so wird er das treffen, was am allerwenigsten etwas mit dem Ort zu tun hat. Denn es wird ein Körper einen Körper total durchdringen, und es werden zwei Körper denselben Ort besetzen. Wenn nämlich sowohl der Ort als auch das ein Körper ist, was gerade an dem Ort ist, und wenn beide den Dimensionen nach gleich sind, dann wird der eine Körper in einem anderen gleichen Körper sein. Dies gehört zu Chrysipp und zu den Lehren der Nachfolger Zenons, während es die Alten auf etwas evident Unmögliches reduzieren.

☐   »Mischen« und »durchziehen« waren zwei Ausdrücke, die in den vorangehenden Zeugnissen mit »Atemstrom« verknüpft waren: Konstituiert wird »Atemstrom« durch die »Durch-und-durch«-Mischung von Luft und Feuer (**47H**); »Atemstrom« mischt sich mit den passiven Elementen, Erde und Wasser (**47G, I1**); »Atemstrom« durchzieht das ganze Universum (**47L1**, vgl. **O**). »Atemstrom« ist das Vehikel für Gott, das aktive Prinzip oder den *logos*, und weil Wirkungen nur von Körpern auf Körper ausgeübt werden können (**45A–C**), war man der Ansicht, daß die kausale Wirksamkeit des Atemstroms in der ganzen Welt seine Anwesenheit in aller Substanz oder Materie erfordere. Angesichts solcher Annahmen mußten die Stoiker eine physikalische Theorie anbieten, welche geeignet war, die überall bestehende konstante Verbindung zwischen »Atemstrom« und Materie zu erklären. Sie fanden diese Theorie in einer Art der Mischung, die sie »Verschmelzung (im eigentlichen Sinne)« nannten.

Diese Theorie scheint mit bewußtem Bezug zu und teilweiser Opposition gegen Aristoteles (*De generatione et corruptione* I.10) entwickelt worden zu sein. Wie er unterschieden die Stoiker von der »Verschmelzung« mechanische Kombinationen, die sie als »Nebeneinanderlagerungen« bezeichneten (**A, C2**). Die Konstituenten einer »Nebeneinanderlagerung« sind rein durch Oberflächenkontakt aufeinander bezogen. Sie erleben keine wesentliche Veränderung, und sie können aus der »Nebeneinanderlagerung« entfernt werden; ihre wesentlichen Eigenschaften bleiben dabei intakt. In einer »Fusion« (**C3**), die in lockerer Entsprechung zu Aristoteles' Darstellung der »Mischung« zu sehen ist, verlieren die Konstituenten ihre eigenen Eigenschaften und bringen etwas Zusammengesetztes hervor, was sich von jedem von ihnen unterscheidet. Nach Aristoteles kann Mischung nur dann stattfinden, wenn die Konstituenten im wesentlichen dieselbe Einfluß haben. Denn er bestreitet ausdrücklich, daß ein Tropfen

---

F Kontext: Kommentar zu Aristoteles' Definition des Orts, *Phys.* IV.1.

Wein mit einer sehr großen Menge Wasser gemischt werden könne (*De generatione et corruptione* 328a6–8). In solch einem Fall, sagt er, verliert der Wein die für Wein entscheidenden Eigenschaften, geht unter und wird Teil der ganzen Wassermenge. Die stoische Unterscheidung zwischen »Fusion« und »Verschmelzung« versucht, eine Zwischenform der Mischung auszumachen, die zu einer abweichenden Erklärung für die Mischung ungleicher Konstituenten verhilft, etwa für die Mischung von Wein und Wasser im Beispiel des Aristoteles.

Wie **C4** klarmacht, gleicht die »Verschmelzung« der »Fusion« darin, daß die Konstituenten »durch und durch« zueinander in Beziehung stehen und nicht bloß an ihren Oberflächen. Aber sie unterscheidet sich von der »Fusion« und ähnelt der »Nebeneinanderlagerung«, insofern ihre Bestandteile in der Mischung alle ihre ursprünglichen Eigenschaften behalten und wieder herausgelöst werden können. Diese beiden Merkmale einer »Verschmelzung« wurden empirisch dadurch belegt, daß man Wein von Wasser trennen kann (**D**).

Von den Konstituenten einer »Verschmelzung« heißt es in der Regel, sie seien »total miteinander koextensiv« (**C4, 9**). Solche Koextension bedeutet, daß alle Konstituenten der Mischung in jedem beliebigen Teil von ihr, und sei er noch so klein, vollständig anwesend sind (**C7**) − eine Position, die dazu paßt, daß die Stoiker die unendliche Teilbarkeit eines Körpers verteidigten (siehe **50A–C**). Beispiele, die die Koextension zu verdeutlichen helfen, sind die Verschmelzung von Seele und Körper oder die von Eisen und Feuer (**C10, 11**). Wenn man sich das Feuer als einen stofflichen Bestandteil rotglühenden Eisens denkt, macht es Sinn anzunehmen, daß Eisen und Feuer wechselseitig durch und durch koextensiv sind.

Das stoische Verständnis von »Verschmelzung« hat allgemeine Anwendungen. Seine Hauptfunktion war aber gewiß, eine Erklärung bereitzustellen, wie die leichten und zarten Elemente von »Atemstrom« Erd- und Wassermengen vollständig durchdringen können, deren Volumen oder Dichte sehr viel größer ist. Solche Unterschiede, behaupteten die Stoiker, sind irrelevant für die Fähigkeit verschiedener Arten von Körpern, miteinander zu verschmelzen. So erklärte Chrysipp − anders als Aristoteles −, daß ein Tropfen Wein mit dem Meer und sogar mit der ganzen Welt verschmelzen könne (**A, B**). Daß die Theorie insbesondere dazu bestimmt war, die Verschmelzung ungleicher Bestandteile aufzuarbeiten, wird ganz klar durch den Aufmerksamkeit nahegelegt, die diesem Punkt in **C8-12** gewidmet wird. Außerdem beginnt die Darstellung der Ansichten Chrysipps über die Mischung mit einer Darstellung des »Atemstroms«, der die Welt durchzieht (**C1**). Es gibt aber keinen Grund zu vermuten, daß es für eine »Verschmelzung« erforderlich sei, daß ihre anfänglichen Bestandteile sich im Volumen beachtlich unterscheiden; auch wird »wechselseitige Koextension« vermutlich selbst dann das Ergebnis sein, wenn nur ein einziger Bestandteil ursächlich aktiv ist. Erde und Wasser sind nur die Empfänger von Aktivität, wenn der »Atemstrom« sich durch sie hindurch ausdehnt. Aber wenn der »Atemstrom« durch Erde und Wasser koextensiv wird, dann scheint zu folgen, daß sie durch ihn koextensiv gemacht werden (vgl. **E1**). Da die Koextension sich aus der Aktivität von »Atemstrom« ergibt, ist es für den aktiven Bestandteil natürlich, daß man ihn so beschreibt, als ziehe er durch die anderen hindurch (**C10, 12**). Das Ergebnis für die Verschmelung als ganze ist eine »Einung« oder ein »habitueller Zusammenhalt« (**C1**, vgl. **47G, L**).

Als stoische Lehre ist die Verschmelzungstheorie wahrscheinlich älter als Chrysipp; sie wurde nämlich von Arkesilaos angegriffen (**E2**). Erstmals könnte sie durch Zenon oder Kleanthes formuliert worden sein, um der Anwesenheit von Lebenswärme in jedem Teil der Welt Rechnung zu tragen. Aber die sehr enge Integration von »Verschmelzung« und kosmischem »Atemstrom« in unseren Quellen deutet auf Chrysipps Formulierung der Konzeption hin (vgl. S. 342f.).

Verpflichtet die Verschmelzungstheorie die Stoiker, wie das einige ihrer Kritiker annahmen, zu der absurd klingenden Behauptung, daß zwei Körper denselben Ort einnehmen könnten? Ebensowenig wie Themistios in F waren die Stoiker sicherlich nicht der Meinung, daß der Ort ein Körper ist. Daß es paradox wäre, daß zwei Körper denselben Platz einnehmen könnten, war seit Aristoteles anerkannt (*Physik* IV.1). Der paradoxe Charakter von so etwas hängt allerdings von der Annahme ab, daß für beliebige zwei Körper gilt: sie sind von solcher Art, daß da, wo der eine von ihnen ist, kein Platz für den anderen sein kann. Diese Annahme paßt ersichtlich zu einer atomaren Körpertheorie. Die Körper im Stoizismus sind aber weder atomar (siehe **50A**) noch von einer einzigen Art. Das aktive Prinzip der Welt ist eine andere Art Körper als das passive Prinzip (siehe **44–45**). In der Form von »Atemstrom« bildet das aktive Prinzip die Gestalt und Struktur der Materie (d.i. des passiven Prinzips); und die Gestalt und Struktur eines Körpers besetzen in der Tat denselben Ort wie seine Masse. Ähnlich nimmt das Leben eines Tieres (oder seine Seele, wie die Stoiker sagen würden) denselben Platz wie den ein, den sein Körper bis zu der Zeit einnehmen wird, wo er ein Leichnam wird. Um den stoischen Intuitionen gerecht zu werden, sollten wir also die zwei Dinge, die denselben Ort einnehmen, nicht als zwei abgegrenzte und unabhängig voneinander existierende Körper ansehen, sondern als die beiden körperlichen Funktionen (Atemstrom und Materie), die zusammen einen jeden abgegrenzten und unabhängig existierenden Körper konstituieren (siehe **45** Kommentar).

49 Ort und Leeres

A   Stobaeus 1.161,8–26   (teilw. *SVF* 2.503; teilw. *FDS* 728)

(1) Chrysipp erklärte, der Ort sei dasjenige, was von etwas Seiendem durch und durch eingenommen wird, oder dasjenige, was in der Lage ist, von etwas Seiendem eingenommen zu werden, und was von einem oder von mehreren Seienden durch und durch eingenommen ist. . . . (2) Vom Leeren sagt man, daß es unbegrenzt sei; denn von solcher Art sei das, was sich außerhalb der Welt befindet; dagegen ist der Ort begrenzt, da kein Körper unbegrenzt ist. Und wie das Körperliche begrenzt ist, so ist das Unkörperliche unbegrenzt; denn unbegrenzt ist sowohl die Zeit als auch das Leere. Wie nämlich das Nichts keine Grenze ist, so gibt es auch keine Grenze für das Nichts, wie es sie für das Leere nicht gibt. Denn in bezug auf seine eigene Subsistenz ist es unbegrenzt; begrenzt wird es dadurch, daß es ausgefüllt wird; aber sobald das, was es ausfüllt, entfernt wird, ist es unmöglich, für es eine Grenze zu denken.

A Kontext: Doxographie zum Ort und zum Leerem.

B   Sextus Empiricus, *Adv. Math.* 10.3–4   (teilw. *SVF* 2.205; teilw. *FDS* 725)

(1) Die Stoiker andererseits sagen, das Leere sei dasjenige, was von etwas Seiendem eingenommen werden kann, aber nicht eingenommen wird, oder ein von Körpern freies Intervall oder ein Intervall, das von keinem Körper eingenommen ist. (2) Der Ort sei demgegenüber das, was von etwas Seiendem eingenommen wird und was dem, wovon es eingenommen wird, exakt angeglichen ist; mit ›Seiendes‹ meinen sie hier den Körper, wie das auch aus der Vertauschung der Bezeichnungen hervorgeht. (3) Vom Raum schließlich sagen sie, er sei ein Intervall, welches teilweise von einem Körper eingenommen und teilweise nicht eingenommen sei. Einige erklärten, der Raum sei der Ort des größeren Körpers.

C   Cleomedes, *De motu circulari corp. cael.* 8,10–14   (*SVF* 2.541)

[Zur Unterstützung stoischer Lehre:] Das Leere muß daher notwendig eine Art von Subsistenz haben. Der Begriff von ihm ist äußerst einfach, weil es unkörperlich und ohne Kontakt ist, weder eine Gestalt hat noch eine Gestalt annimmt und weder irgendwelche Wirkungen erleidet noch in irgendeiner Weise wirkt; vielmehr ist es einfach nur in der Lage, einen Körper aufzunehmen.

D   Galen, *De differentia pulsuum* 8.674,13–14   (teilw. *SVF* 2.424)

Sie [die stoisierenden pneumatischen Ärzte, vgl. **55F2**] sind der Meinung, daß es in der Welt keinen solchen [leeren Raum] gibt, daß vielmehr die gesamte Substanz mit sich geeint ist.

E   Ps.-Galen, *Quod qualitates incorporeae sint* 1 (p. 1 Westenberger; 19.464,10–14 Kühn)   (*SVF* 2.502)

Die Stoiker sind zuzugeben genötigt, daß dieses Merkmal, ich meine die Ausdehnung in drei Dimensionen, dem Körper, dem Leeren und dem Ort gemeinsam ist, da sie nämlich das Leere in der Natur der existierenden Dinge belassen, wenn sie auch seine Anwesenheit in der Welt bestreiten.

B Kontext: Doxographie in bezug auf Ort, Raum und Leeres; unmittelbar anschließend an **5D**.   **C** Kontext: Abschluß eines Arguments, um die Absurdität der Behauptung zu zeigen, daß außerhalb der Welt nichts existiert.   **D** Kontext: In welchem Sinne kann der Puls, wenn überhaupt, ›Leer‹ genannt werden? Die pneumatischen, der Stoa nahestehenden Ärzte argumentieren aus der Einheit der Welt dafür, daß es im Puls nichts Leeres gibt.
E Kontext: Unmittelbar nach der Beobachtung, daß die Definition des Körpers das Merkmal der Widerständigkeit enthalten muß, wenn er vom Leeren und vom Leeren und vom Ort unterschieden sein soll.

F Simplikios, *In Arist. De caelo* 284,28–285,2 (*SVF* 2.535)

(1) Die Stoiker wollen, daß es ein Leeres außerhalb der Welt gibt, und argumentieren dafür durch die folgende Annahme: (2) Angenommen, so sagen sie, es stehe jemand am äußersten Rand des Fixsternhimmels und strecke seine Hand nach oben. (3) Wenn er die Hand nun wirklich ausstreckt, nehmen sie an, daß es außerhalb der Welt etwas gibt, in das hinein er die Hand ausstreckt; wenn er sie aber nicht ausstrecken kann, gibt es auch so etwas außerhalb, was das Ausstrecken der Hand verhindert. (4) Und wenn er wieder an der Grenze davon steht und die Hand ausstreckt, ergibt sich dieselbe Frage. (5) Denn etwas, was auch außerhalb jenes Punktes ist, wird gezeigt worden sein.

G Cleomedes, *De motu circulari corp. cael.* 6,11–17 (*SVF* 2.537)

Selbst wenn sich die gesamte Substanz in Feuer auflöst, wie das die gründlichsten unter den Naturphilosophen [d.h. die Stoiker] annehmen, muß sie einen vielfach größeren Ort einnehmen, gerade so wie bei der Verdunstung fester Körper zu Dampf. Der von der beim Weltbrand herausströmenden Substanz eingenommene Ort ist daher jetzt leer, da kein Körper ihn füllt.

H Cleomedes, *De motu circulari corp. cael.* 10,24–12,5 (*SVF* 2.540)

(1) Sie [die Peripatetiker] sagen auch, daß, wenn das Leere außerhalb der Welt existieren würde, die Substanz durch es hindurchströmen würde und unendlich zerstreut und zerstückelt wäre. (2) Wir jedoch werden [die stoische Lehre unterstützen und] sagen, daß der Substanz gerade dies nicht widerfahren kann. Denn sie besitzt einen Habitus, der sie zusammenhält und schützt. (3) Auch das sie umgebende Leere bewirkt nichts. Andererseits schützt die Substanz sich in Anwendung ihrer überlegenen Kraft selbst, indem sie nach Maßgabe ihrer natürlichen Veränderungen sich zusammenzieht und wieder ins Leere hineinfließt; von Zeit zu Zeit ergießt sie sich ins Feuer und zu anderen Zeiten schickt sie sich an zur Kosmogonie.

I Plutarch, *De Stoic. repugn.* 44, 1054E (teilw. *SVF* 2.550)

[Chrysipp schreibt:] »Im Leeren gibt es keinen Unterschied, durch den die Körper eher in die eine als in die andere Richtung gezogen werden. Sondern die Organisation der Welt ist die Ursache für die Bewegung der Körper, die aus

---

F Kontext: Kommentar zu Arist., *De caelo* I.9, 279a11.   G Kontext: Teil einer Serie von Argumenten, um die Existenz des Leeren zu beweisen.   H Kontext: Fortsetzung einer Attacke gegen die peripatetische Bestreitung des Leeren.   I Kontext: Plutarch will nachzuweisen, daß Chrysipp sowohl behauptet als auch bestritten habe, daß ein unbegrenztes Leeres ein Zentrum haben könne. Zu diesem Zweck belegt er als erstes, daß Chrysipp die These vertreten habe, daß Körper sich von Natur aus zum Zentrum des die Substanz umgebenden Raums hin bewegen.

allen Richtungen zum Zentrum und Mittelpunkt der Welt tendieren und sich dorthin bewegen.«

J   Stobaeus 1.166,4–22   (*SVF* 1.99)

(1) Zenons Lehre: Alles in der Welt, was aufgrund seines eigenen Habitus Bestand hat, hat Teile, die sich zur Mitte des Alls hin bewegen; dasselbe gilt für die Teile der Welt selbst. (2) Deshalb ist es richtig zu sagen, daß sich alle Teile der Welt zu ihrer Mitte hin bewegen, insbesondere die Teile mit Gewicht. (3) Für die stabile Position der Welt im unbegrenzten Leeren und ähnlich für die Gleichgewichtsposition der Erde in der Welt in bezug auf deren Zentrum gilt dieselbe Erklärung. (4) Ein Körper hat nicht allemal Gewicht; vielmehr sind Luft und Feuer gewichtslos. Aber auch sie erstrecken sich auf bestimmte Weise bis zur Mitte der ganzen Weltkugel hin und stellen den Zusammenhalt mit ihrer Peripherie her. Denn weil sie am Gewicht keinerlei Anteil haben, bewegen sie sich natürlicherweise nach oben. (5) In ähnlicher Weise sagen sie, daß auch die Welt selbst kein Gewicht hat, da sie ganz aus Elementen besteht, die Gewicht haben, und aus Elementen, die kein Gewicht haben. (6) Die ganze Erde hat ihrer Ansicht nach von Hause aus Gewicht. Es ist ihre Position in der Mitte (und der Umstand, daß solche [d.h. schwere] Körper sich zur Mitte hin bewegen), weswegen sie an diesem Ort bleibt.

☐ Die stoischen Definitionen von Ort und Leerem (A–C) zeigen, warum diese beiden als »subsistent« und »unkörperlich« eingestuft wurden (siehe **27**). Sowohl der Ort als auch das Leere setzen die Existenz von Körpern voraus, der Ort, indem er diejenige Art unkörperlicher Ausdehnung ist, die ein Körper einnehmen kann und wirklich einnimmt, und das Leere, indem es diejenige Art unkörperlicher Ausdehnung ist, die ein Körper einnehmen kann, aber in Wirklichkeit nicht einnimmt. Vermutlich um die zur Erfüllung dieser Rollen geeigneten Arten des Unkörperlichen zu sein, wurden Ort und Leeres als »dreidimensional« betrachtet (**E**); vom Körper unterscheiden sie sich dabei durch ihre Unberührbarkeit (vgl. **C**) und das Fehlen von Widerständigkeit (vgl. **45E, F**).

Anders als Epikur (siehe **5**) scheinen die Stoiker nicht darauf bedacht zu sein, Ort und Leeres bloß als Termini zu behandeln, die verschiedene Aspekte desselben Begriffs herausgreifen. Das Leere ist nicht ein Ort, der gelegentlich leer und manchmal ausgefüllt ist (**A2**). Streng genommen ist das Leere immer außerhalb der Welt und unbegrenzt. Da der Ort das ist, was wirklich ein Körper einnimmt, befindet er sich innerhalb der Welt und ist begrenzt. Wenn es ausgefüllt wird, hört das Leere auf, als solches zu existieren, und wird ein Ort. Die Stoiker erkannten aber an, daß ein räumliches Kontinuum von einem bestimmten Körper teilweise gefüllt und teilweise leer sein kann. Auf der kosmischen Ebene wird dies für das zusammengesetzte Gebilde von Welt gelten, die jedweden Ort und außerdem das außerhalb gelegene Leere ausschöpft. Wahrscheinlich benutzten die Stoiker den Terminus »Raum« (**B3**), um einen Bereich zu bezeichnen, der Ort und Leeres verbindet (d.h. das »All«, **44A**); und sie

---

J Kontext: Doxographie zur Bewegung.

räumten auch den weniger technischen Punkt ein, daß ein räumlicher Behälter innerhalb der Welt, zum Beispiel ein halb gefülltes Weinglas, noch mehr von dem Körper aufnehmen kann, der es teilweise füllt (siehe den nicht übersetzten Teil von A in Bd. 2).

Aristoteles hatte sich energisch dagegen gewendet, dem Leeren irgendeine Art von Existenz innerhalb oder außerhalb der Welt zuzuerkennen (*Physik* IV.7–10). Bezüglich des Leeren innerhalb der Welt sahen die Stoiker keinen Grund, von ihm abzuweichen (vgl. D). Sie stimmten nicht mit Epikur (6) überein, daß Leeres als eine Bedingung für Ortsbewegung erforderlich sei, und ihre Auffassung von der Welt als einer organischen Einheit war völlig unvereinbar mit der Einführung diskreter Räume, die den einen Körper vom anderen trennen. Jedoch ist die Welt im Stoizismus nicht in ihrem Volumen unveränderlich, wie Aristoteles sie auffaßte. Vor dem Weltbrand (siehe **46**) muß es vielmehr unbesetzten Raum geben, in den die Welt sich ausdehnen kann, wenn sie brennt, und den sie wieder unbesetzt zurücklassen wird, sobald sie abkühlt und sich zusammenzieht (G). Theoretische Erwägungen, die von dem Begriff eines unendlichen Regresses Gebrauch machen, sind ebenfalls bezeugt (F); aber der kosmische Zyklus scheint der Hauptgrund der Stoiker gewesen zu sein, warum sie ein externes Leeres benötigten.

Auf peripatetische Einwände (H1, abgeleitet von Aristoteles *Physik* IV.8), daß ein externes Leeres die Stabilität der Welt bedrohen müsse, hatten die Stoiker zwei hervorragende Antworten (H2-3). Erstens hat das Leere als unkörperliches Gebilde keine kausale Wirksamkeit (C, vgl. **45B**); daher kann ein undifferenzierter leerer Raum überhaupt keine Wirkung auf die Welt haben. Zweitens ist die Welt so verfaßt, daß alle ihre Teile, sogar einschließlich der gewichtslosen Elemente Luft und Feuer, eine zentripetale Tendenz haben (J). Die Gewichtslosigkeit dieser Elemente verleiht ihnen eine natürliche Bewegung weg vom Zentrum der Welt, zu der aber die nicht weiter qualifizierte zentripetale Bewegung der Himmelselemente ein Gegengewicht bildet, mit denen Luft und Feuer als der zusammenhaltende »Atemstrom« (siehe **47**) verschmolzen sind. Luft und Feuer vereinigen somit das Zentrum der Welt mit ihrer Peripherie, indem sie einen vollständigen internen Zusammenhang herstellen (J4; vgl. H2, was auf den Habitus oder die natürliche Kohäsion der Substanz Bezug nimmt). Daher besteht nicht länger die Gefahr, daß die Welt in das externe Leere hinein desintegriert, welches in jedem Fall überhaupt keine Rolle für die Erklärung der Ortsbewegung spielt. Aristoteles (*Physik* IV.8, 215a8–9) hatte eingewendet, daß ein unbegrenztes Leeres kein Zentrum haben könnte, und eine stattliche Zahl von Argumenten angeführt, die dazu bestimmt waren, die Vereinbarkeit solch eines Leeren mit einer begrenzten und stabilen Welt in Zweifel zu ziehen. Chrysipp erkannte an, daß das unbegrenzte Leere jeden Grund ausschließt, warum Körper sich in wohlbestimmte Richtungen bewegen (I); aber weil das Leere kein Teil der stoischen Welt ist, ist das einzige Zentrum, welches Chrysipp interessieren muß, dasjenige der Welt selbst: Alle Körper haben, wie wir gesehen haben, eine zentripetale Tendenz, d.h. eine Tendenz zu ihrem eigenen Zentrum, dem Zentrum des körperlichen Kontinuums hin (J). Die Einwände des Aristoteles zielten auf ein unbegrenztes Leeres mit einer begrenzten Welt in seinem Zentrum. Chrysipp dagegen setzt die Welt nicht sozusagen in ein unbegrenztes Leeres. Vielmehr beginnt er bei einer begrenzten Welt, wie das Leere völlig ausschließt. Das unbegrenzte Leere umgibt die Welt bloß und stellt die räumliche Bedingung (den »Raum«) für ihre Volumenveränderungen bereit.

50 Kontinuum

A   Stobaeus 1.142,2–6 (teilw. *SVF* 2.482; *FDS* 724)

Chrysipp behauptete, die Körper ließen sich ins Unbegrenzte teilen und ebenso das, was den Körpern vergleichbar ist, wie etwa die Fläche, die Linie, der Ort, das Leere und die Zeit. Doch obwohl sie sich ins Unbegrenzte teilen lassen, besteht der Körper nicht aus unendlich vielen Körpern, und gilt dasselbe für die Fläche, die Linie und den Ort.

B   Diogenes Laërtius 7.150–151 (teilw. *SVF* 2.482; teilw./enthält *FDS* 742)

(1) Die Teilung geht ins Unendliche. (2) Chrysipp nennt sie ›unendlich‹ (denn es gibt nichts Unendliches, welches die Teilung erreicht, vielmehr ist sie endlos). (3) Auch die Mischungen erfolgen durch und durch.

C   Plutarch, *De comm. not.* 38/39, 1078E–1080E (mit Auslassungen) (enthält *SVF* 2.485, 484, 483, 489; enthält *FDS* 460)

(1) Außerdem widerspricht es unserem Begriff, daß es in der Natur der Körper weder etwas Äußerstes noch einen ersten oder letzten Teil geben soll, worin die Größe des Körpers endet, sondern daß immer etwas jenseits der genommenen Körpergröße auftaucht und den Gegenstand somit ins Unendliche und Unbestimmte schiebt. Denn zu denken, daß irgendeine Größe größer oder kleiner als eine andere sei, wird nicht möglich sein, wenn das unendliche Anwachsen von Teilen gleichermaßen zu beiden gehört. . . . (2) Freilich, wie kann es ausbleiben, evident zu sein, daß der Mensch aus mehr Teilen besteht als der Finger des Menschen und die Welt aus mehr Teilen als der Mensch? Das wissen und denken nämlich alle, falls sie nicht Stoiker geworden sind. Wenn sie aber Stoiker geworden sind, sagen sie das Gegenteil und glauben, daß Mensch nicht aus mehr Teilen besteht als der Finger und auch die Welt nicht aus mehr als der Mensch. Denn ins Unbegrenzte schäumt die Teilung die Körper auf, und bei Unendlichkeiten gibt es kein Mehr oder Weniger. . . . (3) Chrysipp sagt nämlich, daß wir, wenn wir gefragt werden, ob wir Teile haben und wieviele und aus welchen und wievielen Teilen die Teile bestehen, eine Unterscheidung zur Anwendung bringen werden. Mit Bezug auf das nicht weiter präzisierte Ganze werden wir erklären, daß wir aus Kopf, Rumpf und Gliedmaßen bestehen; denn das war alles, worum es in der Frage und dem Problem ging. Wenn die Frage aber vorangetrieben und mit Bezug auf die *letzten* Teile gestellt wird, dann, so sagt er, darf man nichts dergleichen erwidern, darf aber weder sagen, aus welchen Teilen wir bestehen, noch entsprechend, aus wievielen, aus unendlich oder aus endlich vielen. Ich denke, es ist gut, daß ich seine eigenen Worte

---

B Kontext: Die stoische Auffassung von der Substanz, gefolgt von **48A**.   **C** Kontext: Im Anschluß an die Kritik der stoischen Mischungstheorie von **48B**.

zitiert habe, so daß man sehen kann, in welcher Weise er die allgemeinen Begriffe beibehält, wenn er uns anweist, jeden der Körper weder aus bestimmten Teilen noch aus einer bestimmten Anzahl Teilen bestehend zu denken, weder aus unendlich noch aus endlich vielen. Denn wenn gerade so, wie es in der Mitte zwischen Gutem und Schlechtem das Indifferente gibt, es etwas Mittleres zwischen Begrenztem und Unbegrenztem gibt, dann hätte er sagen sollen, was das ist, und hätte die Schwierigkeit lösen sollen. Wenn wir aber ebenso, wie das nicht Gleiche sofort ungleich und das nicht Vergängliche sofort unvergänglich ist, das nicht Begrenzte als unbegrenzt auffassen, dann ist, meine ich, daß ein Körper weder aus endlich noch aus unendlich vielen Teilen besteht, ähnlich wie wenn ein Argument weder auf wahren noch auf falschen noch auf ⟨wahren und falschen⟩ Prämissen beruhen würde.

(4) Darüber hinaus sagt er in seinem jugendlichen Übermut, daß die Seiten einer Pyramide, wenn sie aus Dreiecken besteht, deshalb, weil sie entlang ihrer Verbindungslinie schräg verlaufen, einerseits ungleich sind und andererseits, insofern sie größer sind, nicht überstehen. *So bewahrt er die allgemeinen Begriffe!* Denn wenn etwas größer ist und doch nicht übersteht, wird es etwas Kleineres geben, was zugleich nicht kürzer ist, so daß es etwas Ungleiches gibt, was weder übersteht noch kürzer ist. Das heißt: Das Ungleiche wird gleich sein, und das Größere wird nicht größer und das Kleinere nicht kleiner sein. (5) Betrachte dann ferner, auf welche Art er Demokrit begegnete, der auf naturphilosophisch lebendige Weise die Schwierigkeit entwickelte, was man, falls ein Kegel durch eine Ebene parallel zu seiner Basis geschnitten wird, bezüglich der Oberflächen der Segmente annehmen muß, ob sie nämlich gleich oder ungleich ausfallen. Denn wenn sie ungleich sind, werden sie den Kegel unregelmäßig machen, da er dann viele stufenförmige Einschnitte und Rauheiten bekommt; falls sie aber gleich sind, werden die Segmente gleich sein, und für den Kegel, der dann aus gleichen und nicht aus ungleichen Kreisen besteht, kommt infolgedessen heraus, daß er die Gestalt eines Zylinders besitzt, was der Gipfel der Absurdität ist. Hier nun behauptet Chrysipp, Demokrit sei unwissend, und er sagt, daß die Oberflächen weder gleich noch ungleich sind, während die Körper ungleich sind, weil die Oberflächen weder gleich noch ungleich sind. . . .

(6) Was sie jedenfalls ganz besonders gegen die Vertreter der Größen ohne Teile einwenden, ist, daß es [einer solchen Auffassung zufolge] weder Kontakt von ganzen [Größen] mit ganzen noch von Teilen mit Teilen gibt; denn ersteres liefert anstatt Kontakt eine Mischung, und letzteres ist nicht möglich, da teillose Größen keine Teile haben. (7) Wie vermeiden sie selbst also diese Falle, wenn sie doch weder einen letzten noch einen ersten Teil zulassen? Weil sie, bei Gott, sagen, daß Körper einander vermöge einer Grenze berühren, nicht vermöge eines Teils. (8) Die Grenze indes ist kein Körper. Demnach wird der Körper den Körper durch etwas Unkörperliches berühren und auch wieder nicht berühren, da etwas Unkörperliches dazwischen ist. Aber wenn er ihn berührt, dann ist es das Unkörperliche, durch das der Körper eine Wirkung ausübt und durch das auf ihn eingewirkt wird.

D Proklos, *In Euclidis Elementa I* 89,15–18 (teilw. *SVF* 2.488; teilw. *FDS* 318)

Daß man aber nicht glauben darf, derartige Begrenzungen – ich meine die Begrenzungen der Körper – hätten eine bloß gedankliche Existenz, wie dies die Stoiker annahmen, . . .

E Diogenes Laërtius 7.135 (teilw. *FDS* 748)

Die Oberfläche ist die Grenze eines Körpers oder dasjenige, was nur Länge und Breite, aber keine Tiefe hat. Poseidonios gesteht ihr im fünften Buch *Über Erscheinungen am Himmel* sowohl eine gedankliche als auch eine reale Existenz zu. Die Linie ist die Grenze der Oberfläche oder Länge ohne Breite oder das, was nur eine Länge hat. Der Punkt ist die Grenze der Linie, nämlich die kleinstmögliche Markierung.

F Sextus Empiricus, *Adv. Math.* 10.121–126, 139–142

Außerdem: Jede Bewegung enthält dreierlei, nämlich Körper, Orte und Zeiten, wobei die Körper die sind, die sich bewegen, die Orte das, *worin* die Bewegung stattfindet, und die Zeiten das, *durch das hin* die Bewegung erfolgt. Demnach findet die Bewegung entweder statt, wenn diese Dinge alle drei in unbegrenzt viele Orte und Zeiten und in unbegrenzt viele Körper zerteilt werden oder wenn sie alle bei etwas enden, was keine Teile hat und äußerst klein ist, oder wenn einige bis in unbegrenzt viele aufgeteilt vorden, während die anderen bei etwas kleinstem enden, was keine Teile hat. Aber ob sie alle bis ins Unbegrenzte zerteilt werden, ob sie alle bei etwas Teillosem enden ⟨oder ob einige bis ins Unbegrenzte zerteilt werden, während die anderen bei etwas Teillosem enden,⟩ in jedem Fall erweist sich die Darstellung der Bewegung als problematisch. (2) Wir entwickeln unser Argument der Reihe nach, beginnend bei der ersten Schule, der zufolge alles bis ins Unbegrenzte zerteilt wird. Die Verfechter dieser Ansicht sagen nun, daß der bewegte Körper zu ein und derselben Zeit ein gesamtes teilbares Intervall zur Vollendung bringe; er besetze nicht zuerst den ersten Teil des Intervalls mit dem ersten Teil seiner selbst und dann der Reihe als zweites den zweiten Teil, sondern durchquere das ganze teilbare Intervall auf einen einzigen Schlag und kompakt. (3) Das ist absurd und widerstreitet auf verschiedenerlei Weise den Phänomenen. Wenn wir etwa den Fall dieser sichtbaren Körper nehmen und an einen Läufer denken, der über eine Distanz von einer Stadie rennt, dann kommt allemal heraus, daß so jemand zuerst die erste Halbstadie zur Vollendung bringt und dann der Reihe nach als zweites die zweite Halbstadie; denn es ist absurd anzunehmen, daß er die ganze Distanz von einer Stadie vollständig auf einen Schlag zuwege bringe. Und wenn wir gar die zweite Halbstadie in zwei Viertelstadien teilen sollten, wird er in jedem Fall als

---

D Kontext: Kommentar zur ersten Definition Euklids.   E Kontext: Unmittelbar anschließend an **45E**, gefolgt von **46B**.   F Kontext: Gibt es Bewegung?

erstes die erste Viertelstadie zurücklegen; genauso wäre es auch, wenn wir sie in mehr Abschnitte unterteilen sollten. Falls das Stadion beleuchtet ist, wenn er läuft, liegt weiter auf der Hand, daß er seinen Schatten nicht auf einen Schlag über das ganze Stadion verbreiten wird, sondern das eine Stück als ersten Teil, das zweite als zweiten, das dritte als dritten. Falls er des weiteren der Mauer entlang laufen sollte und sie mit seiner Hand berührt, die er in rote Farbe getunkt hat, dann wird er nicht in ein und derselben Zeit die ganze Stadion-Mauer rot färben, sondern der Reihe nach und das Frühere früher. Was das Argument also bei den wahrnehmbaren Dingen gezeigt hat, dasselbe müssen wir auch bei den Gegenständen des Denkens anerkennen. . . . (4) Das also ist, in welcher Weise es für die genannten Männer problematisch wird zu behaupten, daß die Bewegung in einem kompakten Intervall auf einen Schlag erfolge. Viel problematischer als das ist jedoch die Ansicht, die Bewegung erfolge nicht über ein teilbares Intervall kompakt, sondern der frühere Teil früher und der zweite an zweiter Stelle. Denn wenn die Bewegung so vor sich geht, unter der Voraussetzung, daß die Körper, Orte und Zeiten alle ins Unendliche zerschnitten werden, dann wird es keinen Anfang der Bewegung geben. Damit sich nämlich etwas um eine Elle Distanz bewegt, muß es die erste halbe Elle als erstes durchmessen und dann der Reihe nach die zweite als zweites. Jedoch, damit es schon die erste Halb-Ellen-Distanz vollendet, muß es das erste Viertel der Elle durchmessen und danach das zweite, aber auch, wenn die Elle in fünf Abschnitte unterteilt wird, ⟨das erste Fünfte,⟩ und wenn in sechs Abschnitte, das erste Sechstel. Wegen der unendlichen Teilbarkeit hat also jeder erste Teil einen anderen ersten Teil, und notwendigerweise kommt es deswegen niemals zu einem Anfang der Bewegung, da die Teile des Intervalls ebenso wie die des Körpers nicht ausschöpfbar sind und da jeder Teil, den man davon nimmt, weitere Teile hat. (5) Gegen die also, die sagen, die Körper, die Orte und die Zeiten würden ins Unendliche zerteilt — dies sind die Stoiker —, war das die passende Antwort.

G   Proklos, *In Euclidis Elementa I* 395,13–18 (teilw. *SVF* 2.365; teilw. *FDS* 458)

Wie Geminos berichtet, verglich Chrysipp derartige Theoreme [wie z.B., daß Parallelogramme auf derselben Basis und innerhalb derselben Parallelen einander flächengleich sind] mit den Ideen [vgl. **30**]. Denn wie diese das Werden unbegrenzt vieler Gegenstände in wohlbestimmten Grenzen umfassen, so findet auch bei jenen Theoremen die Umfassung unbegrenzt vieler Gegenstände in wohlbestimmten Orten statt.

☐   Das Eintreten der Stoiker für das Kontinuum bringt sie in direkten Gegenstz zu Epikurs Theorie unteilbarer Größen (darüber siehe **9**). Ihre Antwort auf Epikur und vielleicht auch auf Diodoros Kronos, einen anderen Verfechter von Minima, wird uns in C6 berichtet. In dieser Antwort wiederholen sie das Argument des Aristoteles in

G Kontext: Kommentar zu Euklid, Satz 35 Theorem 25.

Physik VI.1 (= **9d** in Bd. 2), daß, weil aller Kontakt entweder ein Kontakt Ganzes zu Ganzem oder ein Kontakt Teil zu Ganzem oder einer Teil zu Teil ist und weil unteilbare Größen keine Teile haben, es außer einer totalen Koinzidenz (d.h. Ganzes zu Ganzem) keine Möglichkeit gibt, daß zwei unteilbare Größen in Kontakt stehen. Epikurs geniale Antwort war gewesen, einen weiteren Weg anzubieten, wie unteilbare Größen sich verbinden könnten − siehe **9A7-8** und Kommentar. Der hier vorliegende Bericht über die Stoiker kann daraufhin nicht so gelesen werden, als ignoriere er Epikurs Lösung und kehre unkritisch zu Aristoteles' Originalargument zurück; wohl aber stellt er heraus, daß Epikurs Antwort unteilbare Größen ohne eine »Berührung« im strikten Sinne läßt.

Wichtig ist jedenfalls, die *ad hominem*-Natur des Arguments von **C6** zu erkennen. Daß Kontakt ein Kontakt zwischen »Teilen« ist, war für Aristoteles nur akzeptabel, weil er annahm, *Grenzen* seien Teile; und dieselbe Überzeugung könnte dialektisch von Epikur eingefordert werden, weil er ebenfalls dachte, Grenzen seien Teile; denn er identifizierte sie mit kleinstmöglichen Teilen (Minima). Der echte Fortschritt, den die Stoiker dabei machten, war zu bestreiten, daß Grenzen Teile sind: **C7**.

Während Plutarch im Interesse der Polemik annimmt, stoische »Grenzen« seien etwas Unkörperliches (**C8**), vermeiden die verläßlicheren Zeugnisse von **A**, **D** und **E** diese Kennzeichnung. Die Stoiker betrachteten Grenzen als rein mentale Konstrukte (**D**, **E**), und es kann gut sein, daß sie von ihnen annahmen, sie fielen als solche aus der ›Körperlich/Unkörperlich‹-Dichotomie heraus (siehe weiter **27**; und vgl. **C3** für diese charakteristisch stoische Art der Ausschließung). Leser, die mit Platon und Aristoteles vertraut sind, mögen enttäuscht sein, daß die Stoiker den ontologischen Status solcher mathematischer Gegenstände offensichtlich kursorisch behandelt haben. Im Zeitalter des Hellenismus waren Philosophie und Mathematik weitgehend getrennte Disziplinen geworden; die Mathematik bildete kein großes Training mehr für das Interesse der Philosophen und diente ihnen nicht mehr als paradigmatischer Fall einer Wissenschaft. (**G** stellt einen sehr seltenen stoischen Ausflug in die Philosophie der Mathematik dar.)

Es scheint natürlich zu sein, die eigene Darstellung der Stoiker in **C7** so zu lesen, daß sie sagt: Zwei Körper berühren einander dann, wenn sie eine Grenze teilen; die Grenze könnte je nach Fall eine Oberfläche, eine Linie oder auch nur ein Punkt sein (**E**). Diese Deutung führt allerdings zu der Schwierigkeit, Chrysipps Lösung des Kegel-Problems in **C5** zu interpretieren. Das Dilemma Demokrits war anscheinend folgendes: Von den zwei aneinander angrenzenden Seiten eines horizontal durchschnittenen Kegels ist entweder die untere Seite größer, in welchem Fall wir durch ständige Wiederholung der Operation viele Einkerbungen in dem Kegel finden werden (diese stufenartige Unregelmäßigkeit entsteht deshalb, weil von der unteren, nach oben schauenden Oberfläche selber nicht angenommen werden kann, daß sie unmittelbar an eine weitere Oberfläche unter ihr angrenzt). Oder aber die beiden Oberflächen sind gleich; weil wir das Experiment mit demselben Ergebnis an jeder horizontalen Stelle des Kegels wiederholen können, wird das bedeuten, daß der Kegel nirgends weiter wird und ein Zylinder ist. In dieser Problemstellung macht Demokrit zwei wichtige Annahmen: (a) Die zwei aneinander angrenzenden Oberflächen zweier sich berührender Körper koinzidieren nicht, sondern sind unmittelbar *aneinander angrenzend*; (b) ein Körper kann analysiert werden, als *bestehe* er irgendwie aus einer Reihe von ebenen Figuren, der Zylinder beispielsweise sei als ein Stapel gleicher Kreise beschreibbar. (Manche haben eine weitere, atomistische Annahme am Werk gesehen, wofür es aber keinen Beleg gibt, und eine solche Annahme hätte das Puzzle für einen Nicht-Atomisten wie Chrysipp viel weniger interessant erscheinen lassen.)

Wir könnten erwarten, daß Chrysipp beide Annahmen zurückweist, die erste, indem er auf seine eigene Darstellung von Kontakt verweist, wie sie oben interpretiert wurde, und die zweite, weil er erkennt, daß Grenzen keine Teile sind (C7). In diesem Fall sollte seine Lösung in C5, daß »die Oberflächen weder gleich noch ungleich sind«, als eine Behauptung gelesen werden, daß keine der beiden Beschreibungen angemessen ist (für diese Art der Ausschließung vgl. C3), weil wir es nicht mit zwei Oberflächen zu tun haben, sondern mit nur einer. Seine abschließende Bemerkung in C5, daß die beiden Körper aufgrund dieses Umstands ungleich sind, werden wir dann so zu lesen haben, daß Chrysipps Analyse es uns *erlaubt*, das zweite Horn von Demokrits Dilemma zurückzuweisen.

Diese Interpretation ist nicht ganz befriedigend. Erstens, indem er das Puzzle in den Termini einer physikalischen Abtrennung entwickelte, *hat* Demokrit uns sicherlich zwei Oberflächen an die Hand gegeben, eben die Oberflächen der getrennten Körper; in diesem Fall ist schwer zu sehen, warum Chrysipp nicht einfach sagte, daß die gleich sind. Zweitens ist es schwierig, Chrysipps eigenes Pyramiden-Puzzle in C4 anders zu lesen als so, daß es mit dem Kegel-Puzzle im wesentlichen identisch ist und unter seinen Prämissen sowohl (a) als auch (b) annimmt. Obwohl dieser Text auf andere Weisen übersetzt und interpretiert worden ist, verstehen wir ihn in dem Sinn, daß er eine Pyramide als einen Stapel von zur Basis parallelen Dreiecken analysiert, deren Seitengröße zur Spitze hin nach Null konvergiert, und daß er fragt, ob die Seiten benachbarter Dreiecke in dem Stapel gleich oder ungleich sind.

Nach der von uns bevorzugten Interpretation stellt die Beziehung der beiden Oberflächen, die erzeugt werden, wenn man einen Kegel oder eine Pyramide parallel zur Basis schneidet, Chrysipp wirklich vor ein Rätsel. Reine Mathematik mag bestreiten, daß zwei solche Grenzen sich berühren. Aber die physikalische Welt scheint trotzdem das Gegenteil zu bezeugen. Die beiden Formulierungen Chrysipps, »größer, aber nicht überstehend« (C4) und »weder gleich noch ungleich« (C5) könnten dann zwei alternative Versuche darstellen, den schwierigen mathematischen Begriff der Konvergenz nach einem Grenzwert zu beschreiben. Die zwei benachbarten Seiten können nicht vollkommen gleich sein; dennoch gibt es keine endliche Größe, um die die eine über die andere hinausgeht. (Ähnlich quälend kann in der Arithmetik der Versuch werden, einen Unterschied zwischen 10 und $9,\bar{9}$ auszumachen.) Die Formel »weder gleich noch ungleich«, C5 Ende, reicht aus, um den Kegel davor zu bewahren, ein Zylinder zu sein.

Wenn das richtig ist, hat Chrysipp dann hier die oben beobachteten Fortschritte betreffs der »Grenzen« aufgegeben? Das zu vermuten ist nicht nötig. Plutarch ist ein böswilliger Berichterstatter, der mit Absicht jeden Hinweis auf den ursprünglichen Kontext der Bemerkungen wegläßt. Für Chrysipp war es charakteristisch, eine Frage wieder und wieder von verschiedenen Seiten her auszuloten und mit alternativen Lösungen zu experimentieren. Wenn er die Annahmen (a) und (b) in diesem Fall akzeptierte, kann er das hypothetisch getan haben, um ihre Konsequenzen zu erkunden. (In der Tat kann die grammatische Konstruktion, die in C4 die Annahme (b) einleitet und die in der Übersetzung mit »wenn sie aus Dreiecken besteht« wiedergegeben wurde, leicht als hypothetisch verstanden werden.) Außerdem kann Annahme (b), die ausdrücklich sowohl von Demokrit als auch von Chrysipp festgehalten wird, in einer mathematisch ganz unschädlichen Weise interpretiert werden. Beide Problemstellungen funktionieren selbst dann noch, wenn die Beschreibung eines räumlichen Gebildes als *aus* ebenen Figuren dieses oder jenes Typs *bestehend* so verstanden wird, daß sie nicht bedeutet, daß diese Figuren Bestandteile des betreffenden Gebildes seien, sondern nur, daß sie in ihm auf jeder beliebigen zur Basis parallelen Ebene gefunden werden können.

Wir kommen nun zur stoischen Verteidigung der unendlichen Teilbarkeit. Unter den wohlbekannten Einwänden gegen eine solche Teilbarkeit befand sich das ›Dichotomie‹-Problem Zenons von Elea, das bei Sextus in **F4** anklingt und die Frage stellt, wieso Bewegung überhaupt stattfinden könne, und das bei Plutarch in **C1-2** anklingende epikureische Argument, daß eine unendliche Teilung Größenunterschiede unverständlich machen würde. Der Haupttrick der Stoiker bei ihrer Antwort sowohl auf die zenonische als auch auf die epikureische Kritik ist der, fast so, wie Aristoteles das getan hat, zu bestreiten, daß das unendlich Teilbare eine wirkliche Unendlichkeit von Teilen enthält: **A, B.** Dies zu bestreiten heißt nicht zu sagen, daß das unendlich Teilbare endlich viele Teile enthalte. Sondern es heißt nur, daß es keine nicht-willkürliche Antwort auf die Frage gibt, wie viele Teile es hat: **C2-3.**

Diese Antwort befaßt sich hinreichend effizient mit dem epikureischen Einwand, der auf der Annahme beruht, die Größe sei eine Funktion von der Anzahl der Teile. Gegen das Bewegungsparadox Zenons hat die Antwort eine härtere Auseinandersetzung zu bestehen. Es ist fair anzunehmen, daß die von Sextus in **F2-3** kritisierte stoische Strategie ursprünglich in Beantwortung des Zenonischen Einwands entwickelt wurde, den Sextus in **F4** darstellt. Dieser Einwand analysiert die zu überbrückende Distanz in eine unendliche Folge kleiner werdender Teile mit dem Startpunkt als Konvergenzpunkt und fragt auf diese Weise, wie die Bewegung anfangen kann. (Eine Alternativversion, in der die unendliche Folge auf die Ziellinie hin konvergiert, unterscheidet sich davon nicht entscheidend.) Dies beachtend können wir die Antwort der Stoiker nachvollziehen. Wie die Antwort des Aristoteles in *Physik* VIII.8 beginnt sie mit einer Berufung auf ihr Prinzip (**A, B**), daß es keine wirkliche Unendlichkeit von Teilen gibt, die die Entfernung konstituieren würden. Mit anderen Worten: Obwohl es einen Halbdistanzpunkt, einen Vierteldistanzpunkt usw. geben mag, die zuerst erreicht werden müssen, gibt es doch nicht unendlich viele solche Zwischenpunkte. Daher *kann* die Bewegung beginnen. Aber, so wird man einwenden, dies folgt nur, wenn es eine Bewegung gibt, die die erste in der Reihe ist. Wie können wir anders als durch ein willkürliches *fiat* entscheiden, welche Bewegung das ist? Das ist mit Sicherheit die Frage, auf die die stoische These in **F2** antworten soll. Es *gibt* solche Bewegungen. Was immer sie des näheren sind, man kann nicht die Meinung vertreten, es handle sich um atomare Bewegungsportionen (wie das Diodor und Epikur vorgeschlagen hatten, siehe **11**); die Stoiker sind nämlich völlig auf das Kontinuum festgelegt. Stattdessen hat man erwogen, es handle sich um »teilbare Sprünge« — eine Theorie, die später von Damaskios aufgeboten wurde; nach ihr verschwindet der in Bewegung befindliche Körper von der einen Stelle und taucht mysteriöserweise an einer anderen wieder auf, und zwar ohne daß dabei angenommen wird, der dazwischenliegende Raum sei unteilbar. Für eine so extravagante These bietet der Text aber keine angemessene Unterstützung: Nichts darin muß implizieren, daß der Übergang instantan erfolgt oder daß der Gegenstand den zwischen Anfangs- und Endpunkt liegenden Raum gar nicht passiert. Eine weniger riskante und sehr viel stoischere Deutung ist, daß es sich hier um Bewegungsportionen handelt, die *legato* und nicht stufenweise vollendet werden. Die Stoiker sind ja doch der Ansicht, daß Grenzen nur als gedankliche Konstrukte subsistieren (**D**). Auf der Strecke eines Läufers gibt es daher nur so viele Teilungspunkte, wie jemand in Gedanken zu markieren wählt. An irgendeinem Punkt wird uns die geistige Kraft verlassen, weitere Teilungspunkte zu markieren, und dann bleibt uns ein ungeteiltes, wiewohl teilbares Stück Strecke, das folglich mit einer einzigen ungeteilten Bewegung überbrückt werden kann. Daß dies die Art und Weise ist, wie die Lösung der Stoiker funktionieren soll, scheint klar aus dem Gegenzug des Sextus in **F3** hervorzugehen. Sextus argumentiert zuerst sehr einschlägig zu der *auf der Ebene physikalischer Fakten* bestehenden Notwendigkeit, daß jede beliebige Bewegung Teilstufen besitzen muß, und stellt daraufhin unsere Freiheit in Frage, uns über diese Schlußfolgerung hinwegzusetzen, wenn wir eine mathematische Analyse in Begriffen von reinen Gedanken-Objekten konstruieren.

Für damit im Zusammenhang stehende stoische Theorien, vgl. **48** über die »Mischung« oder »Verschmelzung« und **51** über die »Zeit«. Die Theorie der totalen Mischung setzt unendliche Teilbarkeit voraus (beachte die Nebeneinanderstellung der Themen in **B**); und vielleicht könnte man denken, daß die These, eine unendliche Teilbarkeit werde niemals verwirklicht, diese Theorie gefährde.

51 Zeit

A　Simplikios, *In Arist. Categ.* 350,15–16　(teilw. *SVF* 2.510; teilw. *FDS* 807)

Von den Stoikern nannte Zenon die Zeit ohne weitere Qualifikation ein Intervall der Bewegung und Chrysipp die Zeit ein Intervall der Bewegung des Kosmos.

B　Stobaeus 1.106,5–23　(*SVF* 2.509; teilw. *FDS* 808)

(1) Chrysipp lehrt, die Zeit sei ein Intervall der Bewegung, aufgrund dessen man zuweilen vom Maß für Schnelligkeit und Langsamkeit spricht; oder sie sei das Intervall, das die Bewegung der Welt begleitet. (2) Und nach Maßgabe der Zeit (sagt er) bewegt sich und existiert jedes einzelne Ding . . . Wie aber das Leere als ganzes in jeder Hinsicht unbegrenzt ist, so ist auch die Zeit als ganze in beiden Richtungen unbegrenzt; denn die Vergangenheit und die Zukunft sind ja unbegrenzt. (3) Mit größter Klarheit erklärt er, daß keine einzige Zeit völlig gegenwärtig ist. Denn weil alles Kontinuierliche unendlich teilbar ist, ist nach Maßgabe dieser Teilung auch jede Zeit unendlich teilbar; infolgedessen ist keine Zeit exakt gegenwärtig, wird vielmehr jede Gegenwart in einiger Breite ausgesagt. (4) Weiter sagt er, daß allein die Gegenwart vorhanden ist, während die Vergangenheit und die Zukunft zwar subsistieren, aber niemals vorhanden sind, gerade so, wie man auch nur von Prädikaten, welche [wirkliche] Attribute sind, sagt, daß sie vorhanden sind, daß z.B. das Herumgehen bei mir vorhanden ist, wenn ich herumgehe, bei mir aber nicht vorhanden ist, wenn ich mich niederglegt habe oder sitze.

A Kontext: Kommentar zu Aristoteles, *Categ.* 9, 11b10.　　B Kontext: Doxographie zum Begriff der Zeit. Unmittelbar anschließend an *E*.

C Plutarch, *De comm. not.* 41, 1081C–1082A (enthält *SVF* 2.519, 3. Arch. 14, 2.517, 518; teilw. *FDS* 809)

(1) Es widerstreitet dem [üblichen] Begriff anzunehmen, daß es eine zukünftige und eine vergangene Zeit gibt, aber keine gegenwärtige Zeit, daß vielmehr, während das gerade Zurückliegende und der morgige Tag subsistieren, das Jetzt überhaupt nichts ist. (2) Doch eben dies ergibt sich für die Stoiker, die weder eine kleinste Zeit zulassen noch wollen, daß das Jetzt unteilbar ist. Vielmehr behaupten sie, daß alles, was man begriffen zu haben und als gegenwärtig zu denken glaubt, einesteils zukünftig und andernteils vergangen ist, (3) so daß kein Stück einer gegenwärtigen Zeit verbleibt oder übrig ist, welches dem Jetzt entspricht, wenn die Zeit, von der man sagt, sie sei gegenwärtig, in Teile zerlegt wird, die einerseits zur Zukunft und andererseits zur Vergangenheit gehören. . . . (4) Alle anderen Menschen nehmen an, denken und glauben, daß das ›vor kurzem‹ und das ›in Bälde‹ vom ›jetzt‹ verschiedene Teile der Zeit sind und daß letzteres nach dem Jetzt und ersteres vor dem Jetzt ist. Gleichwohl erklärt von diesen Stoikern Archedemos, das Jetzt sei eine Art Verbindung und Nahtstelle zwischen der Vergangenheit und dem, was kommt; damit hat er — anscheinend ohne sich darüber im klaren zu sein — die Zeit insgesamt vernichtet. Denn wenn das Jetzt keine Zeit, sondern eine Grenze der Zeit ist und wenn jeder Teil der Zeit genauso beschaffen ist wie das Jetzt, so hat die Zeit insgesamt ersichtlich überhaupt keinen Teil, ist vielmehr völlig in Grenzen, Nähte und Verbindungen aufgelöst. (5) Chrysipp dagegen will bei der Aufspaltung mit Finesse vorgehen und sagt in dem Buch *Über das Leere* sowie an einigen anderen Stellen, daß von der Zeit die Vergangenheit und die Zukunft nicht vorhanden sind, wohl aber subsistieren und daß allein das Gegenwärtige vorhanden ist. Im dritten, vierten und fünften Buch *Über die Teile* behauptet er jedoch, daß von der gegenwärtigen Zeit der eine Teil zukünftig und der andere vergangen ist. (6) Daher ergibt sich bei ihm, daß er das, was von der Zeit vorhanden ist, in die nicht vorhandenen Teile dessen aufspaltet, was vorhanden ist, oder vielmehr, daß er von der Zeit überhaupt nichts als vorhanden übrigläßt, wenn das Gegenwärtige keinen Teil hat, der nicht zukünftig oder vergangen ist.

D Stobaeus 1.105,8–16 (*SVF* 3. Apoll. 8; teilw. *FDS* 808)

Apollodor definiert in seinem *Physikalischen Lehrbuch* die Zeit folgendermaßen: Die Zeit ist das Intervall der Bewegung der Welt. Ferner ist sie in eben der Weise unbegrenzt, wie man von der Zahlengesamtheit sagt, sie sei unbegrenzt. Der eine Abschnitt von ihr ist nämlich vergangen, der andere gegenwärtig und der dritte zukünftig. Die Gesamtzeit sei jedoch gegenwärtig, so wie wir von einem Jahr in einer ziemlich großzügigen Umschreibung sagen, es sei gegenwärtig. Auch sagt man von der Gesamtzeit, sie existiere, obgleich keiner ihrer Teile auf exakte Weise existiert.

C Kontext: Kritik der stoischen Auffassung von der Zeit.   D Kontext: Doxographie zum Begriff der Zeit. Gefolgt von **E**, kurz vor **B**.

E Stobaeus 1.105,17–106,4 (Poseidonios Frg. 98 E.-K.; teilw. *FDS 808*)

[Die Definition] von Poseidonios: (1) Manche Dinge sind in jeder Hinsicht unbegrenzt, so die Gesamtzeit; andere sind dies in bestimmter Hinsicht, so die Vergangenheit und die Zukunft, da jede von ihnen nur durch ihren Bezug zur Gegenwart begrenzt wird. (2) Die Definition der Zeit lautet bei ihm: Intervall der Bewegung oder Maß für Schnelligkeit und Langsamkeit. (3) Und er nimmt an, daß die Zeit, an die man unter dem Gesichtspunkt des Wann denkt, teils vergangen, teils zukünftig und teils gegenwärtig ist. Diese letztere bestehe aus einem Teil der Vergangenheit und einem Teil der Zukunft und schließe dabei deren Abgrenzung selbst ein; die Abgrenzung habe den Charakter eines Punktes. (4) Das Jetzt und ähnliche Angaben würden als Zeit in einer Breite (ungenau) gedacht und nicht exakt. (5) Vom Jetzt spreche man aber auch mit Bezug auf die kleinste wahrnehmbare Zeit(strecke), die die Abgrenzung von Zukunft und Vergangenheit einschließt.

F Proklos, *In Platonis Timaeum* 271D (*SVF* 2.521; *FDS* 716)

(1) Weiter ist aus den vorangehenden Ausführungen auch dies zu entnehmen, daß Platon weit davon entfernt ist, die Zeit so zu deuten, wie die Stoiker oder wie viele der Peripatetiker sie aufgefaßt haben. (2) Erstere konzipierten sie als eine bloß gedankliche Gegebenheit, als kraftlos und in nächster Nähe zum Nichtseienden; denn die Zeit ist eins der bei ihnen als unkörperlich geltenden Gebilde, die bei ihnen als untätig, als nicht seiend und als in bloßer Reflexion zur Subsistenz kommend verachtet werden. (3) Die Peripatetiker dagegen nennen die Zeit ein Akzidenz der Bewegung.

G Plutarch, *De comm. not.* 45, 1084C–D (*SVF* 2.665; *FDS* 971)

Und sie [die Stoiker] sollen nicht unwillig werden, weil sie an diese Dinge durch das Schrittchen für Schrittchen vorgehende Argument [d.h. ein Sorites-Argument, siehe **37**] herangeführt werden; vielmehr sollen sie sich an Chrysipp erinnern, der im ersten Buch seiner *Physikalischen Untersuchungen* seine argumentativen Fortschritte in ähnlicher Weise folgendermaßen macht: »Es gilt nicht: die Nacht ist ein Körper, und der Abend, das Morgengrauen und Mitternacht sind keine Körper. Auch gilt nicht: es ist zwar der Tag ein Körper, aber es sind nicht auch der erste Tag des Monats, der zehnte Tag, der fünfzehnte Tag und der dreißigste Tag Körper und auch der Monat, der Sommer, der Herbst und das Jahr Körper.«

E Kontext: Unmittelbar anschließend an *D*, gefolgt von **B**. F Kontext: Kommentar zu Platon, *Timaios* 39d–e. Die Zeit im Sinne Platons hält Proklos für eine unabhängig existierende Zahl. G Kontext: Kritik des stoischen Materialismus.

H Sextus Empiricus, *Adv. Math.* 8.254–255 (teilw. *SVF* 2.221; teilw. *FDS* 1029)

(1) Ferner, sagen sie [die Stoiker], muß das Zeichen ein gegenwärtiges Zeichen für etwas Gegenwärtiges sein. (2) Einige Leute machen nämlich den Fehler, auch ein gegenwärtiges Zeichen für Vergangenes zu wollen, wie das etwa in folgendem Fall ist: »Wenn dieser eine Narbe hat, dann hat dieser eine Wunde gehabt«. Denn »Er hat eine Narbe« ist etwas Gegenwärtiges; es ist ja evident. Aber daß er eine Wunde gehabt hat, ist vergangen; die Wunde existiert ja nicht mehr. Außerdem wollen diese Leute auch ein gegenwärtiges Zeichen für Zukünftiges annehmen, so z.B. dasjenige, welches in der folgenden Konditionalaussage eingeschlossen ist: »Wenn dieser eine Herzverletzung davongetragen hat, wird dieser sterben«. Denn die Herzverletzung ist, wie sie sagen, schon Wirklichkeit, der Tod dagegen zukünftig. (3) Die solches sagen, machen sich allerdings nicht klar, daß das Vergangene und das Zukünftige zwar etwas anderes sind, daß aber trotzdem selbst in diesen Fällen das Zeichen und das, worauf es zeigt, etwas Gegenwärtiges für etwas Gegenwärtiges ist. (4) Denn im ersten Beispiel . . . hat zwar die Wunde bereits existiert und ist vergangen; aber »Dieser hat eine Wunde gehabt« ist eine Aussage und dementsprechend gegenwärtig, wenn es auch über etwas gesagt wird, was gewesen ist. Und im Fall von »Wenn dieser am Herz verwundet ist, wird dieser sterben« ist zwar der Tod zukünftig; aber die Aussage »Dieser wird sterben« ist gegenwärtig, obgleich sie über etwas Zukünftiges gemacht wird, weshalb sie auch jetzt wahr ist.

☐ Die stoischen Reflexionen über Zeit sind interessant, aber ermüdend. Die Quellentexte bestehen weitgehend aus zusammenfassenden Thesen ohne Argumente zur Verteidigung; und Plutarchs wichtiges Zeugnis in C ist mit seiner eigenen Polemik tief durchtränkt. Vermutlich gingen die Stoiker dieses Thema von mehr als nur einem Gesichtspunkt her an; dies könnte die offenkundigen Inkonsistenzen in den Lehren erklären, die Chrysipp zugeschrieben werden.

Aristoteles hatte die Zeit in *Physik* IV.10–14 ausgiebig diskutiert. Sei es direkt oder sei es durch die Vermittlung späterer Peripatetiker – seine Ansichten scheinen jedenfalls der Ausgangspunkt für stoische Diskussionen gewesen zu sein. Beide Schulen stimmten darin überein, daß die Zeit keine Existenz eigenen Rechts hat, und die Stoiker entschieden sich dafür, sie als »unkörperlich« einzustufen (**27D**). Aristoteles hatte die Zeit definiert als »die Zahl der Bewegung nach dem Früher und Später« (*Physik* IV.11, 219b2). Stoische Definitionen (**A, B1, E2**) stellen eine ähnliche Beziehung zwischen Zeit und Bewegung auf, halten aber nicht das Interesse des Aristoteles am Zählen fest. Er hatte vermutet, daß Zeit als eine Zahl von jemandem abhängt, der zählt (von der Seele, *Physik* IV.14, 223a25). Die Stoiker scheinen eine weniger subjektivistische Position einzunehmen. Als »das Intervall« der Bewegung hängt Zeit nicht davon ab, zählbar zu sein oder gezählt zu werden, sondern nur von der Existenz von Bewegung, gerade so wie der Ort, welcher dreidimensional ist, nur davon abhängt, daß er von einem Körper eingenommen wird (**49A1, B2**). Die Welt oder der *kosmos* im weitesten Sinne des Wortes (siehe **44F, 46E, 52A**) ist ewig und befindet sich *immer* in Bewe-

---

H Kontext: Die stoische Zeichentheorie.

gung. Indem er also die Zeit mit der Bewegung der Welt verknüpfte, band Chrysipp (A) die Dauer der Zeit an den einen Gegenstand, dessen Existenz keinen unterbrechenden Starts und Stopps unterworfen ist.

Proklos behauptet, die Stoiker betrachteten die Zeit als rein begrifflich (F). Aber das ist wohl eine unrichtige Folgerung aus ihrer Unkörperlichkeit, die ihrerseits (wie zu sehen sein wird) nähere Bestimmungen verlangt. Wenn »Sagbares« oder *lekta* für ihre Subsistenz vom Denken abhängen (vgl. 33B–C), dann gibt es doch überhaupt keinen Beleg, daß dies für die anderen drei unkörperlichen Etwasse, Ort, Leeres und Zeit, ebenfalls so ist. Anders als Aristoteles, der sagte, daß nicht alle Dinge »in der Zeit« sind (*Physik* IV.12, 221b3), setzte Chrysipp die Bewegung und die Existenz von allem in die Zeit (B2). Gott, das aktive Prinzip der Welt, ist kein zeitloses Wesen, sondern ein beständig sich selbst bewegender Handelnder.

In ihrer Ausdehnung ist die Zeit unendlich, und sie ist unendlich teilbar (B2, 3). Bei Aristoteles ist das zweite Attribut eine grundlegende Lehre; und er gestand auch zu, daß die Kreisbewegungen des Himmels zeitlich unendlich sein könnten (*Physik* IV.10, 241b18). Im Stoizismus ist die unendliche Ausdehnung der Zeit eine Funktion der ewigen Abfolge kosmischer Zyklen (vgl. 52C). Wiederum wie Aristoteles behandelten die Stoiker Vergangenheit und Zukunft als »Teile« oder »Konstituenten der Zeit« (B2-3, C5, D, E1; vgl. Aristoteles, *Physik* IV.10, 217b33), und sie mußten eine Position zu den Paradoxien einnehmen, die solch eine Abhandlung hervorbringt. Einerseits unterschieden sie Sinne von Unendlichkeit: Die Zeit als etwas Ganzes ist unendlich »in jeder Hinsicht« (B2, E1). Aber Vergangenheit und Zukunft können als »Teile« der Zeit nicht »in beiden Richtungen« unendlich sein, weil sie dann aufhören würden, als Teile aller Zeit unterschiedbar zu sein. So sind sie also nur in einer Richtung unendlich und durch die Gegenwart »begrenzt« (E1).

Dies entspricht recht genau der Ansicht des Aristoteles von der Gegenwart oder »dem Jetzt«. Er beschreibt »das Jetzt« als »die Verbindung der Zeit; denn es hält die Vergangenheit und die Zukunft zusammen und ist die Grenze der Zeit« (*Physik* IV.13, 222a10). Mit »Grenze« meint Aristoteles nicht eine fixierte Grenze, sondern einen unteilbaren Punkt ohne Dauer. Der Stoiker Archedemos übernahm seine Beschreibung des »Jetzt« ohne Vorbehalte (C4), und andere Zeugnisse scheinen sie zu implizieren: »Keine einzige Zeit ist exakt gegenwärtig« (B3; vgl. C1-3, E4). Es ist uns aber unbenommen, von der Gegenwart zu sprechen, als habe sie eine Dauer oder eine eigene Existenz. Auf der Ebene der Wahrnehmung ist das akzeptabel (E5). Aber bei strikter Analyse ist die Gegenwart trügerisch, weil sie »aus einem Teil der Vergangenheit und einem Teil der Zukunft« besteht (C5, E3). Aristoteles hatte schon darauf hingewiesen, daß dies die unakzeptable Konsequenz davon ist, »das Jetzt« als eine Zeit zu behandeln (*Physik* VI.3, 234a9). Indem sie die Gegenwart so beschrieben, stimmten die Stoiker mit Aristoteles vermutlich überein, oder sie verwendeten diese Beschreibung nur, um auf den breiten Gebrauch hinzuweisen, der mit der exakten Sicht von der Zeit als einem Kontinuum in Konflikt steht.

Wir kommen nun zu den originellsten Aspekten der stoischen Theorie. Wie Plutarch prompt vermerkte (C5), sind sie oberflächlich inkonsistent mit den soeben erörterten Lehren. Im Gegensatz zu dem, was wir zu erwarten angeleitet wurden, ist es in B4 und C5 allein die Gegenwart, von der es heißt, sie »sei vorhanden«. Die Vergangenheit und die Zukunft sind nicht vorhanden, sondern »subsistieren«. Diese Unterscheidung wird durch eine dunkle Passage erläutert (B4), welche zu spezifizieren scheint, unter welchen zeitlichen Bedingungen ein Attribut von einem Gegenstand wahrerweise prädiziert werden kann. »Spazierengehen« ist bei mir vorhanden und kann von mir wahrerweise prädiziert werden genau dann, wenn ich gegenwärtig spazierengehe. Wenn ich mich niederlege oder sitze, gehe ich nicht spazieren, und so ist das Spazierengehen dann bei mir nicht vorhanden. Zu der Zeit, wo ich mich niederlege oder sitze, kann es wahr sein, daß ich zuvor spazierengegangen bin oder daß ich hernach spazierengehen werde; aber zu der Zeit kommen diese Spaziergänge bei mir nicht vor, und so subsistieren sie bloß.

Chrysipps Unterscheidung zwischen »vorkommen« und »subsistieren« ist tatsächlich ganz konsistent mit seiner Behauptung, daß keine Zeit exakt gegenwärtig ist oder daß die trügerische Gegenwart als eine Erstreckung von Zeit in Wirklichkeit aus Teilen der Vergangenheit und der Zukunft besteht. Jedes Spazierengehen, das ich unternehme, beansprucht Zeit, so daß Chrysipp, wenn mein Spazierengehen »gegenwärtig« sein kann, das Wort »gegenwärtig« in dem breiten oder unexakten Sinn benutzen muß. Es muß mit Bezug auf diesen Gebrauch sein und mit Bezug zu der Einteilung der Zeit in drei »Teile« (vgl. D), daß die Unterscheidung zwischen »vorkommen« und »subsistieren« gültig ist.

Worauf läuft die Unterscheidung in diesem Fall hinaus? Die Subsistenz der Vergangenheit und der Zukunft zeigt den Status dieser Zeiten an, die gegenwärtig waren oder sein werden, aber bei der Welt so, wie sie gerade jetzt ist, nicht vorhanden sind. Eine subsistierende Zeit datiert demnach alle Ereignisse, die sich ereignet haben oder sich ereignen werden, als durch die Gegenwart gebunden. Die Stoiker waren freilich darauf bedacht, herauszustellen, daß wahre Aussagen, die sich auf solche Ereignisse beziehen, »gegenwärtig sind«, d.h jetzt wahr sind (siehe H). Was sich ereignet hat oder sich ereignen wird, subsistiert in Beziehung zur Gegenwart. Aber was jetzt der Fall ist, kann ganz gut etwas sein, was Vergangenheit oder Zukunft ist.

Wenn man von den bekannten Schwierigkeiten des Zeitbegriffs als gegeben ausgeht, spricht die Flexibilität der Stoiker bei diesem Gegenstand zu ihren Gunsten. Sie erkannten, daß die Rede über Zeit unvermeidlich unpräzise ist und legitimerweise mit dem Zusammenhang variieren kann: Wie können von einer lang ausgedehnten Zeit wie etwa einem Jahr als »gegenwärtig« sprechen (D). Auch bedeutete die stoische Einstufung der Zeit als unkörperlich nicht, daß man ihre Wirklichkeit als einen Zug der Welt verneint hätte. Wenn Zeit als solche kein Körper ist, war Chrysipp doch darauf eingestellt, Tag und Nacht und längere Zeitdauern als Körper zu behandeln (G). Er scheint argumentiert zu haben, daß dies physische Veränderungen sind, die durch die Bewegungen der Sonne hervorgebracht werden (vgl. *SVF* 2.693; **70E3**).

52 Ewige Wiederkehr

A Philon, *De aetern. mundi* 52, 54

(1) Leute, die es gewohnt sind, die Dinge zu definieren, haben die Zeit treffend als das Intervall der Bewegung der Welt definiert. Weil dies korrekt ist, ist die Welt vom selben Alter wie die Zeit und ihre Ursache. . . . (2) Vielleicht wird ein spitzfindiger Stoiker sagen, die Zeit habe man nicht nur mit Blick auf die jetzige Welt als das Intervall der Bewegung der Welt definiert, sondern auch mit Bezug auf die Welt, wie man sie sich im Weltbrand denkt.

A Kontext: Beweis der Ewigkeit der Welt.

B   Lactantius, *Divinae Institutiones* 7.23   (*SVF* 2.623)

Chrysipp ..., als er über die Erneuerung der Welt sprach, zog folgenden Schluß: »Weil dies so ist, ist es offensichtlich nicht unmöglich, daß auch wir nach unserem Tod, wenn einige Perioden Zeit verstrichen sind, wieder zu der Gestalt zurückkehren, die wir jetzt sind.«

C   Nemesios, *De natura hominis* 309,5–311,2   (*SVF* 2.625)

(1) Die Stoiker sagen: Wenn die Planeten zu demselben Sternzeichen zurückkehren, der Länge und Breite nach dorthin, wo jeder zu Anfang stand, als die Welt erstmals gestaltet wurde, dann bewirken sie in festgesetzten Zeitperioden den Weltbrand und die Zerstörung alles dessen, was es gibt. (2) Und die Welt kehrt von neuem wieder in denselben Zustand zurück wie zuvor; und wenn die Gestirne sich wieder in derselben Weise bewegen, wird alles, was es in der vorangehenden Periode gegeben hat, sich [davon] ununterscheidbar wieder ereignen. Aufs neue wird es nämlich Sokrates und Platon und jeden einzelnen Menschen mit denselben Freunden und Mitbürgern geben; sie werden an denselben Dingen leiden, denselben Dingen begegnen und dieselben Dinge handhaben; und jede Stadt, jedes Dorf und jeder Acker kehren in gleicher Weise zurück. (3) Die Wiederkehr des Alls ereignet sich nicht bloß einmal, sondern öfter; oder besser: dieselben Dinge kehren ohne Ende bis ins Unendliche wieder. (4) Die Götter, die der Zerstörung nicht unterliegen, lernen begleitenderweise diese eine Periode kennen und wissen aufgrund dessen alles, was in den nachfolgenden Perioden eintreten wird. Denn es wird dann nichts geben, was im Vergleich zu den früheren Geschehnissen befremdlich wäre; vielmehr wird alles bis ins kleinste ununterscheidbar genau dasselbe sein.

D   Eusebius, *Praep. evang.* 15.19.1–2   (teilw. *SVF* 2.599)

[Referat stoischer Lehre:] (1) Wenn die allgemeine Vernunft so weit fortgeschritten ist und die allgemeine Natur größer geworden ist und zugenommen hat, trocknet sie schließlich alles aus und nimmt es in sich selbst auf und geht in die Gesamtsubstanz über. (2) Sie kehrt zu der sogenannten ersten Vernunft und zu jener Auferstehung zurück, die das größte Jahr hervorbringt, worin die Wiederherstellung von ihr allein [d.h. der universalen Natur] her zu ihr hin wieder vonstatten geht. (3) Nachdem sie wegen der Ordnung zurückgekehrt ist, von der aus sie die Welt in genau solcher Weise zu schaffen begann, bringt sie der Vernunft entsprechend wieder dieselbe Lebensweise hervor, da solche Perioden sich ohne Unterbrechung ewig ereignen.

B Kontext: Diskussion der Auferstehung. Laktanz findet, Chrysipps Darstellung der Wiedergeburt sei der pythagorieischen Seelenwanderungslehre vorzuziehen.   **C** Kontext: Gegenüberstellung der stoischen Fatumlehre und der Auffassungen Platons und der jüdisch-christlichen Theologie.   **D** Kontext: Bericht über stoische Auffassungen zur ewigen Wiederkehr, kurz nach **46K**.

E Simplikios, *In Arist. Phys.* 886,12–16 (teilw. *SVF* 2.627)

Wenn sie [die Stoiker] erklären, daß bei der Wiederentstehung [der Welt] nochmals dasselbe Ich entstehe, dann fragen sie aus gutem Grund, ob das jetzige Ich und das Ich zu einer anderen Zeit numerisch eins sind, da sie in der Substanz dasselbe sind, oder ob ich, weil ich einer Folge von Kosmogonien zugeschrieben werde, fragmentiert bin.

F Alexander v. Aphr., *In Arist. Anal. pr.* 180,33–36; 181,25–31 (teilw. *SVF* 2.624; teilw. *FDS* 994)

(1) Sie [die Stoiker] lehren nämlich, daß nach dem Weltbrand in der Welt alles wieder individuell identisch ersteht, so daß in jener Welt sogar wieder derselbe individuell eigenschaftsmäßig bestimmte Gegenstand wie vorher existiert und entsteht, wie Chrysipp in seinen Büchern *Über den Kosmos* sagt. . . . (2) Darüber hinaus sagen sie sogar, daß sich für die später entstehenden individuell eigenschaftsmäßig bestimmten Gegenstände Abweichungen gegenüber ihren Vorgängern nur hinsichtlich bestimmter ihnen von außen zufallender akzidenteller Bestimmungen ergeben; wenn solche Abweichungen bei demselben Dion auftreten, wenn er fortbesteht und lebt, verändern sie ihn nicht. (3) Denn er wird kein anderer, wenn er früher dunkle Flecken im Gesicht hatte und sie später nicht mehr hat. Wie sie sagen, sind es solcherart Abweichungen, die sich für die individuell eigenschaftsmäßig bestimmten Gegenstände in der einen Welt im Vergleich zu denen in einer anderen Welt ergeben.

G Orignes, *Contra Celsum* 4.68, 5.20 (teilw. *SVF* 2.626)

(1) Bei dem Versuch, die Inkongruenzen etwas zu mildern, sagen die Stoiker – ich weiß nicht, wie –, daß jeder in der einen Weltperiode von denen in den früheren Perioden ununterscheidbar sein wird. Dabei wollen sie, daß nicht Sokrates wiederkommt, sondern jemand, der von Sokrates ununterscheidbar ist, der eine Frau heiratet, die von Xanthippe ununterscheidbar ist, und der von Leuten angeklagt wird, die von Anytos und Meletos ununterscheidbar sind. Ich weiß nicht, wie die Welt immer dieselbe und nicht ununterscheidbar von einer anderen Welt ist, während ihre Inhalte nicht dieselben, sondern ununterscheidbar sind. . . . (2) Diejenigen von ihnen, denen die Lehre [von der Ununterscheidbarkeit] peinlich war, sagten, daß es zwischen einer Periode und den Ereignissen der vorangehenden Periode einen kleinen, sehr feinen Unterschied gebe.

E Kontext: Kommentar zu *Physik* V.4, 228a3–6.   F Kontext: Immer noch der Zusammenhang von **38F**. Alexander versucht zu zeigen, daß »Dieser ist gestorben« wegen der stoischen Lehre vom Tod auch für Chrysipp eine akzeptable Aussage sein müsse.
G Kontext: Gegenüberstellung der Lehre des Kelsos von einem festen ewigen Kreislauf der Sterblichen mit der Lehre der Stoiker, die auch die Unsterblichen einbezieht.

H Marcus Aurelius, *Ad se ipsum* 2.14

(1) Selbst wenn du dreitausend oder gar dreißigtausend Jahre leben solltest, dann denke trotzdem daran, daß niemand ein anderes Leben verliert als das, welches er lebt, und daß er auch kein anderes lebt als das, welches er verliert. Somit kommt das längste auf dasselbe hinaus wie das kürzeste. Denn was gegenwärtig ist, ist für alle gleich; auch was vergeht, ist also gleich; und was verlorengeht, erweist sich so als bloß unbedeutend. Denn was vergangen oder was zukünftig ist, könnte ja doch niemand verlieren. Was man nämlich nicht hat, wie könnte einem das jemand nehmen? (2) Bedenke also immer diese zwei Dinge: zum einen, daß alles ewig von derselben Art ist und zyklisch wiederkehrt und daß es keinen Unterschied macht, ob man dieselben Dinge während hundert Jahren oder während zweihundert oder während einer unbegrenzten Zeit sehen wird; zum anderen, daß der langlebigste und der, der am schnellsten sterben wird, den gleichen Verlust haben. Denn nur das Gegenwärtige ist das, dessen man beraubt werden wird, weil man auch nur das hat und weil niemand das verliert, was er nicht hat.

☐ Der ewige Zyklus von Weltordnung und Weltbrand gibt weitere Fragen bezüglich des stoischen Zeitverständnisses auf. Als unendlich *und* als die Dimension der Bewegung der Welt (51B) könnte die Zeit geradewegs mit einer kosmischen Uhr verbunden werden, genauso wie die Abfolge von Tagen und Nächten. Während des Weltbrands geht im Universum nichts vor sich außer der feurigen Vorsehungstätigkeit Gottes (28O4, 46O). Philon nähert sich der Zeit von der platonischen Position einer einzigen ewigen Welt her (A1) und besteht darauf, daß Zeit und die Welt von gleicher Dauer sind. Jeder Stoiker, der Chrysipps Definition der Zeit (51A) und die Lehre vom Weltbrand annahm, mußte die Zeit über die Dauer der Welt als ein geordnetes System im platonischen oder aristotelischen Sinne hinaus ausdehnen. Mit anderen Worten: Weil Gott während aller Zustände des stoischen Universums kontinuierlich tätig ist, besonders während des Weltbrands, muß von der Zeit angenommen werden, daß sie sogar dann weitergeht, wenn es keine Weltordnung gibt, die von uns in irgendeinem Sinne meßbar wäre. Das braucht die Stoiker nicht zu irritieren. Von Gottes Vorsehungsgedanken als von einer geordneten Folge von Bewegungen kann angenommen werden, daß die in solcher Weise voranschreiten, daß *B* nach *A* und vor *C* kommt, daß sie also für eine zeitliche Abfolge der Tätigkeit des Weltbrands sorgen.

Was nachdrücklicher nach Klärung und philosophischer Beurteilung drängt, ist die ewige Wiederkehr selbst. Die Lehre, die Chrysipp als eine Möglichkeit erwog, wenn nicht als sichere These (B), war, daß wir nach unserem Tod in einer zukünftigen Welt »wieder zu der Gestalt zurückkehren, die wir jetzt sind«; und in der detailliertesten Zusammenfassung verfestigt sich das zu der Behauptung, daß es eine ewige Abfolge von Welten und Weltbränden gibt, in denen die Individuen und Handlungen irgendeiner Welt exakt dieselben sind wie die jeder anderen Welt, und zwar »bis ins kleinste« (C). Solch eine Kosmologie wird in den auf uns gekommenen Zeugnissen mehr behauptet als bewiesen. Sie scheint aber eine unvermeidliche Konsequenz aus drei grundlegenden stoischen Thesen zu sein: (1) die Prinzipien Gott und Materie sind ewig, und Gott ist kontinuierlich tätig (44B2, E4); (2) die gegenwärtige Welt ist eine zeitlich begrenzte Serie von Ereignissen, die in ihrer Gesamtheit kausal durch die »Samenprinzipien« determiniert werden, die bei der Weltentstehung wirksam sind

(46A1, G, vgl. D); (3) aus denselben Ursachen folgen unverändert dieselben Wirkungen (55N3). (1) und (2) ziehen nach sich, daß Gottes Aktivität über das Ende unserer Welt hinaus weitergehen muß, und die Stoiker hatten unabhängige Gründe, um diesen Zustand des Weitergehens mit dem Weltbrand zu identifizieren (46). Der sich ergebende Weltbrand ist aber auch derjenige Zustand des Universums, von dem aus unsere Welt begann, und deshalb ist die Welt zu ihrem Anfangspunkt zurückgekehrt. Nach C2 ereignet sich der Weltbrand bei der Vollendung des »großen Jahrs« (vgl. D2), wenn die Planeten eben die Position erreichen, die sie hatten, als die Welt anfing. Wenn das die Ordnung ist, »von der aus sie [die allgemeine Vernunft] die Welt in genau solcher Weise zu schaffen begann« (D3), stellt der Weltbrand selbst sich als ein Glied in der Kausalkette dar. Sozusagen um zwölf Uhr (die Planeten in derselben Position) endet die eine Welt und beginnt eine neue. Die Uhr des großen Jahrs hält allerdings für die Dauer des Weltbrands an; das ist sowohl die Wirkung der vorausgehenden Welt (vgl. 46I) als auch die Ursache der nächsten Welt.

Es wäre freilich ein Fehler, die ewige Wiederkehr für eine rein mechanische Konsequenz des stoischen Determinismus zu halten. Gott ist ein äußerst vernünftiger Handlungsträger, und die interessanteste Tatsache über den Weltbrand ist, daß er Gottes Vorsehung omnipräsent instantiiert (28O4; 46O, vgl. D). In seiner eigenen Identität ist Gott der Kausalzusammenhang (vgl. **54A–B; 55K–N**); die Abfolge von Ursache und Wirkung ist daher eine Verfügung der göttlichen Vernunft und Vorsehung. Weil jede frühere Welt hervorragend war (46G3), kann Gott keinen Grund haben, irgendeine nachfolgende Welt zu modifizieren. Derselbe Punkt kann epistemologisch dargelegt werden (C4, vgl. D3): Gott weiß aus seiner Vertrautheit mit einer beliebigen Welt alles, was in nachfolgenden Welten geschehen wird. Moralische Bedeutung wurde mit seiner Schöpferkraft verbunden durch die Behauptung, daß der Weltbrand das Universum von allem Bösen reinigt und daß daher jede neue Welt von einem Zustand vollkommener Weisheit aus beginnt (46N).

Ewige Wiederkehr stellt demnach sicher, daß diese Welt — die beste mögliche —, obwohl sie in ihrer Dauer begrenzt ist, doch ewig wiederholt wird. Stellt sie das aber in einer Weise sicher, die logisch kohärent und ethisch befriedigend ist? Wenn wir uns diesen Fragen nähern, sollten wir beachten, daß die Stoiker in ihren Interpretationen der »Wiederkehr *desselben* Dings« voneinander abwichen. Diese Interpretationen reichen von der strengsten Behauptung (a) genau dasselbe bis ins kleinste Detail (C4) = numerische Identität (F1, vgl. E), zu den Behauptungen (b) ununterscheidbare Exemplare desselben Typs (G1), (c) numerische Identität, aber unwesentliche Unterscheidbarkeit (F2–3), und (d) geringfügig unterscheidbare Exemplare desselben Typs (G2). Weil die Stoiker die Identität des Ununterscheidbaren verteidigten (siehe **28O**), sieht Interpretation (b) wie eine unorthodoxe Version von (a) aus, mit der sie zumindest verbal im Konflikt steht (vgl. C4). (d) ist ausdrücklich korrigierend; und die Ähnlichkeit dieser Version mit (c) in **F2–3** legt nahe, daß (c) ebenfalls eine Modifikation von (a) war. Weil (b), (c) und (d) alle die Ununterscheidbarkeit und/oder die numerische Identität aufgeben, ist es wahrscheinlich, daß These (a), die die strengsten Bedingungen für die wiederkehrende Identität formuliert, die ursprüngliche war. Die Alternativen werden dann angeboten worden sein, um auf Schwierigkeiten zu antworten, auf die man durch (a) stieß.

Bei einer linearen Zeitauffassung, bei der jeder Augenblick absolut vor oder nach einem beliebigen anderen Augenblick ist, ist (a) zweifellos problematisch. Denn wenn t die Folge von Augenblicken der gegenwärtigen Welt und t^* die Folge für die nächste Wiederkehr dieser Welt ist, dann ist jeder beliebige Augenblick von t^* später als jeder beliebige Augenblick von t und findet jede beliebige Bewegung in t^* *nach* jeder beliebigen Bewegung in t statt. Das führt zur Inkonsistenz. Denn nach Annahme sind die Bewegungen, die in t stattfinden, numerisch identisch mit denen, die in t^* stattfinden. Eine Bewegung in t, was vor t^* liegt, ist daher numerisch identisch mit einer Bewegung in t^*, was nach t liegt. In einer linearen Zeit impliziert das zwei ganz getrennte Zeitintervalle für ein und dieselbe Bewegung und ist inkohärent. Es gibt aber eine Zeitkonzeption — man nennt sie die zyklische oder die geschlossene —, bei der jede Zeit sowohl vor als auch nach sich selbst ist. In einer zirkulären oder geschlossenen Zeit erreicht eine Vorwärtsbewegung eventuell eine Zeit (Zukunft), die dieselbe wie die Gegenwart ist, und eine Rückwärtsbewegung erreicht ebenfalls eventuell eine Zeit (Vergangenheit), die dieselbe wie die Gegenwart ist. Was also in einer linearen Zeit problematisch war, wird jetzt ganz kohärent. Die Zeit, zu der Chrysipp jetzt lebt, ist für sich selbst auch zukünftig, so daß man von ihm sagen kann, er habe eine vollständige Reproduktion seines gegenwärtigen Lebens in einer Zukunft, welche dieselbe zeitliche Ausdehnung hat wie das Zeitintervall, das er hier und jetzt ausfüllt.

Die von einer zyklischen Zeit verlangte Zeitlogik schließt solche Axiome ein wie »Was so sein wird, ist so gewesen«, »Was so gewesen ist, wird so sein«, »Was so ist, ist so gewesen«, »Was so ist, wird so sein«. Alle diese Axiome sind in C–D zum Ausdruck gebracht oder impliziert. Unter Voraussetzung des stoischen Determinismus und angesichts solcher Bilder von der Zeit wie das »Abwickeln eines Seils, das nichts Neues schafft« (55O), ist es wohl nicht überzogen anzunehmen, daß Chrysipp, wenn er (a) verteidigte, sich die Zeit eher als zyklisch denn als linear gedacht hat. Wie bestimmte Pythagoreer hätte er demnach die Zeit seines nächsten Lebens ebenso wie die seiner gesamten zukünftigen Geschichte als exakt dieselbe Zeit behandelt wie die seines gegenwärtigen Lebens (vgl. i in Bd. 2).

Die interessanteste Alternative zu (a) ist (c) in F2-3. (c) erlaubt, daß numerisch dasselbe Individuum wiederkehrt, aber mit solchen Unterschieden wie einem Flecken im Gesicht, die die wesentliche Identität des Individuums nicht verändern. Wenn solche Unterschiede hinsichtlich der Identität eines Individuums unerheblich sind, implizieren sie eine Kosmologie, die von der im Fall der These (a) radikal verschieden ist. Zwischen beliebigen zwei Welten ist nur eine einzige solche Differenz erforderlich, um sie als voneinander verschieden gelten zu lassen. Das Vorkommen eines beliebigen Unterschieds zwischen aufeinander folgenden Welten schließt auch einen Unterschied in ihren vorausgehenden Ursachen ein und somit einen Verzicht auf die für These (a) erforderliche vollständig geschlossene Kausalität. Vielleicht nahmen einige Stoiker an, daß der Weltbrand alle Spuren seiner Vorgänger tilgt und die Materie für Gott undeterminiert läßt, so daß er eine neue, unabhängige Ursachenfolge beginnen kann. Seine vollkommene Vernunft würde dann mit numerisch identischen Einzelpersonen im wesentlichen dieselbe Welt in Gang bringen. Daß die nächste Welt *gut* ist, würde durch die An- oder Abwesenheit solcher moralisch indifferenten Züge wie Flecken im Gesicht nicht beeinträchtigt. Derartige Unterschiede würden es jedenfalls erlauben, daß die nächste Welt in einem wirklich verschiedenen Zeitintervall stattfindet; denn Sokrates mit einem Leberfleck kann nicht zu derselben Zeit vorkommen wie Sokrates ohne dieses Mal.

Alles in allem entschied Chrysipp sich vermutlich für (a). Dies scheint die These mit der größeren philosophischen Herausforderung zu sein und auch die, die am besten mit der nachdrücklichen stoischen Betonung vollständiger Kohärenz harmoniert. Vielleicht hilft sie außerdem, die moralische Relevanz oder Irrelevanz der ewigen Wiederkehr aufzuzeigen. Wenn (a) wahr ist, wird das künftige Leben auch nicht in der unbedeutendsten Kleinigkeit von dem abweichen, was man jetzt hat. Auf die absolute Selbigkeit von allem und jedem und auf die Indifferenz der zyklischen Wiederkehr macht pointiert Marc Aurel aufmerksam (H), der darauf besteht, daß alles, was eine Person *hat*, der gegenwärtige Augenblick ist. Marc schreibt zu informell, um die technischen Einzelheiten der Theorien Chrysipps zu beleuchten. Aber wir können davon ausgehen, daß die moralischen Perspektiven beider Männer im großen und ganzen die gleichen waren waren. Gerade so, wie Nietzsche die ewige Wiederkehr vermutlich als einen Weg ansah, um zu sagen, daß jedes andere Leben, das man hätte, immer genau dasselbe wäre – denn wie sonst könnte es *dein* Leben sein? –, so mag die Lehre im Stoizismus dazu gedient haben, die Notwendigkeit zu unterstreichen, seine gegenwärtige Situation zu akzeptieren. Denn eben sie wird in der ewig währenden Natur der Dinge wieder und wieder jemandes Stiutation sein.

53 Seele

A   Orignes, *De principiis* 3.1.2–3   (teilw. *SVF* 2.988)

[Zur Unterstützung der stoischen Lehre:] (1) Von den Dingen, die sich bewegen, haben einige die Ursache der Bewegung in sich selbst, während andere nur von außen bewegt werden. (2) Nur von außen bewegt werden die transportierbaren Dinge, z.B. Hölzer, Steine und jeder materielle Gegenstand, der nur durch einen Habitus zusammengehalten wird . . . (3) Die Ursache der Bewegung in sich selbst haben die Tiere und die Pflanzen und ganz einfach alles, was von Natur oder Seele zusammengehalten wird, wozu, wie sie sagen, auch die Metalle gehören. . . . (4) Von denen, die die Ursache der Bewegung in sich selber haben, werden die einen ›aus‹ sich selbst bewegt, die anderen ›von‹ sich selbst, und zwar ›aus‹ sich selbst das Unbeseelte und ›von‹ sich selbst das Beseelte. Beseelte Dinge werden nämlich ›von‹ sich selbst bewegt, wenn in ihnen eine Vorstellung vorkommt, die einen Antrieb verlangt . . . (5) Das vernunftbegabte Lebewesen freilich hat zusätzlich zu seiner vorstellungshaften Natur auch Vernunft, die die Vorstellungen beurteilt und sie teils zurückweist und teils akzeptiert, damit das Lebewesen ihnen entsprechend geführt werden kann.

B   Hierokles 1.5–33, 4.38–53

(1) Wenn der Same zur rechten Zeit in die Gebärmutter fällt und zugleich von dem Behältnis festgehalten wird, dann ist er nicht mehr ruhig wie zuvor, sondern ist angestachelt und beginnt mit seinen eigenen Aktivitäten. Er zieht Stoff aus dem schwangeren Körper und bildet nach bestimmten unausweichlichen Mustern den Embryo – bis zu dem Punkt, wo er sein Ziel erreicht und sein Erzeugnis fertig macht zur Geburt. (2) Aber während dieser ganzen Zeit (ich

---

A Kontext: Die Willensfreiheit.   B Kontext: Der Beginn von Hierokles' Abhandlung *Ēthikē stoicheiōsis*. Der vorangehende allererste Satz kündigt an, daß Hierokles mit der Entstehung beseelter Wesen beginnen will. Die unmittelbar folgende Passage in **57C**.

meine die Zeit von der Empfängnis bis zur Geburt) bleibt er [in der Form von] Natur, d.h. ein Atemstrom, der sich vom Samen aus verändert hat und sich methodisch vom Anfang zum Ende bewegt. In den ersten Zeiten ist die Natur ein ziemlich dichter Atemstrom und noch recht weit von einer Seele entfernt; aber später, wenn sie nahe an die Geburt kommt, wird sie feiner . . . Wenn sie also nach außen tritt, ist sie für die Umgebung angemessen ausgestattet, so daß sie, dadurch gestärkt, in der Lage ist, sich in eine Seele zu verändern. (3) Wie nämlich der Atemstrom in Steinen von einem Schlag aufgrund seiner Eignung für eine solche Veränderung sofort entzündet wird, auf dieselbe Weise zögert auch die Natur eines reifen Embryos, sobald er geboren ist, nicht, unter dem Einfluß der Umgebung sich in eine Seele zu verwandeln. Somit ist alles, was aus der Gebärmutter heraustritt, sogleich ein (beseeltes) Lebewesen. . . . (4) An dieser Stelle sollte man im Sinn behalten, daß jedes Lebewesen sich von dem, was kein Lebewesen ist, in zwei Punkten unterscheidet: durch Sinneswahrnehmung und durch Antrieb . . . (5) Weil das Lebewesen also aus beidem . . . zusammengesetzt ist, aus Körper und Seele, und weil beide berührbar und für Eindrücke empfänglich sind, natürlich der Widerständigkeit unterliegen und überdies durch und durch gemischt sind und weil der eine von ihnen ein Vermögen zur Sinneswahrnehmung ist und er sich selbst in der Weise bewegt, die wir beschrieben haben, deshalb ist klar, daß ein Lebewesen sich ständig selbst wahrnimmt. (6) Denn indem sie sich ausspannt und locker läßt, macht die Seele auf alle Teile des Körpers einen Eindruck, da sie ja auch mit ihnen allen verschmolzen ist; und indem sie einen Eindruck macht, empfängt sie einen Eindruck als Antwort. (7) Denn genau wie die Seele setzt auch der Körper dem Druck Widerstand entgegen. Als Resultat ergibt das den Zustand eines gleichzeitigen Drucks aufeinander und Widerstands gegeneinander. (8) Von den äußersten Teilen nach innen gewandt bewegt dieser Zustand sich . . . zum Führungsvermögen, so daß dort eine Wahrnehmung aller Teile sowohl des Körpers als auch der Seele entsteht. (9) Das aber ist identisch damit, daß das Lebewesen sich selbst wahrnimmt.

C   Plutarch, *De Stoic. repugn.* 41, 1053D (teilw. *SVF* 2.806)

Als Beweis dafür, daß die Seele entstanden ist und nach dem Körper entstanden ist, benutzt Chrysipp vor allem die Tatsache, daß die Kinder ihren Eltern in Temperament und Charakter gleichen.

C Kontext: Angebliche Unstimmigkeiten in Chrysipps Aussagen über den Ursprung der Seele.

374

D Galen, *De foetuum formatione* 4.698,2–9 (teilw. *SVF* 2.761)

(1) Als allererstes . . . nehmen sie [die Peripatetiker und Stoiker] an, daß vor allem anderen als erstes das Herz entsteht. (2) Zweitens sagen sie, daß daraufhin das Herz die anderen Teile gestaltet, so als ob der, der das Herz gestaltet hat, wer immer das ist, vernichtet worden wäre und nicht mehr existieren würde. (3) Als Konsequenz daraus behaupten sie dann als nächstes, daß sogar der beratende Teil unserer Seele seinen Sitz im Herzen hat.

E Galen, *In Hippocratis Epidemica VI* 270,26–28 (*SVF* 2.782)

Jeder, der glaubt, die Seele sei ein Atemstrom, erklärt, daß sie bewahrt wird aufgrund des Aufdampfens sowohl des Bluts als auch der ⟨Luft⟩, die beim Einatmen durch die Luftröhre in den Körper gezogen wird.

F Sextus Empiricus, *Adv. Math.* 7.234 (teilw. *FDS* 259)

Andere [Stoiker] . . . sagen, das Wort »Seele« habe zwei Bedeutungen; es bezeichne zum einen das, was das ganze Gefüge zusammenhält, und zum anderen insbesondere das Zentralorgan. Denn wenn wir sagen, der Mensch bestehe aus Seele und Körper oder der Tod sei die Trennung der Seele vom Körper, so sprechen wir speziell vom Zentralorgan.

G Chalcidius, *In Platonis Timaeum* 220 (teilw. *SVF* 2.879; enthält *FDS* 424)

(1) Ebenso erklärt Chrysipp: »Sicher ist, daß dasjenige ein und dasselbe ist, wodurch wir atmen und leben; (2) nun atmen wir aber durch einen natürlichen Atemstrom; (3) also leben wir auch durch eben diesen Atemstrom; (4) nun leben wir aber durch die Seele; (5) also ergibt sich, daß die Seele ein natürlicher Atemstrom ist.« . . . (6) Des weiteren strömen die Teile der Seele aus ihrem Sitz im Herzen wie aus der Quelle eines Brunnens hervor und breiten sich im ganzen Körper aus; sie erfüllen alle Glieder kontinuierlich mit lebendigem Atemstrom und leiten und lenken sie mit unzähligen verschiedenen Kräften, indem sie sie nähren, sie wachsen lassen, ihnen zur Ortsbewegung verhelfen, sie zur Sinneswahrnehmung befähigen und sie zum Handeln antreiben. (7) Die Seele als ganze streckt die Sinne aus, die ihre zukommenden Funktionen sind,

---

D Daß Galen sich auf die Stoiker bezieht, ist dadurch gesichert, daß er die beiden ersten Punkte Chrysipp »und vielen anderen Stoikern und Peripatetikern« zuschreibt (4.674) und den dritten Punkt ständig kritisiert; vgl. **65H.** Hier bezieht er sich auf sie als Leute, die sich in der Anatomie nicht auskennen.   E Kontext: Interpretation der Ansichten des Hippokrates über die Seele.   F Kontext: Ein kritischer Überblick über stoische Meinungsverschiedenheiten über die Vorstellung.   G Kontext: Doxographie zur Seele; anschließend an den zitierten Text beschreibt Chalcidius das Führungsvermögen vernunftloser Lebewesen und zitiert dann Chrysipps Vergleich des vernunftbegabten Führungsvermögens mit einer Spinne in der Mitte ihres Netzes.

wie die Zweige aus dem − einem Baumstamm ähnlichen − Führungsvermögen, damit sie Boten dessen sind, was sie wahrnehmen, und damit sie selbst wie
ein Herrscher aufgrund dessen entscheidet, was die Sinne melden. (8) Die Gegenstände der Wahrnehmung sind als Körper zusammengesetzt, und die einzelnen Sinne nehmen ein jeder *eines* wahr, der eine Sinn Farben, der andere
Töne, . . ., und in allen Fällen von etwas, das gegenwärtig ist; kein Sinn hat eine
Erinnerung dessen, was vergangen ist, und keiner sieht Zukünftiges voraus. (9)
Die eigentümliche Aufgabe des inneren Abwägens und Überlegens besteht darin, die Einwirkungen auf jeden einzelnen Sinn zu verstehen, und aufgrund
dessen, was sie melden, zu erschließen, was es [*scil.* das wahrgenommene Ob-
jekt] ist, sowie es zu akzeptieren, wenn es gegenwärtig ist, es zu erinnern, wenn
wenn es abwesend ist, und es vorauszusehen, wenn es zukünftig ist.

H Aëtios 4.21.1–4 (teilw. *SVF* 2.836; *FDS* 441)

(1) Die Stoiker sagen, das Führungsvermögen sei der oberste Teil der Seele,
welcher die Vorstellungen, Zustimmungen, Sinneswahrnehmungen und Antriebe bewirkt. Sie bezeichnen es auch als Denkvermögen. (2) Aus dem Führungsvermögen wachsen sieben Seelenteile heraus und erstrecken sich in den
Körper hinein − gerade so, wie aus dem Polypen seine Arme hervorkommen.
(3) Von diesen sieben Seelenteilen sind fünf die Sinnesorgane: der Gesichts-, der
Geruchs-, der Gehör-, der Geschmack- und der Tastsinn. Davon ist der Gesichtssinn der Atemstrom, welcher sich vom Führungsvermögen bis zu den
Augen erstreckt, der Gehörsinn der Atemstrom, der sich vom Führungsvermögen bis zu den Ohren erstreckt, . . . (4) Von den restlichen Seelenteilen wird
einer als Samen bezeichnet, und der ist ein Atemstrom, welcher sich vom
Führungsvermögen bis zu den Genitalien erstreckt. (5) Der andere . . ., den sie
auch als Stimme (Äußerung) bezeichnen, ist derjenige Atemstrom, der sich vom
Führungsvermögen bis zur Kehle, zur Zunge und zu den damit verwandten
Organen erstreckt.

I Nemesios, *De natura hominis* 212,6–9 (Panaitios Fr. 86)

Der Philosoph Panaitios will das Sprachvermögen als Teil der vom Antrieb
regierten Bewegung ansehen, und er sagt das völlig zu Recht. Das Zeugungsvermögen macht er nicht zu einem Teil der Seele, sondern zu einem der Natur.

H Kontext: Doxographie der stoischen Psychologie.   **I** Kontext: Unmittelbar vorher
berichtet Nemesios von Zenons Lehre, daß die Seele acht Teile hat.

J   Cicero, *De officiis* 1.132   (Panaitios Frg. 88)

Die Bewegungen der Seele sind von zweierlei Art: die einen gehören zum
Denken, die anderen zum Streben. Das Denken befaßt sich in erster Linie mit
der Erforschung des Wahren, während das Streben zum Handeln antreibt. Es ist
also dafür Sorge zu tragen, daß wir das Denken für die bestmöglichen Sachen
gebrauchen und das Streben der Vernunft gehorsam machen.

K   Iamblichos bei Stobaeus 1.368,12–20   (teilw. *SVF* 2.826; *FDS* 439)

(1) Wie also werden die Vermögen der Seele unterschieden? Nach den Stoikern
werden einige durch einen Unterschied der zugrundeliegenden Körper bestimmt; sie sagen nämlich, daß sich vom Führungsvermögen aus zu jeweils
anderen zugrundeliegenden Körpern jeweils andere Atemströme hinspannen,
die einen zu den Augen, die anderen zu den Ohren und wieder andere zu den
anderen Sinnesorganen. (2) Andere Vermögen werden durch eine Besonderheit
der Beschaffenheit an demselben zugrundeliegenden Körper bestimmt; denn
wie der Apfel in demselben Körper die Süße und den Wohlgeruch besitzt, so
kombiniert auch das Führungsvermögen in demselben Körper Vorstellung, Zustimmung, Trieb und Vernunft.

L   Seneca, *Epist.* 113.23   (teilw. *SVF* 2.836; *FDS* 443)

Kleanthes und sein Schüler Chrysipp waren sich nicht einig darüber, was das
Spazierengehen sei. Kleanthes sagte, es sei der Atemstrom, der sich vom Führungsvermögen bis zu den Füßen erstrecke; nach Chrysipp ist es das Führungsvermögen selbst.

M   Aëtios 4.23.1   (*SVF* 2.854)

Die Stoiker sagen, daß die [körperlichen] Leiden an den leidenden Stellen stattfinden, aber die Wahrnehmungen davon im Führungsvermögen.

N   Diogenes Laërtius 7.157   (*SVF* 2.867)

Das Sehen findet statt, wenn das Licht zwischen dem Gesichtsinn und dem
Gegenstand kegelförmig gespannt wird ... Die Luft am Auge bildet die Ke-
gelspitze und die bei dem gesehenen Gegenstand die Kegelbasis. Was also gesehen wird, wird vermittelst der gespannten Luft gemeldet wie durch einen
Spazierstock.

J Kontext: Diskussion von *decorum*.   **K** Kontext: Doxographie zur Seele.   **L** Kontext:
Darstellung der Lehre, daß die Tugenden Lebewesen seien.   **M** Kontext: Doxographie
darüber, ob bei körperlichen Leiden die Seele mitleidet.   **N** Kontext: Doxographie der
Psychologie der Stoiker.

O   Nemesios, *De natura hominis* 291,1–6   (teilw. *SVF* 2.991)

[Nach Chrysipp und anderen Stoikern] hat jedes Seiende, was entstanden ist, etwas, das ihm vom Fatum verliehen ist. Wie es dem Wasser gegeben ist, kühl zu sein, und jeder Pflanze, eine bestimmte Frucht zu bringen, dem Stein, sich nach unten, und dem Feuer, sich nach oben zu bewegen, so ist es auch dem Lebewesen gegeben, zuzustimmen und Antriebe zu haben.

P   Philon, *Legum allegoriarum I* 30   (*SVF* 2.844; *FDS* 299)

(1) Denn das Lebewesen zeichnet sich gegenüber dem Leblosen durch zweierlei aus, durch Vorstellung und Antrieb. (2) Die Vorstellung bildet sich durch den Zutritt dessen, was außerhalb von uns ist und vermittels der Sinneswahrnehmung im Geist einen Eindruck erzeugt. (3) Hingegen entsteht der Antrieb, der Bruder der Vorstellung, durch die Kraft des Geistes zur Ausdehnung; wenn er diese Kraft durch die Sinneswahrnehmung anspannt, setzt er sich mit dem Gegenstand in Kontakt und strebt zu ihm hin mit der Sehnsucht, bei ihm anzulangen und ihn zu erfassen.

Q   Stobaeus 2.86,17–87,6   (teilw. *SVF* 3.169)

(1) Was den Antrieb aktiviert, ist nichts anderes, so sagen sie [die Stoiker], als eben eine Vorstellung, die fähig ist, unmittelbar eine zukommende Funktion anzutreiben. (2) Der Gattung nach ist der Antrieb eine Bewegung der Seele auf etwas hin. (3) In der Art stellt der Antrieb sich der Betrachtung so dar, daß er sowohl den Antrieb einschließt, der in den vernunftbegabten Lebewesen stattfindet, als auch den in den vernunftlosen Tieren; diese Arten haben aber keine entsprechenden Bezeichnungen. Denn das Verlangen ist nicht vernünftiger Antrieb, sondern eine Art des vernünftigen Antriebs. (4) Den vernünftigen Antrieb könnte man in passender Weise definieren, indem man sagt, daß er eine Bewegung des Verstandes auf etwas in der Handlungssphäre hin sei. Den Gegensatz dazu bildet die Abneigung.

R   Plutarch, *De Stoic. repugn.* 11, 1037F   (teilw. *SVF* 3.175)

Der Antrieb des Menschen ist nach Chrysipp die Vernunft, die ihm zu handeln befiehlt, wie er in dem Buch *Über das Gesetz* geschrieben hat. Die Zurückweisung ist demnach die Vernunft, wie sie verbietet.

O Kontext: Die stoische Versöhnung von menschlicher Autonomie und Fatum, zugeschrieben Chrysipp, Philopator und »vielen anderen prominenten Männern«.   **P** Kontext: Wie geistige Fähigkeiten zueinander in Beziehung stehen.   **Q** Kontext: Doxographie zum Antrieb im Sinne der Stoiker.   **R** Kontext: Vermutete Inkonsistenzen in Chrysipps Begriff des Gesetzes. – Vgl. die sprachlichen Ausprägungen von gebietender und verbietender Vernunft: **331**.

S   Plutarch, *De Stoic. repugn.* 47, 1057A   (teilw. *SVF* 3.177)

Was ist der Gegenstand, zu dem Chrysipp selbst und Antipater in ihrer Auseinandersetzung mit den Akademikern am meisten argumentiert haben? Die Lehre, daß es ohne Zustimmung kein Handeln und keinen Antrieb gibt und daß
diejenigen Unsinn reden und leere Hypothesen vortragen, die behaupten, daß,
wenn sich eine eigentümliche Vorstellung einstellt, der Antrieb ihr sofort folgt,
ohne daß die Menschen der Vorstellung zunächst stattgeben oder zustimmen.

T   Sextus Empiricus, *Adv. Math.* 8.275–276   (teilw. *SVF* 2.223; *FDS* 529)

(1) Sie [die dogmatischen Philosophen] sagen, daß der Mensch sich von den
vernunftlosen Tieren nicht durch die (ge)äußer(t)e Rede unterscheidet (denn
auch Raben, Papageien und Häher bringen artikulierte Laute hervor), sondern
durch die innere Rede. (2) Auch sei es nicht die nur einfache Vorstellung,
durch die er sich von ihnen unterscheide (denn sie empfangen ebenfalls Vorstellungen), sondern durch Vorstellungen, welche durch Schlußfolgerung und
Kombination zustande kommen. (3) Weil er deshalb den Begriff eines Folgerungszusammenhangs hat, faßt er aufgrund des Folgerungszusammenhangs sogleich auch den Gedanken eines Zeichens. Denn das Zeichen selbst hat die
Form »Wenn dies, dann das« (4) Aus der Natur und Ausstattung des Menschen
folgt also auch die Existenz des Zeichens.

U   Galen, *De plac. Hippocr. et Plat.* 2.5.9–13   (teilw. *SVF* 3. Diog. 29; teilw. *FDS* 450)

[Diogenes von Babylon:] (1) »Von wo die Stimme ausgeht, von da geht auch die
artikulierte Stimme aus und deshalb auch die bedeutungsvolle artikulierte Stimme; (2) und das ist die Rede (Sprache). (3) Die Rede (Sprache) geht also von da
aus, von wo auch die Stimme ausgeht. (4) Nun kommt die Stimme aber nicht
aus dem Bereich des Kopfes, sondern offenbar aus der Gegend darunter. Sie
tritt klarerweise durch die Luftröhre hindurch aus. (5) Folglich geht auch die
Rede (Sprache) nicht vom Kopf, sondern vielmehr von weiter unten aus. (6)
Aber unstreitig ist es auch wahr, daß die Rede (Sprache) vom Verstand ausgeht.
Manche Leute definieren sie daher sogar als die bedeutungsvolle Stimme, die
vom Verstand ausgesendet wird. (7) Andererseits ist auch einsichtig, daß die
Rede (Sprache) als eine solche geäußert wird, die von den im Verstand befindlichen Begriffen mit Bedeutung und sozusagen mit Eindrücken versehen worden ist, und daß sie sowohl mit dem Akt des Denkens als auch mit der Tätigkeit
des Sprechens der Zeit nach koextensiv ist. (8) Folglich befindet sich auch der
Verstand nicht im Kopf, sondern in den tiefer gelegenen Bereichen, hauptsächlich wohl in der Gegend des Herzens.«

S Kontext: Angebliche Inkonsistenzen in der stoischen Fatumlehre. Nicht viel nach **41E**
und gefolgt von **41F**.   T Kontext: Argumente für und gegen die Existenz von Zeichen.
U Kontext: Stoische Argumente zur Lokalisierung des Führungsvermögens im Herzen.

V   Galen, *De plac. Hippocr. et Plat.* 5.2.49, 5.3.1   (teilw. *SVF* 2.841)

[Chrysipp:] »Es handelt sich dabei um Teile der Seele, durch welche die in ihr befindliche Vernunft und deren Charakter konstituiert sind. Die Seele ist edel oder minderwertig, je nachdem, ob ihr Führungsvermögen bezüglich der ihm eigenen Unterteilungen in diesem oder jenem Zustand ist.« . . . Vielleicht erinnerst du uns [mit diesem Satz] an das, was du in den Büchern *Über die Vernunft* geschrieben hast, daß nämlich die Vernunft eine Vereinigung bestimmter Begriffe und Vorbegriffe ist.

W   Eusebius, *Praep. evang.* 15.20.6   (*SVF* 2.809)

(1) Die Seele, so sagen sie [die Stoiker], unterliegt dem Werden und Vergehen. Aber wenn sie sich vom Körper trennt, geht sie nicht sofort zugrunde, sondern lebt für bestimmte Zeiten für sich allein, die Seele der Rechtschaffenen bis zur Auflösung des Alls in Feuer, die Seele der Toren dagegen nur bestimmte begrenzte Zeiten lang. (2) Daß die Seelen überleben, meinen sie so, daß *wir*, zu Seelen geworden, überleben, getrennt vom Körper und verändert zu der wenigeren Substanz der Seele, während die Seelen der vernunftlosen Tiere zusammen mit deren Körpern zugrundegehen.

X   Diogenes Laërtius 7.143   (teilw. *SVF* 2.633)

Daß sie [die Welt] beseelt ist, ergibt sich klar daraus, daß unsere Seele ein Ableger von ihr ist.

Y   Cicero, *De nat. deor.* 2.58   (teilw. *SVF* 1.172)

[Sprecher ist Balbus als Vertreter der Stoiker:] Ebenso wie alle anderen natürlichen Wesen durch ihre jeweils arteigenen Samen gezeugt werden, wachsen und Bestand haben, so hat auch die Welt ihrer Natur nach alle willentlichen Bewegungen, Absichten und Antriebe, welche die Griechen *hormai* nennen, und sie führt die diesen entsprechenden Tätigkeiten so aus, wie wir selbst das tun, die wir durch Geist und Sinne bewegt werden.

☐   Wie im griechischen Sprachgebrauch allgemein (vgl. **14** Kommentar), so hat das Wort »Seele« auch im Stoizismus ein breites Anwendungsspektrum. Die Anwendungen umfassen im engsten Sinn ganz speziell die vitalen Funktionen menschlicher Wesen, sodann die vitalen Funktionen ganz allgemein von Lebewesen, soweit sie von Pflanzen verschieden sind, und schließlich die Funktionen Gottes, des »aktiven Prinzips« der Welt, das die »Materie«, das »passive Prinzip«, durchzieht in einer Beziehung, die als

---

V Kontext: Galen erhebt Einwände gegen Chrysipps Erklärung geistiger Gesundheit oder Krankheit durch Proportion und Disproportion der Teile des Führungsvermögens.
W Kontext: Doxographie zur stoischen Psychologie.   X Kontext: Doxographie der stoischen Kosmologie.   Y Kontext: Balbus' Verteidigung der stoischen Theologie; vgl. **54B, G–H.**

die Beziehung von »Weltseele« und »Körper« der Welt beschrieben wird (44C; 46E–F). Die »Weltseele« ist ein unaristotelisches Konzept. Für ihre Ansetzung als immante Quelle der kosmischen Bewegung hatten die Stoiker vielmehr Vorläufer bei Platon (vgl. besonders *Timaios* 34ff., *Gesetze* 10). Sie unterschieden sich aber streng von Platon, indem sie die Weltseele als identisch mit dem göttlichen Handwerker behandelten und indem sie total die Unterscheidung zurückwiesen, die Platon zwischen der physikalischen Welt und den nicht-physikalischen ewigen Formen machte, nach welchen sein Handwerker die Welt gestaltet. Als göttlicher »Atemstrom« ist die Weltseele der Stoiker koextensiv mit der groberen Materie, die den Körper der Welt bildet. Gott und die Welt haben also die Grundattribute eines »Lebewesens« (47C; 54A, B, F) in einem derart wörtlichen Sinn, daß Platon und Aristoteles darauf mit Entsetzen reagiert hätten. Unsere Texte nehmen auf diese makrokosmischen Dimensionen der Seele in **X** und **Y** Bezug. Als Leib-Seele-Zusammensetzungen sind wir Menschen mikrokosmische Wesen; und Attribute, die wir infolge des Umstands haben, daß wir vernunftbegabte Seelen besitzen, sind Merkmale der Welt. Es gibt sogar eine besondere Region in der Welt, den »Äther«, der das »Führungsvermögen« der Welt beherbergt (**47O**; vgl. **54B**).

Die Weltseele ist durch und durch vernünftig oder intelligent. Diese Lehre liefert die naturphilosophische Grundlage für die ethische Anweisung, daß menschliche Wesen als »Teile« des Alls sich durch eine Vervollkommnung ihrer Vernünftigkeit der universalen Natur selbst angleichen sollten. Wie schon bemerkt (siehe **47O–Q**), differenziert der kosmische Atemstrom die Inhalte der Welt durch die drei Strukturprinzipien des Habitus, der Natur und der Seele (**A**). In dieser »Skala der Natur« verdanken die beseelten Wesen ihren höchsten Platz in der Hierarchie dem Umstand, daß sie zu absichtlicher Selbstbewegung fähig sind (**A4**). Während die Stoiker diese aristotelische *differentia* der Lebewesen übernahmen, unterschieden sie sich von Aristoteles (und auch von Platon) dadurch, daß sie den Pflanzen eine Seele absprachen. Das Leben einer Pflanze wird durch deren ›Natur‹ (*physis*) erklärt, d.h. dadurch, daß sie ein Bewegungsprinzip besitzt, welches sie in die Lage setzt, »aus« sich selbst heraus zu wachsen (**A3-4**).

Von der stoischen Psychologie erinnert so viel an Aristoteles, daß dieser Unterschied bezüglich der Pflanzen eine Erklärung verlangt. Außerdem wird die Reproduktion der Lebewesen, die Aristoteles der nährenden Seele zugeschrieben hatte, jetzt ein ganzer Seelenteil für sich – nach der orthodoxen stoischen Darstellung (**H4**), wenngleich Panaitios sie zur »Natur« verbannte (**I**). Es sieht so aus, als hätten die Stoiker zwischen den automatischen Wachstumsprozessen und den Selbststeuerungsfunktionen des Tierlebens einen wesentlichen Unterschied bemerkt, einen Unterschied, der entscheidend verdunkelt würde, wenn man die verschiedenen Vorgänge alle unter den Begriff der Seele subsumieren würde. Auch wollten die Stoiker die Evolution in den Weisen des Lebens von der Empfängnis bis zur Reife betonen.

Ein Embryo ist bis zum Augenblick der Geburt wie eine Pflanze (**B2**, so auch Aristoteles, *De generatione animalium* V.1, 778b35). Sobald das Herz geformt ist, wird es (wieder wie bei Aristoteles) das Agens für die Gestaltung des übrigen Embryos (**D**). Erst im Augenblick der Geburt wird diese »Natur« in die Seele transformiert. Das läßt vermuten, daß vegetative Prozesse ausreichen, um das Leben und das Wachstum eines Embryos zu erklären. Müssen wir annehmen, daß die neu aufkommende Seele die Funktionen der Natur übernimmt, die ihr vorangehender Zustand war? Man könnte meinen, dies sei in **G6** impliziert, wo die Seelenteile eine Vorsorge für Ernährung und Wachstum der Glieder einschließen (und vgl. **47P4**). Indes nehmen keinerlei andere Texte, die Standarddarstellungen der acht Seelenteile geben, in irgendeiner Weise Bezug auf Ernährung und Wachstum. Wenn wir des weiteren annehmen, daß das Führungsvermögen diese vitalen Funktionen direkt kontrolliert, dann ist schwer zu sehen, wie es das vermöge seiner grundlegenden Kräfte kann, der Vorstellung und des Antriebs (**P1**). Das Fazit aller Zeugnisse legt zwingend nahe, daß die »Natur« eines Lebewesens, sein pflanzenähnliches Prinzip, nachdem die Seele geformt ist, fortfährt, das Wachstum des Lebewesens automatisch zu steuern. In die Enge getrieben wären die Stoiker wahrscheinlich bereit, alle Lebensmerkmale eines Lebewesens seiner Seele zuzuschreiben. In der Praxis paßt ihre Darstellung der Seelenkräfte aber nur zu der beschränkteren Konzeption, mit der die Darstellung auf das »Führungsvermögen« der Seele (**F**) und ihre sieben untergeordneten Teile Bezug nimmt. Dies hat zur Folge, daß scharf auf die Seele als das unterscheidende Merkmal eines Handelnden (Selbstbewegers) fokussiert wird, von dem man (im Fall der Menschen mit ihren zusätzlichen Vermögen, **A5**, **R**, **t** usw.) annehmen kann, daß er über das, was er tut, Rechenschaft gibt (**62K**). (Vgl. *SVF* 1.538, wo Kleanthes »die Seele allein« als Menschen bezeichnet.

Die Texte, welche von der Natur der Seele als Atemstrom reden (**G1–5**; vgl. **47H**), und die Beweise für ihre Körperlichkeit (**45C–D**), ihre Entstehung und ihre Vergänglichkeit (**C**, **W**) sprechen für sich selbst. Als Atemstrom wird die Seele durch ihre Spannungsbewegung charakterisiert (**47Q–R**), eine physische Eigenschaft mit beachtlichen Folgen für die moralische Verfassung einer Person (vgl. **65T**). Das »Führungsvermögen« − ein neuer Ausdruck für das Zentrum des Bewußtseins, welches gelegentlich Geist *(nous)* genannt wird − und seine sieben untergeordneten Teile können einerseits mit dem Gehirn und dem Nervensystem verglichen werden und andererseits mit Epikurs »Geist« und »Lebensprinzip« (**14B**). Als der Sitz aller mentalen Zustände einschließlich der Emotionen (vgl. **65G**) wird das Führungsvermögen eher in der Gegend des Herzens als im Kopf lokalisiert. Diese traditionelle Ansicht wurde von den Stoikern gegen die neuen Entdeckungen der zeitgenössischen Physiologen energisch verteidigt. Abgesehen von der Art von Erwägungen, die in **U** beigebracht werden (vgl. auch **34J**; **65H** sowie **14B1** für die Epikureer), hatten sie wohlbegründete Interessen, an der Priorität des Herzens (**D**) für ihre Darstellung von Wachstum und Ernährung festzuhalten. Herz und Seele stehen miteinander in physischem Kontakt. Zusammen genommen bilden sie die Einheit der vegetativen und geistigen Kräfte eines Lebewesens. Wie **E** zeigt, hat bei der Aufrechterhaltung der Atemstromnatur der Seele darüber hinaus das Blut eine entscheidende Rolle zu spielen.

Genauso wie Lebewesen ihr Leben ohne irgendwelche kognitiven Fähigkeiten als pflanzenähnliche Wesen beginnen, so müssen auch die Menschen wie die anderen Lebewesen anfangen. Das Vermögen der Vernunft, welche die Menschen von den Tieren unterscheidet, entwickelt sich nur stufenweise (**39E4**). Die allgemeinen Lebensmerkmale der Menschen werden durch dieselben acht »Teile« der Seele angezeigt (**H**), wenn auch dem Führungsvermögen eines Tieres die Vernunft fehlt. Der Terminus »Teil« stellt in erster Linie auf eine räumliche Aufteilung der Seele ab, angefangen vom Führungsvermögen als dem »höchsten Teil«. Daher das Bild vom Tintenfisch (**H2**), welches uns hilft, die Struktur der Seele als ausdehnungsfähige und zusammenziehbare Atemströme zu veranschaulichen. Die sieben untergeordneten Teile − Sinne, Sprachvermögen und Zeugungsvermögen − sind rein instrumentale Ausführungsorgane des Führungsvermögens (vgl. **G7–9**). Dort ist es, wo alles Bewußtsein stattfindet (**M**).

Interessanter und problematischer sind die Fähigkeiten der Seele in dem Sinne, den das Wort in **K2** hat. Sie lassen sich physisch ebensowenig unterscheiden, etwa durch

Bezugnahme auf verschiedene körperliche Organe, wie bei einem Apfel das Aroma von seiner Süße. Obwohl sie gelegentlich irreführenderweise als Teile bezeichnet werden (vgl. V), greifen die Vermögen, wie wir sie hier nennen wollen, »Eigenschaften« (siehe 28F) des Führungsvermögens selbst heraus. Sie bezeichnen seine verschiedenen Weisen tätig zu sein und tun das so, daß die Seele oder das Selbst nicht wie in dem platonischen Modell in eine Vielfalt psychischer Entitäten fragmentiert wird. Das Subjekt von Vorstellung, Antrieb usw. ist ein und dasselbe Führungsvermögen. Diese auf eine Einheit hinausgehende Sicht der Seele war eine Lehre Chrysipps. Obwohl sie von Poseidonios, der zur platonischen Dreiteilung zurückkehrte (vgl. 65K, M, P), entschlossen zurückgewiesen wurde, möglicherweise auch von Panaitios, bei dem wir so etwas wie eine aristotelische Zweiteilung finden (vgl. J), ist Chrysipps Einheitsmodell von großem philosophischen Interesse (siehe weiter 65). Wie weit es durch seine stoischen Vorgänger bereits skizziert worden war, läßt sich unmöglich sagen.

Logisch und in der Erfahrung eines Lebewesens ist die Vorstellung das primäre Vermögen. Hierokles besteht in 57C, in demselben Zusammenhang wie B, darauf, daß ein Lebewesen sofort bei der Geburt »sich selbst wahrnimmt« und daß die Selbstwahrnehmung der Wahrnehmung irgendwelcher äußeren Gegenstände vorausgeht. Selbstwahrnehmung (5–9) oder Erfassung der Art von Lebewesen, die man ist (vgl. 57B), scheint das Ergebnis des Umstands zu sein, daß Körper und Seele beständig verbunden sind und interagieren (vgl. 45C; 48C10). B benutzt nicht den Standardausdruck für Vorstellung, *phantasia*; vielmehr können die Termini zur Beschreibung der Körper-Seele-Interaktion so übersetzt werden (ganz wörtlich »schlagend gegen« und »im Gegenzug geschlagen werdend«): Diese Interaktion hat als Resultat ein Bewußtsein oder eine »Vorstellung« im mentalen Sinn. Ganz grundlegend ist eine Vorstellung also das, aufgrund wovon ein Lebewesen ein Bewußtsein davon hat, wie *es* affiziert wird (vgl. P–Q; 39A–B). Während dies häufig auf Sinneswahrnehmung Bezug nehmen wird (P2), können wir das Vermögen selbst so auffassen, daß es alle Bewußtseinszustände abdeckt, einschließlich Lustempfindungen und Schmerzen, die als Gegenstände einer »inneren Berührung« erklärt wurden (Cicero, *Academica* 2.20, vgl. 16 Kommentar).

Was die Quellen über die Mechanik des Wahrnehmens sagen, ist dürftig (N ist ein repräsentatives Beispiel). Dieser Umstand deutet darauf hin, daß die Stoiker sich weitgehend damit begnügten, peripatetische Lehren zu übernehmen, die sie dabei so anpaßten, daß sie zu ihrem dynamischen Materialismus paßten; man beachte, daß das Sehen um eine »Spannung« (das »gestreckte« Medium) ergänzt wird. Nicht weniger bestimmt scheint das Erbe des Aristoteles zu sein, wenn die Bewegung eines Lebewesens ganz allgemein als Ergebnis von Vorstellung und »Antrieb« dargestellt wird, dem zweiten grundlegenden Vermögen der Seele (P, Q). Dies erinnert z.B. an *De motu animalium* 701a4–6: »Ein Lebewesen bewegt sich und nimmt eine Ortsveränderung vor aufgrund eines Strebens oder eines Entschlusses, wenn entsprechend der Wahrnehmung oder der Vorstellung eine Veränderung eingetreten ist«. Die gemeinsame Grundlage wird einmal mehr evident im Licht von Aristoteles' Rückgriff auf einen »angeborenen Atemstrom« (*symphyton pneuma*, *De motu animalium* 10) als den »ausdehnungs- und kontraktionsfähigen Körper«, der das Verlangen der Seele in die Bewegungen des Körpers überträgt (vgl. 47R und die Darstellung, die Kleanthes in L vom Gehen gibt). Diese Ähnlichkeiten machen die Stoiker allerdings nicht zu bloßen Übermittlern peripatetischen Denkens. Indem sie die Seele selbst als ein *pneuma* (einen Atemstrom) behandelten, vermieden sie, wie sich argumentieren ließe, einige der peripatetischen Schwierigkeiten. Auf diese Weise verschwand etwa das Problem zu zeigen, wie ein

Körper durch eine unkörperliche Seele bewegt werden könnte. Außerdem scheinen die Stoiker dadurch, daß sie alle Bewußtseinszustände in dem Vermögen zur *phantasia* (Vorstellung) vereinigten, einen Begriff von der Einheit des Bewußtseins gefaßt zu haben; aus den verwickelten aristotelischen Beziehungen zwischen Sinneswahrnehmung, *phantasia* und Intellekt ist eine solche Einheit schwerlich zu ersehen. Eine letzte und sehr bedeutsame Neuerung ist die ausdrückliche kausale Verknüpfung zwischen dem Trieb eines Tieres und seinem Bewußtsein von einem Ziel, welches für seine natürliche Konstitution geeignet ist (eine »zukommende Funktion« Q1; 57B–C).

Lebewesen ohne Vernunft erleben nur »einfache« Vorstellungen (T). Vermutlich sind die Antriebe solcher Kreaturen unmittelbar durch von Augenblick zu Augenblick erfolgende Sinneseindrücke von Dingen stimuliert, die für die Art, zu der das Lebewesen jeweils gehört, geeignet oder ungeeignet sind. Bei den Menschen indes vermittelt, zumindest wenn sich ihre Vernunft entwickelt hat, ein drittes Vermögen der Seele zwischen Vorstellungen und Antrieben, die »Zustimmung« (S). Auch dies ist eine stoische Neuerung, und zwar eine von kardinaler Wichtigkeit für die stoische Epistemologie und Ethik (vgl. 40B; 62C; 69A mit Kommentar). *In nuce* impliziert sie, mit der Wahrheit, der Wünschbarkeit usw. des Sachverhalts, den eine Vorstellung zum Inhalt hat, »mitzugehen« oder »sich darauf zu verpflichten«, und die Fähigkeit, von diesem Mitgehen oder sich Verpflichten Abstand zu nehmen; Epiktet nennt die Zustimmung »die Kraft zum Gebrauch der Vorstellungen« (62K3). Bei den Menschen sind alle Antriebe Zustimmungshandlungen (33I; vgl. S), eine These, die einschließt, daß wir für all unser Begehren verantwortlich sind. Die Zustimmung sieht demnach wie ein unterscheidendes Kennzeichen der Rationalität oder Vernünftigkeit aus, und das ist ohne Zweifel richtig. Nichtsdestoweniger sollte beachtet werden, daß einige Texte (z.B. O; 62G6) den Lebewesen ganz allgemein Zustimmung und Antrieb zuschreiben. Wenn das ein Irrtum ist, so deutet doch der anscheinend autoritative Text K2 in dieselbe Richtung; denn wenn die Zustimmung einfach eine Funktion der Vernunft ist, müssen wir erklären, wie sie hier als eine Fähigkeit parallel zu Vorstellung, Antrieb *und* Vernunft spezifiziert werden kann. Möglicherweise sollte daher sogar unvernünftigen Lebewesen eine primitive Form der Zustimmung zugeschrieben werden – das »Stattgeben« gegenüber der ihnen eigentümlichen Vorstellung (vgl. S). Was den Tieren entschieden fehlt, ist Vernunft (A5). Diese Begabung des Menschen qualifiziert seine ganze Seele und macht ihre Vorstellungen (39A6) und Antriebe (R) vernünftig; und das gilt auch für ihre Fähigkeiten, Zustimmung zu geben oder zu verweigern. Wenn die Tierseele alle drei Vermögen in rudimentärer, nicht-vernünftiger Form hat, dann würde dies uns zu verstehen helfen, wie die Stoiker die Vernunft als die Art und Weise ansehen konnten, in der die ganze erwachsene Menschenseele wirksam ist, als eine neue Disposition, welche die gesamte vorrationale Ausstattung völlig verändert. In jedem Fall ist das Führungsvermögen einer Seele, der Tierseele ebenso wie der Menschenseele, als ein einheitlich handelndes Gebilde anzusehen. (Vgl. die Darstellung, die Chrysipp in L vom Gehen gibt.)

Ein abschließender Punkt von allgemeinem Interesse ist ein erklärter Fokus darauf, den Charakter der Vernunft selbst zu spezifizieren. Vier Hauptmerkmale sind an dieser Stelle festzuhalten: (a) die Analyse der Vernunft durch Bezug auf die Disposition der drei eben diskutierten Vermögen (der mutmaßliche Sinn von ›Vernunft‹ bei Chrysipp im ersten Teil von V); (b) die begriffliche Allgemeinheit der Vernunft (zweiter Teil von V); (c) ihre logische Kraft, abgeleitet aus der Natur der Vorstellungen eines vernunftbegabten Lebewesens (T); (d) die Manifestation der Vernunft in der Sprache (U), vielleicht abgeleitet aus der Natur der Antriebe eines vernunftbegabten Lebewesens (vgl. I). Selbst wenn manches davon Diskussionspunkte der früheren Philosophie aufgreift (vgl. für das Denken als inneren Dialog Platon, *Theaitetos* 189e, *Sophistes* 263e), so hat es doch einen systematischen Charakter und eine Klarheit, die durchweg original erscheint.

Für weitere Aspekte der Stoischen Psychologie siehe **39–41**; **57**; **59**; **61–62**; **65**.

54 Theologie

A   Diogenes Laërtius 7.147   (teilw. *SVF* 2.1021; teilw. *FDS* 651)

Gott ist, [sagen die Stoiker,] ein Lebewesen, welches unsterblich ist, ferner vernuftbegabt oder verständig, vollkommen im Glück, für alles Schlechte unempfänglich und welches sorgende Vorsehung für die Welt und für alles ausübt, was in ihr ist; doch von Menschengestalt ist er nicht. Er ist der Schöpfer des Alls und gleichsam der Vater von allem, und zwar sowohl überhaupt als auch besonders derjenige Teil von ihm, der alles durchdringt und der entsprechend seinen verschiedenen Kräften mit vielen Appellativen bezeichnet wird. Denn *Dia* [Akkusativ von *Zeus*] nennt man ihn, weil ›durch ihn‹ *(di' hon)* alles besteht; von *Zēn* spricht man insfern, als er der Urheber des Lebens *(zēn)* ist oder weil er alles Leben *(zēn)* durchdringt; Athena heißt er, weil sein leitender Teil sich bis in den ›Äther‹ erstreckt, Hera wegen dessen Ausdehnung in die Luft, . . . [usw.]

B   Cicero, *De nat. deor.* 1.39   (teilw. *SVF* 2.1077)

[Sprecher ist der Epikureer Velleius:] Er [Chrysipp] erklärt nämlich, die göttliche Kraft liege in der Vernunft und im Geist und Intellekt der universalen Natur, und er sagt, Gott sei die Welt selbst und die universale Durchdringung ihres Geistes, auch daß er das Zentralorgan der Welt ist, da er seinen Sitz im Geist und Verstand hat; ferner daß er die allgemeine Natur der Dinge ist, universal und alles umfassend, weiter die Kraft des Schicksals und die Notwendigkeit zukünftiger Dinge, außerdem Feuer und der eben von mir erwähnte Äther; daß er zudem alles ist, was seinem natürlichen Zustand nach fließt und in Bewegung ist wie etwa Wasser und Erde und Luft, Sonne, Mond, Sterne und das All, welches alles in sich enthält, − und sogar solche Menschen, die die Unsterblichkeit erlangt haben.

A Kontext: Abriß der stoischen Kosmologie, nach Abschluß der Liste gefolgt von **43A**.
B Kontext: Ablehnende historische Skizze des Epikureers Velleius über die theologischen Lehren anderer philosophischer Schulen.

C   Cicero, *De nat. deor.* 2.12–15   (enthält *SVF* 1.528)

[Sprecher ist Balbus als Vertreter der Stoiker:] (1) Die Hauptsache steht deshalb bei allen Menschen aller Völker fest; denn allen ist angeboren und in ihren Geist gleichsam eingemeißelt, daß es Götter gibt. Über ihre Beschaffenheit gehen die Meinungen auseinander; aber daß sie existieren, bestreitet niemand. (2) Kleanthes, von unserer Schule, erklärte nun, daß sich in den Seelen der Menschen aus vier Gründen Begriffe von Göttern ausgebildet haben. (3) Als ersten Begriff erwähnte er den, über den ich eben gesprochen habe, nämlich den, der aus der Vorahnung künftiger Ereignisse entstanden war. (4) Der zweite Begriff war der, den wir aus der Größe der Vorteile gewonnen haben, die uns durch das gemäßigte Klima, durch die Fruchtbarkeit der Erde und durch eine große Menge anderer Annehmlichkeiten geboten werden. (5) An dritter Stelle steht der Schrecken, in den die Menschen versetzt wurden durch Blitze, Stürme, . . . Durch diese Dinge zutiefst erschreckt vermuteten die Menschen die Existenz einer göttlichen Himmelsmacht. (6) Die vierte und wichtigste Ursache war das Gleichmaß der Bewegung, die Umdrehung des Himmels, die Individualität, Nützlichkeit, Schönheit und Ordnung der Sonne, des Monds und aller Sterne. All dies nur zu sehen beweise schon hinlänglich, daß es kein Produkt des Zufalls ist. Gerade so, wie wenn jemand ein Haus oder ein Gymnasium oder das Forum betritt, dort in allen Dingen das planvolle Vorgehen, die Gesetzmäßigkeit und Disziplin sieht und daraufhin nicht urteilen kann, all dies geschehe ohne Ursache, wie er vielmehr erkennt, daß es jemanden gibt, der alledem vorsteht und dem es gehorcht, so muß er um vieles mehr bei so gewaltigen Bewegungen und so riesigen Wechseln und bei Ordnungsgefügen derart vieler und großer Sachen, bei denen trotz des unermeßlichen und unendlichen Alters niemals irgendein Irrtum vorgekommen ist, notwendigerweise schließen, daß es ein Geist sein muß, der so eindrucksvolle Bewegungen der Natur lenkt.

D   Sextus Empiricus, *Adv. Math.* 9.133–136   (enthält *SVF* 1.152, 3. Diog. 32)

(1) Zenon entwickelte auch ein Argument der folgenden Art: »Die Götter könnte man vernünftigerweise ehren; ⟨was nicht existiert, könnte man aber nicht vernünftigerweise ehren;⟩ also existieren Götter.« (2) Einige parodieren dieses Argument und sagen: »Die Weisen könnte man vernünftigerweise ehren; ⟨was nicht existiert, könnte man aber nicht vernünftigerweise ehren;⟩ also existieren Weise.« Dies wäre für die Stoiker nicht akzeptabel, weil bis jetzt sich noch kein in ihrem Sinne Weiser gefunden hat. (3) Diogenes von Babylon begegnete der Parodie, indem er sagte, die zweite Prämisse von Zenons Argument habe die folgende Bedeutung: »Wessen Natur es ist nicht zu existieren, den könnte man aber nicht vernünftigerweise ehren.« Wenn die Prämisse näm-

---

C Kontext: Verteidigung der stoischen Theologie.   D Kontext: Besprechung dogmatischer, speziell stoischer, theologischer Argumente.

lich in diesem Sinn verstanden wird, ist klar, daß es die Natur der Götter ist zu existieren; wenn aber das, existieren sie *eo ipso*. Denn wenn sie auch nur einmal irgendwann existierten, dann existieren sie auch jetzt, gerade so wie Atome, wenn sie je existierten, auch jetzt existieren. (Solche Körper sind ihrem Begriff nach nämlich unvergänglich und nicht entstanden.) Daher wird das Argument die Konsequenz auch im Sinne einer folgerichtigen Herleitung schlüssig ziehen. Bei den Weisen andererseits ist es nicht so, daß sie, weil es ihre Natur ist zu existieren, auch *eo ipso* existieren. (4) Andere sagen, Zenons erste Prämisse, die Aussage »Die Götter könnte man vernünftigerweise ehren«, sei mehrdeutig. Die eine Bedeutung ist nämlich: »Die Götter könnte man vernünftigerweise *ehren*«, und die andere Bedeutung: ». . . *in Ehren halten*«. In der Prämisse wird die erste Bedeutung verwendet, und das ist bei den Weisen falsch.

E Cicero, *De nat. deor.* 2.16 (teilw. *SVF* 2.1012)

(1) »Wenn es nämlich«, so sagt er [Chrysipp], »in der Natur etwas gibt, was der Geist des Menschen, was sein Verstand, was seine Kraft, was das menschliche Können nicht zu bewirken vermag, dann ist das, was es bewirkt, mit Sicherheit besser als der Mensch. Nun können die Dinge am Himmel und all die Dinge, deren Ordnung ewig ist, nicht vom Menschen zustandegebracht werden. Das, was sie zustandebringt, ist also besser als der Mensch. Wie aber könnte man das passender als mit dem Wort ›Gott‹ bezeichnen? (2) Denn wenn es keine Götter gibt, was in der Natur könnte dann besser als der Mensch sein, der doch allein das ranghöchste Unterscheidungsmerkmal der Vernunft besitzt? Aber daß es einen Menschen geben sollte, der glaubt, in der ganzen Welt gebe es nichts Besseres als ihn, ist törichte Arroganz. Also gibt es etwas Besseres. Folglich gibt es tatsächlich einen Gott.«

F Sextus Empiricus, *Adv. Math.* 9.104, 108–110 (enthält *SVF* 1.111)

(1) Und weiter sagt Zenon: »Das Vernünftige steht höher als das Nicht-Ver-nünftige; es steht aber nichts höher als die Welt; also ist die Welt vernünftig. Und genauso mit ›einsichtig‹ und ›an Beseeltheit teilhabend‹. Denn das Einsich-tige steht höher als das Nicht-Einsichtige und das Beseelte höher als das Nicht-Beseelte; es steht aber nichts höher als die Welt; also ist die Welt einsichtig und beseelt.« . . . (2) Aber Alexinos parodierte Zenon folgendermaßen: »Das Poe-tische steht höher als das Nicht-Poetische, das Grammatische höher als das Nicht-Grammatische und das in den anderen Künsten Entwickelte höher als das entsprechende Nicht-Entwickelte; es steht aber auch nicht eins höher als die Welt; also ist die Welt poetisch und grammatisch.« (3) Die Stoiker begegnen dieser Parodie, indem sie sagen, daß Zenon sich auf das absolut Höhere bezog,

---

E Kontext: Nach einem Überleitungssatz unmittelbar anschließend an C.   F Kontext: Wie bei D. Der ausgelassene Abschnitt vergleicht Zenons Argument mit Platon, *Tim.* 29d–30b.

das heißt auf das Vernünftige im Verhältnis zum Nicht-Vernünftigen, auf das Einsichtige im Verhältnis zum Nicht-Einsichtigen und auf das Beseelte im Verhältnis zum Nicht-Beseelten, daß Alexinos das aber nicht tut; denn nicht im absoluten Sinne steht das Poetische höher als das Nicht-Poetische und das Grammatische höher als das Nicht-Grammatische. In den Argumenten ist daher ein großer Unterschied zu beobachten. Denn man nehme Archilochos, der zwar poetisch ist, aber nicht höher steht als der nicht-poetische Sokrates, und Aristarch, der zwar Grammatiker ist, aber nicht höher steht als der Nicht-Grammatiker Platon.

G Cicero, *De nat. deor.* 2.22 (*SVF* 1.114, 113, 112)

(1) Ferner argumentiert er [Zenon] folgendermaßen: »Nichts, was ohne Sinneswahrnehmung ist, kann einen mit Sinneswahrnehmung ausgestatteten Teil haben. Die Welt jedoch hat mit Sinneswahrnehmung ausgestattete Teile. Nicht also ist die Welt ohne Sinneswahrnehmung.« (2) Dann geht er weiter und bringt ein knapper gefaßtes Argument: »Nichts«, so sagt er, »was einer Seele (des Geists), und nichts, was der Vernunft enträt, kann aus sich etwas Beseeltes und mit Vernunft Ausgestattetes hervorbringen. Die Welt indes bringt beseelte und mit Vernunft ausgestattete Wesen hervor. Also ist die Welt beseelt und mit Vernunft ausgestattet.« (3) Außerdem zog er, wie er es häufig macht, einen Analogieschluß, nämlich so: »Wenn auf einem Olivenbaum wohltönende Flöten wachsen würden, hättest du gewiß keinen Zweifel, daß es in dem Olivenbaum ein Wissen vom Flötenspiel gäbe. Oder wenn die Platanen rhythmisch klingende Harfen tragen würden, würdest du gewiß ebenso urteilen, daß in den Platanen etwas Musikalisches ist. Weshalb also sollte man die Welt nicht als beseelt und weise beurteilen, da sie doch beseelte und weise Wesen aus sich hervorbringt?«

H Cicero, *De nat. deor.* 2.37–39

(1) Denn es gibt außer der Welt auch nichts anderes, dem nichts fehlt, das unter allen Gesichtspunkten ausgestattet ist, das in allen seinen Maßen und Teilen vollkommen und vollständig ist. Treffend stellt Chrysipp es dar: Gerade so, wie die Schildhülle für den Schild und die Scheide für das Schwert gemacht ist, so ist mit Ausnahme der Welt auch alles andere für etwas anderes gemacht, zum Beispiel die Früchte und Erträge, die die Erde hervorbringt, für die Tiere und die Tiere, die sie hervorbringt, für die Menschen, das Pferd etwa zum Transport, der Ochse zum Pflügen, der Hund zum Jagen und zur Bewachung; der Mensch selbst indes ist entstanden zur Betrachtung und zur Nachahmung der Welt, wobei er in keiner Weise vollkommen ist, sondern einen ganz kleinen Teil dessen bildet, was vollkommen ist. Die Welt indes umfaßt alles, und es gibt

---

G Kontext: Balbus' Verteidigung der stoischen Theologie; im Anschluß an eine Version von Zenons Argument in **F**.   H Kontext: Balbus' Verteidigung der stoischen Theologie.

nichts, was nicht in ihr wäre; deshalb ist sie in jeder Hinsicht vollkommen. (2) Wie kann ihr infolgedessen das fehlen, was das beste ist? Es ist aber nichts besser als Geist und Vernunft; diese also können der Welt nicht fehlen. (3) Chrysipp tat also gut daran, unter Verwendung von Analogien zu beweisen, daß in vollkommenen und reifen Exemplaren alles besser ist, etwa im Pferd alles besser als im Fohlen, im Hund alles besser als im Welpen und im Mann alles besser als im Knaben. Ebenso muß wohl, was in der ganzen Welt das beste ist, in einem vollkommenen und absoluten Wesen anzutreffen sein. Nun ist nichts vollkommener als die Welt und nichts besser als die Tugend. Also ist die Tugend eine Eigentümlichkeit der Welt. (4) Die Natur des Menschen freilich ist nicht vollkommen; jedoch wird im Menschen Tugend entwickelt. Um wieviel leichter geschieht das also in der Welt! In dieser gibt es also Tugend. Folglich ist die Welt weise und daher Gott.

I   Kleanthes, *Zeus-Hymnus*, bei Stobaeus 1.25,3–27.4 (*SVF* 1.537)

(1) Ruhmvollster der Unsterblichen, mit vielen Titeln Benannter, ewig alles Beherrschender, Zeus, Erster Beweger der Natur, der du mit deinem Gesetz alles steuerst, sei mir gegrüßt! Dich nämlich anzusprechen geziemt sich für alle Sterblichen. Denn aus dir sind wir hervorgegangen und haben als einzige von allem, was auf der Erde an Sterblichem lebt und sich regt, Anteil am Abbild Gottes erlangt. Deshalb will ich dich preisen und deine Macht für immer besingen. (2) Dir gehorcht dieser ganze Kosmos, wie er die Erde umkreist, welchen Weg immer du führst, und fügt sich willig deinem machtvollen Einfluß. Solcherart ist der zweischneidige, feurige, ewig-lebende Blitz, den du als bereiten Diener in deinen unbesiegten Händen hältst. Denn unter seinen Schlägen kamen alle Werke der Natur zur Vollendung; mit ihm lenkst du die allgemeine Vernunft, die alles durchzieht und mit den großen und kleinen Himmelslichtern verschmilzt. ... (3) Keine Tat geschieht auf der Erde, Gott, deinem Machtbereich entzogen, auch nicht im göttlichen Äther des Himmels und nicht im Meer, bis auf all das, was schlechte Menschen in ihrem Unverstand tun. Du jedoch weißt auch Krummes gerade zu machen und das Ungeordnete zu ordnen, und was nicht geliebt wird, liebst du. So nämlich fügtest du in eins alle Dinge zusammen, die guten mit den schlechten, so daß sie alle an einer einzigen Vernunft teilhaben, die ewig existiert. Gemieden und außer acht gelassen wird sie von denen, die schlecht sind unter den Sterblichen, den Unglücklichen, die immer nach dem Besitz von Reichtum begehren, aber Gottes allgemeines Gesetz weder sehen noch hören, durch dessen Befolgung sie in Partnerschaft mit der Einsicht ein gutes Leben führen könnten. Stattdessen stürzen sie, bar aller Einsicht, der eine in dieses, der andere in jenes Übel, die einen mit ihrem unersättlichen Trachten nach Ruhm, andere durch ihren ungezügelten Hang nach Gewinn, dritte auf der Suche nach Abspannung und den süßen Betätigungen des Körpers. ... ⟨Aber alles, was sie erreichen, sind Übel,⟩ obwohl sie hierhin und dorthin irren in verzweifeltem Bemühen um das Gegenteil. (4) Aber du, alles schenkender Zeus der schwarzen Gewitterwolken und des hell-

leuchtenden ,Blitzes, errette die Menschen aus ihrer jammervollen Inkompetenz! Verscheuche, Vater, die Unerfahrenheit weg von unserer Seele! Gib uns die Kraft zur Erkenntnis, im Vertrauen auf welche du alles mit Gerechtigkeit steuerst, damit wir Ehre gewinnen und dir mit Ehre antworten können, indem wir beständig deine Werke besingen, wie es sich für Sterbliche zu tun geziemt. Denn weder für die Menschen noch für die Göttern gibt es eine größere Ehre als die, das allgemeine Gesetz in Gerechtigkeit für immer zu besingen.

J　Cicero, *De nat. deor.* 2.75–76

[Sprecher ist Balbus als Vertreter der Stoiker:] (1) Ich behaupte also, daß es die Vorsehung der Götter ist, durch die die Welt und alle Teile der Welt anfangs gebildet wurden und zu aller Zeit verwaltet werden. Die Verteidigung dieser These untergliedert man in unserer Schule normalerweise in drei Teile. (2) Der erste Teil leitet sich her aus der Argumentation, die zeigt, daß es Götter gibt; wenn das zugestanden ist, muß man zugeben, daß die Welt durch deren Ratschluß verwaltet wird. (3) Der zweite Teil beweist, daß alle Dinge der Aufsicht einer mit Wahrnehmung ausgestatteten Natur unterstehen und daß die Werke der Natur alle von höchster Schönheit sind; wenn das feststeht, folgt, daß sie von beseelten Prinzipien geschaffen wurden. (4) Das dritte Teilgebiet leitet sich her von unserer Bewunderung für die Dinge am Himmel und auf der Erde.

(5) Als erstes also ist entweder zu bestreiten, daß es Götter gibt, wie das Demokrit mit seiner Einführung von ›Ähnlichkeiten‹ und Epikur mit seinen ›Bildern‹ im Ergebnis tut; oder aber die, die zugestehen, daß es Götter gibt, müssen weiter anerkennen, daß die Götter etwas tun, und zwar etwas Herausragendes; es ist aber nichts herausragender als die Verwaltung der Welt; die Welt wird also durch den Ratschluß der Götter verwaltet.

K　Plutarch, *De comm. not.* 32, 1075E　(*SVF* 2.1126; teilw. *FDS* 303)

Des weitern sind sie [die Stoiker] selbst unaufhörlich damit beschäftigt, Epikur gegenüber Wehe und Schande zu rufen, weil er mit seiner Aufhebung der Vorsehung den Vorbegriff der Götter ruiniere; denn die Gottheit müsse nicht nur als unsterblich und glückselig vorbegriffen und gedacht werden, sondern auch als menschenfreundlich, fürsorglich und helfend.

J Kontext: Balbus' Verteidigung der stoischen Theologie; hier: Einführung in die Lehre von der Vorsehung. Den aufgelisteten drei Teilen entsprechen im Fortgang der Darlegung die Abschnitte 2.76–80, 81–90 (daraus **L**) und 90–153 (daraus **M** und **N**.　K Kontext: Beginn eines neuen anti-stoischen Arguments, welches eine Unverträglichkeit zwischen der Behauptung der göttlichen Vorsehung und der Behauptung auszumachen sucht, daß die Wohltaten Gottes nicht gut seien, sondern indifferent.

L   Cicero, *De nat. deor.* 2.88

[Sprecher ist Balbus als Vertreter der Stoiker:] Stell' dir vor, jemand brächte den Himmelsglobus nach Skythien oder Britannien, den unser Freund Poseidonios neulich gebaut hat und bei dem die einzelnen Umdrehungen bei der Sonne, dem Mond und den fünf Planeten genau die Bewegungen simulieren, die am Himmel durch die einzelnen Tage und Nächte hervorgerufen werden. Wer in diesen fernen Ländern hätte dann Zweifel, daß dieser Globus ein Werk der Vernunft ist? Und dennoch sind diese [Philosophen, die keine Vorsehung anerkennen,] im Zweifel über die Welt, aus der doch alles entstanden und geworden ist, ob sie selbst das Ergebnis eines Zufalls oder das Produkt irgendeiner Notwendigkeit oder das Werk der Vernunft eines göttlichen Geistes ist; und sie sind der Meinung, als Archimedes die Umdrehungen der Himmelssphäre nachbildete, habe er bedeutenderes geleistet als die Natur bei ihrer Erschaffung – und das, obwohl das Original in vielen Dingen weitaus brillianter ist als die Kopie.

M   Cicero, *De nat. deor.* 2.93

[Sprecher ist Balbus als Vertreter der Stoiker:] Ich für mein Teil – muß ich mich hier nicht sehr wundern, daß jemand sich einredet, aufgrund der Kraft ihres Gewichts befänden sich gewisse feste unteilbare Körper in Bewegung und die Welt mit ihrer unübertrefflich großartigen Ausstattung und Schönheit sei durch den zufälligen Zusammenprall dieser Körper entstanden? Ich verstehe nicht, warum der, der das für möglich hält, nicht ebenfalls der Meinung ist, wenn zahllose Formen der 21 Buchstaben, seien sie aus Gold oder aus welchem Material immer, in einem Behälter zusammengeworfen und dann auf die Erde ausgeschüttet würden, dann sei es möglich, daß sie eine lesbare Kopie der *Annalen* des Ennius bilden. Ich bin mir nicht sicher, ob der Zufall das auch nur im Umfang einer einzigen Zeile zu schaffen in der Lage ist.

N   Cicero, *De nat. deor.* 2.133   (enthält *SVF* 2.1131)

[Sprecher ist Balbus als Vertreter der Stoiker:] Nimm' an, jemand will wissen, zu wessen Gunsten dieses riesige Bauunternehmen veranstaltet worden ist. Etwa zugunsten der Bäume und Kräuter, die, obwohl sie ohne Sinneswahrnehmung sind, trotzdem von der Natur erhalten werden? Nein, das ist absurd. Oder zugunsten der Tiere? Nein, daß die Götter sich zugunsten stummer und völlig unverständiger Tiere eine derart große Mühe gemacht hätten, ist um nichts wahrscheinlicher. Zu wessen Gunsten also könnte jemand sagen, daß die Welt geschaffen worden sei? Doch wohl gewiß zugunsten derjenigen Lebewesen, die Vernunft gebrauchen. Dies sind die Götter und die Menschen; es gibt wahrhaftig nichts Besseres als sie; die Vernunft ist ja die Gabe, die alle anderen

---

L Vgl. den Kontext zu J.   M Vgl. den Kontext zu J.   N Vgl. den Kontext zu J.

überragt. So wird glaubhaft, daß um der Götter und der Menschen willen die Welt und alles das gemacht worden ist, was es in dieser Welt gibt.

O Plutarch, *De Stoic. repugn.* 21, 1044D (teilw. *SVF* 2.1163)

Im fünften Buch *Über die Natur* sagt er [Chrysipp], daß Wanzen nützlich sind, um uns zu wecken, daß Mäuse uns anhalten, nicht unordentlich zu sein, und daß zu erwarten ist, daß die Natur die Schönheit liebt und Freude an Abwechslung hat. Dann fügt er wörtlich hinzu: »Am besten zeigt sich das wohl am Schwanz des Pfaus. Der zeigt nämlich, daß in diesem Fall das Tier wegen des Schwanzes geschaffen wurde und nicht umgekehrt; so also wurde das Pfauenmännchen geschaffen mit dem Pfauenweibchen als Begleiterin.«

P Porphyrios, *De abstinentia* 3.20.1, 3 (teilw./enthält *SVF* 2.1152)

(1) Es war von Chrysipp sicherlich eine glaubhafte Idee, daß die Götter uns um unserer selbst und einen um des anderen willen geschaffen haben, und die Tiere um unseretwillen: Pferde, um uns im Krieg zu unterstützen, Hunde zur Hilfe bei der Jagd, Panther, Bären und Löwen, um uns in der Tapferkeit zu üben. Das Schwein indes – denn da handelt es sich um den angenehmsten aller Gunsterweise – wurde zu keinem anderen Zweck geschaffen als allein zum Schlachten; und die Seele mischte Gott dem Fleisch zur Verfeinerung unserer Küche wie Salz bei. . . . (2) Jemand, der dies irgendwie glaubhaft und für Gott passend findet, soll nun zusehen, was er auf das Argument erwidert, welches Karneades vorgetragen hat: »Alles, was von Natur aus entstanden ist, ist begünstigt, wenn es das Ziel erreicht, im Hinblick auf das es geboren wurde und entstanden ist. (Von Nutzen reden sie hier im weiteren Sinn, wo sie [terminologisch] von einem Vorteil *(euchrēstia)* sprechen [für den engeren Sinn siehe 60G1].) Nun ist das Schwein im Hinblick darauf geboren, geschlachtet und verzehrt zu werden. Wenn ihm das widerfährt, erreicht es das Ziel, im Hinblick auf des es geboren ist, und ist begünstigt.«

Q Gellius 7.1.1–13 (*SVF* 2.1169–1170; enthält *FDS* 946)

(1) Diejenigen, die nicht daran glauben, daß die Welt um Gottes und der Menschen willen geschaffen worden ist und die menschlichen Angelegenheiten durch die Vorsehung gesteuert werden, meinen ein gewichtiges Argument einzusetzen, wenn sie sagen, daß, wenn es eine Vorsehung gäbe, es keine Übel gäbe. Denn nichts, so sagen sie, sei mit der Vorsehung weniger in Übereinstim-

---

O Kontext: Kritik an Chrysipp, weil er diejenigen zensiert, die schöne Pfauen halten, aber die Schönheit des Vogels als ein Geschenk der Götter ansehen.   P Kontext: Antwort auf peripatetische und stoische Positionen, die mit der vegetarischen Einstellung des Porphyrios in Konflikt stehen.   Q Die Gegner am Anfang sind wahrscheinlich Akademiker und Epikureer.

mung, als daß in der Welt, die angeblich um des Menschen willen gemacht ist, Plackerei und Übel eine derart große Macht haben. Dagegen argumentiert Chrysipp im vierten Buch *Über die Vorsehung* und sagt: »Es gibt wahrlich nichts Einfältigeres als die Leute, die der Meinung sind, es könne das Gute gegben, ohne daß es eben dabei das Böse gäbe. Denn da das Gute dem Bösen konträr entgegengesetzt ist, müssen notwendig beide sich einander gegenüberstehen und als etwas zusammenbestehen, was sich sozusagen gegeneinander anstemmt und sich dadurch wechselseitg stützt und bedingt. Ein solches Konträres ist also nie ohne das zugehörige andere Konträre. Denn wie könnte es eine Wahrnehmung von Gerechtigkeit geben, wenn es keine Ungerechtigkeiten gäbe? Oder was anderes ist Gerechtigkeit als die Entfernung von Ungerechtigkeit? Ebenso, welches Verständnis der Tapferkeit könnte es geben außer aufgrund des Kontrasts zur Feigheit? Der Mäßigung, wenn nicht aufgrund der Unbeherrschtheit? Und wie könnte es Klugheit geben, wenn nicht der Gegensatz zur Unklugheit bestünde? Weiter«, sagte er, »warum wünschen törichte Menschen nicht ebenso, daß es Wahrheit gibt, ohne daß Falschheit auftritt? Denn Güter und Übel, Glück und Unglück, Schmerz und Lust existieren auf dieselbe Weise; Scheitel gegen Scheitel, wie Platon sagte, sind sie eins ans andere gebunden. Wenn man das eine wegnimmt, entfernt man beides.« (2) Chrysipp behandelt und erwägt in demselben Buch auch die Frage und hält sie einer ernsthaften Untersuchung für wert, »ob die Krankheiten der Menschen in Übereinstimmung mit der Natur entstehen«, das heißt, ob die Natur selbst oder die Vorsehung, welche diese Struktur der Welt und das Menschengeschlecht geschaffen hat, auch die Krankheiten, die Schwächen und Gebrechlichkeiten des Körpers geschaffen hat, unter denen die Menschen leiden. Er urteilt aber, daß es nicht die Hauptabsicht der Natur war, die Menschen den Krankheiten ausgeliefert zu schaffen; denn das hätte niemals zur Natur gepaßt, der Schöpferin und Mutter aller guten Dinge. »Aber«, sagt er, »obwohl sie viele große Dinge hervorgebracht und sie sehr geeignet und äußerst nützlich eingerichtet hat, entstanden doch zugleich auch andere, ungünstige Dinge, die mit dem, was sie wirklich schuf, untrennbar verbunden sind.« Von diesen sagt er, daß sie in Übereinstimmung mit der Natur, aber im Wege bestimmter notwendiger »Nebenfolgen« geschaffen wurden, was er selbst *kata parakolouthēsin* nennt. Er sagt: »Als die Natur die Körper der Menschen bildete, war es zur Steigerung der Vernunft und eben zur Nützlichkeit des Ergebnisses erforderlich, den Kopf aus ganz dünnen und kleinen Knochen zu formen; aber dieser Nutzen im Hauptprodukt zog einen ungünstigen Umstand als äußere Folge nach sich, nämlich daß der Kopf nur einen dünnen Schutz hat und schon durch leichte Schläge und Stöße gebrochen werden kann. In derselben Weise wurden auch die Krankheiten und Gebrechlichkeiten hervorgebracht, als die Gesundheit geschaffen wurde. (3) Beim Zeus«, sagt er, »genauso wurden, als für die Menschen durch den Ratschluß der Natur die Tugend geschaffen wurde, gleichzeitig die Laster hervorgebracht, dank ihrer Gegensatzbeziehung dazu.«

R   Lactantius, *De ira dei* 13.9–10   (*SVF* 2.1172)

Aber wenn die Akademiker gegen die Stoiker argumentieren, pflegen sie zu fragen, warum wir, wenn Gott alles um der Menschen willen geschaffen hat, im Meer ebenso wie an Land auch viele Dinge finden, die in Opposition zu uns stehen, uns feindlich zusetzen und uns Unheil bringen. Da die Stoiker die Wahrheit nicht durchschauen, antworten sie darauf ganz unbeholfen. Sie sagen nämlich, daß es unter den Pflanzen und Tieren viele gibt, deren Nutzen uns bisher verborgen geblieben ist, daß man ihn aber im Laufe der Zeit entdecken werde, gerade so, wie vieles, was früheren Jahrhunderten unbekannt war, durch Notwendigkeit und Gebrauch entdeckt wurde.

S   Plutarch, *De Stoic. repugn.* 37, 1051B–C   (teilw. *SVF* 2.1178)

(1) Ferner hat er [Chrysipp] häufig darüber geschrieben, daß es an der Welt nichts zu tadeln und nichts auszusetzen gibt, da alles nach Maßgabe der vollkommen guten Natur ausgeführt ist. (2) Dennoch gesteht er an anderer Stelle bestimmte tadelnswerte Fälle von Nachlässigkeit in Dingen zu, die keineswegs klein und unbedeutend sind. Jedenfalls vermerkt er im dritten Buch *Über die Substanz*, daß derartiges bei guten und rechtschaffenen Leuten vorkommt, und fragt: »Ist das deshalb so, weil bestimmte Dinge vernachlässigt wurden, so wie in größeren Häusern einige Hülsen und eine gewisse Anzahl Weizenkörner danebenfallen, auch wenn das Haus ingesamt gut bestellt ist? Oder ist es deshalb so, weil bei solchen Sachen, bei denen wirklich tadelnswerte Nachlässigkeiten geschehen, böse Geister anwesend sind?« (3) Er sagt, daß da in beachtlichem Maß auch Notwendigkeit eingeht.

T   Plutarch, *De Stoic. repugn.* 34, 1050B–D   (teilw. *SVF* 2.937)

Chrysipp gewährt eine uneingeschränkte Erlaubnis zur Schlechtigkeit, insofern sie seiner Darstellung nach nicht nur aus Notwendigkeit erwächst oder in Übereinstimmung mit dem Fatum eintritt, sondern auch in Übereinstimmung mit der Vernunft Gottes und mit der besten Natur zustande kommt. Das ist auch aus seiner Formulierung zu ersehen, die so lautet: »Weil die allgemeine Natur nämlich überallhin reicht, muß alles, was irgend im All und in einem beliebigen Teil von ihm geschieht, in Übereinstimmung mit ihr und mit ihren Gründen in ungehinderter Folge geschehen, da es einerseits nichts gibt, was von außerhalb in ihre Regierung eingreifen könnte, und andererseits auch keiner ihrer Teile in irgendeiner Weise in der Lage ist, eine Bewegung oder einen

---

R Kontext: Verteidigung der stoischen Theorie der Vorsehung, wobei er aber über den Grund für die Erschaffung des Bösen anderer Meinung ist als die Stoiker.   **S** Kontext: Angebliche Inkonsistenzen Chrysipps. Ob hier wirklich Ungereimtheiten vorliegen, kann freilich bezweifelt werden.   **T** Kontext: Kritik Chrysipps, weil er im Gegensatz zu der hier zitierten Auffassung an anderer Stelle sagt, Gott sei für nichts Schlechtes verantwortlich.

Zustand anzunehmen, der mit der allgemeinen Natur nicht übereinstimmen würde.« Was sind diese Zustände und Bewegungen der Teile? Offenbar sind die Zustände die Schlechtigkeiten und die Krankheiten, Geldgier, Vergnügungssucht, Ruhmsucht, Feigheiten und Ungerechtigkeiten, während die Bewegungen Ehebrüche, Diebstähle, Fälle von Verrat, Morde und Vatermorde sind. Chrysipp glaubt, daß nichts davon, ob klein oder groß, gegen die Vernunft, das Gesetz, die Gerechtigkeit und die Vorsehung des Zeus sei.

U Chalcidius, *In Platonis Timaeum* 144 (*SVF* 2.933)

(1) Daher glauben einige, daß ein Unterschied zwischen Vorsehung und Fatum angenommen werde, wo sie doch in Wirklichkeit eins sind. Die Vorsehung wird nämlich der Wille Gottes sein, und des weiteren ist sein Wille die Abfolge von Ursachen. Dann ist er Vorsehung. aufgrund des Umstands, daß er Wille ist. Und weil er die Abfolge von Ursachen ist, hat er den Beinamen ›Fatum‹ erhalten. Infolgedessen geht alles, was in Übereinstimmung mit dem Fatum geschieht, auch auf die Vorsehung zurück; und ebenso ereignet sich alles, was in Übereinstimmung mit der Vorsehung geschieht, aufgrund des Fatums. Dies ist die Auffassung Chrysipps. (2) Andere dagegen, z.B. Kleanthes, nehmen zwar an, daß die Verordnungen der Vorsehung auch durch das Fatum eintreten, erkennen aber nicht an, daß das, was aufgrund des Fatums geschieht, notwendig auch auf die Vorsehung zurückgeht.

☐ Der Ort Gottes in der stoischen Kosmologie, Psychologie und Ethik wird behandelt in **44, 46, 52–53, 57** und **63**. Das Thema des vorliegenden Paragraphen sind die Argumente für die Existenz und Vorsehung Gottes.

Der Gott der Stoiker ist erstens ein immanentes, vorausblickendes, vernünftiges aktives Prinzip, das alle Materie durchdringt (siehe **44; 46**) und manchmal mit der Natur oder mit dem Fatum identifiziert wird (**B**; vgl. **55**); er ist zweitens die ganze Welt oder die elementaren Stoffe, aus denen die Welt gebildet ist (**B**; vgl. **F–H**); und drittens handelt es sich um die tradionellen Götter des griechischen Pantheons, allegorisch als Gestalten interpretiert, welche die immanente stoische Gottheit in diesen verschiedenen Aspekten symbolisieren (**A**). Dies ist die Theologie, welche die Texte **C–U** verteidigen. Ihr Schwanken zwischen dem Singular »Gott« und dem Plural »Götter« mag in gewissem Umfang die Vielfalt der göttlichen Erscheinungsweisen widerspiegeln, ist in größerem Umfang aber vermutlich willkürlich, wie das im griechischen Sprachgebrauch häufig ist.

Von einzelnen Stoikern lassen sich einige charakteristische Beiträge feststellen. Zenons theologische Syllogismen in **D**, **F** und **G** zeigen mehr Flair als philosophische Disziplin. Einige wurden von Gegnern wie dem zeitgenössischen Dialektiker Alexinos parodiert (der technische Ausdruck dafür ist *parabolē*), so daß es loyalen späteren Stoikern wie Diogenes von Babylon überlassen blieb, die Respektabilität der Argumente zu retten. Das Argument in **D** hat einige Interpreten an das Ontologische Argument Anselms von Canterbury erinnert.

U Kontext: Erörterung der Platon zugeschriebenen Ansicht, daß die Vorsehung dem Fatum vorausgegangen sei.

Kleanthes gilt als der religiöseste der Stoiker. Während C und 47C seinen Beitrag zur rationalen Theologie aufzeigen, vermittelt sein berühmter *Hymnus an Zeus* (**I**) die Tiefe und Kraft seiner religiösen Empfindungen. Denn der Hymnus präsentiert im traditionellen Gewand eines griechischen Hymnus einen Gott, der zugleich der Zeus der Volksreligion, der ordnende Feuer-Gott Heraklits und die mit Vorsehung sorgende Gottheit der Stoiker ist. Beispielsweise ist der Blitz die traditionelle Waffe des Zeus; er galt im Volk als Symbol göttlichen Zorns und steht bei Kleanthes für die schöpferische und wohltätige Kraft des Feuers in der Welt (**I2**; vgl. **46**).

Chrysipp schließlich taucht in **B**, **E**, **H** und **O–U** als der ambitionierteste Verteidiger der stoischen Theologie auf, insbesondere der Lehre von der Vorsehung, die vermutlich in die Schußlinie der akademischen Kritik geraten war (vgl. **R**) und dieser auch weiterhin ausgesetzt blieb (**P2**).

Die Argumente selbst können in der folgenden Reihenfolge gelesen werden: Erstens, Verteidigung der Existenz Gottes (**C–H**; **47C**; **53X**). In der Regel wird dies damit gleichgesetzt zu beweisen, daß die Welt ein vernunftbegabtes Lebewesen ist (für den überlieferten Gedanken von der Vollkommenheit der Welt in **H** vgl. **29D**).

Zweitens, Argumente für Gottes Vorsehung, durch Berufung auf den Vorbegriff Gottes (**K**; vgl. **C** und **40** Kommentar sowie kontrastiv Epikur in **23B**, **C**, **E2-6**) und des näheren durch Berufung auf die äußerst verführerischen Anhaltspunkte der Teleologie: **J–P**. Diese Argumente werden von denen der ersten Gruppe nicht völlig getrennt gehalten (vgl. **J2**), weil das vielfach wiederholte Argument aus der Anlage der Welt beiden Argumentationszielen dient. Die allgemeine, hierarchiche Teleologie erinnert mehr an Platon als an Aristoteles, der das Ziel, dem etwas dient, in der Art einer Regel auf das Ziel der individuellen Pflanzen oder des einzelnen Tieres beschränkt. Demgegenüber zeigt die stoische Prämisse, die Karneades in **P2** (nach akademischer Standardmethodologie, siehe **68** Kommentar) entlehnt hat, daß die Stoiker versuchten, auch ein Element aristotelischer Teleologie einzubauen. Karneades stellt auf nette Weise den Widerspruch heraus, in den sie ihm dadurch geführt zu werden scheinen.

Drittens, Theodizee: **Q–U**. Es werden sechs Typen betrachtet, kosmisches Übel zu erklären.

(a) Das ein bißchen heraklitische Gegensatzprinzip, welches in **Q1** und **3** skizziert wird; vgl. auch **I3** und **61R**. Es scheint eine epistemologische These, daß Gegensätze nur in Beziehung zueinander verständlich sind, mit der ontologischen These zu verknüpfen, daß Gegensätze notwendig einer aus dem anderen heraus Wirklichkeit werden; dabei wurde die ontologische These unter Angabe der Quelle von Platon entlehnt (*Phaidon* 60). (In **Q2-3** könnte Chrysipp einschlußweise der Meinung sein, daß dieser Erklärungstyp ein Spezialfall von Typ (d) ist; darüber siehe unten.)

(b) Wohltaten in verhüllter Form: **R**. Vgl. die Wanzen, Mäuse, Leoparden usw. von **O** und **P1**.

(c) Individuelle Schlechtigkeit oder unverdientes Leiden wegen des alles beherrschenden Guten: **I3**, **T**; **58J**.

(d) Notwendige »Nebenfolgen« zweckmäßigen Funktionierens: **Q2**, **S3**; vgl. **O** über das Pfauenweibchen. Dies ist eine direkte Erbschaft von Platons *Timaios*: vgl. *Tim.* 75 für das Original des Beispiels von **Q2**, die notwendige Zerbrechlichkeit des menschlichen Kopfs.

(e) Versehen oder Nachlässigkeiten: **S2**.

(f) Böse Geister: **S2**. Sowohl (e) als auch (f) scheinen jedoch kausale Erklärungsansätze zu sein, die in die stoische Theologie wohl niemals mit ganzem Herzen eingebaut wurden, mit der sie auch kaum vereinbar sind.

396

Mit Bezug auf (c) und vielleicht (d) ist die Ansicht des Kleanthes die, daß Gott und Vorsehung von direkter Verantwortung entlastet werden können. Chrysipp wies diese Auffassung zurück (vgl. **Q2, T, U1**). Der Grund des Kleanthes war vielleicht der, daß Gott und Vorsehung nicht wirklich *wünschen*, daß die Defekte auftreten, selbst wenn ihre Pläne sie unvermeidlich machen: **I3, U2**.

Für die Entwicklung der Vorsehungslehre durch spätere Stoiker zu einem zentralen Merkmal ihrer Ethik vgl. Seneca, *De providentia*; Epiktet, *Dissertationes* 1.6 (ein Teil dieser Passage in **63E**).

Das Material in diesem Paragraphen sollte mit Epikurs Argumenten gegen die Teleologie (**13**) und gegen eine Gottheit mit Vorsehung (**23**) verglichen werden, außerdem auch mit Karneades' antitheologischen Argumenten (**70C–E**; vgl. **P2**).

55 Verursachung und Fatum

A   Stobaeus 1.138,14–139,4   (*SVF* 1.89, 2.336; teilw. *FDS* 762)

(1) Von Zenon: Zenon sagt, die Ursache sei »das, aufgrund dessen«, während das, wovon sie die Ursache ist, ein Attribut sei; und die Ursache sei ein Körper, während das, wovon sie die Ursache ist, ein Prädikat sei. (2) Es sei unmöglich, daß zwar die Ursache vorliege, aber das, wovon sie die Ursache ist, nicht existiere. (3) Diese These hat folgende Bedeutung: Eine Ursache ist das, aufgrund dessen etwas geschieht; beispielsweise geht aufgrund der Einsicht das »einsichtig sein« vor sich, und aufgrund der Seele findet die Aktivität »leben« statt, schließlich geschieht aufgrund der Besonnenheit das »besonnen sein«. Es ist nämlich unmöglich, daß bei jemand zwar Besonnenheit vorliegt, er aber nicht besonnen ist und daß er zwar eine Seele hat, aber nicht die Aktivität »leben« ausübt und daß er zwar Einsicht hat, aber nicht einsichtig ist. (4) Von Chrysipp: Chrysipp erklärt, die Ursache sei »das, aufgrund dessen«. Weiter sei die Ursache ein Seiendes und ein Körper, ⟨während das, wovon sie die Ursache ist, weder ein Seiendes noch ein Körper sei⟩. Außerdem sei die Ursache das »weil«, und das, wovon sie die Ursache ist, sei das »wozu«. (5) Die Erklärung *(aitia)* sei die Feststellung einer Ursache *(aition)* oder die Feststellung der Ursache als Ursache.

B   Sextus Empiricus, *Adv. Math.* 9.211   (*SVF* 2.341; teilw. *FDS* 765)

... wenn anders auf der einen Seite die Stoiker sagen, jede Ursache sei ein Körper, der für einen Körper die Ursache von etwas Unkörperlichem wird; zum Beispiel werde das Messer, ein Körper, für das Fleisch, einen Körper, [zur Ursache] des unkörperlichen Prädikats ›geschnitten werden‹, und weiter werde das Feuer, ein Körper, für das Holz, einen Körper, [zur Ursache] des unkörperlichen Prädikats ›verbrennen‹.

A Kontext: Doxographie zum Begriff der Ursache.   B Kontext: Klassifikation von Ansichten über die Natur von Ursachen; hier insbesondere skeptische Einwände.

C Clemens, *Stromateis* 8.9.26.3–4 *(SVF* 3. Arch. 8; teilw. *FDS* 763)

Das Entstehen und das Geschnittenwerden − das, wofür die Ursache Ursache ist − sind also Tätigkeiten und dementsprechend unkörperlich. Man kann, was auf dasselbe hinausläuft, sagen, daß die Ursachen Ursachen für Prädikate sind − oder, wie manche sagen, für Lekta (Kleanthes und Archedemos bezeichnen die Prädikate nämlich als Lekta). Oder man kann, was noch lieber getan wird, die Ursachen einesteils als Ursachen für Prädikate bezeichnen, z.B. für »(er) wird geschnitten«, wozu »das Geschnittenwerden« der Kasus [d.h. die substantivierte Form] ist, und anderenteils als Ursachen für Aussagen, z.B. für »Ein Schiff entsteht«, wozu dann »das Entstehen eines Schiffs« (oder »daß ein Schiff entsteht«) der Kasus ist.

D Clemens, *Stromateis* 8.9.30.1–3 *(SVF* 2.349)

(1) Ursachen sind nicht Ursachen *von* einander, sondern es gibt Ursachen *für* einander. Denn der vorab existierende Zustand der Milz ist die Ursache − nicht des Fiebers, sondern der Entstehung des Fiebers; und das vorab bestehende Fieber ist die Ursache − nicht der Milz, sondern der Intensivierung ihres Zustands. (2) In derselben Weise sind auch die Tugenden dadurch, daß sie sich wechselseitig zur Folge haben, für einander Ursache dafür, daß sie nicht von einander getrennt werden; und die Steine im Gewölbe sind für einander Ursache für das Prädikat ›bleiben‹, aber nicht Ursache von einander. Und der Lehrer und der Lernende sind für einander Ursache für das Prädikat ›Fortschritte machen‹. (3) Daß die Dinge Ursachen für einander sind, sagt man manchmal bei denselben Wirkungen, so wie z.B. der Kaufmann und der Einzelhändler für einander Ursache eines vorteilhaften Handels sind; aber manchmal sagt man es auch bei verschiedenen Wirkungen, wie etwa im Fall von Messer und Fleisch; denn das Messer ist für das Fleisch die Ursache dafür, daß es geschnitten wird, und das Fleisch für das Messer die Ursache dafür, daß es schneidet.

E Seneca, *Epist.* 65.2 *(SVF* 2.303)

Wie du weißt, sagen unsere Stoiker, daß es in der Natur zwei Sachen gibt, woraus alles hervorgeht, Ursache und Materie. Die Materie liegt untätig, eine Sache, bereit für alles, aber ruhig zu liegen bestimmt, wenn niemand sie bewegt. Die Ursache andererseits, d.h. die Vernunft, gestaltet die Materie und wendet sie, wohin immer sie will, und bringt aus ihr ihre vielfältigen Werke hervor. Es muß für etwas also das geben, woraus es hervorgeht, und das, wodurch es entsteht. Letzteres ist die Ursache, ersteres die Materie.

C Kontext: Darstellung der Ursachenlehre, speziell der Auffassung, das Wirkungen unkörperlich sind.   D Kontext: Wie zu C.   E Kontext: Erörterung über den Ursachenbegriff, mit einem instruktiven Vergleich der stoischen Auffassung mit den Ansichten von Platon und Aristoteles.

F Galen, *De causis continentibus* 1.1–2.4

(1) Die ersten mir bekannten Philosophen, die von zusammenhaltenden Ursachen gesprochen haben, waren die Stoiker. Ihrer Ansicht nach werden aus den vier Elementen diejenigen Körper hervorgebracht, die Aristoteles homogen nennt und die Platon als die zuerst entstandenen Körper kennzeichnet, während alle anderen Körper einfach aus diesen zusammengesetzt sind. Von den Elementen selbst nennen sie die einen materiell, die anderen dagegen aktiv und dynamisch. Sie erklären, daß die materiellen Elemente durch die, welche dynamisch sind, zusammengehalten werden. Und zwar sind nach ihnen Feuer und Luft dynamisch und aktiv, Erde und Wasser hingegen materiell. Sie sagen, daß in Zusammensetzungen die dynamischen Elemente die materiellen durch und durch durchziehen, d.h. Luft und Feuer durchdringen Wasser und Erde. Luft ist kalt, und Feuer ist heiß. Durch Luft wird eine Substanz natürlicherweise gefestigt und getrocknet, während Feuer von Natur aus Ausdehnung verursacht, indem es eine Substanz auflockert und ausweitet. Die zwei aktiven Elemente haben feine Teile und die beiden anderen zwei Elemente dicke Teile. Jede feinteilige Substanz nennen die Stoiker Atemstrom, und die Funktion dieses Atemstroms sehen sie darin, natürliche und beseelte Körper zusammenzuhalten. Mit natürlichen Körpern meine ich solche, die natürlich und nicht durch menschliche Kunstfertigkeit hervorgebracht werden, z.B. Kupfer, Steine, Gold, Holz und diejenigen Teile des beseelten Körpers, die man die primären und die homogenen Teile nennt, d.h. Nerven, Arterien, Venen, Knorpel, Knochen und alles andere von dieser Art. Wie die Menschen Holzstücke mit Leim, Nägeln, Stiften, Ton, Gips und Kalk miteinander verbinden, so sehen wir, wie auch die Natur alle Teile des Körpers mit Knorpel, Bändern und Sehnen so verbindet, daß sie ein einheitliches Ganzes bilden. Wenn man will, kann man die Teile des Körpers, welche diese Einheit bei den einfachen Gliedern zustandebringen, die zusammenhaltenden Ursachen der zusammengesetzten Gebilde nennen, und kann denselben Terminus auch auf Ton, Gips, Kalk und die anderen Mittel anwenden, die denselben Zweck in den äußeren Dingen erfüllen, welche durch die Kunstfertigkeit des Menschen und nicht durch die Natur zusammengebunden sind. Es sind freilich nicht diese, die die Stoiker als die zusammenhaltende Ursache existierender Dinge bezeichnen; vielmehr ist das die materielle Substanz mit feinen Teilen. (2) Was Athenaios von Attalia angeht, der die unter dem Namen der Pneumatiker bekannte medizinische Schule gründete [von *pneuma* = Atemstrom], ist es passend, daß er in seiner Lehre von einer zusammenhaltenden Ursache in der Krankheit spricht, weil er sich auf die Stoiker zurückführt und ein Schüler und Anhänger des Poseidonios war. Bei den Theorien anderer Ärzte jedoch, die abweichende Lehren vertreten, ist es eben-

---

F Diese Schrift Galens ist nur in einer lateinischen und einer arabischen Übersetzung überliefert. Von der arabischen hat M.C. Lyons eine englische vorgelegt, an die sich die englische Übersetzung von Long & Sedley anlehnt. Die hier vorgelegte deutsche Übersetzung stützt sich auf die englische Übersetzung von Long & Sedley und für Kontrollzwecke auf den lateinischen Text.

sowenig passend, nach einer zusammenhaltenden Ursache in jeder Krankheit zu suchen wie zu versuchen, sie in den natürlichen homogenen Körpern zu finden; sie können auch nicht sagen, wie Athenaios das tat, daß es drei primäre und ganz allgemeine Ursachenarten gibt. (3) Die drei Ursachenarten des Athenaios sind die folgenden: erstens die Art der zusammenhaltenden Ursachen, dann die Art der vorausgehenden Ursachen, während der dritte Typ in der Materie der vorbereitenden Ursachen enthalten ist. Dieser letzte Begriff wird auf beliebige äußere Dinge angewandt, soweit sie eine Veränderung im Körper hervorrufen, worin immer diese Veränderung bestehen mag. Wenn dann das, was im Körper hervorgebracht wird, zur Klasse dessen gehört, was Krankheit verursacht, dann gilt es, solange es die Krankheit noch nicht wirklich ausgelöst hat, als eine vorausgehende Ursache. Veränderungen im natürlichen Atemstrom werden durch diese Ursachen und auch durch äußere Ursachen hervorgebracht, welche zu Feuchtigkeit, Trockenheit, Hitze oder Kälte führen; und diese Veränderungen sind das, was er die zusammenhaltenden Ursachen von Krankheiten nennt. Denn der Atemstrom durchzieht die homogenen Körper und verändert sie zusammen mit sich selbst. Oft, sagt er, wird die zusammenhaltende Ursache, obwohl sie durch das Medium der vorausgehenden Ursache kommt, ohne irgend eine Vermittlung unmittelbar von der vorbereitenden Ursache hervorgebracht.

G Aëtios 1.11.5 (*SVF* 2.340)

Die Stoiker erklären alle Ursachen für körperlich; denn sie sind Atemströme.

H Galen, *Synopsis librorum suorum de pulsibus* 9.458,8–14 (*SVF* 2.356)

Vor allem freilich muß man im Gedächtnis behalten, auf welche Weise wir gesagt haben von einer zusammenhaltenden Ursache zu sprechen, daß wir davon nämlich nicht in der eigentlichen Bedeutung sprachen, sondern daß wir das Appellativ in uneigentlicher Weise gebraucht haben. Denn von der zusammenhaltenden Ursache im eigentlichen Sinn hat niemand vor den Stoikern gesprochen oder zugestanden, daß es sie gibt; und das, wovon man sogar vor unserer Zeit sagte, daß es ›zusammenhaltend‹ sei, das waren Ursachen für die Entstehung von etwas und nicht für seine Existenz.

I Clemens, *Stromateis* 8.9.33.1–9 (*SVF* 2.351; *FDS* 770)

(1) Wenn nun die ›vorausgehenden‹ *(prokatarktika)* Ursachen aufgehoben werden, bleibt doch der Effekt; (2) ›zusammenhaltend‹ *(synektikon)* ist dagegen eine

---

G Kontext: Doxographie zur Ursachenlehre. Der Satz nimmt bei Aëtios bzw. in der Textfassung Pseudo-Plutarchs dieselbe Stelle ein wie **A** im Text des Stobaeus.   **H** Kontext: Die drei grundlegenden Arten von Pulsursachen (entsprechend der Liste von **F3**).
I Kontext: Klassifikation der Ursachen.

Ursache, bei deren Anwesenheit der Effekt bleibt und bei deren Aufhebung er aufgehoben wird. Die zusammenhaltende Ursache wird synonym auch als ›vollständige‹ *(autoteles)* Ursache bezeichnet, weil sie in der Lage ist, unabhängig durch sich selbst den Effekt zu bewirken. (3) Wenn diese Ursache auf eine vollständige Tätigkeit hinweist, dann bezeichnet die ›helfende‹ *(synergon)* Ursache eine Assistenz und die Verrichtung zusammen mit einer anderen Ursache. Wenn also keine Wirkung hervorgebracht wird, kann sie noch nicht einmal helfend genannt werden; wenn aber eine hervorgebracht wird, dann wird sie sehr wohl zur Ursache von dem, was eben hervorgebracht wird, d.h. von dem, was durch sie entsteht. Eine helfende Ursache ist also die, die anwesend ist, wenn der Effekt eintritt; wenn sie dabei offensichtlich anwesend ist, ist auch ihr Effekt offensichtlich, und wenn sie verborgen anwesend ist, ist auch der Effekt verborgen. (4) Auch die ›Mitursache‹ *(synaition)* stammt aus der Gattung der Ursachen, ganz so wie der Mitsoldat Soldat und der Mitephebe Ephebe ist. Nun hilft die helfende Ursache der zusammenhaltenden zur Steigerung dessen, was durch sie geschieht; dagegen entspricht die Mitursache nicht demselben Begriff; denn eine Mitursache kann auch dann existieren, wenn es keinerlei zusammenhaltende Ursache gibt. Die Mitursache wird nämlich zusammen mit einer anderen Ursache gedacht, die ebenfalls den Effekt nicht aus eigener Kraft bewirken kann, da sie eben zusammen Ursache sind. (5) Von der Mitursache unterscheidet sich die helfende Ursache darin, daß die Mitursache den Effekt in Verbindung mit einer anderen Ursache hervorbringt, welche ihn nicht unabhängig bewirkt, während die helfende Ursache, wenn sie ihn nicht unabhängig bewirkt, sondern zu einer anderen Ursache hinzukommt, derjenigen Ursache hilft, die den Effekt unabhängig bewirkt, so daß der Effekt dadurch intensiviert wird. Es ist vor allem der Umstand, daß die helfende Ursache aus einer vorausgehenden hervorgegangen ist, der dazu führt, daß sie die Kraft der Ursache intensiviert.

J   Aëtios 1.28.4 (*SVF* 2.917; *FDS* 999)

Die Stoiker [beschreiben das Fatum] als eine Kette von Ursachen, d.h. als deren unentrinnbare Ordnung und Verknüpfung.

K   Gellius 7.2.3 (teilw. *SVF* 2.1000; teilw. *FDS* 998)

Denn im vierten Buch *Über die Vorsehung* erklärt er [Chrysipp], das Fatum sei »eine bestimmte von der Natur begründete ewige Anordnung von allem: eine Serie von Dingen folgt auf die andere und reiht sich an sie an, und die so beschaffende Verknüpfung ist unabänderlich.«

J Kontext: Doxographie zur Fatumlehre.   K Kontext: Wie Chrysipp das Fatum mit der menschlichen Verantwortung versöhnte.

L Cicero, *De divinatione* 1.125–126 (*SVF* 2.921)

[Sprecher ist Quintus Cicero:] (1) Mit »Fatum« meine ich das, was die Griechen *heimarmenē* nennen, d.h. eine Ordung und Abfolge von Ursachen, weil es die Verbindung von Ursache zu Ursache ist, die alles aus sich hervorbringt. (2) Es ist seit aller Zeit fließende, ewige Wahrheit. Infolgedessen ist niemals etwas geschehen, was nicht zuvor zukünftig war, und genauso ist nichts zukünftig, wovon die Natur nicht die Ursachen enthält, die es bewirken. (3) Von daher versteht sich, daß das Fatum nicht das ist, was aus Aberglauben, sondern das, was naturphilosophisch so genannt wird: eine ewige Ursache der Dinge; das, warum das Vergangene geschehen ist, das Gegenwärtige geschieht und das Zukünftige geschehen wird.

M Stobaeus 1.79,1–12 (teilw. *SVF* 2.913; *FDS* 327)

(1) Chrysipp nennt die Substanz des Fatums eine Kraft des Atemstroms, die die ordnende Verwaltung des Alls besorgt. So steht es also im zweiten Buch *Über die Welt*. (2) Doch im zweiten Buch *Über Jahreszeiten* und in den Büchern *Über das Fatum* sowie an verstreuten anderen Stellen formuliert er eine Vielfalt von Ansichten und sagt: »Das Schicksal ist die Vernunft der Welt« oder »die Vernunft der Vorsehungshandlungen bei der Verwaltung der Welt« oder »die Vernunft, nach deren Maßgabe die vergangenen Ereignisse sich ereignet haben, die gegenwärtigen sich ereignen und die künftigen sich ereignen werden«. (3) Anstelle von »Vernunft« spricht er auch von »Wahrheit«, »Grund«, »Natur«, »Notwendigkeit« und fügt auch noch weitere Bezeichnungen hinzu, da sie nach jeweils anderen Gesichtspunkten [doch alle] für dieselbe Substanz verwendet würden.

N Alexander v. Aphr., *De fato* 191,30–192,28 (*SVF* 2.945)

(1) Sie [die Stoiker] sagen, daß diese Welt eine Einheit ist, in sich alles umfaßt, was existiert, und von einer lebendigen, vernünftigen und einsichtigen Natur regiert wird; was die Welt als Regierung dessen, was es gibt, hat, ist deshalb ewig und geht in einer Reihenfolge und Ordnung vor. Was zuerst geschieht, wird zur Ursache für das, was danach geschieht. Auf diese Weise ist alles miteinander verbunden; und weder geschieht jemals irgendetwas in der Welt so, daß nicht unbedingt etwas anderes daraus folgt und mit ihm als seiner Ursache verknüpft ist, noch kann eins der späteren Ereignisse von den vorausgehenden Ereignissen abgetrennt sein, so als ob es nicht aus einem von ihnen, mit dem es fest verbunden ist, folgen würde. Vielmehr folgt aus allem, was geschieht, etwas

---

L Kontext: Quintus Cicero verteidigt die stoische Lehre von der Mantik; Rückgriff auf das Fatum als Grundlage dafür.   M Kontext: Doxographie von Ansichten über das Fatum – aus derselben Quelle, auf die sich auch J stützt.   N Kontext: Kritik der stoischen Verteidigung des Determinismus.

anderes, das zu ihm in einer notwendigen kausalen Abhängigkeitsbeziehung steht; und alles, was geschieht, hat etwas vor sich, mit dem als Ursache es zusammenhängt. (2) Denn nichts in der Welt existiert oder geschieht ohne Ursache, weil nichts in ihr unabhängig und isoliert von allem ist, was vorher geschehen ist. Die Welt würde nämlich zerrissen und zerteilt und nicht länger eine Einheit bleiben, die auf ewig nach Maßgabe einer einzigen Ordnung und Verwaltung regiert wird, wenn eine unverursachte Bewegung eingeführt würde; und die würde eingeführt, wenn nicht alles, was existiert oder geschieht, bestimmte Ursachen hätte, die vorher entstanden sind und aus denen es mit Notwendigkeit folgt. Denn daß etwas ohne Ursache geschieht, ist, so sagen sie, ähnlich und ebenso unmöglich wie, daß etwas aus dem Nichts entsteht. In dieser Weise beschaffen findet die Regierung des Alls vom Unendlichen her bis ins Unendliche evidentermaßen und unaufhörlich statt. (3) Nun gibt es zwischen den Ursachen einen Unterschied. Indem sie den auseinandersetzen, führen sie einen Schwarm von Ursachen an, die vorausgehenden Ursachen, die Mitursachen, . . . die zusammenhaltenden Ursachen und noch andere Ursachen (wir brauchen unsere Darstellung nämlich nicht dadurch in die Länge zu ziehen, daß wir alle genannten Ursachen namentlich anführen, sondern wir müssen nur die ihrer Fatumlehre zugrundeliegende Absicht aufweisen). Wenn es also eine Mehrzahl von Ursachen gibt, dann, so sagen sie, ist es mit Bezug auf sie alle gleichermaßen wahr, daß es unmöglich ist, daß ein Ergebnis, falls alle Umstände auf seiten der Ursache und auf seiten des Verursachten gleich sind, zuweilen so nicht eintritt, zuweilen aber wohl. Denn wenn das passieren würde, gäbe es eine unverursachte Bewegung. (4) Sie sagen, daß das Fatum selbst, die Natur und die Vernunft, nach deren Maßgabe das All regiert wird, Gott ist. Es/sie/er ist anwesend in allem, was existiert und geschieht, und benutzt auf diese Weise die jeweils eigentümliche Natur alles Seienden für die Regierung des Alls.

O   Cicero, *De divinatione* 1.127   (*SVF* 2.944)

[Quintus Cicero verteidigt die stoische Theorie der Mantik:] Weil außerdem alles durch das Fatum geschieht, wie an anderer Stelle gezeigt werden soll, würde, wenn es einen Menschen gäbe, der in seinem Geist die Verkettung sämtlicher Ursachen durchschauen könnte, dieser wirklich durch nichts getäuscht. Denn wer die Ursachen der künftigen Dinge erfaßt, muß notwendigerweise alles erfassen, was künftig sein wird. Weil aber niemand außer Gott das tun kann, bleibt dem Menschen nur übrig, sein Vorauswissen aus verschiedenen Zeichen zu gewinnen, die das, was kommt, ankündigen. Denn das, was in Zukunft geschieht, tritt nicht spontan auf. Sondern mit dem Gang der Zeit ist es wie mit dem Abwickeln eines Seils: sie schafft nichts Neues und rollt nur jede Stufe ab.

O Kontext: Kurz nach L.

P   Diogenianos bei Eusebius, *Praep. evang.* 4.3.1   (teilw. *SVF* 2.939)

In dem vorgenannten Buch [*Über das Fatum*] bietet er [Chrysipp] noch einen weiteren Beweis an, der etwa so geht: Die Prophezeiungen der Wahrsager könnten nicht wahr sein, so sagt er, wenn nicht alle Dinge vom Fatum umfaßt würden.

Q   Cicero, *De fato* 7–8   (teilw. *SVF* 2.950, 951)

(1) Laßt uns zu den Fußangeln Chrysipps zurückkehren! Wir wollen ihm zuerst bezüglich des Einflusses der Umgebung antworten und das andere später durchgehen. Wir sehen, wie groß die Unterschiede zwischen den natürlichen Beschaffenheiten verschiedener Orte sind. Die einen sind gesundheitlich wohltuend, andere begünstigen Krankheiten; an manchen Orten sind die Menschen verschleimt und laufen sozusagen [vor Feuchtigkeit] über; an anderen sind sie ausgetrocknet und dürr; und es gibt noch viele andere Punkte, in denen ein Ort vom anderen sehr abweicht. In Athen ist die Luft dünn, ein Umstand, auf den man den Scharfsinn der Attiker zurückzuführen können glaubt; in Theben dagegen ist sie dick, und daher gelten die Thebaner als schwerfällig und kräftig. (2) Indes bewirkt die dünne Luft nicht, daß jemand die Vorlesungen Zenons oder die des Arkesilaos oder die des Theophrast hört, und die dicke Luft nicht, daß einer lieber als bei den Isthmischen Spielen in Nemea um den Sieg kämpft. . . . (3) Aber [– so wird Chrysipp antworten –] wenn es nun also zwischen den Naturen der Menschen solche Unterschiede gibt, daß die einen Süßes und die anderen Säuerliches lieben, die einen leidenschaftlich und die anderen zornig, grausam oder arrogant sind und wieder andere vor solchen Fehlern zurückschrecken, – wenn nun also, sagt er [Chrysipp], die eine Natur sich von der andern so sehr unterscheidet, was ist dann verwunderlich daran, daß diese Unterschiede von unterschiedlichen Ursachen hervorgebracht worden sind?

R   Plutarch, *De Stoic. repugn.* 47, 1056B–C   (teilw. *SVF* 2.997)

(1) Wer sagt, daß Chrysipp das Fatum nicht zur vollständigen Ursache dieser Dinge [richtiger und falscher Handlungen] gemacht habe, sondern nur zur vorausgehenden Ursache, der wird ihn erneut da als mit sich selbst im Widerstreit erweisen, wo er Homer über die Maßen rühmt, weil er von Zeus sagt: »Akzeptiert also, was immer er einem jeden von euch an Schlechtem schickt« . . . Er selbst aber schreibt viele Sachen, die damit in Einklang stehen, und erklärt am Ende, daß kein Zustand und keine Bewegung auch nur in geringstem Grad von der Übereinstimmung mit der Vernunft des Zeus abweiche, die, wie er sagt, mit dem Fatum identisch ist. (2) Davon abgesehen ist die vorausgehende Ursache

---

P Kontext: Kritik der Fatumlehre Chrysipps.   Q Kontext: Kritik der Fatumlehre.
R Kontext: Kritik der These Chrysipps, daß Vorstellungen nicht selbst zur Zustimmung nötig. Dann, so Plutarch, tut auch das Fatum das nicht.

schwächer als die vollständige Ursache und reicht nicht aus, wenn sie von anderen, intervenierenden Ursachen dominiert wird. Chrysipp selbst indes erklärt das Fatum für eine unbesiegbare, nicht behinderbare und unbeugsame Ursache . . .

S   Cicero, *De fato* 28–30   (= 70G9; enthält *SVF* 2.956)

(1) Auch wird uns das sogenannte ›Faule Argument‹ nicht blockieren (der *argos logos*, wie es von den Philosophen genannt wird); wenn wir dem folgen würden, würden wir im Leben überhaupt nichts tun. Man entwickelt es folgendermaßen: »Wenn es dir vom Fatum beschieden ist, von dieser Krankheit zu genesen, dann wirst du genesen, ob du nun einen Arzt beiziehst oder ihn nicht beiziehst. Ebenso, wenn es dir vom Fatum beschieden ist, von dieser Krankheit nicht zu genesen, dann wirst du nicht genesen, ob du nun einen Arzt beiziehst oder ihn nicht beiziehst. Das eine oder das andere ist dir vom Fatum beschieden. Also einen Arzt beizuziehen ist witzlos.« . . . (2) Von Chrysipp wird dieses Argument kritisiert. Einige Ereignisse in der Welt, so sagt er, sind einfach, andere komplex. Einfach ist »Sokrates wird an dem und dem Tag sterben«; sein Todestag ist festgesetzt, ob er nun etwas tut oder nicht. Wenn das Fatum aber etwa lautet »Dem Laios wird der Ödipus geboren«, kann man nicht sagen »ob Laios nun mit einer Frau zusammen war oder nicht«. Denn das Ereignis ist komplex und ko-schicksalhaft. So nämlich nennt er das, weil das Fatum sowohl zum Inhalt hat, daß Laios mit seiner Frau zusammensein wird, als auch, daß von ihr Ödipus geboren werden wird. Ebenso, nimm an, der Spruch laute »Milon wird bei den Olympischen Spielen ringen«. Wenn darauf einer entgegnen wollte: »Wird er also ringen, ob er nun einen Gegner hat oder nicht«, so wäre der im Irrtum. Denn »Er wird ringen« ist komplex, weil es kein Ringen ohne Gegner gibt. (3) Alle Trugschlüsse dieser Art werden also auf dieselbe Weise zurückgewiesen. »Du wirst gesund werden, ob du nun einen Arzt beiziehst oder nicht« ist trugschlüssig; denn einen Arzt beizuziehen ist ebenso schicksalhaft wie zu genesen. Chrysipps Ausdruck für diese Fälle ist, wie gesagt, »ko-schicksalhaft«.

☐   Ursachen standen im vierten Jahrhundert v.Chr. in engem Zusammenhang mit *Erklärungen*. Daher hatten beispielsweise Platon und Aristoteles mit ihrer teleologischen Denkweise den Eindruck, daß einer der besten Wege, die Ursache für etwas anzugeben, darin bestehe, zu sagen, welchem Zweck der Gegenstand dient. Die Stoiker andererseits dachten zwar im Grunde ebenso teleologisch (siehe 54), sprachen aber niemals von Zweck-*Ursachen*. Das durch »Ursache« übersetze Wort, *aition*, bedeutet wörtlich »das, was verantwortlich ist«; und für die Stoiker ist eine Ursache etwas, was durch seine Tätigkeit eine Wirkung herbeiführt. Diese Auffassung von der Ursache hat sich unter stoischem Einfluß weit verbreitet, besonders in der antiken Wissenschaft, wenn es auch so aussieht, als wären die Stoiker selbst im allgemeinen äußerst interessiert daran, die Implikationen für moralische Verantwortlichkeit herauszubringen: siehe 62.

S Kontext: Siehe 70G.

Des näheren (**A–D, G**) ist die Ursache ein Körper, z.B. ein Messer. Daß nur Körper Wirkungen ausüben oder erleiden können, ist bei den Stoikern eine grundlegende Annahme (**45**, vgl. **60S**). Indem das Messer auf einen anderen Körper, z.B. Fleisch, einwirkt, erzeugt es eine Wirkung, im Beispiel die Wirkung geschnitten zu werden. Diese Wirkung ist kein weiterer Körper, sondern ein unkörperliches Prädikat oder Lekton (siehe dazu **33**). Warum? Die Alternative wäre vermutlich gewesen zu sagen, daß ein Körper, das ungeschnittene Fleisch, dank des Messers zu existieren aufhört und durch einen neuen Körper, geschnittenes Fleisch, ersetzt wird. Das würde aber implizieren, daß *kein* Körper durch den ganzen Prozeß hindurch fortbesteht, so daß es keinen Körper gibt, von dem wir sagen können, daß daran die Veränderung herbeigeführt worden ist. Weil der veränderte Gegenstand bei normaler Sprechweise durch die Veränderung hindurch fortbestehen muß (wie die Stoiker das in einem anderen Zusammenhang anerkannten, siehe **28D, I**), mußte es für sie schmackhafter sein zu sagen, daß die Wirkung nicht ein neuer Körper ist, sondern das unkörperliche Prädikat »wird geschnitten« (oder »Geschnittenwerden«), welches von dem fortbestehenden Fleisch wahr wird. Das Prädikat sollte man sich vielleicht weniger als eine zusätzliche Entität denken, die auf der Szene neu erscheint, denn als einen Aspekt des geschnittenen Fleischs, den wir abstrahieren, um eine echte Kausalanalyse zu geben.

Wie haben wir daraufhin Kausalprozesse zu analysieren, die auf die Schaffung neuer körperlicher Entitäten hinauslaufen, z.B. den Bau eines Schiffs? Vermutlich ist das die Frage, welche zu der Idee am Ende von **C** führte, daß die Wirkung in solchen Fällen nicht nur ein Prädikat ist, sondern ein ganzer Satz, »Ein Schiff wird gebaut« (oder »das Gebautwerden eines Schiffs«), der als Ergebnis der Arbeit des Schiffbauers wahr wird. Diese Idee erscheint annehmbar, wenn wir es als gegeben ansehen, daß das Schiff überhaupt nicht existiert und daher keine Einwirkungen erleiden kann, bis der Schiffbau vollendet ist. (Natürlich gibt es eine Interaktion zwischen dem Schiffbauer und dem Bauholz; aber das ist eine andere Kausalbeziehung als die, um die es hier geht.)

Obwohl die Interaktion räumlich diskreter Körper die leichteste Einführung in die stoische Ursachenlehre erlaubt, ist innerhalb jedes einzelnen Körpers eine weitaus fundamentalere Kausalbeziehung am Werk, nämlich die zwischen seinen aktiven und passiven Aspekten oder Komponenten (für eine skeptische Krtitik daran vgl. **72N**). Auf der grundlegendsten Ebene ist das die kausale Einwirkung des aktiven Prinzips Gott auf das passive Prinzip Materie: **E**; vgl. **44C**. Auf der Analyseebene, die von den Stoikern seit Chrysipp bevorzugt wurde, ist es die kausale Einwirkung des aktiven »Atemstroms«, der aus den Elementen Luft und Feuer besteht, auf die zwei schweren Elemente Erde und Wasser: **F–G**; vgl. **47**. Der Atemstrom in jedem Körper ist das, was diesen gestaltet und prägt. Als »Habitus« macht der Atemstrom den Körper zu einem geeinten Gegenstand, als »Natur« zu einem Organismus, als »Seele« zu einem beseelten Organismus (**47M–R**, mit Kommentar). Und die Seele selbst umfaßt eine Skala separater Eigenschaften wie etwa die Klugheit, die selber Atemstromstücke sind (**28L–M**). In diesen verschiedenen Erscheinungsweisen ist der Atemstrom die beherrschende aktive Ursache sowohl für die Existenz der Gegenstände als auch für ihr Verhalten. Der technische Ausdruck dafür ist »zusammenhaltende« Ursache (**F, H, I**).

Die Lehre von der zusammenhaltenden Ursache scheint auf zweierlei Weise angewendet worden zu sein. In erster Linie − nach **H** − ist die zusammenhaltende Ursache die Ursache für die Existenz, weil das Fortbestehen eines Gegenstands als einer einzelnen Entität ganz von der eigenschaftsmäßig bestimmenden Aktivität des Atemstroms abhängt (**F1**; **47F–G**; **I**; vgl. **28M**; das Beispiel von der »Seele« in **A3** kann hier ebenfalls subsumiert werden).

In zweiter Linie ist die Atemstrom-Komponente eines Gegenstands, aufgefaßt als seine verschiedenen Eigenschaften, die zusammenhaltende Ursache der Veränderungen, denen er unterliegt. Offiziell (I2) ist die zusammenhaltende Ursache eine hinreichende Bedingung für den Effekt: daher die alternative Bezeichnung »vollständige« Ursache. In manchen Fällen kann diese Formulierung nach ihrem Nennwert genommen werden. In den Beispielen Zenons in A3 sieht die nötigende Beziehung in der Tat so zwingend aus, daß man von der Ursache fast im Sinne einer Entailment-Relation denken könnte, sie bringe ihre Wirkung mit sich. So lange, wie beispielsweise Klugheit in einem anwesend ist, kann es nicht ausbleiben, daß er »klug ist« (vielleicht in der Bedeutung »sich klug verhält«). In einem medizinischen Kontext wie in dem von der Stoa beeinflußten Werk des Arztes Athenaios (1. Jh. v.Chr.; siehe F2-3) ist die zusammenhaltende Ursache einer Krankheit ein in Unordnung geratener Zustand des Atemstroms des Patienten, und wir können davon ausgehen, daß die Krankheit genau so lange dauert, wie dieser Zustand der Unordnung anhält, selbst wenn die Kausalbeziehung dieses Mal weiter von einer einfachen Entailment-Relation entfernt ist.

In anderen Fällen ist es bestenfalls unpräzise, die zusammenhaltende Ursache als »hinreichende Bedingung« zu glossieren. In 62C (vgl. 62D4) bietet Chrysipp die Analogie einer rollenden Walze an. Die wesentliche Ursache ihres Rollens ist die Zylinder-Gestalt. Das ist aber nicht deshalb so, weil zylindrisch zu sein eine hinreichende Bedingung für das Rollen wäre, sondern weil unter Voraussetzung einer äußeren Ursache, etwa eines Stoßes, die zylindrische Gestalt ausreicht, um die Walze am Rollen zu *halten*. Letztlich ist es die Gestalt des Gegenstands, die die Verantwortung für sein Rollen trägt und kraft deren er »mit eigener Kraft und aus der eigenen Natur heraus« rollt. Auf ganz dieselbe Art, meint Chrysipp, sind unsere moralischen Qualitäten die »vollständigen« (= »zusammenhaltenden«, siehe I2) Ursachen unserer Handlungen und sind die von außen hervorgerufenen Vorstellungen, z.B. die Vorstellung von einer entwendbaren Geldbörse oder von einem unglücklichen jungen Mädchen, nicht mehr als nur die initiierenden, die »Neben«-Ursachen. Für die äußerst wichtigen ethischen Implikationen siehe 62.

Eine wahre vollständige/zusammenhaltende Ursache wird, wenn nur die initiierende Hilfe von Nebenursachen gegeben ist, ihre Wirkung solange aufrechterhalten, wie sie selber anhält (I2). Natürlich wird der Dieb *diese* Geldbörse nicht während der ganzen Zeit stehlen, während der er diebisch veranlagt ist. Aber so lange er diebisch bleibt, wird er gewiß immer dann stehlen, wenn er durch die »Neben«-Ursache affiziert wird, einen entwendbaren Gegenstand zu sehen. Ähnlich, wenn die Walze ein *Beispiel* für eine vollständige Ursache abgeben soll und nicht nur (wie das beabsichtigt sein könnte) eine Teilanalogie, dann sollte ihre Gestalt zwar nicht als die vollständige Ursache für ihr Rollen bei *dieser* Gelegenheit aufgefaßt werden, ein Ereignis, das von ihrer zylindrischen Gestalt überdauert wird, wohl aber während ihrer ganzen Existenz als die vollständige Ursache für ihr Rollen immer dann, wenn sie angestoßen wird.

Text 62C stellt die vollständigen oder vollkommenen Ursachen (und die »Hauptursachen«: vielleicht keine davon getrennte Klasse) den »mithelfenden« und den »Nebenursachen« gegenüber. »Neben«-Ursache ist hier wohl Ciceros Wiedergabe oder Äquivalent für das griechische Wort, welches wir in F3, I und R durch »vorausgehende« Ursache übersetzen (denn »vollständig« und »vorausgehend« in R beziehen sich anscheinend auf genau die Unterscheidung, die Chrysipp in 62C zwischen »vollständig« und »neben-« getroffen hat). »Vorausgehende« Ursachen werden in unseren Texten nicht definiert; aber ihre Beschreibung in I1 paßt gut zu 62C. Was die »mithel-

fenden« Ursachen angeht, wird der Grund, warum sie in 62C mit diesen vorausgehenden Ursachen zusammengruppiert werden, nicht nur der sein, daß sie ebenfalls
irgendwie sekundär sind, sondern daß sie und die mithelfende Ursache oft zusammenfallen oder einander überlappen werden. I3-5 erklärt, daß sie Effekte intensivieren, die in jedem Fall eintreten würden (z.B. ein Feuer anfachen?). In diesem Fall
könnte eine vorausgehende Ursache häufig *als* eine mithelfende Ursache überleben.
Der Blick auf eine entwendbare Geldbörse könnte die vorausgehende Ursache dafür
sein, daß der Dieb nach ihr trachtet, während ihr fortgesetzter Anblick die Jagd danach
intensivieren kann. Ein einzelner Stoß löst das Rollen der Walze aus; aber fortgesetztes
Stoßen wird sie schneller rollen lassen. Tatsächlich sind, wie I5 beobachtet, die ein-
fachsten erkennbaren Fälle mithelfender Verursachung von eben dieser Art.

Was herauskam, ist eine Klassifikation von Ursachen, die dazu bestimmt war, eine
korrekte Zuschreibung von Verantwortung bei den Faktoren zu erlauben, die zu einem beliebigen Ereignis beitragen. Ganz klar ist die zusammenhaltende Ursache diejenige, wo die Verantwortung hauptsächlich bleibt. Eine andere Ursache, die »Mitursache«, wird in I4-5 erklärt und deckt Fälle ab, wo es *keine* zusammenhaltende
Ursache gibt. Um ein Beispiel von 28M zu adaptieren, wo ein Chor die Ursache dafür
ist, daß wir ein Harmonie hören, so gibt es dort keine zusammenhaltende Ursache in
der Form eines einzelnen »Atemstroms«, der den Chor zu einer einheitlichen Entität
prägen würde; sondern es gibt nur die mehrerlei Eigenschaften der einzelnen Chorsän-
ger. Daher ist das Talent jedes einzelnen eine Mitursache, aber keins ist eine zusammenhaltende Ursache. Niemand von ihnen reicht aus, um den gehörten Klang zu
erzeugen, und niemand von ihnen kann sich den Klang als Verdienst anrechnen.

Schließlich die »vorab bestehende« (*proēgoumenon*, lateinisch *antecedens*) Ursache.
Dies ist ein Ausdruck, der von den antiken Schriftstellern auf verwirrend vielfältige
Weisen gebraucht wird. Im Stoizismus handelt es sich dabei aber wohl bloß um einen
generischen Begriff für Ursachen, die, von welcher Art sonst sie auch sein mögen, vor
ihren Wirkungen existieren, eingeschlossen zusammenhaltende Ursachen, die bis zu
den auslösenden vorausgehenden Ursachen ihren einzelnen Wirkungen vorausliegen
können. (Der engere Sprachgebrauch des Athenaios in F3 braucht kein Standard-
Stoizismus zu sein.) Das jedenfalls ist alles, was 62C verlangt. Vorab bestehende Ursachen werden dort als solche herausgegriffen, durch die das »Fatum« wirken muß.
Weil das Fatum als ein Kausalzusammenhang angesehen wird, muß es zeitweilig dazu
führen, das Interesse auf die zeitliche Abfolge von Ursachen zu fokussieren, und zwar
selbst da, wo dies die anderen sorgfältigen Unterscheidungen verschiedener Spielarten
von Ursachen zu verwischen droht: vgl. N3. Damit kommen wir zur Fatumlehre der
Stoiker.

Im Kommentar von 62 werden wir darlegen, daß Zenon und Kleanthes nicht mehr als
ein ziemlich traditionelles griechisches Bild des Fatums im Sinn gehabt haben können.
Danach ist das Fatum die Vorherbestimmung bestimmter markanter Punkte in den
Einzelbiographien und in der menschlichen Geschichte; ein Sieg, die Heimkehr eines
Helden nach Hause, eine Krankheit, daß jemand seinen Vater ermordet, der Tag seines
eigenen Todes. Diese Dinge werden eintreten, ob wir sie abzuwenden versuchen oder
nicht. Weit davon entfernt, unsere Unabhängigkeit zu bedrohen, stellen sie für eine
autonome moralische Wahlentscheidung gerade den eigentlichen Zusammenhang bereit.

In Chrysipps Auffassung spielt diese Auffassung vom Fatum, bei der Ergebnisse
vorbestimmt sind, aber nicht notwendig die Wege dorthin, auf den ersten Blick noch

eine Rolle. Mit Bezug auf jemandes Todesdatum scheint er das explizit zu sagen (S2). Außerdem heißt es von ihm (62A), er habe Zenons Gleichnis wiederholt, wo der Mensch mit einem Hund verglichen wird, der an einen Karren angebunden ist und folgen muß, sei es willig, sei es widerwillig; auch das impliziert solch eine Auffassung vom Fatum.

Nichtsdestoweniger ist Chrysipp irgendwie auch zu einer viel strengeren Auffasung verpflichtet, die auf einen Determinismus hinausläuft. Zu Beginn jedes Weltzyklus wird in der Weise der Vorsehung ein Kausalnexus geplant und in Gang gesetzt, kraft dessen *jede* Einzelheit des ganzen nachfolgenden Weltprozesses im voraus festgelegt ist: J–Q; vgl. 46G; 52. Dies wird weitgehend als eine naturphilosophische These vorgetragen (vgl. Q, ungeachtet der Kritik in 65M), welche die alte religiöse Idee vom Fatum ablöst (L3). Die Tatsache, daß Chrysipp Zenons Fatumlehre akzeptierte, müssen wir also vermutlich neu interpretieren. Nach dieser Lehre werden sich bestimmte Ergebnisse einstellen, egal wie wir handeln. Für Chrysipp wird dies nicht bedeuten, daß uns wirklich alternative Handlungen offen stehen, sondern daß die in Rede stehenden Ergebnisse durch Kausalketten determiniert sind, die überhaupt nicht durch unsere Handlungen wirken. Wenn sie im Vergleich dazu doch einmal auf dem Weg unserer Handlungen determiniert werden, heißt es von ihnen, sie seien mit unseren Handlungen »ko-schicksalhaft«: S; 62F. In jedem Fall sind unsere Handlungen selbst ebenso vorbestimmt wie die Ergebnisse.

Die theoretischen Details der Kausalkette scheinen in unseren Quellen wenig Aufmerksamkeit zu finden. Weil es die ganze Verbindung von Ursachen ist, die nachfolgende Wirkungen gewährleistet, werden die Unterscheidungen zwischen verschiedenen Arten von Ursachen, die wir oben untersucht haben, in diesem Zusammenhang allgemein wenig betont (vgl. N3). Auch erfahren wir nichts über die metaphysische Natur einer Kausalkette. Wie zum Beispiel kann es, wenn Ursachen Körper, Wirkungen aber unkörperlich sind, jemals eine Kette von Ursache und Wirkung geben? Wir werden davon ausgehen müssen, daß es nicht eine einfache Kette $A-B-C$ ist, bei der B eine Wirkung von A und zugleich die Ursache von C wäre; sondern wir werden annehmen müssen, daß die Ursache von C der Körper ist, von dem die Wirkung B prädizierbar geworden ist und der als Ursache wegen der entsprechenden Eigenschaft wirkt, die er nun besitzt. Wenn ich zum Beispiel ein Streichholz anzünde, welches dann seinerseits mein Haus in Brand setzt, bin ich die Ursache für das Streichholz zu dem Prädikat »brennend«, und das brennende Streichholz, ein Körper, ist dann die Ursache für das Haus zu demselben Prädikat.

Nur in R und 62C werden die Unterscheidungen zwischen verschiedenen Typen von Ursachen mit Bezug auf das Fatum herangezogen. Chrysipp meinte, das Fatum solle nicht als der ganze Kausalnexus angesehen werden, sondern nur als eine Folge von auslösenden oder »vorausgehenden« Ursachen. Den Vorteil dieser Auffassung sah er darin, daß das Fatum dann davon freigesprochen wäre, unsere Handlungen zu *erzwingen*. Auf den ersten Blick steht das im Widerspruch zu den anderen Berichten (insbesondere zu N), die im strengen Sinne behaupten, das Fatum sei die gesamte Verbindung von Ursachen. Aber die beiden Auffassungen unterscheiden sich möglicherweise doch mehr in der Betonung als in der Substanz: siehe weiter 62 Kommentar.

Die Argumente für die Existenz eines Fatums sind von dreierlei Art:
(a) Metaphysisch. Jede Lücke im Kausalnexus – daß sich etwas ohne Ursache ereignet oder daß eine identische Konjunktion von Ursachen trotzdem nicht jedesmal eine identische Wirkung hervorbringt – würde ein fundamentales Gesetz brechen, was

vielleicht dem Prinzip vom zureichenden Grund nahekommt: **N2**; **62H**.

(b) Empirisch. Sowohl die offenkundige organische Einheit (**N2**) als auch der angebliche Erfolg der Wahrsagekunst (**P**, vgl. **O**; **38E**; **42-C–E**) bestätigen die Existenz eines Fatums.

(c) Logisch. Die kausale Prädetermination aller zukünftigen Ereignisse folgt aus dem Bivalenzprinzip: **38G**, mit Kommentar.

Über das Fatum in Beziehung zur Vorsehung siehe **54**, insbesondere **U**.

Ethik

56 Die Einteilung der Ethikthemen

A   Diogenes Laërtius 7.84   (*SVF* 3.1)

Den ethischen Teil der Philosophie unterteilen sie [die Stoiker] (i) in die Lehre vom Antrieb und (ii) in die vom Guten und Schlechten, weiter (iii) in die von den Leidenschaften, (iv) die von der Tugend, (v) die vom Endziel, (vi) die vom primären Wert und den Handlungen, (vii) die von zukommenden Funktionen und (viii) die von Ermutigungen und Entmutigungen. In dieser Weise nehmen Chrysipp, Archedemos, Zenon von Tarsos, Apollodor, Diogenes [von Babylon], Antipater und Poseidonios die Unterteilung vor. Denn Zenon von Kition und Kleanthes behandelten die Gebiete weniger eingehend, wie das eine frühere Generation tun kann. Sie nahmen aber auch Unterteilungen der Logik und Physik vor.

B   Seneca, *Epist.* 89.14

Weil die Philosophie also drei Teile hat, wollen wir zuerst damit anfangen, den ethischen Teil zu gliedern. Für ihn hat man wiederum eine Unterteilung in drei Teile festgelegt . . . Das erste ist nämlich, daß du dir ein Urteil über den Wert einer jeden Sache bildest, das zweite, daß du für dein Verlangen danach Ordnung und Maß erreichst, und das dritte, daß zwischen deinem Trieb und deiner Handlung Übereinstimmung herrscht, so daß du in allen diesen Fragen mit dir selbst einig bist.

C   Epiktet, *Dissert.* 3.2.1–5

(1) Es gibt drei Gebiete, in denen der angehende rechtschaffene und gute Mensch geübt sein muß. (2) Das Gebiet des Verlangens und der Aversionen, um

---

A Kontext: Kurz nach **31C**; Anfang von Diogenes' Doxographie der stoischen Ethik; gefolgt von **57A**.   B Kontext: Die Einteilung dr Philosophie.   C Kontext: Anfang einer Erörterung, was man im Hinblick auf moralische Fortschritte zu studieren hat.

sicherzustellen, daß er bekommt, wonach er verlangt, und daß er nicht auf das stößt, was er zu vermeiden sucht. (3) Das Gebiet der Antriebe und Abneigungen und überhaupt das der zukommenden Funktion, damit er ordnungsgemäß, damit er wohlbegründet und damit er nicht gedankenlos handelt. (4) Das dritte Gebiet ist das von der Nicht-Täuschbarkeit und Nüchternheit und überhaupt von den Zustimmungen. (5) Das wichtigste und dringlichste dieser Gebiete ist das von den Passionen (Leidenschaften). Eine Passion (Leidenschaft) kommt nämlich nur dann auf, wenn ein Verlangen nicht bekommt, wonach man verlangt, oder eine Aversion auf das stößt, [was man zu vermeiden sucht]. Dies ist das Gebiet, welches Erschütterungen und Verwirrungen, Mißgeschicke und Desaster, Kummer und Wehklagen, Neid ... zur Sprache bringt, durch die wir noch nicht einmal in der Lage sind, ein Argument anzuhören. (6) Das zweite Gebiet ist das von der zukommenden Funktion; ich darf nämlich nicht unempfindlich wie eine Statue sein, sondern muß meine natürlichen und erworbenen Beziehungen pflegen, als religiöser Mensch, als Sohn, als Bruder, als Vater, als Bürger. (7) Das dritte Gebiet geht diejenigen an, die schon Fortschritte machen, und betrifft die Sicherheit in eben diesen erwähnten Dingen, damit selbst in Träumen oder im Rausch oder in der Depression keine Vorstellung unbemerkt ungeprüft durchschlüpfen kann.

☐ Man stelle sich einen angehenden Stoiker vor, mit einem Beruf und einer Familie. Als Lohn für ein rigoroses Studium in allen drei Teilen der Philosophie (26), kombiniert mit intensiver Praxis und Selbstprüfung, bietet der Stoizismus ihm einen moralischen Charakter an (Tugend, 61), der sein Glück (das Ziel, 63) für alle Zeiten und unter allen Umständen garantiert. Dieser moralische Charakter – eine systematisch vernünftige Aussicht – besteht in einem äußerst sicheren Wissen, wie er handeln sollte, um sein Leben auf die Erkenntnis zu gründen, daß moralischer Wert das einzige Unterscheidungsmerkmal guter und schlechter Dinge ist (60) und daß es für ihn zwar von Natur aus angemessen ist, Gesundheit, Reichtum usw. gegenüber Krankheit und Armut zu bevorzugen; aber für sein Glück machen derartige konventionelle Wünschbarkeiten bzw. Unerwünschtheiten keinen Unterschied (58). Er wird feststellen, wie er von Natur aus dazu ausgestattet ist, auf Weisen zu handeln, die, allgemein gesprochen, darauf zielen, sein materielles Wohlergehen zu fördern und ebenso das seiner Familie, seiner Freunde und seines Landes; seine Vernunft und die vernünftige Struktur der Welt allgemein stehen für die »zukommenden Funktionen« (59) ein, welche den besonderen Umständen seines Lebens Rechnung tragen. Sein »natürlicher Antrieb« (57), solche Handlungen zu tun, wird aber durch seine moralische Perspektive in konsistenter Weise gestaltet; sie lehrte ihn, daß er in der Welt eine vorbestimmte Rolle zu spielen hat und daß sein Wertesystem ihm die Mittel zur Verfügung stellt, um sich frei und harmonisch allem anzupassen, was externe Zufälligkeiten ihm auferlegen (62). Die Antriebe, welche sein Verhalten lancieren, sind durch die moralischen Aussagen bestimmt, denen er zustimmt. Weil er die Tatsche, daß gut zu sein auf moralische Vorzüge und schlecht zu sein auf das Gegenteil davon begrenzt ist, sicher begriffen hat, stimmt er niemals der Gutheit oder Schlechtheit von irgendetwas anderem zu; gegen die Antriebe der Leidenschaft, die für die unaufgeklärte Mehrzahl charakteristisch sind, ist er deshalb ganz immun; sie ergeben sich daraus, daß man den Wert der Dinge falsch beschreibt und ihm in falscher Weise zustimmt (65). Um zu diesem Ziel hinzugelangen, bekommt er als Hilfe ein Training in moralischen Regeln, das auf die Lehren des Systems gegründet ist (66). Dieses verlangt von ihm nicht, seine Familie, seine Karriere oder seine politischen Loyalitäten aufzugeben; denn seine Hauptabsicht ist seine Perspektive und besteht nicht darin, seine Verhältnisse zu ändern. Das System verlangt von ihm, die Welt insgesamt als eine quasi-politische Gemeinschaft anzusehen (67), die von Naturgesetzen gelenkt wird; deren Moralität, Rationalität und Göttlichkeit kommen unverwechselbar darin zum Vorschein, daß sich alle Teile der Welt, auch er selbst, der Gutheit des Ganzen unterordnen.

Um nun zur formalen Einteilung dieser Punkte zu kommen, können wir feststellen, daß sie besonders nachdrücklich das Interesse der Stoiker an einer systematischen Präsentation der Philosophie widerspiegelt (siehe 26). Chrysipp war hier die Schlüsselfigur. Das Verzeichnis seiner ethischen Schriften, die mit Definitionen, Einteilungen u.dgl. befaßt waren, zeigt es (32I); und von der »Einteilung« der Themen in A heißt es dort, sie sei durch Chrysipp autorisiert und von seinen Nachfolgern übernommen worden. In Wirklichkeit scheint das allerdings eher eine »Aufteilung« – eine Klassifikation von Themen – als eine Einteilung im technischen Sinne zu sein (32C). Die Themen, die sie einschließt, eignen sich nicht ohne weiteres für eine Analyse in Gattung und Art. Die meisten von ihnen, nämlich (i)–(v) und (vii), entsprechen, wenn auch nicht in dieser Reihenfolge, jeweils einem Abschnitt in den überlieferten Zusammenfassungen der stoischen Ethik bei Cicero, *De finibus* 3, Diogenes Laërtius 7 und Stobaeus 2. Diese Quellen behandeln freilich alle drei das »Indifferente« (vgl. unseren Paragraphen 58) als ein eigenes Thema. Weil Indifferentes natürlicherweise mit dem Wertbegriff verknüpft ist, vermuten wir, daß in A der sechste Punkt »vom primären Wert und den Handlungen« sie enthalten sollte; aber nirgendwo sonst werden »Handlungen« als ein eigenes Thema herausgehoben. Merkwürdig ist auch, daß die »Leidenschaften« in der Liste von A so früh auftreten. Vermutlich wurden sie und einige andere Punkte ursprünglich als Untereinteilungen anderer Themen dargestellt. Zum Beispiel könnten die Leidenschaften als Untereinteilung der »Antriebe« einen passenden Platz gefunden haben (vgl. 65A1) und »zukommende Funktionen« als eine Untereinteilung des Themas »vom primären Wert und den Handlungen«. Der achte Punkt, »Von Ermutigungen und Entmutigungen«, kommt natürlicherweise zuletzt, enthält er doch die erzieherischen Vorschriften, die auf den vorangehenden Lehren beruhen (vgl. 66J).

Um unsererseits das Material zur Ethik zu organisieren, haben wir diese Themen als Paragraphenüberschriften akzeptiert, haben aber die Reihenfolge von A in der folgenden Weise angepaßt: 57 = (i), 58 = ?(vi), 59 = (vii), 60 = (ii), 61 = (iv), 63 = (v), 65 = (iii), 66 = (viii).

Seneca und Epiktet (B, C) geben eine dreigliedrige Einteilung an. Obwohl sie in den Einzelheiten abweichen, sind ihre Darstellungen genügend ähnlich, um auf einen einverständlich akzeptierten logischen und erzieherischen Fortschritt hinzudeuten. Das erste Hauptgebiet in diesem System befaßt sich mit der Beurteilung, was sich lohnt, verfolgt oder vermieden zu werden, das zweite mit den Antrieben und den resultierenden Handlungen, die dieser Beurteilung angemessen sind, und das dritte damit, Konsistenz und volles Verständnis zu erreichen. Epiktet macht die hilfreiche Beobachtung, daß das dritte Gebiet »diejenigen angeht, die schon Fortschritte machen« (C7). Dieses dreigliedrige Arrangement würde, wenn es in den Begriffen von A artikuliert würde, im ersten Gebiet im großen und ganzen die Themen »vom Guten und Schlechten«, »von den Leidenschaften« (vgl. C5) und »vom primären Wert und den

Handlungen« präsentieren, im zweiten Gebiet die Themen »Antrieb« und »zukommende Funktionen« und im dritten Gebiet die Themen »von der Tugend« und »vom Endziel«.

57 Antrieb und Zueignung

A   Diogenes Laërtius 7.85–86 (*SVF* 3.178)

(1) Sie [die Stoiker] sagen, der erste Trieb eines Lebewesens richte sich darauf, sich selbst zu erhalten, weil die Natur es von Anfang an sich zueigen mache, wie Chrysipp im ersten Buch seiner Schrift *Über die Endziele* sagt. (2) Für jedes Lebewesen, so erklärt er, ist das erste ihm Eigene seine eigene Konstitution und das Bewußtsein davon. Denn es stünde der Natur weder an, sich das Lebewesen selbst zu entfremden, noch, es zwar zu schaffen, dann aber weder zu entfremden noch sich zueigen zu machen. Es bleibt also übrig zu sagen, daß die Natur, als sie es konstituierte, es sich selbst zueigen machte. So nämlich erklärt sich, daß das Lebewesen das abwehrt, was schädlich ist, und das akzeptiert, was ihm zueigen ist. (3) Sie halten ausdrücklich für falsch, was manche sagen, nämlich daß der erste Trieb sich bei den Lebewesen auf die Lust richtet. Sie sagen nämlich, daß die Lust, wenn sie denn auftritt, ein Nebenprodukt ist, das dann entsteht, wenn die Natur [einer Kreatur] ganz von sich aus das ausgesucht und angeeignet hat, was für ihre Konstitution erforderlich ist, auf welche Weise [dann] die Tiere herumtollen und die Pflanzen blühen. (4) Die Natur, sagen sie, ist in bezug auf die Pflanzen und in bezug auf die Tiere nicht verschieden zu der Zeit, wenn sie *sie* ohne Trieb und Sinneswahrnehmung einrichtet (und lenkt) und wenn bei uns bestimmte Prozesse vegetativer Art stattfinden. Weil die Tiere aber zusätzlich mit dem Trieb ausgestattet sind, durch dessen (zusätzlichen) Gebrauch sie sich auf die Suche nach dem machen, was ihnen zueigen ist, deshalb ist es für *sie* naturgemäß, in Übereinstimmung mit ihrem Trieb verwaltet zu werden. (5) Und weil aufgrund eines vollendeteren Managements den vernunftbegabten Lebewesen die Vernunft verliehen wurde, deshalb ergibt sich für *diese*, daß es für sie naturgemäß ist, in Übereinstimmung mit der Vernunft richtig zu leben. Die Vernunft kommt nämlich als kunstverständige Könnerin zum Trieb hinzu.

B   Seneca, *Epist.* 121.6–15 (mit Auslassungen)

(1) Niemand bewegt seine Glieder mit Mühe, niemand ist zögerlich bei der Aktivierung seiner selbst. Die Tiere verhalten sich so, sobald sie geboren sind; mit diesem Wissen beginnen sie ihr Leben. . . . (2) So wenig aber veranlaßt sie die Furcht vor Schmerz dazu, [ihre Glieder in passender Weise zu bewegen],

---

A Kontext: Unmittelbar anschließend an **56A**, gefolgt von **63C**.   B Kontext: Das Wissen der Tiere um ihre eigene Konstitution.

daß sie die natürliche Bewegung auch auszuführen suchen, wenn ein Schmerz sie daran hindert. So das Kind, das aufstehen möchte und sich daran gewöhnt, sich selbst zu tragen, — sobald es beginnt, seine Kräfte zu erproben, fällt es und steht mit Tränen so oft wieder auf, bis es durch Schmerz das eingeübt hat, was die Natur verlangt. ... Eine Schildkröte auf dem Rücken verspürt keinen Schmerz, ist indes unruhig durch ihr Verlangen nach der natürlichen Lage und hört nicht eher auf, sich zu mühen und zu zappeln, als bis sie auf ihren Füßen steht. Alle Lebewesen haben also ein Bewußtsein von ihrer Konstitution, und das erklärt, warum sie ihre Glieder derart frei gebrauchen. ... (3) Jedes Lebensalter hat seine eigene Konstitution; es gibt eine für das Baby, eine andere für den Jungen, ⟨wieder eine andere für die Jugend,⟩ noch eine andere für den Greis: Alle sind passend auf die Verfassung bezogen, in der sie existieren.

C   Hierokles 1.34–39, 51–57; 2.1–9

(1) Es scheint richtig, kurz über die Sinneswahrnehmung zu sprechen. Denn sie trägt zum Wissen um den ersten eigentümlichen Gegenstand bei, den Gegenstand, von dem wir sagten, daß er der beste Anfangspunkt für die Elemente der Ethik sei. (2) Man muß sich klar machen, daß ein Lebewesen, sobald es geboren wird, sich selbst wahrnimmt ... Als erstes nehmen die Lebewesen ihre eigenen Teile wahr ..., sowohl daß sie sie haben als auch zu welchem Zweck sie sie haben; und wir selbst nehmen unsere Augen und Ohren und alles übrige wahr. Wann immer wir also etwas sehen wollen, richten wir daher unsere Augen und nicht die Ohren auf den sichtbaren Gegenstand. ... Der erste Beweis dafür, daß jedes Lebewesen sich selbst wahrnimmt, ist deshalb das Bewußtsein, welches es von seinen Teilen und von den Tätigkeiten hat, für die es die Teile bekommen hat. (3) Der zweite Beweis ist die Tatsache, daß den Lebewesen ihre Ausstattung zur Selbstverteidigung durchaus nicht unbemerkt bleibt. Wenn Stiere mit Stieren oder mit Lebewesen einer anderen Art kämpfen, strecken sie ihre Hörner aus, als wären dies ihre angeborenen Waffen für die Begegnung. Dieselbe Disposition zu dem, was für es eigentümlich ist, und sozusagen zu seiner angeborenen Waffe hat auch jedes andere Lebewesen.

D   Hierokles 9.3–10, 11.14–18

(1) Die eigentümliche Disposition zu sich selbst ist das Wohlwollen, und die eigentümliche Disposition zu seiner Verwandtschaft ist die liebevolle Zuneigung. ... Also genauso wie unsere eigentümliche Disposition zu unseren Kindern die liebevolle Zuneigung und die zum äußeren Besitz die Wahl ist, so ist auch die eigentümliche Disposition eines Tieres zu sich selbst ⟨die Selbsterhaltung⟩ und die zu Dingen, welche zu den Bedürfnissen seiner Konstitution beitragen, die Auswahl ... (2) Wir sind ein Lebewesen, aber eins, das sich

---

C Kontext: Eine Zeile nach **53B4**.   D Kontext: Ein äußerst fragmentarischer Teil des Papyrus. Kolumne 9 hat als letztes Wort der Kopfzeile *télos* (»Ziel«).

zusammenschart und auch noch jemand anderen braucht. Deshalb wohnen wir auch in Städten. Denn es gibt keinen Menschen, der nicht Teil einer Stadt wäre. Ferner schließen wir auch leicht Freundschaften. Denn indem wir zusammen essen oder zusammen im Theater sitzen, . . . [der Text bricht ab]

E   Plutarch, *De Stoic. repugn.* 12, 1038B (*SVF* 3.179, 2.724)

(1) Warum um Himmels willen quält er [Chrysipp] uns also in jedem Buch zur Physik und zur Ethik, indem er schreibt, daß wir sogleich, wenn wir geboren sind, eine eigentümliche Disposition relativ zu uns selbst haben, ferner zu unseren Teilen und zu unserer Nachkommenschaft? (2) Im ersten Buch *Über Gerechtigkeit* sagt er, daß selbst die Tiere − passend zu dem, was ihre Jungen brauchen − eine eigentümliche Disposition relativ zu ihrer Nachkommenschaft haben, ausgenommen die Fische; denn deren Brut nährt sich durch sich selbst.

F   Cicero, *De fin.* 3.62−68 (mit Auslassungen) (teilw. *SVF* 3.333, 340, 342, 369, 371, 616)

[Sprecher ist der Stoiker Cato:] (1) Wichtig ist nach ihrer Ansicht, zu verstehen, daß die Liebe der Eltern zu den Kindern von der Natur hervorgebracht wird. Von diesem Ausgangspunkt aus erreichen wir stufenweise die universale Gemeinschaft des Menschengeschlechts. Das muß als erstes klar sein aufgrund der Gestalt und der Glieder des Körpers, die durch sich selbst deutlich machen, daß die Reproduktion ein Prinzip ist, das die Natur besitzt. Es könnte für die Natur aber untereinander nicht stimmig sein, sowohl die Reproduktion zu wollen als auch nicht dafür zu sorgen, daß die Nachkommenschaft geliebt wird. Selbst bei den wilden Tieren kann man die Kraft der Natur beobachten; wenn wir die Mühe sehen, die sie darauf verwenden, ihre Jungen zur Welt zu bringen und aufzuziehen, scheinen wir die Stimme der Natur selbst zu hören. Wie es daher offensichtlich ist, daß wir natürlicherweise vor Schmerz zurückschrecken, so liegt es auf der Hand, daß wir von der Natur selbst getrieben werden, die zu lieben, die wir gezeugt haben. (2) Daraus ergibt sich, daß auch die allgemeine wechselseitige Anziehung der Menschen untereinander ein Werk der Natur ist. Infolgedessen macht die bloße Tatsache, daß jemand ein Mensch ist, es für einen anderen Menschen zur Obliegenheit, ihn nicht als fremd zu betrachten. Gerade so, wie einige Teile des Körpers, etwa die Augen und die Ohren, sozusagen für sich selbst geschaffen sind, während andere, etwa die Beine und die Hände, dem Bedürfnis der übrigen Glieder dienen, so sind einige große Tiere nur für sich selbst geschaffen, während . . . die Ameisen, Bienen und Störche manches auch der anderen wegen tun. Das Verhalten der Menschen ist in dieser Hinsicht viel mehr gebunden. Daher sind wir von Natur aus geneigt,

---

E Kontext: Plutarch meint, die hier referierte Lehre widerspreche der These Chrysipps, daß der Schlechte nichts ihm Eigentümliches habe.   F Kontext: Zukommende Funktionen − Übergang von den eigenen zu denen anderer Leute.

Vereinigungen, Gesellschaften und Staaten zu bilden. (3) Die Welt wird nach stoischer Lehre durch den Willen der Götter gelenkt und ist gleichsam die gemeinsame Stadt und der gemeinsame Staat der Menschen und der Götter, und jeder einzelne von uns ist ein Teil dieser Welt; daraus folgt natürlicherweise, daß wir den allgemeinen Nutzen unserem eigenen vorziehen. . . . Dies erklärt, warum derjenige Lob verdient, der zugunsten des Staats den Tod sucht, da unser Vaterland uns lieber sein sollte als wir uns selbst. . . . (4) Des weiteren werden wir durch die Natur gedrängt, möglichst vielen Menschen nutzen zu wollen, und zwar besonders dadurch, daß wir sie lehren und ihnen die Grundsätze der Klugheit weitergeben. Man tut sich daher schwer, jemanden zu finden, der das, was er selbst weiß, einem anderen nicht weitergibt. Somit neigen wir nicht nur zum Lernen, sondern auch zum Lehren. . . . (5) Ebenso wie sie der Ansicht sind, daß die Menschen miteinander durch Rechte verbunden sind, so bestreiten sie, daß der Mensch rechtliche Bindungen zu den Tieren habe. Hervorragend bemerkte nämlich Chrysipp, daß alles andere um der Menschen und der Götter willen geschaffen ist, diese aber um ihrer Gemeinschaft und Gesellschaft willen, so daß die Menschen die Tiere für ihre eigenen Zwecke benutzen können, ohne daß dem irgendwelche Rechte entgegenstünden. (6) Weil ferner die Natur des Menschen so beschaffen ist, daß eine Art bürgerliches Recht das Bindeglied zwischen ihm und dem Menschengeschlecht darstellt, wird derjenige gerecht sein, der dieses Recht aufrecht erhält, und derjenige ungerecht, der es übertritt. (7) Wie aber ein Theater eine gemeinsame Einrichtung ist und trotzdem jeder von dem Platz, den er eingenommen hat, mir Recht sagen kann, es sei seiner, so wird in der gemeinsam geteilten Stadt oder Welt kein Recht dadurch gebeugt, daß jeder das besitzt, was zu ihm gehört. (8) Da wir ferner sehen, daß der Mensch dazu geschaffen ist, seine Mitmenschen zu schützen und zu erhalten, entspricht es dieser Natur, daß der Weise in der Verwaltung des Staats eine Rolle spielen will und daß er, um natürlich zu leben, heiratet und von seiner Frau Kinder haben möchte.

G Hierokles bei Stobaeus 4.671,7–673,11

(1) Jeder von uns ist nämlich sozusagen von vielen Kreisen ganz umgeben, wovon die einen kleiner und die anderen größer sind, die letzteren umschließend und die ersteren umschlossen, entsprechend ihren unterschiedlichen und ungleichen Beziehungen zueinander. (2) Denn der erste und engste Kreis ist der, den jemand wie um ein Zentrum herum gezogen hat, seinen eigenen Verstand. Dieser Kreis umschließt den Körper und alles, was um des Körpers willen hinzugenommen wird. Denn es ist beinahe der kleinste Kreis, und er berührt fast das Zentrum. (3) Von da aus der zweite Kreis ist zwar weiter vom Zentrum weg; er umschließt aber den ersten. In ihm haben die Eltern, die Geschwister, die Frau und die Kinder ihren Platz. Als nächstes kommt der dritte

G Kontext: Eins von sieben Ethik-Kapiteln, die bei Stobaeus aus Hierokles exzerpiert sind. Es war betitelt »Wie man seine Beziehungen handhaben soll«.

Kreis, der die Onkeln und Tanten umfaßt, die Großväter und Großmütter, die Neffen und Nichten, auch Vettern und Cousinen. Der Kreis danach bezieht die übrigen Verwandten ein. Der nächste Kreis umschließt die Bewohner der Ortsgemeinde, der nächste die Mitglieder des Volksstamms, der nächste die Bürger der Stadt und so weiter der Kreis der Leute aus den Nachbarstädten, dann der mit den Nachbarländern. (4) Der äußerste und größte Kreis, der alle diese Kreise umfaßt, ist der des ganzen Menschengeschlechts. (5) Nachdem man sich hierüber also einen Überblick verschafft hat, stellt sich für den gut temperierten Mann bei der passenden Behandlung jeder Gruppe die Aufgabe, die Kreise irgendwie zum Zentrum zusammenzuziehen und mit Eifer stets die Leute aus den umschließenden Kreisen in die umschlossenen zu versetzen . . . (6) Es obliegt uns, Leute aus dem dritten Kreis so zu respektieren wie die aus dem zweiten und die übrige Verwandtschaft so zu respektieren wie die Menschen aus dem dritten Kreis. Denn obwohl die größere Entfernung dem Blut nach etwas von dem Wohlwollen wegnimmt, müssen wir trotzdem ernsthaft bemüht sein, sie zu assimilieren. Das richtige Maß stellt sich nämlich dann ein, wenn wir durch unsere Initiative die Distanz der Beziehung zu jeder Person reduzieren. Die Hauptvorgehensweise dafür ist also dargestellt. (7) Wir sollten aber auch etwas im Bereich der Bezeichnungen tun, die wir gebrauchen, indem wir Vettern auch Brüder und Onkeln und Tanten auch Väter und Mütter nennen . . . Denn diese Art der Anrede wäre einerseits ein sehr deutliches Zeichen für unser ernsthaftes Bemühen um sie alle und würde andererseits auch die angezeigte Zusammenziehung der Kreise vorantreiben und intensivieren.

H Anonymer Kommentar zu Platons *Theaitetos*, 5.18–6.31

(1) Denn den Wesen derselben Art rechnen wir uns zu. (2) Stärker rechnet man sich freilich den Bürgern der eigenen Stadt zu. Daß man sich etwas zurechnet, variiert nämlich in der Intensität. (3) Was also die Leute angeht [die Stoiker], welche von dieser Zurechnung her die Gerechtigkeit einführen, – wenn sie sagen, daß die Zurechnung in bezug auf sich selbst dieselbe sei wie in bezug auf den am weitesten entfernten Mysier, dann wird durch diese ihre Annahme die Gerechtigkeit zwar bewahrt; aber·niemand gesteht zu, daß die Zurechnung die gleiche sei. Denn das widerspricht den offensichtlichen Tatsachen und der Selbstbeobachtung. (4) Die Zurechnung in bezug auf sich selbst ist nämlich natürlich und vernunftlos, während die Zurechnung in bezug auf die Nachbarn zwar ebenfalls natürlich ist, aber keineswegs ohne Vernunft. (5) Wenn wir jedenfalls anderen Leuten schlechtes Benehmen vorwerfen, kritisieren wir sie nicht nur, sondern entfremden uns ihnen auch, während sie, nachdem sie sich fehlerhaft verhalten haben, zwar über die ⟨Kritik⟩ nicht erfreut sind, aber nicht sich selbst hassen können. (6) Somit ist die Zurechnung in bezug auf sich selbst und in bezug auf irgendjemand sonst nicht die gleiche, wo wir doch auch in

---

H Kontext: Kommentar zu Platon, *Theait.* 143d.

bezug auf unsere eigenen Teile nicht dieselbe Zurechnungsbeziehung haben. Denn wir sind nicht in derselben Weise disponiert in bezug auf Augen und Finger, nicht zu reden von Fingernägeln und Haaren, da wir uns ihnen auch bei ihrem Verlust nicht in gleicher Weise entfremden, sondern mehr und weniger. (7) Wenn andererseits auch sie selbst sagen sollten, daß die Zurechnung gesteigert werden kann, dann mag es zwar Philanthropie geben. Aber die Situation Schiffbrüchiger, wo es unvermeidlich ist, daß nur einer von zweien überlebt, wird sie widerlegen. (8) Und sogar wenn keine Umstände zur Betrachtung stehen, sind trotzdem gerade sie selbst in einer Position, widerlegt zu werden. Daher entwickeln auch die Vertreter der Akademie das folgende Argument.

☐ Den »Antrieb« machten die Stoiker zum ersten Thema ihrer ethischen Theorie (siehe **56A**). Zusammen mit der Sinneswahrnehmung unterscheidet der Antrieb Tiere und Menschen ganz allgemein von den Pflanzen (**A4**; vgl. **53A4**) und verleiht ihnen die angeborene Fähigkeit, sich selbst in der Weise zu aktivieren, wie ein Tier oder Mensch lebt. Was diese Art zu leben gewissermaßen programmiert, ist die Tatsache, daß solche Lebewesen von Geburt an die Selbsterhaltung als Ziel ihres ersten Antriebs haben (**A1**). Wie erinnerlich, waren die Epikureer der Ansicht, daß Lebewesen vom Augenblick der Geburt an angetrieben sind, Lust zu suchen und Schmerz zu vermeiden (**A3**, **B2**; vgl. **21A2**). Gegen diese Auffassung argumentierten die Stoiker, daß die erste Motivation eines Lebewesesens durch das angeborene Bewußtsein von seinen physischen Konstituenten und ihren Funktionen festgelegt wird (**B1-2**, **C2-3**). Diese Textstücke aus Seneca und Hierokles gründen ihr Eintreten für diese These auf empirische Daten. Chrysipp geht in **A1-2** stärker theoretisch vor. Das dort referierte Argument leitet seine Kraft aus impliziten teleologischen Annahmen über die Natur im allgemeinen her, die mit der Summe aller einzelnen »Naturen« und ihrer schöpferischen oder Strukturprinzipien äquivalent ist. In diesem Sinne ist die Natur mit Gott oder der kosmischen Vernunft identisch (**60H3-4**); und das ist zweifellos der unausgesprochene Grund, um von der »Entfremdung« zu sagen, daß sie als Handlung der Natur mit Bezug auf beseelte Lebewesen nicht wahrscheinlich sei. Die Logik von **A2** ist diese: Nicht-*p*; nun entweder *p* oder *q* (wobei *p* = Entfremdung und *q* = Zueignung). Wie ein Handwerker, der die Natur ist, hat sie guten Grund, an ihren Produkten Interesse zu haben.

»Entfremdung« und »Zueignung« (gelegentlich »Zurechnung«) sind wörtliche Übersetzungen der griechischen Termini *alloiōsis* und *oikeiōsis*. Assoziationen in Richtung von Eigentümerschaft decken die Hauptbedeutung der stoischen Begriffe hier ab, wenngleich jede Übersetzung etwas von der Originalbedeutung wird beiseitelassen müssen. Der Vorzug des Ausdrucks »Zueignung« (»Zurechnung«) ist der, daß er und die entsprechenden Adjektiv- und Verbformen ein Mittel darstellen, um grammatisch verwandte Formen der griechischen Wortwurzel *oik-* wiederzugeben. Diese konnotiert Eigentümerschaft, das, was zu einem gehört. Im Sprachgebrauch der Stoiker wird diese Eigentümerschaft aber außerdem als eine affektive Disposition in bezug auf das aufgefaßt, was man als Eigentum hat oder was zu einem gehört. Assoziationen, die durch die Ausdrücke »Zueignung« oder »Zurechnung« also etwa in Richtung auf gewaltsamen Besitz geweckt werden, sind irreführend und sollten weggelassen werden. Entsprechend muß in der Übersetzung des Adjektivs *oikeion* durch *Eigenes* der Aspekt mitverstanden werden, Eigentümerschaft zu beanspruchen oder zu wünschen. So bedeutet in **A2** »das erste, was für jedes Lebewesen das ihm Eigene ist«, den ersten

Gegenstand, der für es »passend« oder »geeignet« ist; die relevante Eignung ist dabei aber ähnlich wie die eines Hauses für seinen Besitzer als eine Anerkennung von Eigentümerschaft aufzufassen oder ähnlich wie die eines Verwandten zu einer Blutsverwandtschaft als eine mit Affektion gekoppelte Anerkennung von Affinität.

In A1-2 verwendet Chrysipp den Begriff der »Zueignung« (oder »Zurechnung«), um kausale Verknüpfungen zwischen der schöpferischen Organisation der Natur, den ersten Antrieben der Lebewesen und der empirischen Tatsache herzustellen, daß Lebewesen eine angeborene Fähigkeit haben, sich zu ihrer äußeren Ausstattung diskriminant zu verhalten. In dem in B exzerpierten Brief betont Seneca, daß das früheste Verhalten eines Lebewesens von instinktiver Art ist (B1). »Zueignung« stellt sicher, daß Lebewesen in Richtung auf sich selbst mit der Disposition einer liebevoll-zärtlichen Eigentümerschaft geboren sind. Unser Text in A1-2 ist wahrscheinlich korrekt, wenn er von dem Satz »Die Natur eignet sich selbst das Lebewesen zu« übergeht zu dem Satz »Die Natur eignet das Lebewesen sich selbst [dem Lebewesen] zu«. Dies wird bedeuten, daß die Natur ihre liebevolle Eigentümerschaft an Lebewesen darin manifestiert, daß sie ihnen diese Disposition in bezug zu ihnen selbst verleiht.

Das »Zueignungs«-Objekt des ersten Antriebs eines Lebewesens kann demnach als »Selbsterhaltung« beschrieben werden. In A2 wird dies ausgeweitet zu »seine eigene Konstitution und das Bewußtsein davon«. Die Betonung auf Bewußtsein ist eine Eigenart von B und C (vgl. 53B5-9). Die Stoiker mögen »Zueignung« (oder »Zurechnung«) als »Wahrnehmung und Erfassung dessen« definiert haben, »was zueigen ist« (so in der Fortsetzung von E; siehe die Anmerkung dazu in Bd. 2). Warum man davon annehmen soll, daß es *Selbst*-Bewußtsein verlangt, und sei dieses noch so rudimentär (siehe Seneca, *Epist.* 121.11–13), mag in ihren Argumentationen inadäquat erklärt erscheinen. Es braucht oder sollte aber nicht zu viel Gewicht auf den Ausdruck »Bewußtsein« gelegt werden. Es ist ein Versuch, und zwar ein interessanter Versuch, Daten gerecht zu werden, die man heute durch Bezug auf natürliche Auswahl und genetische Kodierung erklären würde. Die Stoiker waren am Tierverhalten vermutlich kaum um seiner selbst willen interessiert. Sie nahmen jedoch − sehr unüblich − an, daß die Prinzipien dieses Verhaltens ihnen die Grundbegriffe für ihre ethische Theorie liefern würden.

Was Tiere und sogar Pflanzen (A4) mit den Menschen verbindet, ist, soweit es um die Ethik geht, Natur. Jede ethische Theorie muß Vorsorge dafür treffen, daß die Kinder in artgerechter Weise großgezogen werden. Die Stoiker waren sehr davon beeindruckt, daß Tiere sich ebenso wie die Menschen wegen der Aufzucht ihrer Jungen Mühe geben (F1) und daß einige Tiere auch Formen einer sozialen Organisation haben (F2). Die Natur sorgt also schon bei ihren rudimentäreren Erzeugnissen für ein Programm von »Trieb-Tätigkeit«, welches sowohl unmittelbar der Selbsterhaltung dient als auch Bezug auf andere hat. Sogar schon auf der Ebene tierischen Verhaltens weitet sich das Prinzip der »Zueignung« über das Selbst hinaus aus zu liebevoll-zärtlichem Besitz von Nachwuchs (E).

Der Übergang zu strikt ethischen Normen und Werten ist Gegenstand späterer Abschnitte. Worauf das gegenwärtige Material hinweist, ist ein allgemeines Fundament in der Natur, eine Grundlage, die dem tierischen und menschlichen Verhalten bei der Selbsterhaltung und bei der Betreuung des Nachwuchses gemeinsam ist. Die Stoiker würden nicht sagen, *wir* sollten diese Dinge deshalb tun, weil die Tiere sie tun. Ihre Behauptung ist vielmehr, daß Tiere und Menschen gleichermaßen so strukturiert sind, daß solches Verhalten für sie beide natürlich und ihnen eigen ist. Es gehört freilich zur Sache, die Frage zu stellen, was die Einführung von Tieren zur ethischen Theorie

beiträgt. Wie bereits bemerkt, dient sie als Grundlage zur Zurückweisung der epikureischen These, daß das natürliche Ziel aller Wesen die Lust sei; und diese Kritik an den
Epikureern ist für die Grundlegung der stoischen Ethik von großer Bedeutung. Auf
diesen Punkt bezieht sich die nachdrückliche Betonung, daß die Natur, als eine mit
Vorsehung ausgestattete Kraft, zusammen mit den natürlichen Strukturen, die sie
schafft, auch Werte oder Normen der Zueignung einrichtet. Darüber hinaus konnten
die Stoiker sich so gegen die Kritiken der Skeptiker wehren. Diese suchten sämtliche
objektiven Kriterien für Werte zu unterminieren. Im Gegenzug konnten die Stoiker
auf die für Mensch und Tier natürlichen Unterscheidungsfähigkeiten hinweisen (siehe
53B, O, P). Wenn es zwischen menschlicher und tierischer »Zueignung« sowohl eine
Kontinuität als auch einen Unterschied gibt, dann kann diese Tatsache die Aufmerksamkeit auf die Bedeutung des Unterschieds lenken. Die Natur des Menschen als
eines vernunftbegabten Wesens (vgl. A5) erfordert ein Verständnis der Antriebe, die er
mit den Tieren teilt oder zu teilen scheint.

Moralische Tugend ist die Vervollkommnung der spezifischen Natur des Menschen, ist
seine Vernunft in Harmonie mit der allgemeinen Natur oder der göttlichen Vernunft
(**60H4**). Die Texte in diesem Abschnitt zeigen, wie dieses ethische Ideal sich auf eine
Konzeption der menschlichen Natur gründet, die in ihrem Skopus ebenso allgemein
ist wie die philosophische Beschäftigung mit dem Verhalten eines Lebewesenes. In **D**
skizziert Hierokles eine Sequenz von »Zurechnungs-Beziehungen«, die dazu gedacht
sind, normale Kennzeichen menschlichen Verhaltens in bezug auf einen selbst, die
eigenen Kinder, das Eigentum und fremde Menschen zu erklären. Ähnlich geht **F** vor:
Es ist für menschliche Wesen natürlich, freundlich und philanthropisch zu sein, in
organisierten Gemeinschaften zu leben, Privateigentum zu haben, zu heiraten und
Kinder zu haben. Das Gemeinschaftsleben wird als eine natürliche Folge der instinktiven Liebe dargestellt, die ein Mensch zu seinen Kindern hat. Es ist wichtig zu sehen,
daß Hierokles und Cicero hier nicht mit den Tätigkeiten und Einstellungen befaßt
sind, die den stoischen Weisen von anderen Menschen *unterscheiden*; der Weise wird in
F8 eher deshalb erwähnt, weil er mit dem allgemeinen Muster der menschlichen Natur
übereinstimmt. Genau genommen kann im Stoizismus niemand als allein der Weise
gerecht sein; aber die Gerechtigkeit und Ungerechtigkeit von **F6** kann man schwerlich
so exklusiv deuten. Die ganze Stoßrichtung dieser Passage geht dahin, die gewöhnlichen Gepflogenheiten und Einrichtungen einer menschlichen Gesellschaft als natürlich auszugeben und zu bekräftigen.

Dieser Punkt wird in der Lehre von den »zukommenden Funktionen« noch einmal
bekräftigt (siehe **59E2**; vgl. auch **53Q1**). Auf diesen Grundlagen werden die Stoiker
eine Moraltheorie zu errichten suchen, die der Tatsache Rechnung trägt (**A5**), daß die
menschliche Vernunft der oberste Schiedsrichter darüber sein muß, was für die
menschliche Natur eigentümlich ist; von der Vernunft als dem Meister des Antriebs
kann angenommen werden, daß sie die »Zustimmung« zu einer notwendigen Voraussetzung jeder reifen menschlichen Handlung macht (vgl. **33I**; **53A5, S**). Die »Zueignung« als etwas Angeborenes und Tier-Ähnliches ist nur eine Grundlage, ein Anfang.
Aber unsere »eigentümlichen« Einstellungen der Selbstliebe, der Zuneigung gegenüber
Verwandten, der Wahl in bezug auf äußeren Besitz (**D**) werden in einer voll entwik-
kelten Tugendlehre nicht vergessen. Wir sind mit »Tendenzen« in Richtung auf die
Tugenden geboren (**61L**); ein Beispiel, wie sich dies auswirken sollte, wird für den Fall
der Gerechtigkeit in **G** präsentiert und in **H** kritisiert.

Nach **G** erfährt ein Mensch sich selbst instinktiv und ohne jedes Training als der allernächste Gegenstand, der ihn angeht, während seine Beziehung zu anderen Leuten fortschreitend so abnimmt, wie deren Blutsverwandtschaft zu ihm sich von der seiner nächsten Bezugspersonen bis zu der »des ganzen Menschengeschlechts« verringert. Hierokles meint in seiner Darstellung einschlußweise, daß dieses Arrangement »konzentrischer Kreise«, obwohl es für den unverbildeten Geist natürlich ist, sich trotzdem nicht mit einem angemessenen Verständnis unserer »Zurechnung« anderer menschlicher Wesen verträgt (vgl. **67A**). Wir sollten − hier hat das moralische »Soll« seine volle Kraft − jede Anstrengung unternehmen, um »die Distanz der Beziehung zu jeder Person zu reduzieren« (**G6**). Die unausgesprochene Annahme dieser Passage scheint folgende zu sein: Wir haben eine instinktive Disposition, die Zuneigung zu unseren Verwandten und zu uns selbst zu zeigen; aber ohne Training bleiben wir auf uns selbst zentriert und behandeln andere zunehmend als fremd. Hierokles schlägt vor, daß wir andere Leute unserem Selbst »zurechnen« und so genau die Art von Sorge, die wir für uns selbst zeigen, auf sie ausdehnen. In **H** wird eine (vermutlich akademische) Attacke dagegen lanciert, daß die »Zurechnung« als Grundlage der Gerechtigkeit praktikabel sei. Die Stoiker verpflichteten sich vermutlich nicht selbst zu der Behauptung (**H3**), daß die Zurechnung in Beziehung auf andere derjenigen in Beziehung auf uns selbst *gleich* ist (vgl. freilich **67A**). Trotzdem stellt die Polemik von **H** ein Dilemma vor. Danach entstehen für die Gerechtigkeit Probleme, egal, ob die Zurechnung gleich ist oder variiert: Gleiche Zurechnung ist für die Erfahrung falsch (**H3**), und wechselnde Zurechnung (**H7**) taugt nicht für Problemfälle, wo das Eigeninteresse mit den gleichen Rechten einer zweiten Person in Konflikt gerät. Unabhängig von den zitierten Texten ist die Behauptung von **H3** belegt, daß die Stoiker die »Zurechnung« zum Ursprung der Gerechtigkeit machten (*SVF* 1.197); und dieser Gedanke scheint der Lehre von **G** ähnlich zu sein (vgl. **F2-7**). Selbsterhaltung wird die Gerechtigkeit dann unterstützen, wenn anerkannt ist, daß die Sorge für andere Leute eine natürliche Weiterentwicklung der Sorge für einen selbst ist.

Viel von diesem Material stellt klar, daß die Stoiker den Skopus der »Zueignung« oder »Zurechnung« nicht auf die bewertende differenzierte Behandlung unseres »ersten Antriebs« beschränkten (**B3, D, F–H**). Daß dieser Skopus in den Texten betont wird, liegt an seiner Priorität. Aber die alles überragende Wünschbarkeit moralischer Tugend wurde ebenfalls als eine Funktion der »Zurechnung« dargestellt (siehe **65M2**, wo die Behauptung, daß »wir eine Zueignungsbeziehung nur zum Rechschaffenen haben«, in bezug auf Leute zu verstehen ist, die auf den höheren Stufen des moralischen Fortschritts stehen). Es ist daher ein Mißverständnis, so wie Alexander von Aphrodisias (siehe *SVF* 3.165) zu beklagen, daß die Stoiker den Skopus der »Zueignung« auf die »Selbsterhaltung« als etwas »vom Guten selbst« Verschiedenes begrenzt hätten. Die Gründe für Alexanders Mißverständnis stehen wahrscheinlich in Beziehung zu einer grundlegenderen Schwierigkeit, bei der die Gegner des Stoizismus häufig einhakten: Wie kann es konsistent sein, »das Gute«, einen Begriff, der ausschließlich auf moralischen Wert begrenzt ist, von natürlichen Antrieben abzuleiten, welche die Angemessenheit anderer Werte rechtfertigen? Den Kern der stoischen Antwort darauf teilt Seneca in **B3** mit: »Konstitution« und damit »Zueignung« entwickeln sich über eine Lebensphase. Er benutzt diesen Punkt, um den Einwand zurückzuweisen, daß ein kleines Kind, »noch nicht vernünftig«, keine »Zurechnungs«-Beziehung zu einer vernünftigen Konstitution haben könne.

58 Wert und Indifferenz

A   Diogenes Laërtius 7.101–103   (teilw./enthält *SVF* 3.117)

(1) Sie [die Stoiker] sagen, daß die Dinge, die existieren, teils gut, teils schlecht, teils keins von beidem sind. (2) Gut sind die Tugenden, Klugheit, Gerechtigkeit, Mannhaftigkeit, Besonnenheit und dergleichen. (3) Schlecht sind die Gegensätze davon, Unbesonnenheit, Ungerechtigkeit usw. (4) Keins von beidem ist alles, was weder nutzt noch schadet, z.B. Leben, Gesundheit, Lust, Schönheit, Kraft, Reichtum, Ansehen, adlige Abstammung, und außerdem das, was dem entgegengesetzt ist, Tod, Krankheit, Schmerz, Häßlichkeit, Schwäche, Armut, Ruhmlosigkeit, niedrige Abstammung und ähnliches mehr. . . . Diese Dinge sind nämlich nicht gut, sondern indifferent, Unterart ›bevorzugt‹. (5) Denn wie es für das, was warm ist, eigentümlich ist, zu wärmen, nicht zu kühlen, so ist es auch für das, was gut ist, eigentümlich, zu nutzen, nicht zu schaden. Nun nutzt der Reichtum nicht mehr, als er schadet, ebenso die Gesundheit. Also ist weder der Reichtum noch die Gesundheit ein Gut. (6) Weiterhin sagen sie: Was man gut und schlecht verwenden kann, das ist nicht etwas Gutes; Reichtum und Gesundheit aber kann man gut und schlecht verwenden; also sind Reichtum und Gesundheit nicht etwas Gutes.

B   Diogenes Laërtius 7.104–105   (*SVF* 3.119)

(1) Von ›indifferent‹ spricht man in zweierlei Sinn: ›einfachhin‹ [= ohne Zusatzbedingung] indifferent sind die Dinge, die weder zum Glück noch zum Unglück beitragen, wie das beim Reichtum der Fall ist, beim Ansehen, bei der Gesundheit, bei der Kraft und bei dergleichen mehr. Denn man kann auch ohne diese Dinge glücklich sein, wenngleich die Art ihres Gebrauchs zu Glück oder Unglück beizutragen geeignet ist. (2) In einem anderen Sinn indifferent nennt man die Dinge, die weder einen Trieb noch eine Abwehr erregen, wie das etwa bei der Frage ist, ob man eine gerade oder eine ungerade Anzahl Haare auf dem Kopf hat oder ob man den Finger ausstreckt oder einzieht. (3) Von dem vorherigen Indifferenten spricht man nicht mehr in diesem Sinn; denn sie können einen Trieb oder eine Abwehr erregen. Daher werden von ihnen die einen ausgewählt und die anderen ausgesondert, wohingegen die indifferenten Dinge des zweiten Typs sich im Hinblick auf Wahl und Vermeiden ganz gleich verhalten.

A Kontext: Doxographie der stoischen Ethik; Abschluß der Behandlung der Güter und Anfang der Erörterung des Indifferenten.   B Kontext: Ein paar Zeilen nach A.

C Stobaeus 2.79,18–80,13; 82,20–21

(1) Einiges [Indifferente] ist der Natur gemäß, anderes im Gegensatz zur Natur und wieder anderes weder das eine noch das andere. (2) Der Natur gemäß sind nun die folgenden Dinge: Gesundheit, Kraft, ordentlich funktionierende Sinnesorgane, und was diesen Dingen ähnlich ist. . . . (3) Sie [die Stoiker] sagen, daß die Theorie hierüber ausgehend von dem ersten naturgemäßen und naturwidrigen Dingen entwickelt wird. Das, was einen Unterschied ausmacht, und das Indifferente gehören nämlich zu den relativ gesagten Dingen. Denn, sagen sie, selbst wenn wir körperliche und äußere Dinge indifferent nennen, sagen wir, daß sie in bezug auf das wohlgestaltete Leben (worin das glücklich Leben besteht) indifferent sind — und natürlich keineswegs in bezug darauf, in Übereinstimmung mit der Natur zu sein, und auch nicht in bezug auf Antrieb und Abneigung. . . . (4) Alles, was in Übereinstimmung mit der Natur ist, muß man nehmen, und alles, was wider die Natur ist, nicht nehmen.

D Stobaeus 2.83,10–84,2 (*SVF* 3.124)

(1) Alle Dinge in Übereinstimmung mit der Natur haben Wert, und alle im Gegensatz zur Natur haben Unwert. (2) Vom Wert spricht man in dreierlei Sinn und meint damit erstens die Gabe und den Preis *per se*, zweitens die Einschätzung des Experten und drittens das, was Antipater den Auswahl-Sinn nennt: danach wählen wir, wenn die Umstände es erlauben, lieber diese Dinge als jene, zum Beispiel lieber Gesundheit als Krankheit, lieber Leben als Tod, lieber Reichtum als Armut. (3) Analog, sagen sie, spricht man auch vom Unwert in dreierlei Sinn.

E Stobaeus 2.84,18–85,11 (*SVF* 3.128)

(1) Von den Dingen, die Wert haben, haben die einen viel Wert, die anderen wenig. Ähnlich haben auch von den Dingen, die Unwert haben, die einen viel Unwert, die anderen wenig. (2) Diejenigen, welche viel Wert haben, werden »bevorzugt« genannt, und die, die viel Unwert haben, »zurückgestellt«. Zenon war der erste, der die Dinge mit diesen Ausdrücken bezeichnete. (3) Bevorzugt ist, so sagen sie, dasjenige, was wir, obwohl es indifferent ist, auf der Grundlage von Vorzugsgründen auswählen. Dasselbe Prinzip gilt beim Zurückgestellten, und die Beispiele sind analog. (4) Von den guten Dingen ist kein einziges bevorzugt, weil sie ja den größten Wert haben. Das Bevorzugte dagegen nimmt den zweiten Platz ein und hat Wert und ist der Natur des Guten deshalb in gewissem Sinne benachbart. Auch bei Hofe gehört ja nicht der König zu den Bevorzugten, sondern die, die hinter ihm rangieren.

C Kontext: Doxographie zum Indifferenten.   D Kontext: Fortsetzung der Doxographie zum Indifferenten.   E Kontext: Ein Paragraph nach D.

F Sextus Empiricus, *Adv. Math.* 11.64–67 (SVF 1.361)

(1) Ariston von Chios bestritt, daß die Gesundheit und alles, was ihr ähnlich ist, etwas vorgezogenes Indifferentes sei. (2) Denn es als etwas vorgezogenes Indifferentes zu bezeichnen ist das gleiche, wie es für etwas Gutes zu erklären, und unterscheidet sich davon praktisch nur dem Namen nach. (3) Allgemein weise nämlich das zwischen Tugend und Schlechtigkeit angesiedelte Indifferente keinerlei Differenzierung auf, auch werde von Natur aus nichts davon vorgezogen und anderes nicht vorgezogen; sondern angesichts der von Situation zu Situation verschiedenen Umstände stelle sich heraus, daß weder das allemal vorgezogen wird, wovon es heißt, es werde vorgezogen, noch das notwendigerweise nicht vorgezogen wird, wovon es heißt, es werde nicht vorgezogen. (4) Denn zumindest, wenn gesunde Leute einem Tyrannen dienen müßten und aus diesem Grund zugrunde gingen, während die Kranken vom Knechtsdienst und deswegen auch dem Verderben befreit sein sollten, zumindest dann dürfte der Weise in dieser Situation eher das Kranksein wählen als das Gesundsein. (5) Somit wird weder die Gesundheit durchweg vorgezogen noch die Krankheit durchweg nicht vorgezogen. Gerade so, wie wir beim Schreiben von Namen immer wieder andere Buchstaben an den Anfang stellen, und zwar in Anpassung an die verschiedenen Umstände ... und nicht, weil von Natur aus die einen Buchstaben eine Priorität gegenüber den anderen besäßen, sondern weil die Umstände uns dies zu tun zwingen, so entsteht auch bei den zwischen Tugend und Schlechtigkeit angesiedelten Dingen keine naturbedingte Priorität des einen vor dem anderen, sondern eine, die sich eher auf die Umstände gründet.

G Diogenes Laërtius 7.160 (teilw. *SVF* 1.351; teilw. *FDS* 139)

Ariston von Chios ... erklärte, das Endziel bestehe darin, in völliger Indifferenz gegen das zu leben, was zwischen Tugend und Übel in der Mitte liegt, und innerhalb dieser Dinge überhaupt keinen Unterschied festzuhalten, sondern sich ihnen allen gegenüber gleich zu verhalten. Denn der Weise gleiche dem guten Schauspieler, der jede Rolle trefflich spielt, ob er nun die Maske des Thersites oder die des Agamemnon übernimmt.

H Plutarch, *De Stoic. repugn.* 30, 1048A (SVF 3.137)

Im ersten Buch *Über gute Sachen* gesteht er [Chrysipp] denen in gewisser Weise zu und gibt ihnen statt, die die bevorzugten Dinge gut und das Gegenteil dazu schlecht nennen wollen; er tut das mit folgenden Worten: »Wenn jemand in Übereinstimmung mit solchen Unterschieden [d.i. denen zwischen dem Be-

---

F Kontext: Unmittelbar im Anschluß an eine Darstellung der orthodoxen stoischen Lehre vom Indifferenten.   **G** Kontext: Anfang der Biographie Aristons, gefolgt von **31N**.
H Kontext: Angebliche Inkonsistenz in Chrysipps Lehre von den vorgezogenen Dingen.

vorzugten und dem Zurückgestellten] die eine Klasse davon gut und die andere schlecht nennen will, darauf die Sachen [das Bevorzugte und das Zurückgestellte] bezieht und in nichts anderem abweicht, dann muß man das akzeptieren, da er im Bereich der Bedeutungen nicht falsch liegt und in den anderen Hinsichten den normalen Sprachgebrauch beachtet.«

I   Cicero, *De fin.* 3.50   (*SVF* 1.365)

[Sprecher ist der Stoiker Cato:] Als nächstes wird der Unterschied der Dinge erläutert; wenn wir davon sagen würden, daß er überhaupt nicht bestehe, wie das Ariston tat, würde das Leben insgesamt undifferenziert und ließe sich auch überhaupt keine Funktion oder Aufgabe für die Weisheit mehr ausmachen, weil es überhaupt keinen Unterschied mehr zwischen den Dingen gäbe, die die Lebensführung betreffen, und zwischen ihnen keine Wahl getroffen werden müßte.

J   Epiktet, *Dissert.* 2.6.9   (*SVF* 3.191)

Deshalb hatte Chrysipp recht, als er sagte: »Solange das Zukünftige mir verborgen ist, werde ich mich immer an das halten, was besser geeignet ist, um das zu bekommen, was der Natur entspricht; denn Gott selbst hat mich so gemacht, daß ich disponiert bin, diese Dinge zu wählen. Aber wenn ich wirklich wüßte, daß es mir vom Schicksal bestimmt war, jetzt krank zu sein, dann hätte ich auch einen Antrieb, krank zu sein. Auch mein Fuß hätte ja, wenn er Einsicht besäße, einen Antrieb, schmutzig zu werden.«

K   Stobaeus 2.76,9–15   (teilw. *SVF* 3. Diog. 44, Ant. 57)

(1) Diogenes [von Babylon formulierte des Ziel so]: »Gut argumentieren in der Auswahl und Abwahl der naturgemäßen Dinge« . . . (2) und Antipater [so]: »Leben bei ständiger Auswahl der Dinge, die naturgemäß sind, und Abwahl der Dinge, die im Gegensatz zur Natur sind.« Häufig gab er [das Ziel] aber auch so wieder: »Alles tun, was in seiner Macht steht, und dabei den Blick kontinuierlich und unbeirrt darauf gerichtet haben, die Dinge zu erlangen, die von Natur aus bevorzugt sind.«

☐ Das Bollwerk der stoischen Ethik ist die These, daß Tugend und Laster die einzigen Konstituenten von Glück bzw. Unglück sind. Diese Zustände hängen, so betonten die Stoiker, nicht im geringsten vom Besitz oder der Abwesenheit von Dingen ab, die konventionell als gut oder schlecht gelten – Gesundheit, Ansehen, Reichtum u.dgl.:

I Kontext: Übergang von der Darstellung der Güter zu der des Indifferenten.   J Kontext: Illustration der Maxime, daß man niemals in Verwirrung gerät, wenn man sich bewußt bleibt, was in der eigenen Macht steht und was nicht; vgl. **62K**.   K Kontext: Verschiedene stoische Formulierungen des Ziels. Unmittelbar anschließend an **63B**.

»Man kann auch ohne diese Dinge glücklich sein« (**B1**). Die Stoiker drückten dies dadurch aus, daß sie den Ausdruck »gut« auf das beschränkten, was moralisch vorzüglich ist, und »schlecht« auf das Gegenteil davon; und alles, was in bezug auf Glück oder Unglück keinen Unterschied macht, bezeichneten sie als »indifferent« (**B1**, vgl. **A**; und **1F3** für eine pyrrhoneische Verwendung dieses Ausdrucks). Im Hinblick auf das Glück trägt jemandes Gesundheit um nichts mehr bei als eine ungerade anstatt einer geraden Anzahl von Haaren auf seinem Kopf. Dennoch sind lebendige Wesen, wie wir im vorigen Abschnitt sahen, von Natur aus dazu angetrieben, sich selbst zu bewahren und dies dadurch zu tun, daß sie zwischen Dingen, die für ihre Konstitution geeignet sind, und deren Gegensätzen unterscheiden (**57A2**). Darüber hinaus hat solch ein Verhalten die Vorsehung und Vernunft der kosmischen Natur zur Grundlage. In Beziehung auf die Natur eines Geschöpfs und darauf, was zu erstreben oder zu vermeiden es angetrieben ist, sind die Gesundheit und ihr Gegenteil nicht indifferent — im Unterschied zur absoluten Indifferenz einer ungeraden oder geraden Anzahl von Haaren.

Die Klasse der Dinge, die für das Glück indifferent sind, schließt daher Dinge ein, die Wert oder Unwert haben »in bezug darauf, in Übereinstimmung mit der Natur zu sein, und auch . . . in bezug auf Antrieb und Abneigung« (**C3**). Auf der elementarsten Ebene werden diese beispielhaft in den Dingen vertreten, die in **C2** spezifiziert sind: Gesundheit, Kraft usw. und ihre Gegenteile. Sie werden bezeichnet als »primäre Dinge in Übereinstimmung mit der Natur« (*PÜN*-Dinge) und als »primäre Dinge im Gegensatz zur Natur« (*PGN*-Dinge). Da sie auf die ersten Bedürfnisse der Natur eines Geschöpfs gegründet sind, müssen diese ersten Wertgegenstände als objektiv aufgefaßt werden; »Übereinstimmung mit der Natur« wird als das Wertkriterium festgelegt (**D1**; **59D2**). Dieselbe Natürlichkeit oder Objektivität betrifft auch den Wert der Dinge, die in **A4** und **B1** als »indifferent« spezifiziert werden, nämlich als indifferent für das Glück; einige davon, so etwa Reichtum oder edle Geburt, können als »sekundäre Dinge in Übereinstimmung mit der Natur« aufgefaßt werden. Daß sie einen Antrieb aktivieren, wird in einem menschlichen Leben auf die Aktivierung von *PÜN*-Dingen folgen. Wenn *ÜN*-Dinge solche in Übereinstimmung mit der Natur und *GN*-Dinge solche im Gegensatz zur Natur sind, dann wird ein menschliches Wesen dargestellt als ein Wesen, welches im Laufe seines Reifungsprozesses Bewußtsein von einer größeren Reihe von *ÜN*- und *GN*-Dingen entwickelt (vgl. **57B3**). (Für offensichtliche Diskrepanzen in den Quellen hinsichtlich des genauen Skopus von »Übereinstimmung mit der Natur« als dem Kriterium für den Wert indifferenter Dinge siehe die Anmerkung zu Text m in Bd. 2.)

Obwohl *ÜN*-Dinge Wertgegenstände sind, fehlt ihnen die Gutheit aus Gründen, die in **A5-6** dargestellt werden. Hier werden wir dazu angehalten, »gut« als eine Eigenschaft aufzufassen, die der Hitze analog ist, die alles besitzt, was heiß ist. Ein heißer Gegenstand heizt notwendigerweise alles, was mit ihm in Berührung steht, und wirkt darauf niemals kühlend. Analog sollen wir annehmen, daß ein gutes Ding auf das, womit es in Verbindung steht, notwendig wohltätig wirkt und es niemals schädigt (vgl. **60G**). *ÜN*-Dingen fehlt jedoch diese notwendige Beziehung auf wohltätige Wirkung, und es kann diese Dinge auch jemand besitzen, der sie für einen schlechten Gebrauch einsetzt. Ganz ähnlich, so hat man einschlußweise zu verstehen, schädigt ein *GN*-Ding wie die Armut eine Person nicht notwendig und wird auch nicht notgedrungen mißbraucht. Dem Ursprung nach sind diese Argumente platonisch (siehe die Anmerkung zu A in Bd. 2); sie identifizieren die Tugenden und Laster als die einzigen Dinge, die die erforderliche Verknüpfung zwischen Wohltun und gutem Gebrauch oder Schädigen und Mißbrauch aufweisen.

Für orthodoxe Stoiker liefern der Wert, der an *ÜN*-Dingen hängt, und der Unwert ihrer *GN*-Gegenstücke nichtsdestoweniger *prima facie*-Gründe, die ersteren »auszuwählen« und die letzteren »auszusondern« (**B3**). Diese Differenzierungen entsprechen im allgemeinen den Vorsorgen der Natur für das menschliche Leben, weil *ÜN*-Dinge von Natur aus unsere Antriebe und *GN*-Dinge unsere Abwehr aktivieren. Dieser »Auswahl-Wert« (**D2**) hängt zwar von Umgebungsbedingungen ab (vgl. im Gegensatz dazu den absoluten Wert der Tugend); er gründet aber in dem natürlichen Vorzug der Gesundheit gegenüber der Krankheit usw.; und das heißt: Der Wert von Gesundheit beruht nicht auf dem Urteil eines einzelnen, sondern ist ein Merkmal der Welt. Die Rolle des moralischen Urteils ist zu entscheiden, ob es unter Voraussetzung des objektiven Vorzugs der Gesundheit gegenüber der Krankheit richtig ist, diesen Unterschied zum Hauptgesichtspunkt zu machen, wenn man festlegt, was man im Licht aller Umstände tun sollte (siehe **J**). Im Fall solcher indifferenter Dinge des »bevorzugten« Status (**A4**, **E2**) wird es einen »Vorzugsgrund« (**E3**) geben, um diese Dinge auszuwählen, »wenn die Umstände es erlauben« (**D2**). Es ist Sache der moralisch handelnden Person, aufgrund der Kenntnis der Situation zu entscheiden, ob Handlungen zu wählen sind, die eher geeignet sind, die Gesundheit aufs Spiel zu setzen, als sie zu erhalten; aber daß es richtig ist, gelegentlich zugunsten von ersterem zu entscheiden, stellt nicht in Abrede, daß letzteres normalerweise zu bevorzugen ist. Nur eine ungewöhnlich vorausschauende oder unglückliche Person wird das Vorauswissen haben, um ihre Antriebe an unvermeidliche *GN*-Sachverhalte anzupassen, so wie in **J**, wo Chrysipp darauf hinweist, daß eine konsistente Auswahl von *ÜN*-Dingen die richtige Maxime ist, »solange das Zukünftige mir verborgen ist«.

»Genommen werden müssen« ist eine andere Art der standardmäßigen Beschreibung für den Wert solcher Dinge (**C4**). Dieses Attribut weist wie das der Auswahl auf die positive Einstellung hin, die ein Stoiker gegenüber *ÜN*-Dingen einnehmen würde, die *de facto* erreichbar sind (vgl. **D2**) und die er nehmen oder wählen kann, ohne seine moralischen Grundsätze zu kompromittieren. Er sollte nicht seinen Weg verlassen, um solche Dinge zu »wählen« oder zu »verlangen«, weil derartig vorbehaltlose positive Einstellungen nur in bezug auf das Gute angebracht sind (**59D5**). Vorausgesetzt freilich, daß er die Indifferenz von *ÜN*-Dingen für sein Glück begreift, ist es vernünftig und angemessen, zugunsten von allem zu entscheiden, was mit anderen Zügen der menschlichen Natur harmoniert.

Die Konzeption vom relativen Wert »indifferenter« Dinge, die es zulassen, sie einzustufen (z.B. sind »bevorzugte« Dinge wertvoller als andere *ÜN*-Dinge), geht auf Zenon selbst zurück (**E2**). Aber nicht jeder frühe Stoiker war mit der Konzeption glücklich. Ariston (**F**) wies alle Unterscheidungen innerhalb der Klasse des »Indifferenten« zurück. Den springenden Punkt seines Arguments zeigt **F4-5**: Unter manchen Umständen würde der Weise eher Krankheit als Gesundheit wählen (vgl. Chrysipp in **J**); Gesundheit ist daher der Krankheit gegenüber nicht unbedingt vorzuziehen. Zenon könnte diesen Schluß akzeptieren, würde aber antworten, daß der intrinsische Vorzug der Gesundheit gegenüber der Krankheit damit nicht hinfällig ist. Aristons Einwand zeigt nicht, daß es keine *natürlichen* Vorzüge gibt, sondern nur, daß die Umstände Vorzüge ändern können.

Das Interesse der Häresie Aristons besteht in dem Versuch, im moralischen Urteil alle Faktoren mit Ausnahme von Tugend und Vernunft auszuschließen (siehe **2F–H**). Seine Formel für das »Ziel« war »Indifferenz gegen das . . ., was zwischen Tugend und Übel in der Mitte liegt« (**G**), in der Annahme, daß solch eine Disposition unterminiert werden müßte, wenn von Nicht-Gutem oder Nicht-Schlechtem angenommen wird, daß es durch seine intrinsische Natur Antriebe oder Abwehrreaktionen aktiviert. I gibt auf Aristons Position eine orthodoxe Antwort: Wenn es keine intrinsischen Wertunterschiede zwischen *ÜN*- und *GN*-Dingen gibt, dann wird das Leben völlig undifferenziert, der Weise wird dann keine objektiven Kriterien haben, um seinen Präferenzen eine Grundlage zu geben.

Der kontroverse Charakter dessen, was Zenon über »indifferente« Dinge lehrte, geht klar aus der Tatsache hervor, daß Herillos, ein anderer unmittelbarer Anhänger Zenons (siehe 1J), den Unterschied zwischen *ÜN*- und *GN*-Dingen ebenfalls zurückwies, soweit es um das Ziel des Weisen geht. Nach Diogenes Laërtius 7.165 (= 1 in Bd. 2) unterschied Herillos von diesem Ziel ein »untergeordnetes Ziel«, das von Nicht-Weisen angestrebt wird und das wahrscheinlich *ÜN*-Dinge zum Inhalt hat. (Eine andere Quelle bezieht »untergeordnetes Ziel« auf die Gegenstände des ersten Antriebs; siehe die Anmerkung zu 1 in Bd. 2.)

Orthodoxe Stoiker waren felsenfest überzeugt, daß die »bevorzugten« Werte keinerlei Äquivokation hinsichtlich der absoluten, inkompatiblen Gutheit der Tugend einführten, obwohl Chrysipp zugestand, daß »bevorzugt« und »zurückgestellt« mit dem alltäglichen Sprachgebrauch von »gut« und »schlecht« zusammenfielen (**H**; vgl. **66B**). Beide Wertereihen sind für den Menschen natürlich, und die Unterscheidung zwischen *ÜN*- und *GN*-Dingen ist der Punkt, von wo man ausgehen muß, um zu verstehen, was »Übereinstimmung mit der Natur« für einen reifen Menschen heißen sollte (siehe **59D**). Zenon und Chrysipp machten *ÜN*-Dinge genausowenig wie Ariston zu Konstituenten des Glücks. Aber anders als er waren sie der Ansicht, daß die erforderliche Einstellung zu diesen Dingen nicht eine unqualifizierte Indifferenz ist, sondern ein Wissen darum, wie diese Dinge gebraucht werden sollten (vgl. **B1**). (Epiktets ständige Mahnung, »von den Vorstellungen einen richtigen Gebrauch zu machen«, vgl. **62K**, kann als eine spätere, vielleicht ausgeweitete Version dieser Lehre angesehen werden.)

In späteren Paragraphen werden wir sehen, wie orthodoxe Stoiker sich bemühten, *ÜN*- und *GN*-Dinge in ihre übrigen ethischen Lehren zu integrieren, dabei aber den Unterschied zwischen moralischem und nicht-moralischem Wert festzuhalten. Im gegenwärtigen Zusammenhang wird ein Beispiel willkommen sein: Diogenes von Babylon und Antipater (**K**) nahmen in beeindruckendem Gegensatz zu Ariston und Herillos die »Auswahl von« oder die »Bemühung um« *ÜN*-Dinge in ihre Formulierungen des Ziels auf. Die Interpretation dieser Vorschläge und die akademische Kritik, die sie hervorriefen oder auf die sie antworteten, gehören zur Thematik von **64**.

59 Zukommende Funktionen

A Plutarch, *De comm. not.* 23, 1069E (*SVF* 3.491)

Er [Chrysipp] sagt: »Womit soll ich anfangen? Und was soll ich als Grundlage der zukommenden Funktion und als das Material der Tugend nehmen, wenn ich die Natur und das ignoriere, was der Natur entspricht?«

A Kontext: Eine angebliche Unstimmigkeit bei Chrysipp, weil er Indifferentes zur Grundlage der Ethik macht.

B   Stobaeus 2.85,13–86,4   (*SVF* 3.494)

(1) Definiert wird die zukommende Funktion so: »Was im Leben folgerichtig ist, was, wenn es getan ist, eine plausible Rechtfertigung hat.« Was der zukommenden Funktion entgegengesetzt ist, wird als das Gegenteil davon definiert. (2) Die zukommende Funktion erstreckt sich auch auf die vernunftlosen Tiere. Denn auch diese vollziehen eine Art von Tätigkeit, die aus ihrer Natur folgt. (3) Bei den vernunftbegabten Lebewesen wird sie so spezifiziert: »Folgerichtigkeit in jemandes Art zu leben«. (4) Wie sie [die Stoiker] sagen, sind von den zukommenden Funktionen einige vollkommen, und die werden auch als richtige Handlungen bezeichnet. Die der Tugend entsprechenden Tätigkeiten sind richtige Handlungen, z.B. klug handeln und gerecht handeln. Was nicht von dieser Art ist, sind keine richtigen Handlungen, die sie also auch nicht als vollkommene zukommende Funktionen, sondern als mittlere bezeichnen, z.B. heiraten, als Gesandter unterwegs sein, sich unterreden und dergleichen.

C   Diogenes Laërtius 7.107–108   (teilw. *SVF* 3.493)

(1) Sie [die zukommende Funktion] erstreckt sich auch auf Pflanzen und Tiere; denn auch bei ihnen sind zukommende Funktionen zu beobachten. (2) Zenon war der erste, der den Terminus *kathēkon* verwendete; abgeleitet ist die Bezeichnung von *kata tinas hēkein* (»in Übereinstimmung mit bestimmten Personen ankommen«). (3) Die zukommende Funktion ist eine Tätigkeit, die für naturgemäße Konstitutionen eigentümlich ist.

D   Cicero, *De fin.* 3.17, 20–22

[Sprecher ist der Stoiker Cato:] (1) Daß wir die ersten Gegenstände lieben, die die Natur uns zur Verfügung stellt, dafür scheint mir ein hinreichender Beweis darin zu liegen, daß es niemanden gibt, der, vor die Wahl gestellt, nicht lieber alle Teile seines Körpers gesund und ganz hätte als bei unveränderter Funktion verkümmert und verkrüppelt. . . . (2) Laß uns also weitergehen, sagte er, da wir von diesen Ausgangspunkten der Natur abgekommen sind; was folgt, muß damit übereinstimmen. Als erstes schließt sich die folgende Grundeinteilung an: Die Stoiker sagen, ›schätzenswert‹ – so, denke ich, können wir es nennen – sei dasjenige, was entweder selbst mit der Natur übereinstimmt oder was so geartet ist, daß es einen solchen Zustand herbeiführt; demgemäß sei letzteres es wert, ausgewählt zu werden, weil es etwas hinreichend Gewichtiges besitzt, was der ›Wahl‹ (sie sprechen hier von *axia*) wert ist; nicht schätzenswert ist demge-

---

B Kontext: Anfang der Doxographie zum Thema der zukommenden Funktionen.
C Kontext: Im vorausgehenden Satz bringt Diogenes das Wesentliche von **B1-3**; gefolgt von **59E**.   D Kontext: Darstellung der *oikeiōsis* und der Objekte des Urtriebs; vgl. **57A**. An den Text schließt **64F** unmittelbar an. Die übersprungenen Abschnitte am Ende von (1) handeln zuerst davon, daß Erkenntnis und Wissenschaft erstrebenswert sind, und schweifen dann vom Hauptpunkt ab.

genüber das, was im Gegensatz dazu steht. (3) Nachdem die ersten Prinzipien also dahingehend festgestellt sind, daß das, was naturgemäß ist, um seiner selbst willen zu ergreifen und alles Entgegengesetzte dementsprechend zurückzuweisen ist, besteht die erste ›zukommende Funktion‹ – diesen Ausdruck setze ich für *kathēkon* – darin, sich in seinem natürlichen Zustand zu halten, und die zweite darin, das festzuhalten, was naturgemäß ist, und alles Gegenteilige zurückzuweisen. Nachdem diese Prozedur von Wahl und Zurückweisung entdeckt ist, ist die nächste Konsequenz die in Verbindung mit der zukommenden Funktion ausgeübte Wahl, dann weiter diese Wahl als ständige Praxis und schließlich eine Wahl, die absolut konsistent und mit der Natur übereinstimmend ist. (4) An dieser Stelle taucht im Menschen erstmals das auf und wird das verstanden, was als wahrhaft gut bezeichnet werden könnte. Denn die erste Zugehörigkeit des Menschen erstreckt sich auf das, was naturgemäß ist. Sobald er aber einmal ein Verständnis erlangt hat – oder besser den ›Begriff‹, für den die Stoiker *ennoia* sagen – und die Ordnung und sozusagen Harmonie des Verhaltens gesehen hat, beginnt er, sie viel mehr zu schätzen als alles, was er zunächst geschätzt hat. Und so kommt er zu der vernünftigen Erkenntnis und zieht den Schluß, daß darin jenes höchste, *per se* schätzens- und erstrebenswerte Gut des Menschen besteht. (5) Weil dieses Gut in dem liegt, was die Stoiker *homologia* nennen (wir nennen es ›Übereinstimmung‹, wenn du nichts dagegen hast) – weil also darin dasjenige Gut liegt, wozu alles andere das Mittel ist, deshalb folgt: richtige Handlungen und die Richtigkeit selbst, die allein als etwas Gutes gilt, obwohl sie später entsteht, sind gleichwohl das einzige, was dank seiner eigenen Natur und Werthaftigkeit erstrebenswert ist. Von den ursprünglichen Gegenständen der Natur ist dagegen nichts um seiner selbst willen erstrebenswert. (6) Weil aber das, was ich ›zukommende Funktion‹ genannt habe, aus den Anfangsgründen der Natur hervorgeht, muß es für letztere notwendigerweise ein Mittel sein, so daß zu Recht gesagt werden kann, daß alle zukommenden Funktionen den Zweck haben, die Grundbedürfnisse der Natur zu erfüllen, jedoch nicht so, als wäre dies das höchste der Güter, da in den ersten Zugehörigkeiten des Menschen ja keinerlei richtige Handlung steckt. Diese ist nämlich, wie ich gesagt habe, ein Resultat davon und entsteht später. Sie stimmt jedoch mit der Natur überein und stimuliert uns viel mehr, sie selbst zu erstreben, als das sämtliche früheren Objekte getan haben.

E   Diogenes Laërtius 7.108–109 (*SVF* 3.495, 496)

(1) Die Tätigkeiten in Übereinstimmung mit einem Trieb sind nämlich teils zukommende Funktionen, teils stehen sie im Gegensatz zur zukommende Funktion, und teils sind sie weder zukommende Funktionen noch stehen sie im Gegensatz dazu. (2) Eine zukommende Funktion ist nun alles, was die Vernunft uns zu tun nahelegt, wie etwa die Eltern zu ehren, ebenso die Brüder und das

---

E Kontext: Unmittelbar anschließend an **59C**.

Vaterland, und mit Freunden Zeit zu verbringen. Im Gegensatz zur zukommenden Funktion steht dagegen alles, was die Vernunft uns nicht zu tun nahelegt, wie etwa sich nicht um die Eltern zu kümmern, den Brüdern keine Beachtung zu schenken, Freunde nicht entgegenkommend zu behandeln, nicht patriotisch zu handeln und ähnliches mehr. Tätigkeiten, die weder zukommende Funktionen sind noch im Gegensatz zur zukommenden Funktion stehen, sind alle die, welche die Vernunft weder zu tun nahelegt noch zu tun abrät, z.B. Reisig aufzulesen, einen Griffel oder einen Schaber zu halten und dergleichen mehr. (3) Weiter sind von den zukommenden Funktionen die einen unabhängig von den Umständen, während die anderen davon abhängen. Und zwar sind die folgenden unabhängig von den Umständen: auf seine Gesundheit achten, und auf seine Sinnesorgane, und ähnliches. Abhängig von den Umständen sind demgegenüber die Selbstverstümmelung und das Verschleudern des Vermögens. Analog ist es auch bei den Handlungen im Gegensatz zur zukommenden Funktion. (4) Ferner sind von den zukommenden Funktionen die einen immer angemessen, die anderen nicht immer. Immer angemessen ist es, der Tugend gemäß zu leben, nicht immer angemessen hingegen, eine dialektische Diskussion zu führen, spazierenzugehen und ähnliches. Derselbe Grundsatz gilt auch bei den Handlungen im Gegensatz zur zukommenden Funktion.

F   Cicero, *De fin.* 3.58–59   (*SVF* 3.498)

[Sprecher ist der Stoiker Cato:] (1) Aber obwohl wir sagen, das Rechtschaffene sei das einzige Gut, ist es trotzdem konsistent, die zukommende Funktion auszuüben, wenngleich wir diese zukommende Funktion weder zu den Gütern noch zu den Übeln rechnen. . . . (2) Doch auch das versteht sich von selbst, daß einige Handlungen des Weisen jenem mittleren Bereich angehören. Wenn er handelt, urteilt er also, daß seine Handlung eine zukommende Funktion ist, und da er in seinem Urteil niemals irrt, muß es in jenem mittleren Bereich die zukommende Funktion geben. (3) Zu diesem Ergebnis führt auch der folgende Schluß: Wie wir sehen, gibt es etwas, was wir als richtige Handlung bezeichnen; das ist nun aber eine vollkommene zukommende Funktion; so wird es auch eine unvollkommene geben. (4) Zum Beispiel: Wenn es zu den richtigen Handlungen gehört, ein Guthaben in gerechter Weise zurückzugeben, dann sollte ein Guthaben zurückzugeben zu den zukommenden Funktionen gerechnet werden. Denn durch den Zusatz »in gerechter Weise« wird daraus eine richtige Handlung; aber die Handlung der Rückgabe als solche wird zu den zukommenden Funktionen gerechnet. (5) Weil außerdem außer Zweifel steht, daß der von uns so genannte mittlere Bereich manches enthält, das zu wählen, und anderes, das zurückzuweisen ist, wird alles das, was irgend in dieser Weise geschieht oder so genannt wird, mit der Bezeichnung »zukommende Funktion« umfaßt. (6) Daraus ergibt sich, daß, weil es für jeden natürlich ist, sich selbst zu

---

F Kontext: Übergang von der Behandlung ›bevorzugter‹ Dinge zu der der *officia.* Nach Überspringen eines Satzes gefolgt von **66G**.

lieben, der Tor ebenso wie der Weise wählen wird, was naturgemäß ist, und alles Gegenteilige zurückweisen wird. (7) Eine gewisse zukommende Funktion ist somit dem Weisen und dem Tor gemeinsam, was weiter zu dem Ergebnis führt, daß zukommende Funktionen zu dem Bereich gehören, den wir den mittleren nennen.

G   Sextus Empiricus, *Adv. Math.* 11.200–201   (teilw. *SVF* 3.516)

[Die Stoiker sagen:] (1) Die charakteristische Tätigkeit des Tugendhaften besteht nicht darin, sich um die Eltern zu kümmern und sie in anderen Hinsichten zu ehren; seine Leistung ist vielmehr, dies aufgrund von Klugheit zu tun. (2) Gerade so, wie zwar die Sorge um die Gesundheit dem Arzt und dem Laien gemeinsam, aber die ärztliche Sorge um die Gesundheit speziell dem Fachmann eigen ist, so ist auch, die Eltern zu ehren, dem Tugendhaften und dem Nicht-Tugendhaften gemeinsam; aber die Eltern aufgrund von Klugheit zu ehren ist speziell dem Tugendhaften eigen, (3) so daß er auch eine Kunst für seine Lebensführung besitzt, deren charakteristische Leistung darin besteht, jedwede Handlung aufgrund eines optimalen Charakters zu tun.

H   Philon, *De Cherubim* 14–15   (teilw. *SVF* 3.513)

(1) Zuweilen wird das, was getan werden sollte, nicht so ins Werk gesetzt, wie es sollte, und manchmal wird das, was keine zukommende Funktion ist, auf die Weise einer zukommenden Funktion ausgeführt. (2) Wenn beispielsweise die Rückgabe von anvertrautem Geld oder Gut nicht aufgrund eines gesunden Urteils stattfindet, sondern mit Blick auf eine Schädigung des Empfängers . . ., dann wird die einer zukommenden Funktion zugehörige Handlung in einer Weise ausgeführt, wie es nicht sein soll. (3) Aber wenn ein Arzt dem Kranken nicht die Wahrheit sagt, wenn er sich zu dessen eigenem Vorteil entschieden hat, ihm einen Einlauf zu machen, ihn zu operieren oder ihn zu brennen, . . . dann wird eine Handlung, die keine zukommende Funktion ist, so ausgeführt, wie es sein soll.

I   Stobaeus 5.906,18–907,5   (*SVF* 3.510)

Chrysipp sagt: »Wer bis zum äußersten gedeiht, verwirklicht ausnahmslos alle zukommenden Funktionen und läßt keine aus. Aber dessen Leben«, so sagt er, »ist trotzdem noch nicht glücklich. Vielmehr entsteht das Glück bei ihm zusätzlich erst in dem Augenblick, wo diese mittleren Handlungen die Eigenschaften der Festigkeit und des Habitus dazugewinnen und ihre eigene besondere Stabilität annehmen.«

G Kontext: Stoische Antwort auf Einwände, daß die Klugheit keine Kunst der Lebensführung sein könne, da ihre Leistungen nicht dem Weisen allein zukämen.   **H** Kontext: Interpretation von *Numeri* 5,18.   **I** Kontext: Sammlung von Philosophen-Äußerungen über das Glück.

J Diogenes Laërtius 7.88 (teilw. *SVF* 3. Arch. 20)

Archedemos [sagt, das Endziel sei], in der Weise zu leben, daß man alle zukommenden Funktionen vervollkommnet.

K Stobaeus 2.93,14–18 (*SVF* 3.500)

Eine richtige Handlung ist, wie sie [die Stoiker] sagen, eine zukommende Funktion, die alle ihre Abmessungen besitzt, . . . während eine falsche (fehlerhafte) Handlung eine ist, die im Gegensatz zur richtigen Vernunft getan wird, oder eine, in der von einem vernunftbegabten Lebewesen eine zukommende Funktion weggelassen wurde.

L Cicero, *De fin.* 3.32 (*SVF* 3.504)

[Sprecher ist der Stoiker Cato:] (1) Was immer nämlich von der Weisheit ausgeht, das muß in allen seinen Teilen sogleich vollendet sein; denn darin liegt das, wovon wir sagen, es sei erstrebenswert. (2) Denn wie es ein schlimmer Fehler ist, sein Vaterland zu verraten, seine Eltern zu mißhandeln oder Tempelraub zu begehen – Handlungen, die in der Hervorbringung bestimmter Resultate bestehen –, so ist sich zu fürchten, Kummer zu haben oder sich im Zustand der Wollust zu befinden auch ohne Resultat ein schlimmer Fehler. (3) Wie aber diese letzteren nicht erst in ihren nachträglichen Wirkungen und Konsequenzen schlimme Fehler sind, sondern schon sofort bei ihren allerersten Anfängen, so müssen die Dinge oder Handlungen, die von der Weisheit ausgehen, von ihrer ersten Aufnahme an und nicht erst von ihrer Vollendung her als richtig beurteilt werden.

M Stobaeus 2.96,18–97,14 (*SVF* 3.501, 502)

(1) Weiterhin sagen sie, daß die Handlungen teils richtig, teils falsch (fehlerhaft) und teils keins von beidem sind. (2) Die folgenden Handlungen sind richtige Handlungen: sich klug, besonnen, freundlich, wohltätig, gerecht und fröhlich verhalten, verständig spazieren – und überhaupt alles, was in Übereinstimmung mit der richtigen Vernunft getan wird. (3) Falsche (fehlerhafte) Handlungen sind demgegenüber: sich töricht, ausschweifend, ungerecht verhalten, sich grämen, Angst haben, stehlen – und überhaupt alles, was im Gegensatz zur richtigen Vernunft getan wird. (4) Weder richtig noch falsch (fehlerhaft) sind die folgenden Handlungen: sprechen, Fragen stellen und beantworten, spazierengehen, in der Fremde sein und dergleichen mehr.

J Kontext: Stoische Formulierungen des *telos*; siehe **63C**.   **K** Kontext: Doxographie nicht weiter in Beziehung gesetzter ethischer Begriffe der Stoiker.   **L** Kontext: Der Unterschied zwischen der Weisheit und den anderen Künsten; vgl. **64H**.   **M** Kontext: Doxographie nicht weiter in Beziehung gesetzter ethischer Begriffe der Stoiker.

N Stobaeus 2.99,3–8 (teilw. *SVF* 1.216)

Zenon und die ihm folgenden stoischen Philosophen sind der Ansicht, daß es zwei Arten Menschen gibt, den Typ der rechtschaffenen und den der schlechten Menschen. Der rechtschaffene Typ wendet durch sein ganzes Leben hindurch die Tugenden an, während der schlechte Typ die Untugenden zum Zuge bringt. Demnach handelt der erstere in allem, was er unternimmt, immer richtig, der letztere dagegen falsch.

O Stobaeus 2.113,18–23 (teilw. *SVF* 3.529)

(1) Alle falschen (fehlerhaften) Handlungen sind gleich, ebenso alle richtigen Handlungen; und die Toren sind alle gleichermaßen töricht, da sie ein und denselben Charakter haben. (2) Doch obwohl die falschen (fehlerhaften) Handlungen gleich sind, gibt es bei ihnen gewisse Unterschiede, insofern die einen aus einem verhärteten, unheilbaren Charakter erwachsen, die anderen aber nicht.

P Cicero, *De officiis* 1.15, 152

[Wahrscheinlich in Wiedergabe des Panaitios:] Obwohl diese vier [Kardinaltugenden] untereinander verbunden und verwoben sind, ergeben sich dennoch aus ihnen einzeln genauer bestimmte Arten zukommender Funktionen. . . . Ich meine aber genügend erklärt zu haben, auf welche Weise aus diesen Teilbereichen der Rechtschaffenheit [d.h. aus den obigen vier Kardinaltugenden] zukommende Funktionen abgeleitet werden.

Q Epiktet, *Dissert.* 2.10.1–12

(1) Wie ist es möglich, die zukommenden Funktionen aufgrund der Bezeichnungen zu entdecken? (2) Betrachte, wer du bist. Als erstes ein Mensch, das heißt jemand, der nichts Gebieterischeres hat als ein moralisches Ziel, dem er aber alles andere unterordnet und das er selbst von Knechtschaft und Unterordnung freihält. . . . (3) Zudem bist du ein Bürger der Welt und ein Teil von ihr, nicht einer von den Untergebenen, sondern einer von den Vornehmen. Denn du bist in der Lage, der göttlichen Regierung verstehend zu folgen und ihre Folgen zu kalkulieren. Worin also besteht die Berufung eines Bürgers? Darin, nichts als privat nützlich zu betrachten, über nichts so zu beraten, als wäre er [vom Ganzen] abgeschnitten . . . (4) Rufe dir als nächstes in Erinnerung, daß du ein Sohn bist, . . . Wisse sodann, daß du auch ein Bruder bist, . . . und weiter,

---

N Kontext: Charakterisierung rechtschaffener und minderwertiger Typen von Menschen. O Kontext: Charakterisierung des Rechtschaffenen. P Kontext: Der Anfang und das Ende von Ciceros Darstellung der *officia*, die sich weitgehend an die verlorene Schrift des Panaitios *Peri tou kathēkontos* anlehnte.

wenn du Ratsherr einer Stadt bist, daß du Ratsherr bist; wenn du jung bist, daß du jung bist, wenn alt, daß du alt bist, wenn Vater, daß du Vater bist. Jeder dieser Titel zeichnet, wenn er vernünftig reflektiert wird, die Aufgaben vor, die für ihn eigentümlich sind.

☐ Die Einheit oder intendierte Einheit der stoischen Ethik wird in der Verbindung sichtbar, die zwischen einem großen Teil dieses Materials und den beiden vorangehenden Paragraphen besteht. »Übereinstimmung mit der Natur« wurde dort als die Grundlage für das primäre Verhalten eines Tieres oder einer Person eingeführt (»Zueignung« oder *oikeiōsis*) und als die Basis bewertender Unterscheidungen innerhalb der Klasse des »Indifferenten« vorgestellt. Genauso wie sich im Stoizismus »Natur« und »Wert« vom tierischen Leben ganz allgemein bis zum ausgeprägt vernünftigen und moralischen Leben hin erstrecken, so ist es auch mit dem zentralen Begriff des *kathēkon* (C2), wiedergegeben durch »zukommende Funktion«. Auf die Bedeutungsbreite dieses Terminus deutet der Umstand hin, daß er an seinem einen Ende Tätigkeiten der Tiere (B2) oder sogar auch der Pflanzen (C1) einschließt und andererseits jene äußerst seltene Klasse »richtiger Handlungen«, welche die Domäne dessen sind, der vollkommen und untrüglich weise oder rechtschaffen ist (B4).

»Zukommende Funktionen« bezeichnen alle die Aktivitäten, die der Konstitution eines Lebewesens »zueigen« oder für sie natürlich sind (A, C3, D3). Als solche umfassen sie – am grundlegendsten – die Tätigkeiten, die durch den Selbsterhaltungstrieb eines Lebewesens hervorgerufen werden; und im Fall der Menschen folgt darauf die sehr viel reichhaltigere Reihe von Handlungen, die für ihn natürlich sind, sobald er reif wird und sein soziales Bewußtsein wächst (siehe 57A5, D2, F). Die Standarddefinition von *kathēkon* zieht den Terminus *akolouthia* heran, übersetzt mit »Folgerichtigkeit« (B1–3); er weist auf eine Konformität oder Übereinstimmung mit der natürlichen Lebensweise eines Geschöpfs hin. »Leben in Übereinstimmung mit der Natur« ist die stoische Standarddefinition des ethischen Ziels (63A–C), und es liegt keine Konfusion darin, in der Definition der »zukommenden Funktion« auch auf diesen Begriff Bezug zu nehmen. Wer immer der Handelnde ist, eine »zukommende Funktion« ist eine Tätigkeit oder, im Fall reifer Personen, eine Handlung, die mit der normativ aufgefaßten Natur dessen übereinstimmt, der die Tätigkeit vollzieht. Der Terminus bezieht sich aber nicht, wie das die Definition des ethischen Ziels tut, auf die Disposition oder den gesamten Lebensplan dessen, der die Tätigkeit ausführt. Er greift eine spezielle Handlung oder Aktivität heraus (E2), deren ethische Grundlage bei den Menschen die »Vernunft« ist (E2, vgl. B1), aber nicht notwendig »richtige« Vernunft, die Grundlage »richtiger Handlungen« (M2). Für diesen fehlbaren Sinn von »vernünftig« vgl. 40F.

Wenn wir uns nun ausschließlich auf Menschen konzentrieren, sollten wir wieder beachten, daß »zukommende Funktionen« die »richtigen Handlungen« einschließen, aber nicht auf sie beschränkt sind. Letztere bilden eine spezielle Klasse »zukommender Funktionen«, spezifiziert durch den Terminus »vollkommen« (B4); standardmäßig illustriert werden sie durch einen Hinweis auf die Tugenden. (M2). Die Tugenden beschreiben nicht die spezielle Sache oder den Typ von Sache, die in einer »vollkommenen zukommenden Funktion« getan wird. Sie beschreiben und bewerten den moralischen Charakter des Handelnden, der adverbial auf die Handlung selbst übertragen wird; somit ist »verständig spazieren« (M2) eine »richtige Handlung« und deshalb eine »vollkommene zukommende Funktion«, deren »Vollkommenheit« aus der Tugend der Klugheit resultiert. Klar herausgebracht wird dieser Punkt in der Darstellung des Sextus Empiricus von dem, was der Weise charakteristischerweise tut (G).

Das ist ein sehr wichtiger Punkt, weil der Begriff der »zukommenden Funktion« in der Neuzeit häufig mißverstanden wurde, zum Teil wegen des saloppen Berichts in einigen unserer Quellen. Das hier ausgewählte Material zeigt, daß es nicht die geringste Rechtfertigung für die von einigen Gelehrten gemachte Annahme gibt, daß die orthodoxen Stoiker zwei Moralsysteme gehabt und sie auf ungeschickte Weise miteinander verbunden hätten: eine ideale Theorie richtiger Handlungen, die allein vom Weisen vollzogen würden, und eine zweitbeste, praktische Moralität »zukommender Funktionen«, die dem unvollkommenen Menschen erreichbar wäre. Alles, was ein Weiser tut, *ist* eine »zukommende Funktion«. Kraft Definition folgt das aus **B4**. Richtige Handlungen sind »vollkommene zukommende Funktionen«, und alles, was der Weise tut, ist eine richtige Handlung. Nicht nur die Hinzufügung der Tugenden bietet allem Platz, was ein rechtschaffener oder weiser Mann tun könnte; vielmehr tun das wohl auch die Klassifikationen »zukommender Funktionen«. Philon (**H**) operiert mit dem Begriff einer nicht-zukommenden Funktion, z.B. Lügen, die »so ausgeführt [wird], wie es sein soll«. Wenn das orthodoxer Stoizismus wäre, wären einige der Handlungen des Weisen keine »zukommenden Funktionen«. Aber es sieht ganz danach aus, als hätten die Stoiker selbst dem Beispiel Philons Rechnung getragen, nämlich mit der Kategorie »zukommender Funktionen, die von den Umständen abhängen« (**E3**). Wenn diese Funktionen die Selbstverstümmelung und das Verschleudern des Vermögens umfassen, dann werden die »zukommenden Funktionen« sowohl Handlungen einschließen, die keine Ausnahmen zulassen, etwa seine Eltern zu ehren, als auch Handlungen, die durch eine vernünftige Einschätzung der Umstände gerechtfertigt sind, selbst wenn sie mit dem im Widerstreit stehen, was in den meisten Fällen angebracht wäre. Die Theorie der »zukommenden Funktionen« erfordert keine erschöpfende Auflistung aller in Frage kommenden Handlungen. »Folgerichtigkeit im Leben« oder das, was »eine vernünftige Rechtfertigung« zuläßt (**B1-3**), sollte großzügig genug interpretiert werden, um all dem, was ein Weiser sich zu tun entscheiden könnte, ebenso Raum zu geben wie der konventionellen Moralität. Aber um als Begriff effektiv zu sein, darf »zukommende Funktion« nicht leer oder rein formal gelassen werden. Das wird dadurch vermieden, daß der Begriff auf eine Konzeption dessen gegründet wird, was die Natur des Menschen als eines vernunftbegabten Wesens (**E2**) verlangt.

Die These, daß »zukommende Funktionen« den deskriptiven Gehalt aller moralischen Handlungen umfassen, derer des Weisen genauso wie derer des Minderwertigen, wird weiter bekräftigt durch **I–K**. Was demjenigen, der den größtmöglichen Fortschritt gemacht hat, fehlt, ist nach **I** nicht das Verständnis, wie er handeln sollte. Wenn er ein Weiser geworden ist, wird er fortfahren, alle »zukommenden Funktionen« auszuführen. Er wird das dann aber auf der Grundlage einer absolut sicheren Disposition machen, die ihm einstweilen fehlt. Die Definition, die Archedemos vom Ziel gegeben hat, »*Vervollkommnung* aller zukommenden Funktionen« (**J**), wäre demnach völlig orthodox und keineswegs abweichend, wie sie gelegentlich verstanden worden ist.

Was bei der Interpretation der »zukommenden Funktionen« große Schwierigkeiten verursacht hat, ist diejenige Gruppe von ihnen, die in der Regel als »mittlere« bezeichnet wird (**B4, F, I**). Diese Funktionen werden exemplifiziert durch Verben, die nicht durch einen adverbialen Bezug auf eine Tugend modifiziert sind, z.B. heiraten, sich unterreden, spazierengehen. Das letzte Beispiel freilich wird auch als eine »richtige Handlung« angeführt, sofern sie »verständig« getan wird (**M2**), so daß »spazierengehen«

eine »mittlere« *oder* eine »vollkommene« Funktion sein kann. Was »mittlere« heißt, kann man Ciceros konfuser Darstellung in F entlocken. Er spricht von »zukommenden Funktionen«, die »weder gut noch schlecht« sind (**F1**), und davon, daß einige von ihnen dem Weisen und dem Toren gemeinsam sind (**F7**). Daraus könnte zu folgen scheinen, daß es eine ganze Klasse von Handlungen gibt, die moralisch indifferent sind, mittlere Handlungen zwischen guten und schlechten; und in **M4** wird das wirklich behauptet. Aber wie ist das mit der fundamentalen stoischen These zu vereinbaren, daß alles, was der Weise tut, eine richtige Handlung, und alles, was der Tor tut, falsch ist (**N**)? Die ausschließende stoische Unterteilung zwischen diesen beiden Klassen von Menschen läßt ersichtlich ebensowenig Raum für mittlere Handlungen wie für mittlere menschliche Wesen.

Die Lösung dieser Schwierigkeit zeichnete sich bereits ab. Die »Richtigkeit« der Handlungen eines Weisen oder die »Vollkommenheit« seiner »zukommenden Funktionen« wird kennzeichnenderweise nicht durch das angezeigt, was er tut, sondern durch die tugendhafte Disposition, die seine Handlung an den Tag legt. Weise und Toren heiraten gleichermaßen, sind gleichermaßen als Gesandte unterwegs usw. Für sich genommen geben diese Handlungen kein Mittel an die Hand, um zwei moralische Klassen von Menschen zu unterscheiden. Daher können die moralischen Unterscheidungen, welche diese zwei Klassen differenzieren, nicht offenbar werden, wenn alles, was wir über jemanden wissen, nur dies ist, daß er oder sie eine »zukommende Funktion« ausgeführt hat. »Mittlere zukommende Funktionen« sind analog zu *ÜN*-Dingen und werden charakteristischerweise durch sie konstituiert (**A**); und diese selbst werden als »indifferente« auch »mittlere« genannt. Wie Gesundheit oder Reichtum weder gut noch schlecht, sondern in der Lage sind, gut oder schlecht *gebraucht zu werden* (**58A6, B1**), so sind »mittlere zukommende Funktionen« weder gut noch schlecht, solange sie in Abstraktion von denen betrachtet werden, die sie ausführen; aber in Beziehung auf diese sind sie entweder »vollkommen« oder »unvollkommen« (**F3**), entweder richtige Handlungen oder aber falsche.

Die »Unvollkommenheit« einer »zukommenden Funktion« scheint für eine Qualität der moralischen Disposition des Handelnden zu stehen und nicht für einen Mangel in dem, was − extensional betrachtet − getan wurde, noch gar für einen Mangel der moralischen Absicht im normalen Verständnis. Der Schlüsseltext ist wieder I. Es wäre absurd anzunehmen, »wer bis zum äußersten gedeiht«, müsse, um »ausnahmslos alle zukommenden Funktionen« auszuüben, immer Erfolg dabei haben, das Resultat seiner Handlungen zu erreichen (z.B. das anvertraute Geld oder Gut wirklich erfolgreich zurückzugeben), oder auch anzunehmen, seine Absichten seien für die Ausführung irrelevant. Jede »zukommende Funktion« erfordert notwendig, daß, wer sie vollzieht, auf Anraten der »Vernunft« handelt (**E2**), d.h. vernünftig motiviert ist, zu tun, was angemessen ist. Der entscheidende Unterschied zwischen »vollkommenen« und »unvollkommenen« zukommenden Funktionen ist der moralische Charakter dessen, der sie ausübt. Eine vollkommene zukommende Funktion ist eine richtige Handlung und »besitzt« daher »alle ihre Abmessungen« (**K**; vgl. **64H**). Dieses Attribut bezeichnet die Vollständigkeit und Harmonie der moralischen Prinzipien, die jeder Akt eines tugendhaft Handelnden zeigt. Was immer er tut, es ist konsistent mit *allen* Tugenden (**61F1**), wogegen unvollkommene Leute im Bereich einer einzelnen Tugend angemessen handeln können, aber nicht unter dem Gesichtspunkt aller Tugenden (**60E**). Als Handlungen, die durch richtige Vernunft bestimmt sind, stimmen vollkommene zukommende Funktionen mit »den Gesetzen des Lebens als einem ganzen« überein (Seneca, *Epist.* 95.57; vgl. **63C3-4**).

Daraus folgt, daß, wenn der Weise zukommende Funktionen (im mittleren Sinne) ausführt, dadurch wichtige Tatsachen über ihn und die Art Dinge offengelegt werden, die er tut, aber keine Tatsachen, die ihn als Typ unterscheiden; und es folgt auch, daß die reguläre Ausführung zukommender Funktionen, obwohl sie keine Vollkommenheit gewährleistet, trotzdem ein entscheidend wichtiges Merkmal moralischen Fortschritts ist. Nachdem die Stoiker festgelegt hatten, daß die Anforderungen der Moralität so stringent sind, daß die Tugend keine Abstufungen kennt (siehe 61I), machten sie bei den falschen Handlungen nichtsdestoweniger Unterschiede zwischen solchen Handlungen, die aufgrund des formalen Kriteriums der Disposition des Handelnden falsch sind, und solchen, bei denen *zusätzlich* eine zukommende Funktion ausgelassen ist (K; vgl. O2). Die letzteren (exemplifiziert durch die Gegensatzreihe in E2) sind sowohl von der Disposition des Handelnden als auch von dem her falsch, was er getan hat. Vermutlich ist das der entscheidende Punkt in L2. »Seine Eltern zu mißhandeln« ist der Gegensatz zu einer zukommenden Funktion; aber solch eine Handlung wird auch eine moralisch und emotional schlechte Disposition anzeigen, egal, was konkret getan wurde. Entsprechend ist alles, was die Tugend anfängt, *ipso facto* richtig und eine »vollkommene zukommende Funktion«, die sich als solche unabhängig von ihrem äußeren Erfolg qualifiziert (vgl. L).

Die ausschließende Disjunktion zwischen richtigen und falschen Handlungen ist verschiedentlich so interpretiert worden, als impliziere sie, daß »Reisig auflesen« und ähnlich triviale Tätigkeiten entweder richtig oder aber falsch sind. Auf seiten der Stoiker wäre das eine alberne Behauptung, und in E2 scheint es ausdrücklich verneint zu werden. Wenn »Reisig auflesen« etc. weder eine zukommende Funktion noch das Gegenteil davon ist, dann ist die plausibelste Interpretation die, daß die Stoiker der Ansicht waren, daß einige Tätigkeiten zu trivial seien, um als »Handlungen« zu gelten, und also zu trivial, um in irgendeinem Sinn einer moralischen Würdigung zugänglich zu sein. Zumindest ist schwer zu sehen, wie sie etwas, das »die Vernunft weder zu tun nahelegt noch zu tun abrät« (ebd.), als eine Handlung mit einer ethischen Bedeutung ansehen konnten.

Einer der hilfreichsten Texte in dieser Reihe ist D. Cicero skizziert hier die Moralentwicklung von ihren Anfängen in dem instinktiven Erstreben und Vermeiden von *ÜN*- bzw. *GN*-Dingen (D3) bis zum Verständnis des »einzigen Guts«. D3 faßt fünf Stufen des Fortschritts ins Auge, von denen jede als Ausführung »zukommender Funktionen« dargestellt wird, wie diese sich bei einem menschlichen Wesen entwickeln sollten. Auf der fünften Stufe wird »eine Wahl [von Dingen in Übereinstimmung mit der Natur]« entdeckt, »die mit der Natur absolut konsistent und übereinstimmend ist«, wird entdeckt, daß »Übereinstimmung« (mit der Natur) der höchste Wert und in seiner Werthaftigkeit total verschieden von den *ÜN*-Dingen ist, auf deren Sicherung es bei den »zukommenden Funktionen« ankommt. Diese fünfte Stufe paßt zu der Interpretation von »vollkommener zukommender Funktion«, die oben angebotenen wurde. Solche Handlungen zielen immer darauf, bestimmte Ergebnisse in der äußeren Welt herbeizuführen, Ergebnisse, die normalerweise durch Bezug auf *ÜN*-Dinge definiert werden. Aber solche Resultate zu erzielen ist nicht das höchste Gut und bildet auch nicht das »Vollkommenheits«-Merkmal einer »zukommenden Funktion« (D5-6; vgl. 64F). »Vollkommenheit« wird durch Tugend konstituiert, welche hier als Übereinstimmung oder Harmonie der Lebensführung präsentiert wird. Der Begriff der Tugend wird in 61 untersucht. Was an dieser Stelle festgehalten werden sollte, ist sein Ursprung in und seine formale Verknüpfung mit einer Sphäre der »Übereinstimmung mit der Natur« (**A**), die sogar in den »vollkommenen zukommenden Funktionen« eine zweitrangige Rolle zu spielen fortfährt, während sie an erster Stelle bei den zukommenden Funktionen auftritt, wenn diese als die »mittleren« Handlungen der Leute ganz allgemein betrachtet werden.

Das hier exzerpierte Material kann als repräsentativ für das gelten, was in bezug auf Chrysipps Position bezüglich »zukommender Funktionen« bekannt ist. Spätere Stoiker weiteten sein Werk zweifellos aus. Es gibt aber keinen guten Grund anzunehmen, daß sie es substantiell geändert hätten. Ciceros Schrift *De officiis* wird ausdrücklich auf Panaitios' Studie *Über zukommende Funktionen* gestützt. Ein bemerkenswerter Zug dieser Untersuchung scheint gewesen zu sein, daß sie die »zukommenden Funktionen« in dem Tätigkeitsbereich grundlegte, der jeder der Kardinaltugenden eigentümlich ist (**P**). Dies bedeutet keine Aufweichung der Unterscheidung zwischen »vollkommen« und »mittler« (vgl. *De officiis* 1.8, 2.14–15). Vielmehr ist die Ausführung »zukommender Funktionen« auf einer vernünftig überlegten, systematischen Grundlage eine wesentliche Voraussetzung zum Erwerb einer tugendhaften Disposition (**I**); die Tugenden sind Dispositionen, um diese Funktionen »vollkommen« auszuführen (**G, J, L**). So ist es legitim, »zukommende Funktionen« sowohl aufsteigend durch Bezug auf die sich entwickelnde Vernunft des Individuums zu analysieren (wie in **D**), als auch absteigend durch Bezug auf die Tugenden, die deren letzte Erfüllung und Rechtfertigung sind (vgl. **66J1**). Letzteres war die Vorgehensweise des Panaitios.

Eine weitere Variante, die einiges Interesse verdient, ist **Q**, wo Epiktet die Funktionalität der stoischen Ethik in Termini von Handlungen beleuchtet, die dem »Titel« einer Person angemessen sind (vgl. **66F**). Zukommende Funktionen kann man also so sehen, daß sie nicht nur in der ganz allgemein betrachteten menschlichen Natur einer Person verwurzelt sind, sondern auch in den spezifischen Beziehungen und Berufstätigkeiten, die die Person definieren, die man ist. Diese Konzeption ruft die Einteilung in Erinnerung, die Panaitios von einer Person in eine Reihe verschiedener *personae* gab (siehe **66E**).

60 Gut und schlecht

A Plutarch, *De Stoic. repugn.* 9, 1035C–D (*SVF* 3.68)

(1) Ferner sagt er [Chrysipp] in seinen *Physikalischen Thesen*: »Es gibt keinen anderen oder angemesseneren Weg, sich der Lehre von den Gütern und den Übeln oder den Tugenden oder dem Glück zu nähern, als von der allgemeinen Natur und von der Verwaltung der Welt her.« (2) Ein Stück weiter heißt es: »Die Lehre vom Guten und Schlechten muß daran nämlich angefügt werden, weil es keinen anderen Ausgangs- oder Bezugspunkt für sie gibt, der besser wäre, und die Theorie der Natur um keiner anderen Absicht willen anzueignen ist als zum Zweck der Unterscheidung guter und schlechter Dinge.«

A Kontext: Wenn die Theologie erst am Ende der Physik kommt (vgl. **26C**), wieso führt Chrysipp dann seine ethische Untersuchungen so oft mit Zeus, Fatum und Vorsehung ein?

B   Plutarch, *De Stoic. repugn.* 17, 1041E   (*SVF* 3.69, *FDS* 345)

Er [Chrysipp] sagt, daß die Lehre von den Gütern und den Übeln, die er selbst
einführt und gutheißt, bestens mit dem Leben zusammenstimmt und hervorragend an die angeborenen Vorbegriffe anknüpft.

C   Diogenes Laërtius 7.53   (= 39D8; vgl. dort)

Auf natürliche Weise kommt man auf den Gedanken von etwas Gerechtem und
Gutem.

D   Cicero, *De fin.* 3.33–34   (*SVF* 3.72; enthält *FDS* 280)

[Sprecher ist der Stoiker Cato:] (1) Da nun die Begriffe der Dinge in unserem
Geist dann entstehen, wenn wir ein Wissen von etwas erworben haben —
entweder durch Erfahrung oder durch Zusammensetzung oder durch Ähnlichkeit oder durch einen Analogieschluß, so ist der Begriff des Guten auf diese
vierte, von mir an letzter Stelle aufgeführte Weise entstanden. (2) Wenn unser
Geist nämlich von den Dingen ausgeht, die der Natur gemäß sind, und durch
einen Analogieschluß aufsteigt, dann gelangt er zum Begriff des Guten. (3)
Dieses wirkliche Gut jedoch nehmen wir wahr und bezeichnen wir als Gut
nicht aufgrund einer Hinzufügung, auch nicht aufgrund einer Steigerung oder
eines Vergleichs mit anderen Dingen, sondern aufgrund seiner eigenen, ihm
eigentümlichen Kraft. (4) Denn gerade so wie Honig, obgleich er außerordentlich süß ist, dennoch durch seine eigene, ihm eigentümliche Geschmacksart und
nicht durch Vergleich mit anderen Dingen als süß empfunden wird, so ist dieses
Gute, um das es uns hier geht, sicher in höchstem Maße schätzenswert; aber
diese hohe Wert ist einer der Art und nicht einer der Größe. (5) Weil nämlich
der Wert (wofür man [im Griechischen] *axia* sagt) weder zu den Gütern noch
andererseits zu den Übeln gerechnet wird, wird er, soviel man auch hinzufügt,
innerhalb seiner eigenen Art bleiben. Der eigentümliche Wert der Tugend ist
daher von anderem Typ; er hat seine Geltung aufgrund der Art und nicht
aufgrund der Größe.

E   Seneca, *Epist.* 120.3–5, 8–11

(1) Nun also kehre ich zu der Frage zurück, die du erörtert sehen möchtest, wie
es bei uns zur ersten Erkenntnis des Guten und Rechtschaffenen gekommen ist.
(2) Das konnte die Natur uns nicht lehren; sie hat uns die Samen der Erkenntnis
gegeben, die Erkenntnis selbst gab sie uns nicht. Manche sagen, wir seien auf

---

B Kontext: Angebliche Unverträglichkeit der referierten Auffassung mit der von **66A**.
C Kontext: Siehe **39D8**, Weisen der Begriffsbildung.   **D** Kontext: Die Natur des Guten.
Der Text sollte in Verbindung mit **59D** gelesen werden.   **E** Kontext: Gutes und Rechts-
chaffenes gehören für die Stoiker wesentlich zusammen.

die ursprüngliche Erkenntnis durch Zufall gestoßen; aber daß jemandem durch Zufall der Begriff der Tugend gekommen sei, ist nicht glaubhaft. (3) Nach Ansicht unserer Schule sind es die Beobachtung und der Vergleich häufiger Handlungen miteinander, die das geleistet haben. Das Rechtschaffene und das Gute sind nach dem Urteil unserer Philosophen durch Analogie erfaßt worden. ... Wir waren vertraut mit körperlicher Gesundheit und haben daraus entnommen, daß es auch eine Gesundheit des Geistes gibt. Wir waren vertraut mit Körperkräften und schlossen daraus, daß es auch Geisteskraft gibt. (4) Bestimmte großzügige Handlungen und manche Tat der Menschlichkeit oder der Tapferkeit versetzte uns in Erstaunen; wir begannen sie zu bewundern, als seien sie vollkommen. Unter der Oberfläche hatten sie aber viele Fehler, die der glänzende Anblick irgendeiner auffallenden Tat verhüllte. Die Fehler verhehlten wir uns. Die Natur heißt uns, lobenswerte Handlungen zu steigern; jeder erhöht deren Ruhm über das Maß der Wahrheit hinaus. Aus solchen Handlungen leiteten wir daher die Idee eines ungeheuer großen Gutes ab. ... (5) Schlechtes nimmt bisweilen die Erscheinung von Rechtschaffenem an, und was am besten ist, leuchtet aus seinem Gegenteil hervor. Denn wie du weißt, sind die Laster Grenznachbarn der Tugenden, und eine Ähnlichkeit mit dem Richtigen gehört auch zu denen, die verworfen und ruchlos sind. So täuscht der Verschwender den Großzügigen vor, obwohl es ein himmelweiter Unterschied ist, ob einer zu geben weiß oder nicht zu sparen versteht. ... (6) Diese Ähnlichkeit zwingt uns, achtzugeben und Dinge zu unterscheiden, die in ihrer Erscheinung benachbart sind, die in Wirklichkeit aber äußerst verschieden voneinander sind. Beim Beobachten derjenigen, die durch eine herausragende Tat berühmt geworden sind, begannen wir, die Art Leute zu bemerken, die etwas mit großgemutem Sinn und mit großer Begeisterung getan haben, aber nur einmal. Einen solchen Mann erlebten wir im Krieg tapfer und auf dem Forum furchtsam und sahen ihn, die Armut mit Selbstvertrauen, die Schande dagegen unterwürfig ertragen. Hier lobten wir die Tat und verachteten den Mann. (7) Einen anderen sahen wir gegenüber Freunden zuvorkommend, gegenüber Feinden zurückgenommen, in seinen öffentlichen und privaten Angelegenheiten pflichtbewußt und gottesfürchtig. ... Außerdem war er stets derselbe und in jeder Handlung mit sich selbst in Übereinstimmung, also nicht aus Kalkül gut, sondern durch seinen Charakter dahin geführt, nicht nur in der Lage zu sein richtig zu handeln, sondern gar nicht anders zu können als richtig zu handeln. In ihm, so erkannten wir, ist die Tugend zur Vollendung gelangt. (8) Wir teilten die Tugend in Teile ein: in die Verpflichtung, die Begierden zu zügeln, die Ängste unter Kontrolle zu halten, vorherzusehen, was zu tun ist, und an jedermann auszuteilen, was ihm zusteht. Wir erfaßten die Selbstbeherrschung, die Tapferkeit, die Klugheit und die Gerechtigkeit und wiesen jeder die ihr eigene Aufgabe zu. Woran also erkannten wir die Tugend? Die Ordentlichkeit jenes Mannes zeigte sie uns, sein Anstand, seine Beständigkeit, die Übereinstimmung aller seiner Handlungen untereinander und seine große Fähigkeit, alles zu überwinden. Daraus erkannten wir jenes glückliche Leben, welches glatt dahinströmt, ungeschmälert in der Herrschaft über sich selbst.

F   Epiktet, *Dissert.* 3.3.2–4

(1) Gerade so, wie es für jede Seele natürlich ist, dem Wahren zuzustimmen, das Falsche zurückzuweisen und in bezug auf Unklares ihr Urteil zurückzuhalten, so ist es für sie auch natürlich, sich auf das Gute mit Verlangen hinzubewegen, gegen das Schlechte mit Abneigung vorzugehen und mit keiner dieser Bewegungen auf das zu reagieren, was weder schlecht noch gut ist. . . . (2) Sobald das Gute einmal aufscheint, bewegt es die Seele sofort zu sich hin, und das Schlechte bewegt sie von sich weg. Niemals wird eine Seele eine klare Vorstellung von etwas Gutem zurückweisen, ebensowenig wie die kaiserliche Münze. Davon hängt jede Bewegung des Menschen und Gottes ab.

G   Sextus Empiricus, *Adv. Math.* 11.22–25   (teilw. *SVF* 3.75; *FDS* 311)

(1) Die Stoiker also klammern sich sozusagen an die allgemeinen Begriffe und definieren das Gute folgendermaßen: »Das Gute ist Nutzen oder nichts anderes als Nutzen«, wobei sie mit ›Nutzen‹ die Tugend und die tugendhafte Handlung meinen und mit ›nichts anderes als Nutzen‹ den tugendhaften Menschen und seinen Freund. (2) Denn die Tugend – sie besteht in einer Disposition des Zentralorgans – und die tugendhafte Handlung – sie ist eine Tätigkeit in Übereinstimmung mit der Tugend – sind geradewegs Nutzen. Aber vom tugendhaften Menschen und seinem Freund kann man, obwohl auch sie zu den guten Dingen gehören, weder sagen, sie seien Nutzen, noch sagen, sie seien etwas anderes als Nutzen, aus folgendem Grund: (3) Teile sind, so sagen die Söhne der Stoiker, weder dasselbe wie das Ganze noch etwas Ander(sartig)es als das Ganze; beispielsweise ist die Hand weder dasselbe wie der ganze Mensch – denn die Hand ist kein ganzer Mensch – noch ist sie etwas Ander(sartig)es als der ganze [Mensch] (denn der ganze Mensch wird als Mensch zusammen mit der Hand aufgefaßt). (4) Weil die Tugend also ein Teil des tugendhaften Menschen und seines Freundes ist, Teile aber weder dasselbe wie das Ganze noch etwas anderes als das Ganze sind, werden der tugendhafte Mensch und sein Freund als ›nichts anderes als Nutzen‹ bezeichnet. (5) In der Definition ist demnach jedes Gute erfaßt, sowohl wenn es direkt ein Nutzen ist als auch wenn es nichts anderes als Nutzen ist.

H   Seneca, *Epist.* 124.13–14

(1) Das wahre Gute existiert weder in den Bäumen noch in stummen Geschöpfen; was in ihnen gut ist, wird im Sinne eines vorbehaltlichen Zugeständnisses gut genannt. »Was ist es?« sagst du. Es ist das, was der Natur eines jeden entspricht. (2) Aber ein Gut kann einem stummen Geschöpf auf keine Weise zufallen; es gehört zu einer glücklicheren und besseren Natur. Es gibt nirgends

---

F Kontext: Anfang einer Erörterung über das Gute.   G Kontext: Doxographie bezüglich Gutem, Schlechtem und Indifferentem.   H Kontext: Erkenntnis des Guten.

Platz für das Gute, es sei denn, es ist dort Platz für die Vernunft. (3) Folgende vier Naturen gibt es: Baum, Tier, Mensch und Gott. Davon sind die beiden letzteren vernunftbegabt und haben dieselbe Natur; sie sind aber dadurch verschieden, daß die eine unsterblich, die andere sterblich ist. Das Gut der einen davon macht also die Natur vollkommen, das Gut Gottes natürlich, und das Gut der anderen vervollkommnet die Übung, das des Menschen. (4) Die übrigen Lebewesen, denen die Vernunft fehlt, sind nur in ihrer eigenen Natur vollkommen, aber nicht wahrhaft vollkommen. Denn vollkommen ist schließlich das, was in Übereinstimmung mit der allgemeinen Natur vollkommen ist; und die allgemeine Natur ist vernünftig. Alles andere kann nur innerhalb seiner eigenen Art vollkommen sein.

I Clemens, *Paedagogus* 1.8.63.1–2 (teilw. *SVF* 2.1116)

(1) Wer etwas liebt, wünscht, daß es Nutzen hat; was Nutzen hat, muß dem, was keinen Nutzen hat, in jeder Hinsicht überlegen sein; nichts jedoch ist dem Guten überlegen; also hat das Gute Nutzen. (2) Daß Gott gut ist, darüber besteht Einverständnis; also hat Gott Nutzen. (3) Das Gute, insofern es gut ist, tut nichts anderes als das, was Nutzen hat; in allem also nutzt Gott. (4) Und natürlich ist es nicht so, daß er dem Menschen in einer Hinsicht nutzt, sich aber nicht um ihn sorgt, und weiter nicht so, daß er sich zwar sorgt, sich aber nicht um ihn kümmert; denn was in Übereinstimmung mit einem vernünftigen Urteil Nutzen hat, ist dem überlegen, was nicht in dieser Weise Nutzen hat; nichts indes ist Gott überlegen; und in Übereinstimmung mit einem vernünftigen Urteil Nutzen zu haben ist nichts anderes, als sich um den Menschen zu kümmern; also sorgt und kümmert sich Gott um den Menschen.

J Stobaeus 2.73,1–13 (*SVF* 3.111)

(1) Ferner sind von den Gütern die einen ›in Bewegung‹, die anderen ›in einem Zustand‹. Güter in Bewegung sind beispielsweise Freude, Heiterkeit, anständiger Umgang; und Güter in einem Zustand sind z.B. wohlgeordnete Ruhe, unerschütterliche Stabilität, männliche Konzentration. (2) Von den Gütern in einem Zustand sind die einen auch ›in einem Habitus‹, zum Beispiel die Tugenden, die anderen dagegen nur ›in einem Zustand‹, so etwa die eben genannten. (3) ›In einem Habitus‹ sind indes nicht nur die Tugenden, sondern auch die anderen Künste in einem rechtschaffenen Mann, die durch seine Tugend modifiziert sind und unveränderlich werden; denn sie werden wie Tugenden. (4) Sie [die Stoiker] sagen auch, daß zu den Gütern ›in einem Habitus‹ ebenfalls die sogenannten ›Strebungen‹ gehören, etwa Liebe zur Musik, Liebe zur Literatur, Liebe zur Geometrie und dergleichen mehr [siehe **26H**].

I Kontext: Ausarbeitung eines Arguments, daß Gott und *logos* menschenfreundlich sind. Das Argument wird nicht den Stoikern zugeschrieben, erinnert aber durch Form und Inhalt an frühstoische Beweise der göttlichen Natur der Welt an.   **J** Kontext: Doxographie zu den Gütern.

K Stobaeus 2.58,5–15 (teilw. *SVF* 3.95)

(1) Von den Gütern sind die einen Tugenden, die anderen nicht. Klugheit, Besonnenheit, ⟨Gerechtigkeit⟩ und Tapferkeit sind Tugenden; Freude, Heiterkeit, Zuversicht, Wünschen und dergleichen sind keine Tugenden. (2) Von den Tugenden sind die einen Wissenschaften und Künste bestimmter Dinge, aber die anderen nicht. Klugheit, Besonnenheit, Gerechtigkeit und Tapferkeit sind Wissenschaften und Künste bestimmter Dinge; dagegen sind edle Gesinnung, Kraft und Stärke weder Wissenschaften noch Künste bestimmter Dinge. (3) Analog sind von den schlechten Dingen die einen Laster, die anderen nicht.

L Stobaeus 2.70,21–71,4 (teilw. *SVF* 3.104)

Von den Gütern, die die Seele betreffen, sind die einen Charaktere, andere Habitus, aber keine Charaktere und noch andere weder Habitus noch Charaktere. Alle Tugenden sind Charaktere; aber die Strebungen wie etwa die Wahrsagekunst (Mantik) und dergleichen sind nur Habitus und keine Charaktere; Tätigkeiten in Übereinstimmung mit Tugenden sind weder Habitus noch Charaktere.

M Stobaeus 2.71,15–72,6 (teilw. *SVF* 3.106)

Von den Gütern gehören die einen zum Ziel, andere sind instrumentell, und wieder andere sind Güter in beiderlei Hinsicht. Der kluge Mensch und der Freund sind nur instrumentelle Güter. Freude, Heiterkeit, Zuversicht und besonnenes Spazierengehen sind nur zum Ziel gehörige Güter. Aber alle Tugenden sind sowohl instrumentelle als auch zum Ziel gehörige Güter; sie führen das Glück nämlich herbei, und sie vervollständigen es auch, weil sie dessen Teile sind. Analog sind von den schlechten Dingen . . .

N Cicero, *De fin.* 3.27 (*SVF* 3.37; enthält *FDS* 1095)

[Sprecher ist der Stoiker Cato:] (1) »Alles, was gut ist, ist lobenswert; doch alles was lobenswert ist, ist rechtschaffen; was also gut ist, ist rechtschaffen.« Sieht das nach einem gültigen Argument aus? Sicherlich. Denn was aus den beiden Prämissen notwendig resultierte, eben darin besteht, wie du siehst, der Schlußsatz. (2) Von den zwei Prämissen, aus denen die Schlußfolgerung gezogen wurde, ist es nun die Major, gegen die üblicherweise vorgebracht wird, daß nicht jedes Gut lobenswert sei; denn daß das, was lobenswert ist, rechtschaffen ist, gesteht man zu. (3) Es ist aber vollkommen absurd zu behaupten, daß etwas gut ist, was nicht wünschenswert ist, oder daß etwas wünschenswert ist, was nicht gefällt,

---

K Kontext: Stobaeus' erste Einteilung der Güter.   L Kontext: Zwei Seiten vor J.
M Kontext: Wenige Zeilen nach L.   N Kontext: Beweis, daß das *honestum* das einzige Gut ist.

oder, wenn es das tut, daß es dann nicht auch schätzenswert, und deshalb auch anerkennenswert und somit auch lobenswert ist. Das Lobenswerte ist aber rechtschaffen. So folgt, daß das, was gut ist, auch rechtschaffen ist.

O   Diogenes Laërtius 7.101   (*SVF* 3.92)

Sie [die Stoiker] vertreten die Ansicht, daß alle Güter gleich sind, daß jedes Gut in höchstem Maße wählenswert ist und daß es weder eine Milderung noch eine Steigerung erlaube.

P   Stobaeus 2.101,21–102,3   (teilw. *SVF* 3.626)

Den Rechtschaffenen sind alle Güter gemeinsam, und den Minderwertigen alles, was übel ist. Wer jemandem nutzt, nutzt daher auch sich selbst, und wer jemandem schadet, schadet auch sich selbst. Alle Rechtschaffenen sind einander nützlich ... Die Toren dagegen sind in der dazu entgegengesetzten Situation.

Q   Kleanthes bei Clemens, *Protrepticus* 6.72.2   (*SVF* 1.557)

Du fragst mich nach der Beschaffenheit des Guten? Dann höre. Wohlgeordnet, gerecht, heilig, fromm, selbstbeherrscht, nützlich, rechtschaffen, geziemend, streng, offen, immer von Nutzen, furchtlos, frei von Kummer, vorteilhaft, schmerzlos, förderlich, angenehm, sicher, freundlich, geschätzt, ⟨...⟩ konsistent, wohlbeleumded, unprätentiös, sorgend, gütig, eifrig, beharrlich, fehlerlos, immerwährend.

R   Plutarch, *De Stoic. repugn.* 19, 1042E-F   (*SVF* 3.85)

(1) Chrysipp gibt zu, daß die guten Dinge gänzlich verschieden von den schlechten sind. Und das ist notwendig so, wenn die Menschen, bei denen sich diese Dinge einstellen, durch die zuletzt genannten Dinge geradewegs äußerst unglücklich und durch die zuerst genannten vollkomen glücklich gemacht werden. (2) Nun sagt er, daß die guten und die üblen Dinge wahrnehmbar seien; denn im ersten der beiden Bücher *Über das Ziel* schreibt er: ». . . Nicht nur sind die Affekte zusammen mit der Erscheinung [der Leute] wahrnehmbar, z.B. Trauer und Angst und dergleichen, sondern es ist auch möglich, Diebstahl und Ehebruch und ähnliches mehr wahrzunehmen − und allgemein Torheit und Feigheit und viele sonstige Übel und nicht nur Freude und Wohltaten und viele andere richtige Handlungen, sondern auch Klugheit und Tapferkeit und die übrigen Tugenden.«

O Kontext: Ein Satz vor **58A**.   P Kontext: Siehe zu **59N**.   Q Kontext: Die Verse werden als Kleanthes' »Offenbarung« bezüglich der Natur Gottes zitiert.   R Kontext: Plutarch mutmaßt, die referierte Auffassung sei unverträglich mit der Meinung der Stoiker, jemand könne vom Laster zur Tugend wechseln, ohne es selbst zu bemerken; vgl. **61U**.

S Seneca, *Epist.* 117.2 (teilw. *FDS* 789a)

(1) Unsere Schule vertritt die Auffassung, daß das, was gut ist, körperlich ist, weil das, was gut ist, Wirkungen ausübt, und alles, was Wirkungen ausübt, körperlich ist. Was gut ist, ist nützlich. Um aber nützlich zu sein, muß es irgendeine Wirkung ausüben; wenn es eine Wirkung ausübt, ist es ein Körper. (2) Sie sagen, die Weisheit sei ein Gut; daraus folgt, daß sie sie notwendig auch körperlich nennen müssen.

☐ Das auffälligste Charakteristikum der stoischen Ethik ist, daß sie die normalen griechischen Ausdrücke für »gut« und »schlecht« auf das beschränkt, was wir den *moralischen* Sinn dieser Wörter nennen würden. Im Fall von »gut« wird dies mit größter Allgemeinheit durch die Behauptung ausgedrückt, daß das einzige, was gut ist, die »Richtigkeit« (59D5) oder »das Rechtschaffene« ist (*to kalon*, wörtlich »das Schöne«, vgl. 65M2). Eine umfangreiche Serie moralischer Attribute, welche die Natur »des Guten« exemplifizieren, ist in einem kleinen Epigramm des Kleanthes enthalten (**Q**). Von den Gründe dafür, den Skopus von »gut« und »schlecht« auf diese Weise zu beschränken, wurden einige bereits in **58A** behandelt. Jeder Grieche hätte den ersten Teil der stoischen Definition von »gut« akzeptiert, nämlich daß das Gute »Nutzen« sei (**G1**). Kontrovers war die unmittelbare stoische Gleichsetzung des Nutzens mit Tugend und tugendhafter Handlung (ebd.).

Ersichtlich ist das nicht die Feststellung einer Synonymie, sondern eine Behauptung darüber, welche Dinge in der Welt wahrhaft nützlich sind. Wir haben gesehen (**58A5**), warum es gewöhnlichen »Gütern« wie etwa der Gesundheit und dem Reichtum abgeht, in dem verlangten Sinn nützlich zu sein. Für die Identität von »gut« und »rechtschaffen« (moralisch gut, vgl. **N**) hatten die Stoiker formale Argumente, die gekünstelt wirken und offenbar nichts beweisen. Ihre beste Verteidigungslinie war die These, daß, wenn der Mensch in seiner spezifischen Natur als ein rationales Lebewesen gesehen wird, für ihn allein das moralisch Gute von Nutzen sei. Seneca skizziert in **H** die Hauptlinien dessen, was die Stoiker über die Beziehung zwischen dem Guten und dem Vernünftigen dachten; und was er an dieser Stelle sagt, kann durch viele andere Texte ergänzt werden (z.B. **63C–E**). Nach dieser Auffassung haben menschliche Wesen »dieselbe Natur« wie Gott. Gottes Tätigkeit ist eine von vollkommener Vernünftigkeit (»allgemeine Natur« ist in diesem Text äquivalent mit Gott). Was daher für eine Person gut ist, ist die Vervollkommnung ihrer eigenen Vernunft (vgl. Diogenes Laërtius 7.94).

In Gott fallen demnach Vernunft und Gutes zusammen; und im Menschen können sie dann zusammenfallen, wenn er seine Vernunft vervollkommnet. Weil das Gute von Nutzen ist und man sich bei Gott einig ist, daß er gut ist, ist die Summe der Handlungen Gottes für den Menschen nützlich und hilfreich (**I4**, Teil eines Arguments, dessen Form den Stil Zenons und Chrysipps verrät). Eine derartige theologische und naturphilosophische Unterfütterung der stoischen Ethik liefert eine der Antworten auf die am Tage liegende Frage, warum vollkommene Vernunft denn mit moralischer Gutheit zusammenfallen sollte. Genau das ist die Natur Gottes, geben die Stoiker zur Antwort; und als »Teile« Gottes oder der allgemeinen Natur sind menschliche Wesen darauf angelegt, in dieser Art von Gutem ihre Erfüllung zu finden (vgl. **54H**; **63C2-4, E, F3**).

S Kontext: Die Körperlichkeit der Weisheit.

446

Wenn Chrysipp erklärt, die »allgemeine Natur« und die »Verwaltung der Welt« seien die Grundlage für die stoische Theorie über Gutes und Schlechtes, dann stützt er sich dabei auf die vernünftigen und vorausschauenden Tätigkeiten Gottes; Konformität damit konstituiert für den Menschen das Gute und das Fehlen von Konformität das Schlechte (63C3-4). Wie Platon (siehe besonders *Gesetze* 10) und anders als Aristoteles betrachteten die Stoiker die Ethik als eine exakte Wissenschaft, die sich auf die Natur der Welt gründet.

Eine Schwäche in dem bisher Gesagten könnte man in den dogmatischen Behauptungen sehen, bei denen nicht recht zu sehen ist, welche Verbindung sie mit den moralischen Unterscheidungen haben, die die Leute natürlicherweise treffen; und diese Schwierigkeit kann um so größer erscheinen, als das stoische Denken über das Gute für sich in Anspruch nimmt, sich auf das zu gründen, was wirklich die Natur des Menschen ist. Ein anderer Zugang findet sich in **B–F**. Diese Texte wollen zeigen, daß die stoische Theorie des Guten auf die Natur des Menschen und auf seine sich entwickelnde Welterfahrung gegründet ist. Wenn der lapidare Satz in **C** mit **E2** vereinbar ist, dann machten die Stoiker einen Unterschied zwischen der Natürlichkeit, mit der jedermann eine Idee von »etwas Gerechtem und Gutem« hat, d.h. etwas bestimmtes für gerecht und gut hält (vgl. 27 für »etwas« im Sinne von »einzelnes«), und der voll entwickelten stoischen Theorie *des* wahrhaft Guten, zu der die Natur nur »die Samen der Erkenntnis« beiträgt. Auf dem Lernen und der Erfahrunng, die für die Erkenntnis des wahrhaft Guten erforderlich sind, liegt Betonung (**D2**, vgl. **E3**, **39D**). Doch obwohl das wahrhaft Gute von anderer Art als alle anderen Werte ist, ist es etwas, das wir aus dem Wert solcher *ÜN*-Dinge (siehe **58**) wie körperlicher Kraft (**E3**) durch analoge Überlegung erkennen. Nun ist der Wert von *ÜN*-Dingen unstrittig; und die stoische Theorie der »Zueignung« bietet eine Erklärung dafür an, warum es für lebendige Wesen natürlich ist, sich auf Weisen zu verhalten, die mit ihren angeborenen Konstitutionen übereinstimmen. Das mag in Chrysipps Behauptung enthalten sein, daß die stoische Theorie über gute und schlechte Dinge »hervorragend an die angeborenen Vorbegriffe anknüpft« (**B**). Diese Vorbegriffe sind natürlich nicht bei der Geburt mit einem bestimmten Inhalt ausgestattet; von ihnen wird vielmehr angenommen, daß sie sich im Laufe der frühesten menschlichen Erfahrung natürlicherweise entwickeln (vgl. **39E**). Chrysipp wird nach dem Zeugnis von **D** schwerlich sagen wollen, daß die voll ausgestattete stoische Theorie guter und schlechter Dinge ein »angeborener Vorbegriff« sei. Der Inhalt dieser Vorbegriffe besteht aller Wahrscheinlichkeit nach in dem rudimentären, auf »Zueignung« gegründeten Bewußtsein, daß bestimmte Dinge natürlich und für unsere menschliche Konstitution nützlich sind und daß andere das nicht sind. (Es ist nicht schwierig, den *natürlichen* Erwerb eines ursprünglichen moralischen Bewußtseins (**C**) mit diesen Werten zu verbinden.) Wie schon zu sehen war, entfalten die menschliche Konstitution und dadurch auch die »Zueignung« sich zusammen mit der Entwicklung der Vernunft (**57A**, **B**; **63E6**), so daß schließlich die Vollkommenheit der Vernunft der *eine* Gegenstand wird, der dem reifen Menschen »zueigen« und natürlich ist (vgl. **65M2**). Doch obwohl dieses, das moralisch Gute eine andere Art Wert als die Objekte unseres ursprünglichen Antriebs ist, argumentierten die Stoiker vermutlich, daß seine Beziehung zu einer im Vollsinn vernünftigen Konstitution derjenigen »Zueignung« von Dingen in Übereinstimmung mit der Natur analog ist, die alle oder wenigstens die meisten Menschen als die Grundlage bewertender Unterscheidungen akzeptieren würden.

Auf welche Weise genau man dachte, daß die analoge Argumentation (vgl. **39D3**) funktioniere, wird in **E** klarer gemacht als in **D**. Mit **59D4-6** zusammen genommen scheint D das Gute als ein allgemeines Ordnungs- oder Harmonieprinzip aufzufassen, das mit den natürlichen Werten verbunden ist, deren wir uns zuvor bewußt waren, die es aber zugleich transzendiert. E zeigt, daß die erforderliche Argumentation keineswegs mühelos vonstatten geht und das Gute inhaltlich auffüllt: Die Beobachtung versetzt uns in die Lage, moralisch konsistentes von inkonsistentem Verhalten zu unterscheiden und ersteres als die Grundlage der menschlichen Vollkommenheit zu identifizieren, rundum voll mit all den Tugenden.

Wir könnten noch fragen, warum moralische Vollkommenheit für uns verlockend sein sollte. Epiktet antwortet darauf in F in verbindlicher Art, daß dies die Natur der Seele sei. Weil die Stoiker alle oder jedenfalls die meisten Menschen für unvollkommen hielten, konnten sie die These von F nur akzeptieren, indem sie annahmen, daß das Gute durch äußere Umstände daran gehindert ist, sich uns so zu manifestieren, daß wir seine Natur voll begreifen (siehe **65M7**). Moralische Schwäche wird also wie in der Ethik des Sokrates als ein Versäumnis behandelt, das Gute so zu sehen, wie es wirklich ist.

Nach der sorgfältigen Analyse des Sextus in **G** ist das Gute ein Begriff mit einer größeren Extension als Tugend; aber jede gute Sache, die von der Tugend oder von tugendhafter Handlung verschieden ist, hat Tugend als einen ihrer Teile. Diese anderen Güter genügen dem zweiten Disjunktionsglied der Definition des Guten: »Nutzen oder nichts anderes als Nutzen«. Während Tugend und tugendhafte Handlung durch »Nutzen« *vollständig* definiert werden, ist Nutzen bei solchen Gütern wie einem tugendhaften Mann und einem Freund zwar wesentlich, aber nicht erschöpfend. (»Freundschaft gibt es nur unter den Tugendhaften«, **67P**.) Die von Stobaeus referierten komplexeren Einteilungen der Güter (**J–M**) könnten den Eindruck erwecken, als öffneten sie die Tür zu einer sehr viel stärker abweichenden Reihe von Fällen von Gutem und als gäben sie die wesentliche Verbindung zwischen Nutzen = Tugend/tugendhafte Handlung und Gutem auf. Aber worauf es bei den Einteilungen des Stobaeus ankommt, ist, so können wir annehmen, nicht, dieses Prinzip aufzugeben, sondern, Unterschiede zwischen Gütern auf Weisen herauszuarbeiten, die mit dem Prinzip völlig vereinbar sind. Daher werden Freunde (eins der Beispiele in **G**) als rein »instrumentelle« Güter klassifiziert: d.h. sie teilen mit den Tugenden die Eigenschaft, Glück hervorzubringen, sind aber nicht außerdem dessen wirkliche Bestandteile, wie das bei den Tugenden der Fall ist. Freude, Heiterkeit etc. sind nur »zum Ziel gehörige« Güter (**M**) und keine Tugenden (**K1**). Aber weil wir wissen, daß Freude, Heiterkeit usw. »gute Gefühle« sind (**65F**), die dem tugendhaften Mann eigen sind, entstehen sie klarerweise nur bei solch einer Disposition. Ähnlich ist es bei den »Strebungen« von **J4** und **L**, von denen es heißt, sie seien in »tugendhaften Habitus« enthalten (**26H**).

Die Beziehung von Gütern auf »Habitus« muß mit Vorsicht behandelt werden. **J**, wo Tugenden Habitus sind, könnte mit **L** im Widerspruch zu stehen scheinen, wo es heißt, sie seien keine Habitus. Aber der Schein ist irreführend. Habitus ist *eine* Art von »Zustand«, ein andauernder Zustand, während »Charakter« ein andauernder Zustand ist, der darüber hinaus keinerlei Abstufungen zuläßt (**47S**). Folglich scheint »Habitus« (wie der Ausdruck »Zustand« selbst in **J2**; vgl. einen parallelen Fall in **39E3**) in zweierlei Sinn gebraucht zu werden: manchmal von der Gattung, von der »Charakter« eine Art ist (so z.B. an der Stelle *SVF* 3.525), und manchmal für den *bloßen* Habitus als eine Art von Habitus *neben* dem Charakter; in diesem zweiten Fall kennzeichnet es solche andauernden Zustände, die durchaus Abstufungen zulassen. Somit können wir einen Baum konstruieren:

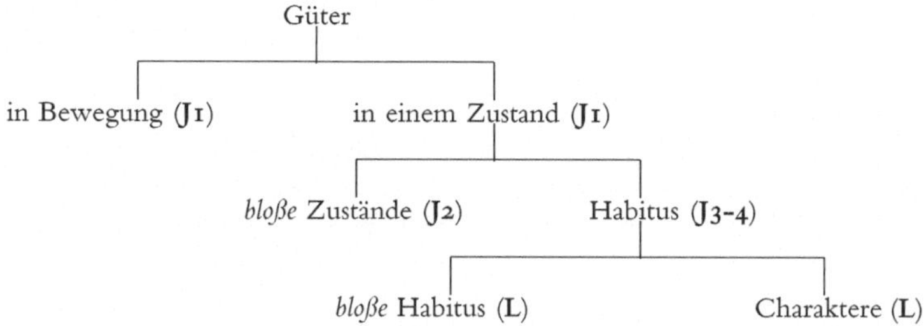

Den augenscheinlichen Konflikt zwischen J und L können wir nun auflösen durch die Beobachtung, daß J den Ausdruck »Habitus« in seinem generischen und L ihn in seinem spezifischen Sinn benutzt. Die stoische Lehre ist konsistent. Als Zustände moralischer Vollkommenhaeit lassen Tugenden keine Abstufungen zu. Aber die sonstigen Talente des Weisen, z.B. eine Veranlagung zur Musik, lassen Abstufungen zu und gelten dabei immer noch als »Güter«, da er sie weise benutzt.

Von Tugend und Laster gibt es keine Abstufungen, auch nicht von Glück oder Unglück. Daß in diesen wechselseitig ausschließenden Klassen keinerlei Variation zugelassen ist, entspricht der These, daß alle Menschen entweder vollkommen tugendhaft oder vollkommen lasterhaft (61I), absolut glücklich oder äußerst unglücklich (R1) sind. P stellt – leider in viel zu knapper Form – eine Behauptung auf, die für die Beziehung zwischen moralischer Gutheit und Glück entscheidend ist. Wenn ich dadurch einen Nutzen habe, daß ich jemand anderem nutze, und umgekehrt, bricht die Unterscheidung zwischen Altruismus und Egoismus zusammen zu einer einzigen Nutzenrelation wechselseitiger Verbesserung. Die Koinzidenz von Glück und moralischer Tugend, die von Platon so unnachgiebig vertreten wurde, bekommt ihre charakteristisch stoische Einfärbung darin, daß den Weisen »alle Güter gemeinsam« sind; ihr Leben ist charakterisiert durch eine gemeinsame Serie von Prinzipien (*homonoia*, siehe die Anmerkung zu P in Bd. 2).

Als ein Charakter des Führungsvermögens (siehe **61B8**), welches selbst aus Atemstrom besteht (**53**), ist die Tugend und damit die erste Instanz des Guten körperlich. Unabhängige Gründe für die Körperlichkeit des Guten werden in S vorgetragen; und R2 entwickelt eine Konsequenz daraus mit der interessanten Behauptung, daß gute und schlechte Dinge wahrnehmbar sind. Leidenschaften, Tugenden und Laster sind Zustände von Personen; und es besteht aller Grund, den Stoikern beizupflichten, daß wir solche Dinge spüren. Falls R2 in Abrede gestellt wird, entstehen bezüglich der Fundierung objektiver moralischer Urteile offensichtliche Erkenntnisprobleme.

Die Konzeption von Gut und Schlecht als moralischer Nutzen bzw. moralischer Schaden gaben Anlaß zu einigen der bekanntesten stoischen Paradoxien: Den guten Mann kann kein Schaden treffen, weil ihm durch Laster kein Unrecht widerfahren kann und nichts außer einem Laster im strengen Sinne schädlich ist. Durch gleiche Argumentation gilt: Kein minderwertiger Mann kann irgendetwas Nützliches tun oder selber Adressat einer nützlichen Handlung sein (vgl. *SVF* 3.567–581).

61 Tugend und Laster

A Diogenes Laërtius 7.89 (*SVF* 3.39)

(1) Die Tugend ist ein konsistenter Charakter. Auch ist sie um ihrer selbst willen wählenswert, nicht wegen irgendeiner Furcht oder Hoffnung oder wegen etwas Äußerem. (2) Und in ihr besteht das Glück, weil die Tugend eine Seele ist, welche erfolgreich zur Übereinstimmung des Lebens insgesamt gebildet wurde.

B Plutarch, *De virtute morali* 2/3, 440E–441D (enthält *SVF* 1.375, 201, 3.255, 1.202)

(1) Menedemos von Eretria hob die Mehrzahl und die Differenzierung der Tugenden auf, da es nur eine einzige Tugend gebe, die mit vielen Namen bezeichnet werde; denn es sei dasselbe, was man Besonnenheit, Tapferkeit und Gerechtigkeit nenne, ähnlich wie »sterblich« und »Mensch«. (2) Ariston von Chios machte die Tugend ebenfalls dem Wesen nach zu einer einzigen Sache, die er als Gesundheit bezeichnete; (3) eine gewisse Differenzierung und Mehrzahl brachte er andererseits durch Relationalität hinein, so wie wenn jemand unser Sehvermögen ›weiß-sichtig‹ nennen möchte, wenn es etwas Weißes sieht, ›schwarz-sichtig‹, wenn es etwas Schwarzes sieht, und dergleichen mehr ... (4) wie das Messer, das ein einziger Gegenstand ist, aber zu verschiedenen Gelegenheiten verschiedene Gegenstände schneidet, und das Feuer wirkt auf verschiedene Materialien, wobei seine Natur doch nur eine einzige ist. (5) Auch Zenon von Kition scheint in gewisser Weise in diese Richtung zu tendieren, wenn er die Klugheit in Dingen, die zu verteilen sind, als Gerechtigkeit definiert, in Dingen, die eine Wahl verlangen, als Besonnenheit, und in Dingen, die Ausdauer heischen, als Tapferkeit. (6) Zur Verteidigung behaupten sie, es sei das wissenschaftliche Wissen, welches von Zenon hier als ›Klugheit‹ bezeichnet worden sei. (7) Chrysipp indes berief sich auf das eigenschaftsmäßig Bestimmte und glaubte, eine Tugend werde durch ihre eigene Eigenschaft konstituiert; ohne sich dessen bewußt zu sein, scheuchte er dadurch, in Platons Worten, »einen Schwarm von Tugenden« auf – einen ungewohnten und auch unvertrauten. Entsprechend der Tapferkeit im tapferen Mann ... und der Gerechtigkeit im gerechten Mann setzte er nämlich im charmanten Mann Charmantheit ... und im großen Mann Großheit an und füllte die Philosophie mit vielen absurden Namen an, deren sie nicht bedarf. (8) Alle diese Männer sind sich darin einig, daß die Tugend ein bestimmter Charakter und eine Kraft des Führungsvermögens der Seele ist, hervorgebracht durch die Vernunft, oder vielmehr, daß sie ein Charakter ist, der selbst konsistente, feste und unveränderliche Vernunft ist. (9) Weiter sind sie der Meinung, der leidenschaftliche und unvernünftige Teil der Seele sei vom vernünftigen Teil nicht durch irgendeinen

---

A Kontext: Unmittelbar anschließend an **63C**.   B Kontext: Die Einheitskonzeption der Tugend, die von denjenigen Philosophen vertreten wurde, die – fälschlicherweise, wie Plutarch meint – eine Einheitskonzeption der Seele vertreten haben.

Unterschied in der Natur der Seele getrennt, sondern derselbe Teil der Seele – sie nennen ihn Verstand und Führungsvermögen – werde Laster und Tugend, indem er sich insgesamt umwende und sich in den Leidenschaften und den habituellen oder charakterlichen Modifikationen verändere, und etwas Unvernünftiges habe er nicht in sich. (10) Unvernünftig werde er vielmehr dann genannt, wenn ein exzessiver Antrieb, der stark und beherrschend geworden ist, ihn zu etwas fortträgt, was abwegig und gegen das Gebot der Vernunft ist. (11) Die Leidenschaft sei nämlich fehlerhafte und unkontrollierte Vernunft, die aus einem schlechten und irrigen Urteil Vehemenz und Kraft gewinnt.

C   Plutarch, *De Stoic. repugn.* 7, 1034C-E   (*SVF* 1.200, 3.258, 1.373, 563)

(1) Zenon anerkennt wie Platon mehrere verschiedene Tugenden, z.B. Klugheit, Tapferkeit, Besonnenheit und Gerechtigkeit, da sie, obwohl untrennbar verbunden, doch verschieden seien und sich voneinander unterschieden. (2) Wo er jedoch jede von ihnen definiert, sagt er, die Tapferkeit sei Klugheit ⟨in Dingen, die Ausdauer verlangen, die Besonnenheit sei Klugheit in Dingen, die eine Wahl verlangen, und die Klugheit im engeren Sinne sei Klugheit⟩ in Dingen, die eine Handlung verlangen; die Gerechtigkeit sei Klugheit in Dingen, die zu verteilen sind, da sie eine einzige Tugend sei, die sich in den Handlungen aber offenbar durch ihre Disposition im Verhältnis zu den Dingen differenziere. (3) Aber nicht nur Zenon scheint hierüber mit sich selbst im Widerstreit zu liegen, sondern auch Chrysipp, weil er einerseits Ariston kritisiert, da dieser erklärte, daß die anderen Tugenden Dispositionen einer einzigen Tugend seien, (4) und andererseits Zenon unterstützt, wo er jede der Tugenden in der besagten Weise definiert. (5) Kleanthes hingegen sagt in seinen *Physikalischen Abhandlungen*, daß die Spannung ein Feuerschlag ist und daß sie dann als Stärke und Kraft bezeichnet wird, wenn sie sich in der Seele entsprechend ausgeprägt bildet, um das zu erreichen, was sich gebührt; er fügt dann wörtlich hinzu: »Wenn diese Stärke und Kraft sich in Dingen entwickelt, die Beharrlichkeit zu verlangen scheinen, ist sie Selbstbeherrschung, wenn in Dingen, die Ausdauer verlangen, Tapferkeit; im Bereich von Strafen ist sie Gerechtigkeit und im Bereich des Wählens und Vermeidens Besonnenheit.«

D   Stobaeus 2.63,6–24   (teilw. *SVF* 3.280)

(1) Alle Tugenden, die Wissenschaften und Künste sind, teilen ihre Theoreme und haben, wie gesagt, dasselbe Ziel. Daher sind sie auch nicht trennbar. Wer nämlich eine von ihnen hat, hat sie alle; und wer in Übereinstimmung mit einer handelt, handelt in Übereinstimmung mit allen. Sie unterscheiden sich voneinander durch ihre jeweiligen Perspektiven. (2) Die Perspektiven der Klugheit sind nämlich in erster Linie die Theorie und Praxis dessen, was getan werden

---

C Kontext: Angebliche interne Widersprüche bei den Stoiker.   D Kontext: Doxographie der stoischen Tugenden. Gefolgt von **63G**.

sollte, und um das, was getan werden sollte, untrüglich zu tun, in zweiter Linie auch die Theorie dessen, was zugeteilt, ⟨was gewählt und was ertragen⟩ werden sollte. (3) Die spezielle Perspektive der Besonnenheit ist in erster Linie, die Antriebe gesund zu erhalten sowie deren Theorie zu verstehen, und um sich in seinen Antrieben untrüglich bewegen können, in zweiter Linie auch die Theorie dessen, was unter die anderen Tugenden fällt. (4) Ähnlich richtet sich die Tapferkeit in erster Linie auf die Theorie alles dessen, was ertragen werden sollte, und in zweiter Linie auf das, was unter die anderen Tugenden fällt. (5) Und die Gerechtigkeit untersucht in erster Linie, was ein jeder (an Lohn oder Strafe) verdient, und in zweiter Linie auch das übrige. (6) Denn die Tugenden schauen alle auf die ganze Skala dessen, was zu ihnen allen gehört, und auf das, was unter die jeweils anderen fällt.

E Seneca, *Epist.* 113.24 (teilw./enthält *SVF* 3.307)

»Die Tugenden«, könnte man sagen, »sind nicht viele Lebewesen, und dennoch sind sie Lebewesen. Denn ebenso, wie jemand Dichter und Redner und trotzdem eine einzige Person ist, so sind diese Tugenden Lebewesen, aber nicht deren viele. Ebenso ist der Geist sowohl maßvoll als auch gerecht als auch klug als auch tapfer, indem er im Hinblick auf die einzelnen Tugenden in einer bestimmten Weise disponiert ist.«

F Plutarch, *De Stoic. repugn.* 27, 1046E–F (*SVF* 3.299, 243)

(1) Sie [die Stoiker] sagen, daß die Tugenden einander wechselseitig folgen, und zwar nicht nur deshalb, weil jemand, der eine einzige Tugend hat, sie alle habe, sondern auch deshalb, weil jemand, der etwas in Übereinstimmung mit einer beliebigen Tugend tut, in Übereinstimmung mit allen handle. Denn sie sagen, ein Mann sei nicht vollkommen, solange er nicht alle Tugenden hat, und eine Handlung nicht vollkommen, solange sie nicht in Übereinstimmung mit allen Tugenden getan wird. (2) Aber im sechsten Buch seiner *Ethischen Untersuchungen* sagt Chrysipp, daß der Rechtschaffene nicht immer tapfer und auch der Schlechte nicht immer feige ist; denn wenn bestimmte Dinge in ihre Vorstellungen kommen, muß der eine in seinen Entscheidungen standfest bleiben und der andere davon Abstand nehmen; es ist aber glaubhaft, so sagt er, daß der Schlechte nicht immer ausschweifend lebt.

E Kontext: Abschließende Diskussion der stoischen These, daß die Tugenden Lebewesen sind.   F Kontext: Ein angeblicher Widerspruch bei den Stoikern.

G   Stobaeus 2.66,14–67,4   (*SVF* 3.560)

(1) Sie [die Stoiker] sagen auch, daß der Weise alles gut macht. Das heißt: alles, was er tut. Denn ebenso, wie wir sagen, daß ein Flötenspieler oder ein Zitherspieler alles gut macht, und wie wir dabei präsupponieren »alles, was mit dem Flötenspiel zu tun hat«, beziehungsweise »alles, was mit dem Zitherspiel zu tun hat«, so macht der Kluge alles gut, soweit es um das geht, was er tut, und natürlich nicht um das, was er nicht tut. (2) Denn wie sie glauben, folgt die Lehre, daß der Weise alles gut macht, daraus, daß er alles in Übereinstimmung mit der richtigen Vernunft und mit der Tugend ausführt, welche eine Kunst ist, die sich auf das ganze Leben bezieht. (3) Analog macht auch der Minderwertige alles, was er tut, schlecht und in Übereinstimmung mit alles Lastern.

H   Stobaeus 2.59,4–60,2; 60,9–24   (teilw. *SVF* 3.262, 264)

(1) Klugheit ist das Wissen darum, was zu tun, was nicht zu tun und was keins von beidem ist, oder das Wissen von dem, was gut, was schlecht und was keins von beidem ist für ein Lebewesen, dessen Natur sozial (politisch) ist. . . . (2) Besonnenheit ist das Wissen um das, was zu wählen, was zu meiden und was keins von beidem ist. (3) Gerechtigkeit ist das Wissen, welches sich darauf bezieht, jedem nach Verdienst zuzuteilen. (4) Tapferkeit ist das Wissen um das, was fürchterlich, was nicht fürchterlich und was keins von beidem ist. (5) Unklugheit ist ⟨Unkenntnis⟩ dessen, was gut, was schlecht und was keins von beidem ist, oder Unkenntnis dessen, was zu tun, was nicht zu tun und was keins von beidem ist. . . . (6) Die Tugenden sind teils erste Tugenden und teils diesen untergeordnet. Die ersten Tugenden sind vier an der Zahl: Klugheit, Besonnenheit, Tapferkeit und Gerechtigkeit. . . . (7) Der Klugheit untergeordnet sind guter Rat, Wohlüberlegtheit, rasche Auffassungsgabe, Diskretion, Erfindungskraft; (8) der Besonnenheit Wohlgeordnetheit, Anstand, Bescheidenheit, Selbstbeherrschung; (9) der Tapferkeit Ausdauer, Unverzagtheit, hohe Gesinnung, Hochgemutheit, Fleiß; (10) der Gerechtigkeit Frömmigkeit, Offenheit, Unparteilichkeit, Umgänglichkeit.

I   Diogenes Laërtius 7.127   (*SVF* 3.536, 237, 40)

(1) Sie [die Stoiker] lehren auch, daß es zwischen Tugend und Schlechtigkeit nichts [Mittleres] gibt, während die Peripatetiker sagen, zwischen Tugend und Schlechtigkeit gebe es den Fortschritt. Wie nämlich, sagen sie, ein Holz entweder gerade oder krumm sein muß, so muß ein Mensch entweder gerecht oder ungerecht sein und nicht [in einer Steigerungsform] gerechter oder ungerechter – und genauso bei den anderen Tugenden. (2) Weiter ist Chrysipp der Ansicht, daß man die Tugend verlieren kann, nämlich durch Trunkenheit

---

G Kontext: Charakterisierung des stoischen Weisen.   H Kontext: Wenige Zeilen nach **60K**.   I Kontext: Doxographie der stoischen Tugenden.

und Depression; Kleanthes dagegen hält sie für unverlierbar, nämlich aufgrund fester Erkenntnisse. (3) Ferner betrachten sie die Tugend als erstrebenswert um ihrer selbst willen. Jedenfalls schämen wir uns über unsere schlechten Taten, so als ob wir wüßten, daß nur die Rechtschaffenheit gut ist. Auch reicht die Tugend für sich allein aus zum Glück.

J   Plutarch, *De comm. not.* 33, 1076A   (*SVF* 3.246)

[Nach Chrysipp:] »Denn Zeus überragt Dion nicht an Tugend; und Zeus und Dion, vorausgesetzt, sie sind weise, haben aneinander Vorteile, wann immer einer auf eine Bewegung des anderen trifft.«

K   Diogenes Laërtius 7.91   (teilw. *SVF* 3.223)

Auch ist die Tugend lehrbar . . .; daß sie lehrbar ist, ist klar daraus zu ersehen, daß aus schlechten Menschen gute werden.

L   Stobaeus 2.65,8   (teilw. *SVF* 1.566)

Denn alle Menschen haben von Natur aus Tendenzen zur Tugend . . . nach Kleanthes.

M   Alexander v. Aphr., *De fato* 196,24–197,3   (teilw. *SVF* 2.984)

(1) »Wenn«, sagen sie, »diejenigen Dinge in unserer Macht stehen, bei denen wir auch zum Gegenteil in der Lage sind – und es sind solche Sachen, auf die sich Lob und Tadel, Zuraten und Abraten, Strafen und Ehrungen beziehen –, dann wird klug zu sein und die Tugenden zu haben nicht in der Macht derer stehen, die die Tugenden haben, weil sie nicht mehr in der Lage sind, die den Tugenden entgegengesetzten Laster anzunehmen. In gleicher Weise werden auch die Laster nicht in der Macht der Schlechten stehen; denn es steht ebenfalls nicht in ihrer Macht, nicht mehr schlecht zu sein. (2) Nun ist es aber absurd, zu bestreiten, daß die Tugenden und Laster in unserer Macht stehen und daß mit Bezug darauf gelobt und getadelt wird. (3) Was also in unserer Macht steht, ist nicht von dieser Art.«

J Kontext: Polemik gegen die stoische Theologie.   K Kontext: Doxographie der stoischen Tugendlehre. Der erste Satz wird Chrysipp, Kleanthes, Poseidonios und Hekaton zugeschrieben.   L Kontext: Kleanthes als Zeuge für die These, daß es nichts gibt, was zwischen Tugend und Laster läge.   M Kontext: Ein Problem, welches durch ungenannte Deterministen aufgebracht wird; gegen diese wendet Alexander sich, und sie können unter bestimmten Bedingungen mit den Stoikern identifiziert werden.

N   Alexander v. Aphr., *De fato* 199,14–22   (teilw. *SVF* 3.658)

(1) Denn wenn nach ihnen Tugend und Laster allein gut beziehungsweise schlecht sind und kein anderes Lebewesen an einem der beiden teilhaben kann; (2) und wenn von den Menschen die Mehrzahl schlecht ist, oder besser, wenn es, wie sie in ihren Fabeln behaupten, ein oder zwei gute Menschen gegeben hat, ähnlich wie ein sonderbares und von Natur aus selteneres Lebewesen als der Äthiopische Phönix; (3) und wenn alle schlechten Menschen gleich schlecht wie alle anderen sind, so daß sie sich einer vom anderen in nichts unterscheiden, sondern alle, die nicht weise, gleichermaßen wahnsinnig sind; (4) wie könnte der Mensch dann nicht das unglücklichste aller Lebewesen sein, da er die Schlechtigkeit und den Wahnsinn in sich angeboren hat und sie sein Los sind?

O   Cicero, *Tuscul.* 4.29, 34–35

(1) Fehlerhaftigkeit ist ein Habitus oder Charakter, der in der gesamten Lebensführung unbeständig und mit sich selbst nicht in Harmonie ist. . . . (2) Sie ist die Quelle von Verwirrungen, die . . . wirre und erregte Bewegungen des Geistes sind, der Vernunft abgewandt und der Ruhe des Geistes und des Lebens äußerst feindlich. (3) Denn sie bringen beschwerliche und bittere Sorgen heran, bedrücken den Geist und lähmen ihn durch Angst. Auch entflammen sie ihn mit exzessivem Begehren, . . . eine Kraftlosigkeit des Geistes, die zur Mäßigung und Zurückhaltung in äußerstem Gegensatz steht. . . . (4) Die Heilung dieser Übel also liegt allein in der Tugend.

P   Marcus Aurelius, *Ad se ipsum* 8.14

Wen immer du triffst, sage zu dir selbst sofort: »Welche Lehren vertritt er in bezug auf Gutes und Schlechtes?« Denn wenn er über Lust und Schmerz und ihre jeweiligen Quellen, über Ansehen und fehlendes Ansehen, Tod und Leben Lehren einer bestimmten Art vertritt, dann scheint es mir in keiner Weise erstaunlich oder befremdlich zu sein, wenn er so handelt, wie er es tut. Ich werde mir merken, daß er genötigt ist, in dieser Weise zu handeln.

Q   Plutarch, *De Stoic. repugn.* 14, 1039E   (teilw. *SVF* 3.761)

Und im Fortgang sagt er [Chrysipp], daß es selbst für die Schlechten angemessen sei, am Leben zu bleiben . . .: »Denn erstens hat die Tugend rein für sich keine Relevanz dafür, daß wir leben, und so ist auch die Schlechtigkeit ohne Bedeutung dafür, daß wir verschwinden müßten.«

N Kontext: Die Unverträglichkeit der zitierten Lehren mit der These, daß das Wohlergehen des Menschen das Ziel der Natur sei.   O Kontext: Eine auf stoisches Gedankengut gestützte Darstellung der Krankheiten der Seele.   Q Kontext: Angeblicher Selbstwiderspruch Chrysipps, indem er auch die Bemerkung des Antisthenes billige, man solle Einsicht erwerben oder das Seil des Henkers.

R   Plutarch, *De Stoic. repugn.* 35, 1050E–F; 36, 1051A–B   (teilw. *SVF* 2.1181, 1182)

(1) Im zweiten Buch *Über die Natur* schreibt er [Chrysipp] folgendes: »Die Schlechtigkeit hat im Vergleich zu den schlimmen Unfällen ihre eigene spezifische Erklärung. (2) Auch sie entsteht nämlich in gewisser Weise in Übereinstimmung mit der Vernunft *(logos)* der Natur, und ihr Vorkommen ist sozusagen nicht nutzlos in bezug auf das All. (3) Denn andernfalls gäbe es auch das Gute nicht.« . . . (4) Weiter sagt er im ersten Buch *Über die Gerechtigkeit* von den Göttern, daß sie bestimmten Unrechtshandlungen widerstehen, und erklärt dann: (5) »Die Schlechtigkeit ganz zu beseitigen ist weder möglich, noch ist es richtig, daß sie beseitigt werden sollte.«

S   Plutarch, *De profectibus in virtute* 75C   (teilw. *SVF* 3.539)

(1) So sollten wir beim Philosophieren weder irgendeinen Fortschritt noch eine Wahrnehmung von Fortschritt vermuten, wenn die Seele von ihrer Torheit nichts ablegt und sich nicht davon reinigt, sondern bis zum Erwerb des absoluten und vollkommenen Guten in absoluter Schlechtigkeit handelt. (2) In dem Fall hat der Weise sich in einem einzigen Augenblick von der größtmöglichen Schlechtigkeit zu einem unüberbietbar tugendhaften Charakter verändert und mit einem Mal alle Schlechtigkeit hinter sich gelassen, von der er zuvor in langer Zeit noch nicht einmal einen Teil abgelegt hat.

T   Plutarch, *De comm. not.* 10, 1063A–B   (teilw. *SVF* 3.539)

»Ja«, sagen sie [die Stoiker], »aber wie im Meer derjenige, der eine Armlänge von der Oberfläche entfernt ist, um nichts weniger ertrinkt als derjenige, der 500 Klafter [= 3000 Fuß] tief gesunken ist, so sind selbst diejenigen, die nahe an die Tugend herankommen, nicht weniger im Zustand der Schlechtigkeit als diejenigen, die weit von der Tugend entfernt sind. Und wie die Blinden blind sind, selbst wenn sie wenig später ihr Augenlicht wieder bekommen sollten, so bleiben die Voreiligen bis zu dem Augenblick töricht und schlecht, in dem sie sich die Tugend aneignen.«

U   Plutarch, *De comm. not.* 9, 1062B   (FDS 1235)

Was dich bei ihnen am meisten verwundern dürfte, ist wohl . . . daß sie [die Stoiker] glauben, daß derjenige, der in den Besitz der Tugend und des Glücks gelangt, deren Anwesenheit oft noch nicht einmal wahrnimmt, daß es ihm vielmehr selbst verborgen geblieben ist, daß er kurz zuvor noch außerordentlich unglücklich und äußerst töricht war, jetzt dagegen besonnen und selig geworden ist.

R Kontext: Chrysipps Aussagen über die Schlechtigkeit.   **S** Kontext: Plutarchs Zurückweisung der zitierten stoischen These.   **T** Kontext: Kritik an der stoischen Lehre vom Fortschritt.   **U** Kontext: Kurz nach 63I.

☐ Als die ursprüngliche Gestalt des Guten ist die Tugend äußerst förderlich oder nützlich für den, der sie besitzt (60G; vgl. 26A). Zusammenfassen kann man sie als »die natürliche Vollkommenheit eines vernünftigen Wesens als eines vernünftigen Wesens« (Diogenes Laërtius 7.94), eine Vollkommenheit, die durch die Person selbst auf der Grundlage ihrer angeborenen geistigen Ausstattung herbeigeführt wurde (vgl. 57A5; 60H3). Dabei gestanden die stoischen Philosophen zu, daß es sehr unwahrscheinlich ist, daß jemand diesen absolut sicheren und fehlerfreien Charakter erreicht (N2). Sie bestanden jedoch darauf, daß das möglich ist (K; 54H4), daß es in Beziehung zu den natürlichen Tendenzen aller Menschen steht (L; vgl. 59A) und daß es mit dem Glück zusammenfällt (A2, U). Weil das Glück ganz durch die Tugend konstituiert wird, ist die Tugend »um ihrer selbst willen wählenswert« (A1) und nicht etwa als ein Mittel, um irgendetwas von ihr Verschiedenes zu erreichen, auch nicht als ein Mittel zur Erreichung des Glücks (im Gegensatz zu Epikur, 21O–P). Das war der Kern der Ethik des Sokrates; und wie sehr die Stoiker in der Schuld von Sokrates und Platon standen, zeigten sie dadurch, daß sie die Tugend als »eine Kunst« betrachteten, »die sich auf das ganze Leben bezieht«, und sie analog zu der Fähigkeit sahen, etwas in professionellen Strebungen »gut zu machen« (G1-2; für die Begriffe der Kunst, der Wissenschaft und der Strebung siehe 41H; 42; 26H). Zentral für die stoische Ethik ist der Anspruch, daß die Tugend eine äußerst selbstgenügsame Kunst zu leben ist. In ihrem allgemeinsten Sinn umfaßt sie das Ganze der Philosophie (26A) und schließt die Tugend(en) der Dialektik (31B–C) ebenso ein wie die vertrauteren moralischen Vorzüge.

Das Gute selbst wurde charakterisiert als Übereinstimmung oder Konsistenz (59d5). Dieser Begriff füllt das aus, was am Guten förderlich ist, und geht in die Standarddarstellung der Tugend als ein »konsistenter Charakter« ein (A1, B8). Der durch »Übereinstimmung« oder »Konsistenz« wiedergegebene griechische Ausdruck *homologia* war ideal geeignet, um das Wesen der stoischen Tugend einzufangen. Seine sprachliche Form *(homo-logia)* läßt sich nämlich interpretieren als »Harmonie der Vernunft« (oder »Harmonie mit der Vernunft«). Tugend ist demnach vernünftige Konsistenz (Übereinstimmung), ein Merkmal des Führungsvermögens der Seele (B8; vgl. 60G). Die spezifisch stoische Konzeption der Rationalität kommt in der Behauptung zum Vorschein, daß die Kräfte der Seele nicht in vernünftige *und* unvernünftige Fähigkeiten geteilt werden können, wie andere griechische Philosophen das vorschlugen. (Für die Rückkehr des Poseidonios zu diesem alternativen Modell siehe 65K.) Das Führungsvermögen (siehe 53G–H) ist vielmehr durch und durch vernünftig. Die »Irrationalität« oder »Unvernunft«, welche Laster bedeutet, ist ein abweichender Zustand der einheitlichen Vernunft (B9-11). Gelegentlich spricht man hier von einer ›monistischen Psychologie‹; sie hilft zu erklären, warum es nach stoischer Lehre keine Abstufungen von Tugend und Laster und warum es keinerlei Zwischenzustände gibt (I1, T). Das Vernunftvermögen einer Person wird in dem Sinne verstanden, daß es entweder konsistent oder inkonsistent ist. Diese Konsistenz oder auch die Tugenden, die sie begründet, sind der Geradheit einer absolut geraden Linie analog (I). Weiter ist die Unfähigkeit, Abstufungen zuzulassen, dasjenige, was den Tugenden die technische Bezeichnung eines »Charakters« *(diathesis)* einträgt (A1, B8; 47S2; 60L).

Die vier »ersten« Tugenden (H6) waren seit der Zeit Platons kanonisch. Die These, daß sie voneinander nicht trennbar seien, war inzwischen akzeptiert und weit verbreitet. Wie ihr Urheber Sokrates beispielsweise in Platons *Protagoras* dargestellt wird, kann er damit durchaus gemeint haben, daß die vier Tugenden im wesentlichen identisch seien und als alternative Charakterisierungen eines einzigen Geisteszustands zu gelten hätten, dem Wissen von Gutem und Schlechtem. Jedenfalls war die extreme Version der Einheitsthese in den sokratischen Schulen des vierten Jahrhunderts Standard; Menedemos in **B1** ist dafür repräsentativ.

Die These des Stoikers Ariston (**B2-4**; siehe auch **29E**) geht selbst in die Richtung des Sokrates, indem sie den einheitlich tugendhaften Zustand der Seele als »Gesundheit« (oder nach einer anderen Quelle als »Wissen um Gutes und Schlechtes«) identifiziert und indem sie die einzelnen Tugenden bloß als durch die Umstände bedingte akzidentelle Differenzierungen dieses Zustands ansieht: als Tapferkeit, wenn der Zustand auf Sachen appliziert wird, die Ausdauer verlangen, als Gerechtigkeit, wenn auf Sachen, die zu verteilen sind, usw. Zenon könnte den Eindruck erweckt haben, diese These zu legitimieren, indem er selber jede Tugend als »Klugheit in Dingen, die . . .« definierte (**B5**, **C2**). Aristons Zeitgenosse Kleanthes (**C5**) hatte guten Grund anzunehmen, daß der Terminus »Klugheit« überall da, wo er in Zenons Definitionen vorkommt, für einen identischen Seelenzustand steht; und Aristons Position ist im wesentlichen dieselbe. Für die parallele stoische Behandlung der Laster vgl. **41I**.

Von Zenon wird aber auch berichtet (**C1**), er habe eine Mehrzahl verschiedener Tugenden angenommen. Unter dem Gesichtspunkt der Orthodoxie hatte Chrysipp deshalb wahrscheinlich recht, Aristons Position zu kritisieren und Zenons Definitionen zu verteidigen (**C4**), indem er die Vermutung äußerte, daß Zenons »Klugheit« *(phronēsis)* – nach einer sokratischen Standardäquivalenz – gleichbedeutend mit »wissenschaftlichem Wissen« sei *(epistēmē,* **B6**). Dies versetzte ihn in die Lage, jede der Kardinaltugenden in Zenons Definitionen dahingehend zu interpretieren, daß sie ein jeweils *verschiedenes* Wissenschaftswissen bildeten – eine Auffassung, die sich in den kanonischen Definitionen von **H** widerspiegelt (vgl. auch **60K2**). Technisch drückte Chrysipp diesen Punkt dadurch aus, daß er die Tugenden zur Gattung des »eigenschaftsmäßig Bestimmten« rechnete und jede von ihnen zu einer eigenen Eigenschaft der Seele machte (**B7**, vgl. **E**; siehe ferner **28–29**).

Ein bemerkenswertes Verdienst der chrysippeischen Version ist, daß sie besser als Aristons Darstellung zu einer Erklärung geeignet ist, warum wir einen Menschen auch dann noch weiter als tapfer beschreiben können, wenn er seine Tapferkeit nicht zur Anwendung bringt. Der entsprechende Nachteil ist vom Standpunkt der Stoiker aus, daß jetzt erheblich weniger deutlich wird, warum die Tugenden nicht voneinander trennbar sein sollten.

Chrysipps Verteidigung der Untrennbarkeitsthese ergibt sich aus **D**. Als eine Wissenschaft (vgl. **60K2**) ist eine Kardinaltugend durch die sie konstituierenden Theoreme gekennzeichnet (siehe **26C**; **42**), unter denen wir Prinzipien der Lebensführung verstehen können. Alle Tugenden haben ihre Theoreme gemeinsam, aber aus unterschiedlichen Perspektiven. Jede wählt als ihre maßgebliche Perspektive die Theoreme, welche den jeweiligen speziellen Bereich der Lebensführung beherrschen; das reicht aus, um jede Tugend als eine eigene Tugend zu unterscheiden. Als sekundäre Perspektive indes wählt jede Tugend die Theoreme, die andere Bereiche der Lebensführung beherrschen; und das reicht aus, um zu gewährleisten, daß sie alle ihre Theoreme gemeinsam haben und deshalb nicht voneinander trennbar sind. Diese Lehre von der »sekundären Perspektive« (vgl. **63G**) könnte man mit dem folgenden Beispiel verteidigen: Eine besonnene Handlung läßt sich wohl nicht selber angemessen als eine tapfere Handlung beschreiben. Doch selbst dann ist eine notwendige Bedingung dafür, daß die Handlung besonnen ist, die, daß sie nicht feige, ungerecht oder töricht ausgeführt sein darf. Das aber kann nur sichergestellt werden, wenn der besonnene Mann die Prinzipien der Lebensführung beherrscht, m.a.W. die »Theoreme«, die der Tapferkeit, Gerechtigkeit und Klugheit eigen sind. Insoweit, aber auch nur insoweit heißt, in Übereinstimmung mit der Besonnenheit zu handeln, »in Übereinstimmung mit allen Tugenden« zu handeln (**D**1, **F**1). (Von daher ist der von Plutarch in **F** geltend gemachte Widerspruch eine Illusion: Wenn Chrysipp sagt, daß der tugendhafte Mann seine Tapferkeit nicht immer in Handlungen manifestieren muß, denkt er natürlich an die Tapferkeit, wie sie gewöhnlich verstanden und wie sie durch ihre *primäre* Perspektive definiert wird.)

Wir folgen der Konvention und übersetzen *kakia*, den Gegensatz von *aretē* (Tugend), mit »Laster«. Trotzdem sollten moderne Assoziationen von »Laster« hier beiseitegelassen werden. *Kakia* ist das Nomen, welches dem allerallgemeinsten griechischen Adjektiv für »schlecht« entspricht. Im Sprachgebrauch der Stoiker ist die relevante Schlechtigkeit allein und ausschließlich ein Mangel an moralischer Vollkommenheit bzw. deren Abwesenheit; und dieser Fehlbestand deckt die gesamte Reihe moralischer Dispositionen ab, auch die Dispositionen derjenigen Menschen, »die Fortschritte machen«; selbst diese Dispositionen sind alle nicht die Tugend-Disposition. Eine derart unterschiedslose Behandlung alles dessen, was unterhalb der Schwelle moralischer Vollkommenheit bleibt (**N**3), war eine unvermeidliche Konsequenz von **I**1: der Bestreitung, daß es zu Tugend und Laster irgendeinen Zwischenstatus oder Abstufungen gebe (**T**, **U**). Das entscheidende Merkmal der Tugend ist die absolute Sicherheit und Festigkeit der Vernunft des Weisen (**B**8), die Gewißheit seines Wissens, welche gewährleistet, daß er »alles gut macht« (**G**). Das ist eben auch dasjenige, was der Person noch fehlt, die schon den größtmöglichen Fortschritt gemacht hat (**59**I); und es hilft, die massive Behauptung zu erklären, daß der Weise ebenso tugendhaft ist wie Zeus (**J**), sowie zu verstehen, warum Chrysipp und Kleanthes verschiedener Meinung darüber waren, ob es möglich sei, die Tugend zu verlieren. Kleanthes ging davon aus, daß das Verständnis des Weisen von wahren Werten so sicher ist, daß niemals irgendetwas seine moralische Disposition zu ändern vermöchte. Chrysipp scheint demgegenüber angenommen zu haben, daß durch (mutmaßlich unkontrollierbare) Faktoren wie Depression und Rausch selbst der Weise um seine Balance gebracht werden könnte und dann die vollkommene Konsistenz seiner Seelen-»Spannung« (zeitweilig?) verlieren würde. Vielleicht war das nicht mehr als eine Antwort *ad hominem* auf den Einwand, daß sogar ein Weiser das Opfer von Umständen sein könne, die sich seiner Kontrolle entziehen (vgl. **66G**).

Laster ist die Negation von Tugend, und seine Hauptmerkmale wurden durch die gleiche Art der Argumentation entwickelt (**F**2, **G**3, **H**5, **O**1): Man beachte die Betonung von Unkenntnis und Inkonsistenz. Was schlechte Leute an Unrecht tun, schadet ihnen selbst genauso, wie rechtschaffene Handlungen ebenso zum Vorteil derer gereichen, die sie tun, wie zum Vorteil derer, denen die Handlungen gelten (**60P**). Dieser Punkt paßt zu der Praxis der Stoiker, Tugend und Laster in den Begriffen geistiger Gesundheit zu interpretieren, eine Konzeption, die für die Identität von Tugend mit Glück und von Laster mit Unglück zentral ist. Medizinische Analogien waren für die philosophische Ethik seit Sokrates und Platon charakteristisch (für Epikur siehe **25C**); die Stoiker arbeiteten diesen Punkt aber mit einer für sie charakteristischen Liebe zum Detail aus, wie man aus ihrer »Pathologie« der Gefühle (**65**) klar ersehen kann. Darauf ist an späterer Stelle eigens einzugehen. Was hier festgehalten werden sollte, ist die Konzeption des Lasters als geistiger Krankheit, die sich in gefühlsmäßigen Verwirrungen darstellt, welche zu den tugendhaften Dispositionen im Widerspruch stehen (**O**). Die Grundlage einer derartigen »Krankheit« ist Unkenntnis oder sind irrige Werturteile (**B11**, **P**). (Für deren Ursachen und Behebung siehe **65**.) Passagen wie **P** (die bei Marc Aurel und Epiktet überreichlich vorkommen) deuten darauf hin, daß engagierte Stoiker die Harschheit ihrer absoluten moralischen Kategorien durch eine zuvorkommende Einstellung denen gegenüber milderten, deren Werte falsch sind. Tugend ist das, worum es im menschlichen Leben letztlich geht; aber zu leben schließt ein, daß man das zum Leben Nötige hat, was eine angemessene Vorsorge des »bevorzugten Indifferenten« erfordert; ein Selbstmord wird von dem, dem die Tugend fehlt, nicht verlangt (**Q**, vgl. **66G**)!

Als Deterministen (siehe **38**; **55**; **62**) waren die Stoiker mit Problemen konfrontiert, ob es angebracht sei, von Tugend und Laster anzunehmen, sie stünden »in unserer Macht«. Unabhängig vom Determinismus führte ihre Konzeption von Tugend und Laster als absoluten und wechselseitig ausschließenden Charakteren freilich dazu, daß jeder Übergang vom einen zum anderen sich als problematisch darstellte. Dennoch bestanden sie darauf, »daß aus schlechten Menschen gute werden« können (**K**; vgl. **54H4**). Dies steht in förmlichem Widerspruch zu **M**, wo moralische Verantwortung (»in unserer Macht stehen«) zwar behauptet wird, aber losgelöst ist von der Möglichkeit, den entgegengesetzten Charakter anzunehmen: Wir können wegen unseres moralischen Charakters gerühmt oder gescholten werden, auch wenn wir, nachdem wir ihn einmal erworben haben, nicht länger in der Lage sind, sein Gegenteil anzunehmen. Indes kann man hier Vereinfachungen vermuten, die allzu weit gehen. Denn der zentrale Punkt ist, daß unsere Verantwortung für unseren moralischen Charakter nicht davon *abhängen* kann, daß dieser uns die Möglichkeit offen hält, den entgegengesetzten Charakter zu erwerben (vgl. **62G1**); um dieser Forderung zu entsprechen, genügt schon die schwächere und orthodoxere Prämisse, daß solche Übergänge *normalerweise* nicht möglich sind. Die seltenen in **N2** vermerkten Ausnahmen könnten von der Verallgemeinerung ausgenommen werden. Auch widerspricht in **M** nichts der These, daß die eine schlechte Person sehr viel näher als eine andere an der Erreichung der Tugend sein kann (**T**). Auf einer Linie damit verteidigten die Stoiker, was ihre Kritiker paradox fanden: der Wechsel vom Laster zur Tugend erfolgt instantan (**S**) und kann sich sogar der Aufmerksamkeit dessen entziehen, der den Wechsel erlebt (**U**). Weil Tugend und Laster in einem Gegensatzverhältnis stehen, ist kein Zwischen-, kein Übergangsstatus möglich.

Ein weiteres Problem bestand darin, wie die Existenz des Lasters damit zu vereinbaren ist, daß die Welt durch die Vorsehung so eingerichtet ist, daß sie als die bestmögliche zu gelten hat (siehe **54**). Die Stoiker sahen sich vor Schwierigkeiten, die denen der christlichen Theologen ähnlich sind. Aber sie wiesen jede Konzeption einer Erbsünde zurück (siehe **65M3-8**). Unter ihren verschiedenen Verteidigungen ist die, welche in **R** und **54Q** zu finden ist, die prominenteste: Das Laster ist mit der Weltordnung vereinbar, weil ohne es sein Gegensatz nicht existieren könnte. Außerdem ist unter dem kosmischen Gesichtspunkt im All Harmonie vorherrschend, selbst wenn sie vom menschlichen Standpunkt aus nicht wahrnehmbar ist (siehe **54I**).

62 Moralische Verantwortung

A   Hippolytos, *Refutatio omnium haeresium* 1.21   (*SVF* 2.975)

Auch sie [Zenon und Chrysipp] bekräftigten, daß alles dem Fatum untersteht, und bedienten sich zur Erläuterung des folgenden Modells: Wenn ein Hund an ein Fuhrwerk angebunden ist, dann wird er, falls er folgen will, gezogen und folgt und läßt so sein spontanes Verhalten mit der Notwendigkeit zusammenfallen; falls er dagegen nicht folgen will, wird er dazu doch in jedem Fall gezwungen. Genauso ist es auch mit den Menschen. Denn selbst wenn sie nicht folgen wollen, werden so doch in jedem Fall gezwungen, in das hineinzugehen, was ihnen bestimmt ist.

B   Kleanthes bei Epiktet, *Enchiridion* 53   (*SVF* 1.527)

Führe mich, Zeus und du, Schicksal, wohin ihr es für mich auch festgesetzt habt. Denn ich werde unverdrossen folgen. Wenn ich aber schlecht werde und nicht will, werde ich um nichts weniger folgen.

C   Cicero, *De fato* 39–43   (*SVF* 2.974; *FDS* 367)

(1) Unter den alten Philosophen gab es zwei Auffassungen; die einen meinten, alles geschehe durch das Fatum, und zwar in der Weise, daß dieses Fatum die Gewalt einer Notwendigkeit mit sich bringe; dieser Auffassung waren Demokrit, Heraklit, Empedokles und Aristoteles. (2) Die anderen meinten, es gebe freiwillige Bewegungen der Seele, die ohne jeden Einfluß des Fatums erfolgen. (3) Wie mir scheint, wollte daraufhin Chrysipp sozusagen als Ehrenschiedsrichter einen Mittelweg finden; aber während seine Neigung mehr denen gilt, die die Bewegungen der Seele frei von Notwendigkeit wissen wollen, gleitet er bei der Darstellung seiner eigenen Auffassung in Schwierigkeiten, so daß er, ohne es zu wollen, die Notwendigkeit des Fatums behauptet. (4) Wie das zugeht, wollen wir, wenn du einverstanden bist, anhand der Zustimmungen betrachten, die ich in meinem ersten Beitrag behandelt habe. Diejenigen alten Philosophen, die der Meinung waren, alles geschehe durch das Fatum, behaupteten nämlich, Zustimmungen würden durch Gewalt und Notwendigkeit bewirkt. Ihre Gegner hingegen befreiten die Zustimmungen vom Fatum und bestritten, daß man, wenn man bei den Zustimmungen das Fatum zulasse, die Notwendigkeit von ihnen fernhalten könne. Sie argumentierten folgendermaßen: »Wenn alles durch das Fatum geschieht, dann geschieht alles aufgrund einer vorab bestehenden Ursache; und wenn das beim Streben so ist, dann ist es auch bei dem so, was

---

A Kontext: Zusammenfassung der stoischen Kosmologie   B Kontext: Der Abschluß des *Handbuchs.* Die Zeilen werden zusammen mit anderen aus Euripides und Platon zu dem Thema zitiert, wie verdienstvoll es ist, dem Fatum und dem Willen Gottes zu entsprechen. C Kontext: Qualifizierte Verteidigung der Position Chrysips.

sich aus dem Streben ergibt, also auch bei den Zustimmungen. Wenn aber die Ursache für das Streben nicht in uns liegt, steht gewiß auch das Streben selbst nicht in unserer Macht; und wenn das stimmt, steht gewiß auch das nicht in unserer Macht, was durch das Streben bewirkt wird. Es stehen also weder die Zustimmungen noch die Handlungen in unserer Macht. Daraus resultiert, daß weder Lob noch Tadel, weder Ehrungen noch Strafen gerecht sind.« Weil dieses Argument fehlerhaft ist, glauben sie, man könne plausibel schließen, daß nicht alles, was geschieht, durch das Fatum geschieht. (5) Chrysipp indes lehnte die Notwendigkeit ab und wollte gleichzeitig, daß sich nichts ohne vorausliegende Ursachen ereignet. Deshalb unterschied er verschiedene Arten von Ursachen, um einerseits die Notwendigkeit zu vermeiden und doch andererseits das Fatum beizubehalten. »Die Ursachen sind nämlich«, so sagt er, »teils vollkommen und Hauptursachen und anderenteils mithelfende und Nebenursachen. Wenn wir deshalb sagen, alles geschehe durch das Fatum aufgrund vorab bestehender Ursachen, dann wollen wir hierunter nicht vollkommene und Hauptursachen, sondern mithelfende und Nebenursachen verstanden wissen.« (6) Daraufhin begegnet er dem soeben entwickelten Argument folgendermaßen: »Wenn alles durch das Fatum geschieht, dann folgt zwar, daß alles aufgrund vorausliegender Ursachen geschieht, allerdings nicht aufgrund von Haupt- und vollkommenen Ursachen, sondern aufgrund von mithelfenden und Nebenursachen. Wenn diese selbst nicht in unserer Macht stehen, dann folgt nicht, daß auch das Streben nicht in unserer Macht steht. Das würde allerdings dann folgen, wenn wir behaupten würden, alles geschehe aufgrund von vollkommenen und Hauptursachen; dann würde, da diese nicht in unserer Macht stehen, auch das Streben nicht in unserer Macht stehen.« (7) Deshalb wird das frühere Argument gegen diejenigen gültig sein, die das Fatum so einführen, daß sie mit ihm Notwendigkeit verknüpfen. Es wird aber nichts gegen diejenigen ausrichten, die die vorab bestehenden Ursachen nicht als vollkommene oder Hauptursachen bezeichnen. (8) Wenn nämlich behauptet wird, die Zustimmungen bildeten sich aufgrund vorausliegender Ursachen, so glaubt Chrysipp, leicht erklären zu können, wie es damit steht. Denn obwohl eine Zustimmung überhaupt nicht erfolgen kann, es sei denn, sie wäre durch eine Vorstellung veranlaßt worden, gilt für sie, da sie diese Vorstellung zur Neben- und nicht zur Hauptursache hat, nach dem Willen Chrysipps trotzdem die soeben dargestellte Betrachtungsweise. Zumindest was die Zustimmung betrifft, will er nicht, daß sie zustandekommen könnte, ohne von einer äußeren Kraft angestoßen zu sein (die Zustimmung muß nämlich notwendigerweise durch eine Vorstellung veranlaßt werden). Vielmehr kommt Chrysipp hier zu seiner Walze und zu seinem Kreisel zurück, die nur durch einen [äußeren] Impuls in Bewegung kommen können. Wenn diese Bedingung aber erfüllt ist, dann, so meint er, rollt die Walze und dreht sich der Kreisel einstweilen aufgrund seiner eigenen Natur. (9) »Wie also«, so sagt er, »derjenige, der die Walze angestoßen hat, ihr zwar den Beginn der Bewegung, aber nicht die Fähigkeit zur Drehung vermittelt hat, so wird der vorgestellte Gegenstand der Seele zwar die entsprechende Vorstellung einprägen und ihr seine Gestalt gleichsam einzeichnen; aber die Zustimmung dazu wird in unserer Macht liegen: Nachdem sie, wie das an der Walze erläutert worden ist, den Impuls von außen empfangen hat, wird sie sich von da an mit eigener Kraft und aus ihrer eigenen Natur heraus bewegen. (10) Wenn es nämlich irgendetwas gäbe, was ohne vorab bestehende Ursache zustande käme, dann wäre es falsch, daß alles durch das Fatum geschieht. Wenn aber plausibel ist, daß alles, was geschieht, eine vorab bestehende Ursache hat, welchen Grund könnte man dann dafür beibringen, daß man nicht sagen müßte, alles geschehe durch das Fatum? Es genügt zu verstehen, worin der Unterschied und die Unähnlichkeit der Ursachen bestehen.«

D Gellius 7.2.6–13 (teilw. *SVF* 2.1000; teilw. *FDS* 998)

(1) Gegen diese [Einwände, daß das stoische Fatum mit der Verurteilung falschen Handelns unverträglich sei,] argumentiert Chrysipp ausführlich, kar und scharfsinnig; aber der der entscheidende Punkt von all dem, was er darüber geschrieben hat, ist etwa folgender: »Obgleich es in der Tat so ist«, sagt er, »daß aufgrund des Fatums alles durch eine unausweichliche und fundamentale Gesetzmäßigkeit erzwungen und verknüpft ist, hat unser Geist trotzdem einen eigenen Grad, in welchem er der Regulierung des Fatums unterworfen ist, und dieser Grad hängt von der ihm eigentümlichen Beschaffenheit ab. (2) Denn wenn die natürliche Ausgestaltung unseres Geistes von vornherein heilsam und nützlich ist, werden er alle jene Gewalt, die das Fatum von außen über ihn hereinstürzen läßt, ohne viel Widerstand und ziemlich leicht vorüberziehen lassen. Wenn er dagegen rauh, unwissend, ungebildet und durch keinerlei Erziehung in den Künsten gefestigt ist, dann stürzen solche Menschen sich selbst dann, wenn nur eine kleine oder gar keine Unbequemlichkeit des Schicksals auf sie eindringt und sie bedrängt, durch ihre Ungeschlachtheit und durch willentlichen Impuls in ständige Laster und Übertretungen. (3) Und daß eben dies auf gerade solche Weise geschieht, das bewirkt jener von der Natur begründete und unausweichliche Folgezusammenhang, der als das Fatum bezeichnet wird. Denn es ist in sich eine gewissermaßen schicksalhafte und folgerichtige Regel, daß schlechte Charaktere nicht frei von Sünden und übertretungen sind.« (4) Ein Stück weiter benutzt er für diese seine Auffassung einen Vergleich, der weiß Gott recht hübsch und passend ist. Er sagt: »Wenn du beispielsweise einen zylindrischen Stein über ein schräges, abschüssiges Stück Boden stößt, dann bildest du für ihn sicherlich die Ursache seines schnellen Hinabrollens und bewirkst dessen Anfang; doch alsbald rollt der Stein vorwärts, nicht weil du es noch bewirken würdest, sondern wegen seiner Gestalt und der Rollfähigkeit seiner eigenen Form. Genauso setzt die Ordnung, das Gesetz und die Unausweichlichkeit des Fatums die verschiedenen Arten von Ursachen und ihre Anfänge in Bewegung; aber die Durchführung unserer Entschlüsse und Gedanken und die Handlungen selbst werden von den individuellen Besonderheiten eines

---

D Kontext: Wie bei **55K**.

jeden und von den jeweiligen Eigenheiten des Geistes gesteuert.« (5) Dann fügt er die folgenden Worte ein, die mit meinen Ausführungen ganz übereinstimmen: »Deshalb sagen auch die Pythagoreern mit Recht: ›Du wirst lernen, daß die Menschen Leiden haben, die sie selbst gewählt haben.‹ Das heißt: der Schaden, den ein jeder leidet, liegt in seiner eigenen Hand, und es entspricht ihrem eigenen Antrieb und ihrem eigenen Denken und Charakter, daß die Menschen in die Irre gehen und Schaden erleiden.« (6) Deshalb erklärt er, daß man Leute, die Missetäter und rücksichtslose Frechlinge sind, egal ob sie dies durch Trägheit oder Schlechtigkeit sind, nicht tolerieren und anhören solle, die, wenn sie der Schuld und des Verbrechens überführt sind, ihre Ausflucht zur Unausweichlichkeit des Fatums nehmen, als wollten sie das Asyl eines Tempelbezirks in Anspruch nehmen, und die dann erklären, was sie ganz schlecht gemacht hätten, sei nicht ihrer eigenen Kopflosigkeit, sondern dem Fatum zuzuschreiben.

E   Diogenes Laërtius 7.23   (*SVF* 1.298)

Man erzählt, Zenon habe einen beim Diebstahl ertappten Sklaven mit Geißelhieben gezüchtigt; als der dann rief: »Es war mir vom Schicksal bestimmt zu stehlen«, konterte er: »Und ausgepeitscht zu werden.«

F   Diogenianos bei Eusebius, *Praep. evang.* 6.8.25–29   (*SVF* 2.998)

(1) Im ersten Buch *Über das Fatum* verwendet er [Chrysipp] also Beweise dieser [etymologischen] Art; im zweiten Buch versucht er die – von uns gleich zu Beginn dargestellten – offenkundigen absurden Konsequenzen der These aufzulösen, daß alles mit Notwendigkeit herbeigeführt wird, zum Beispiel die Konsequenz, daß dadurch die aus uns selbst kommende Bereitwilligkeit im Hinblick auf Tadel, Lob und Ermunterungen und in bezug auf alles aufgehoben wird, was infolge unserer eigenen Verursachung zu geschehen scheint. (2) Im zweiten Buch sagt er also, es sei offensichtlich, daß viele Ereignisse ihren Ursprung bei uns hätten, daß aber auch diese nichtsdestoweniger ko-schicksalhaft mit der Regierung des Alls seien. (3) Er benutzt dazu Beispiele etwa der folgenden Art: Daß der Mantel nicht verloren geht, ist durch das Schicksal nicht einfachhin bestimmt, sondern in Verbindung damit, daß man auf ihn aufpaßt; daß jemand vor den Feinden gerettet wird, ist vom Schicksal in Verbindung damit bestimmt, daß er von den Feinden weg flieht; und daß jemand Kinder hat, ist vom Schicksal in Verbindung damit bestimmt, daß er den Wunsch hat, einer Frau beizuwohnen. (4) Denn, so erklärt er, wenn jemand sagen sollte, der Boxer Hegesarchos werde aus dem Kampf kommen, ohne auch nur einen einzigen Schlag eingesteckt zu haben, dann wäre es ganz abwegig zu erwarten, daß Hegesarchos den Kampf deshalb mit herabhängenden Händen bestreiten

---

E Kontext: Lebensbeschreibung Zenons von Kition.   F Kontext: Kritik der Fatumlehre Chrysipps (vgl. **55P**).

werde, weil ihm vom Schicksal bestimmt sei, aus dem Kampf zu kommen, ohne auch nur einen einzigen Schlag abbekommen zu haben; denn wer diese Prognose gemacht hat, äußerte sie, weil der Mann sich in überlegenerer Weise davor in acht nimmt, Schläge abzubekommen; und so ist es auch in anderen Dingen. (5) Viele Dinge können sich nämlich überhaupt nicht ereignen, ohne daß wir sie wollen und auf sie die intensivste Bereitwilligkeit und Anstrengung verwenden; daß sie nämlich in Verbindung damit eintreten, das, so sagt er, war vom Schicksal bestimmt.

G   Alexander v. Aphr., *De fato* 181,13–182,20   (*SVF* 2.979)

(1) Sie [die Stoiker] bestreiten nämlich, daß der Mensch die Freiheit habe, zwischen entgegengesetzten Handlungen zu wählen, und sagen, was in unserer Macht stehe, sei das, was sich *durch* uns ereignet. (2) Denn was ist und sich ereignet, hat, so sagen sie, jeweils eine andere und unterschiedliche Natur. Die beseelten Wesen haben nämlich nicht dieselbe Natur wie die unbeseelten, und auch die beseelten insgesamt haben nicht dieselbe; die Artunterschiede des Seienden zeigen ja die Unterschiede zwischen den jeweiligen Naturen. Was also durch jedes Wesen geschieht, geschieht gemäß der ihm eigenen Natur, was durch einen Stein geschieht, gemäß der Natur des Steins, was durch Feuer, gemäß der Natur des Feuers, und was durch ein Lebewesen, gemäß der Natur des Lebewesens. Daher kann, sagen sie, sich nichts von dem anders verhalten, was durch ein jedes Seiende nach der ihm eigenen Natur geschieht; sondern alles, was durch sie geschieht, geschieht notwendigerweise. (3) Mit »Notwendigkeit« meinen sie hier nicht die Notwendigkeit aufgrund von Gewalt, sondern die Notwendigkeit, welche daraus resultiert, daß, wenn die Umstände so und so sind (Umstände, die für ein Ding zu der Zeit unmöglich nicht gegeben sein könnten), etwas von dieser Natur nicht in der Lage ist, sich irgendwie anders zu bewegen, als es sich tatsächlich bewegt. (4) Denn wenn der Stein aus einer gewissen Höhe losgelassen wird und kein Hindernis im Weg ist, kann er sich unmöglich nicht nach unten bewegen. Da er ein Gewicht in sich selbst hat und dieses die natürliche Ursache für diese Art der Bewegung ist, bewegt der Stein sich notwendig immer dann in der für ihn natürlichen Weise, wenn auch die äußeren Ursachen gegeben sind, die die natürliche Bewegung des Steins auslösen. Und diese Ursachen, durch die er sich bewegt, sind in jedem Fall und notwendig zu dem Zeitpunkt da. Wenn sie gegeben sind, ist es nicht nur unmöglich, daß er sich nicht bewegt, sondern er bewegt sich dann auch mit Notwendigkeit; und solch eine Bewegung wird dann vom Fatum durch den Stein zustandegebracht. (5) Dieselbe Darstellungsweise gilt auch bei allem anderen. Wie es sich bei den unbeseelten Dingen verhält, so verhält es sich, sagen sie, auch bei den beseelten. Denn auch die Lebewesen haben eine ihrer Natur gemäße Bewegung, und das ist die aufgrund ihres Antriebs. Denn

---

G Kontext: Kritik des stoischen Determinismus. Vgl. 53O und *SVF* 2.991.

jedes Lebewesen *qua* Lebewesen bewegt sich dann, wenn es sich bewegt, seinem Antrieb gemäß und führt eine Bewegung aus, die dann vom Fatum durch das Lebewesen zustandegebracht wird. (6) . . . Von den Bewegungen, die vom Fatum durch die Lebewesen zustandegebracht werden, sagen sie, daß sie in der Macht der Lebewesen stehen; sie erfolgen nämlich im Hinblick auf die Notwendigkeit genauso wie bei allen anderen Wesen, weil auch bei ihnen die äußeren Ursachen zu dem Zeitpunkt aufgrund von Notwendigkeit gegeben sein müssen, so daß sie die aus ihnen selbst entspringende, dem Antrieb folgende Bewegung notwendigerweise etwa so ausführen. Weil aber diese Bewegungen durch Antrieb und Zustimmung zustandekommen, die Bewegungen jener Dinge dagegen teils durch Gewicht, teils durch Hitze und teils durch sonst eine Ursache, nennen sie diese Bewegung »in der Macht der Lebewesen«, aber jene Bewegungen nicht mehr einzeln die Bewegung »in der Macht des Steins« oder die »in der Macht des Feuers«. (7) Das also ist in Kürze ihre Auffassung über das, was in unserer Macht steht.

H Alexander v. Aphr., *De fato* 185,7–11 (*SVF* 2.982)

Daß sie auf den Satz »Wenn jemand unter denselben Umständen bald so und bald anders handelt, führt er eine unverursachte Bewegung ein« vertrauen und daß sie infolgedessen sagen, es sei niemandem möglich, das Gegenteil von dem zu tun, was er tatsächlich tut, deutet auf eine Versehen von ihrer Seite hin . . .

I Alexander v. Aphr., *De fato* 205,24–206,2 (*SVF* 2.1002)

(1) Denn sie [die Stoiker] nehmen an, daß alles, was von Natur aus besteht, gemäß dem Fatum so ist, wie es ist, da »von Natur aus« und »gemäß dem Fatum« dasselbe sei, (2) und sie fügen hinzu: »Daher wird es gemäß dem Fatum sein, daß die Tiere Sinneswahrnehmungen und Antriebe haben und daß die einen Lebewesen nur tätig sind, während die anderen vernünftige Handlungen tun, und daß die einen falsche, andere dagegen richtige Handlungen tun. Denn das ist für sie natürlich. (3) Solange aber falsche und richtige Handlungen bleiben und deren jeweilige Natur und Eigenschaften nicht aufgehoben sind, bleiben auch Lob und Tadel, Strafen und Ehrungen. Denn das ist die Konsequenz und die Ordnung, in der sie stehen.«

J Alexander v. Aphr., *De fato* 207,5–21 (*SVF* 2.1003)

(1) Sie [die Stoiker] sagen: »Es ist nämlich nicht so, daß zwar das Fatum von dieser Art ist, es aber keine Schicksalsbestimmung gibt, und auch nicht so, daß es zwar eine Schicksalsbestimmung, aber keinen Anteil daran gibt, und auch nicht so, daß es zwar einen Anteil daran gibt, aber kein Maß in der Zuteilung,

---

H Kontext: Wie **G**.   I Kontext: Wie **G**.   J Kontext: Wie bei **G**.

und auch nicht so, daß es zwar ein Maß in der Zuteilung, aber kein Gesetz gibt, und auch nicht so, daß es zwar ein Gesetz, aber keine richtige Vernunft gibt, die anordnet, was zu tun, und verbietet, was zu lassen ist. (2) Nun sind es aber die falschen (fehlerhaften) Handlungen, die verboten, und die richtigen Handlungen, die geboten werden. Es ist also nicht so, daß zwar das Fatum von dieser Art ist, es aber keine falschen (fehlerhaften) und richtigen Handlungen gibt. (3) Wenn es aber falsche (fehlerhafte) und richtige Handlungen gibt, dann gibt es Tugend und Laster; und wenn es diese gibt, dann gibt es Rechtschaffenes und Schändliches. Das Rechtschaffene aber ist zu loben, das Schändliche zu tadeln. Also ist es nicht so, daß zwar das Fatum von dieser Art ist, es aber nichts Lobens- und Tadelnswertes gibt. (4) Nun verdient aber das Lobenswerte Ehrung und das Tadelnswerte Strafe. Also ist es nicht so, daß zwar das Fatum von dieser Art ist, es aber keine Ehrung und keine Strafe gibt. (5) Ehrung aber ist die Verleihung einer Vergünstigung, und die Strafe ist Berichtigung. Also ist es nicht so, daß zwar das Fatum von dieser Art ist, es aber keine Verleihung einer Vergünstigung und keine Berichtigung gibt. (6) Wenn es aber so ist, dann bleiben alle Dinge erhalten, von denen die Rede war, selbst wenn alles aufgrund des Fatums geschieht: richtige und falsche (fehlerhafte) Handlungen, Ehrungen und Strafen, Verleihungen von Vergünstigungen, Belobigungen und Tadel.«

K   Epiktet, *Dissert.* 1.1.7–12

(1) Wie es also angebracht war, legten die Götter nur das mächtigste und wichtigste von allem in unsere Macht, den richtigen Gebrauch der Vorstellungen; (2) die anderen Sachen legten sie nicht in unsere Macht. Ist das so, weil sie es nicht wollten? Ich für meinen Teil meine, daß sie uns auch sie anvertraut hätten, wenn sie dazu in der Lage gewesen wären. Aber sie waren dazu überhaupt nicht in der Lage. Denn wir sind auf der Erde und durch einen irdischen Körper und irdische Mitmenschen gebunden; wie hätte es da ausbleiben können, daß wir mit Blick auf diese Dinge durch externe Sachen behindert werden? (3) Doch was sagt Zeus? »Epiktet, wenn es möglich gewesen wäre, hätte ich deinen armen Körper und dein kleines Eigentum frei und unbehindert gemacht. Aber wie die Dinge stehen, bitte nimm das zur Kenntnis, ist dieser Körper nicht dein Besitz, sondern in kunstvoller Weise gemischter Lehm. Weil ich dazu nun nicht in der Lage war, gab ich dir ein Stück von uns, diese Kraft des Antriebs und der Zurückweisung, des Verlangens und der Aversion – kurz: die Kraft zum Gebrauch der Vorstellungen. Wenn du dich um sie kümmerst und das auf sie setzt, was du hast, wirst du nie blockiert und nie behindert sein, wirst du dich nicht beklagen, wirst nicht schmähen und wirst bei niemandem zum Schmeichler.«

K Kontext: Über das, was in unserer Macht steht und was nicht.

Die stoische Welt wird durch ein Fatum regiert, welches für jeden Weltzyklus jede Einzelheit vorherbestimmt. Dieser Determinismus hat seine Grundlage in der Logik (38) ebenso wie in der Physik (55). Ist die Ethik der Verlierer? So würde ein Epikureer das einschätzen und dafür als Grund angeben, daß moralische Verantwortung mit Determinismus schlechthin unverträglich ist (siehe 20). Weil die Stoiker selbst mit Sicherheit anderer Auffassung sind, werden sie von den Gelehrten häufig »Kompatibilisten« genannt (vgl. C3). Das könnte in bezug auf ihre Position freilich eine Untertreibung sein. Nach Ansicht der Stoiker sind Determinismus und moralische Verantwortung nicht bloß kompatibel, sondern setzen sich in Wirklichkeit gegenseitig voraus (I, J; 53O).

Es gibt keinen Beleg dafür, daß die erste Stoikergeneration irgendeine Spannung zwischen Fatum und Moralität gespürt hätte. Das ist deshalb so, weil − nach A und B zu urteilen − das Fatum für sie einem ziemlich traditionellen griechischen Bild von der menschlichen Schicksalsbestimmung entsprach. Bestimmte entscheidende Kennzeichen von jemandes Leben liegen von vornherein fest: die Haupterfolge und die wichtigsten Mißerfolge, die Nachkommenschaft, jemandes Krankheit, der Tag des Todes. Jeder Versuch, diese Grenzmarken des eigenen Lebens zu umgehen, schlägt unvermeidlich fehl; das ist die Macht des Schicksals. Was der frühe Stoizismus hinzufügt oder zumindest mit einer neuen Betonung feststellt, ist, daß der Plan des Fatums für einen jeden durch und durch Vorsehungscharakter hat. Die gegenwärtige Welt ist die bestmögliche, und man ist in ihr, um darin eine sehr bestimmte Rolle zu spielen. Zu begreifen, daß die eigenen offenkundigen Rückschläge Teil des großen Plans sind, wird daher als eine Quelle für Trost und Zuversicht angeboten. Worauf es in A und B hauptsächlich ankommt, ist, daß moralische Gutheit weitgehend darin *besteht*, bereitwillig und zum Vorteil dessen, wozu man in der Lage ist, dasjenige Leben zu führen, welches einem vom Schicksal zugedacht ist (vgl. 63C). Wenn man sich stattdessen über sein übles Geschick ärgert, bleibt man ohne die Kraft, ihm eine Wende zu geben, und wenn man sich gegen die Pläne der Vorsehung stellt, wird man dadurch moralisch schlecht.

Was immer der genaue Skopus der Rede vom Fatum hier ist (für eine zusätzliche Verfeinerung siehe auch E), gibt es insoweit keinerlei Hinweis (vgl. insbesondere B), daß unsere eigenen Einstellungen ebenfalls voll vorherbestimmt wären. Diese nächste Drehung an der Schraube ist gegebenenfalls das, was den stoischen Determinismus erzeugt. Die Quellen verbinden diese weitergehende Lehre überreichlich mit dem Namen Chrysipps. Nach dem, was durch ihn die kanonische stoische Position wurde, gibt es keine einzige noch so kleine Einzelheit, die dem Kausalnexus des Fatums entgeht (55J–Q; vgl. 52).

Das Problem des Determinismus wird nun unvermeidlich. Wie können unsere individuellen Antriebe und Handlungen »in unserer Macht« stehen, wenn sie seit eh und je notwendig waren? Wie können wir m.a.W. dafür verantwortlich sein, wenn es nicht so ist, daß wir anders hätten handeln können (C4, D6)? Und warum müssen wir überhaupt überlegen und Entscheidungen treffen, wenn unsere Handlungen darauf trotzdem allemal folgen (das »Faule Argument«: siehe 55S1)?

Diese letzte Frage läßt sich relativ leicht beantworten. Wir überlegen und treffen Entscheidungen deshalb, weil dies das Mittel ist, durch das nach der Festsetzung des Schicksals viele unserer Handlungen herbeigeführt werden (F; 55S2–3). Solch eine Lösung wird allerdings damit erkauft, daß noch stärker herausgestellt wird, wie offenkundig unerreichbar alternative Entscheidungen für uns sind. Das also ist der Punkt, dem wir uns widmen müssen.

Eine verlockende Annahme könnte sein, daß ein Handelnder nur dann verantwortlich ist, wenn er hätte anders handeln können, und zwar in dem strengen Sinn, daß »nichts«, weder etwas Inneres noch etwas Äußeres, die Handlung prädeterminiert hat, die er im Endergebnis wählte. Für die Stoiker ist ein solcher Gedanke unverständlich. Er läuft nicht nur den fundamentalen logischen und metaphysischen Gesetzen zuwider, auf die sich die Fatumlehre gründet (H; 38G; 55N2). Sondern er verlangt auch, daß die Leute in der Lage sind, im Gegensatz zu ihrem moralischen Charakter zu handeln (G; vgl. 61M). Es wäre jedoch absurd anzunehmen, daß das, was einen schlechten Menschen für seine Fehlhandlung verantwortlich macht, der Umstand ist, daß er in dem Augenblick in der Lage war, eine gute Handlung zu vollbringen, oder – noch widersinniger – daß ein guter Mensch für seine guten Handlungen deshalb verantwortlich ist, weil er zu moralisch schlechten Handlungen fähig ist.

Selbst so zögert Chrysipp noch, das Kriterium, man ›hätte anders handeln können‹, völlig aufzugeben. Denn wenn es überhaupt keine Bedeutung gibt, in der alternative Handlungen (oder Alternativen, von Handlungen Abstand zu nehmen) für uns möglich sind, werden unsere tatsächlichen Handlungen notwendig. Und obwohl Chrysipp gelegentlich akzeptiert zu haben scheint, daß das Fatum in gewissem Sinne Notwendigkeit bedeutet (D, F, G; 55M3), ist seine interessantere, von Cicero in *De fato* herausgestellte Taktik die, zu versuchen, zwischen kausaler Determination und Notwendigkeit eine Trennung vorzunehmen. Seine Methode war, einen Begriff der kontrafaktischen Möglichkeit festzuhalten: 38E3. Im Kommentar von 38 äußern wir die Vermutung, daß dies auf den Gesichtspunkt der *Gelegenheit* hinauslief. Wenn jemand ein Verbrechen begangen hat und sein krimineller Charakter sowie die Versuchung gegeben sind, in der er stand, dann bestand keine Möglichkeit, *daß* er das Verbrechen nicht beging; als verantwortlich kann er aber trotzdem gelten unter der Voraussetzung, daß es *für* ihn möglich war, das Verbrechen nicht zu begehen, d.h. unter der Voraussetzung, daß er die *Gelegenheit* hatte, anders zu handeln.

Ein anderer Weg, das Fatum von notwendiger Herbeiführung zu trennen, wird in den Begriffen von Ursachen entwickelt: C. Im Kommentar von 55 haben wir uns bemüht, die Ursachetypen zu unterscheiden, auf die Chrysipp sich in C stützt. Hier wollen wir davon aus Gründen der Einfachheit bloß so sprechen, daß wir von »Haupt-« und von »auslösenden Ursachen« reden. Der moralische Charakter eines Menschen ist der Hauptgrund, warum er gut oder schlecht handelt. Zusätzlich verlangt jede Handlung eine auslösende Ursache, und zwar normalerweise in der Form eines Sinneseindrucks, da alle Handlungen irgendwie Antworten auf äußere Umstände sind. Weil aber der überwiegende Teil der Verantwortung bei der Hauptursache liegt, kann man von der auslösenden Ursache nicht sagen, daß sie selbst mit Notwendigkeit die Zustimmung herbeiführe, welche seine Handlung in Gang bringt. (Es wäre zum Beispiel seltsam anzunehmen, daß eine herunterbaumelnde Möhre einen Esel *zwingen* würde, sich zu bewegen, wie unvermeidlich dieses Resultat ansonsten auch immer sein mag; die Hauptursache ist die eigene Stumpfsinnigkeit des Esels.) Welche Art der Verursachung wird nun vom Fatum ausgeübt? Aus einer kosmischen Perspektive ist das Fatum die ganze Reihe verknüpfter Ursachen: siehe besonders 55N. Aber aus der Perspektive des menschlichen Individuums gibt es eine scharfe Trennlinie zwischen ihm selbst einschließlich seiner Überzeugungen, moralischen Qualitäten etc. und der Außenwelt, mit der es interagiert. Es würde ihm abwegig erscheinen, ein bloßer Betrachter einer einzigen undifferenzierten Kausalkette zu werden, in der seine eigenen Überzeugungen und Einstellungen aufgegangen wären. Besonders wenn es um die Zuschreibung von Verantwortung geht, muß es sich selbst von der Kette äußerer

Einflüsse unterscheiden. Von seinem Standpunkt aus ist das Fatum daher die Serie äußerer Ursachen, die auf es einwirken und die dadurch so wirken, daß sie ihre vorbestimmten Wirkungen hervorbringen. Weil diese äußeren Ursachen aber nicht mehr sind als nur eben auslösende Ursachen, kann der Mensch sie nicht in irgendeinem ernsthaften Sinn als für seine Handlungen *verantwortlich* ansehen, geschweige denn als ausreichend, um diese Handlungen mit Notwendigkeit herbeizuführen. Die Hauptursache ist er selbst.

Das also ist die Lösung des Verantwortungsproblems, wie sie von Chrysipp in C skizziert und auf die in **55R** angespielt wird. Eine Variante, die in **D** und **F** exemplifiziert und in **G3** explizit gemacht wird, bestand darin, zuzugestehen, daß das Fatum die Handlungen mit Notwendigkeit herbeiführt, dann aber die darin enthaltene Notwendigkeit von gewaltsamem Zwang abzugrenzen. In beiden Versionen erfordert die Verantwortlichkeit für unsere Handlungen in keiner Weise eine offene Zukunft und könnte dadurch sogar ernsthaft gefährdet werden. Was sie erfordert, ist ein angemessenes System, um Verantwortung auf die relevanten Kausalfaktoren zu verteilen. Daß Handlungen »in unserer Macht stehen«, heißt für uns einfach, daß wir ihre Hauptursachen sind: **G**. Vom Fatum kann man sagen, daß es sie *durch* uns herbeiführt.

Vielleicht ist dies vielversprechend als eine Erklärung dafür, wie wir im Alltag tatsächlich moralische Glaubwürdigkeit und moralischen Mißkredit zuschreiben. Was weniger klar scheinen könnte, ist, warum in einer derart unflexibel strukturierten Welt der Begriff individueller Moralität überhaupt irgendeinen Platz haben sollte. Nun, wenn der vorherrschende Kausalnexus rein mechanisch wäre, so wie in einem atomistischen Universum, dann müßte Chrysipp akzeptieren, daß seine Theorie die Moralität nicht rechtfertigen, sondern bloß die Illusion davon erklären würde. Nach stoischer Auffassung freilich gehört Moralität zuerst und vor allem zu dem ganzen kosmischen Plan. Von dorther sickert sie herab zu den einzelnen Menschenleben — eine These, die in **J** durch ein Sorites- oder durch ein Schrittchen-für-Schrittchen-Argument gestützt wird (für dessen logische Form siehe **37D** mit Kommentar), welches vom Begriff des Fatums durch zunehmend moralische Begriffe zur individuellen Verantwortung gleitet. Weit davon entfernt, mit Moralität in Konflikt zu stehen, *ist* das Fatum die moralische Struktur der Welt (vgl. auch **D3, I; 53O**). Unser Geist ist jeweils ein Fragment des göttlichen Geistes; und indem wir unsere eigenen Antriebe an dem vorherbestimmten Guten ausrichten, können wir individuelles Gutsein und die einzige wahre Freiheit erreichen (**K**; vgl. **D1-2; 67M–O**).

63 Das Ziel und Glück

A Stobaeus 2.77,16–27 (*SVF* 3.16)

(1) Sie [die Stoiker] sagen, daß glücklich zu sein das Ziel ist, um dessentwillen alles getan wird, das aber selbst nicht um irgendetwas willen getan wird. Es besteht darin, tugendgemäß zu leben, darin, in Übereinstimmung zu leben, oder — was dasselbe ist — darin, in Übereinstimmung mit der Natur zu leben. (2) Zenon definierte das Glück folgendermaßen: »Glück ist ein guter Fluß des Lebens.« Auch Kleanthes hat in seinen Schriften von dieser Definition Ge-

---

A Kontext: Doxographie zum *telos* im Sinne der Stoiker.

brauch gemacht, ebenso auch Chrysipp und alle ihre Nachfolger, die sagten, daß das Glück nichts vom glücklichen Leben Verschiedenes ist. (3) Sie sagen indes, daß, während das Glück als Skopus aufgestellt ist, das Ziel darin besteht, das Glück zu *erlangen*, was dasselbe ist wie glücklich zu sein.

B   Stobaeus 2.75,11–76,8   (teilw. *SVF* 1.179 + 1.552 + 3.12; *FDS* 794a)

(1) Zenon gab das Ziel so wieder: »in Übereinstimmung leben«. Das heißt: in Übereinstimmung mit einem einzigen, zusammenklingenden Vernunftprinzip; denn die, welche im Konflikt leben, sind unglücklich. (2) Zenons Nachfolger verdeutlichten dies weiter und formulierten so: »in Übereinstimmung mit der Natur leben«, wobei sie annahmen, daß das von Zenon Gesagte ein unvollständiges Prädikat sei. (3) Kleanthes, der von ihm als erster die Schule übernahm, fügte nämlich »mit der Natur« hinzu und gab folgende Bestimmung: »Das Ziel besteht darin, in Übereinstimmung mit der Natur zu leben.«. (4) Diese Bestimmung wollte dann Chrysipp deutlicher machen und drückte sie folgendermaßen aus: »in Übereinstimmung mit der Erfahrung von dem leben, was sich von Natur aus ereignet«.

C   Diogenes Laërtius 7.87–89   (teilw./enthält *SVF* 1.552, 162, 3.4)

(1) Daher erklärte Zenon in seinem Buch *Über die Natur des Menschen* als erster, das Endziel sei, in Übereinstimmung mit der Natur zu leben, was eben heißt, im Einklang mit der Tugend zu leben. Denn die Natur führt uns zur Tugend. Ebenso stellte es auch Kleanthes in dem Buch *Über die Lust* dar, ferner Poseidonios und Hekaton in ihren Büchern *Über Ziele*. (2) Hinwiederum ist, im Einklang mit der Tugend zu leben, dasselbe wie in Übereinstimmung mit der Erfahrung dessen zu leben, was durch die Natur geschieht, wie Chrysipp im ersten Buch *Über Ziele* sagt. Denn unsere eigenen Naturen sind Teile der Natur des Ganzen. (3) In Übereinstimmung mit der Natur zu leben kommt deshalb als das Endziel heraus, nämlich sowohl in Übereinstimmung mit der Natur von einem selbst als auch in Übereinstimmung mit der Natur von allem insgesamt, ohne etwas von dem zu unternehmen, was das allgemeine Gesetz für gewöhnlich verbietet, welches Gesetz die richtige Vernunft ist, die alles durchdringt und identisch ist mit Zeus, dem Lenker der Verwaltung dessen, was ist. (4) Und eben darin besteht die Tugend des glücklichen Menschen und der gute Fluß seines Lebens, wenn alle Handlungen im Einklang des Schutzgeists eines jeden Menschen mit dem Willen des Verwalters von allem insgesamt erfolgen. . . . (5) Unter der Natur aber, in Übereinstimmung mit der man leben soll, versteht Chrysipp sowohl die allgemeine als auch insbesondere die menschliche Natur; Kleanthes dagegen läßt allein die allgemeine Natur als diejenige zu, der man folgen soll, und nicht länger auch die partikuläre.

B Kontext: Doxographie zum *telos* im Sinne der Stoiker. Gefolgt von **58K**.   **C** Kontext: Unmittelbar anschließend an **57A**, gefolgt von **61A**.

D Seneca, *Epist.* 76.9–10 (*SVF* 3.200a)

(1) Was ist beim Menschen das beste? Die Vernunft: Durch sie rangiert er vor den Tieren und folgt er den Göttern. Die vollkommene Vernunft ist daher das ihm eigentümliche Gut; alles andere teilt er mit den Tieren und Pflanzen. . . . (2) Was ist beim Menschen das charakteristische Merkmal? Die Vernunft: Wenn richtig und vollkommen, so bewirkt sie das vollendete Glück des Menschen. Wenn daher jede Sache, sobald sie ihr Gut zur Vollendung gebracht hat, rühmenswert ist und ans Ziel ihrer eigenen Natur gelangt ist und wenn das eigene Gut des Menschen die Vernunft ist, dann ist er, wenn er sie zur Vollendung gebracht hat, rühmenswert und hat das Ziel seiner Natur erreicht. (3) Diese zur Vollendung gebrachte Vernunft nennt man Tugend, und eben sie ist das Rechtschaffene.

E Epiktet, *Dissert.* 1.6.12–22

(1) Du wirst viele Dinge bei uns allein finden, die besonders das vernunftbegabte Wesen nötig hatte, aber auch viele Dinge, die wir mit den vernunftlosen Tieren teilen. (2) Folgen also auch sie verstehend dem, was geschieht? Auf keinen Fall. Denn der Gebrauch und das verstehende Folgen sind etwas Verschiedenes. Bei den Tieren brauchte Gott es, daß sie ihre Vorstellungen gebrauchen, bei uns dagegen, daß wir den Gebrauch verstehend begleiten. (3) Aus diesem Grund genügt es für sie, zu fressen, zu trinken, sich zu erholen, zu zeugen und all das andere zu tun, was die einzelnen Tierarten tun, während das uns, die wir die Kraft zum verstehenden Folgen bekommen haben, keineswegs mehr genügt. Sondern wenn wir nicht angemessen und ordnungsgemäß und in Übereinstimmung mit unserer individuellen Natur und Konstitution handeln, werden wir unser Ziel nicht länger erreichen. (4) Wesen mit unterschiedlichen Konstitutionen haben nämlich auch unterschiedliche Funktionen und Ziele. . . . (5) Den Menschen führte Gott ein als einen, der sowohl ihn selbst als auch seine Werke betrachtet, und er führte ihn nicht nur als Betrachter ein, sondern auch als Interpreten alles dessen. (6) Deshalb ist es für den Menschen schlecht, da anzufangen und aufzuhören, wo das auch die vernunftlosen Tiere tun; vielmehr sollte er lieber da anfangen, wo sie anfangen, und da aufhören, wo in unserem Fall auch die Natur aufgehört hat. Sie endete aber bei der Betrachtung der Dinge, zusätzlich dabei, ihnen verstehend zu folgen, und schließlich bei einer Lebensweise in Übereinstimmung mit der Natur. Seht also darauf, nicht zu sterben, ohne diese Dinge studiert zu haben.

D Kontext: Ein Beweis, daß das Rechtschaffene das einzige Gut ist; vgl. **60H**.   **E** Kontext: Die göttliche Vorsehung, die sich in der Konstitution jedes Geschöpfs offenbart.

F   Seneca, *Epist.* 92.3

(1) Was ist ein glückliches Leben? Sorgenfreiheit und beständige innere Ruhe. Hochgemutheit des Geistes wird dies gewähren, Beständigkeit wird es geben, die an dem für gut Befundenen festhält. (2) Wie gelangt man dahin? Wenn man die ganze Wahrheit gesehen hat; wenn in den Handlungen Ordentlichkeit, Maß, Anstand und ein Wille bewahrt wird, der rein und zuvorkommend ist, der auf die Vernunft aufmerksam achtet und sich niemals von ihr zurückzieht, der ebenso liebens- wie bewundernswert ist. (3) Schließlich, um es dir in einer kurzen Formel zu schreiben, der Geist des weisen Mannes sollte so sein, wie es sich für Gott geziemt.

G   Stobaeus 2.63,25–64,12   (teilw. Panaitios Frg. 109)

(1) Panaitios sagte, was hinsichtlich der Tugenden vor sich geht, ist ähnlich, wie wenn für viele Bogenschützen eine einzige Zielscheibe aufgestellt ist, auf der es Linien mit unterschiedlichen Farben gibt. (2) Dann wird wohl jeder der Schützen auf die Scheibe zielen und sie zu treffen versuchen; aber der eine erreicht das gegebenenfalls dadurch, daß er beispielsweise die weiße Linie trifft, der andere, indem er die schwarze, und wieder ein anderer, indem er eine nochmals anders gefärbte Linie trifft. (3) Denn ebenso wie diese Leute es sich zum höchsten Ziel setzen, die Scheibe zu treffen, sich das zu erreichen aber jeder auf eine andere Weise vornehmen, genauso setzen auch alle Tugenden sich zum Ziel das Glücklichsein, welches darin besteht, in Übereinstimmung mit der Natur zu leben; sie erreichen das Ziel aber jede auf eine andere Weise.

H   Plutarch, *De Stoic. repugn.* 18, 1042A   (*SVF* 3.55)

Er [Chrysipp] behauptet, die Schlechtigkeit sei das Wesen des Unglücklichseins, und betont in jedem Buch, das er zur Naturphilosophie und zur Ethik schreibt, daß schlecht zu leben dasselbe sei, wie unglücklich zu leben.

I   Plutarch, *De comm. not.* 8, 1061F   (teilw. *SVF* 3.54)

[Die Stoiker sagen:] Die Zeit läßt ein Gut nicht wachsen, wenn sie mehr wird; sondern selbst wenn jemand nur für einen Augenblick klug wird, geht er in bezug auf das Glück nicht schlechter als jemand, der die Tugend sein Leben lang zur Anwendung bringt und seine Tage glücklich in ihr verbringt.

F Kontext: Die Abhängigkeit des Glücks von der Vervollkommnung der Vernunft.
G Kontext: Unmittelbar anschließend an **61D**.   H Kontext: Eine Reihe angeblicher Selbstwidersprüche Chrysipps in seinen ethischen Schriften.   I Kontext: Angebliche Unverträglichkeit der zitierten Ansicht mit der weiteren Lehre, daß Glück oder Tugend nur für einen Augenblick zu gewinnen nutzlos ist.

J Clemens, *Stromateis* 2.21.129.4–5 (Panaitios Frg. 96; teilw. Poseidonios Frg. 186 E.-K.)

(1) Zusätzlich zu diesen [früheren Stoikern] erklärte Panaitios, das Ziel bestehe darin, in Übereinstimmung mit den uns von der Natur verliehenen Neigungen zu leben. (2) Und nach ihnen allen sagte Poseidonios, es bestehe darin, in Betrachtung der Wahrheit und Ordnung des Ganzen zu leben, so viel wie möglich zu deren Förderung beizutragen und dabei in keiner Weise unter dem Einfluß des unvernünftigen Teils der Seele zu stehen. (3) Einige der jüngeren Stoiker stellten das Ziel so dar: Es bestehe darin, in Übereinstimmung mit der Konstitution des Menschen zu leben.

K Marcus Aurelius, *Ad se ipsum* 5.16

(1) Jede Sache ⟨wird für das gemacht,⟩ um dessentwillen sie eingerichtet wird; (2) sie bewegt sich dahin, wofür sie gemacht wird; (3) sie hat ihr Ziel in dem, wohin sie sich bewegt; (4) wo aber ihr Ziel ist, da ist auch der Nutzen und das Gut(e) jeder Sache. (5) Das Gut(e) des vernunftbegabten Lebewesens ist also die Gemeinschaft. (6) Denn daß wir im Hinblick auf die Gemeinschaft geboren sind, ist längst gezeigt. (7) Oder war es nicht evident, daß die niederen Wesen der höheren wegen existieren und die höheren wegen einander? (8) Nun sind die besselten Wesen höher als die unbeseelten und die vernunftbegabten höher als die beseelten.

L Cicero, *Tuscul.* 5.40–41

[In Verteidigung der stoischen Ethik:] (1) Meiner Ansicht nach sind tugendhafte Leute auch höchst glücklich. Denn wenn einer auf die Güter vertraut, die er besitzt, was fehlt ihm dann zum glücklichen Leben? Oder wer kein Vertrauen darin hat, wie kann der glücklich sein? Wer jedoch die Dreiteilung der Güter übernimmt, hat notwendigerweise kein Vertrauen darin. Denn wie könnte er Vertrauen in die Festigkeit eines Körpers oder in die Beständigkeit des Glücks haben? Ohne ein beständiges, festes und dauerhaftes Gut kann aber niemand glücklich sein. . . . (2) Wer nämlich fürchtet, er könnte etwas von diesen Dingen verlieren, kann nicht glücklich sein. Von dem, der glücklich ist, wollen wir, daß er sicher, unbesiegbar, umzäunt und von Schutzmauern umgeben ist, nicht daß er weitgehend, sondern daß er gänzlich angstfrei ist.

J Kontext: Doxographie zum *telos* der Stoiker. **K** Der Schluß, der in 5 gezogen wird, hängt ab von 1–4 für die eine und von 6–8 für die andere Prämisse. **L** Kontext: Der Sprecher verteidigt die stoische Auffassung, daß Tugend zum höchsten Glück ausreiche, gegen die akademisch-peripatetische Position des Antiochos, daß dafür auch körperliche und externe Güter nötig seien.

M   Cicero, *Tuscul.* 5.81–82

[In Verteidigung der stoischen Ethik:] (1) Eine Eigentümlichkeit des Weisen ist nämlich, nichts zu tun, was er bereuen könnte, nichts gegen seinen Willen zu machen, sondern alles großartig, beständig, würdig und rechtschaffen zu tun, nichts so zu erwarten, als werde es sicher eintreten, von nichts, wenn es geschieht, schockiert zu werden unter der Vorstellung, es ereigne sich etwas Unerwartetes und Neues, alles auf sein eigenes Urteil zurückzubeziehen, bei seinem Urteil zu bleiben. (2) Etwas glücklicheres als das kann ich mir nicht denken. (3) Für die Stoiker ist das eine leichte Schlußfolgerung, da sie erkannt haben, daß das höchste Gut darin besteht, mit der Natur übereinzustimmen und ihr entsprechend zu leben, und daß dies nicht nur die zukommende Funktion eines Weisen ist, sondern auch in seiner Macht steht. (4) Daraus folgt notwendigerweise, daß das glückliche Leben in der Macht dessen steht, in dessen Macht das höchste Gut steht. (5) Das Leben des Weisen ist daher immer glücklich.

☐ Was die Stoiker über das »Ziel« des menschlichen Lebens denken, zeichnete sich in den Paragraphen über »Gut und schlecht« sowie über »Tugend und Laster« bereits ab. Alle drei Themen indes wurden ungeachtet ihrer gemeinsamen Grundlage als separate Themen der Ethik behandelt (56A), und diese Vorgehensweise konnten die Stoiker leicht verteidigen. In der hellenistischen Philosophie wurden die verschiedenen Schulen normalerweise durch ihre verschiedenen Spezifikationen des Ziels gekennzeichnet (64G), eines Begriffs, über dessen formale Definition sie alle übereinstimmen konnten: »das, um dessentwillen alles getan wird,* das aber selbst nicht um irgendetwas willen getan wird« (A1), oder »das letzte Ziel alles Strebens«. Solch eine Übereinstimmung könnte in dem nicht-teleologischen Kontext der modernen Ethik kurios erscheinen. Im Hellenismus wurde sie möglich durch die kaum in Frage gestellte Annahme, das menschliche Leben müsse von Natur aus zweckmäßig sein (vgl. sogar Epikur **21A–B**), und dadurch, daß man das Ziel mit »Glück« *(eudaimonia)* oder mit »gut leben« *(ey zēn)* identifizierte. Das Ziel zu erforschen ist daher eine funktionalistische Untersuchung, heißt, die Art von Leben zu spezifizieren, die einen Menschen in die Lage versetzt, die eigene Natur zu erfüllen und auf diejenige Weise zu handeln, welche die menschliche Natur verlangt. Das Einverständnis über diese Punkte bringt für die griechische Ethik bedeutende Auflagen mit sich; und bei den Stoikern können diese Auflagen sich als eine besondere Schwierigkeit darstellen. Sie akzeptierten die damals traditionelle Auffassung vom Ziel als »gut leben«, als »glücklich sein« und als »die Erfüllung alles Strebens«. Dennoch machten sie moralische Gutheit zum einzigen Konstituenten von »glücklich sein« und gingen so weit, zu behaupten, daß die Leiden des Priamos das Glück des tugendhaften Mannes überhaupt nicht beeinträchtigen werden (*SVF* 3.585).

* Oder „getan werden sollte" in den stoischen Formulierungen von Stobaeus 2.46,5–10. Gewiß ist das Ziel das, was angestrebt werden *sollte*; aber als „Glück" könnte es auch als dasjenige beschrieben werden, was wirklich erstrebt wird, vgl. Aristoteles, *Nikomachische Ethik* A 4, 1095a14–20.

M Kontext: Weisheit und Glück werden nicht durch Furcht vor Schmerzen beeinträchtigt.

Infolgedessen wiesen sie die aristotelische Lehre zurück, daß das Glück zusätzlich zur Tugend auch einiges ›Zufalls-Glück‹ erfordere. Wenn die Stoiker diesen Punkt zugestanden hätten, der einen fundamentalen Einwand gegen ihre Ethik bildet, dann hätten sie ihre entscheidenden Behauptungen über das höchste, unüberwindliche Glück des Weisen (L) aufgeben müssen und auch nicht länger darauf bestehen können, daß das Glück immer in seiner Macht steht (M).

Das Paradox würde gemildert, wenn wir die Stoiker so verstehen würden, daß sie »Glück« neu definiert hätten, indem sie alle seine Verbindungen zu irgendeinem anerkannten Sinn von »Selbsterfüllung« oder von Erfüllung des Strebens durchtrennt hätten. Ihre Ethik ist in diesem Sinne häufig dargestellt worden, als eine Bewegung weg von der Teleologie und hin zu der Konzeption, das zu tun, was richtig ist, weil es richtig ist, unter vollständigem Ausschluß aller Erwägungen zur eigenen Befriedigung. Diese kantische Deutung des Stoizismus ist jedoch ein schwerwiegendes Mißverständnis. Anstatt ihre Teleologie und ihren Eudämonismus aufzugeben, zogen die Stoiker es vor, sich mit Paradoxien zu belasten (vgl. 66A). Das Material des vorliegenden Paragraphen (A, B1, C4, F, H, I) zeigt, daß Tugend und Laster in der Weise verstanden werden, daß sie Glück beziehungsweise Unglück so konstituieren, wie diese Bezeichnungen im Hauptstrom der Überlieferung aufgefaßt werden. Was »Glück« nach dieser Tradition bedeutet, wird durch eine Definition zusammengefaßt, die fälschlicherweise Platon zugeschrieben wurde: »die Summe aller anderen Güter; eine Kraft, die ausreicht, gut zu leben; Vollkommenheit in Übereinstimmung mit Tugend; Nutzen, der für ein Lebewesen ausreicht« (Pseudo-Platon, *Definitionen* 412d). Die Stoiker behaupten, daß der Rechtschaffene alles das besitzt, was er zu seiner Erfüllung braucht, daß er alles besitzt, was er braucht, um gut zu leben und um all sein Streben zu erfüllen (vgl. L, M). Sie fordern uns auf anzunehmen, daß ein so verfaßtes Leben (natürlich nicht die periodische Befriedigung momentaner Wünsche) das ist, wonach wir natürlicherweise streben oder wonach wir streben würden, falls wir in der Lage wären, die Wohltaten dieses Lebens für uns selbst und für die voll zu verstehen, deren Nutzen darin liegt, die Adressaten tugendhafter Handlungen zu sein.

Detaillierte Argumente für die stoische Auffassung vom Glück sind, falls es sie je gegeben hat, nicht überliefert. Aber ersichtlich ist Glück weder synonym mit Tugend, noch ist es Willkür, daß das Glück durch Tugend konstituiert wird. Zenon definierte Glück als »ein guter Fluß des Lebens« (A2), und von Seneca wird das ausgedrückt als »Sorgenfreiheit und beständige innere Ruhe« (F1). Der Nutzen eines solchen Zustands, der die epikureische »Freiheit von Verwirrung« in Erinnerung ruft (siehe 21), könnte als intuitiv klar angesehen worden sein. Zenon jedenfalls berief sich auf das Unglück derer, »welche im Konflikt leben« (nämlich im Konflikt mit sich selbst), als Grund für seine Darstellung des Ziels als »in Übereinstimmung leben«; diese Bestimmung erweiterte er, indem er sich an die Etymologie von *homologoumenōs* hielt, und kam so zu der Bestimmung: »in Übereinstimmung mit einem einzigen zusammenklingenden Vernunftprinzip *(logos)* leben« (B1). Wenn, wie die Stoiker unabhängig davon argumentierten (61B8), Konsistenz der Vernunft Tugend definiert, dann muß Tugend den Nutzen des Glücks ausmachen (vgl. Senecas Vorgehensweise in F). Wie die Tugend, so ist das Glück eine ›Alles oder nichts‹-Angelegenheit, und sie ist zu jedem Zeitpunkt vollständig (I), eine augenfällige Abweichung von Aristoteles, der auf der Zeit eines ganzen Lebens besteht. Weil Glück nichts als moralische Gutheit erfordert, brauchten Stoiker nicht auf die üblichen Wechselfälle des Lebens zu achten, um die momentane Vollständigkeit des Glücks zu verteidigen.

476

Besudelt der Eudämonismus der Stoiker die Reinheit ihrer Moral? Das tut er nur für die allerreinsten Kantianer. Panaitios war darauf eingestellt zu sagen, daß die Tugenden unser eigenes Gut oder Glück zum Ziel haben (**G**) und daß jede Tugend auf eine andere »Farbe« dieses einzigen Ziels gerichtet ist – ein Bild, welches die »verschiedenen Perspektiven« der voneinander nicht trennbaren Tugenden erklärt (**61D1**). Indes sind die Tugenden ebenso »zum Ziel gehörige« wie »instrumentelle« Güter (**61M**): Sie sind die Mittel zur Erreichung des Glücks, *und* sie bilden die Vorzüge, aus denen es besteht. Wenn deshalb jemand nach Glück im Sinne der Stoiker verlangt, muß er nach Tugend *um ihrer selbst willen* verlangen, da ersteres in letzterer besteht. Wie Platon und Aristoteles, so waren auch die Stoiker der Ansicht, daß die intrinsische Wünschbarkeit des moralischen Lebens identisch mit der Selbstverwirklichung eines Menschen ist. Es gibt deshalb eine Kontinuität zwischen dem ursprünglichen Antrieb zur Selbsterhaltung, der auf physisches Wohlbefinden gerichtet ist, und der Selbstgenügsamkeit des moralischen Lebens. Aber im letzteren Falle ist »Selbst-« zu etwas erweitert, was Kants universalisiertem Imperativ entspricht – dem Gut aller vernünftigen Wesen: Harmonie der eigenen Natur und der Natur des Ganzen (**C2-4**) oder der »Gemeinschaft« (**K**).

Weil der Platz, der einer Person im Ganzen zugewiesen ist (vgl. **62B**), in den Begriffen konventioneller Güter (die für das Glück »indifferent« sind) möglicherweise wenig oder gar keine Befriedigung für sie selbst bereithält, versteht man, warum unsere Quellen weit mehr Gewicht auf die Tugend als auf das Glück legen, eine Tendenz, die im römischen Stoizismus ausgeprägter ist. Dennoch beruht von dem Interesse, das die stoische Ethik findet, viel auf der Tatsache, daß Glück und Tugend, während sie semantisch oder begrifflich verschieden bleiben, doch beide in vernünftiger Konsistenz konkret sind. Ein und derselbe Geisteszustand ist das Ziel, welches das natürliche Verlangen aller Leute nach Glück befriedigen und das *zugleich* das moralische Leben ausmachen wird, das sie alle anstreben sollten.

Glück ist ein objektiv spezifizierbarer Sachverhalt, derselbe für alle; aber unser Ziel als Individuen ist, »glücklich zu sein«, indem wir Glück für uns selbst finden. Das scheint der Punkt zu sein, auf den die ziemlich gezwungene Unterscheidung zwischen dem Glück als »Skopus« und dem Glücklichsein als »Ziel« (**A3**) hindeuten soll. »Glücklich sein« wird das unkörperliche Prädikat sein, welches jemandes Besitz des Glücks bezeichnet (die körperliche Disposition, vgl. **60S**): wir bezwecken Glück, damit »glücklich sein« von uns selbst wahrerweise prädiziert werden kann (siehe **33E, J**).

Jedem führenden Stoiker wird seine eigene Darstellung des Ziels zugeschrieben. Das bringt uns zu Bewußtsein, daß die Schulhäupter frei waren, dem System ihre eigenen Kennzeichen aufzudrücken. Die meisten Formulierungen scheinen aber mehr in der Betonung als in der Lehre voneinander abzuweichen. Allgemeine Übereinstimmung herrschte in bezug auf die Formel »in Übereinstimmung mit der Natur leben« (**C1-3**). Auch wenn Zenon selbst in seine Formulierung nicht die Worte »mit der Natur« aufnahm (**B1-2**), wird er dem wesentlichen Inhalt von **C2-4** schwerlich die Zustimmung verweigert haben, bei dem es sich vermutlich um eine Zusammenfassung des ersten Buchs von Chrysipps Schrift *Über Ziele* handelt. Es ist ebenfalls nicht wahrscheinlich, daß Chrysipp ernsthaft von Kleanthes abgewichen ist, wie **C5** (vgl. **B3-4**) zu implizieren scheint. Die Natur, mit der in Übereinstimmung man leben soll, ist beides: sowohl die eigene vernünftige Konstitution als Person als auch die Vernunft der allgemeinen Natur oder Gottes. Diese sind als »Teil« und »Ganzes« aufeinander bezogen (**C2**). Wenn Kleanthes die »Übereinstimmung mit der allgemeinen Natur«

betont haben sollte, dann würde das dazu passen, daß er nachdrücklich mahnt, allen seinen Lebensumständen bewußt zuzustimmen (**62B**). Chrysipp hebt aber denselben Punkt hervor (**C4**; vgl. **60A**): Für einen Stoiker sollte zwischen der partikulären und der allgemeinen Natur vollständiger Einklang herrschen (**C3-4**; vgl. auch **67R–S** für allgemeine Natur = natürliches Gesetz). Gelegentlich wird es allerdings vernünftig sein, einen Handlungsverlauf zu bevorzugen, der sich im Ergebnis als der eigenen Präferenz entgegengesetzt erweist (vgl. **58J**). Dieser potentielle Konflikt zwischen partikulärer und allgemeiner Natur (dem, was wirklich geschieht) wird durch den rechtschaffenen Mann vermieden. Er akzeptiert, daß seine eigene Präferenz, obwohl sie vernünftig gerechtfertigt ist, nun zugunsten der »richtigen Vernunft« des wirklichen Geschehens aufgegeben werden sollte (siehe **62 Kommentar**). Vielleicht ging es Chrysipp darum, genau diesen Punkt herauszuarbeiten, als er die Formel benutzte: »in Übereinstimmung mit der Erfahrung von dem leben, was sich von Natur aus ereignet« (**B4, C2**).* Solche Erfahrung ließ sich so verstehen, daß sie beispielsweise das Bewußtsein davon umfaßt, daß die Gesundheit der Krankheit normalerweise vorzuziehen ist, und die Anerkennung einschließt, daß jeder erwarten kann, irgendwann einmal krank zu sein.

Wie in der Psychologie und Ethik des Aristoteles, so bezieht die stoische Teleologie ihren wesentlichen Inhalt aus der scharfen Unterscheidung zwischen der Vernunft, welche den Menschen mit Gott verbindet, und den anderen Attributen des menschlichen Lebens, die wir mit den Tieren teilen (**D, E**). Auf diesen Punkt sind wir bereits bei der Analyse des »Guten« gestoßen (**60H**). Die Ethik des Aristoteles war auf die Annahme gegründet, daß das menschliche Leben eine »charakteristische Funktion« hat, die man spezifizieren kann, indem man auf das unterscheidend menschliche Attribut Bezug nimmt, »vernünftig zu leben« (*Nikomachische Ethik* A 6). Bei den Stoikern ist es ganz dasselbe. Tugend ist die Vervollkommnung der Vernunft und damit das Ziel der menschlichen Natur (**D**). Epiktet entwickelt diesen Gedanken mit Reflexionen, die zu Chrysipps »Erfahrung von dem, was sich von Natur aus ereignet«, ergänzend hinzutreten (**E**): Unsere Vernunftnatur verlangt, daß wir die Welt studieren und zu verstehen suchen und uns ihr anpassen. Epiktet nennt dies »den Dingen verstehend folgen«, wobei »verstehend folgen« sowohl das mentale Folgen abdeckt als auch das Leben in Übereinstimmung damit. Diese Auffassung prägt die Ziel-Formel des Poseidonios (**J2**), in der er im übrigen die Notwendigkeit hinzufügte, den »unvernünftigen Teil der Seele« zu bezwingen, passend zu seiner unorthodoxen platonischen Psychologie (siehe **64I; 65**).

Kleanthes hatte schon erklärt: »Alle Menschen haben von Natur aus Tendenzen zur Tugend« (**61L**); und solche Tendenzen sind das, was Seneca »die Samen der Erkenntnis« nennt (**60E2**). Als Panaitios das Ziel unter Bezugnahme auf natürliche Tendenzen beschrieb (**J1**), wollte er vermutlich signalisieren, daß »in Übereinstimmung mit der Natur zu leben« dasjenige Ziel ist, zu dem wir von Geburt an programmiert oder innerlich motiviert sind. Cicero (*De officiis* 1.11–18) zeigt, wie Panaitios die Kardinaltugenden als Vervollkommnungen der natürlichen Ausstattungen eines Menschen betrachtete. Falls darin eine Innovation steckt, liegt sie nicht so sehr in der Ausdrucksweise der Formel des Panaitios als vielmehr in seiner Interpretation der Übereinstimmung mit der Natur. Er scheint eine Übereinstimmung zwischen einzelnen menschlichen Fähigkeiten und der allgemeinen Natur des Menschen vorgeschrieben zu haben

---

* Die Formel wurde von Poseidonios gleichwohl kritisiert: **64I4**. Siehe dazu die Anmerkung in Bd. 2.

(siehe **66E**) und nicht so sehr die Chrysippeische Beziehung zwischen Gott bzw. allgemeiner Natur und menschlicher Natur (C2-4). Bei Poseidonios andererseits wird die theologische Dimension wieder betont (J2).

Größere Schwierigkeiten ergeben sich bei den Darstellungen des Ziels, die Diogenes von Babylon und Antipater, den Nachfolgern Chrysipps, zugeschrieben werden. Diese Formeln wurden bereits zitiert (**58K**), weil sie in eine Formulierung des Ziels *GN*-Dinge einführen (Dinge, die indifferent sind, aber mit der Natur übereinstimmen). Das tut sonst keine andere Darstellung des Ziels. Deshalb nötigt es zu der Frage, ob Diogenes und Antipater von anderen Stoikern radikal abwichen; siehe **64**.

64 Das Ziel: Akademische Kritik und stoische Verteidigung

A   Cicero, *De fin.* 3.31   (*SVF* 3.15)

[Sprecher ist der Stoiker Cato:] Es verbleibt uns also der Schluß, daß das höchste Gut ein Leben ist, welches das Wissen um diejenigen Dinge zur Anwendung bringt, die sich durch die Natur ereignen, welches diejenigen auswählt, die mit der Natur übereinstimmen, und diejenigen zurückweist, die gegen die Natur sind, d.h. ein Leben, das konsistent und in Übereinstimmung mit der Natur geführt wird.

B   Alexander v. Aphr., *De anima libri mantissa* 164,3–9

(1) Denn keine andere Kunst wählt etwas aus allein um des Auswählens willen; sondern wenn immer etwas ausgewählt wird, erfolgt die Auswahl mit Bezug auf das Ziel. Das Ziel steckt nämlich im Gebrauch der Dinge und nicht in der Auswahl aus dem zugrundeliegenden Material. (2) Um es allgemein zu sagen, ist es ja doch wohl absurd [von den Stoikern], zu sagen, daß die Tugend sich allein darauf beziehe, auf das Auswählen. Denn falls die erfolgreiche Durchführung der Auswahl indifferent ist und nichts zum Ziel beitragen sollte, wäre die Auswahl vollkommen witzlos.

C   Plutarch, *De comm. not.* 26, 1070F–1071E   (enthält *SVF* 3.195)

(1) Es widerstreitet dem allgemeinen Begriff, daß unserem Leben zwei Ziele oder Skopen vorgesetzt sein sollen und daß alles, was wir tun, nicht auf genau eine Sache bezogen werden soll. (2) Noch mehr widerstreitet es aber dem allgemeinen Begriff, daß das Ziel und das, worauf jede einzelne Handlung zu beziehen ist, zweierlei sein sollen. (3) Sie [die Stoiker] müssen sich aber notwendig an eine dieser Alternativen halten. (4) Denn wenn die ersten Dinge, die

---

A Kontext: Catos Schluß bezüglich des höchsten Guts, den er durch Elimination aller konkurrierenden Auffassungen zustande bringt.   B Kontext: Teil einer länglichen Widerlegung der stoischen These, daß die Tugend zum Glück ausreichend sei.   C Kontext: Kritik der stoischen Formulierungen des Ziels *(telos)*.

naturgemäß sind, nicht selbst das sind, was gut ist, wenn vielmehr die wohlüberlegte Wahl und das vernünftige Ergreifen dieser Dinge und dies das Gute ist, daß man alles in seiner Macht Stehende tut, um die ersten Dinge zu erlangen, die naturgemäß sind, dann müssen alle Handlungen dies als ihren Bezugspunkt haben, nämlich eben die ersten Dinge zu erlangen, die naturgemäß sind. (5) Wenn sie dagegen glauben, die Menschen hätten ihr Ziel, ohne daß sie darauf abzwecken oder danach streben, jene Dinge zu erlangen, dann muß etwas anderes als diese zu erlangen der Zweck sein, auf den deren Auswahl bezogen wird. (6) Das Ziel besteht nämlich darin, diese Dinge mit Klugheit auszuwählen und zu ergreifen; aber sie selbst und, daß man sie bekommt, sind nicht das Ziel, sondern gleichsam die zugrundeliegende Materie, die einen Auswahlwert hat. . . . (7) Wenn jemand sagen sollte, der Bogenschütze tue alles in seiner Macht Stehende nicht zu dem Zweck, das Ziel zu treffen, sondern um alles in seiner Macht Stehende zu tun, dann würde man von ihm annehmen, daß er rätselgleich und wundersam spricht. (8) So ist es mit denen, die in einem Anfall kindischen Alterstarrsinns durchsetzen wollen, daß das Ziel davon, auf die Dinge abzuzwecken, die naturgemäß sind, nicht darin besteht, die Dinge zu erlangen, die naturgemäß sind, sondern darin, sie zu ergreifen und auszuwählen, und daß gesund zu sein nicht jedermanns Ziel ist, wenn er nach Gesundheit verlangt und nach ihr strebt, sondern daß ganz im Gegenteil das Gesundsein auf sein Verlangen und Streben gesund zu sein bezogen wird, . . . (9) Denn welcher Unterschied besteht zwischen einem, der sagt, die Gesundheit sei um der Medikamente willen entstanden, nicht die Medikamente um der Gesundheit willen, und einem, der die Auswahl von Medikamenten, ihre Zusammensetzung und ihren Gebrauch wählenswerter als die Gesundheit macht, oder vielmehr, der die Gesundheit überhaupt nicht für wählenswert hält, sondern der das Ziel in die Beschäftigung mit den Medikamenten verlegt und der erklärt, das Verlangen sei das Ziel des Erlangens, nicht das Erlangen das Ziel des Verlangens? (10) »Ja, beim Zeus, gute Überlegung und Klugheit sind doch Attribute des Verlangens!« (11) Das ist großartig, werden wir sagen, falls es den Gewinn und den Besitz dessen, wonach es trachtet, im Hinblick auf das Ziel sieht; falls aber nicht, ist die vernünftige Überlegung obsolet, weil sie alles tut, um etwas zu erlangen, das zu erlangen nicht wichtig und auch keine Quelle des Glücks ist.

D Plutarch, *De comm. not.* 27, 1072E–F (teilw. *SVF* 3. Ant. 59)

(1) Nachdem du es nun offenbart hast, betrachte ihre Situation [*scil.* die Situation der Stoiker]: Das Ziel ist, bei der Auswahl der Dinge gut zu überlegen, die in Beziehung auf das gute Überlegen Wert haben. Die Männer sagen nämlich, daß sie keine andere Substanz des Guten und des Glücks haben oder konzipieren als diese unbezahlbare gute Überlegung bei der Auswahl der Dinge, die Wert haben. (2) Aber das wird, wie einige glauben, gegen Antipater gesagt und

---

D Kontext: Resümee der Kritik von C11.

nicht gegen die Schule; denn er sei es gewesen, der unter dem Druck des Karneades Zuflucht zu diesen Wortklaubereien genommen habe.

E   Cicero, *De fin.* 5.16

[Sprecher ist Piso, ein Anhänger des Antiochos:] (1) Weil es eine große Meinungsverschiedenheit darüber gibt, worin dieses [äußerste Ziel] besteht, sollten wir uns an die Einteilung des Karneades halten, die unser Antiochos gern zu verwenden pflegte. Karneades sah also nicht nur alle Ansichten, die von den Philosophen bisher über das höchste Gut vorgebracht worden waren, sondern wieviele Auffassungen es überhaupt geben kann. (2) Er bestritt also, daß es irgendeine Kunst gebe, die aus sich selbst hervorgehen könne; denn das, was durch die Kunst erfaßt wird, liegt immer außerhalb von ihr. Dies mit Beispielen weiter zu entwickeln ist nicht nötig. Denn ersichtlich ist keine Kunst geradewegs mit sich selbst befaßt; sondern eines ist die Kunst selbst und etwas anderes die ihr gesteckte Aufgabe. (3) Weil also ebenso, wie die Medizin die Kunst für die Gesundheit und die Steuermannskunst die Kunst für die Schiffahrt ist, die Klugheit die Kunst für das Leben ist, deshalb ist es notwendigerweise auch bei ihr so, daß sie ihre Konstitution und ihren Ursprung von etwas anderem herleitet.

F   Cicero, *De fin.* 3.22   (*SVF* 3.18)

[Sprecher ist der Stoiker Cato:] (1) Von dieser Lehre [daß Richtigkeit wesentlich erstrebenswerter ist als alle die vorausgehenden Dinge in Übereinstimmung mit der Natur] muß man allerdings von vornherein den Irrtum fernhalten, daß etwa jemand annähme, es gebe zwei höchste Güter. (2) Denn wenn jemand die Absicht hätte, mit einem Speer oder einem Pfeil direkt auf etwas zu zielen, dann entspricht der Umstand, daß er alles tut, was er kann, um genau zu zielen, dem, was wir über das äußerste Gut sagen. (3) In diesem Vergleich muß der Mann alles tun, um genau zu zielen. (4) Und zwar besteht eben darin, daß er alles tut, um sein Objekt zu treffen, sozusagen sein äußerstes Gut − in Entsprechung zu dem, was wir das höchste Gut im Leben nennen; allerdings ist jenes Gut, daß er trifft, sozusagen etwas, das ergriffen, nicht etwas, das erstrebt sein will.

G   Cicero, *De fin.* 5.17–20

[Sprecher ist Piso, ein Anhänger des Antiochos:] (1) Praktisch jeder erkennt nun aber an, daß das, was zum Bereich der Klugheit gehört, und das, was sie anzustreben verlangt, unserer Natur entsprechen und ihr angemessen sein muß

E Kontext: Der Anfang von Pisos Darstellung der Ethik des Antiochos; gefolgt von **64G**.
F Kontext: Unmittelbar anschließend an **59D**.   G Kontext: Unmittelbar anschließend an **64E**.

und daß es so beschaffen sein muß, daß es durch sich selbst den Antrieb des Geistes anspricht und anlockt, welchen die Griechen *hormē* nennen. . . . (2) Die einen meinen, der primäre Antrieb richte sich auf die Lust und die primäre Abwehr gegen den Schmerz. Andere urteilen, das erste Verlangen gelte der Freiheit von Schmerz und dem Schmerz das erste Vermeiden. Wieder andere gehen von dem aus, was sie als die ersten Dinge in Übereinstimmung mit der Natur bezeichnen; dazu zählen sie die Unversehrtheit und die Erhaltung aller Körperteile, Gesundheit, normale Sinne, Freiheit von Schmerz, Kraft, Schönheit und anderes dergleichen, und im Geist damit vergleichbar sind die ersten Funken und, sozusagen, Samen der Tugend. (3) Weil unter diesen drei Dingen eines dasjenige ist, wodurch als erstes die Natur angeregt wird, entweder zum Erstreben oder zum Abwehren hin, und weil es über diese drei hinaus überhaupt nichts weiteres geben kann, deshalb muß die zukommende Funktion, zu fliehen oder anzustreben, sich allemal auf eins dieser Dinge beziehen; infolgedessen hat jene Klugheit, von der wir sagten, sie sei die Kunst der Lebensführung, ihre Domäne im Bereich eines dieser drei Dinge und leitet von ihm den Ausgangspunkt der gesamten Lebensführung her. (4) Aus dem nun, was die Natur bestimmt hat, wodurch als erstem sie angeregt wird, ergibt sich auch eine Theorie des Richtigen und Rechtschaffenen, die mit einem von jenen dreien verträglich sein kann; Rechtschaffenheit besteht demnach entweder darin, alles um der Lust willen zu tun, selbst wenn man sie nicht erreicht, oder darin, alles um der Schmerzfreiheit willen zu tun, selbst wenn man nicht dahin kommt, oder darin, alles zu tun, um die mit der Natur übereinstimmenden Dinge zu erlangen, selbst wenn man sie nicht erreicht. . . . Wiederum andere werden, ausgehend von denselben Prinzipien, jede zukommende Funktion entweder auf die Lust beziehen oder auf die Vermeidung von Schmerz oder auf den Erwerb jener ersten mit der Natur übereinstimmenden Dinge. (5) Nachdem wir also sechs Auffassungen über das höchste Gut dargestellt haben, sind die Hauptvertreter der drei letztgenannten Ansichten die folgenden: für die Lust Aristipp, für die Abwesenheit von Schmerz Hieronymus und für den Genuß dessen, was wir die ersten mit der Natur übereinstimmenden Dinge nannten, Karneades, wenngleich er diese Position nicht als ihr Urheber verfocht, sondern sie bloß aus dialektischen Gründen verteidigte. (6) Die drei zuerst genannten Ansichten waren Auffassungen, die möglich wären; vertreten wurde aber nur eine einzige davon, die freilich mit Nachdruck. Denn niemand hat gesagt, daß man alles um der Lust willen tue und daß das Prinzip, so zu handeln, selbst wenn wir nichts erreichen, trotzdem *per se* erstrebenswert und rechtschaffen und allein gut sei. Auch war niemand der Ansicht, die Vermeidung von Schmerz sei *per se* erstrebenswert, wenn man ihn auch tatsächlich nicht vermeiden könne. Aber alles zu tun, um die mit der Natur übereinstimmenden Dinge anzustreben, auch wenn wir sie nicht erreichen sollten, davon sagten die Stoiker, daß es rechtschaffen und allein *per se* erstrebenswert und allein gut sei.

H Cicero, *De fin.* 3.24–25 (teilw. *SVF* 3.11)

[Sprecher ist der Stoiker Cato:] (1) Wir sind nämlich auch nicht der Meinung, daß die Weisheit der Navigation oder der Medizin vergleichbar ist, sondern eher dem Schauspielern … und Tanzen, so daß der Zweck in ihr selbst liegt und nicht außerhalb gesucht werden muß, d.h. die Ausübung einer Kunstfertigkeit. (2) Jedoch gibt es auch einen Unterschied zwischen der Weisheit und diesen Kunstfertigkeiten, weil im letzteren Fall das, was richtig gemacht worden ist, nicht alle Teile enthält, die die Kunstfertigkeit ausmachen; (3) was dagegen wir ›Richtiges‹ oder ›richtig ausgeführte Handlungen‹ nennen, wenn es beliebt (im Griechischen sagt man *katorthōmata*), schließt alle Maße der Tugend ein. Denn allein die Weisheit ist ganz mit sich selbst beschäftigt; bei den anderen Künsten ist das so nicht der Fall.

I Galen, *De plac. Hippocr. et Plat.* 5.6.10–14 (teilw. Poseidonios Frg. 187 E.-K.)

(1) Damit nicht zufrieden rügt Poseidonios Chrysipp und seine Leute deutlicher und heftiger, weil sie das Ziel nicht richtig auslegen. (2) Er sagt folgendes: »Einige Leute lassen diese Punkte beiseite und treiben den Ausdruck ›in Übereinstimmung leben‹ dahin, daß er soviel besagt wie: ›alles, was möglich ist, um der ersten naturgemäßen Dinge willen tun‹; dabei stellen sie eine Ähnlichkeit des Ausdrucks damit her, als Skopus die Lust aufzustellen oder die Freiheit von Schmerz oder etwas anderes dieser Art. Aber die Formulierung selbst verrät einen augenscheinlichen Widerspruch und nichts, was rechtschaffen wäre oder das Glück herbeiführen würde. Denn was sie bezeichnet, ist eine notwendige Begleiterscheinung des Ziels; aber es ist nicht das Ziel. (3) Allerdings läßt diese Formulierung, wenn sie richtig verstanden wird, sich verwenden, um die von den Sophisten aufgeworfenen Schwierigkeiten zu zerschlagen. (4) Aber man kann dazu keinesfalls die Formel verwenden: ›leben in Übereinstimmung mit der Erfahrung von dem, was sich vom Ganzen der Natur aus ereignet‹, was äquivalent ist mit: ›leben in Übereinstimmung‹, wenn dies nicht kleinlich darauf zielt, das Indifferente zu erlangen.« (5) Das wird vielleicht genügen, um die Absurdität dessen aufzuzeigen, was Chrysipp in seiner Auslegung des Ziels darüber gesagt hat, wie es jemand erreichen könnte, in Übereinstimmung mit der Natur zu leben. Ich halte es aber für besser, auch das hinzuzufügen, was Poseidonios unmittelbar anschließend an diese Passage geschrieben hat; es lautet folgendermaßen: (6) »Sobald die Ursache der Gefühle gesehen wurde, löste sie diese Ungereimtheit auf. Sie zeigte die Quellen, aus denen die Verdrehungen in dem hervorgehen, was anzustreben und was zu vermeiden ist; sie legte die Arten des Trainings fest und ließ die Schwierigkeiten in bezug auf den Antrieb verschwinden, der aus dem Gefühl resultiert.«

H Kontext: Kurz nach **59D** und **64F**.　　　I Kontext: Galen verwendet poseidonische Überlegungen zur Kritik der monistischen Psychologie Chrysipps.

J   Seneca, *Epist.* 92.11–13

(1) »Was also?«, heißt es, »Wenn gute Gesundheit, Ruhe und Freiheit von Schmerz der Tugend nicht hinderlich sein können, wirst du sie dann nicht anstreben?« (2) Natürlich werde ich das. Nicht, weil sie gut sind, sondern weil sie naturgemäß sind und weil ihre Verwendung auf der Grundlage meines guten Urteils erfolgt. (3) »Was wird in ihnen dann gut sein?« Eben dies, gut ausgewählt zu sein. Denn wenn ich die passende Art Gewand anlege, wenn ich spaziere, wie es nötig ist, wenn ich so speise, wie ich sollte, dann sind nicht die Mahlzeit, der Spaziergang oder das Gewand gut, sondern meine an ihnen entfaltete Absicht, in welcher Sache auch immer ein der Vernunft entsprechendes Maß einzuhalten. . . . (4) Ein Gut sind deshalb nicht elegante Kleider *per se*, sondern die Auswahl eines eleganten Gewands, weil das Gut nicht in der Sache steckt, sondern in der Art der Wahl. Was rechtschaffen ist, sind unsere Handlungen, nicht ihre Ergebnisse. . . . (5) Wenn eine Wahlmöglichkeit eingeräumt wird, werde ich gewiß gute Gesundheit und Kräfte wählen; aber das Gute wird mein Urteil über diese Dinge sein, nicht die Dinge selbst.

K   Cicero, *De fin.* 4.26–27, 29–30, 32, 39

[Sprecher ist Cicero im Namen von Antiochos:] (1) Meine Frage ist also, wie es kommt, daß diese so gewichtigen von der Natur ausgehenden Empfehlungen plötzlich von der Weisheit preisgegeben sind? Wenn wir nicht das höchste Gut des Menschen suchen würden, sondern das eines anderen Wesens, das aus nichts als nur Geist besteht, . . . so würde zu diesem Geist trotzdem nicht dieses euer Ziel gehören. (2) Er würde sich nämlich Gesundheit und Freiheit von Schmerz wünschen, würde auch auf seine eigene Erhaltung und auf die Sicherheit dieser Dinge aus sein und sich zum Ziel setzen, naturgemäß zu leben, d.h., wie gesagt, alles das zu haben, was naturgemäß ist, oder das meiste davon oder das bedeutendste. . . . (3) Wenn er [Chrysipp] aber sagt, manche Dinge träten nicht in Erscheinung, weil sie sehr klein seien, dann erkennen auch wir das an; . . . Jedoch gehören zu diesem Typ nicht die so großen, so dauerhaften und so zahlreichen körperlichen Annehmlichkeiten. . . . Sie bringen nämlich etwas Zusätzliches ein, für das es sich zu arbeiten lohnt, so daß ich manchmal denke, die Stoiker müßten in diesem Punkt scherzen, wenn sie sagen, daß, wenn zu einem tugendhaft geführten Leben eine Salbölflasche und ein Striegel hinzukommen, der Weise ein solches Leben, wenn es diese Zutaten aufweist, um so eher ergreifen werde, daß er dadurch aber trotzdem überhaupt nicht glücklicher sein werde. . . . (4) Allein, darüber sollten wir uns einig sein, wenn es ein natürliches Streben gibt, das anzustreben, was naturgemäß ist, dann ist aus alledem die Summe zu ziehen . . . (5) Daher nimmt sie [die Vernunft] nicht von der Pflege der Teile Abstand, als deren Vorgesetzte sie das ganze Leben zu

---

J Kontext: Entwicklung der These, daß die Tugend das einzige Gut ist.   K Kontext: Auszüge aus Antiochos' Kritik der stoischen Ethik.

steuern hat, so daß ich mich über die Inkonsistenz der Stoiker nicht genug wundern kann. Denn sie rechnen den natürlichen Antrieb, ... ebenso die zukommende Funktion und auch die Tugend selbst zu den Dingen, die naturgemäß sind. Wenn sie jedoch das höchste Gut erreichen wollen, dann überspringen sie das alles und hinterlassen uns anstelle einer Aufgabe deren zwei — wir sollen manche Dinge nehmen und andere Dinge erstreben —, anstatt daß sie dies beides in einem einzigen Ziel zusammenschließen.

L   Cicero, *De fin.* 4.78

[Sprecher ist Cicero im Namen von Antiochos:] Denn gibt es einen größeren Widerspruch als den, daß ein und dieselbe Person sowohl erklärt, allein das sei gut, was rechtschaffen ist, als auch behauptet, daß wir einen von der Natur ausgehenden Antrieb haben, die Dinge zu erstreben, die zum Leben gehören? Wenn sie somit Punkte festhalten wollen, die zu der ersten Ansicht passen, fallen sie in die Postion Aristons; wenn sie dem entgehen wollen, verfechten sie dieselben Lehren wie die Peripatetiker, halten an ihrer eigenen Terminologie aber verbissen fest.

☐   Die Grundlage und die Materialien eines Lebens in Übereinstimmung mit der Natur werden durch die indifferenten Dinge vom Typ *ÜN* bereitgestellt, also dadurch, daß beispielsweise die Gesundheit der Krankheit natürlicherweise vorzuziehen ist. Wie zwischen Gesundheit und Krankheit, so erfordert Übereinstimmung mit der Natur im Lebensplan eines Menschen eine konsistente Bevorzugung von ersterem gegenüber letzterem. Der Weise versteht selbstverständlich, daß sein natürlicher Anteil Krankheit einschließen kann, daß Gesundheit nicht *per se* zu erstreben ist und daß die Vernunft ihm Dinge zu tun gebieten kann, die seine Gesundheit einem Risiko aussetzen. Aber es könnte niemals der Fall eintreten, daß er, vor die Wahl gestellt, bewußt seine Gesundheit mißachten sollte (**59E3**). Die natürlichen Wertunterschiede zwischen *ÜN*- und *GN*-Dingen sind ein klarer und gebieterischer Hinweis auf die äußeren Gegenstände, die anzustreben oder die zu vermeiden zu suchen ein Stoiker guten Grund haben wird.

Das war offenbar die Position Chrysipps (vgl. **58J**) und die orthodoxe Lehre der Schule. Chrysipps charakteristische Formel für das Ziel des Lebens (**63B4**) findet sich in **A**, erweitert um die Worte: »welches diejenigen auswählt, die mit der Natur übereinstimmen, und diejenigen zurückweist, die gegen die Natur sind«; und die erweiterte Formulierung wird dann mit der Standardformel zusammengefaßt: »ein Leben, das konsistent und in Übereinstimmung mit der Natur geführt wird«. Die Erweiterung »welches diejenigen auswählt ... und diejenigen zurückweist ...« bildet die Grundlage für Darstellungen des Ziels, die Chrysipps unmittelbaren Nachfolgern zugeschrieben werden; **58K**: »Diogenes [von Babylon formulierte das Ziel so]: ›Gut argumentieren in der Auswahl und Abwahl der naturgemäßen Dinge‹ ... und Antipater [so]: ›leben bei ständiger Auswahl der Dinge, die naturgemäß sind, und Abwahl der Dinge, die im Gegensatz zur Natur sind‹.« Die ausdrückliche Identifizierung solch eines Lebens mit »Übereinstimmung mit der Natur« (**A**) wird in **59D3-4** bekräftigt,

L Kontext: Abschluß der Kritik des Antiochos an der stoischen Ethik.

wo »eine Wahl, die absolut konsistent« ist, damit zusammenfällt, daß man das höchste Gut besitzt und versteht.

Möglicherweise leiten sich diese ciceronischen Passagen aus den Schriften des Diogenes her. Aber wie dem auch sei, – seine Formulierung des Ziels wurde ganz bestimmt als eine Ergänzung zu der des Chrysipp angeboten und keineswegs als eine Abweichung davon. Wir können Diogenes so verstehen, daß er behauptete, die Standardformeln seien zusammen mit Chrysipps »leben in Übereinstimmung mit der Erfahrung von dem, was sich von Natur aus ereignet« (63B4) darin enthalten und würden dadurch erläutert, daß er selbst auf »gutes Argumentieren in der Auswahl ...« Bezug nahm. Antipaters Formel mit ihrer Erwähnung von »ständiger« Auswahl liest sich wie ein Versuch, in die Darstellung des Diogenes »Konsistenz« einzubauen. Wie es aussieht, hätte Chrysipp beide Sätze billigen können. Sie laufen darauf hinaus zu sagen, daß das vernünftige Leben, das Leben in Übereinstimmung mit der Natur, sich in der richtigen Einstellung und Handlungsweise mit Bezug auf *ÜN*- und *GN*-Dinge manifestiert. Diese Dinge stellen den äußeren Inhalt und Kriterien sowie positive oder negative Gegenstände dafür bereit, die Natur zu verstehen und dementsprechend zu leben.

Das Verdienst der Formulierung des Diogenes für das Ziel ist die Führung, die sie für die Praxis anbietet, in Übereinstimmung mit der Natur zu leben. Aber sobald *ÜN*- und *GN*-Dinge einmal in die Spezifikation des höchsten Guts eingeschlossen waren, sahen die Stoiker sich mit unangenehmen Kritiken hinsichtlich der Beziehung zwischen dem Glück und den Dingen konfrontiert, die nach Annahme für das Glück irrelevant waren. Wenn unser Ziel in den Begriffen unserer Auswahl bestimmter Dinge spezifiziert wird, muß dann nicht die Auswahl selbst um des Ziels willen ausgeführt werden (ein Kritikpunkt, der in der späteren Polemik von **B** reflektiert wird)? Welche Pointe könnte es haben, eine Auswahl *per se* sowie eine Auswahl von Dingen, die für das Glück indifferent sind, als das Ziel jeder Handlungen aufzustellen? Diese Kritik, die so gut wie sicher mit dem Akademiker Karneades einsetzte, einem jüngeren Zeitgenossen des Diogenes, nahm die Form einer gegabelten Attacke an. Einerseits wurde argumentiert (D1), die Auswahl-Formel werde durch Zirkularität entwertet: Wenn eine gut begründete Auswahl das ist, um dessentwillen alles zu tun ist, dann müssen die Dinge, die der Wahl wert sind, gerade insoweit wertvoll sein, als sie die Gegenstände wohlbegründeter Auswahl sind: Wir müssen gut argumentieren bei der Auswahl der Gegenstände gut begründeter Auswahl. Diogenes und Antipater konnten diesen Vorwurf zurückweisen, indem sie herausstellten, daß der Wert von *ÜN*-Dingen darin bestehe, daß sie »in Übereinstimmung mit der Natur« wären, ganz unabhängig von der Überlegung und Auswahl des Handelnden. Aber diese Entgegnung lud zu einer weiteren und verwirrenderen Kritik ein: Wenn die Gegenstände vernünftiger Auswahl in sich selbst wertvoll sind, dann sollten die Stoiker die Auswahl dieser Gegenstände zu dem Zweck unternehmen, diese zu »erlangen«; das zu bestreiten wäre eine bloße Äquivokation. Im Ergebnis würden die Stoiker also zwei Ziele aufstellen (C1, K5), im Gegensatz zu ihrer Konzeption eines einheitlichen Lebensziels, nämlich einerseits das Auswählen oder »Ergreifen« von *ÜN*-Dingen und andererseits das Bekommen dieser Dinge, den wahren Zweck solcher Auswahl in den Augen der Kritiker (C5, 7–9). Das scheint der Kern von Plutarchs Kritik der Auswahl-Formel in C zu sein (vgl. C6, wo die stoische Position berichtet wird); und das ist das erste Horn des Dilemmas (C1). Das zweite Horn (C2) bezog sich wahrscheinlich auf Antipaters weitere Formulierung des Ziels und kann für den Augenblick zurückgestellt werden. (Der Leser sollte aber gewarnt sein, daß Plutarch in C beide Formeln Antipaters (58K2) zu vermischen scheint, ein Umstand, der die Interpretation des Texts extrem schwierig macht.)

Bevor wir uns der Antwort Antipaters an Karneades zuwenden, sollte die Aufmerksamkeit auf J gelenkt werden. Dieser Text zeigt, die die Stoiker die Auswahl-Formel des Diogenes zu verteidigen suchten. Das Schlüsselwort ist »gute Überlegung« (vgl. C10). Das ist das Ziel, was in sich selbst gut ist, wie es sich in der Auswahl von *ÜN*-Dingen manifestiert. Deren Natürlichkeit ist ein Grund, sie auszuwählen. Aber was an ihnen (moralisch) gut ist, das ist allein eine Eigenschaft des Handelnden, ist ausschließlich seine wohlbegründete Entscheidung in bezug auf sie.

Diese Position offenbart freilich die Schwierigkeit, zwei Wertordnungen – moralische Güter und *ÜN*-Dinge – unter der gemeinsamen Überschrift »Übereinstimmung mit der Natur« miteinander in Einklang zu bringen und dabei trotzdem anzunehmen, daß die moralische Tüchtigkeit das alleinige Gut und der einzige Konstituent von Glück sei. Wenn wir, wie die Stoiker zugaben, konstitutionell so eingerichtet sind, solche Dinge zu erstreben, die mit der Natur übereinstimmen, sollte unser Ziel dann nicht einschließen, daß wir sie alle oder wenigstens die Mehrzahl von ihnen erlangen (K)? Die Stoiker wünschen nicht die ›peripatetische‹ Lehre; aber sie wünschen auch nicht, Ariston zuzustimmen, daß vollständige Indifferenz alles abdeckt, ausgenommen nur Tugend und Laster (L). Ihre akademischen Kritiker hielten ihnen vor, sie versuchten, beides zu haben – das Ziel (mit Diogenes) in intentionalistischen Termini zu definieren und in ihrer Bezugnahme auf äußere Gegenstände zugleich eine konsequentialistische, an Handlungsfolgen orientierte Konzeption einzuführen. Diese Kritik wurde von Karneades entwickelt, und Antipater antwortete darauf in seiner zweiten Formulierung des Ziels.

Der historische Beleg für ihren Disput findet sich, wenn man E, F, G und I kombiniert. Die Kritik des Karneades an der »Auswahl«-Formel wird, wie man wohl annehmen darf, u.a. nachdrücklich daran festgehalten haben, daß »die Kunst für das Leben« genauso wie jede andere Kunst eine zielgeleitete Tätigkeit ist, die unternommen wird, um etwas anderes zu erreichen als ihre eigene Ausübung (E). Daher kritisierte er die Auswahl-Formel, weil sie zirkulär sei oder zwei Ziele einführe. In G haben wir einen Beleg, daß Karneades das Ziel in den Begriffen einer Kunst (»Klugheit«) wiedergab, die alles um desjenigen Gegenstands willen tut, der als unserer Natur ursprünglich zueigen beschrieben werden kann. Auf dieser Grundlage skizzierte er sechs mögliche Auffassungen vom Ziel (G4), die er in zwei Kategorien einteilte, abhängig davon, ob sie das »Erreichen« des natürlichen Gegenstands als für das Ziel wesentlich ansehen oder nicht. Die Stoiker werden als die einzigen zitiert, die für eine Auffassung vom zweiten Typ optierten (G6). Karneades selbst verteidigte eine Auffassung, die auf denselben natürlichen Gegenstand wie die Stoiker abstellte, die von ihnen aber dadurch abwich, daß sie einen wirklichen Besitz der »mit der Natur übereinstimmenden Dinge« verlangte.

Was den Stoikern hier zugeschrieben wird, entspricht recht genau der zweiten Formel Antipaters: »Alles tun, was in seiner Macht steht, und dabei den Blick kontinuierlich und unbeirrt darauf gerichtet haben, die Dinge zu erlangen, die von Natur aus bevorzugt sind« (58K2). Eine Variante davon wird durch Poseidonios in I2 überliefert und dahingegend beschrieben, daß sie Ähnlichkeit mit den von Karneades unterstützten zielgeleiteten Tätigkeiten als Modellen für die Formulierungen des Ziels hat (E, G). Obwohl er sie als Darstellung des Ziels mißbilligt, scheint Poseidonios ihren Wert als »eine notwendige Begleiterscheinung des Ziels« zuzugestehen, die »sich verwenden [läßt], um die von den Sophisten aufgeworfenen Schwierigkeiten zu zerschlagen« (I3). Unter Voraussetzung der impliziten Bezugnahme auf Antipater bezieht »Sophisten« sich am plausibelsten auf Karneades, ein Punkt, der durch **D2** unterstützt wird, da Plutarchs Kritik ebenso gegen Antipaters zweite Formel wie gegen die »Auswahl«-Formel gerichtet war.

Wenn wir also annehmen, daß Antipater seine zweite Formel als Erwiderung auf die Kritik des Karneades an der »Auswahl«-Formel vorbrachte, wie können wir dann die Debatte und ihre Ergebnisse am besten rekonstruieren? Die entscheidende Passage ist **F**. Antipaters zweite Formel »Alles tun, was in seiner Macht steht, . . .« wird dort herangezogen, um die Stoiker gegen den Einwand zu verteidigen, daß durch ihre Lehren von der Tugend und von den *ÜN*-Dingen »zwei höchste Güter« eingeführt würden. Unglücklicherweise gibt es im Text von **F** dunkle Stellen. Aber die Hauptstoßrichtung des Abschnitts ist klar: Das Ziel eines Bogenschützen ist, genau zu zielen, d.h. die Zielscheibe zu treffen. Seine Funktion als Bogenschütze ist die, alles in seiner Macht stehende zu tun, genau zu zielen. Ähnlich ist − nach Antipaters Formel − das Erreichen von *ÜN*-Dingen das äußere »Ziel« aller Handlungen; aber die Funktion von jemand als moralisch Handelndem ist die, alles in seiner Macht Stehende zu tun, sie zu erreichen. Die Bogenschützen-Analogie paßt zu Karneades' Konzeption eines Handwerks, das ein Ziel außerhalb seiner benötigt (**E**). Möglicherweise benutzte er sie selber gegen die »Auswahl«-Formel. Jedenfalls scheint Antipater argumentiert zu haben, daß die Stoiker die Konzeption des Karneades von der Tugend als einer zielgeleiteten Kunst akzeptieren konnten, ohne ihre Indifferenz gegenüber dem tatsächlichen Erreichen von *ÜN*-Dingen aufgeben zu müssen.

Plutarch hält Antipaters Formel für absurd, da er sie so interpretiert, als sage sie, der Bogenschütze tue alles in seiner Macht Stehende bloß, um das zu tun, was in seiner Macht steht (**C7**). Antipaters Ziel ist jedoch, »alles in seiner Macht Stehende zu tun, um *ÜN*-Dinge zu *erreichen*«. Es ist nicht im mindesten absurd zu sagen, daß das Ziel von Training darin besteht, alles in seiner Macht Stehende zu tun, um gesund zu werden. Verallgemeinert, um alle Handlungen abzudecken, besagt die Formel, daß man alles tun soll, um konsistent danach zu streben, *ÜN*-Dinge zu erreichen. Das Ziel ist nicht das Erreichen des äußeren Gegenstands, sondern das konsistente Streben oder die Konsistenz im Streben danach, ihn zu erreichen. Letzteres steht immer in jemandes Macht und haftet nicht für die kontingenten Umstände, die ein Erreichen des äußeren Gegenstands verhindern können.

Antipater akzeptierte also offenbar die formale Bedingung des Karneades, daß eine Kunst der Lebensführung einen Gegenstand außerhalb ihrer selbst erfordert. Dieser Gegenstand wird zu einem Element in seiner Bestimmung des Ziels, womit Antipater den Vorwurf vermeidet, zwei Ziele aufzustellen; der Gegenstand wird in der Bestimmung des Ziels aber als etwas zum Element, das es anzustreben gilt; ob man ihn erreicht, spielt keine Rolle. Das Ziel selbst befindet sich daher weiterhin sicher dort, wo Diogenes es gelassen hatte, in der konsistenten vernünftigen Disposition des Handelnden. Wenn **G6** die Reaktion des Karneades darauf enthält, dann betrachtete er Antipaters Formel als eine Verdrehung jeder praktischen Konzeption einer zielgeleiteten Kunst (vgl. **C2, 4**). Nachdem er einen Stoiker dazu bekommen hatte, zuzugestehen, es sei wünschbar, zu versuchen, *ÜN*-Dinge zu erreichen, wollte Karneades das weitere Zugeständnis haben, es sei wünschbar, diese Dinge wirklich zu erreichen. Wenn die stoische Tugend, wie Antipater das akzeptierte, den Zweigen einer Kunst wie etwa der Medizin entsprach, dann schien es abwegig anzunehmen, daß die Tugend das tatsächliche Erreichen ihres Gegenstands als etwas behandeln könnte, »das ausgelesen sein will« (**F4**) und für das Glück indifferent ist. Man konnte Karneades allerdings entgegenhalten, daß die eigentliche moralische Bewertung einer zielgeleiteten Tätigkeit in den Begriffen der Bemühungen und Absichten des Handelnden erfolgen sollte, wenn Lob und Tadel irgendeine vernünftige Grundlage haben sollen und das Glück konsistent in unserer Macht stehen soll. Falls dies der Hauptpunkt Antipaters war, könnte seine Formel als ein rein dialektisches Manöver gedacht gewesen sein, um zu zeigen, daß die Stoiker gegen Karneades zurückschlagen konnten. Was die Formulierung natürlich noch nicht leistet, ist zu zeigen, daß es vernünftig sein kann, das Glück davon abhängig zu machen, auf Gegenstände zu zielen, deren Erreichung für das Glück doch irrelevant ist.

Solch eine Interpretation wird durch stoische Reaktionen auf Antipaters Formel bekräftigt. Sein Rekurs auf die zielgeleitete Konzeption einer Kunst wurde ausdrücklich in stoischen Analogien zurückgewiesen, die die Weisheit dem Schauspielern oder dem Tanzen entsprechen ließen (**H**); und die Bemerkungen des Poseidonios (**I2**) stehen der Einbindung von *ÜN*-Dingen als »Skopus« genauso feindlich gegenüber. Dies waren freilich die Begriffe, die Karneades gewählt hatte, um die »Auswahl«-Formel anzugreifen; Antipater konnte die Verantwortung dafür von sich weisen und wieder die orthodoxeren Darstellungen des Ziels aufnehmen, wenn er sich mit anderen Stoikern oder Freunden der Schule befaßte. Warum seine Definition den Vorwurf eines »Widerspruchs« durch Poseidonios (**I2**) verdient haben sollte, ist nicht ganz klar. Vielleicht ist der Widerspruch der, daß im Ziel ein Gegenstand vorkommt (*ÜN*-Dinge zu erreichen), der nicht das Ziel ist (vgl. **C2**). Aber während Poseidonios Antipaters Formel als gültige Interpretation von »in Übereinstimmung leben« verwirft, erkennt er doch ihren Wert als ein dialektisches Mittel an, sobald einmal zugestanden ist, daß »alles tun, was möglich ist, um der ersten Dinge willen, die mit der Natur übereinstimmen« – wenn nicht das Ziel selbst, so doch – »eine notwendige Begleiterscheinung des Ziels« ist. In Verbindung mit **D2** legt dies zwingend nahe, daß Antipaters Formel dazu bestimmt war, den Stoikern eine Antwort auf Karneades anzubieten, die in dessen eigenen akademischen Begriffen abgefaßt war.

Wenn wirklich irgendein führender Stoiker die These aufgegeben haben sollte, daß die Tugend zum vollständigen Glück ausreicht, dann sollten wir erwarten, daß dies bei Cicero in irgendeiner Form erwähnt wird. Aber in **K**, wo die Kritiken des Antiochos berichtet werden, wird der Einwand weiterhin dagegen erhoben, daß die Stoiker sich weigern, den Besitz von *ÜN*-Dingen als einen Bestandteil des Ziels zu akzeptieren. Seneca sagt von Antipater, er habe »äußeren Dingen« eine winzige Bedeutung für das höchste Gut zugebilligt (*Epist.* 92.5 = **m** in Bd. 2). Das braucht kaum mehr als eine Nachwirkung von **K3** zu sein, in welchem Fall sein Zugeständnis eine Spitze *ad hominem* gewesen sein kann, die nicht dazu gedacht war, die Standardlehre zu kompromittieren, welche in seinen eigenen Formulierungen immer noch vorausgesetzt wird. Poseidonios kann, wenn man von **I2** ausgeht, Gesundheit und Reichtum schwerlich als »Güter« angesehen haben (wie das bei Diogenes Laërtius 7.103 = **n** in Bd. 2 dargestellt wird); und daß er und Panaitios angeblich bestritten haben, daß die Tugend ausreiche (Diogenes Laërtius 7.128 = **o** in Bd. 2), wird durch kein anderes Zeugnis bestätigt. Insgesamt ergibt sich offenbar, was Cicero sagt (*De fin.* 3.33): »Zwischen den stoischen Definitionen des Guten gibt es leichte Abweichungen; sie zeigen aber alle in dieselbe Richtung.«

65 Die Leidenschaften

A   Stobaeus 2.88,8–90,6   (teilw. *SVF* 3.378, 389)

(1) Die Leidenschaft (der Affekt), sagen sie [die Stoiker], ist ein Antrieb, der exzessiv ist und der gebietenden Vernunft nicht gehorcht, oder eine Bewegung der Seele, die vernunftlos und wider die Natur ist; weiter sagen sie, daß alle Leidenschaften (Affekte) zum Führungsvermögen der Seele gehören. (2) Daher ist auch jede Aufgeregtheit eine Leidenschaft und umgekehrt jede Leidenschaft eine Aufgeregtheit. (3) Da die Leidenschaft von dieser Art ist, hat man anzunehmen, daß einige Leidenschaften erste und dominante Affekte sind und die anderen sich auf sie beziehen. Die generisch ersten Leidenschaften (Affekte) sind folgende vier: Begierde, Furcht, Traurigkeit und Lust. (4) Begierde und Furcht kommen zuerst, erstere in Beziehung auf das, was als gut erscheint, letztere in Beziehung auf das, was als schlecht erscheint. Lust und Traurigkeit resultieren daraus, Lust dann, wenn wir das erlangen, wonach wir begehren, oder das vermeiden, was wir fürchten, und Traurigkeit dann, wenn es nicht gelingt, die Gegenstände unserer Begierde zu erlangen, oder wenn uns das widerfährt, was wir fürchten. (5) [= C] (6) Die Ausdrücke »vernunftlos« und »wider die Natur« werden [hier] nicht in ihrem üblichen Sinn gebraucht. Vielmehr ist »vernunftlos« äquivalent mit »ungehorsam gegen die Vernunft«. Denn jede Leidenschaft ist etwas Überwältigendes, wie ja auch die, die Leute in ihrer Leidenschaft häufig sehen, daß etwas Bestimmtes zu tun nicht zuträglich ist, und dann trotzdem durch die Intensität wie von einem ungehorsamen Pferd fortgetragen und dazu verleitet werden, es zu tun. (7) Der Ausdruck »wider die Natur« wird in der Umschreibung der Leidenschaft verwendet, da die Leidenschaft sich im Gegensatz zur richtigen, naturgemäßen Vernunft abspielt. Denn jeder, der im Zustand der Leidenschaft ist, wendet sich von der Vernunft ab, allerdings nicht so, wie sich die abwenden, die in irgendetwas getäuscht worden sind, sondern auf eine besondere Weise. (8) Denn wer getäuscht worden ist, zum Beispiel darin, daß die Atome erste Prinzipien seien, gibt dieses Urteil auf, sobald er gelernt hat, daß sie es nicht sind. Wer dagegen im Zustand der Leidenschaft ist, der gibt selbst dann, wenn er sich bewußt wird oder lernt, daß er nicht traurig sein braucht oder sich nicht fürchten muß oder daß seine Seele sich überhaupt nicht in einem Zustand der Leidenschaft befinden sollte, die Leidenschaft trotzdem nicht auf; sondern die Leute werden von den Leidenschaften in eine Situation gebracht, wo sie von deren Tyrannei beherrscht werden.

A Kontext: Unmittelbar anschließend an 33I.

B   Ps.-Andronikos, *De passionibus* I   (teilw. *SVF* 3.391)

[Referat stoischer Definitionen:] (1) Die Betrübnis also ist eine vernunftlose Kontraktion; oder eine frische Meinung, daß etwas Schlechtes anwesend sei, auf das hin man glaubt, sich zusammenziehen [d.h. depressiv werden] zu müssen. (2) Furcht ist eine vernunftlose Abwendung; oder das Vermeiden einer erwarteten Gefahr. (3) Begierde ist ein vernunftloses Verlangen; oder das Erstreben eines erwarteten Guts. (4) Lust ist ein vernunftloses Anschwellen; oder eine frische Meinung, daß etwas Gutes anwesend sei, auf das hin man glaubt, anschwellen zu müssen.

C   Stobaeus 2.88,22–89,3   (= A5; teilw. *SVF* 3.378)

Bei allen Affekten der Seele gilt: Wenn die Stoiker sie als ›Meinungen‹ bezeichnen, wird »Meinung« anstelle von »schwacher Annahme« gebraucht und »frisch« anstelle von »Reiz einer vernunftlosen Kontraktion oder Anschwellung«.

D   Galen, *De plac. Hippocr. et Plat.* 4.2.1–6   (teilw. *SVF* 3.463)

(1) In seinen ersten Definitionen der generischen Gefühle weicht er [Chrysipp] vollkommen von der Lehre der Alten ab, wenn er Betrübnis definiert als »frische Meinung, daß etwas Schlechtes anwesend ist« . . . (2) In diesen Definitionen erwähnt er offensichtlich nur den vernünftigen Teil der Seele, während er den begehrenden und den wetteifernden Seelenteil übergeht. . . . (3) Aber in einigen der anschließenden Definitionen schreibt er Sachen, die mehr zu Epikur und Zenon als zu seinen eigenen Lehren passen. (4) Bei der Definition der Betrübnis sagt er nämlich, sie sei »eine Schrumpfung gegenüber dem, wovon man meint, es solle vermieden werden«; und von der Lust sagt er, sie sei »ein Anschwellen gegenüber dem, wovon man meint, es solle angestrebt werden«. (5) Die »Schrumpfungen und Anschwellungen« sowie die »Kontraktionen und Expansionen« – denn auch die erwähnt er gelegentlich – sind ja doch Affekte des vernunftlosen Vermögens, die aus den Meinungen resultieren.

E   Stobaeus 2.90,19–91,9   (teilw. *SVF* 3.394)

(1) Unter der Begierde werden nun die folgenden Affekte klassifiziert: Zorn und seine Unterarten . . . heftige sexuelle Liebe, Liebessehnsucht und Liebesverlangen, Vernügungssucht, Liebe zum Reichtum, Ehrsucht und dergleichen; (2) unter die Lust fallen: Schadenfreude, Zufriedenheit, Gaukelei und dergleichen; (3) unter die Furcht: Zaudern, Angst, Bestürzung, Scham, Verwirrung,

---

B Kontext: Definitionen der Leidenschaften (Affekte)   C Kontext: Siehe Text **A**.
D Kontext: Chrysipps Lehre, daß Gefühle Urteile seien, wird anderen Bemerkungen von ihm gegenübergestellt, nach denen man bestimmte Gefühle dem zweiten und dritten Seelenteil der platonischen Psychologie zuordnen könnte.   E Kontext: Wenige Zeilen nach **A**.

Aberglaube, Grauen, Entsetzen; (4) unter die Betrübtheit: Neid, Mißgunst, Eifersucht, Mitleid, Trauer, Kummer, Ärger, Plagen, Schmerzen, Ekel.

F   Diogenes Laërtius 7.115   (*SVF* 3.431)

(1) Sie [die Stoiker] sagen, es gebe drei gute Gefühle: Freude, Vorsicht und Wünschen. (2) Und zwar ist die Freude, so sagen sie, der Lust entgegengesetzt, da sie eine wohl begründete Erhebung ist. Die Vorsicht ist der Furcht entgegengesetzt, da sie ein wohl begründetes Vermeiden ist; denn der Weise wird sich niemals fürchten, wohl aber vorsichtig sein. (3) Zur Begierde im Gegensatz, sagen sie, steht das Wünschen, welches ein wohl begründetes Verlangen ist. (4) Wie nun unter die primären Affekte bestimmte Affekte fallen, so ganz entsprechend auch unter die primären guten Gefühle. Und zwar fallen unter das Wünschen: Wohlwollen, Freundlichkeit, Herzlichkeit, Liebe; unter die Vorsicht: Respekt, Reinlichkeit; unter die Freude: Ergötzung, Umgänglichkeit, Frohsinn.

G   Plutarch, *De virtute morali* 7, 446F–447A   (teilw. *SVF* 3.459)

(1) Einige Leute [gemeint sind die Stoiker] sagen, die Leidenschaft sei nichts Verschiedenes von der Vernunft und zwischen den beiden gebe es auch keinen Dissens und keinen Konflikt; sondern es gibt eine Wendung, die die eine Vernunft in beide Richtungen macht, die wir wegen ihrer Heftigkeit und Schnelligkeit aber nicht bemerken. (2) Wir nehmen nicht wahr, daß das, womit wir von Natur aus begehren und bereuen und womit wir zornig sind und Angst haben, derselbe Teil der Seele ist, der unter der Einwirkung der Lust sich zum Schimpflichen hin bewegt und in der Bewegung wieder zu sich selbst zurückfindet. (3) Denn Begierde, Zorn, Furcht und alles dergleichen sind schlechte Meinungen und Urteile, die sich nicht in bloß einem einzigen Teil der Seele bilden; vielmehr sind sie Ausschläge und Einwilligungen, Zustimmungen und Antriebe und überhaupt bestimmte Tätigkeiten des ganzen Führungsvermögens, welche rasch wechseln, so wie die Kämpfe der Kinder, deren Hitzigkeit und Heftigkeit wegen ihrer Schwäche schwankend und unsicher sind.

H   Galen, *De plac. Hippocr. et Plat.* 3.1.25   (teilw. *SVF* 2.886)

[Chrysipp schreibt:] »Ich meine, daß allgemein die große Mehrzahl der Leute zu der Auffassung gelangt, daß unser Führungsvermögen seinen Sitz im Herzen hat, da die Leute gewissermaßen fühlen, daß die Gefühle, welche den Geist affizieren, sich in ihrer Brust und besonders in dem Bereich ereignen, wo das Herz plaziert ist; das gilt insbesondere im Fall von Betrübnis, von Furcht, von Zorn und vor allem von Aufregung.«

F Kontext: Doxographie der *pathē*.   G Kontext: Wenige Seiten nach **41B** und immer noch mit demselben Thema.   H Kontext: Zitat aus dem 1. Buch von Chrysipp Werk *Über die Seele*.

I   Galen, *De plac. Hippocr. et Plat.* 5.6.34–37   (teilw. Poseidonios Frg. 33 + 166)

(1) Denn in dem, was folgt, zeigt Poseidonios auch, daß er [Chrysipp] nicht nur von den Phänomenen abweicht, sondern auch von Zenon und Kleanthes. (2) Die Ansicht des Kleanthes über den affektiven Teil der Seele, sagt er, tritt in den folgenden Versen zutage:

> »Was ist es, mein Sinn, was du willst? Das sage mir!«
> »Ich, Vernunft? Alles, was ich wünsche, das tue ich.«
> »Ein wahrhaft königlicher Wunsch. Aber trotzdem, sage es noch einmal!«
> »Was immer ich begehre, so wünsche ich, daß es kommt.«

(3) Diese alternierenden Verse des Kleanthes geben, wie Poseidonios sagt, klare Hinweise auf das, was er über den affektiven Teil der Seele denkt, da er die Vernunft und den Sinn hier im Dialog miteinander dargestellt hat, das heißt als zwei verschiedene Dinge. (4) Dagegen meint Chrysipp, der affektive Teil der Seele sei vom vernünftigen Teil keineswegs verschieden; und bei den vernunftlosen Lebewesen hebt er die Affekte auf, obwohl sie offensichtlich von Begierde und Erregung bestimmt werden, wie auch Poseidonios in einer ausführlicheren Erörterung über sie darlegt.

J   Galen, *De plac. Hippocr. et Plat.* 4.2.10–18   (teilw. *SVF* 3.462)

[Chrysipp im 1. Buch *Über die Affekte*:] (1) »Wir müssen erstens im Sinn behalten, daß das vernunftbegabte Lebewesen von Natur aus der Vernunft folgt und so, als sei sie sein Führer, in Übereinstimmung mit der Vernunft handelt. (2) Häufig bewegt es sich freilich auch auf andere Weise auf bestimmte Dinge zu oder von ihnen weg, gegenüber der Vernunft ungehorsam zum Exzeß getrieben. (3) Auf diese Bewegung nehmen beide Definitionen [der Leidenschaften (Affekte); vgl. A1] Bezug: die Bewegung wider die Natur, welche auf diese Weise vernunftlos stattfindet, und der Exzeß in den Antrieben. (4) Denn diese Vernunftlosigkeit ist zu verstehen als ›Ungehorsam gegenüber der Vernunft‹ und als ›abgewandte Vernunft‹; mit Bezug auf diese Bewegung sagen wir sogar umgangssprachlich, daß Leute ›getrieben‹ [wörtlich: ›gestoßen‹] werden und sich ›vernunftlos bewegen, ohne Vernunft und Urteil‹. Diese Ausdrücke meinen wir nicht so, als ob jemand sich in irriger Weise bewegen und etwas übersehen würde, was mit der Vernunft übereinstimmt; sondern wir beziehen uns damit vor allem auf die Bewegung, welche diese Ausdrücke im Umriß charakterisieren, weil auf diese Weise sich in seiner Seele zu bewegen für das vernunftbegabte Lebewesen nicht natürlich ist, sondern sich vernunftgemäß zu bewegen.« . . . (5) »In diesem Sinne spricht man auch von dem Exzeß des Antriebs, weil die Leute nämlich über die zu ihnen selbst passende, natürliche Proportion der Antriebe hinausgehen. (6) Was ich sage, kann vielleicht durch folgendes deutlicher werden: Wenn beispielsweise jemand in Übereinstimmung

---

I Kontext: Poseidonios' Darstellung des Nachlassens von Gefühlens.   J Kontext: Wenige Zeilen nach **D**.

mit seinem Antrieb zu Fuß geht, erfolgt die Bewegung der Beine nicht im Exzeß, sondern hat das dem Antrieb entsprechende Maß, so daß der betreffende, wenn er das will, auch stehenbleiben oder den Schritt verändern kann. (7) Wenn die Leute jedoch in Übereinstimmung mit ihrem Antrieb rennen, dann findet so etwas nicht mehr statt, sondern die Bewegung der Beine geht (exzessiv) über ihren Antrieb hinaus, so daß die Leute davongetragen werden und nicht sogleich, wenn sie damit begonnen haben, folgsam den Schritt verändern können. (8) Etwas Ähnliches, denke ich, findet auch bei den Antrieben aufgrund des Umstands statt, daß sie über die mit der Vernunft übereinstimmende Proportion hinausgehen, so daß jemand, wenn er den Antrieb hat, sich zur Vernunft nicht folgsam verhalten kann. (9) Beim Laufen wird der Exzeß ›im Gegensatz zum Antrieb‹ genannt und beim Antrieb ›im Gegensatz zur Vernunft‹. Eine Proportion des natürlichen Antriebs ist nämlich eine, die mit der Vernunft übereinstimmt und (nur) so weit geht, wie es die Vernunft selbst für richtig hält.«

K Galen, *De plac. Hippocr. et Plat.* 4.3.2–5 (teilw. Poseidonios Frg. 34)

(1) In diesem Punkt [d.h. darin, daß er Gefühle für Urteile hält,] ist er [Chrysipp] mit Zenon, mit sich selbst und mit vielen anderen Stoikern im Widerstreit, die nicht die Urteile der Seele selbst als die Affekte der Seele ansehen, sondern diese mit den auf den Urteilen beruhenden vernunftlosen Kontraktionen, Erniedrigungsgesten, Bisse, Anschwellungen und Expansionen identifizieren. (2) Poseidonios wich aber vollkommen von beiden Auffassungen ab. Denn seiner Ansicht nach entstehen die Affekte weder als Urteile noch als Folgen von Urteilen, sondern sind Wirkungen des wetteifernden und des begehrenden Seelenvermögens, in jeder Hinsicht übereinstimmend mit der alten Lehre. (3) In seiner eigenen Abhandlung *Über Affekte* fragt er Chrysipp und seine Leute nicht selten: »Was ist die Ursache für den Trieb zum Exzeß? Denn die Vernunft kann das Maß ihrer Angelegenheiten und Grenzen schwerlich überschreiten. Daher ist klar, daß ein anderes, vernunftloses Vermögen die Ursache für den Trieb ist, die Grenzen der Vernunft zu überschreiten, gerade so, wie die Ursache für eine Rennerei, die die Grenzen vorsätzlicher Wahl überschreitet, das Körpergewicht, vernunftlos ist.«

L Galen, *De plac. Hippocr. et Plat.* 4.5.21–25 (teilw. *SVF* 3.480)

(1) [Chrysipp schreibt in dem Buch *Emotionale Therapie*:] »Die Affekte werden nämlich nicht bloß deshalb ›Schwächen‹ genannt, weil sie alle diese Dinge als gut beurteilen, sondern auch mit Bezug darauf, daß sie auf sie mehr losstürmen, als es der Natur entspricht.« ... (2) Man könnte ihn [Chrysipp] so verstehen, daß er sagt, ... daß die Meinung, Besitztümer seien Güter, noch keine Schwä-

---

K Kontext: Kurz nach J.   L Kontext: Die angebliche Unvereinbarkeit des in (1) zitierten Satzes mit Chrysipps These, daß Gefühle Urteile sind.

494

che ist, sondern eine wird, wenn jemand meint, Besitztümer seien das größte Gut, und wenn er annimmt, daß für den, der seinen Besitz verloren hat, das Leben überhaupt nicht lebenswert sei. In dieser Einstellung bestehen nämlich die Liebe zum Besitz und die Liebe zum Geld, die beide Schwächen sind.

M Galen, *De plac. Hippocr. et Plat.* 5.5.8–26 (teilw. Poseidonios Frg. 169)

(1) Wir haben also von Natur aus diese drei Zueignungsbeziehungen, entsprechend jeder Art von Seelenteilen, die Beziehung zur Lust wegen des begehrenden Seelenteils, die Beziehung zu Erfolg und Sieg wegen des wetteifernden Seelenteils und die Beziehung zur Rechtschaffenheit wegen des vernünftigen Seelenteils. (2) Epikur beachtete nur die Zueignungsbeziehung, die zu dem schlechtesten Teil der Seele gehört, und Chrysipp nur die, die zum besten Teil der Seele gehört; denn er sagt, daß wir eine Zueignungsbeziehung nur zum Rechtschaffenen haben, welches er auch als evident gut ansieht. (3) Da er also die [anderen] zwei Zueignungsbeziehungen beiseiteläßt, hat Chrysipp mit der Entstehung des Lasters verständlicherweise ein kaum zu lösendes Problem ... und wie es kommt, daß Kinder Falsches tun, kann er nicht herausfinden. Wegen all dieser Punkte hat Poseidonios ihn kritisiert und widerlegt, meines Erachtens zu recht. (4) Denn wenn die Kinder sofort von Anfang an eine Zueignungsbeziehung zum Rechtschaffenen hätten, hätte das Laster sich in ihnen nicht entwickeln können und auch nicht aus ihnen selbst heraus, sondern nur von außen her. Aber selbst wenn sie unter günstigen Bedingungen großgezogen und angemessen erzogen werden, sieht man doch, wie sie allemal etwas Falsches tun, und auch Chrysipp pflichtet dem bei. (5) Es wäre freilich möglich gewesen, daß er die evidenten Tatsachen übersehen hat und nur das akzeptierte, was seinen eigenen Annahmen entsprach, wenn er behauptete, daß die Kinder, sofern sie gut aufgezogen werden, im Laufe der Zeit allemal weise Leute werden würden. (6) Aber er erkühnte sich nicht, die Tatsachen wenigstens in diesem Punkt zu falsifizieren, sondern meinte, selbst wenn die Kinder nur bei einem Philosophen aufwachsen und niemals irgendein Beispiel von Laster sehen oder hören würden, dann würden sie trotzdem nicht notwendigerweise zu Philosophen ... (7) Denn wenn er sagt, daß es die Glaubhaftigkeit der Vorstellungen und die angeregte Unterhaltung seien, deretwegen sich bei den Minderwertigen die Verdrehungen bezüglich des Guten und Schlechten entwickeln, dann muß man ihn nach der Ursache fragen, warum Lust eine glaubhafte Vorstellung vermittelt, etwas Gutes, und Schmerz eine glaubhafte Vorstellung, etwas Schlechtes zu sein. Und so muß man ihn auch nach der Ursache fragen, warum wir uns bereitwillig überzeugen lassen, wenn wir hören, wie der Olympiasieg und die Errichtung der Standbilder bei den Leuten ganz allgemein als etwas Gutes gerühmt und gepriesen werden, die Niederlage und die Schande dagegen als etwas Schlechtes. (8) Auch in diesen Punkten übt Poseidonios Kri-

---

M Kontext: Darstellung der dreiteiligen Natur der Seele und Kritik an Chrysipp, weil er diese Dreiteiligkeit verneint.

tik an Chrysipp . . . in der Überzeugung, daß der Antrieb im Lebewesen zwar zuweilen infolge des Urteils des vernünftigen Seelenteils erzeugt wird, häufig aber infolge der Bewegung des affektiven Teils. (9) Poseidonios tut recht daran, mit diesen Theorien die Befunde der Physiognomen zu verbinden. Denn diejenigen Tiere und Menschen, die eine breitere Brust haben und heißer sind, sind von Natur aus alle stärker wetteifernd, und alle, die breitere Hüften haben und kälter sind, sind furchtsamer. (10) Weiter sagt er, daß auch die Heimatgegend einen keineswegs kleinen Unterschied für die Charaktere der Menschen im Hinblick auf Furchtsamkeit und Wagemut oder im Hinblick auf ihre Neigung zur Lust und zur Arbeit ausmacht, da die affektiven Bewegungen der Seele immer der Disposition des Körpers folgen, die durch die Mischung [der Elemente] in der Umgebung nicht unerheblich verändert wird. Denn auch das Blut, sagt er, unterscheidet sich bei den Lebewesen ja durch seine Wärme und Kälte, durch seine Dichte und in vielerlei anderen Hinsichten, die Aristoteles ausführlich erörtert hat. . . . (11) Im gegenwärtigen Zusammenhang richtet sich mein Argument gegen Chrysipp und seine Leute, die von den Affekten weiter nichts verstanden haben, noch nicht einmal die Tatsache, daß die Mischungen des Körpers »affektive Bewegungen« ergeben − so nennt Poseidonios sie für gewöhnlich −, die für sie eigentümlich sind.

N   Galen, *De plac. Hippocr. et Plat.* 5.6.18−19 (teilw. Poseidonios Frg. 161)

[Bei der Zusammenfassung von Poseidonios:] Manche Leute sind der irrigen Ansicht, daß das, was für die vernunftlosen Vermögen der Seele eigentümlich ist, ihnen schlechthin eigentümlich ist. Sie wissen nicht, daß Lust zu haben und die Nachbarn zu beherrschen Ziele sind, nach denen der tierische Teil der Seele drängt, daß dagegen Weisheit und alles, was gut und rechtschaffen ist, Ziele sind, nach denen der vernünftige und zugleich göttliche Teil der Seele verlangt.

O   Galen, *De plac. Hippocr. et Plat.* 4.7.12−17 (teilw. *SVF* 3.466)

[Chrysipp im 2. Buch *Über die Affekte:*] (1) »Es könnte aber auch mit Blick auf das Nachlassen der Traurigkeit die Frage aufkommen, wie es dazu kommt, ob deshalb, weil irgendeine Meinung geändert wird, oder bei Fortbestehen aller Meinungen, und warum es so sein wird. . . . (2) Fortzubestehen scheint mir eine Meinung von der Art, daß etwas Schlechtes gegenwärtig ist; doch da sie älter wird, läßt die Kontraktion nach und, wie ich glaube, der Antrieb zur Kontraktion. (3) Vielleicht besteht aber auch dieser Antrieb fort, doch was daran anschließt, entspricht ihm nicht [mehr], weil zusätzlich eine andere eigenschaftsmäßige Bestimmung entsteht, die aus diesen Begebenheiten nicht schlüssig folgt. (4) So nämlich hören die Leute auf zu weinen und weinen Leute, die nicht weinen wollen, wenn die zugrundeliegenden Verhältnisse keine ähnlichen

---

N Kontext: Wenige Zeilen nach 64I.   O Kontext: Was Poseidonios zur Widerlegung Chrysipps sagt.

Vorstellungen erzeugen und etwas oder nichts im Wege steht. Denn auf welche Weise das Weinen und Wehklagen aufhört, ungefähr das geschieht, so ist wohl anzunehmen, auch bei jenen Dingen: Zu Beginn werden von den Dingen größere Bewegungen verursacht, wie ich gesagt habe, daß es sich bei dem abspielt, was Lachen auslöst, und dergleichen.«

P   Galen, *De plac. Hippocr. et Plat.* 4.7.24–41   (teilw. Poseidonios Frg. 165)

(1) Er [Poseidonios] selbst zeigt, daß die Leidenschaften (Affekte) durch Wetteifern und Begierde entstehen und aus welchem Grund sie sich im Laufe der Zeit legen, selbst wenn die Meinungen und Urteile, daß etwas Schlechtes gegenwärtig oder geschehen sei, noch fortbestehen. ... (2) Wie nämlich der affektive Teil der Seele nach bestimmten, ihm eigentümlichen Gegenständen des Verlangens strebt, so hat er auch, sobald er sie erlangt, seine Erfüllung und stoppt daraufhin seine eigene Bewegung, die den Antrieb des Lebewesens kontrollierte und es aus sich selbst heraus zu ihrem eigenen fehlgeleiteten Ziel führte. (3) Die Ursachen für das Aufhören der Leidenschaften (Affekte) sind deshalb keineswegs nicht-schlüssig, wie Chrysipp zu sagen pflegte ... (4) Gewohnheiten und ganz allgemein die Zeit scheinen deshalb den größten Einfluß auf die affektiven Bewegungen zu haben. Denn das unvernünftige Vermögen der Seele eignet sich den Gewohnheiten langsam zu, in denen es großgeworden ist.

Q   Galen, *De plac. Hippocr. et Plat.* 5.6.22–26   (enthält Poseidonios Frg. 162)

(1) Denn für das vernunftlose Vermögen ergeben sich der Nutzen und der Schaden durch die vernunftlosen Tätigkeiten, für das vernünftige Vermögen ergeben sie sich hingegen durch Wissen und Unwissenheit. (2) Das also ist der Nutzen, der uns, wie Poseidonios sagt, aus der Einsicht in die Ursachen der Leidenschaften [siehe **64I**] erwächst, und darüber hinaus, sagt er, »erklärt es die Probleme mit dem Antrieb, der aus der Leidenschaft hervorgeht«. ... (3) »Ich glaube nämlich, daß ihr längst seht, wieso die Leute, wenn sie durch die Vernunft überzeugt sind, daß etwas für sie Schlechtes gegenwärtig ist oder bevorsteht, dennoch sich weder fürchten noch traurig sind und wieso sie diese Gefühle andererseits haben, wenn sie eine Vorstellung von diesen Dingen selbst bekommen. (4) Denn wie könnte jemand vermittels der Vernunft das Vernunftlose aktivieren, wenn er ihm nicht eine Art Bild vorsetzte, das einer Sinneswahrnehmung ähnlich ist? So haben jedenfalls manche ihre Begierde durch eine Beschreibung aufgegeben; und wenn jemand sie lebhaft auffordert, vor dem herannahenden Löwen zu fliehen, fürchten sie sich, obwohl sie ihn nicht sehen.«

P Kontext: Antwort des Poseidonios auf die Überlegung Chrysipps in **O**.   **Q** Kontext: Wenige Zeilen nach **N**.

R Galen, *De plac. Hippocr. et Plat.* 5.2.3–7 (teilw. Poseidonios Frg. 163)

(1) Chrysipp sagt nämlich, sie [die Seele des Minderwertigen] sei den Körpern vergleichbar, die dazu neigen, sich auf einen unbedeutenden und zufälligen Anlaß hin Fieber oder Durchfall oder etwas anderes dieser Art zuzuziehen. (2) Poseidonios kritisiert seinen Vergleich. Denn die Seele der Minderwertigen sollte man nicht mit diesen Dingen vergleichen, sagt er, sondern mit denjenigen Körpern, die [ohne nähere Qualifikation] einfachhin gesund sind. (3) Denn ob man sich aus großen oder aus kleinen Ursachen Fieber zuzieht, macht keinen Unterschied im Hinblick darauf, daß man sich dieselbe Ansteckung holt und überhaupt in einen Zustand der Ansteckung gerät; Körper unterscheiden sich vielmehr dadurch, daß die einen leicht und die anderen schwer in diesen Zustand kommen. (4) Deshalb, sagt Poseidonios, war es von Chrysipp nicht richtig, die Gesundheit der Seele mit der Gesundheit des Körpers zu vergleichen, ihre Krankheit jedoch mit der Beschaffenheit des Körpers, die leicht in eine Krankheit übergeht. Die Seele des Weisen ist gegen die Leidenschaften ja unempfindlich, ganz klar; aber einen unempfindlichen Körper gibt es nicht. (5) Stattdessen wäre es gerechter, die Seelen der Minderwertigen »entweder der körperlichen Gesundheit mit einer Neigung zur Krankheit« zu vergleichen – denn so nennt Poseidonios das – »oder der Krankheit selbst«, weil sie entweder eine Art kränklicher Habitus oder ein bereits kranker Habitus sind. (6) Freilich stimmt auch Poseidonios mit Chrysipp soweit überein, zu sagen, daß alle Minderwertigen in der Seele krank sind und daß ihre Krankheit den genannten Beschaffenheiten des Körpers gleicht. (7) Wörtlich sagt er jedenfalls folgendes: »Daher gleicht auch die Krankheit der Seele nicht, wie Chrysipp annahm, der kränklichen, schlechten Beschaffenheit des Körpers, durch die der Körper in unregelmäßige, nicht periodische Fieberzustände fällt; sondern die Krankheit der Seele gleicht eher entweder der körperlichen Gesundheit mit einer Neigung zur Krankheit oder der Krankheit selbst. Die körperliche Krankheit ist nämlich ein bereits kranker Habitus, während das, was von Chrysipp als Krankheit bezeichnet wird, eher der Neigung zum Fieber gleicht.«

S Stobaeus 2.931–13 (*SVF* 3.421)

(1) Anfälligkeit für Krankheit ist eine Neigung zur Passion, zu einer der Funktionen im Gegensatz zur Natur, wie z.B. Depression, Jähzorn, Mißgunst, hitziges Temperament und dergleichen. Anfälligkeit für Krankheit kommt auch in Beziehung zu anderen Funktionen vor, die im Gegensatz zur Natur stehen, z.B. im Hinblick auf Diebstahl, Ehebruch und Gewalttätigkeit; von daher werden die Diebe, die Gewalttäter und die Ehebrecher so benannt. (2) Krankheit ist eine Meinung des Begehrens, die in einen Habitus hineingeflossen ist und sich ver-

---

R Kontext: Die Unterschiede zwischen den Darstellungen, die Chrysipp und Poseidonios von den Seelen der Minderwertigen geben.   **S** Kontext: Abschluß der Doxographie zu den Affekten.

498

festigt hat; danach nimmt man an, Dinge, die man nicht erstreben soll, seien höchst erstrebenswert; solcherart sind etwa die Liebe zu den Frauen, zum Wein und zum Geld. Aufgrund von Antipathie gibt es aber auch Krankheiten, die diesen Krankheiten entgegengesetzt sind, etwa das Verabscheuen von Frauen, von Wein und von Geld. (3) Krankheiten, die in Verbindung mit Kraftlosigkeiten auftreten, nennt man ›Schwächen‹.

T   Galen, *De plac. Hippocr. et Plat.* 4.6.2–3   (teilw. *SVF* 3.473)

Denn von den unrichtigen Handlungen der Menschen bezieht er [Chrysipp] die einen auf ein falsches Urteil, die anderen aber auf eine Spannungslosigkeit und Kraftlosigkeit der Seele, gerade so, wie auch die richtigen Handlungen unter der Führung des richtigen Urteils in Verbindung mit der guten Spannung der Seele stehen. ... Er sagt, daß es Zeiten gibt, zu denen wir die richtigen Entscheidungen aufgeben, weil die Spannung der Seele das gestattet und nicht bis zum Abschluß oder bis zur vollständigen Ausführung der Anordnungen der Vernunft fortdauert.

U   Epiktet, *Enchiridion* 5

Nicht die Dinge verwirren die Menschen, sondern die Auffassungen über die Dinge. Der Tod zum Beispiel ist nichts Schreckliches; sonst hätte auch Sokrates das gedacht. Was vielmehr schrecklich ist, ist die Auffassung über den Tod, daß er etwas Schreckliches sei. Wann immer wir also behindert oder verwirrt oder traurig gemacht werden, wollen wir niemals jemand anderem die Schuld daran geben als uns selbst, das heißt: unseren eigenen Auffassungen.

V   Epiktet, *Dissert.* 1.12.20–21

(1) Du bist nicht engagiert und unzufrieden; und wenn du alleine bist, nennst du das Isolation; wenn du dagegen mit Leuten zusammen bist, nennst du sie Verschwörer und Banditen; und du kritisierst sogar deine Eltern und deine Kinder, deine Geschwister und deine Nachbarn. (2) Demgegenüber sollte man es, wenn man alleine bleibt, Ruhe und Freiheit nennen und sich selbst als den Göttern ähnlich betrachten. Und wenn man mit einer Anzahl Menschen zusammen ist, sollte man sie weder einen Haufen noch Pöbel nennen und sie auch nicht als eine Unannehmlichkeit bezeichnen; vielmehr sollte man das einen Festtag und eine Festversammlung nennen und so alles zufrieden annehmen.

T Kontext: Galen argumentiert, Chrysipps Rede von der Spannungs- und Kraftlosigkeit der Seele zeige, daß er als Ursache der Affekte ein anderes Vermögen der Seele zulasse als das der Vernunft.   V Kontext: Eine Erörterung über Zufriedenheit.

W Stobaeus 2.155,5–17 (*SVF* 3.564, 632)

(1) Sie [die Stoiker] sagen, daß der Rechtschaffene nichts erlebt, was im Gegensatz zu seinem Verlangen oder zu seinem Antrieb oder zu seiner Absicht steht; in diesen Bereichen tut er nämlich alles mit einem Vorbehalt und trifft auf keine unvorausgesehenen Hindernisse. (2) Auch ist er freundlich, wobei seine Freundlichkeit ein Habitus ist, aufgrund dessen er freundlich disponiert ist, in allem angemessen zu handeln und sich gegen niemand zu Zorn hinreißen zu lassen. (3) Ferner ist er bedächtig und ordentlich; seine Ordentlichkeit ist ein Wissen von passenden Tätigkeiten und seine Bedächtigkeit die treffliche Regulierung der naturgemäßen Bewegungen und Ruhepausen der Seele und des Körpers. (4) Die Gegensätze dazu finden sich bei allen Minderwertigen.

X Seneca, *De ira* 2.3.1–4

(1) Von dem, was die Seele zufällig erschüttert, darf nichts Leidenschaft genannt werden; dergleichen erleidet der Geist sozusagen mehr, als daß er es tut. Leidenschaft besteht deshalb nicht darin, sich infolge der Vorstellungen von Dingen zu bewegen, sondern darin, sich ihnen auszuliefern und dieser zufälligen Bewegung zu folgen. Denn wenn jemand meint, Erblassen, fallende Tränen, sexuelle Erregung, schweres Atmen, plötzlich Stechen der Augen und ähnliches mehr seien ein Anzeichen von Leidenschaft oder ein Merkmal des Geistes, dann täuscht er sich und erkennt nicht, daß dies nur körperliche Anstöße sind. . . . (2) Zorn darf nicht nur erregt werden, sondern er muß hervorbrechen. Denn er ist ein Antrieb; und ein Antrieb findet niemals ohne Zustimmung des Geistes statt. Es kann nämlich auch nicht vorkommen, daß eine Handlung im Bereich von Rache und Strafe stattfindet, ohne daß der Geist das weiß.

Y Gellius 19.1.17–18 (Epiktet Frg. 9; teilw. *FDS* 366)

(1) Wenn daher ein furchtbarer Knall . . . oder wenn irgendetwas anderes von dieser Art geschieht, dann wird unvermeidlich auch die Seele des Weisen für ein Weilchen in Erregung versetzt und beklommen gemacht und erbleichen, dies aber nicht, weil ihm eine Meinung über irgendein Übel vorgeschrieben wäre, sondern aufgrund bestimmter plötzlicher und unerwarteter Erregungen, die der zukommenden Funktion von Sinn und Verstand zuvorkommen. (2) Doch alsbald verweigert dieser Weise derartigen Vorstellungen . . . die Zustimmung; d.h. er stimmt ihnen nicht zu und fügt auch keine Meinung zu ihnen hinzu; vielmehr verwirft er sie und weist sie zurück, und er ist der Ansicht, daß in diesen Vorstellungen nichts ist, was er zu fürchten hätte.

W Kontext: Doxographie zum Verständnis des Weisen.   X Kontext: Die Freiwilligkeit von Zorn.   Y Kontext: Lateinische Version eines Auszugs aus dem verlorenen 5. Buch von Epiktets *Dissertationes*; Thema ist die stoische Position zu notwendiger und natürlicher Angst.

☐ Die Kontrolle der Leidenschaften war ein Grundprinzip aller griechischen Ethiken, der im Volk gängigen ebenso wie der philosophischen. Trotzdem war ihre große Bedeutung im Stoizismus sprichwörtlich, und sie ist es geblieben. Das Wort »stoisch« behält hier eine direkte Verbindung mit der antiken Schule. Sokratische Lehren, wie sie durch die Kyniker vermittelt wurden, helfen zwar, die Konzeption der Stoiker vom Weisen als einem Menschen zu erklären, der von allen verwirrenden Leidenschaften frei ist. Aber die Stoiker behandelten die Leidenschaften auf verschiedene ungewöhnliche Arten, die mit am besten zu ihrer Auffassung vom guten und glücklichen Leben hinführen. Leidenschaft ist die Quelle von Unglück, von fehlerhaftem Handeln und von Charakterfehlern, die sich in falschem Handeln äußern (A6-7, R). Der Ausdruck *pathos* schließt nicht nur die offenkundig turbulenten Gefühle des sexuellem Verlangens, der Begierde, der Eifersucht usw. ein, sondern auch solche Geisteszustände wie Zögerlichkeit, Bosheit und Mitleid, die alle unter einer der vier Hauptleidenschaften eingeordnet werden, unter: Begierde, Lust, Furcht und Betrübnis (E). Diese Klassifikation muß im Zusammenhang mit der »der drei guten Gefühle« in F gelesen werden. (Ein gutes Gefühl, welches der »Betrübnis« entspräche, gibt es nicht.) Dadurch wird die Leidenschaft als ein ungesunder Geisteszustand erwiesen und ist nicht synonym mit den Emotionen oder Gefühlen, von denen umgangssprachlich die Rede ist. Die »guten Gefühle« schließen ein breites Spektrum attraktiver menschlicher Charakterisierungen ein; das mildert die ›strenge‹ Erscheinung des Weisen, die in den eher feindlich eingestellten antiken Quellen so stark betont wird. Die offenkundige Härte, die darin liegt, das Mitleid als eine Leidenschaft einzustufen (E4), muß man zur Kenntnis nehmen. Dabei sollte man aber auch beachten, daß der Weise umgänglich, großzügig, gefühlvoll, freundlich und zuvorkommend sein konnte (W2).

Chrysipp scheint für die Aufklärung der Leidenschaften von der Annahme ausgegangen zu sein, daß eine Person in solch einem Zustand einer bestimmten Sorte falscher Werturteile zugestimmt und sich dadurch selbst mit einem »exzessiven Antrieb« versehen hat, etwas zu erreichen oder zu vermeiden (für die Beziehung zwischen Zustimmung und Antrieb vgl. 33I). Die Bedeutung von »exzessiv« wird in J5-9 erklärt: Angenommen, jemand kann das, was er möchte, durch einen Gang zu Fuß zu erreichen suchen; dann könnte man von ihm sagen, wenn er rennt, »gehe er über seine Wünsche hinaus«, eine Handlung, die eine unmittelbare Kontrolle seiner Körperbewegungen verhindert. Analog ist, so argumentierte Chrysipp, ein Antrieb oder ein Wunsch dann »exzessiv«, wenn er über die natürliche Kontrolle der Vernunft hinausgeht. Die Idee dabei könnte klarer mit einem Tachometer vermittelt werden, das alle Geschwindigkeiten oberhalb von 130 km/h rot anzeigt; wer mit einer höheren Geschwindigkeit fährt, fährt exzessiv, und wer mit einer Geschwindigkeit unterhalb jener Marke, fährt entsprechend den Antrieben, die im Einklang mit der Vernunft stehen. Die ebenso wichtige wie originale Einsicht, die durch die Analogie ausgedrückt wird, sind die Kontinuität und der Unterschied zwischen normalen, gesunden Antrieben und Leidenschaften. Nach der Psychologie Chrysipps ist jeder Antrieb Wirkursache für eine Handlung (vgl. 53Q). Antriebe sind eine Aktivität des Führungsvermögens der Seele, und zwar diejenige Aktivität, die die Urteile der Seele darüber, was angestrebt oder vermieden werden sollte, in zweckhafte Körperbewegungen umwandelt. Weil Vernunft für das ganze Führungsvermögen steht (61B9), ist an einem Antrieb als solchem nichts Irrationales oder Vernunftloses: Etwas zu wollen ist eine natürliche und notwendige Funktion der Vernunft. Im Fall der Leidenschaften indes benutzte Chrysipp den Ausdruck »vernunftlos« entsprechend der Erklärung in J1-4 (vgl. 61B10–11), um Antriebe zu beschreiben, die über die natürlichen Grenzen der Vernunft hinausgehen. Ihre Unnatürlichkeit, Vernunftlosigkeit oder Irrationalität besteht, so betont er, in dem Übertriebenen und der Maßlosigkeit ihrer Bewegung (J4). Sie sind etwas anderes als normale Tatsachenirrtümer (vgl. A7-8), ein Punkt, der vermutlich bedeutet, daß das Pro- oder Contra-Urteil, welches einer Leidenschaft zugrundeliegt, in sich selbst vollkommen natürlich sein kann (vgl. L): der Weise wird von dem, worauf sich die Leidenschaften richten, vieles natürlicherweise auswählen oder zu vermeiden suchen: aber er wird es sozusagen in der Gangart eines Spaziergängers tun, auf der Grundlage eines echt vernünftigen Urteils von der moralischen Indifferenz solcher Dinge. Er bekommt immer, wonach er verlangt, weil er alles »mit einem Vorbehalt« tut; und so sind seine Antriebe vernünftig gelenkt, so daß sie allem angemessen sind, was in seiner Umgebung vorkommt, unempfindlich gegen Enttäuschung oder gegen irgendwelche Leidenschaften (W). Leidenschaften sind durch ihren »Exzeß« gekennzeichnet, der sich sowohl in der Natur des Urteils offenbart — indem das, was nicht gut oder schlecht ist, aufgefaßt wird, als sei es dies im strikten Sinne (vgl. B) — als auch in den begleitenden psychosomatischen Bewegungen, den »Abwendungen«, »Begehrungen«, »Anschwellungen« und »Kontraktionen« (B, D4-5), die deren zugehörige Definitionen ausmachen. Eine Leidenschaft ist eine *schwache* Meinung (C; siehe 41), wobei »Schwäche« den Zustand einer »verdrehten« Vernunft beschreibt, die Vorstellungen zustimmt, welche Antriebe auslöst, die mit einem wohlbegründeten Verständnis vom Wert ihres Gegenstands unvereinbar sind.

Daß Begierde und Furcht der Lust und Traurigkeit vorausgehen (A4), läßt sich dadurch erklären, daß erstere Handlungen motivieren, die in einer der letzteren enden. Begierde und Furcht werden mit Bezug auf die »Erwartungen« des Handelnden definiert, Lust und Traurigkeit durch seine »frischen« Annahmen über die guten oder schlechten Dinge, die er gerade erlebt (B). Die Gegenstände von Begierde und Furcht werden typischerweise äußere Sachverhalte sein, nach denen wir uns buchstäblich ›ausstrecken‹ oder vor denen wir ›zurückschrecken‹. (Die Stoiker liebten es, die etymologische Bedeutung gewöhnlicher Worte auszubeuten, in diesem Fall die Etymologie von »Begierde« und »Abwendung«; unsere Übersetzung versucht, das herauszubringen.) Die beiden ›resultierenden‹ Leidenschaften, Lust und Traurigkeit, haben innere Objekte, die in den »Anschwellungen« und »Kontraktionen« der Seele stecken oder sich darin manifestieren. Mit O zusammengenommen zeigt B, daß die »Frische« der falschen Urteile, welche die Lust und die Traurigkeit zuwegebringen, sich in der Meinung zu erkennen gibt, daß man freudig erregt oder deprimiert sein sollte. Chrysipp war deshalb darauf eingestellt, das Nachlassen von Traurigkeit (O) nicht als eine Veränderung der falschen Meinung zu erklären, daß etwas Schlechtes gegenwärtig sei, sondern als eine Schwächung des Antriebs zu der »Kontraktion«, d.h. als eine Schwächung der *weiteren* falschen Meinung, daß man depressiv sein sollte. Anzunehmen, daß Besitz etwas Gutes ist, ist ein grundlegender Irrtum, aber keine hinreichende Bedingung, um eine Leidenschaft nach Reichtum zu haben — diesen für das größte Gut zu halten (L).

Als Bezeichnung einer Hauptleidenschaft muß »Lust« von dem genauso bezeichneten Zustand unterschieden werden, der als ein »Nebenprodukt« (57A3) beschrieben wird und verschiedentlich als »indifferent, aber bevorzugt«, als »natürlich, aber ohne Wert« oder als »weder natürlich noch wertvoll« eingestuft wird (siehe die Anmerkung zu A4 in Bd. 2). Was diese neutrale Lust bezeichnet, ergibt sich aus dem Umstand, daß ihr Gegenteil eins der Standardwörter für physischen Schmerz ist (58A4). Die Lust, welche indifferent ist, sollte so verstanden werden, daß sie erfreuliche Wahrnehmungen abdeckt, die ganz ungewollte oder unvermeidliche Nebenprodukte natürlichen menschlichen Verhaltens sind. Eine Leidenschaft wird die Lust bloß dann, wenn man einer falschen Einschätzung im Hinblick darauf zustimmt, ob lustvolle Erfahrungen anstrebenswert und gut sind. So ist es auch damit, ob Schmerz nicht anstrebenswert und etwas Schlechtes ist, wenn es dabei um die Leidenschaft der »Traurigkeit« geht. Allgemeiner gesagt sind die Stoiker nicht zu der äußerst unplausiblen Behauptung verpflichtet, daß jeder Geisteszustand eines Menschen unmittelbar der Kontrolle der Vernunft untersteht. Sie erkannten an, daß selbst ein Weiser so konstituiert ist, daß er *unwillentlich* weinen muß, sexuelle Erregung erlebt, durch unerwartete Geräusche erschreckt wird und dergleichen mehr (**X, Y**). Solche Antworten auf die Umstände werden nur dann Anzeichen für Leidenschaften sein, wenn sie bei jemandem vorkommen, der die Situation falsch beurteilt und sich dadurch einen exzessiven Antrieb gegeben hat, welcher sich in Begierde, Furcht usw. manifestiert.

Weil wir für den Zustand unserer Vernunft verantwortlich sind, sind wir für unsere Leidenschaften verantwortlich: eine fundamentale stoische Lehre, die die Betonung erklärt, die die Stoiker auf Willenskraft und Charakterstärke legen (vgl. **T**). Die Abhängigkeit der Leidenschaften von falschen Urteilen und somit von der Verkehrung der Vernunft wird in **U** und **V** veranschaulicht. Wir sind für unsere Leidenschaften *als eine Ganzheit* zu rügen, erklärt Epiktet. Das folgt unmittelbar aus einer falschen Interpretation unserer geistigen Vorstellungen oder aus einer falschen Beschreibung dessen, was wir erfahren. Als fehlgeleitete Vernunft ist Leidenschaft daher kein Merkmal der vernunftlosen Tiere (**I4**).

Am Anfang dieser Theorie steht eine bedeutsame Bestreitung: Chrysipp bestreitet, daß die menschliche Seele aus vernünftigen *und* vernunftlosen Fähigkeiten bestehe. Er wies das Platonische Modell eines Selbst, das gleichzeitig geteilt ist, und in einem die Erklärungsleistung dieses Modells zurück, das nämlich emotionale Konflikte so erklärt, daß Vernunft und Leidenschaft einen Menschen gleichzeitig in entgegengesetzte Richtungen treiben (**G**). Für Chrysipp ist der emotionale Konflikt eine Fluktuation des einheitlichen Führungsvermögens, das sich so flink verändern kann, daß es den irreführenden Eindruck erweckt, in zwei unterschiedliche Kräfte geteilt zu sein (vgl. **61B9-11**). Bereits Zenon hatte die Leidenschaft als ein »Flattern« oder eine »Aufgeregtheit« beschrieben (*SVF* 1.206, vgl. **A1-2**), also mit einer ornithologischen Metapher, die gewählt wurde, um die Unbeständigkeit in den Blick zu bringen; und dieser Gedanke wird in **G** entwickelt. Die vorherrschende stoische Auffassung von denen, die der Leidenschaft erliegen, ist von daher ihre Instabilität und ihr Mangel an konsistenter Richtung; man beachte die Hinweise auf »Schwäche« und »Spannungslosigkeit« (**C, T**). Galen, unsere Hauptquelle für Chrysipps Psychologie, übte eine ermüdend weitschweifige Kritik daran, daß Chrysipp Platons Dreiteilung der Seele in ein vernünftiges, ein begehrendes und ein wetteiferndes Vermögen aufgab und daß er sowohl die Vernunft als auch die Affekte im Herzen lokalisierte (**H**). Er attackierte ihn mit Hilfe von Poseidonios, der zu dem platonischen Modell der Seele zurückgekehrt war (**K2**) und es als seine Erklärung dafür verwendete, daß die Leidenschaften für die beiden vernunftlosen Vermögen *natürlich* seien (**M1-2, P1**, vgl. **N**). Poseidonios hatte Chrysipp auch so dargestellt, als bewege er sich nicht auf derselben Linie wie Zenon und Kleanthes (**I1-2**); aber was an Zeugnissen auf uns gekommen ist, reicht nicht aus, um diese Meinung zu bekräftigen. Der größte Teil von Chrysipps Terminologie für die Leidenschaften geht auf Zenon zurück (vgl. *SVF* 1.205–215); und die in **I1** zitierten Verse des Kleanthes beweisen nicht, daß Kleanthes Vernunft und Leidenschaft in der Weise unterschied, wie Poseidonios das behauptete. Gegen Poseidonios steht **61B**, wo eine monistische Psychologie ebenso wie Chrysipp auch Zenon und Ariston zugeschrieben wird.

Einige Innovationen und Entwicklungen freilich waren zweifellos Chrysipps eigene Leistung, vermutlich in der Absicht, die Schwierigkeit zu klären (vgl. **K3**), die darin liegt, einen »vernunftlosen« Zustand eines vernünftigen Vermögens anzusetzen. Wo Zenon − vielleicht etwas locker − von Urteilen gesprochen hatte, die in »vernunftlosen Bewegungen« *resultieren*, bestand Chrysipp darauf, daß die Leidenschaft selbst ein Urteil ist (**K1**). Dies läßt vermuten, daß er die Erkenntnistätigkeit und die »vernunftlose Bewegung« identifizierte, eine These, die sich in den entsprechenden Definitionen von **B** widerspiegeln würde (vgl. **D**).

Die Haupteinwände des Poseidonios gegen Chrysipps Lehre von der Leidenschaft werden in **K**, **M**, **P** und **Q** referiert. Einer der Einwände ist begrifflicher Art: daß die Vernunft sich selbst überschreitet, sei nicht möglich (**K3**). Chrysipps Vergleich mit dem Rennen (**J7**) aufnehmend argumentierte Poseidonios, daß der »Exzeß« des Rennens über die vernünftige Wahl hinaus auf einen vernunftlosen Faktor zurückgehe, nämlich auf das Körpergewicht. Aber das ist eine hoffnungslose Erwiderung. Chrysipps Punkt ist der, daß der Antrieb des Rennenden zu rennen eine abwegige Tätigkeit der Vernunft selbst ist, ein Wollen, welches dazu führt, daß ein Mensch die Kontrolle über sich selbst verliert. Chrysipp hat offensichtlich bemerkt, daß Leidenschaften sowohl freiwillig oder absichtlich sind als auch gelegentlich von denen, die ihnen erliegen, als exzessiv wahrgenommen werden (vgl. **A6-8**). − Die interessanteren Einwände des Poseidonios sind empirischer Art. Chrysipp hatte den Ursprung des Lasters erklärt, indem er auf den schlechten Einfluß der äußeren Umgebung Bezug nahm (**M7**; vgl. aber **62D** und Kommentar, wo sich zeigt, daß Chrysipps Position wesentlich komplexer war, als Poseidonios es zuläßt). Den darin implizierten Optimismus bezüglich der menschlichen Natur in einer idealen Umgebung zweifelte Poseidonios an. Seiner Ansicht nach ist die ›Überredungskunst‹ der Umgebung nur verständlich, wenn man annimmt, daß die Leidenschaften durch innere Merkmale der Seele und der Körperkonstitution prädisponiert sind. Unterstützung für seine Lehren fand Poseidonios in der Effektivität, mit der Gewohnheiten (**P4**) und »vernunftlose Tätigkeiten« (**Q1**) die Leidenschaften anregen und beschwichtigen. Wie **Q3** zeigt, interpretierte er die Vernunft restriktiver als Chrysipp und sah die auf einer Sinneswahrnehmung beruhende Vorstellung für sich als etwas »Vernunftloses« an. Besonders deutlich kommt der Unterschied zwischen den beiden Stoikern in **M8** und **64I6** zum Vorschein: für Poseidonios ist der Antrieb eine geistige Funktion, deren Quelle *entweder* die Vernunft *oder* eine Leidenschaft ist. Für Chrysipp ist die Leidenschaft selbst ein vernünftiger Antrieb, der von der Norm der Natur abgekommen ist. Poseidonios' Definition des Ziels (**63J2**) zeigt an, wie zentral für seine Ethik die Annahme ist, daß das Irrationale eine unabhängige und verderbliche Kraft in der menschlichen Natur sei.

Lust und Kraft *sind* nach seiner Drei-Teile-Auffassung von der Seele ihren vernunftlosen Vermögen, der Begierde und dem wettkämpferischen Teil, »zueigen«; und diese Gegebenheiten der Natur des Menschen erklären seine »Anfälligkeit für Krankheit« (**S1**), wenn er das, was für den »tierischen Teil der Seele« natürlicherweise erstrebenswert ist, fälschlich als ohne weitere Qualifikation erstrebenswert ansieht (**N**). Poseidonios internalisierte also die Ursachen für die Leidenschaften und dachte, dadurch mehr für die Erklärung ihres Ursprungs und für ihre Heilbehandlung getan zu haben als Chrysipp (vgl. **M3**, **P**, **Q**). Selbst so ist es freilich keine offensichtliche Wahrheit, daß ein der Philosophie gewidmetes Leben irgendwie vernünftiger ist als ein Leben, welches Weinproben oder politischen Ambitionen verschrieben ist. Als moralische Therapie haben die Lehren des Poseidonios einiges Interesse; insoweit leisten sie aber weit weniger als die Lehren Chrysipps, um das Verständnis davon zu fördern, was Leidenschaft ist und welche Beziehung sie zur Vernunft hat.

In dem Gebrauch, den Chrysipp von dem Vergleich mit körperlicher Gesundheit macht (**R1**), wird herausgestellt, daß die Leidenschaften und die Geringfügigkeit ihrer äußeren Ursachen unvorhersehbar sind. Demgegenüber zog Poseidonios es entsprechend seiner Auffassung von der inneren Unordnung vor, die dispositionellen Neigungen, die »Anfälligkeit für Krankheit« (**R5**) hervorzuheben, eine Lehre, die ihre Spuren in der Terminologie von S hinterlassen hat.

66 Angewandte Ethik

A   Plutarch, *De Stoic. repugn.* 17, 1041F   (*SVF* 3.545)

Im dritten Buch *Über die Gerechtigkeit* sagte er [Chrysipp] dies: »Daher und wegen der übermäßigen Größe und Schönheit [der Gerechtigkeit] scheinen wir fiktives Zeug und nicht auf der Ebene des Menschen und der menschlichen Natur zu reden.«

B   Plutarch, *De Stoic. repugn.* 5, 1034B   (*SVF* 3.698; *FDS* 54)

Wiederum schreibt Chrysipp in seiner Abhandlung *Über Rhetorik*, daß der Weise in der Öffentlichkeit so reden und sich in die Politik so einschalten werde, als ob er den Reichtum, das Ansehen und die Gesundheit für etwas Gutes halte; dadurch gibt Chrysipp zu, daß die Theorien der Stoiker nicht praktikabel und für das Staatswesen irrelevant sind.

C   Seneca, *Epist.* 116.5   (teilw. Panaitios Frg. 114)

Panaitios scheint mir dem Jugendlichen eine elegante Antwort gegeben zu haben, der danach fragte, ob der Weise sich verlieben werde. »Was den Weisen angeht«, sagte er, »werden wir das sehen; was mich und dich angeht, die wir einstweilen noch weit vom Weisen entfernt sind, sollten wir dafür sorgen, daß wir nicht in eine Situation geraten, die verwirrt und kraftlos ist, wo wir einem anderen hörig und für uns selbst wertlos sind.«

A Kontext: Angebliche Unverträglichkeit der referierten Auffassung mit der von 60B.
B Kontext: Unstimmigkeiten innerhalb der politischen Theorie der Stoiker. − Gefolgt von 67C.   C Kontext: Ist es besser, sich den Emotionen bis zu einem gewissen Grad hinzugeben oder sie auszumerzen?

D   Cicero, *De officiis* 1.46

[Wahrscheinlich unter Berufung auf Panaitios:] Weil man sein Leben aber nicht mit vollkommenen und wahrhaft weisen Menschen verbringt, sondern mit Menschen, die schon dann hervorragend handeln, wenn sie Ähnlichkeiten mit der Tugend aufweisen, denke ich, daß man auch dies zu verstehen hat, daß niemand gänzlich zu mißachten ist, bei dem irgendein Merkmal der Tugend klar zu erkennen ist.

E   Cicero, *De officiis* 1.107, 110–111, 114–117   (enthält Panaitios Frg. 97)

(1) Man muß auch verstehen, daß die Natur uns sozusagen mit zwei Rollen ausgestattet hat. Davon ist die eine allgemein, aufgrund des Umstands, daß wir alle an der Vernunft und an dem Status teilhaben, durch den wir uns über die wilden Tiere erheben. Daraus geht alle Rechtschaffenheit und Schicklichkeit hervor; und es ist die Grundlage für die vernünftige Auffindung unserer zukommenden Funktionen. (2) Die zweite Rolle ist die, welche spezifisch den Individuen zugeteilt ist. Denn wie es bei den Menschen große körperliche Unterschiede gibt, . . . so gibt es auch geistige Verschiedenheiten, die noch größer sind. . . . (3) Um jene Schicklichkeit, die wir suchen, leichter zu sichern, sollte jeder sich fest an solche Charakteristika halten, die nicht fehlerhaft, sondern für ihn eigentümlich sind. Denn es gilt so zu handeln, daß wir nichts im Gegensatz zur menschlichen Natur im allgemeinen unternehmen, sondern unter deren Wahrung unserer eigenen Natur folgen, so daß wir selbst dann, wenn anderes mehr Würde bietet und gehobener ist, unsere Bemühungen trotzdem an der Regel unserer eigenen Natur ausrichten. Denn es liegt nichts daran, gegen die Natur anzukämpfen und etwas zu erstreben, was man nicht erreichen kann. . . . (4) Wenn es einen Inbegriff aller Schicklichkeit gibt, dann ist das mit Sicherheit die Konsistenz sowohl des gesamten Lebens als auch der einzelnen Handlungen, die man nicht bewahren kann, wenn man die Natur anderer imitiert und dabei die eigene übersieht. . . . (5) Jeder Mensch sollte daher sein eigenes Talent genau kennen und sich über seine Vorzüge und Fehler als scharfer Richter erweisen. . . . (6) Wir werden dann bei den Sachen am wirksamsten arbeiten, für die wir am besten geeignet sind. Wenn uns aber die Notwendigkeit des Lebens einmal in Verhältnisse hineinstößt, die zu unserem Talent nicht passen, dann sollten wir all unsere Sorge, unser Denken und unsere Sorgfalt darauf verwenden, daß wir unsere Aufgaben, wenn nicht mit Schicklichkeit, so doch mit möglichst wenig Unschicklichkeit tun. . . . (7) Den beiden Rollen, die ich oben erwähnt habe, ist aber noch eine dritte angefügt, die ein Zufall oder die Zeitläufe einem auferlegen, und auch noch eine vierte Rolle, die wir durch unser eigenes Urteil selbst übernehmen. Denn Regierungsämter, militärische Befehlsstellen, adlige Geburt, öffentliche Ämter, Reichtum, Ressourcen und

---

D Kontext: Erörterung der *beneficientia* (Generosität).   **E** Kontext: Die große Überlegenheit der menschlichen Natur gegenüber der Natur anderer Geschöpfe.

deren Gegenteile sind vom Zufall abhängig und werden von den Zeitläufen regiert. Aber welche Rolle wir selber übernehmen wollen, ergibt sich aus unserer freien Wahl. Daher widmen sich die einen der Philosophie, die anderen dem bürgerlichen Recht und nochmals andere der Redekunst, und es bildet sich ein Unterschied zwischen den Menschen im Hinblick auf diejenigen Tugenden aus, in denen ein jeder es vorzieht, herausragend zu sein. . . . (8) Vor allem aber müssen wir entscheiden, wer und welche Art Leute wir sein und welche Art Leben wir führen wollen. Dies abzuwägen ist die schwierigste Frage von allen.

F   Epiktet, *Dissert.* 4.12.15–19

(1) Erstens also müssen wir folgendes bereit halten und dürfen nichts getrennt davon tun, sondern müssen unsere Seele auf diesen Skopus ausrichten: keinerlei äußere Dinge und nichts von dem verfolgen, was nicht unsere Sache ist, sondern, wie der Allmächtige es angeordnet hat, die Dinge verfolgen, die wir vor allem wählen sollten, und alles andere so nehmen, wie es uns gegeben wird. (2) Darüber hinaus müssen wir uns bewußt sein, wer wir sind und welchen Titel wir haben, und versuchen, unsere zukommenden Funktionen auf die Möglichkeiten unserer sozialen Verhältnisse auszurichten: Was ist die rechte Zeit zu singen, was die rechte Zeit zu scherzen, und in wessen Gegenwart? Was wird unangebracht sein? . . . Wann spotten und wen verspotten? Unter welchen Bedingungen und mit wem Gesellschaft pflegen? Und schließlich, wie in der Gesellschaft sein Selbst bewahren? . . . (3) Also was?! Ist es möglich, ganz fehlerlos zu bleiben? Das kann nicht gelingen. Möglich ist vielmehr, seine Absicht durchgehend darauf zu richten, keine Fehler zu machen. Denn man muß zufrieden sein, wenn man dadurch, daß man in dieser Ausrichtung niemals nachläßt, wenigstens einige wenige Fehler vermeidet.

G   Cicero, *De fin.* 3.60–61   (*SVF* 3.763)

[Sprecher ist der Stoiker Cato:] (1) Bei wem nämlich das überwiegt, was naturgemäß ist, dessen zukommende Funktion ist es, im Leben zu bleiben; bei wem aber das Gegenteil überwiegt oder absehbar überwiegen wird, dessen zukommende Funktion ist es, aus dem Leben zu scheiden. (2) Daraus erhellt, daß es gelegentlich sowohl zukommende Funktion des Weisen ist, aus dem Leben zu scheiden, obwohl er glücklich ist, als auch zukommende Funktion des Toren, im Leben zu bleiben, obwohl er unglücklich ist. (3) Denn wie bereits des öfteren gesagt wurde [siehe **59D6**], jenes (wirkliche) Gute und Üble entwickelt sich erst später. Aber jene ersten natürlichen Dinge, seien sie günstig oder ungünstig, fallen unter die Entscheidung und Wahl des Weisen und bilden gewissermaßen den Stoff der Weisheit. (4) Jede Begründung dafür, im Leben zu

---

F Kontext: Eine Erörterung zur moralischen Wachsamkeit.   G Kontext: Nach Auslassung eines Satzes anknüpfend an **59F**.

bleiben oder aus dem Leben zu scheiden, muß daher an den oben von mir erwähnten Sachen gemessen werden. Denn weder wird ⟨der Weise⟩ durch die Tugend im Leben zurückgehalten, noch sind die ohne Tugend verpflichtet, den Tod zu suchen. (5) Und es ist oft die zukommende Funktion des Weisen, obgleich er sehr glücklich ist, aus dem Leben zu scheiden, wenn er das in günstiger Weise tun kann ... (6) Weil die Laster also nicht die Kraft haben, einen Grund für den Freitod zu liefern, haben ersichtlich sogar Toren, die unglücklich sind, die zukommende Funktion, im Leben zu bleiben, wenn bei ihnen die Dinge überwiegen, von denen wir sagen, sie stimmten mit der Natur überein.

H Diogenes Laërtius 7.130 (*SVF* 3.757)

Sie [die Stoiker] sagen auch, daß der Weise sich das Leben wohlbegründet nehmen werde — sowohl zugunsten des Vaterlands als auch im Interesse seiner Freunde, und wenn er von übermäßig hartem Leid heimgesucht oder verstümmelt oder von Krankheiten geplagt wird.

I Seneca, *Epist.* 94.2, 31, 50–51

(1) Im Gegensatz dazu hält der Stoiker Ariston diesen Teil [der Philosophie, der für jeden besondere Vorschriften gibt] für trivial ...; was am meisten hilft, so sagt er, sind die eigentlichen Lehren der Philosophie und die begriffliche Bestimmung des höchsten Guts: »Wer sie gut verstanden und gelernt hat, der schreibt sich selbst vor, was er in einer jeden Situation zu tun hat.« ... »Wenn einer nicht über die richtigen Lehren verfügt«, sagt er, »wie können ihm dann Ermahnungen helfen, da er doch an fehlerhafte Lehren gekettet ist?« (2) Dies jedenfalls, daß er davon befreit wird. Denn die natürliche Anlage ist in ihm keineswegs ausgelöscht, sondern sie ist verdunkelt und wird niedergehalten. So versucht sie sich auch zu erheben und bietet alle Kräfte gegen den verderblichen Einfluß auf, und wenn sie durch die Vorschriften Schutz und Unterstützung erhält, erstarkt sie wieder, vorausgesetzt, daß sie nicht durch das ständige Unheil vergiftet und abgetötet ist. Dann nämlich wird selbst das Training der Philosophie, die sich aufs äußerste anstrengt, sie nicht wiederherstellen. Denn was ist der Unterschied zwischen den Lehren der Philosophie und den Vorschriften, wenn nicht der, daß jene allgemeine Vorschriften und diese besondere Vorschriften sind? Beidemal werden Vorschriften gemacht, im ersten Fall ganz allgemein, im zweiten Fall stückweise. ... (3) Schwächere Charaktere sind freilich auf jemanden angewiesen, der ihnen den Weg weist: »Dies wirst du

H Kontext: Charakteristik des Weisen.   I Kontext: Diskussion über den Erziehungswert spezifischer Vorschriften. In *Epist.* 94 bringt Seneca Argumente für und wider die These, daß ›Vorschriften‹ pädagogisch nutzlos und lediglich ›Lehren‹ erforderlich sind. In *Epist.* 95 widersetzt er sich der These, daß ›Lehren‹ ausreichen, um richtiges Handeln und Glück zu bewirken (siehe J).

meiden, das tun.« Außerdem, wenn einer auf die Zeit wartet, wo er von sich aus weiß, was am besten zu tun ist, wird er inzwischen vom Weg abirren und durch sein Herumirren daran gehindert, den Punkt zu erreichen, wo er mit sich zufrieden sein kann. Er muß also gelenkt werden, bis er beginnt, sich selbst lenken zu können.

J Seneca, *Epist.* 95.10–12, 61, 63–64

(1) Nun ist die Philosophie sowohl theoretisch als auch praktisch; zur selben Zeit betrachtet und handelt sie. . . . Es folgt also, daß sie, da sie theoretisch ist, ihre eigenen Lehren hat. Beachte, daß auch das, was zu tun ansteht, niemand richtig angehen wird, es sei denn, ihm ist das System vermittelt worden, welches ihn in die Lage versetzt, in jeder Angelegenheit alle Maße der zukommenden Funktionen auszuführen. Diese wird nicht einhalten können, wer zwar Vorschriften für die Sache erhalten hat, aber nicht für alles. . . . Es sind die Lehren, die uns zu einer Festung verhelfen, die unsere Sorgenfreiheit und unsere Ruhe schützen, die das ganze Leben und zugleich die ganze Natur der Dinge umfassen. Der Unterschied zwischen den Lehren der Philosophie und ihren Vorschriften ist derselbe wie der zwischen Elementen und Gliedern: letztere hängen von ersteren ab; erstere sind die Ursachen sowohl der letzteren als auch von überhaupt allem. . . . (2) In der Philosophie verlangen manche Dinge eine Ermahnung, manche andere einen Beweis. . . . Wenn Beweise ⟨nötig sind⟩, sind auch die Lehren nötig, die die Wahrheit argumentativ erschließen. . . . Schließlich, wenn wir jemanden ermahnen, er solle einen Freund ebenso behandeln wie sich selbst oder er solle sich klarmachen, daß aus einem Feind ein Freund werden könne, oder er solle in diesem die Zuneigung anregen und in jenem den Haß beschwichtigen, dann fügen wir die Worte hinzu: »Es ist gerecht und rechtschaffen.« Aber was gerecht und rechtschaffen ist, das ist im System unserer Lehren enthalten. Dieses System ist also für jene Vorschriften eine notwendige Bedingung. Aber laßt uns beides miteinander verbinden. Denn ohne Wurzel sind in der Tat auch die Zweige nutzlos, und umgekehrt werden durch diese die Wurzel unterstützt, die die Zweige hervorgebracht hat.

☐ Mit dieser Sektion erreichen wir den letzten förmlich ausgewiesenen Themenbereich der stoischen Ethik: »Ermutigungen und Entmutigungen« (**56A**), und was an Material damit zusammenhängt. Die Einteilung der gesamten Menschheit in zwei absolute Kategorien, in die Weisen und Toren oder in die Rechtschaffenen und Minderwertigen (**61I, N, T; 67M, P**), kombiniert mit der extremen Seltenheit der ersteren Kategorie während der ganzen Geschichte, setzte die Stoiker dem Vorwurf aus, in ihrer Ethik vollkommen unpraktisch zu sein. Wegen ihrer Bedingungen für Weisheit und Tugend – Unfehlbarkeit, absolute Konsistenz, vernünftige Vollkommenheit, alles gut machen – konnten die Stoiker diesen Vorwurf nicht als eine falsche Darstellung ihrer Lehre abtun (vgl. **A**). Allerdings räumten sie ein, daß es möglich ist, gut zu

---

J Kontext: Siehe zu **I**.

werden (54H4; 61K), daß alle Menschen eine natürliche Neigung zur Tugend haben (61L) und daß in den schlechten Menschen »eine Ähnlichkeit mit dem Richtigen« existiert (60E5). Ihr bevorzugter Ausdruck für die unmoralische Mehrheit der Menschen war *phauloi*, was eher die ›Geringeren‹ oder die ›Gewöhnlichen‹ als die ›Lasterhaften‹ oder die ›Verruchten‹ bedeutet. Außerdem enthält diese Kategorie die ›Progressiven‹, also Leute, die vom Weisen zwar noch absolut geschieden sind, die in Richtung auf dieses Ziel aber Fortschritte machen (59I, 61T).

Um mit Chrysipp selbst zu beginnen, können wir dort eine wachsende Bereitschaft beobachten, anzuerkennen, daß der ethische Standard der Stoiker eine Idealisierung ist (A), und zuzugestehen, daß es in einem bestimmten Sinne angebracht ist, ausgedehnter von ›gut‹ und ›schlecht‹ zu sprechen, als Zenon und als erst recht Ariston es akzeptiert hätten (B; vgl. 58H). Die Anpassung des ethischen Systems an so etwas wie eine moralische Erziehung für die große Zuhörerschaft war die Aufgabe, der sich speziell Panaitios widmete. In seinen Büchern *Über die zukommende Funktion*, die Grundlage von Ciceros Schrift *De officiis*, schärfte er ein, daß der Nachdruck, mit dem die Philosophie Weisheit und moralische Vollkommenheit betont, kein Hindernis bildet, wenn es um ihre Relevanz für die allgemeine moralische Bildung und darum geht, sie als einen Führer für das Training von jedermann zu adaptieren, »bei dem irgendein Merkmal der Tugend klar zu erkennen ist« (D, vgl. C). Falls es sich bei dem Interesse des Panaitios, ›Progressive‹ erzieherisch zu bilden, um eine Akzentverschiebung gegenüber der Konzentration seiner Vorgänger auf den Weisen handeln sollte (C), so schloß sie doch keinesfalls eine Änderung der grundlegenden moralischen Theorie ein. So viel ist von Cicero her klar: Obwohl die »zukommenden Funktionen«, die Panaitios diskutierte, von der Analyse der Tugenden *abgeleitet* waren (59P), war es völlig orthodox, sie so aufzufassen, daß der gewöhnliche Mensch sie ebensogut vollziehen kann wie der im strengen Sinn Rechtschaffene. Vermutlich gab Panaitios dem Stoizismus aber einen menschlicheren Klang, als man ihn vorher kannte. Eine derartige Sensibilität für menschliche Fehlbarkeit wurde vielleicht durch den Erfolg hervorgerufen, dessen der Stoizismus sich nun in seiner Verbreitung über die griechische Welt hinaus erfreute; jedenfalls ist sie ein bemerkenswerter Zug der stoischen Schriftstellerei im römischen Reich (vgl. C, F3).

Frühere Stoiker waren wie andere griechische Philosophen daran interessiert, unterschiedliche Lebensstile und Karrieren zu analysieren (vgl. 67X, Y). Dieses Interesse könnte geholfen haben, Panaitios zu seiner allem Anschein nach originalen Lehre anzuregen, daß man zukommende Funktionen unter Bezugnahme auf die »vier Rollen« spezifizieren könne, die jede Person hat (E). Das mit »Rolle« übersetzte Wort ist *persona*, der lateinische Ausdruck für die Maske eines Schauspielers; und die Theorie des Panaitios antizipiert auf faszinierende Weise moderne Konzeptionen von Persönlichkeit und Rollenspiel. Rolle eins bezieht sich auf die Vernunft, an der alle Menschen teilhaben (»allgemeine Natur«), und Rolle zwei auf die physische, geistige und temperamentsmäßige Natur des einzelnen (E1-6). Panaitios schlägt vor, in Übereinstimmung mit der ersten Rolle die zweite als Leitlinie dafür zu benutzen, wie die Menschen handeln und ihr Leben gestalten sollten. Dadurch vermittelt er dem Stoizismus eine Einsicht, die der auf uns bezüglichen »Mitte« des Aristoteles ähnelt: Dieser hatte persönliche Besonderheiten als Faktoren benannt, die jeder Mensch erwägen soll, wenn er eine moralische Disposition entwickelt, welche Übertreibung und Mangel im Fühlen wie im Handeln vermeidet (*Nikomachische Ethik* 2.9). Aber daß Panaitios auf der moralischen Relevanz der »Persönlichkeit« besteht, ist eine Idee ohne klare Parallele in der antiken Ethik. Ebenso beeindruckend ist die Klarheit, mit der er die ganz zufälligen Determinanten persönlicher Identität (Rolle drei) von der Karriere und den Spezialisierungen unterscheidet, welche die Leute für sich selber wählen (Rolle vier, E7). Insgesamt vermitteln die vier Rollen eine Darstellung der allgemeinen Erwägungen, über die die Menschen sich einen Überblick verschaffen sollten, wenn sie über ihre zukommenden Funktionen Entscheidungen treffen: was ich als Mitglied des Menschengeschlechts tun sollte, was als Person mit meinen natürlichen Stärken und Schwächen, was als jemand, der unvermeidlich in bestimmte äußere Umstände verwickelt ist, und was mit dem Lebensstil und der Richtung, die ich für mich selbst gewählt habe.

Wie Cicero die Lehre des Panaitios präsentiert, ist sie zu milde in ihren Annahmen, daß die Menschen ihre moralische Identität so sauber verteilen können und daß das, was unter der Leitung von Rolle zwei bis vier getan wird (man denke an einen islamischen Fundamentalisten), mit den mutmaßlich allgemeinen moralischen Normen harmonieren wird (Rolle eins). Jedoch wird die persönliche Verantwortung betont (E8), und das um so schärfer, als jede Unterstreichung durch »den Weisen« oder das Fatum fehlt. Die »allgemeine Natur« von Panaitios' erster Rolle ist die Natur des Menschen im allgemeinen und nicht die kosmische Natur, deren normative Kraft für den Menschen in frühstoischen Darstellungen des »Ziels« betont wurde (siehe 63). Das wenige, was wir von der Physik des Panaitios wissen (vgl. 46P), läßt vermuten, daß er hinsichtlich der Kosmo-Biologie oder des Pantheismus seiner Vergänger zurückhaltend war, und es bekräftigt den Eindruck, daß sein Interesse die allseits ausgedehnte *Praxis* der stoischen Ethik war. Mit bestimmten Modifikationen gilt dasselbe für Epiktet. Seine Analyse zukommender Funktionen durch Rückgriff auf »Titel« (F2; vgl. 59Q) macht von einem Funktionalismus Gebrauch — worin besteht unter dieser Beschreibung meine Aufgabe? —, welcher der Rollenskizze des Panaitios sehr ähnlich ist. Unterscheidender dafür, wie Epiktet sich mit angewandter Ethik befaßt, ist seine Anweisung, moralische Vorsätze — das, »was unsere Sache ist« — dahin zu entwickeln, daß wir alles ausschließen, was irgendwie mit der aktiven Verfolgung äußerer Dinge und dem zu tun hat, »was nicht unsere Sache ist« (F1).

Nun braucht selbst der Weise das Nötige zum Leben. Konfrontiert mit einem Überwiegen von *GN*-Dingen (siehe 58) — chronischer Krankheit, dauernden Schmerzen, Armut, Verlust von Familie und Freunden — kann er nicht in Übereinstimmung mit der Natur des Menschen im allgemeinen leben; außerdem fehlen ihm die materiellen Voraussetzungen, die für tugendhaftes Handeln notwendig sind, welches von ihm verlangt, Dinge zu wählen, die mit der Natur übereinstimmen, und zurückzuweisen, was ihnen entgegengesetzt ist (vgl. 59A; 64A). Unter derart widrigen Umständen, so wurde argumentiert, wird die zukommende Funktion des Weisen der Selbstmord (G). Diese These unterstreicht einmal mehr, wie prekär es um die Position der Stoiker zwischen Aristons vollkommener Indifferenz gegen alle nicht-moralischen Werte und der Klausel des Aristoteles bestellt ist, daß die äußeren Güter, die die Tugend für ihre Ausübung braucht, Bestandteile des Glücks seien (vgl. 64L; auch 58F–I). Für Chrysipp und seine Nachfolger ist jede Zuweisung von *ÜN*- und *GN*-Dingen in bezug auf das Glück indifferent und dennoch mächtig genug, um Gründe zu liefern, im Leben zu bleiben oder aus dem Leben zu scheiden (G4-6; vgl. 61Q.

Die Rationalität des Selbstmords »zur rechten Zeit« war eine bekannte stoische Lehre (im Gegensatz zum epikureischen Weisen, 22Q5; 24A6-8) — und dem Mißbrauch ausgesetzt. Ähnlich wie den frühchristlichen Märtyrertod hat man sie als Test auf die äußerste Bindung an den Glauben mißbraucht. Die angeblichen Selbstmorde von Zenon, Kleanthes und Antipater mögen durch biographische Erfindung zu erklären sein. Aber besonders unter den Bedingungen des Römischen Reichs beendeten eine Reihe prominenter Römer, die Stoiker waren und in Opposition zum Regime standen, auf diese Weise ihr Leben (vgl. H für die Rationalität des patriotischen Selbstmords). Obwohl sie keine Weisen im strengen Sinne des Wortes waren, sind sie Beispiele für die »Macht, selbständig zu handeln« (= Freiheit, 67M1); im Selbstmord, angemessen gewählt, fand die Schule für diese Macht den kräftigsten Ausdruck.

Ist die dem Selbstmord gegenüber eingenommene Position eine Lehre oder eine Vorschrift? Diese Frage bringt uns zu I und J, wo diese Termini geklärt werden. Eine Vorschrift ist eine spezifische Empfehlung für einen Einzelnen oder für eine bestimmte Klasse von Individuen, dieses zu tun oder jenes zu lassen (I2–3). Lehren sind generisch. Sie sind »Elemente« des Systems, welche die Vorschriften rechtfertigen, indem sie die Gründe für deren Angemessenheit liefern. Die Vorschrift »Tue alles, was du kannst, um den Haß von X zu mäßigen!« ist in der Lehre begründet, daß solch eine Ausrichtung der Handlungen das ist, was die Natur der Gerechtigkeit verlangt (J2). Ariston argumentierte, daß der ganze Themenbereich der »Ermutigungen und Entmutigungen« (56A) witzlos sei, und stellte dabei auf die Fähigkeit des Weisen ab, sich ohne äußere Leitlinien unter allen Umständen angemessen zurechtzufinden (I1, vgl. 58G). Gegen Ariston verteidigt Seneca in I2–3 den Erziehungswert von Vorschriften. Später (J1) betont er ihre Beschränkungen und die Unentbehrlichkeit der richtigen Lehren (vgl. 61P). Schließlich (J2) empfiehlt er, beides in Verbindung miteinander zu nutzen.

Platzgründe hindern uns daran, hier mehr Material aus diesen interessanten *Briefen* Senecas zu unterbreiten. Sie zeigen, daß die Stoiker sich eines Problems bewußt waren, das mit moralischen Regeln ständig verbunden ist. Je theoretischer eine Regel formuliert ist, um so weniger hat sie als ein unmittelbar praktisches Gebot zu bieten. Andererseits zeigen hochspezifische Vorschriften unter Umständen in keiner Weise, warum sie erfüllt werden sollten; und wenn sie generalisiert werden, sind sie womöglich zu radikal, um besonderen Fällen gerecht zu werden. Den Erörterungen Senecas liegt das Konzept der zukommenden Funktionen zugrunde (J1; vgl. 59). In ihrer vollendeten Form, als die richtigen Handlungen eines Weisen, gehen sie aus seiner Kenntnis der Lehren und aus seiner korrekten Einschätzung seiner Lebensumstände hervor. Als Handlungen gewöhnlicher Leute mögen sie ein Gebot erfüllen, greifen aber insofern zu kurz, als der jeweils Handelnde hinsichtlich der Konsistenz und des Verständnisses ihrer Vernünftigkeit Mängel hat. Die ›Progressiven‹ im Sinne der Stoiker können als Leute betrachtet werden, die vernünftig begründeten Vorschriften regulär folgen und damit beginnen, die Lehren zu verstehen, die den Vorschriften zugrundeliegen.

67 Politische Theorie

A Plutarch, *De Alexandri magni fortuna* 6, 329A–B (teilw. *SVF* 1.262)

(1) Die viel bewunderte Schrift Zenons *Der Staat* . . . zielt auf diesen einen

---

A Kontext: Warum Alexander der Große als ein Philosoph betrachtet werden sollte. Die anschließenden Zeilen galten lange als eine Hauptquelle für die inzwischen obsolete Idee einer kosmopolitischen Mission Alexanders.

Punkt, daß wir unser Haushaltungswesen nicht auf der Grundlage von Städten oder Gemeinden organisieren sollten, die sich jeweils durch eine eigene Gesetzgebung abgrenzen; vielmehr sollten wir alle Menschen als Mitglieder unserer Gemeinde und als Mitbürger ansehen, und es sollte *eine* Art zu leben und *eine* Ordnung geben, ähnlich wie bei einer Herde, die zusammen weidet und durch ein gemeinsames Gesetz ernährt wird. (2) Zenon schrieb dies und malte sozusagen einen Traum oder ein Bild von der guten Gesetzgebung und dem Staat eines Philosophen. Alexander indes lieferte zu der Rede die Tat.

B   Diogenes Laërtius 7.32–33   (*SVF* 1.259, 226, 222, 267, 268, 257; enthält *FDS* 417)

(1) Einige jedoch, darunter der Skeptiker Kassios und sein Kreis, kritisieren Zenon in vielen Punkten (2) und machen erstens geltend, daß er zu Beginn seines Buchs *Der Staat* das Bildungscurriculum für unnütz erkläre. (3) Zweitens behaupte er, daß alle, die nicht rechtschaffen seien, einander Widersacher und Feinde, Sklaven und entfremdet wären, und das gelte auch zwischen Eltern und Kindern, Brüdern und Brüdern, Verwandten und Verwandten. (4) Weiter kritisieren sie ihn, weil er in seinem *Staat* nur die als Bürger, Freunde, Verwandte und Freie darstelle, die wirklich tugendhaft sind, . . . weil er ferner die Frauengemeinschaft lehre, ebenfalls im *Staat*, und weil er auf Zeile 200 verbiete, in den Städten Tempel, Gerichtshöfe und Gymnasien zu bauen. (5) Zudem schreibe er über das Münzwesen folgendes: »Münzgeld bereitzustellen sollte weder wegen des Handels noch in Rücksicht auf auswärtige Reisen als notwendig erachtet werden.« Schließlich ordne er an, daß Männer und Frauen dieselbe Kleidung tragen sollten und daß kein Teil des Körpers vollständig bedeckt sein dürfe.

C   Plutarch, *De Stoic. repugn.* 5, 1034B   (teilw. *SVF* 1.264)

Weiter ist es eine Lehre Zenons, keine Göttertempel zu bauen. Denn ein Tempel, der nicht viel wert ist, ist auch nicht heilig; und nichts, was von Baumeistern und Handwerkern gemacht wird, ist viel wert.

D   Athenaeus 561C   (teilw. *SVF* 1.263)

Pontianos sagte, Zenon von Kition nehme an, daß *Eros* der Gott der Freundschaft und Freiheit sei und daß er überdies für Einmütigkeit sorge, aber für nichts sonst. In seinem Werk *Der Staat* sagte er daher auch: »Eros ist ein Gott, der zur Erhaltung der Stadt beiträgt.«

B Kontext: Bericht über Zenons Kritiker.   C Kontext: Unmittelbar anschließend an **66B**. D Kontext: Vermischte Bemerkungen über *erōs* und *kallos*.

E Clemens, *Stromateis* 5.9.58.2 (*SVF* 1.43; *FDS* 127a)

Die Stoiker sagen, daß der erste Zenon manches geschrieben hat, was sie den Schülern nicht leicht zu lesen gestatten, auf keinen Fall bevor sie unter Beweis gestellt haben, daß sie in genuiner Weise philosophieren.

F Plutarch, *De Stoic. repugn.* 22, 1044F–1045A (teilw. *SVF* 3.753)

In einem seiner Bücher mit *Protreptischen Reden* sagt er [Chrysipp], daß Geschlechtsverkehr mit Müttern, Schwestern oder Töchtern, daß der Verzehr bestimmter Speisen und daß vom Kindbett oder Totenbett aus sich geradewegs zum Tempel zu begeben ohne Grund in Mißkredit gebracht wurden. Weiter sagt er, daß wir auf die Tiere achten und aus ihrem Verhalten entnehmen sollten, daß von solchen Dingen nichts abwegig oder wider die Natur ist.

G Sextus Empiricus, *Pyrrh. hyp.* 3.247–248

[Chrysipp schreibt in seinem *Staat*:] (1) »Wenn von lebenden Menschen irgendein Teil amputiert wird, der als Nahrung brauchbar ist, dann soll man ihn weder vergraben noch auf andere Weise entsorgen, sondern ihn verzehren, damit aus unseren Teilen ein neuer Teil hervorgehen kann.« (2) In seinem Buch *Über zukommende Funktionen* sagt er über die Bestattung der Eltern explizit: »Wenn die Eltern sterben, soll man die einfachstmögliche Form der Bestattung wählen, so als ob der Körper uns wie die Nägel, Zähne oder Haare nichts anginge und wir keinerlei derartige Sorge oder Aufmerksamkeit brauchen würden. Auch das Fleisch, wenn es eßbar ist, wird man daher verwenden, wie man auch seine eigenen Körperteile, zum Beispiel einen Fuß oder ähnliches, verwenden sollte, wenn sie abgeschlagen werden. . . .«

H Plutarch, *De exilio* 5, 600E (teilw. *SVF* 1.371)

Von Natur aus gibt es nämlich, wie Ariston sagte, kein Vaterland, ebensowenig wie es auch kein Haus, kein Ackerland, keine Schmiede und keine Arztpraxis gibt.

E Kontext: Esoterische Lehren und Schriften griechischer Philosophen.   F Kontext: Unstimmigkeiten in Chrysipps politischer Theorie.   G Kontext: Beweis durch Zitate, daß die Vorschläge der Philosophen zu unpraktisch sind, um den Anspruch zu unterstützen, eine Kunst der Lebensführung anzubieten.   H Kontext: Zitate, um die These zu illustrieren, daß das Exil kein Übel ist.

I   Stobaeus 2.103,14–17   (teilw. *SVF* 1.587; teilw. *FDS* 636a)

[Kleanthes:] »Wenn die Stadt eine Einrichtung zum Wohnen ist, in der, wer dort seine Zuflucht sucht, sich in den Schutz der Rechtsprechung geben kann, – ist die Stadt dann nicht etwas Zivilisiertes? Nun ist die Stadt aber eine derartige Einrichtung zum Wohnen; also ist die Stadt etwas Zivilisiertes.«

J   Dion Chrysostomus 36.20   (*SVF* 3.329)

Sie [die Stoiker] sagen, die Stadt sei eine von einem Gesetz regierte Gruppe von an derselben Stelle wohnenden Menschen.

K   Seneca, *De otio* 4.1

Laß uns mit dem Geist die Tatsache ergreifen, daß es staatliche Gemeinschaften gibt. Die eine ist groß und wirklich allgemein; sie umspannt Götter und Menschen, und wir achten in ihr nicht auf diesen oder jenen Winkel, sondern messen die Grenzen unseres Staats mit Hilfe der Sonne aus. Die andere staatliche Gemeinschaft ist die, der uns das Los der Geburt assigniert hat.

L   Arius Didymus bei Eusebius, *Praep. evang.* 15.15.3–5   (teilw. *SVF* 2.528)

(1) Als Welt bezeichnet man auch die Wohnstatt der Götter und der Menschen sowie das Gefüge ⟨aus Göttern und Menschen⟩ und dem, was um deretwillen erschaffen ist. (2) Denn in der Weise, wie man in zweierlei Sinn von einer Stadt spricht, einerseits im Sinne von Wohnstatt, andererseits im Sinne des Gefüges aus denen, die darin zusammen mit den Bürgern wohnen, in derselben Weise ist auch die Welt sozusagen eine aus Göttern und Menschen bestehende Stadt, wobei die Götter die Führungsaufgaben versehen und die Menschen ihnen untergeben sind. (3) Gemeinschaft besteht zwischen ihnen, weil sie an der Vernunft teilhaben, die von Natur aus Gesetz ist; und alles andere ist um ihretwillen geschaffen.

M   Diogenes Laërtius 7.121–122   (*SVF* 3.355, 617, 612)

[Die Stoiker sagen:] (1) Allein er [der Weise] ist frei, die Schlechten dagegen sind Sklaven. Die Freiheit besteht nämlich in der Macht, selbständig zu handeln, wogegen die Sklaverei das Fehlen selbständigen Handelns ist. Es gibt die Skla-

---

I Kontext: Doxographie zur politischen Theorie der Stoiker. – Das Wort *asteios*, hier mit »zivilisiert« wiedergegeben, ist einerseits von *asty* (»Stadt«) abgeleitet und hat andererseits die Konnotation von moralisch Gutem. Damit spielt das Argument und sucht eine begriffliche Verbindung zwischen Stadt und moralischer Bildung herzustellen.   **J** Kontext: Erläuterung der Bedeutung von »Mensch«.   **K** Kontext: Das kontemplative Leben als Dienst für die Gemeinschaft der Welt.   **L** Kontext: Doxographie zur stoischen Kosmologie. **M** Kontext: Charakteristik des Weisen.

verei aber auch noch in einem anderen Sinn, nämlich die Sklaverei, die in Unterordnung besteht, – und noch in einem dritten Sinn, nämlich die Sklaverei, die sowohl in Besitz als auch in Unterordnung besteht und zu der die Despotie das Gegenstück ist, welche ebenfalls moralisch schlecht ist. (2) Die Weisen sind nicht nur frei, sondern auch Könige, da das Königtum eine Herrschaft ist, die niemandem Rechenschaft schuldet, was wiederum nur bei den Weisen vorkommen kann, wie Chrysipp in seinem Werk *Über den Gebrauch der Wörter in ihrem eigentlichen Sinn bei Zenon* sagt. Ein Herrscher muß nämlich wissen, so sagt er, was gut und was schlecht ist, aber von den Schlechten weiß das keiner. (3) Entsprechend sind allein die Weisen diejenigen, die für Staatsämter befähigt sind, für das Richteramt taugen und als Redner wirken können; von den Schlechten taugt dazu keiner.

N   Philon, *Quod omnis probus liber sit* 97   (*SVF* 1.218)

Lohnt es sich denn nicht, das Wort Zenons anzuführen, es könnte einer schneller einen prall mit Luft gefüllten Schlauch untertauchen als einen Rechtschaffenen dazu zwingen, gegen seinen Willen etwas zu tun, was er nicht will? Denn eine Seele, die durch die richtige Vernunft mit festen Lehren steif gemacht worden ist, ist unnachgiebig und unbesiegbar.

O   Plutarch, *De audiendis poetis* 12, 33D   (*SVF* 1.219)

Zenon korrigierte den Zweizeiler des Sophokles: »Wer (geschäftlich) zum Tyrannen geht, ist dessen Sklave, selbst wenn er als ein freier Mann geht« und schrieb ihn um: »ist kein Sklave, wenn er als ein freier Mann geht«.

P   Diogenes Laërtius 7.124   (*SVF* 3.631)

Sie [die Stoiker] sagen, daß es auch Freundschaft nur unter den Tugendhaften gibt – aufgrund von deren Ähnlichkeit. Sie beschreiben die Freundschaft als eine bestimmte Gemeinschaft der zum Leben nötigen Mittel, da wir unsere Freunde wie uns selbst behandeln. Weiter erklären sie, daß ein Freund um seiner selbst willen zu wählen und daß es gut ist, eine Mehrzahl von Freunden zu haben. Bei den Schlechten dagegen gibt es keine Freundschaft, und kein Schlechter hat einen Freund.

N Kontext: Das Wort Zenons wird zitiert, weil es einem Brief ähnelt, den der Gymnosophist Kalanos an Alexander schrieb; darin machte Kalanos deutlich, daß kein Herrscher indische Philosophen zwingen könne, gegen ihren Willen zu handeln.   O Kontext: Anerkennung für die Stoiker, daß sie Verse in einer moralisch erbaulichen Art umschreiben. P Kontext: Charakteristik des Weisen.

Q   Athenaeus 267B   (*SVF* 3.353)

Wo er im zweiten Buch *Über Eintracht* schreibt, sagt Chrysipp, daß es zwischen einem Sklaven und einem Diener einen Unterschied gibt. Denn Freigelassene seien immer noch Sklaven, während Diener diejenigen seien, die nicht aus dem Besitzverhältnis entlassen seien. Denn »der Diener«, sagt er, »ist ein Sklave, der durch ein Besitzverhältnis gekennzeichnet ist«.

R   Marcianus 1   (*SVF* 3.314)

Chrysipp beginnt in dem Buch, was er *Über das Gesetz* verfaßte, so: »Das Gesetz ist der König aller Dinge, der göttlichen wie der menschlichen. Es muß allem Rechtschaffenen und Schändlichen vorstehen, als Herrscher und als Führer, und muß demgemäß die Richtschnur des Gerechten und Ungerechten sowie dasjenige sein, was den von Natur aus politischen Lebewesen gebietet, was zu tun, und verbietet, was zu lassen ist.«

S   Cicero, *De re publica* 3.33   (*SVF* 3.325)

[Sprecher ist der Stoiker Laelius:] (1) Das wahre Gesetz ist die richtige Vernunft, mit der Natur in Übereinstimmung, bei allen Menschen verbreitet, beständig, ewig, so geartet, daß sie durch ihre Gebot zur Pflicht ruft und durch ihr Verbot von schlechten Taten abhält. (2) Jedoch ist ihr Gebot oder Verbot für die Rechtschaffenen niemals vergeblich, während sie die Schlechten weder durch ihr Gebot noch durch ihr Verbot bewegt. (3) Dieses Gesetz abzuschwächen ist falsch, etwas davon außer Kraft zu setzen ist unzulässig, es insgesamt aufzuheben ist unmöglich; auch können wir nicht durch einen Senats- oder Volksbeschluß von diesem Gesetz befreit werden, und wir brauchen nicht nach jemandem Ausschau zu halten, der es zu erläutern oder ähnlich wie Sextus Aelius zu kommentieren hätte. (4) Ferner wird man nicht in Rom das eine und in Athen ein anderes Gesetz haben, und nicht eins jetzt und ein anderes später. Sondern es wird bei allen Völkern und zu allen Zeiten ein einziges, ewiges, unveränderliches Gesetz gelten; (5) und es wird einen einzigen sozusagen Lehrer und Herrscher über uns allen zusammen geben, Gott, der dieses Gesetz begründet hat, ihm Geltung verschafft und es durchsetzt. (6) Wer es nicht befolgt, der flieht vor sich selbst, und behandelt die menschliche Natur verächtlich; eben dadurch erleidet er die schwersten Strafen, selbst wenn er allen konventionellen Bestrafungen entgehen sollte.

Q Kontext: Erörterung der Sklaverei.   S Der ursprüngliche Kontext ist verloren.

T   Cicero, *De re publica* 1.34   (Panaitios Frg. 119)

... ich [Laelius] erinnerte mich, daß du [Scipio] mit Panaitios, wenn Polybios da war, häufig über Politik zu diskutieren pflegtest – die beiden Griechen waren bei diesem Thema vielleicht die allerbeschlagensten Gesprächspartner – und daß du viele Argumente entwickeltest, um zu zeigen, daß die bei weitem beste Regierungsform die sei, die unsere Vorfahren uns hinterlassen haben.

U   Diogenes Laërtius 7.131   (*SVF* 3.700)

[Die Stoiker sagen,] daß die beste Verfassung eine Mischverfassung aus Demokratie, Königtum und Aristokratie ist.

V   Cicero, *De officiis* 2.73   (enthält Panaitios Frg. 118)

Gemeinwesen und Regierungen wurden nämlich vor allem zur Erhaltung des Privateigentums eingerichtet. Denn auch wenn die Menschen sich unter der Führung der Natur zusammenscharten, suchten sie den Schutz der Städte trotzdem in der Hoffnung, ihren Besitz zu sichern.

W   Stobaeus 2.109,10–110,4   (teilw. *SVF* 3.686)

(1) Sie [die Stoiker] sagen, daß es drei Lebensweisen gibt, die den Vorzug verdienen: die königliche, die politische und drittens die gelehrte. (2) Ähnlich gibt es auch drei Arten Geld zu verdienen, die den Vorzug verdienen: erstens von einem Königtum, wo man entweder selbst König ist oder seine Versorgung aus den Geldmitteln des Monarchen erhält. (3) Zweitens vom (Stadt-)Staat, da der Weise sich auf der Grundlage des den Vorzug verdienenden Vernunftgrunds in die Politik einschalten wird und da er auch heiraten und Kinder zeugen wird, was alles der ⟨Natur⟩ eines vernunftbegabten, zur Gemeinschaft befähigten geselligen Lebewesens entspricht. Sein Einkommen wird er demnach vom (Stadt-)Staat und von denjenigen Freunden beziehen, die herausragende Positionen einnehmen. (4) Was die Tätigkeit als Sophist [d.h. öffentliche Vortragstätigkeit] und den Gelderwerb aus dieser Tätigkeit angeht, waren die Mitglieder der Schule sich über die Bedeutung nicht einig. Sie stimmten überein darin, für Erziehungstätigkeiten Geld zu bekommen und gelegentlich von denen Honorar zu nehmen, die zu lernen wünschten. Jedoch entstand bei ihnen ein Streit über die Bedeutung des Ausdrucks »als Sophist tätig sein«, indem die einen sagten, er bedeute, für Geld den Zugang zu den Lehren der Philosophie anzubieten, während die anderen argwöhnten, die Tätigkeit als Sophist schließe etwas Schlechtes ein, etwas wie Handel mit Argumenten.

T Der ursprüngliche Kontext ist nicht überliefert.   **U** Kontext: Doxographie der stoischen politischen Theorie.   **V** Kontext: Die Verpflichtung des Staatsmanns im Hinblick auf den Privatbesitz der Bevölkerung.   **W** Kontext: Charakterisierung des Weisen.

518

X   Plutarch, *De Stoic. repugn.* 2, 1033C–D   (*SVF* 3.702)

[Chrysipp im vierten Buch *Über die Lebensweisen*:] »Alle die annehmen, daß Philosophen sich vor allem dem Gelehrtenleben widmen sollten, scheinen mir von vornherein einen Fehler zu machen, indem sie davon ausgehen, daß man dies um eines Zeitvertreibs willen oder wegen etwas Ähnlichem tun und daß man sein ganzes Leben in dieser Art verbringen solle – d.h. bei Licht besehen ›lustvoll‹. Über das, was sie meinen, dürfen wir uns nämlich nichts vormachen, da viele dies deutlich sagen und nicht wenige es auf eine unklarere Weise zum Ausdruck bringen.«

Y   Seneca, *Epist.* 90.5–7   (teilw. Poseidonios Frg. 284 E.-K.)

(1) In jenem Zeitalter, das man das Goldene nennt, sei die Herrschaft also in der Hand der Weisen gewesen, urteilt Poseidonios. Sie wiesen die Aggression in Schranken und schützten den Schwächeren vor dem Stärkeren, rieten zu und rieten ab und zeigten das Nützliche ebenso wie das Unnütze auf. Ihre Klugheit sorgte dafür, daß ihren Leuten nichts fehlte; ihre Tapferkeit wehrte Gefahren ab und ihre Großzügigkeit versetzte die Untergebenen in die Lage, zu gedeihen und ein blühendes Leben zu führen. . . . (2) Doch es schlichen sich Fehler ein, und die Königtümer wurden in Tyrannenherrschaft umgewandelt. Daraufhin begannen Gesetze nötig zu werden, die zunächst ebenfalls die Weisen erließen. . . . (3) Soweit stimme ich Poseidonios zu. Aber daß die Philosophie die Techniken erfunden habe, auf die sich das tägliche Leben stützt, das weigere ich mich einzuräumen und möchte für die Philosophie auch nicht den Ruhm der Baukunst beanspruchen. Es sagt: »Als die Menschen noch verstreut waren und in Hütten oder in Höhlen oder in einem hohlen Baumstamm Schutz suchten, da lehrte die Philosophie sie, Gebäude zu errichten.«

☐   Obwohl nur von Kleanthes bekannt ist, daß er Politik zu einem eigenen Teil der Philosophie machte (**26B4**), war das stoische Interesse an diesem Thema keineswegs nur flüchtig. Zenons *Staat* war bei weitem das bekannteste Buch, das je ein Stoiker geschrieben hat; und Chrysipp verfaßte ebenfalls ein Werk mit diesem Titel (vgl. **G1**). Daß in Chrysipps kanonischer Einteilung der Themen zur Ethik (**56A**) die politische Theorie fehlt, deutet vielleicht darauf hin, daß er sie als eine Dimension der Ethik allgemein und sogar als eine Dimension des ganzen Systems auffaßte. Die Weltordnung selbst wurde im Stoizismus normalerweise als eine ›politische‹ Struktur dargestellt (vgl. **K, M**; **46G3**; **57F3**), deren göttliche Regierung und natürliche Gesetze die Gründe für moralische Werte und die Basis für ein menschliches Leben in Übereinstimmung mit der Natur sind (vgl. **59Q3**; **63C3-4**).

Daß in die Ethik viel von dem integriert war, was man politisch nennen könnte, geht aus unseren früheren Paragraphen klar hervor (siehe besonders **57F–H**; **59B4, E2, L2**). Hier haben wir nun Material zusammengestellt, welches die spezielleren Beiträge der Stoiker zeigt.

X Kontext: Daß Chrysipp sich inkonsistent verhalte, indem er trotz solcher Sätze ein Gelehrtenleben führe.   Y Kontext: Kritik der Darstellung, die Poseidonios vom Ursprung der Kultur gibt.

Einen Ehrenplatz muß Zenons *Staat* bekommen. Das wenige, was wir von diesem faszinierenden Werk noch haben, genügt, um zu zeigen, wie und warum er sich schnell den Ruf erwarb, ein herausragender Kritiker zeitgenössischer Werte und Institutionen und jemand zu sein, der diese gern reformiert hätte. Seine pauschale Zurückweisung des Bildungscurriculums, öffentlicher Gebäude einschließlich der Tempel und des Geldwesens sowie seine Empfehlungen hinsichtlich Frauengemeinschaft und Unisex-Kleidung (**B, C**) brachten die Stoiker später, als die Schule den Respekt bürgerlicher Kreise erworben hatte, in peinliche Verlegenheit (vgl. **E**); und vermutlich brachte Zenon in dem Buch auch die noch mehr schockierenden Rechtfertigungen für Inzest und Kannibalismus, die man dem *Staat* Chrysipps zugeschrieben hat (**F, G**). Um die Gesamtabsicht von Zenons Werk einzuschätzen − vermutlich handelte es sich um eine einzige Papyrus-Rolle (vgl. den Hinweis auf »Zeile 200« in **B4**) −, ist über die erwähnten Punkte hinaus noch folgendes zu beachten: »*eine* Art zu leben und *eine* Ordnung« als das Wirtschafts- und Rechtssystem im Gegensatz zu lokalen und städtischen Abgrenzungen (**A**); Tugend und nicht Verwandtschaft oder irgendein anderes Band als das Kriterium für Freundschaft und auch als das Kriterium für Freiheit (**B3-4**; vgl. **M, P**); im Gegensatz zur üblichen griechischen Praxis Beschränkung des Bürgerrechts auf die Rechtschaffenen, worunter allem Anschein nach auch Frauen gemeint waren (**B4-5**); Sublimation des Geschlechtstriebs in eine Quelle der Freundschaft, Freiheit und sozialen Solidarität (**D**).

Obwohl diese Ansichten seinen Zeitgenossen als radikal erschienen sein werden, stand Zenon für viele davon und womöglich sogar für ihre detaillierte Organisation, in der Schuld der Kyniker. Wie wir in unserer Einführung (S. 3) festgestellt haben, gab der Kyniker Krates Zenon den ersten philosophischen Unterricht; und der *Staat* spiegelt wahrscheinlich den Einfluß des Krates wider. Der wiederum war wohl durch den Kyniker Diogenes inspiriert, dem Vernehmen nach der Autor eines Werks *Der Staat* und sicherlich ein scharfer Kritiker Platons. Daß Zenon diese Tradition fortsetzte, ist sowohl von Plutarch her klar (**31L5**) als auch aufgrund einiger der oben skizzierten Punkte. Anders als Platons *Staat* mit seinen drei Ständen war der Staat Zenons vollkommen einheitlich gestaltet (**A1**), ohne die Minorität einer herrschenden Klasse. Seine ökonomischen und sozialen Vorschriften und die ausschließlich moralische Interpretation von Feindschaft, Freiheit usw. muß die Kritik impliziert haben, daß Platons Idealstaat es versäumte, einige Merkmale zu verkörpern, die zu »der guten Gesetzgebung und dem Staat eines Philosophen« (**A2**) notwendig dazugehören. Andererseits haben Zenons Ideen hinsichtlich der Gestaltung des Sexuallebens, der Kontrolle durch den Weisen und des sublimierten Eros eine strenge Affinität zu Platon. Es ist daher am besten, Zenons *Staat* nicht als engstirnig anti-platonisch zu verstehen, sondern darin einen programmatischen Essay zu sehen, der seine Ansicht von der extremen Diskrepanz auseinandersetzte, die zwischen bestehenden Gesellschaften, so wie sie sind, und Gesellschaften herrscht, so wie sie sein sollten. Das nähere Studium seiner Vorschläge würde zeigen, daß sie systematisch auf das Ziel hin kalkuliert sind, alles auszuschließen, was von moralischer Tüchtigkeit trennen oder für sie unwesentlich sein könnte, und eine vollkommen einheitliche Gesellschaftsordnung vorzuschreiben.

War Zenons Vision internationalistisch? Man hat sie gewöhnlich dafür gehalten und sich dabei auf die Vorliebe der Stoiker für den Ausdruck »Bürger der Welt« (**59Q3**) und die allgemeine Bedeutung von **A** berufen. Aber Zenons *Staat* faßte schwerlich einen Weltstaat ins Auge. Des weiteren ist **A** Plutarchs Deutung von Zenon als theoretischem Exponenten derjenigen Vereinheitlichung, welche Alexander der Große durch die Errichtung seines Imperiums in der Praxis verwirklicht hat. »Bürger der Welt« schließlich hat weniger mit den Vereinten Nationen als mit der Rationalität zu tun, die alle Menschen mit ihrem göttlichen Herrscher teilen (vgl. den wahrscheinlich stoisch beeinflußten Text *L*). Was die Stoiker in der Tat zweifellos vorangebracht haben, war eine sehr kraftvolle Konzeption vom Gesetz als Grundlage des städtischen Lebens (vgl. **A, I, J, R**). Ihr Hauptbeitrag zum Internationalismus war, daß sie moralische Prinzipien als Gesetze der menschlichen Natur behandelten, die alle Zufälligkeiten der Geburt und lokaler Identitäten transzendieren (vgl. **H, S**).

Als der Stoizismus das Römische Reich durchdrang, fanden diese Ideen eine Umgebung, die größer war als alles, was Zenon ahnen konnte. Sein Interesse, alle Grenzen zwischen den Menschen zu beseitigen, wird einige Jahrhunderte später besonders gut in den ausgearbeiteten Vorschlägen des Hierokles veranschaulicht (**57G**). Daß es im Epikureismus unter den Bedingungen des Römischen Reichs ähnliche Ideen gab, dafür vergleiche man **22P, S**.

Wie bemerkt, folgte Chrysipp Zenon darin, kynische Attacken auf die Irrationalität mancher sozialer Konventionen zu bekräftigen; und in seinem Werk *Über Gerechtigkeit* kritisierte auch er manche Züge von Platons *Staat* (*SVF* 3.313). Aber daß er offenbar Inzest und Kannibalismus unterstützte (**F, G**), war wohl kaum eine Empfehlung, solche Praktiken zu universalisieren. Daß es angemessen ist, seine toten Eltern zu verspeisen, können wir so verstehen, daß es eine »zukommende Funktion« (man beachte den Buchtitel von **G2**) wie die Selbstverstümmelung ist, die von den Umständen abhängt (**59E3**). Chrysipp akzeptierte die Natürlichkeit vieler Standardpraktiken und Bewertungen (siehe **58–59**), aber immer unter der Bedingung, daß die Vernunft vollständige Autonomie über die Handlung haben muß, die den Besonderheiten der jeweiligen Situation angemessen ist (vgl. **58J**). Sein Hinweis auf tierisches Verhalten als Kriterium für Natürlichkeit (**F**) folgte zwar einer kynischen Strategie, lud aber zu der Entgegnung ein, daß die Menschen, wie die Stoiker beständig hervorhoben, durch ihre Vernunft unter den Lebewesen einzigartig sind. Chrysipp konnte darauf jedoch antworten, daß seine Kritiker akzeptieren müßten, wie die Stoiker das taten, daß es eine beachtliche Zahl von Charakteristika gibt, die beide Arten von Lebewesen teilen (vgl. **36E; 57A; 63D1, E1**). Die Frage, welche er aufwirft, ist also eigentlich die, wieso es vernünftig ist, Verhaltensweisen wie Inzest und Kannibalismus bei den Tieren für natürlich zu halten, nicht aber bei den Menschen.

Obwohl Chrysipps herausfordernder Zugang zu gesellschaftlichen Überlegungen offensichtlich ist, ebnete er auch den Weg zu der sehr viel konservativeren politischen Theorie des Panaitios, die Cicero so sehr gefallen hat (vgl. **T–V; 57F5–8**). Nichts verdeutlicht den Radikalismus Zenons besser als seine Behauptung, daß konventionelle Begriffe von Freiheit (**M1, O**), von Königtum und politischen Ämtern (**M2**), von Freundschaft u.dgl. (**B3, P**) vollständig fehlgeleitet sind: diese Ausdrücke, so argumentiert er, treffen nur beim Rechtschaffenen und Weisen zu, und deshalb ist die Alltagssprache ganz unkorrekt. Chrysipp verteidigte Zenons Reformen, indem er dessen Auffassung von der Weisheit als der einzigen Grundlage für Freiheit und Autorität bekräftigte (**M2**). Aber er (oder seine Nachfolger) erlaubte(n) die Existenz verschiedener Arten der Sklaverei (**M1**; vgl. **Q**), darunter die Sklaverei im konventionellen Sinn. Solche Zugeständnisse an die Alltagssprache (vgl. **58H; 66B**) nahmen dem Stoizismus einiges von seiner Schärfe, erleichterten es aber, ihn später als ein autoritatives Rahmenwerk für allgemeine moralische Bildung in Anspruch zu nehmen (vgl. **66C–F**). In jedem Fall war Anpassungsfähigkeit an politische Realitäten ein Resultat, das für den Stoizismus geradezu unvermeidlich war. Die Ausbreitung der hellenistischen Kultur ermutigte dazu; und theoretisch gerechtfertigt wurde die Anpassungsfähigkeit durch die göttliche Vorsehung für alles, was geschieht, durch die Indifferenz aller nicht-moralischen Werte und durch die Betonung der politischen Natur des Menschen (**R**; vgl. **57D2**, **F**; **63K**).

Als die »Ausübung von Kunst im Bereich des Nützlichen« (**26A**) verlangt die Philosophie von dem, der sie praktiziert, ein nützliches Leben. Chrysipps Warnung davor, Philosophen auf Professoren zu beschränken (**X**), impliziert, daß das, was einen Philosophen ausmacht, nicht die Hingabe an Askese oder Gelehrsamkeit ist, sondern ein Leben, welches durch die richtigen Lehren konsistent gestaltet wird (vgl. **31J**, **O**, **T**). Im Gegensatz zu den Epikureern (vgl. **22Q5-6**) wird ein stoischer Weiser eine Karriere bevorzugen, die ihn ins öffentliche Leben einbringt (**W**). Hier erkennen wir erneut eine Tendenz, Zenons Ethik mit dem abzustimmen, was im Leben praktikabel ist. Wenn Zenons *Staat* ein Entwurf für die ideale Zukunft des Menschen war, so kontrastierte Poseidonios die zeitgenössische Korruption mit einem Goldenen Zeitalter in der Vergangenheit, wo der Weise regierte (**Y1-2**). Daß Poseidonios die Philosophie für technologischen Fortschritt und aufgeklärte Herrschaftsformen verantwortlich machte (vgl. die epikureischen Kultur-Heroen, **22L1**, **M**, **N**), ist eine bizarre Anwendung der All-Kompetenz des Weisen.

Die Akademiker

68 Methodologie

A   Cicero, *Academica* 1.43–46

(1) Dann sagte Varro: »Es ist nun an dir, als einem, der von der Philosophie der Alten abweicht und die Neuerungen des Arkesilaos billigt, darzulegen, worin die Spaltung bestand und warum sie entstanden ist, damit wir sehen können, ob deine Abweichung genügend gerechtfertigt ist.« (2) Darauf sagte ich [Cicero]: »Wie wir gehört haben, war es Zenon, mit dem Arkesilaos seinen ganzen Kampf begann, nicht aus Hartnäckigkeit oder weil er auf einen Sieg aus war, jedenfalls meiner Meinung nach nicht, sondern wegen der Dunkelheit der Dinge, die Sokrates dazu veranlaßt hatten, sein Nichtwissen einzugestehen, und vor Sokrates bereits Demokrit, Anaxagoras, Empedokles und praktisch alle alten Philosophen, die sagten, daß nichts erkannt, nichts wahrgenommen und nichts gewußt werden könne, und die erklärten, daß die Sinne beschränkt seien, der Geist schwach und der Lauf des Lebens kurz sei; die Wahrheit sei, um Demokrit zu zitieren, in einem Abgrund untergetaucht, alles sei fest im Griff von Meinungen und Konventionen, für die Wahrheit bleibe nichts übrig und so sei alles in Dunkelheit getaucht. (3) Von daher pflegte Arkesilaos zu bestreiten, daß irgendetwas gewußt werden könne, noch nicht einmal das, was Sokrates für sich selbst übriggelassen hatte, das Wissen, nichts zu wissen; so sehr lag seiner Meinung nach alles im Dunkeln, und es gebe nichts, was unterschieden oder verstanden werden könne. (4) Aus diesen Gründen, sagte er, solle niemand irgendetwas behaupten oder bekräftigen oder durch seine Zustimmung billigen; man solle seine Unbesonnenheit immer zurückhalten und sie vor jedem Lapsus bewahren; denn es wäre eine außerordentliche Unbesonneheit, etwas Falsches oder Unerkennbares zu billigen, und nichts wäre schimpflicher, als wenn Zustimmung und Billigung dem Erkennen und Begreifen vorauseilten. (5) Er pflegte zu tun, was mit dieser Philosophie zusammenstimmt; und indem er gegen jedermanns Auffassungen diskutierte, führte er die meisten Leute von ihrer Meinung weg, so daß, wenn zu derselben Sache von entgegengesetzten Seiten gleichgewichtige Argumente gefunden werden, die Zustimmung von beiden Seiten her leichter zurückzuhalten ist. (6) Sie nennen dies die Neue Akademie, obwohl sie mir als alt erscheint, jedenfalls wenn wir Platon zu jener

---

A Kontext: Wenige Zeilen nach **41B**.

alten Akademie rechnen. In dessen Büchern wird nichts behauptet, vieles wird *pro* und *contra* diskutiert, alles wird erforscht und nichts als sicher festgestellt. Aber jene Akademie, die du [Varro] dargestellt hast, mag nichtsdestoweniger die Alte und diese die Neue Akademie genannt werden: Sie blieb bis zu Karneades, dem vierten Schulleiter nach Arkesilaos, sicher bei der Philosophie des Arkesilaos.«

B   Cicero, *Academica* 1.13

Varro: »Wie ich höre, hast du die Alte Akademie verlassen und hast stattdessen jetzt mit der Neuen zu tun.« *Cicero:* »Was ist damit? . . . Ist es unserem Freund Antiochos eher erlaubt, von einem neuen Haus in ein altes zurückzukehren, als es uns freisteht, von einem alten in ein neues zu wechseln? Gewiß sind die jüngsten Dinge diejenigen, die am meisten berichtigt und vervollkommnet sind – wenngleich Philon, der Lehrer des Antiochos und ein großer Mann, wofür auch du selbst ihn hältst, in seinen Schriften erklärt, was wir von ihm auch persönlich immer wieder zu hören bekamen, daß es nämlich keine zwei Akademien gebe, und obwohl er unwidersprechlich den Irrtum derer demonstrierte, die das annähmen.« *Varro:* »Es ist, wie du sagst. Ich denke aber, daß du sehr wohl weißt, was Antiochos gegen diese Thesen Philons geschrieben hat.«

C   Cicero, *Academica* 2.16   (teilw./enthält *FDS* 249)

[Sprecher ist Lucullus, ein Anhänger des Antiochos:] (1) Arkesilaos arbeitete gegen Zenon, so nimmt man an, mit dem Argument, er mache keine neuen Entdeckungen, sondern korrigiere seine Vorgänger nur durch Veränderungen der Terminologie; und um Zenons Definitionen zu untergraben, versuchte er, völlig klare Dinge in Dunkelheit zu hüllen. (2) Zuerst wurde seine Philosophie nicht sonderlich akzeptiert, obwohl er sowohl durch Geistesschärfe als auch durch einen gewissen Charme der Sprache glänzte. Dann wurde sie allein von Lakydes festgehalten, hernach aber von Karneades zur Vollendung gebracht.

D   Diogenes Laërtius 4.28

Er [Arkesilaos] ist derjenige, der die mittlere Akademie begründet hat, der als erster seine Behauptungen wegen der Gegensätze zwischen den Argumenten zurückhielt. Er praktizierte auch als erster die Pro- und Contra-Argumentation und war der erste, der den traditionellen platonischen Dialog modifizierte und daraus durch Frage und Antwort einen streitbareren Diskurs machte.

B Kontext: Varros Interesse daran, daß Cicero seine philosophische Bindung kürzlich verändert hat.   C Kontext: Die Verdrehung der Philosophiegeschichte durch die Neue Akademie.   D Kontext: Anfang der Biographie des Arkesilaos.

E   Diogenes Laërtius 4.32–33

(1) Als Krates starb, übernahm er [Arkesilaos] die Leitung der Schule [der Akademie], nachdem ein gewisser Sokratides zu seinen Gunsten zurückgetreten war. Einige sagen, weil er sein Urteil über alles zurückhielt, habe er noch nicht einmal ein Buch geschrieben. Andere erzählen, man habe ihn dabei ertappt, wie er einige Bücher ausbesserte, die er nach der einen Version publizierte und nach der anderen Version verbrannte. Wie es aussieht, bewunderte er gewiß auch Platon und besaß dessen Schriften. (2) Nach einigen eiferte er aber auch dem Pyrrhon nach. Ferner nahm er größtes Interesse an der Dialektik und machte Gebrauch von den Argumenten der Eretrier. Daher sagte dann Ariston über ihn: »Platon von vorne, Pyrrhon von hinten, Diodor in der Mitte.« Timon schreibt mit Bezug auf ihn: »Denn da er den Menedemos im Herzen hat so wie [ein Fisch] das Senkblei [einer Angelschnur], wird er eilends laufen – entweder zum All-Fleisch Pyrrhon oder zu Diodor.« Und ein Stück weiter läßt er ihn sagen: »Ich will zu Pyrrhon und zu Diodor schwimmen, dem krummen.«

F   Numenios bei Eusebius, *Praep. evang.* 14.6.4–6

(1) Derart vielfältig gebildet [d.h. durch die Verbindung mit Theophrast, Krantor, Diodor und Pyrrhon] stand er [Arkesilaos] in der Aufhebung von allem treu zu Pyrrhon; jedenfalls nennen die Skeptiker Mnaseas, Philomelos und Timon ihn einen Skeptiker, wie sie das auch selber waren, da auch er das Wahre, das Falsche und das Glaubhafte aufhebt. (2) Obwohl man ihn also aufgrund seiner pyrrhonischen Züge einen Pyrrhoneer nennen könnte, ließ er es sich aus Respekt vor seinem Liebhaber [d.i. Krantor] gefallen, weiterhin Akademiker genannt zu werden. Demnach war er ein Pyrrhoneer, nur nicht dem Namen nach, und kein Akademiker, außer daß er so genannt wurde. Denn dem Dikaiokles von Knidos glaube ich es nicht, wenn er in seinen *Diatriben* sagt, daß Arkesilaos sich vor Theodoros und seinesgleichen sowie vor Bion, dem Sophisten, fürchtete, die gegen die Philosophen Attacken landeten und vor nichts zurückschreckten, um sie mit allen Mitteln zu widerlegen, daß Arkesilaos sich deswegen selber vor Unannehmlichkeiten schützen wollte und daß er dazu das Mittel wählte, keine manifeste Lehrmeinung vorzutragen, sondern vielmehr, wie der Tintenfisch die Tinte, als Schutz die Urteilsenthaltung vor sich hinzuwerfen. Das also glaube ich nicht.

G   Numenios bei Eusebius, *Praep. evang.* 14.6.12–13   (teilw. *SVF* 1.12; teilw. *FDS* 114)

Als Arkesilaos nun sah, daß Zenon ein professioneller Rivale und es wert war, besiegt zu werden, da landete er gegen die von Zenon ausgehenden Argumente

---

E Kontext: Biographie des Arkesilaos. Vgl. für Timon über Arkesilaos auch 3E.   F Kontext: Der Bildungshintergrund des Arkesilaos.   G Kontext: Kurz nach F.

eine vernichtende Kritik und ließ nichts aus . . . Aber die Lehre von Zenon, die
dieser sowohl dem Inhalt als auch der Bezeichnung nach als erster entwickelte
und von der Arkesilaos sah, wie sie in Athen hohes Ansehen genoß, die erkenntnistaugliche Vorstellung — gegen die bot Arkesilaos alle Mittel auf.

H   Plutarch, *Adv. Colotem* 1120C, 1121E–1122A

(1) Nachdem er sich mit den alten [Philosophen] beschäftigt hat, wendet Kolotes sich den Philosophen seiner Zeit zu, ohne irgendeinen von ihnen namentlich zu nennen . . . Wie ich vermute, will er zuerst die Kyrenaiker widerlegen
und dann zweitens die Akademiker um Arkesilaos. Denn die waren es, welche
in allen Dingen ihr Urteil zurückhielten. . . . (2) Das hohe Ansehen des Arkesilaos, der von allen Philosophen damals am meisten geschätzt wurde, scheint
unseren Epikureer [d.i. Kolotes] ungebührlich betrübt gemacht zu haben. Denn
er sagt, daß Arkesilaos nichts Eigenes zu sagen habe, sondern ungebildete Leute
zu der Annahme bringe und glauben mache, daß er etwas zu sagen habe . . . (3)
Doch Reputation wegen einer Neuerung zu lieben oder sich irgendetwas an-
zumaßen, was den alten gehört, davon war Arkesilaos so weit entfernt, daß die
zeitgenössischen Sophisten ihn anklagten, seine Lehren über die Urteilsenthaltung und die Erkenntnislosigkeit Sokrates, Platon, Parmenides und Heraklit
anzuhängen, die sie gar nicht brauchten, während er sie sozusagen im Wege
einer Rückführung und Bekräftigung bedeutenden Männern zuschrieb. Zu seinen Gunsten also Dank an Kolotes und an jeden, der behauptet, daß das akademische System aus der Vergangenheit auf Arkesilaos gekommen ist.

I   Sextus Empiricus, *Pyrrh. hyp.* 1.232–234

(1) Arkesilaos freilich, der Leiter und Führer der Mittleren Akademie, wie wir
sagten, scheint mir mit den pyrrhonischen Diskursen sehr viel gemeinsam zu
haben, so daß seine Schule mit der unseren fast identisch ist. (2) Denn bei ihm
findet man weder, daß er die Existenz oder Nicht-Existenz von irgendetwas
behauptet, noch zieht er aufgrund von Glaubwürdigkeit oder Unglaubwürdig-
keit eins dem anderen vor, sondern hält sein Urteil bei allem zurück. (3) Auch
sei das [ethische] Ziel die Urteilsenthaltung, von der wir erklärten, daß sie die
Unerschütterlichkeit (Freiheit von Verwirrung) mit sich bringe. Überdies sagt
er, daß die einzelnen Urteilsenthaltungen gut, die einzelnen Zustimmungen
dagegen schlecht seien. (4) Eine Ausnahme ist allerdings, daß *wir* das nach dem
sagen, was uns erscheint, und nicht affirmativ, während *er* das mit Bezug auf die
Natur sagt, so daß er auch erklärt, die Urteilsenthaltung selbst sei gut und die

---

H Kontext: Übergang von der Kritik des Epikureers Kolotes an einer Reihe namentlich
genannter Philosophen zu seiner Kritik nicht namentlich genannter zeitgenössischer Philosophen, denen er vorwirft, das Leben unmöglich zu machen, und weiter der Anfang
seiner Kritik der akademischen Skepsis. Gefolgt von **69A**.   **I** Kontext: Überblick über
Schulen, die Ähnlichkeiten zur pyrrhonischen Skepsis zu haben scheinen.

Zustimmung schlecht. (5) Wenn man darüber hinaus glauben soll, was über ihn erzählt wird, so heißt es, daß er zwar auf den ersten Blick ein Pyrrhoneer zu sein schien, in Wahrheit aber ein Dogmatiker war, und daß er den Eindruck, ein Aporetiker zu sein, deshalb machte, weil er seine Schüler mittels der Aporetik zu testen pflegte, ob sie für die Aufnahme der platonischen Lehren begabt seien; den begabten Schülern indes habe er die Lehren Platons übermittelt.

J   Cicero, *De fin.* 2.2

[Sprecher ist Cicero:] Durch Ausforschen und Fragen pflegte dieser [Sokrates] nämlich, die Ansichten seiner Gesprächspartner zutage zu bringen, um ihren Antworten dann gegebenenfalls seine eigenen Ansichten entgegenzusetzen. Nachdem diese Praxis von seinen Nachfolgern nicht beibehalten wurde, hat Arkesilaos sie wieder belebt und die Regel aufgestellt, daß die, die ihn hören wollten, keine Fragen an ihn stellen, sondern selber sagen sollten, was sie denken. Wenn sie das gesagt hatten, argumentierte er dagegen. Aber seine Zuhörer verteidigten ihre Ansicht, soweit sie das konnten.

K   Cicero, *De fin.* 5.10

[Sprecher ist Piso, ein Anhänger des Antiochos:] Aristoteles führte die Praxis ein, zu den einzelnen Sachen nach beiden Seiten hin zu argumentieren, so daß er nicht wie Arkesilaos nur immer gegen alles argumentierte, sondern in der Absicht, bei jeder Fragestellung alles herauszuholen, was sich zu beiden Seiten der Sache sagen ließ.

L   Cicero, *De oratore* 3.80

Wenn es jemals einen geben sollte, der in aristotelischer Manier zu jeder beliebigen Sache Argumente dafür und dagegen vorzutragen wüßte und in Kenntnis der aristotelischen Regeln in jedem Fall zwei entgegengesetzte Reden halten könnte oder in der Art des Arkesilaos und des Karneades gegen jede vorgelegte These zu argumentieren in der Lage wäre und der diese Methodenkenntnis und Übung mit dieser rhetorischen Erfahrung und Praxis zu verknüpfen verstünde, dann wäre dies der wahre, der vollkommene und gar der einzige Redner.

M   Lactantius, *Divinae Institutiones* 5.14.3–5 und *Epitome* 50.8

Als er [Karneades] von den Athenern als Gesandter nach Rom geschickt wurde,

---

J Kontext: Ciceros Billigung der sokratischen Unterredungsmethode.   K Kontext: Überblick über die peripatetische Schule.   L Kontext: Der beste Redner muß sowohl im Reden trainiert als auch in den philosophischen Argumentationstechniken geschult sein. M Kontext: Exzerpt und Paraphrase eines verloren gegangenen Abschnitts aus Cicero, *De re publica*.

diskutierte er bei der Anhörung durch Galba und den Censor Cato, die bedeutendsten Redner der damaligen Zeit, ausgiebig über Gerechtigkeit. Am nächsten Tag drehte er diese seine Erörterung durch eine Diskussion für die entgegengesetzte Seite um und untergrub die Gerechtigkeit, die er tags zuvor gelobt hatte. Das tat er freilich nicht mit der Ernsthaftigkeit eines Philosophen, dessen Ansicht sicher und fest sein sollte, sondern in der Art einer rednerischen Übung mit Argumenten nach beiden Seiten. . . . Mit dem Ziel, Aristoteles und Platon zu widerlegen, Fürsprecher der Gerechtigkeit, sammelte er in jener ersten Erörterung alle Argumente, die für die Gerechtigkeit sprachen, um sie dann umstoßen zu können, wie er das tat, . . . nicht weil er der Meinung gewesen wäre, die Gerechtigkeit müsse schlecht gemacht werden, sondern um zu zeigen, daß ihre Verteidiger keine sicheren oder verläßlichen Argumente für die Gerechtigkeit hätten.

N Cicero, *Academica* 2.28–29 (teilw. *FDS* 355)

[Sprecher ist Lucullus, ein Anhänger des Antiochos:] (1) Wenn Antipater . . . erklärte, daß, wer behauptet, es könne nichts erkannt werden, trotzdem konsistenterweise sagen könne, daß dieses eine erkennbar sei, nämlich daß nichts Anderes erkannt werden könne, dann pflegte Karneades ihm mit noch größerem Scharfsinn entgegenzutreten. Er erklärte nämlich, daß dies davon, konsistent zu sein, so weit entfernt ist, daß es sogar den größten Widerspruch darstellt. Denn wer bestreitet, daß es irgendetwas gebe, was erkannt werden könnte, der habe davon nichts ausgenommen; daher sei es notwendigerweise so, daß noch nicht einmal die Unmöglichkeit einer Erkenntnis auf irgendeine Weise erfaßt und erkannt werden könne, da sie ja nicht ausgenommen worden sei. (2) Antiochos scheint zwingender gegen diese Position vorzugehen. Denn weil die Akademiker es als einen ›Lehrsatz‹ betrachteten (ihr merkt schon, daß ich damit jetzt *dogma* übersetze), daß man nichts erkennen könne, deshalb dürften sie in diesem ihrem Lehrsatz nicht wie in allen anderen Dingen unschlüssig sein, dies um so weniger, als er den Inbegriff ihrer Lehre bilde; denn die Konstitution von Wahrem und Falschem, Wissen und Unwissen sei der Maßstab der gesamten Philosophie. Da sie diese Betrachtungsweise akzeptieren würden und lehren wollten, welche Vorstellungen man annehmen und welche man zurückweisen müsse, müßten sie mit Sicherheit das erkannt haben, auf was sich jedes Urteil über Wahres und Falsches gründe.

N Kontext: Lucullus' Verteidigung der Epistemologie des Antiochos gegen die Neue Akademie.

O   Cicero, *Academica* 2.76–77

[Sprecher ist Cicero zugunsten der Neuen Akademie:] Aber Arkesilaos focht mit Zenon nicht um der Kritik willen, sondern aus dem Wunsch heraus, die Wahrheit aufzuspüren; das ergibt sich aus folgendem: Niemand zuvor hat jemals dargestellt, geschweige denn behauptet, daß der Mensch in der Lage sei, keine Meinungen zu bilden, und daß der Weise dazu nicht nur in der Lage sei, sondern notwendigerweise auch so handeln müsse. Arkesilaos hielt diese Idee für wahr und rechtschaffen, und sie schien ihm des Weisen auch würdig zu sein.

P   Augustinus, *Contra Academicos* 2.11

Auch die Akademiker lehrten nämlich, daß der Mensch kein Wissen erlangen könne, soweit es um Dinge geht, welche sich auf die Philosophie erstrecken — denn um andere Dinge, pflegte Karneades zu sagen, kümmere er sich nicht —, daß der Mensch aber dennoch weise sein könne und daß die ganze Aufgabe des Weisen . . . sich in der Suche nach Wahrem darstellt.

Q   Cicero, *Academica* 2.60

[Sprecher ist Lucullus, ein Anhänger des Antiochos:] Schließlich ist da ihr Satz, um der Auffindung der Wahrheit willen müsse man bei allem Pro- und Contra-Argumente vorbringen. Ich möchte also sehen, was sie herausgefunden haben. »Wir pflegen keine Offenbarungen zu geben«, sagt er [der skeptische Akademiker]. »Was sind denn das für heilige Mysterien, oder warum verheimlicht ihr eure eigene Ansicht, als ob sie etwas Schändliches wäre?« »Damit unsere Zuhörer«, sagt er, »mehr durch die Vernunft als durch Autorität geleitet werden.«

R   Cicero, *Academica* 2.32

[Sprecher ist Lucullus, ein Anhänger des Antiochos:] (1) Ich kann auch nicht hinreichend feststellen, was ihr Plan ist oder was sie [die Akademiker] wollen. Denn gelegentlich, wenn wir diese Art Rede auf sie anwenden: »Wenn das wahr ist, was sie argumentieren, wird alles ungewiß sein«, dann geben sie zur Antwort: »Was hat denn das mit uns zu tun? Ist das etwa unsere Schuld? Schuldige die Natur an, die, wie Demokrit sagt, die Wahrheit in einem Abgrund verschüttet hat!« (2) Andere geben aber eine subtilere Antwort und beklagen sogar, daß wir sie anklagen zu sagen, daß alles ungewiß sei. Sie versuchen darzustellen, wie groß der Unterschied zwischen dem Ungewissen und dem ist,

---

O Kontext: Antwort auf die in C formulierte Kritik ab Arkesilaos. Gefolgt von **40D**.
P Kontext: Anfang von Augustins Darstellung der Neuen Akademie.   Q Kontext: Unmittelbar anschließend an **69F**. Abschluß von Lucullus' Bericht über Antiochos Kritik an der Neuen Akademie.   R Kontext: Unmittelbar anschließend an **40N**.

was nicht erkannt werden kann, und dazwischen einen Unterschied zu machen. (3) Laßt uns also mit denen verhandeln, die diesen Unterschied machen; jene, die sagen, daß alles so ungewiß sei wie, ob die Anzahl der Sterne gerade oder ungerade ist, wollen wir als hoffnungslos beiseite lassen. Sie wollen nämlich . . . daß es etwas Glaubhaftes und sozusagen der Wahrheit Ähnliches gibt, und wollen das als Maßstab benutzen, sowohl bei der Lebensführung als auch beim Untersuchen und Diskutieren.

S   Cicero, *Academica* 2.7–8

[Sprecher ist Cicero zugunsten der Neuen Akademie:] (1) Unsere Argumentationen haben keinen anderen Zweck als allein den, dadurch, daß wir pro und contra reden und hören, etwas hervorzulocken und gleichsam Gestalt gewinnen zu lassen, was entweder wahr ist oder der Wahrheit möglichst nahe kommt. (2) Auch besteht zwischen uns und denen, die etwas zu wissen meinen, kein Unterschied, außer daß sie keinerlei Zweifel haben, daß das, was sie verteidigen, wahr ist, während wir viele Dinge für glaubhaft halten, denen wir leicht folgen, die wir aber kaum behaupten können. Dadurch sind wir außerdem freier und ungebundener, weil unser Urteilsvermögen ungeschmälert ist und wir nicht durch irgendeine Notwendigkeit genötigt sind, alles zu verteidigen, was von bestimmten Leuten an Regeln und gleichsam an Befehlen ausgegeben wird.

T   Sextus Empiricus, *Pyrrh. hyp.* 1.235

Philon sagt, soweit es nach dem stoischen Kriterium gehe, d.h nach der erkenntnistauglichen Vorstellung, seien die Dinge unerkennbar, aber soweit es nach der Natur der Dinge gehe, erkennbar. Außerdem verpflanzte Antiochos die Stoa in die Akademie, so daß man von ihm sogar gesagt hat, er pflege innerhalb der Akademie die stoische Philosophie; er pflegte nämlich zu zeigen, daß die Lehren der Stoiker bei Platon vorlägen.

U   Cicero, *Academica* 2.17–18   (teilw./enthält *FDS* 357, 352)

[Sprecher ist Lucullus, ein Anhänger des Antiochos:] (1) Euer Philon [von Larissa] war lange Jahre ein Schüler des Kleitomachos; und solange er lebte, fehlte es der Akademie nicht an Befürwortern. (2) Aber was wir uns jetzt zu tun anschicken, nämlich gegen die Akademiker zu diskutieren, davon glaubten einige Philosophen, und zwar keineswegs bloß mittelmäßige Leute, überhaupt nicht, daß man es tun solle. Ganz im Gegenteil habe es keinerlei Sinn, mit Leuten zu diskutieren, die nichts als gültig anerkennen; sie kritisierten auch den Stoiker Antipater, weil er sich auf diesem Feld stark engagiert hatte. Zudem

---

S Kontext: Ciceros Verteidigung der Neuen Akademie.   T Kontext: Kurz nach **68I**.
U Kontext: Kurz nach **C**.

erklärten sie, daß es a) überhaupt nicht nötig sei zu definieren, was eine Erkentnis oder eine Erfassung ist oder — wenn wir eine wortwörtliche Übersetzung wollen — eine *comprehensio* (eine Ergreifung), wofür jene Männer [die Stoiker] *katalēpsis* sagen, und daß b) diejenigen, die überzeugend begründen wollen, daß etwas begriffen und erkannt werden kann, unwissenschaftlich handelten, da es nämlich nichts Klareres als die *enargeia* gibt — so drücken sich die Griechen aus; wir wollen dafür ... Evidenz sagen ... —; ... und sie waren der Ansicht, was so klar sei, brauche überhaupt nicht definiert zu werden. ... (3) Wenn Philon allerdings einige neue Ideen in Bewegung bringt, weil er den Argumenten, die gegen den Eigensinn der Akademiker immer wieder vorgebracht wurden, kaum widerstehen konnte, dann ist er offensichtlich ein Lügner, ... und wie Antiochos nachwies, verwickelte er sich in genau das, was er fürchtete. Denn wenn er also bestritt, daß es irgendetwas gebe, was [mittels der erkenntnistauglichen Vorstellung im Sinne der Stoiker] erkannt werden könnte ..., dann hebt er die Unterscheidbarkeit von Nicht-Erkanntem und Erkanntem auf; daraus resultiert dann, daß nichts erkannt werden kann. In dieser Weise unvorsichtig fällt Philon auf die Position zurück, die er am meisten zu vermeiden wünscht.

V   Galen, *De optima doctrina* 1

(1) Favorinus sagt, daß die Pro- und Contra-Argumentation die beste Lehrmethode ist. Die Akademiker bezeichnen so die Argumentation, bei der sie zugunsten entgegengesetzter Seiten sprechen. Nun meinen die älteren Akademiker, daß diese Argumentation in eine Urteilsenthaltung mündet, wobei sie als Urteilsenthaltung das bezeichnen, was man das Fehlen von Bestimmtheit nennen könnte, d.h. daß über nichts eine Bestimmung getroffen oder eine feste Behauptung aufgestellt wird. (2) Dagegen treiben die jüngeren Akademiker — und zwar nicht nur Favorinus — die Enthaltung des Urteils gelegentlich so weit voran, noch nicht einmal zuzugestehen, daß die Sonne ein erkennbarer Gegenstand sei; und bei anderen Gelegenheiten treiben sie das Urteil so weit, es sogar den Schülern anzuvertrauen, ohne sie zuvor in einem wissenschaftlichen Kriterium zu unterweisen. ... In seinem Buch *Alkibiades* jedoch ... lobt er die Akademiker, weil sie bei einander entgegengesetzten Argumenten einerseits zugunsten beider Seiten sprechen und es andererseits ihren Schülern zugestehen, die wahreren Seiten zu wählen. (3) Indes erklärte er in diesem Buch, es erscheine ihm glaubhaft, daß nichts erkennbar sei; in seinem *Plutarch* dagegen scheint er einverstanden zu sein, daß es etwas sicher Erkennbares gibt.

☐ In unserer Einleitung (S. 5) haben wir bereits im Umriß beschrieben, worin die Revolution des Arkesilaos in der Akademie bestand. Welche Komplikationen darin liegen, die Quellen für seine »Neue Akademie« in ihren verschiedenen Phasen zu würdigen, ist später zu behandeln. Was dagegen von vornherein betont werden muß, ist,

---

V Kontext: Die Einleitung der Abhandlung.

daß Arkesilaos offiziell die Position des führenden Platonisten seiner Zeit innehatte. Als Jugendlicher studierte er bei einer Reihe von Philosophen (vgl. F1, wo der Bezug zu Pyrrhon wahrscheinlich unhistorisch ist); aber er konzentrierte sich bald auf die Akademie. Mit dem älteren Establishment dort – Polemon, Krates und Krantor (F2) – verstand er sich ausgezeichnet; und es ist undenkbar, daß er zum Nachfolger des Krates gewählt worden wäre (E1), wenn seine Beziehung zu Platon ganz abwegig oder verräterisch erschienen wäre. Seit Platons Tod, ca. 70 Jahre vor der Wahl des Arkesilaos, hatte es tatsächlich zu keiner Zeit einen Konsens in der Interpretation von Platons Philosophie gegeben. Wenn, wofür manches spricht, Polemon und seine Zeitgenossen schon begonnen hatten, auf die Bemühungen ihrer Vorgänger, Speusipp und Xenokrates, zu reagieren, aus Platons Dialogen ein unumstößliches System zu schaffen, dann wird dies Arkesilaos ermutigt haben, den ganzen Zugang anzufechten und Platon nicht länger als einen dogmatischen Philosophen zu lesen. Vermutlich besaß er Platons eigene Manuskripte (E1) und hielt anhand von ihnen Vorlesungen; dies könnte den phantastisch anmutenden Hinweis erklären, daß er geeigneten Schülern Lehren Platons vermittelt habe (I5). Seine angeblichen Veränderungen am »traditionellen platonischen Dialog« (D) sind, so schlagen wir vor, am besten als eine Empfehlung zu erklären, Philosophie so zu praktizieren, wie Sokrates es in Platons frühen Dialogen tut, und nicht in der Art eines Xenokrates mutmaßliche Lehren zu kodifizieren: man beachte die Hinweise auf Pro- und Contra-Argumente sowie auf Frage und Antwort in D (vgl. A6) und auf seine Erneuerung der sokratischen Dialektik in J.

Solch ein Szenarium vermag die Methodologie des Arkesilaos innerhalb der platonischen Tradition und ganz unabhängig von äußeren Einflüssen zu erklären. Arkesilaos hatte aber außerdem gewichtige Gründe, die Rolle eines modernen Sokrates anzunehmen, um auf die Aufsteigerphilosophie seines älteren Zeitgenossen, des Stoikers Zenon zu antworten. Unsere Quellen heben seinen unnachgiebigen Widerstand gegen den Stoizismus und speziell gegen Zenons empiristische Theorie des Wissens hervor (A2, C, G, O; vgl. auch Diogenes Laërtius 7.162 über Aristons Debatten mit Arkesilaos). Sowohl Zenon als auch Arkesilaos hatten bei dem Akademiker Polemon studiert. Zenon und seine Anhänger machten auf Arkesilaos vermutlich den Eindruck, sich von der platonischen Tradition vieles fälschlicherweise anzueignen (vgl. die spätere Billigung dieser Aneignung durch Antiochos) und gleichzeitig neue Lehren aufzubringen, denen jeder Platoniker energisch widerstehen mußte. Arkesilaos konnte geltend machen, daß Platon niemals irgendeine Position vorgebracht hatte, die mehr als eine Hypothese war, daß er seine eigene ›Theorie der Formen‹ im *Parmenides* destruiert und daß er die Erkenntnisansprüche der Sinneswahrnehmung im *Theätet* unterminiert hatte, ohne dabei zu irgendeiner anderen verteidigbaren Erklärung des Wissens vorgestoßen zu sein. Wenn ein konsequent aporetischer Platon heute als Verdrehung erscheint, ist er das dann in einem irgendwie höheren Grad, als es der Neuplatonismus war, der sich auf ein paar ausgewählte Passagen konzentrierte, die das Herz einer unterstellten platonischen Lehre seien?

Im Licht von Arkesilaos' Anerkennung seiner platonischen Herkunft ist es weder notwendig noch plausibel, seine älteren Zeitgenossen Diodor und Pyrrhon als vergleichsweise signifikante Einflüsse hinzuzufügen (E2, F, I). Selber ein Meister der Dialektik schätzte Arkesilaos den Dialektiker Diodor gewiß und nahm einige seiner Techniken auf; von Pyrrhon muß er ebenfalls gehört haben. Aber die Akademiker selbst erkannten Pyrrhon niemals an, und das aus gutem Grund. Wie wir seine Skepsis verstehen, handelte es sich dabei um eine dogmatische Position; und die Seelenruhe, die sie erzeugte, gab Pyrrhon keinen Grund, sich in philosophischen Argumentationen zu engagieren (siehe 1 und 2). Wir hören auch nicht davon, daß von den Akademikern Seelenruhe und Urteilsenthaltung verknüpft worden wären (beachte den Zusatz des Sextus in I3). Wenn Pyrrhon für Arkesilaos von irgendeinem Interesse war, dann war er das vermutlich als das wirkliche Beispiel eines Lebens, das gelebt wird, ohne sich eine Meinung zu bilden.

Arkesilaos als einen Skeptiker zu bezeichnen, wie das in **F1** geschieht, ist anachronistisch und eine vom späteren Pyrrhonismus her vorgenommene Projektion zurück in die Vergangenheit. Die Standardcharakterisierung von Arkesilaos und seiner Schule war: diejenigen, »welche in allen Dingen ihr Urteil zurückhalten« (**H1** und **31P2**, ein Chrysipp-Zitat). Diese Kennzeichnung paßt zu einer der beiden Hauptschlußfolgerungen, die Arkesilaos der Tradition zufolge gezogen hat: daß alle Dinge unerkennbar sind (fortan *U*) und daß wir das Urteil über sie zurückhalten sollten (fortan *Z*). *U* ist die Aussage, die für die ganze Neue Akademie am meisten charakteristisch ist. Obwohl Arkesilaos sich dafür von namhaften Vorgängern Unterstützung holte (vgl. **A2, H3**), war die Rechtfertigung, mit der er selber die Aussage versah, sein eigener, ursprünglicher Gedanke, nämlich das Prinzip der »Ununterscheidbarkeit«, nach dem zu jeder wahren Vorstellung eine identische, aber falsche Vorstellung aufkommen könnte (**40D**; vgl. **40E6, H, J; 70A8, B4**). *U* blieb durch die ganze Geschichte der Neuen Akademie hindurch deren charakteristische These, während *Z* durch viele spätere Anhänger der Schule modifiziert oder aufgegeben wurde (siehe z.B. **69H**). Von daher können wir nicht länger die schwierige Frage aufschieben, ob *U* und *Z* in irgendeinem Sinn die eigene philosophische Position des Arkesilaos waren und wie er, falls sie dies waren, die Aussagen behaupten konnte, ohne sie *eo ipso* zu kompromittieren. Gehören sie zu ihrem eigenen Skopus und zu dem der jeweils anderen Aussage?

Darauf stehen mindestens vier verschiedene Antworttypen zur Verfügung:

(1) *U* ist in einem noch näher zu bestimmenden Sinn die eigene Schlußfolgerung des Arkesilaos und *Z* die einzig angemessene Antwort darauf (**A3-5, H3, I3-4, O**).

(2) *Z* ist eine rein defensive Strategie, die nichts über die wirklichen Ziele des Arkesilaos verrät (**F2**; vgl. **I5**).

(3) *U* ist eine strikt *ad hominem* zu verstehende Zurückweisung des stoischen Wahrheitskriteriums, der erkenntnistauglichen Vorstellung (siehe **40**), und *Z* ist die peinliche Konsequenz, die für den stoischen Weisen daraus nach den eigenen Prämissen der Stoiker folgen muß (**G; 41C**).

(4) Für jede These, die Arkesilaos angeboten wurde, hält er es für möglich, ein Gegenargument mit gleichem Gewicht vorzubringen. *Z* ist seine Antwort darauf (**A5, D**, vgl. **J–L**).

Von diesen Antworten kann (2) mit der darin enthaltenen Zuschreibung eines Krypto-Dogmatismus schnell ausgeschlossen werden. Es gibt keinen Beleg durch eine nicht tendenziöse Quelle, daß Arkesilaos ein doktrinärer Platoniker gewesen wäre; aber es gibt viele Belege, daß er das nicht war. Antwort (3) bringt sicherlich erfolgreich einen gewichtigen Aspekt der Dialektik des Arkesilaos zum Ausdruck (vgl. **69G** mit Kommentar); auch erinnert sie uns, daß die Urteilsenthaltung die von den Stoikern verlangte Antwort auf alles war, was nicht erkennbar ist (vgl. **41E–G**). Aber für sich genommen erklärt Antwort (3) nicht, warum sowohl *U* als auch *Z* Arkesilaos und seinem unmittelbaren Kreis konsequent zugeschrieben werden (**A, E, F1, H, I2-4, O, V1; 31P2; 69G1**). Antwort (4) ist offensichtlich die Strategie, die vielen Kritiken des Arkesilaos an einzelnen philosophischen Thesen zugrundeliegt; aufgelistet findet man die Kritiken im Kommentar zum Paragraphen 70. Für sich genommen ist die Antwort freilich unangemessen, um die häufig betonte Verbindung zwischen *U* und *Z* zu erklären. Aus diesem Grund kann auch Antwort (1) nicht ausgeschlossen werden.

Wenn, wie die Texte das nahelegen, *U* in gewissem Sinn die eigene Position des Arkesilaos war, schließt dies nicht unmittelbar einen Widerspruch zu sich selbst ein. Der würde nur dann entstehen, wenn Arkesilaos behauptet hätte, eine *Erkenntnis* zu haben, daß alle Dinge unerkennbar sind. Aber wenigstens in diesem Punkt ist das Zeugnis für die ganze Akademie konsistent: *U* war ihre »Lehre« (**H3, N2, P**) und ihre eigene philosophische Position (**A3**; **40D**; **69K**; **71C9, 11**); aber sie stritten standhaft ab, davon eine Erkenntnis zu haben (**A3, N**).

Die wirkliche Schwierigkeit entsteht nur für solche Akademiker − darunter für Arkesilaos selbst −, die auch auf *Z* bestanden. Ein späterer Reformer wie Philon (vgl. **69K**) interpretierte die akademische Orthodoxie so, als lasse sie eine bedingte Zustimmung zu, und konnte *U* als seine eigene fehlbare, wiewohl glaubhafte Annahme ausgeben (vgl. **V3**). Die Schwierigkeit besteht darin zu verstehen, wie Arkesilaos beabsichtigen konnte, *U* oder *Z* zu seiner eigenen Auffassung zu machen, ohne ihnen wenigstens zuzustimmen und damit gegen *Z* zu verstoßen. Eine mögliche Antwort auf diese Frage könnte man in unserem nächsten Paragraphen suchen; dort ist zu sehen, wie Arkesilaos andeutet, daß es Wege gibt, durch eine Vorstellung motiviert zu werden, *ohne* ihr zuzustimmen, d.h. ohne sie für wahr zu halten. *U* und *Z*, so könnte er sagen, sind seine eigenen Ansichten insoweit, als sie diejenigen Ansichten sind, von denen er findet, daß sie ihn motivieren.

Selbst wenn diese Erwägungen akzeptiert werden, sollte man nicht zulassen, daß sie den höchst dialektischen Charakter der frühakademischen Skepsis überdecken. Es ist vor allem dieser Zug, der sie an die platonische Tradition anbindet und sie vom Pyrrhonismus trennt. Während der Pyrrhonismus uns warnt, im Interesse unseres Seelenfriedens allen theoretischen Verstrickungen aus dem Weg zu gehen, gedeiht die frühakademische Skepsis gerade bei theoretischen Kontroversen; sie lehrt uns, uns ihnen gegenüber einen wachen Sinn zu bewahren, und das nicht um des Seelenfriedens, sondern um der intellektuellen Integrität willen (vgl. **A4, O**). Daß sie sich so häufig auf die Voraussetzungen ihrer Gegner stützt (für Beispiele siehe **41C** und **69**), gehört unabdingbar zu ihrem dialektischen Vorhaben, die Implikationen jedes theoretischen Standpunkts auszuloten. Von daher darf man die oben genannte Interpretation (3) nicht außer acht lassen, nach der Arkesilaos' Verteidigung von *U* und *Z* ein strikt anti-stoischer Zug ist. Die beste Gesamteinschätzung der Strategie des Arkesilaos kombiniert vielleicht (1), (3) und (4) in der folgenden Weise: Wenn man sich einerseits die Strategie der akademischen Geistesfreiheit zueigen macht, indem man den Pro- und Contra-Argumenten zu jeder These das nötige Gewicht gibt, dann wird man *ipso facto* sein Urteil zurückhalten. Wenn man andererseits einen dogmatischen Standpunkt wie den des Stoizismus einnimmt, dann folgt aus den Prämissen, auf die dieser Standpunkt einen verpflichtet, in Verbindung mit seiner Unfähigkeit, *U* zu widerstehen, daß man sein Urteil zurückhalten sollte. Welche philosophische Position man daher auch einnimmt oder einzunehmen vermeidet, man wird, wenn man weise ist, sein Urteil zurückhalten. Siehe zum Beispiel das Argument des Arkesilaos in **41C9**: »Wenn aber alles unerkennbar ist, ergibt sich *auch* nach den Stoikern die Folgerung, daß der Weise sein Urteil zurückhält.«

Wenn Arkesilaos sich tatsächlich solch eine Strategie zulegte, kann es sein, daß er sie weitgehend oder ausschließlich mit Bezug auf den Stoizismus durchführte. Er scheint von dieser Philosophie angenommen zu haben, daß sie die Bedingungen spezifizierte, die eine Erkenntnis erfüllen müßte, wenn sie möglich wäre. Der Vollständigkeit halber

534

mußten dieselben Folgerungen freilich nicht nur dem Stoizismus abgenötigt werden, sondern jeder anderen doktrinären Position. Offenbar blieb es Karneades, dem gefeierten Nachfolger des Arkesilaos im 2. Jahrhundert v.Chr., vorbehalten, dieses Projekt in die Tat umzusetzen (70A). Er weitete in wenigstens einem Bereich der Diskussion, im Bereich der Ethik, seine Kritik auf alle möglichen Positionen ebenso aus wie auf alle wirklichen (64E1).

Karneades wird in unseren beiden nächsten Paragraphen ausführlich erörtert. An dieser Stelle müssen aber ein paar zusätzliche Punkte über seine allgemeine Stellung als Akademiker vermerkt werden. Er vertrat die skeptischen Linien der Schule, wie sie von Arkesilaos initiiert worden waren (A6, C2). Beide Philosophen machen es zu ihrem Markenzeichen, »gegen jede vorgelegte These zu argumentieren« (L). Im Fall des Arkesilaos haben wir allerdings den Eindruck, daß er einen Mitunterredner nötig hatte, der *seine eigene* Meinung formulieren mußte (vgl. J), und daß er diese Meinung dann als Grundlage für eine Widerlegung benutzte, gerade so wie Sokrates in Platons frühen Dialogen. Karneades war demgegenüber darauf eingestellt, in bezug auf denselben Gegenstand selber entgegengesetzte Standpunkte einzunehmen, so wie in seinen meisterhaften Vorlesungen für und wider die Gerechtigkeit (M). Obwohl in zusammenfassenden Darstellungen dieselbe Vorgehensweise dem Arkesilaos bescheinigt wird (vgl. D und 31O), spezifiziert Chrysipp – zu früh, um von den Methoden des Karneades beeinflußt zu sein – nur die Argumentation für die entgegengesetzte Position als die Praxis der skeptischen Akademie (31P). Falls die Pro- und Contra-Argumentation des Karneades einen echten Unterschied gegenüber Arkesilaos darstellt, könnte ein Grund dafür der gewesen sein, daß er sich nach platonischen Dialogen wie dem *Menon* und dem *Theätet* richtete, wo Sokrates so dargestellt wird, daß er dieselbe These zuerst entwickelte und dann angriff. Außerdem konnte er, wenn er selber nach *beiden* Seiten hin gleichermaßen überzeugend argumentierte, hoffen, eine Urteilsenthaltung herbeizuführen, ohne seinen Zuhörern irgendeinen Grund zu liefern, um zu denken, er begünstige entweder die Ansicht, die er verteidigt hatte, oder die der entgegengesetzten Seite (vgl. 69H).

Die Geschichte der Akademie nach Karneades ist kompliziert. Ohne ein gewisses Verständnis der rivalisierenden Splittergruppen ist es jedoch nicht möglich, das Quellenmaterial einzuschätzen, insbesondere nicht das Material bei Cicero. Eine Skizze der Entwicklungen ist deshalb unabdingbar.

Das geistige Format und die Autorität des Karneades waren so groß, daß die Akademiker nach seinem Tod das Gefühl hatten, seine Philosophie sei unmittelbarer als die Philosophie von Sokrates und Platon diejenige, die es zu interpretieren und zu verteidigen gelte. (Vielleicht ist das der Grund, warum manche Quellen die Schulleiterschaft des Karneades als die Inauguration der »Neuen Akademie« betrachteten und die Schule unter der Leitung des Arkesilaos die »Mittlere Akademie« bilden ließen, d.h. eine Übergangsphase, vgl. C2, D, I1; wir selbst bevorzugen Ciceros Verwendung von »Neu« für die gesamte hellenistische Akademie von Arkesilaos bis Philon.) Der mutmaßliche Nachfolger und höchst getreuliche Berichterstatter des Karneades war Kleitomachos, der Karneades' immense Sammlung von Argumenten katalogisierte, ohne dabei in irgendeiner Weise zu behaupten, daß der große Mann auch nur eins der Argumente akzeptiert habe (69L). Indes konnten diese Argumente *entweder* als der Absicht nach rein dialektisch *oder* so interpretiert werden, daß sie zu bestimmten Meinungen führten, die er selbst unterstützte (vgl. 69H, L). Die letztere Option wurde von Metrodoros von Stratonikeia aufgegriffen, einem Anhänger des Karneades, und von ihm an Philon von Larissa weitervermittelt (**69H**). Philon leitete die Schule in ihrer letzten Phase (frühes 1. Jahrhundert v.Chr.) und übte auf die eigene philosophische Einstellung Ciceros einen prägenden Einfluß aus. Die strenge akademische Verpflichtung auf Z gab er auf (**69H, K**) und berief sich dabei auf Karneades, der offenkundig die Meinung gebilligt (**69F, G2**) und die Regel akzeptiert habe, dem zu folgen, was »glaubhaft« ist (**R3**; **69D–E**), Punkte, bei denen wir selbst es vorziehen, sie wie Kleitomachos als ursprünglich dialektische Züge zu verstehen (siehe **69** Kommentar). Auf dieser Grundlage ersetzte Philon die Skepsis durch einen anspruchslosen Fallibilismus, der dem Philosophen ein breites Spektrum von Meinungen erlaubte, bei denen man nur anerkennen mußte, daß sie fehlerhaft sein könnten; und als das Ziel der Akademiker autorisierte er das, »was entweder wahr ist oder der Wahrheit möglichst nahe kommt« (**S**; vgl. **Q, V2**) – die Grundlage von Ciceros eigener Methodologie. Solche Philonischen Lehren halfen dazu, der Akademie die zweideutige Haltung zu geben (vgl. **V2-3**), die Änesidem veranlaßte, die Schule zu verlassen; er beschrieb sie vernichtend als »Stoiker, die mit Stoikern kämpfen«, und polierte die Skepsis unter dem Namen Pyrrhons wieder auf (**71C9-11**).

All dies macht die geschwächte Akademische Philosophie aus, in der Philons eigener führender Schüler Antiochos geschult war und die in Ciceros *Academica* durch Texte wie **Q**, **R2-3**, **S** und **69K** repräsentiert wird. Doch im Jahr 89 v.Chr. brach Antiochos vollständig mit der Philonischen Akademie und gründete seine eigene inoffizielle »Alte« Akademie (**B**). Jede der beiden Akademien machte neue Züge, um die eigene Position als die wahre Bewahrerin der platonischen Tradition zu verteidigen. Antiochos stellte Platon als einen vollkommen dogmatischen Philosophen dar, dessen Auffassung vom Wissen durch die stoische Lehre von der Erkenntnisgewißheit getreu aufgenommen worden sei. (Deshalb konnten wir in **39–41** Lucullus und Varro, die Cicero im Sinne des Antiochos sprechen läßt, als Quellen für die stoische Erkenntnislehre heranziehen.) Den Stoiker Zenon und die Peripatetiker betrachtete Antiochos unter seinen hellenistischen Vorgängern wirklich als die einzigen wahren Erben des Platonismus, wenn er sich auch das Recht vorbehielt, den Stoizismus wegen seiner Abweichungen von der Tradition in der Ethik zu kritisieren (siehe **64K, L**).

Mittlerweile versuchte Philon, die gesamte Akademie von Platon bis zu ihm selbst so darzustellen, als komme sie in einer sorgfältig modifizierten Version von U überein, in dem Prinzip, daß alle Dinge unerkennbar sind: U gilt nach Philon nicht wegen der inneren Natur der Dinge (z.B. weil sie in zu raschem Fluß wären, um ein sicheres Wissen zuzulassen?), sondern deshalb, weil es so etwas wie das stoische Wahrheitskriterium einfach nicht gibt, weil es also kein Kriterium gibt, welches eine Erkenntnis mit der Gewißheit etablieren würde, die für die stoische »erkenntnistaugliche Vorstellung« erforderlich ist (**T**; vgl. **U3**). Um dieses zweifelhafte Stück Philosophiegeschichte zu verteidigen, konnte Philon sich zumindest darauf berufen, daß Platon im *Menon* offensichtlich die wahre Meinung unterstützt, der es daran gebricht, eine Erkenntnis zu sein, und daß er im *Timaios* bereit ist, seine Zuflucht bei einer »plausiblen« Kosmologie zu suchen; ferner konnte Philon geltend machen, daß Arkesilaos und Karneades sich so gut wie ausschließlich auf die stoische Version des Wahrheitskriteriums konzentriert hatten, und er konnte auf die oben vermerkte zeitgenössische akademische Praxis verweisen, »glaubhafte Vorstellungen« als vorläufige Wahrheiten aufzufassen, eine Praxis, welche die Existenz objektiver Wahrheiten voraussetzte, die es abzuschätzen galt.

Antiochos erwiderte darauf, indem er sowohl die historische Wahrhaftigkeit Philons als auch die innere Folgerichtigkeit der neuen Version von U rundum bestritt (**U3**; vgl.

536

B): Philons Position wurde widersprüchlich, sobald einmal anerkannt war, daß das stoische Wahrheitskriterium die einzige Grundlage war, auf der man sinnvoll davon reden kann, daß Dinge wirklich erkennbar sind.

Weil die Sprecher in Ciceros *Academica* auf die frühere akademische Tradition weitgehend von diesen zwei parteilichen Standpunkten aus zurückblicken, ist es eine delikate Sache, ihren Wert als Quellen einzuschätzen. Die Schwierigkeit geht zurück auf den Umstand, daß sowohl Arkesilaos als auch Karneades wie der historische Sokrates keine schriftliche Version ihrer Argumente veröffentlicht haben und es ihren Nachfolgern überließen, über ihre wirklichen philosophischen Absichten zu streiten. Dieses Problem muß man beim Studium der Texte im Paragraphen 69 weiterhin im Sinn behalten.

69 Leben ohne Meinungen

A   Plutarch, *Adv. Colotem* 1122A-F

[Sprecher ist Plutarch zugunsten der Neuen Akademie:] (1) Aber die Urteilsenthaltung über alle Dinge wurde noch nicht einmal von denen durcheinandergebracht, die sich viel damit zu schaffen machten und ausführliche Argumente dagegen verfaßt haben. Aber nachdem sie ihr schließlich aus der Stoa wie eine Gorgo die Untätigkeit gegenübergestellt hatten, gaben sie es auf, da sie alles zu drehen und zu wenden versuchten und der Antrieb ihnen trotzdem nicht gehorchte, eine Zustimmung zu werden, und da er auch die Sinneswahrnehmung nicht als ausschlaggebend akzeptierte, sondern aus sich selbst heraus zu den Handlungen zu führen schien, ohne einer Zustimmung zu bedürfen ... Für die, die aufmerksam sind und hinhören, läuft das Argument so: (2) In der Seele gibt es drei Bewegungen, die Vorstellungs-, die Antriebs- und die Zustimmungsbewegung. Die Vorstellungsbewegung aufzuhalten ist noch nicht einmal für die möglich, die das wollen; vielmehr ist es notwendigerweise so, daß, sobald wir auf die Dinge treffen, wir von ihnen ›beeindruckt‹ und affiziert werden. (3) Die Antriebsbewegung wird durch diese Vorstellungsbewegung angeregt; sobald das geschieht, bewegt sie den Menschen aktiv zu den für ihn angemessenen Dingen hin, da im Führungsvermögen sozusagen eine Senkung der Waagschale und eine Neigung stattfindet. Somit heben diejenigen, die in allen Dingen ihr Urteil zurückhalten, diese Bewegung ebenfalls nicht auf, sondern machen Gebrauch von dem Antrieb, der sie auf natürliche Weise zu dem führt, was ihnen angemessen erscheint. (4) Was ist also das einzige, was sie vermeiden? Nur das, worin Falsches und Täuschung entstehen: eine Meinung zu bilden und voreilig zuzustimmen, wobei diese Zustimmung aber ein aus Schwäche resultierendes Nachgeben dem Scheinbaren gegenüber ist und nichts Nützliches an sich hat. (5) Eine Handlung erfordert nämlich zweierlei: eine Vorstellung dessen, was angemessen ist, und einen Antrieb zu dem, was als angemessen erscheint; beides steht mit der Urteilsenthaltung nicht im Konflikt.

A Kontext: Unmittelbar anschließend an **68H**.

Denn von der Meinung hält das Argument uns weg, nicht vom Antrieb und auch nicht von der Vorstellung. Sobald sich also etwas Angemessenes zeigt, ist dafür, daß wir uns auf es hin in Bewegung setzen und uns dahin begeben, keine Meinung erforderlich; sondern der Antrieb kommt unmittelbar, ist er doch eine Bewegung und ein Prozeß der Seele. . . . (6) »Aber wie kommt es, daß jemand, der sein Urteil zurückhält, nicht ins Gebirge entschwindet, anstatt ins Bad zu laufen, und daß er, wenn er zum Marktplatz laufen will, aufsteht und nicht zur Wand geht, sondern eben zur Tür?« Fragst das du [der Epikureer Kolotes], der du behauptest, daß die Sinnesorgane in Ordnung und die Vorstellungen wahr sind? Weil ihm natürlich das Bad und nicht das Gebirge als das Bad erscheint und als Tür nicht die Wand, sondern die Tür, und entsprechend bei allem anderen. (7) Denn was die Urteilsenthaltung vernünftig macht, verbiegt nicht die Sinneswahrnehmung und bewirkt auch in den vernunftlosen Affekten und Bewegungen selbst keinerlei Veränderung, die die Vorstellungsbewegung verwirren würde. Vielmehr hebt sie nur unsere Meinungen auf und macht von den anderen Dingen einen natürlichen Gebrauch.

B Sextus Empiricus, *Adv. Math.* 7.158

(1) Weil es danach aber nötig wäre, auch die Lebensführung zu untersuchen, deren Natur es nicht zuläßt, sie ohne ein Kriterium darzustellen, an welches auch die Vertrauenswürdigkeit des Glücks geknüpft ist, d.h. des Ziels des Lebens, deshalb sagt Arkesilaos, daß, wer sein Urteil in allem zurückhält, seine Vorzugswahlen und Vermeidungen und überhaupt alle seine Handlungen nach dem Plausiblen *(eylogon)* regelt und daß er richtig handeln wird, wenn er nach diesem Kriterium vorgeht. (2) Denn das Glück wird durch Klugheit erreicht, und die Klugheit steckt in den richtigen Handlungen. Die richtige Handlung wiederum ist diejenige, für die es, sobald sie getan ist, eine plausible Rechtfertigung gibt. (3) Wer sich also an das Plausible hält, wird richtig handeln und glücklich werden.

C Diogenes Laërtius 7.171 (*SVF* 1.605)

Als jemand sagte, Arkesilaos tue nicht das, was er tun sollte, sagte er [Kleanthes]: »Halt’ inne, und tadle ihn nicht! Denn obwohl er die angemessene Handlungsweise argumentativ abschafft, hält er daran doch wenigstens durch seine Handlungen fest.« Arkesilaos sagte: »Ich fühle mich nicht geschmeichelt.« Darauf antwortete Kleanthes ihm: »Ja. Daß ich dir schmeichle, besteht darin zu sagen, daß du das eine argumentativ vertritts und etwas anderes tust.«

B Kontext: Unmittelbar anschließend an **41C**, gefolgt von **70A**.   **C** Kontext: Lebensbeschreibung des Kleanthes.

D Sextus Empiricus, *Adv. Math.* 7.166–175 (enthält *FDS* 1022a)

(1) Diese Argumente [siehe **70A**] also trug Karneades in ausgeführter Form gegen die anderen Philosophen vor, um die Nicht-Existenz des Kriteriums zu beweisen. Weil er aber im Hinblick auf die Lebensführung und die Erreichung des Glücks selber auch ein Kriterium in Anspruch nimmt, ist er eigentlich gezwungen, soweit es um ihn selbst geht, dazu eine Position zu beziehen, indem er als sein Kriterium die ›glaubhafte‹ Vorstellung und diejenige annimmt, die zugleich glaubhaft, nicht abgelenkt und durchuntersucht ist. (2) Worin dazwischen der Unterschied besteht, ist kurz aufzuweisen. Die Vorstellung ist eine Vorstellung von etwas, nämlich sowohl von dem, von dem her sie entsteht, als auch von dem, worin sie entsteht; das, von dem her sie entsteht, ist etwa das äußere Objekt der Wahrnehmung, und das, worin sie entsteht, beispielsweise ein Mensch. Entsprechend dieser Eigenart hat die Vorstellung zwei Beschaffenheiten, die eine in Beziehung auf das Vorgestellte und die zweite in Beziehung auf den, der die Vorstellung erlebt. Hinsichtlich der Beschaffenheit in Beziehung auf das Vorgestellte ist die Vorstellung nun entweder wahr oder aber falsch; und zwar ist sie wahr, wenn sie mit dem Vorgestellten zusammenstimmt, dagegen falsch, wenn sie mit ihm nicht zusammenstimmt. Hinsichtlich der Beschaffenheit in Beziehung auf den, der die Vorstellung erlebt, ist die eine Vorstellung offensichtlich wahr und die andere Vorstellung nicht offensichtlich wahr; davon heißt die offensichtlich wahre bei den Akademikern ›Manifestation‹ (*emphasis*), ›Glaubhaftigkeit‹ und ›glaubhafte Vorstellung‹, während die nicht offensichtlich wahre als ›Nicht-Manifestation‹ (*apemphasis*), ›Nicht-Glaubhaftigkeit‹ und ›nicht überzeugende, unglaubhafte Vorstellung‹ bezeichnet wird. Denn es vermag uns weder das zu überzeugen, was von vornherein offensichtlich falsch ist, noch das, was zwar wahr ist, uns aber nicht als wahr erscheint. (3) Von diesen Vorstellungen scheiden die offensichtlich falsche und die nicht offensichtlich wahre aus; sie sind nicht das Kriterium … (4) Von den offensichtlich wahren Vorstellungen indes ist die eine Art undeutlich, so etwa die Vorstellung bei denen, die etwas − wegen der Kleinheit des betrachteten Gegenstandes oder wegen der Größe der Entfernung oder wegen einer Schwäche des Gesichtssinns − konfus und nicht distinkt aufnehmen; die andere Art ist in Verbindung damit, offensichtlich wahr zu sein, zusätzlich auch noch durch die Intensität charakterisiert, mit der sie offensichtlich wahr ist. Von diesen Vorstellungen wiederum kommt die undeutliche, schwache Vorstellung als Kriterium nicht in Frage; da sie nämlich weder sich selbst noch das genau aufweist, was sie erzeugt, vermag sie uns nicht zu überzeugen und uns auch nicht zur Zustimmung zu veranlassen. Die offensichtlich wahre und sich selbst gehörig manifestierende Vorstellung dagegen ist nach Karneades und seinen Anhängern das Kriterium der Wahrheit. (5) Indem sie das Kriterium ist, hat sie eine beachtliche Breite; und indem sie Abstufungen umspannt, schließt sie einige Vorstellungen ein, die in ihrer Form glaubhafter und bestechender als andere sind.

D Kontext: Unmittelbar anschließend an **70A**, gefolgt von **69E**.

Glaubhaft heißt im gegenwärtigen Zusammenhang aber dreierlei: erstens das, was wahr ist und als wahr erscheint, zweitens das, was falsch ist, aber als wahr erscheint, und drittens das, was als wahr ⟨erscheint, d.i. das, was⟩ beiden gemeinsam ist. Das Kriterium wird daher zwar die offensichtlich wahre Vorstellung sein, die die Akademiker auch als die glaubhafte Vorstellung zu bezeichnen pflegten; es kommt aber vor, daß sie sich tatsächlich als falsch erweist, so daß wir genötigt sind, uns tatsächlich der dem Wahren und Falschen gelegentlich gemeinsamen Vorstellung zu bedienen. Das seltene Vorkommen dieser Vorstellung — ich meine der Vorstellung, die das Wahre vorspiegelt [d.i. die zweite Art] — ist allerdings kein Grund, der Vorstellung zu mißtrauen, die meistens die Wahrheit sagt [d.i. die dritte Art]. Denn wie die Dinge stehen, werden unsere Urteile und Handlungen durch das gelenkt, was meistens der Fall ist.

E   Sextus Empiricus, *Adv. Math.* 7.176–184

(1) Solcherart ist also das erste und allgemeine Kriterium nach Karneades und seinen Anhängern. Weil die Vorstellung aber niemals isoliert existiert, sondern in der Art einer Kette eine von der anderen abhängt, wird als zweites Kriterium die glaubhafte und nicht abgelenkte Vorstellung hinzutreten. Wer beispielsweise die Vorstellung eines Menschen aufnimmt, bekommt notwendig auch eine Vorstellung von den Dingen an ihm und von denen um ihn herum; Dinge an ihm sind etwa Farbe, Größe, Gestalt, Bewegung, Sprache, Kleidung, Schuhwerk, und Dinge seiner Umgebung sind z.B. Luft, Licht, Tag, Himmel, Erde, Freunde und alles andere. Wenn uns also keine dieser Vorstellungen davon abbringt, weil sie offensichtlich falsch ist, wenn vielmehr alle zusammenstimmend offensichtlich wahr sind, ist unser Glaube um so größer. Denn daß dieser Mann Sokrates ist, glauben wir aufgrund des Umstands, daß bei ihm alles gewohnte da ist, Farbe, Größe, Gestalt, Unterredung, Mantel, und daß er an einer Stelle ist, wo sich niemand befindet, der von ihm ununterscheidbar ist. . . . (2) Als Menelaos nämlich auf dem Schiff das Bild Helenas zurückließ, das er von Troja als Helena mitgebracht hatte, und auf der Insel Pharos an Land ging, da sah er die wahre Helena; aber obwohl er eine von ihr ausgehende wahre Vorstellung in sich aufnahm, schenkte er einer solchen Vorstellung dennoch keinen Glauben, weil er von einer anderen abgelenkt wurde, kraft deren er *wußte*, daß er Helena auf dem Schiff zurückgelassen hatte. Von dieser Art also ist die nicht abgelenkte Vorstellung. Und auch sie scheint eine Breite zu haben, weil die eine Vorstellung sich mehr als nicht abgelenkt erweist als die andere. (3) Noch viel glaubhafter als die nicht abgelenkte Vorstellung — und die Vorstellung, welche das Urteil zur größten Vollkommenheit führt, ist diejenige, die damit, daß sie nicht abgelenkt ist, auch noch verbindet, daß sie durchuntersucht ist. Ihre Merkmale müssen als nächstes erklärt werden. Bei der nicht abgelenkten Vorstellung wird bloß verlangt, daß keine der Vorstellungen in dem Zusammen-

---

E Kontext: Unmittelbar anschließend an **69D**.

treffen falsch ist und uns deshalb ablenkt, daß vielmehr alle als wahr und nicht als unglaubhaft erscheinen. Im Fall desjenigen Zusammentreffens, welches die durchuntersuchte Vorstellung einschließt, überprüfen wir mit peinlicher Genauigkeit jede einzelne Vorstellung in dem Zusammentreffen — etwa in der Art, wie das auch bei den Wahlversammlungen geschieht, wenn das Volk jeden einzelnen von denen, die ein politisches oder ein Richteramt übernehmen wollen, ins Kreuzverhör nimmt und überprüft, ob er würdig ist, mit dem Regierungs- oder Richteramt betraut zu werden. (4) So beurteilen wir zum Beispiel ... alle Aspekte, die sich auf den Ort des Urteils beziehen: das urteilende Subjekt, daß nicht etwa sein Gesichtssinn beeinträchtigt ist . . .; den beurteilten Gegenstand, daß er nicht etwa allzu klein ist; das Medium des Urteils, daß nicht etwa die Atmosphäre finster ist; die Entfernung, daß sie nicht zu groß, ... den Ort, daß er nicht überdimensioniert weit, die Zeit, daß sie nicht zu kurz ist; den Charakter, daß er nicht als krankhaft angesehen wird; die Tätigkeit, daß sie nicht unakzeptabel ist. (5) Alle diese Punkte zusammengeführt ergeben nämlich das Kriterium, die glaubhafte Vorstellung, ferner die zugleich glaubhafte und nicht abgelenkte Vorstellung, darüber hinaus die zugleich glaubhafte, nicht abgelenkte und durchuntersuchte Vorstellung. Aus diesem Grund verhält es sich folgendermaßen: Ebenso wie wir im täglichen Leben bei der Untersuchung einer geringfügigen Sache nur einen einzelnen Zeugen befragen, bei der Untersuchung einer bedeutenderen Sache mehrere Zeugen hören und in einer noch wichtigeren Angelegenheit jeden der Zeugen ins Kreuzverhör nehmen, so verwenden wir — sagen Karneades und seine Anhänger — in belanglosen Sachen die bloß glaubhafte Vorstellung als Kriterium, in wichtigeren Fragen dagegen die nicht abgelenkte Vorstellung und in dem, was das Glück betrifft, die durchuntersuchte Vorstellung.

F Cicero, *Academica* 2.59

[Sprecher ist Lucullus, ein Anhänger des Antiochos:] (1) Das indes ist äußerst absurd, wenn ihr sagt, daß ihr dem folgt, was überzeugend ist, wenn ihr davon durch nichts abgelenkt werdet. Erstens, wie könnt ihr nicht abgelenkt werden, wenn es doch [wie ihr behauptet] zwischen wahren und falschen [Vorstellungen] keinen Unterschied gibt? Und dann, welches Kriterium für Wahres gibt es, wenn das Kriterium [wie ihr behauptet] in einem auch das für Falsches ist? (2) Aus diesen Behauptungen ging notwendigerweise die Urteilsenthaltung hervor, . . . in der Arkesilaos mit sich selbst noch mehr in Übereinstimmung war, wenn wahr ist, was einige von Karneades annehmen. Wenn nämlich nichts erkannt werden kann, wie das die Auffassung von beiden war, muß die Zustimmung aufgehoben werden; denn was ist so nichtig, wie seine Zustimmung zu etwas zu geben, was gar nicht erkannt ist? (3) Aber auch gestern hörten wir dauernd, daß Karneades die Gewohnheit hatte, sich von Zeit zu Zeit zu der Bemerkung

---

F Kontext: Lucullus stellt die Kritik des Antiochos an der Neuen Akademie dar. Gefolgt von 68Q.

verleiten zu lassen, der Weise werde sich Meinungen bilden, d.h. fehlerhaft handeln.

G Cicero, *Academica* 2.66–67 (teilw. *FDS* 94, 374)

[Sprecher ist Cicero zugunsten der Neuen Akademie:] (1) Ich bin kein Weiser; daher gebe ich den Vorstellungen statt und kann ihnen nicht widerstehen. Nach Arkesilaos − darin pflichtete er Zenon bei [siehe **40D**] − besteht die stärkste Kraft des Weisen aber darin, sich in acht zu nehmen, daß er nicht [von etwas] gefangen genommen wird, und zu sehen, daß er nicht getäuscht wird . . . [siehe **68O**]. (2) Erwäge zunächst, welche Gültigkeit diese Schlußfolgerung hat: »Wenn der Weise jemals zu irgendetwas seine Zustimmung gibt, dann wird er sich zuweilen auch Meinungen bilden; er wird sich aber niemals Meinungen bilden; also wird er zu nichts seine Zustimmung geben.« Arkesilaos pflegte dieses Argument gutzuheißen; denn er bekräftige sowohl die erste als auch die zweite Prämisse. Karneades gestand als zweite Prämisse gelegentlich zu, daß der Weise manchmal zustimmen werde; und so kam als Konsequenz heraus, daß der Weise auch Meinungen haben werde, was du [Lucullus] zurückweist − und mit Recht, wie ich denke.

H Cicero, *Academica* 2.78

[Sprecher ist Cicero zugunsten der Neuen Akademie:] Dies [d.h. die Ununterscheidbarkeit wahrer und falscher Vorstellungen] ist die eine Kontroverse, die bis in die Gegenwart andauert. Denn die These, daß der Weise zu nichts seine Zustimmung geben werde [vgl. **G2**], hatte mit dieser Debatte nichts zu tun, da er ja »nichts erkennen und dennoch Meinungen bilden« könnte, eine These, die Karneades akzeptiert haben soll, obwohl ich für mein Teil Kleitomachos mehr glaube als Philon und Metrodor und der Ansicht bin, daß er diese These mehr diskussionsweise vortrug als akzeptierte.

I Cicero, *Academica* 2.103–104

[Sprecher ist Cicero mit einem Referat des Kleitomachos:] (1) Die Akademiker sind der Ansicht, daß es unter den Dingen Unterschiede von der Art gibt, daß die einen glaubhaft und die anderen entgegengesetzt erscheinen. Das ist aber kein hinreichender Grund, um zu sagen, daß einiges erkennbar sei und anderes nicht; denn es ist vieles Falsche glaubhaft, aber nichts Falsches kann erfaßt und erkannt sein. Deshalb sagt er [Kleitomachos], daß diejenigen gewaltig irren, die sagen, durch die Akademie würden die Sinne gewaltsam dahingerafft; die Akademiker sagen nämlich niemals, daß es keine Farbe oder keinen Geschmack oder keinen Ton gebe; ihr Argument ist vielmehr, daß in den Sinnen niemals

---

G Kontext: Ciceros Verteidigung der Neuen Akademie.   H Kontext: Unmittelbar anschließend an **40D**.   I Kontext: Ciceros Verteidigung der Neuen Akademie.

ein eigentümliches Merkmal des Wahren und Gewissen sei. (2) Nachdem er dies entwickelt hat, fügt er hinzu, daß der Satz »Der Weise hält sein Urteil zurück« zweierlei Bedeutung hat, die eine, wenn er so verstanden wird, daß der Weise überhaupt gar keiner Sache zustimmt, und die andere, wenn der Weise sich davor zurückhält, so zu antworten, daß er etwas akzeptiert oder zurückweist, so daß er nichts bestreitet und nichts behauptet. Weil das so ist, übernimmt er die erste Bedeutung, so daß er niemals seine Zustimmung gibt, und hält die zweite fest, so daß er der Glaubhaftigkeit folgen und immer da, wo sie auftritt oder fehlt, mit »Ja« beziehungsweise mit »Nein« antworten kann. (3) Da wir nämlich der Ansicht sind, daß derjenige, der sich bei allen Dingen der Zustimmung enthält, sich gleichwohl bewegt und etwas tut, läßt er solche Vorstellungen unbeanstandet, durch die wir zum Handeln angeregt werden, und ebenso diejenigen Vorstellungen, die wir auf Fragen zur Antwort pro oder contra geben können, solange wir bloß unserer Vorstellung folgen, ohne eine Zustimmung zu geben. Jedoch werden nicht alle Vorstellungen dieser Art gebilligt, sondern diejenigen, welche durch nichts abgelenkt werden.

J   Cicero, *Academica* 2.108

[Sprecher ist Cicero zugunsten der Neuen Akademie:] Denn auch wenn ich meine, es sei die höchste Aktivität, gegen Vorstellungen zu kämpfen, Meinungen zu widerstehen und wankende Zustimmungen zu stützen, und obgleich ich Kleitomachos beipflichte, wenn er von einer Herkulesarbeit schreibt, die Karneades durchgestanden habe, um aus unseren Seelen dieses wilde, ungezähmte Monster zu vertreiben, die Zustimmung, d.h. die Meinung und die Unbedachtsamkeit, − dennoch . . . was lenkt die Handlung dessen ab, der dem folgt, was glaubhaft ist, wenn nichts sie ablenkt?

K   Cicero, *Academica* 2.148

[Sprecher ist Catulus als Vertreter der Philonischen Akademie:] Ich kehre zu der Auffassung meines Vaters zurück, von der er sagte, daß es die Auffassung des Karneades sei, so daß ich also der Meinung bin, daß nichts erkannt werden kann. Allerdings glaube ich, daß der Weise seine Zustimmung zu etwas geben wird, und zwar zu etwas, was nicht erkannt ist, d.h. daß er Meinungen haben wird, dies aber so, daß er bemerkt, daß er Meinungen hat, und weiß, daß es nichts gibt, was erfaßt und erkannt werden kann.

J Kontext: Ciceros Verteidigung der Neuen Akademie gegen den Vorwurf, die Urteilsenthaltung sei nicht damit zu vereinbaren, daß man handelt.   K Kontext: Abschluß der Diskussion zwischen der Neuen Akademie und denen, die Antiochos unterstützen.

L Cicero, *Academica* 2.139

[Sprecher ist Cicero zugunsten der Neuen Akademie:] Karneades pflegte die Position des Kalliphon [daß das höchste Gut Tugend in Verbindung mit Lust sei] derart eifrig zu verteidigen, daß er den Eindruck erweckte, sie selbst zu billigen. Kleitomachos jedoch versicherte immer wieder, daß er niemals in der Lage gewesen sei zu verstehen, was Karneades billigte.

☐ Mit Meinungen hat der akademische Skeptiker es auf zwei oder möglicherweise auch auf drei Ebenen zu tun: erstens in seinen Argumenten gegen die Epistemologie der Stoiker, wo er diese mit unangenehmen Schlußfolgerungen betreffs des kognitiven Status des Weisen konfrontiert; zweitens in der Entkräftung der stoischen Kritik, daß eine Urteilsenthaltung in allen Dingen bewußtes Handeln ausschließe; und drittens (was auch als eine Erweiterung des zweiten Punkts angesehen werden kann), wenn er vorschlägt, daß der Skeptiker seine Handlungen, stimmig zu seiner Skepsis, in der Weise steuern kann, in der gewöhnliche Leute — im Unterschied zu dogmatischen Philosophen — das tun oder denken, daß sie es tun sollten. Weil die Debatten über diese Punkte von Arkesilaos und Zenon an bis zu Philon und Antiochos dauerten, ist unser Kommentar entsprechend aufgebaut.

In der früheren griechischen Philosophie war die Weisheit als der ideale menschliche Zustand ein allgegenwärtiges Konzept. Aber es waren die hellenistischen Philosophen, besonders die Stoiker, die »den Weisen« zum Subjekt aller wünschbaren Attribute und zum Paradigma rechtschaffenen Handelns machten. Ein Weiser — das war unstrittig — war außerordentlich herausragend in der Konsistenz seiner Vernunft und in seiner Freiheit von Irrtum. Innerhalb dieser weiten Grenzen variierte seine Charakteristik je nach dem Standpunkt der einzelnen Schulen. Die frühen Pyrrhoneer, die Epikureer und die Stoiker waren verschiedener Ansicht darüber, was der Weise weiß und was er tut. Aber sie waren eines Sinnes darin, daß er als völlig ausgenommen von den unbegründeten Meinungen aufgefaßt werden muß, welche für die gewöhnlichen Leute charakteristisch sind.

Vor diesem Hintergrund sind die zwei Argumente in **G1-2** zu verstehen, die in Verbindung mit **40D** und **41C** studiert werden sollten. Der Weise, um den es geht, ist der der Stoiker. Nach stoischer Lehre gilt, daß der Weise (1) seine Zustimmung gibt, und zwar zu erkenntnistauglichen Vorstellungen und nur zu solchen, und (2) niemals Meinungen bildet. Das Argument des Arkesilaos schließt aufgrund der Negation von (1), und die Schlußfolgerung des Karneades negiert (2). Jedes Argument beginnt mit derselben Hauptprämisse (die voraussetzt, daß es keine erkenntnistauglichen Vorstellungen gibt, denen der Weise zustimmen könnte). Als Zusatzprämisse bringt Arkesilaos (2) vor, um auf die Negation von (1) zu schließen, während Karneades (1) aufnimmt, um die Negation von (2) zu erschließen. Sobald diese Prozeduren einmal übersichtlich dargestellt sind, können wir sehen, daß die beiden Argumente in ihrer dialektischen Strategie ganz analog sind. Es sind die Stoiker und nicht die Akademiker, die auf die Wahrheit von (1) und (2) verpflichtet sind. Daher ist das Getue Ciceros in **G** (vgl. **F2-3, H, K**) über Karneades' Auffassung, daß der Weise Meinungen haben werde, fehl am Platz. Diese Argumente sind nicht dazu bestimmt, irgendeine gehaltvolle Auffassung aufzuzeigen, die von Arkesilaos oder Karneades vertreten würde. Ihr Zweck ist

---

L Kontext: Ciceros Besprechung der Ethik, in Verteidigung der Neuen Akademie.

vielmehr, die Stoiker in Verlegenheit zu bringen, indem ihre eigene Form der syllogistischen Argumentation dazu verwendet wird, mit Hilfe stoischer Prämissen antistoische Schlußfolgerungen zu ziehen.

Nichtsdestoweniger wären diese Argumente nutzlos, wenn es nicht möglich wäre, sie gegen den stoischen Gegenangriff zu verteidigen. Aus einem Vergleich zwischen A und 53S können wir schließen, daß Arkesilaos der erste Akademiker war, der die Urteilsenthaltung über alle Dinge gegen den häufig wiederholten stoischen Einwand (vgl. **40M, N, O3**) verteidigte, daß sie das Handeln unmöglich mache. Aus Plutarchs weiteren Bemerkungen in **A6-7** geht außerdem hervor, daß Arkesilaos wegen dieser Einstellung auch von zeitgenössischen Epikureern angegriffen wurde. Seine Antwort (**A2-5**) auf die stoische Gorgo der »Untätigkeit« kleidet er freilich in ausschließlich stoische Begriffe.

Aus der stoischen Handlungstheorie übernimmt er die drei Schlüsselbegriffe: Vorstellung, Antrieb und Zustimmung (siehe **53A, 53O–S**). Dann argumentiert er, daß die Zustimmung entbehrlich sei. Die Eliminierung der Zustimmung schließt aus, daß Wissen oder Meinung zu einer kausalen Komponente der Handlung werden können, und macht so die Handlung mit einer Urteilsenthaltung über alle Dinge vereinbar. Eine Untersuchung von **A** kann deutlich machen, wie trainiert Arkesilaos darin war, aus stoischen Begriffen Gewinn zu ziehen: Man beachte die verführerische Anziehungskraft davon, Voreiligkeit zu vermeiden (vgl. **41D, G**) und den genialen Gebrauch, den er von dem Topos »Antrieb zu den angemessenen Dingen hin« macht, womit **53Q** verglichen werden sollte. Im Ergebnis appliziert Arkesilaos auf das menschliche Handeln die stoische Darstellung des Verhaltens vernunftloser Tiere; und das ist eine offenkundige Schwäche seines Arguments. Dennoch erreicht Arkesilaos dadurch, daß er seine Entgegnung auf den Stoizismus fokussiert, zweierlei: Er zeigt, daß die stoische Handlungstheorie seiner Schlußfolgerung betreffs des Weisen angepaßt werden kann und daß es die Stoiker sind, die dem Weisen — oder Arkesilaos selbst — den Mechanismus verpaßt haben, sein Leben ohne irgendeine Zustimmung zu führen.

Wenn das Argument des Arkesilaos in **A** es versäumt, die Gesichtspunkte der Vernunft und der moralischen Verantwortlichkeit anzusprechen, dann geht seine Strategie in **B** auf diese Themen ein, und zwar wieder in den eigenen Begriffen der Stoiker. Unmittelbar vor dem in **B** abgedruckten Text hatte er argumentiert, daß der stoische Weise — vorausgesetzt, er ist von allen Meinungen frei und erkenntnistaugliche Vorstellungen sind nicht erreichbar — sein Urteil über alles zurückhalten wird (**41C**). Das Kriterium des »Vernünftigen«, welches Arkesilaos in **B** zugeschrieben wird, wird dort vorgestellt, als ob es sich dabei um eine *Lehre* handelte, die ihm dadurch aufgezwungen wurde, daß er sich genötigt sah, seine Skepsis dem täglichen Leben anzupassen. Diese Zuschreibung ist aber tendenziös und aller Wahrscheinlichkeit nach durch die mutmaßliche Quelle des Sextus eingeschleust worden, den feindlich eingestellten Antiochos (siehe **68 Kommentar**). Der Rekurs des Arkesilaos auf das »Plausible« sollte als eine Strategie angesehen werden, die ihn in die Lage versetzte, bei der Verteidigung seiner Schlußfolgerung bezüglich der Urteilsenthaltung des Weisen Gebrauch von einem wiederum stoischen Begriff zu machen.*

---

* Eine Version der Strategie des Arkesilaos kombinierte sie mit einer Zustimmung, aber nur zu Aussagen der Form „Es ist plausibel, daß p". Offenbar konnte diese Version sogar im Stoizismus Fuß fassen (siehe **40F**).

Die Subtilität seines Arguments besteht darin, daß es den Stoikern erlaubt, ihre Lehren über die Verknüpfung von Glück, Klugheit und richtigem Handeln festzuhalten und dabei für alle drei zu bestreiten, daß sie vom Wissen abhängen. Nach den Stoikern selbst sind »richtige Handlungen« »zukommende Funktionen«, die ihrerseits in den Begriffen der »plausiblen Rechtfertigung« definiert sind, welche man ihnen geben kann (**59B1**). Die Stoiker behandeln, nicht zu vergessen, richtige Handlungen als eine Unterklasse der zukommenden Funktionen allgemein, nämlich als diejenigen zukommenden Funktionen, die vollkommen sind (**59B4**; vgl. **59G, K**). Aber das für die Tugend konstitutive Wissen (siehe **61**), welches die zukommenden Funktionen im Verständnis der Stoiker vervollkommnet, hat Arkesilaos bereits eliminiert. Daher muß die Richtigkeit der Handlungen des Weisen, so argumentiert er jetzt, einfach in ihrer »plausiblen Rechtfertigung« bestehen. Die Stoiker sollten für dieses Kriterium zugestehen, daß es mit der Urteilsenthaltung vereinbar ist, da sie ja anerkennen, daß selbst die Toren, deren Zustimmungen und Meinungen niemals sicher gegründet und deshalb nutzlos sind (siehe **41**), nichtsdestoweniger in der Lage sind, zukommende Funktionen auszuüben (vgl. **57F7**), wobei sie vermutlich nur auf ihre Plausibilität vertrauen können. Demnach kann der Weise seine Handlungen durch die Vernunft lenken, kann klug und dadurch glücklich sein, selbst wenn er zu überhaupt nichts seine Zustimmung gibt. Weil er des weiteren keinerlei Zustimmung gibt, wird er bei Gelegenheiten, wo »die plausible Vorstellung« gewöhnliche Leute täuschen könnte, nicht irregeführt (vgl. **40F**; **42J3**).

Diese Interpretation der dialektischen Strategie des Arkesilaos in **B** paßt hervorragend zu der Anekdote in **C**. Wenn **B** seine eigene Position wäre, wäre er auf die Existenz zukommender Funktionen festgelegt, wie sie durch das »Plausible« spezifiziert werden. Aber im Gegensatz dazu sagt uns Kleanthes, daß Arkesilaos sie argumentativ zerstörte. Darüber, wie man sein Leben zu führen hat, gab Arkesilaos, so nehmen wir an, wie bei jedem anderen Punkt sämtliche Lehren auf. Die These selbst, daß man sein Urteil zurückhalten soll, bildete möglicherweise die einzige Ausnahme (siehe S. 533f.).

Ist es mit Karneades dasselbe? Diese Frage lenkt auf die Interpretation seines »Kriteriums ... im Hinblick auf die Lebensführung und die Erreichung des Glücks« (**D1**). Sextus behandelt dies wie bei seiner Darstellung des Arkesilaos (**B**) als etwas, das anzugeben Karneades »eigentlich gezwungen« war; bei dieser Formulierung können wir erneut den Verdacht haben, daß sie auf eine Herkunft von Antiochos und seiner Polemik hindeutet. Seinen Kandidaten für dieses Kriterium – die »glaubhafte« Vorstellung und ihre zunehmend verfeinerten Formen, die »nicht abgelenkte« und die »durchuntersuchte« Vorstellung – entwickelt Karneades durch eine Einteilung der Vorstellungen. Wie unser Diagramm klar zeigt, ist das Kriterium des Kaneades ganz subjektiv. Eine allem Anschein nach wahre Vorstellung kann falsch und eine allem Anschein nach falsche Vorstellung kann wahr sein. Was glaubhaft ist und »uns zur Zustimmung veranlaßt«, ist eine Vorstellung, die als wahr erscheint, und das mit »Intensität« (**D4**). Weil offenkundige Wahrheit, selbst mit Intensität, mit objektiver Falschheit vereinbar ist, ist dieses Kriterium fallibel und nicht in der Lage, »das offenkundig Wahre und Wahre« vom »offenkundig Wahren und Falschen« zu unterscheiden. Die ›glaubhafte‹ Vorstellung in der »dritten« Bedeutung zusätzlich zu diesen zweien ist daher einfach äquivalent mit dem generischen Sinn von »glaubhaft«, d.h. das, »was (mit Intensität) als wahr erscheint«; in dieser Bedeutung überspannt sie die beiden anderen. Das ist die Art des Karneades zu sagen, daß er den Terminus »glaubhaft« in einer Weise benutzt, welche die Frage der Wahrheit oder Falschheit ganz offen läßt. Nun kommt die obere linke Seite des Diagramms ins Spiel; denn »was als wahr erscheint«, »sagt meistens die Wahrheit« (D5). Der Umstand, daß es das tut, ist allerdings nicht der Grund, warum es »uns«, d.h. die Menschen allgemein, überzeugt. Das will Karneades damit nicht sagen. Vielmehr sagt er, daß die gelegentliche Falschheit einer allem Anschein nach wahren Vorstellung kein Grund ist, solchen Vorstellungen zu mißtrauen.

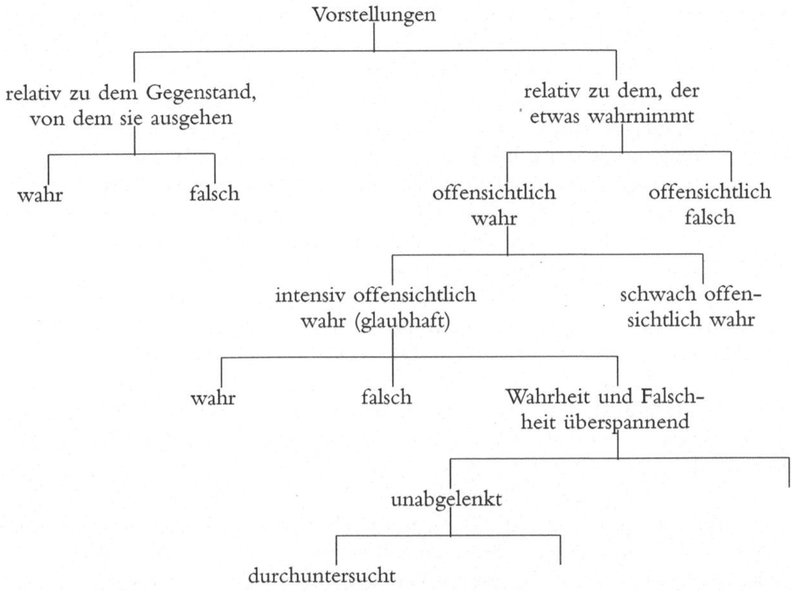

Als nächstes (E) werden zwei höhere Ebenen der Glaubhaftigkeit spezifiziert. Die erste davon ist die »Nichtabgelenktheit«. Wir nehmen jederzeit eine Vielfalt untereinander verbundener Vorstellungen auf. Wenn sie alle zusammen als wahr erscheinen (wenn z.B. ein Eindruck, daß Sokrates anwesend ist, nicht gleichzeitig durch irgendeine Vorstellung abgelenkt wird, welche diesen Sachverhalt zu falsifizieren scheint), »ist unser Glaube um so größer« (E1). Unabgelenktheit weist demnach auf den Beitrag hin, den Kohärenz und wechselseitige Bekräftigung zur Festigkeit der Urteile beitragen, die die Menschen fällen. Bei der dritten und überzeugendsten Art von Vorstellung wird zu der Nichtabgelenktheit die Bedingung hinzugefügt, »durchuntersucht« zu sein. Von der nicht abgelenkten Vorstellung wurde nur verlangt, daß keine der mit ihr verbundenen Vorstellungen den Anschein erweckte, mit der offenkundigen Wahrheit der restlichen Vorstellungen in Konflikt zu stehen. Im Fall der durchuntersuchten Vorstellung wird jede der assoziierten Vorstellungen einer akribischen Prüfung unterzogen, die man mit dem prüfenden Blick vergleichen könnte, dem die Kandidaten für öffentliche Ämter ausgesetzt werden. So wird die offenkundig wahre und kohärente Serie von Vorstellungen anhand von Verläßlichkeitsstandards geprüft, welche aus Erfahrungen abgeleitet sind, die von der gegenwärtigen Situation unabhängig sind.

Karneades schließt (E5), daß eine Vorstellung, welche alle diese Bedingungen erfüllt, eine ist, die »wir« verwenden, wenn wir uns über all die Dinge ein Urteil bilden, die für uns von höchster Wichtigkeit sind.

Was ist der Zweck dieser seiner Erörterung? Karneades hat kein Wahrheitskriterium im Sinne der Stoiker definiert. Das war ein Urteilsstandard, der absolute Wahrheit zusicherte. Das Kriterium des Karneades hat es demgegenüber selbst in seiner aufs äußerste verfeinerten Form nur mit der subjektiven Erscheinung von Wahrheit zu tun. Traditionell hat man es als eine probabilistische Lehre aufgefaßt. Aber handelt es sich um eine Lehre? Und hat es irgendetwas mit Wahrscheinlichkeit zu tun? *Probabile* ist in den *Academica* Ciceros Übersetzung für das griechische Wort *pithanon*, was wir mit »glaubhaft« wiedergeben. Das Wort »wahrscheinlich« wird in der Umgangssprache gern gebraucht, um auf das hinzudeuten, was ›wahrscheinlich‹ im Unterschied zu sicher oder notwendig ist; und des näheren dient es häufig als Maß für die relative Häufigkeit bestimmter Vorkommnisse. Karneades indes ist ganz zurückhaltend damit, irgendwelche festen Verbindungen zwischen den Merkmalen einer Vorstellung, die sie glaubhaft machen, und der tatsächlichen Wahrscheinlichkeit ihres Wahrseins zu ziehen. Was er in der Tat sagt, ist, daß solche Vorstellungen sich »meistens« als wahr herausstellen. Aber er sagt nicht, daß dies der Grund sei, warum sie als wahr erscheinen.

Wenn er jedoch zu den beiden höheren Ebenen der Glaubhaftigkeit kommt, dann behauptet Karneades, daß Kohärenz und akribische Prüfung von Vorstellungen die Überzeugungen der Leute zunehmend stärken. Es ist schwer zu sehen, aus welchem anderen Grund er das sagen sollte als dem, daß er darauf hinweisen will, daß Vernunft und Verifikationsverfahren in herausragender Weise zu den Arten von Urteil beitragen, die die Menschen nachdrücklich zu vertreten geneigt sind. Wahrscheinlichkeit hat daher, wie es aussieht, durchaus viel mit dem Kriterium zu tun, welches Karneades »uns« als die Grundlage von Vorstellungen zuschreibt, die wirklich als höchst glaubhaft befunden werden.

Was nun den philosophischen Status dieser Darstellung angeht, haben wir das »Plausible« des Arkesilaos (und sein Argument in **A**) als eine Erwiderung auf die Stoiker interpretiert und gezeigt, daß der Stoizismus ihm die Begriffe lieferte, um ihrer Vorhaltung zu begegnen, daß die Skepsis das Handeln ausschließe. Wenn die »glaubhafte« Vorstellung des Karneades eine ähnliche Strategie ist, dann könnte sie dazu entworfen worden sein zu zeigen, daß er seinen *allgemein gestalteten* Angriff »gegen die anderen Philosophen« und ihr »Kriterium« (**D1**) unternehmen kann, ohne sich der Kritik auszusetzen, daß er den Leuten nichts übrig lasse, um ihr Leben zu gestalten.

Der beste Schlüssel zu seinen Absichten ist der bestechende Gebrauch stoischer Begriffe sowohl in seinen früheren destruktiven Argumenten als auch in seiner Darstellung der »glaubhaften« Vorstellung. (Für erstere vgl. **70A4-10** mit **39B** und **40B–D**.) Für letztere beachte man insbesondere die stoische Einteilung der Vorstellungen, die mit »glaubhaft, nicht glaubhaft, . . .« beginnt (**39G**), ferner die Beziehung zwischen Glaubhaftigkeit und Zustimmung (**39G2-3**) und Chrysipps Gebrauch von »abgelenkt« in bezug auf die Wirkung, die einander entgegengesetzte Argumente auf die Erkenntnis haben (**31P3**). Zwei weitere Parallelen können noch aufschlußreicher sein: »spätere« Stoiker fügten zu den notwendigen Eigenschaften einer erkenntnistauglichen Vorstellung ein Erfordernis hinzu, welches stark an Karneades' »Nichtabgelenktheit« erinnert (**40K**); außerdem spezifizierten sie auch fünf Faktoren, die »zusammenkommen« müssen (**40L**) und die stark der Darstellung ähneln, die Karneades von dem gibt, was auf der dritten Ebene glaubhafter Vorstellungen »durchuntersucht« sein muß. Diese späteren stoischen Zusätze lesen sich wie wirkliche Importe von Karneades, die man in der Antwort auf seine Kritik dankbar als Verbesserungen für die ursprüngliche stoische Lehre akzeptiert hat.

Wir schlagen also die folgende Sichtweise vor: Karneades richtete seine Attacke gegen das Kritierium zwar gegen alle dogmatischen Philosophen (**70A**). Aber die erkenntnistaugliche Vorstellung der Stoiker war trotzdem sein vorrangiges Angriffsziel. Wenn es gelänge, sie zu unterminieren, dann, so nahm er an, gäbe es kein anderes Wahrheitskriterium mehr, das er stehen gelassen hätte (vgl. die Übereinstimmung des Arkesilaos mit Zenons Charakterisierung davon, wie eine erkenntnistaugliche Vorstellung beschaffen sein müßte, **40D7**). Nachdem dieser Zusammenhang einmal auseinandergesetzt ist, läßt sich die Neigung auflösen, die »glaubhafte« Vorstellung des Karneades als eine selbständige Lehre zu interpretieren. Genau wie die »vernünftige« Vorstellung des Arkesilaos ist auch die »glaubhafte« Vorstellung des Karneades ein stoisches Konzept. Er gibt es den Stoikern mit seinen eigenen Verfeinerungen zurück und macht damit deutlich, daß »Glaubhaftigkeit« ihnen denselben Dienst tut wie die unerreichbare Gewißheit, auf der sie bestehen.

Es bleibt eine überraschende Frage. Die glaubhafte Vorstellung des Karneades vermag uns »zur Zustimmung zu veranlassen« (**D4**). Doch nach Kleitomachos, der ihm von allen Gefährten am nächsten stand, leistete Karneades Herkulesarbeit, um die Zustimmung und damit alle Meinung auszutreiben (**J**). Kann er sich dann auf seine glaubhafte Vorstellung berufen, um dem Vorwurf zu begegnen, daß die vollständige Urteilsenthaltung der Akademiker das Leben unmöglich mache? Glücklicherweise gibt es ein sicheres Zeugnis, daß Karneades und seine Kollegen diese Frage zugelassen und sie auch gelöst haben. Sie unterschieden zwei Arten von Zustimmung; und der Zusammenhang, in dem sie das taten, ist ausdrücklich der von Karneades' Kriterium (**I**). Der Akademiker hält unter allen Umständen sein Urteil in allen Dingen zurück: Er legt sich niemals darauf fest, daß irgendetwas wahr oder falsch ist. Während er an dieser strengen Urteilsenthaltung festhält, gestattet er sich eine schwache Form der Zustimmung in dem Sinne, daß er zu glaubhaften Vorstellungen »Ja« und zu unglaubhaften »Nein« sagt. In solchen Fällen versteht er sich selbst aber so, daß er lediglich auf das antwortet, was ihm wahr oder falsch erscheint. Solche Vorstellungen reichen aus, um seine Handlungen zu motivieren, belasten ihn aber nicht mit Meinungen (vgl. Arkesilaos in **A3**).

Verglichen mit Arkesilaos erscheint der Zugang des Karneades dazu, ohne Meinungen zu leben, stärker verfeinert. Zum Teil muß dies die große Entwicklung des Stoizismus nach Zenon und Kleanthes spiegeln. Sobald man diesen Unterschied in Rechnung stellt, besteht kein Grund mehr, Karneades irgendein Zugeständnis an den Dogmatismus oder eine Abweichung von den dialektischen Zielen des Arkesilaos zuzuschreiben. Seine »glaubhafte Vorstellung« war allerdings so brilliant konstruiert, daß sie Philon die Grundlage für eine Philosophie des Fallibilismus verschaffte und Antiochos die Motivation, nachdrücklich auf Gewißheit zu drängen (siehe **68 Kommentar**).

Die bekannteste moderne Strategie, der philosophischen Skepsis einfach nicht zu erlauben, sich dem täglichen Leben aufzudrängen (z.B. Hume), ist in der antiken Skepsis kaum je erwogen worden; die einzige isolierte Ausnahme ist **68P**.

70 Beiträge zu philosophischen Erörterungen

A   Sextus Empiricus, *Adv. Math.* 7.159–165   (enthält *SVF* 2.63; enthält *FDS* 330)

(1) Karneades richtete in der Frage des Kriteriums nicht nur Argumente gegen die Stoiker, sondern gegen überhaupt alle Philosophen vor ihm. (2) Sein erstes Argument richtet sich gegen sie alle zusammen und besteht darin, vor Augen zu führen, daß – in einem unspezifizierten Sinn – überhaupt nichts Kriterium der Wahrheit ist, nicht die Vernunft, nicht die Sinneswahrnehmung, nicht die Vorstellung und nichts anderes von all dem, was es gibt. Diese alle nämlich täuschen uns gleichermaßen. (3) Mit seinem zweiten Argument zeigt er, daß auch dann, wenn es dieses Kriterium gibt, dieses nicht unabhängig von der Art ist, in der wir durch das Evidente affiziert werden. (4) Denn weil sich das Lebewesen vom Unbeseelten durch seine Fähigkeit zur Sinneswahrnehmung unterscheidet, wird es allemal nur durch sie sowohl sich selbst als auch die äußeren Gegenstände registrieren (können). Eine Sinneswahrnehmung indes, die nicht in Bewegung versetzt, nicht affiziert und nicht verändert wird, ist gar keine Sinneswahrnehmung und registriert auch nichts; wenn sie aber durch die Einwirkung dessen, was evident ist, verändert und irgendwie affiziert wird, dann weist sie die Gegenstände auf. (5) Das Kriterium muß also in der Art gesucht werden, wie die Seele durch das Evidente affiziert wird. Und diese Affektion muß in der Lage sein, sowohl sich selbst aufzuweisen als auch das Phänomen, welches sie in uns bewirkt hat; solch eine Affektion ist nichts anderes als die Vorstellung. Daher muß man sagen, daß auch die Vorstellung eine zum Lebewesen gehörende Affektion ist, die sowohl sich selbst als auch das zu präsentieren vermag, was von ihr verschieden ist. (6) Wenn wir beispielsweise auf einen Gegenstand schauen, dann, so sagt Antiochos, bringen wir unseren Gesichtssinn in einen bestimmten Zustand und belassen ihn nicht in dem Zustand, in dem wir ihn hatten, bevor wir zu schauen begannen. Infolge dieser Veränderung registrieren wir freilich zweierlei, nämlich zum einen die Veränderung selbst, d.h. die Vorstellung, und zum anderen das, was die Veränderung hervorgerufen hat, also den sichtbaren Gegenstand. Ähnlich ist es auch bei den anderen Sinneswahrnehmungen. Wie also das Licht sowohl sich selbst als auch alle Dinge in seinem Schein zeigt, so muß auch die Vorstellung, die im Erkenntnisprozeß des Lebewesens die Führungsfunktion innehat, wie das Licht sowohl sich selbst erweisen als auch in der Lage sein, dasjenige Wirkliche aufzuweisen, durch welches sie hervorgerufen wurde. (7) Weil sie aber nicht immer das aufweist, was in Wahrheit da ist, sondern häufig täuscht und weil viele Unstimmigkeiten bei den Instanzen vorkommen, durch die sie uns übermittelt wird – wie bei schlechten Boten –, deshalb folgt notwendig, daß nicht jede Vorstellung als Kriterium der Wahrheit in Frage kommt, sondern wenn überhaupt eine, dann nur die wahre Vorstellung. (8) Also nochmals [vgl. **41C8**], weil es keine wahre Vorstellung von

---

A Kontext: Sextus' Geschichte der Lehren über das Kriterium der Wahrheit; anschließend an **69B** und gefolgt von **69D**.

der Art gibt, daß sie sich nicht als falsch erweisen könnte, weil sich vielmehr zu jeder Vorstellung, die wahr zu sein scheint, eine davon nicht unterscheidbare falsche Vorstellung finden läßt, wird das Kriterium in einer Vorstellung bestehen müssen, die sowohl das Wahre als auch das Falsche umspannt. Die diese umspannende Vorstellung indes ist nicht erkenntnistauglich, und wenn sie nicht erkenntnistauglich ist, kann sie auch nicht das Kriterium sein. (9) Nachdem keinerlei Vorstellung ›entscheidend‹ ist, wird auch die Vernunft kein Kriterium sein können, da sie von der Vorstellung abgeleitet ist. Das leuchtet ein. Denn der Gegenstand, der beurteilt wird, muß der Vernunft zuerst erscheinen; erscheinen indes kann nichts ohne vernunftlose Sinneswahrnehmung. (10) Also ist weder die vernunftlose Sinneswahrnehmung noch die Vernunft Kriterium.

B   Cicero, *Academica* 2.40–41

[Sprecher ist Lucullus, ein Anhänger des Antiochos:] (1) Zunächst könnt ihr euch aber sozusagen mit den Grundprinzipien ihrer gesamten Philosophie [d.i. der akademischen Philosophie] vertraut machen. (2) Als erstes entwickeln sie eine Art Kunst, die sich mit dem befaßt, was wir »Vorstellungen« nennen, definieren ihre Kraft und ihre Arten, einschließlich einer Beschreibung derjenigen Art, die erfaßt und erkannt werden kann. Die ganze Darstellung ist ebenso umfassend wie die der Stoiker [vgl. **39G**; **40E**]. (3) Anschließend setzen sie die beiden Thesen auseinander, die diesen ganzen Punkt sozusagen enthalten: Wenn Vorstellungen von der Art sind, daß auch andere Vorstellungen von derselben Art sein können und zwischen ihnen überhaupt kein Unterschied besteht, dann können von diesen Vorstellungen nicht die einen erkenntnistauglich und die anderen nicht erkenntnistauglich sein; daß überhaupt kein Unterschied besteht, sagen sie nicht nur dann, wenn die Vorstellungen in jeder Hinsicht gleich sind, sondern auch, wenn man sie nicht auseinanderhalten kann. (4) Nachdem sie diese Thesen aufgestellt haben, fassen sie ihre gesamte Auffassung in der Schlußfolgerung eines einzigen Arguments zusammen. Diese Schlußfolgerung wird folgendermaßen entwickelt: »Von den Vorstellungen sind die einen wahr, die anderen falsch. Was falsch ist, kann nicht erkannt werden. Was dagegen als wahr vorgestellt wird, das ist alles von der Art, daß es auch eine falsche Vorstellung derselben Art geben könnte. Nun kann es bei solchen Vorstellungen, zwischen denen überhaupt kein Unterschied besteht, nicht vorkommen, daß von ihnen die einen erkenntnistauglich sind, die anderen aber nicht; also gibt es keine Vorstellung, die erkenntnistauglich ist.« (5) Was die Prämissen angeht, die sie annehmen, um das zu erschließen, was sie möchten, meinen sie bei zweien, sie würden ihnen zugestanden, da niemand einen Einwand gegen sie erhebt. Das sind die Prämissen, daß falsche Vorstellungen nicht erkannt werden können und daß von Vorstellungen, zwischen denen überhaupt kein Unterschied besteht, nicht die einen so sind, daß sie erkenntnistauglich sind,

---

B Kontext: Kritik der Neuen Akademie; ihr hoher methodischer Anspruch sei schwerlich ein Kennzeichen von Skeptikern.

und die anderen so, daß sie dies nicht sind. (6) Die übrigen Prämissen dagegen verteidigen sie mit einer langen und weitläufigen Rede. Es sind dies ebenfalls zwei Prämissen: die eine, daß von den Vorstellungen die einen wahr und die anderen falsch sind, und die andere, daß jede Vorstellung, die von etwas Wahrem herkommt, so beschaffen ist, daß sie auch von etwas Falschem herkommen könnte.

C Sextus Empiricus, *Adv. Math.* 9.139–141

(1) Wenn es also Götter gibt, sind sie Lebewesen. Wenn sie aber Lebewesen sind, haben sie Sinneswahrnehmungen. Denn jedes Lebewesen wird wegen einer Teilhabe an der Sinneswahrnehmung als Lebewesen gedacht. (2) Wenn sie aber Sinneswahrnehmungen haben, werden sie auch von Bitter und Süß affiziert. Denn es trifft nicht zu, daß sie die wahrnehmbaren Gegenstände zwar durch einen beliebigen anderen Sinn registrieren, nicht aber auch durch den Geschmacksinn. (3) Daher ist es auch vollkommen unglaubhaft, Gott von dieser oder jener anderen Sinneswahrnehmung einfach zu entledigen. Wenn der Mensch nämlich mehr Sinne hat als Gott, wird er höher als er stehen. Eher sollte Gott, wie Karneades sagte, zusammen mit den fünf Sinnen, die wir alle haben, auch noch das zusätzliche Zeugnis für weitere Sinne haben, um in der Lage zu sein, mehr Sachen zu registrieren, als daß er der fünf Sinne entledigt wird. (4) Daher müssen wir sagen, daß Gott einen Geschmack hat und durch diesen Sinn Geschmacksgegenstände registriert. Wenn er aber durch den Geschmacksinn registriert, dann wird er auch von Süß und Bitter affiziert. Und wenn er von Süß und Bitter affiziert wird, wird er an bestimmten Dingen Wohlgefallen und an anderen Mißfallen haben. Wenn er aber Mißfallen an bestimmten Dingen hat, ist er empfänglich für Pein und für Veränderung zum Schlechteren hin. Und wenn das, dann ist er vergänglich. (5) Wenn es daher Götter gibt, sind sie vergänglich. Also gibt es keine Götter.

D Cicero, *De nat. deor.* 3.43–44

[Sprecher ist der Akademiker Cotta:] (1) ». . . Zeus und Poseidon zählst du zu den Göttern. Folglich ist auch ihr Bruder Orkos ein Gott und ebenso Acheron, Kokytos und Pyriphlegethon, die Ströme, von denen es heißt, sie fließen in der Unterwelt. Auch Charon und Kerberos sind dann als Götter anzusehen. Dies jedoch muß man zurückweisen. Daher ist auch Orkos kein Gott. Was sagt ihr daraufhin über seine Brüder?« (2) So pflegte Karneades zu argumentieren, nicht mit dem Ziel, die Götter aufzuheben — denn was würde zu einem Philosophen weniger passen? —, sondern um die Stoiker zu überführen, daß sie über die Götter nichts Erklärendes anzubieten haben.

C Kontext: Der Versuch, ein Gleichgewicht zwischen den Argumenten für und gegen die Existenz von Göttern herzustellen.   D Kontext: Kritik der stoischen Theologie, hier mit einem informellen Sorites-Argument.

E Sextus Empiricus, *Adv. Math.* 9.182–184

(1) Von Karneades wurden auch einige Argumente in der Art des Sorites entwickelt. Aufgezeichnet hat sie sein Schüler Kleitomachos, der sie als äußerst gewichtig und effektiv ansah. Sie haben folgende Form: (2) »Wenn Zeus ein Gott ist, . . . wird auch Poseidon, sein Bruder, ein Gott sein. Wenn aber Poseidon ein Gott ist, wird auch [der Fluß] Acheloos ein Gott sein. Wenn aber Acheloos, dann auch der Nil, und wenn der Nil, dann jeder Fluß, und wenn jeder Fluß, dann dürften auch die Ströme Götter sein, und wenn die Ströme, dann auch die Sturzfluten. Die Ströme aber sind es nicht. Also ist auch Zeus kein Gott. Wenn es indes Götter gäbe, wäre Zeus ein Gott. Also gibt es keine Götter.« (3) Ferner: »Wenn die Sonne ein Gott ist, dann dürfte auch der Tag ein Gott sein (denn der Tag ist ja nichts anderes als die Sonne über der Erde). Wenn nun der Tag ein Gott ist, dann wird auch der Monat ein Gott sein (da er ja eine Zusammensetzung aus Tagen ist). Wenn aber der Monat ein Gott ist, dürfte auch das Jahr ein Gott sein (denn das Jahr ist eine Zusammensetzung aus Monaten). Nun aber nicht dieses letzte. Also auch nicht das am Anfang.«

F Cicero, *De divinatione* 2.9–10

[Sprecher ist Cicero:] (1) Was mich umtreibt, ist die Frage, die vor allem Karneades zu stellen pflegte, nämlich welches die Gegenstände der Mantik sind. Bezieht sie sich auf Dinge, die mit den Sinnen wahrgenommen werden? Aber das sind doch die Sachen, die wir sehen, hören, schmecken, riechen und tasten. Was könnten sie also enthalten, was wir eher als eben mit den natürlichen Mitteln durch ein Voraussehen oder eine Stimulation des Geistes wahrnehmen könnten? . . . (2) Indes bedarf es der Mantik auch in den Dingen nicht, mit denen sich eine Kunst befaßt. Zu den Kranken pflegen wir nämlich nicht Propheten oder Seher zu holen, sondern Ärzte. Und wer Harfe oder Flöte spielen will, lernt die Handhabung nicht von Wahrsagern, sondern von Musikern. Dasselbe Prinzip gilt in der Literatur und bei allen anderen Sachen, von denen es eine Disziplin gibt.

G Cicero, *De fato* 26–33 (enthält *SVF* 2.953; enthält *FDS* 825, 885)

(1) Bei diesem Stand der Dinge frage ich: Welchen Grund könnte es − unter der Bedingung, daß wir nicht zugeben möchten, daß alles, was geschieht, durch das Fatum geschieht, − dafür geben, daß nicht jede Aussage wahr oder falsch ist? (2) Darauf kommt zur Antwort: »[Einen solchen Grund gibt es,] weil es keine in Zukunft wahren Dinge geben kann, wenn sie keine Ursache dafür haben, daß sie künftig realisiert werden; die Aussagen, die wahr sind, müssen

---

E Kontext: Wie bei C.   F Kontext: Der Anfang von Ciceros Kritik der stoischen Theorie der Mantik. Das Argument versucht, die Mantik als überflüssig erscheinen zu lassen.
G Kontext: Unmittelbar anschließend an **20E**.

also notwendigerweise Ursachen haben; wenn sie mithin Wirklichkeit werden, werden sie durch das Fatum Wirklichkeit.« (3) Damit ist jede Diskussion zu Ende, wenn man dir unausweichlich entweder zugeben muß, alles geschehe durch das Fatum, oder einzugestehen hat, daß manches ohne Ursachen geschehen könne. (4) Besteht denn für die Aussage »Scipio wird Numantia erobern« keine andere Möglichkeit wahr zu sein als allein die, daß von Ewigkeit her eine Ursache die nächste hervorbringt und eben dadurch schließlich dies bewirken wird? Und hätte diese Aussage falsch sein können, wenn sie vor 600 Jahrhunderten gemacht worden wäre? (5) Wenn die Aussage »Scipio wird Numantia erobern« zur damaligen Zeit nicht wahr gewesen wäre, dann wäre jetzt auch die Aussage »Scipio hat Numantia erobert« nicht wahr, obwohl die Stadt inzwischen zerstört ist. Kann also irgendetwas tatsächlich geschehen sein, von dem vorher die Aussage, daß es geschehen werde, nicht wahr gewesen ist? [Sicherlich nicht.] Denn so, wie wir diejenigen Vergangenheitsaussagen als wahr bezeichnen, bei denen die entsprechenden präsentischen Aussagen zu einer früheren Zeit wahr gewesen sind, so werden wir diejenigen Zukunftsaussagen wahr nennen müssen, bei denen die entsprechenden präsentischen Aussagen zu einer künftigen Zeit wahr sein werden. (6) Auch folgt, wenn jede Aussage wahr oder falsch ist, daraus noch nicht, daß die Ursachen, welche verhindern, daß etwas anderes der Fall ist, als was sich künftig ereignen wird, – daß diese Ursachen unveränderlich und von Ewigkeit her festgelegt sind. Es sind zufällige Ursachen, die dazu führen, daß Aussagen wie »Cato wird in den Senat kommen« wahrheitsgemäß gemacht werden, keine Ursachen, die mit der Natur der Dinge und dem Kosmos verbunden wären. (7) Dennoch ist, daß etwas eintreten wird, wenn dies wahr ist, ebenso unabänderlich wie, daß etwas in der Vergangenheit eingetreten ist. Aber ein Fatum oder eine Notwendigkeit braucht man deshalb nicht zu fürchten. (8) Denn notwendigerweise muß man zugeben: Wenn die Aussage »Hortensius wird nach Tuskulum kommen« nicht wahr ist, folgt, daß sie falsch ist. (Deine Leute [die Epikureer] wollen, daß sie dann keins von beiden sei; aber das ist unmöglich.) (9) [= 55S, über das Faule Argument] (10) Karneades verwarf diese ganze Art, mit dem Faulen Argument umzugehen, und war vielmehr der Meinung, es werde nicht mit der gebotenen Sorgfalt entwickelt. Deshalb preßte er seine Kritik in eine andere Form, ganz ohne Tricks. Hier ist sein Schluß: »Wenn alle Dinge aufgrund von vorausgehenden Ursachen geschehen, dann geschehen alle Dinge aufgrund einer Verflechtung in einer natürlichen Kette. Wenn das so ist, werden alle Dinge von der Notwendigkeit hervorgebracht. Wenn das wahr ist, steht nichts in unserer Macht. Es steht aber etwas in unserer Macht. Wenn indes alles durch das Fatum geschieht, geschieht alles aufgrund vorausgehender Ursachen. Es ist also nicht so, daß, was immer geschieht, durch das Fatum geschieht.« (11) Knapper als so läßt sich der Schluß nicht ziehen. Wenn jemand es nämlich noch einmal durchgehen und sagen will: »Wenn jede wahre Aussage über ein künftiges Ereignis von Ewigkeit her wahr ist, so daß es sich mit Sicherheit in der Weise ereignet, in der es sich ereignen wird, dann geschehen notwendig alle Dinge aufgrund einer Verflechtung in einer natürlichen Kette«, dann sagt er nichts. Denn es macht einen großen Unterschied, ob, was in der Zukunft wahr ist, von Ewigkeit her durch eine natürliche Ursache bewirkt wird, oder ob die Wahrheit dessen, was in Zukunft ist, auch ohne eine ewige Einbettung in die Natur verstanden werden kann. (12) Aus diesem Grund pflegte Karneades zu sagen, daß noch nicht einmal Apollon die Zukunft voraussagen könne, es sei denn in bezug auf Dinge, deren Ursachen die Natur so in sich enthält, daß ihr Eintreten notwendig ist. (13) Denn mit Blick worauf könnte selbst ein Gott voraussagen, daß Marcellus, der, der dreimal Konsul war, im Meer sterben werde? Gewiß war das von Ewigkeit her wahr; aber Ursachen, die es hervorbrachten, hatte es nicht. (14) Mit Blick auf die Vergangenheit war Karneades deshalb der Ansicht, daß Apollon noch nicht einmal diejenigen Ereignisse kenne, von denen keine Zeichen mehr als Spuren erhalten sind. Um wieviel weniger können ihm entsprechende zukünftige Ereignisse bekannt sein? Denn nur dann, wenn man die Ursachen kenne, die jede Sache bewirken, könne man im Anschluß daran wissen, was in Zukunft geschieht. (15) Folglich habe Apollon auch weder die Geschichte von Ödipus voraussagen können, da es in der Natur keine präexistenten Ursachen gab, die es erzwungen hätten, daß er seinen Vater erschlägt, noch irgendetwas anderes von dieser Art.

☐ Obwohl ihre Rolle eine wesentlich kritische war, trug die hellenistische Akademie viel Gehaltvolles zu den laufenden philosophischen Diskussionen bei. Unter Karneades wurden diese Beiträge im Ton oft konstruktiver, als sie es unter Arkesilaos waren. Das war eine Folge der Praxis des Karneades, philosophische Thesen für seine eigenen dialektischen Zwecke zu *verteidigen* (68 Kommentar; **64G5**; **69D–E**; **H, L**). Seine Nachfolger in der Akademie gingen, speziell unter der Schulleitung Philons, tatsächlich so weit, einige dieser Thesen als ihre eigenen zu übernehmen und sich so den Protest des radikal skeptischen Änesidem zuzuziehen, daß sie von ihren stoischen Gegnern kaum noch zu unterscheiden seien (**71C5-9**; siehe 68 Kommentar).

Der Beitrag, den die skeptischen Akademiker in der Epistemologie leisteten, ist von zweifacher Art. Einerseits arrangierten sie Argumente, um zu zeigen, daß es kein mögliches Wahrheitskriterium gibt. Diese Argumente sind in **40** und **41C** schon gut dargestellt worden. Indes lassen im vorliegenden Paragraphen **A–B** die systematische Natur dieser Kampagne deutlicher zum Vorschein kommen, die zwar primär dadurch motiviert war, die Stoiker zu treffen, die aber gleichermaßen auf alle anderen Lehren vom Kriterium zielte. Wie wir in **68–69** sahen, boten Arkesilaos und Karneades andererseits anstelle des Kriteriums auch Ersatzprinzipien für die Lebensführung an, von denen eines, das »glaubhafte«, bei den dogmatischen Nachfolgern des Karneades in der Akademie großen Gefallen fand.

Die Themen einiger anderer Einzelkritiken stoischer Thesen lassen sich kurz zusammenstellen. Veränderung: **28A–C**. Mischung: **48E**. Die Götter: **C–E**. Teleologie und Vorsehung: **54P, R**. Mantik: **F**. Gerechtigkeit: **57H, 68M**. Das ethische Ziel: **64**. Die hartnäckige Verwendung von Paradoxien wie dem Sorites (wie in **D–E**) und dem Lügner-Argument durch die Akademiker hatte ebenfalls einen beachtlichen Einfluß auf die stoische Logik (**37B–I**; vgl. die Bezugnahme auf Arkesilaos in **37B6**). Mit den Epikureern gab es eine Debatte über die Freundschaft; davon gibt **22O4** Zeugnis.

Das meiste Interesse weckten mit Recht die eigenen positiven Ideen, die Karneades zum Thema des freien Willens und des Determinismus entwickelte, das sowohl die Epikureer (20) als auch die Stoiker beschäftigte (38; 55; 62). In 20E4-7 haben wir gesehen, daß er den Epikureern einige positive Vorschläge machte, von denen er dachte, daß sie ihren Anti-Determinismus so stärken könnten, daß daraus ein angemessenes Gegengewicht gegen den stoischen Determinismus würde. Warum es ihm bei diesen Vorschlägen ging, war zweifellos sein übliches Vorhaben, im Interesse der Urteilsenthaltung ein Gleichgewicht zwischen zwei entgegengesetzten Lehren herzustellen (vgl. 68), und wir sollten Ciceros Warnungen beachten, die dialektische Verteidigung einer Position durch Karneades nicht so aufzufassen, als signalisiere sie, daß er die These selber akzeptiere (64G5; 69L; vgl. D; 68M). Nichtsdestoweniger ist sein Vorschlag wichtig und so anspruchsvoll, daß er eine Erörterung eigenen Rechts verdient hat. Ausgearbeitet ist er in G.

Anfangen können wir damit, drei Erscheinungsformen voneinander zu trennen, in denen man die Vorherbestimmung oder das »Fatum« betrachtete. Erstens den kausalen Determinismus: jeder Begebenheit gehen *Ursachen* voraus, die ausreichen, um sie hervorzubringen. Zweitens den logischen Determinismus: es ist bereits *wahr*, daß die in Rede stehende Begebenheit eintreten wird. Drittens den epistemischen Determinismus: es ist bereits *bekannt* (z.B. durch einen Gott oder einen Seher), daß die Begebenheit eintreten wird. Aus allen drei Gründen kann der Determinist erklären, daß das Ereignis definitiv eintreten wird. Normalerweise wird er außerdem behaupten, daß das Ereignis eintreten *muß*; aber zumindest Chrysipp (38E; 62C) hoffte dieses Korollar zu vermeiden.

Sowohl Chrysipp als auch Epikur behandelten den kausalen und den logischen Determinismus als im Effekt äquivalent oder zumindest als sich wechselseitig einschließend: vgl. 20E1-3, H–I; 38G. Beide stimmten darin überein, daß kausaler Determinismus und das logische Prinzip der Bivalenz (daß nämlich jede Aussage entweder wahr oder aber falsch ist) zusammen stehen oder fallen: Chrysipp akzeptierte beide, und Epikur wies sie beide zurück. Der epistemische Determinismus wurde nicht separat erörtert; man nahm davon aber wenigstens an, daß er die beiden anderen Varianten einschließe (20G; 52C4; 55P).

Die bedeutende Neuerung des Karneades besteht darin, diese drei Spielarten des Determinismus zu trennen. Von der epistemischen Art gesteht er implizit zu, daß sie die kausale und die logische Art einschließt, und die kausale Art schließt die logische ein. Aber, und das ist entscheidend, die logische Art schließt weder die kausale noch die epistemische ein (G4-6, 11–15). Im Licht dieser Unterscheidungen wird Karneades behaupten, daß kausaler und epistemischer Determinismus falsch sind, während der logische in gewisser Weise wahr, aber harmlos ist.

Sein Einwand gegen kausalen Determinismus ist in dem Argument von G10 enthalten und beruht auf der Prämisse, daß manche Handlungen »in unserer Macht« stehen (d.h. in unserer Macht, sie zu tun oder nicht zu tun, eher als bloß in dem ausgedünnten stoischen Sinn von »durch unsere eigene Aktivität herbeigeführt«, vgl. 62G). Die Prämisse kann intuitiv gewesen oder aus der universalen Existenz moralischer Einstellungen erschlossen worden sein (vgl. 62C4). Seine positive Alternative, die in G3 angedeutet wird, wird in 20E4-7 vollständig auseinandergesetzt, zugegebenermaßen in epikureischem Gewand: das sehr angemessene Prinzip, daß nichts ohne eine Ursache geschieht, braucht nicht wiederum zu implizieren, daß unsere Handlungen einer ewigen Kausalkette unterliegen; Willensäußerungen sind nämlich »in unserer Macht«. Dieses Faktum der Willensautonomie ist selbst verursacht − so daß das Prinzip nicht verletzt ist –, aber nicht durch vorausgehende Ursachen, was doch nötig wäre, damit sich eine Ursachenkette ergeben könnte. Die Ursache ist einfach die innere Natur des Wollens selbst. Infolgedessen haben unsere Handlungen in unserem Wollen Ursachen, welche nicht historisch oder natürlich notwendig, die vielmehr »zufällig« sind (**G6**).

Nachdem der kausale Determinismus einmal eliminiert ist, fällt zusammen mit ihm der epistemische Determinismus (**G12–15**). Denn das Wissen erfordert Belege; und bei Fehlen vorausbestimmender Ursachen kann es keine Belege geben, daß ein hypothetisches zukünftiges Ereignis tatsächlich stattfinden wird. Der bloße Umstand, daß es jetzt *wahr* ist, daß das Ereignis stattfinden wird, bietet sich in keinerlei angemessenem Sinn zu einer Überprüfung an. (Vgl. auch in **F** die Einwände des Karneades gegen die Mantik.)

So bleibt ihm die Aufgabe, sich mit der Drohung des logischen Determinismus auseinanderzusetzen. Die epikureische Lösung besteht einfach darin, die Bivalenz zu bestreiten (**20H–I**), und wird schnell abgetan (**G8**). Stattdessen ist die Hauptthese des Karneades die, daß der gegenwärtige Wahrheitswert von Zukunftsaussagen nicht mehr als nur eine Frage der Tempuslogik ist: **G5**. Chrysipp (siehe **38** Kommentar) war der Ansicht, Zukunftsaussagen hätten ihren gegenwärtigen Wahrheitswert aufgrund der gegenwärtigen Existenz oder Nicht-Existenz von Ursachen, die ausreichen, um die vorausgesagten Ereignisse herbeizuführen. Karneades schlägt stattdessen vor, was die Vorhersagen wahr oder falsch macht, seien die zukünftigen Ereignisse oder ihre Nicht-Vorkommen selber. Und er bekräftigt dies, indem er in **G5** auf der *Symmetrie* von Vergangenheit und Zukunft besteht; vgl. **G14**. (In der Tat können wir verwundert fragen, wie Chrysipp die gegenwärtige Wahrheit von Tatsachenaussagen über die Vergangenheit erklären würde: Sind sie etwa aufgrund der gegenwärtigen *Wirkungen* vergangener Ereignisse wahr?)

Ungeachtet dieser reduktiven Behandlung der logischen Prädestination akzeptiert Karneades, daß wahre Aussagen über zukünftige Ereignisse *unwandelbar* wahr sind: **G7**. Wie kann ich dann frei sein, eine Handlung auszuführen oder nicht auszuführen, wenn es doch jetzt schon unabänderlich wahr ist, daß ich sie ausführen werde? An dieser Stelle müssen wir darüber, wie die Lösung des Karneades genau aussah, spekulieren.

Zunächst ist seine Unabänderlichkeitsthese schwer zu bestreiten. Denn wenn es falsch werden könnte, daß ich die Handlung tun werde, würde *eo ipso* folgen, daß dies von vornherein falsch war, so daß der Wahrheitswert sich überhaupt nicht verändert hätte. (Natürlich wird die Vorhersage normalerweise dann aufhören, wahr zu sein, wenn das Ereignis eingetreten ist; aber das kann der Determinist ungerührt akzeptieren; er ist an der Unveränderlichkeit ihres Wahrheitswertes nur bis zum Zeitpunkt der Erfüllung interessiert.) Sobald wir die Unveränderlichkeit in diesen Begriffen verstehen und wenn wir bedenken, daß Karneades mahnte, Vergangenheit und Zukunft symmetrisch zu behandeln, dann können wir ihn folgendermaßen interpretieren: Gerade so, wie ich es durch das Tun der Handlung verursache, daß es hernach konsistent wahr wird, daß ich die Handlung getan habe, so *verursache* ich es durch das Tun der Handlung auch, daß es *bisher konsistent wahr gewesen* ist, daß ich die Handlung tun werde. Mit anderen Worten: *Meine Handlung* ist die Ursache dafür, daß alle Behauptungen über mein Tun der Handlung, in welchem Tempus auch immer, wahr sind. Daß der Wahrheitswert der Vorhersage sich vor der Erfüllung nicht verändern kann, bedroht meine Wahlfreiheit nicht mehr als die Tatsache, daß die Wahrheit, daß ich die Handlung getan habe, sich nach der Ausführung der Handlung nicht mehr ändern kann. In beiden Fällen ist der stabile Wahrheitswert das *Ergebnis* meiner Handlung und nicht ihre Ursache. (Eine ähnliche, wiewohl weniger deutlich ausgedrückte Position kann man Kleanthes zuschreiben; siehe 38 Kommentar.)

Das Wiederaufleben des Pyrrhonismus

71 Warum sich des Urteils enthalten

A   Diogenes Laërtius 9.106–107

(1) Auch Änesidem sagt im ersten Buch seiner *Pyrrhonischen Abhandlungen*, daß Pyrrhon nichts in dogmatischer Weise festlege – wegen des argumentativen Widerspruchs; vielmehr folge er den Erscheinungen. Dasselbe sagt er auch in seiner Schrift *Wider die Weisheit* und in der *Über die Untersuchung*. . . . (2) Nach den Skeptikern ist das Kriterium also das, was erscheint, wie auch Änesidem sagt. . . . (3) Als das Endziel geben die Skeptiker die Urteilsenthaltung an, der wie ein Schatten die Unerschütterlichkeit (Freiheit von Verwirrung) folge, wie die Anhänger Timons und Änesidems sich ausdrücken.

B   Diogenes Laërtius 9.78

Der Pyrrhonische Diskurs ist also so etwas wie eine sprachliche Vergegenwärtigung der Erscheinungen oder dessen, was irgendwie gedacht wird; auf der Grundlage solcher erinnernden Rede wird alles mit allem konfrontiert und erweist sich, wenn es verglichen wird, als etwas, das viel Unregelmäßigkeit und Verwirrung an sich hat, wie das Änesidem in seinem *Grundriß zur Einführung in den Pyrrhonismus* sagt.

C   Photios, *Bibliotheca* 169b18–170b3

(1) Ich habe acht *Pyrrhonische Abhandlungen* von Änesidem gelesen. Die Gesamtabsicht des Buches ist, den Gedanken zu befestigen, daß es für eine Erkenntnis keine sichere Grundlage gibt, weder durch die Sinneswahrnehmung noch gar durch das Denken. (2) Infolgedessen, so sagt er, wissen weder die Pyrrhoneer noch die anderen die Wahrheit in den Dingen; aber die Philosophen anderer Richtung wissen genauso, wie sie von allem anderen kein Wissen haben, auch

---

A Kontext: Ausgehend von einer Lebensbeschreibung Pyrrhons eine Gesamtdarstellung des Pyrrhonismus, die aber vornehmlich Auffassungen späterer Pyrrhoneer wiedergibt. Was dem Text bei Diogenes vorausgeht, oben in **1H**.   B Kontext: wie bei **71A**   C Kontext: Photios schreibt für seinen Bruder Zusammenfassungen von Büchern, die zu lesen dieser keine Gelegenheit hatte. Die Fortsetzung des Textes in **72L**.

nicht, daß sie sich vergeblich aufreiben und in endlosen Plagen abmühen, und sie wissen auch dies nicht, daß sie von keiner einzigen der Sachen eine Erkenntnis haben, bei denen sie meinen, zu einer Erkenntnis vorgedrungen zu sein. (3) Wer jedoch im Sinne Pyrrhons philosophiert, hat genauso, wie er in allem anderen glücklich ist, auch und insbesondere die Weisheit zu wissen, daß er keine sichere Erkenntnis von irgendetwas hat; und selbst wenn er etwas wissen sollte, so ist es seine Art, bei nichts davon eher der Bejahung als der Verneinung zuzustimmen. (4) Was das Buch der Gesamtanlage nach bezweckt, ist damit gesagt. Bei der Niederschrift der Argumente adressiert Änesidem sie an Lucius Tubero, einen seiner Kollegen aus der Akademie, einen gebürtigen Römer, mit glänzendem Ansehen von den Vorfahren her und mit einer respektablen politischen Karriere. (5) In der ersten Abhandlung differenziert er zwischen den Pyrrhoneern und den Akademikern und sagt fast wörtlich folgendes: Die Akademiker sind Dogmatiker; die einen Sachen behaupten sie mit unbezweifelter Gewißheit, und die anderen verneinen sie mit ungebrochener Eindeutigkeit. (6) Dagegen sind die Pyrrhoneer Aporetiker und bar jeder Lehre. Kein einziger von ihnen hat jemals gesagt, daß alle Dinge unerkennbar oder daß sie alle erkennbar sind, sondern daß sie nicht eher das eine als das andere sind, oder daß sie manchmal von dieser Art sind und manchmal nicht oder daß sie für den einen von dieser Art sind und für den anderen nicht und für einen dritten sogar noch nicht einmal existieren; sie sagen auch nicht, daß alle Dinge uns allgemein zugänglich seien oder doch manche davon oder daß sie uns nicht zugänglich seien, sondern daß sie uns um nichts mehr zugänglich als nicht zugänglich sind, oder daß sie uns manchmal zugänglich sind und manchmal nicht oder daß sie für den einen zugänglich sind und für den anderen nicht. (7) Ferner sagen sie nicht, daß es Wahres und Falsches, Glaubhaftes und Unglaubhaftes, Seiendes und Nicht-Seiendes gibt; sondern dasselbe ist sozusagen nicht eher wahr als falsch oder glaubhaft als unglaubhaft oder seiend als nicht-seiend, oder es ist manchmal das eine und manchmal das andere, oder es ist für den einen so beschaffen und für den anderen eben nicht so beschaffen. (8) Denn der Pyrrhoneer bestimmt durchweg gar nichts und fixiert noch nicht einmal eben diese Behauptung, daß nichts bestimmt ist. Weil wir vielmehr keine andere Weise zur Verfügung haben, um den Gedanken auszudrücken, artikulieren wir uns so. (9) Die Akademiker dagegen, insbesondere die von der zeitgenössischen Akademie, stimmen zuweilen mit stoischen Lehrmeinungen überein und stellen sich, wenn es denn nötig ist, die Wahrheit zu sagen, als Stoiker dar, die mit Stoikern kämpfen. Zweitens bilden die Akademiker sich über viele Dinge Lehrmeinungen. Sie führen nämlich Tugend und Unbesonnenheit ein und setzen Gutes und Schlechtes an, Wahrheit und Falschheit, Glaubhaftes und Unglaubhaftes, Seiendes und Nicht-Seiendes, und für vieles andere geben sie auch feste Bestimmungen, und daß sie untereinander streiten, sagen sie nur mit Bezug auf die erkenntnistaugliche Vorstellung. (10) In dem Punkt, nichts zu bestimmen, bleiben die Anhänger Pyrrhons deshalb über jeden Vorwurf gänzlich erhaben, während die Vertreter der Akademie, so sagt er, ähnliche Nachforschungen auf sich ziehen wie die anderen Philosophen. (11) Was aber das Wichtigste ist, die

Pyrrhoneer entwickeln bei jeder Angelegenheit, die ihnen vorgelegt wird, einen aporetischen Zweifel; dadurch erhalten sie sich ihre Konsistenz und geraten nicht mit sich selbst in Widerspruch. Die Akademiker dagegen sind mit sich selbst im Widerspruch und sich dessen nicht bewußt. Denn zugleich einerseits etwas unzweideutig zu behaupten und zu bestreiten und andererseits generell zu sagen, es gebe nichts, was erkennbar ist, erzeugt einen anerkannten Widerspruch. Wie nämlich ist es möglich, zu erkennen, daß dieses wahr und jenes falsch ist, und trotzdem noch Zweifel und Verwirrung zu pflegen anstatt deutlich das eine zu wählen und das andere zu meiden? (12) Denn wenn man nicht weiß, daß dieses gut oder schlecht ist oder daß dieses wahr und jenes falsch, daß dieses seiend und jenes nicht-seiend ist, dann muß allemal zugestanden werden, daß jedes davon unerkennbar ist. Wenn es dagegen durch Sinneswahrnehmung oder durch Denken evident erkannt wird, muß man sagen, daß jedes davon erkennbar ist. (13) Diese und ähnliche Überlegungen stellt Änesidem von Aigai zu Beginn seiner Abhandlungen dar, um den Unterschied zwischen den Pyrrhoneern und den Akademikern aufzuzeigen. Anschließend berichtet er, noch in der ersten Abhandlung, im Umriß und den Hauptstücken nach auch die ganze schul- und lebensmäßige Ausgestaltung der pyrrhonischen Argumente.

D   Anonymer Kommentar zu Platons *Theaitetos*, 60.48–61.46

(1) Weil Theätet auf die Frage, was Wissen sei, gesagt hat »... und wie es mir jetzt erscheint«, nimmt Sokrates es beifällig auf, daß er nicht zu sagen zögert, was ihm scheint und was er glaubt, daß das Wissen sei. Denn was Theätet sagt, ist nicht die pyrrhoneische Formulierung, daß man keiner Ansicht irgendwie definitv beipflichten wolle, sondern nur eben sage, daß einem etwas scheint. (2) Nach Pyrrhon ist nämlich weder die Vernunft das Kriterium noch eine wahre oder glaubhafte oder erkenntnistaugliche Vorstellung noch sonst etwas von dieser Art, sondern das, was ihm jetzt scheint. (3) Ob es aber so, [wie es ihm scheint,] in Wirklichkeit ist oder nicht ist, das behauptet er nicht, weil er meint, daß die Argumente für die entgegengesetzten Seiten einander gleichgewichtig seien, und weil er die Vorstellungen einebnet und zwischen ihnen hinsichtlich Wahr oder Falsch, Glaubhaft oder Unglaubhaft, Evident oder Obskur, Erkenntnistauglich oder nicht Erkenntnistauglich keinen Unterschied übrigläßt, sondern sie alle als gleich erachtet. (4) Er macht noch nicht einmal das zu einer Lehr-Behauptung, was sich als Konsequenz ergibt, nämlich immer nach der ihn jeweils ankommenden Vorstellung zu leben, und zwar nicht weil sie wahr wäre, sondern weil sie ihm jetzt gerade scheint.

☐ Unsere Geschichte der Hellenistischen Philosophie schließt, wie sie begonnen hat: mit pyrrhonischer Skepsis. Weil die Neue Akademie unter der Leitung Philons von Larissa im frühen 1. Jahrhundert v.Chr. von ihrer skeptischen Einstellung abrückte (siehe **68** Kommentar), gründete ein desillusioniertes Mitglied, Änesidem, eine Abspaltungsbe-

---

D Kontext: Kommentar zu Platon, *Theait.* 151e4–5.

wegung unter dem Titel »Pyrrhoneer« (siehe besonders C). Dies war die Gruppe, welche im Laufe der Zeit − vermutlich nicht vor der Mitte des 1. Jahrhunderst n.Chr. − als die »Skeptiker« bekannt wurde, wörtlich: »Späher« oder »Sucher«. Eine andere Bezeichnung war *ephektikoi*: die »Zurückhalter des Urteiles«. Die schließlich entwikkelte Gesamtauffassung der Schule wird in den erhaltenen Schriften von Sextus Empiricus gut dargestellt. Dieser schrieb im 2. Jahrhundert n.Chr., einer Zeit, die schon nicht mehr zum Umfang unseres Berichts gehört. Weil dieser auf die hellenistische Periode fokussiert, konzentrieren wir uns hier auf Änesidem selbst, mit nur gelegentlicher Hilfe von Sextus' *Grundriß der pyrrhonischen Skepsis*.

Die Akademische Skepsis war als eine wesentlich epistemologische Einstellung entstanden: zur Sicherung intellektueller Integrität gegen die Verlockungen riskanter Meinungen. Obwohl die Akademie bestimmte Strategien in bezug auf die praktische Lebensführung entwickelte (siehe **69**) und unter Philon sogar ein ethisches System schuf, waren diese Ansätze der Skepsis eher untergeordnet, als daß sie zu ihrer Wurzel gehörten. Im Gegensatz dazu bestand Änesidems Idee darin, für die gefeierte Seelenruhe, die von Pyrrhon manifestiert wurde, die philosophische Grundlage zu entwikkeln (**A, C3**; vgl. für Pyrrhon selbst **2**), so daß seine Philosophie von vornherein durch ein moralisches Motiv gestaltet wurde. Indem er das Bild entwickelte, welches in den Schriften von Pyrrhons Schüler Timon angeboten wurde (**1–3** *passim*), verteidigte Änesidem den Lebensstil des großen Mannes gegen die geringschätzige Tradition, die in der Zwischenzeit aufgekommen war. Sich des Urteils zu enthalten, so behauptete er, hatte Pyrrhon nicht zu einem leichtsinnigen Verhalten geführt (**1A4**). Er hatte sein Leben so gelebt, wie jeder Pyrrhoneer das tun würde: in einer unverbindlichen, sich nicht festlegenden Übereinstimmung mit dem, was erscheint: **A1-2** (vgl. **1H**).

Was sind pyrrhonische »Erscheinungen«? Erstens, obwohl sie im engeren Sinne auf sinnliche Erscheinungen beschränkt sind (vgl. **72A**), unterliegt der üblichere Sprachgebrauch keiner solchen Beschränkung (vgl. **72E4, K16**). Zweitens, obwohl es einige Auseinandersetzungen gab, soweit es um Sextus' spätere Darstellung geht (*Grundriß der pyrrhonischen Skepsis*, besonders 1.19–20), besteht guter Grund anzunehmen, daß zumindest Änesidem von »Erscheinungen« in einem Sinn sprach, der jede epistemische Komponente eliminierte. Das heißt, wenn ein Pyrrhoneer sagt »Es scheint mir zu regnen«, drückt er nicht irgendeine Art von Glauben aus, daß es regnet, sondern beschreibt lediglich von einem neutralen Standpunkt aus die Vorstellung, die ihn gegenwärtig affiziert. Das ist offenbar die Unterscheidung, die in **D** getroffen wird; der Text stammt aus einer akademischen Arbeit, die möglicherweise schon recht früh verfaßt wurde, im 1. Jahrhundert v.Chr., und die, falls das zutrifft, den »Pyrrhonismus« so spiegelt, wie er zu der Zeit präsentiert wurde. Nach dieser Darstellung war Pyrrhon in der Lage, in Übereinstimmung mit Vorstellungen zu handeln, *ohne sie für wahr zu halten* (**D4**).

Es könnte als ein Rätsel erscheinen, warum ein Pyrrhoneer seinen Regenschirm überhaupt aufspannen sollte, wenn er seine Vorstellung, daß es regnet, gar nicht für wahr hält. Sextus zumindest würde darauf antworten, daß seine Handlungen entweder instinktiv sind − z.B. trinkt er, wenn er durstig ist − oder daß sie durch die Gewohnheit und den Bildungsprozeß der Gesellschaft bedingt sind, der er angehört, und daß sie deshalb automatisch vollzogen werden können, ohne daß eine Zustimmung dazwischentritt (*Grundriß der pyrrhonischen Skepsis* 1.21–24). Dies könnte als ein Versuch verstanden werden, dem Umstand Rechnung zu tragen, daß der Pyrrhoneer, selbst wenn er sich innerlich von der Zustimmung in einer Weise fernhält, die in höchster Seelenruhe mündet, trotzdem in allen äußeren Erscheinungen ein ganz konventionelles Leben führt. Weil allerdings Pyrrhon selbst keineswegs ein äußerlich konventionelles Leben geführt hatte (vgl. 1A–C), können wir seine eigene Ergebung in die Erscheinungen so verstehen, daß sie ihrem Skopus nach erheblich stärkeren Einschränkungen unterlag, und es muß eine offene Frage bleiben, wie konventionell der pyrrhoneische Lebenstil nach Meinung Änesidems sein sollte. (Man könnte den Einfluß von Sokrates' persönlichem Beispiel vergleichen, das einerseits achtbare Bürger wie Xenophon und Platon und andererseits die unerhört antisozialen Kyniker ermuntern konnte.) Als allermindestes können wir Änesidem die Position zuschreiben, daß normale Handlungen der Selbsterhaltung und Selbstbehauptung automatisch vollzogen werden können, ohne eine Zustimmung.

Der Lohn für die Eliminierung der Zustimmung ist »Unerschütterlichkeit« oder »Freiheit von Verwirrung« (A3). Warum? Eine Antwort könnte — wiederum gestützt auf Sextus — folgendermaßen laufen: Wirklich zu glauben, daß es regnet, daß Regen einen naß, kalt und krank macht und daß krank zu werden schlecht ist, zerstört die Seelenruhe, indem es die *Sorge* aufkommen läßt, trocken zu bleiben. Ein Pyrrhoneer, für den das Öffnen des Regenschirms kaum mehr als eine Reflexhandlung ist, hat alle diese Überzeugungen nicht und ist von solcher Besorgnis frei. Man dehne dies auf die ganze Skala menschlicher Handlungen aus, und die Folge wird komplette Unerschütterlichkeit sein. Im Fall Änesidems freilich könnten wir erwarten, daß seine Verteidigung der Position sich unmittelbarer darauf gründete, auf das Beispiel Pyrrhons zu verweisen (siehe 2), das ihn stärker interessiert zu haben scheint als Sextus.

So weit haben wir von der gewöhnlichen Lebensführung gesprochen. Zumindest von Timon wurde Pyrrhon aber auch deshalb bewundert, weil er es zurückwies, sich bei irgendeinem Thema zu irgendeiner Art von theoretischem Standpunkt verleiten zu lassen (2B–C). Das griechische Wort für solch einen Standpunkt ist *dogma*; und wer ihn einnimmt, ist ein *dogmatikos*. Wir übersetzen diese Wörter mit »Lehre« beziehungsweise mit »Dogmatiker« (vgl. 66I–J; 72K5; »Dogma« anstelle von »Lehre« zu sagen würde noch ausgeprägtere irreführende Assoziationen in Richtung Dickköpfigkeit wecken). Gegen dogmatische Thesen Widerstand zu leisten ist eins der Markenzeichen von Änesidems Philosophie (vgl. A1, B), und die Akademiker gehörten zu den ersten Adressaten seiner Kritik, dies wegen ihrer angeblichen Inkonsistenz bei dem Versuch, zahlreiche dogmatische Stellungnahmen mit einer verbliebenen Verneinung kognitiver Gewißheit zu verbinden (C5, 9–13; vgl. 68N2). Dogmatische Annahmen schaffen einen dauernden Zustand innerer Plage (C2); denn wie sich zeigt, vermittelt jeder beliebige Untersuchungsgegenstand widerstreitende Vorstellungen (B); in Beziehung auf ihn diese oder jene Position zu übernehmen heißt daher, sich selbst dazu zu verdammen, ständig durch ihn beunruhigt zu werden. Der alternative Zugang, genannt »Pyrrhonischer Diskurs« (B, vgl. A1), schließt ein, die Konflikte in methodischer Weise darzustellen, und zwar genau *zu dem Zweck*, das Urteil zu suspendieren und demnach ohne Beunruhigung zu bleiben (A3). Wie man das macht, ist das Thema von 72.

Aber wie kann Änesidem in C11 für seine Philosophie die Tugend der Konsistenz beanspruchen? Ist das nicht selbst eine dogmatische Position, die ein parteiliches Ziel aufstellt und einen speziellen Lebensstil empfiehlt? Dieses Mal gibt es kein Zeichen, welches wenigstens auf eine defensive Strategie hindeutet, wie Sextus sie sich später zu eigen gemacht hat, auf die Strategie, ein angeblich undogmatisches (weil unkontroverses) Ziel geltend zu machen, die Freiheit von Verwirrung, und die Urteilsenthaltung als ein Mittel zu seiner Erreichung zu beschreiben, auf das man rein zufällig gestoßen ist (*Grundriß der pyrrhonischen Skepsis* 1.12, 25–30). Das Ziel Änesidems ist die

Urteilsenthaltung selbst (A3), und offensichtlich empfiehlt er sie sogar als lustvoll (1F5). Man könnte daher die erstaunte Frage stellen, wie Änesidem es vermeiden kann, seine eigene Unerschütterlichkeit dadurch zu zerstören, daß er sich *Sorgen* macht, wie er sein eigenes parteiliches Ziel erreichen kann (vgl. im Gegensatz dazu 72L7) oder weil ihn die Argumente zugunsten verschiedener rivalisierender Ziele stören.

Wie auch immer wir Änesidems Fragmente zu lesen versuchen, – in gewissem Umfang wird diese Spannung wohl immer erhalten bleiben (siehe weiter 72 Kommentar). Von C8 her zu urteilen (vgl. auch D4) liegt sein Grund für den Anspruch auf innere Folgerichtigkeit in dem Bestreben, seine skeptischen Äußerungen unter den jeweils eigenen Skopus und unter den der jeweils anderen fallen zu lassen. Ersichtlich ist das eine delikate Prozedur, weil darin enthalten ist, eine Behauptung gleichzeitig aufzustellen und aufzuheben. Sextus liebt hier die Vergleiche mit dem Feuer, welches sowohl das Brennmaterial als auch sich selbst zerstört, und mit der Leiter, die man hochsteigt und dann wegstößt. Diese Vergleiche leiden aber offenbar an der Schwäche, daß sie die beiden Handlungen zu sukzessiven Handlungen machen, während sie doch simultan stattfinden sollten. Änesidem scheint als Verteidigung vorzuziehen, daß die Sprache schlecht dafür ausgestattet sei, seine Idee auszudrücken: C8. Man kann sich eine nicht behauptende Geistesart zulegen; aber was man nicht einfach kann, ist *behaupten*, daß man sich diese Geistesart zulegt.

Zugegebenermaßen gibt es von dieser Strategie eine Ausnahme, die Kopfzerbrechen macht. In C2-3 sagt Änesidem uns, daß der Pyrrhoneer im Unterschied zu anderen Philosophen *weiß*, daß er von nichts eine sichere Erkenntnis hat. Das klingt wie eine Art negativer Dogmatismus, der mit dem Namen des Sokrates assoziiert ist (68A3) und der begrifflich durch den Stoiker Antipater anerkannt wurde (68N1), den aber Metrodor von Chios (1D), Arkesilaos (68A3) und Karneades 68N1) als widersprüchlich verwarfen. Weil Pyrrhon selbst eine starke Tendenz zu negativem Dogmatismus hatte (siehe 1 Kommentar), könnte man denken, daß Änesidem hier seiner Führung folgt. Aber das würde der oben verzeichneten, deutlich verfeinerten Strategie unmittelbar zuwiderlaufen. Es scheint also sicherer, Zuflucht zu der Tatsache zu nehmen, daß das Verb, welches er in C3 gebraucht, das gewöhnliche griechische Verb für »wissen« ist und nicht der technische Ausdruck für eine unfehlbare »Erkenntnis« (zu dieser siehe 40), den er an anderen Stellen in demselben Text verwendet, und daß der Gebrauch des gewöhnlichen Verbs an dieser Stelle derart unverbindlich ist, daß darin noch nicht einmal Zustimmung zwingend enthalten ist. Vielleicht ist also alles, worauf C2-3 hinausläuft, bloß dies, daß der Pyrrhoneer anders als andere Philosophen *nicht die Illusion hat, eine Erkenntnis zu haben.* (Für einen ähnlichen Sprachgebrauch vgl. 69K).

Die andere von Sextus her vertraute Taktik (z.B. 68I4; vgl. 1H1), von der man erwarten könnte, daß Änesidem sie einsetzte, ist die, uns aufzufordern, allen seinen Äußerungen den Ausdruck »Es scheint, daß . . .« voranzustellen. Gewiß behandelte Änesidem Beschreibungen dessen, was (in nicht-epistemischem Sinne) erscheint, als eine Grundlage gewöhnlichen Handelns. Ob er Sextus auch darin antizipierte, dies als Mittel zu benutzen, um sich selbst von seinen philosophischen Äußerungen zu distanzieren, ist weniger klar. Das einzige offensichtliche Beispiel dieser Taktik in unseren Texten findet sich in 72I2, und dort argumentieren wir, daß ein vergleichsweise stark beschränkter Zweck im Blick steht. Weil die Taktik aber durch Timon bereits als eine Interpretation Pyrrhons bis zu einem gewissen Grad heiliggesprochen worden war (1H2-3; 2E), läßt sich kaum bezweifeln, daß auch Änesidem sich in der Lage fühlte, davon Gebrauch zu machen.

Änesidems Position hinsichtlich des ethischen Ziels ist ebenfalls vertrackt. Wenn wir einen offensichtlichen Widerspruch zwischen **A3**, wo die Urteilsenthaltung als das Ziel gilt, und **72L7** vermeiden wollen, wo Änesidem argumentiert, daß es überhaupt kein Ziel gibt, dann sieht es so aus, als müßten wir von seinem eigenen Ziel annehmen, daß es von dem Angriff des letzteren Textes auf alles, »was eine der philosophischen Schulen dafür halten könnte, das Ziel zu sein«, irgendwie ausgenommen ist. Eine »Schule«, genauer eine »Gesinnung« *(hairesis)*, ist strikt verstanden das Festhalten an einem Lehrsystem (Sextus, *Grundriß der pyrrhonischen Skepsis* 1.16), und Änesidem könnte erklären, daß die Urteilsenthaltung dem unmittelbar zuwiderlaufe. Also weit entfernt davon, selber dogmatisch zu sein, ist Änesidems Ziel das Gegengift gegen alle Lehre. Siehe weiter, 72 Kommentar.

72 Wie sich des Urteils enthalten

A   Sextus Empiricus, *Pyrrh. hyp.* 1.31–39

(1) Allgemein gesprochen entsteht diese [die Urteilsenthaltung über alle Dinge] nun dadurch, daß man die Dinge zueinander in Gegensatz setzt. Und zwar setzen wir entweder Erscheinungen Erscheinungen entgegen oder Gedanken Gedanken oder Erscheinungen Gedanken. (2) Beispielsweise setzen wir Erscheinungen Erscheinungen entgegen, wenn wir sagen: »Derselbe Turm erscheint aus der Ferne rund, aus der Nähe aber viereckig«, (3) Gedanken Gedanken, wenn wir demjenigen, der die Existenz einer Vorsehung aus der Ordnung der Himmelskörper begründet, die Häufigkeit entgegensetzen, mit der es den Guten schlecht und den Schlechten gut geht, und wenn wir daraus schließen, daß es keine Vorsehung gibt; (4) schließlich setzen wir Gedanken Erscheinungen auf die Weise entgegen, wie Anaxagoras der Erklärung, daß Schnee weiß sei, die Erwägung entgegensetzte, daß der Schnee gefrorenes Wasser, das Wasser aber schwarz, also auch der Schnee schwarz ist. (5) Nach einem anderen Schema setzen wir zuweilen Gegenwärtiges Gegenwärtigem entgegen, wie in den vorgenannten Fällen, zuweilen aber auch Gegenwärtiges Vergangenem oder Zukünftigem. Wenn uns beispielsweise jemand mit einem Argument konfrontiert, das wir nicht entkräften können, dann halten wir ihm entgegen: »Bevor der Gründer der Schule geboren war, der du anhängst, erschien die These der Schule noch nicht als gültig, war aber ein natürlicher Tatbestand. Genauso ist es möglich, daß auch der Gegensatz zu der jetzt von dir vertretenen These ein natürlicher Tatbestand ist, [als solcher] uns aber noch nicht erscheint. Deshalb müssen wir der These noch nicht zustimmen, obwohl sie im Augenblick stark zu sein scheint.« (6) Damit wir von diesen Entgegensetzungen einen genaueren Eindruck bekommen, will ich auch die Modi unterbreiten, nach denen die Urteilsenthaltung gefolgert wird, ohne dabei allerdings irgendetwas über ihre Anzahl oder über ihre Beweiskraft zu versichern.

A Kontext: Im Anschluß an Sextus' Darstellung des Ziels der pyrrhonischen Skepsis; gefolgt von **72B**.

Denn es ist möglich, daß sie unzulänglich und daß es mehr als die genannten Modi sind. (7) Bei den älteren Skeptikern werden also für gewöhnlich Modi überliefert – zehn an der Zahl –, nach denen sich die Urteilsenthaltung anscheinend erschließen läßt; [anstatt von ›Modi‹] sprechen sie synonym auch von ›Argumenten‹ und ›Mustern‹. Es sind die folgenden: (8) 1. der Modus aufgrund der Verschiedenheit der Lebewesen, 2. der aufgrund des Unterschieds der Menschen, 3. der aufgrund der unterschiedlichen Einrichtung der Sinnesorgane, 4. der aufgrund der Umstände, 5. der aufgrund von Positionen, Entfernungen und Orten, 6. der aufgrund der Beimischungen, 7. der aufgrund der Quantitäten und Strukturen der Gegenstände, 8. der aus der Relativität, 9. der aufgrund des ständigen oder seltenen Vorkommens, 10. der aufgrund der Lebensformen, der Sitten, der Gesetze, der mythischen Glaubensannahmen und der dogmatischen Überzeugungen. Diese Reihenfolge wählen wir willkürlich. (9) Diesen Modi sind drei andere übergeordnet: der vom Urteilenden ausgehende, der vom Beurteilten ausgehende und der von beidem ausgehende Modus. Unter den vom Urteilenden ausgehenden Modus fallen die Modi 1–4; denn das, was urteilt, ist entweder ein Lebewesen oder ein Mensch oder eine Wahrnehmung und befindet sich in irgendeiner Situation. Auf den vom Beurteilten ausgehenden Modus werden der 7. Und der 10. Modus zurückgeführt und auf den von beidem ausgehenden Modus die Modi 5, 6, 8 und 9. (10) Hinwiederum werden diese drei Modi auf den Modus der Relativität zurückgeführt, so daß der Modus der Relativität die oberste Gattung bildet, die drei Modi Arten dazu sind und die zehn Modi Unterarten. Dies sagen wir in Übereinstimmung mit dem, was glaubhaft ist, über ihre Anzahl, über ihre Stärke aber folgendes.

B Sextus Empiricus, *Pyrrh. hyp.* 1.40–61

(1) Als erstes Argument nannten wir dasjenige, nach dem infolge des Unterschieds der Lebewesen nicht dieselben Gegenstände dieselben Vorstellungen hervorrufen. Dies schließen wir aus der Verschiedenheit der Entstehung der Lebewesen und aus der Unterschiedlichkeit ihres Körperbaus. (2) Aus der Verschiedenheit der Entstehung schließen wir das deshalb, weil von den Lebewesen die einen ungeschlechtlich entstehen, die anderen aus einer geschlechtlichen Vereinigung. Und von denen, die ungeschlechtlich entstehen, entstehnen die einen aus Feuer, so z.B. die Tierchen, die in den Öfen erscheinen, die anderen aus verdorbenem Wasser, z.B. die Mücken, . . . Andererseits stammen von den Lebewesen, die aus einer geschlechtlichen Vereinigung hervorgehen, die einen von gleichartigen Eltern ab, wie die Mehrzahl der Lebewesen, die anderen von artverschiedenen Eltern, z.B. die Maulesel. . . . Es ist also wahrscheinlich, daß die Unähnlichkeiten und Unterschiede in der Entstehung große Unterschiede in der Art erzeugen, wie die Lebewesen affiziert werden, und daß diese Unterschiede ihre Unversöhnlichkeit, Unvereinbarkeit und Konfliktträchtigkeit

---

B Kontext: Unmittelbar anschließend an **72A**.

von hier her beziehen. (3) Einen außerordentlich großen Widerstreit der Vorstellungen infolge der Verschiedenheit der Lebewesen kann aber auch der Unterschied der wichtigsten Körperteile hervorrufen, insbesondere der Körperteile für das Unterscheiden und Wahrnehmen. Jedenfalls sagen die Gelbsüchtigen, was uns weiß erscheint, sei gelb, und Leute mit einem blutunterlaufenen Auge sagen, es sei blutrot. Da nun auch von den Tieren die einen gelbe Augen haben, andere blutunterlaufene, wieder andere weiße und noch andere noch andersfarbige Augen, ist es, glaube ich, wahrscheinlich, daß die Wahrnehmung der Farben bei ihnen verschieden ausfällt. . . . (4) Dasselbe Argument gilt auch für die anderen Sinne. Denn wie könnte man behaupten, daß die Vorgänge im Bereich des Tastsinns bei den Schalentieren, den Tieren mit fleischiger Haut, den Stacheltieren, den gefiederten oder auch den Schuppentieren allemal gleich seien? Und wieso sollten die Lebewesen mit einem sehr engen Gehörgang und die mit einem sehr weiten oder die mit behaarten und die mit nackten Ohren durch das Gehör allemal in der gleichen Weise wahrnehmen, wo doch schon wir selbst durch das Gehör anders empfinden, wenn wir uns die Ohren zustopfen, als wenn wir sie einfach so gebrauchen? . . . (5) Denn gerade so, wie dieselbe Nahrung, wenn sie aufgenommen wird, hier eine Vene wird, dort eine Arterie, dort ein Knochen, dort ein Nerv usw. und wie sie je nach dem Unterschied der sie aufnehmenden Teile ein unterschiedliches Vermögen zeigt . . ., so ist es auch wahrscheinlich, daß auch die äußeren Gegenstände verschieden angeschaut werden je nach den verschiedenen Beschaffenheit der Lebewesen, die die Vorstellungen erleben. (6) Noch deutlicher ist das aus dem zu entnehmen, was die Lebewesen bevorzugen und meiden. Salböl jedenfalls erscheint Menschen äußerst angenehm, dagegen Mistkäfern und Bienen unerträglich. Auch das Olivenöl ist für die Menschen nützlich; Wespen und Bienen hingegen bespritzt man damit, um sie zu töten. Meerwasser ist für Menschen, die es trinken, unangenehm und giftig; für Fische dagegen ist es sehr angenehm und trinkbar. Schweine baden lieber in äußerst übel riechendem Morast als in klarem sauberem Wasser . . . Wenn dieselben Dinge für die einen Lebewesen abscheulich sind und für die anderen angenehm und wenn Angenehm und Abscheulich von Vorstellungen abhängen, dann sind die Vorstellungen, die die Lebewesen von den Gegenständen her empfangen, unterschiedlich. (7) Wenn aber dieselben Gegenstände aufgrund des Unterschieds der Lebewesen ungleich erscheinen, dann werden wir zwar in der Lage sein zu sagen, wie der Gegenstand uns erscheint; aber darüber, wie er seiner Natur nach ist, werden wir uns eines Urteils enthalten. Denn wir werden nicht selber unsere eigenen Vorstellungen und die der anderen Lebewesen unterscheiden können, da wir doch selbst eine Partei des Widerstreits sind und deshalb eher einer beurteilenden Instanz bedürfen als selber zu einer Beurteilung fähig sein. (8) Außerdem können wir unseren Vorstellungen weder ohne Beweis den Vorzug geben vor den Vorstellungen der vernunftlosen Lebewesen noch auch mit Beweis. Denn zusätzlich dazu, daß es vielleicht gar keinen Beweis gibt, wie wir noch darlegen werden, muß der sogenannte Beweis selbst uns entweder ersichtlich sein oder nicht ersichtlich sein. Wenn er uns nun nicht ersichtlich ist, werden wir ihn auch nicht mit Überzeugung vortragen. Wenn er uns dagegen ersichtlich ist, dann muß auch er selbst daraufhin befragt werden, ob er wahr ist, insofern er ersichtlich ist, weil unsere Untersuchung sich ja eben auf das richtet, was den Lebewesen ersichtlich ist (erscheint) und weil der Beweis uns ersichtlich ist (erscheint), die wir doch Lebewesen sind. . . . (9) Wenn die Vorstellungen also verschieden sind infolge des Unterschieds der Lebewesen und es keine Möglichkeit gibt, zwischen ihnen eine Entscheidung herbeizuführen, dann ist es notwendig, sein Urteil über die äußeren Gegenstände zurückzuhalten.

C Sextus Empiricus, *Pyrrh. hyp.* 1.79–91

(1) Solcherart [siehe **B**] ist der erste Modus der Urteilsenthaltung. Der zweite ist, wie wir sagten, der aus dem Unterschied der Menschen. Denn wenn man hypothetisch auch zugeben sollte, daß die Menschen glaubwürdiger als die unvernünftigen Lebewesen seien, werden wir dennoch feststellen, daß die Urteilsenthaltung auch schon insofern einzuführen ist, als es allein nach unserer Verschiedenheit geht. (2) Nun sagt man, der Mensch bestehe aus zwei Konstituenten, aus Seele und Körper, und in beiden Hinsichten unterscheiden wir uns voneinander; hinsichtlich des Körpers beispielsweise unterscheiden wir uns durch die Gestalt und durch die jeweils eigentümliche Mischung. Der Körper eines Skythen unterscheidet sich nämlich der Gestalt nach von dem eines Inders; den Unterschied bewirkt, wie man sagt, die verschiedene Vorherrschaft der Säfte. Nach der unterschiedlichen Vorherrschaft der Säfte fallen indes auch die Vorstellungen verschieden aus, wie wir das schon in dem ersten Argument dargestellt haben. . . . (3) Durch die jeweils eigentümliche Mischung (Idiosynkrasien) unterscheiden wir uns, indem beispielsweise einige Menschen Rindfleisch leichter verdauen als kleine Felsenfische und von einem Tropfen lesbischen Weines schon eine Magenverstimmung bekommen. Eine alte Frau aus Attika konnte, so wird berichtet, dreißig Schluck Schierling gefahrlos zu sich nehmen, und Lysis pflegte ohne Schaden sogar vier Drachmengewichte (= 28 Gramm) Opium zu nehmen. Demophon, der Tischdiener Alexanders, fror in der Sonne oder im Bad, schwitzte aber im Schatten . . . (4) Da die körperliche Verschiedenheit der Menschen also derart groß ist — um uns mit nur wenigen der bei den Dogmatikern aufgelisteten Beispiele zu begnügen —, ist es wahrscheinlich, daß die Menschen sich auch der Seele selbst nach voneinander unterscheiden. Der Körper ist ja eine Art von Umrißzeichnung der Seele, wie das auch die Physiognomik zeigt. (5) Der beste Hinweis auf die große und grenzenlose Verschiedenheit im Verstand der Menschen ist aber der Widerstreit in dem, was die Dogmatiker über die anderen Themen und insbesondere darüber sagen, welche Dinge man wählen und welche man meiden soll. . . . (6) Nun liegen das Wählen und das Meiden in Lust und Unlust; und die Lust und Unlust haben ihren Sitz in Wahrnehmung und Vorstellung. Wenn deshalb die einen

---

C Kontext: Die 10 Argumentationsmodi der älteren Skeptiker; gefolgt von **72D**.

eben die Dinge wählen, die die anderen meiden, denn ergibt sich daraus als natürliche Konsequenz der Schluß, daß sie von denselben Dingen noch nicht einmal in gleicher Weise angeregt werden; denn wenn sie das würden, würden sie dieselben Dinge wählen oder meiden. (7) Falls dieselben Dinge uns jedoch in Abhängigkeit von der Verschiedenheit der Menschen verschieden anregen, dann wird die Urteilsenthaltung gebührenderweise auch auf diesem Weg induziert; denn wir sind dann vielleicht in der Lage zu sagen, wie jeder Gegenstand mit Bezug auf jede menschliche Besonderheit erscheint; aber was seine Kraft mit Bezug auf seine Natur ist, das vermögen wir nicht zu behaupten. (8) Wir werden nämlich entweder allen Menschen vertrauen oder nur manchen. Wenn allen, versuchen wir Unmögliches und akzeptieren kontradiktorisch Entgegengesetztes, wenn aber nur manchen, dann sollen sie uns sagen, wessen Auffassungen wir zustimmen sollen. Der Platoniker wird nämlich sagen, den Auffassungen Platons, der Epikureer, denen Epikurs, und die anderen entsprechend; indem sie auf diese Weise unentscheidbar streiten, werden sie uns aufs neue in die Urteilsenthaltung treiben. (9) Wer indes sagt, man müsse der *Mehrzahl* zustimmen, der hängt einer kindischen Idee nach, da niemand in der Lage ist, alle Menschen zu treffen und auszurechnen, was die Ansicht der Mehrheit ist. Möglicherweise gelten ja bei einigen Völkern, die wir nicht kennen, für die Mehrzahl der Leute Dinge, die bei uns selten sind, und Dinge nur selten, die bei uns für die Mehrzahl zutreffen ... (10) Manche selbstzufriedenen Leute, die dogmatischen Denker, sagen aber, bei der Beurteilung der Sachen müsse man sich selbst vor den anderen Menschen den Vorzug geben. Daß ihre Einschätzung absurd ist, wissen wir. Sie sind ja auch selbst ein Teil des Widerstreits; und wenn sie die Phänomene so beurteilen, daß sie sich selbst den Vorzug geben, dann übertragen sie die Beurteilung sich selbst und begehen dadurch eine *petitio principii*. Um aber trotzdem auch dann zur Urteilsenthaltung zu gelangen, wenn wir das Argument nur auf einen einzigen Menschen abstellen, etwa auf ihre Traumgestalt des Weisen, machen wir uns in der Reihe der Modi noch den dritten zu eigen.

D Sextus Empiricus, *Pyrrh. hyp.* 1.91–98

(1) Als diesen [den dritten Modus, vgl. **C10**] bezeichneten wir denjenigen, der vom Unterschied zwischen den Sinnen ausgeht. Daß die Sinne voneinander abweichen, liegt auf der Hand. (2) Die Gemälde scheinen für den Gesichtssinn ja Vertiefungen und Erhöhungen zu haben (plastisch zu sein), aber keineswegs auch für den Tastsinn. Und der Honig erscheint bei einigen für die Zunge süß, für die Augen dagegen unangenehm, so daß es unmöglich ist zu sagen, ob er rein für sich süß oder unangenehm ist. Ähnlich auch beim Salböl: den Geruchssinn erfreut es, den Geschmackssinn berührt es unangenehm. ... (3) Wie daher jedes dieser Dinge seiner Natur nach ist, vermögen wir nicht zu sagen; wie es

---

D Kontext: Unmittelbar anschließend an **72C**.

aber jeweils erscheint, das zu sagen ist möglich. (4) . . . Allem Anschein nach macht jeder wahrnehmbare Gegenstand, der uns erscheint, einen vielfältigen Eindruck; der Apfel beispielsweise kommt uns glatt, wohlriechend, süß und gelb vor. Es ist daher verborgen, ob er etwa in Wirklichkeit diese und nur diese Eigenschaften hat oder ob er nur eine Eigenschaft hat, aber aufgrund der unterschiedlichen Strukturen der Sinnesorgane unterschiedlich erscheint, oder ob er sogar mehr Eigenschaften als diejenigen hat, die zum Vorschein kommen, und uns einige davon nicht betreffen. (5) Denn daß er nur eine einzige Eigenschaft besitzt, diese Möglichkeit könnte man aufgrund des von uns früher Gesagten ausarbeiten . . . [siehe **B5**] (6) Daß der Apfel dagegen mehr Eigenschaften als die haben kann, die für uns zum Vorschein kommen, begründen wir folgendermaßen: Man stelle sich jemanden vor, der von Geburt an über den Tastsinn, den Geruchsinn und den Geschmacksinn verfügt, aber weder hört noch sieht. Dieser wird annehmen, daß es überhaupt nichts Sichtbares und auch überhaupt nichts Hörbares gibt, sondern daß nur eben die drei Arten von Eigenschaften existieren, die er wahrnehmen kann. Es ist demnach möglich, daß auch wir, die wir nur fünf Sinne haben, von den Eigenschaften am Apfel lediglich diejenigen wahrnehmen, die wir wahrzunehmen in der Lage sind. Es könnte aber sein, daß noch andere Eigenschaften existieren, die in den Bereich anderer Sinnesorgane fallen, die wir nicht besitzen, so daß wir auch die für diese Organe wahrnehmbaren Gegenstände nicht wahrnehmen. (7) Darauf wird jemand entgegnen, daß die Natur die Sinneswahrnehmungen doch koextensiv mit den Typen wahrnehmbarer Gegenstände ausgebildet habe. Was für eine Natur – angesichts des großen und unentscheidbaren Widerstreits unter den Dogmatikern über die naturgemäße Existenz? Denn jeder, der sich anschicken würde, die Frage zu entscheiden, ob es eine Natur gibt, würde in ihren Augen keinerlei Vertrauen verdienen, falls er ein Laie sein sollte; falls er aber ein Philosoph sein sollte, ist er eine Partei des Widerstreits und selbst ein Beurteiler, aber kein Richter.

E   Sextus Empiricus, *Pyrrh. hyp.* 1.100–113

(1) Um aber auch dann in der Lage zu sein, am Ende bei der Urteilsenthaltung anzukommen, wenn wir das Argument auf jeden einzelnen Sinn für sich allein stützen oder auch ganz von den Sinnen abgehen, ziehen wir auch noch den vierten Modus der Urteilsenthaltung heran. Es ist dies der Modus, der – wie man ihn nennt – von den Umständen abhängt, wobei wir mit den ›Umständen‹ die ›Zustände‹ meinen. Wir sagen, daß dieser Modus in dem natürlichen oder dem unnatürlichen Zustand beobachtet wird, im Wachsein oder im Schlafen, in Abhängigkeit von den Altersstufen, von Bewegung und Ruhe, von Haß oder Liebe, von Hungrig- oder Sattsein, von Trunken- oder Nüchternsein, von Prädispositionen, von Mutig- oder Furchtsamsein, von Traurig- oder Fröhlichsein.

E Kontext: Die 10 Argumentationsmodi der älteren Skeptiker.

(2) Beispielsweise betreffen einen die Dinge in Abhängigkeit davon, ob man in einem natürlichen oder einem unnatürlichen Zustand ist, ungleich, da ja die Wahnsinnigen und die Besessenen Geisterstimmen zu hören scheinen, wir aber keine hören. . . . Und derselbe Honig erscheint mir süß, aber den Gelbsüchtigen bitter. (3) Falls jemand einwendet, es sei eine Beimischung bestimmter Säfte, die bei den Leuten in unnatürlichem Zustand Vorstellungen erzeugt, die, von den Gegenständen ausgehend, doch unpassend sind, ist dem entgegenzuhalten, daß die Gesunden ebenfalls vermischte Säfte haben und daß deshalb diese Säfte bewirken können, daß die äußeren Gegenstände den Gesunden anders erscheinen, wo sie doch in Wirklichkeit so sind, wie sie den Leuten erscheinen, die angeblich in einem unnatürlichen Zustand sind. Denn jenen Säften eine die Gegenstände verändernde Kraft zuzuerkennen, diesen aber nicht, ist gekünstelt. Denn wie die Gesunden in einem Zustand sind, der für die Natur der Gesunden natürlich, für die Natur der Kranken aber widernatürlich ist, so sind auch die Kranken in einem Zustand, der für die Natur der Gesunden widernatürlich, für die Natur der Kranken aber natürlich ist. Da auch sie also in einem, relativ gesprochen, natürlichen Zustand sind, sollten wir ihnen ebenfalls Vertrauen schenken. (4) . . . In Abhängigkeit von den Altersstufen [fallen die Vorstellungen verschieden aus], weil dieselbe Luft den Greisen kalt, denen im besten Alter dagegen wohltemperiert zu sein scheint, ferner weil dieselbe Farbe den Älteren blaß, denen im besten Alter dagegen satt erscheint . . . In Abhängigkeit von Bewegung oder Ruhe erscheinen die Sachen ungleich, weil wir von Dingen, die wir, wenn wir selber stehen, regungslos sehen, den Eindruck haben, sie würden sich bewegen, wenn wir im Schiff daran vorbeifahren. . . . In Abhängigkeit vom Trunken- oder Nüchternsein [erscheinen uns die Dinge verschieden], weil Dinge, die wir in nüchternem Zustand für unschicklich halten, uns, wenn wir getrunken haben, keineswegs als unschicklich erscheinen. In Abhängigkeit von den Prädispositionen, weil derselbe Wein denen säuerlich erscheint, die vorher Datteln oder getrocknete Feigen gegessen haben, und andererseits denen süß, die Nüsse oder Kichererbsen zu sich genommen haben, . . . (5) Wenn es also auch von den Dispositionen her eine derart große Verschiedenheit gibt und wenn die Menschen in wechselnden Situationen auch in ihren Dispositionen verschieden sind, dann ist es vielleicht leicht zu sagen, wie die einzelnen Gegenstände einem jeden erscheinen; aber wie sie tatsächlich sind, ist keineswegs mehr leicht zu sagen, da die Verschiedenheit sich einer Beurteilung sogar entzieht. Denn wer sie beurteilt, befindet sich entweder in einigen der vorgenannten Verfassungen oder ist in ganz und gar keiner Verfassung. Nun ist es aber vollkommen absurd zu sagen, daß er in überhaupt keiner Verfassung sei, also beispielsweise weder gesund noch krank ist, sich weder in Bewegung noch in Ruhe befindet, keinerlei Alter hat und auch von den anderen Dispositionen frei ist. Wenn er sich jedoch in einer bestimmten Verfassung befindet und sich dann anschickt, die Vorstellungen zu beurteilen, wird er eine Partei des Widerstreits und jedenfalls kein neutraler Richter über die äußeren Gegenstände sein, da sein Blick durch die Dispositionen getrübt ist, in denen er sich befindet.

F Sextus Empiricus, *Pyrrh. hyp.* 1.118–120

(1) Das fünfte Argument ist dasjenige aufgrund der Positionen, Entfernungen und Orte. Denn auch nach jedem dieser Faktoren erscheinen dieselben Dinge unterschiedlich. (2) Zum Beispiel erscheint dieselbe Säulenhalle von einem ihrer Enden her gesehen als spitz zulaufend und von der Mitte aus gesehen als vollkommen symmetrisch; dasselbe Schiff erscheint aus der Ferne klein und stillstehend, aus der Nähe dagegen groß und in Bewegung; derselbe Turm erscheint aus der Ferne rund und aus der Nähe viereckig. Dies sind Beispiele für die Abhängigkeit von den Entfernungen. (3) Von den Orten [hängen die Vorstellungen beispielsweise deshalb ab], weil das Licht einer Lampe in der Sonne blaß und im Dunkeln hell erscheint, dasselbe Ruder im Wasser gebrochen und außerhalb des Wassers gerade, . . . (4) und von den Positionen, weil dasselbe Bild glatt erscheint, wenn es flach auf der Rückseite liegt, aber Vertiefungen und Erhöhungen zu haben scheint, wenn es unter einem bestimmten Neigungswinkel angeschaut wird. Auch die Hälse der Tauben erscheinen in Abhängigkeit von den verschiedenen Neigungswinkeln farblich verschieden.

G Sextus Empiricus, *Pyrrh. hyp.* 1.124–128

(1) Der sechste Modus ist derjenige aufgrund der Beimischungen. Nach ihm schließen wir daraus, daß keiner der Gegenstände uns für sich allein begegnet, sondern immer mit etwas zusammen vorkommt; deshalb ist es vielleicht möglich zu sagen, wie die Mischung aus dem äußeren Gegenstand und dem beschaffen ist, womit zusammen er wahrgenommen wird; aber wie der äußere Gegenstand rein für sich beschaffen ist, vermögen wir wohl kaum zu sagen. (2) Daß aber keiner der äußeren Gegenstände uns für sich allein begegnet, sondern allemal mit etwas zusammen und daß er dementsprechend anders wahrgenommen wird, liegt, denke ich, auf der Hand. Unsere Hautfarbe etwa wird in warmer Luft so und in kalter Luft anders gesehen, und wir sind wohl kaum in der Lage zu sagen, welche Hautfarbe wir ihrer Natur nach haben, sondern bloß, welche in Verbindung mit der jeweiligen Luft gesehen wird. Auch dieselbe Stimme erscheint in dünner Luft so und in dicker Luft anders; ferner sind die Duftstoffe im Badehaus und im Sonnenschein durchdringender als in kalter Luft; und der Körper ist, wenn er von Wasser umgeben ist, leicht, in der Umgebung von Luft dagegen schwer. (3) Um aber auch von den äußeren Beimischungen abzugehen, – unsere Augen haben Membranen und Flüssigkeiten in sich. Weil die sichtbaren Gegenstände also nicht ohne diese angeschaut werden, werden wir sie nicht mit Genauigkeit erfassen. Denn was wir wahrnehmen, ist die Mischung; und das ist ja auch der Grund, warum die Gelbsüchtigen alles gelblich sehen und die Leute mit blutunterlaufenen Augen alles blutrot. . . . (4) Aber auch der Verstand [nimmt die äußeren Gegenstände] nicht

---

F Kontext: Wie bei **72E**.   G Kontext: Wie bei den vorangehenden Texten; gefolgt von **72H**.

[genau wahr], vor allem deshalb nicht, weil seine Führer, die Sinne, Fehler machen. Vielleicht fügt er aber auch selbst zu dem, was ihm von den Sinnen gemeldet wird, eine eigene Beimischung hinzu. Denn wir sehen, wie es an jedem der Orte, an denen nach Ansicht der Dogmatiker das Zentralorgan ist, bestimmte Säfte gibt, sei es im Gehirn, sei es im Herzen oder sei es in jedem beliebigen anderen Teil, wohin man das Zentralorgan verlegen möchte. (5) Auch nach diesem Modus sehen wir also, daß wir nicht in der Lage sind, etwas über die Natur der äußeren Gegenstände zu sagen, und daß wir deshalb gezwungen sind, unser Urteil zurückzuhalten.

H Sextus Empiricus, *Pyrrh. hyp.* 1.129–132

(1) Der siebte Modus, sagten wir, ist derjenige, der von den Quantitäten und Strukturen der Gegenstände abhängt, wobei wir unter den Strukturen ganz allgemein die Zusammensetzungen verstehen. Daß wir auch nach diesem Modus gezwungen werden, uns über die Natur der Sachen zurückzuhalten, ist klar. (2) Ziegenhornspäne beispielsweise erscheinen, einfach und unzusammengesetzt betrachtet, weiß; aber zu dem tatsächlichen Horn zusammengesetzt sehen sie schwarz aus. . . . Die Sandkörner erscheinen auseinandergestreut rauh; aber zu einem Sandhaufen aufgeschüttet erzeugen sie eine weiche Sinneswahrnehmung. . . . (3) Der Wein, mit Maßen getrunken, kräftigt uns; aber reichlicher genossen, schwächt er den Körper. Ähnlich zeigt auch die Nahrung je nach der Menge eine unterschiedliche Wirkung; jedenfalls reinigt sie, wenn man viel zu sich genommen hat, den Körper oft durch Verdauungsstörungen und Diarrhö. (4) Wir werden also auch hier sagen können, wie der Ziegenhornspan und wie das aus vielen Ziegenhornspänen Zusammengesetzte beschaffen ist, . . . und wie im Fall des Sandkorns . . ., des Weins und der Nahrung die relativen Beschaffenheiten sind; die Natur der Sachen an sich jedoch werden wir nicht mehr angeben können, wegen der Ungleichförmigkeit derjenigen Vorstellungen, die von den Zusammensetzungen abhängen.

I Sextus Empiricus, *Pyrrh. hyp.* 1.135–140

(1) Der achte Modus ist der aufgrund der Relativität. Nach ihm folgern wir, daß wir, weil alles relativ ist, uns darüber zurückhalten müssen, was die Dinge absolut und was sie hinsichtlich ihrer Natur sind. (2) Dabei muß man wissen, daß wir hier ebenso wie auch sonst das Wort »ist« anstelle von »erscheint« verwenden und daß das, was wir sagen, soviel bedeutet wie: »Alles ist in seiner Erscheinung relativ«. (3) Dies wird in zweierlei Bedeutung gesagt: zum einen relativ zur beurteilenden Instanz, da der äußere Gegenstand, der beurteilt wird, relativ zur beurteilenden Instanz erscheint; zum anderen relativ zu den mit wahrgenommenen Dingen, so wie rechts relativ zu links. (4) Daß alles relativ

---

H Kontext: Unmittelbar anschließend an **72G**.   **I** Kontext: Die 10 Argumentationsmodi der älteren Skeptiker; gefolgt von **72J**.

ist, dafür haben wir schon früher Argumente vorgelegt, nämlich soweit es um die urteilende Instanz geht, daß jedwedes in seiner Erscheinung relativ zu diesem und diesem Lebewesen, diesem und diesem Menschen, diesem und diesem Sinn und diesem und diesem Umstand ist, und soweit es um die mit wahrgenommenen Dinge geht, daß jedwedes in seiner Erscheinung relativ zu dieser und dieser Beimischung, diesem und diesem Ort und dieser und dieser Zusammensetzung, Quantität und Stellung ist. (5) Es ist aber auch möglich, speziell zu folgern, daß alles relativ ist, nämlich auf folgende Weise: Die unterschiedenen Dinge − unterscheiden sie sich von den relativen oder nicht? Wenn sie sich davon nicht unterscheiden, sind auch sie selbst relativ; wenn sie sich davon jedoch unterscheiden, sind die unterschiedenen Dinge deshalb relativ, weil alles, was sich unterscheidet, relativ ist (denn man spricht davon in bezug auf das, wovon es sich unterscheidet). (6) Ferner ist von all dem, was existiert, nach den Dogmatikern das eine oberste Gattung, das andere unterste Art und das dritte sowohl Gattung als auch Art. All das ist aber relativ. Also ist alles relativ. . . . (7) Selbst wer sagt, daß nicht alles relativ ist, bekräftigt, daß alles relativ ist. Denn durch die Mittel, mit denen er uns widerspricht, demonstriert er, daß eben dies, daß alles relativ ist, relativ zu uns und nicht allgemein ist. (8) Angesichts unseres Aufweises, daß alles relativ ist, bleibt hinzuzufügen, was klar ist, nämlich daß wir nicht in der Lage sind zu sagen, wie ein jeder Gegenstand seiner Natur nach und absolut ist, sondern nur sagen können, wie er in seiner Relativität erscheint. Daraus folgt, daß wir uns hinsichtlich der Natur der Sachen zurückhalten müssen.

J   Sextus Empiricus, *Pyrrh. hyp.* 1.141–144

(1) Zu dem Modus aufgrund des ständigen oder seltenen Vorkommens, von dem wir sagten, es sei der Reihe nach der neunte, geben wir folgende Erläuterung: (2) Die Sonne ist gewiß viel eindrucksvoller als ein Komet; aber weil wir die Sonne ständig sehen, den Kometen dagegen selten, sind wir beim Kometen so beeindruckt, daß wir sogar meinen, er sei ein göttliches Zeichen, bei der Sonne aber überhaupt nicht. Wenn wir uns allerdings vorstellen, die Sonne ginge selten auf und selten unter und mache alles auf einen Schlag hell und lasse es dann ganz plötzlich wieder dunkel werden, so würden wir wohl Zeugen werden, welch großen Eindruck das mache. . . . (3) Außerdem scheinen seltene Dinge wertvoll zu sein, die für uns alltäglichen und leicht beschaffbaren Dinge dagegen nicht. Wenn wir uns etwa vorstellen, das Wasser sei knapp, um wieviel wertvoller würde es uns dann erscheinen als all die Dinge, die wir jetzt für wertvoll halten! Oder wenn wir uns vorstellen, das Gold sei, ähnlich wie die Steine, einfach über die Erde verstreut, für wen, denken wir, wäre es dann so wertvoll oder lohnend, es einzuschließen? (4) Weil dieselben Sachen also entsprechend ihrem ständigen oder seltenen Vorkommen bald als eindrucksvoll

---

J Kontext: Unmittelbar anschließend an **72I**, gefolgt von **72K**.

oder wertvoll gelten und bald nicht, schließen wir, daß wir vielleicht zu sagen vermögen, wie jede dieser Sachen bei ständigem oder seltenem Vorkommen erscheint, daß wir aber kaum werden sagen können, wie jeder der äußeren Gegenstände selbst ist. Auch wegen dieses Modus halten wir uns also über sie zurück.

K   Sextus Empiricus, *Pyrrh. hyp.* 1.145–163

(1) Der zehnte Modus, der auch für die Ethik die größte Relevanz hat, ist der aufgrund der Lebensformen, der Sitten, der Gesetze, der mythischen Glaubensannahmen und der dogmatischen Überzeugungen. (2) Eine ›Lebensform‹ ist die für einen oder für viele Menschen – z.B. für Diogenes, [den Kyniker,] oder für die Spartaner – geltende Wahl einer Lebensweise oder eines bestimmten Verhaltens. (3) Ein Gesetz ist eine geschriebene Übereinkunft zwischen den Bürgern eines Gemeinwesens, deren Übertretung bestraft wird. Eine Sitte oder eine Üblichkeit (denn zwischen beidem besteht kein Unterschied) ist demgegenüber die Anerkennung einer bestimmten Handlungsweise durch vielen Menschen gemeinsame, deren Übertretung nicht allemal bestraft wird. Beispielsweise ist es ein Gesetz, nicht die Ehe zu brechen, bei uns aber eine Sitte, nicht öffentlich Geschlechtsverkehr zu haben. (4) Eine mythische Glaubensannahme ist die Anerkennung nicht geschehener und erdichteter Taten. Solcherart sind insbesondere die Erzählungen über Kronos, die nämlich viele dahin bringen, sie zu glauben. (5) Eine dogmatische Überzeugung ist die Anerkennung einer Sache, die anscheinend durch einen analogen Gedankengang oder durch irgendeinen Beweis bekräftigt werden kann, z.B. daß die Elemente des Seienden Atome, homogene Substanzen, Minima oder irgendetwas sonst sind. (6) Jeden dieser Punkte stellen wir gelegentlich sich selbst und gelegentlich jedem der anderen entgegen. (7) Beispielsweise setzen wir die Sitte der Sitte folgendermaßen entgegen: Einige der Äthiopier tätowieren ihre Neugeborenen, wir dagegen nicht; die Perser halten es für schicklich, leuchtend gefärbte, fußlange Kleider zu tragen, während das bei uns als unschicklich gilt; und die Inder kennen den Geschlechtsverkehr in der Öffentlichkeit, der bei den meisten anderen Völkern als schändlich angesehen wird. (8) Folgendermaßen setzen wir das Gesetz dem Gesetz entgegen: ... Im skythischen Tauros gab es ein Gesetz, die Fremden sollten der Artemis geopfert werden; bei uns dagegen ist es verboten, bei einem Heiligtum einen Menschen zu töten. (9) Die Lebensform setzen wir der Lebensform entgegen, wenn wir die Lebensform des Diogenes der des Aristipp oder die der Spartaner der der Italiker entgegensetzen. (10) Eine mythische Glaubensannahme setzen wir einer mythischen Glaubensannahme entgegen, wenn wir sagen, daß stellenweise von Zeus erzählt wird, er sei der Vater der Menschen und der Götter, daß das an anderen Stellen jedoch von Okeanos erzählt wird, wenn es etwa heißt: »Okeanos, den Erzeuger der Götter, und

---

K Kontext: Unmittelbar anschließend an **72J**.

Tethys, ihre Mutter« [Homer, *Ilias* 14.201]. (11) Eine dogmatische Überzeugung setzen wir einer dogmatischen Überzeugung entgegen, wenn wir sagen, daß die einen erklären, es gebe nur ein einziges Element, und die anderen, es gebe unbegrenzt viele, daß die einen die Seele für sterblich und die anderen sie für unsterblich halten und daß die einen behaupten, unsere Angelegenheiten würden von der göttlichen Vorsehung besorgt, und die anderen, sie gingen ohne Vorsehung vonstatten. (12) Weiter setzen wir die Sitte den übrigen Punkten entgegen, zum Beispiel einem Gesetz, wenn wir sagen, Homosexualität zwischen Männern sei bei den Persern Sitte, bei den Römern aber gesetzlich verboten. . . . (13) Die Sitte steht einer Lebensform entgegen, wenn die meisten Menschen sich zum Geschlechtsverkehr mit ihrem Partner zurückziehen, Krates und Hipparchia dagegen in der Öffentlichkeit miteinander Verkehr haben, . . . (14) und einer mythischen Glaubensannahme, wenn die Mythen beispielsweise erzählen, daß Kronos seine eigenen Kinder verspeist habe, während es bei uns Sitte ist, für die Kinder zu sorgen, und wenn bei uns die Gewohnheit herrscht, die Götter als gut und als unempfindlich gegen Übel zu verehren, sie von den Dichtern dagegen eingeführt werden als solche, die verwundet werden und gegenseitig neidisch sind, (15) und einer dogmatischen Überzeugung, wenn es bei uns Sitte ist, von den Göttern Gutes zu erbitten, Epikur dagegen behauptet, die Gottheit kümmere sich nicht um uns, . . . (16) Wir hätten für jede der genannten Entgegensetzungen noch viele andere Beispiele nehmen können. In einer zusammenfassenden Darstellung werden diese jedoch genügen. Hinzuzufügen bleibt noch, daß auch dieser Modus eine derart große Unregelmäßigkeit der Dinge offenbart, daß wir nicht in der Lage sein werden zu sagen, was der zugrundeliegende Gegenstand seiner Natur nach ist, sondern lediglich werden sagen können, wie er in Beziehung zu dieser und dieser Lebensform oder zu diesem und diesem Gesetz oder zu dieser und dieser Sitte usw. erscheint. Und deswegen müssen wir uns über die Natur der äußeren Sachen notwendigerweise zurückhalten. (17) So also kommen wir durch die zehn Modi bei der Urteilsenthaltung aus.

L   Photios, *Bibliotheca* 170b3–35

(1) Im zweiten Buch [seiner *Pyrrhonischen Abhandlungen*] beginnt er [Änesidem], das summarisch Gesagte detailliert auseinanderzusetzen; er nimmt das Wahre und die Ursachen durch, Affekte und Bewegung, Werden und Vergehen und, was dem jeweils entgegengesetzt ist, und weist bei allen diesen Themen mit, wie er glaubt, dichten Überlegungen auf, daß es unmöglich sei, sie zu ergründen und etwas zu erkennen. (2) Auch seine dritte Abhandlung befaßt sich mit Bewegung und Sinneswahrnehmung und ihren Besonderheiten; indem er sich durch eine ähnliche Serie von Widersprüchen durcharbeitet, stellt er auch sie zu dem, was unerreichbar und nicht erkennbar ist. (3) In der vierten Abhandlung

---

L Kontext: Unmittelbar anschließend an **71C**.

sagt er, daß es Zeichen in dem Sinne, in dem wir das Offensichtliche Zeichen des Verborgenen nennen, überhaupt nicht gibt und daß diejenigen durch eine leere Leidenschaft getäuscht werden, die glauben, daß es sie doch gibt. Außerdem rührt er die übliche Serie von Schwierigkeiten hinsichtlich des Ganzen der Natur, der Welt und der Götter auf und macht geltend, daß nichts davon in den Bereich einer Erkenntnis fällt. (4) Seine fünfte Abhandlung stellt ebenfalls die aporetischen Wachen gegen die Ursachen auf, lehnt es ab, daß irgendetwas Ursache von etwas sei, sagt, daß die Ursachentheoretiker sich täuschen, und zählt verschiedene Weisen auf, in denen sie seinem Eindruck nach zur Ursachentheorie gelockt und zu einem solchen Irrtum verleitet worden sind. (5) Die sechste Abhandlung wendet sich dem Guten und Schlechten, dem zu Wählenden und zu Meidenden sowie dem Bevorzugten und dem Hintangestellten zu, setzt sie denselben Neckereien aus, soweit er das vermag, und sperrt auch sie von unserer Erkenntnis und unserem Wissen aus. (6) Die siebte Abhandlung schickt er gegen die Tugenden ins Gefecht und sagt, daß die, welche über sie philosophieren, ihre Lehren umsonst erfunden und sich selbst fehlgeleitet haben zu denken, daß sie bei deren Praxis und Theorie angelangt seien. (7) Die achte und letzte Abhandlung richtet eine Attacke gegen das Ziel und argumentiert, daß weder das Glück noch die Freude noch die Klugheit noch sonst etwas, was eine der philosophischen Schulen dafür halten könnte, das Ziel sei; vielmehr gebe es das von allen gefeierte Ziel einfach gar nicht.

M   Sextus Empiricus, *Pyrrh. hyp.* 1.180–185

(1) Änesidem überliefert acht Modi, durch die er jede dogmatische Ursachenlehre zu widerlegen und als falsch darzustellen glaubt. (2) Davon ist der erste Modus, wie er sagt, derjenige, nach dem die Ursachenforschung ihrer Art nach sich in nicht-offenkundigen Dingen umtut und keine übereinstimmende Bestätigung von den offenkundigen Dingen erhalten hat. (3) Der zweite Modus ist der, nach dem häufig, wenn der Gegenstand der Untersuchung eine reiche Fülle ursächlicher Erklärungsmöglichkeiten anbietet, einige Leute dafür trotzdem nur eine einzige Ursachenerklärung wählen. (4) Der dritte Modus ist der, nach dem für Dinge, die in einer Ordnung geschehen, Ursachen genannt werden, die keinerlei Ordnung aufweisen. (5) Nach dem vierten Modus nehmen die Ursachentheoretiker die Art her, wie offenkundige Dinge geschehen, und glauben begriffen zu haben, wie die nicht-offenkundigen Dinge geschehen; denn obwohl es möglicherweise so ist, daß die verborgenen Dinge ähnlich zustandegebracht werden wie die sichtbaren Dinge, ist es vielleicht doch so, daß sie nicht ähnlich wie diese zustandekommen, sondern auf eine eigene Weise. (6) Nach dem fünften Modus gründen praktisch alle ihre Kausalerklärungen auf ihre eigenen Annahmen über die Elemente und nicht auf irgendwelche allgemeinen, einverständlich akzeptierten Methoden. (7) Nach dem sechsten Modus

---

M Kontext: Im Anschluß an die Erörterung zu den Modi der skeptischen Urteilsenthaltung (einschließlich der Texte A–K).

nehmen sie oft die Dinge an, die sich aus ihren eigenen Hypothesen ergeben, übergehen aber das, was dem entgegensteht und gleichermaßen glaubhaft wäre. (8) Nach dem siebten Modus bieten sie häufig Ursachenerklärungen an, die nicht nur mit den Phänomenen, sondern auch mit ihren eigenen Annahmen unverträglich sind. (9) Nach dem achten Modus sind oft die für offenkundig gehaltenen und die untersuchten Dinge gleichermaßen problematisch, so daß man hier seine Lehren über das Problematische aus dem ebenso Problematischen zieht. (10) Zudem, sagt er, ist es nicht unmöglich, daß in den Ursachenerklärungen manche Leute auch nach einigen gemischten Modi durchfallen, die von den eben aufgelisteten abhängen.

N   Sextus Empiricus, *Adv. Math.* 9.237–240

(1) Ferner: Wenn es irgendeine Ursache gibt, dann ist sie entweder die vollständige Ursache für etwas und braucht dazu nichts als nur ihre eigene Kraft, oder sie braucht als zusätzliches Mittel den affizierten Stoff, so daß das Ergebnis in Beziehung auf das Zusammenkommen beider gedacht werden muß. (2) Wenn sie nun die vollständige Ursache für etwas ist und unter Einsatz ihrer eigenen Kraft etwas zustandezubringen vermag, dann sollte sie, da sie permanent sich selbst und ihre eigene Kraft hat, das Ergebnis zu jeder Zeit zustandebringen und nicht in manchen Fällen wirken, in anderen Fällen aber untätig sein. (3) Wenn sie dagegen, wie einige Dogmatiker sagen, nicht absolut und unabhängig, sondern relativ ist, weil sie relativ zu dem gesehen wird, worauf sie einwirkt, und das, worauf sie einwirkt, relativ zu ihr, dann wird ein noch ärgeres Resultat zum Vorschein kommen. (4) Denn wenn das eine relativ zum anderen gedacht wird, von denen das eine eine Wirkung ausübt und das andere eine Wirkung erfährt, dann wird es sich um einen einzigen Begriff handeln, der aber zwei Bezeichnungen hat: das, was Wirkung ausübt, und das, was Wirkung erfährt. Deshalb wird die Wirkkraft nicht eher in ihm als in dem Gegenstand sein, von dem man sagt, er erfahre Wirkung. Denn wie es nicht wirken kann ohne das sogenannte Wirkung Erfahrende, so kann auch das sogenannte Wirkung Erfahrende eine Wirkung nicht ohne dessen Anwesenheit erfahren. (5) Somit folgt, daß die das Ergebnis bewirkende Kraft objektiv nicht eher in ihm als in dem liegt, was die Wirkung erfährt.

☐ Es kann kaum einen Zweifel geben, daß Änesidem eine Pionierleistung für die skeptische Methodologie erbracht hat. Wir finden sie in den Werken des Sextus Empiricus, besonders in seiner gewaltigen Kompilation unter dem Titel »Die zehn Modi« (oft wiedergegeben mit »Die zehn Tropen«). Ausführlicher gesagt sind dies zehn Arten, das Urteil zu suspendieren (vgl. A6-7), d.h. zehn Verfahren, um das Ergebnis zu erzielen, welches Änesidem für das Ziel des Pyrrhoneers erklärt hat (71A3). In A–K stammen unsere Exzerpte aus Sextus' eigener Darstellung der Modi, die in den meisten Hinsich-

---

N Kontext: Kritik des Begriffs der Ursache. Als den Urheber der Kritik läßt Sextus Änesidem erkennen.

ten die beste ist. An anderer Stelle (*Gegen die Mathematiker* 7.345) bezeichnet Sextus selbst Änesidem als deren Autor. Viel von dem vorhandenen Material war zugegebenermaßen traditioneller Stoff − in Wirklichkeit ist es ein bedeutender Teil der Methodologie, daß die dogmatischen Schriftsteller selber die Quelle für das Material sein sollten, welches ihren Ruin beweisen sollte (vgl. C4) −; aber Änesidem ist ohne Zweifel der geniale Kopf gewesen, der das Material für eine neue Aufgabe hergerichtet hat.

Einige Quellen erwähnen nur acht oder neun Modi und führen sie in teilweise unterschiedlicher Reihenfolge an. Dies sollte nicht als eine Unstimmigkeit der Zeugnisse aufgefaßt werden, jedenfalls nicht im üblichen Sinn. Auf irgendeiner besonderen Liste der Modi zu bestehen wäre dem wahren Geist der pyrrhonischen Skepsis zuwidergelaufen. Deshalb sind sowohl die Anzahl als auch die Anordnung, die Sextus angibt, als willkürlich und für Variation offen zu verstehen: **A6, 8**.

Allgemein gesprochen sind die Modi wie alle Argumente Änesidems dazu bestimmt, uns davon abzubringen, jemals in bezug auf irgendeine Thematik einen parteilichen, einseitigen oder irgendwie besonderen Standpunkt einzunehmen (obgleich die Modi selbst sich weitgehend auf Fragen der Sinneswahrnehmung konzentrieren). Dies wird dadurch erreicht, daß der unauflösliche Konflikt ausgearbeitet wird, der zwischen den entgegengesetzten Gründen besteht, welche für die Annahmen geltend gemacht werden (**A1-6**).

Falls es in den Modi ein einziges einendes Thema gibt, dann ist es vielleicht das der Unentscheidbarkeit. Einen privilegierten Gesichtspunkt, von dem aus sich jeder Konfliktfall lösen ließe, gibt es nicht und könnte es nicht geben; die einzig angemessene Reaktion ist daher, sich des Urteils zu enthalten (vgl. auch **40T**). In **A10** erwägt Sextus, *Relativität* als das einende Thema anzusehen. Wie wir sehen werden, ist das im großen und ganzen korrekt, dies aber nur deshalb, weil Relativität und Unentscheidbarkeit sich hier als praktisch äquivalent erweisen.

Man wird bemerken, daß die ersten vier Modi (**B–E**) in einer sorgfältigen dialektischen Sequenz vorgehen: (*1*) Es gibt kein Lebewesen, dessen Standpunkt gegenüber dem Standpunkt anderer Lebewesen privilegiert wäre. (*2*) Selbst wenn der Standpunkt des Menschen privilegiert wäre, ist doch keinesfalls der Standpunkt irgendeines einzelnen Menschen privilegiert. (*3*) Selbst wenn der Standpunkt eines einzelnen Menschen privilegiert wäre, wäre doch keiner seiner Sinne privilegiert. (*4*) Selbst wenn einer der Sinne privilegiert wäre, hätte doch von den Umständen der Wahrnehmungen keiner ein Privileg. Die Modi 5–7 ergänzen Modus 4 um verschiedene weitere Relativitäten, denen die Sinneswahrnehmung unterliegt (**F–H**).

Modus *8* (**I**) schickt sich zu einer Generalisierung über die Relativität an: *alle* Dinge sind relativ. Man ist versucht, dies für eine Version des vertrauten skeptischen Schlusses zu halten, der von dem relativen Charakter eines Gegenstands (z.B. daß er süß oder gut ist) ausgeht und dahin zielt, daß der Gegenstand in sich selbst nichts, d.h. unwirklich sei (der Schluß, dem der Epikureer Polystratos in **7D** geschickt begegnet ist). Es würde dann leicht weiter folgen, daß man von dem Gegenstand auch kein Wissen haben kann. Eine solche Deutung stößt indes auf eine Reihe von Schwierigkeiten. Erstens bezieht die Schlußfolgerung in **I8** sich nur darauf, daß die Natur der Dinge unentdeckbar sei; ihre Unwirklichkeit spielt in dem Argument ersichtlich keine Rolle. In der Tat, wenn es gute Gründe *gäbe*, die Dinge in sich selbst für nichtig zu halten, so würde uns das weniger zu einer Urteilsenthaltung hinlenken als vielmehr zu einer ziemlich festen Schlußfolgerung, nämlich dahin, daß die Dinge keine innere Natur haben. Zweitens heißt es von der These in **I4**, daß sie die Modi *1–7* umfasse, die ebenfalls von der Unentdeckbarkeit der Dinge handeln und den Weg dahin nicht über ihre Unwirklichkeit suchen. Drittens würde sich das Argument in I5-6 als lächerlich darstellen: Es ist noch nicht einmal bei oberflächlicher Betrachtung plausibel, daß Gold gerade deshalb in sich *nichts* sei, weil es in *irgendeiner* Beziehung zu anderen Dingen stehe.

Eine schmackhaftere Alternative besteht darin, den Slogan »Alle Dinge sind relativ« im Licht der zurechtrückenden Glosse von I2 zu verstehen. Der dortige Ausdruck, den wir, um auf Nummer Sicher zu gehen, mit »Alles ist in seiner Erscheinung relativ« übersetzt haben (vgl. auch I4), ist selbst zweideutig und schwankt mit seiner Bedeutung zwischen »Alle Dinge erscheinen (ihrer Seinsweise nach) als relativ« und »Alle Dinge erscheinen auf relative Weise«. Die letztere Bedeutung scheint bei weitem vorzuziehen zu sein. Sie führt viel direkter zu der Unentdeckbarkeitsfolgerung von I8, macht die Feststellung von I4, daß die Modi *1–7* unter diesen Obertitel fallen, ganz korrekt und stattet sogar das Argument von I5-6 *prima facie* mit einiger Plausibilität aus. Wenn Gold uns als ein »differenzierter« (= absoluter: vgl. 29C) Gegenstand erscheint, dann ist das nur kraft des Umstands so, daß es uns in einer bestimmten Beziehung zu darauf bezogenen Gegenständen erscheint; und daß uns die Natur von Gold erscheint, schließt für uns unausrottbar eine Beziehung zur Gattung der Metalle ein. Somit haben wir schon zwei Weisen, wie es nicht vorstellbar ist, daß die innere Natur eines Gegenstands uns ganz in sich selbst und ohne Beziehung auf andere Dinge beeindrucken könnte. Und obwohl das zu keiner ontologischen Schlußfolgerung führt, wirft es eine gute epistemologische Frage auf, ob nämlich jemandes Verständnis einer Sache jemals unabhängig von seiner Art sein könnte, die Welt im allgemeinen wahrzunehmen.

Modus *9* (J) stellt auf einen ziemlich peripheren Punkt ab: Der Grad, in dem uns Dinge beeindrucken, ist weniger eine Funktion ihrer Natur als eine Funktion davon, wie ungewöhnlich sie für uns sind. Daß Dinge in dem dort erwähnten Sinn überraschend oder kostbar sind, ist natürlich keine Eigenschaft, die man gemeinhin als Teil der Natur eines Gegenstandes betrachtet. Wir können aber leicht versucht sein, daraus die Natur einer Sache zu *erschließen*, z.B. zu erschließen, daß ein Komet ein göttliches Zeichen (J2) oder daß Gold gut ist (vgl. J3).

Von Modus *10* (K) wurde verschiedentlich gesagt, er betreffe Werturteile. Aber K10, 11 und 15 passen kaum zu dieser Deutung. Es könnte passender sein zu sagen, daß, während es bei den ersten neun Modi darum geht, wie die Dinge *natürlicherweise* erscheinen, der zehnte Modus sich auf Konflikte bezieht, die zwischen den verschiedenen *kulturellen* Standpunkten entstehen, welche die Menschen sich aneignen. Diese Standpunkte werden nicht notwendig selbst als eine weitere Mannigfaltigkeit des Erscheinens angeboten; aber sie regieren jedenfalls die Weise, wie die Dinge uns erscheinen (K16).

Nach A9-10 stehen die zehn Modi untereinander in Beziehungen, wie sie das folgende Diagramm zeigt.

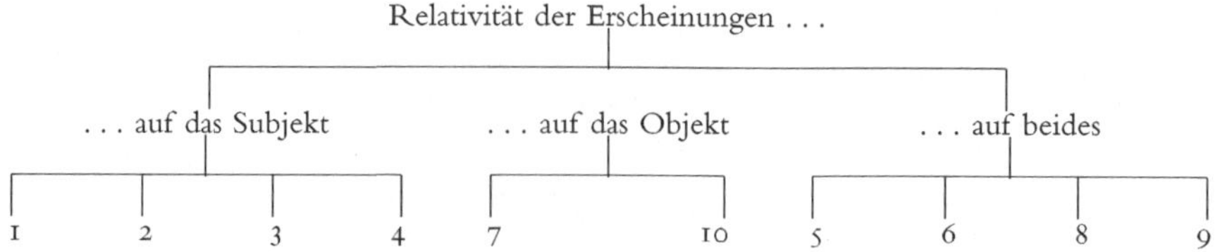

Wenn Relativität sowohl als die oberste Gattung als auch – in Modus *8* – unter den Arten erscheint, dann ist das so infolge der »speziellen« Applikationen von Relativität in I5–8. Modus *10* ist wohl der einzige, der weniger gut in das Schema paßt: »Relativität der Erscheinungen in bezug auf ihren (kulturellen) *Kontext*« würde den Modus besser kennzeichnen.

Das Fazit ist, daß *alle* Erscheinungen durch eine Relativität auf Faktoren bestimmt sind, die über die innere Natur des erscheinenden Gegenstands weit hinausgehen, und daß es deshalb keinen vom Gift der Relativität freien Standpunkt gibt, von dem aus die Konflikte zwischen den Erscheinungen entschieden werden können. Folglich sind wir gezwungen, unser Urteil über die Natur der Dinge zurückzuhalten.

Außer den Modi scheint Änesidem eine ungeheure Menge anti-dogmatischer Argumente entwickelt zu haben, deren Tragweite sich aus L–N allenfalls erahnen läßt. Beliebte Ziele, die sie zu treffen suchen, sind Theorien des Zeichens (L3; 36G6; vgl. 18; 42) und der Ursache (L1, 4, M, N; vgl. 55). Für weitere Beispiele von Kritiken aus seiner Schule vgl. **23F, 36C6, 40T, 50F, 67B**.

Die Texte können gelegentlich den Eindruck erwecken, daß Änesidem zugunsten der spezifisch negativen Schlußfolgerung argumentierte, daß der Gegenstand der Untersuchung gar nicht existiert. Bei näherer Betrachtung zeigt sich allerdings, daß sie sich folgendermaßen aufteilen. Von angeblich objektiven Gegenständen oder Sachverhalten, solchen wie etwa Wahrheit, Ursache, Bewegung, Entstehung, Natur, Gott und Gutes, wird gezeigt, daß sie *jenseits unserer Erkenntnis* liegen. Das paßt gut mit der Strategie der zehn Modi zusammen (vielleicht ist es die angeblich extreme Position, die in **68R** angegriffen wird) und impliziert als Resultat, daß wir unser Urteil darüber zurückhalten sollten, ob es solche Dinge gibt, und nicht, daß wir sie aktiv verneinen sollten. Andererseits wird von positiven epistemologischen oder moralischen Lehren offenbar gezeigt, daß sie *falsch* sind: in **L3** heißt es von Änesidem, er schließe, daß es keine Zeichen, und in **L7**, daß es kein ethisches Ziel gibt.

Die Quellen tendieren bei den Schlußfolgerungen der Skeptiker häufig dazu, deren Negativität zu übertreiben. Dessen ungeachtet scheint es nicht unplausibel zu sein, daß die Berichterstattung hier korrekt ist. Die Neutralität des Pyrrhoneers wird dadurch erreicht, daß genau auf das Unentscheidbarkeitsprinzip geachtet wird, welches den Modi zurundeliegt. Wenn ein dogmatischer Philosoph indes mit einer Lehre zweiter Stufe ankommt, einer Zeichentheorie etwa, um für einen sicheren Zugang zur verborgenen Natur der Dinge zu sorgen, dann kann es im Hinblick darauf, die Neutralität zu sichern, als ganz unangemessen erscheinen, bloß mit einer Urteilsenthaltung zu reagieren. Sicherer ist, sich mit Festigkeit *gegen* die Möglichkeit auszusprechen, daß man die Natur der Dinge kennenlernen könne, gerade so, wie das auch alle Modi tun und wie es nach Timon (1F) Pyrrhon selbst in der Tat gemacht hatte. Zweifellos hatte Änesidem das Gefühl, dies tun zu können, ohne sich auf einen Wissensanspruch festzulegen oder ihm gar zuzustimmen oder ihn sogar als eine Wahrheit zu behaupten (vgl. 71C6): Er konnte einfach sagen, dies sei die Art, wie ihm die Dinge – in nicht-epistemischem Sinn (siehe **71 Kommentar**) – erscheinen.

In ähnlicher Weise könnte seine Position bezüglich des »Ziels« behandelt werden. Tentativ haben wir bereits vorgeschlagen (**71 Kommentar**), daß er sein eigenes Ziel, die Urteilsenthaltung, von seinem Angriff auf dogmatische Ziele in **L7** ausgenommen sehen würde. Also ebenso, wie Änesidem bezüglich der Natur der Dinge wünscht, daß uns erscheint, daß sie unentdeckbar ist, damit wir von allen dogmatischen Annahmen über sie befreit werden können, ebenso wünscht er auch mit Bezug auf das Ziel, daß uns erscheint, daß die Urteilsenthaltung das Ziel ist, eben damit wir von jeder dogmatischen Bindung an ein Ziel befreit werden können.

Die oben beschriebene Strategie scheint alle Werke Änesidems zu betreffen. Es gibt kein Anzeichen, daß er der Methode des Karneades (siehe **68**, **70**) gefolgt wäre, zur Induzierung einer Urteilsenthaltung in einem Disput beide Seiten zu verteidigen. Wenn überhaupt, dann scheint er der unmittelbar polemischen Methode näher zu stehen, die wir Arkesilaos zugeschrieben haben (**68** Kommentar; vgl. besonders **68I**). Alle von ihm überlieferten Argumente sind einseitig orientierte Angriffe gegen dogmatische Thesen. Sein Ziel ist durchweg zu zeigen — nicht, daß es zu jedem Lehrstück zwei Seiten gibt, sondern — daß es keine Grundlage gibt, um bei irgendeinem Thema irgendeine Lehrauffassung als vorrangig zu erachten.

(Ein Teil des Quellenmaterials, das sich als zu widerspenstig erwies, um es in dieses Buch aufzunehmen, besteht aus einer Reihe von Passagen, die Änesidem der Lehre nach mit Auffassungen des Vorsokratikers Heraklit in Verbindung bringen. Es mag genügen zu sagen, daß dies angemessen erklärt werden *kann*, wenn man darin eine spezifisch anti-stoische Kampagne von seiten Änesidems sieht. Heraklit wurde von den Stoikern als ein bedeutender Vorläufer angesehen, und man hat in plausibler Weise vorgeschlagen, daß Änesidem die Stoiker dadurch in Verlegenheit zu bringen suchte, daß er die unstoischen Aspekte von Heraklits Denken entwickelte.)

Abgesehen von den oben exzerpierten Texten ist in den Text des Sextus zweifellos ein beachtlicher Teil von Änesidems Argumentation eingebettet; in *Gegen die Mathematiker* 8.440ff. und 9.218ff. macht Sextus explizit, wie stark er Änesidem verpflichtet ist. Ein Hauptmerkmal von Änesidems Argumenten war klar erkennbar die in **N** exemplifizierte Methode, ein Dilemma zu erzeugen, eine Methode, die auch in den Schriften des Sextus allgegenwärtig ist.

Indizes

Glossar

Kursivierte Termini sind griechische Termini, außer wo sie durch den Zusatz »(lat.)« eigens als lateinische kenntlich gemacht sind. Die zu den einzelnen Termini angegebenen Textreferenzen stellen in der Regel nur eine Auswahl dar, die dazu gedacht ist, auf die jeweils primären Zeugnisse hinzuweisen.

durchuntersucht = *diexōdeumenos*: 69E
durchziehen = *dihēkein*: 44–48

Effekt = *apotelesma*: 55
Eigenschaft = *poiotēs*: 12D, 28; siehe auch
 »allgemeine/individuelle Eigenschaft«
eigenschaftsmäßig bestimmt = *poios*: 28;
 siehe auch »allgemein/individuell ei-
 genschaftsmäßig bestimmt«
Eigentümliches = *idion*: 32B-C, E
Eindruck = *typōsis*: 39A, F
Einteilung = *dihairesis*: 32C
Element = *stoicheion*: 47
Elimination = *anaskeuē*: 18, 42G-H, J
Empfindung, Gefühl = *pathos*: 17; auch
 »Affekt«, »Leidenschaft«
Entfremdung = *alloiōsis*: 57
enthüllend = *ekkalyptikos*: 35C, 36B
Entwicklung, was wir zustandebringen =
 apogegennēmenon: 20B-C
Erkenntnis = *katalēpsis*; erkenntnistauglich
 = *katalēptikos/katalēptos*, erkennen = *ka-
 talambanein*: 39–41, 68–69, 71C
Erklärung = *aitia*: 55A; auch »Ursache«,
 »Verantwortung«
Erntender/Argument vom Erntenden =
 therizōn (logos): 31M, 37C, 38I
Erscheinung = *phainomenon*: 1H, 71
etwas = *ti*: 27
Evidenz = *enargeia*, evident = *enargēs*: 18A,
 40K, 68U

falsche (fehlerhafte) Handlung = *hamartē-
 ma*: 59K-O
Fatum = *heimarmenē*: 20, 38, 54B, U,
 55J-S, 62, 70G; auch »Schicksal«
fester Körper = *steremnion*: 15–16, 23E
Fiktion = *phantasma*: 30A, C, 39A-B
Fokussierung = *epibolē*: 15, 17A-B
folgen (aus) = *akolouthein, hepesthai*, Fol-
 gerungszusammenhang = *akolouthia*
 (auch »Folgerichtigkeit«): 35, 38, 53T
Folgerichtigkeit = *akolouthia*: 59; auch
 »Folgerungszusammenhang«
Führungsvermögen = *hēgemonikon*: 53
Fusion = *synchysis*: 48C

geeint = *hēnōmenos*, zu einer Einheit machen = *henoun*: 28M, 48C
Gegenüberstellung = *periptōsis*: 15F, 39D;
 auch »Konfrontation«
Gegenzeugnis geben = *antimartyrein*, Gegenzeugnis = *antimartyrēsis*: 18
Geist = *psychē*: 14, 53 (auch »Seele«); (lat.)
 mens, animus: 14

Gemisch = *krama*: 14C; Mischung = *krasis*:
 48
glaubhaft = *pithanos*: 37A, M, 39G, 42I-J,
 68S, 69D-F
Glück = *eudaimonia*: 21, 23F, 63
GN: siehe »Dinge im Gegensatz zur Natur«
Grenze = *peras*: 9–10, 24C, 50C-E
Grundregel = *thema*: 36H-J
gültig = *perantikos*: 36
Gutes Gefühl = *eupatheia*: 65F

Habitus = *hexis*: 47, 53A, 60J, L
Helfende (Ursache) = *synergon (aition)*: 55I

in unserer Macht = *eph' hēmin*: 62
Indefinit = *aoristos*: 34H, K
indifferent = *adiaphoros*: 1F, 58
individuell eigenschaftsmäßig bestimmt =
 idiōs poios: 28
individuelle Eigenschaft = *idia poiotēs*: 28
interagieren = *sympaschein*: 45C; Interaktion = *sympatheia*: 47L; auch »Ko-Affektion«
Intervall = *diastēma*: 49B, 50F, 51A

Kasus = *ptōsis*: 33, 55C
kinetisch = *en kinēsei*: 21; auch »in Bewe-
 gung«
Klugheit = *phronēsis*: 21, 61
Ko-Affektion = *sympatheia*: 14A, 15A;
 auch »Interaktion«
ko-schicksalhaft = *synheimarmenos*: 55S,
 62F
Kollision = *antikopē*: 11
Konditionalaussage = *synhēmmenon*:
 35A-C
Konfrontation = *periptōsis*: 15F, 39D; auch
 »Gegenüberstellung«
Konjunktion = *sympeplegmenon*: 35A, D
Konsequenz = *epiphora*: 36; s.a. »Schlußsatz«
Konstitution = *systasis*: 29F, 57
Kontradiktorischer Gegensatz = *antikeime-
 non*: 34G, 35E
Konzept = *ennoēma*: 17C, 30; auch »Be-
 griff«
korrekt = *hygiēs*: 35
Kriterium = *kritērion*: 17, 40, 70A, 71A;
 auch »Unterscheidungsvermögen«
Kunst = *technē*: 42
kunstverständiges Feuer = *pyr technikon*:
 46A

Lebensprinzip = (lat.) *anima*: 14

Leeres = *kenon*: 5–6, 49
Lehre = *dogma*, dogmatisch = *dogmatikos*;
feste Lehren pflegen = *dogmatizein*:
22Q 6, 66I-J, 68N, 71, 72K
Leidenschaft = *pathos*: 65; auch »Affekt«,
»Empfindung«
Leidenschaftslosigkeit = *apatheia*: 2F
Lekton = *lekton*: 33; auch »Sagbares«
Lügner-Argument = *pseudomenos (logos)*:
37

Materie = *hylē*: 44
Mehrdeutigkeit = *amphibolia*: 37P-Q
Meinung = *doxa*: 16, 21, 41, 68–69
Meisterargument = *kyrieuōn (logos)*: 38
minderwertig = *phaulos*
Minimum = *elachiston*: 9
Mit-Aufhebung, Mit-Elimination = *syn-
anaskeuē*: 18
Mitursache = *synaition*: 55I

Namen-Träger = *tynchanon*: 19K, 33B
Natur = *physis*: 43A; auch »Naturphilosophie«, »Physik«, »Substanz«
Natur (im Gegensatz zu ›Seele‹) = *physis*:
53A-B; auch »Natur«, »Substanz«
Nebeneinanderordnung = *parathesis*: 48
Nebenfolge = *parakolouthēsis*: 54Q; begleiten = *parakolouthoun*: 7B
... muß man nehmen = *lēptos*: 58C
nicht abgelenkt = *aperispastos*: 69E-F
nicht-durchschlagend = *aperantos*: 36
nicht erkenntnistauglich = *akatalēptos*:
39–40, 68
nicht-Gegenzeugnis = *ouk antimartyrēsis*:
18
nicht mehr − als = *ou mallon − ē*: 1F-G,
58A, 71C
nicht-offensichtlich = *adēlos*: 18, 36B,
68R
Niemand-Argument = *outis (logos)*: 30E
Nutzen = *ōpheleia*, nutzen = *ōphelein*: 60G,
I

offensichtlich = *prodēlos*: 36B

Parodie = *parabolē*: 54D, F
PGN: siehe »primäre Dinge im Gegensatz
zur Natur«
plausibel = *eulogos*: 40F, 42J, 59B, 69B
Prädikat = *katēgorēma*: 33, 55A-C
Prämisse = *lēmma*: 36; siehe auch »Zusatzprämisse«
primäre Dinge im Gegensatz zur Na-
tur/*PGN* = *prōta para physin*: 58

primäre Dinge in Übereinstimmung mit
der Natur/*PÜN* = *prōta kata physin*: 58
Prinzip = *archē*: 44; = *logos*: 46F (siehe
auch »Samenprinzipien«); auch »Argument«, »Rede«, »Vernunft«, »Abhandlung«
PÜN: siehe »primäre Dinge in Übereinstimmung mit der Natur«

Raum = *chōra*: 5, 49B
rechtschaffen = *kalos, spoudaios*
Rechtschaffenes = *to kalon* (lat. *honestum*)
Rede = *logos*: 33, 53U; auch »Argument«,
»Prinzip«, »Abhandlung«, »Vernunft«
relativ = *pros ti*: 7D, 29C, 72I
Relativ Disponiertes = *pros ti pōs echōn*: 29
richtige Handlung = *katorthōma*: 59K-O,
69B

Sache = *pragma*: 33
Sagbares = *lekton*: 33; auch »Lekton«
Samenprinzipien = *spermatikoi logoi*: 46A
Schicksal = *heimarmenē*: 20, 38, 54B, U,
55J-S, 62, 70G; auch »Fatum«
schließen = *synagein*, Schluß = *synagōgē*,
schlüssig = *synaktikos*: 36
Schlußsatz = *symperasma*: 36; s.a. »Konse-
quenz«
Schneiden = *temnein*, Schnitt = *tomē*: 37B,
G
Schweigen = *hēsychazein*: 37F, H, S
Seele = *psychē*: 14, 53; auch »Geist«, »Le-
bensprinzip«
Sich wechselseitig zur Folge Haben = *ant-
akolouthia*: 55D 61F
Sinneserkenntnis = *epaisthēsis*: 16B-C
Sinneswahrnehmung = *aisthēsis*: 1F,
15–16, 39, 40L, N, Q, 43G, H, M,
72D
Skopus = *skopos*: 63–64
Spannung = *tonos*, spannungsmäßig = *to-
nikos*: 47J; Spannungshaftigkeit = *euto-
nia*: 47G
Sprache = *logos*; auch »Darstellung«, »Ar-
gument«, »Rede«, »Prinzip«, »Ver-
nunft«, »Abhandlung«
Sprachlaut, sprachliche Äußerung = *lexis*:
33, 37P
statisch = *katastēmatikos*: 21
Stimme = *phōnē*: 33, 53U
Strebung = *epitēdeumata*: 26H, 60J, L
Subkonditionale Aussage = *parasynhēmme-
non*: 35A
subsistieren = *hyphistasthai*: 27, 51C
Substanz = *physis*: 5A, D, 7B (auch »Natur«); = *ousia*: 28, 44

Substrat = *hypokeimenon*: 28

Übereinstimmung = *homologia*, in Übereinstimmung = *homologoumenōs*: 63
Übergang = *metabasis*: 9A, 23E-F, 39D
Überschuß = *parholkē*: 36C
ÜN: siehe »Dinge in Übereinstimmung mit der Natur«
Umriß = *typos*: 17E
umschlagendes Argument = *metapiptōn (logos)*: 37A, J, K
unbeurteilbar = *anepikritos*: 1F, 72
unbeweisbar = *anapodeiktos*: 36
unkörperlich = *asōmatos*: 7B, 14A, 27
unrichtig = *mochthēros*: 36
Unterscheidungsvermögen, Urteilsfähigkeit = *kritērion*: 15A, 17D; auch »Kriterium«
ununterscheidbar, gleich = *aparallaktos*, Ununterscheidbarkeit = *aparallaxia*: 28O, 40, 42H, 52, 70A
unverträglich sein = *machesthai*: 35
Unwert = *apaxia*: 58
Ursache = *aition* (gelegentlich *aitia*): 55, 72M-N
sein Urteil zurückhalten = *epechein*, Urteilsenthaltung = *epochē*: 1A, 68-69, 71-72

variieren = *poikillein*: 21
Verantwortung = *aitia*: 20; auch »Ursache«, »Erklärung«
Verhüllter/Argument vom Verhüllten = *enkalymmenos (logos)*: 37L
Vernunft = *logos*: 16A-B, 39E, 53V; auch »Argument«, »Rede«, »Prinzip«, »Abhandlung«
mit der Vernunft erkennbar, durch die Vernunft sichtbar = *logōi* (oder *dia logou*) *theōrētos*: 11D-E, 23G
Verwandtes = *oikeion*: 21B-C, 22M; auch »zueigen«
Verwirrung = *tarachē*, Freiheit von Verwirrung = *ataraxia*: 1F, 2, 21, 25, 71
vollständige Ursache = *aition autoteles*: 55I, R, 62C

vorausgehende Ursache = *aition prokatarktikon*: 55F, I, R; = *prohēgoumenon aition*: 55F
Vorbegriff = *prolēpsis*: 17, 23E, 39E, 40A, G, R-T
Vorgestelltes = *phantaston*: 39B
vorhanden sein = *hyparchein*: 51B; auch »bestehen«
Vorschrift = (lat.) *praeceptum*: 66I-J
Vorsehung = *pronoia*: 54
Vorstellung = *phantasia*: 15-16, 39-40, 70A-B

wählenswert = *hairetos*: 21, 33J, 60O
Welt = *kosmos*: 13, 44F, 54
Weltbrand = *ekpyrōsis*: 46
Weltordnung = *diakosmēsis*: 44F
Wert = (Nomen) *axia*: 58
Widerständigkeit = *antitypia*: 7C, 45F
Wissenschaft, wissenschaftliches Wissen = *epistēmē*: 31B, 41-42, 61D, H

Zeichen = *sēmeion*: 18C, 35C, 42, 51H, 53T
Zeigegeste = *deixis*: 34H-J
Ziel = *telos*: 21A-B, 63-64, 71A
zueigen = *oikeios*, Zueignung, Zurechnung = *oikeiōsis*: 57; auch »Verwandtes«
zukommende Funktion = *kathēkon*: 59, 66
zurückgestellt = *apoprohēgmenos*: 58
zusammenhalten = *synechein*, zusammenhaltende Kraft = *synektikē dynamis*: 47; zusammenhaltende Ursache = *synektikon aition*: 55H-I
Zusammenhang = *synartēsis*: 35B
Zusammenhanglosigkeit = *diartēsis*: 36C
Zusammensetzung = *synthesis*: 15F, 39D
Zusatzprämisse = *proslēpsis*: 26
Zustand = *schesis*: 28N, 60J
Zustimmung = *synkatathesis*; zustimmen = *synkatatithesthai*: 40, 41A, 53S, 69G-K
zuträgliches Ding = *ōphelēma*: 33J

Quellen-Index

Das folgende Verzeichnis umfaßt alle die Texte, die in dem vorliegenden Band zu Beginn jedes Paragraphen als Quellentexte unterbreitet werden. Es berücksichtigt mit anderen Worten weder die Quellen, die A.A. Long und D.N. Sedley in ihrem zweiten Band zusätzlich abgedruckt haben, noch die Texte, auf die sie darüber hinaus in ihren Kommentaren verweisen. Insgesamt freilich sind es nicht sehr viele Angaben, auf die damit verzichtet wird; und aufgewogen wird der Verzicht durch einen erheblichen Gewinn an Übersichtlichkeit. Die Beschränkung erlaubt nämlich, im Index als Referenzsystem anstelle von Seitenzahlen wieder die halbfett gedruckten Textnummern zu verwenden, die auch im Buch selbst benutzt werden und die entscheidend sind, wenn man parallel die originalsprachlichen Textfassungen des zweiten Bands vergleichen möchte; da die Übersetzung sich grundsätzlich nach dem dort publizierten Wortlaut richtet, muß ein solcher Vergleich leicht möglich sein. Was die Quellenangaben des vorliegenden Verzeichnisses betrifft, so werden sie eingeleitet durch kurze Hinweise zu den Autoren der einzelnen Texte, zu den jeweiligen Schriften und zu den Standardausgaben sowie zur Zitationsweise. Diese zusätzlichen Angaben mögen all denen die Orientierung erleichtern, die sich den hellenistischen Philosophen von anderen Interessensgebieten her nähern und sich erstmals vor die Schwierigkeiten einer nur fragmentarischen Überlieferung gestellt sehen.

AËTIOS. Griechischer Doxograph, ca. 100 v.Chr. Sein Text wurde von H. Diels, *Doxographi Graeci* (Berlin 1879), aus späterem doxographischem Material vermutungsweise rekonstruiert, das unter verschiedenen Namen überliefert ist (Plutarch, Stobaeus u.a.). Zitiert nach der Kapitel- und Abschnitteinteilung bei Diels.
1. Prooem. 2: **26A**; 1.7.33: **46A**; 1.10.5: **30B**; 1.11.5: **55G**; 1.20.2: **5C**; 1.28.4: **55J**; 4.3.11: **14C**; 4.11.1–4: **39E**; 4.12.1–5: **39B**; 4.21.1–4: **53H**; 4.23.1: **53M**

ALEXANDER VON APHRODISIAS. Peripatetischer Philosoph, Blütezeit um 200 n.Chr. Zitiert nach den Seiten- und Zeilenzahlen der nachfolgend genannten Ausgaben.
De anima libri mantissa [dt. *Anhang zu dem Buch »Über die Seele«*], hrsg. von I. Bruns, Berlin 1887 (*CAG Suppl. Arist.* II,1).
118,6–8: **29A**; 164,3–9: **64B**
De fato [dt. *Über das Schicksal*], hrsg. von I. Bruns, Berlin 1892 (*CAG Suppl. Arist.* II,2).
176,14–24: **38H**; 181,13–182,20: **62G**; 185,7–11: **62H**; 191,30–192,28: **55N**; 196,24–197,3: **61M**; 199,14–22: **61N**; 205,24–206,2: **62I**; 207,5–21: **62J**
De mixtione [dt. *Über die Mischung*], hrsg. von I. Bruns, Berlin 1892 (*CAG Suppl. Arist.* II,2).

216,14–218,6: **48C**; 223,25–36: **47L**; 224,14–17, 23–26: **47I**; 225,1–2: **45H**
In Aristotelis Analyticorum priorum librum I commentarium [dt. *Kommentar zum ersten Buch der »Ersten Analytiken« des Aristoteles*], hrsg. von M. Wallies, Berlin 1883 (*CAG* II,1).
177,25–178,1: **38F**; 180,33–36; 181,25–31: **52F**; 183,34–184,10: **38B**; 278,11–14: **36J**
In Aristotelis Topicorum libros octo commentaria [dt. *Kommentar zu den acht Büchern der »Topik« des Aristoteles*], hrsg. v. M. Wallies, Berlin 1891 (*CAG* II,2).
1,8–14: **31D**; 42,27–43,2: **32E**; 301,19–25: **27B**; 359,12–16: **30D**

ALEXANDER LYCOPOLIS. Platonischer Philosoph des 3. Jhs. n.Chr.
Contra Manichaeorum opiniones disputatio [dt. *Erörterung gegen die Ansichten der Manichäer*] wird zitiert nach der Seiten- und Zeilenzahl der Ausgabe von A. Brinkmann (Leipzig 1895).
19,2–4: **46I**

AMMONIOS. Platonischer Philosoph um 500 n.Chr, wirkte nicht zuletzt durch seine Aristoteleskommentare. Zitiert nach den Seiten- und Zeilenzahlen der nachfolgend genannten Ausgaben.
In Aristotelis Analyticorum priorum librum I commentarium [dt. *Kommentar zum ersten Buch der »Ersten Analytiken« des Aristoteles*], hrsg. von M. Wallies, Berlin 1899 (*CAG* IV,6).

8,20–22; 9,1–2: **26E**
In Aristotelis De interpretatione commentarius
[dt. *Kommentar zu Aristoteles, »Über den
Satz«*], hrsg. von A. Busse, Berlin 1897
(*CAG* IV,5).
17,24–28: **33N**; 38,17–20: **37O**;
43,9–15: **33K**; 131,24–32: **38I**
PS.-ANDRONIKOS. Andronikos von Rho-
dos war um 70 v.Chr. Scholarch des
Peripatos. Die ihm fälschlich zuge-
schriebene Schrift *De passionibus* [dt.
Über die Affekte] stammt aus dem 2. Jh.
n.Chr., hrsg. unter dem Titel *Peri Pa-
thōn* von A. Glibert-Thirry (Leiden
1977).
De passionibus I: **65B**
ANONYME SCHRIFTEN
Anonyme akademische Abhandlung (Oxy-
hynchus Papyrus 3008) [P. Oxy. 3008,
P. Parsons, *The Oxyrhynchus Papyri* XLII,
1973].
P. Oxy. 3008: **28C**
*Anonyme epikureische Abhandlung über die
Sinne* (Pap. Hercul. 19/698) [W. Scott,
Fragmenta Herculanensia, Oxford 1885].
col. 17, 18, 22, 23, 25, 26, frg. 21: **16C**
*Anonyme epikureische Abhandlung über Theo-
logie* (Oxyrhynchus Papyrus 215), möglicherweise von Epikur selbst. [P. Oxy.
215, B.P. Grenfell/A.S. Hunt, *The
Oxyrhynchus Papyri* II, Oxford 1889].
1.4–24: **23I**
*Anonymer Kommentar zu Platons »Theaite-
tos«*. Fragmentarischer Papyrus eines
akademischen Autors aus dem 1. oder
2. Jh. n.Chr. [Anon., *In Plat. Theaet.*,
H. Diels/W. Schubart, *Berliner Klassikertexte 2*, Berlin 1905]. Zitiert nach
Kolumnen- und Zeilenzahlen.
5.18–6.31: **57H**; 22.39–47: **19F**;
60.48–61.46: **71D**; 70.5–26: **28B**
Anonymer stoischer Tractat (Papyrus Herculanensis 1020) [Anon. Stoic. (P. Herc.
1020), H. Von Arnim, *Hermes 25*, 1890]
col. 4, frg. 1, col. 1: **41D**
PS.-APULEIUS. Apuleius (platonischer Philosoph des 2. Jhs. n.Chr.) gilt seit der
Spätantike auch als Autor einer aus dem
3. oder 4. Jh. stammenden Schrift *De
interpretatione* [dt. *Über den Satz*], die
eine Kompilation der aristotelischen
Logik bietet. Zitiert nach den Seiten-
und Zeilenzahlen der Ausgabe von
P. Thomas (Leipzig 1908).
De int. 184,16–23: **36D**; 191,5–10: **36I**

ARISTOKLES. Peripatetiker des 2. Jhs.
n.Chr., Lehrer ↗Alexanders v. Aphr.
Aus seiner Philosophiegeschichte hat
↗Eusebius, *Praep. evang.* sieben Auszü-
ge überliefert.
↗*Pr. ev.* 14.18.1–5: **1F**; 14.18.17: **2A**;
14.18.19: **2B**; 14.18.28: **3B**; 15.14.1:
45G; 15.14.2: **46G**
ARIUS DIDYMUS. Alexandrinischer Doxograph, spätes 1. Jh. v.Chr., ausführlich
zitiert bei ↗Eusebius, *Praep. evang.*.
↗*Pr. ev.* 15.15.3–5: **67L**
ATHENAEUS. Verarbeitet in seinem Werk
einen kulturgeschichtlich äußerst wert-
vollen Zettelkasten, ca. 200 n.Chr.
Deipnosophistae [dt. *Gelehrte Gespräche bei
Tisch*], 3 Bände, hrsg. von G. Kaibel,
Leipzig 1887–1890.
267B: **67Q**; 337A: **2I**; 354E: **40F**; 546F:
21M; 561C: **67D**; 588A: **25F**
AUGUSTINUS von Hippo. Bischof, Theologe und Philosoph; 354–430 n.Chr.
Hinterließ ein umfangreiches Œuvre in
Latein.
Contra Academicos [dt. *Gegen die Akademiker*], hrsg. v. W.M. Green, *Corpus Chri-
stianorum* XXIX, Turnholdt 1970.
2.11: **68P**
De civitate Dei [dt. *Der Gottesstaat*], hrsg.
von B. Dombart/A. Kalb, 2 Bde., Leipzig 1928/1929.
8.7: **32F**
AURELIUS, MARCUS. Siehe *Philosophen-Index*.
Ad se ipsum [dt. *Wege zu sich selbst*], hrsg. v.
J. Dalfen, Leipzig 1979.
2.14: **52H**; 5.16: **63K**; 8.14: **61P**

BOETHIUS. Römischer Philosoph und
Kommentator, ca. 480–524 n.Chr.
In Aristotelis De interpretatione [dt. *Kommentar zu Aristoteles, »Über den Satz«*], hrsg.
v. C. Meiser, Leipzig 1880. Zitiert nach
den Seiten- und Zeilenzahlen dieser
Ausgabe.
234,22–26: **38C**

CHALCIDIUS. Christlicher Übersetzer und
Kommentator von Platons *Timaios*;
schrieb um 400 n.Chr.
In Platonis Timaeum [dt. *Kommentar zu Pla-
ton, »Timaios«*], hrsg. von J.H. Waszink,
London und Leiden 1962.
In Plat. Tim. 144: **54U**; 220: **53G**; 292:
44D; 293: **44E**

CHRYSIPP. Siehe *Philosophen-Index*.

Quaestiones logicae III [dt. *Logische Untersuchungen*, Buch III], erhalten in einigen Papyrusfragmenten, hrsg. von W. Crönert, *Hermes* 36, 1901 (und nochmals von H. v. Arnim als Fragment 298a in den *Stoicorum Veterum Fragmenta* Bd. 2, Leipzig 1903). Zitiert nach Kolumnen- und Zeilenzahl.

9.17–22: **37G**

CICERO. Römischer Redner, Staatsmann und Philosoph, 106–43 v.Chr., war mit namhaften Philosophen der Zeit bekannt (z.B. Antiochos, Philon von Larissa, Poseidonios) und schrieb in den letzten Jahren seines Lebens zahlreiche Werke, meist Dialoge, in denen er in Latein die Grundpositionen der hellenistischen Schulen vom Standpunkt der Neuen Akademie aus darstellte. Zitiert nach den Buch- und Paragraphennummern.

Academica 1 u. 2 [dt. *Akademische Fragen* 1 und 2; *Academica* 2 ist auch als der Dialog »Lucullus« bekannt], hrsg. v. O. Plasberg, Leipzig 1922.

Acad. 1.13: **68B**; 1.39: **45A**; 1.40–41: **40B**; 1.41–42: **41B**; 1.43–46: **68A**

Acad. 2.7–8: **68S**; 2.16: **68C**; 2.17–18: **68U**; 2.21: **39C**; 2.22: **40M**; 2.22: **42B**; 2.28–29: **68N**; 2.30–31: **40N**; 2.32: **68R**; 2.36: **42F**; 2.37–38: **40O**; 2.40–41: **70B**; 2.57: **40I**; 2.59: **69F**; 2.60: **68Q**; 2.66–67: **69G**; 2.76–77: **68O**; 2.77–78: **40D**; 2.78: **69H**; 2.83–85: **40J**; 2.92–96: **37H**; 2.97: **20I**; 2.99–100: **42I**; 2.103–104: **69I**; 2.108: **69J**; 2.130: **2F**; 2.139: **69L**; 2.145: **41A**; 2.148: **69K**

De divinatione [dt. *Über die Wahrsagung*], im Anschluß an O. Plasberg hrsg. v. W. Ax, Leipzig 1938.

1.34: **42C**; 1.82–83: **42D**; 1.117–118: **42E**; 1.125–126: **55L**; 1.127: **55O**; 2.9–10: **70F**

De fato [dt. *Über das Schicksal*], im Anschluß an O. Plasberg hrsg. v. W. Ax, Leipzig 1938.

7–8: **55Q**; 12–15: **38E**; 20–21: **38G**; 21–25: **20E**; 26–33: **70G**; 28–30: **55S**; 37: **20H**; 38: **34C**; 39–43: **62C**

De finibus bonorum et malorum [= *De fin.*; dt. *Über die Grenzen im Guten und Bösen*], hrsg. v. Th. Schiche, Leipzig 1915.

1.22: **19H**; 1.29–32, 37–39: **21A**; 1.55: 21U; 1.66–70: **22O**; 2.2: **68J**; 2.9–10: **21Q**; 2.43: **2G**; 2.69: **21O**; 3.17, 20–22: **59D**; 3.22: **64F**; 3.24–25: **64H**; 3.27: **60N**; 3.31: **64A**; 3.32: **59L**; 3.33–34: **60D**; 3.50: **58I**; 3.58–59: **59F**; 3.60–61: **66G**; 3.62–68: **57F**; 4.9: **31I**; 4.26–27, 29–30, 32, 39: **64K**; 4.43: **2H**; 4.78: **64L**; 5.10: **68K**; 5.16: **64E**; 5.17–20: **64G**

De natura deorum [dt. *Über das Wesen der Götter*], nach O. Plasberg hrsg. v. W. Ax, Leipzig 1933.

1.18–23: **13G**; 1.39: **54B**; 1.43–49: **23E**; 1.52–53: **13H**; 2.12–15: **54C**; 2.16: **54E**; 2.22: **54G**; 2.23–25, 28–30: **47C**; 2.37–39: **54H**; 2.58: **53Y**; 2.75–76: **54J**; 2.88: **54L**; 2.93: **54M**; 2.133: **54N**; 3.43–44: **70D**

De officiis [dt. *Über Pflichten*], hrsg. v. P. Fedeli, Florenz 1965, ²1967.

1.15, 152: **59P**; 1.46: **66D**; 1.107, 110–111, 114–117: **66E**; 1.132: **53J**; 2.73: **67V**

De oratore [dt. *Über den Redner*], hrsg. v. K.F. Kumaniecki, Leipzig 1969.

2.157–158: **31G**; 3.80: **68L**

De re publica [dt. *Über das Gemeinwesen*], hrsg. von K. Ziegler, Leipzig 1969.

1.34: **67T**; 3.33: **67S**

Topica [dt. *Topik*], hrsg. v. A.S. Wilkins, Oxford 1903. ; 6: **31F**

Tusculanae disputationes [dt. *Gespräche in Tuskulum*], hrsg. v. M. Pohlenz, Leipzig 1918.

3.41–42: **21L**; 4.29, 34–35: **61O**; 4.53: **32H**; 5.40–41: **63L**; 5.81–82: **63M**; 5.85: **1J**; 5.96: **21T**

CLEMENS. Weitgereister Philosoph und Leiter einer christlichen Katechetenschule in Alexandrien; ca. 150–215. Zitiert nach der Buch- und Kapiteleinteilung seiner Schriften.

Protrepticus – Paedagogus [dt. *Ermahnungsschrift an die Heiden – Der Erzieher*], hrsg. von O. Stählin, Leipzig 1905; 3., durchgesehene Aufl. von U. Treu, Berlin 1972 (*GCS* 12).

Paed. 1.8.63.1–2: **60I**

Protr. 6.72.2: **60Q**

Stromateis [dt. *Bunte Teppiche*], hrsg. von O. Stählin; Buch I-VI in 3. Aufl. neu hrsg. von L. Früchtel, Berlin 1960 (*GCS* 52); Buch VII-VIII in 2. Aufl. neu hrsg. von L. Früchtel†, zum Druck besorgt von U. Treu, Berlin 1972 (*GCS* 17²).

2.21.129.4–5: **63J**; 5.9.58.2: **67E**;
8.9.26.3–4: **55C**; 8.9.26.5: **33O**;
8.9.30.1–3: **55D**; 8.9.33.1–9: **55I**

CLEOMEDES. Verfasser eines astronomi-
schen Traktats, der in der Tradition der
stoischen Physik steht. Datierung unsicher (zwischen 1. und 5. Jh. n.Chr.).
De motu circulari corporum caelestium [dt. *Über
die Bewegung der Himmelskörper*], hrsg. v.
H. Ziegler, Leipzig 1891. Zitiert nach
den Seiten- und Zeilenzahlen dieser
Ausgabe.
6,11–17: **49G**; 8,10–14: **49C**;
10,24–12,5: **49H**

DEXIPPOS. Griechischer Kommentator des
Aristoteles. Vermutlich Neuplatoniker
und Schüler des Jamblichos, 4. Jh.
n.Chr., vielleicht aber auch identisch
mit dem gleichnamigen Sophisten und
Staatsmann des 3. Jhs.
In Aristotelis Categorias commentarium [dt.
*Kommentar zu den »Kategorien« des Ari-
stoteles*], hrsg. von A. Busse, Berlin 1888
(*CAG* IV,2). Zitiert nach den Seiten-
und Zeilenzahlen dieser Ausgabe.
30,20–26: **28J**

DIOGENES LAËRTIUS. Bekannt allein durch
sein Werk; dieses kompiliert Biogra-
phien und Lehren griechischer Philosophen, vermutlich 3. Jh. n.Chr.
Vitae philosophorum [dt. *Leben (und Meinungen) berühmter Philosophen*], hrsg. von
H.S. Long, Oxford 1964. Zitiert nach
den Buch- und Paragraphennummern,
davor gelegentlich mit der Abkürzung
»D.L.« für den Autor. Buch 7 enthält
einen ausführlichen Überblick über den
Stoizismus, Buch 10 einen über den
Epikureismus.
2.107: **3D**; 4.28: **68D**; 4.32–33: **68E**;
4.42: **3E**; 5.11: **3G**; 7.15: **3F**; 7.23: **62E**;
7.25: **31M**; 7.32–33: **67B**; 7.39–41:
26B; 7.41–45: **31A**; 7.44: **37C**; 7.46:
40C; 7.46–48: **31B**; 7.49: **33D**;
7.49–51: **39A**; 7.52: **40P**; 7.52: **40Q**;
7.53: **39D**; 7.53: **60C**; 7.54: **40A**;
7.55–56: **33H**; 7.57: **33A**; 7.58: **33M**;
7.60–61: **30C**; 7.60–62: **32C**; 7.62:
37P; 7.63: **33F**; 7.64: **33G**; 7.65: **34A**;
7.65: **34E**; 7.69–70: **34K**; 7.71–74:
35A; 7.75: **37M**; 7.75: **38D**; 7.76–81:
36A; 7.82: **37D**; 7.83: **31C**; 7.84: **56A**;
7.85–86: **57A**; 7.87–89: **63C**; 7.88: **59J**;
7.89: **61A**; 7.91: **61K**; 7.101: **60O**;

7.101–103: **58A**; 7.104–105: **58B**;
7.107–108: **59C**; 7.108–109: **59E**;
7.115: **65F**; 7.121–122: **67M**; 7.124:
67P; 7.127: **61I**; 7.130: **66H**; 7.131:
67U; 7.132: **43B**; 7.134: **44B**; 7.135:
45E; 7.135: **50E**; 7.135–136: **46B**;
7.136–137: **47B**; 7.137–138: **44F**;
7.138–139: **47O**; 7.141: **46J**; 7.142:
46C; 7.143: **53X**; 7.147: **54A**;
7.148–149: **43A**; 7.150–151: **50B**;
7.151: **48A**; 7.157: **53N**; 7.160: **58G**;
7.160–161: **31N**; 7.171: **69C**; 7.177:
40F; 7.180: **31Q**; 7.182–184 (mit Auslassungen): **31O**; 7.187: **37R**;
7.192–198 (mit Auslassungen): **37B**;
7.199–200: **32I**; 8.48: **32A**; 9.23: **3H**;
9.25: **3I**; 9.40: **3J**; 9.60: **1E**; 9.61–62:
1A; 9.63–64: **1B**; 9.64: **2C**; 9.65: **2D**;
9.66–67: **1C**; 9.76: **1G**; 9.78: **71B**;
9.104–105: **1H**; 9.106–107: **71A**;
9.111–112: **3A**; 10.2: **3K**; 10.6: **25G**;
10.22: **24D**; 10.31: **17A**; 10.31: **19I**;
10.31–32: **16B**; 10.32: **15F**; 10.33: **17E**;
10.34: **18B**; 10.34: **19J**; 10.117–120:
22Q; 10.121: **21K**; 10.136–137: **21R**

DIOGENES VON OINOANDA. Epikureischer
Philosoph des 2. Jhs. n.Chr. Schrieb
sein Werk in Stein.
Fragmente, hrsg. von C.W. Chilton, Leipzig 1967.
10.2.11–5.15: **19C**; 25.2.3–11: **22P**;
26.1.2–3.8: **21P**; 32.1.14–3.14: **20G**;
38.1.8–3.14: **21V**
Neue Fragmente 1–4, hrsg. von M.F.
Smith, *AJA* 74 (1970); 5–16, hrsg. von
M.F. Smith, *AJA* 75 (1971).
5.3.3–14: **15E**; 21.1.4–14, 2.10–14: **22S**

DIOGENIANOS. Epikureisch gebildeter Kritiker der Fatumlehre Chrysipps; vermutlich 2. Jh. n.Chr. Teile der Kritik
hat ↗Eusebius, *Praep. evang.* aufbewahrt.
↗*Pr. ev.* 4.3.1: **55P**; 6.8.25–29: **62F**

DION CHRYSOSTOMOS. Griechischer Redner, zunächst stoischer, dann kynischer
Philosoph; ca. 40 bis nach 110 n.Chr.
Was von ihm erhalten ist, wurde hrsg.
von G. de Budé, Leipzig 1915–1919.
Zitiert nach der Reden- und Paragraphennummer.
36.20: **67J**

EPIKTET. Siehe *Philosophen-Index*.
Dissertationes, ab Arriano digestae [dt. *Unter-
redungen, aufgezeichnet von Arrianos*],

hrsg. von H. Schenkl, Leipzig 1894.
Der Ausgabe beigegeben sind die Fragmente der *Dissertationes* und das *Enchiridion* [dt. *Handbüchlein*] nach der Edition von Schweighäuser.
Diss. 1.1.7–12: **62K**; 1.6.12–22: **63E**; 1.7.1, 10–21: **37J**; 1.7.2–5, 10: **31R**; 1.12.20–21: **65V**; 1.17.7–8: **31S**; 1.22.1–3, 9–10: **40S**; 2.6.9: **58J**; 2.10.1–12: **59Q**; 2.19.1–5: **38A**; 2.23.44–46: **31T**; 3.2.1–5: **56C**; 3.3.2–4: **60F**; 4.8.12: **31J**; 4.12.15–19: **66F**
Fragm. 9: **65Y**
Ench. 5: **65U**; 53: **62B**

EPIKUR. Siehe *Philosophen-Index*. Von seinem umfangreichen Werk sind bei ↗Diogenes Laërtius im 10. Buch drei Lehrbriefe erhalten – zitiert nach der Paragraphenzählung des Diogenes:
Brief an Herodot.
37–38: **17C**; 38–39: **4A**; 39–40: **5A**; 40–41: **8A**; 41–42: **10A**; 42–43: **12B**; 43–44: **11A**; 45: **13A**; 46–47: **11D**; 46–53: **15A**; 54–55: **12D**; 55–56: **12A**; 56–59: **9A**; 60: **10C**; 61–62: **11E**; 63–67: **14A**; 68–73: **7B**; 73–74: **13C**; 75–76: **19A**; 76–77: **23C**; 82: **17D**
Brief an Menoikeus.
122: **25A**; 123–124: **23B**; 124–127: **24A**; 127–132: **21B**
Brief an Pythokles.
85–88: **18C**; 88: **13B**; 133–134: **20A**; 135: **23J**
De natura [dt. *Über die Natur*], 37 Bücher, von denen Papyrusfragmente erhalten sind, hrsg. von G. Arrighetti, Turin 1973.
31.10.2–12: **19D**; 31.13.23–14.12: **19E**; 34.21–22: **20B**; 34.26–30: **20C**
Ratae sententiae [dt. *Hauptlehrsätze* oder *Katechismus*], ebenfalls von ↗Diogenes Laërtius überliefert (10.139–154), eigens durchnumeriert und nach dieser Zählung zitiert.
RS 3–4: **21C**; 7, 40: **22C**; 8–10: **21D**; 11–13: **25B**; 18, 25, 30: **21E**; 19–21: **24C**; 23: **16D**; 24: **17B**; 27–28: **22E**; 31–35: **22A**; 36–37, 17: **22B**
Sententiae Vaticanae [dt. *Vatikanische Spruchsammlung*], hrsg. von P. von der Mühll, Leipzig 1922.
17, 21: **21F**; 23: **22F**; 25: **21F**; 27: **25I**; 28: **22F**; 29: **25D**; 31: **24B**; 33: **21G**; 34, 39: **22F**; 40: **20D**; 41: **25I**; 42: **21G**;
45: **25E**; 51: **21G**; 52: **22F**; 54: **25D**; 58: **22D**; 59: **21G**; 63: **21H**; 66: **22F**; 70: **22D**; 71, 73: **21H**; 78: **22F**; 79: **22D**; 81: **21H**

EROTIANOS. Griechischer Grammatiker, spätes 1. Jh. n.Chr.
Vocum Hippocraticarum collectio [dt. *Sammlung Hippocratischer Ausdrücke*], hrsg. von J. Klein, Leipzig 1865. Zitiert nach den Seiten- und Zeilenzahlen dieser Ausgabe.
34,10–20: **19G**

EUSEBIUS. Bischof, Theologe und Historiker; ca. 260–340 n.Chr.; überliefert umfangreiche Abschnitte aus älteren Autoren.
Praeparatio evangelica [dt. *Vorbereitung auf das Evangelium*], hrsg. von K. Mras, Teile I–II, Berlin 1954–1956. Die Schrift ist eine gegen die Heiden gerichtete Apologie. Zitiert nach der Untereinteilung des Werks.
4.3.1: **55P**; 6.8.25–29: **62F**; 14.6.4–6: **68F**; 14.6.12–13: **68G**; 14.18.1–5: **1F**; 14.18.17: **2A**; 14.18.19: **2B**; 14.18.28: **3B**; 15.14.1: **45G**; 15.14.2: **46G**; 15.15.3–5: **67L**; 15.18.2: **46K**; 15.19.1–2: **52D**; 15.20.6: **53W**

GALEN. Der letzte große Arzt der Antike, auch Philosoph; 129–199 n.Chr. Seine Schriften werden z.T. noch nach der Gesamtausgabe von C.G. Kühn und zum anderen Teil nach neueren Ausgaben zitiert. Abweichend von der alphabetischen Ordnung findet man hier zunächst die (Textstellen aus den) Schriften der zweiten Gruppe und erst dann die der ersten Gruppe. An dritter Stelle folgen die pseudo-galenischen Texte.
Adversus Lycum [dt. *Gegen Lykos*], hrsg. von E. Wenkebach, Berlin 1951 (*CMG* V 4,1,1).
3.7: **32G**
De captionibus in dictione oder *De sophismatis penes dictionem* [dt. *Über sprachlich bedingte Trugschlüsse*], hrsg. von C. Gabler, Rostock 1903, (und neuerdings wieder von S. Ebbesen in *Commentators and Commentaries on Aristotle's Sophistici elenchi*, Leiden 1981, Bd. 2, S. VIII–XII u. 1–26). Zitiert nach der Kapiteleinteilung.
4: **37Q**

De causis continentibus [dt. *Über zusammenhaltende Ursachen*], nur in Arabisch und Latein überliefert; hrsg. im *Corpus medicorum Graecorum, Supplementum orientale* II, von M.C. Lyons u.a., Berlin 1969.
  1.1–2.4: **55F**

De medicinali experientia [dt. *Über medizinische Erfahrung*], nur in Arabisch überliefert; hrsg. von R. Walzer, Oxford, New York, Toronto 1944. Zitiert nach der Kapitel- und Paragrapheneinteilung.
  16.1–17.3: **37E**

De naturalibus facultatibus [dt. *Über die natürlichen Vermögen*], hrsg. von G. Helmreich in Galen, *Scripta minora* III, Leipzig 1893. Zitiert nach den Seiten- und Zeilenzahlen dieser Ausgabe.
  106,13–17: **47E**

De optima doctrina [dt. *Über die beste Art zu lehren*], hrsg. von I. Marquardt in Galen, *Scripta minora* I, Leipzig 1884.
  1: **68V**

De placitis Hippocratis et Platonis [dt. *Über die Lehren des Hippokrates und Platons*], hrsg. von Ph. de Lacy, Teile I-II, Berlin 1978–1980 (*CMG* V 4,1,2). Zitiert nach der Buch-, Kapitel- und Paragrapheneinteilung.
  2.2.9–11: **34J**; 2.3.18–19: **36H**; 2.5.9–13: **53U**; 3.1.25: **65H**; 4.2.1–6: **65D**; 4.2.10–18: **65J**; 4.3.2–5: **65K**; 4.5.21–25: **65L**; 4.6.2–3: **65T**; 4.7.12–17: **65O**; 4.7.24–41: **65P**; 5.2.3–7: **65R**; 5.2.49, 5.3.1: **53V**; 5.3.8: **47H**; 5.5.8–26: **65M**; 5.6.10–14: **64I**; 5.6.18–19: **65N**; 5.6.22–26: **65Q**; 5.6.34–37: **65I**; 7.1.12–15: **29E**

In Hippocratis Epidemica VI [dt. *Kommentar zu Hippokrates, »Epidemica VI«*], hrsg. von E. Wenkebach/F. Pfaff, Berlin 1956 (*CMG* V 10,2,2). Zitiert nach Seiten- und Zeilenzahlen.
  270,26–28: **53E**

Was nach der Ausgabe von K.G. Kühn (Leipzig 1821–1833) zitiert wird, wird mit Band-, Seiten- und Zeilenzahlen angegeben:

De differentia pulsuum [dt. *Über die Unterschiede im Puls*].
  8.674,13–14: **49D**

De foetuum formatione [dt. *Über die Bildung von Föten*].
  4.698,2–9: **53D**

De methodo medendi [dt. *Über medizinische Methodik*].
  10.155,1–8: **27G**

De musculorum motu [dt. *Über die Muskelbewegung*].
  4.402,12–403,10: **47K**

De plenitudine [dt. *Über Körpermasse*].
  7.525,9–14: **47F**

Introductio sive medicus [dt. *Einführung in die Medizin*].
  14.726,7–11: **47N**

Synopsis librorum suorum de pulsibus [dt. *Synopse der Bücher Galens über den Puls*].
  9.458,8–14: **55H**

Ps.-Galen, *Definitiones medicae* [dt. *Medizinische Definitionen*], hrsg. von K.G. Kühn, Leipzig 1830.
  19.348,17–349,4: **32D**

Ps.-Galen, *Quod qualitates incorporeae sint* [dt. *Daß Eigenschaften unkörperlich sind*], hrsg. von J.G. Westenberger, Diss. Marburg 1906. Zitiert nach Kapitelnummer und Seitenzahl. (Ergänzend die Angaben der Ausgabe Kühns.)
  1, S. 1 (19.464,10–14 K.): **49E**; 9 S. 18 (19.483,13–16 K.): **45F**

GELLIUS, AULUS. Römischer Richter; 2. Jh. n.Chr.; Autor einer gelehrten Anthologie.

Noctes Atticae [dt. *Attische Nächte*], hrsg. von P.K. Marshall, 2 Bde., Oxford 1968. Zitiert nach der Buch-, Kapitel- und Paragrapheneinteilung.
  7.1.1–13: **54Q**; 7.2.3: **55K**; 7.2.6–13: **62D**; 11.12.1–3: **37N**; 16.8.10–11: **35D**; 16.8.12–14: **35E**; 19.1.17–18: **65Y**

HIEROKLES. Stoischer Philosoph, frühes 2. Jh. n.Chr.

Ēthikē stoicheiōsis [dt. *Grundlegung der Ethik*], in Papyrusfragmenten zu zwei Dritteln erhalten, hrsg. von H. v. Arnim (*Berliner Klassikertexte* 4, Berlin 1906). Exzerpte aus einer (daran anknüpfenden?) Anweisung zu rechtschaffenem Lebenswandel überliefert ↗Stobaeus.
  1.5–33,: **53B**; 1.34–39, 51–57; 2.1–9: **57C**; 4.38–53: **53B**; 9.3–10, 11.14–18: **57D**

↗Stobaeus 4.671,7–673,11: **57G**

HIPPOLYTOS. Bedeutender Schriftsteller der alten Kirche, römischer Bischof bis 235 n.Chr.

Refutatio omnium haeresium [dt. *Widerlegung aller Häresien*], hrsg. von P. Wendland, Leipzig 1916 (*CGS* 26).
1.21: **62A**

IAMBLICHOS. Neuplatoniker; ca. 250–325 n.Chr.
De anima [dt. *Über die Seele*], nur in Exzerpten bei ↗Stobaeus (Buch 1) erhalten, der auch noch weitere Fragmente überliefert.
De an. b. ↗Stobaeus 1.367,17–22: **28F**
↗Stobaeus 1.368,12–20: **53K**

KLEANTHES. Siehe *Philosophen-Index*. Von der philosophischen Dichtung des Kleanthes sind Bruchstücke erhalten:
Zeus-Hymnus bei
↗Stobaeus 1.25,3–27.4: **54I**
Zwei andere Texte bei
↗Clemens, *Protr.* 6.72.2: **60Q**;
↗Epiktet, *Ench.* 53: **62B**

LACTANTIUS. Lateinischer Rhetoriklehrer und Autor zahlreicher theologischer Werke; um 300 n.Chr.
De ira dei [dt. *Über den Zorn Gottes*], hrsg. von S. Brandt/G. Laubmann, Wien 1893.
13.9–10: **54R**
Divinae Institutiones und *Epitome divinarum institutionum* [dt. *Religionslehre* und *Auszug aus der Religionslehre*], hrsg. von S. Brandt, Prag/Wien, Leipzig 1890 (*CSEL* 19).
Div. Inst. 5.14.3–5: **68M**; 7.23: **52B**
Ep. 50.8: **68M**
LUKIAN. Griechischer Satiriker, 2. Jh. n.Chr.
Vitarum auctio [dt. *Der Verkauf von Philosophen*], hrsg. von M.D. MacLeod, Oxford 1974. Zitiert nach Paragraphen.
22: **37L**
LUKREZ. Römischer Autor eines Lehrgedichts zur epikureischen Naturphilosophie; 1. Hälfte des 1. Jhs. v.Chr.
De rerum natura [dt. *Über die Natur der Dinge*], hrsg. von C. Bailey, Oxford 1947. Zitiert nach der Buch- und Verszählung.
1.159–173: **4B**; 1.225–237: **4C**;
1.334–390: **6A**; 1.419–444: **5B**;
1.445–482: **7A**; 1.503–598: **8B**;
1.599–634: **9C**; 1.670–671: **4D**;
1.746–752: **9B**; 1.958–997: **10B**; 2.1–61:

21W; 2.80–124: **11B**; 2.142–164: **11C**;
2.216–250: **11H**; 2.251–293: **20F**;
2.381–407: **12F**; 2.478–531: **12C**;
2.730–833: **12E**; 2.1052–1104: **13D**;
3.136–176: **14B**; 3.262–322: **14D**;
3.417–462: **14F**; 3.624–633: **14G**;
3.806–829: **14H**; 3.830–911: **24E**;
3.966–1023: **24F**; 3.1087–1094: **24G**;
4.230–238: **15B**; 4.256–268: **15C**;
4.353–363: **16G**; 4.379–386: **16H**;
4.469–521: **16A**; 4.622–632: **21S**;
4.722–822: **15D**; 4.823–857: **13E**;
4.877–891: **14E**; 5.146–155: **23L**;
5.156–234: **13F**; 5.509–533: **18D**;
5.837–877: **13I**; 5.925–938, 953–961: **22J**; 5.1011–1027: **22K**; 5.1028–1090: **19B**; 5.1105–1157: **22L**; 5.1161–1225: **23A**; 6.1–28: **21X**; 6.68–79: **23D**; 6.703–711: **18E**

MARCIANUS. Römischer Jurist; 3. Jh. n.Chr. Was von ihm überliefert ist, wurde im *Corpus iuris civilis* I von Th. Mommsen und P. Krüger herausgegeben (2. Aufl. Berlin 1908).
1: **67R**

NEMESIOS. Bischof und platonistischer Philosoph; schrieb um 400 n.Chr.
De natura hominis [dt. *Über die Natur des Menschen*], in Griechisch und Latein hrsg. von Ch.F. Matthaei, Halle 1802. Zitiert nach den Seiten- und Zeilenzahlen dieser Ausgabe.
70,6–71,4: **47J**; 78,7–79,2: **45C**;
81,6–10: **45D**; 164,15–18: **47D**;
212,6–9: **53I**; 291,1–6: **53O**;
309,5–311,2: **52C**
NUMENIOS. Platonistischer Philosoph; 2. Hälfte des 2. Jhs. n.Chr. ↗Eusebius, *Praep. evang.* überliefert umfangreiche Auszüge aus seinem Werk.
↗*Pr. ev.* 14.6.4–6: **68F**; 14.6.12–13: **68G**

OLYMPIODOROS. Platoniker und Kommentator; 6. Jhs. n.Chr.
In Platonis Gorgiam [dt. *Kommentar zu Platons »Gorgias«*], hrsg. von L.G. Westerink, Leipzig 1970.
12.1: **42A**
ORIGENES. Christlicher Theologe und Philosoph; ca. 184–253 n.Chr.
Contra Celsum [dt. *Gegen Kelsos*], hrsg. von M. Borret, Paris 1967–1976.

1.24: **32J**; 4.14: **46H**; 4.68, 5.20: **52G**;
7.15: **36F**
De principiis [dt. *Über Prinzipien*], hrsg. von
P. Koetschau, Leipzig 1913 (*GCS* 22).
3.1.2–3: **53A**

PHILODEMUS. Epikureischer Philosoph;
1. Jh. v.Chr. In Herculaneum wurden
von seinen Schriften viele Papyrusreste
gefunden.
Adversus sophistas [dt. *Gegen die Sophisten*],
hrsg. von F. Sbordone, Neapel 1947.
4.7–14: **25J**
De pietate [dt. *Über die Frömmigkeit*], hrsg.
von Th. Gomperz, Leipzig 1866 (und
nochmals von H. Diels in seinen *Doxographi Graeci*, Berlin 1879).
112.5–12: **23H**
De signis [dt. *Über Zeichen*], hrsg. von
Ph.H. De Lacy/E.A. De Lacy, *On
methods of Inference*, revidierte Ausgabe,
Neapel 1978.
1.2–4.13: **42G**; 6.1–14: **42H**; 7.26–38:
42J; 11.32–12.31: **18F**; 34.29–36.17:
18G

PHILON VON ALEXANDRIEN. Jüdischer Ex-
eget des Alten Testaments mit platonischer und stoischer Bildung; ca. 15
v.Chr. bis 45 n.Chr.
Was von ihm in Griechisch erhalten ist,
wurde hrsg. von L. Cohn/P. Wendland, *Opera quae supersunt*, Bde. I–VI,
Berlin 1896–1915, Bd. VII,1/2 (Indizes)
von H. Leisegang, Berlin 1926/1930.
Zitiert nach den einzelnen Schriften
und deren Paragrapheneinteilung.
De aeternitate mundi, Bd. 6 S. 72–119 [dt.
Über die Unvergänglichkeit der Welt].
48–49: **28P**; 52, 54: **52A**; 76–77: **46P**;
90: **46M**
De Cherubim, Bd. 1 S. 170–201 [dt. *Über
die Cherubim*].
14–15: **59H**
Legum allegoriarum I, II, Bd. 1 S. 61–89,
90–112 [dt. *Allegorische Erklärung des heiligen Gesetzbuches, Buch I, II*].
I, 30: **53P**; *II*, 22–23: **47P**
Quod deus sit immutabilis, Bd. 2 S. 56–89
[dt. *Über die Unvergänglichkeit Gottes*].
35–36: **47Q**
Quod omnis probus liber sit, Bd. 6 S. 1–31
[dt. *Über die Freiheit des Rechtschaffenen*]
97: **67N**
Nur in Armenisch überliefert ist u.a. die
Schrift:

Quaestiones et solutiones in Genesim II [dt.
*Fragen und Antworten zur Genesis,
2. Buch*], hrsg. von J.B. Aucher, Vene-
dig 1826.
4: **47R**

PHOTIOS. Patriarch von Konstantinopel,
bedeutendster Vertreter der byzantini-
schen Renaissance; 9. Jh.
Bibliotheca [dt. *Bibliothek*], hrsg. von
R. Henry, Paris 1959–1974.
169b18–170b3: **71C**; 170b3–35: **72L**

PLUTARCH. Griechischer Biograph und
platonischer Philosoph. 2. Hälfte des
1. Jhs. und 2. Jh. n.Chr.
Die hier angeführten Schriften Plutarchs
gehören alle zu seinen *Moralia*, haben
aber verschiedene Herausgeber. Zitiert
nach der Seitenzahl und den Buchsta-
benunterteilungen der Stephanus-Aus-
gabe von 1572, z.T. außerdem durch
Angabe des Kapitels.
Adversus Colotem [dt. *Gegen Kolotes*], hrsg.
von M. Pohlenz, *Moralia* Bd. VI,2,
2. Aufl. von R. Westman, Leipzig 1959.
Ein anti-epikureisches Werk.
1109C-E: **16I**; 1111B: **22H**; 1119F: **19K**;
1120C, 1121E–1122A: **68H**; 1122A-F:
69A; 1124D: **22R**
Contra Epicuri beatitudinem [dt. *Gegen das
epikureische Glück*], hrsg. von M. Pohlenz, *Moralia* Bd. VI,2, 2. Aufl. von
R. Westman, Leipzig 1959. Ebenfalls
ein anti-epikureisches Werk.
1089D: **21N**; 1091B-C: **23K**; 1095C:
25H; 1097A: **22G**
De Alexandri magni fortuna [dt. *Über die
Schicksalsgunst Alexanders des Großen*],
hrsg. von W. Nachstadt/W. Sieve-
king/J. Titchener, *Moralia* Bd. II, Leipzig 1935, ²1971.
6, 329A-B: **67A**
De audiendis poetis [dt. *Wie die Dichter anzuhören sind*], hrsg. von W.R. Pa-
ton/J. Wegehaupt/M. Pohlenz, *Moralia*
Bd. I, Leipzig 1925; 2. verb. Aufl. von
H. Gärtner, 1974.
12, 33D: **67O**
De communibus notitiis [dt. *Über die allgemeinen Begriffe*], hrsg. von H. Cherniss,
Plutarch's Moralia Bd. XIII,2, Cam-
bridge/Mass., London 1976. Argumentiert, daß die Stoiker die allgemeinen
Begriffe, die sie als Wahrheitskriterien
ansehen, gleichwohl verachten.
1, 1059B-C: **40G**; 2, 1059D-E: **37I**; 3,

1060A: **40R**; 8, 1061F: **63I**; 9, 1062B:
61U; 10, 1063A–B: **61T**; 17, 1067A:
46N; 23, 1069E: **59A**; 26, 1070F–1071E:
64C; 27, 1072E–F: **64D**; 31, 1075D:
46L; 32, 1075E: **54K**; 33, 1076A: **61J**;
36, 1077C–E: **28O**; 37, 1078B–D: **48E**;
37, 1078E: **48B**; 38/39, 1078E–1080E:
50C; 41, 1081C–1082A: **51C**; 44,
1083A–1084A: **28A**; 45, 1084C–D: **51G**;
47, 1084F–1085A: **39F**; 49, 1085C–D:
47G

De exilio [dt. *Über das Exil*], hrsg. von
W.R. Paton†/M. Pohlenz/W. Sieve-
king, *Moralia* Bd. III, Leipzig 1929.
5, 600E: **67H**

De primo frigido [dt. *Über das Prinzip des
Kalten*], hrsg. von C. Hubert/M. Pohlenz, *Moralia* Bd. V,3, Leipzig 1955;
2. Aufl. mit Addenda von H. Drexler
1960.
948D–E, 949B: **47T**

De profectibus in virtute [dt. *Über moralischen
Fortschritt*], hrsg. von W.R. Paton/
J. Wegehaupt/M. Pohlenz, *Moralia* Bd.
I, Leipzig 1925; 2. verb. Aufl. von
H. Gärtner, 1974.
75C: **61S**

De Stoicorum repugnantiis [dt. *Über die Selbst-
Widersprüche der Stoiker*], hrsg. von
H. Cherniss, *Plutarch's Moralia* Bd.
XIII,2, Cambridge/Mass., London
1976.
2, 1033C–D: **67X**; 5, 1034B: **66B**; 5,
1034B: **67C**; 7, 1034C–E: **61C**; 8, 1034E:
31L; 9, 1035A–B: **26C**; 9, 1035C–D:
60A; 10, 1035F–1037B: **31P**; 11, 1037F:
53R; 12, 1038B: **57E**; 14, 1039E: **61Q**;
17, 1041E: **60B**; 17, 1041F: **66A**; 18,
1042A: **63H**; 19, 1042E–F: **60R**; 21,
1044D: **54O**; 22, 1044F–1045A: **67F**; 27,
1046E–F: **61F**; 28, 1047A–B: **31H**; 30,
1048A: **58H**; 34, 1050B–D: **54T**; 35,
1050E–F; 36, 1051A–B: **61R**; 37,
1051B–C: **54S**; 39, 1052C–D: **46E**; 41,
1053B: **46F**; 41, 1053D: **53C**; 43, 1053F–
1054B: **47M**; 44, 1054E: **49I**; 44,
1054E–F: **29D**; 47, 1056B–C: **55R**; 47,
1056E–F: **41E**; 47, 1057A: **53S**; 47,
1057A–B: **41F**

De virtute morali [dt. *Über moralische Tugend*], hrsg. von W.R. Paton†/M. Poh-
lenz/W. Sieveking, *Moralia* Bd. III,
Leipzig 1929.
2/3, 440E–441D: **61B**; 7, 446F–447A:
65G

POLYSTRATOS. Siehe *Philosophen-Index*.
De contemptu [dt. *Über die grundlose Verachtung der Volksmeinung*], hrsg. von G. In-
delli, Neapel 1978. Nur in Papyrusfragmenten erhalten.
23.26–26.23: **7D**

PORPHYRIOS. Platonischer Philosoph und
Kommentator, Schüler Plotins, Vege-
tarier; 234–ca. 305 n.Cr.

Ad Marcellam [dt. *An Marcella*], hrsg. von
A. Nauck, *Opuscula selecta*, Leipzig
1886.
31: **25C**

De abstinentia [dt. *Über die Abstinenz*], hrsg.
von J. Bouffartigue/M. Patillon, Paris
1977–1979.
1.7.1–9.4: **22M**; 1.10.1–12.7: **22N**;
1.51.6–52.1: **21J**; 3.20.1, 3: **54P**

Einen weiteren Text hat ↗Simplikios, *In
Arist. Categ.* exzerpiert:
↗Simpl., *In Arist. Cat.*48,11–16: **28E**

PROKLOS. Platonischer Philosoph und
Kommentator; 412–485 n.Chr.

In Euclidis Elementa I [dt. *Kommentar zum I.
Buch der »Elemente« Euklids*], hrsg. von
G. Friedlein, Leipzig 1873. Zitiert nach
Seiten- und Zeilenzahlen.
89,15–18: **50D**; 395,13–18: **50G**

In Platonis Timaeum [dt. *Kommentar zu Platons »Timaios«*], hrsg. von E. Diehl, Bde.
I–III, Leipzig 1903–1906. Zitiert nach
Seitenzahl und Buchstabenunterteilun-
gen.
271D: **51F**

SCHOLIEN

Scholien zu Dionysios Thrax, hrsg. von
A. Hilgard, Leipzig 1901 (*Grammatici
Graeci* I/III). Anonyme Anmerkungen
zu der unter dem Namen des Dionysios
Thrax (2. Jh. v.Chr.) überlieferten
Grammatik. Zitiert nach Seiten- und
Zeilenzahlen.
107,5–7: **32B**; 230,24–28: **33L**

Scholion zu Epikur. Anonyme Anmerkungen zu den Schriften ↗Epikurs, welche
ins Werk des ↗Diogenes Laërtius eingegangen sind.
Zu *RS* 1: **23G**; 29: **21I**

SENECA. Politischer Ratgeber Neros, stoischer Philosoph und Dichter; ca. 4
v.Chr. bis 65 n.Chr.

De ira [dt. *Über den Zorn*], hrsg. von L.D.
Reynolds, Oxford 1977
2.3.1–4: **65X**

De otio [dt. *Über die Muße*], hrsg. von L.D. Reynolds, Oxford 1977.
4.1: **67K**

Epistolae morales. Ad Lucilium [dt. *Briefe über Ethik. An Lucilius*], hrsg. von L.D. Reynolds, Oxford 1965. Zitiert nach Brief- und Paragraphennummer.
9.16: **46O**; 19.10: **22I**; 58.13–15: **27A**; 65.2: **55E**; 76.9–10: **63D**; 88.25–28: **26F**; 89.4–5: **26G**; 89.14: **56B**; 90.5–7: **67Y**; 92.3: **63F**; 92.11–13: **64J**; 94.2, 31, 50–51: **66I**; 95.10–12, 61, 63–64: **66J**; 113.2: **29B**; 113.23: **53L**; 113.24: **61E**; 116.5: **66C**; 117.2: **60S**; 117.13: **33E**; 120.3–5, 8–11: **60E**; 121.6–15 (mit Auslassungen): **57B**; 121.10: **29F**; 124.13–14: **60H**

Naturalium quaestiones libri VIII [dt. *Naturphilosophische Fragen. Acht Bücher*], hrsg. von A. Gercke, Leipzig 1907.
7.32.2: **1K**

SEXTUS EMPIRICUS. Philosoph in der Tradition der pyrrhonischen Skepsis, überliefert und kritisiert eine Fülle philosophischer Theorien aus hellenistischer Zeit. 2. Jh. n.Chr.; die erhaltenen Werke wurden wohl zwischen 180 und 200 geschrieben. *Opera*, hrsg. von H. Mutschmann/J. Mau, Bd. I-III, Leipzig 1912–1958, Bd. IV (Indizes) von K. Janáček, 2., erweiterte Aufl. 1962. Zitiert nach Titel, Buch- und Paragraphennummer.

Adversus Mathematicos libri I-VI [= Bd. III der Gesamtausgabe; dt. *Gegen die Mathematiker, Buch I-VI*], hrsg. von Mau, 1954. Diese Schriften wenden sich gegen die Artes liberales.
1.17: **27C**; 1.305: **2D**; 2.7: **31E**

Adversus Mathematicos libri VII-XI [= Bd. II der Gesamtausgabe; dt. *Gegen die Mathematiker, Buch VII-XI*], hrsg. von Mutschmann, 1914. Diese Schriften wenden sich gegen die dogmatischen Philosophen.
7.19: **26D**; 7.87–88: **1D**; 7.151–157: **41C**; 7.158: **69B**; 7.159–165: **70A**; 7.166–175: **69D**; 7.176–184: **69E**; 7.206–210: **16E**; 7.211–216: **18A**; 7.234: **53F**; 7.242–246: **39G**; 7.246: **30F**; 7.247–252: **40E**; 7.253–260: **40K**; 7.402–410: **40H**; 7.416: **37F**; 7.424: **40L**; 8.11–12: **33B**; 8.63: **16F**; 8.70: **33C**; 8.74: **34B**; 8.85–86: **34D**; 8.88–90: **34G**; 8.93–98: **34H**; 8.100: **34I**; 8.103: **34F**; 8.229–237: **36G**; 8.254–255: **51H**; 8.263: **45B**; 8.275–276: **53T**; 8.331a–332a: **40T**; 8.409: **27E**; 8.429–434, 440–443: **36C**; 9.43–47: **23F**; 9.57: **3C**; 9.75–76: **44C**; 9.104, 108–110: **54F**; 9.133–136: **54D**; 9.139–141: **70C**; 9.182–184: **70E**; 9.211: **55B**; 9.237–240: **72N**; 9.332: **44A**; 10.2: **5D**; 10.3–4: **49B**; 10.121–126, 139–142: **50F**; 10.218: **27D**; 10.219–227: **7C**; 11.1: **2D**; 11.8–11: **30I**; 11.19–20: **2E**; 11.22–25: **60G**; 11.40: **1I**; 11.64–67: **58F**; 11.164: **2J**; 11.169: **25K**; 11.200–201: **59G**

Pyrrhoniae Hypotyposeis [= Bd. I der Gesamtausgabe; dt. *Grundriß der pyrrhonischen Skepsis*], hrsg. von Mutschmann, 1912; 2., verb. Aufl. von Mau, 1958.
1.31–39: **72A**; 1.40–61: **72B**; 1.69: **36E**; 1.79–91: **72C**; 1.91–98: **72D**; 1.100–113: **72E**; 1.118–120: **72F**; 1.124–128: **72G**; 1.129–132: **72H**; 1.135–140: **72I**; 1.141–144: **72J**; 1.145–163: **72K**; 1.180–185: **72M**; 1.232–234: **68I**; 1.235: **68T**; 2.81–83: **33P**; 2.104–106: **35C**; 2.110–113: **35B**; 2.135–143: **36B**; 2.229–235: **37A**; 3.247–248: **67G**

SIMPLIKIOS. Platonischer Philosoph und Kommentator des Aristoteles, auch Epiktets; 6. Jh. n.Chr. Zitiert nach den Seiten- und Zeilenzahlen der im folgenden genannten Ausgaben.

In Aristotelis Categorias commentarium [dt. *Kommentar zu den »Kategorien« des Aristoteles*], hrsg. von C. Kalbfleisch, Berlin 1907 (*CAG* VIII).
24,13–20: **37S**; 48,11–16: **28E**; 66,32–67,2: **27F**; 105,8–16: **30E**; 166,15–29: **29C**; 212,12–213,1: **28N**; 214,24–37: **28M**; 217,32–218,1: **28L**; 222,30–33: **28H**; 237,25–238,20: **47S**; 271,20–22: **28K**; 350,15–16: **51A**

In Aristotelis De anima commentaria [dt. *Kommentar zu Aristoteles, »Über die Seele«*], hrsg. von M. Hayduck, Berlin 1882 (*CAG* XI).
217,36–218,2: **28I**

In Aristotelis De caelo commentaria [dt. *Kommentar zu Aristoteles, »Über den Himmel«*], hrsg. von J.L. Heiberg, Berlin 1894 (*CAG* VII).
284,28–285,2: **49F**

In Aristotelis Physicorum libros quattuor priores/posteriores commentaria [dt. *Kommentar zu den ersten/letzten vier Büchern der »Physik« des Aristoteles*], hrsg. von H. Diels, Berlin 1882/1895 (*CAG* IX u. X).

371,33–372,14: **13J**; 886,12–16: **52E**; 934,23–30: **11G**; 938,17–22: **11F**; 1299,36–1300,10: **37K**

STOBAEUS. Verfasser einer umfangreichen griechischen Anthologie; wahrscheinlich frühes 5. Jh. n.Chr.

Anthologii libri duo priores/posteriores [dt. *Anthologie. Die beiden ersten/letzten Bücher*], in 5 Bänden hrsg. von K. Wachsmuth (Bd. I-II) und O. Hense (Bd. III-V) Berlin 1884 und 1894–1912; ²1958. Zitiert nach den Band-, Seiten- und Zeilenzahlen der 2. Auflage.

1.25,3–27.4: **54I**; 1.79,1–12: **55M**; 1.105,8–16: **51D**; 1.105,17–106,4: **51E**; 1.106,5–23: **51B**; 1.129,2–130,13: **47A**; 1.136,21–137,6: **30A**; 1.138,14–139,4: **55A**; 1.142,2–6: **50A**; 1.155,5–11: **48D**; 1.161,8–26: **49A**; 1.166,4–22: **49J**; 1.177,21–179,17: **28D**; 1.213,15–21: **46D**; 1.367,17–22: **28F**; 1.368,12–20: **53K**; 2.22,12–15: **31K**; 2.58,5–15: **60K**; 2.59,4–60,2: 60,9–24: **61H**; 2.63,6–24: **61D**; 2.63,25–64,12: **63G**; 2.65,8: **61L**; 2.66,14–67,4: **61G**; 2.67,5–12: **26H**; 2.68,18–23: **41I**; 2.70,21–71,4: **60L**; 2.71,15–72,6: **60M**; 2.73,1–13: **60J**; 2.73,16–74,3: **41H**; 2.75,11–76,8: **63B**; 2.76,9–15: **58K**; 2.77,16–27: **63A**;

2.79,18–80,13; 82,20–21: **58C**; 2.83,10–84,2: **58D**; 2.84,18–85,11: **58E**; 2.85,13–86,4: **59B**; 2.86,17–87,6: **53Q**; 2.88,2–6: **33I**; 2.88,8–90,6: **65A**; 2.88,22–89,3: **65C**; 2.90,19–91,9: **65E**; 2.93,14–18: **59K**; 2.96,18–97,14: **59M**; 2.97,15–98,6: **33J**; 2.99,3–8: **59N**; 2.101,21–102,3: **60P**; 2.103,14–17: **67I**; 2.109,10–110,4: **67W**; 2.111,18–112,8: **41G**; 2.113,18–23: **59O**; 2.155,5–17: **65W**; 2.931–13: **65S**; 4.671,7–673,11: **57G**; 5.906,18–907,5: **59I**

SYRIANOS. Platonischer Philosoph und Aristoteles-Kommentator. 1. Hälfte des 5. Jhs. n.Chr.

In Aristotelis Metaphysica commentaria [dt. *Kommentar zur »Metaphysik« des Aristoteles*], hrsg. von W. Kroll, Berlin 1902 (*CAG* VI,1). Zitiert nach Seiten- und Zeilenzahlen.

28,18–19: **28G**; 104,17–21: **30G**; 105,21–25: **30H**

THEMISTIOS. Griechischer Philosoph (Aristoteles-Kommentator) und bewunderter Redner; etwa 317–388 n.Chr.

In Aristotelis Physica paraphrasis [dt. *Paraphrase zur »Physik« des Aristoteles*], hrsg. von H. Schenkl, Berlin 1900 (*CAG* V,2). Zitiert nach Seiten- und Zeilenzahlen.

104,9–19: **48F**

Konkordanz

Viele der vorgelegten Quellentexte stehen auch in anderen Textsammlungen zur hellenistischen Philosophie – in *einer* solchen Sammlung oder auch in mehreren. Um welche Sammlungen es sich gegebenenfalls handelt, ist in der Kopfzeile der Texte in kleinerer Schrift ohne Anspruch auf Vollständigkeit vermerkt. Die Konkordanz ergänzt diese Angaben und kehrt die Zuordnungsrichtung um. Vorab ist zweierlei zu bemerken:
Die erste Bemerkung betrifft die Fragmentsammlungen, die für die Zusatzangaben und in der folgenden Liste berücksichtigt wurden. Es sind die folgenden:
Caizzi = F. Decleva Caizzi, *Pirrone, testimonianze*, Neapel 1981;
FDS = K. Hülser, *Die Fragmente zur Dialektik der Stoiker*, 4 Bde., Stuttgart 1987/88;
Giannantoni = G. Giannantoni, *Socraticorum reliquiae*, 4 Bde., Neapel 1990;
Panaitios = M. van Straaten, *Panaetii Rhodii fragmenta*, 3. Aufl. Leiden 1962;
Poseidonios = L. Edelstein / I.G. Kidd, *Posidonius*, Vol. 1: *The fragments*, Cambridge 1972;
SVF = H. von Arnim, *Stoicorum veterum fragmenta*, Bd. I-III. IV (Indizes, von M. Adler),
   Leipzig 1903–1905. 1924; Nachdruck Bd. I-IV, Stuttgart 1964;
Timon = H. Lloyd-Jones / P. Parsons, *Supplementum Hellenisticum*, Berlin 1983.
Usener = H. Usener, *Epicurea*, Leipzig 1887.
Die zweite Bemerkung betrifft die Form der Angaben. Wenn einem Text bei Long/Sedley ein Text in einer der genannten Sammlungen entspricht, kann das Entsprechungsverhältnis von viererlei Art sein. Die Texte haben entweder denselben Umfang (a), oder der erste enthält den zweiten (b), oder er ist in diesem enthalten (c), oder sie haben einen relevanten Durchschnitt (d). Um welchen Fall es sich jeweils handelt, ist aus den Kopfzeilen der betreffenden Texte zu entnehmen: Im Fall (a) wird die Parallelität der Texte *ohne zusätzlichen Vermerk* festgestellt; Fall (b) wird durch den Vermerk »enthält« angezeigt, Fall (c) durch den Vermerk »teilw.« und Fall (d) durch den Vermerk »teilw./enthält«. Falls einem Text bei Long/Sedley in einer anderen Sammlung zwei oder mehr Texte entsprechen, die erst zusammengefaßt die Parallele bilden, betreffen die Entsprechungsverhältnisse immer alle anschließend genannten Texte zusammen.
In den Kopfzeilen der Quellentexte werden zu den Long/Sedley-Texten andere Sammlungen genannt. Im folgenden wird umgekehrt von diesen auf die Long/Sedley-Texte verwiesen, allerdings ohne dabei auch das Entsprechungsverhältnis genauer zu charakterisieren. Das wäre unnötig kompliziert, und dafür genügen die Angaben in den Kopfzeilen. – Die Reihenfolge der anderen Sammlungen richtet sich hier in etwa nach der historischen Reihenfolge der Gestalten, auf die sich die verschiedenen Sammlungen beziehen.

Andere Sammlungen
→ Long/Sedley

Caizzi → Long/Sedley			
		57	2A
		58	2B
		60	2C
1a	1A	61a-d	2D
6	1A	62	2E
7	1A	63a	1H
9	1A	64	1I
10	1B	65	2I
15a	1C	66	2J
16	1C	69a	2F
20	1C	69b	2G
28	1B	69c	2H
53	1F	69l	1J
54	1G	71	1K
55	1H		

Timon Frg. → Long/Sedley

775	3A
779	3C
782	2A
783	2B
785	3B
802	3D
808	3E
810	3G
812	3F
818	3H
819	3I
820	3J
822	2C
825	3K
841	2D
842	2E
844	1I
845	2I
846	2J

Usener → Long/Sedley

20	25H
67	21L
68	21N
69	21L
70	21M
87	23H
117	25F
138	24D
163	25G
219	25K
221	25C
247	16E, 18A
250	16I
253	16F
257	19I, 19J
258	19G
259	19H, 19K
271	5C, 5D
277	11F
278	11G, 13J
315	14C
376	20I
409	21M
419	23K
439	21T
464	21J
542	22I
544	22G
546	22H

Diodoros Frg. → Long/Sedley

7	37N, 37O
24	38A
27	38B
28	38C

SVF → Long/Sedley

I.12	68G
I.43	67E
I.45	26B
I.46	26B
I.47	31I
I.49	31K
I.50	31L
I.51	31J
I.55	40B
I.59	40D
I.60	40B, 41B
I.61	40B
I.65	30A, 30B
I.66	41A
I.67–69	41C
I.73	42A
I.75	31E
I.78	31L
I.88	44D
I.89	55A
I.90	45A
I.98	45G, 46G
I.99	49J
I.102	46B, 46C
I.111	54F
I.112	54G
I.113	54G
I.114	54G
I.120	46D
I.152	54D
I.162	63C
I.172	53Y
I.179	63B
I.200	61C
I.201	61B
I.202	61B
I.216	59N
I.218	67N
I.219	67O
I.222	67B
I.226	67B
I.257	67B
I.259	67B
I.260	31L
I.262	67A
I.263	67D

2.297–298	31H		2.483	50C
2.298	37G		2.484	50C
2.299	44B		2.485	50C
2.300	44B		2.488	50D
2.303	55E		2.489	50C
2.310	45H		2.502	49E
2.311	44C		2.503	49A
2.322	27G		2.509	51B
2.329	27B, 30D		2.510	51A
2.330	27C		2.517	51C
2.331	27D		2.518	51C
2.332	27A, 44A		2.519	51C
2.336	55A		2.521	51F
2.340	55G		2.526	44F
2.341	55B		2.528	67L
2.349	55D		2.535	49F
2.351	55I		2.537	49G
2.356	55H		2.540	49H
2.361	30G		2.541	49C
2.363	45B		2.550	29D, 49I
2.364	30H		2.580	47B
2.365	50G		2.589	46J
2.369	27F		2.596	46K
2.378	28H		2.599	52D
2.381	45F		2.604	46E
2.383	28K		2.605	46F
2.389	28L		2.606	46N
2.390	28N		2.623	52B
2.391	28M		2.624	52F
2.393	47S		2.625	52C
2.395	28I		2.626	52G
2.396	28O		2.627	52E
2.397	28P		2.633	53X
2.398	28G		2.634	47O
2.403	29C		2.665	51G
2.406	47E		2.716	47N
2.413	47A		2.724	57E
2.418	47D		2.761	53D
2.424	49D		2.762	28A
2.430	47T		2.782	53E
2.439	47F		2.790	45D
2.441	47L		2.802	47R
2.442	47I		2.806	53C
2.444	47G		2.809	53W
2.449	47M		2.823	29A
2.450	47K		2.826	28F, 53K
2.451	47J		2.836	53H, 53L
2.458	47P, 47Q		2.841	47H, 53V
2.465	48E		2.844	53P
2.468	48F		2.847	39F
2.471	48D		2.854	53M
2.473	48C		2.867	53N
2.479	48A		2.879	53G
2.480	48B		2.886	65H
2.482	50A, 50B		2.895	34J

3.355	67M	3. Ant. 57	58K
3.369	57F	3. Ant. 59	64D
3.371	57F	3. Apoll. 6	45E
3.378	65A, 65B	3. Apoll. 8	51D
3.389	65A	3. Arch. 8	55C
3.391	65B	3. Arch. 14	51C
3.394	65E	3. Arch. 20	59J
3.421	65S	3. Diog. 17	33H
3.431	65F	3. Diog. 20	33A
3.459	65G	3. Diog. 22	33M
3.462	65J	3. Diog. 23	37P
3.463	65D	3. Diog. 25	30C, 32C
3.466	65O	3. Diog. 29	53U
3.473	65T	3. Diog. 32	54D
3.480	65L	3. Diog. 44	58K
3.491	59A	3. Krin. 4	35A
3.493	59C	3. Krin. 5	36A
3.494	59B		
3.495	59E		
3.496	59E		
3.498	59F	**FDS → Long/Sedley**	
3.500	59K		
3.501	59M	1	26B
3.502	59M	2	26G
3.504	59L	15	26A
3.510	59I	20	26D
3.513	59H	24	26C
3.516	59G	28	26E
3.529	59O	33	31A, 31B, 40C
3.536	61I	35	31E
3.539	61S, 61T	40	31L
3.545	66A	51	31H
3.548	41G	54	66B
3.550	41C	57	31D
3.560	61G	67	33B
3.564	65W	75	31F
3.612	67M	77	31G
3.616	57F	79	31J
3.617	67M	87	31C
3.626	60P	88	41D
3.631	67P	89	41G
3.632	65W	94	69G
3.658	61N	107	31M
3.663	41I	114	68G
3.686	67W	127a	67E
3.698	66B	139	58G
3.700	67U	154	31O, 31Q
3.702	67X	194	32I, 37B
3.753	67F	206	31K
3.757	66H	211	31N
3.761	61Q	249	68C
3.763	66G	252	31I
3. Ant. 23	32C	255	33C, 39A, 39D, 40A, 40P, 40Q
3. Ant. 26	36D	256	40B, 41B
3. Ant. 30	38A	259	53F

836b	29E	1064	36B
841a	28K	1095	60N
842	47M	1107	36G
843	47J	1110	36C
843a	28A	1154	36E
843b	28C	1160	36H
843c	28B	1161	36I
844	28D	1167	36J
845	28P	1178	36G
846	28I	1181	36F
847	28J	1200	37A
849	28G	1203	37B
850	40J	1205	37R
851	28O	1207	37D
852	28N	1212	37H
853	28M	1213	37I
857	28H	1228	37L
858	28L	1235	61U
862	47S	1236a	37E
874	34A, 34E	1237	37E
876	34B	1242	37F
884	20E, 38G	1243	37H
885	20E, 70G	1247	30E
886	20H, 34C	1252	38I
887	34D, 34G	1257	37S
892	33E		
914	34K, 35A, 37M, 38D		
915	34H		
916	34H, 34I		
923	34F		
925	34G		
946	54Q		
958	35B		
967	35D		
971	51G		
976	35E		
988	38C		
992	38B		
993	38A		
994	38F, 52F		
998	55K, 62D		
999	55J		
1009	38H		
1022a	69D		
1025	37K		
1029	51H		
1030	35C		
1032	42G		
1033	42G, 42H, 42J		
1034	18F		
1036	36A		
1038	36B		
1050	36D		
1053	36C		
1058	36B		

Panaitios Frg. → Long/Sedley

Panaitios Fr. 86	53I
88	53J
96	63J
97	66E
109	63G
114	66C
118	67V
119	67T

Poseidonios Frg. → Long/Sedley

33	65I
34	65K
42	40A
88	26D
90	26F
96	28D
98	51E
161	65N
162	65Q
163	65R
165	65P
166	65I
169	65M
186	63J
187	64I
284	67Y

Philosophen

Das Philosophen-Verzeichnis vertritt das Namen- und enthält den personenbezogenen Teil des Sacs. Es führt alle Philosophen an, die in den Quellentexten oder in den Kommentaren erwähnt werden. Soweit antike Philosophen nur als Quellen dienen, sei zusätzlich auf den *Quellen-Index* verwiesen. Die Namen werden jeweils um eine kurze biographische Notiz ergänzt, wobei die Jahreszahlen sich immer auf die Zeit vor Christi Geburt beziehen, es sei denn, sie sind mit dem Zusatz »n.Chr.« versehen. Außerdem sind die Sachpunkte vermerkt, um die es im Zusammenhang der verschiedenen Namensnennungen geht. Dabei ist die Reihenfolge der Stichwörter so gewählt, daß Themenschwerpunkte erkennbar werden und auch bei umfangreicheren Lemmata eine rasche Orientierung möglich ist.

ÄNESIDEM. Ex-Akademiker, Gründer der neo-pyrrhonischen Bewegung im 1. Jh. v.Chr. Seine Abgrenzung gegen die Akademie 536, 555, 560f.; seine Philosophie 559–582 *passim*; im Vergleich mit Arkesilaos u. Karneades 582; Ä. über Pyrrhon 13, 17, 559, 562; über Lust 15; Art der Skepsis 18, 559, 564; Beiträge zur pyrrhoneischen Methodologie 578f., 581f.; über Erscheinungen 19, 559, 562f.; Verlaß auf Timon 26; gegen Zeichen 257, 577, 581; über das Ziel 559, 563f., 565, 581f.; über Unerschütterlichkeit 559, 562; über Urteilsenthaltung 559–582; Ä.s zehn Modi 565–576, 578–581; gegen Ursachen 577f., 581; Ä. u. Heraklit 582

AKADEMIE. Von ↗Platon gegründete Schule, wandte sich in hellenistischer Zeit der Skepsis zu (↗Neue Akademie). Lage der Schule 3–5; Geschichte im Hellenismus 5; im 1. Jh. n.Chr. nicht mehr existent 16

ALEXANDER von Aphrodisias. Siehe *Quellen-Index*. Sein Mißverständnis bezüglich der stoischen Zueignung 421

ALEXINOS. Dialektiker des späten 4. und frühen 3. Jhs.; wie es heißt, eristisch. Kritisierte Zenon von Kitions theologischen Syllogismus 387f., 395

ANAXAGORAS. Naturphilosoph, Mitte des 5. Jhs. Angeblich Skeptiker 523, 565

ANAXARCHOS. Zur Skepsis tendierender Anhänger Demokrits, 4. Jh. Beziehung zu Pyrrhon 13f., 18; Philosophie u. Temperament 15; Art seiner Skepsis 14, 18, 97

ANSELM, ST. 1033–1109 n.Chr. 395

ANTIOCHOS von Askalon. Mitglied der Neuen Akademie, gründete i.J. 87 v.Chr. eine Splitterbewegung, die »Alte Akademie«, mit dem Anspruch, zum authentischen Platonismus zurückzukehren 524, 536; Studium bei ↗Philon von Larissa 536; Debatte mit Philon 524, 531; Bruch mit Philon 536; beeinflußt durch Karneades 549; referiert Karneades 550; Gegner der Akademischen Skepsis 300, 528, 546; Erbe der stoischen Epistemologie 296, 300, 536; interpretierte Platon stoisch 530, 532; über Dinge in Übereinstimmung mit der Natur als Teil des höchsten Guts (gegen die Stoiker) 484f., 489; zu Epikurs wissenschaftlicher Methode 110–112; verwendete Karneades' Einteilung der Güter 481. (Hinweis: Es werden hier keine Cicero-Texte angeführt, die einen Gefolgsmann des Antiochos lediglich als Sprecher für stoische Überlegungen aufbieten; solche Texte sind anhand der Notizen im Apparat und der am Anfang in eckigen Klammern ergänzten Übersetzerhinweise ggfls. eindeutig identifizierbar.)

ANTIPATER von Tarsos. Leiter der Stoa ca. 152–129. Angeblicher Selbstmord 511f.; besondere Beiträge 3; Definitionsbegriff 224, 228f.; Argumente mit nur einer einzigen Prämisse 255, 259; Vereinfachung der Analyse von Syllogismen 258, 260; zum Meisterargument 273f.; Wahrheitskriterium 287; über Skepsis, die ihrem eigenen Skopus nicht unterliegt 528, 564; kritisiert wegen seiner Diskussion mit den Skeptikern 530f.; Mantik 310; über Handeln ohne Zustimmung 379; Einteilung der Ethik 410; Auswahl-Wert 423; Ziel-Formel 425, 428, 479, 485–487; Kontroverse mit Karneades über das Ziel 480f., 487–489

LEUKIPP. Zusammen mit Demokrit Begründer des Atomismus; Mitte des 5. Jhs. 48; siehe auch ↗Demokrit

LOCKE, John. 1632–1704 n.Chr. Sein Konzeptualismus im Vergleich zur stoischen Universalienlehre 212

LUKREZ. Siehe *Quellen-Index.*

MEGARISCHE SCHULE. Gegründet durch ↗Eukleides, später geleitet von ↗Stilpon. Bekannt wegen ihrer Mischung sokratischer und und kynischer Ethik sowie wegen eristischer Argumente. 3; Timon über die Megariker 25; Chrysipp über sie 220

MEINONG, Alexius. 1853–1920 n.Chr. Über Subsistenz 191

MELISSOS. Anhänger des ↗Parmenides; spätes 5. Jh. Timon über M. 26; Veränderung 32; Leeres 38

MENEDEMOS von Eretria. Spätes 4. und frühes 3. Jh.; Schüler ↗Stilpons und Gründer der eretrischen Schule, bekannt wegen eristischer Tendenzen. Über die Einheit der Tugenden 450, 458; Einfluß auf ↗Arkesilaos 525

METRODOROS von Chios, 4. Jh. Skeptischer Demokriteer, machte die Skepsis auf sie selbst anwendbar 14, 18, 97, 564

METRODOROS von Lampsakos. Epikureer, Vertrauter ↗Epikurs; ca. 331–278. Sorge Epikurs 175; über Wortbedeutungen 115; über Sex 135

METRODOROS. Stoiker, 3. Jh. 226

METRODOROS von Stratonikeia. Mitglied der Neuen Akademie; Schüler und Interpret des Karneades; spätes 2. und frühes 1. Jh. Deutete ↗Karneades' Argumente über die Meinung als förmliche Lehre 535, 542; beeinflußte nachhaltig die positive Karneades-Interpretation ↗Philons von Larissa 535

MILL, John Stuart. 1805–1873 n.Chr. Epikurs Ethik im Vergleich mit M. 157

MNASEAS. Ein Skeptiker 525

MNESARCHOS. Ko-Leiter der Stoa nach dem Tod des ↗Panaitios ca. 110. Über Substanz und Eigenschaft 196, 202

MONIMOS. 4. Jh. Kyniker mit Tendenzen zur Skepsis 14, 18

NAUSIPHANES. Demokriteer, Lehrer Epikurs. Über Pyrrhon und Epikur 14; möglicherweise Determinist 126

NEUE AKADEMIE. Die skeptische Phase der ↗Akademie, weitgehend koextensiv mit dem Zeitalter des Hellenismus, dauerte von ↗Arkesilaos über ↗Karneades bis zu ↗Philon von Larissa 523f.; Philosophie 5, 523–558 *passim*; Methodologie 26f., 396, 529–536; Ununterscheidbarkeit 199f., 204, 288–293; Unterschied zum Pyrrhonismus 560f., 563, 582; Auffassung von der Dialektik 222f.; mehr dialektischer als pragmatischer Ansatz 562; Verwendung logischer Paradoxien 271, 555, des Sorites 265f., 271, 298f., 364, 552f., 555; Unterscheidung von Ungewissem u. Unerkennbarem 529f., 560; Verwendung des »Glaubhaften« 313, 529–531, 535f., 538, 539–542, 546–549, 560; Handeln ohne Zustimmung 379; zwei Arten der Zustimmung 543; kennzeichnender Slogan/die ›Lehre‹ der Akademie: »Nichts ist erkennbar« 528, 533f.; spätere Mitglieder der Schule vertraten Lehren 555, 560; Kritik des epikureischen Freundschaftskonzepts 154, 160f.; Kritik der stoischen Auffassung von Veränderung u. Identität 193f., 199–205, von der Erkenntnis 296–300, 555, 560, der Vorsehung 392, 394, 396, der Gerechtigkeit 417f., 421, vom Ziel 479–489

PANAITIOS. Stoiker aus Rhodos; ca. 185–110; Schulleiter ab etwa 129. Besondere Beiträge 3; Einteilung der Philosophie 183f.; verneinte den Weltbrand 330; Struktur der Seele 376f., 381, 383; zukommende Funktionen 434, 439, 510f.; das Ziel der Tugenden 473, 477; Ziel-Formel 473, 474, 478f., 489; über Verliebtheit 505; Moralität für Nicht-Weise 506f., 510; darüber, der eigenen Rolle zu folgen 506f., 511; Spezialist in politischer Philosophie 518, 521

PANTHOIDES. Mitglied der ↗Dialektischen Schule; frühes 3. Jh. Seine Schrift über Mehrdeutigkeit von Chrysipp attackiert 262; über das Meisterargument 273f., 279

PARMENIDES. Bedeutendster Vertreter der ↗Eleatischen Schule; 5. Jh. Timon über P. 25, 27; P. u. der Atomismus 27; über Werden und Vergehen 30, 323; betrachtete wahre Meinungen als inexistent 307; Arkesilaos und P. 526

teilung der Ethik 410; Ziel-Formel 471, 474, 478f., 487–489, 504; Kritik an Chrysipps Ziel-Verständnis 478, 483; implizite Karneades-Kritik 487–489; Kritik an Chrysipps Sicht der Affekte 493–498, 503f.; über das Goldene Zeitalter 519, 522

PRODIKOS. Sophist des 5. Jhs. Angeblich Atheist 167

PROTAGORAS. 5. Jh., Sophist; bekannt durch sein relativistisches Diktum, der Mensch sei das Maß aller Dinge. Timon über P. 25, 27

PYRRHON. Gründer der skeptischen Bewegung, ca. 365–270. Leitfigur der späteren, von ↗Änesidem gegründeten ↗Pyrrhonischen Schule 3, 6, 17, 26, 536; Leben 13f., 17; Temperament 13f., 17, 20–24, 562; besuchte Indien 13, 18; Schüler von Bryson u. Anaxarchos 13f., 18; bewunderte Homer u. Demokrit 14, 26f.; beeinflußt von den Kynikern 17, 22, den Atomisten 18, 27; folgte den Erscheinungen 13, 559, 561, 562f.; Art seiner Skepsis 13–19, 97, 559, 564, 581; in Beziehung zur Akademischen Skepsis 16, 525–527, 532f., 534; Ethik 18, 19–24, 145; P. im Vergleich mit Sokrates 16f.; Änesidem über P. 13, 17; Timon über P. 15–27 *passim*; bewundert von Nausiphanes u. Epikur 14, 16, 24, 145; in Beziehung zu Ariston gebracht 16, 21, 23; P.s Philosophie im 1. Jh. n.Chr. angeblich erloschen 16, 19

PYRRHONISCHE SCHULE. Die von ↗Änesidem gegründete Schule, tätig vom 1. Jh. v.Chr. bis mindestens 200 n.Chr. Siehe auch ↗Sextus Empiricus. Philosophie 559–582 *passim*; ab Mitte des 1. Jhs. n.Chr. als Skeptiker bekannt 562; Erscheinungen als ›Kriterium‹ 15f., 559, 561; Unterschied zu den Akademikern 560f., 562, 582; Gründe zur Urteilsenthaltung 565f.

PYTHAGORAS. Philosoph des 6. Jhs.; gilt als Vorläufer des Platonismus; vielfach mystifiziert, nur wenige gesicherte Tatsachen. Angeblich Erfinder des Arguments vom Wachsenden 194; soll in der Mathematik Definitionen verwendet haben 224; seine Nachfolger über die Zeit 372, über moralische Verantwortung 464

PYTHOKLES. Epikureer; als er ein junger Mann war, adressierten frühe Epikureer an ihn viele Empfehlungen (so auch Epikurs *Brief an Pythokles*; siehe *Quellen-Index*) 135, 181

RUSSELL, Bertrand. 1872–1970 n.Chr. Logische Eigennamen und Kennzeichnungen 244f.; über Subsistenz 191

SENECA. Römischer Stoiker; 1. Jh. n.Chr. Siehe *Quellen-Index*. Über die Akademiker u. Pyrrhon 16, 19; über Eßkultur 148; Philosophie u. Wissenschaft 185, 187; oberste Gattung 188; Tugend 205, 452; Konstitution 207; Lekta 231; Zeus beim Weltbrand 330; Chrysipp u. Kleanthes über das Gehen 377; Entwicklung der Vorsehungslehre 397; über Materie u. Ursache 398; Einteilung der Ethik 410, 412f.; über Zueignung zur eigenen Konstitution 413f., 418, 419, 421; zukommende Funktionen 437, 512; Gutes 440f., 442f., 446f.; Vernunft u. Tugend 472; Glück 473, 476; »Samen der Erkenntnis« 478; Dinge in Übereinstimmung mit der Natur 484, 489; Leidenschaften 500, 505; Vorschriften u. Lehren 508f., 512; über Staaten 515, 519

SEXTUS EMPIRICUS. Pyrrhoneer des 2. Jhs. n.Chr. Siehe *Quellen-Index*. Eine gute Quelle für d. Pyrrhonismus 561f.; Änesidem verpflichtet 582; Kritik der Definitionen 229, der stoischen Syllogistik 254f., 259, der Vorbegriffe 296; übernahm Argumente der Akademie gegen die stoische Epistemologie 296f.; Kritik der stoischen Bewegungslehre 357f., 361f.; Gründe zur Urteilsenthaltung 564

SOKRATES. 469–399. Athenischer Philosoph, den Platon in seinen Dialogen ausführlich portraitiert hat 1, 3, 5, 221f., 535, 561; fürchtete nicht den Tod 499; hinterließ nichts Schriftliches 537; von Platon, Xenophon u. den Kynikern unterschiedlich interpretiert 563; im Vergleich zu Pyrrhon 16f.; mit Definitionen befaßt 224; stellte Wissen in Abrede 308, 523, 564; seine dialektische Methode von Arkesilaos übernommen 526, 527, 532, 535; über moralische Schwäche 448; identifizierte Glück mit Tugend 457f.; Tugend als Kunst 457; Einheit u. Vielfalt der Tugenden 457f.; medizinische Analogien zur Ethik 459;

Vorläufer der stoischen Auffassung, daß der Weise frei von Leidenschaft ist 501; als Beispielfigur 99, 108, 115, 196, 203, 205, 210, 212, 231, 233, 234f., 238, 241, 245, 282, 368, 369, 372, 388, 405, 540, 547

SOKRATIDES. Verzichtete zugunsten des ↗Arkesilaos auf die Leitung der Akademie 525

SPEUSIPP. Platons Neffe und sein Nachfolger in der Leitung der Akademie; ca. 407–339. Suchte Platon zu systematisieren 532

SPHAIROS. Stoiker; 2. Hälfte des 3. Jhs. Besondere Beiträge 3; Meister im Definieren 225f.; Adressat einer Schrift Chrysipps 262; über Erkenntnistaugliches u. Plausibles 289, 299, 545 (Anm.)

STILPON. Leiter der ↗Megarischen Schule; spätes 3. und frühes 4. Jh.; Lehrer ↗Zenons von Kition. Mögliche Beziehung zu Pyrrhon 13

STOISCHE SCHULE. Die bedeutendste philosophische Schule des Hellenismus. Lage 2, 4; gegründet durch ↗Zenon von Kition 3; Kurzcharakteristik 7f.; Einteilung der Philosophie 183–188; Ontologie 188–214; Logik u. Semantik 214–280; Epistemologie 280–317; Naturphilosophie 317–410; Ethik 410–522. – »Altstoizismus« bezieht sich auf die erste Phase der Schule, ca. 300–130 v.Chr. ↗Panaitios u. ↗Poseidonios gelten häufig als genügend innovativ, um eine eigene Phase zu bilden, den »Mittelstoizismus«. Der »römische Stoizismus« ist die Phase, welche durch ↗Seneca, ↗Epiktet, Marc ↗Aurel und ↗Hierokles repräsentiert wird.

STRATON von Lampsakos. Dritter Leiter der ↗Peripatetischen Schule, ca. 287–269. Konzentration auf die Naturphilosophie 2; über Heiß und Kalt 342

THEODOROS, der Atheist. Mitglied der ↗Kyrenaischen Schule; spätes 4. und frühes 3. Jh. Arkesilaos' angebliche Angst vor ihm 525

THEOPHRAST. Leiter der ↗Peripatetischen Schule nach Aristoteles, von 322 bis 287; Begründer der Botanik. Sein Ansehen 404, 525; teilte das Philosophieverständnis des Aristoteles 2; Gott 73f., 171; über Einteilungen 225; über das Heiße und Kalte 342

TIMON von Phlius. Anhänger ↗Pyrrhons; ca. 325–235. Publizist für Pyrrhon 3, 15–27, 562, 563, 564, 581; nannte Arkesilaos einen Pyrrhoneer 525; Kritik anderer Philosophen 24–27; eigene Philosophie 27; über Freiheit von Verwirrung 559

XENOKRATES. Zweiter Nachfolger Platons in der Leitung der Akademie von 339 bis 314. Einteilung der Philosophie 186; unteilbare Größen 51; Unkörperlichkeit der Seele 323; suchte Platon zu systematisieren 532

XENOPHANES. Spätes 6. Jh.; Dichter und Philosoph. Timon über X. 24, 27

ZENON von Elea. Eleatischer Philosoph, Mitte des 5. Jhs. Timon über Z. 26; Ausdehnung und Existenz 33f.; Bewegung und unendliche Teilbarkeit 48f., 59, 361

ZENON von Kition. Gründer der Stoa; 334–262. Sein Weg zur Philosophie 3, 16; Schüler des Krates 3, des Polemon 5, 532, der Dialektiker 223; Auseinandersetzungen mit Arkesilaos 288, 298–300, 306f., 523–526, 529, 532, 544; angeblicher Selbstmord 511f.; Gründer der Stoa 3, 6, 196; als Erbe Platons 536; Timon über Z. 25, 26; Einteilung der Philosophie 183f.; kannte noch nicht die Lehre von den vier Gattungen 201, 208f.; Universalien 209f.; Dialektik u. Rhetorik 216, 217f., 222f.; Interesse am Argument vom Erntenden 218; Vorstellung – Zustimmung – Meinungen – Erkenntnis – Wissen 284f., 287f., 296–298, 305–307, 549; Kunst *(technē)* 309; nur Körper interagieren 323; Gott u. Materie 201, 324; Welt als Substanz Gottes 317; Substanz 320; Feuer 324, 327f.; vier Elemente 333; Mischung 348, 349f.; zentripetale Bewegung 353; Zeit 362; Weltbrand 329; Vermögen der Seele 196; von Galen wohl irrigerweise so verstanden, als lasse er unvernünftige Seelenteile zu 491, 493, 494; Argument vom Mikro- zum Makrokosmos 342; theologische Argumente 172, 386–388, 395, 446; Ursache 397, 407; Fatum 408f., 461, 464; Einteilung der Ethik 410; zukommende Funktionen 429; Gutes, Schlechtes, Indifferentes, Bevorzugtes u. Zurückgestelltes 21, 23, 423,

Sachen

Dieses Register ist weit davon entfernt, vollständig zu sein. Zur Ergänzung vergleiche man die Angaben des vorangehenden Philosophen-Index.
Abkürzungen: Ak. = Akademiker; Ep. = Epikureer; Pyr. = Pyrrhoneer (frühe *und* späte); St. = Stoiker

Ähnlichkeit, Zeichenschluß aus der: (Ep.) 108f., 111f., 315; (St.) 311–313, 315–317; (Pyr.) 569f.; s.a. ↗Zeichen
Analogie: (Ep.) 46, 49f., 65, 88, 93, 98, 110f., s.a. ↗Ähnlichkeit; (St.) 282, 440f.
Argument/Syllogismus: (St.) 215, 221, 231, 249, 250–260, 271, 544f., s.a. ↗Gültigkeit
Argument vom Erntenden: (St., Ak.) 218, 263, 273, 277f.; A. vom Wachsenden: (St., Ak.) 194, 200, 201–205; s.a. ↗Faules Argument, ↗Lügner-Antinomie, ↗Meisterargument, ↗Niemand-Sophisma, ↗Sorites, ↗Trugschlüsse
Arten, Entstehung der: (Ep.) 67f., 72–75
Astrologie: siehe ↗Mantik
Atemstrom: (St.) 7, 198, 201, 203, 207, 234, 295, 321, 327, 331, 333–345, 348–350, 354, 374–377, 381–383, 399f., 402, 406–408, 449
Atome: (Ep.) 41, 44f., 47, 48–50, 53–66, 122–124, s.a. ↗Bahnabweichung; (St.) 359, 490; (Pyr.) 575
Atomismus des 5. Jhs. v.Chr.: 18, 27, 30, 37, 48, 53, 66, 125, 127
Aussagen: (Ep.) 122; (St.) 122, 212f., 215, 231–250, 266, 268, 275f., 398, 406, definiert 239; s.a. ↗Bivalenz, ↗Konditionalaussage, ↗Negation, ↗Negierte Konjunktion, ↗Wahrheit

Bahnabweichung von Atomen: (Ep.) 57, 60, 109, 122–126, 129f.; s.a. ↗Atome
Bedeutung: (Ep.) 115–118; (St.) 188–192, 215, 227, 230–239, 269–273
Bewegung: (Ep.) 36–38, 47–60; (St.) 352–354, 357f., 361–366, 373, 383f.; (Pyr.) 357f., 362, 576
Beweis: (St.) 252f., 295, 316f.
Bivalenz: (Ep.) 122, 125, 130, 243, 554, 556; (St.) 122, 130, 239f., 243, 266, 271f., 277, 279, 410, 556; (Ak.) 266, 271f., 553f., 557f.: s.a. ↗Aussagen

Definition: 118, 212, 222, 224; (Ep.) 115f., 118; (St.) 211–213, 214f., 221, 223, 224–229; definiert 224, 228f.; (Pyr.) 229
Determinismus u. freier Wille: (Ep.) 60, 83f., 119–130, 554, 556; (St.) 126, 277, 370–373, 400–405, 408–410, 460–470, 553f.; (Ak.) 122f., 129, 553–558
Dialektik: (Ep.) 115–118; (St.) 183f., 212f., 214–223, definiert 214f., 222f.; (Ak.) 222, 265f., 524f., 526–532

Eigenschaftsmäßig Bestimmtes: (St.) 189–192, 193–205, 206–208, 210, 214, 299, 321–323, 326, 340, 344, 369, 406, 450, 458, 496
Element: (Ep.) 35, 106; (St.) 233, 265, 270, 317–320, 322, 324, 327, 332–336, 341–344, 347–349, 353f., 399, 406, 496; (Pyr.) 575–577
Erkenntnistaugliche Vorstellung: (St.) 227f., 240, 243f., 246, 264, 284f., 287–308, 526, 533, 536, 544, 548; (Ak.) 526, 530f., 544f., 549; (Pyr.) 560f.
Erklärung: siehe ↗Vielfache Erklärungsmöglichkeiten
Erscheinung: (Pyr.) 15f., 18f., 23, 526, 559, 562, 564f., 568f., 572–574, 576, 580f.; (Ak.) 537
Essentialismus: 315
Etymologie: (Ep.) 35, 118, 170; (St.) 118, 226f., 229, 464, 476, 502

Farbe: (Ep.) 39, 42, 62–66, 84f., 86, 89, 91, 93–95, 96, 98–100, 128; (St.) 189, 193, 195, 209, 293, 324, 376; (Ak.) 540, 542; (Pyr.) 565, 567, 569–572
Fatum: siehe ↗Determinismus u. freier Wille
Faules Argument: 405, 468, 554f.
Feuer: (Ep.) 38, 42, 44, 62, 64, 67, 70, 75, 78f., 107, 109, 131, 148f., 164; (St.) 323f., 327–336, 341–345, 347–349, 352–354, 378, 380, 385, 396f., 399, 406, 450f., 465f.; (Pyr.) 564, 566
Fortschritt, moralischer: (St.) 308, 432, 436, 456, 509f., 512
Freundschaft: (Ep.) 7, 145, 147–149, 154–156, 159–161, 555; (St.) 154, 160, 415, 448, 513, 516, 520f.; (Ak.) 555

Bibliographische Hinweise

Die eigentliche Bibliographie zu dem Werk von A.A. Long und D.N. Sedley ist sehr ausführlich und sorgfältig gegliedert; sie findet sich im zweiten Band und bedarf keiner Übersetzung. Doch sei darauf noch einmal eigens verwiesen. Die kleine Literaturliste, welche hier folgt, hat nur eine sehr begrenzte, eher protreptische Absicht, die im Vorwort des Übersetzers erläutert wurde (S. XI). Aufgebaut ist es so, daß zuerst allgemeine Titel geboten werden und dann die zu den einzelnen Schulen; innerhalb dieser Gruppen wird annähernd die Themenfolge von Long und Sedley eingehalten.

Jacques Brunschwig, *Papers in Hellenistic philosophy*. Aus dem Französischen ins Englische übersetzt von Janet Lloyd. Cambridge 1994.
Wegen seines besonderen internationalen Charakters steht das Buch hier stellvertretend für viele andere aus allen Teilen der Welt, die ebenfalls mit einem intensiven Diskussionsbezug nach England und Californien das Faszinierende der hellenistischen Philosophie aufzuarbeiten suchen.

R.W. Sharples, *Stoics, Epicureans and Sceptics. An Introduction to Hellenistic Philosophy*. London 1996.
Diese kurze Einführung orientiert sich weniger an Philosophenschulen, gliedert sich vielmehr nach den Hauptfragestellungen der hellenistischen Philosophen. Damit unterstreicht sie die Zusammengehörigkeit der Schulen noch stärker, als Long und Sedley das tun.

Peter Preuss, *Epicurean Ethics. Katastematic Hedonism*. Lewiston, Queenston, Lampeter 1994.

Rudolf Löbl, *Die Relation in der Philosophie der Stoiker*. Würzburg, Amsterdam 1986.

Wolfram Ax, *Laut, Stimme und Sprache. Studien zu drei Grundbegriffen der antiken Sprachtheorie*. Göttingen 1986.
Ax untersucht ein Gebiet, das Long und Sedley ausgeblendet haben; und er untersucht es so, daß die stoischen Beiträge zur Sprachtheorie sich als zentrale Stücke eines Diskussionszusammenhangs von den Vorsokratikern bis zu den römischen Grammatikern darstellen.

Andreas Schubert, *Untersuchungen zur stoischen Bedeutungslehre*. Göttingen 1994.
Die Studie fragt vornehmlich nach den Lekta der Stoiker und kommt von da aus schließlich zu ihrer sogenannten Kategorienlehre, aber auch zu Aristoteles und Augustinus.

Theodor Ebert, *Dialektiker und frühe Stoiker bei Sextus Empiricus. Untersuchungen zur Entstehung der Aussagenlogik*. Göttingen 1991.
Diese Untersuchung betritt Neuland und vermittelt erstmals differenzierte Einblicke in die Entwicklung der Logik von Diodoros Kronos bis zu Chrysipp. Von daher können einige Theoriestücke nun z.B. den Dialektikern um Diodor oder Zenon oder Kleanthes zugeschrieben und Chrysipp abgesprochen werden, die man bisher für allgemein stoisch hielt, so etwa in der Zeichentheorie, in der Argument- und in der Trugschlußlehre. Long und Sedley wußten von Eberts Forschungen und haben, ohne davon Gebrauch zu machen, gelegentlich gewarnt, daß bei genaueren Erörterungen Differenzierungen nötig werden könnten (vgl. S. 243, 273). In Bezug auf solche Neuansätze ist auch der folgende Band von einem Symposion in Bamberg zu sehen:

Klaus Döring/Theodor Ebert (Hrsg.), *Dialektiker und Stoiker. Zur Logik der Stoa und ihrer Vorläufer*. Stuttgart 1993.

Susanne Bobzien, *Die stoische Modallogik*. Würzburg 1986.
Chrysipps Modallogik hat Bobzien auch in ihrem Beitrag zum Döring/Ebert-Band erörtert. Inzwischen ist aus dem Thema eine große Untersuchung hervorgegangen:

Dies., *Determinism and Freedom in Stoic Philosophy*. Oxford 1998.

Maximilian Forschner, *Die stoische Ethik. Über den Zusammenhang von Natur-, Sprach- und Moralphilosophie im altstoischen System.* Stuttgart 1981; 2., durchges. und um ein Nachwort und einen Literaturnachtrag erweiterte Aufl. Darmstadt 1995.
In ihrer Bibliographie weisen Long & Sedley auf das Buch bereits mit einigem Nachdruck hin. Um so beachtenswerter ist die erweiterte Neuauflage.
Ders., »Glück als personale Identität. Die stoische Theorie des Endziels«, in: Ders., *Über das Glück des Menschen.* Darmstadt 1993.
Joachim Lukoschus, *Gesetz und Glück. Untersuchungen zum Naturalismus der stoischen Ethik.* Frankfurt 1999.
Die Studie versucht, die stoische Ethik als ein ethisches System zu begreifen, und gelangt zu einigen weniger orthodoxen Einschätzungen. Sie hat eine umfangreiche Bibliographie, die gerade auch die neuere und neueste Literatur verzeichnet.
Wolfgang Weinkauf (Hrsg.), *Die Stoa. Kommentierte Werkausgabe*, übers. und hrsg. von W.W. Augsburg 1994.
Das Buch stellt kurz Geschichte und System der Stoa dar und bringt dann vor allem Quellentexte − *längere* Quellentexte, und das sind natürlich vor allem Texte aus späterer Zeit, die mehr von der Atmosphäre des Stoizismus zeugen als von philosophischer Argumentation. Es führt also nicht über Long und Sedley hinaus. Durch den wenig aussichtsreichen Versuch, die Stoa ›lesbar‹ zu machen, läßt es aber ahnen, was Long und Sedley in der Aufarbeitung der Quellen geleistet haben.
Gregor Maurach, *Geschichte der römischen Philosophie. Eine Einführung.* Darmstadt 1989, [2]1997.
Obgleich dieses Werk nicht eigentlich der hellenistischen Philosophie gewidmet ist, hat es doch sehr mit deren Rezeption zu tun.
Friedo Ricken, *Antike Skeptiker.* München 1994.
Andreas Bächli, *Untersuchungen zur pyrrhonischen Skepsis.* Bern, Stuttgart 1990.